Psychologie du développement

Kathleen Stassen Berger
Bronx Community College, City University of New York

Adaptation de
Sébastien Bureau
Collège Jean-de-Brébeuf

Révision scientifique

Fanny Godin, Cégep de Saint-Laurent
François Paquet, Collège Jean-de-Brébeuf
Suzanne Tousignant, Collège de Valleyfield

MODULO

Psychologie du développement, 2e édition est la traduction de la 7e édition de *The Developing Person. Through the Life Span* de Kathleen Stassen Berger.

Nous reconnaissons l'aide financière du gouvernement du Canada par l'entremise du Fonds du livre du Canada pour nos activités d'édition.

Catalogage avant publication de Bibliothèque et Archives nationales du Québec et Bibliothèque et Archives Canada

Berger, Kathleen Stassen

Psychologie du développement

2e éd.

Traduction de la 7e éd. de: The developing person through the life span.
Comprend des réf. bibliogr. et un index.

ISBN 978-2-89593-068-6

1. Psychologie du développement. I. Bureau, Sébastien. II. Titre.

BF713.B4814 2010 155 C2010-942300-3

Équipe de production

Éditrice: Bianca Lam
Chargée de projet: Suzanne Champagne
Révision linguistique: Monique Tanguay
Correction d'épreuves: Isabelle Maes
Montage: Dominique Chabot
Coordination de la mise en pages, maquette et couverture: Marguerite Gouin
(photo de la couverture : Shutterstock 4529767)
Recherche photos: Marc-André Brouillard, Mélina Schoenborn
Gestion des droits: Corine Archambault, Gisèle Séguin
Révision des références bibliographiques: Andrée Hamelin
Indexage: Ghislain Morin

MODULO

Groupe Modulo est membre de l'Association nationale des éditeurs de livres.

Psychologie du développement, 2e édition
(1re édition: 2000)

5800, rue Saint-Denis, bureau 900
Montréal (Québec) H2S 3L5 Canada
Téléphone : 514 273-1066
Télécopieur : 514 276-0324 ou 1 800 814-0324
info.modulo@tc.tc www.groupemodulo.com

Dépôt légal - Bibliothèque et Archives nationales du Québec, 2010
Bibliothèque et Archives Canada, 2010
ISBN 978-2-89593-068-6

2 3 4 5 6 ITIB 18 17 16 15 14

Avant-propos

Voici la deuxième édition en langue française de la formidable synthèse des théories et recherches sur le développement humain qu'a élaborée Kathleen Stassen Berger dans *The Developing Person. Through the Life Span*. Considérant que chaque nouvel être humain subit des influences de toutes sortes dès sa conception, l'auteure estime essentiel d'étudier son développement en tenant compte de l'intime relation qu'entretiennent entre eux les différents facteurs de développement. *Psychologie du développement* aborde donc le sujet sous l'angle des domaines biosocial, cognitif et psychosocial.

Le domaine biosocial Ce domaine inclut les aspects de nature biologique tels que les fondements génétiques du développement, la croissance de toutes les composantes du corps ainsi que les changements qui se produisent alors, tant sensoriels que moteurs et hormonaux. Il touche également tous les aspects qui peuvent y être reliés, comme la santé, la nutrition, et le fonctionnement sexuel.

Le domaine cognitif Ce domaine s'intéresse aux changements dans les processus intellectuels du langage, de la pensée, de la mémoire, de l'apprentissage, de la prise de décision, de la résolution de problème. Il étudie donc comment les structures cognitives se modifient tout au long du développement.

Le domaine psychosocial Ce domaine examine le développement sur le plan des émotions (évolution de l'attachement, de la confiance, de l'amour) et celui du tempérament. Il s'intéresse aux modifications dans le concept de soi et l'autonomie, aux changements ou à la constance de la personnalité, à l'évolution des relations interpersonnelles et sociales.

Un manuel, deux possibilités de présentation de la matière

En préparant cet ouvrage passionnant, nous avons voulu communiquer aux étudiants notre enthousiasme pour l'étude du développement humain. Nous en avons donc illustré les aspects théoriques à l'aide d'exemples concrets et présenté des résultats de recherches de portée internationale. En outre, nous avons ajouté des activités d'application des théories et des notions.

Nous avons aussi voulu organiser le contenu de l'ouvrage de façon à en faciliter l'utilisation dans les différents cours. Ainsi, la présentation de la théorie en cinq parties nous permet d'introduire les fondements de la psychologie du développement et de répartir ensuite, de façon équilibrée, l'étude du développement, de la naissance à l'âge avancé.

Les trois premiers chapitres, qui composent la première partie, jettent les bases qui guideront le lecteur dans l'approche biopsychosociale sur laquelle se fonde cet ouvrage. Le chapitre 1 explique en quoi consiste l'étude du développement ; le chapitre 2 rappelle les principales approches théoriques et méthodes de recherche, tandis que le chapitre 3 présente des notions de génétique et explique le développement prénatal et la naissance.

À partir du chapitre 4, vous entreprendrez l'étude du développement proprement dite, et il vous est possible de le faire de façon chronologique ou thématique. En effet, la matière est divisée en quatre autres grandes parties et, comme le montre le tableau de la page suivante, vous pouvez couvrir tout le cycle de la vie soit par domaines soit par périodes de la vie.

La première période, celle du nourrisson et du trottineur, est si riche en changements de toutes sortes que nous avons décidé de lui consacrer une partie complète, soit les chapitres 4 et 5. Ainsi, le chapitre 4 traite des développements biosocial et cognitif, et le chapitre 5, du développement psychosocial chez l'enfant de 0 à 2 ans. Dans les chapitres 6 à 14, les périodes sont groupées deux par deux, chacun des trois chapitres d'une partie couvrant un des trois domaines, ce qui a l'avantage de mettre en lumière la continuité du développement. À cela s'ajoute l'épilogue, qui traite de la fin de vie et du deuil.

Cette répartition vous donne la possibilité d'insister sur un domaine en particulier ou de vous concentrer sur certains âges de la vie sans que les étudiants se sentent perdus.

Remerciements

Je tiens tout d'abord à remercier Mme Kathleen Stassen Berger de m'avoir permis d'adapter cet ouvrage d'une rare qualité. Mener à bien l'adaptation d'un ouvrage connu et lui rendre justice n'est pas une mince affaire. Je tiens donc à remercier toutes les personnes sans lesquelles ce projet n'aurait pas été possible. Je remercie sincèrement mon éditrice, Bianca Lam, pour son soutien et sa constante confiance. Merci également à Christophe Fortin pour ses judicieux conseils, et à l'équipe d'édition pour sa précieuse collaboration.

Je remercie également mes étudiants qui, par leurs questions, m'offrent une chance inouïe d'apprendre et d'élargir mes horizons, ainsi que mes proches – membres de ma famille, amis et collègues – qui contribuent quotidiennement à mon bonheur et à mon développement.

Sébastien Bureau

PARTIE 1 L'étude du développement humain	**Chapitre 1**	Notions générales de la psychologie du développement
	Chapitre 2	Les approches en psychologie du développement
	Chapitre 3	La génétique, le développement prénatal et la naissance

PÉRIODES DE LA VIE		DOMAINE BIOSOCIAL	DOMAINE COGNITIF	DOMAINE PSYCHOCIAL
PARTIE 2 Les deux premières années de la vie	**Chapitre 4** Section 1	De 0 à 2 ans		
	Section 2		De 0 à 2 ans	
	Chapitre 5			De 0 à 2 ans
PARTIE 3 L'âge préscolaire et l'âge scolaire	**Chapitre 6** Section 1	L'âge préscolaire		
	Section 2	L'âge scolaire		
	Chapitre 7 Section 1		L'âge préscolaire	
	Section 2		L'âge scolaire	
	Chapitre 8 Section 1			L'âge préscolaire
	Section 2			L'âge scolaire
PARTIE 4 L'adolescence et le début de l'âge adulte	**Chapitre 9** Section 1	L'adolescence		
	Section 2	Le début de l'âge adulte		
	Chapitre 10 Section 1		L'adolescence	
	Section 2		Le début de l'âge adulte	
	Chapitre 11 Section 1			L'adolescence
	Section 2			Le début de l'âge adulte
PARTIE 5 L'âge mûr et l'âge avancé	**Chapitre 12** Section 1	L'âge mûr		
	Section 2	L'âge avancé		
	Chapitre 13 Section 1		L'âge mûr	
	Section 2		L'âge avancé	
	Chapitre 14 Section 1			L'âge mûr
	Section 2			L'âge avancé
ÉPILOGUE	**La mort et le deuil**			

Table des matières

PARTIE 1

L'étude du développement humain

Le développement humain est un sujet que l'on doit aborder sous bien des angles tant il est vaste. Les trois premiers chapitres de cet ouvrage jettent les bases de son étude.

Ainsi, dans le premier chapitre, nous présentons les grandes lignes de la psychologie du développement, les caractéristiques du développement humain et la démarche scientifique qu'emploient les chercheurs pour recueillir des informations pertinentes, vérifier des hypothèses, tirer des conclusions et élaborer, éventuellement, des modèles théoriques.

Au chapitre 2, nous traitons des principales approches théoriques propres à l'étude du développement humain et relevons certaines des forces et des limites de chacune.

Au chapitre 3, nous mettons en lumière l'interaction des facteurs héréditaires et environnementaux et montrons combien elle est essentielle à la compréhension du développement humain. Nous expliquons enfin l'origine d'une vie humaine, c'est-à-dire la conception, le développement et la naissance d'un nouvel être qui, malgré sa totale dépendance, est capable de voir, d'entendre et d'amorcer des interactions sociales.

CHAPITRE 1

Notions générales de la psychologie du développement

Nous sommes sur le point d'entreprendre un fascinant périple dans l'univers du développement humain. Bien entendu, il est surtout question dans cet ouvrage du développement normal, c'est-à-dire des modalités habituelles de la croissance et des changements que tous les êtres humains présentent, dans une certaine mesure, sans pour autant les manifester tous intégralement.

Dans ce premier chapitre, nous exposons les principes qui sous-tendent l'étude du développement de même que les méthodes utilisées pour mieux comprendre le comportement humain et développer des outils d'intervention auprès des enfants, des adolescents et des adultes.

Qu'est-ce que la psychologie du développement?

Comment et pourquoi devenons-nous qui nous sommes? Quelles étapes de développement franchissons-nous dans les différents domaines de notre vie? Les questions sur notre devenir sont innombrables, et la psychologie du développement tente d'y répondre.

La psychologie du développement humain est l'étude scientifique des caractéristiques changeantes et immuables au cours de la vie. De fait, les personnes changent avec le temps tout en restant les mêmes sous certains aspects.

La psychologie du développement vise donc:

- à décrire les aspects stables et changeants chez les êtres humains, de la conception à la mort;
- à expliquer les mécanismes de transformation sous-jacents;
- à prédire les changements durant tout le cours de la vie;
- à proposer des interventions, au besoin, pour favoriser le développement le plus normal possible.

À partir de cette définition, trois éléments fondamentaux peuvent être mis en lumière: science, diversité et changement / continuité.

Un parcours inusité Cette femme a toujours rêvé de parcourir à pied le Sentier des Appalaches qui, de l'État du Maine à celui de la Géorgie, fait quelque 3500 km. Elle est beaucoup plus active que la moyenne des gens de son âge.

Une étude scientifique

La psychologie du développement relève de la science. Elle s'appuie sur des théories qui résultent de l'analyse critique de données obtenues lors de recherches réalisées selon une méthodologie rigoureuse. (La démarche scientifique fait l'objet de la dernière partie du chapitre.)

Bien sûr, les théories élaborées à partir des résultats de recherches se basent sur des moyennes et constituent, en ce sens, des modèles-types : elles ne reflètent pas toutes les réalités individuelles. Cependant, ces théories nous aident non seulement à décrire, à expliquer et à prédire le développement, mais aussi à élaborer, à partir des conclusions obtenues par l'analyse critique des données, des outils d'application et d'intervention.

Une étude axée sur la diversité

La psychologie du développement étudie les êtres humains dans leur diversité au regard de nombreux critères : genre, âge, statut socioéconomique, origine culturelle, orientation sexuelle, nationalité, etc. Le défi consiste à déterminer d'une part, les caractéristiques universelles des êtres humains, outre le fait qu'ils naissent et meurent, et, d'autre part, les différences qu'ils présentent, au-delà du code génétique propre à chacun. La psychologie du développement vise à décrire les êtres humains de façon à les distinguer les uns des autres dans leur individualité tout en faisant ressortir leurs similitudes.

Les spécialistes du développement tentent de ne rien négliger : ni le code génétique qui sous-tend le développement humain, ni les innombrables facteurs environnementaux qui le façonnent. Ils examinent tous ces facteurs, et d'autres encore, en fonction des différents aspects du **contexte social** qui les influencent de façon dynamique.

Contexte social Ensemble des environnements (ou écosystèmes) physiques et sociaux dans lesquels une personne vit.

Une étude axée sur les relations entre le changement et la continuité

Un autre élément fondamental de l'étude du développement concerne les relations entre les changements qui se produisent au fil des ans et la continuité qui se maintient sous certains angles. Les spécialistes du développement se penchent donc sur les formes de changements — croissance, transformations, progrès, transitions, déclin — et sur les formes de continuité en regard d'éléments qui demeurent stables au fil des jours, des années et même des générations.

Ainsi, les connaissances acquises au sujet du développement selon l'âge (la petite enfance, l'enfance, l'adolescence et l'âge adulte) s'intègrent dans une vision du développement échelonné sur toute la vie (Baltes, Lindenberger et Staudinger, 2006). De fait, chaque phase est mieux comprise lorsqu'on tient compte du développement humain dans son ensemble et, réciproquement, la trajectoire de vie est mieux évaluée si l'on en connaît bien chaque étape.

À VOUS LES COMMANDES 1.1

Qui j'ai été, qui je deviens

1. Réfléchissez à qui vous étiez il y a 5 ans, puis il y a 10 ans.
   a) Illustrez par des exemples en quoi vous êtes la même personne.
   b) Illustrez par des exemples en quoi vous êtes une personne différente.
2. Quels facteurs ont le plus influencé la personne que vous êtes devenue ?

Une étude multidisciplinaire axée sur trois domaines

L'étude du développement de l'être humain constitue une vaste entreprise qui met à profit de nombreuses disciplines en plus de la psychologie (Moore, 2002), particulièrement la biologie, l'éducation et la sociologie, mais aussi la neuroscience, l'économie, l'étude des religions, l'anthropologie, l'histoire, la politique, la géographie humaine, la médecine et la génétique.

Par ailleurs, nombre de chercheurs en développement se spécialisent dans l'étude de phénomènes précis à un âge précis. Cette spécialisation peut résulter en une meilleure compréhension des phénomènes étudiés, par exemple le rythme de vocalisation chez les bébés de 3 mois.

L'éclairage de plusieurs disciplines est bénéfique pour avoir une vision plus large et une compréhension plus approfondie du développement qui rendent compte à la fois des domaines de développement de l'être humain, des différents contextes dans lesquels il évolue et des cultures qui l'influencent.

Dans cet ouvrage, nous privilégions trois champs d'étude: les domaines biosocial, cognitif et psychosocial.

Les domaines biosocial, cognitif et psychosocial

L'étude du développement humain touche principalement trois champs d'étude interreliés (voir la figure 1.1). Le **domaine biosocial** concerne la croissance et le développement corporel ainsi que les aspects qui y sont liés, comme la santé et la nutrition.

Domaine biosocial Champ d'étude concernant la croissance et le développement corporel ainsi que les aspects qui y sont liés, comme la santé et la nutrition.

TROIS DOMAINES DU DÉVELOPPEMENT HUMAIN

Domaine biosocial

Inclut les fondements génétiques du développement; la croissance de toutes les composantes du corps; les changements qui se produisent dans le développement des sens; le développement moteur et la croissance des systèmes corporels. Sont également inclus tous les aspects qui peuvent y être liés, tels que la santé, la nutrition, la consommation de drogues, le fonctionnement sexuel.

Les aspects du domaine biosocial sont ou peuvent être influencés par le contexte social (incluant les facteurs familiaux, communautaires et culturels), qu'on pense à la durée de l'allaitement, à l'éducation des enfants handicapés physiquement ou aux attitudes face à la beauté physique.

Domaine cognitif

Inclut tous les changements dans les processus intellectuels du langage, de la pensée, de la mémoire, de l'apprentissage, de la créativité, de la prise de décision, de la résolution de problèmes; les modifications qui se produisent dans les structures cognitives tout au long du développement; les changements sur le plan du jugement moral.

Les aspects du domaine cognitif sont ou peuvent être influencés par le contexte social (incluant les facteurs familiaux, communautaires et culturels), qu'on pense à la valorisation de l'exploration chez l'enfant dans le milieu familial, au système scolaire et aux stratégies pédagogiques utilisées, à la disponibilité des ressources d'une bibliothèque ou à l'accessibilité au réseau Internet.

Domaine psychosocial

Inclut tous les changements qui se produisent sur le plan des émotions (développement de l'attachement, de la confiance, de l'affection, de l'amour), du tempérament; les modifications dans le concept de soi et dans l'autonomie; les changements et les éléments stables dans la personnalité; les changements dans les relations interpersonnelles et sociales au sein de la famille, dans les amitiés, les amours, les relations parents-enfants, les relations de travail.

Les aspects du domaine psychosocial sont ou peuvent être influencés par le contexte social (incluant les facteurs familiaux, communautaires et culturels), qu'on pense à la valeur accordée aux enfants, aux rôles sexuels et à la conception de la famille idéale dans différentes sociétés.

FIGURE 1.1 **Les trois domaines du développement humain** Le fait d'envisager le développement humain en fonction de trois domaines facilite le travail des chercheurs, mais il faut savoir que très peu de facteurs appartiennent exclusivement à un domaine ou à un autre. Le développement est un phénomène global.

Domaine cognitif Champ d'étude se rapportant au développement des opérations mentales ou intellectuelles qui permettent à une personne de penser, d'apprendre, de communiquer, de résoudre des problèmes, de créer, etc.

Domaine psychosocial Champ d'étude touchant les émotions, la personnalité, les relations interpersonnelles et sociales.

Le **domaine cognitif** se rapporte au développement des opérations mentales ou intellectuelles qui permettent à une personne de penser, d'apprendre, de communiquer, de résoudre des problèmes, de créer, etc. Le **domaine psychosocial** touche les émotions, la personnalité, les relations interpersonnelles et sociales.

À VOUS LES COMMANDES 1.2

Les domaines du développement

En vous inspirant des éléments présentés à la figure 1.1, faites un autoportrait à partir d'exemples concrets de votre vie se rapportant :

a) au domaine biosocial ;
b) au domaine cognitif ;
c) au domaine psychosocial.

Ainsi, l'état nutritionnel d'un nourrisson (biosocial) influe sur sa capacité d'apprentissage (cognitif) et sur ses expériences sociales (psychosocial). Chez beaucoup d'adolescents, l'image qu'ils se font de leur propre corps (cognitif) déteint sur leur alimentation et leur degré d'activité physique (biosocial). Ces éléments influent à leur tour sur la santé (biosocial) et sur les relations amicales et amoureuses (psychosocial). De même, dans le monde des adultes, la force du réseau social (psychosocial) d'une personne peut se répercuter sur sa santé (biosocial) ou sur sa vivacité d'esprit (cognitif), et inversement. D'ailleurs, en plus d'agir sur la qualité du réseau social de la personne, voire sur sa vie professionnelle, ces facteurs de santé et de vivacité d'esprit s'influencent réciproquement.

Trois caractéristiques du développement humain

Les études en psychologie du développement ont fait ressortir de multiples influences sur le développement. Par exemple, des expériences de l'enfance, heureuses ou malheureuses, peuvent orienter différemment des cheminements de vie. Conscients de ces influences possibles, les spécialistes du développement ont défini quelques principes utiles à la compréhension de l'existence humaine et applicables à n'importe quel âge (Baltes, Lindenberger et Staudinger, 2006 ; Staudinger et Lindenberger, 2003). Ces principes sont en fait des caractéristiques du développement. Nous en retenons trois, soit les aspects multidirectionnel, multicontextuel et multiculturel.

Le développement est multidirectionnel

Le développement n'est pas statique, mais dynamique ; aussi, son étude prend en considération le changement. Les observations et les analyses des spécialistes du développement portent sur des changements soudains de même que sur ceux qui se produisent sur de plus longues périodes (des mois et des années). La trajectoire du développement n'est pas linéaire. Celui-ci s'accompagne de gains et de pertes, d'une croissance prévisible tout comme de transformations inattendues. De plus, il faut tenir compte des interactions entre les différents domaines du développement.

Des gains et des pertes

Le développement (biosocial, cognitif et psychosocial) peut prendre diverses tournures : croissance et déclin, stabilité et irrégularité. Tout est possible, de sorte qu'au fil des jours, des années et des générations, le développement humain s'avère plus ou moins prévisible. Un gain et une perte peuvent survenir en même temps, ou une perte entraînera possiblement un gain (Baltes, Lindenberger et Staudinger, 2006). En outre, une perte sur un plan s'accompagne souvent d'un gain sur le même plan ou sur un autre plan. Par exemple, une personne âgée peut vivre une diminution de ses habiletés physiques tout en développant une meilleure compréhension des autres. Ou encore, un problème de santé peut déboucher sur un dépassement de soi exemplaire (voir la rubrique « Point de mire » ci-dessous).

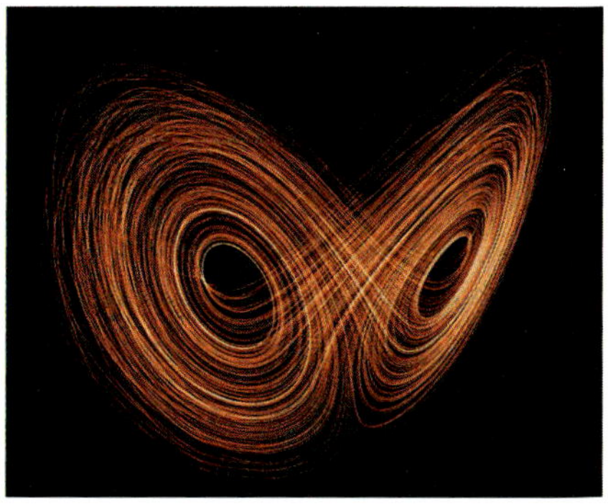

Illustration de l'effet papillon Un événement peut provoquer des conséquences en chaîne : c'est ce qu'illustre l'effet papillon. Comment cet effet s'applique-t-il en psychologie du développement? Dans la vie d'une personne, des événements dans un domaine risquent d'influer sur d'autres domaines, de même que des événements dans le système politique d'un pays peuvent influer sur la vie des individus.

L'effet papillon

L'analyse multidirectionnelle établit, entre autres choses, qu'on ne devrait pas juger immédiatement de la direction et de la force d'un changement. De petits changements peuvent avoir des effets importants, parce que tout changement influe sur un système dynamique : c'est ce qu'on appelle l'**effet papillon**, d'après l'exposé que fit, en 1972, le météorologue Edward Lorenz (1917–2008), sur le thème « Un battement d'ailes de papillon au Brésil peut-il déclencher une tornade au Texas ? ».

Toutefois, attention, il n'y a pas là l'établissement d'une relation de causalité, mais seulement l'évocation de conditions initiales susceptibles de voir s'enchaîner une suite d'événements. Lorenz affirmait qu'un battement d'ailes de papillon peut également empêcher une tornade ! Ce point de vue sur l'effet papillon a été par la suite nuancé.

La possibilité qu'une petite intervention ait d'importantes conséquences peut s'appliquer aux pensées et aux actions des gens (Masterpasqua et Perna, 1997). Par exemple,

Effet papillon Idée voulant qu'un effet ou une chose anodine peut avoir des conséquences importantes s'il provoque un déséquilibre et entraîne d'autres changements qui créent un grand bouleversement.

POINT DE MIRE

Terry Fox : une perte engendre parfois un gain

Athlète canadien et jeune homme impliqué dans la cause du traitement du cancer, Terrance Stanley Fox (28 juillet 1958–28 juin 1981) est considéré comme un des héros canadiens du XXe siècle.

Très actif et sportif durant son adolescence, Terry n'a que 18 ans lorsque les médecins diagnostiquent un sarcome ostéogénique (cancer des os) et amputent sa jambe droite.

Durant son séjour à l'hôpital, Terry est très affecté par la terrible souffrance des autres patients qui sont, eux aussi, atteints du cancer ; plusieurs d'entre eux ne sont que des enfants. C'est à ce moment qu'il décide de courir d'un bout à l'autre du Canada afin de recueillir des fonds pour la recherche sur le cancer. Il appellera cet exploit le Marathon de l'Espoir. La perte d'un membre lui a permis de prendre conscience des souffrances d'autres personnes et d'agir sur un large plan pour trouver des solutions éventuelles au problème.

Dix-huit mois et 5000 km d'entraînement plus tard, Terry commence son marathon à Terre-Neuve, le 12 avril 1980. Avec une jambe artificielle, Terry traverse les provinces atlantiques du Canada, le Québec et l'Ontario à raison de 42 km par jour. Malheureusement, le 1er septembre, après avoir parcouru 5373 km en 143 jours, Terry doit s'arrêter, car le cancer est réapparu dans ses poumons. Il meurt le 28 juin 1981, à l'âge de 22 ans.

Chaque année, la Journée Terry Fox est organisée dans de nombreux points du globe afin de recueillir des fonds pour la recherche sur le cancer. Malgré sa perte sur le plan physique, Terry a réalisé un dépassement de soi exemplaire. D'autres suivent le chemin qu'il a ouvert et continuent d'œuvrer pour une cause.

Source : Terry Fox et la Fondation, « Terry Fox & La Fondation Terry Fox », [en ligne], [s.d.]. [https://www.terryfox.org/Foundation/index_Fr.html] (9 novembre 2009).

Le contexte social Il s'agit de l'ensemble des environnements physiques et sociaux dans lesquels l'individu évolue. Il comprend non seulement les personnes, mais également les environnements créés (les pièces d'une maison, les maisons d'un quartier, les bâtiments scolaires, etc.). Tous ces éléments composent un environnement susceptible de favoriser le développement d'une personne et d'entraver celui d'une autre.

les applaudissements d'un auditoire de parents enthousiastes à la fin d'un spectacle donné par des élèves du primaire susciteront peut-être une vocation d'artiste chez l'un ou l'autre d'entre eux, tout comme l'intervention chaleureuse d'une éducatrice en garderie peut modifier le comportement difficile d'un enfant. Bien sûr, la plupart des battements d'ailes de papillon restent sans effet directement évaluable, comme les applaudissements à un seul spectacle ou une seule intervention de l'éducatrice. L'effet papillon signifie que l'événement le plus anodin pourrait avoir des répercussions énormes, non qu'il en a nécessairement.

Le développement est multicontextuel

On a parfois tendance à considérer le développement dans l'optique d'un phénomène interne, c'est-à-dire comme la résultante de facteurs génétiques, de la maturation (processus biologiques génétiquement programmés), de progrès intellectuels et de choix personnels. Or, la personne est également influencée par des forces externes qui orientent son développement : l'environnement physique (le climat, le niveau de bruit, la densité de la population), les interactions sociales, les modèles familiaux, les conditions socioéconomiques, le climat politique, entre autres. L'ensemble de ces forces externes constitue ce que l'on appelle le *contexte social* du développement (voir la rubrique « Point de mire » ci-dessous).

Intéressons-nous à trois composantes du contexte social du développement : le contexte familial, le contexte historique et le contexte socioéconomique.

Le contexte familial

La complexité des interrelations dynamiques qui tissent le contexte social devient évidente quand on en examine l'unité fondamentale : la famille. L'influence du contexte familial dépend d'une multitude de facteurs. De fait, certains facteurs relèvent du milieu familial lui-même, des caractéristiques telles que le nombre d'enfants et de

POINT DE MIRE

Les nombreuses influences du contexte social

Puisque le développement de la personne est tributaire de nombreux aspects contextuels, il est important de comprendre les influences possibles de chacun. Il faut cependant se garder d'expliquer la personnalité, les aptitudes et les actions d'un individu en reliant son comportement à un seul de ces contextes. Nous sommes tous poussés dans des directions différentes par toutes sortes d'influences dont la puissance varie selon la personne, la situation, la famille, le degré d'instruction, etc. Bref, nul ne correspond exactement à la moyenne statistique de sa génération, de sa classe sociale ou de sa culture. Chacun de nous présente des écarts inattendus par rapport à des généralisations en apparence crédibles ; ces particularités individuelles valent d'être reconnues et étudiées avec rigueur.

D'un pays à l'autre : des regards différents Ces deux photos illustrent de manière éloquente que les méthodes d'éducation traduisent certaines des valeurs et besoins d'une société.

parents, leur âge, la présence d'autres adultes et surtout le climat affectif qu'engendrent les interactions entre ces personnes. Chaque relation au sein de la famille (entre conjoints, parents et enfants, frères et sœurs, conjoints et beaux-parents) se répercute sur ses membres, et toutes ces relations influent les unes sur les autres.

L'impact des relations familiales Le contexte familial influe sur le développement en fonction de divers facteurs : le nombre d'enfants, les principes d'éducation, le climat affectif, l'implication des grands-parents, etc. La tendresse d'une grand-mère à l'égard de son petit-fils est un atout précieux pour leur développement à tous les deux !

À VOUS LES COMMANDES 1.3

Les relations dans votre famille

1. Décrivez votre famille :
   a) en nommant les personnes ;
   b) en qualifiant par deux adjectifs la relation entre chacune d'elles.
2. Dans une situation typique (les repas, par exemple), observez comment un comportement de l'un influe sur celui des autres. Expliquez les enchaînements d'influence.

On comprend donc l'intérêt d'une approche contextuelle qui vise à appréhender l'ensemble des interactions familiales et à présenter chaque membre à la fois comme « une victime et un architecte » des éventuels problèmes familiaux (Supplee, Unikel et Shaw, 2007 ; Kerr et coll., 2009 ; Laurent, Kim et Capaldi, 2008 ; Leve, Kim et Pears, 2005). On ne saurait cependant s'arrêter aux limites de la famille, car celle-ci entretient des relations réciproques avec d'autres acteurs et composantes du contexte social qui peuvent l'influencer (Bronfenbrenner, 1986), comme les groupes de pairs et d'amis, le milieu scolaire, le milieu de travail .

Le contexte historique

À chaque époque, les idées reçues, les événements marquants, les techniques en usage, les tendances populaires, les médias modèlent la vie et la pensée des individus. Même le choix des prénoms donnés aux enfants semble être influencé par des facteurs historiques (voir la rubrique « Point de mire » à la page suivante).

Vos attitudes à l'égard du travail, de la sécurité d'emploi, de l'argent et de l'indépendance sont-elles très différentes de celles de vos parents et de vos grands-parents ? Probablement, car ces attitudes dépendent en partie du contexte économique qui prévaut au moment de l'atteinte de l'âge adulte : crise économique et précarité de l'emploi ou prospérité financière.

La recherche sur le contexte historique révèle que l'idée que l'on se fait de ce que devrait être l'ordre des choses dépend fortement de la **cohorte** à laquelle on appartient. Chaque cohorte développe une certaine vision commune des choses.

Cohorte Groupe de personnes nées à quelques années d'intervalle et exposées aux mêmes conditions historiques et sociales ; elles ont tendance à partager des perspectives similaires.

Construits sociaux Conceptions de l'ordre des choses qui reposent sur des perceptions communes aux membres d'une société et non sur une réalité objective.

Ces conceptions, qui reposent sur des perceptions communes et non sur une réalité objective, sont des **construits sociaux**. On n'a qu'à songer, par exemple, aux changements survenus dans de nombreuses sociétés par rapport aux attentes sociales liées aux rôles des femmes et des hommes.

Par exemple, en 1960, au Québec, on comptait deux fois plus de garçons que de filles dans les collèges et les universités ; depuis les années 1980, les filles y sont plus nombreuses que les garçons. En 2006, chez les 25-64 ans, 51,6 % des titulaires d'un grade universitaire étaient des femmes (Institut de la statistique du Québec, 2009).

L'idée de l'enfance et de l'adolescence qu'on se fait aujourd'hui est un autre exemple de construit social moderne. Il n'y a pas si longtemps — et c'est encore aujourd'hui le cas dans certaines sociétés —, les enfants faisaient l'objet de soins jusqu'à ce qu'ils puissent se suffire à eux-mêmes (soit jusqu'à l'âge de 7 ans environ), après quoi ils entraient

POINT DE MIRE

Votre prénom est-il influencé par l'année de votre naissance ?

Les tableaux ci-dessous présentent les cinq prénoms les plus courants pour les garçons et les filles au cours de quatre périodes au Québec.

Prénoms de garçons les plus courants

Rang	1800-1804	1900-1904	2000-2004	2008
1	Joseph	Joseph	William	Thomas
2	Pierre	Albert	Samuel	William
3	François	Henri	Jérémie	Gabriel
4	Louis	Arthur	Gabriel	Samuel
5	Jean-Baptiste	Émile	Zacharie	Alexis

Prénoms de filles les plus courants

Rang	1800-1804	1900-1904	2000-2004	2008
1	Marie	Yvonne	Mégane	Léa
2	Marguerite	Alice	Laurie	Florence
3	Julie	Germaine	Ariane	Rosalie
4	Angélique	Jeanne	Noémie	Laurence
5	Louise	Marie	Sarah	Emma

Sources: Régie des rentes du Québec, « Selon une compilation de la Régie des rentes du Québec, Léa et William ont été les prénoms les plus populaires en 2007 », [en ligne], 14 avril 2008. [http://www.rrq.gouv.qc.ca/fr/regie/salle_presse/2008/Pages/14042008.aspx] (10 novembre 2009) ; Louis Duchesne, « Les 20 prénoms les plus populaires par période de 5 ans depuis 1800 », [en ligne], [s.d.]. [http://lesprenoms.net/lustrehf18901998.htm] (10 novembre 2009).

dans le monde des adultes, commençaient à travailler aux champs ou au foyer et occupaient leur temps de loisir de la même façon que les adultes. De même, la notion d'adolescence, c'est-à-dire une période entre l'enfance et l'âge adulte caractérisée par la remise en question des valeurs, l'adhésion au groupe de pairs et la recherche de l'identité, ne répond pas aux mêmes réalités partout dans le monde.

Le contexte socioéconomique

Le **statut socioéconomique**, ou **classe sociale**, est un autre contexte qui influe sur le développement humain. Le statut socioéconomique ne correspond pas uniquement à la situation financière ; il comprend l'ensemble des avantages et désavantages, des possibilités et limites qui y sont liés. On en prend la mesure au moyen de **variables** interdépendantes comme le revenu, l'éducation, le lieu de résidence et l'occupation.

Les ouvertures qu'offre une éducation supérieure ont des répercussions sur le développement, car celle-ci touche le développement d'habiletés cognitives, entre autres, de même que les choix de vie professionnels et personnels.

Statut socioéconomique ou **classe sociale** Indicateur fondé principalement sur le revenu, l'éducation, le lieu de résidence et l'occupation.

Variables Facteurs ou conditions qui influent ou peuvent influer sur le comportement d'un individu ou d'un groupe.

À VOUS LES COMMANDES 1.4

Statuts socioéconomiques différents : avantages et désavantages

William et Samuel sont deux étudiants du collégial ; le premier vient d'un milieu socioéconomique défavorisé ; le second, d'un milieu bien nanti.

1. En fonction de leur statut socioéconomique respectif, notez trois avantages ou possibilités et trois désavantages ou limites associés à chacune de leur situation.
2. Quels défis William et Samuel auront-ils chacun à relever ? Quelles stratégies et ressources chacun pourrait-il utiliser pour maximiser ses possibilités d'atteindre ses objectifs ?

Les statisticiens des gouvernements mesurent souvent le statut socioéconomique en fonction du seul revenu familial (en tenant compte de l'inflation et de la taille de la famille). Le fait de considérer uniquement cette donnée constitue une méthode simpliste mais utile pour saisir la situation des ménages vivant sous le seuil de la pauvreté. En effet, un revenu familial insuffisant dénote et engendre à la fois un contexte où la restriction des possibilités et la force des pressions rendent la vie beaucoup plus difficile qu'aux échelons supérieurs de l'échelle socioéconomique (Institut de la statistique du Québec, 2003).

De fait, le statut socioéconomique s'accompagne d'avantages et d'inconvénients, de possibilités et de contraintes, qui ont une incidence, à tous les âges de la vie, sur le logement, l'alimentation, le savoir et les habitudes de vie. Si, de toute évidence, un faible revenu limite les possibilités, d'autres facteurs (dont l'éducation, la maladie) peuvent

POINT DE MIRE

Les enfants de la guerre : un contexte social difficile

Des événements comme les guerres, les famines, les migrations forcées bouleversent la vie de millions d'enfants et hypothèquent leur développement. Certains chercheurs estiment que la moitié des 50 millions de personnes actuellement déplacées par les explosions de violence sur notre planète sont des enfants.

On peut comprendre que les enfants sont particulièrement vulnérables aux effets tragiques de la guerre. Et lorsqu'ils trouvent asile chez nous, on cherche à déterminer quels sont leurs besoins physiques, mais on accorde aussi « de plus en plus d'importance aux besoins psychologiques associés aux séquelles du conflit armé, de la fuite et de la relocalisation dans un nouveau pays »[1].

Bien sûr, les besoins psychologiques varient selon le stade de développement de l'enfant. L'âge détermine en effet la manière dont il comprend les événements traumatisants, sa réaction face à ces situations de même que sa façon de considérer l'offre d'aide.

Certains chercheurs proposent une classification des symptômes et des réactions fréquentes, vécus à des degrés divers, selon trois groupes d'âge : âge préscolaire, âge scolaire et adolescence.

De nombreux enfants d'âge préscolaire présentent des symptômes d'attachement anxieux et d'anxiété face à la séparation ainsi que des comportements régressifs, tels que la perte d'habiletés récemment acquises ou des cauchemars.

À l'âge scolaire, l'enfant peut parfois présenter des difficultés de concentration, des troubles d'apprentissage, de l'insomnie, de l'anxiété, de l'agressivité ou de la dépression.

À l'adolescence, les changements corporels et affectifs augmentent la vulnérabilité aux situations traumatisantes. Les symptômes les plus courants sont des comportements autodestructeurs ou à risque, le repli sur soi, les problèmes d'ordre psychosomatique. Par contre, beaucoup d'adolescents peuvent aussi paraître plus mûrs que les autres jeunes de leur âge puisqu'ils doivent souvent apaiser la détresse des parents.

Dans de telles situations, des interventions s'avèrent nécessaires. Pour être efficaces, elles doivent intégrer une approche préventive qui tient compte de la diversité des facteurs : affectifs, sociaux, économiques, culturels et développementaux.

1. E. Ehrensaft, M. Kapur et M. Tousignant, « Les enfants de la guerre et de la pauvreté dans le Tiers-Monde », dans Emmanuel Habimana (dir.), *Psychopathologie de l'enfant et de l'adolescent – Approche intégrative*, Montréal, Gaëtan Morin, 1999.

Les conséquences du milieu L'environnement où vivent ces deux enfants sous-tend un faible milieu socioéconomique, ce qui nuira à leur santé et inévitablement à leur développement.

Culture Ensemble des valeurs, des attitudes, des coutumes et des objets dont se dotent les membres d'un groupe pour structurer leur mode de vie.

atténuer ou accentuer les aspects éprouvants de la pauvreté. Quand, de surcroît, les conditions politiques se détériorent au point de créer une situation de guerre, alors les séquelles deviennent souvent irréversibles et entraînent des obstacles majeurs au développement d'une personne (voir la rubrique « Point de mire » à la page 11).

Le développement est multiculturel

La **culture** exerce une influence constante sur le développement humain. Pour les spécialistes des sciences sociales, le terme *culture* désigne l'ensemble des valeurs, des attitudes, des coutumes et des objets (vêtements, habitations, aliments, outils, œuvres d'art, etc.) dont un groupe se dote au fil des ans et qui structure son mode de vie. La culture fait donc référence aux modèles de comportement qui sont transmis de génération en génération et auxquels un groupe social se réfère au quotidien (Cole, 2005).

Or, les cultures sont dynamiques. Elles évoluent constamment parce que les enfants s'opposent à certaines valeurs traditionnelles et que les adultes abandonnent certaines facettes de leur culture en réaction à des changements historiques, politiques, géographiques ou familiaux (Smedley et Smedley, 2005). En fait, chaque cohorte expérimente, puis transmet une culture différente de celle qui lui a été transmise par les générations précédentes.

Par ailleurs, de plus en plus d'humains subissent l'influence de plusieurs cultures. Dans un pays multiethnique comme le Canada, par exemple, de nombreuses personnes ont un héritage multiculturel et fonctionnent non seulement au rythme de la culture dominante, mais également en fonction d'une variété de cultures et de sous-cultures, qu'elles soient de nature régionale, ethnique, scolaire ou autre.

Les caractéristiques du développement humain que nous avons décrites montrent bien que nul n'est un exemple-type de sa cohorte, de son statut socioéconomique ou de sa culture. Nous sommes tous poussés dans des directions différentes, influencés à divers degrés dans des domaines différents et par des contextes variés.

Une question de culture Faire travailler de très jeunes enfants demeure une pratique répandue dans de nombreuses régions du monde. Selon l'Organisation internationale du travail, quelque 246 millions d'enfants de 5 à 17 ans travaillent partout dans le monde, souvent pour un salaire dérisoire. Ci-contre, de petits employés d'un atelier de broderie au Pakistan.

La démarche scientifique en psychologie du développement

Dans l'étude scientifique du développement humain, les chercheurs appliquent une démarche rigoureuse, qui s'effectue par étapes et qui vise à favoriser l'objectivité. Ils posent des questions pertinentes, émettent des hypothèses, puis recueillent et analysent systématiquement des données objectives susceptibles de fournir des réponses. De nouvelles études viennent réfuter, confirmer et approfondir les résultats antérieurs. Bref, les chercheurs utilisent la **démarche scientifique**.

Démarche scientifique Ensemble des procédés de recherche consistant à formuler une hypothèse, à recueillir des données à l'aide de méthodes rigoureuses et objectives, à vérifier l'hypothèse et à tirer des conclusions à partir des résultats obtenus et des théories existantes.

Les chercheurs disposent de plusieurs moyens pour tester une hypothèse. Ils peuvent observer les sujets soit dans leur milieu naturel, soit en laboratoire, ou encore les soumettre à des conditions contrôlées. Ils peuvent comparer deux groupes ou corréler deux caractéristiques pour déterminer si elles sont unies par un lien quelconque. Ils choisissent d'interroger des centaines, voire des milliers de sujets, de poser des questions très fouillées à des dizaines de personnes ou d'étudier une vie unique dans ses moindres détails.

Les méthodes de recherche

Les spécialistes du développement utilisent diverses méthodes de recherche selon la nature même des questions auxquelles ils tentent de trouver des réponses.

Parmi les méthodes de recherche utilisées en psychologie du développement, on retrouve :

- l'étude de cas ;
- l'observation systématique ;
- l'enquête ;
- la recherche corrélationnelle ;
- la recherche expérimentale.

L'étude de cas

L'**étude de cas** est une méthode de recherche qui mène à l'analyse des besoins individuels et à l'évaluation de la qualité de l'interaction de l'individu avec son environnement. Elle consiste à rapporter en détail, à partir d'entrevues, les antécédents, les attitudes, le comportement, les pensées, les émotions d'une seule personne ou d'un très petit groupe de personnes qui présentent des caractéristiques particulières. Le fait d'étudier en profondeur la situation d'une personne âgée qui éprouve des difficultés à vivre seule est un exemple d'étude de cas.

Étude de cas Méthode de recherche qui consiste à rapporter en détail les antécédents, les attitudes, le comportement, les pensées et les émotions d'une seule personne ou d'un très petit groupe.

L'observation systématique

Les scientifiques ont également recours à l'**observation systématique**, c'est-à-dire qu'ils regardent et notent ce que font les gens dans des circonstances précises. L'observation peut se dérouler dans un laboratoire spécialement aménagé à cette fin (possiblement avec un miroir sans tain) ou dans un milieu familier tel que la maison, l'école, le terrain de jeu, la rue ou le lieu de travail. L'observateur tente généralement de se faire discret afin que les sujets observés agissent de la façon la plus naturelle et spontanée possible.

Observation systématique Méthode de recherche qui consiste à examiner discrètement, à partir d'une grille, le comportement de sujets dans leur milieu habituel ou dans un laboratoire.

L'enquête

L'**enquête** est une méthode de recherche qui consiste à étudier les comportements, opinions, attitudes d'un grand nombre de personnes représentatives d'une population

Enquête Méthode de recherche qui consiste à étudier les comportements, opinions, attitudes d'un grand nombre de sujets représentatifs d'une population donnée au moyen de questionnaires ou d'entrevues individuelles.

Entrevue Procédé de recherche qui consiste à poser des questions précises à un sujet à propos de ses opinions ou de ses expériences.

donnée, à l'aide de questionnaires ou d'entrevues individuelles. L'**entrevue** consiste à poser une série de questions à un sujet, soit en personne, soit au téléphone, en vue de se renseigner sur ses connaissances, ses opinions, ses comportements ou ses caractéristiques personnelles.

La recherche corrélationnelle

Corrélation En statistique, correspondance entre deux séries de mesures portant sur deux ou plusieurs variables.

Le mot **corrélation** désigne un lien entre deux ou plusieurs variables. Ce terme statistique signifie qu'il est probable ou, au contraire, improbable qu'une variable se manifeste en même temps que l'autre. Il existe, par exemple, une corrélation entre la taille et le poids : plus une personne est grande, plus elle est pesante. Il existe également une corrélation entre la richesse et l'éducation.

Toutefois, la corrélation entre l'éducation et la richesse ne signifie pas que l'instruction rend quelqu'un riche : une corrélation n'équivaut pas à une causalité. Par ailleurs, il existe peut-être une autre variable, comme l'intelligence ou le milieu familial, qui expliquerait à la fois la prospérité et la scolarité.

La recherche expérimentale

Expérimentation Procédé scientifique contrôlé qui consiste à modifier volontairement une variable et à observer les effets de cette manipulation sur une autre variable.

L'**expérimentation** permet de vérifier une hypothèse qui prédit un lien de cause à effet de manière contrôlée : le chercheur limite le nombre de variables de manière à pouvoir les manipuler. En règle générale, l'expérimentateur expose des sujets à la variable étudiée (comme un comportement maternel ou paternel, une nouvelle technique d'enseignement, un régime alimentaire, une situation sociale), puis mesure leur réaction.

Les types d'études pour analyser les changements dans le temps

Pour comprendre le développement proprement dit, les scientifiques doivent découvrir pourquoi et comment les gens changent ou restent les mêmes au fil du temps. Pour ce faire, ils utilisent plusieurs types d'études :

- l'étude transversale, qui permet de comparer, à un moment donné, des groupes de personnes d'âges différents ;
- l'étude longitudinale, qui permet de suivre les mêmes personnes durant une période de temps donnée ;

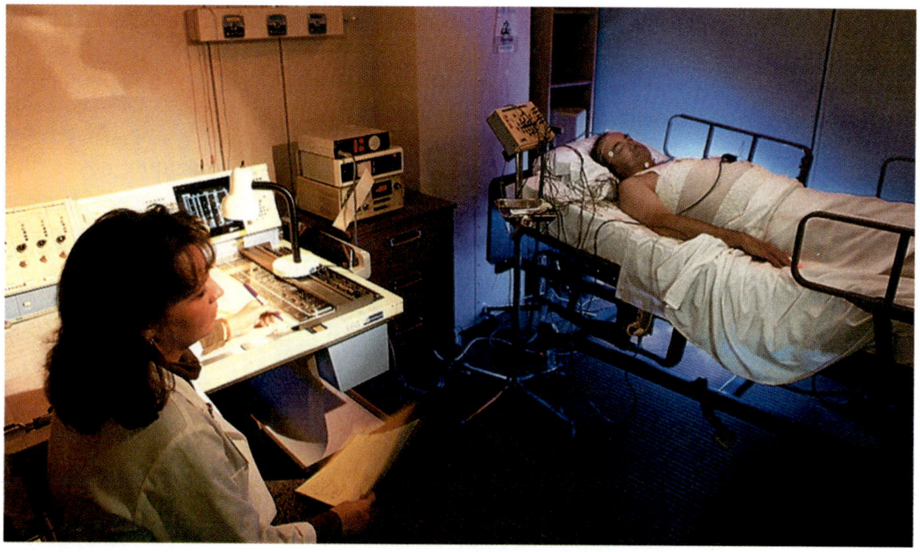

La recherche expérimentale Dans cette étude sur le sommeil, les chercheurs déterminent les facteurs qui favorisent ou inhibent le sommeil réparateur. Ils donnent aux sujets toutes sortes de moyens de dormir (des médicaments sur ordonnance au verre de lait chaud en passant par l'exercice physique quotidien), puis mesurent leur activité cérébrale et physiologique ainsi que leur type de sommeil. La démarche qui préside à cette expérimentation est la même pour toutes les recherches expérimentales.

- l'étude séquentielle comparative (par cohortes), qui est un hybride des études transversale et longitudinale, permettant d'en tirer le maximum d'avantages.

La figure 1.2 représente graphiquement ces types d'études.

À l'intention des futurs chercheurs
Quel est le meilleur type d'étude ?

L'étude transversale

Le moyen le plus accessible et, par le fait même, le plus répandu d'étudier le développement est l'**étude transversale**. Ce type d'étude consiste à examiner une caractéristique chez des gens différents sur le plan de l'âge, mais semblables à d'autres points de vue importants, comme le niveau de scolarité, le statut socioéconomique, l'origine ethnique, etc. Le chercheur découvre-t-il une variation de la caractéristique à l'étude entre les groupes d'âge ? Il peut alors émettre l'hypothèse que cette variation est due à des modalités du développement liées à l'âge. De là à l'affirmer, cependant, il y a un pas qu'il ne faut pas franchir trop vite, car il est très difficile de s'assurer que les groupes comparés ont tout en commun sauf l'âge.

Étude transversale En psychologie du développement, étude qui consiste à comparer, à un moment donné, une caractéristique chez des groupes différents sur le plan de l'âge, mais homogènes à plusieurs autres points de vue.

De plus, les résultats de toutes les études transversales traduisent dans une certaine mesure des différences entre cohortes, c'est-à-dire qu'il y a des effets liés au contexte historique plutôt qu'à l'âge chronologique. La vision du développement qui ressort des études transversales ne favorise pas la compréhension de la continuité du développement.

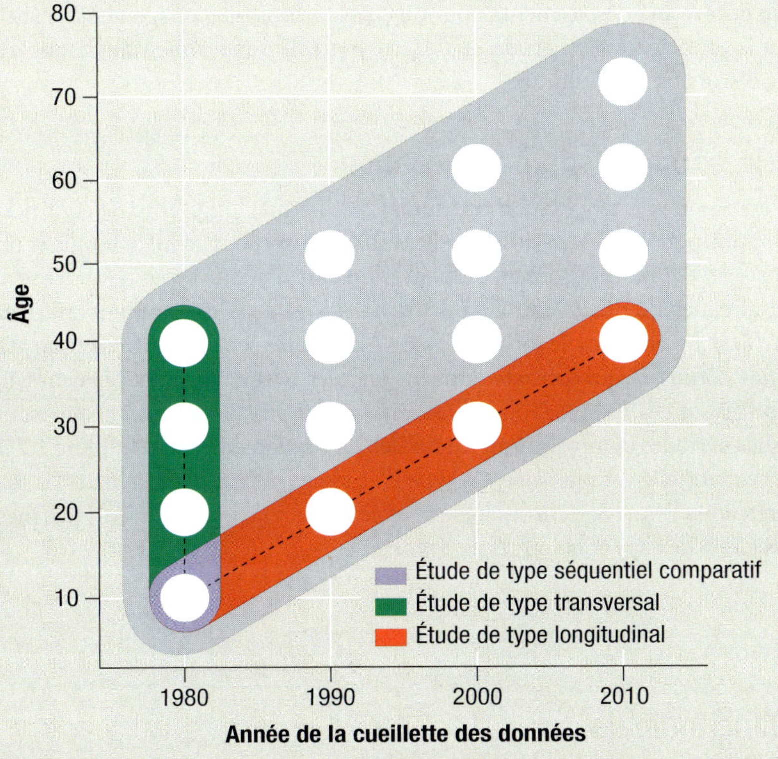

Source : G.J. Craig et Don Baucum, *Human Development*, Prentice Hall, Upper Saddle River (N.J.) 2002. © 2002 Pearson Education, Inc. Reproduit avec l'autorisation de Pearson Education, Inc.

FIGURE 1.2 Les études transversale, longitudinale et séquentielle comparative La ligne diagonale (voir la ligne du bas encerclée en rouge) représente les études longitudinales, et la colonne (voir la colonne de gauche encerclée en vert) correspond aux études transversales. L'ensemble de l'illustration (portion en gris) est de type séquentiel comparatif et montre quatre cohortes faisant l'objet d'une étude à quatre moments distincts.

Les avantages de ce type d'étude concernent surtout l'économie de temps et d'argent. De plus, l'obtention rapide des résultats permet aux chercheurs d'en faire l'analyse et de publier, dans des délais relativement courts, leurs rapports de recherche dans des revues spécialisées.

L'étude longitudinale

Étude longitudinale En psychologie du développement, étude qui consiste à étudier à différents âges les mêmes personnes afin de mesurer ce qui change et ce qui reste stable au cours de leur vie.

Une **étude longitudinale** consiste à étudier les mêmes personnes pendant une longue période et à analyser l'évolution d'une caractéristique, ou de plusieurs, au fil du temps. Ce type d'étude permet, en éliminant l'effet de cohorte — puisque ce sont les résultats obtenus à différents moments de la vie des mêmes personnes qui sont comparés —, de déterminer si un changement apparent est attribuable à l'âge ou à une autre variable sociale ou historique.

L'étude longitudinale est particulièrement propice à la compréhension de phénomènes qui s'étendent sur plusieurs années (Elder et Shanahan, 2006) et constitue manifestement, selon certains, « l'outil de choix pour l'étude du développement » (Cairns et Cairns, 1994). Elle a notamment permis aux chercheurs de faire la lumière sur de nombreux sujets, dont ceux présentés dans la rubrique « Point de mire » ci-dessous.

Mortalité expérimentale Perte ou défection de sujets due à un changement dans la situation des personnes participant à une recherche : décès, déménagement, désintérêt, refus pour diverses raisons (diminution des habiletés physiques ou cognitives), etc.

Ce type d'étude n'en comporte pas moins d'importants inconvénients : il nécessite énormément de temps et d'argent. Un deuxième inconvénient concerne l'effet d'entraînement, ou effet de familiarité, avec la procédure de test. Mentionnons aussi que la **mortalité expérimentale** entraîne une diminution du nombre de sujets due aux décès ou encore aux désistements pour diverses raisons (déménagement, perte d'intérêt pour la participation à l'étude, etc.). Cette mortalité expérimentale risque d'entraîner une distorsion des résultats.

L'étude séquentielle comparative

Étude séquentielle comparative ou **étude par cohortes** En psychologie du développement, étude qui consiste à suivre des sujets d'âges différents pendant une longue période en vue de distinguer les différences liées à l'âge de celles liées à la cohorte.

Nous venons de voir que l'étude transversale et l'étude longitudinale sont des outils que les scientifiques utilisent pour étudier le développement au fil du temps et que chaque type a des défauts que l'autre compense. Puisque ces deux types d'études sont complémentaires, les scientifiques ont trouvé divers moyens de les combiner (Hartmann et Pelzel, 2005). Le plus simple de ces moyens est l'**étude séquentielle comparative**, ou **étude par cohortes**, qui consiste dans un premier temps à étudier plusieurs groupes dont les âges sont différents (approche transversale), puis à suivre ces groupes pendant de longues périodes (approche longitudinale). La portion en gris de la figure 1.2 illustre l'étude séquentielle comparative. Ce type d'étude permet aux chercheurs de départager les résultats liés à l'âge chronologique et ceux liés à la période historique, mesurant ainsi les effets de l'âge et les effets de cohorte.

POINT DE MIRE

Quelques découvertes de l'étude longitudinale

- **L'adaptation des enfants au divorce** Les conséquences néfastes perdurent, parfois jusqu'à l'âge mûr, mais pas pour tous (Amato et Afifi, 2006 ; Hetherington et Kelly, 2002).
- **La prévention de la délinquance** Une attitude parentale patiente envers des enfants de 5 ans, qui privilégie la conversation plutôt que les châtiments corporels, réduit la probabilité de délinquance 10 ans plus tard (Pettit, 2004).
- **La constance de la personnalité** La personnalité ne change pas beaucoup au fil des décennies de l'âge adulte. Une jeune adulte extravertie et aimable a de fortes chances de devenir une grand-mère extravertie et conciliante (Caspi et Shiner, 2006 ; McCrae et Costa, 2003).

Par exemple, une étude séquentielle comparative révèle que certaines aptitudes cognitives (comme celles liées au vocabulaire) s'améliorent au cours de l'âge adulte alors que d'autres (comme celles liées à la vitesse de réflexion) commencent à décliner vers l'âge de 30 ans (Schaie, 2005a, 2005b). Cette étude révèle aussi que le déclin de la compétence en mathématiques est plus étroitement lié à l'éducation qu'à l'âge, une découverte que ni l'étude transversale ni l'étude longitudinale n'ont permis de mettre à jour.

Le tableau 1.1 présente les caractéristiques des études transversale, longitudinale et séquentielle comparative.

Nous avons présenté dans ce chapitre certains concepts pour bien comprendre ce à quoi s'intéresse l'étude du développement humain. Nous avons également décrit des outils qu'utilisent les chercheurs en développement : quelques méthodes de recherche et types d'études. Le prochain chapitre s'intéresse aux théories qui fournissent aux psychologues des modèles explicatifs du développement humain.

Réponse aux futurs chercheurs (de la page 15) Aucun type n'est meilleur qu'un autre. Le type d'étude choisi dépend de nombreux facteurs, dont le but de la recherche, l'âge des participants (les bébés ne peuvent remplir un questionnaire !), l'objet de la recherche et l'échéancier. Cependant, il est à noter que l'étude séquentielle comparative est l'approche la plus complexe et la plus longue, mais elle est aussi celle qui donne la meilleure information sur le développement.

TABLEAU 1.1 **Les caractéristiques des études transversale, longitudinale et séquentielle comparative**

	Étude transversale	Étude longitudinale	Étude séquentielle comparative
Caractéristiques	• La plus répandue • Groupes de sujets d'âges différents • Analyse d'une ou de plusieurs caractéristiques à un moment donné	• Mêmes groupes de sujets évalués à différents âges • Analyse du développement d'une ou de plusieurs caractéristiques en comparant des résultats obtenus par les mêmes sujets à des périodes différentes de leur vie	• Groupes de sujets d'âges différents évalués sur une longue période • Analyse du développement d'une ou de plusieurs caractéristiques en distinguant les effets liés à l'âge des effets liés à la cohorte
Avantages	• Économie de temps et d'argent	• Comparaison des sujets avec eux-mêmes • Possibilité de contrôler l'effet de cohorte	• Comparaison à la fois transversale et longitudinale • Grande fiabilité des résultats • Bon degré de généralisation
Inconvénients	• Différences des résultats entre les groupes possiblement liées à la cohorte • Manque de mise en lumière de la continuité du développement	• Effets de la familiarité avec la procédure de test • Distorsion des résultats liée à la mortalité expérimentale • Étude longue et coûteuse	• Difficultés similaires à celles des études transversale et longitudinale, mais plus facilement identifiées

Synthèse

Qu'est-ce que la psychologie du développement?

1. La psychologie du développement est l'étude scientifique des caractéristiques changeantes et immuables au cours de la vie. Elle vise à décrire les êtres humains de façon à voir ce qui les distingue tout en faisant ressortir leurs similitudes. Les connaissances dans ce domaine proviennent de l'analyse critique de données obtenues lors de recherches menées selon une méthodologie rigoureuse.

2. L'étude du développement, qui met à contribution de nombreuses disciplines (biologie, éducation, neuroscience...) en vue d'en avoir une vision plus large et une compréhension plus approfondie, s'intéresse principalement à trois domaines du développement humain : biosocial, cognitif et psychosocial. Le domaine biosocial explore la croissance et la santé ; le domaine cognitif se rapporte au développement des opérations mentales ou intellectuelles tandis que le domaine psychosocial touche les émotions, la personnalité et les relations interpersonnelles. Bien que ces domaines soient présentés séparément, ils sont bel et bien en interrelation dans la réalité. Par exemple, l'état nutritionnel d'un nourrisson (biosocial) influe sur sa capacité d'apprentissage (cognitif) et sur ses expériences sociales (psychosocial).

Trois caractéristiques du développement humain

3. Le développement n'est pas statique, mais dynamique. Il prend toutes sortes de directions (caractère multidirectionnel). Il implique des gains et des pertes, et reflète l'importance que peuvent prendre des changements insoupçonnés (effet papillon). Une perte peut engendrer un gain, par exemple un problème de santé peut déboucher sur un dépassement de soi exemplaire. De plus, un petit changement peut engendrer ou neutraliser d'importantes conséquences.

4. Le développement d'une personne est influencé par l'ensemble des environnements physiques et sociaux dans lesquels elle évolue (caractère multicontextuel). Le contexte social comprend notamment le contexte familial, le contexte historique et le contexte socioéconomique. Le milieu familial inclut les parents, la fratrie et les interactions entre ses membres. L'importance du contexte historique ressort chez les membres d'une même cohorte : les individus d'un même groupe d'âge, soumis aux mêmes contextes sociaux, ont en effet une vision commune des choses, ce qui exerce une influence sur leur développement. Enfin, le statut socioéconomique d'un individu ou de sa famille, soit le revenu, l'éducation, le lieu de résidence et l'occupation, a des effets sur le développement.

5. La culture désigne l'ensemble des valeurs, des attitudes, des coutumes et des objets dont un groupe se dote au fil des ans et qui structure son mode de vie. Les cultures sont dynamiques : elles changent et se développent avec les nouvelles générations. Le développement d'une personne relève également de l'influence d'une variété de cultures et de sous-cultures, qu'elles soient de nature régionale, ethnique, scolaire ou autre (caractère multiculturel).

La démarche scientifique

6. La démarche scientifique repose sur une méthodologie rigoureuse pour évaluer un sujet donné dans le but de développer des connaissances et des théories sur ce dernier. Les chercheurs posent d'abord une question de recherche ou formulent une hypothèse, qu'ils doivent confirmer ou infirmer à l'aide de méthodes de recherche.

7. Plusieurs méthodes de recherche peuvent être utilisées selon l'hypothèse ou la question à évaluer : l'étude de cas, l'observation systématique, l'enquête, la recherche corrélationnelle et la recherche expérimentale. Par exemple, l'étude de cas consiste à rapporter en détail, à partir d'entrevues, les antécédents, les comportements, les pensées, les émotions d'une seule personne ou d'un très petit groupe de personnes alors que l'enquête évalue les comportements, les opinions et les attitudes d'un grand nombre de personnes.

8. Une fois la méthode choisie, les chercheurs déterminent le type d'étude pour analyser les changements dans le temps. L'étude transversale est la plus répandue ; elle vise à évaluer, à un moment donné, une ou des caractéristiques chez des gens d'âges différents, mais semblables sous d'autres aspects. L'étude longitudinale consiste à étudier les mêmes personnes pendant une longue période et à analyser l'évolution d'une ou des caractéristiques au fil du temps. L'étude séquentielle comparative est la combinaison des deux premiers types d'études ; elle vise à évaluer une même cohorte dans le temps.

Questions clés

1. La recherche en psychologie du développement permet de développer des théories. À quoi ces théories servent-elles ?

2. Quels sont les quatre objectifs de la psychologie du développement ?

3. Nommez et décrivez les trois éléments fondamentaux de la psychologie du développement.

4. Donnez un exemple d'interrelation des domaines biosocial, cognitif et psychosocial dans le développement humain.

5. Quelles sont les caractéristiques du développement humain ?
6. À quelle caractéristique du développement correspond le Marathon de l'Espoir de Terry Fox ?
7. En quoi le statut socioéconomique contribue-t-il au développement ?
8. Si un chercheur tente d'évaluer l'effet de cohorte, quel type d'étude devra-t-il utiliser ?

Applications

1. Faites une liste des différences et des ressemblances entre votre cohorte et celle de vos parents. Tentez ensuite d'évaluer en quoi ces différences et ressemblances ont influé sur votre développement.
2. Présentez deux corrélations probables concernant votre emploi du temps.
3. Posez une question de recherche ou formulez une hypothèse sur le développement humain et décrivez la méthode de recherche ainsi que le type d'étude qui vous permettraient d'y répondre.

Le chapitre 1 en un clin d'œil

- **La psychologie du développement humain**
  - Science
    - Développement des connaissances (méthodologie rigoureuse)
    - Outils d'application et d'intervention
  - Diversité
    - Genre, âge, niveau socioéconomique, origine culturelle, orientation sexuelle, nationalité, etc.
  - Relations entre changement et continuité
    - Croissance, transformations, progrès, transitions, déclin
    - Trajectoire de vie
    - Contexte social
  - Étude multidisciplinaire axée sur trois domaines
    - Domaine biosocial (ex. : croissance)
    - Domaine cognitif (ex. : opérations mentales)
    - Domaine psychosocial (ex. : émotions, personnalité)
- **Trois caractéristiques du développement**
  - Multidirectionnel
    - Interactions entre les gains et les pertes
    - Effet papillon (effet potentiel d'un petit geste)
  - Multicontextuel
    - Contexte familial (interactions entre les membres et l'environnement social)
    - Contexte historique (cohorte)
    - Contexte socioéconomique (revenu, éducation, lieu de résidence, occupation)
  - Multiculturel
    - Ensemble des valeurs, des attitudes, des coutumes et des objets
- **La démarche scientifique**
  - Méthodes de recherche
    - Étude de cas (analyse détaillée d'une ou de quelques personnes)
    - Observation systématique (dans des circonstances précises)
    - Enquête (opinions d'un grand nombre de personnes)
    - Recherche corrélationnelle (lien entre deux ou plusieurs variables)
    - Recherche expérimentale (effets de la manipulation d'une ou de plusieurs variables)
  - Types d'études
    - Étude transversale (comparaison, à un moment donné, de groupes de personnes d'âges différents)
    - Étude longitudinale (mêmes personnes durant une période de temps donnée)
    - Étude séquentielle comparative (hybride des études transversale et longitudinale)

CHAPITRE 2

Les approches en psychologie du développement

Comment une personne devient-elle ce qu'elle est ? Répondre à cette question, et à toutes celles qui en découlent, représente un défi de taille. Pour le relever, les chercheurs ont dû développer des moyens d'investigation (méthodes de recherche). Ils ont également raffiné leurs modèles d'explication et leurs théories, d'autant plus que chaque élément de réponse suscite de nouvelles questions.

Les raisons d'être des théories

Une **théorie du développement** est un ensemble d'énoncés (hypothèses, principes et lois) qui fournit une base de travail cohérente pour expliquer et prédire le comportement au cours du développement. Les explications que contiennent ces théories sont fondées sur des observations du comportement humain réalisées dans le cadre de recherches scientifiques.

En psychologie du développement, les théories remplissent plusieurs fonctions :

- présenter une vision cohérente : les théories organisent les connaissances fondées sur des données de recherche ou des observations et leur donnent un sens ;
- orienter la recherche : elles donnent lieu à des hypothèses que des chercheurs pourront vérifier scientifiquement, puis corroborer ou réfuter ;
- faire avancer le savoir : les théories sont modifiées en fonction des résultats de recherches ; la refonte des théories engendre ainsi de nouvelles questions et hypothèses qui, à leur tour, suscitent de nouvelles études ;
- guider l'intervention : elles peuvent favoriser, tant chez l'individu que chez des intervenants (parents, enseignants, psychologues, personnel soignant, etc.), une prise de décision adéquate pour soutenir le développement.

Sans les théories, il serait difficile de bien saisir la complexité du processus de développement : elles favorisent la compréhension de l'aventure humaine durant l'enfance, l'adolescence et l'âge adulte (Miller, 2002).

De nombreuses théories pertinentes se rapportent à la science du développement humain. Parmi les approches théoriques à l'étude dans ce chapitre, on en retrouve quatre qui ont marqué la psychologie du développement jusqu'à maintenant ; les autres sont des approches émergentes, multidisciplinaires pour la plupart. Chacune a sa vision de l'être humain (voir le tableau 2.1).

Théorie du développement Ensemble systématique d'hypothèses, de principes et de lois constitué dans le but d'expliquer le développement.

À VOUS LES COMMANDES 2.1

À la découverte de vos intuitions psychologiques

La plupart des étudiants ont une intuition psychologique qui se rapproche plus ou moins d'une des six principales approches théoriques à l'étude. Faites l'exercice suivant et examinez ensuite l'ensemble de vos réponses au regard des approches théoriques présentées dans le chapitre. Vous pouvez cocher plus d'une réponse pour mieux rendre compte de votre opinion.

1. Tous les soirs, Rachel, âgée de 2 ans et demi, dit qu'elle ne peut s'endormir à cause d'un « monstre qui apparaît dans le noir ». Bien que son père tente chaque fois de la rassurer et de la réconforter, Rachel ne se souvient pas, le lendemain matin, des efforts qu'il a déployés pour apaiser ses craintes. Le parent devrait sans doute :
   a) tenter d'interpréter symboliquement la présence du monstre au moment du coucher, qui représente peut-être la gardienne.
   b) constater qu'il encourage le comportement de sa fille en lui donnant de l'attention et de l'affection au moment où elle a peur, ce qui l'amène à répéter son comportement.
   c) tenter de comprendre comment sa fille manifeste son besoin de se sentir aimée.
   d) tenter de comprendre ses peurs de son point de vue : étant donné l'âge de Rachel, sa compréhension du monde est différente de celle d'un adulte ; il s'agirait de mieux cerner le raisonnement de l'enfant.
   e) lui apprendre à maîtriser ses craintes pour éviter que ses peurs ne teintent les autres aspects de sa vie et ne viennent envenimer ses relations avec les personnes qui prennent soin d'elle.
   f) identifier les facteurs qui nuisent au sommeil (alimentation trop riche, consommation de sucre, etc.).
2. La plupart des adultes ont des réactions physiologiques immédiates lorsqu'ils entendent les pleurs d'un bébé. Cela découle du fait :
   a) que les pleurs d'un bébé réveillent le souvenir d'événements difficiles survenus durant leur petite enfance.
   b) que les pleurs d'un bébé sont associés à une autre situation du passé qui suscite une réaction physiologique immédiate.
   c) qu'ils ont tendance à se sentir responsables du bien-être et de la sécurité des êtres vulnérables.
   d) qu'ils sont tout simplement portés à vouloir faire cesser les pleurs qui les rendent nerveux, parce qu'ils les interprètent comme un signal d'alarme.
   e) que dans leur culture, c'est aux adultes de donner immédiatement des soins à un bébé qui pleure.
   f) qu'il est probablement inné de prendre soin des petits pour la survie de l'espèce humaine.
3. Alexandre, qui a 9 ans, a un comportement agressif en classe. Son enseignant devrait sans doute :
   a) l'amener à rencontrer un psychologue scolaire qui le fera parler de ses pulsions d'agressivité et de ses frustrations.
   b) lui fournir un modèle de comportement acceptable et le récompenser quand il l'adopte ; surtout ne pas encourager son comportement inapproprié en lui donnant de l'attention.
   c) lui dire qu'il a le droit d'être fâché, mais pas d'agir ainsi, et qu'il doit trouver d'autres moyens d'évacuer sa colère.
   d) l'aider à interpréter différemment la situation qui l'a amené à se sentir frustré et à devenir agressif, par exemple en soulignant qu'il ne peut pas toujours gagner au soccer.
   e) l'aider à prendre conscience du fait que son agressivité l'empêche d'établir des liens satisfaisants avec des personnes de son environnement (familial, scolaire, réseau d'amis).
   f) l'amener à consulter un médecin pour faire examiner sa vue, son ouïe et ses autres facultés de perception, puis faire évaluer s'il souffre d'un trouble déficitaire de l'attention avec hyperactivité (TDAH).

(Réponses à la fin du chapitre)

Approches globales Approches approfondies qui, traditionnellement, ont inspiré et guidé la pensée des psychologues à l'égard du développement. Les approches psychodynamique, béhaviorale, humaniste et cognitive en font partie.

Approches émergentes Points de vue scientifiques formulés à partir d'informations provenant de nombreuses disciplines et de la psychologie. Ces approches sont systématiques par leur interprétation du développement, mais ont encore besoin d'être étoffées et détaillées.

Certaines approches sont dites globales (approches psychodynamique, béhaviorale, humaniste et cognitive) parce qu'elles décrivent en règle générale des processus universels qui concernent toutes les étapes de la vie. Quelques autres approches (les systèmes dynamiques et épigénétique par exemple) sont considérées comme émergentes parce que les théories qui en découlent sont encore en élaboration.

La distinction entre les **approches globales** et les **approches émergentes** est plus facile à comprendre lorsqu'on se base sur le critère multidisciplinaire. Les approches globales du développement humain émanent toutes de la psychologie, alors que celles dites émergentes naissent d'observations et d'explications issues également d'autres disciplines comme l'histoire, la biologie, la sociologie et l'anthropologie.

TABLEAU 2.1 L'être humain selon les différentes approches

Approche	Vision de l'être humain
Psychodynamique	L'être humain, soumis à ses pulsions, est constamment tiraillé entre des forces internes (conscientes et inconscientes) et des forces externes.
Béhaviorale	L'être humain, soumis à son environnement, est le produit de ses réponses apprises et conditionnées aux stimulus et situations du milieu.
Humaniste	L'être humain, libre et capable de penser, peut faire des choix sensés et intelligents, se montrer responsable et réaliser son plein potentiel.
Cognitive	L'être humain est un être rationnel et actif dans ses rapports avec l'environnement.
Des systèmes dynamiques	L'être humain se construit à travers les interactions entre ses caractéristiques personnelles et l'ensemble des systèmes auxquels il est confronté.
Épigénétique	L'être humain se développe à partir de l'interaction, dynamique et incontournable, des caractéristiques génétiques avec des contextes environnementaux. Le système nerveux influe directement sur le comportement.

Les approches globales

Aujourd'hui encore, la contribution des approches globales — psychodynamique, béhaviorale, humaniste, cognitive — demeure pertinente. De plus, ces approches jouissent de nombreux champs d'application (McAdams et Pals, 2006). Voyons en quoi consiste chacune d'elles.

L'approche psychodynamique

L'**approche psychodynamique** postule que des forces — les pulsions qui sont en bonne partie irrationnelles et inconscientes — influent sur tous les aspects de la pensée, du comportement et du développement, allant des détails les plus banals du quotidien jusqu'aux choix les plus déterminants dans une vie. Les pulsions constituent le fondement d'un développement universel. Par exemple, tous les êtres humains formeraient des attachements dans la petite enfance et rechercheraient la satisfaction affective et sexuelle à l'âge adulte.

Approche psychodynamique Approche selon laquelle des forces inconscientes et souvent conflictuelles sous-tendent le comportement humain.

L'approche psychodynamique repose en grande partie sur certaines des idées formulées par Sigmund Freud. Cependant, d'autres théoriciens ont utilisé les mêmes principes tout en proposant une vision différente de l'être humain et de son développement, qu'on pense à Carl G. Jung, Alfred Adler, Karen Horney et, plus près de nous dans le temps, Erik H. Erikson, Bruno Bettelheim, Christiane Olivier, Françoise Dolto. Dans les pages qui suivent, nous présentons brièvement certains éléments des travaux de Freud et d'Erikson.

Le fondateur de la psychanalyse Sigmund Freud est le père de la psychanalyse. Ses articles sur ses études de cas font état de symptômes inhabituels, interprétés comme des manifestations des pulsions sexuelles inconscientes de ses patients. Sans contredit, on peut affirmer que Freud a marqué l'histoire des idées au XXe siècle.

Freud: la théorie psychanalytique

Sigmund Freud (1856-1939) pratiquait la médecine à Vienne dans les années 1890. Un bon nombre de ses patients souffraient de ce qu'on appelait à l'époque *hystérie*, un trouble qui se manifestait par divers symptômes sur le plan physique (comme la douleur, la cécité, des convulsions, des tremblements, la paralysie de certaines parties du corps), mais qui n'avait pas de cause biologique connue. Freud soutenait pour sa part que l'hystérie était d'origine psychique. Pour en découvrir la source, il demandait

Lapsus linguae Erreur commise en parlant, qui consiste à substituer un mot à un autre.

à ses patients de verbaliser tout ce qui leur venait à l'esprit sans se censurer : les événements de leur vie quotidienne, leurs rêves, leurs souvenirs d'enfance, leurs peurs, leurs désirs, etc. Dans les **lapsus linguae** (emplois involontaires d'un mot pour un autre) et les associations d'idées inattendues de ses patients, Freud releva des indices de conflits affectifs profonds et généralement inconscients. À ses yeux, la plupart de ces conflits étaient reliés à des souvenirs empreints d'angoisse et d'émotions ou à des désirs jugés inacceptables, liés à des pulsions sexuelles ou agressives inconscientes et irrationnelles qui, la plupart du temps, avaient pris naissance pendant l'enfance.

De fait, selon Freud, l'esprit humain comprend trois niveaux de conscience :

- le conscient : l'ensemble des processus psychologiques accessibles à la conscience ;
- le préconscient : les processus psychologiques latents dont on n'a pas une conscience immédiate, mais qui peuvent redevenir conscients ;
- l'inconscient : l'ensemble des processus psychologiques qui influent sur les comportements, mais qui échappent à la conscience.

Pour décrire les niveaux de conscience, Freud a utilisé l'analogie de l'iceberg (voir la figure 2.1).

La théorie psychanalytique de Freud a été l'une des théories à la fois les plus influentes (du moins durant une certaine période) et les plus controversées en psychologie (Allen, 2006 ; Domhoff, 2004). Nous allons nous pencher sur un aspect important de la théorie de Freud : la structure de la personnalité. (Les phases psychosexuelles font l'objet de chapitres ultérieurs.)

La structure de la personnalité

Freud présente un modèle structural de la personnalité comportant trois parties en interaction dynamique : le *ça*, le *moi* et le *surmoi*. Selon lui, la personnalité dite normale tend à maintenir un équilibre entre ces trois instances.

Ça Selon Freud, instance inconsciente de la personnalité qui regroupe l'ensemble des pulsions. Le *ça* recherche la gratification immédiate et agit en fonction du principe de plaisir.

Présent dès la naissance, le **ça** est constitué de l'ensemble des pulsions inconscientes (sexuelles et agressives). Réservoir de l'énergie mentale, il est imperméable à la réalité objective et se manifeste de manière impulsive, irrationnelle, immature. Le *ça* est régi

FIGURE 2.1 Les niveaux de conscience selon Freud
Les parties de l'esprit peuvent être comparées à un iceberg dans l'océan. La pointe de l'iceberg est l'équivalent de la pensée consciente, facile à examiner. Immédiatement sous la pensée consciente, on trouve le préconscient, dont il est également possible de découvrir le contenu en déployant un peu plus d'efforts. La base de l'iceberg, entièrement immergée, ressemble à l'inconscient, qui échappe totalement à l'introspection.

Source : Karen Huffman, Mark Vernoy et Judith Vernoy, *Psychologie en direct*, 3e édition, Montréal, Groupe Modulo, 2007, p.18.

par le **principe de plaisir**, la recherche de la satisfaction immédiate, que ce soit pour obtenir une gratification ou réduire des tensions, et il agit sans se soucier des conséquences possibles. Jusqu'à l'âge de 21 à 24 mois, les comportements du nourrisson ne sont influencés que par son *ça* (pulsions et désirs).

Principe de plaisir Mode de fonctionnement du *ça* qui recherche des satisfactions pulsionnelles immédiates, et ce, sans se soucier des conséquences possibles.

Le **moi**, deuxième instance de la personnalité à se développer, est le centre des mécanismes cognitifs conscients. Il apparaît vers l'âge de 21 à 24 mois, en même temps que la conscience de l'individualité. Le *moi* est la partie du psychisme qui tient compte à la fois des pulsions du *ça*, des contraintes morales du *surmoi* ainsi que des exigences du monde réel. Il est donc souvent soumis à des tensions entre des « attentes » ou « demandes » opposées. Le *ça* veut satisfaire sa pulsion immédiatement alors que le *surmoi* veut agir selon l'idéal du *moi*. Que fait le *moi* ? Il doit gérer les exigences, souvent irréalistes, du *ça* et du *surmoi*, et prendre des décisions quant au comportement à adopter. Il est appelé à réfléchir, à planifier, à résoudre des problèmes. Il joue en quelque sorte un rôle de médiateur. « Le *moi* doit rechercher des objets et des événements qui satisfont les besoins du *ça*, mais ces objets et événements ne doivent pas transgresser les règles édictées par le *surmoi* » (Huffman, Vernoy et Vernoy, 2007). De plus, le *moi* agit en fonction du **principe de réalité**, c'est-à-dire en tenant compte des réalités extérieures et des circonstances du milieu environnant.

Moi Selon Freud, instance de la personnalité qui recherche des modes moralement et socialement acceptables de satisfaction des pulsions et qui agit en fonction du principe de réalité.

Principe de réalité Mode de fonctionnement du *moi* qui lui permet d'ajourner une demande instinctuelle afin de s'assurer que la réponse à cette demande se fera d'une manière acceptable lorsqu'elle sera permise.

Le **surmoi**, dernière instance de la personnalité à se former, est constitué de l'ensemble des règles, des obligations, des interdits parentaux et sociétaux. À l'origine, il fait partie du *moi* et s'en détache progressivement, à partir de l'âge de 4 ans, particulièrement au moment où l'enfant intègre les interdits et les valeurs du parent du sexe opposé. Cette intégration des règles et des valeurs se produit quand l'enfant parvient à une résolution du conflit de la phase phallique (vers l'âge de 5 ou 6 ans), une des phases psychosexuelles définies par Freud (voir le chapitre 5). Régi par la conscience morale et relié à l'idéal du *moi*, le *surmoi* agit en fonction du **principe de moralité**. Il vise la perfection.

Surmoi Selon Freud, instance de la personnalité qui regroupe l'ensemble des interdits parentaux et sociétaux et qui agit en fonction du principe de moralité.

Principe de moralité Mode de fonctionnement du *surmoi* qui intériorise les normes et les interdits parentaux et sociétaux.

L'idéal serait bien sûr d'atteindre un équilibre entre les trois instances de la personnalité, mais cela n'est pas toujours facile à réaliser. Selon Freud, des **conflits intrapsychiques** peuvent surgir dans de nombreuses situations.

Conflit intrapsychique Conflit inconscient entre les instances du *ça* (pulsions) et du *surmoi* (interdits moraux), auxquelles le *moi* tente de répondre en cherchant des solutions moralement et socialement acceptables.

Illustrons cela à l'aide d'un exemple. Assise à une table dans un restaurant, une femme aperçoit à la table voisine le sac à main de ses rêves : la dimension voulue, la couleur à la mode... Il est là, posé sur la banquette. Le *ça* est à l'affût : « Je le veux. Tout de suite. » Le *surmoi* réagit : « Il est interdit de voler ! » Le *ça* insiste : « Je le veux. Maintenant. » Le *surmoi* monte le ton et pointe un index accusateur : « Voler ne serait pas digne de toi ! » Le *moi* suit le débat et en est tout étourdi. Il s'arrête pour réfléchir, après avoir entendu les exigences contradictoires du *ça* et du *surmoi*. Le *moi* examine également la situation extérieure. D'une part, ce serait facile de s'emparer du sac, car les gens sont absorbés par leur conversation. D'autre part, se faire prendre à voler pourrait avoir des conséquences fâcheuses : une amende, une arrestation, une réputation entachée. Et c'est sans compter le sentiment de culpabilité. Dans ce conflit intrapsychique, c'est au *moi* à décider du comportement à adopter.

C'est ainsi que le *moi* assume la responsabilité de gérer les conflits intrapsychiques, et cette tâche est complexe, parfois même déchirante.

Mécanisme de défense Mécanisme inconscient utilisé par le *moi* pour empêcher l'angoisse d'atteindre le conscient.

Les mécanismes de défense

Selon Freud, les conflits intrapsychiques peuvent créer de telles tensions ou anxiétés que la personne tentera de les minimiser en utilisant des **mécanismes de défense**, c'est-à-dire des moyens d'empêcher l'angoisse d'atteindre le conscient. Ces mécanismes de défense sont déclenchés lorsqu'une situation anxiogène brutale, traduite parfois par une bouffée d'angoisse, rappelle l'existence de pulsions jugées inacceptables. Le tableau 2.2 présente les principaux mécanismes de défense.

À l'intention des adultes qui blâment leurs parents Freud croyait que tous les troubles affectifs et les troubles de personnalité vécus à l'âge adulte étaient attribuables à un comportement parental déficient au cours des 5 premières années de vie de l'enfant. Si vous êtes de ceux et celles qui blâment leurs parents pour leurs problèmes actuels, cette hypothèse s'applique-t-elle à votre situation, selon vous ?

TABLEAU 2.2 Les principaux mécanismes de défense Les mécanismes de défense sont nombreux, et leur nombre varie selon les auteurs. Ceux présentés dans ce tableau ont été décrits par Sigmund Freud et Anna Freud.

Mécanisme de défense	Description	Exemple(s)
Déni	Refuser de reconnaître la réalité d'une situation difficile ou d'une émotion douloureuse pour se protéger de cette réalité.	Un alcoolique refuse de reconnaître sa dépendance à l'alcool.
Déplacement	Diriger l'expression d'émotions vers une chose ou une personne qui n'en fait pas l'objet direct, mais qui est moins anxiogène.	Une étudiante, sous un prétexte futile, s'emporte contre sa colocataire après avoir échoué à un examen.
Intellectualisation	Ignorer les aspects émotifs d'une expérience pénible en la considérant de façon purement abstraite.	Une femme raconte avoir été victime de sévices sexuels sur un ton dépourvu d'émotions, comme si elle parlait d'un événement qui ne la concerne pas.
Projection	Refouler des pulsions ou des sentiments que le *surmoi* considère comme inacceptables et les attribuer ensuite à quelqu'un d'autre ; tendance à percevoir chez les autres ses propres travers ou imperfections.	Plutôt que de reconnaître qu'il ne fournit pas assez d'efforts au travail, un étudiant se dit que les membres de son équipe sont paresseux.
Rationalisation	Trouver des raisons socialement acceptables ou des explications logiques pour justifier des pensées, des sentiments ou des actions qui se fondent sur des motifs moralement inacceptables.	Une étudiante justifie le fait de tricher à un examen en disant : « Tout le monde le fait » ou « J'ai été malade et je n'ai pas pu étudier, ce n'est pas de ma faute ; alors, j'ai le droit d'avoir mes points, même si c'est en trichant. »
Refoulement	Empêcher des souvenirs douloureux ou des pensées, désirs, émotions anxiogènes d'accéder au conscient, et qui risquent de provoquer de l'angoisse.	Une personne oublie la douleur d'une opération subie durant l'enfance.
Régression	Adopter, face à une situation anxiogène, un ou des comportements typiques d'une phase antérieure de développement dans le but de retrouver un sentiment de sécurité ou d'insouciance.	Un adulte boude quand ses amis ne répondent pas à ses demandes.
Sublimation	Transformer les désirs non satisfaits ou les pulsions inacceptables en activités constructives, dirigées vers l'atteinte d'un but supérieur utile et valorisé socialement.	Un enfant très agressif peut canaliser son énergie dans un sport et devenir un excellent joueur de hockey.

Sources: Anna Freud, *Le moi et les mécanismes de défense*, 15e édition, Paris, Presses Universitaires de France, 2001 ; Pierre-Charles Morin et Suzanne Bouchard, *Introduction aux théories de la personnalité*, Montréal, Gaëtan Morin, 1997, p. 82-83.

Erikson : la théorie psychosociale

Plusieurs des élèves de Freud suivirent ses traces. Tous reconnaissaient l'importance de la petite enfance et des pulsions inconscientes, mais aucun ne fit siennes toutes ses idées. Erik H. Erikson (1902-1994), l'un de ses plus éminents disciples, formula à son tour une théorie globale du développement.

Le modèle des crises psychosociales

Erikson élabora un modèle de développement qui tient compte de l'interaction constante entre les processus biologiques, psychiques et socioculturels. Ce modèle, qu'il nomma *théorie psychosociale du développement humain* pour bien souligner l'importance qu'il accordait aux influences sociales et culturelles, comprend huit stades de développement échelonnés sur la vie entière, chacun se caractérisant par une crise de

À VOUS LES COMMANDES 2.2

À quel mécanisme de défense correspond chacune de ces situations ?

1. Lorsqu'un nouveau-né arrive dans une famille, l'aîné se comporte de façon plus agressive, devient capricieux, crie plus souvent et recommence à mouiller son lit durant la nuit.
2. Un adulte, battu par ses parents pendant son enfance, n'arrive pas à se souvenir de ces événements.
3. Un homme sort souvent de ses gonds et bat ses enfants. Il explique à ses voisins qu'il le fait « pour leur apprendre la bonne conduite ».
4. Un homme parle des péripéties douloureuses de son divorce comme s'il racontait un match de hockey.
5. « C'est la faute du professeur si j'ai coulé mon examen. Il explique tellement mal ! C'est un incompétent ! »
6. À son entrée à la maternelle, une fillette recommence à sucer son pouce.
7. À la garderie, un enfant en mord un autre. Il a beaucoup de peine du fait que ses parents se séparent, mais il n'ose pas s'en prendre à eux de peur de perdre leur amour.
8. Un employé refuse de voir que la situation de l'entreprise où il travaille périclite, même si le patron a fait une annonce officielle à ce sujet ; il ne cherche pas un autre emploi.
9. Une employée n'arrive jamais à se souvenir du nom d'un de ses patrons qu'elle trouve très antipathique.
10. Une femme, incapable d'avoir des enfants, s'implique comme bénévole dans un organisme qui soutient les jeunes mamans.

(Réponses à la fin du chapitre)

développement, dont la résolution dépend de l'interaction entre la personne et l'environnement social et culturel. « Le mot crise [...] n'est employé que dans un contexte évolutif, non point pour désigner une menace de catastrophe, mais un tournant, une période cruciale de vulnérabilité accrue et de potentialité accentuée et, en conséquence, la source d'une force créatrice mais aussi de déséquilibre » (Erikson, 1972).

La théorie psychosociale d'Erikson suppose que le développement d'une personne se poursuit toute sa vie durant. Chaque crise de développement présente les caractéristiques suivantes (Bergeron et Bois, 1999) :

- deux pôles, mettant en jeu deux tendances opposées (par exemple la confiance et la méfiance) ;
- une tension vers une résolution idéale de la crise par l'intégration des aspects constructifs des pôles opposés (par exemple le développement d'une confiance qui n'est pas aveugle, la dimension de la méfiance permettant de développer la vigilance) ;

Réponse aux adultes qui blâment leurs parents (de la page 25) Certains chercheurs sont totalement en désaccord avec Freud. En ce qui vous concerne, la véritable question à vous poser pourrait être la suivante : une personne qui aurait eu la même enfance que vous serait-elle exactement comme vous ?

Un chercheur infatigable Erik H. Erikson continua jusqu'à sa mort, en 1994, d'écrire et de prononcer des conférences sur le développement psychosocial. Il s'est distingué par ses travaux sur la psychohistoire, c'est-à-dire l'étude des rapports entre les facteurs d'ordre sociohistorique et le développement de la personnalité.

Anna Freud en voyage avec son père, Sigmund Anna Freud (1895-1982), elle-même psychanalyste, porte un intérêt théorique important à l'instance du *moi* et accorde moins de considération à l'instance du *ça*. Dans son livre *Le moi et les mécanismes de défense*, elle explique comment se mettent en place les mécanismes de défense du *moi* face aux dangers, aux angoisses et aux déplaisirs.

- l'émergence d'une nouvelle force (force adaptative du *moi* : l'espoir) lorsque la tendance positive l'emporte sur la négative (par exemple une confiance plus grande que la méfiance) ;
- l'intégration de chaque stade dans le suivant, étant donné que les enjeux de chaque crise psychosociale ne sont jamais résolus pour de bon (par exemple les aspects de confiance et de méfiance restent toujours présents à chaque âge de la vie).

Les idées d'Erikson ont mieux résisté à l'épreuve du temps que celles de Freud. Certes, elles reflètent une approche psychodynamique, mais elles sont plus globales et plus contemporaines ; elles s'appliquent en outre à une gamme plus étendue de comportements. Chacune des crises psychosociales définies par Erikson à huit « âges de la vie » est décrite dans les chapitres consacrés au développement psychosocial.

Critique de l'approche psychodynamique

Tous les psychologues en développement sont redevables à Freud et à ceux qui ont poursuivi son œuvre. En effet, bon nombre de concepts freudiens sont si répandus aujourd'hui qu'on en oublie l'origine. Tel est le cas d'idées comme les mécanismes de défense et l'importance des premières années de la vie. On ne compte plus les théoriciens qui se sont inspirés de Freud, même si sa pensée ne fait pas l'unanimité.

Cependant, en règle générale, les théories psychodynamiques sont subjectives et se prêtent peu à des investigations scientifiques contrôlées en laboratoire, l'expérimentation étant difficile, voire impossible (Domhoff, 2004 ; Friedman et Schustack, 2006). C'est justement ce défaut qui a préparé l'avènement de l'approche béhaviorale.

L'approche béhaviorale

Au début du XXe siècle, John B. Watson (1878-1958) affirma que la psychologie ne pourrait prétendre au statut de science que si les psychologues étudiaient des faits observables et mesurables. « Pourquoi, disait-il, ne faisons-nous pas de ce que nous pouvons observer le véritable champ d'étude de la psychologie ? Limitons-nous aux faits que nous pouvons observer et formulons des lois à ce seul propos. [...] Nous pouvons observer le comportement, c'est-à-dire ce que l'organisme fait ou dit » (Watson 1972).

Jugeant qu'il était trop difficile d'étudier des motivations et des pulsions inconscientes (comme le faisaient les partisans de l'approche psychodynamique), nombre de psychologues américains donnèrent raison à Watson (Cairns et Cairns, 2006). Ils estimaient en effet que le comportement (observable) pouvait s'étudier de manière beaucoup plus objective et scientifique. C'est ainsi qu'apparut aux États-Unis le courant de la psychologie appelé l'**approche béhaviorale**.

Approche béhaviorale Approche selon laquelle la psychologie doit axer systématiquement son étude sur le comportement objectivement observable ; elle cherche à évaluer les effets des changements dans l'environnement sur le comportement.

Les lois du comportement

Les béhavioristes cherchent à définir les lois déterminant les différentes formes d'apprentissages simples ou complexes, quel que soit l'âge d'une personne. Ils estiment que l'environnement est un enjeu majeur dans le développement de tous les aspects de l'être humain, que ce soit sur le plan de sa personnalité, de ses capacités, de ses intérêts. Ils mettent donc l'accent sur l'apprentissage, car ils évaluent que tout comportement est appris. Les comportements deviennent ensuite des habitudes que nous répétons sans réfléchir, ce qui est le cas d'une bonne partie de nos actions (Neal, Wood et Quinn, 2006). Les lois du comportement définies par les béhavioristes renvoient donc :

- à l'élaboration de compétences complexes à partir d'habiletés élémentaires (apprentissage) ;
- à l'influence des facteurs environnementaux sur le développement de la personne.

Les lois fondamentales du processus d'apprentissage définissent le rapport entre le **stimulus** et la **réponse**, c'est-à-dire entre un phénomène (expérience ou événement) et la réaction comportementale qui lui est associée. Les béhavioristes soutiennent que les nouveaux événements et les nouvelles expériences engendrent de nouveaux comportements, tandis que les réponses antérieures improductives tendent à disparaître. Cet apprentissage reposerait sur le **conditionnement**, une technique, répétitive en règle générale, qui permet la mise en place d'un nouveau comportement. Le conditionnement se fonde sur l'association d'un stimulus et d'une réponse. Il existe plusieurs types de conditionnements, dont le conditionnement répondant et le conditionnement opérant.

Stimulus Tout phénomène (objet ou événement) qui provoque une réponse ou réaction (automatique ou volontaire) dans un organisme.

Réponse Tout comportement (automatique ou volontaire) provoqué par un stimulus particulier.

Conditionnement Processus d'apprentissage fondé sur l'association d'un stimulus et d'une réponse.

Pavlov et Watson : le conditionnement répondant

Le scientifique russe Ivan Pavlov (1849-1936) mit en lumière en 1902 le lien entre le stimulus et la réponse. Alors qu'il étudiait la salivation chez les chiens, il résolut de mener une expérience qui allait demeurer célèbre : enseigner à un chien à saliver au son d'une cloche. Après que Pavlov eut associé à quelques reprises le son d'une cloche à l'apparition de la nourriture, le chien salivait en entendant la cloche, même en l'absence de nourriture.

Cette expérience simple constitua la première démonstration scientifique du **conditionnement répondant** ou **conditionnement classique**. Dans l'expérience de Pavlov, le chien associait le son de la cloche (le stimulus neutre) à la nourriture (le stimulus inconditionnel), puis il répondait au son de la cloche de la même manière qu'à la nourriture (réponse conditionnelle) (voir la figure 2.2).

Conditionnement répondant ou **conditionnement classique** Processus d'apprentissage dans lequel un stimulus neutre est associé à un stimulus inconditionnel de sorte que le stimulus neutre en vienne à susciter la même réponse réflexe que le stimulus inconditionnel.

John B. Watson s'est intéressé aux résultats de cette expérience et a tenté de démontrer que le conditionnement répondant pouvait s'appliquer à l'être humain. Dans une expérience controversée sur le plan de l'éthique, le jeune Albert, âgé de 1 an, a été conditionné à avoir peur des rats blancs du laboratoire où travaillait Watson. Alors qu'Albert jouait avec les petits rats (stimulus neutre), Watson provoqua un bruit violent (stimulus inconditionnel). Albert sursauta et se mit à pleurer (réponse inconditionnelle). À la suite de cette expérience, Albert réagit avec effroi (réponse conditionnelle) à la présence des rats (stimulus conditionnel). Cette réaction de peur se généralisa d'ailleurs à tous les petits animaux à poils blancs.

La découverte de Pavlov Le physiologiste Ivan Pavlov reçut le prix Nobel en 1904 pour sa recherche sur la digestion. C'est en étudiant cette fonction qu'il découvrit le conditionnement dit classique, qu'on nomme aujourd'hui *conditionnement répondant*.

John B. Watson Théoricien béhavioriste, il a montré comment une réponse peut être provoquée chez l'être humain par le conditionnement répondant.

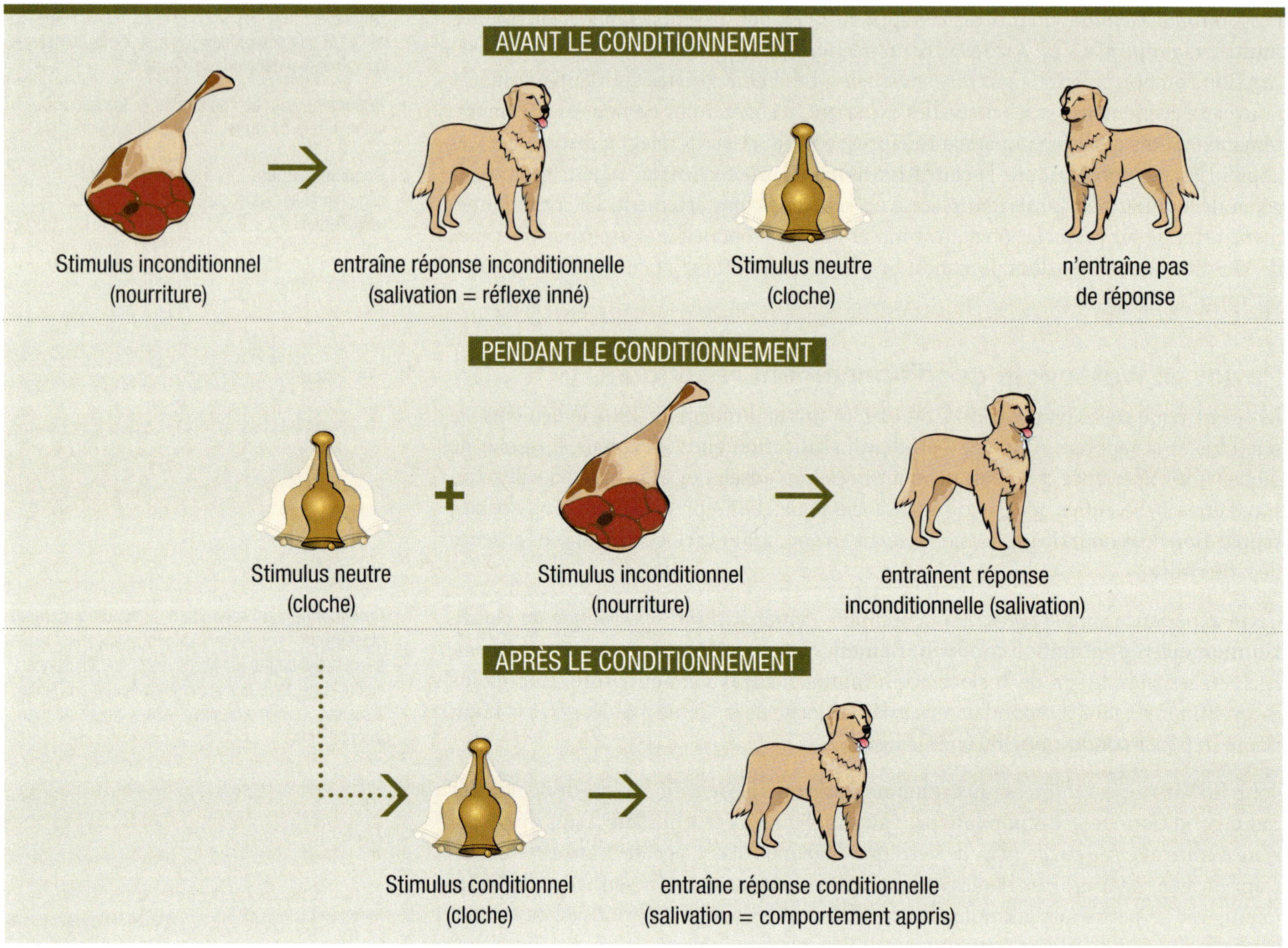

FIGURE 2.2 Le conditionnement répondant

Donc, dans le conditionnement répondant, un organisme (n'importe quel être vivant) associe un stimulus neutre (SN) à un stimulus inconditionnel (SI), puis réagit au stimulus neutre, comme s'il s'agissait du stimulus inconditionnel, par une réponse conditionnelle (RC). Ce type de conditionnement joue un rôle prépondérant dans le développement des réactions émotionnelles.

La vie quotidienne ne manque pas d'exemples de conditionnements répondants. Ainsi, un enfant qui a été effrayé par un chien se met à pleurer s'il retourne sur les lieux de l'incident : une association s'est faite entre le lieu et la frayeur. Comme le soulignait Watson lui-même (1927), les réponses émotionnelles sont particulièrement faciles à provoquer au moyen du conditionnement répondant, surtout pendant l'enfance.

Skinner : le conditionnement opérant

B.F. Skinner (1904-1990) fut le défenseur le plus influent du béhaviorisme. Comme Pavlov, il jugeait que certains types de comportements s'expliquaient par le conditionnement répondant. Il estimait cependant qu'une autre forme de conditionnement, le **conditionnement opérant**, ou **conditionnement instrumental**, jouait également un rôle important.

Conditionnement opérant ou **conditionnement instrumental** Processus d'apprentissage à la suite duquel la probabilité d'apparition d'un certain comportement augmente en raison d'un renforcement et diminue en présence d'une punition.

Dans le conditionnement opérant, l'organisme apprend qu'un comportement particulier est généralement suivi d'un événement particulier (évalué comme agréable dans le cas du renforcement et comme désagréable dans le cas de la punition). Si cet événement est utile (un pourboire, par exemple) ou agréable (comme un compliment), l'organisme cherchera à l'obtenir encore en répétant le comportement. Si l'événement est désagréable (une griffure de chat ou une insulte, par exemple), l'organisme aura tendance à ne pas répéter le comportement. Dans le renforcement, le résultat devrait être évalué comme agréable, ce qui augmente la probabilité de répétition du comportement. Dans le cas de la punition, le résultat devrait être évalué comme désagréable, ce qui diminue la probabilité de répétition du comportement.

Ainsi, le conditionnement opérant augmente ou diminue la probabilité d'apparition d'un comportement selon la conséquence apprise.

On peut donc instaurer un système pour amener un organisme à manifester un comportement qui ne fait pas partie de son répertoire naturel. Par exemple, pour aider un enfant à apprendre à attacher ses boutons, on peut le féliciter après chacun de ses essais. Une fois qu'il aura appris le comportement, il continuera à le répéter même si on ne le félicite plus de façon systématique. Le comportement peut même devenir gratifiant en soi. Le conditionnement opérant est à l'origine de plusieurs de nos comportements quotidiens, qu'il s'agisse d'interagir avec les autres ou de gagner notre vie.

Bien entendu, il y a parfois des écarts importants entre la théorie et la pratique. Par exemple, les punitions, souvent employées par les parents, ne suscitent pas toujours les réactions attendues, mais plutôt leur contraire. Il faut comprendre que ce qui semble désagréable, comme être envoyé dans sa chambre pour « réfléchir », peut être relativement agréable pour l'enfant qui retrouve là ses jouets ou pour l'adolescente qui peut parler tranquillement au cellulaire, sans avoir à participer à la préparation du souper! De la même façon, une réprimande peut parfois être perçue par l'enfant comme une marque d'attention ; bien sûr, il devrait préférer recevoir un compliment, mais, de fait, il privilégiera une réprimande à un manque d'attention à son endroit. Aussi, il vaut mieux éviter les punitions trop fréquentes ou trop sévères et utiliser le renforcement, plus efficace, des comportements considérés comme désirables.

Si ces notions théoriques constituent des bases de l'éducation, elles peuvent également être appliquées dans bien des situations.

La réponse de Skinner B.F. Skinner s'est illustré par ses expériences sur les rats et les pigeons, mais il a aussi étudié un grand nombre de problèmes chez l'être humain.

À l'intention des futurs enseignants de maternelle Pour remédier à un problème de turbulence chez des enfants, que recommanderait un béhavioriste ?

À VOUS LES COMMANDES 2.3

Les renforcements et les punitions

Situation 1 : Un enfant répond de façon agressive à la gardienne. Il lui a crié des insultes et l'a frappée.

Situation 2 : Un adolescent a pris l'habitude de ne pas étudier avant ses examens et se permet de tricher pour obtenir la note de passage. Son professeur l'a pris sur le fait et en avise les parents.

1. En utilisant différentes formes de renforcement et de punition, décrivez comment les parents pourraient influer sur le comportement de l'enfant et de l'adolescent, et indiquez quelles en seraient les conséquences.
2. Laquelle de ces formes de renforcement et de punition vous paraît la plus pertinente ? Pourquoi ?
3. Laquelle vous paraît la moins pertinente ? Pourquoi ?

Critique de l'approche béhaviorale

L'approche béhaviorale a profité à l'étude du développement humain d'au moins deux façons. Premièrement, l'analyse des causes et des conséquences du comportement observable a montré aux chercheurs que de nombreux comportements en apparence innés ou attribuables à des troubles affectifs sont en réalité appris. Or, si une façon d'agir est apprise, elle peut donc être « désapprise » ou transformée en modifiant les stimulus qui la maintiennent. Cette découverte a balayé l'idée voulant que « les événements survenus dans la petite enfance et l'enfance soient les fondements inéluctables de la personnalité adulte et de la psychopathologie » (Cairns et Cairns, 2006). Les gens changent et peuvent changer à tout âge.

Le béhaviorisme se présente donc comme étant très prometteur, encourageant les scientifiques à mettre au point des techniques pour éliminer des comportements destructeurs, comme ceux liés à des accès incontrôlés de colère, aux phobies et aux

RAISONNEMENT SCIENTIFIQUE

Les expériences de Harlow: à quoi sert une mère?

Dans les années 1950, Harry Harlow (1905-1981), psychologue, entreprit une « étude expérimentale directe » sur le rôle central du contact physique — cajoler, consoler, câliner, etc. — chez les espèces sociables, y compris les singes et les humains. Harlow estimait que « les processus élémentaires associés à l'affection, notamment allaiter, toucher, serrer contre soi et même observer et écouter, ne présentaient pas de différences fondamentales entre les deux espèces » (Harlow, 1958).

Il éleva huit bébés singes, chacun dans une cage sans autre compagnie que deux mères substituts (artificielles), de même taille qu'un singe femelle. L'une d'elles était faite de fils de fer et l'autre était recouverte de ratine duveteuse, « moelleuse, chaude et douce ». Quatre des bébés singes se nourrissaient à une bouteille qui traversait la poitrine de la « mère » en ratine, et les autres buvaient à une bouteille fixée à la « mère » métallique.

Harlow mesura le temps que chaque bébé singe passait accroché à chacune des mères substituts. Les singes qui étaient nourris par une « mère » en ratine y restaient agrippés et ignoraient la mère métallique; la chose n'avait rien de surprenant dans la mesure où la nourriture est étroitement associée au maternage. Cependant, même les quatre petits qui se nourrissaient auprès de la « mère » métallique s'agrippaient à la mère en ratine et n'allaient vers l'autre que lorsque la faim les y poussait.

Bref, Harlow n'observa pas de comportements d'attachement à l'égard des « mères » métalliques nourricières, alors que celles en ratine recevaient des marques d'affection des petits, qu'elles les nourrissent ou non. Il apparaît donc faux de prétendre qu'un nourrisson s'attache à sa mère parce qu'elle le nourrit.

Harlow en conclut que le maternage n'était pas tant une question de tétée et de nourriture que de ce qu'il appela le « réconfort physique ». Les singes, et vraisemblablement tous les bébés primates, ont besoin d'un réconfort physique, de la chaleur et de la douceur réconfortante de la mère.

Par la suite, les étudiants de Harlow découvrirent, à travers d'autres recherches, que l'attachement pour la mère nécessite plus qu'un contact physique. Pour devenir des adultes équilibrés sur le plan psychologique, les bébés singes (comme les humains) ont besoin d'interagir avec une autre créature vivante et sensible (de sexe féminin ou masculin) (Blum, 2002).

Cette étude a révolutionné le traitement des enfants malades ou orphelins. Aujourd'hui, même de minuscules bébés prématurés ont des contacts avec leurs parents, notamment des contacts physiques très doux, et voient ainsi leurs chances de survie s'améliorer.

Collé contre « maman » Même si elle ne donnait pas de lait, cette « mère » était suffisamment douce et chaude pour que les bébés singes passent presque tout leur temps accrochés à elle. De nombreux bébés, certains enfants et même certains adultes serrent contre eux un animal en peluche familier pour se rassurer. Selon Harlow, tous le font pour les mêmes raisons: rien ne vaut quelque chose de chaud, moelleux et familier pour réconforter un primate.

Source: adapté de Harry F. Harlow, « The Nature of Love », *American Psychologist*, vol. 13, 1958, p. 673-685.

dépendances. Nombre de parents, de conseillers, d'enseignants ont recours à des techniques béhavioristes pour contrer des habitudes malsaines et enseigner de nouveaux comportements jugés plus appropriés (Kazdin, 2001).

Deuxièmement, les béhavioristes ont insufflé de la rigueur à l'étude du développement (Delacour, 1998; Grusec, 1994; Horowitz, 1994). Ils ont en effet poussé les chercheurs à préciser leur terminologie, à vérifier minutieusement leurs hypothèses, à chercher de nouvelles explications à leurs résultats (en tenant compte des influences environnementales notamment) et à délaisser certains concepts théoriques qui échappent à l'observation et à la vérification directe. La psychologie du développement est ainsi devenue une science à part entière, ce qui a pu mener à l'élaboration d'hypothèses et à des expériences scientifiques, comme celles de Harry Harlow sur les bébés singes (voir la rubrique « Raisonnement scientifique » à la page précédente).

Par ailleurs, nombre d'experts jugent que l'approche béhaviorale ne permet pas d'expliquer les dimensions cognitive, perceptive et psychosociale du développement humain. Ils soulignent que le développement dépend non seulement de l'environnement, mais aussi de la génétique, de la biologie, des structures de la pensée et des efforts que la personne déploie pour donner un sens à ses nouvelles expériences. Ainsi, les théories qui privilégient l'influence de l'environnement sont utiles, certes, mais ne rendent pas compte de la multitude d'influences qui s'exercent sur le développement au cours de la vie (Cairns et Cairns, 2006).

Le tableau 2.3 met en parallèle les approches psychodynamique et béhaviorale.

Réponse aux futurs enseignants de maternelle (de la page 31) Selon les béhavioristes, tout s'apprend, quel que soit l'âge. Pour avoir des élèves calmes et attentifs, on doit commencer par renforcer un moment de calme chez un enfant et, bientôt, tous les autres essaieront de rester attentifs pendant plusieurs minutes à la fois.

L'approche humaniste

C'est en réaction à la vision du déterminisme environnemental de l'approche béhaviorale et à l'importance accordée aux pulsions libidinales et agressives par l'approche psychodynamique que s'est développée l'**approche humaniste**. En effet, les théoriciens de cette approche, particulièrement Carl R. Rogers (1951, 1961, 1972), Abraham H. Maslow (1954, 1970, 1972), Charlotte Bühler (1968) et Robert Kegan (1982), avaient

Approche humaniste Approche selon laquelle l'être humain est libre, sensé et intelligent; il tend spontanément à réaliser son plein potentiel.

TABLEAU 2.3 L'approche psychodynamique et l'approche béhaviorale

Points de désaccord	Approche psychodynamique	Approche béhaviorale
L'inconscient	Met l'accent sur les pulsions et les désirs inconscients, inconnus de la personne, mais néanmoins puissants.	Soutient que l'inconscient, en plus d'être inconnu, peut constituer une fiction destructrice qui empêche les gens de changer.
Le comportement observable	Affirme que le comportement observable est un symptôme, et non la cause, qu'il représente la pointe émergée de l'iceberg, alors que l'étendue du problème reste immergée.	Ne s'intéresse qu'aux comportements observables, soit les actions d'une personne plutôt que ses pensées, ses émotions ou ses perceptions.
L'importance de l'enfance	Insiste sur le rôle crucial de la petite enfance; même si une personne n'en a gardé aucun souvenir, les premiers legs se répercutent sur toute la vie.	Soutient que le conditionnement joue un rôle clé; il est possible de désapprendre, voire de renverser les premières habitudes et les modèles de comportement, à l'aide de renforcements et de punitions appropriés.
La position scientifique	Soutient que la plupart des aspects du développement humain ne sont pas à la portée de l'expérimentation scientifique; les mythes, les rêves, les jeux et la poésie tiennent lieu de matières premières.	Se présente avec fierté comme une science reposant sur des données vérifiables et des expériences soigneusement contrôlées; rejette les idées qui n'ont pas été démontrées rigoureusement.

À l'intention des futurs pédiatres
Comment interprétez-vous le fait qu'un enfant se remette à sucer son pouce, selon l'approche psychodynamique? Comment intervenir selon l'approche béhaviorale et selon l'approche humaniste?

une vision holistique du développement. Selon eux, l'être humain se perçoit comme un être autodéterminé, capable d'exercer son libre arbitre et d'atteindre des buts d'une manière créative. C'est un être libre, en mesure de faire des choix réfléchis, sensés et intelligents; il est responsable de ses actes et tend spontanément à réaliser son plein potentiel. Et c'est également ainsi qu'il perçoit les autres.

Les quelques concepts fondamentaux présentés ici rallient les humanistes dans leur compréhension du développement de la personne: la considération positive inconditionnelle, l'empathie et le besoin d'actualisation de soi.

Rogers: la considération positive inconditionnelle et l'empathie

Considération positive inconditionnelle Manifestation de sentiments positifs d'une personne envers une autre (accueil, respect, acceptation, chaleur, empathie, etc.), de façon exempte de jugement sur ce que l'autre est sur le moment.

Pour satisfaire ses besoins et se réaliser, l'être humain doit entrer en relation avec les autres. Or, la réaction des autres peut influer sur son développement. Selon Carl R. Rogers (1902-1987), pour qu'un être humain ait un développement harmonieux, il doit bénéficier d'une **considération positive inconditionnelle**, particulièrement de la part des personnes significatives dans sa vie, comme ses parents et ses proches. Le concept de considération positive inconditionnelle de Rogers renvoie au sentiment d'être aimé pour soi-même et de se sentir accepté fondamentalement en tant que personne, même lorsque ses comportements ou les façons d'exprimer ses sentiments laissent à désirer.

Prenons un exemple. Un enfant tire les cheveux de son grand frère qui lui a pris son camion. Quand la considération est conditionnelle, elle peut se traduire par des paroles telles que: « Tu es vraiment méchant d'avoir fait mal à ton frère! Comment puis-je t'aimer, toi qui es si cruel? » L'enfant ressent alors que l'amour à son endroit est soumis à des « conditions »: il recevra de l'amour à la « condition » d'être tel que les autres veulent qu'il soit et de se comporter d'une manière qui réponde à leurs attentes. Au contraire, le parent qui manifeste de la considération positive inconditionnelle exprimera à l'enfant le message suivant: « Toi, je t'aime. C'est ton comportement en ce moment que je n'apprécie pas. » L'enfant qui jouit ainsi d'une considération positive inconditionnelle comprend qu'il est aimé pour ce qu'il est et parce qu'il est lui.

Empathie Capacité de percevoir le cadre de référence interne d'une personne avec précision, incluant les composantes cognitives et émotionnelles, et d'y répondre, surtout dans les cas de détresse.

Cependant, pour accepter une personne de façon inconditionnelle, il faut la comprendre avec **empathie**, c'est-à-dire tenter de saisir comment elle perçoit l'univers qui l'entoure, à partir de son cadre de référence interne (ses connaissances, ses expériences, ses buts, ses aspirations, ses émotions). Selon Carl Rogers (1961), « être empathique consiste à [...] capter la souffrance ou le plaisir tels qu'ils sont vécus par l'interlocuteur, en percevoir les causes de la même façon que lui ». Soulignons que l'empathie implique à la fois la capacité d'éprouver de l'empathie et la capacité de l'exprimer.

Voyons un exemple. Dans un parc, un enfant vient de perdre son ballon. Il pleure et hurle en le voyant s'élever dans le ciel. Comment le parent qui manifeste de la compréhension empathique pourrait-il réagir pour favoriser chez l'enfant l'apprentissage de la maîtrise de ses émotions? Il pourrait prendre en compte sa souffrance et lui dire: « Tu es déçu qu'il se soit échappé, ça arrive souvent avec ces ballons », « Tu es triste qu'il soit parti... On lui souhaite un bon voyage? », « C'est bien compréhensible que tu pleures, tu l'aimais bien, ce ballon ». Cette attitude qui consiste à faire preuve de compréhension, sans pour autant partager la souffrance, est de l'empathie (Azoulai, 2006). Elle se distingue de la sympathie, qui consiste à ressentir la joie ou la douleur de quelqu'un et à y participer. Or, dans l'exemple fourni, l'adulte ne ressent pas de peine à la perte du ballon. Cependant, il comprend et a de l'empathie pour la peine ou la frustration que ressent l'enfant.

Cela ne signifie pas qu'il faut laisser un enfant donner des coups ou se laisser insulter par un adulte sous prétexte d'une « compréhension empathique » de la colère ou de la frustration. Il est préférable d'arrêter un enfant qui agit agressivement et de lui dire:

« Je comprends que tu sois frustré parce que je t'interdis de faire telle activité, mais cela ne te donne pas le droit de me donner des coups. » Si un adulte nous lance des insultes, il vaut mieux l'arrêter et lui dire : « Je comprends que tu sois en colère parce que je ne réponds pas à ton souhait, mais cela ne te donne pas le droit de m'insulter. »

Soulignons enfin que des manifestations d'empathie à l'endroit d'un enfant lui permettent d'apprendre l'empathie.

Maslow : le besoin d'actualisation de soi

Dans l'approche humaniste, l'être humain cherche à réaliser son plein potentiel. Ce besoin de réalisation de soi tient surtout à un processus de croissance permanente plutôt qu'à un accomplissement circonstanciel ou à une réussite ponctuelle. À travers ce qu'il fait, l'être humain cherche à donner un sens à ce qu'il est.

Abraham H. Maslow (1908-1970) a établi une hiérarchie des besoins. Certains d'entre eux correspondent à un état de tension ou de manque dans l'organisme (déficience), d'autres se rattachent à des besoins de croissance personnelle (besoins liés au désir d'« être ») et donc à l'actualisation de soi, c'est-à-dire une motivation fondamentale qui pousse la personne à s'accomplir et à réaliser son potentiel. La hiérarchie des besoins de Maslow a été interprétée et enrichie de multiples façons. Le tableau 2.4 présente une synthèse des points de vue sur la question.

Les personnes qui atteignent le niveau d'actualisation de soi peuvent assumer leur solitude, sont intéressées par les problèmes de l'humanité et engagées à mettre leur potentiel au service des autres ; elles sont également ouvertes aux expériences extatiques ou mystiques.

TABLEAU 2.4 La hiérarchie des besoins

Besoins physiologiques de base (par ordre de priorité)	Oxygénation • Équilibre alimentaire • Élimination des déchets • Température normale • Sommeil • Activité • Confort • Propreté
Besoins d'exploration	Énergie • Stimulation • Exploration • Sexualité
Besoins de sécurité (par ordre de priorité)	Protection contre le danger physique • Protection contre des menaces psychologiques • Délivrance de la douleur • Stabilité • Dépendance • Ordre • Besoin de maîtrise sur les choses et les événements
Besoins d'appartenance et d'affiliation (par ordre de priorité)	Amour et affection • Acceptation • Relations et communications chaleureuses • Approbation venant des autres • Présence de ceux qu'on aime • Présence de compagnons
Besoins d'estime de soi et de la part des autres (par ordre de priorité)	Reconnaissance • Dignité • Appréciation venant des autres • Influence sur les autres • Bonne réputation • Statut • Sentiment d'être utile, valorisé • Haute évaluation de soi-même • Sentiment d'être adéquat • Autonomie • Atteinte des buts • Compétence et maîtrise • Indépendance
Besoins esthétiques et cognitifs (par ordre de priorité)	Croissance personnelle et maturation • Prise de conscience de son potentiel • Augmentation des connaissances • Développement de son potentiel • Satisfaction sur le plan religieux ou philosophique • Augmentation de la créativité • Satisfaction toujours plus grande face à la beauté • Mouvement vers ce qui est nouveau • Mouvement vers ce qui est plus complexe
Besoins d'actualisation de soi (par ordre de priorité)	Autoréférence • Intégrité • Solitude assumée • Satisfaction sur le plan religieux ou philosophique • Importance des valeurs de bonté, de justice • Intérêt pour les questions sociales • Plus grande capacité de percevoir la réalité et implication pour résoudre les problèmes • Diminution de la rigidité et augmentation de l'aisance • Transparence • Transcendance • Ouverture à l'expérience paroxystique ou extatique

Sources : Maslow, 1972 ; Mishara et Riedel, 1984 ; Poletti, 1989.

À l'intention des futures infirmières Selon la théorie cognitive de l'apprentissage social, comment peut-on apprendre à un jeune enfant asthmatique à respirer à l'aide d'un nébuliseur (appareil qui doit recouvrir le nez et la bouche afin de permettre à certains médicaments de se transformer en particules extrêmement fines pour faciliter la respiration) ?

Approche cognitive Approche qui s'intéresse à l'évolution des façons de penser au cours d'une vie. Selon cette approche, les pensées d'une personne façonnent ses croyances, ses attitudes et ses comportements.

Critique de l'approche humaniste

Bien que l'approche humaniste ait mis l'accent sur la richesse des ressources de chaque être humain, certains spécialistes remettent en question sa valeur scientifique. L'imprécision des concepts utilisés rend difficile leur évaluation systématique. De plus, cette approche semble trop optimiste, affirmant que l'enfant choisit spontanément ce qui est le mieux pour lui. D'aucuns affirment que les enfants ont plutôt besoin d'être guidés. Par ailleurs, l'approche semble mieux adaptée à la pratique et à la psychothérapie qu'à la conception théorique du développement humain.

L'approche cognitive

L'**approche cognitive** traite de l'influence des opérations mentales sur la vision du monde que se crée une personne. Ses partisans tentent de déterminer les répercussions de cette vision— et des attentes qu'elle engendre — sur les attitudes, les croyances et les comportements.

Les théories que nous regroupons sous la bannière de l'approche cognitive se limitent, dans le cadre de notre étude, à la théorie cognitive de l'apprentissage social selon Albert Bandura (1925-...), à la théorie du développement des structures cognitives selon Jean Piaget et à la théorie socioculturelle selon Vygotsky.

Théorie cognitive de l'apprentissage social Théorie selon laquelle l'apprentissage repose sur l'observation et l'imitation de modèles. Cependant, la pensée est une force active qui implique pour chacun la construction de sa propre réalité, en sélectionnant l'information et en choisissant des comportements sur la base de ses attentes et de ses valeurs.

Apprentissage par observation Forme d'apprentissage qui s'effectue à la suite de l'observation d'un modèle.

Bandura : la théorie cognitive de l'apprentissage social

Bien qu'on associe parfois la **théorie cognitive de l'apprentissage social** à l'approche béhaviorale, le rôle important que jouent la motivation et les processus cognitifs dans l'apprentissage et le développement de la personnalité nous incite à l'inclure dans l'approche cognitive. Selon cette théorie, la personne apprend certains comportements par l'observation et l'imitation d'autres personnes qu'elle prend pour modèles, sans faire directement l'objet d'un conditionnement. Quelle est alors l'importance de la cognition ? Celle-ci implique que la pensée est une force active qui construit la réalité de chacun d'entre nous, en sélectionnant l'information et en choisissant des comportements sur la base des attentes et des valeurs qui nous sont propres.

L'importance de la cognition et de la motivation

L'apprentissage social et cognitif ne se limite pas à l'observation d'un modèle. Il faut en effet avoir une motivation pour prêter attention à un comportement, mémoriser l'information qui y est associée et récupérer cette information lorsque se présente l'occasion de manifester le comportement (Bandura, 1977, 1986, 1989), si on a décidé de l'imiter. Et c'est justement en raison du rôle que jouent la cognition et la motivation que les modalités de l'**apprentissage par observation** se transforment à mesure que la personne vieillit. Le jeune enfant a tendance à imiter les comportements les plus évidents de toutes sortes de gens dans toutes sortes de situations (par exemple dire de gros mots). Ensuite, son sens de l'observation s'aiguise et l'enfant parvient à déduire des règles générales d'exemples particuliers. Ainsi, il comprendra qu'on peut utiliser une cuillère pour manger de la soupe, mais aussi pour mélanger le chocolat et le lait, servir de la salade de fruits dans un bol, etc. Ses choix de situations ou de personnes à imiter deviendront de plus en plus soumis à sa réflexion et à ses décisions personnelles.

L'adolescent et le jeune adulte, quant à eux, reproduisent parfois des façons d'être et des comportements subtils après les avoir observés chez des individus choisis, parfois des amis ou des vedettes (par exemple glisser sa main dans les cheveux à la manière de telle chanteuse). Il est d'ailleurs intéressant de noter que lorsqu'une personne manque d'assurance ou d'expérience dans une situation donnée, elle a tendance à procéder par imitation et à s'inspirer de modèles.

Réponse aux futurs pédiatres (de la page 34) Dans une situation anxiogène (par exemple dans le cas d'une hospitalisation ou d'une visite médicale pour recevoir un vaccin), l'enfant reprend un comportement d'une phase antérieure en adoptant le mécanisme de défense de régression.

Par conséquent, l'intervention axée sur l'approche béhaviorale pourrait consister à enduire le pouce de l'enfant d'un produit amer, ce qui serait une « punition positive ».

L'intervenant qui applique l'approche humaniste ferait, lui, certainement preuve de compréhension empathique, après avoir interrogé l'enfant sur ce qui le trouble : « Je comprends que tu sois inquiet dans la situation... »

Le sentiment d'efficacité personnelle

Le **sentiment d'efficacité personnelle** est la conviction qu'une personne a de posséder les capacités personnelles nécessaires pour accomplir avec succès ce qu'elle se propose de faire. Il est donc une évaluation du degré de compétence d'une personne, selon sa propre croyance, et de ses chances de réussir avec succès une tâche, un apprentissage, un défi, un changement. Cette perception d'autoefficacité motive la personne à s'engager dans l'action et à faire tout ce qu'il faut pour réussir (Bandura, 2007). Ce sentiment d'efficacité concerne, de fait, non les connaissances et les compétences d'une personne, mais le jugement qu'elle porte sur ce qu'elle croit être en mesure d'accomplir dans une situation particulière.

Comment les gens en viennent-ils à croire en leur efficacité personnelle par rapport à leurs diverses compétences ? Selon Bandura (2007), quatre sources contribuent à forger ce sentiment :

- les expériences relatives à la maîtrise de nouvelles habiletés et à la capacité de surmonter des obstacles (l'échec occasionnel étant vécu comme une émulation) ;
- la présence de modèles de personnes compétentes qui réussissent dans leurs entreprises ;
- les encouragements des autres et la persuasion personnelle ;
- les jugements qu'une personne porte sur ses états physiologiques, c'est-à-dire l'interprétation positive ou négative des sensations de calme, d'excitation ou de tension.

Si le sentiment d'efficacité personnelle est positif, le passage à l'action mène généralement à un succès. Ce succès vient accentuer la valeur positive du sentiment de compétence. Par contre, si l'action entraîne un échec, qu'en est-il ? L'échec ne vient pas ébranler de façon significative le sentiment positif. Pourquoi ? Parce que la personne pourra le justifier en

L'apprentissage social à l'œuvre L'apprentissage social confirme l'adage voulant que « les actes en disent plus long que les paroles ». Ainsi, ce garçon retiendra sans doute les gestes à poser pour réparer des objets.

Sentiment d'efficacité personnelle Selon Bandura, croyance qu'entretient une personne quant à sa capacité de réaliser une tâche particulière ou d'affronter efficacement une situation précise.

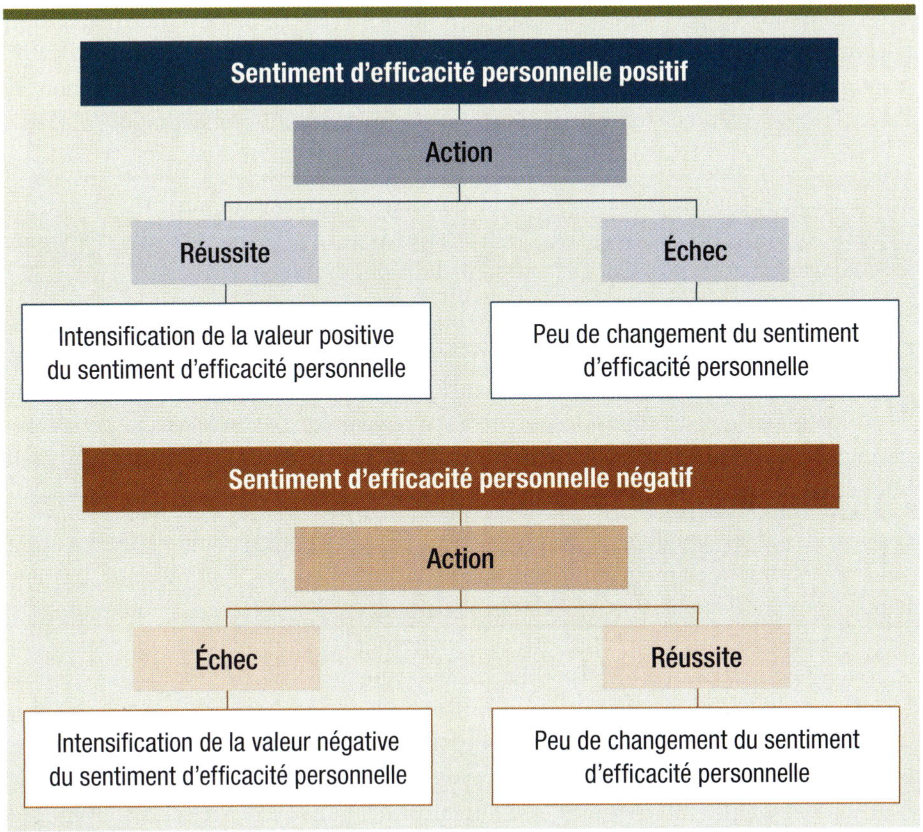

FIGURE 2.3 **Le sentiment d'efficacité personnelle**

Parleriez-vous à cet homme? Les enfants aimaient beaucoup parler avec Jean Piaget, qui apprit en les écoutant attentivement, particulièrement lorsqu'ils donnaient des explications « incorrectes », à déterminer les étapes du développement intellectuel, ce à quoi personne ne s'était vraiment intéressé jusque-là. Toute sa vie, Jean Piaget a étudié la pensée et le développement de l'enfant.

disant: « J'ai été malade », « J'ai eu un retard involontaire », « Je n'ai pas fait tous les exercices pertinents avant l'examen ». Et si la personne considère qu'elle a une part de responsabilité, les stratégies d'action seront plus efficaces la prochaine fois (voir la figure 2.3).

Par contre, si le sentiment de compétence personnelle est négatif, le passage à l'action entraîne généralement un échec. Cet échec vient accentuer la valeur négative du sentiment de compétence: « Je viens de prouver, une fois de plus, que je suis incompétent. » Par contre, si l'action mène à une réussite, qu'en est-il? La réussite ne vient pas ébranler de façon significative le sentiment négatif. Pourquoi? Parce que la personne se dira: « J'ai eu de la chance », « Le professeur a dû se tromper en corrigeant », « Il ne devait pas y avoir d'autres candidats à l'entrevue pour que j'obtienne l'emploi »... Et la prochaine fois, elle risque fort de subir un échec, car, en règle générale, la personne ne change pas ses stratégies d'action pour en adopter de plus efficaces.

Piaget: la théorie du développement des structures cognitives

Jean Piaget (1896-1980) commença à étudier les capacités mentales lorsqu'il fut embauché pour mettre à l'essai un projet de test d'intelligence destiné aux enfants. Il était censé déterminer l'âge auquel la majorité des enfants pouvaient donner les bonnes réponses, mais, paradoxalement, il s'intéressa plutôt aux mauvaises réponses. Les enfants du même âge, en effet, commettaient souvent des erreurs semblables. Piaget en déduisit que le développement intellectuel se faisait selon des étapes successives qu'il chercha à déterminer. Il postula que la façon dont pensent les enfants est beaucoup plus importante et beaucoup plus révélatrice de leurs aptitudes mentales que leurs connaissances. Il alla jusqu'à supposer que la façon de penser d'une personne traduit sa façon d'interpréter les expériences et de construire sa vision du monde.

Le processus d'assimilation et d'accommodation

Une des prémisses de la théorie de Piaget est que le développement cognitif se déroule partout et toujours de la même façon. Selon lui, le processus répond au besoin universel d'équilibre cognitif. Autrement dit, tout le monde a besoin de comprendre ses nouvelles expériences et, pour y arriver, les confronte à ses conceptions existantes.

La personne se trouve en état d'équilibre lorsque ses nouvelles expériences concordent avec ses conceptions. C'est le cas du bébé qui découvre qu'il peut saisir un objet de la même façon qu'il prend son hochet. C'est aussi le cas de l'adulte qui parvient à expliquer les bouleversements mondiaux à la lumière de sa philosophie politique.

Si, par contre, une nouvelle expérience ne concorde pas avec les conceptions existantes, la personne connaît un déséquilibre, état déroutant mais fécond qui la pousse à modifier ses conceptions antérieures. Vous avez déjà goûté au déséquilibre si les arguments d'un ami ont ébranlé vos opinions, si votre stratégie préférée aux échecs ne vous a pas permis de vaincre un adversaire ou si quelqu'un de votre entourage a accompli un jour une action dont vous la croyiez incapable.

Les périodes de déséquilibre peuvent être déstabilisantes pour l'enfant ou l'adulte qui se remet en question. Le progrès intellectuel qu'elles suscitent les rend toutefois passionnantes au point de pousser parfois les gens de tout âge à rechercher la nouveauté et la stimulation. En s'initiant à toutes sortes d'activités, les êtres humains mettent sans cesse leurs conceptions à l'épreuve. Les bébés manipulent et goûtent ce qui leur tombe sous la main; les enfants d'âge préscolaire posent de nombreuses questions; les enfants d'âge scolaire se passionnent pour une variété de sujets; les adolescents se livrent à d'innombrables expériences; les adultes, enfin, ne cessent d'accroître leur bagage de connaissances sur les sujets qui les intéressent. L'être humain, quel que soit son âge, est souvent à la recherche de défis cognitifs. Cette quête de la connaissance, qui implique des déséquilibres, concorde avec la théorie de Piaget sur le développement cognitif.

Réponse aux futures infirmières (de la page 36) On peut encourager l'enfant à préparer le nébuliseur (en dosant le médicament, par exemple), après lui avoir montré les gestes nécessaires et les précautions à prendre. Puis on peut utiliser un « toutou » pour faire une démonstration. On peut également essayer de placer en alternance le nébuliseur sur l'animal en peluche puis sur le visage de l'enfant.

Lorsqu'une personne vit une expérience déroutante, voire incompréhensible, le déséquilibre cognitif que celle-ci suscite crée, dans un premier temps, de la confusion. Cependant, le déséquilibre favorise le développement cognitif parce qu'il oblige la personne à modifier ses conceptions antérieures. Piaget a décrit deux mécanismes du processus d'adaptation :

- l'**assimilation** qui se produit lorsque la personne organise sa compréhension des nouvelles expériences afin qu'elle cadre avec ses conceptions antérieures ;
- l'**accommodation** qui fait en sorte que la personne restructure ses conceptions antérieures afin d'y intégrer les nouvelles expériences.

Assimilation Processus d'intégration d'éléments extérieurs à une structure donnée.

Accommodation Processus de modification d'une structure en fonction de nouveaux éléments à assimiler.

Ces deux mécanismes permettent l'adaptation. Ils sont complémentaires et indissociables l'un de l'autre.

Il faut bien comprendre que toute information nouvelle nécessite à la fois l'assimilation et l'accommodation pour être intégrée. Prenons un exemple. La grand-mère de Benjamin veut apprendre à son petit-fils le mot *table* en lui en montrant une. Benjamin se fait alors une représentation de « table », qu'on pourrait décrire comme « une surface plane à quatre pieds ». Sa grand-mère lui montre ensuite une table-guéridon, à trois pieds.

— Ça, c'est une table, Benjamin.

— Mais non, Mamie, ce n'est pas une table.

— Oui, Benjamin, c'est aussi une table.

Pour intégrer cette nouvelle information, Benjamin doit faire deux choses :

- *assimiler* la table-guéridon, c'est-à-dire la transformer, sur le plan cognitif, pour en faire ressortir les caractéristiques (surface plane à trois pieds) ;
- *accommoder* la représentation mentale de « table = surface plane à quatre pieds », c'est-à-dire la transformer pour créer une représentation plus large qui inclut « surface plane à trois ou à quatre pieds ».

Théorie socioculturelle Théorie élaborée par Vygotsky selon laquelle la personne acquiert des connaissances et des compétences grâce aux conseils, au soutien et à l'enseignement prodigués par des guides dans un contexte culturel donné.

À chaque expérience où il verra une table présentant des caractéristiques nouvelles (deux pieds, six pieds, etc.), Benjamin devra transformer la réalité (assimilation) pour en faire ressortir les caractéristiques et transformer sa représentation mentale (accommodation), et ainsi s'adapter.

Ce double processus d'assimilation des données extérieures aux représentations mentales et d'accommodation des représentations mentales à la réalité extérieure est ce qui permet à tout individu de s'adapter à son milieu.

L'accommodation demande un plus grand effort mental que l'assimilation, mais elle se révèle parfois nécessaire lorsque les idées et les expériences nouvelles ne cadrent pas avec les structures cognitives existantes. L'accommodation est l'élément prédominant pour un progrès intellectuel important, notamment le passage à une autre période de développement cognitif. Selon Piaget, chaque fois que des idées viennent bousculer notre conception habituelle des choses, nous avons l'occasion d'élargir nos connaissances et d'acquérir une vision plus large et approfondie.

Un psychologue russe qui fait école Lev Vygotsky a fait école avec ses travaux sur le rôle de la culture et de l'histoire. Ses idées riches et originales ont influencé certaines méthodes en éducation et permis de comprendre des modalités du développement. Contemporain de Freud, de Skinner, de Pavlov et de Piaget, Vygotsky ne connut pas la renommée de son vivant. Il mourut prématurément à l'âge de 38 ans, et ses travaux, réalisés sous le régime stalinien, sont longtemps restés inaccessibles aux Occidentaux.

Vygotsky : la théorie socioculturelle

Lev Vygotsky (1896-1934), un psychologue de l'ancienne Union soviétique, s'est lui aussi intéressé au développement des compétences cognitives, mais en le situant dans un contexte socioculturel. Selon la théorie qu'il élabora, la **théorie socioculturelle**, ces compétences cognitives sont le fruit d'un apprentissage de la pensée, le résultat d'un ensemble d'interactions entre le novice et les membres expérimentés de la société qui lui servent de mentors (guides). L'objectif implicite de ces interactions est de prodiguer l'enseignement et le soutien nécessaires à l'acquisition des connaissances et des

À l'intention des futurs parents Si vous suivez les préceptes de Vygotsky, comment enseignerez-vous l'addition et la soustraction à votre enfant de 4 ans ?

Participation guidée Processus d'apprentissage fondé sur l'interaction de l'apprenant avec un guide. Celui-ci aide l'apprenant à accomplir des tâches difficiles, lui enseigne, par l'exemple, des stratégies de résolution de problèmes et lui donne des directives explicites au besoin.

Zone proximale de développement Selon Vygotsky, écart entre le niveau réel de développement des habiletés d'une personne et celui qu'elle pourrait atteindre avec l'aide d'un guide. C'est une zone métaphorique qui comprend les compétences, les connaissances et les notions qu'une personne est sur le point d'acquérir, mais qu'elle ne maîtrise pas encore sans aide.

La danse, élément culturel À Bali, les danses rituelles font partie intégrante de la vie religieuse et culturelle. Grâce à la participation guidée, cette jeune fille apprend l'élégante gestuelle que valorise sa culture.

habiletés que valorise la culture, par des moyens divers comme le jeu, l'apprentissage de routines, les récits d'histoires propres à la culture (Rogoff, 2003).

La participation guidée

Vygotsky avançait que le meilleur moyen de développer des compétences cognitives est la **participation guidée**, une démarche dans laquelle le tuteur accomplit des activités avec l'apprenti afin, d'une part, de lui enseigner des habiletés et, d'autre part, de le faire participer activement à son apprentissage. Chacun apprend de l'autre à travers le langage et les activités dans lesquelles ils sont impliqués (Karpov et Haywood, 1998), parce que le développement cognitif se produit et émerge de situations sociales (Gauvain, 1998).

Voyons un exemple pour illustrer cette démarche abstraite à première vue. Un père montre à sa fille à conduire une bicyclette. Il commence par faire avancer la bicyclette lui-même, en soutenant le poids de sa fille et en lui expliquant comment tenir le guidon, pousser en alternance sur les pédales et regarder devant elle. Lorsque sa fille se sent plus à l'aise et plus sûre, il la fait rouler plus vite et l'encourage à pédaler à un rythme régulier. Quelques leçons plus tard, le père trotte à côté de la bicyclette, en ne tenant que le siège. Lorsqu'il sent que sa fille peut maintenir son équilibre seule, il lui dit de pédaler plus vite et relâche sa prise. Sans même s'en rendre compte, sa fille a pris les commandes.

Dans toutes les cultures, les éducateurs (c'est-à-dire les parents, les enseignants et les pairs expérimentés) enseignent aux enfants des habiletés pratiques (lancer un filet de pêche, coudre un bouton, actionner une télécommande, etc.), des habiletés sociales (donner une poignée de main, témoigner du respect aux aînés, exprimer ses besoins et ses volontés de manière appropriée, etc.) et des habiletés intellectuelles (écrire dans sa langue maternelle, acquérir une connaissance en consultant une personne compétente, visiter un site Web, etc.). Les enfants reçoivent des directives explicites ou, plus simplement, apprennent en observant leurs aînés en train d'accomplir leurs tâches quotidiennes. Bien entendu, ce processus d'apprentissage profite aussi aux adultes, ces derniers se laissant guider par leurs pairs et même par leurs enfants. En effet, dans les sociétés modernes, c'est souvent auprès de leurs adolescents que les parents apprennent comment programmer leur portable ou naviguer dans Internet.

En outre, l'interaction sociale fournit le contexte propice à la maîtrise des outils d'apprentissage, qu'il s'agisse de l'alphabet, des chiffres romains, du téléphone ou de l'ordinateur. Vygotsky croyait que, partout dans le monde, le langage constitue le principal outil d'apprentissage. Avec la maîtrise du langage, en effet, la pensée prend son essor ; la personne devient apte à exprimer ses idées à ses partenaires sociaux et, inversement, à absorber celles des autres et de la culture en général (Vygotsky, 1978, 1987).

La zone proximale de développement

La participation guidée préside à l'apprentissage des habiletés. Lorsqu'un guide perçoit que l'apprenant est prêt à relever de nouveaux défis, dans un contexte donné, il provoque les interactions sociales propres à le faire progresser. Le guide amène l'apprenant dans ce que Vygotsky appelle la **zone proximale de développement**, c'est-à-dire la gamme des habiletés que l'apprenti ne peut exercer seul, mais qu'il peut mettre en pratique et actualiser avec de l'aide (voir la figure 2.4).

Le guide évalue les aptitudes et le potentiel de l'apprenti, encourage sa participation et favorise la transition de la dépendance à l'autonomie. Il doit éviter deux dangers opposés : l'ennui et l'échec. Si une certaine frustration est tolérable, l'apprenant ne doit toutefois pas être ni totalement dépassé ni passif, mais doit prendre une part active dans l'apprentissage (Valsiner, 2006).

La zone proximale de développement permet donc d'évaluer la différence entre le niveau réel de développement d'un enfant, par exemple, tel que déterminé par la résolution de

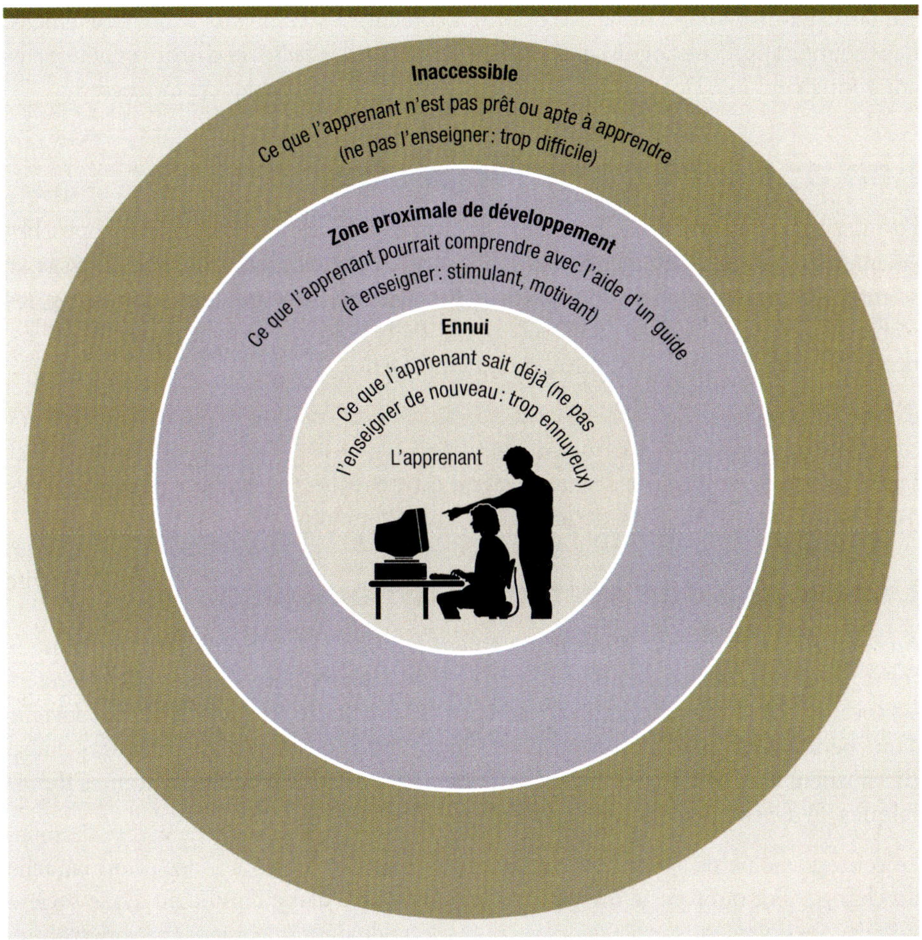

FIGURE 2.4 **Le centre magique** Quelque part entre l'ennui et l'inaccessible se trouve la zone proximale de développement, où l'interaction entre l'enseignant et l'apprenant ouvre la porte à un savoir jusque-là insaisissable ou à la maîtrise de compétences nouvelles. L'excitation intellectuelle perçue dans cette zone est l'essence même de la satisfaction que peuvent procurer l'enseignement et l'étude.

problèmes de façon autonome, et le niveau supérieur de développement potentiel, tel que déterminé par la résolution de problèmes avec l'encadrement d'un adulte ou en collaboration avec des pairs plus avancés. Le recours à un tel concept induit d'importantes conséquences pratiques en matière d'éducation.

À VOUS LES COMMANDES 2.4

L'approche socioculturelle : des applications

Décrivez deux situations d'apprentissage en établissant des liens avec la théorie socioculturelle, comme on le fait dans le texte en donnant l'exemple du vélo.

Critique de l'approche cognitive

Les théories cognitives ont révolutionné l'étude du développement en attirant l'attention des psychologues sur le côté actif des opérations mentales (Beilin, 1992). L'étude des structures mentales, des stratégies de la pensée et de leur renouvellement a jeté un éclairage nouveau sur certains aspects du comportement humain. Grâce aux théories cognitives, on mesure mieux les capacités et les limites des façons de réfléchir de l'être

Réponse aux futurs parents (de la page 40) D'abord, vous déterminerez le niveau de compétence et d'apprentissage de votre enfant, afin d'adapter votre enseignement à sa zone proximale de développement. Par exemple, selon son niveau, il apprendra à relever la suite des chiffres. Ensuite, vous lui expliquerez le sens de cette suite : comment passer de 2 à 3 en ajoutant un caillou (ou une pomme), de 3 à 4 en ajoutant un autre élément. Il intégrera ainsi la notion d'addition. Et que se passe-t-il si vous prenez un de ces cailloux ? L'enfant intégrera alors la notion de soustraction.

humain aux divers âges de sa vie et on en constate les effets sur le comportement. Cependant, l'approche cognitive met peu l'accent sur les facteurs d'ordre génétique et environnementaux. Des approches émergentes viennent combler ces lacunes.

Les approches émergentes

Formulées par de nombreux chercheurs de tous les coins de la planète, deux approches émergentes, celle des systèmes dynamiques et celle épigénétique, font appel à un savoir scientifique multidisciplinaire. L'approche des systèmes dynamiques s'appuie sur les recherches en éducation, en anthropologie et en histoire ; l'approche épigénétique est née de la biologie, de la génétique et de la neuroscience.

Aucune de ces approches émergentes n'a encore proposé une explication globale et cohérente du développement humain durant tout le cycle de la vie. Cependant, l'une et l'autre fournissent un cadre de travail significatif et utile qui ouvre de nouvelles voies à une meilleure compréhension du comportement humain.

L'approche des systèmes dynamiques

Au cœur même de l'étude du développement humain, il y a un intérêt marqué pour l'effet des relations vécues dans différents cadres (familial, amoureux, amical, professionnel) et pour l'influence des événements vécus à une étape donnée sur le devenir d'une personne. Chaque personne se développe dans une variété de contextes qui se chevauchent et interagissent : tel est le fondement de l'**approche des systèmes dynamiques** du développement humain (Thelen et Smith, 2006).

Approche des systèmes dynamiques Point de vue scientifique émergent, dans l'étude du développement, qui tient compte des différents systèmes dans lesquels les êtres humains vivent et qui influencent de façon directe et indirecte leur comportement et leur développement.

Le concept même de « systèmes dynamiques » s'applique bien à l'idée selon laquelle un changement qui touche un aspect d'une personne, d'une famille ou d'une société influera possiblement sur plusieurs autres aspects du développement d'une personne : les différents systèmes sont interreliés. La théorie écologique de Bronfenbrenner représente une illustration pertinente de cette conception du développement humain.

Bronfenbrenner : la théorie écologique

C'est à Urie Bronfenbrenner (1917-2005) que revient le mérite d'avoir, d'une manière structurée, attiré l'attention des chercheurs sur l'importance des influences extérieures dans l'étude du développement humain. Il proposa une **théorie écologique** mettant l'accent sur les divers contextes dans lesquels chaque être humain vit (1977, 1979, 1986).

Théorie écologique Façon d'aborder le développement qui tient compte de l'influence des divers contextes — environnements physiques et sociaux — dans lesquels la personne vit.

Dans le modèle de Bronfenbrenner (voir la figure 2.5), c'est la personne qui se trouve au centre et qui filtre en quelque sorte l'apport des influences internes et externes. Les divers contextes, appelés *écosystèmes*, sont représentés en fonction de leur proximité avec la personne. Ainsi, on retrouve :

- le microsystème, c'est-à-dire l'ensemble des milieux sociaux qui ont une influence directe et immédiate sur la personne : famille, amis, groupe de pairs, école, milieu de travail et environnement physique (lieux d'habitation, espaces de jeu pour les enfants, ressources de loisirs dans le quartier, etc.) ;
- le mésosystème, c'est-à-dire les liens tissés entre les diverses composantes du microsystème : rencontres parents-enseignants qui relient le foyer et l'école, service de garderie offert en milieu de travail, relations employeur / employé pour prévoir les congés en situation d'urgence familiale, etc. ;
- l'exosystème, c'est-à-dire les institutions et les pratiques éducatives, culturelles, politiques, économiques qui influent directement sur les diverses composantes du microsystème (et indirectement sur toutes les personnes qui en font partie) : les politiques

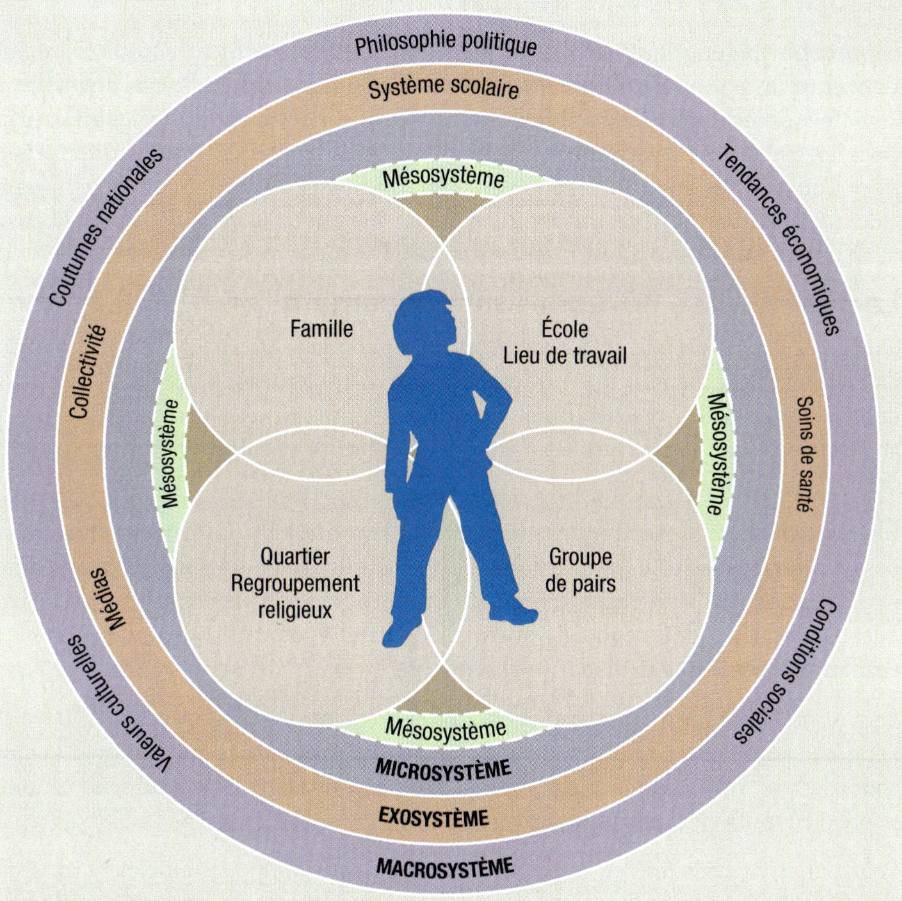

Sources: Bronfenbrenner, 1979; Bronfenbrenner, 1992; Bronfenbrenner, 1996.

FIGURE 2.5 La théorie écologique

touchant l'assurance emploi, l'aide sociale, les prestations pour les enfants, le soutien aux chefs de famille monoparentale, l'accessibilité des places en garderie, etc.;

- le macrosystème, qui regroupe tous les contextes du développement et qui est composé des traditions, des valeurs culturelles, des philosophies politiques, des tendances économiques, des conditions sociales qui se répercutent sur tous les autres contextes: crises économiques internationales, mesures pour contrer le réchauffement de la planète, etc.

Les influences de ces contextes, qui touchent plus ou moins directement la personne, de même que leurs effets combinés, sont multidirectionnelles et réciproques. Ainsi, toute personne se développe au sein d'un réseau de relations dynamiques établies entre un grand nombre de milieux en interaction; de plus, des interrelations réciproques s'établissent entre la personne et le réseau. La personne subit donc l'effet des situations et événements liés à ces divers contextes, mais elle les influence également en retour.

Ces systèmes continuent de se déployer pendant tout le cycle naturel de la vie humaine et affectent, à des degrés divers, les pensées, les actions et les émotions (Bronfenbrenner et Morris, 2006).

Bien que l'approche des systèmes dynamiques soit encore en émergence, plusieurs spécialistes considèrent que le développement doit faire partie d'une vision qui englobe l'ensemble des systèmes auxquels une personne est confrontée.

Approche épigénétique Point de vue scientifique émergent, dans l'étude du développement, qui tient compte à la fois des origines génétiques du comportement (celui de chaque personne et de chaque espèce) et de l'influence systémique directe que l'environnement exerce, dans le temps, sur les gènes.

L'approche épigénétique

L'**approche épigénétique** repose sur l'idée que le développement découle d'interactions entre les gènes et l'environnement (Gottlieb, 2003), mais intègre également divers domaines de recherche. De nombreuses disciplines — notamment la biologie (les principes de l'évolution), la génétique et la chimie — en ont fourni les bases. Plusieurs théoriciens qui privilégient d'autres approches en psychologie reconnaissent que les gènes jouent un rôle dans le développement, mais considèrent qu'ils ne le déterminent pas.

La controverse hérédité / environnement

Quelle est la part du rôle de la programmation génétique et celle de l'environnement dans le développement humain ? Cette question a alimenté bien des débats. En effet, dans la controverse hérédité / environnement, les scientifiques sont partagés quant aux répercussions respectives des facteurs héréditaires et environnementaux sur les caractéristiques de la personne.

L'hérédité réfère à l'ensemble des gènes reçus à la conception. Ces gènes déterminent des caractéristiques telles que la stature, la couleur des yeux et les maladies héréditaires. Certaines prédispositions génétiques concerneraient également des caractéristiques biosociales, cognitives et psychosociales (aptitude pour l'arithmétique, sociabilité, tendance à la dépression, tendance à la timidité, etc.).

L'environnement renvoie aux influences qui s'exercent dès la conception. Cela va de l'état de santé de la mère durant la grossesse aux expériences que l'individu vit au cours de son existence, que ce soit dans sa famille, à l'école, à l'intérieur de sa communauté ou dans la culture au sens large.

Pour parler de l'hérédité et de l'environnement, les scientifiques emploient aussi les expressions « nature et culture » ou « inné et acquis ». Quel que soit le vocable, cependant, une question demeure : quelle est la part d'influence respective de la génétique et de l'environnement sur une caractéristique de personnalité, un comportement ou un mode de développement ? L'expression « part respective » dans cette question suppose que toutes les caractéristiques, tous les comportements et tous les modes de développement découlent à la fois de l'influence de l'hérédité et de l'environnement. Cette interaction mutidirectionnelle est complexe (Lippa, 2002). Tous les psychologues en développement admettent l'influence de l'hérédité et de l'environnement sur un aspect donné du développement (Moffitt, Caspi et Rutter, 2006 ; Reiss et coll., 2000). Cependant, cette unanimité peut laisser sa place à des débats enflammés lorsqu'il s'agit de comprendre comment interagissent l'hérédité et l'environnement pour chaque élément.

Quel est le facteur du développement humain le plus important, l'hérédité ou l'environnement ? Aujourd'hui, la plupart des scientifiques rejettent une telle formulation de la problématique, car ils estiment que l'opposition contenue dans la question crée une dichotomie sans issue.

> Opposer le rôle de l'hérédité au rôle du milieu dans le développement humain, c'est un peu comme se demander si c'est le sodium ou le chlore qui est le plus important dans la composition du sel. En réalité, sans la présence de ces deux composants, il n'y aurait pas de sel. Il en va de même du développement : chaque personne est l'œuvre de l'hérédité et du milieu.
>
> (Vander Zanden, 1996, p. 31)

Si la controverse hérédité / environnement soulève encore autant de passions, c'est en partie à cause des décisions qui en découlent. Les conséquences ne sont donc pas anodines. Par exemple, si l'alcoolisme est considéré comme héréditaire, la personne

À VOUS LES COMMANDES 2.5

Le débat hérédité / environnement s'applique à de nombreux sujets

Demandez à trois personnes d'exprimer leur point de vue sur les causes de la criminalité et sur la façon dont nous devrions punir ou réhabiliter les criminels. Déterminez à quelle approche, parmi celles que nous avons présentées dans ce chapitre, correspond chacune des opinions de vos interlocuteurs.

n'est pas responsable de sa « maladie », et les interventions seront d'ordre médical. Par contre, si on considère que l'alcoolisme est lié à l'environnement, alors les modes d'intervention seront axés sur un réapprentissage de comportements appropriés au regard de la consommation d'alcool.

Le pouvoir des gènes

Nous savons maintenant que tous les traits physiques et psychologiques — de la timidité au groupe sanguin, de la morosité au métabolisme, des aptitudes professionnelles au timbre de la voix — sont influencés par les gènes. Ainsi, une part importante de l'approche épigénétique concerne le pouvoir des gènes. Les êtres humains commencent à marcher et à parler vers l'âge de 1 an, et ils peuvent se reproduire dès l'adolescence parce que les gènes activent ces aptitudes ; même le réglage des aspects du développement relève de la génétique.

L'autre part importante de l'approche épigénétique concerne tous les facteurs environnementaux qui affectent l'expression des influences génétiques. Ces facteurs neutralisent certains gènes avant que ces derniers ne produisent quelque effet et accroissent l'influence d'autres gènes. Certains facteurs sont sources de stress, par exemple une blessure, la température et une foule compacte, tandis que d'autres sont favorables, par exemple des aliments nourrissants, des soins attentionnés et la liberté de jouer (Moffitt, Caspi et Rutter, 2006).

À mesure que se poursuit son développement, chaque personne suit la trajectoire établie par les premières interactions de la génétique et de l'environnement, ce qui ouvre la voie à une variété de résultats possibles, que l'on appelle *gamme de réactions*. Ainsi, certains tout-petits ne deviendront jamais des maîtres de la musique parce que cela ne fait pas partie du potentiel dont ils ont hérité. Ils ont néanmoins devant eux une gamme de réactions possibles en regard de la musique — et peuvent devenir des mélomanes passionnés ou rester totalement indifférents à la musique —, selon les expériences qu'ils vivront.

Les gènes ne fonctionnent jamais seuls, c'est l'un des aspects cruciaux de l'approche épigénétique ; leur potentiel d'action demeure nul sans la présence de certains facteurs environnementaux. Par exemple, de nombreux troubles psychologiques, notamment la schizophrénie, l'autisme, les troubles de la personnalité antisociale et certaines formes de dépression ont une composante génétique. Cependant, aucune ne relève purement de la génétique ; toutes sont épigénétiques dans la mesure où l'environnement et les gènes déterminent la gravité et même l'existence de la psychopathologie (Krueger et Markon, 2006 ; Moffitt, Caspi et Rutter, 2006).

Les contributions des diverses approches

Chacune des approches présentées dans ce chapitre a largement contribué à améliorer notre compréhension du développement humain :

- l'approche psychodynamique fait ressortir l'action des pulsions inconscientes et l'impact, sur le développement futur, des expériences vécues dans la petite enfance ;

- l'approche béhaviorale met l'accent sur le rôle des processus d'apprentissage de base ;
- l'approche humaniste souligne l'unicité de la personne en tant qu'être libre, responsable, capable d'exercer son autodétermination et de donner un sens à son expérience de vie ;
- l'approche cognitive révèle comment les pensées, les croyances et les schémas intellectuels touchent tous les aspects du développement ;
- l'approche des systèmes dynamiques montre que le développement humain s'inscrit dans des contextes complexes, interreliés et multidimensionnels, manifestes dans toutes les interactions sociales ;
- l'approche épigénétique insiste sur l'interaction des gènes et des contextes environnementaux.

Selon le point de vue adopté, ces visions de l'être humain peuvent toutes être considérées comme des variations sur le thème de l'expérience humaine universelle (McAdams et Pals, 2006). Par ailleurs, chacune peut aussi être considérée comme « fondamentalement inconciliable » avec les autres (Wood et Joseph, 2007). Toutefois, aucune approche du développement humain ne peut ignorer les divers aspects mis en lumière par les différentes théories.

Ces approches dessinent des portraits disparates de l'enfant et de l'adulte, brossant des tableaux différents du développement humain. Certaines théories présentent le développement humain à travers des phases ou stades distincts, alors que d'autres décrivent un processus de changement graduel et continu. La mise en parallèle des approches fait ressortir leurs qualités respectives de même que les voies qu'elles ont empruntées pour attirer l'attention sur les aspects majeurs du développement (voir le tableau 2.5).

Le point de vue éclectique

Au lieu d'adhérer exclusivement à l'une ou l'autre de ces approches, les spécialistes en développement en font parfois une utilisation sélective, tout en demeurant ouverts aux découvertes surprenantes que peuvent apporter les études scientifiques et qui les pousseront à reconsidérer leur vision ou à formuler d'autres théories (Wade et Tavris, 2007). On a souvent taxé la recherche sur le développement humain de « pluralisme théorique », parce qu'aucune théorie ne parvient à expliquer pleinement le comportement des humains du début à la fin de leur vie (Dixon et Lerner, 1999).

C'est pourquoi les spécialistes du développement humain prennent souvent le parti de l'**éclectisme**, délaissant les approches globales et les approches émergentes en faveur de modèles théoriques sur des aspects spécifiques du comportement humain. Ils expliquent ainsi le besoin biosocial de rapprochement à la lumière de la « théorie de l'attachement » ; ils interprètent les échanges entre les membres d'une famille d'après la « théorie de l'échange » ; ils expliquent la vitalité des personnes âgées par la « théorie de l'activité ». En vérité, de nombreux spécialistes du développement souhaitent l'intégration d'une vision unifiée de l'ensemble des modèles théoriques, dans leurs aspects biologique, social, cognitif et affectif, en un tout cohérent (Parke et coll., 1994). En attendant, la plupart des spécialistes font un usage sélectif de quelques aspects des diverses approches et théories au lieu de s'en tenir à une seule.

Éclectisme Point de vue et façon de faire que choisissent la plupart des spécialistes du développement en appliquant des aspects de chacune des approches et théories du développement plutôt qu'en adhérant à une seule.

Quelles que soient les limites des approches, les théories sur le développement nous ont maintes fois éclairés sur la diversité des expériences et des événements qui jalonnent une vie. Sans théories ni données scientifiques, les idéologies et les préjugés occultent facilement la réalité. Les théories sont donc essentielles pour suggérer des hypothèses, des pistes de recherche et, enfin, des réponses de façon à ce que la recherche objective puisse remplacer les suppositions personnelles.

TABLEAU 2.5 Comparaison des différentes approches

	Aspects			
Approches	**Centre d'intérêt**	**Conception de la personne en action**	**Importance des premières années**	**Importance relative de l'hérédité et de l'environnement**
Psychodynamique	Développement en phases psychosexuelles (Freud) ou psychosociales (Erikson)	Combat des pulsions inconscientes et surmonte des crises	Oui (Chez Freud en particulier, tout se joue avant 6 ans)	Primauté de l'hérédité (importance des pulsions biologiques et sexuelles, mais aussi des liens parent-enfant et des souvenirs)
Béhaviorale	Conditionnement par stimulus/ réponse	Réagit aux stimulus et aux renforcements	Non (La personne fait l'objet de conditionnements et de reconditionnements pendant toute sa vie)	Primauté de l'environnement
Humaniste	Actualisation de soi, acceptation inconditionnelle d'autrui, empathie	Fait des choix intelligents, se tient pour responsable de ses actes et cherche à réaliser son potentiel	Oui (On reconnaît l'unicité de l'enfant et l'accent est mis sur une acceptation inconditionnelle à son endroit)	Primauté ni de l'hérédité ni de l'environnement, mais de la personne en tant qu'être autodéterminé
Cognitive	Compréhension que l'individu a de lui-même et des autres, pensée, structures cognitives, perception, imitation de modèles	Cherche activement à comprendre ses expériences, à former des concepts et à acquérir des stratégies cognitives ; imite les modèles présents dans l'environnement	Non (La personne continue toute sa vie de développer des compétences mentales ; pour Vygotsky, les interactions sont nécessaires entre le mentor et l'apprenant)	Primauté de l'environnement, en règle générale, mais aussi des structures cognitives (Piaget)
Des systèmes dynamiques	Effets dynamiques des systèmes sur le développement de la personne	Développe sa personnalité et ses comportements par des interactions directes et indirectes avec divers systèmes de son environnement	Oui (On reconnaît le rôle essentiel de la famille et de l'école et l'influence des autres systèmes)	Influence multidirectionnelle et réciproque entre la personne et les différents systèmes présents dans son environnement
Épigénétique	Gènes et facteurs environnementaux qui favorisent ou entravent l'expression des gènes	Se développe par l'interaction dynamique entre la programmation génétique et les contextes de l'environnement	Oui (L'environnement joue un rôle indispensable pour favoriser l'expression des aspects génétiques)	Primauté de l'interaction dynamique entre l'hérédité et l'environnement plutôt que prédominance de l'un ou de l'autre

À VOUS LES COMMANDES 2.6

Les influences dans votre vie

Une importante maison d'édition veut publier votre biographie. Avant de vous mettre à l'écriture, vous décidez de dégager les thèmes centraux et les influences profondes qui ont marqué votre vie en répondant aux questions suivantes. Jouez le jeu.

1. Quelles influences centrales ont déterminé la personne que vous êtes devenue ?
2. Estimez-vous que ces influences ont été stables et constantes (exemple : votre hérédité, le genre d'éducation que vous ont donné vos parents) ou que des événements clés ont bouleversé votre vie ?
3. Racontez quelques événements marquants de votre vie. Expliquez en quoi ils l'ont été.
4. À quelle(s) approche(s) vos explications correspondent-elles le plus ?

Synthèse

Les raisons d'être des théories

1. Une théorie du développement est un ensemble d'énoncés (hypothèses, principes et lois) qui fournit une base de travail cohérente pour expliquer et prédire le comportement au cours du développement. Elles remplissent plusieurs fonctions, dont présenter une vision cohérente, orienter la recherche, faire avancer le savoir et guider l'intervention.

Les approches globales

L'approche psychodynamique

- Freud : la théorie psychanalytique
- Erikson : la théorie psychosociale

2. Sigmund Freud (1856-1939) pratiquait la médecine à Vienne dans les années 1890. Il fonda son approche sur ses observations cliniques de l'hystérie. Selon lui, l'esprit humain comprend trois niveaux de conscience : le conscient, le préconscient et l'inconscient. Freud concevait la personnalité comme une structure présentant trois parties en interaction dynamique : le *ça*, le *moi* et le *surmoi*. Selon lui, les conflits intrapsychiques peuvent créer une tension et une anxiété telles que la personne tentera de les minimiser en utilisant des mécanismes de défense, c'est-à-dire des moyens d'empêcher l'angoisse d'atteindre le conscient.
3. Erik H. Erikson (1902-1994) élabora un modèle de développement qu'il nomma *théorie psychosociale du développement humain*. Ce modèle tient compte de l'interaction constante entre les processus biologiques, psychiques et socioculturels. Il comprend huit stades de développement échelonnés sur la vie entière, chacun se caractérisant par une crise de développement, dont la résolution dépend de l'interaction entre la personne et l'environnement social et culturel.
4. Les critiques de l'approche psychodynamique concernent principalement sa subjectivité. Cette dimension exclut la possibilité d'investigations scientifiques contrôlées en laboratoire.

L'approche béhaviorale

- Les lois du comportement
- Pavlov et Watson : le conditionnement répondant
- Skinner : le conditionnement opérant

5. John B. Watson (1878-1958) affirma que la psychologie ne pourrait prétendre au statut de science que si les psychologues étudiaient des faits observables et mesurables. Les béhavioristes cherchent à définir les lois sous-jacentes aux différentes formes d'apprentissages simples ou complexes, quel que soit l'âge d'une personne. Selon eux, l'apprentissage repose sur le conditionnement, lequel est basé sur l'association d'un stimulus et d'une réponse. Le stimulus représente tout phénomène (objet ou événement) qui provoque une réponse ou réaction (automatique ou volontaire) dans un organisme tandis que la réponse représente tout comportement (automatique ou volontaire) provoqué par un stimulus particulier.
6. En 1902, le scientifique russe Ivan Pavlov (1849-1936) mit en lumière le lien entre le stimulus et la réponse, qu'il nomma *conditionnement répondant*. Dans ce type de conditionnement, un stimulus neutre est associé à un stimulus inconditionnel de sorte que le stimulus neutre en vienne à susciter la même réponse réflexe que le stimulus inconditionnel. John B. Watson a montré comment le conditionnement répondant peut être appliqué à l'être humain.
7. B.F. Skinner (1904-1990), le défenseur le plus influent du béhaviorisme, jugeait qu'une autre forme de conditionnement, appelée *conditionnement opérant*, joue un rôle important dans les apprentissages complexes. Dans ce type de conditionnement, la probabilité d'apparition d'un comportement augmente en raison d'un renforcement et diminue en présence d'une punition.
8. Les critiques de l'approche béhaviorale soulignent qu'elle ne permet pas d'expliquer les dimensions cognitive, perceptive et psychosociale du développement humain.

L'approche humaniste

- Rogers : la considération positive inconditionnelle et l'empathie
- Maslow : le besoin d'actualisation de soi

9. Les théoriciens de l'approche humaniste ont une vision holistique du développement. Selon eux, l'être humain se perçoit comme un être autodéterminé, capable d'exercer son libre arbitre et d'atteindre des buts d'une manière créative. C'est un être libre, en mesure de faire des choix réfléchis, sensés et intelligents ; il est responsable de ses actes et tend spontanément à réaliser son plein potentiel.
10. Selon Carl R. Rogers (1902-1987), pour qu'un être humain ait un développement harmonieux, il doit bénéficier d'une considération positive inconditionnelle, particulièrement de la part des personnes significatives dans sa vie, comme ses parents et ses proches, qui font preuve d'empathie.
11. Abraham H. Maslow (1908-1970) a établi une hiérarchie des besoins. Certains d'entre eux correspondent à un état de tension ou de manque dans l'organisme (déficience), d'autres se rattachent à des besoins de croissance personnelle (l'actualisation de soi), c'est-à-dire une motivation fondamentale qui pousse la personne à s'accomplir et à réaliser son potentiel.

12. Les critiques de l'approche humaniste se rapportent à la valeur scientifique des concepts. Leur imprécision rend difficile leur évaluation systématique. De plus, cette approche semble trop optimiste, affirmant que l'enfant choisit spontanément ce qui est le mieux pour lui. D'aucuns affirment que les enfants ont plutôt besoin d'être guidés. Cette approche semble plus adaptée aux fins pratiques qu'à la conception théorique.

L'approche cognitive

- Bandura : la théorie cognitive de l'apprentissage social
- Piaget : la théorie du développement des structures cognitives
- Vygotsky : la théorie socioculturelle

13. L'approche cognitive s'intéresse à l'influence des opérations mentales sur la vision du monde que se crée une personne. Selon cette approche, les pensées d'une personne façonnent ses croyances, ses attitudes et ses comportements.

14. Selon la théorie cognitive de l'apprentissage social d'Albert Bandura (1925-...), la personne apprend certains comportements par l'observation et l'imitation d'autres personnes qu'elle prend pour modèles. L'apprentissage social et cognitif ne se limite pas à l'observation d'un modèle. Il faut avoir une motivation pour prêter attention à un comportement, mémoriser l'information qui y est associée et récupérer cette information lorsque se présente l'occasion de manifester le comportement.

15. Selon Jean Piaget (1896-1980), le développement cognitif répond au besoin universel d'équilibre. Tout le monde a besoin de comprendre ses nouvelles expériences et, pour y arriver, les confronte à ses conceptions existantes. Par ailleurs, le déséquilibre favorise le développement cognitif parce qu'il oblige la personne à modifier ses conceptions antérieures. Piaget a décrit deux mécanismes du processus d'adaptation : l'assimilation et l'accommodation.

16. Lev Vygotsky (1896-1934) s'est lui aussi intéressé au développement des compétences cognitives, mais en le situant dans un contexte socioculturel. Selon la théorie socioculturelle, les compétences cognitives sont le fruit d'un apprentissage de la pensée, le résultat d'un ensemble d'interactions entre le novice et les membres expérimentés de la société qui lui servent de mentors (guides). Vygotsky avançait que le meilleur moyen de développer des compétences cognitives est la participation guidée, une démarche dans laquelle le tuteur accomplit des activités avec l'apprenti afin, d'une part, de lui enseigner des habiletés et, d'autre part, de le faire participer activement à son apprentissage.

17. On reproche à l'approche cognitive de mettre peu l'accent sur les facteurs génétiques et environnementaux. Des approches émergentes viennent combler ces lacunes.

Les approches émergentes

L'approche des systèmes dynamiques

- Bronfenbrenner : la théorie écologique

18. Chaque personne se développe dans une variété de contextes qui se chevauchent et interagissent : tel est le fondement de l'approche des systèmes dynamiques. Urie Bronfenbrenner (1917-2005) propose une théorie écologique mettant l'accent sur les divers contextes dans lesquels chaque être humain vit. Dans ce modèle, c'est la personne qui se trouve au centre et qui filtre l'apport des influences internes et externes. Les divers contextes, appelés *écosystèmes*, sont représentés en fonction de leur proximité avec la personne : le microsystème, le mésosystème, l'exosystème, et le macrosystème.

L'approche épigénétique

- La controverse hérédité / environnement
- Le pouvoir des gènes

19. L'approche épigénétique repose sur l'idée que le développement découle d'interactions entre les gènes et l'environnement. Cette conception soulève un débat opposant l'inné et l'acquis. Par contre, la plupart des scientifiques renoncent à déterminer lequel de ces deux facteurs prime, car ils estiment que cette opposition crée une dichotomie sans issue. Il est plutôt admis que tous les comportements et tous les modes de développement découlent à la fois de l'influence de l'hérédité et de l'environnement. Par exemple, tout comme le sodium et le chlore dans la composition du sel, chaque personne est l'œuvre à la fois de l'hérédité et du milieu.

20. Les gènes ne fonctionnent jamais seuls, c'est l'un des aspects cruciaux de l'approche épigénétique ; leur potentiel d'action demeure nul sans la présence de certains facteurs environnementaux.

Les contributions des diverses approches

Le point de vue éclectique

21. On a souvent taxé la recherche sur le développement humain de « pluralisme théorique », parce qu'aucune théorie ne parvient à expliquer pleinement le comportement des humains du début à la fin de leur vie. C'est pourquoi les spécialistes du développement humain prennent souvent le parti de l'éclectisme en appliquant des aspects de chacune des approches et théories plutôt qu'en adhérant à une seule.

Questions clés

1. Nommez et décrivez les quatre fonctions d'une théorie du développement.
2. Selon Freud, à quoi correspond le *ça*, le *moi* et le *surmoi*? Et à quel âge apparaissent ces trois composantes de la personnalité?
3. Décrivez comment et pourquoi, selon Pavlov, le chien se met à saliver lorsqu'il entend le son de la cloche.
4. Expliquez comment une punition peut augmenter la fréquence d'apparition d'un comportement non désiré, soit l'effet inverse de ce qui est attendu. Donnez un exemple pour appuyer votre explication.
5. Quelle est la distinction entre *empathie* et *sympathie*?
6. Que ferait un ou une enseignant(e) influencé(e) par les idées de Vygotsky?
7. Dans l'approche épigénétique, qu'entend-on par l'expression «part respective»?
8. Pourquoi dit-on que les spécialistes du développement sont éclectiques?

Applications

1. Choisissez un comportement que vous souhaitez changer. Observez et prenez note dans un journal de bord des dimensions comportementales (renforcements, punitions) et cognitives (pensées, émotions) associées à chacune des étapes du changement.
2. En vous basant sur les quatre dimensions du modèle des écosystèmes de Bronfenbrenner, dressez le portrait des aspects de votre environnement qui influent sur votre développement.
3. Afin d'évaluer le débat opposant l'inné et l'acquis, demandez à trois personnes de votre environnement, idéalement d'âges différents, de vous expliquer pourquoi un criminel devient criminel. Par la suite, tentez de faire le lien entre leurs explications et les théories énoncées dans le chapitre.

À vous les commandes (réponses)

À vous les commandes 2.1

Interprétation des résultats Maintenant que vous avez lu le chapitre, vous vous rendez sans doute compte que tous les choix de réponses correspondent aux différentes approches théoriques qui y sont présentées. Les réponses en a) correspondent davantage à une vision psychodynamique; les réponses en b), à l'approche béhaviorale; les réponses en c), à l'approche humaniste; les réponses en d), à l'approche cognitive; les réponses en e), à l'approche des systèmes dynamiques; et les réponses en f), à l'approche épigénétique.

En faisant l'addition de vos choix de réponses, vous pouvez déterminer vos préférences spontanées pour l'une ou l'autre des approches. Si aucune ne prime, vous pouvez supposer, pour l'instant, que vous avez tendance à être éclectique, c'est-à-dire que vous empruntez des éléments aux diverses approches pour expliquer une situation donnée.

À vous les commandes 2.2

1. Régression
2. Refoulement
3. Rationalisation
4. Intellectualisation
5. Projection
6. Régression
7. Déplacement
8. Déni
9. Refoulement
10. Sublimation

Le chapitre 2 en un clin d'œil

Les raisons d'être des théories

Théorie du développement

Fonctions
- Présenter une vision cohérente
- Orienter la recherche
- Faire avancer le savoir
- Guider l'intervention

Les approches globales

Approche psychodynamique

Freud : la théorie psychanalytique
- Conscient, préconscient, inconscient
- *Ça*, *moi*, *surmoi*
- Mécanismes de défense

Erikson : la théorie psychosociale
- Influence sociale et culturelle
- Huit stades de développement
- Crise de développement

Critique de l'approche psychodynamique
- Théories subjectives
- Se prêtent peu à des investigations scientifiques contrôlées en laboratoire
- Expérimentation impossible

Approche béhaviorale

Lois du comportement
- Rapport entre le stimulus et la réponse
- Conditionnement

Pavlov et Watson : le conditionnement répondant
- Stimulus inconditionnel + stimulus neutre = réponse conditionnelle
- Ex. : chien de Pavlov, petit Albert

Skinner : le conditionnement opérant
- Renforcement = agréable
- Punition = désagréable
- Probabilité de répétition du comportement

Critique de l'approche béhaviorale
- Ne permet pas d'expliquer les dimensions cognitive, perceptive et psychosociale du développement humain

Le chapitre 2 en un clin d'œil

Les approches globales (suite)

Approche humaniste

Rogers : la considération positive inconditionnelle et l'empathie
- Sentiment d'être aimé et accepté

Maslow : le besoin d'actualisation de soi
- Hiérarchie des besoins

Critique de l'approche humaniste
- Approche trop optimiste
- Les enfants ont plutôt besoin d'être guidés

Approche cognitive

Bandura : la théorie cognitive de l'apprentissage social
- Observation et imitation de modèles
- Importance de la motivation
- Sentiment d'efficacité personnelle

Piaget : la théorie du développement des structures cognitives
- Besoin universel d'équilibre cognitif
- Assimilation et accommodation

Vygotsky : la théorie socioculturelle
- Participation guidée
- Langage, principal outil d'apprentissage
- Zone proximale de développement

Critique de l'approche cognitive
- Peu d'accent mis sur la génétique et l'environnement

Les approches émergentes

Approche des systèmes dynamiques

Bronfenbrenner : la théorie écologique
- Microsystème (ex. : lieux d'habitation)
- Mésosystème (ex. : rencontres parents-enseignants)
- Exosystème (ex. : prestations pour les enfants)
- Macrosystème (ex. : valeurs culturelles)

Approche épigénétique

Controverse hérédité / environnement
- Leur part d'influence respective sur les aspects du développement

Pouvoir des gènes
- Gamme de réactions

Les contributions des diverses approches

Point de vue éclectique

- Application de notions issues des différentes approches et théories

CHAPITRE 3

La génétique, le développement prénatal et la naissance

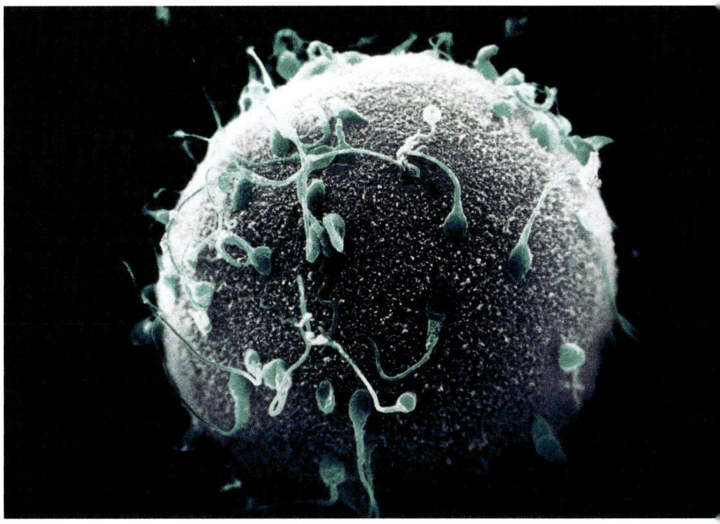

Dès les premiers instants de la vie, deux forces primordiales, l'hérédité et l'environnement, s'associent pour donner au développement de l'être humain son impulsion et sa direction. L'interaction de ces deux forces influera sur les aspects biologiques et psychologiques de la personne tout au long de sa vie ; elle forme et transforme l'être humain de sa conception jusqu'à sa mort.

SECTION 1

LA GÉNÉTIQUE

Le programme génétique détermine tous les caractères humains. Il dicte également le moment où se produiront certains changements liés au développement (par exemple la puberté déclenchée par la production hormonale). Ainsi, chaque nouveau-né partage avec tous les autres humains des structures physiques (comme l'axe du bassin propice à la station debout), des tendances comportementales (comme la vocalisation essentielle au langage parlé) et un potentiel reproducteur (pour perpétuer l'espèce).

Malgré les apparences, ce programme n'est pas immuable et est lui-même influencé par l'environnement. De fait, le patrimoine génétique et l'expérience personnelle d'un individu sont si intimement liés qu'il est souvent impossible d'isoler leurs effets respectifs, d'autant plus que le développement est un processus dynamique et continu.

La conception

Le développement d'un être humain s'amorce au moment de la conception lorsqu'un **gamète** mâle, cellule reproductrice nommée **spermatozoïde**, perce la membrane d'un gamète femelle, cellule reproductrice nommée ovule. Le gamète mâle et le gamète femelle contiennent chacun plus de 1 milliard de messages génétiques chimiquement codés qui constituent la moitié du plan d'ensemble du développement. Un gamète contient 23 chromosomes. Lorsque le spermatozoïde et l'ovule s'unissent,

Gamète Cellule reproductrice sexuée qui, en s'unissant à une cellule reproductrice du sexe opposé, produit un nouvel être humain potentiel. Les gamètes femelles sont appelés *ovules* et les gamètes mâles, *spermatozoïdes*.

Spermatozoïde Cellule reproductrice mâle produite en grand nombre dans les testicules — 300 millions par jour, en moyenne — à compter de la puberté. C'est une des plus petites cellules du corps humain.

Zygote Cellule formée par l'union d'un spermatozoïde et d'un ovule.

Ovule Cellule reproductrice femelle présente dans les ovaires dès la naissance, au nombre approximatif de deux millions. Environ 400 de ces ovules immatures seront libérés au moment de l'ovulation, entre la puberté et la ménopause. C'est la plus grande cellule du corps humain.

il y a formation d'une cellule unique, formée de 46 chromosomes, appelée **zygote**. À cette étape, le contenu génétique du spermatozoïde et celui de l'**ovule** sont réunis, et les chromosomes homologues s'alignent de façon à permettre la première division du zygote. Le zygote possède ainsi un code génétique complet, qui détermine autant ses caractéristiques individuelles que les caractéristiques communes à tous les membres de l'espèce, comme les séquences du développement physique.

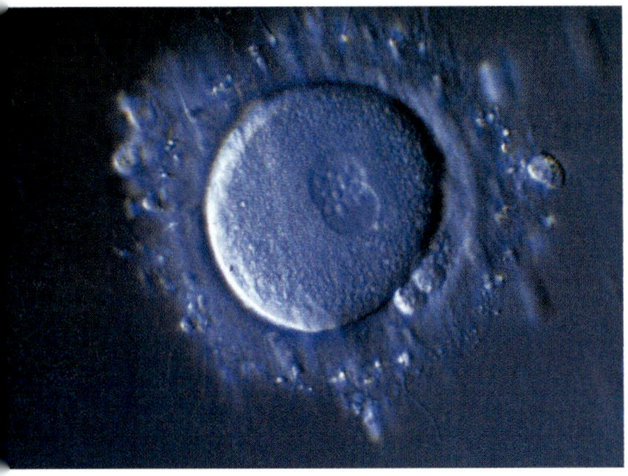

La fécondation L'ovule vient d'être fécondé par un spermatozoïde dont le noyau se trouve accolé au sien. Bientôt, les deux noyaux fusionneront, rassemblant ainsi tous les messages génétiques qui régiront le développement.

Le début de la vie

Dans les heures qui suivent la formation du zygote, la nouvelle cellule reproduit son noyau et se divise en deux cellules identiques. Puis, à nouveau, ces deux cellules reproduisent leur noyau avant de se scinder, selon un processus appelé *mitose*. Ce processus de division cellulaire permet la reproduction d'un code génétique identique dans de nouvelles cellules et assure ainsi la croissance et le développement des cellules durant toute la vie.

C'est le code génétique qui régit les fonctions des cellules du corps humain et dirige le processus de différenciation. Ainsi, des cellules prennent des formes différentes et se spécialisent pour former le cerveau, la rétine, les valvules cardiaques, etc. Elles se reproduisent à des rythmes variés, selon l'endroit du corps où elles se trouvent (Gottlieb, 2002). Certaines cellules demeurent inactives jusqu'à la puberté, l'âge adulte ou la vieillesse.

Les naissances multiples

Tous les zygotes sont uniques sur le plan génétique, mais pas tous les nouveau-nés. Au Québec, dans 1 cas sur 270 environ, les cellules qui constituent le zygote se divisent toutes en deux pour créer deux zygotes distincts au cours des 2 premières semaines du développement. La production de deux amas identiques et indépendants mène à la formation de jumeaux monozygotes (vrais jumeaux). Ces jumeaux possèdent le même code génétique pour ce qui est du sexe, de l'apparence physique, du tempérament, de la prédisposition à certaines maladies, etc., tout en présentant quelques différences mineures, comme les empreintes digitales.

Q Sur ces photos, pouvez-vous déterminer quels jumeaux sont monozygotes ?

Nés le même jour, ces enfants ont-ils forcément les mêmes gènes ? Pour avoir les mêmes gènes, des jumeaux doivent être issus du même zygote. Les jumeaux de sexes différents sont forcément dizygotes. De nombreux jumeaux de même sexe sont également dizygotes.

Il peut également arriver qu'une femme libère deux ovules en même temps. La fécondation de ces deux ovules produits simultanément entraîne la formation de deux zygotes distincts. Les jumeaux dizygotes n'ont pas plus de gènes communs entre eux qu'avec leurs autres frères et sœurs. Ils peuvent donc être de sexes différents et se ressembler très peu ou beaucoup, comme des frères et sœurs nés à des moments différents.

R (Réponse de la page 54) Les deux fillettes sont monozygotes. Pour vous en convaincre, observez leurs dents, leurs sourcils, la ligne de pousse de leurs cheveux, la forme de leur visage.

L'ADN, les gènes et les chromosomes

L'hérédité concerne la transmission de certains traits d'une génération à l'autre. Comment cette transmission se fait-elle ? Par le **code génétique**. Les instructions du programme génétique sont inscrites dans le noyau de chaque cellule, dans des molécules d'**ADN (acide désoxyribonucléique)**. Le code génétique correspond à l'enchaînement des bases chimiques le long d'un brin d'ADN (voir la figure 3.1).

Les **gènes**, distribués sur les molécules d'ADN, sont les unités fondamentales du programme génétique et donc les vecteurs de l'hérédité. Ils dictent non seulement la forme et la situation des cellules, mais aussi leurs fonctions. Répondant à des mécanismes d'activation et de désactivation, ils régissent le développement, c'est-à-dire qu'ils commandent aux cellules de croître, de se régénérer, de se nourrir, de se multiplier et de mourir. Ils jouent un rôle clé dans le métabolisme cellulaire et la physiologie de l'organisme. Certains gènes seraient activés à des moments précis de la vie et déclencheraient la maturation de certaines parties du cerveau, influant ainsi sur les différents aspects du développement humain.

Un **chromosome** est un filament du noyau de la cellule (structure filamenteuse d'ADN) sur lequel se trouvent des milliers de gènes. Les 46 chromosomes répartis en 23 paires, numérotées pour fins d'étude par les scientifiques, sont montrés dans le **caryotype** de la photo à la page suivante.

Code génétique Programme constitué par l'enchaînement des bases chimiques de l'ADN, il est appelé *code* parce qu'il détermine la séquence des acides aminés dans les protéines que synthétise l'organisme.

ADN (acide désoxyribonucléique) Substance chimique complexe, la molécule d'ADN, qui est la base de l'hérédité, est l'élément constitutif des gènes regroupés dans les chromosomes, supports matériels de l'hérédité.

Gène Unité fondamentale de l'hérédité, le gène est un segment d'ADN qui contrôle un petit caractère héréditaire. Au nombre d'environ 30 000 chez l'être humain, les gènes régissent l'ensemble de la croissance et du développement de tout organisme.

Chromosome Structure composée d'une très longue molécule d'ADN et de ses protéines associées. Les chromosomes portent les gènes transmis par les parents à leur progéniture. Chaque cellule humaine (sauf les gamètes) contient 46 chromosomes répartis en 23 paires.

Caryotype Arrangement caractéristique des chromosomes d'une cellule ; il s'applique à un individu comme à une espèce. Le mot désigne aussi la représentation des chromosomes d'une cellule une fois classés et réunis par paires.

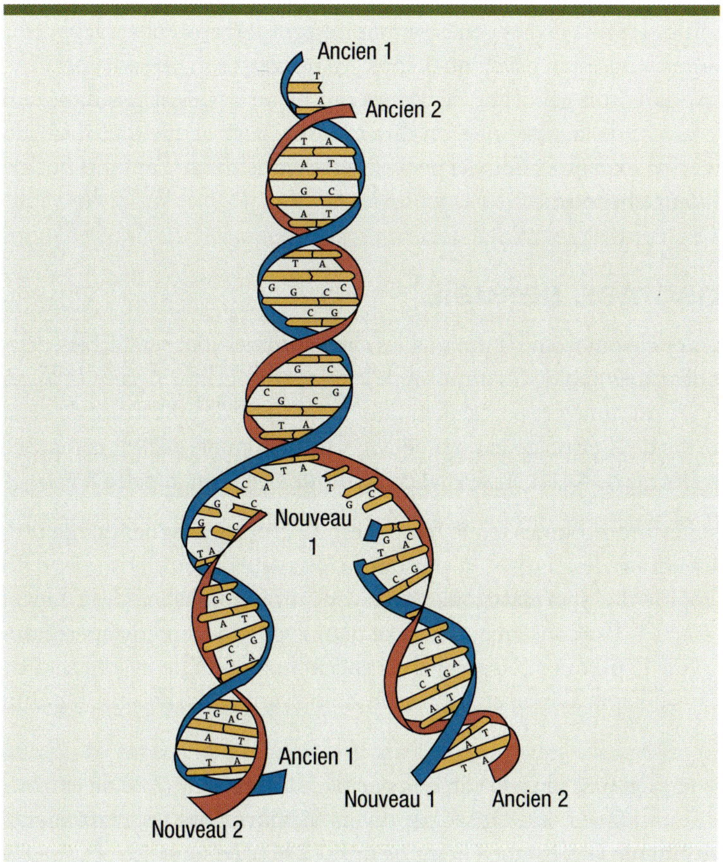

FIGURE 3.1 La composition de l'ADN La molécule d'ADN se compose de sucre, de phosphate et de quatre bases chimiques : l'adénine (A), la thymine (T), la cytosine (C) et la guanine (G). Elle a la forme d'une échelle dont les barreaux sont constitués par des paires de bases chimiques apparaissant dans un ordre déterminé pour produire des effets spécifiques. La figure représente une molécule d'ADN au moment de la réplication, soit la création de deux nouvelles copies du code. Ce mécanisme de séparation et de réunion des brins de la molécule d'ADN permet de reproduire continuellement, sous la même forme, le code génétique entier pendant toute la vie.

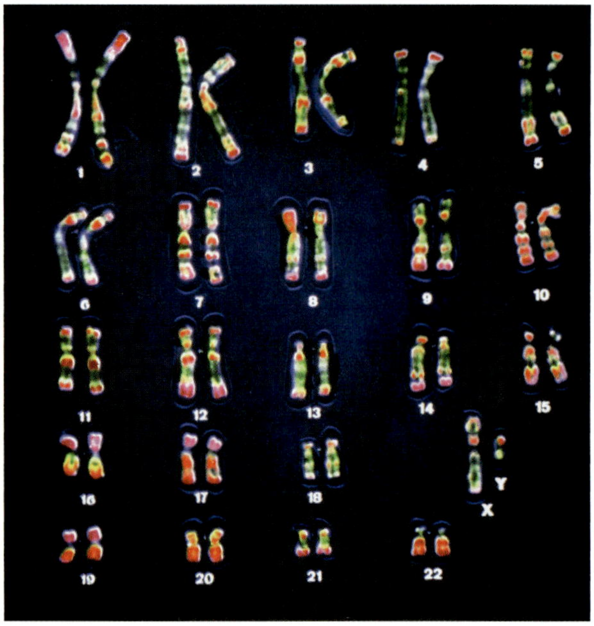

Un caryotype Cette image, appelée *caryotype*, montre les 46 chromosomes, regroupés en 23 paires, d'un être humain normal. Pour produire un tel caryotype, il faut prélever une cellule (de la bouche habituellement), la traiter de manière à rendre les chromosomes visibles, en grossir l'image des centaines de fois, la photographier, puis disposer les chromosomes en paires d'après la longueur de leurs « bras » supérieurs.

Le génome

On appelle **génome** l'ensemble des informations se trouvant sur tous les chromosomes d'un organisme. La séquence du génome humain, c'est-à-dire l'enchaînement des nucléotides le long d'un brin d'ADN, a été publiée en 2003 ; le résultat est le fruit d'un intense travail de collaboration entre une cinquantaine de pays et des milliers de laboratoires. Après avoir séquencé les quelque 30 000 gènes humains, les chercheurs ne sont pourtant pas au bout de leur peine ! En effet, les gènes ne représentent que 1,5 % de l'ADN. On ignore encore la fonction des 98,5 % d'éléments restants. Cela signifie que les gènes ne constituent qu'une partie du génome (Encyclopédie de l'Agora, 2008). Malgré les percées scientifiques importantes, la génétique humaine reste donc encore bien mal connue.

Près de la moitié des gènes humains n'affectent que le cerveau ; c'est là un aspect fascinant de la génétique. Les gènes développent non seulement des fonctions neurologiques, mais activent aussi des aspects précis du développement cognitif, comme l'aptitude à faire des raisonnements abstraits ou à planifier (Marcus, 2004). Ainsi, un zygote peut comporter un potentiel génétique pour que la personne devienne un génie de la musique. Toutefois, ce potentiel ne s'exprimera que sous l'influence de nombreux autres facteurs. Même l'apprentissage d'une langue ne devient possible qu'avec la maturation — génétiquement programmée — de certaines régions du cerveau.

Génome Ensemble des informations (matériel génétique) se trouvant sur tous les chromosomes d'un organisme.

Génotype Ensemble des instructions génétiques reçues du père et de la mère, qui sont contenues dans le noyau des cellules.

Phénotype Ensemble des caractères observables d'une personne qui résultent de l'expression de certains de ses gènes.

Porteur Personne dont le génotype comprend un gène récessif, c'est-à-dire un gène non exprimé dans le phénotype, au regard d'un caractère particulier. Un porteur peut transmettre un tel gène à ses enfants ; le gène pourra s'exprimer chez les enfants si ceux-ci ont reçu un gène récessif analogue de leur autre parent.

Le génotype et le phénotype

Pour saisir la complexité des influences génétiques, on doit établir la distinction entre le patrimoine génétique (le potentiel) et l'expression concrète de ce patrimoine. L'ensemble des gènes qu'une personne reçoit de son père et de sa mère constitue son **génotype**. Cependant, seuls certains de ces gènes se manifestent de façon observable (sur le plan physique comme sur le plan psychique), constituant ainsi son **phénotype**. Chaque personne a donc dans son génotype des gènes qui ne s'expriment pas dans son phénotype. Dans le jargon de la génétique, on dira en conséquence que tout individu est **porteur** de gènes non exprimés. Ceux-ci peuvent être transmis aux enfants et s'exprimer ou non dans leur phénotype.

Les chromosomes sexuels

Dans 22 des 23 paires de chromosomes humains, les chromosomes sont semblables, c'est-à-dire qu'ils portent des gènes analogues disposés de la même façon. La 23e paire, celle qui détermine le sexe, revêt un caractère particulier. Chez la femme, elle est formée de deux chromosomes en forme de X et porte le nom de XX. Chez l'homme, elle est composée d'un chromosome en forme de X et d'un second en forme de Y ; elle est appelée XY.

Puisque la 23e paire de chromosomes d'une femme est XX, tous les ovules qu'elle produit reçoivent forcément un des deux X. Et puisque la 23e paire de chromosomes d'un homme est XY, la moitié des spermatozoïdes reçoivent un chromosome X et l'autre moitié, un chromosome Y. Par conséquent, le sexe d'un zygote dépend du spermatozoïde qui atteint l'ovule le premier. S'il s'agit d'un spermatozoïde Y, le zygote sera de sexe masculin (XY) ; s'il s'agit d'un spermatozoïde X, le zygote sera de sexe féminin (XX) (voir la figure 3.2).

Q Dans la photo qui amorce ce chapitre (à la page 53), pouvez-vous distinguer les spermatozoïdes Y des spermatozoïdes X ?

Dans la plupart des pays, il naît plus de garçons que de filles : près de 52 % de garçons pour 48 % de filles. Ce ratio peut être faussé par divers facteurs, dont les avortements provoqués, comme l'indique la rubrique « Point de mire » à la page suivante.

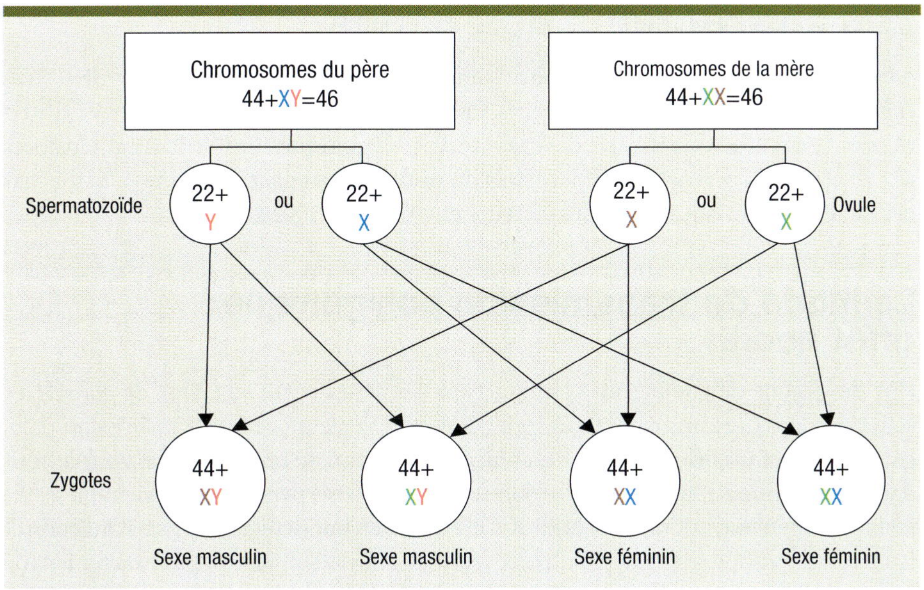

FIGURE 3.2 **Les combinaisons possibles des chromosomes sexuels** Pour un couple donné, il existe quatre combinaisons possibles des chromosomes sexuels. Le sexe du zygote dépend du type de spermatozoïde (X ou Y) qui féconde l'ovule. Les chromosomes XX de la femme sont équivalents dans la détermination du sexe, mais non en ce qui concerne la santé future de l'enfant. En effet, les troubles liés au chromosome X sont attribuables pour la plupart à des gènes présents sur un seul des chromosomes X de la mère.

R (Réponse de la page 56) Probablement pas. Une analyse en laboratoire permettrait de voir que les spermatozoïdes Y sont légèrement plus petits, mais un examen à l'œil nu permet difficilement de les distinguer des X.

POINT DE MIRE

Trop de garçons ?

Selon le Fonds des Nations Unies pour la population (FNUAP), la sélection prénatale en faveur des garçons, très fréquente dans plusieurs pays d'Asie, aura de lourdes conséquences sociales dans les années à venir. Les rapports précisent que c'est en Inde et en Chine qu'on constate le déséquilibre le plus grave en matière de natalité entre les filles et les garçons.

Le sexe-ratio à la naissance devrait être normalement d'environ 105 garçons pour 100 filles.

Alors que le nombre d'enfants par famille diminue, les Asiatiques ont de plus en plus recours à l'échograhie ou à l'amniocentèse afin de déterminer le sexe des fœtus, et à l'avortement pour ne pas avoir de filles non désirées.

> La préférence pour les fils est profondément enracinée dans de nombreux pays d'Asie, pour des raisons tant culturelles qu'économiques. Les filles peuvent y être vues comme une charge, particulièrement là où leur famille doit payer une dot. Les parents âgés attendent normalement un soutien de leurs fils et des épouses de ceux-ci. Et les fils peuvent être les seuls habilités à rendre les derniers devoirs à leurs parents ou à pratiquer le culte des ancêtres.
>
> (Fonds des Nations Unies pour la population, 2007)

En Chine, depuis 1993, le gouvernement interdit les tests destinés uniquement à connaître le sexe de l'enfant à naître, mais « la loi n'a pas été appliquée rigoureusement » (French, 2005).

Les technologies permettant de déterminer le sexe du fœtus sont déjà disponibles dans des pays où l'avortement est légal. Des infanticides visant les filles sont encore signalés dans certains pays, et des taux de mortalité supérieurs pour les filles sont enregistrés en Chine, où elles reçoivent parfois moins de soins et de nourriture que leurs frères. D'autres pays présentent des statistiques semblables.

En se basant sur le ratio entre les sexes dans d'autres régions du monde, le rapport du FNUAP estime qu'il manquait 163 millions de filles ou de femmes en 2005 en Asie. Le FNUAP a émis un avertissement : le nombre croissant d'hommes qui ne pourront pas trouver d'épouse pourrait entraîner une augmentation des troubles sociaux, de la violence sexuelle et de la traite des femmes.

> Les déséquilibres entre le nombre d'hommes et de femmes conduisent inévitablement à des déséquilibres de grande portée dans l'ensemble de la société. Et, en réponse, nous devons diffuser le message que chaque être humain est né égal en dignité, en valeur et en droits humains.
>
> (Obaid, 2007, citée dans Fonds des Nations Unies pour la population, 2007)

Des gens de couleur Noire, blanche, jaune, rouge, brune : autant d'adjectifs impropres à qualifier la peau. Il existe en effet des milliers de couleurs de peau, et chacune résulte de l'interaction de plusieurs gènes. Selon les gènes transmis par chaque parent, la peau de l'enfant sera plus pâle, plus rougeaude, plus claire, plus sombre, plus jaune, plus olivâtre ou plus tavelée que celle de son père ou de sa mère.

Les interactions des gènes

À la conception, le zygote réunit, pour chaque caractère de l'être humain, des directives génétiques provenant des deux parents. Cela dit, la façon dont se combinent ces directives est complexe : on retrouve des **caractères polygéniques** (influencés par plusieurs gènes) et des **caractères plurifactoriels** ou **multifactoriels** (déterminés à la fois par des facteurs génétiques et par des facteurs environnementaux).

Le mode de transmission polygénique : effet additif

Une des façons de comprendre l'interaction des gènes entre eux, c'est de considérer l'effet produit. Certains caractères sont codés par plusieurs gènes (transmission polygénique) ayant un **effet additif**, c'est-à-dire que chacun de ces gènes joue un rôle actif dans la détermination du caractère donné. La taille d'une personne, par exemple, est le résultat de gènes ayant un effet additif. Celle-ci est en fait déterminée par 100 gènes, et leurs contributions respectives cumulées font qu'une personne n'est pas exactement de la même taille que son père ou sa mère (Little, 2002). La couleur de la peau, également, dépend de plusieurs gènes dont l'influence est additive : le résultat se situe quelque part sur un large continuum de teint, du plus foncé au plus clair, et ne correspond pas exactement à la couleur de la peau du père ni de celle de la mère.

Caractère polygénique Caractère influencé par l'interaction de plusieurs gènes.

Caractère plurifactoriel ou **caractère multifactoriel** Caractère produit par l'interaction de facteurs génétiques et environnementaux.

Effet additif Effet produit lorsque tous les gènes qui possèdent des instructions pour un caractère donné jouent un rôle actif.

Le mode de transmission dominant / récessif : effet non additif

Pour chaque caractéristique transmise, une personne reçoit au moins un gène de chaque parent. Ainsi, toute cellule, à l'exception des gamètes, possède deux copies du même gène parce que la cellule s'est divisée en reproduisant le noyau. Bien que ces deux copies sont issues du même gène, elles peuvent différer entre elles. Chaque gène est donc représenté sous deux formes, que l'on désigne par le mot **allèle**. Certains caractères sont codés par une paire d'allèles qui ont un **effet non additif**, c'est-à-dire que l'un a beaucoup plus d'influence que l'autre sur le résultat apparent. Ainsi, certains caractères sont transmis selon un **mode dominant / récessif**. Un des deux allèles de la paire, le dominant, détermine alors ce qui sera apparent (phénotype) et inhibe les effets de l'autre allèle, le récessif.

Allèle Une des différentes formes que peut prendre un même gène.

Effet non additif Effet produit lorsqu'un des gènes d'une paire (le gène dominant) masque l'influence de l'autre (le gène récessif).

Mode dominant / récessif Mode de transmission héréditaire à effet non additif selon lequel un des gènes d'une paire (le gène dominant) manifeste son effet et masque l'influence de l'autre (le gène récessif).

Malgré la complexité des mécanismes en jeu dans l'interaction des gènes, on peut expliquer le mode de transmission dominant / récessif en utilisant l'exemple de la couleur des yeux. Supposons qu'une personne reçoit seulement deux gènes pour la couleur des yeux, un de chaque parent. Ces deux gènes codent soit pour le bleu, soit pour le brun. Disons que l'allèle des « yeux bruns » a un caractère dominant et que l'allèle des « yeux bleus » a un caractère « récessif ». Conformément à l'usage, le caractère dominant est représenté par une lettre majuscule, B (pour brun dominant), et le caractère récessif par une lettre minuscule, b (pour bleu récessif).

Si une personne reçoit deux allèles des yeux bruns (BB), elle aura les yeux bruns. Si elle reçoit un allèle des yeux bruns (B) et un allèle des yeux bleus (b), elle aura les yeux bruns, car le caractère des yeux bruns est dominant, et son génotype sera Bb. Si, enfin, elle reçoit deux allèles des yeux bleus (bb), alors elle aura les yeux bleus. Pour deux parents aux yeux bruns avec le génotype (Bb), c'est le hasard qui détermine lequel de leurs deux gènes, « yeux bleus » ou « yeux bruns », ils légueront à leur enfant.

Les phénotypes et les génotypes : calcul des probabilités

Une des façons de calculer la probabilité que des parents porteurs d'un gène particulier le transmettent à leurs enfants est de dresser un tableau des combinaisons possibles.

TABLEAU 3.1 **Un exemple de combinaison d'allèles**

		Père	
		B	B
Mère	b	Bb	Bb
	b	Bb	Bb

Si l'un des parents — le père, par exemple — possède deux gènes des yeux bruns (BB) et l'autre, deux gènes des yeux bleus (bb), que se produit-il ? (Voir le tableau 3.1.)

Tous les enfants de ce couple hériteront d'un allèle des yeux bruns et d'un allèle des yeux bleus. Ils auront donc tous un phénotype yeux bruns et un génotype Bb, car l'allèle des yeux bruns (B) est dominant tandis que l'allèle des yeux bleus (b) est récessif. Est-ce que ces enfants pourraient eux-mêmes avoir des enfants aux yeux bruns ou aux yeux bleus ? Théoriquement, oui. En effet, leurs gamètes (cellules reproductrices) ont 50 % de chances de porter le gène dominant des yeux bruns et 50 % de chances de porter le gène récessif des yeux bleus.

La couleur des yeux a longtemps servi d'exemple aux professeurs de biologie pour expliquer l'effet non additif (dominance et récessivité) des gènes. Toutefois, les récentes recherches en génétique moléculaire montrent que la situation est plus complexe. Selon Sturm (2004), il y a probablement une bonne demi-douzaine de gènes liés à la couleur des yeux. Un gène principal explique les trois quarts des variations entre les teintes de bleu et de brun, mais il y a aussi un autre gène très important impliqué dans les gammes de teintes allant de noisette (brun pâle) à vert.

La répartition des chromosomes de chaque paire dans les gamètes relève uniquement du hasard, si bien que le nombre de combinaisons possibles s'établit, selon les lois de la probabilité, à 2^{23}, c'est-à-dire à environ 8 millions. Autrement dit, un seul individu pourrait produire environ 8 millions d'ovules ou de spermatozoïdes différents sur le plan génétique. De plus, l'interaction des directives génétiques contenues dans un spermatozoïde et un ovule donne des combinaisons qui sont inexistantes chez l'un ou l'autre des parents. Pour rendre la chose plus complexe, les gènes interagissent parfois pour produire des traits que ne présente aucun des ancêtres (Grigorenko, 2003). En théorie, un homme et une femme pourraient engendrer 64 trillions de rejetons

POINT DE MIRE

Une seule paire de gènes suffit

Il y a relativement peu de caractères physiques visibles chez l'être humain qui ne sont codés que par une seule paire d'allèles. En voici quelques exemples :

- **La forme du lobe de l'oreille** Le gène dominant détermine un véritable lobe (ou lobule) détaché du visage alors que la présence de deux gènes récessifs détermine un lobe attaché au visage sur toute sa longueur.
- **La capacité à goûter le phénylthiocarbamide (PTC)** Le PTC est un composé organique amer fabriqué par de nombreuses plantes, dont le brocoli et le chou de Bruxelles, qui l'utilisent comme répulsif pour se protéger des herbivores. Près de 70 % des gens peuvent déceler le PTC, capacité qui est associée à un gène dominant. En présence de deux gènes récessifs, le PTC est sans goût.
- **La pousse de poils sur la deuxième phalange des doigts** Des poils sont attribuables à un gène dominant alors que l'absence de poils est associée à deux gènes récessifs.
- **Les auriculaires écartés** Les auriculaires placés côte à côte, les paumes tournées vers soi, sont en contact sur toute leur longueur en présence de deux gènes récessifs. S'ils s'écartent plutôt l'un de l'autre à la première phalange, on a alors un gène dominant.

génétiquement différents. Et c'est sans compter l'effet de l'environnement. Cela devrait suffire à nous convaincre que chacun d'entre nous est unique au monde.

À VOUS LES COMMANDES 3.1

Vos ascendants

Faites votre arbre généalogique au meilleur de votre connaissance pour déterminer la forme de transmission de certains caractères :

- couleur des cheveux (foncés : dominant ; clairs : récessif ; non roux : dominant, roux : récessif) ;
- rhésus sanguin (positif : dominant ; négatif : récessif) ;
- vision (normale : dominant ; myopie : récessif) ;
- lobe de l'oreille (détaché : dominant ; attaché : récessif) ;
- auriculaires (écartés l'un de l'autre à la première phalange : dominant ; en contact sur toute leur longueur : récessif).

L'interaction des gènes et de l'environnement

Environnement Ensemble des facteurs non génétiques susceptibles d'influer sur le développement. Ces facteurs comprennent notamment les substances ayant un effet sur les gènes à l'échelon cellulaire, l'alimentation, les soins médicaux, la pollution, la situation socioéconomique, la dynamique familiale de même que les contextes social, économique, politique et culturel.

Le concept d'**environnement** inclut l'ensemble des facteurs non génétiques susceptibles d'influer sur le développement d'une personne au cours de sa vie, de sa conception jusqu'à son dernier souffle. Certains éléments extérieurs, tels que l'alimentation, le climat, les soins médicaux et les relations familiales, ont des effets directs, alors que d'autres, comme les contextes social, économique, politique et culturel, ont des effets indirects. Les éléments extérieurs entraînent en outre des conséquences plus ou moins durables : un traumatisme crânien grave, par exemple, peut avoir des effets irréversibles sur les capacités cognitives, tandis qu'un stress ponctuel peut avoir des effets transitoires sur l'humeur. Bref, l'influence de l'environnement peut prendre plusieurs formes, être permanente ou non et se manifester à des degrés d'intensité variables, tout comme celle de l'hérédité.

Les influences combinées de l'hérédité et de l'environnement

Avant d'examiner l'interaction complexe de l'hérédité et de l'environnement, les chercheurs doivent en départager les répercussions respectives sur le développement. Ce n'est pas une tâche facile, car les influences héréditaires et les influences environnementales s'enchevêtrent sans cesse. Alors, comment les scientifiques s'y prennent-ils pour distinguer quelles influences s'exercent sur la personnalité ?

Un bon moyen pour déterminer l'importance de l'influence des gènes et de celle de l'environnement consiste à étudier des jumeaux monozygotes et dizygotes qui ont été séparés à la naissance et élevés dans des familles différentes. Des recherches complexes ont été entreprises avec des jumeaux monozygotes et dizygotes, élevés ensemble et séparément, de même qu'avec des frères et sœurs biologiques ou adoptés, dans toutes sortes d'environnements familiaux (par exemple Reiss et coll., 2000). À partir de méthodes d'analyse sophistiquées, les chercheurs ont réussi à dégager quatre principes que reconnaissent à peu près tous les spécialistes du développement (Ellis et Bjorklund, 2005 ; Plomin et coll., 2003 ; Posthuma, de Geus et Boomsma, 2003) :

- les gènes influent sur tous les aspects du comportement humain, y compris les aspects sociaux et cognitifs ;
- même à l'intérieur d'une famille, les influences environnementales auxquelles sont soumis les enfants n'ont pas le même impact pour chacun, car elles dépendent non

seulement des situations vécues, mais également de la personnalité et de l'interaction entre les facteurs externes (événements) et internes (caractère psychologique);

- l'expression des gènes chez chaque personne provoque des réactions chez les autres (que ce soit en rapport avec des traits physiques, des manifestations du tempérament, des habiletés cognitives, etc.), et ces réactions influencent le développement de la personne (en le favorisant ou en l'entravant);
- les enfants, les adolescents et, particulièrement, les adultes choisissent des environnements compatibles avec leurs gènes.

L'environnement influe sur tous les caractères de l'être humain, même sur les traits physiques génétiquement codés. La taille, par exemple, est déterminée génétiquement. Or, pour atteindre la taille inscrite dans son code génétique, une personne doit jouir d'une bonne santé et s'alimenter correctement. C'est ainsi que la taille moyenne des individus a augmenté de génération en génération au cours du XXe siècle, grâce à l'amélioration de la nutrition et des soins médicaux. À l'opposé, des facteurs environnementaux tels que la malnutrition, la maladie chronique et le stress peuvent empêcher une personne d'atteindre la taille dictée par son hérédité.

Les caractères psychologiques

Comme nous venons de le voir avec les effets de la nutrition sur la taille, les effets des facteurs environnementaux sur l'expression des caractères physiques sont relativement faciles à admettre. Les répercussions de ces mêmes facteurs sur l'expression des caractères psychologiques (timidité, inhibition, extraversion, sociabilité, intelligence, émotivité) sont moins manifestes, mais non moins présentes.

Les gènes et l'environnement influent sur le développement des caractères psychologiques, leur interaction se répercute sur tous les aspects du développement et cette interaction elle-même est complexe. Cela signifie qu'il existerait une composante génétique dans tout caractère psychologique, que ce soit le sens de l'humour, l'agressivité ou la tendance à se lasser de la routine. Il faut reconnaître cependant que l'environnement a sur tous ces caractères génétiques une influence importante, qui change tout au long du développement. « De nombreux gènes distribués dans le génome humain contribuent à la variabilité génétique d'un trait complexe donné, et l'influence de chacun d'eux ne représente qu'un faible pourcentage de la variabilité globale » (Hinds et coll., 2005).

Aussi, l'attribution d'une origine génétique à un trait quelconque ne détermine pas son degré d'importance ou son caractère inaltérable. Cela signifie seulement que ce trait fait partie du capital génétique de base d'un individu et qu'il peut éventuellement avoir une incidence sur de nombreux aspects de sa vie sans pour autant en déterminer un seul (Johnston et Edwards, 2002).

Les anomalies chromosomiques et génétiques

Les personnes qui souffrent d'anomalies génétiques et chromosomiques, de même que leurs familles, ont particulièrement besoin d'être informées sur ces anomalies. Les enfants nés avec des troubles génétiques et chromosomiques ont beaucoup plus de possibilités qu'avant de vivre jusqu'à l'âge adulte.

Les anomalies chromosomiques

Il arrive que des gamètes (spermatozoïde ou ovule), lors de leur formation, reçoivent plus de 23 chromosomes ou moins. Si un tel gamète s'unit à un gamète normal, le nombre de chromosomes du zygote sera supérieur ou inférieur à 46. Un zygote sur 200 possède 45 chromosomes, 47 ou même davantage. Si l'âge du père (plus de 40 ans) peut être un facteur de risque, l'âge de la mère semble être un facteur majeur (Crow, 2003). La plupart de ces zygotes anormaux ne se multiplieraient pas, ne se diviseraient pas et ne se différencieraient pas (Moore et Persaud, 2003): un avortement spontané risque de se produire, parfois avant même que la femme soit consciente d'avoir été fécondée. Environ 5 % des bébés morts-nés auraient plus de 46 chromosomes (Miller et Therman, 2001).

Syndrome Ensemble de symptômes qui ont tendance à se manifester simultanément; leur nombre et leur gravité varient selon les individus.

Lorsque la grossesse se rend à terme, ces anomalies chromosomiques produisent immanquablement un **syndrome**, c'est-à-dire un ensemble de symptômes qui ont tendance à se manifester simultanément et dont le nombre et la gravité varient selon les personnes atteintes. La présence d'un chromosome surnuméraire entraîne généralement la mort dans les jours ou les mois qui suivent la naissance. Cependant, si le chromosome excédentaire se trouve dans la 21e ou la 23e paire, les chances de survie jusqu'à l'âge adulte sont bonnes.

Le syndrome de Down

Syndrome de Down ou **trisomie 21** Anomalie chromosomique caractérisée par la présence d'un chromosome surnuméraire dans la 21e paire. Les manifestations du syndrome sont variables, mais la plupart des personnes atteintes ont une forme de visage et des traits faciaux caractéristiques, des membres courts et présentent un retard de développement.

Le plus fréquent des syndromes liés à un chromosome excédentaire est le **syndrome de Down**, ou **trisomie 21**. Le taux de prévalence se situe entre 1 pour 600 et 1 pour 1000 naissances (Rossant et Rossant-Lumbroso, 2009). La probabilité augmente avec l'âge de la mère. En conséquence, le taux de prévalence chez les mères âgées de moins de 30 ans est de 1 pour 2000, alors qu'après 35 ans, ce taux grimpe à 1 pour 400 naissances (Fertilys, 2009). Le syndrome de Down touche autant les personnes de sexe masculin que féminin.

Causé par la présence d'un troisième chromosome dans la 21e paire, le syndrome de Down peut entraîner quelque 300 symptômes distincts. Le nombre et la gravité de ceux-ci varient considérablement d'une personne à une autre. Cependant, quelques-uns de ces 300 symptômes se manifestent chez presque toutes les personnes trisomiques: elles ont en commun une langue épaisse, un visage rond et plutôt aplati, le cou court, des yeux bridés. De plus, des troubles auditifs, des anomalies cardiaques, une faiblesse musculaire et une petite stature sont assez fréquents.

Sur le plan du développement psychologique, presque toutes les personnes atteintes du syndrome de Down présentent un certain retard mental, particulièrement en ce qui a trait au langage (Cohen, 2005), encore qu'un petit nombre soit capable de performances intellectuelles supérieures à la moyenne. Sur le plan socioaffectif, par ailleurs, nombre d'enfants trisomiques possèdent un tempérament exceptionnellement facile, en ce sens qu'ils sont peu enclins à pleurer et à se plaindre (Wishart, 1999; Lejeune-Phélipot, 2008). Devenus adultes, ils sont cependant prédisposés à une forme de démence qui les rend moins dociles et réduit leur habileté à communiquer (Czech, Tremp et Pradier, 2000). Leur espérance de vie (environ 55 ans) demeure plus basse que celle de la population en général.

Des Jeux olympiques spéciaux qui sont bénéfiques De nombreux athlètes souffrant du syndrome de Down participent aux Jeux olympiques spéciaux. Le fait de participer à de tels jeux peut améliorer leur estime de soi et leur sociabilité.

Les anomalies génétiques

Si la présence de chromosomes anormaux est relativement rare, tout le monde possède au moins une vingtaine de gènes susceptibles d'entraîner des maladies ou des handicaps graves. Bien que nous en ayons encore beaucoup à découvrir sur l'impact de chaque gène (Hinds et coll., 2005), les chercheurs ont répertorié à ce jour près de 7000 désordres héréditaires. Un grand nombre est lié à un désordre d'un gène dominant; d'autres, à un gène récessif. Le tableau 3.2 présente quelques-unes de ces maladies héréditaires.

Le syndrome de Gilles de la Tourette est assez courant, mais il n'est pas invalidant, et ses effets varient d'une personne à l'autre (Olson, 2004). Environ 30 % des personnes

TABLEAU 3.2 Quelques maladies héréditaires

Nom	Description	Manifestations	Mode de transmission	Détection des porteurs*	Dépistage prénatal
Diabète	Anomalie du métabolisme du glucose due à une insuffisance de la sécrétion d'insuline.	Le diabète de type 1 (qui apparaît chez l'enfant) est mortel en l'absence d'un traitement à l'insuline ; le diabète de type 2 (qui apparaît chez l'adulte) prédispose la personne atteinte à d'autres maladies.	Plurifactoriel (combinaison de facteurs génétiques et environnementaux). Transmission difficile à prédire, entre 5 et 50 %, selon le type de diabète (1 ou 2).	Impossible.	Impossible.
Dystrophie musculaire (13 maladies distinctes)	Nom donné à un ensemble de maladies neuromusculaires caractérisées par un affaiblissement et une atrophie progressive des muscles volontaires. Certaines formes apparaissent pendant l'enfance et d'autres, pendant l'âge adulte.	Incapacité de marcher et de bouger. Elle entraîne, dans certains cas, la mort.	Le type dit de Duchenne est lié au chromosome X ; la plupart des autres formes sont récessives ou plurifactorielles.	Possible pour certaines formes.	Possible pour certaines formes.
Hémophilie (trouble de la coagulation)	Absence du facteur de coagulation dans le sang.	Invalidité et mort dues à des hémorragies internes.	Gène récessif lié au chromosome X ou mutations spontanées.	Possible.	Possible.
Maladie de Huntington	Dégénérescence du système nerveux central.	Difficultés neuromotrices, diminution des capacités intellectuelles, modifications de la personnalité.	Gène dominant.	Ne s'applique pas.	Possible.
Fibrose kystique ou mucoviscidose	Accumulations de mucus, dues à l'absence d'une enzyme, obstruant les poumons et l'appareil digestif.	Difficultés respiratoires et digestives.	Gène récessif ou mutations spontanées.	Habituellement possible.	Possible dans certains cas.
Syndrome de Gilles de la Tourette	Maladie évolutive.	Tics moteurs et verbaux.	Probablement un gène dominant.	Possible dans certains cas.	Impossible.

*L'étude de l'arbre généalogique d'un patient peut aider les généticiens à déterminer s'il est porteur du gène d'une maladie. Dans le tableau, la mention « Possible » signifie qu'il est possible de dépister le gène chez un individu, même sans connaître ses antécédents familiaux, à l'aide de différents tests.

Sources: Société canadienne de l'hémophilie, 2009; Organisation mondiale de la santé, 2005; Encyclopédie Orphanet Grand Public, 2006; Vulgaris médical, 2009; Comité provincial des adultes fibro-kystiques, 2007.

atteintes présentent des tics nerveux et verbaux récurrents et imprévisibles, qui apparaissent vers l'âge de 6 ans. Les autres présentent des symptômes moins marqués, comme un tic occasionnel à peine perceptible ou une envie incontrôlable de s'éclaircir la gorge. De tels symptômes sont aussi le lot d'un grand nombre d'enfants et d'adultes qui ne sont pas atteints du syndrome Gilles de la Tourette (Olson, 2004). Ce syndrome est évolutif: il apparaît souvent à l'âge scolaire et disparaît parfois à l'adolescence.

Certaines maladies héréditaires sont plus fréquentes que d'autres ou plus courantes dans certaines régions ou populations. C'est le cas de la dystrophie myotonique (une des formes de la dystrophie musculaire, également appelée *maladie de Steinert*) dont la prévalence dans le monde est de 1 personne sur 10 000, alors qu'elle est de 1 sur 500 au Québec (Puymirat, 2009), particulièrement dans les régions de Charlevoix et du Saguenay–Lac-Saint-Jean. L'espérance de vie des personnes atteintes oscille actuellement entre 45 et 55 ans.

Des chercheurs, sous la direction du Dr Jack Puymirat, de l'Université Laval (Québec, Canada), ont mis au point un « gène médicament » qui neutralise l'anomalie génétique chez des souris porteuses du gène humain responsable de la dystrophie myotonique (Centre hospitalier universitaire de Québec, 2005). Cette découverte ouvre la voie au développement d'un premier traitement pour cette maladie encore incurable. En effet, bien que certains de ses symptômes puissent être partiellement contrôlés par une médication, aucun traitement curatif n'a été découvert jusqu'à maintenant, et le dépistage prénatal est impossible.

Bien que le dépistage prénatal des troubles chromosomiques et génétiques soit parfois impossible, ce n'est pas le cas de toutes les maladies héréditaires. Les personnes à risque ont souvent à prendre des décisions importantes. Dans certains cas, elles pourront obtenir de l'information, des analyses, du soutien et parfois des traitements grâce aux avancées en matière de diagnostic et de dépistage.

Le conseil génétique

Il n'y a pas si longtemps, les couples n'avaient aucun moyen d'évaluer les risques d'engendrer un enfant atteint d'une anomalie génétique ou chromosomique. Aujourd'hui, des conseillers spécialisés dans ce domaine peuvent les informer sur leur patrimoine génétique et les aider à prendre des décisions plus éclairées quant à la procréation. Ces conseillers sont des professionnels de la santé et possèdent généralement une maîtrise en conseil génétique, qui comporte une formation spécialisée en génétique médicale et en counseling (O'Doherty, 2006). Ils travaillent habituellement dans une clinique d'un établissement public ou privé du secteur de la santé, en collaboration avec des généticiens et autres médecins spécialistes. Au Canada, le **conseil génétique** fait partie des services offerts par le système de santé (Procréation assistée Canada, 2008).

Conseil génétique Série de consultations et de tests visant à renseigner les couples sur leur patrimoine génétique pour les aider à prendre des décisions plus éclairées quant à la procréation.

De nombreuses méthodes diagnostiques ont été mises au point pour détecter un certain nombre de problèmes avant la naissance, dont l'amniocentèse, la biopsie des villosités choriales, l'échographie, la fœtoscopie et l'analyse sanguine de la mère (voir le tableau 3.3).

À partir de l'évaluation des antécédents familiaux et des résultats de tests de dépistage, les conseillers génétiques fournissent trois types de services (Procréation assistée Canada, 2008), soit :

- des renseignements sur la probabilité de transmission de certaines maladies. Ils peuvent passer en revue l'information au sujet de l'hérédité et de certaines maladies génétiques, notamment leur mode de transmission ;
- un pronostic concernant la nature d'une maladie à risque chez l'enfant et son évolution probable ;
- la défense et le soutien des familles dans la prise de décisions concernant l'essai d'un traitement expérimental ou l'avortement. Les conseillers expliquent les types d'analyses et de tests de dépistage génétique de façon à ce que leurs patients puissent faire un choix éclairé.

TABLEAU 3.3 Quelques techniques de diagnostic prénatal

Technique	Moment de réalisation	Description
Amniocentèse	Entre la 11e et la 16e semaine après la conception.	Technique qui consiste à ponctionner un échantillon de liquide amniotique, à l'aide d'une longue aiguille, afin de déterminer l'existence de possibles anomalies chromosomiques, dont le syndrome de Down, de même que d'autres problèmes génétiques. Permet également de déterminer le sexe du bébé. Risque minime d'avortement spontané.
Biopsie des villosités choriales	Possible dès la 6e semaine après la conception.	Appelée aussi *choriocentèse*, cette technique consiste à ponctionner des cellules du tissu qui deviendra le placenta et à les analyser afin de déceler la présence d'anomalies chromosomiques. Permet une analyse rapide des caractéristiques chromosomiques. Risques plus élevés de provoquer une fausse couche qu'avec l'amniocentèse.
Échographie	Habituellement entre la 14e et la 16e semaine après la conception.	Technique qui consiste à envoyer des ondes sonores à haute fréquence dans l'utérus pour obtenir une image de la morphologie, des mouvements et de la position du fœtus afin de détecter des anomalies physiques. Sans douleur ni effets secondaires connus. Également utilisée pour guider les interventions d'amniocentèse, de biopsie des villosités choriales et de fœtoscopie.
Fœtoscopie	Habituellement entre la 15e et la 18e semaine après la conception, mais peut être pratiquée dès la 5e semaine.	Technique qui consiste à insérer un tube muni d'une source lumineuse dans l'abdomen pour observer directement le fœtus et le placenta et prélever des cellules fœtales, afin de détecter la présence d'anomalies ou de maladies chromosomiques et héréditaires, dont l'hémophilie et l'anémie à hématies falciformes. Risque d'avortement spontané plus élevé qu'avec l'amniocentèse et la biopsie des villosités choriales.
Test du sang maternel	Entre la 14e et la 20e semaine de grossesse.	Technique qui consiste en une prise de sang de la mère pour évaluer la quantité d'alphafœtoprotéines. Un taux trop élevé ou trop bas peut être l'indice de problèmes du système nerveux central, de problèmes rénaux ou autres chez le fœtus.

Soulignons que l'avancement des connaissances sur le génome humain ouvre de nouvelles voies en matière de conseil génétique, grâce notamment au perfectionnement des techniques de dépistage et de diagnostic ainsi qu'à la mise au point de traitements des maladies héréditaires.

Des choix et des décisions

Le dépistage prénatal et le conseil génétique sont recommandés notamment :

- aux personnes qui ont un parent, un frère, une sœur ou un enfant ayant une condition génétique problématique ;
- aux couples qui ont une histoire d'avortements spontanés ou d'infertilité ;
- aux femmes de 35 et plus ou aux hommes de 40 ans et plus.

Deux principes éthiques sous-tendent le conseil génétique. Le premier concerne la confidentialité : les faits objectifs recueillis doivent demeurer confidentiels (hors d'atteinte des compagnies d'assurances ou exclus des données colligées par des organismes publics). Le second concerne la décision : le conseil génétique débouche sur une décision subjective du couple influencée par des facteurs culturels, sociaux, statistiques et biologiques. Cette décision ne revient en aucun cas au conseiller génétique. « La plupart des

Est-elle sa grand-mère? Non. Les femmes de plus de 40 ans donnent naissance à plus d'enfants aujourd'hui qu'il y a quelques décennies. Les grossesses tardives présentent un taux plus élevé de complications, mais produisent parfois des résultats comme celui-ci : une mère grisonnante mais comblée par son enfant, heureux et en bonne santé.

couples se disent profondément reconnaissants d'avoir accès à cette information et accablés par les choix qu'elle les force à faire» (Harmon, 2004), particulièrement dans les cas de problèmes génétiques et de malformations congénitales.

Dans le cas où un couple décide de procéder à une interruption volontaire de grossesse, il doit savoir que le moment le plus tardif pour interrompre une grossesse varie d'une province à l'autre au Canada, généralement entre la 20e et la 24e semaine (Société des obstétriciens et gynécologues du Canada, 2007).

L'incertitude en échange

Pour l'instant, le conseil et les analyses génétiques laissent planer beaucoup d'incertitude. Pour un grand nombre de couples qui décident de subir des tests génétiques, la décision de procréer ou non n'est pas toujours facile à prendre. Par exemple, si un seul des conjoints est porteur d'un gène récessif délétère (qui met la santé ou même la vie en danger), aucun des enfants du couple ne sera atteint de la maladie, mais certains peuvent en être porteurs. Toutefois, si les conjoints sont tous deux porteurs d'un gène délétère ou qu'ils présentent d'autres risques, ils ont un certain nombre de questions à se poser et de choix à faire.

Cependant, les décisions relatives à la conception ne reposent pas uniquement sur l'analyse génétique. Deux couples présentant les mêmes risques de concevoir un enfant atteint de la même maladie peuvent prendre des décisions différentes, selon leur âge, leur origine ethnique, leur religion, leur situation financière, leurs valeurs, l'état de leur relation ainsi que le nombre d'enfants qu'ils ont et leur état de santé (Gustafson, 2006).

SECTION 2

LE DÉVELOPPEMENT PRÉNATAL ET LA NAISSANCE

Émerveillement et préoccupation, préoccupation et émerveillement. Garçon ou fille ? Un bébé ou deux ? De quelle couleur seront ses yeux, sa peau, ses cheveux ? Quelle forme auront sa tête, son nez, son menton ? Quand, comment et où naîtra-t-il ? Sera-t-il en santé, bien formé et prêt pour la vie ?

Chaque bébé est unique au monde, et chaque naissance est un miracle.

Cette partie du chapitre est consacrée au développement prénatal et à la naissance. Elle présente des notions générales, mais aussi les différentes conditions de vie prénatales et les complications qui peuvent toucher les quelque 150 millions de bébés qui naissent dans le monde chaque année.

Du zygote au nouveau-né

Au cours du développement prénatal, un zygote unicellulaire se transforme en un être capable de vivre de façon autonome, c'est-à-dire sans le soutien de l'organisme maternel. Les modalités de cette croissance et leurs répercussions sur le développement ultérieur sont tributaires de plusieurs facteurs contextuels qui placent l'arrivée d'un enfant sous d'heureux ou de moins bons auspices.

À VOUS LES COMMANDES 3.2

Grossesse et croyances populaires

La grossesse et l'accouchement exercent une grande fascination, et de nombreuses croyances en ce domaine se transmettent encore aujourd'hui. Certaines sont fondées sur des faits et des observations, d'autres découlent de craintes ou ne s'appliquent plus aux mères en santé qui reçoivent les soins prénatals adéquats. Indiquez si, à votre avis, ces énoncés sont vrais ou faux, puis expliquez pourquoi.

1. Une femme enceinte ne doit pas étirer ses bras au-dessus de sa tête, car le cordon ombilical s'enroulera autour du cou du fœtus.
2. Les femmes qui ont des relations sexuelles durant la grossesse risquent de faire une fausse couche.
3. Une femme porte un garçon si la peau de son visage est plus luisante, ou si le fœtus est plus actif, ou si elle le porte « bas ».
4. Une femme enceinte doit manger pour deux.

(Réponses à la fin du chapitre)

La figure 3.3 présente différentes façons de déterminer la durée de la gestation : 3 trimestres, 10 mois ou 40 semaines depuis le début de la dernière menstruation, 38 semaines depuis la fécondation.

On divise généralement la gestation en trois périodes :

- la période germinale, de la conception à la fin de la 2e semaine ;
- la période embryonnaire, de la 3e semaine à la fin de la 8e semaine ;
- la période fœtale, de la 9e semaine à la naissance.

Dans la description de ces étapes, nous utilisons surtout la notion de semaine pour les périodes germinale et embryonnaire, puis la notion de mois pour la période fœtale, en comptant à partir du moment de la conception.

À l'intention des femmes en âge de procréer Si vous avez décidé de tomber enceinte, vous ne pouvez pas modifier vos gènes, votre âge ni votre statut économique. Vous pouvez cependant faire trois choses, au cours des 2 prochains mois, pour réduire de façon importante le risque que le bébé que vous aurez dans 1 an ait un poids insuffisant à la naissance ou présente un autre problème. Quelles sont-elles ?

La période germinale : les 2 premières semaines

Au cours des heures qui suivent la conception, le zygote unicellulaire descend lentement dans une trompe de Fallope en direction de l'utérus. Il se divise par **mitose** en 2, puis en 4, en 8, en 16 cellules (voir les photos ci-contre). Toutes les cellules sont identiques

Mitose Processus de division cellulaire au cours duquel le noyau se divise en deux cellules identiques. Lors de ce phénomène, il y a réplication de l'ADN (des chromosomes), permettant ainsi aux cellules filles d'avoir une copie du jeu de chromosomes de la cellule mère. Cela ne s'applique pas aux cellules sexuelles.

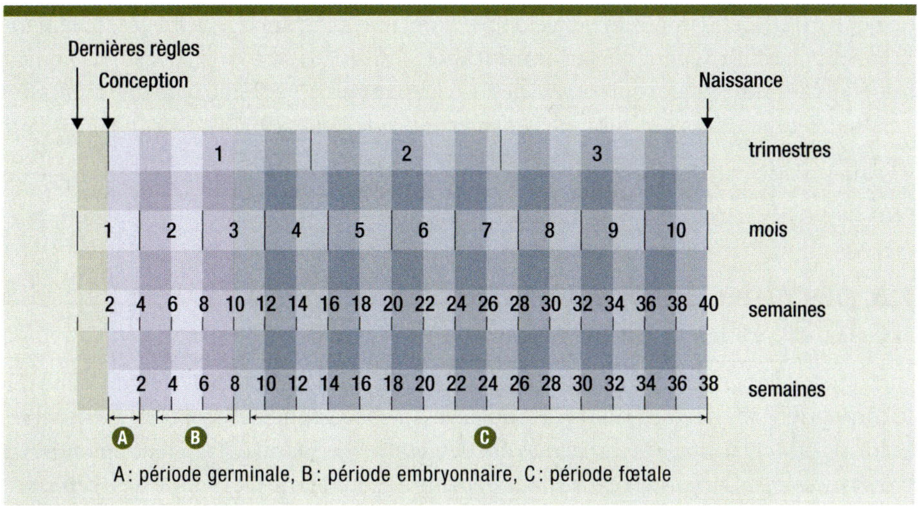

FIGURE 3.3 **La répartition du temps au cours de la grossesse**

a) 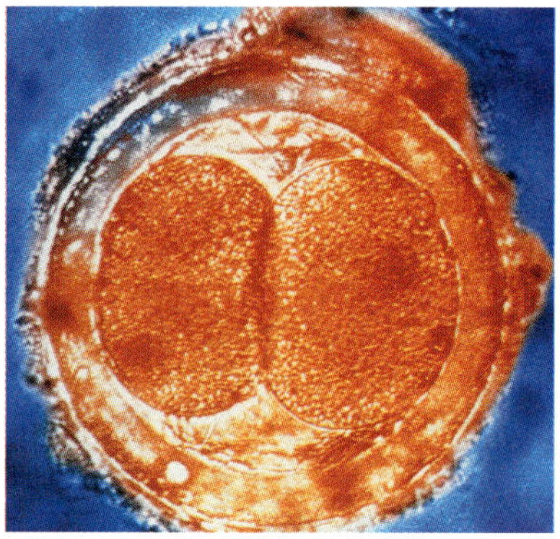 b) 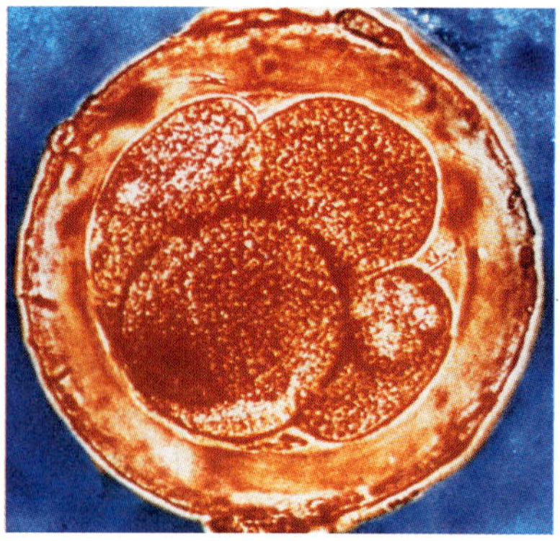 c) 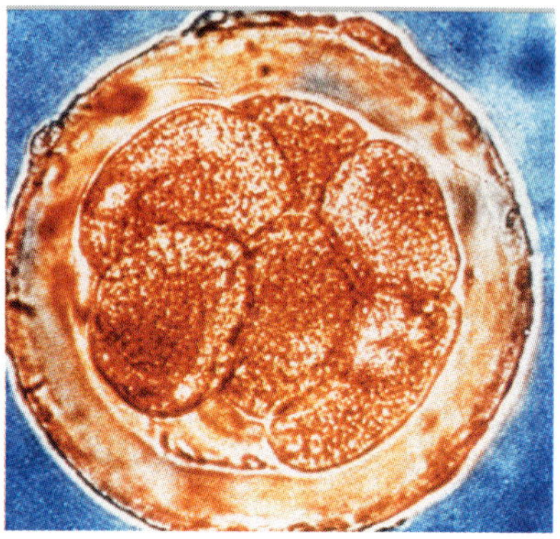

La division du zygote Au cours des premières heures du développement prénatal, le zygote unicellulaire se divise en 2 (a), en 4 (b) et en 8 (c). Il arrive quelquefois, à ce stade, que les cellules se séparent complètement et forment des entités identiques (jumeaux).

jusqu'à la quatrième division au moins et n'importe laquelle pourrait former un être humain complet. Il arrive d'ailleurs que la nature sépare complètement l'amas de cellules et que les fractions ainsi formées produisent des jumeaux ou même des quadruplés monozygotes.

Quelques jours après la conception, la différenciation s'amorce. Des grappes de cellules migrent vers des emplacements particuliers et acquièrent des caractères distinctifs qui annoncent leurs fonctions futures. Le premier signe clair de la différenciation apparaît une semaine environ après la conception. L'amas sphérique composé d'une centaine de cellules (**blastocyste**) se sépare alors en deux masses : une grappe de cellules qui formera l'embryon et une enveloppe circulaire qui produira le placenta, le cordon ombilical et le sac amniotique, structures qui logeront et protégeront l'embryon durant son développement prénatal.

Blastocyste Entre le 5e et le 7e jour après la fécondation, durant le stade germinal, regroupement d'une centaine de cellules qui a la forme d'une sphère creuse.

Il est à noter que le produit de la conception change plusieurs fois de nom au cours de son développement, entre autres : zygote, blastocyste, embryon, fœtus (Moore, 1988).

La première fonction des cellules de l'enveloppe circulaire est d'assurer la **nidation** dans la paroi utérine. Ces cellules rompent de minuscules vaisseaux sanguins de la paroi pour s'y fixer, afin de former les structures de soutien. Le **placenta**, une masse spongieuse gorgée de sang, est un réseau de membranes et de vaisseaux sanguins. Cet organe étonnant fournit à l'embryon tous les éléments nutritifs essentiels à son développement, tout en éliminant les déchets. Le **cordon ombilical**, sorte de tige composée de deux artères et d'une veine enveloppée dans une substance gélatineuse, relie l'embryon au placenta. Quant au **sac amniotique**, c'est une membrane remplie de liquide salé (liquide amniotique) qui servira de coussin pour protéger l'embryon des secousses, des chocs et des effets de la gravité (Gormly et Brodzinsky, 1994).

Nidation Processus d'implantation de l'embryon en un point de la muqueuse utérine.

Placenta Organe temporaire spongieux qui permet les échanges sanguins et nutritionnels entre l'organisme maternel et celui de l'embryon, puis du fœtus.

Cordon ombilical Lien d'une longueur de 40 à 60 cm et d'une largeur de 1 à 2 cm qui rattache l'embryon puis le fœtus au placenta par le nombril. Il assure l'oxygénation et le passage des substances nutritives.

Sac amniotique Enveloppe qui se forme autour de l'embryon et qui le maintient dans le liquide amniotique afin de le protéger.

C'est la fin de ce processus de nidation (fin de la 2e semaine) qui marque le passage de la période germinale à la période embryonnaire.

La période embryonnaire : de la 3e à la 8e semaine

Au cours de la période embryonnaire, qui s'amorce au début de la 3e semaine suivant la conception, le système nerveux commence à se développer. Dans la couche externe se forme un repli, appelé *fente neurale*, qui deviendra le cerveau et la moelle épinière. La croissance de l'embryon se réalise dans deux directions : de la tête vers le bas (**céphalocaudal**) et du centre vers l'extérieur (**proximodistal**). La tête se forme donc avant les bras et les jambes, et les organes vitaux se forment avant les membres.

Céphalocaudal Processus de développement de la tête vers le bas du corps.

Proximodistal Processus de développement du tronc vers les membres.

L'appareil cardiovasculaire est le premier à montrer des signes d'activité : les vaisseaux sanguins apparaissent et un cœur rudimentaire se met à battre. Les yeux, les oreilles, le nez et la bouche s'ébauchent, puis les bras et les jambes émergent sous forme de bourgeons.

Dans l'axe proximodistal, les bras, les avant-bras, les paumes puis les doigts palmés apparaissent 5 semaines environ après la conception. Les jambes, les pieds et les orteils émergent, dans l'ordre, quelques jours plus tard, soutenus par une ébauche de squelette (Carlson, 1994).

Huit semaines après la conception, l'embryon a une tête arrondie et les traits de son visage sont discernables. Ses doigts et ses orteils se sont séparés. Il commence à avoir une apparence humaine. La croissance pendant la période embryonnaire est très rapide, mais les variations sont considérables d'un embryon à l'autre, particulièrement en ce qui a trait au poids (Moore et Persaud, 2003). L'embryon possède tous les organes vitaux (les organes génitaux ne sont pas encore présents) d'un être humain ; c'est ce qui caractérise la fin de cette période. Cependant, le système nerveux est encore très rudimentaire.

À cause de la croissance et du développement rapides des structures physiologiques et de la nature primitive des organes en développement, l'embryon est très vulnérable à ce stade. Toute intrusion dans son environnement (virus, infection, médicament, etc.) peut avoir un effet considérable sur son développement ultérieur. C'est pourquoi on considère la phase embryonnaire comme une **période critique** du développement (Gormly et Brodzinsky, 1994 ; Embryologie humaine, [s.d.]).

Une période critique implique, dans ce cas, une grande sensibilité aux agents nocifs. Si le virus de la rubéole est transmis à l'embryon par le placenta au stade embryonnaire du développement, cela peut entraîner des anomalies graves aux yeux ou aux oreilles. Si le même virus est transmis à un stade ultérieur, alors que les organes sensoriels sont déjà formés, il n'y aura pas d'anomalie dans le système sensoriel du bébé. Un autre exemple de facteur de perturbation du développement est celui du diabète maternel. En particulier au cours de la période embryonnaire, un diabète mal contrôlé présente un facteur de risque deux à trois fois plus élevé de causer des malformations congénitales (dont l'absence de division du cerveau en deux hémisphères) (Embryologie humaine, [s.d.]).

Réponse aux femmes en âge de procréer (de la page 67) Évitez de consommer toute substance psychotrope (incluant les drogues légales, comme la nicotine et l'alcool), alimentez-vous de façon équilibrée et faites dépister et traiter toute infection, qu'il s'agisse d'une infection transmissible sexuellement ou d'une infection de quelque autre partie du corps, y compris les dents et les gencives.

Période critique Moment du développement durant lequel la vulnérabilité de l'embryon à certaines influences est particulièrement grande.

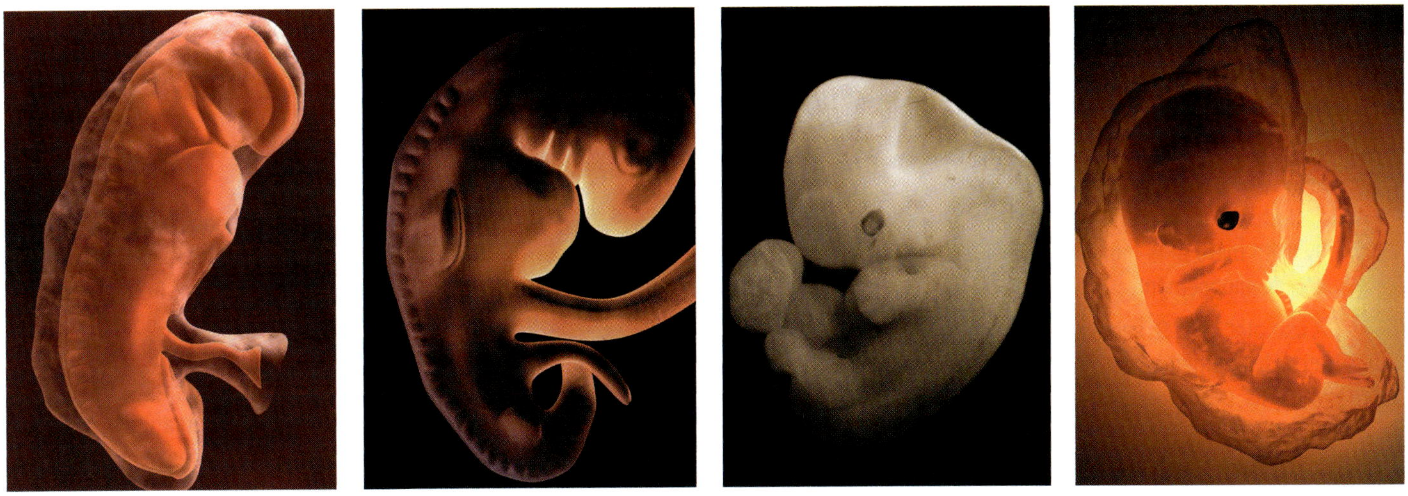

a) 4 semaines b) 5 semaines c) 6 semaines d) 8 semaines

Le développement de l'embryon a) Quatre semaines après la conception, l'embryon mesure seulement 4 mm de long, mais sa tête (en haut, à droite) a déjà pris forme. Son cœur commence à battre. b) À 5 semaines, la taille de l'embryon a doublé et atteint 10 mm. Son cœur est visible. La queue dont il est doté sera bientôt recouverte de peau et de tissu protecteur : c'est l'extrémité de sa colonne vertébrale (le coccyx). c) À 6 semaines, l'embryon mesure 17 mm de long. Ses lobes pulmonaires, sa rate, ses mains et son intestin sont différenciés. d) À 8 semaines, l'embryon mesure 3 cm. Comme le processus de nidation est terminé, l'embryon prend le nom de fœtus dès le début de la 9e semaine.

La période fœtale : de la 9e semaine à la naissance

L'organisme en développement est appelé *fœtus* à partir de la 9e semaine après la conception. La période fœtale est essentiellement une période de croissance du fœtus, du placenta et de maturation des organes. À partir de la 7e semaine, des mouvements de l'embryon sont déjà observables à l'échographie. Au 4e mois, la mère arrive à percevoir ces mouvements. Le fœtus, qui a un visage d'aspect humain, ne peut être viable qu'à partir du 7e mois, car auparavant les poumons n'ont pas fini leur développement minimal.

De la 9e semaine à la fin du 3e mois

Au début de la période fœtale, les premières véritables cellules osseuses apparaissent et remplacent le cartilage embryonnaire. Les yeux sont fermés par des paupières. Les doigts et les orteils prennent forme. Le placenta et le cordon ombilical sont arrivés à maturité. Le fœtus est actif : il bouge et donne des coups, même si la mère ne peut les sentir.

Les organes génitaux du fœtus se différencient pour former des organes masculins ou féminins. Douze semaines après la conception (fin du 3e mois), les organes génitaux externes sont pleinement formés.

En dépit des variations, certains aspects de cette phase sont universels : le fœtus est trop petit pour survivre hors de l'utérus ; ses organes ne fonctionnent pas encore, mais toutes les structures corporelles sont en place.

Les 4e, 5e et 6e mois : préparation à la survie

Au cours des 4e, 5e et 6e mois de gestation, les battements du cœur se renforcent ; les appareils digestif et excréteur s'élaborent ; les cheveux, les sourcils et les cils ainsi que les ongles et les bourgeons des dents permanentes apparaissent.

Durant cette période, le cerveau est l'organe qui connaît le développement le plus marqué. Il augmente six fois de volume et, grâce à la maturation neurologique, il commence à réagir aux stimulus (Kolb et Whishaw, 2003). Les cellules nerveuses se forment et se développent à partir de la fin de la période embryonnaire. Cependant, leur croissance se poursuit pendant au moins les 2 premières années de la vie. La maturation neurologique, essentielle à la régulation de fonctions comme la respiration, la succion et le sommeil, constitue probablement le facteur critique de la viabilité.

POINT DE MIRE

Le fœtus et le monde extérieur

Le fœtus n'est pas un être passif, bien au contraire : il interagit avec sa mère et le monde extérieur dès les premiers stades de son développement.

À compter de la 9e semaine environ, le fœtus remue en réaction aux changements de position de celle qui le porte. Les mouvements de ses talons, de ses poings, de ses coudes et de ses fesses sont imperceptibles au début, puis ils se font sentir comme de légers papillonnements. Bientôt, ces mouvements deviennent non seulement perceptibles mais prévisibles ; ils surviennent en effet quand la mère s'assoit ou change de position en dormant. Nombre de futurs parents prennent d'ailleurs beaucoup de plaisir à sentir les mouvements de leur enfant, commençant dès lors à communiquer avec lui par le toucher.

Les systèmes sensoriels du fœtus se mettent à fonctionner vers la fin du développement prénatal (certains plus tôt que d'autres), ce qui intensifie les interactions entre le fœtus et sa mère. Les sensations auditives sont celles qui provoquent les réponses les plus remarquables chez le fœtus. La plupart des femmes enceintes savent bien que leur bébé entend, car elles l'ont senti se calmer au son d'une berceuse ou sursauter au son d'une porte qui claque. Et comme les nouveau-nés cessent de pleurer quand ils entendent le cœur de leur mère, on peut présumer qu'ils reconnaissent là un son qu'ils ont entendu et qui les a bercés pendant plusieurs mois.

Les 7e, 8e et 9e mois : de la viabilité à la maturité

Le terme *viabilité* signifie simplement que la vie hors de l'utérus est possible. Chaque jour qui passe dans le dernier trimestre du développement prénatal augmente non seulement les chances de survie du bébé, mais aussi ses chances d'avoir une bonne santé.

Les bébés nés avant 22 semaines de gestation ne survivent pas. Même les appareils respiratoires et les régulateurs cardiaques les plus sophistiqués n'ont pas permis de franchir cette frontière avant la 22e semaine, sans doute parce que le maintien de la vie n'est pas possible sans une réaction du cerveau. Même si la plupart des noyaux des neurones sont produits avant la naissance, les axones et les dendrites ne commencent à apparaître que durant les 2 derniers mois (Paul et coll., 2006). Le taux de survie augmente de près de 70 % entre la 23e et la 26e semaine (Kelly, 2006 ; Wilson-Costello et coll., 2007). La figure 3.4 montre la formation du cerveau au cours du développement prénatal.

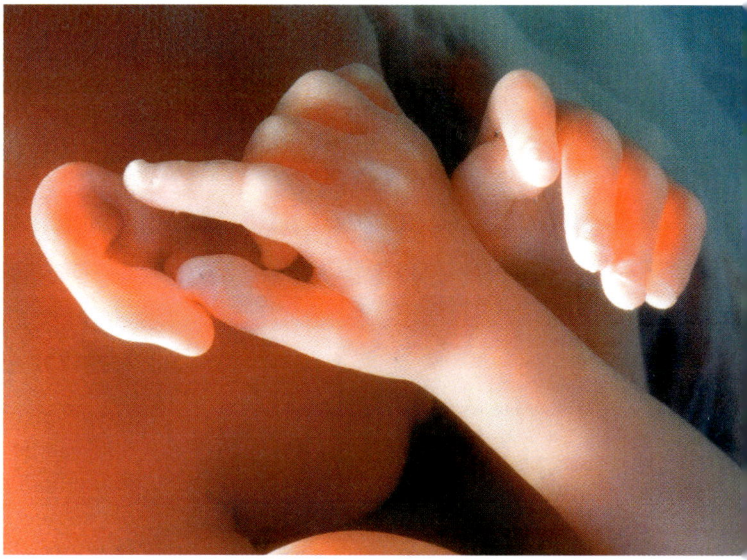

Peut-il entendre ? Ce fœtus, tout juste à l'âge de la viabilité (environ 22 semaines après la conception), porte son doigt à son oreille. Ce geste est probablement dû au hasard, mais il reste que l'ouïe de ce futur bébé est assez développée pour lui permettre d'entendre.

Ces nouveau-nés sont néanmoins vulnérables. Et si, au cours de la dernière décennie, nous sommes parvenus à réduire le nombre de fœtus mort-nés entre la 22e et la 28e semaine, le taux de mortalité et de morbidité des nouveau-nés vivants à la naissance ne s'est pas amélioré pour autant. La néonatalogie aurait-elle atteint ses limites (Paul et coll., 2006) ?

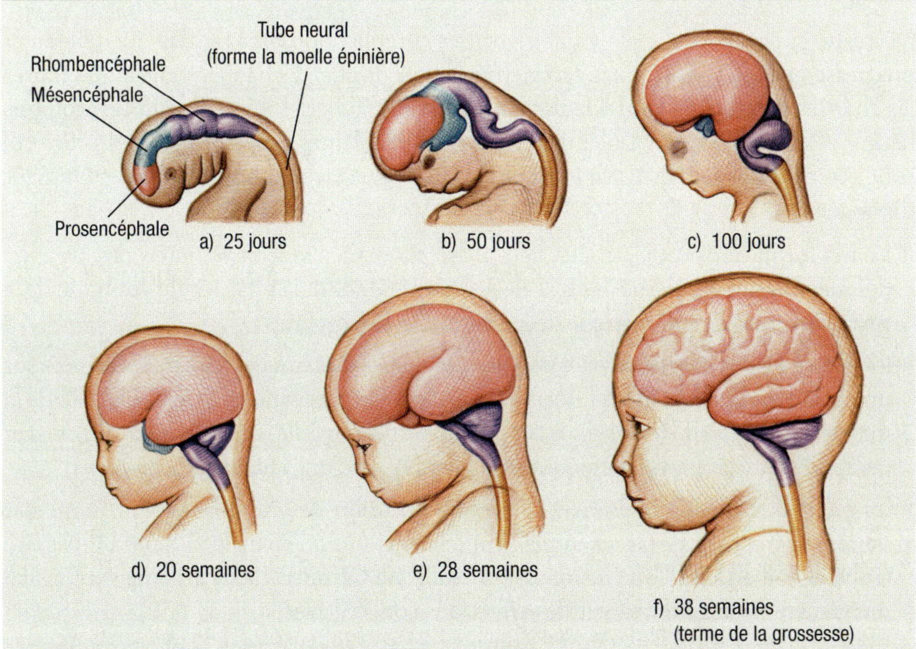

Source : d'après Nelson Cowan, dir. *The Development of Memory in Childhood*, East Sussex, Royaume-Uni, Psychology Press, 1997, p. 116.

FIGURE 3.4 Le développement du cerveau durant la gestation À peine 25 jours après la conception (a), le système nerveux central est déjà visible. L'encéphale présente une allure humaine dès le 100e jour (c). À la 28e semaine de gestation (e), au moment même où l'activité encéphalique commence, les diverses parties de l'encéphale sont reconnaissables. Lorsque le fœtus arrive à terme (f), toutes les parties du cerveau, y compris le cortex (la couche extérieure), sont formées, se pliant et se repliant les unes par-dessus les autres. Les circonvolutions se multiplieront à mesure qu'augmentera la quantité de neurones.

Quelques semaines de plus permettront au cerveau, aux poumons et au cœur de se développer davantage, afin que le nouveau-né de 33 à 38 semaines de gestation puisse affronter la vie. Un bébé qui naît à terme, c'est-à-dire 38 semaines après la conception, est en général un être vigoureux qui pèse en moyenne 3400 g (7,5 lb) et qui n'a pas besoin de soins spécialisés, d'air oxygéné, de nourriture spéciale ni d'appareils médicaux. Les 4 dernières semaines avant sa naissance lui auront donné l'occasion d'augmenter son poids de moitié (passant de 2100 à 3400 g (de 4,5 à 7,5 lb) et donc la proportion de ses réserves de graisse.

La prévention des complications

Les 38 semaines au cours desquelles un zygote unicellulaire se transforme en un nouveau-né viable constituent une période de croissance merveilleuse. Toutefois, un grand nombre de risques menacent le développement normal du fœtus. Avant d'aborder ce sujet, soulignons cependant que la grande majorité des nouveau-nés sont bien portants. Il ne faut pas oublier non plus qu'il est possible de prévenir ou de corriger beaucoup de problèmes prénatals grâce à la collaboration de la femme enceinte, de son entourage et des professionnels de la santé. Le père peut aussi jouer un rôle crucial. Un futur père qui soutient sa conjointe aide celle-ci à prendre soin de sa santé, à bien se nourrir et à éviter les psychotropes. Le fait de souhaiter un enfant et d'avoir planifié sa venue encourage le conjoint, de même que la mère, à adopter des comportements qui maximisent les chances que la mère et l'enfant à naître soient en bonne santé. Le développement prénatal, malgré sa complexité, devrait être considéré comme un phénomène naturel qui a simplement besoin d'être facilité.

Tératologie Étude scientifique des anomalies congénitales et des facteurs qui y contribuent.

Du reste, la prévention et le traitement des complications prénatales ont tellement progressé que les scientifiques estiment pouvoir donner à chaque nouveau-né toutes les chances de jouir de la meilleure santé possible. Tel est l'objectif de la **tératologie**, l'étude des facteurs susceptibles d'entraîner des problèmes congénitaux, c'est-à-dire qui sont présents dès la naissance et dont l'origine peut être ou non génétique. On peut distinguer :

- les malformations congénitales, liées à des anomalies morphologiques des organes, des membres et des tissus. Elles se déclenchent pendant la phase embryonnaire de la gestation, une période critique de la formation des organes ;
- les déformations congénitales, liées à des problèmes mécaniques anormaux exercés sur un tissu dont la structure est normale. L'exemple le plus caractéristique est celui de la mauvaise position du fœtus dans l'utérus maternel, laquelle est susceptible d'entraîner des modifications morphologiques d'un membre ou d'une autre partie du corps ;
- les affections congénitales, liées à une modification de l'environnement immédiat du fœtus. C'est le cas, par exemple, d'une infection survenant pendant la grossesse (rubéole) ou encore d'une intoxication à l'alcool. Certains médicaments sont également susceptibles d'entraîner des affections congénitales.

Agent tératogène Toute substance ou tout état pouvant provoquer un développement anormal de l'embryon. Tératogène vient du grec *teras, teratos* qui signifie « monstre » et *genos* qui veut dire « origine ».

Toutes les substances (comme des drogues et des polluants) et tous les états (comme la malnutrition grave et le stress extrême) qui augmentent les risques d'anomalies congénitales sont appelés **agents tératogènes**. Ils exercent leurs effets sur le corps, le système nerveux, ou les deux, et peuvent porter atteinte au développement physique, intellectuel et affectif de l'enfant à naître.

L'évaluation des risques des agents tératogènes

Tous les agents tératogènes augmentent les risques d'anomalies, mais aucun n'est nuisible dans tous les cas. Les effets d'un agent tératogène donné dépendent, de fait,

TABLEAU 3.4 Quelques agents tératogènes : effets possibles de l'exposition sur l'enfant

Agents tératogènes	Effets
Alcool	Il peut causer le syndrome d'alcoolisme fœtal (SAF) ou des manifestations d'alcoolisme fœtal (MAF).
Caféine	Une consommation modérée ne cause pas de problème.
Cocaïne	Cette substance peut ralentir la croissance du fœtus, provoquer un accouchement prématuré et causer des difficultés d'apprentissage au cours des premières années de vie.
Héroïne	Elle ralentit la croissance du fœtus et peut provoquer un accouchement prématuré ; les nouveau-nés dont le sang présente des traces d'héroïne doivent être traités contre la douleur et les convulsions associées au sevrage.
Inhalation de solvants (en colle ou en aérosol)	Les bébés peuvent avoir une tête anormalement petite, loucher et présenter d'autres signes de dommages cérébraux.
Marijuana	Une exposition importante risque d'affecter le système nerveux central ; la fumée de marijuana peut retarder la croissance du fœtus.
Tabac	Fumer accroît le risque de malformation des membres et des voies urinaires, et peut affecter les poumons du bébé.

Sources: Reece et Hobbins, 2007 ; Mann et Andrews, 2007 ; O'Rahilly et Müller, 2001 ; Shepard et Lemire, 2004 ; Singer et coll., 2002.

de l'interaction complexe de plusieurs facteurs, tant favorables que défavorables. Le tableau 3.4 présente quelques agents tératogènes et leurs effets relativement courants. De nombreux facteurs propres à chaque grossesse peuvent influer sur la nature et la portée des conséquences d'un agent donné. Cependant, les chercheurs rapportent fréquemment de nouvelles données, si bien que les femmes enceintes et celles qui envisagent de le devenir devraient consulter leur médecin.

Le moment de l'exposition

La nature et la gravité des effets d'un agent tératogène dépendent principalement du moment de l'exposition. Certains agents tératogènes ne sont nuisibles qu'au début de la gestation, pendant la formation de certains organes, alors que d'autres demeurent nocifs tout au long du développement prénatal (voir la figure 3.5). La gestation est marquée, à cet égard, par trois périodes particulièrement critiques :

- les 2 premières semaines après la conception, particulièrement pendant le processus de nidation (ou implantation) ;
- la période embryonnaire, durant la formation des structures physiques, les caractéristiques variant quelque peu de semaine en semaine (Moore et Persaud, 2003) ;
- les dernières semaines alors que les axones et les dendrites continuent de se développer et que culminent les risques d'une naissance prématurée.

Parce que les premières semaines de gestation sont critiques, les médecins recommandent à tous les couples, avant même la conception, de cesser la consommation de toute drogue récréative (dont l'alcool) et de se mettre à jour en ce qui concerne leurs vaccins (Kuller, Strauss et Cefalo, 2001). De plus, les femmes devraient alors s'assurer d'avoir une alimentation équilibrée, incluant des suppléments de fer et d'acide folique.

L'intensité et la fréquence de l'exposition

Les effets d'un agent tératogène tiennent aussi à l'intensité et à la fréquence de l'exposition. Certains agents ont d'ailleurs un seuil de toxicité, c'est-à-dire qu'ils deviennent nocifs à partir d'une certaine limite (Reeces et Hobbins, 2007).

À l'intention de l'amie d'une femme enceinte Imaginez que votre amie craint de donner naissance à un enfant anormal. Elle refuse d'entreprendre toute lecture sur le développement prénatal, car elle ne veut pas connaître les complications possibles. Que pourriez-vous lui dire pour la rassurer ?

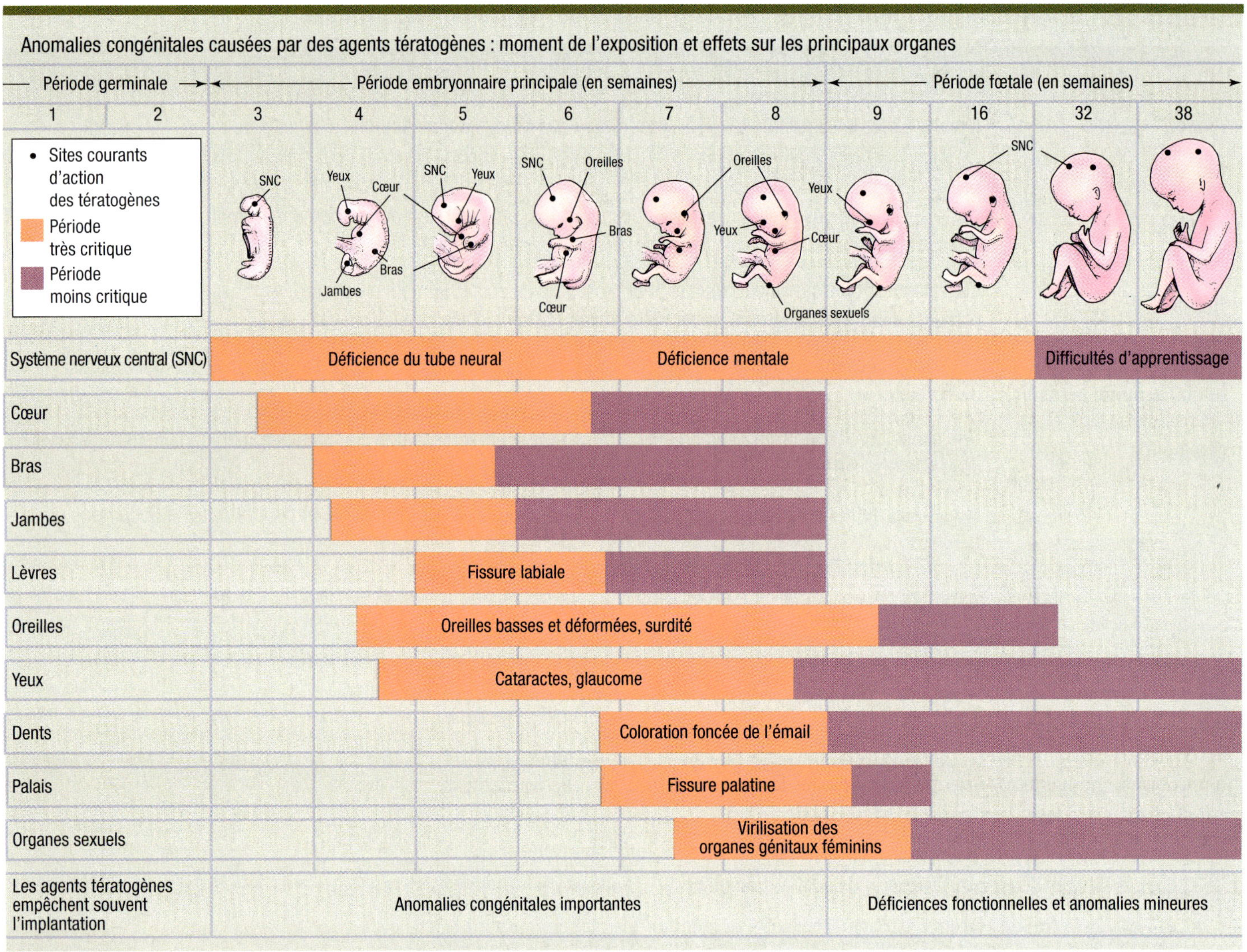

FIGURE 3.5 Les périodes critiques du développement prénatal Les plus graves dommages attribuables aux agents tératogènes se produisent généralement durant les premières semaines suivant la conception. Toutefois, les cellules qui produiront des organes aussi importants que le cerveau, les yeux et les organes génitaux peuvent aussi être endommagées à différents moments de la grossesse.

Effet synergique Résultat de la combinaison de substances plus grave que la somme des effets de chacune des substances prises individuellement.

Pourtant, les experts hésitent à établir le seuil de toxicité de la plupart des agents tératogènes, car nombre de ces substances ont un **effet synergique**, c'est-à-dire que l'une amplifie les effets de l'autre. La marijuana et l'alcool, par exemple, ont un certain seuil de toxicité, mais leur effet synergique est aggravant.

Il est parfois difficile pour la femme enceinte de modifier ses habitudes de façon radicale et d'éliminer tout agent tératogène (cigarettes, caféine, alcool, etc.). Un changement trop draconien peut conduire par la suite à un abus qui se révélera très nocif pour le développement de l'enfant à naître. Il vaut mieux parfois apporter des changements graduels, avec le soutien de l'entourage.

La sensibilité génétique

La sensibilité génétique que présente l'enfant à naître est un troisième facteur déterminant quant à l'effet d'un agent tératogène spécifique (Mann et Andrews, 2007 ; Organisation mondiale de la Santé, 2003). Autrement dit, une même substance consommée à la même période du développement prénatal, dans les mêmes quantités et à la même

POINT DE MIRE

Avant de devenir enceinte

Une future mère devrait :

1. prendre chaque jour une préparation multivitaminée et un supplément d'acide folique ;
2. éviter la consommation d'alcool ;
3. s'assurer d'être immunisée contre tous les virus tératogènes, notamment la rubéole ;
4. prendre ou perdre du poids, au besoin ;
5. réévaluer sa consommation de médicaments sur ordonnance ;
6. subir des tests de dépistage des infections transmissibles sexuellement.

Réponse à l'amie d'une femme enceinte (de la page 73) Dites-lui que presque toutes les grossesses se déroulent bien, parce que des facteurs protecteurs sont à l'œuvre durant la grossesse et que la plupart des embryons et des fœtus anormaux sont éliminés naturellement (par fausse couche). Par ailleurs, plus votre amie en saura sur les agents tératogènes, mieux elle pourra protéger son fœtus. De bons soins prénatals permettent de prévenir un grand nombre d'anomalies congénitales et de complications.

fréquence, a des effets différents sur le développement des embryons ou fœtus qui, eux, ont des bagages génétiques différents. Bien qu'aucune recherche génétique n'ait encore précisément établi une corrélation entre des gènes spécifiques et les agents tératogènes, les jumeaux dizygotes, exposés aux mêmes agents, peuvent subir des effets différents.

Les agents tératogènes courants et les mesures de prévention

La meilleure mesure de prévention consiste évidemment à éviter l'exposition aux agents tératogènes dans les jours, voire les mois, qui précèdent la conception, et pendant la grossesse.

Deux autres mesures de prévention revêtent une importance capitale : une bonne alimentation et un programme de soins prénatals. Un régime alimentaire approprié avant et pendant la grossesse diminue, en effet, les risques de plusieurs anomalies et augmente la résistance globale de l'enfant à naître. Il est important, enfin, que la femme obtienne, avant la conception et pendant toute sa grossesse, de l'information pertinente, qu'elle fasse l'objet d'un suivi de santé et qu'elle reçoive des soins médicaux.

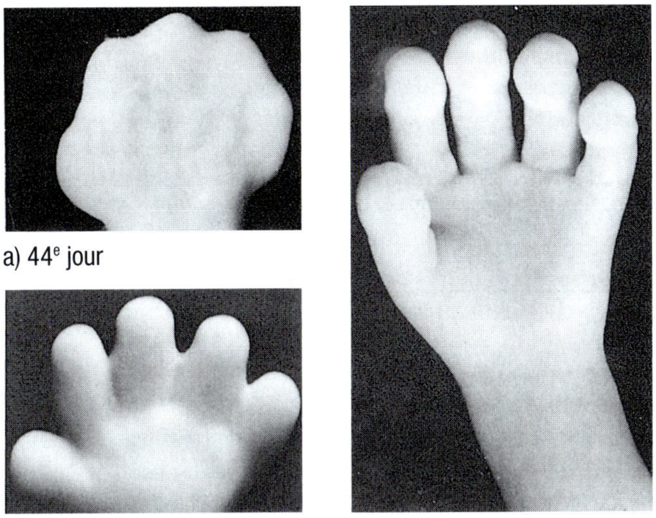

a) 44e jour

b) 50e jour

c) 52e jour

Le développement des mains Les effets d'un agent tératogène dépendent notamment du moment de l'exposition. Chaque organe, en effet, est particulièrement sensible aux agents tératogènes pendant une certaine période de sa formation. Ces photos illustrent les périodes critiques du développement de la main. a) Le 44e jour, des renfoncements apparaissent dans la main. b) Le 50e jour, les doigts émergent, mais demeurent soudés. c) Le 52e jour, les doigts se séparent et s'allongent. Le 56e jour, les doigts sont complètement formés et la période critique du développement des mains s'achève. D'autres parties du corps, dont les yeux, le cœur et le système nerveux central (SNC), se développent beaucoup plus lentement, si bien que la période critique dure non pas des jours mais des mois.

Les bienfaits des soins prénatals

Des soins prénatals précoces offrent de nombreux avantages (Reece et Hobbins, 2007), dont une protection contre des agents tératogènes. Nous connaissons, par exemple, un certain nombre de médicaments à éviter et d'aliments à privilégier ou à exclure.

Certains soins prénatals aident également à éviter l'impact d'agents tératogènes délétères. Aujourd'hui, par exemple, le diagnostic précoce systématique du VIH permet d'administrer des médicaments antiviraux qui préviennent la transmission du virus au fœtus (McDonald et coll., 2007; Read, 2005).

À VOUS LES COMMANDES 3.3

Le point sur les agents tératogènes: autoévaluation

Entre comprendre les risques associés aux agents tératogènes et éviter systématiquement d'en faire usage ou de s'y exposer, il y a un monde. Supposons que vous ayez décidé d'avoir un enfant et que vous vouliez que votre corps soit libre de tout agent tératogène du moment de la fécondation à celui de l'accouchement. Pour chacun des agents tératogènes qui suivent, attribuez-vous 1 point chaque fois que vous y avez été exposé au cours du dernier mois. Puis, demandez-vous dans quelle mesure il vous serait difficile d'éviter de vous exposer, dans la prochaine année, à chacun de ces agents tératogènes. Attribuez-vous «0» pour chaque comportement que vous pourriez changer facilement, «1» pour chaque comportement que vous pourriez changer sans trop de difficulté, «2» pour chaque comportement qu'il vous serait difficile de changer, et «3» pour chaque comportement que vous considérez comme quasi impossible à changer.

Agents tératogènes	Exposition au cours du dernier mois	Degré de difficulté
Consommation d'alcool		
Consommation de marijuana		
Consommation de tabac		
Consommation de médicaments vendus sur ordonnance		
Consommation de médicaments en vente libre (aspirine, sirop contre la toux, antihistaminique, etc.)		
Consommation de drogues dites sociales (alcool, marijuana, etc.)		
Consommation de drogues dures (héroïne, cocaïne, etc.)		
Abus de caféine (café, thé, cola, etc.)		
Consommation d'édulcorants artificiels		
Exposition à des pesticides ou à des produits toxiques		
Respiration d'air pollué		
Exposition à des maladies virales (rubéole, grippe, varicelle, etc.)		
Total		

Commentaire sur l'activité Il est difficile dans notre société d'éviter l'exposition aux polluants et l'usage de drogues dites sociales (en particulier l'alcool). Par ailleurs, on note souvent une différence selon le sexe, bien des hommes prétendant qu'il n'est pas si important pour un futur père d'éviter de s'exposer à des agents tératogènes. Voilà une opinion qui pourrait déclencher un débat passionné!

Le processus de la naissance

Lorsque le fœtus est normal et à terme, et que la mère jouit d'une bonne santé, la naissance se déroule de manière relativement simple et rapide. Dans la plupart des cas, au cours du dernier mois de la gestation, le fœtus se retourne une dernière fois dans l'utérus, et sa tête s'engage dans la cavité pelvienne. L'enfant est prêt à naître la tête la première (Reece et Hobbins, 2007).

Aux alentours de la 38e semaine suivant la conception, le cerveau du fœtus commande la libération d'hormones qui entrent dans la circulation sanguine de la mère et déclenchent des contractions régulières des muscles lisses de l'utérus. Ces contractions poussent le fœtus vers le bas et dilatent le col utérin jusqu'à environ 10 cm pour permettre le passage de sa tête et de son corps.

Phase de travail

Premières contractions courtes et espacées dans le temps. Rupture de la poche des eaux (la perte du liquide amniotique par le vagin). Effacement (amincissement) et dilatation (ouverture) du col de l'utérus. Contractions plus rapprochées, plus longues et plus intenses.

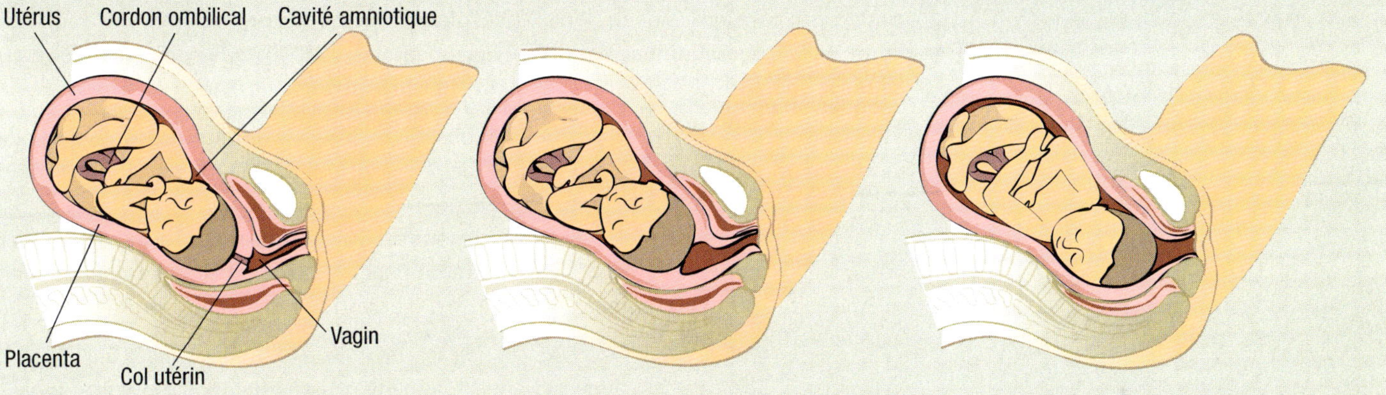

a) La position du fœtus au début du travail.

b) Pendant le premier stade du travail, le col utérin se dilate pour laisser passer la tête du bébé.

c) La tête du bébé s'engage dans le vagin.

Phase d'expulsion

Dilatation complète du col de l'utérus. Engagement de la tête du fœtus dans le col de l'utérus, puis dans le canal génital (vagin). Expulsion rapide du bébé. Clampage (entre 30 et 120 secondes après l'expulsion du bébé) et section du cordon ombilical (encore attaché au placenta).

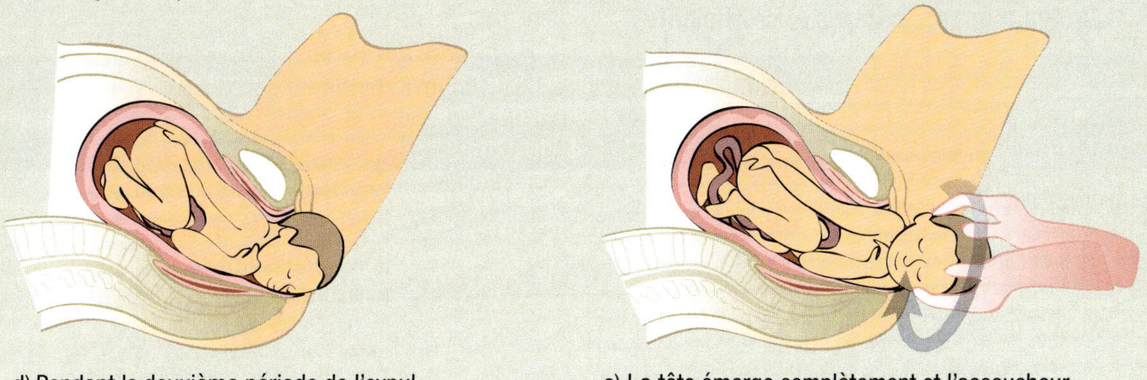

d) Pendant la deuxième période de l'expulsion, la tête du bébé se dégage du vagin.

e) La tête émerge complètement et l'accoucheur lui imprime une rotation. Le reste du corps du bébé est alors expulsé.

FIGURE 3.6 **La séquence d'un accouchement par voies naturelles sans complication**

L'accouchement se fait en trois étapes distinctes : le travail, l'expulsion et la délivrance. Chaque phase inclut un certain nombre d'éléments. Les phases de travail et d'expulsion sont présentées dans la figure 3.6.

Travail Première phase de l'accouchement, qui va des premières contractions jusqu'à l'engagement de la tête du bébé dans le vagin.

Expulsion Deuxième phase de l'accouchement, de l'apparition de la tête jusqu'à la sortie complète du bébé.

Délivrance Troisième phase de l'accouchement lorsqu'il y a décollement puis sortie du placenta et des tissus provenant de l'utérus.

La phase de **travail** dure habituellement de 8 à 14 heures pour une première naissance et de 4 à 7 heures pour les naissances subséquentes (Moore et Persaud, 2003). Toutefois, la durée du travail varie considérablement et s'étend de quelques minutes à quelques jours. Cette étape, qui peut être longue et difficile, est souvent douloureuse. La phase d'**expulsion** débute lorsque la tête du bébé apparaît à l'extérieur du vagin ; elle dure environ une heure et demie. Quand la tête émerge complètement, l'expulsion du bébé se termine quelques secondes après la contraction suivante. Quant à la **délivrance**, elle ne dure que quelques minutes.

Les premières minutes de vie

La plupart des nouveau-nés commencent à respirer et à pleurer au moment de l'expulsion. Certains se mettent même à pleurer aussitôt que leur tête émerge du vagin. Dès les premiers pleurs spontanés, la coloration du bébé passe d'une couleur bleuâtre au rose. Les mains et les pieds sont les dernières parties du corps à rosir. Les yeux sont grand ouverts ; les minuscules doigts agrippent, les petits orteils s'étirent et se rétractent. Le nouveau-né est instantanément prêt pour la vie.

Il faut maintenant retirer le mucus qui obstrue les voies respiratoires de l'enfant. Par la suite, on coupe le cordon ombilical — le père peut le faire —, puis on essuie l'enduit graisseux et blanchâtre, le *vernix caseosa*, qui recouvre le bébé. Le placenta est expulsé. Le nouveau-né est ensuite pesé, examiné pour s'assurer qu'aucun problème ne requiert une attention médicale immédiate. La mère peut prendre le bébé et l'allaiter, avant même qu'il soit lavé. Il semble que le réflexe de succion soit alors plus facile à déclencher et que le bébé profite au maximum de la première tétée (Brabant, 2001).

Un outil de mesure des signes vitaux largement utilisé est l'indice d'Apgar (voir le tableau 3.5). Une minute après la naissance, puis de nouveau 5 minutes plus tard, le professionnel de la santé qui assiste à la naissance attribue un cœfficient de 0, 1 ou 2 à la fréquence cardiaque, à la respiration, au tonus musculaire, à la coloration de la peau et à la réactivité aux stimulus, pour un total possible de 10 points, soit 2 points pour chacun des 5 indices (Moster et coll., 2001).

TABLEAU 3.5 L'indice d'Apgar : critères et cœfficients

Cœfficient	Coloration de la peau	Fréquence cardiaque	Réactivité aux stimulus (réaction réflexe à l'irritation)	Tonus musculaire (mouvements actifs des membres)	Respiration
0	Bleue, pâle	Aucune	Nulle	Muscles flasques	Absente
1	Corps rose, extrémités bleues	Lente (inférieure à 100 battements par minute)	Grimaces	Muscles faibles ou inactifs	Irrégulière, lente
2	Complètement rose	Rapide (supérieure à 100 battements par minute)	Toux, éternuements, pleurs	Muscles forts et actifs	Bonne

Source: Virginia Apgar, «A Proposal for a New Method of Evaluation in the Newborn Infant», *Current Researches in Anesthesia and Analgesia*, vol. 32, juillet-août 1953, p. 260-267.

Un indice de 7 ou plus sur 10, 5 minutes après la naissance, signifie que le bébé ne court aucun danger; un indice inférieur à 7 révèle qu'il a besoin d'une attention médicale de réanimation; un indice inférieur à 4 signale qu'il se trouve dans un état critique et nécessite des soins médicaux urgents pour échapper à la détresse respiratoire et à la mort (SevenMice SARL, 2008). Les nouveau-nés obtiennent rarement un résultat parfait de 10, mais la plupart d'entre eux s'adaptent facilement à la vie extra-utérine.

Les lieux de l'accouchement

Le déroulement de l'accouchement dépend de nombreux facteurs, dont la préparation de la mère (cours prénatals, conversations avec d'autres femmes ou expérience personnelle), le soutien physique et affectif qu'elle reçoit de la part de son conjoint, de sa famille et des professionnels de la santé, la position et la taille du fœtus, les mœurs et coutumes de sa culture, etc. L'atmosphère de l'accouchement tient aussi à la nature et au degré de l'intervention médicale.

À l'hôpital: sécurité et interventions médicales

Dans les pays industrialisés, de nos jours, la plupart des accouchements ont lieu en milieu hospitalier, une situation qui favorise une intervention immédiate en cas de complications. On administre le plus souvent des médicaments à la mère pour calmer la douleur ou intensifier les contractions. L'épidurale, par exemple, est l'anesthésie locale la plus fréquente pour minimiser la sensation de douleur. Au Canada, son utilisation a augmenté entre 2001-2002 et 2005-2006 dans la plupart des régions. Plus de la moitié des femmes qui ont accouché à l'hôpital par voie vaginale en 2005-2006 (54 %) ont subi une anesthésie épidurale, comparativement à 45 % 4 ans plus tôt. Au Québec, le taux d'utilisation est de 68 %.

Durant l'accouchement, il n'est pas rare qu'on ait recours à la chirurgie; on pratique une épisiotomie (incision du périnée pour éviter les déchirures profondes) ou une césarienne (incision des parois abdominale et utérine pour retirer le fœtus). Depuis quelques années, le taux de césariennes ne cesse d'augmenter au Canada et au Québec. Au Canada (Institut canadien d'information sur la santé, 2007), le nombre de femmes accouchant par césarienne est passé de 23 % en 2001-2002 à 26 % en 2005-2006. Au Québec, il est passé de 20 % en 2002 à 23 % en 2006. De façon générale, la naissance par césarienne est plus facile pour le fœtus et plus rapide pour le médecin et la mère, mais elle accroît le taux de complications à la naissance (Getahun et coll., 2006). De plus, la mère prend plus de temps à se rétablir. La figure 3.7 présente le taux de césariennes pratiquées dans plusieurs pays.

La médicalisation de l'accouchement est sujette à controverse. Certes, l'intervention des médecins, des sages-femmes et des infirmières sauve des millions de vies chaque année dans le monde entier. L'absence de soins médicaux constitue d'ailleurs un important facteur du taux très élevé de mortalité liée à la maternité dans les pays les moins développés (voir le tableau 3.6). D'un autre côté, certains experts pensent qu'à l'hôpital, on gêne inutilement la création ou le développement de liens affectifs de la nouvelle famille ou de la famille qui s'agrandit par des interventions multiples qui ne sont pas toujours jugées indispensables.

À la maison: soutien affectif et risques pour la mère et le nouveau-né

Dans de nombreux pays à travers le monde, et dans les pays industrialisés il n'y a pas si longtemps, les femmes accouchaient à la maison, la plupart du temps. L'accouchement était considéré comme un événement naturel et normal, qui se déroulait bien dans

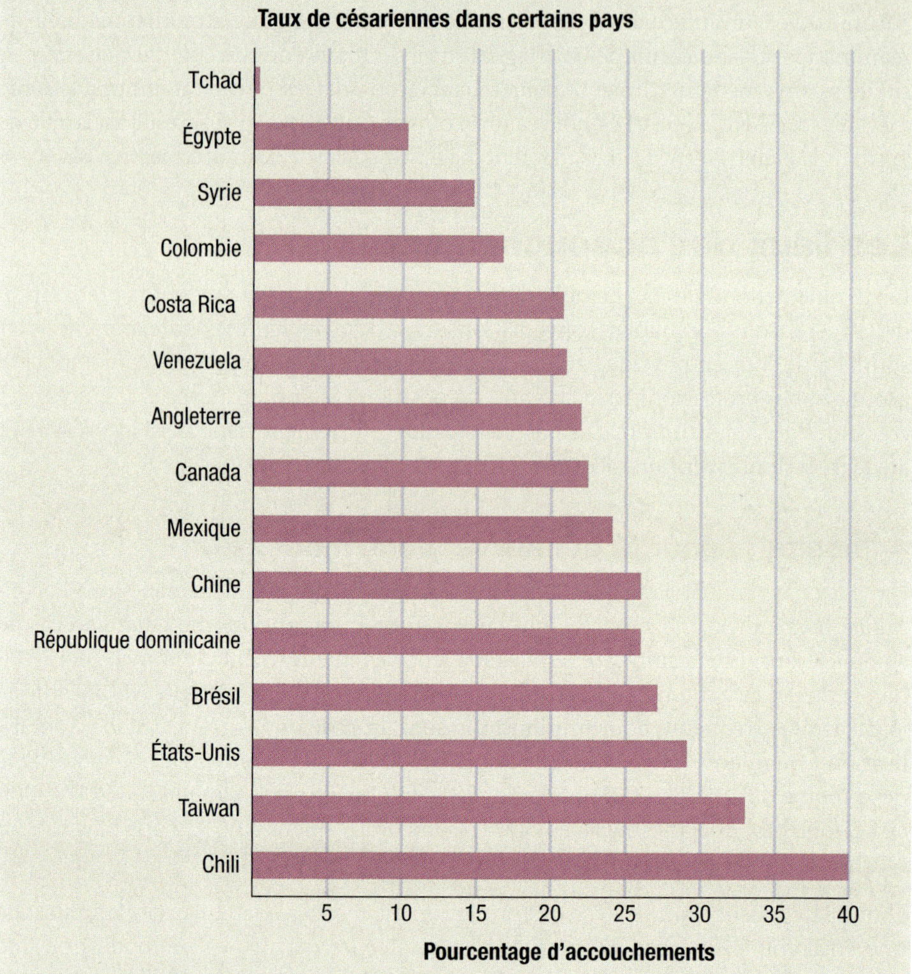

Sources: Armson, 2007; Belizan et coll., 1999; Khawaja et coll., 2004; Stanton et Holtz, 2006; Tang et coll., 2006.

FIGURE 3.7 **Trop ou pas assez de césariennes?** Le taux de césarienne varie grandement d'un pays à l'autre. En général, on observe une diminution de cette pratique en Amérique du Nord, alors qu'elle gagne en popularité en Afrique. L'Amérique latine présente les taux les plus élevés au monde (40 % au Chili) et l'Afrique subsaharienne, les plus bas (1 %). C'est le manque de ressources financières allouées aux services de santé en général, et aux services de maternité en particulier, qui maintient ce taux si bas, alors que les spécialistes estiment qu'il devrait être de 5 % environ. Par voie de conséquence, les taux de mortalité infantile et maternelle en Afrique subsaharienne sont anormalement élevés. Est-ce que des femmes sont privées d'une césarienne alors qu'elles en auraient besoin pendant que d'autres accouchent inutilement par césarienne?

TABLEAU 3.6 **Mortalité liée à la maternité et aux accouchements sans surveillance médicale**

	Morts maternelles par 10 000 naissances	Accouchements sans professionnels de la santé
Pays industrialisés	De 0,2 à 2	2 %
Pays en voie de développement	De 35 à 45	40 %
13 pays d'Afrique subsaharienne et Afghanistan	De 100 à 200	66 %

Source: Organisation mondiale de la Santé, (2009). « Mortalité maternelle », [en ligne]. [http://www.who.int/making_pregnancy_safer/topics/maternal_mortality/fr/index.html] (1er novembre 2009).

un grand nombre de cas, mais qui pouvait mal se terminer dans d'autres, soit pour la mère, soit pour le nouveau-né. Cependant, les femmes qui accouchaient étaient entourées de leur famille et soutenues par des femmes qui avaient développé une certaine expérience, parfois par la force des choses. Chez les Inuit du Grand Nord canadien, par exemple, il y a 40 ou 50 ans, toutes les femmes et la très grande majorité des hommes apprenaient les compétences de sage-femme et pouvaient donc se rendre utiles, voire indispensables, lors d'un accouchement.

À la maison de naissance : approche humaine

Depuis 1993, partout au Québec, des maisons de naissance ont ouvert leurs portes. Des sages-femmes y travaillent et assistent aux accouchements. Les services complets de suivis prénatals, périnatals et postnatals sont offerts à des femmes qui présentent une grossesse normale.

Au Québec, la formation universitaire des sages-femmes comporte 132 crédits et dure 4 ans et demi (Ordre des sages-femmes du Québec, 2009) ; elle est offerte depuis 1999 à l'Université du Québec à Trois-Rivières. En avril 2009, l'Ordre des sages-femmes du Québec a célébré le dixième anniversaire de sa création et de la reconnaissance de la profession.

Traditionnellement, la profession de sage-femme est une pratique holistique. Elle tient compte du vécu de la femme enceinte sur les plans social, émotionnel, culturel, spirituel, psychologique et physique. L'approche des soins continus prodigués par les sages-femmes (accompagnement tout au long de la grossesse, du travail et de l'accouchement par la ou les mêmes personnes) favorise le développement d'un lien de confiance, tout en assurant que les besoins des femmes enceintes et de leurs proches sont connus et seront respectés.

Les complications à la naissance

Les complications à la naissance désignent tout ce qui, chez le nouveau-né ou sa mère, ou pendant l'accouchement, requiert une attention médicale particulière. Le risque de complications augmente lorsque la santé d'un fœtus est déjà compromise en raison

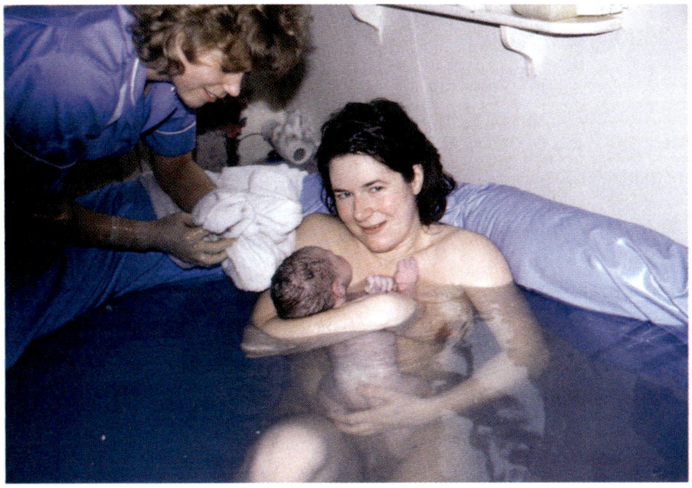

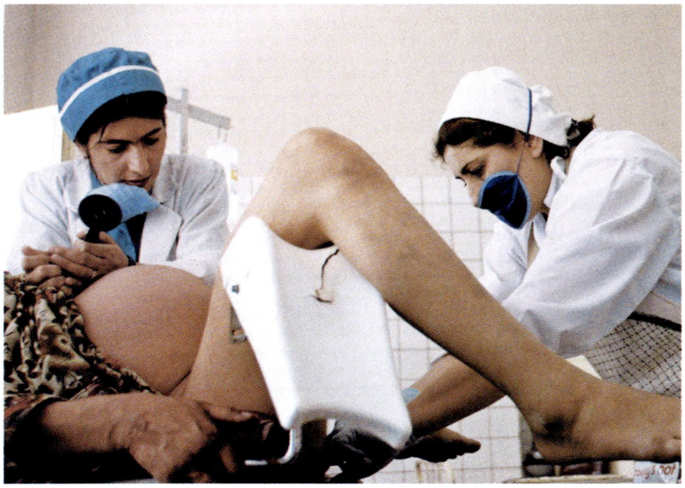

D'un pays à l'autre : retour à l'essentiel Les circonstances de l'accouchement peuvent varier énormément. Plusieurs Occidentales renoncent à l'accouchement traditionnel à l'hôpital au profit d'une autre méthode comme l'accouchement dans l'eau (à gauche). Pendant ce temps, un accouchement à l'hôpital, dans des conditions sanitaires de base, constituerait une amélioration pour les femmes de nombreux pays en développement. Cependant, les hôpitaux de ces pays ne peuvent pas toujours s'offrir le matériel de base. Dans une salle d'accouchement en Afghanistan (à droite), la médecin porte un tablier de cuisine au lieu d'une combinaison chirurgicale et le masque qui couvre sa bouche est plutôt conçu pour les yeux.

d'une anomalie génétique ou d'une exposition à un agent tératogène, ou lorsque la mère est particulièrement jeune, âgée, frêle ou malade, ou que le travail commence trop tôt. Quand les complications font partie d'un ensemble d'événements et de maux qui commencent bien avant la naissance, l'accouchement à l'hôpital est recommandé. Cela signifie que la prévention et le suivi médical doivent être constants. Voyons l'une des complications les plus graves, l'anoxie, puis le faible poids à la naissance et la prématurité.

L'anoxie

Anoxie signifie « sans oxygène ». Un manque d'oxygène pendant la naissance peut tuer le nouveau-né. Même s'il ne dure que quelques secondes, un manque d'oxygène peut causer des lésions au cerveau, particulièrement chez un bébé prématuré.

Plusieurs facteurs peuvent causer l'anoxie, c'est pourquoi le personnel médical surveille la fréquence cardiaque fœtale pendant le travail. Cela explique aussi pourquoi la couleur de la peau du nouveau-né est l'un des cinq critères de l'indice d'Agpar. Une multitude de facteurs influent sur le nombre de secondes d'anoxie qu'un fœtus peut subir sans avoir de lésions cérébrales, notamment ses gènes, son poids, sa maturité neurologique, la présence de médicaments dans le sang (ceux que la mère a pris avant la naissance comme ceux que le médecin lui a administrés pendant le travail).

Un faible poids à la naissance

L'Organisation mondiale de la santé (OMS) établit à 2500 g (5 lb 8 oz) le seuil du faible poids à la naissance. Ce faible poids est un indicateur de l'état de santé général du nouveau-né et un déterminant important de sa survie, de sa santé et de son développement. Les nouveau-nés de faible poids courent un plus grand risque que les autres de mourir au cours de leur première année de vie et de développer des problèmes de santé chroniques.

Une analyse réalisée par l'Institut canadien d'information sur la santé (ICIS) révèle qu'en 2005-2006, environ 1 bébé sur 16 nés au Canada (6,1 %) avait un poids insuffisant (moins de 2500 g). Ces données correspondent à une hausse constante du taux de faible poids à la naissance au cours des 5 années antérieures, le taux d'insuffisance pondérale des bébés nés à l'hôpital étant de 5,7 % en 2001-2002 (Institut canadien d'information sur la santé, 2007).

En deçà d'un poids de 2500 g, le nouveau-né est plus sujet à des troubles graves. Cet état est causé par toutes sortes de facteurs qui interviennent pendant ou avant la grossesse, et ses conséquences peuvent se faire sentir longtemps après la phase critique des premiers jours. Toutefois, il est possible d'intervenir pour améliorer la situation en prenant des mesures appropriées.

Le développement de la technologie médicale permet de faire des progrès constants. Cependant, les coûts financiers sont très élevés pour sauver un nouveau-né de faible poids à la naissance (surtout s'il pèse moins de 1000 g). Or, si on dépensait la même somme pour la prévention de ce problème, on sauverait incontestablement beaucoup plus de vies tout en évitant des souffrances à un grand nombre de familles. Cette question soulève des problèmes éthiques importants.

La prématurité

Un faible poids à la naissance est souvent associé à une naissance prématurée. Un bébé est considéré comme prématuré s'il naît 3 semaines ou plus avant terme, c'est-à-dire avant les 38 semaines normales de gestation. Parmi les nombreux facteurs susceptibles d'entraîner une naissance prématurée, on compte les circonstances qui perturbent l'équilibre physiologique de la mère (consommation de drogues, stress intense, épuisement chronique) et les infections qui stimulent dans son organisme la production d'éléments chimiques pouvant déclencher des contractions utérines. La qualité des soins médicaux, l'éducation, la culture et le soutien social que reçoit la mère exercent aussi une influence sur le développement de la personne à naître.

On distingue trois catégories de prématurés :

- les prématurés, qui naissent entre la 31ᵉ et la 35ᵉ semaine de gestation ;
- les grands prématurés, qui naissent entre la 26ᵉ semaine et la 30ᵉ semaine ;
- les très grands prématurés, qui naissent avant la 26ᵉ semaine depuis le moment de la conception.

Les conséquences de la prématurité

Les bébés prématurés sont plus à risque de présenter des problèmes de développement que ceux nés à terme. Fragiles sur le plan médical, les prématurés peuvent souffrir de plusieurs problèmes neurodéveloppementaux, notamment la paralysie cérébrale et le retard cognitif. Les bébés prématurés présentent aussi des risques élevés d'avoir des malformations congénitales, des déficits de l'ouïe et de la vue, des maladies des bronches, des déficits de croissance et des problèmes de comportement (Tremblay, Barr et Peters, 2008).

Les séquelles de la prématurité sur le développement, de révélation plus tardive que les déficiences sévères, concernent un nombre plus élevé des grands prématurés ; elles consistent en des déficits dans les tests cognitifs / neuropsychologiques, des difficultés scolaires et des troubles du comportement (Larrogue, 2004). Ces problèmes tiennent au fait que les fonctions biologiques (comme le système nerveux central et les poumons) n'ont pas pu atteindre leur pleine maturité pendant la grossesse.

D'ailleurs, après la naissance, l'interaction entre cette immaturité biologique et l'environnement physique et social de l'enfant joue un rôle décisif dans son développement. Généralement, plus l'âge gestationnel est bas, plus les répercussions sur les fonctions biologiques sont élevées (Tremblay, Barr et Peters, 2008).

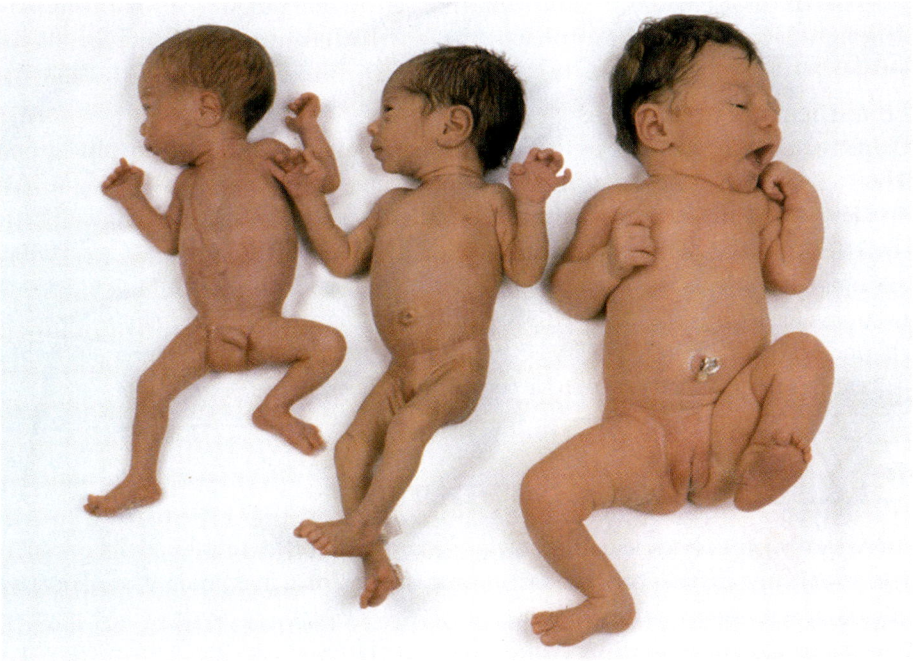

Lequel est le plus vieux ? Le bébé de gauche, âgé de presque 1 mois, est le plus vieux ; celui de droite n'a que 2 jours. Êtes-vous surpris ? Le bébé de 1 mois est né 9 semaines avant terme et ne pèse maintenant que 2490 g ; le bébé de 2 jours est né à terme et pèse 3600 g. Le bébé du milieu est cependant le cas le plus préoccupant, car bien qu'il soit né à terme, il ne pèse que 900 g. Ses oreilles et ses mains sont plus grandes que celles de l'enfant né avant terme, mais son crâne est petit ; son cerveau comme son corps risquent d'avoir souffert de malnutrition.

POINT DE MIRE

Bien portés, bien portants

Les avantages de la méthode Kangourou pour le développement intellectuel des enfants prématurés

La technique Kangourou consiste pour la mère (ou le père ou tout autre adulte) d'un nouveau-né de faible poids à la naissance à le tenir contre sa poitrine, afin que le minuscule bébé entende battre le cœur de la personne et sente la chaleur de son corps.

Réjean Tessier, professeur à l'École de psychologie de l'Université Laval, et son équipe ont mené une recherche, en Colombie, auprès de 336 bébés prématurés. Environ la moitié d'entre eux ont reçu les soins habituellement dispensés lors de naissances à risque, incluant un séjour prolongé dans une couveuse. L'autre moitié, les enfants du groupe Kangourou, ont également séjourné en couveuse, mais ils en sont sortis pour être confiés aux soins de leurs parents dès qu'ils ont pu se nourrir au sein. Une fois à la maison, la mère, le père ou une autre personne de la famille devait porter l'enfant sur sa poitrine en permanence jusqu'à ce qu'il atteigne l'équivalent de 37 ou 38 semaines de gestation. En moyenne, la phase Kangourou durait 2 semaines.

À l'âge de 1 an, les enfants ont été soumis à une série de tests servant à mesurer leur développement neurologique. Ces tests évaluent les compétences sur les plans locomoteur, auditif et langagier, la coordination visuomotrice, la capacité à raisonner et à entrer en relation avec les autres ainsi que les performances à des tests de boîtes, de couvercles et de cubes.

Les résultats sont encourageants. Selon les chercheurs, la méthode Kangourou procurerait une stimulation sensorielle positive pendant une période cruciale du développement neurologique de l'enfant. Les résultats montrent également l'importance d'une intervention précoce auprès des nouveau-nés les plus vulnérables et les plus fragiles. Les études antérieures menées par cette équipe avaient révélé que la méthode Kangourou favorisait également la croissance du nouveau-né, le sentiment de compétence de la mère et le développement du lien mère-enfant.

Une étude comparative (Feldman et coll., 2002) menée en Israël a montré également que les bébés ayant bénéficié de la technique Kangourou dormaient plus profondément et restaient alertes plus longtemps que ceux qui avaient reçu des soins standards. À 6 mois, les bébés de la technique Kangourou étaient plus réceptifs à leur mère. Ces résultats s'expliquent peut-être par un meilleur développement du bébé ou par une sensibilité accrue de la mère. D'autres études ont permis de confirmer les bienfaits de la technique Kangourou.

Sources: Tessier et coll., 2003 ; Hamann, 2003 ; Feldman et coll., 2002 ; Ludington-Hoe et coll., 2006 ; Tallandini et Scalembra, 2006.

De plus, les enfants prématurés risquent de manifester divers problèmes affectifs et comportementaux, comme des troubles anxieux, de la timidité et un retrait social excessifs, des problèmes sociaux, de faibles habiletés d'adaptation et, surtout, le trouble déficitaire de l'attention avec hyperactivité (TDAH) (Zelkowitz, 2006).

Le soutien aux prématurés

Un nouveau-né contraint de passer les premières semaines de sa vie à l'hôpital gagne à recevoir une partie des soins de ses parents, même s'il est minuscule et fragile. Ces derniers y gagnent aussi puisqu'ils sont, comme leur petit, stressés et démunis (Eriksson et Pehrsson, 2005). Lorsque la survie ou la santé de leur enfant est incertaine, de nombreux parents se sentent inaptes, tristes, coupables ou en colère. Ces émotions sont plus faciles à gérer lorsqu'ils peuvent toucher leur petit et en prendre soin. La rubrique « Point de mire » ci-dessus explique les bienfaits que peut procurer aux bébés prématurés une méthode axée sur le contact physique.

La dépression post-partum

Au cours des jours et des semaines suivant l'accouchement, un certain nombre de femmes vivent une dépression post-partum, un sentiment d'inaptitude et de tristesse (allant du syndrome du troisième jour, pour les cas légers, à la psychose post-partum dans sa forme la plus grave). Ce type de dépression touche environ 13 % des nouvelles mères au Canada (Société canadienne de pédiatrie, 2004) et de 8 à 15 % des nouvelles mères aux États-Unis (Perfetti, Clark et Fillmore, 2004). Dans d'autres pays, le pourcentage est beaucoup plus élevé : au Pakistan, par exemple, il est de 36 % sur une échelle standardisée de post-partum (Husain et coll., 2006).

Une mère souffrant de ce mal se sent dépassée par les soins quotidiens à donner à son bébé (le nourrir, le changer, le laver) et peut éprouver l'envie de l'ignorer ou de le maltraiter. Lorsqu'elle dure plus de quelques semaines, la dépression post-partum peut avoir des effets à long terme sur l'enfant ; il importe donc de la diagnostiquer et de la traiter dès que possible.

La réaction du père, lorsque la mère traverse une telle dépression, est cruciale. Sa participation active aux soins du bébé, en plus d'aider celui-ci à s'épanouir, contribue au rétablissement de la mère. Le partenaire et d'autres personnes de l'entourage peuvent écouter les préoccupations des nouvelles mamans, les prendre dans leurs bras et les réconforter. Les mères ont aussi besoin d'aide pour les tâches quotidiennes, notamment les repas, le lavage et le ménage, particulièrement si elles ont d'autres enfants.

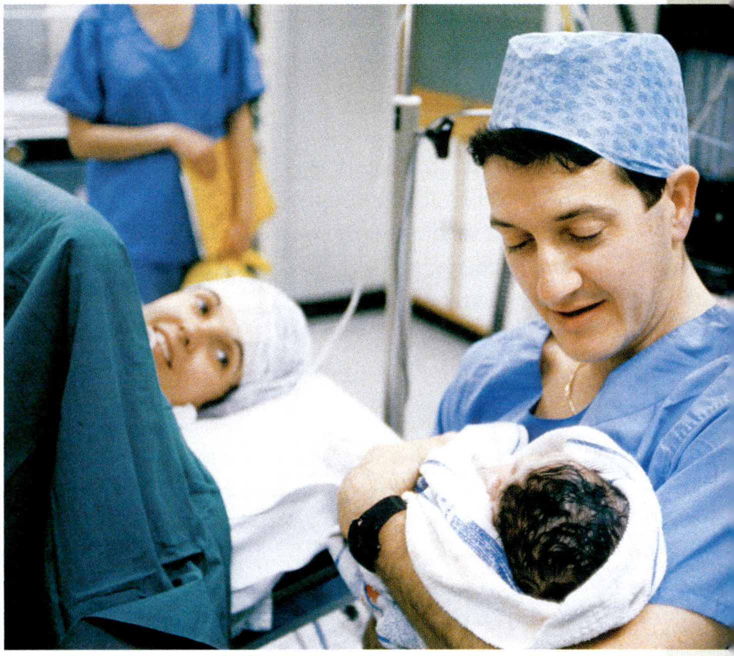

Son bébé à lui aussi L'émotion que montre ce nouveau père devant son bébé illustre une évidence dont la recherche sur le développement humain n'a fait état que récemment : les pères donnent à leurs enfants bien plus que la moitié de leurs gènes.

L'arrivée d'un bébé, quel que soit le contexte de la cellule sociale qui l'accueille — mère monoparentale, couple, famille nucléaire, famille recomposée, etc. — exige de chaque membre de ce groupe une adaptation afin de favoriser le bien-être de tous.

Synthèse

SECTION 1 La génétique

La conception

1. Les gènes représentent le fondement du développement physiologique et psychologique de l'être humain. La conception désigne la rencontre de deux gamètes, un ovule et un spermatozoïde, qui mène à la formation d'un zygote. Ils contiennent chacun 23 chromosomes qui s'unissent pour créer un zygote unicellulaire de 46 chromosomes représentant la totalité du patrimoine génétique de l'être humain.

2. Dès la formation du zygote, cette nouvelle cellule reproduit son noyau et se divise en deux cellules identiques. Cette division cellulaire, processus appelé *mitose*, se poursuivra, permettant la reproduction du code génétique. Ce dernier régit les fonctions des cellules et dirige la spécialisation de certaines cellules pour former les organes (cœur, poumons) et les tissus du corps humain (peau, muscles).

3. Les jumeaux sont le résultat de la fécondation d'un seul ovule ou de deux ovules. Dans le cas des jumeaux monozygotes (vrais jumeaux), les cellules d'un seul zygote se divisent toutes en deux pour créer deux zygotes distincts possédant le même code génétique. Les jumeaux dizygotes proviennent de la fécondation de deux ovules distincts et de la formation de deux zygotes. Ces jumeaux peuvent être de sexes différents et n'ont pas plus de gènes communs entre eux qu'avec leurs autres frères et sœurs.

L'ADN, les gènes et les chromosomes

4. L'hérédité est fondée sur la transmission de traits des deux parents à l'enfant. Les instructions du code génétique sont inscrites dans le noyau de chaque cellule, dans des molécules d'acide désoxyribonucléique (ADN).

5. Le génome est l'ensemble des informations se trouvant sur tous les chromosomes d'un organisme. L'ensemble des gènes qu'une personne reçoit de son père et de sa mère constitue son génotype, alors que l'ensemble des caractères observables résultant de l'expression de certains de ses gènes constitue son phénotype.

6. Sur les 23 paires de chromosomes, 22 paires portent des gènes analogues disposés de la même façon. La 23e paire est responsable de l'attribution du sexe. Elle est formée de deux chromosomes en forme de X s'il s'agit d'une femme (XX) et d'un chromosome en forme de X et d'un second en forme de Y s'il s'agit d'un homme (XY).

Les interactions des gènes

7. La transmission des caractères du père et de la mère s'effectue selon deux modes. L'effet additif implique que chacun des gènes possédant des instructions pour un caractère donné joue un rôle dans la détermination de ce caractère. L'effet non additif implique la transmission des allèles récessifs et dominants provenant des parents, c'est-à-dire que le phénotype sera déterminé par l'allèle dominant qui inhibe l'effet de l'allèle récessif.

L'interaction des gènes et de l'environnement

8. L'expression des gènes est influencée par des facteurs environnementaux de façon directe (alimentation, soins médicaux) et indirecte (contextes social et économique). L'interaction entre les gènes et l'environnement est bidirectionnelle, c'est-à-dire que l'expression de certains caractères génétiques peut entraîner des réactions qui influent sur le développement. Par ailleurs, l'environnement influe sur l'expression des caractères génétiques. Par exemple, la malnutrition peut limiter la taille d'une personne dictée par son hérédité.

Les anomalies chromosomiques et génétiques

9. Lors de la fécondation, les gamètes peuvent contenir plus de 23 chromosomes ou moins. Lorsque ces gamètes s'unissent à un gamète normal, il en résulte un zygote dont le nombre de chromosomes est inférieur ou supérieur à 46. Par exemple, le syndrome de Down, ou trisomie 21, est causé par la présence d'un chromosome surnuméraire dans la 21e paire.

10. Nous sommes tous porteurs de gènes susceptibles d'entraîner des maladies. Un grand nombre d'entre elles sont liées à un gène dominant ou récessif.

Le conseil génétique

11. Les conseillers en génétique sont des professionnels de la santé qui ont pour mandat de renseigner les couples sur leur patrimoine génétique. Pour évaluer les risques d'anomalies chromosomiques et génétiques, on peut recourir à des techniques de diagnostic prénatal, dont l'amniocentèse, la biopsie des villosités choriales, l'échographie, la fœtoscopie et l'analyse du sang de la mère.

SECTION 2 Le développement prénatal et la naissance

Du zygote au nouveau-né

1. La période germinale correspond aux 2 premières semaines du développement prénatal. Pendant cette période, le zygote unicellulaire se divise (mitose et réplication de l'ADN) et devient un blastocyste. Il descend dans une trompe de Fallope et s'implante (nidation) dans la paroi de l'utérus. Cette période est marquée par le développement de l'embryon, du placenta, du cordon ombilical et du sac amniotique.

2. La période embryonnaire s'étend de la 3e à la 8e semaine suivant la conception. La croissance de l'embryon se réalise de la tête vers le bas (développement céphalocaudal) et du tronc vers les membres (développement proximodistal). Huit semaines après la conception, l'embryon a déjà une apparence humaine. Il a tous ses organes, à l'exception des organes génitaux. Cette période est critique pour l'embryon : toute intrusion dans son environnement (virus, médicament, etc.) peut avoir un effet important sur son développement.

3. La période fœtale s'étend de la 9e semaine à la naissance. Douze semaines après la conception, tous les organes et les membres sont formés. Le fœtus devient viable après 22 semaines, lorsque son cerveau est suffisamment développé pour régir les fonctions vitales. Le taux de survie du fœtus augmente de près de 70 % entre la 23e et la 26e semaine. Un bébé qui naît à terme, c'est-à-dire 38 semaines après la conception, pèse en moyenne 3400 g (7,5 lb).

La prévention des complications

4. Certains agents tératogènes (maladies, drogues et polluants) peuvent causer des malformations, des déformations et des affections congénitales. La gravité et la nature des effets d'un agent tératogène dépendent principalement de trois facteurs : le moment de l'exposition (période critique), l'intensité et la fréquence de l'exposition, ainsi que la sensibilité génétique.

5. La meilleure mesure de prévention contre les agents tératogènes consiste à ne pas s'y exposer dans les mois qui précèdent la conception et pendant la grossesse. Il est aussi important d'avoir un régime alimentaire approprié avant et pendant la grossesse ainsi que des soins prénatals. Des soins prénatals précoces permettent d'identifier les médicaments à éviter ainsi que les aliments à privilégier ou à exclure.

Le processus de la naissance

6. L'accouchement se fait en trois phases distinctes : le travail (contractions), l'expulsion (apparition de la tête) et la délivrance (sortie du placenta). L'indice d'Apgar est un outil de mesure des signes vitaux du bébé 1 minute après sa naissance, puis 5 minutes plus tard afin d'évaluer rapidement son état de santé.

7. Le déroulement de l'accouchement dépend de nombreux facteurs, dont la préparation de la mère, le soutien physique et affectif qu'elle reçoit de la part de son conjoint, de sa famille et des professionnels de la santé, de la position et de la taille du

fœtus, des mœurs et coutumes de sa culture, etc. Les accouchements ont lieu en général dans un centre hospitalier, mais il est possible d'accoucher à domicile ou dans une maison de naissance, accompagnée d'une sage-femme. À l'hôpital, des interventions telles que l'anesthésie (épidurale) ou la chirurgie (épisiotomie, césarienne) peuvent aider à l'accouchement.

8. Les complications à l'accouchement désignent tout ce qui, chez le nouveau-né ou sa mère, requiert une attention médicale particulière. L'anoxie, une des complications les plus graves, est le manque d'oxygène qui peut causer des lésions cérébrales ou entraîner le décès du nouveau-né. De plus, un faible poids à la naissance, inférieur à 2500 g (5 lb 8 oz), augmente le risque que le nouveau-né développe des maladies ou qu'il décède au cours de sa première année.

9. Un nouveau-né est considéré comme prématuré s'il naît avant les 38 semaines normales de gestation. L'environnement physique et social joue un rôle important dans le développement d'un enfant prématuré. Généralement, plus l'âge gestationnel est bas, plus les répercussions sur les fonctions biologiques sont importantes.

La dépression post-partum

10. De nombreuses femmes vivent des sentiments de tristesse, d'incompétence ou de malaise dans les jours suivant la naissance. Un soutien approprié peut dissiper la dépression post-partum ; le père joue un rôle clé dans le bien-être de la mère et de l'enfant, bien qu'il soit lui aussi vulnérable à la dépression.

Questions clés

SECTION 1 La génétique

1. Qu'est-ce qu'un zygote, et quel est son rôle ?
2. De quelle façon le sexe d'un individu est-il déterminé ?
3. Quel est l'impact de l'environnement sur l'expression génétique ? Expliquez votre réponse à l'aide d'un exemple.
4. Quel est le rôle des conseillers en génétique ?

SECTION 2 Le développement prénatal et la naissance

1. Quels facteurs assurent la viabilité du fœtus ?
2. Nommez quatre agents tératogènes. Résumez la nature de chacun ainsi que la gravité de ses effets pour la mère et le fœtus.
3. Quelles sont les trois phases, dans l'ordre, de l'accouchement ? Décrivez chacune d'elles.
4. Quels sont les cinq critères permettant d'évaluer l'indice d'Apgar ?

Applications

SECTION 1 La génétique

1. Choisissez un trait psychologique qui vous caractérise et expliquez l'influence de la génétique et de l'environnemental sur ce trait. Par exemple, si vous êtes une personne enthousiaste, tentez d'en découvrir les origines génétique, sociale et culturelle.

SECTION 2 Le développement prénatal et la naissance

1. Parmi les mères de vos ami(e)s, choisissez-en trois et demandez-leur de vous raconter leur(s) grossesse(s) et leur(s) accouchement(s). Il est important de maintenir un style d'entrevue ouvert afin qu'elles vous livrent leurs expériences personnelles. Par la suite, comparez et nuancez les résultats en fonction de la culture, de la personnalité, des circonstances de la grossesse et de l'accouchement de ces femmes.

À vous les commandes (réponses)

À vous les commande 3.2

1. **Faux.** La pression dans le cordon ombilical reste élevée et le maintient sous tension, quels que soient les gestes de la mère. Il est donc impossible qu'il se plie pour s'enrouler autour du cou du fœtus.
2. **Faux.** Cependant, durant les derniers mois de la grossesse, des relations sexuelles vigoureuses provoquent parfois un travail hâtif. Ce mythe provient peut-être du fait que le taux de fausses couches est élevé dans les premiers mois de la grossesse. Au Québec, 1 femme sur 5 fait une fausse couche (avortement spontané), selon les statistiques du ministère de la Santé et des Services sociaux. Si la femme enceinte a 20 ans, le risque d'avortement spontané est de 9 % alors qu'il atteint 40 % chez celles de plus de 40 ans (Université de Montréal, 2002).
3. **Faux.** Ce sont des mythes. On ne trouve aucune corrélation entre ces caractéristiques et le sexe du fœtus.
4. Si cela signifie manger deux fois plus, c'est non seulement faux, mais aussi potentiellement dangereux. Si on comprend que la femme doit se nourrir de façon adéquate pour porter et mettre au monde un bébé en santé, c'est vrai. La mère a besoin d'augmenter son apport calorique : 100 calories de plus par jour durant le 1er trimestre et 300 calories de plus par jour durant les 2e et 3e trimestres.

Le chapitre 3 en un clin d'œil

SECTION 1 La génétique

La conception

- Ovule
  Gamète femelle contenant 23 chromosomes
- Spermatozoïde
  Gamète mâle contenant 23 chromosomes

Zygote
23 paires de chromosomes dont la 22e détermine le sexe

- Jumeaux monozygotes
  (1 zygote = 2 individus identiques)
- Jumeaux dizygotes
  (2 zygotes = 2 individus non identiques)

Les chromosomes

23 paires
Caryotype

Génotype
(ensemble des gènes)
Phénotype
(expression observable des gènes)

Transmission génétique
- Effet additif
- Effet non additif
  – Mode dominant / récessif

Les gènes composés d'ADN

Expression génétique
- Caractères polygéniques (plusieurs gènes)
- Caractères plurifactoriels (interactions entre gènes et environnement)

Interaction de l'hérédité et de l'environnement
- Effet direct (ex. : alimentation)
- Effet indirect (ex. : culture)

Les types d'anomalies

- Chromosomiques

  Gamètes contenant plus de 23 chromosomes ou moins
  - Syndrome de Down (trisomie 21)
- Génétiques

  Transmission par un gène
  - Récessif (ex. : nanisme)
  - Dominant (ex. : maladie de Huntington)

Le conseil génétique

Évaluer
Informer
Garder la confidentialité

Techniques de diagnostic prénatal
- Amniocentèse
- Biopsie des villosités choriales
- Échographie
- Fœtoscopie
- Test du sang maternel

Le chapitre 3 en un clin d'œil

SECTION 2 Le développement prénatal et la naissance

Du zygote au nouveau-né

- Période germinale (les 2 premières semaines)
  - Division du zygote (mitose)
  - Réplication de l'ADN
  - Blastocyste, qui se divise en deux grappes de cellules
    - Première grappe : embryon
    - Seconde grappe : placenta, cordon ombilical, sac amniotique
- Période embryonnaire (de la 3e à la 8e semaine)
  - Développement céphalocaudal (de la tête vers le bas du corps)
  - Développement proximodistal (du tronc vers les membres)
- Période fœtale (de la 9e semaine à la naissance)
  - Développement du fœtus
  - Maturation et viabilité

La prévention des complications (tératologie)

- Évaluation des risques
  - Moment de l'exposition (période critique)
  - Intensité et fréquence de l'exposition
    - Seuil de toxicité
    - Effet synergique
  - Sensibilité génétique
  - Conséquences
    - Malformations congénitales
    - Déformations congénitales
    - Affections congénitales
- Agents tératogènes courants et mesures de prévention
  - Agents courants (ex. : alcool, caféine, cocaïne, héroïne, solvants, marijuana, tabac)
  - Maladies virales (ex. : rubéole, grippe, varicelle)
  - Environnement (ex. : pesticides, produits toxiques)
  - Prévention
    - Éviter l'exposition
    - Bonne alimentation
    - Soins prénatals
    - Autoévaluation

Le chapitre 3 en un clin d'œil

SECTION 2 Le développement prénatal et la naissance (suite)

Le processus de la naissance

- Accouchement
  - Travail (contractions)
  - Expulsion (apparition de la tête)
  - Délivrance (sortie du placenta)
  - Variations du lieu d'accouchement
    - Hôpital
    - Maison
    - Maison de naissance
  - Interventions médicales
    - Épidurale
    - Épisiotomie
    - Césarienne
- Premières minutes de vie
  - Indice d'Apgar, cinq critères
    - Coloration de la peau
    - Fréquence cardiaque
    - Réactivité aux stimulus
    - Tonus musculaire
    - Respiration
  - Indice de 7 à 10 : aucun danger
  - Indice de 4 à 7 : soins sérieux
  - Indice de 4 et moins : grand danger

Les complications à la naissance

- Mère
  - Jeune, âgée, frêle ou malade
  - Travail qui commence trop tôt
- Enfant
  - Anomalie génétique
  - Exposition à un agent tératogène
- Conséquences possibles :
  - Anoxie (manque d'oxygène pendant la naissance)
  - Faible poids à la naissance
  - Prématurité

La dépression post-partum et le soutien social

- Mère dépassée par les soins quotidiens (nourrir, changer, laver son bébé)
  - Conséquences : ignorer, maltraiter le bébé
- Père et entourage
  - Rôle important de support pour la mère et le bébé

PARTIE 2

Les deux premières années de la vie

Les adultes ne changent pas beaucoup en l'espace de 2 ans. Ils gagnent ou perdent quelques kilos, changent de coiffure, acquièrent un peu de sagesse et de maturité, quelquefois par la force des choses. Qu'importe, vous reconnaîtriez probablement instantanément des amis dont vous avez été séparé pendant plusieurs années.

Par contre, supposons que vous preniez soin d'un bébé pendant le premier mois de sa vie et que vous ne le revoyiez que 1 ou 2 ans plus tard. Le reconnaîtriez-vous ? Pas plus que vous ne reconnaîtriez un ami qui aurait quadruplé de poids, grandi de 35 cm et laissé pousser ses cheveux ! La façon de penser, de parler et de jouer de l'enfant vous serait totalement étrangère. Un nouveau-né affamé pleure à fendre l'âme, tandis qu'un trottineur affamé clame : « Encore ! », ou grimpe sur le comptoir de la cuisine pour atteindre les biscuits !

Deux ans, c'est peu à l'échelle d'une vie qui s'étend sur 80 ans en moyenne. Au cours de cette brève période, néanmoins, les enfants passent de 10 % à 50 % de leur taille adulte, développent des capacités cognitives étonnantes et expriment toute une gamme d'émotions. Déjà, ils possèdent deux capacités humaines importantes, la parole et l'amour. Les changements radicaux qui marquent les 2 premières années de la vie — sur les plans biosocial, cognitif et psychosocial — font l'objet des deux chapitres qui suivent.

CHAPITRE 4

Le développement biosocial et cognitif chez l'enfant de 0 à 2 ans

Il suffit d'observer un petit enfant pour se convaincre de la vigueur du développement biosocial au cours des 2 premières années de la vie. Le nourrisson se retrouve à l'étroit dans ses vêtements en un rien de temps, il fait l'essai de nouveaux comportements presque tous les jours et, de semaine en semaine, il maîtrise toujours un peu plus ses habiletés naissantes. Il s'assoit… il rampe… il se tient debout… il marche… il court! Il touche… il attrape… il lance!

Les développements que l'on ne peut voir sont encore plus frappants. Les données de laboratoire sur le développement du cerveau font état d'une augmentation de la densité et de la complexité des réseaux de neurones essentiels à l'émergence des capacités physiques et mentales. Les petits estomacs digèrent de plus en plus de nourriture et des aliments de plus en plus variés, ce qui favorise une croissance phénoménale du cerveau et du corps.

Le rôle clé des parents et du contexte social dans ce processus donne à ce type de développement son caractère biosocial, plutôt que simplement biologique. Les adultes entourent le bébé de soins pour favoriser sa croissance et doivent s'adapter aux changements quotidiens dont ils sont les témoins, car « s'occuper d'un bébé, c'est un peu comme essayer de toucher une cible en mouvement » (Bornstein, 2002).

Dans la première section de ce chapitre, nous nous intéressons d'abord à la croissance physique, au développement du cerveau et des habiletés sensorielles et motrices, fondements de tous les autres développements. Nous soulignons aussi comment l'environnement social peut favoriser ou entraver cette croissance. Dans la deuxième section, nous nous penchons sur la multitude de tâches cognitives qui attendent l'enfant, de la naissance à l'âge de 2 ans. L'étude des aspects affectifs (domaine psychosocial) au cours de cette période fait l'objet du chapitre 5.

SECTION 1

LE DÉVELOPPEMENT BIOSOCIAL CHEZ L'ENFANT DE 0 À 2 ANS

De la naissance à l'âge de 2 ans, les tâches à accomplir sont époustouflantes. Au cours des premières semaines et des premiers mois de sa vie, le bébé doit trouver un sens au tourbillon d'images, de sons, d'odeurs et de sensations physiques qui l'enveloppe; il apprend à percevoir les êtres, les objets et même les parties de son propre corps. Il développe ses habiletés à manipuler de gros objets, puis des plus petits, à les agencer. Il se meut avec de plus en plus de force et parvient à prendre diverses positions.

Toutes les découvertes que le bébé fait en accéléré tiennent, d'une part, à la biologie, c'est-à-dire à sa croissance physique, à la maturation de son cerveau et de son système nerveux, et, d'autre part, au contexte social, c'est-à-dire aux soins et au soutien que son milieu lui prodigue. Il entreprend ce qu'on appelle son *développement biosocial.*

La croissance physique et la santé

Les soins de santé revêtent une importance primordiale pendant toute l'enfance et, à plus forte raison, pour le nourrisson qui est particulièrement sujet aux maladies et aux troubles de la croissance. Ainsi, pendant les 12 premiers mois, les parents devraient consulter régulièrement le médecin afin de s'assurer que leur bébé se développe normalement, qu'il ne présente aucun signe de maladie et qu'il reçoit les vaccins recommandés.

La taille et la stature

La croissance et les changements des proportions corporelles sont très marqués, particulièrement durant les 2 premières années de la vie. Au Québec, un bébé mesure en moyenne 51 cm et pèse 3,4 kg à la naissance. Il grandit d'environ 2,5 cm par mois durant sa première année. Vers l'âge de 4 ou 5 mois, son poids de naissance a doublé, puis triplé vers l'âge de 1 an, en raison de l'augmentation des tissus adipeux et de la croissance des os, des muscles et des organes. Au Canada, un bébé de 12 mois pèse en moyenne 10 kg et mesure en moyenne plus de 75 cm.

Le rythme de la croissance ralentit au cours de la deuxième année. À cet âge, les enfants atteignent approximativement la moitié de leur taille adulte.

Des tableaux normatifs ont été élaborés pour permettre aux parents et aux intervenants en santé non seulement de comparer la croissance d'un enfant à celle d'autres enfants, mais aussi de déceler d'éventuels problèmes de santé, en tenant compte de son développement.

À VOUS LES COMMANDES 4.1

La croissance des bébés à l'échelle des adultes

Comme vous venez de le voir, la croissance est extrêmement rapide durant les 2 premières années de la vie. Pour vous en convaincre, imaginez que vous vous développez au même rythme et dans les mêmes proportions qu'un enfant.

1. Si vous preniez du poids au même rythme qu'un nourrisson, combien pèseriez-vous dans 1 an? Quel pourcentage de votre poids cette augmentation représenterait-elle?
2. Si vous grandissiez de 2,5 cm par mois, la transformation ne serait pas aussi radicale pour vous qu'elle l'est pour un bébé, car vous êtes déjà beaucoup plus grand que lui: chaque centimètre représente un plus petit pourcentage de votre taille totale. Supposez tout de même que vous grandissiez au même rythme qu'un enfant au cours de sa première année. Quelle serait votre taille dans 1 an? Quel pourcentage de votre taille cette augmentation représenterait-elle?

La prise de poids durant les premiers mois est en grande partie attribuable à une augmentation des réserves de graisse. L'accumulation de gras accroît l'isolation thermique et permet de faire des réserves, nécessaires en cas de rhumes ou lorsque le développement de la dentition nuit à l'alimentation. Lorsque l'alimentation n'est pas adéquate sur une base temporaire, le corps cesse de grandir, mais pas le cerveau (Georgieff et Rao, 2001).

La nutrition

Dans des circonstances normales, les nourrissons doublent leur poids de naissance en quelques mois. Un rythme de croissance aussi rapide oblige le bébé à s'alimenter environ toutes les 3 heures, jour et nuit. L'horaire des tétées, qui varie considérablement selon les enfants, ne revêt pourtant pas autant d'importance que la qualité et la quantité globales de l'apport nutritionnel. Une bonne alimentation est essentielle non seulement à la croissance physique, mais aussi au développement du cerveau et à l'acquisition des habiletés.

L'allaitement

Le nouveau-né ne peut ni manger ni digérer les aliments solides, mais grâce à certains réflexes, il est apte à consommer les quantités de nourriture liquide dont il a besoin. Le lait maternel constitue l'aliment de choix dans les premiers mois, et c'est du reste celui que recommande l'Organisation mondiale de la santé.

> En allaitant les bébés au sein immédiatement après leur naissance, on peut prévenir un nombre considérable de décès néonatals [...]. En allaitant le bébé au plus tôt, on lui donne les nutriments essentiels qui le protègeront de maladies mortelles et favoriseront sa croissance et son développement.
>
> (UNICEF, 2007)

Le lait maternel est en effet un excellent aliment (Riordan, 2005). Il est toujours stérile et toujours à la température du corps ; il contient du fer, des vitamines et des anticorps maternels qui protègent le nourrisson contre des maladies comme les oreillons, la poliomyélite et certains types de grippe. Il fournit également une certaine protection contre la plupart des maladies infantiles répandues ainsi que l'asthme, l'obésité et les maladies cardiovasculaires (Oddy, 2004).

Soulignons par ailleurs que plusieurs raisons peuvent amener une mère à ne pas nourrir son bébé au sein, d'autant plus que le lait maternisé lui fournit ce dont il a besoin. Cette décision relève d'un choix personnel et doit être respectée. Une mère heureuse qui donne un biberon à son bébé a un impact plus favorable sur le développement de ce dernier qu'une mère qui allaite en étant tendue, maussade, impatiente ou exaspérée !

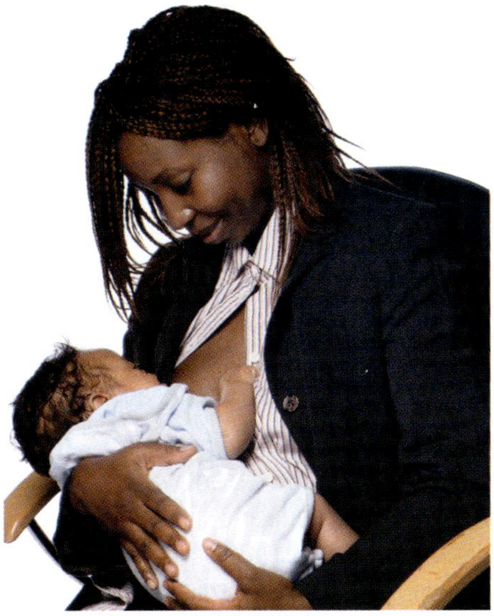

D'un pays à l'autre : l'allaitement maternel Nous n'existerions pas si, au fil des millénaires, les mères n'avaient pas allaité leurs bébés avec succès. L'allaitement maternel est toujours pratiqué partout dans le monde, mais il ne constitue plus la seule façon de nourrir un bébé, chaque culture ayant ses propres façons de faire.

Q Relevez trois différences entre ces deux femmes donnant le sein. L'une vit aux États-Unis ; l'autre, au Burkina Faso.

R (Réponse de la page 97) Les trois différences sont : l'âge du bébé, l'environnement et l'attitude de la mère. La mère étatsunienne (à gauche) se trouve isolée et semble vouloir s'assurer que son bébé arrive à bien boire. La mère burkinabée (à droite) semble confiante – elle a plus d'expérience – et complètement à l'aise d'allaiter son enfant plus vieux dans un lieu public, en profitant du moment présent. Ce ne sont pourtant pas toutes les cultures qui acceptent de bonne grâce qu'une femme allaite en public. Dans certains cas, celle-ci peut recevoir des regards réprobateurs, même si elle agit discrètement, le sein bien caché !

Le lait maternel ou le lait maternisé suffisent à l'enfant jusqu'à l'âge de 6 mois. Par la suite, il faut commencer à lui présenter des aliments solides tels que des purées de céréales, de fruits, puis de légumes, de viande et de poisson. Le régime alimentaire d'un enfant de 1 an devrait comprendre tous les aliments nutritifs que le reste de la famille consomme, ou devrait consommer.

La malnutrition

Puisque le cerveau se développe rapidement au cours de la petite enfance, un apport insuffisant de nutriments peut entraver le développement intellectuel pendant des années. Aussi ne faut-il pas s'étonner que les études longitudinales menées auprès d'enfants au Mexique, au Kenya, en Jamaïque, à la Barbade, en Europe et en Amérique du Nord révèlent que les nourrissons souffrant de sous-alimentation sont sujets à des troubles d'apprentissage, ayant particulièrement des difficultés liées à la concentration et au langage, pendant toute leur enfance et leur adolescence (Nandy et coll., 2005). Cependant, l'apport ultérieur de soins adéquats (sur le plan nutritionnel, mais aussi sur les plans cognitif et social) peut remédier, en partie, aux déficits causés par une sévère sous-alimentation (Ricciuti, 1991 ; Super, Herrera et Mora, 1990).

Le sommeil

États de conscience Divers niveaux de vigilance et de sensibilité aux stimulus internes et externes qui dépendent de l'intégration du système nerveux central et qui permettent à la personne d'être en relation avec elle-même et avec son environnement, tels que l'état de veille, le sommeil, l'état de méditation, etc.

La régulation des **états de conscience** constitue une des fonctions importantes du cerveau tout au long de la vie. À l'instar d'un enfant plus âgé ou d'un adulte, un bébé à terme passe en alternance par divers états de conscience entre le sommeil profond et l'état de veille, lequel peut être marqué par des émotions de détresse exprimées par des pleurs plus ou moins intenses et prolongés aussi bien que par des moments de calme.

Durant toute la période de l'enfance, un sommeil régulier et suffisant est en corrélation avec une maturation normale du cerveau, l'apprentissage, la régulation des émotions et l'adaptation psychologique (Bates et coll., 2002 ; Sadeh, Raviv et Gruber, 2000). Un enfant qui ne dort pas bien — qui s'éveille facilement ou fréquemment ou qui dort peu — peut avoir un problème de santé, bien qu'on ne sache pas si le manque de sommeil est la cause ou le symptôme d'un problème.

À mesure que le cerveau se développe, les états de conscience prennent un caractère cyclique et distinct. Le nourrisson dort plus profondément et s'active davantage pendant ses périodes de veille. Le temps de sommeil total varie peu de la naissance

Un rêve ? Un somme ? Un profond sommeil ? Les bébés passent le plus clair de leur temps à dormir.

POINT DE MIRE

Le *cododo*… Le coquoi ?

De nombreux parents se demandent quel est l'endroit approprié pour faire dormir un bébé. Traditionnellement, en Occident, les parents placent le berceau de leur bébé dans une chambre séparée. En Asie, en Afrique et en Amérique latine, les parents dorment près du leur, selon la pratique du sommeil partagé appelée *cododo (co-sleeping)*.

Aujourd'hui, en Occident, beaucoup de parents dorment avec leur enfant, au moins durant les premiers mois. De plus, la moitié d'entre eux dorment à l'occasion avec leur enfant (Blair et Ball, 2004). Bien que les bébés qui dorment avec leurs parents se réveillent deux fois plus souvent (six fois par nuit) que les dormeurs solitaires (trois fois), ils cumulent autant d'heures de sommeil que ces derniers, car ils se rendorment plus rapidement (Mao et coll., 2004).

à 12 mois (il passe de 16 à 13 heures environ), mais les périodes de sommeil se synchronisent avec les activités de la famille. Le sommeil devient régulier, les rêves sont moins courants, les habitudes de veille-sommeil se développent et débouchent habituellement sur une longue nuit de sommeil vers l'âge de 1 an. Le temps consacré à rêver diminue et s'apparente à ce que vit un enfant plus vieux. Au Québec, plus de 50 % des bébés de 2 mois et 75 % des enfants de 4 mois dorment au moins 6 heures d'affilée par nuit (Institut de la statistique du Québec, 2002). Les autres bébés continuent de se réveiller pour réclamer du lait et de l'attention. Quant aux nouveau-nés prématurés, ils dorment davantage au cours de leur première année, c'est vrai, mais de manière moins régulière que les bébés nés à terme.

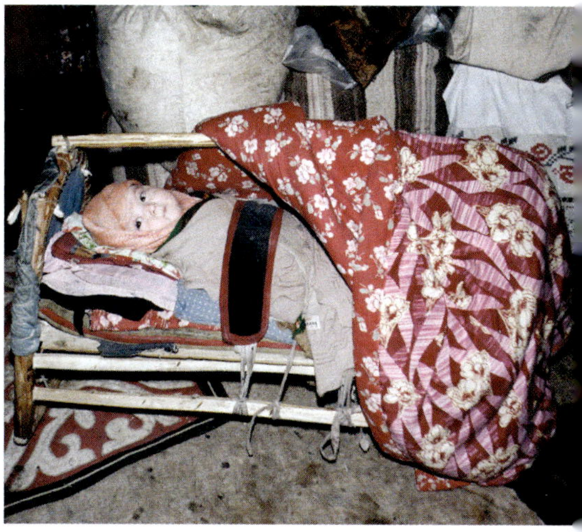

À la façon chinoise Les Chinoises couchent traditionnellement leurs bébés sur le dos. Elles ne les laissent jamais seuls et veillent constamment sur leur sommeil. Ces deux facteurs expliquent le faible taux de mort subite du nourrisson en Chine.

La mort subite du nourrisson (MSN)

Dans certaines circonstances tragiques, le bébé meurt subitement pendant son sommeil. La **mort subite du nourrisson (MSN)** frappe le plus souvent des bébés de plus de 2 mois qui jouissent en apparence d'une excellente santé : ils prennent du poids, apprennent à manipuler un hochet, commencent à se retourner et sourient à leurs parents.

Mort subite du nourrisson (MSN) Décès inattendu d'un nourrisson d'au moins 2 mois, apparemment en santé, qui cesse de respirer pendant son sommeil.

Il faut bien comprendre que l'expression « mort subite du nourrisson » relève plus d'une description que d'un diagnostic. La cause du décès est inconnue : l'enfant ne s'est pas étouffé en régurgitant ou avec ses sécrétions, et l'autopsie révèle qu'il a tout simplement cessé de respirer (Byard, 2004).

Au Québec, plus de 100 décès chez les moins de 2 ans sont rapportés annuellement aux coroners, c'est-à-dire près de 1 décès sur 5. On observe que les trois quarts de ces décès sont finalement classés comme ayant une cause naturelle ; parmi ceux-ci, 47 % sont des morts subites de cause inconnue, notamment le syndrome de mort subite du nourrisson.

Dans leurs recherches sur la cause de la mort subite des nourrissons, la plupart des chercheurs postulent l'existence de plusieurs facteurs qui, en s'accumulant et en s'associant à des facteurs génétiques, prédisposent certains bébés. Soulignons qu'au Canada, depuis l'application d'une mesure préventive au début des années 1990, qui consiste à coucher les bébés bien portants sur le dos (Agence de la santé publique du Canada, 2002), le nombre de cas a diminué de moitié.

L'allaitement maternel et l'utilisation de la sucette jouent par ailleurs un rôle préventif (Li et coll., 2006), peut-être parce qu'ils renforcent les réflexes de respiration du bébé.

On a découvert récemment qu'un trop grand nombre de récepteurs de la sérotonine dans le tronc cérébral, qui est le siège du rythme cardiaque et de la respiration, pouvait constituer un facteur de risque important de mort subite du nourrisson (Paterson et coll., 2006). Les nourrissons qui présentent cette condition ne se réveillent pas automatiquement lorsqu'il y a une baisse d'oxygène dans leur sang, et ils en meurent parfois. Malheureusement, cette anomalie ne peut être décelée qu'au moment de l'autopsie.

À l'intention des nouveaux parents Vous êtes conscients de l'existence de différences culturelles en ce qui concerne les habitudes de sommeil, ce qui vous amène à vous poser la question : votre nouveau-né devrait-il dormir dans votre lit ?

La croissance et le développement du cerveau

Le crâne du nouveau-né est disproportionné par rapport au reste de son corps : dès la naissance, le cerveau a en effet 25 % de son poids adulte. Et il atteint environ 75 % de son poids adulte lorsque l'enfant a 2 ans (Lowrey, 1986).

Les connexions dans le cerveau

Neurone Cellule du système nerveux spécialisée dans la communication et la transmission d'informations. Chaque neurone est composé d'un corps cellulaire et de deux types de ramifications : les axones et les dendrites.

Axone Long prolongement fibreux du neurone qui émerge du corps cellulaire et conduit l'influx nerveux. Sa longueur est variable et peut atteindre plus de 1 mètre. Il transfère l'influx nerveux à partir du corps cellulaire vers la synapse.

Dendrite Arborescence du neurone sous forme de filament court et ramifié servant à recevoir et à conduire l'influx nerveux provenant d'autres cellules nerveuses. Les dendrites transfèrent l'influx nerveux à partir de la synapse vers le corps cellulaire.

Synapse Zone de contact entre deux cellules nerveuses ou neurones, qui permet la transmission des influx nerveux.

Les systèmes de communication du cerveau sont composés principalement de cellules nerveuses, ou **neurones**, dont les prolongements, appelés **axones** et **dendrites**, forment des réseaux complexes. À la naissance, le cerveau comprend plus de 100 milliards de neurones, ce qui est plus que ce que nous utilisons (de Haan et Johnson, 2003), mais ces cellules sont relativement isolées les unes des autres. Bientôt, cependant, les axones et les dendrites croissent et se ramifient (Johnson, 2005), comme le montre la figure 4.1. À l'âge de 2 ans, environ 100 trillions de **synapses** (zones de contact entre deux cellules nerveuses ; voir la figure 4.2) sont présentes dans le cerveau (Schwartz et Begley, 2002). Tous ces changements sont particulièrement marqués dans le cortex cérébral (ou matière grise), la partie du cerveau qui régit la perception et la pensée. Chaque geste, chaque apprentissage, chaque stimulation de l'environnement engendre des connexions neuronales (synapses).

Le rythme de la maturation varie selon les parties du cerveau, et le comportement de l'enfant évolue en conséquence, tant dans la maîtrise de ses émotions que dans le développement de ses habiletés cognitives conscientes. La maturation suit un programme inscrit dans les gènes, mais il faut un minimum de stimulation pour qu'elle se déclenche.

Les principales parties du cerveau

Environ 70 % des neurones se trouvent dans le cortex cérébral, qui constitue les six couches extérieures du cerveau (parfois appelé *néocortex*). La majeure partie du raisonnement, des émotions et des sensations émanent du cortex, bien que d'autres parties du cerveau y participent (Kolb et Whishaw, 2003).

Différentes aires du cerveau ont des fonctions particulières (voir la figure 4.3). De fait, tout ce que nous voyons, entendons, ressentons est enregistré et interprété par des zones spécialisées de notre cerveau qui analysent et envoient les messages appropriés à notre système fonctionnel (musculature) ou psychique (conscience). Un des aspects fascinants de la spécialisation du cerveau, c'est qu'une partie spécifique de celui-ci semble vouée à la perception des visages. Chez les nouveau-nés, cette partie est stimulée non seulement par

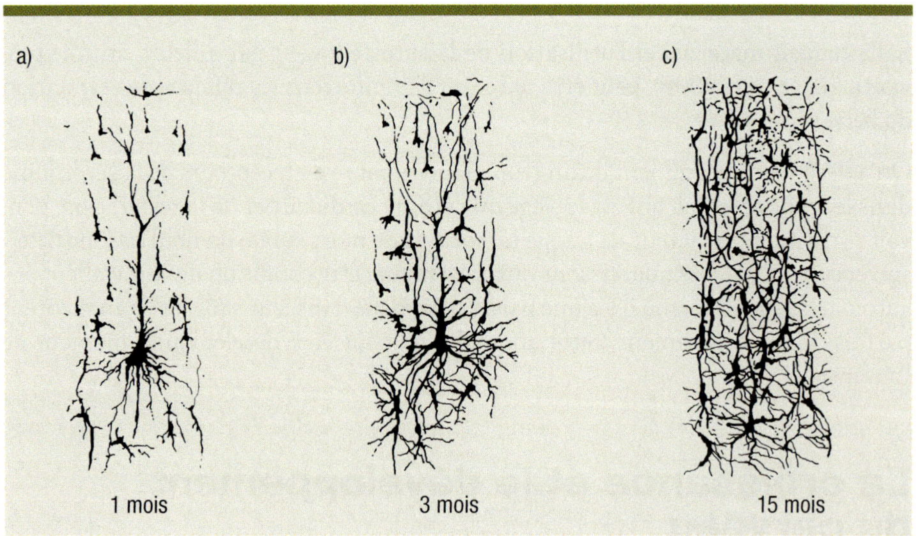

FIGURE 4.1 Le développement des neurones du cerveau Les images a), b) et c) montrent que les neurones qui composent les fibres nerveuses grossissent, se ramifient et forment des réseaux. L'enfant acquiert ainsi la maîtrise de ses actions.

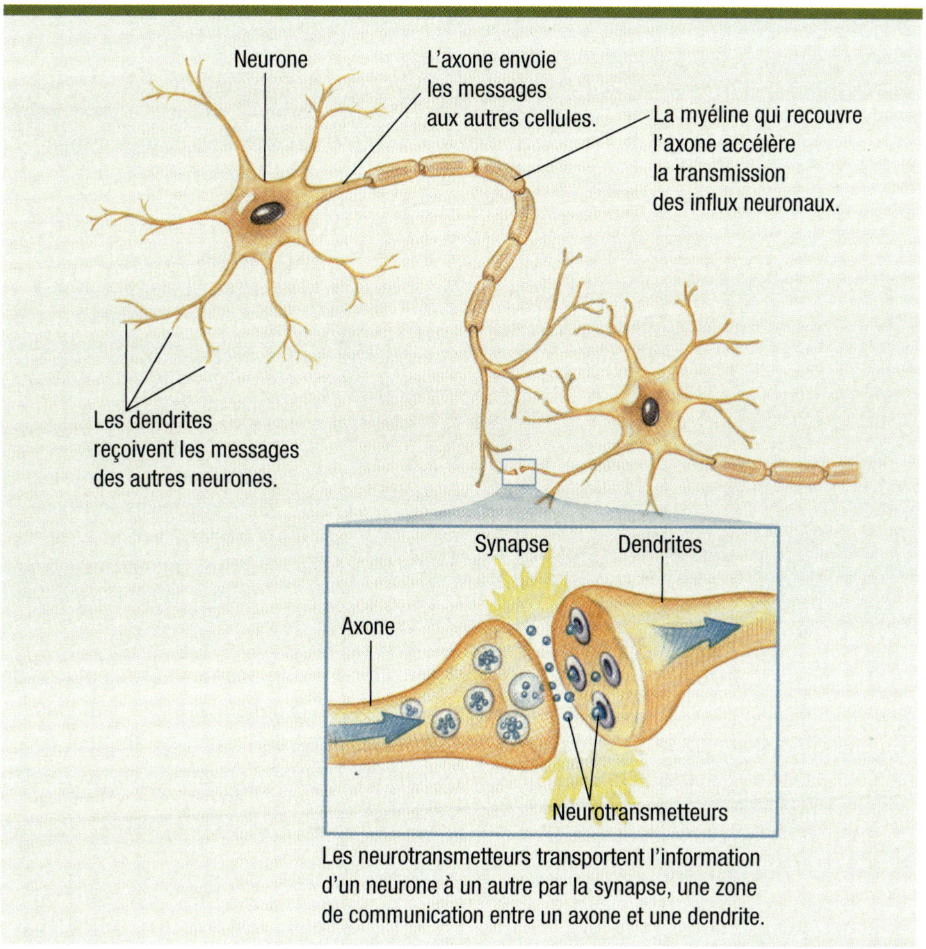

FIGURE 4.2 **La communication entre deux neurones** Ce diagramme simplifié illustre la communication entre deux neurones. Le cerveau d'un nourrisson contient en fait des milliards de neurones portant chacun un axone et des dendrites. Chaque message électrochimique envoyé ou reçu par le cerveau déclenche le tir simultané de milliers de neurones qui transmettent le message aux neurones voisins par les synapses.

Réponse aux nouveaux parents (de la page 99) Selon les perspectives psychologique et culturelle, les bébés peuvent dormir n'importe où, pourvu que leurs parents puissent les entendre s'ils pleurent. La sécurité est le critère le plus important : un nourrisson ne devrait pas dormir sur un matelas trop mou, pas plus qu'il ne devrait dormir près d'un adulte qui a trop bu, qui a consommé de la drogue ou qui dort trop profondément (Nakamura, Wind et Danello, 1999). Le deuxième facteur important à considérer est le sentiment d'aise des parents : avec quel arrangement se sentent-ils le plus à l'aise ? Aussi, la famille devrait décider elle-même où chacun de ses membres dormira le mieux.

des visages humains réels, mais également par des stimulus similaires (photos ou illustrations d'un visage). Vers l'âge de 6 mois, ses expériences ayant permis un raffinement de sa perception, l'enfant reconnaît le visage de sa mère, examine les personnes étrangères, mais se désintéresse des photos ou illustrations (Johnson, 2005).

Le rôle de la stimulation et de l'expérience

Le cerveau humain est conçu pour se développer et s'adapter. Son développement au cours des premières années de la vie ne repose pas uniquement sur la maturation biologique. L'expérience, en effet, est essentielle non seulement à l'acquisition de certaines aptitudes, mais aussi à l'élaboration des structures cérébrales qui régissent la vision, l'audition et d'autres fonctions (Bloom, Nelson et Lazerson, 2001). À certains stades de son développement, le cerveau est très réceptif à de nouvelles expériences et particulièrement capable d'en tirer parti. Si ces périodes décisives se passent sans que le cerveau ait été soumis aux stimulations dont il a besoin, les possibilités d'acquisition de divers apprentissages risquent d'être considérablement réduites.

Plasticité cérébrale Capacité du cerveau à modifier l'organisation des réseaux de neurones en fonction des expériences vécues (liées à des facteurs externes et internes) par l'organisme et, éventuellement, à récupérer des fonctions atteintes si ces dernières sont stimulées de façon importante et durable par des exercices de rééducation.

On nomme **plasticité cérébrale** cette capacité du cerveau à modifier l'organisation de ses réseaux de neurones en fonction des expériences vécues (liées à des facteurs

Cortex frontal La partie avant du cortex frontal, appelée *cortex préfrontal*, joue un rôle dans la planification, la maîtrise de soi et l'autorégulation. Elle est très peu développée chez le nouveau-né.

Cortex La couche externe ridée du cerveau (ici en rose, marron, violet et bleu) est le cortex.

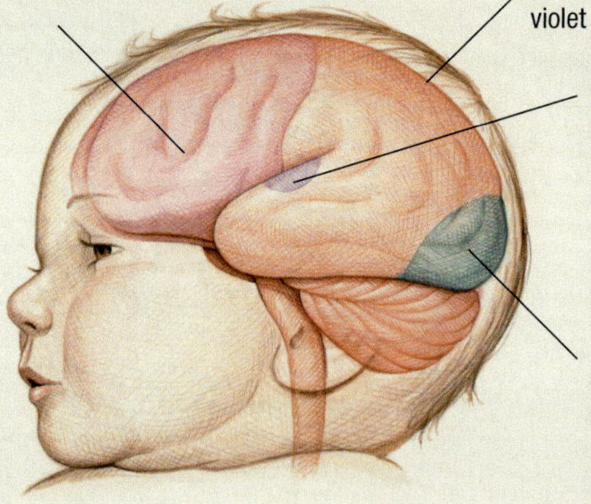

Cortex auditif L'ouïe est bien développée à la naissance ; le fait d'avoir passé des semaines à « suivre » les conversations du monde extérieur y est pour quelque chose.

Cortex visuel La vue est le sens le moins développé à la naissance parce que l'utérus n'offre rien à observer au fœtus.

FIGURE 4.3 **Le développement du cortex** Le cortex du nourrisson se compose de quatre à six couches minces de tissus recouvrant le cerveau. Il contient virtuellement tous les neurones nécessaires à la pensée consciente. Certaines aires du cortex, notamment celles qui sont associées aux sens, mûrissent relativement tôt. D'autres, comme le cortex frontal, arrivent à maturité beaucoup plus tard.

externes ou internes) par l'organisme. Ce modelage des connexions interneurones est particulièrement actif chez les jeunes individus et permet la maturation des systèmes sensoriels chez les bébés. Il est à la base des processus de mémoire et d'apprentissage. Il est probable que les expériences cognitives et émotionnelles de cette période soient nécessaires dans l'établissement des connexions indispensables à l'apprentissage du langage et à l'expression des émotions. Il y aurait ainsi des périodes critiques au cours desquelles des étapes spécifiques du développement sont prédisposées à se produire (Baltes, Lindenberger et Staudinger, 2006). Les neurophysiologistes ont découvert que, vers l'âge de 18 à 24 mois, se produit un processus d'**émondage** : les connexions redondantes disparaissent. En d'autres termes, le cerveau conserve de préférence des voies neuronales qui sont plus utilisées ou plus efficaces. Cet élagage des dendrites inutilisées ou non connectées se fait selon une séquence particulière : il commence dans les aires sensorielle et motrice, avant de se poursuivre dans les autres aires du cerveau.

Émondage Processus d'élimination de synapses, de dendrites et de certaines voies nerveuses peu utilisées ou redondantes.

Il est même possible de récupérer des fonctions atteintes si ces dernières sont stimulées de façon importante et durable par des exercices de rééducation. Cependant, la plasticité du cerveau n'est pas illimitée. Bien qu'elle intervienne tout au long de la vie (Baltes, Lindenberger et Staudinger, 2006 ; Schwartz et Begley, 2002), cette propriété du cerveau diminue progressivement.

Les expériences nécessaires et les expériences possibles

Le scientifique William Greenough a associé deux types d'expériences au développement des fonctions cérébrales (Greenough, Black et Wallace, 1987) :

- les expériences nécessaires : elles renvoient aux expériences élémentaires, celles que presque tous les bébés vivent et dont ils ont besoin pour que leur cerveau se développe normalement ; on parle alors de **développement déclenché par l'expérience** ;

Développement déclenché par l'expérience Se dit du développement de fonctions cérébrales qui dépend d'expériences élémentaires qu'un enfant a généralement pour se développer normalement.

- les expériences possibles : elles renvoient à l'exposition d'un enfant à des expériences particulières et variables, expériences que certains bébés dans certaines familles et certaines cultures vont vivre, mais que d'autres ne connaîtront jamais ; de ces expériences qui varient d'un bébé à l'autre dépend le **développement conditionnel à l'expérience**.

Pour se développer normalement, le cerveau doit être soumis à des expériences élémentaires courantes (de Haan et Johnson, 2003), qui se produisent presque toujours. Qu'ils vivent dans le désert ou dans l'Arctique, dans une ferme isolée ou dans une métropole, presque tous les bébés ont des couleurs à voir, des objets à manipuler et des gens avec qui ils sont en interaction, qui leur parlent et leur manifestent de l'affection. Le cerveau commence à se développer rapidement et ce développement repose sur ce type d'expériences. Cela signifie que les caresses que reçoit un nouveau-né, la conversation qu'entend un bébé et l'affection manifestée à un jeune enfant peuvent s'avérer essentielles à son développement et à l'atteinte de son potentiel. L'absence de telles expériences durant les premières semaines et les premiers mois de la vie d'un enfant peut entraîner des séquelles permanentes.

En revanche, des expériences secondaires se produisent ; elles sont responsables des différences observables d'un cerveau à l'autre. Les expériences particulières, par exemple la langue qu'entend un bébé ou la façon dont sa mère réagit à la frustration, font que la structure et les connexions cérébrales varient d'un nourrisson à l'autre, selon que des dendrites se développent et des neurones s'épanouissent pendant que d'autres meurent. Par conséquent, tous les humains sont semblables, mais chaque personne est unique, entre autres en raison des premières expériences qu'elle a vécues.

Par exemple, les aires cérébrales du langage connaissent leur développement le plus rapide entre 6 et 24 mois ; les bébés ont donc besoin, pour parler couramment, d'entendre beaucoup parler au cours de cette période. Les expériences nécessaires, en ce qui

«Bavardons un peu!» En présence d'un bébé, les adultes font des mimiques et adoptent un langage enfantin, peu importe où ils se trouvent dans le monde. L'enfant a besoin de ce type d'expériences pour apprendre à communiquer et développer ainsi son cerveau.

Développement conditionnel à l'expérience
Se dit du développement de fonctions cérébrales qui dépend d'expériences variables et particulières, et qui, par conséquent, peut ne pas se produire chez certains enfants.

POINT DE MIRE

Le syndrome du bébé secoué

Devant les pleurs d'un bébé, il arrive, hélas, qu'un adulte s'emporte et le secoue pour le faire taire. Le syndrome du bébé secoué est une pathologie potentiellement mortelle, qui se produit lorsqu'un bébé est tenu par les épaules, le tronc ou les bras et secoué brutalement et rapidement d'avant en arrière (Stipanicic et coll., 2008). Les secousses qui sont alors générées sont transmises à la tête de l'enfant et peuvent lui causer de graves lésions en provoquant une hémorragie intracrânienne et rétinienne. Le bébé cesse de pleurer parce que l'agitation provoque dans son cerveau la rupture de vaisseaux sanguins et de connexions synaptiques.

> Le syndrome du bébé secoué est la principale cause de mortalité infantile due à des mauvais traitements physiques. Les conséquences de ce syndrome sont souvent désastreuses. On estime en effet qu'entre 13 % et 38 % des enfants qui en sont victimes en meurent. D'autre part, environ 33 % des enfants secoués gardent des séquelles permanentes de ces abus dans leur système nerveux, ce qui handicape de façon importante leur développement.
>
> (Association canadienne de santé publique et coll., 2001)

Anne Stipanicic et Pierre Nolin, du Département de psychologie de l'Université du Québec à Trois-Rivières, ont cherché à évaluer les séquelles de ces mauvais traitements sur le développement cognitif. Les résultats ont montré que les enfants ayant reçu un diagnostic de syndrome du bébé secoué durant la petite enfance présentaient des lacunes significatives entre autres en matière de quotient intellectuel, de mémoire opérationnelle, d'organisation mentale et d'inhibition. Les répercussions les plus importantes de ces déficits touchaient la sphère du langage (Stipanicic et coll., 2008).

concerne le développement du langage, sont donc liées au fait d'entendre des mots et des phrases, alors que les expériences possibles seraient en lien avec la langue maternelle spécifique. En fait, ce qu'un enfant entend entre 6 et 12 mois l'aide à reconnaître les caractéristiques de sa langue maternelle bien avant qu'il prononce son premier mot (Saffran, Werker et Werner, 2006).

Le cortex préfrontal est la dernière partie du cerveau à compléter son développement ; c'est le siège de l'anticipation, de la planification et du contrôle des pulsions. Il est virtuellement inactif durant l'âge préscolaire, mais devient de plus en plus efficace au cours de l'âge scolaire et de l'adolescence (Luciana, 2003). Par conséquent, il est inutile de dire à un bébé de cesser de pleurer parce qu'il est incapable de prendre une telle décision et de la mettre en pratique, les fonctions cérébrales permettant ce genre de décisions n'étant pas encore développées.

L'encadré « Raisonnement scientifique » ci-dessous illustre pourquoi les spécialistes modulent leurs affirmations concernant la plasticité du cerveau et sa capacité à surmonter les privations à n'importe quel âge.

Les sens et les habiletés motrices

Le développement du cerveau du tout jeune enfant dépendant des expériences sensorielles et des mouvements précoces, le personnel soignant doit s'assurer, dans les heures qui suivent immédiatement la naissance, que les organes vitaux du bébé fonctionnent en faisant l'évaluation de certaines de ses capacités sensorielles et perceptives.

Les capacités sensorielles et perceptives

En situation normale, tous les sens sont fonctionnels dès la naissance. Les yeux des nouveau-nés s'ouvrent ; leurs oreilles captent des sons ; leur nez, leur langue et leur peau

RAISONNEMENT SCIENTIFIQUE

La plasticité du cerveau et les orphelins

À quel moment et dans quelle mesure l'expérience peut-elle affecter le cerveau ? Une étude réalisée auprès de bébés adoptés suggère des pistes de réponses.

Dans les années 1980, en Roumanie, le dictateur Nicolae Ceaușescu interdit la contraception et rendit l'avortement illégal, sauf pour les mères de cinq enfants ou plus. Les avortements illégaux devinrent la première cause de décès chez les femmes âgées de 15 à 45 ans (Verona, 2003), et plus de 100 000 enfants furent abandonnés dans des orphelinats publics bondés (Johnson, 2000). Faute d'avoir reçu l'amour et le réconfort que procure habituellement l'environnement social, ces enfants ont été stressés à l'excès ; ils ont souffert d'un manque sévère et constant d'interactions humaines, de babillages et d'apprentissages (Rutter et O'Connor, 2004).

Ceaușescu fut évincé et exécuté en 1989. Au cours des 2 années suivantes, des milliers d'enfants roumains furent adoptés par des familles d'Amérique du Nord et d'Europe occidentale convaincues que « l'amour et la nourriture en quantité pourraient faire d'un miséreux amaigri et laissé-pour-compte l'enfant dont ils rêvaient » (Johnson, 2000).

Tous les jeunes Roumains adoptés ont en effet rattrapé leur retard de croissance pour atteindre une taille et un poids normaux (Rutter et O'Connor, 2004). Nombre d'entre eux, cependant, ont manifesté des symptômes de séquelles affectives : ils étaient trop familiers avec les étrangers, ou trop furieux sans raison, ou trop craintifs à l'égard d'événements normaux (Chisholm, 1998). Les enfants qui s'en sont le mieux tirés sont ceux qui avaient été adoptés avant l'âge de 6 mois (Rutter, 2006).

Méfions-nous, cependant, des prédictions catastrophiques ou, à l'inverse, trop optimistes, à l'égard des enfants victimes de mauvais traitements (Bolger et Patterson, 2003 ; Rutter, 2006). S'il est vrai que la plasticité du cerveau et les expériences peuvent compenser pour de nombreux manquements et imperfections de la démarche parentale, ils ne peuvent toutefois pallier les privations sévères des premiers mois de la vie, particulièrement si celles-ci ont duré longtemps.

réagissent. Au cours de leur première année de vie, les nourrissons se servent de leurs sens pour trier et classer une foule d'expériences. En fait, ils passent le plus clair de cette première année à regarder autour d'eux et à toucher (Rovee-Collier, 2001).

Puisque tous leurs sens fonctionnent, pourquoi les nouveau-nés semblent-ils percevoir si peu ? Pour comprendre ce phénomène, il importe de saisir la distinction entre une sensation et une perception. Une **sensation** est la détection d'un stimulus par un appareil sensoriel, par exemple lorsque l'oreille interne capte un son extérieur ou que la rétine et la pupille de l'œil interceptent de la lumière. Les sensations commencent quand un organe externe (l'œil, l'oreille, la peau, la langue ou le nez) reçoit de l'environnement externe un stimulus qu'il est possible de voir, d'entendre, de toucher, de goûter ou de sentir, ou encore quand un organe interne reçoit un stimulus chaud ou froid ou de tension.

La **perception** est le produit d'une sensation transmise et traitée par le cerveau. C'est l'interprétation d'une sensation. La perception se produit dans le cortex, habituellement en réaction à un message reçu par l'un des organes sensoriels, un message qui, d'après l'expérience, mérite d'être interprété. Certaines sensations sont incompréhensibles lors de leurs premières occurrences : un nouveau-né ignore qu'une image qui rapetisse peut impliquer que l'objet change de grandeur ou encore qu'il s'éloigne, que les lettres imprimées sur une feuille peuvent avoir une signification, que le visage de sa mère et celui de son père sont différents, ou que le parfum des roses et celui de l'ail n'évoquent pas la même chose. L'expérience est un préalable à la perception.

Le cerveau du bébé est particulièrement à l'affût des expériences qui se répètent, car il cherche à leur donner un sens (Leonard, 2003). Ainsi, Vincent, un nouveau-né, ignore encore que « Vincent » est son prénom, mais son cerveau est suffisamment développé pour qu'il entende des sons du registre habituel de la parole. Vers 4 mois, particulièrement au moment où son cortex auditif produira et supprimera rapidement des dendrites, la répétition du mot « Vincent » sera perçue et non plus seulement sentie, et le bébé associera le son de son prénom à l'attention que lui témoigne son entourage (Saffran, Werker et Werner, 2006).

À l'intention des futurs travailleurs sociaux Un couple infertile dans la fin de la trentaine sollicite votre aide pour adopter un enfant d'un autre pays. Ils souhaiteraient particulièrement adopter un enfant de 6 ou 7 ans. Que leur diriez-vous ?

Sensation Première étape d'un processus de transmission vers le cerveau d'une information sensorielle, soit à partir de la stimulation directe des capteurs sensoriels : l'œil, l'oreille, la langue, le nez, la peau, soit à partir du milieu interne (muscles, viscères, etc.).

Perception Processus de sélection, d'organisation et d'interprétation des données sensorielles en représentations mentales utilisables.

L'ouïe

À la naissance, l'ouïe d'un enfant est plus développée que sa vision. Les bruits soudains le font sursauter et pleurer ; les sons rythmiques, tels que les berceuses et les battements du cœur, le calment et l'endorment.

On sait que le nouveau-né, dès les tout premiers jours, distingue la voix de sa mère de celle des autres femmes. Comment le sait-on ? En évaluant la réaction du bébé selon son rythme de succion. La mère lit une histoire ; quand l'enfant cesse de téter ou ralentit son rythme de succion, la mère s'arrête et c'est une autre femme qui prend la relève. Lorsque le bébé recommence à téter, la mère reprend la lecture. L'enfant saisit le procédé, car rapidement son rythme de succion est maintenu : ainsi, on peut conclure que c'est la voix de sa mère qu'il veut entendre !

Les bébés s'habituent ainsi aux codes régissant leur langue maternelle, notamment la position de l'accent tonique sur certaines syllabes, le changement de ton, la répétition de certaines combinaisons de sons, etc. Les nourrissons développent rapidement une compréhension du rythme, de la segmentation et de la cadence des mots qu'ils entendent, bien avant d'en comprendre la signification (Saffran, Werker et Werner, 2006). Dès l'âge de 4 jours, les bébés distinguent également leur langue maternelle des autres langues.

Il y a plus important encore : le nourrisson distingue des phonèmes (éléments sonores du langage articulé) de toutes les langues, ce qui permet d'émettre l'hypothèse que

Réponse aux futurs travailleurs sociaux (de la page 105) Dites-leur qu'un enfant de cet âge pourrait exiger de leur part un plus grand engagement et plus de temps que ne le ferait un enfant adopté plus jeune. Demandez-leur s'ils sont disposés à recevoir une aide professionnelle (en orthophonie, en nutrition, en développement physique et pour une thérapie familiale), au besoin. Vérifiez leurs attentes en vous assurant qu'ils savent que certaines séquelles de mauvais traitements subis par l'enfant peuvent être irréversibles, malgré tous les soins qu'ils pourraient lui apporter.

certains éléments de la perception du langage seraient innés (Werker, 1989). Contrairement à leurs parents francophones, par exemple, les nourrissons sont capables de distinguer les divers sons « t » de la langue hindi de même que les consonnes glottales de quelques dialectes amérindiens. Les enfants perdent toutefois peu à peu la capacité de distinguer des phonèmes des langues étrangères qu'ils n'entendent jamais au cours de la première année, surtout lorsqu'ils commencent à parler (Morlat, 2008).

Au début de l'adolescence, de nombreux jeunes sont devenus incapables de percevoir les nuances de prononciation de phonèmes qui n'ont pas de signification particulière dans leur langue maternelle. Un exemple illustre très clairement cette situation. Les adultes chinois et japonais qui apprennent l'anglais prononcent « *flied rice* » plutôt que « *fried rice* » parce que dans leur langue, il n'y a pas de phonème pour distinguer le « l » du « r ». En un sens, la perception du langage s'adapte à l'apprentissage des phonèmes de la langue maternelle et les expériences sensorielles modifieraient la capacité de percevoir le langage. L'adaptation au contexte marque toutefois de nombreux autres aspects de la perception.

La vision

La vision est le sens le moins développé à la naissance. À cause de l'immaturité des réseaux de neurones cérébraux, la vision du bébé est floue au tout début. Puis il ne distingue nettement que les objets situés à une distance de 10 à 75 cm (sa distance focale idéale est de 20 cm, ce qui correspond à la distance qui le sépare du visage de sa mère quand il tète) (Bornstein, Aterberry et Mash, 2005). Toutefois, le système visuel se développe rapidement et, à l'âge de 12 mois, le bébé jouit d'une excellente vision, même de loin.

D'autres capacités visuelles s'améliorent durant la première année grâce à la maturation des aires visuelles du cortex cérébral. Un bébé de 1 mois, par exemple, ne regarde que la périphérie des visages (cheveux, menton) et sa vision est plutôt embrouillée. Dès l'âge de 3 mois, cependant, l'efficacité du balayage s'accroît et le nourrisson fixe son regard sur les aspects importants d'un stimulus visuel. Aussi peut-il balayer du regard la région des yeux et celle de la bouche, plus riches en information.

Vision binoculaire Formation d'une image à partir de deux images simultanées et légèrement différentes d'un même objet sur la rétine des deux yeux, d'où une vision du relief après traitement cérébral.

La **vision binoculaire** est la capacité de combiner les images rétiniennes des deux yeux. Étant donné la distance entre les yeux, les deux rétines reçoivent deux images légèrement différentes. Le cerveau interprète ces images, en les fusionnant en quelque sorte, et les regroupe pour former une image tridimensionnelle de l'objet. Cette vision binoculaire apparaît brusquement à l'âge de 14 semaines environ, probablement grâce à l'activation de mécanismes cérébraux sous-jacents (Atkinson et Braddick, 2003). La perception du relief (profondeur de champ) et du mouvement s'améliore alors de façon marquée.

À VOUS LES COMMANDES 4.2

La vision binoculaire

Tendez votre bras devant vous, pointez votre index vers le haut et regardez le bout de votre doigt. Que voyez-vous ?

Un doigt !

Maintenant, fermez les yeux en alternance. Que voyez-vous ?

Votre index semble sautiller de droite à gauche et de gauche à droite.

Quand vous regardiez votre doigt, au début, vous ne voyiez qu'un doigt, en position stable (si vous ne bougiez pas, bien sûr !). Que faisait alors votre cerveau ? Il fusionnait les images différentes reçues par les deux rétines : telle est la vision binoculaire.

Nous savons que le nourrisson est capable de voir, mais que préfère-t-il regarder quand il a le choix? La recherche sur les préférences visuelles des nourrissons a révélé clairement qu'ils recherchent les stimulus visuels complexes, mais à la mesure de leurs capacités perceptives. Ainsi, ils préfèrent regarder des images nouvelles, des contrastes et des contours denses. Plus ils vieillissent, d'ailleurs, et plus ils apprécient la nouveauté, les stimulus visuels bizarres ou inhabituels, comme un jouet familier placé à l'envers (Haith, 1990) ou encore un animal de peluche sur la tête de leur père. À partir du moment où ils rampent, marchent et grimpent, les bébés perçoivent et examinent un grand nombre de nouveaux objets, changent de point de vue sur les choses et emmagasinent d'importantes informations sur le monde qui les entoure, ce qui leur permet d'élargir le champ des possibilités qu'offre leur environnement (Adolph et Berger, 2005).

La stimulation visuelle est nécessaire au développement du système visuel durant les premiers mois de la vie, mais elle présente aussi d'autres avantages. Les images complexes, en éveillant l'intérêt du bébé, stimulent son développement cognitif. Parmi les images complexes dont le bébé tire profit se trouvent les personnes.

Préférence pour les gens Principe universel de perception infantile, qui se traduit par une attirance innée vers les personnes et se manifeste notamment sur les plans visuel, sonore et tactile.

Falaise visuelle Dispositif aménagé de façon à donner l'illusion de la profondeur.

La préférence pour les gens

La **préférence pour les gens** est un principe universel de la perception chez les bébés: ils semblent spontanément attirés vers les personnes. Ainsi, nos sens sont prédisposés à réagir aux stimulus sociaux (Bornstein, Aterberry et Mash, 2005). Les très jeunes bébés s'intéressent au potentiel affectif des personnes qui prennent soin d'eux (que celles-ci aient le potentiel de les faire rire ou de leur faire peur) et le manifestent à la mesure de leurs capacités par des sourires, des cris, etc.

La falaise visuelle Le bébé avancera-t-il vers sa mère, malgré le précipice? Cela dépend de ce qu'il perçoit.

La falaise visuelle

Une recherche sur la perception de la profondeur a utilisé un dispositif appelé **falaise visuelle**, une surface aménagée de telle manière qu'elle paraît affaissée d'un côté pour donner l'illusion de la profondeur (voir la photo). Que perçoit le bébé lorsqu'il est placé au bord de la falaise? Sa réaction témoigne du dynamisme de sa perception. Placés

RAISONNEMENT SCIENTIFIQUE

« Maman, comment te sens-tu ? »

Selon les chercheurs Kahana-Kalman et Walker-Andrews (2001), les expressions des visages familiers seraient significatives pour les bébés très tôt dans leur vie.

En s'appuyant sur des travaux scientifiques consacrés à la perception, ces chercheurs ont montré à des bébés deux images mobiles projetées simultanément sur un écran vidéo. Les deux images présentaient une femme, soit leur mère ou une étrangère. Sur l'une des images, la femme exprimait de la joie alors que l'autre image la présentait triste. Chaque image était accompagnée d'une bande sonore où l'on entendait la femme parler sur un ton joyeux ou triste. À partir de 7 mois, les bébés montraient qu'ils pouvaient associer le discours à l'expression correspondante en fixant plus longuement l'image qui concordait avec le ton de voix entendu.

Pour leur part, les nourrissons de 3 mois et demi n'avaient pas tendance à regarder davantage le visage gai lorsqu'ils entendaient la voix enjouée, ni à associer le visage et la voix tristes. Cependant, lorsque ces mêmes enfants voyaient leur propre mère à l'écran — deux images simultanées, triste sur l'une, gaie sur l'autre — et entendaient sa voix triste ou enjouée, ils associaient correctement la voix et l'image. Ils regardaient toutefois plus longtemps l'image de leur mère gaie parlant d'une voix enjouée. Voilà une démonstration étonnante de leur capacité à associer le ton de la voix et l'expression du visage.

D'autres surprises attendaient les chercheurs. Lorsque les bébés voyaient et entendaient leur mère joyeuse, ils souriaient deux fois plus vite et sept fois plus longtemps que lorsqu'ils voyaient et entendaient une femme joyeuse qui leur était inconnue. Leur sourire était très large (Kahana-Kalman et Walker-Andrews, 2001). De toute évidence, l'expérience avait appris à ces bébés qu'une mère souriante annonce de la joie.

au bord de la falaise visuelle, les bébés de plus de 8 mois sont hésitants et refusent d'avancer, même si leur mère les y incite. Par contre, les enfants plus jeunes qui ne savent pas encore ramper ne manifestent aucun signe de frayeur (Gibson et Walk, 1960).

Le goût, l'odorat et le toucher

Comme la vue et l'ouïe, les sens du goût, de l'odorat et du toucher fonctionnent dès la naissance et s'adaptent rapidement.

Les nouveau-nés parviennent à faire la différence entre les quatre saveurs de base (reliées aux récepteurs sur la langue) : sucrée, acide, amère et salée. Ils ont même des préférences, ils repoussent des liquides à saveur amère ou sure en faisant la grimace et semblent apprécier les aliments au goût sucré.

L'odorat et le toucher procèdent selon le même type d'adaptation. Dès lors que les bébés apprennent à reconnaître l'odeur et le contact de celui ou celle qui veille sur eux, ils se détendent plus facilement lorsqu'ils sont bercés par cet être familier, même s'ils ont les yeux fermés. En conséquence, pour faciliter le passage de l'état de veille à l'état de sommeil, on peut mettre dans le lit du bébé un vêtement que la mère a porté.

À VOUS LES COMMANDES 4.3

« Je l'ai sur le bout de la langue ! »

Déposez du sucre ou du sel sur la partie arrière de votre langue.

Que constatez-vous ?

(Réponse à la fin du chapitre)

Consolabilité Degré de soulagement ou d'apaisement de la peine, de la tristesse, de la colère, de la douleur procuré par le toucher et les câlins.

La **consolabilité**, soit le degré de soulagement et d'apaisement d'une peine ou d'une douleur par le toucher, est l'une des « compétences » importantes que mesure l'échelle d'évaluation du comportement néonatal, ou échelle de Brazelton (Hubin-Gayte et Candilis-Huisman, 2000). Si presque tous les nouveau-nés réagissent aux câlins, ils apprennent avec le temps à reconnaître le contact de la personne qui les cajole et ce qu'elle exprime. Par exemple, les bébés de 12 mois réagissent différemment au contact de leur mère selon qu'elle est stressée ou détendue (Hertenstein et Campos, 2001).

L'ensemble des premières sensations semble viser deux buts, soit l'interaction sociale (pour réagir aux soins du parent ou à son substitut) et le confort (pour être réconforté devant les soubresauts de la vie de nouveau-né). Ainsi, les expériences les plus importantes sont perçues par tous les sens à la fois. Le lait maternel, par exemple, est un sédatif léger, si bien que le nouveau-né se sent heureux lorsqu'il boit au sein de sa mère et associe ce plaisir au goût, au toucher, à l'odorat et à la vue.

Parce que les bébés réagissent à toutes sortes de stimulus sensoriels, de nombreux parents apaisent les pleurs de leur petit enfant en le berçant, en le tenant dans leurs bras ou même en le promenant en voiture, en fredonnant une berceuse ; ils atteignent ainsi en même temps le but de l'interaction sociale et celui du confort. Certains parents portent même leur bébé en passant l'aspirateur : la combinaison du ronronnement de l'appareil, du mouvement et du contact physique fait merveille. En somme, même si les sens ne sont pas pleinement développés durant les premiers mois de la vie, ils fonctionnent assez bien pour aider les bébés à interagir avec la grande famille humaine.

La coordination des systèmes sensoriels

Dès que les chercheurs ont compris que les habiletés perceptives se développaient très tôt, ils se sont penchés sur la **perception intermodale**, c'est-à-dire la capacité d'intégrer l'information perceptive provenant des différents systèmes sensoriels.

Perception intermodale Capacité d'intégrer l'information perceptive provenant des différents systèmes sensoriels à propos d'un objet ou d'une situation.

Même les nouveau-nés sont capables, dans une certaine mesure, de perception intermodale. On les voit, par exemple, chercher du regard la source d'un son, même si ce n'est pas toujours dans la bonne direction. Dès l'âge de 3 mois, cependant, les bébés se tournent dans la bonne direction et, mieux encore, ils ont une vague idée des sons susceptibles d'accompagner les différents événements (Walker, 1982). Ils associent, par exemple, une voix masculine à l'image d'un homme qui parle et une voix féminine à l'image d'une femme qui parle (Walker-Andrews et coll., 1991).

Les bébés de 6 mois et moins, qui sont capables d'associer des stimulus visuels à des stimulus auditifs, semblent accomplir en fait une tâche beaucoup plus complexe et beaucoup plus cérébrale : ils transforment un type d'information sensorielle en une attente, puis associent cette attente à un autre type d'information sensorielle.

En effet, la recherche sur la perception transmodale fournit d'autres éléments à l'appui de l'intégration cognitive de l'information perçue. La **perception transmodale** est la capacité de s'appuyer sur un type d'information sensorielle pour en imaginer un autre. C'est cette forme de perception qui est à l'œuvre lorsque vous parlez à un inconnu au téléphone et que vous imaginez son physique, ou quand vous voyez un aliment et que vous en imaginez la saveur. Bien entendu, la perception transmodale est très rudimentaire chez le nourrisson, mais son existence n'en a pas moins été attestée à maintes reprises. Par exemple, les nouveau-nés présentent tous les prérequis visuels pour transférer les informations de la modalité visuelle à la modalité tactile (Gentaz et Mazens, 2006).

Perception transmodale Capacité de s'appuyer sur un type d'information sensorielle pour en imaginer un autre (la vue d'un aliment qui en évoque la saveur).

La meilleure preuve à l'effet que les nourrissons peuvent transférer une information d'un système sensoriel à un autre provient d'expériences dans lesquelles on les amène à se créer une attente visuelle par le toucher. Ainsi, on les laisse manipuler un objet qu'ils ne voient pas, puis on leur montre deux objets, dont l'un est celui qu'ils viennent de manipuler. En analysant le regard des nourrissons, les chercheurs ont pu déterminer si les petits distinguaient l'objet qu'ils avaient manipulé de l'autre. Dans l'une de ces expériences, des bébés de 2 mois et demi manipulaient à l'aveugle soit un anneau de plastique, soit un disque plat. Le regard fixe que la plupart des nourrissons portaient sur l'objet qu'ils avaient manipulé révéla qu'ils « reconnaissaient » cet objet (Streri, 1987 ; Féron, Gentaz et Streri, 2006).

Devant la rapidité et, semble-t-il, la facilité des progrès perceptifs chez le nourrisson, certains chercheurs hésitent entre deux conclusions : soit que les habiletés perceptives élémentaires sont innées, soit que le nourrisson possède dès la naissance l'aptitude et la motivation nécessaires pour les acquérir rapidement (Spelke, 1991). Quelle que soit l'explication qu'on donne au phénomène, on doit admettre que le très jeune enfant ne fait pas qu'absorber passivement les sensations : il les analyse, les interprète et les intègre, se renseignant ainsi sur le monde qui l'entoure.

Les habiletés motrices

Grâce à l'accroissement de la taille et à la maturation du cerveau, les habiletés motrices du bébé se développent à un rythme époustouflant. L'enfant bouge et coordonne ses gestes de plus en plus adroitement. Tandis qu'un bébé de 2 mois ne peut qu'agiter frénétiquement les bras devant un jouet qu'on lui tend, le nourrisson de 6 mois accomplit un mouvement efficace du bras et de l'épaule en direction de l'objet. De plus, il est capable de fermer les doigts pour le saisir.

Le développement de la motricité, ou la capacité d'exécuter des mouvements volontaires, repose non seulement sur la maturation physiologique, mais aussi sur les efforts que l'enfant lui-même déploie pour maîtriser les composantes successives d'un mouvement complexe. Il manifeste une tendance à exercer ses nouvelles capacités pour les parfaire.

La motricité confère une indépendance nouvelle à l'enfant et devient de ce fait « un catalyseur du développement » (Thelen, 1987) en mettant le monde à la portée de l'enfant, d'où l'importance de connaître l'ordre et le rythme de l'apparition des habiletés motrices de même que les facteurs susceptibles d'accélérer ou de retarder leur émergence.

Les réflexes

Réflexe Réponse physique involontaire aux stimulus.

Les premières habiletés motrices à se manifester chez l'enfant ne sont pas des habiletés à proprement parler, mais bien des **réflexes**, c'est-à-dire des réactions involontaires à certains stimulus. Le nouveau-né présente des dizaines de réflexes ; certains sont essentiels à sa survie, d'autres disparaissent complètement dans les mois qui suivent la naissance et d'autres encore constituent le fondement des habiletés motrices futures. Tous les réflexes, cependant, sont des signes de la santé neurologique et de la compétence comportementale du nourrisson.

Réflexe de respiration Déclenchement automatique de l'inspiration et de l'expiration assurant l'oxygénation et l'élimination du gaz carbonique.

Réflexe des points cardinaux Chez le nouveau-né, rotation de la tête en direction d'une stimulation faite sur la joue ou le menton.

Réflexe de succion Chez le nouveau-né, mouvement rythmique des lèvres et de la langue provoqué par tout contact sur les lèvres.

Trois groupes de réflexes sont essentiels à la survie :

- les réflexes qui assurent l'oxygénation : le **réflexe de la respiration** entre en fonction chez les nouveau-nés normaux avant même que le cordon ombilical, qui fournit l'oxygène, ne soit coupé. Les hoquets et les éternuements, de même que l'agitation des bras et des jambes, pour échapper à quelque chose (un drap, par exemple) qui recouvre leur visage sont d'autres réflexes qui contribuent à maintenir l'oxygénation ;
- les réflexes qui assurent le maintien d'une température corporelle constante : lorsqu'ils ont froid, les nourrissons pleurent, grelottent et ils replient leurs jambes sur l'abdomen pour se réchauffer. Lorsqu'ils ont chaud, ils tentent de repousser leurs couvertures puis cessent de bouger ;
- les réflexes qui aident à l'alimentation : le **réflexe des points cardinaux** implique que, lorsque les bébés sont stimulés par un contact sur la joue ou le menton, ils tournent automatiquement la tête vers le contact et se mettent à téter. Ce réflexe aide donc l'enfant à trouver le sein. Le **réflexe de succion** implique des mouvements rythmiques des lèvres et de la langue ; ce réflexe explique que les nouveau-nés sucent tout ce qui entre en contact avec leurs lèvres (doigt, couverture, hochet, tétine naturelle ou artificielle). La déglutition est un autre réflexe important, comme les pleurs déclenchés par la faim et la régurgitation pour se soulager d'un trop-plein. .

Le nouveau-né présente également des réflexes qui, sans être essentiels à la survie, témoignent du bon fonctionnement de son cerveau et de son organisme. Chez les nouveau-nés à terme et normaux, on observe notamment les cinq réflexes suivants :

- le réflexe de Babinski : le bébé écarte les orteils en éventail et les relève sous l'effet d'une stimulation de la plante du pied ;
- le réflexe de la marche automatique : quand on tient le bébé debout, les pieds posés sur une surface place, il bouge les jambes comme s'il s'apprêtait à marcher, ce qui implique l'articulation de la hanche et du genou ;
- le réflexe de natation : le bébé écarte les bras et les jambes quand on le tient horizontalement, l'abdomen tourné vers le sol ;
- le réflexe de préhension : le bébé agrippe fermement les objets qui touchent ses paumes, sans pouvoir les relâcher ;

- le réflexe de Moro : à la suite d'un bruit soudain, le bébé cambre le dos et rejette la tête en arrière ; il écarte brusquement les bras et les ramène sur sa poitrine. De plus, en règle générale, il pleure et ouvre grand les yeux.

Aucun de ces cinq réflexes ne subsiste plus de quelques mois. Et si l'un ou l'autre d'entre eux ne disparaît pas au moment où il doit disparaître, cela peut être un signe de mauvais fonctionnement du système nerveux.

La motricité globale

Caractérisant les activités motrices comme la marche, la course ou la nage, la **motricité globale** sollicite plusieurs parties du corps et la coordination de groupes musculaires importants.

Motricité globale Ensemble des mouvements amples, qui permettent à l'être humain de modifier sa position, de se déplacer, d'agir sur son environnement ou d'interagir avec autrui.

La motricité globale, qui inclut l'ensemble des mouvements amples, commence à se développer dès les premiers jours de la vie. Les nouveau-nés qu'on couche sur le ventre remuent les bras et les jambes en des mouvements semblables à ceux de la nage et tentent de soulever la tête pour regarder autour d'eux. À mesure que leurs muscles se renforcent, ils arrivent à soulever leur tête, ils essaient d'avancer en poussant des bras, des épaules et du tronc contre la surface sur laquelle ils reposent. À l'âge de 6 mois, la plupart des nourrissons sont capables de se déplacer en s'aidant de leurs bras, puis de leurs jambes (Chandler, 1990). Entre 8 et 10 mois, ils rampent en coordonnant les mouvements de leurs mains et de leurs genoux ou autrement ; ils arrivent également à passer de la position couchée à la position assise (Adolph et Berger, 2005). Un ou 2 mois plus tard, ils apprennent à grimper et à se tenir debout avec trois points d'appui (deux pieds et un bras ou deux bras et un pied).

L'apprentissage de la marche commence par des mouvements hésitants, encadrés par un adulte, avant de devenir une démarche souple et coordonnée. Certains enfants peuvent marcher avec un soutien à 9 mois, se tenir debout un bref instant à 10 mois et marcher sans aide à 12 mois. Ces derniers reçoivent alors le nom de *trottineur*, un terme évocateur s'il en est ! Peu de temps après avoir fait ses premiers pas, l'enfant commence à courir.

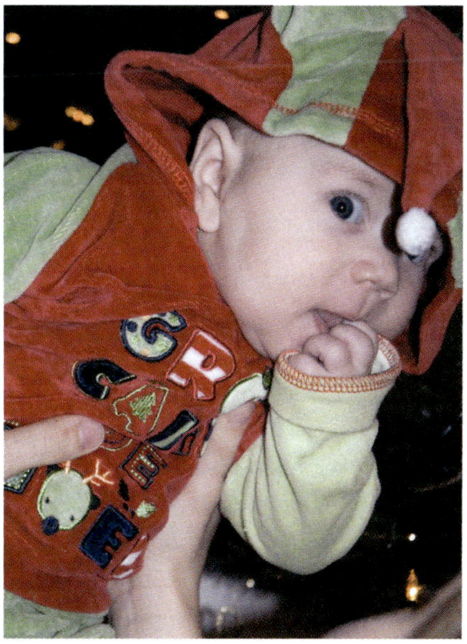

a) 4 mois

b) 12 mois

c) 20 mois

À la fois étonnante et dans la norme La croissance de Mathis, de 4 mois à 12 mois et à 20 mois, surprend et émerveille tous ceux qui le connaissent. À presque 2 ans, ce trottineur semble devenu une personne confiante, extravertie et, de toute évidence, unique. Selon les standards, son développement est normal, tant sur le plan du poids que celui de la motricité.

Trois facteurs entrent en jeu pour permettre aux trottineurs de marcher (Adolph, Vereijken et Shrout, 2003):

- la maturation cérébrale: les premiers mouvements des jambes et les coups de pied ne nécessitent pas de concentration ou de volonté particulière. C'est la maturation cérébrale qui rend possible l'action délibérée des jambes;
- la force musculaire: les trottineurs développent une musculature suffisamment forte pour soutenir leurs jambes et porter leur poids;
- l'entraînement: les enjambées courtes et vacillantes deviennent, à partir de 1 an, et après d'innombrables heures d'entraînement, une démarche souple et régulière.

Dès que les deux premiers facteurs rendent la marche possible, les jeunes enfants deviennent des marcheurs passionnés et multiplient les heures d'entraînement. Ils apprivoisent cette activité sur une variété de surfaces, pieds nus ou en chaussettes, en pantoufles ou en souliers. Ils boudent leur poussette dès qu'ils peuvent marcher et accumulent en moyenne quelque 9000 enjambées par jour (Adolph, Vereijken et Shrout, 2003). Parfois, ils se sentent soudainement fatigués et refusent alors de faire un seul pas de plus!

Outre qu'elles confèrent la liberté de mouvement à l'enfant, la marche favorise d'autres aspects de son développement. Ce n'est pas une coïncidence si la mobilité et l'indépendance s'accompagnent d'une progression fulgurante de la cognition et d'un changement des interactions parent-enfant (ce sujet est traité au chapitre 5). La station debout modifie la perception que l'enfant a du monde qui l'entoure et lui fait voir de nouvelles possibilités; en lui laissant les mains libres, elle lui permet d'amorcer le développement de la motricité fine.

Le tableau 4.1 résume les apprentissages moteurs de l'enfant, de sa naissance à 12 mois.

La motricité fine

Motricité fine Ensemble des activités motrices qui engagent une région spécifique du corps, sans nécessairement mettre le reste du corps à contribution, et qui nécessitent de la précision ou de la dextérité.

La **motricité fine** correspond essentiellement aux petits mouvements du corps. C'est une activité manipulatoire sollicitant l'intervention et le contrôle de petits muscles et nécessitant de la précision ou de la dextérité. Les mouvements des mains et des doigts en font partie. Ils permettent à l'être humain d'écrire, de dessiner, d'utiliser un clavier d'ordinateur, etc. Les mouvements de la langue, de la mâchoire, des lèvres et des orteils font également partie de la motricité fine. De fait, les habiletés de la bouche précèdent les habiletés des doigts de plusieurs mois, et la capacité de préhension du pied précède parfois la capacité de préhension des mains (Adolph et Berger, 2005). Cependant, les adultes valorisent davantage la capacité de tracer une lettre de l'alphabet que la capacité de mâcher ou de cracher.

De la naissance à 2 mois, les bébés fixent les objets se trouvant à leur portée et agitent les bras dans leur direction; ils parviennent à y toucher à compter de l'âge de 3 mois. Ils ne peuvent cependant saisir et tenir que les objets qu'on place dans leur main. C'est peu à peu seulement que se fera le développement de la préhension (voir le tableau 4.2). À 6 mois, leur coordination œil-main est assez développée pour qu'ils puissent saisir des objets comme un biberon ou un hochet. Et dès que les nourrissons sont capables de préhension, ils tâtent de façon plutôt compulsive tout ce qui leur tombe sous la main (Atkinson et Braddick, 2003), découvrant par la même occasion les propriétés physiques de leur environnement.

Vers la fin de la première année et tout au long de la deuxième, la motricité des doigts s'améliore et les bébés arrivent à maîtriser la préhension (en se servant du pouce et de l'index comme d'une pince) et à manger seuls (d'abord avec leurs mains, puis avec leurs

TABLEAU 4.1 Le développement de la motricité de la naissance à 12 mois

Âge	Habiletés motrices
Après la naissance	Les réflexes primitifs, c'est-à-dire les réactions inconscientes, sont responsables de la plupart des mouvements des nouveau-nés.
Vers le 1er mois	Les bébés commencent à lever la tête, d'abord très difficilement, quand ils sont allongés sur le ventre. Ils commencent à bouger leurs bras et à porter leur main vers leur bouche pour pouvoir sucer leur main ou leur pouce.
Vers le 2e mois	Les bébés commencent à allonger leurs jambes, jusque-là presque toujours recroquevillées. Quand ils sont allongés sur le dos, ils remuent activement les jambes. Allongés sur le ventre, ils parviennent à lever la tête jusqu'à un angle de 45°.
Vers le 3e mois	Couchés sur le ventre, les bébés s'appuient sur leurs avant-bras quand ils lèvent leur tête. Lorsqu'ils sont couchés sur le côté, ils parviennent à se rouler sur le dos. Certaines de leurs réactions réflexes s'atténuent, et ils maîtrisent mieux leurs gestes.
Vers le 4e mois	En position assise, les bébés ont encore besoin qu'on soutienne leur dos, mais ils peuvent bouger la tête de manière autonome. Non seulement ils suivent des objets du regard, mais ils essaient de les attraper.
Vers le 5e mois	Les bébés nagent dans l'air : ils agitent les bras et les jambes. Ils sont capables de passer des objets d'une main à l'autre et commencent à les porter à leur bouche.
Vers le 6e mois	Quand ils sont sur le ventre, les bébés arrivent à s'appuyer sur leurs bras tendus. C'est aussi le cas quand ils sont assis pour ne pas tomber vers l'avant. Couchés sur le dos, ils parviennent à se rouler vers la droite et la gauche et s'amusent à attraper leurs pieds.
Vers le 7e mois	Les bébés peuvent se maintenir assis sans aide. Ils arrivent également à se rouler pour passer de la position dorsale à la position ventrale.
Vers le 8e mois	Les bébés commencent à ramper. Ils s'appuient sur leurs avant-bras pour se tirer vers l'avant et glisser sur le sol.
Vers le 9e mois	Les bébés savent parfaitement ramper. Quand on les tient par les deux mains, ils peuvent se tenir debout pendant 1 minute. Ils savent aussi tenir de petits objets entre le pouce et l'index.
Vers le 10e mois	En s'appuyant ou en s'accrochant, les bébés parviennent à se lever et à se tenir debout quelques secondes. Ils arrivent aussi à passer, sans aide, de la position couchée à la position assise. Ils perfectionnent leur méthode de déplacement et font leurs premiers pas à quatre pattes.
Vers le 11e mois	Les bébés savent marcher à quatre pattes sans problème. Ils essaient de s'agripper à ce qui les entoure pour se mettre debout. S'ils ont un bon appui, ils parviennent parfois à lever une jambe sans tomber. Ils apprennent à trouver l'équilibre debout.
Vers le 12e mois	Aidés par un adulte, les bébés font leurs premiers pas debout. Les plus rapides y parviennent sans aide. Ils savent passer de la position assise à la position à quatre pattes pour se déplacer.

Note : les âges donnés dans le tableau sont des approximations. La maîtrise d'une habileté quelques semaines plus tôt ou plus tard n'est pas un indicateur de santé ou de problème. Il y a cependant lieu de s'inquiéter lorsqu'elle survient beaucoup plus tard (Coovadia et Wittenberg, 2004).

Source : adapté de HiPP, « Quelles sont les grandes étapes de son développement moteur ? », [en ligne], [s.d.]. [http://www.hipp.fr/questions-frequentes_sante_4.php] (12 octobre 2009).

doigts, enfin à l'aide d'ustensiles ; voir le tableau 4.2). Ravis, ils se plaisent à ramasser tous les petits objets qu'ils aperçoivent, des boules de mousse sur le tapis aux insectes dans la pelouse ! La préhension devient plus sélective au cours de la deuxième année (Atkinson et Braddick, 2003). Les trottineurs apprennent à ne pas tirer les cheveux de leurs sœurs, les boucles d'oreilles de leur mère et les lunettes de leur père, quoique la curiosité l'emporte parfois sur l'inhibition.

Si le développement de la motricité globale favorise le développement de la motricité fine, l'inverse est également vrai. Un enfant qui reste assis sans chanceler, par exemple, est capable de saisir et de manipuler les objets. Il peut alors s'accrocher aux pieds d'une chaise, à une table et aux barreaux de son lit, se lever puis marcher. Et une fois qu'il marche, rien ne l'empêche plus de pousser, de tirer et de tâter les centaines d'objets même minuscules qui se trouvaient autrefois hors de sa portée.

TABLEAU 4.2 Le développement de la motricité fine : la préhension

Âge	Habiletés de préhension
De 0 à 2 mois	Réflexe de préhension (mouvement involontaire : incapacité de saisir volontairement et de relâcher la prise volontairement).
À 3 mois	Coordination main-œil et capacité de garder un objet placé dans sa main (mais incapacité de saisir des objets volontairement et relâchement non maîtrisé).
À 5 mois	Capacité de saisir de plus gros objets (des cubes, par exemple) sans aide et de les porter à sa bouche. Capacité de passer les objets d'une main à l'autre.
De 9 à 12 mois	Capacité de relâcher les objets volontairement (un cube ou une tasse, par exemple) sur imitation.
De 8 à 10 mois	Capacité de saisir des objets sans effort, par ratissage, avec la paume de la main (en formant une pince grossière avec ses doigts et la paume de sa main).
De 10 mois à 12 mois	Capacité d'utiliser, même maladroitement, une fourchette et une cuillère durant les repas.
De 9 à 14 mois	Évolution de la capacité d'utiliser le pouce et l'index comme une pince, avec la possibilité de prendre délicatement des objets petits et immobiles.

Sources: Amiel-Tison, 2005, p. 155 ; Jardy-Masson, 1999, p. 65 ; Peudenier, 1999.

Les recherches sur le développement de la motricité, globale et fine, présentent certaines conclusions importantes au sujet des normes en ce domaine :

- les variations dans le rythme de développement sont normales ;
- un retard sur le plan de la motricité globale n'est un signe de dommages cérébraux que lorsque d'autres indices de retard sont également visibles ;
- le rythme du développement de la motricité varie d'un groupe ethnique à l'autre.

S'il est normal que le rythme de développement de la motricité varie, une lenteur excessive (marquée par un retard de plusieurs mois par rapport aux bébés de la même société et du même groupe ethnique) peut signaler un trouble et exige donc qu'on observe l'enfant de près.

La maturation du cerveau et la croissance physique répondent à des directives génétiques, mais nécessitent également un environnement propice à leur développement optimal. Gardons ce principe à l'esprit en étudiant la section suivante, car le développement cognitif subit lui aussi la double influence de l'héritage biologique et de la dimension sociale.

Un esprit en devenir Il tire, saisit, observe et écoute. Les sens et les habiletés motrices sont les outils de prédilection d'un bébé pour découvrir son univers, produire de nouvelles connexions neuronales et... semer l'émoi autour de lui.

SECTION 2

LE DÉVELOPPEMENT COGNITIF CHEZ L'ENFANT DE 0 À 2 ANS

Cette section s'intéresse à la cognition chez l'enfant de 0 à 2 ans. La cognition regroupe un ensemble d'activités mentales dont le langage, l'apprentissage, la mémoire et l'intelligence. Si le rythme de la croissance physique pendant la petite enfance est impressionnant, attendez de voir à quelle vitesse se déroule le développement cognitif !

Le nouveau-né semble avoir non seulement les outils intellectuels nécessaires pour appréhender la complexité du monde, mais aussi la motivation de le faire. À la fin de sa première année, et souvent beaucoup plus tôt, le nourrisson a une compréhension élémentaire des nombres et des caractéristiques des objets, et des personnes, telles que leurs limites et leur permanence dans le temps et l'espace. Il manifeste aussi une certaine aptitude à la résolution de problèmes et il a commencé à parler. Vers la fin de sa deuxième année, le trottineur forme de courtes phrases, réfléchit aux situations avant d'agir et joue à faire semblant d'être une autre personne ou un objet, tout en sachant pertinemment qu'il n'est ni une mère ni un avion.

Nous amorçons cette section en examinant la théorie de Piaget sur ce formidable développement intellectuel qui permet au nouveau-né de devenir un jeune enfant capable d'exprimer ses pensées et ses émotions. Nous traitons ensuite de la théorie du traitement de l'information, incluant le concept d'affordance. Nous nous penchons ensuite sur l'acquisition du langage.

La théorie de Piaget : une intelligence active

Selon Jean Piaget (1896-1980), quatre périodes jalonnent le développement cognitif, et chacune d'elles est associée à des structures mentales particulières. C'est au cours de la première de ces périodes que le tout jeune enfant arrive à appréhender l'univers qui l'entoure et à s'y adapter tant bien que mal.

Le nouveau-né possède, dès ses premiers jours, des capacités sensorielles et motrices visibles. Il manifeste des préférences, recherche la nouveauté et la stimulation, fait la distinction entre le familier et l'inusité. Cependant, comment interprète-t-il ce qu'il vit ? L'étude de cet aspect de la perception, qui est lié au développement cognitif, révèle que le bébé est un interprète dynamique et motivé. Piaget fut le premier théoricien à mettre en valeur le fait que les enfants apprennent activement en faisant appel à leurs capacités sensorielles et motrices (Birney et coll., 2005).

L'intelligence sensorimotrice

L'enfant n'est pas un observateur passif : il joue un rôle actif dans son apprentissage des caractéristiques des objets de son environnement et des liens et interactions qu'ils entretiennent entre eux. Cette quête de connaissances s'amorce dès la naissance et s'accentue au cours des premiers mois de la vie. Tel est le pivot de la théorie que Piaget a commencé à élaborer en observant ses propres enfants.

Pour Piaget, les enfants sont intelligents même s'ils ne forment ni concepts ni idées et ne « pensent » qu'en fonction de leurs sens et de leur motricité (Gratch et Schatz,

Une grande exploratrice Pendant la période de l'intelligence sensorimotrice, le visage de papa représente une invitation à l'exploration active.

Intelligence sensorimotrice Selon Piaget, première période du développement cognitif. Cette période est divisée en six stades qui définissent les progrès cognitifs de l'enfant de la naissance à 2 ans. L'enfant s'appuie sur ses sens et sa motricité pour explorer et comprendre son environnement.

1987). Il créa donc le terme **intelligence sensorimotrice** pour caractériser la première période du développement cognitif. Malgré certaines lacunes théoriques jugées mineures, la description de l'aspect pratique et actif de l'intelligence de l'enfant faite par ce théoricien demeure pertinente.

Que suppose la notion d'intelligence sensorimotrice ? Selon Flavell (1985), l'enfant présente un fonctionnement intellectuel totalement pratique, qui lie perception et action, et qui est tout entier axé sur l'action ; il ne manifeste pas les opérations contemplatives, réflexives et symboliques que l'on associe habituellement à la cognition.

À la fin de la période de l'intelligence sensorimotrice, l'enfant a à son actif plusieurs compétences dans le domaine cognitif. Par exemple :

- il reconnaît son corps et est capable de le différencier de celui des autres ;
- il a une certaine compréhension de la relation de causalité ;
- il comprend qu'un objet continue d'exister même s'il n'est plus dans son champ perceptuel (permanence de l'objet) ;
- il est capable de se faire une représentation mentale des objets et des événements.

Les six stades de l'intelligence sensorimotrice

Selon Piaget, la période de l'intelligence sensorimotrice comprend six stades caractérisés par une vision du monde particulière. Ces stades (voir le tableau 4.3), que nous regroupons deux par deux, montrent que la cognition prend successivement différentes formes : réflexes et sensations, réactions volontaires aux personnes et aux objets, représentations mentales et intelligence symbolique.

Les premier et deuxième stades

Les deux premiers stades de l'intelligence sensorimotrice se caractérisent par une intelligence centrée sur le corps.

Chez le nouveau-né, l'intelligence sensorimotrice se manifeste par l'exercice des réflexes : téter, déglutir, agripper, bouger les membres, regarder, écouter, etc. Le premier stade, celui des réflexes, dure 1 mois. Les réflexes deviennent peu à peu des mouvements délibérés ; les sensations mènent aux perceptions et ensuite à la cognition.

Avec l'adaptation progressive des réflexes, le nourrisson entre dans le deuxième stade, celui des premières adaptations acquises, appelé *stade des réactions circulaires primaires* (entre 1 et 4 mois). Le bébé, de fait, passe beaucoup de temps à jouer avec diverses parties de son corps : il suce ses doigts, donne des coups de pied, agite les bras et fixe ses mains sans se lasser. Il acquiert, ce faisant, de précieux renseignements. Il apprend, par exemple, que ces doigts qui entrent régulièrement dans son champ de vision et qui aboutissent dans sa bouche sont rattachés à lui et peuvent obéir à sa volonté. Une telle information est essentielle à la conscience de l'intégrité corporelle, c'est-à-dire de l'unité que forme le corps. L'apparition de cette conscience est l'une des premières étapes vers la compréhension des êtres et des objets extérieurs à soi.

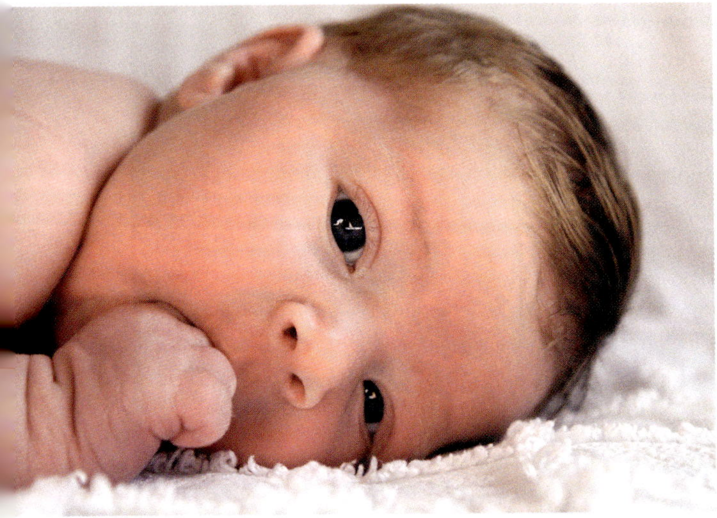

L'adaptation débute tôt La succion est d'abord un réflexe, mais le phénomène d'adaptation s'amorce dès que le nourrisson arrive à distinguer la sucette du sein de sa mère ou qu'il réalise que son poing est trop grand pour sa bouche. La concentration qui se lit sur le visage de cette petite laisse deviner qu'elle est sur le point de s'adapter en ne suçant dorénavant que son pouce.

Le nouveau-né tète tout ce qui touche ses lèvres, la succion étant un puissant réflexe. Puis, à l'âge de 1 mois environ, il commence à adapter ses mouvements de succion aux différents objets, tétant différemment le sein et son poing. Durant les premières semaines, l'adaptation se fonde d'abord sur l'assimilation. Tout ce qui est « suçable » est assimilé au réflexe de succion. Ainsi, le bébé à qui on donne une sucette va utiliser ce réflexe exactement comme si c'était le sein maternel. Puis rapidement, l'accommodation se produit, car une sucette n'a pas la même forme ni la même texture, ni la même fonction que le sein. Le nourrisson s'accommode et il utilise dorénavant la sucette sans pousser la langue et avaler comme il le fait pour le sein. Cette adaptation est un signe qu'il a commencé à interpréter ses sensations.

Ainsi, le nourrisson utilise les objets selon qu'il peut les téter pour se nourrir (les mamelons et les tétines des biberons), les téter pour s'amuser (les doigts et les sucettes) ou ne pas les téter du tout (les grosses balles) : l'adaptation est alors évidente. Il tète sa sucette avec ravissement quand il a le ventre plein, mais la rejette quand il a faim !

L'adaptation est cruciale à l'apprentissage et permet de donner une signification à l'expérience. Cette adaptation des réflexes aux particularités de l'environnement se produit parce que les conséquences répétitives d'une action donnée fournissent d'importantes informations sur ce que le corps fait et sur les sensations liées à cette action particulière.

La permanence de l'objet aux premier et deuxième stades

Le nouveau-né semble vivre dans un univers éphémère : les objets existent puis disparaissent. L'acquisition de la **permanence de l'objet** — le fait de savoir qu'un objet continue d'exister indépendamment des perceptions sensorielles (vue, ouïe, odorat, toucher, goût) — ne se fait que progressivement. Durant les 4 premiers mois de sa vie, le nourrisson ne manifeste aucune permanence de l'objet, il ne fait aucune tentative pour rechercher un objet qui disparaît de son champ perceptuel.

Permanence de l'objet Chez le bébé, capacité de reconnaître que les êtres et les objets continuent d'exister même quand il lui est impossible de les voir, de les toucher, de les entendre, de les goûter ou de les sentir.

Les troisième et quatrième stades

Les troisième et quatrième stades de l'intelligence sensorimotrice se caractérisent par une intelligence centrée sur les êtres vivants et les objets en vue de découvrir leurs caractéristiques et leurs propriétés.

Le troisième stade, celui des stratégies visant à faire varier les sensations intéressantes, est appelé *stade des réactions circulaires secondaires* (entre 4 et 8 mois environ). Le nourrisson prend conscience des objets et des êtres ; il discerne quelques-unes de leurs caractéristiques, dont leur façon de réagir aux actions qu'il leur fait subir. C'est pourquoi il va répéter une action qui a provoqué une conséquence agréable. L'enfant qui comprime par hasard un canard en caoutchouc et entend un « couic » retentissant appuiera de nouveau sur l'objet. Si le bruit se répète (ce qu'il ignore au point de départ, il fait seulement un essai), il rira et appuiera encore, surpris et ravi de maîtriser les actions de ses jouets.

Les bébés, à ce stade, interagissent abondamment avec les personnes et les objets afin de provoquer des résultats intéressants. Constatant que les hochets font du bruit, le nourrisson agite les bras et éclate de rire lorsque quelqu'un lui en met un dans les mains. Cependant, les événements se situent dans l'instant présent, sans être anticipés.

Le quatrième stade est celui des nouvelles adaptations et des anticipations ; il est appelé *stade de la coordination des schèmes secondaires* (entre 8 et 12 mois environ). Le bébé s'adapte de façon de plus en plus intentionnelle. Il anticipe les événements qui combleront ses besoins et ses désirs, et il tente de les provoquer, en appliquant des conduites qu'il connaît déjà à des situations nouvelles. Vincent, 9 mois, apprécie être tenu dans les bras tout en pouvant atteindre un commutateur : il peut alors allumer et éteindre la lumière, inlassablement. Charlotte, 10 mois, aime s'amuser dans la baignoire ; apercevant un savon, elle l'apporte à sa mère pour lui signifier qu'elle veut prendre un bain, puis elle glousse de plaisir en entendant l'eau couler. Sara-Jeanne, 11 mois, voyant sa mère se préparer à sortir sans elle, s'accrochera à son manteau pour l'arrêter ou lui pointera le placard où se trouve le sien pour qu'elle aille le chercher.

Bavette et bain Les enfants apprennent à manipuler les ustensiles — une expérience stimulante sur le plan cognitif — à coups d'essais, d'erreurs et, souvent, de dégâts. Claire a un objectif en tête et elle manie l'outil qu'il faut pour l'atteindre : un dégât à nettoyer ou une manifestation de l'intelligence ? Les deux !

Ces exemples révèlent que le bébé est capable d'anticipation et, mieux encore, de comportements orientés vers un but. Il saisit de mieux en mieux les causes et leurs effets, et il acquiert graduellement les habiletés motrices nécessaires à l'atteinte de ses objectifs. Aussi, au quatrième stade, le bébé rampe-t-il en direction d'un objet convoité qu'il aperçoit à l'autre bout d'une pièce, tout en restant relativement indifférent aux autres objets qui parsèment son trajet. Bien qu'ils soient liés à l'émergence d'une conscience de la relation de cause à effet, les comportements orientés vers un but deviennent aussi possibles grâce à une meilleure mémoire pour des actions déjà accomplies et à une meilleure compréhension des intentions des autres (Behne et coll., 2005).

Le bébé cherche à appliquer ses habiletés à toutes sortes de situations, même celles qui lui étaient jusqu'alors inconnues. Il devient également capable d'imiter de nouveaux comportements en présence d'un modèle : il appuiera sur les touches du piano pendant que maman en joue.

Il est intéressant de noter que la maturation neurologique favorise la concordance dans différents domaines du développement : le bébé cherche à atteindre certains buts selon son développement cognitif en même temps que le développement de sa motricité (par exemple ramper, marcher) lui permet d'agir pour y parvenir.

La permanence de l'objet aux troisième et quatrième stades

Entre 4 et 8 mois, l'enfant commence à acquérir la permanence de l'objet : il recherche un objet que l'on cache en sa présence, derrière un écran, à la condition que cet objet soit partiellement visible. Par contre, si l'objet est complètement caché, il ne montre aucun signe de recherche active avant l'âge approximatif de 8 mois.

Entre 8 et 12 mois, l'enfant recherche activement un objet qu'on a placé derrière un écran, en sa présence. Toutefois, cette capacité accrue présente encore des lacunes : si on recrée la situation en cachant un objet derrière un écran et qu'on le déplace ensuite, devant l'enfant, derrière un second écran, il ira chercher l'objet derrière le premier écran et... pleurera ! Il est incapable de suivre de multiples déplacements visibles.

Les cinquième et sixième stades

Les cinquième et sixième stades de l'intelligence sensorimotrice se caractérisent par une intelligence centrée sur la créativité en matière d'actions et d'idées. L'enfant découvre des possibilités de comportements diversifiés et se fait des représentations mentales des personnes, des objets et des situations.

Le cinquième stade, celui de l'acquisition de nouveaux moyens par l'expérimentation active, est appelé *stade des réactions circulaires tertiaires* (entre 12 et 18 mois environ). Les progrès caractéristiques de ce stade découlent directement de ceux du quatrième. C'est une période d'exploration et d'expérimentation actives, pendant laquelle l'enfant touche à tout comme s'il voulait découvrir l'ensemble des possibilités que lui offre le monde. Les actions orientées vers un but gagnent en complexité et en créativité. Piaget qualifiait le trottineur au cinquième stade de « petit scientifique » qui « fait des expériences pour voir ». En effet, une fois qu'un enfant a découvert certaines actions qu'il est possible d'accomplir avec un objet donné et qu'il a compris que ses gestes produisent des effets, il paraît s'interroger : « Que puis-je faire d'autre avec cet objet ? Qu'arrivera-t-il si je renverse le plat de soupe par terre ? si je retire la tétine du biberon ? si je renverse la corbeille à papier ? si j'arrose le chat ? si je tire sur la nappe ? ».

Représentation mentale Représentation par la pensée d'une réalité extérieure (objet, image, concept, situation).

À l'intention des futurs parents Un père veut ranger en lieu sûr tous les objets fragiles ou dangereux parce que son enfant peut maintenant marcher. La mère croit plutôt que le bébé devrait apprendre qu'il ne peut toucher à certaines choses. Quelles précautions les parents sont-ils mieux de prendre ?

Le sixième stade de l'intelligence sensorimotrice, celui de l'acquisition de nouveaux moyens par combinaisons mentales, est appelé *stade des représentations mentales* (entre 18 et 24 mois). La **représentation mentale** est une représentation que l'on se fait, par la pensée, d'une image, d'un concept, d'un objet ou d'une situation. Le trottineur établit donc une relation entre une réalité extérieure à lui et une représentation (intérieure) qu'il se fait de cette réalité. Cette représentation mentale peut être de l'ordre du réel ou du fictif.

Cette capacité mentale a des conséquences majeures. Le trottineur peut se représenter des objets qui ne sont pas en sa présence et des situations qui se sont produites antérieurement. Il commence à réfléchir avant d'agir et découvre des moyens autres que l'essai et l'erreur pour atteindre un objectif. Ainsi, il anticipe et résout des problèmes simples en procédant à des **combinaisons mentales** avant d'agir. Autrement dit, il se représente différentes actions et en fait mentalement l'essai sans nécessairement les accomplir concrètement. L'enfant peut ainsi trouver de nouveaux moyens d'atteindre un objet sans être contraint de se livrer à des tâtonnements empiriques. Il réfléchira au

Combinaison mentale Visualisation mentale d'actions intériorisées qui permet à l'enfant de manipuler ces actions en pensée, sans nécessairement les accomplir.

TABLEAU 4.3 Les six stades de la période de l'intelligence sensorimotrice selon Piaget et la permanence de l'objet

Âge et stade	Caractéristiques générales des stades	Permanence de l'objet
1er stade (de la naissance à 1 mois)	**Exercice des réflexes** Le nouveau-né exerce ses réflexes avec de plus en plus d'habiletés. Il tète, saisit, fixe, écoute.	Aucune manifestation de la permanence de l'objet : pas de réaction à la disparition d'un objet.
2e stade (entre 1 et 4 mois)	**Réactions circulaires primaires (premières adaptations acquises)** Le nourrisson coordonne ses réflexes et répète des comportements qui lui procurent des sensations corporelles agréables.	Aucune manifestation de la permanence de l'objet : mimiques désappointées, pleurs, mais aucune recherche de l'objet disparu.
3e stade (entre 4 et 8 mois)	**Réactions circulaires secondaires (stratégies visant à faire varier les sensations intéressantes)** Le nourrisson coordonne la vision et la préhension. De plus en plus attentif aux événements, il agit intentionnellement afin que se répètent et se prolongent certains résultats de ses actions ou de celles des autres.	Recherche efficace d'un objet partiellement caché, dans un espace proche.
4e stade (entre 8 et 12 mois)	**Coordination des schèmes secondaires et application à des situations nouvelles (nouvelle adaptation et anticipation)** Les comportements du bébé deviennent de plus en plus intentionnels et orientés vers un but : il coordonne différentes actions pour atteindre un objectif. Il s'agit de résoudre un problème nouveau et non plus de simplement le reproduire. Le bébé utilise donc des stratégies connues dans des situations nouvelles.	Capacité de suivre un déplacement visible : recherche efficace d'un objet caché derrière un écran.
5e stade (entre 12 et 18 mois)	**Réactions circulaires tertiaires (acquisition de nouveaux moyens par l'expérimentation active)** L'enfant recherche la nouveauté. Il est curieux et explore son environnement de façon très active. Devenu un « petit scientifique », il commence à résoudre des problèmes par essais et erreurs.	Capacité de suivre plusieurs déplacements visibles : recherche efficace d'un objet caché derrière des écrans successifs.
6e stade (entre 18 et 24 mois)	**Représentations mentales (acquisition de nouveaux moyens par combinaisons mentales)** L'enfant commence à se représenter mentalement les objets et les événements. Il se met à réfléchir avant d'agir et découvre des moyens autres que l'essai et l'erreur pour atteindre un objectif. Il est capable d'imiter des comportements sans la présence immédiate du modèle (imitation différée).	La permanence de l'objet est établie. Capacité de suivre les déplacements invisibles : l'enfant peut déduire qu'un objet caché, puis déplacé sans qu'il le voie, se retrouve dans un nouvel endroit.

«Que se passe-t-il si je tire là-dessus?» Tous les «petits scientifiques» semblent animés par de telles questions.

Imitation différée Processus par lequel un jeune enfant perçoit une action accomplie par une personne et la reproduit quelques heures ou quelques jours plus tard.

fait qu'en tirant sur la nappe, il obtiendra le jouet déposé sur la table, hors de sa portée, sans être obligé d'essayer toutes sortes de stratégies d'action. Le choix de l'action n'est pas toujours approprié, mais au moins la pensée précède l'action.

La capacité de procéder à des combinaisons mentales fait bien plus que favoriser la résolution de problèmes. Elle permet à l'enfant d'aller et venir en pensée entre le passé et l'avenir, d'anticiper ce qui peut se produire dans une situation particulière et de faire semblant. Ainsi voit-on le trottineur se coucher par terre et faire semblant de dormir pour aussitôt se relever et éclater de rire. Il devient également capable d'imiter des comportements sans la présence immédiate du modèle.

Cette aptitude à reproduire un comportement observé quelques heures ou quelques jours plus tôt, que l'on appelle **imitation différée**, est un progrès caractéristique du sixième stade qui fait appel à la pensée et à la mémoire (Piaget, 1945/1962). L'enfant n'a plus besoin de la présence de maman en train de se peigner ou de se brosser les dents pour passer lui-même à l'action. Il peut imiter un comportement qu'il se représente mentalement.

Tous les comportements propres au sixième stade ont un point en commun : ils dépassent les réponses motrices simples de la pensée sensorimotrice et annoncent la forme d'intelligence qui émerge pendant la période suivante du développement cognitif, à partir de 2 ans.

La permanence de l'objet aux cinquième et sixième stades

Entre 12 et 18 mois, l'enfant est capable de suivre des déplacements visibles successifs. Il effectue une recherche active et efficace d'un objet caché derrière des écrans successifs s'il a vu chaque déplacement.

Entre 18 et 24 mois, l'enfant est en mesure de suivre des déplacements invisibles d'un objet. Si on place un objet dans un écrin, l'enfant pourra suivre ses déplacements derrière des écrans successifs et cherchera avec succès l'objet en question. Par exemple, une balle roule sous le divan, puis continue de rouler, sans être vue, jusque sous le fauteuil. Le trottineur pourra imaginer le mouvement de la balle et la retrouver sous le fauteuil. Ainsi, entre 18 et 24 mois, l'enfant acquiert complètement la permanence de l'objet. Il comprend alors que l'objet continue d'exister, même s'il n'est plus dans son champ perceptuel et il persévère dans sa recherche pour le trouver.

La permanence de l'objet revisitée

Selon Piaget, un bébé qui ne cherche pas à retrouver un objet caché n'a pas acquis le concept de permanence de l'objet. Cependant, des chercheurs se demandent si d'autres

À VOUS LES COMMANDES 4.4

La période de l'intelligence sensorimotrice

Voici quelques comportements qui font partie du développement normal d'un enfant. Pour vérifier votre compréhension des stades de l'intelligence sensorimotrice décrits par Piaget, numérotez ces comportements de 1 à 6 selon l'ordre des stades de la période sensorimotrice.

a) Maé repousse la main de son père lorsqu'il cache complètement un jouet avec sa main.

b) Xavier agite le bras avec plaisir quand on lui met un hochet dans la main.

c) Vincent tète la tétine de son biberon, comme tous les autres objets placés à proximité de sa bouche.

d) Léa prend sa cuillère, donne d'abord des coups dans son assiette, puis sur la chaise haute et, enfin, jette l'ustensile par terre.

e) Sara-Jeanne s'efforce de mettre son pouce dans sa bouche pour le sucer.

f) Charlotte danse et salue, imitant ainsi sa grande sœur qui a participé à un spectacle de ballet, la semaine dernière.

(Réponses à la fin du chapitre)

formes d'immaturité — par exemple une motricité qui ne serait pas encore au point — ne pourraient pas expliquer l'incapacité d'un enfant à comprendre que les objets continuent d'exister lorsqu'ils ne sont plus visibles (Cohen et Cashon, 2006; Ruffman et coll., 2005). Piaget aurait attribué à une incompétence conceptuelle ce qui serait de l'ordre d'une incompétence motrice (Mandler, 2004).

Une série d'expériences, au cours desquelles des objets semblaient disparaître derrière un écran pendant que les chercheurs suivaient le mouvement des yeux et l'activité cérébrale des bébés, laissent soupçonner que des enfants d'à peine 4 mois et demi ont acquis une certaine permanence de l'objet (Baillargeon et DeVos, 1991; Spelke, 1993).

La cognition a fait l'objet d'autres recherches, dont une série d'expériences au cours desquelles des bébés âgés de 2, 4 et 6 mois observaient les déplacements d'une balle derrière un écran. La balle disparaissait et réapparaissait tantôt à un endroit prévisible, tantôt à un endroit inusité (Johnson et coll., 2003). Les bébés de 2 mois ne semblaient rien remarquer d'anormal, quel que soit l'endroit où la balle réapparaissait; ceux de 4 mois savaient visiblement que quelque chose clochait; quant aux bébés de 6 mois, ils fixaient l'endroit où ils s'attendaient à voir réapparaître la balle et se montraient surpris lorsqu'elle surgissait d'ailleurs.

Piaget a sous-estimé la vitesse du développement cognitif chez les enfants, en partie parce que ses instruments de mesure d'observation et d'expérimentation n'étaient pas aussi sophistiqués que ceux dont disposent les chercheurs actuellement. Il reste, cependant, que la permanence de l'objet est bel et bien le produit de la maturation et de l'expérience, comme l'affirmait Piaget.

Où est Luca? À 18 mois, Luca comprend la permanence de l'objet et la cachette. Il ne lui reste plus qu'à faire la distinction entre lui et l'autre.

Théorie du traitement de l'information Théorie qui compare le processus cognitif de l'être humain au fonctionnement d'un ordinateur, processus qui comprend notamment l'entrée de données sensorielles, l'établissement de connexions, le stockage de souvenirs et la production d'une action.

Affordance Possibilité de perceptions et d'actions que présente une personne, un lieu ou un objet dans l'environnement, en fonction de la capacité sensorielle, de la motivation immédiate, du stade de développement et de l'expérience de la personne qui le perçoit.

La théorie du traitement de l'information

Selon Piaget, des changements cognitifs importants se produisent aux environs de 2, 6 et 12 ans. Sa vision globale, articulée en périodes distinctes, tranche avec la **théorie du traitement de l'information**, une perspective inspirée du fonctionnement de l'ordinateur, qui utilise notamment des concepts comme la mémoire, les programmes, les données d'entrée (*input*) et de sortie (*output*).

Selon les théoriciens du traitement de l'information, l'être humain commence par capter de l'information par ses cinq sens; les sensations provoquent des réactions et des connexions cérébrales, puis deviennent des perceptions emmagasinées dans la mémoire; une fois traitée, l'information peut produire une action, comme un mot ou un geste.

Grâce à la technologie de pointe, la recherche sur le traitement de l'information a révélé que les bébés présentaient des capacités intellectuelles impressionnantes (Mandler, 2004; Quinn, 2004). Cette perspective a permis de mettre en relation divers aspects de la cognition chez les jeunes enfants. Examinons-en deux: les **affordances** et la mémoire. Les affordances ont trait à la perception tandis que la mémoire concerne la recherche et le stockage d'informations.

Les affordances

Rappelons que la perception est le résultat du traitement, par le cerveau, de l'information que les organes sensoriels lui envoient. Les gens, les lieux et les objets dans un environnement fournissent de nombreuses possibilités de perceptions, et donc d'interactions (Gibson, 1997). Chacune de ces possibilités est appelée affordance.

Un citron, par exemple, peut être perçu comme un objet que l'on peut sentir, goûter, toucher, regarder, lancer, presser ou mordre (entre autres choses). Chacune de

Réponse aux futurs parents (de la page 118) Il est plus facile et plus sûr de rendre sa maison à l'épreuve des explorations «scientifiques» d'un jeune trottineur. Cependant, les parents devraient encourager leur petit en guidant ses explorations; il vaut donc mieux laisser quelques objets «intouchables» pour apprendre à l'enfant à faire la différence entre ce qu'il peut considérer comme des jouets et ce qu'il ne doit pas considérer comme tels. Il faut évidemment ranger hors de sa portée les articles dangereux (les produits ménagers, par exemple, ou les objets lourds et cassants qui pourraient le blesser en tombant) et boucher les prises électriques de façon à lui offrir un environnement sécuritaire.

À VOUS LES COMMANDES 4.5

Les affordances

1. Définissez le concept d'affordance dans vos propres mots.
2. De toute évidence, les jeunes enfants et les adultes ne perçoivent pas les mêmes affordances. Un couloir dans une école peut être perçu comme une occasion de courir pour les élèves et une possibilité de se déplacer calmement d'une classe à l'autre pour les enseignants. Trouvez au moins cinq exemples d'affordances pour des objets ou des situations qui diffèrent selon que les personnes sont de jeunes adultes et des adultes d'âge avancé, des hommes et des femmes, des étudiants en soins infirmiers et des étudiants en sciences humaines, des piétons et des automobilistes, des parents et leurs adolescents ou toute autre catégorie de votre choix.

Qu'avez-vous appris de cet exercice ?

ces possibilités est ensuite perçue comme une source de plaisir, de douleur... La perception d'une affordance donnée et l'action qu'elle déclenche varient selon quatre facteurs :

- la capacité sensorielle (les sensations perçues par la personne) ;
- la motivation immédiate ;
- le stade de développement (la maturation du cerveau, entre autres) ;
- l'expérience.

Par conséquent, un citron peut provoquer des perceptions très différentes chez un artiste sur le point de peindre une nature morte, un adulte assoiffé en quête d'un rafraîchissement et un bébé qui fait ses dents et cherche à mordre quelque chose.

La mémoire

Un certain niveau d'expérience et de maturation cérébrale est requis pour se souvenir. Et aucune habileté cognitive ne peut se développer sans la mémoire. Évidemment, les bébés de quelques mois n'ont pas la mémoire très longue. Comparativement aux enfants de 1 an, ils ont plus de difficulté à former de nouveaux souvenirs et ils les conservent moins longtemps. Cependant, leur mémoire s'améliore considérablement :

- si les situations sont adaptées à leurs capacités mnésiques ;
- s'ils sont fortement motivés à se rappeler ;
- si on prend des mesures spéciales pour favoriser la récupération.

Une série d'expériences se distingue parmi celles qui ont été réalisées concernant la mémoire du nourrisson. Elles consistaient à apprendre à des bébés de 3 mois à bouger le pied pour actionner un mobile (Rovee-Collier, 1987, 1990). Les chercheurs plaçaient un mobile multicolore au-dessus du berceau et le reliaient par un ruban à un des pieds du bébé. Presque tous les nourrissons apprirent sans tarder à donner des coups de pied pour faire bouger le mobile. Cependant, allaient-ils se souvenir de l'expérience ?

Les chercheurs installèrent le dispositif de nouveau 1 semaine plus tard. La plupart des enfants se mirent à donner des coups de pied, démontrant ainsi qu'ils se rappelaient le lien entre le coup de pied et la rotation du mobile. Quant aux bébés observés 2 semaines après l'expérience initiale, ils avaient oublié. Les chercheurs en ont déduit que les souvenirs disparaissent après 1 semaine seulement chez les bébés de 3 mois.

Aide-mémoire La motivation personnelle et l'action sont essentielles à la mémoire. C'est ce qui explique que Bianca n'a aucune difficulté à se rappeler quelle forme recouvre la photo d'elle lorsqu'elle était bébé.

Les rappels et la répétition

Une autre expérience amena les chercheurs à nuancer leur opinion en révélant que les nourrissons étaient capables de conserver un souvenir pendant 2 semaines si on leur rafraîchissait la mémoire avant de les mettre à l'épreuve (Rovee-Collier et Hayne, 1987). Durant cette période de rappel, les bébés n'avaient pas de ruban attaché au pied et ils étaient placés de façon à ne pas pouvoir donner de coup de pied. Ils regardaient simplement le mobile qu'un expérimentateur dissimulé faisait bouger. Le lendemain, après qu'on les a rattachés au ruban et installés pour qu'ils puissent bouger les jambes, les bébés se sont souvenus qu'il fallait donner des coups de pied, comme ils avaient appris à le faire 2 semaines avant. C'est un peu comme si en regardant bouger le mobile la veille, ils avaient réactivé leur souvenir de l'expérience.

Un peu plus de mémoire avec l'âge

Lorsqu'ils sont âgés de plus de 6 mois environ, les bébés parviennent à retenir l'information plus longtemps que des enfants plus jeunes, sans avoir besoin d'autant d'entraînement ou d'aide-mémoire. Vers la fin de la première année, la mémoire s'enrichit d'une nouvelle dimension : le bébé arrive à se rappeler des comportements qu'il a observés sans jamais les avoir expérimentés lui-même. Par exemple, un bébé de 9 mois observe un enfant en train de manipuler un jouet qu'il n'a jamais vu. Le lendemain, on lui donne ce jouet et il le manipule de façon identique à ce qu'il a vu faire la veille.

Vers le milieu de la deuxième année, les trottineurs peuvent retenir et répéter des séquences plus complexes. Dans une étude, des enfants âgés de 16 et de 20 mois ont regardé un expérimentateur accomplir diverses activités, comme mettre une poupée au lit, fabriquer un chapeau de fête et nettoyer une table (Bauer et Dow, 1994). Pour chaque geste d'une activité donnée, l'expérimentateur décrivait brièvement à haute voix ce qu'il faisait.

Une semaine plus tard, la plupart des enfants se rappelaient comment réaliser les étapes dans l'ordre. Par exemple, pour nettoyer la table, aussitôt qu'ils entendaient : « Mets de l'eau, essuie la table, jette le papier », ils reproduisaient ce qu'ils avaient vu faire. Cette expérience a montré que les bébés conceptualisent et ne se contentent pas de répéter ce qu'ils ont observé.

Au milieu de sa deuxième année, l'enfant parvient donc à se rappeler des enchaînements complexes d'événements et à généraliser ses souvenirs. En visite chez ses grands-parents, il saura où se trouve la cachette des bonbons ; il se rappellera qu'il peut faire de la musique en appuyant sur les touches du piano ; il se rappellera aussi qu'en criant un peu fort, il ne sera pas tenu de manger ses épinards !

Soulignons qu'à partir du moment où les bébés comprennent les mots, un rappel verbal aide à réactiver une information, même après un certain temps (Bauer, 2006). Nous leur parlons et ils apprennent à parler : voyons maintenant comment se fait le développement du langage.

Le développement du langage

Parler est une fonction spécifiquement humaine, à la fois biologique et sociale. Langage et pensée sont interdépendants. L'enfant apprend à parler, sans avoir conscience des règles de fonctionnement de la langue. La maîtrise des sons et des significations de la langue maternelle constitue « indubitablement le plus grand exploit intellectuel que nous ayons jamais à accomplir » (Bloomfield, 1933). De fait, le langage est l'accomplissement le plus extraordinaire de l'être humain (Leonard, 2003).

À la naissance, l'enfant entend des bruits, des sons, mais il ne sait pas qu'ils ont un sens qu'il pourrait apprendre un jour. À l'âge de 2 ans, pourtant, qu'il soit plus ou moins intelligent, choyé ou négligé, exposé à la langue chinoise ou au français, à l'espagnol ou à l'hébreu, il commence à parler (Wanner et Gleitman, 1982). Des recherches poussées

« Où ça ? » Pointer du doigt est l'une des premières formes de communication, et elle se manifeste vers 10 mois. Comme l'illustre Carlos, pointer du doigt exige une compréhension élémentaire de l'interaction sociale puisqu'il faut tenir compte du point de vue de l'observateur.

menées auprès de centaines de bébés de diverses cultures ont fourni d'importants renseignements sur leur grande motivation à communiquer et sur l'ordre d'apparition des habiletés verbales au cours des 2 premières années.

Une séquence universelle… dans les grandes lignes

Le rythme d'acquisition du langage varie, et chaque enfant apprend à sa façon. Les enfants de 2 ans les plus précoces, soit 10 %, utilisent plus de 550 mots, alors que les 10 % qui représentent les moins avancés en emploient moins de 100 (Merriman, 1999). Cependant, pour tous les enfants de par le monde, les grandes étapes de l'acquisition du langage sont similaires (voir le tableau 4.4).

Écouter et réagir

L'apprentissage du langage s'amorce avant la naissance, par les expériences auditives vécues durant les derniers mois de la gestation. Les nouveau-nés sont capables de distinguer des sons et syllabes, même ceux qui ne sont pas utilisés dans leur langue maternelle (Werker, 1989), ce qui leur donne la possibilité d'apprendre n'importe quelle langue.

TABLEAU 4.4 L'acquisition du langage parlé : les deux premières années*

Âge	Caractéristiques
Nouveau-né	Communication réflexe (pleurs, mouvements, mimiques). Dès leur naissance, les bébés s'expriment par des pleurs, des gazouillis (qui ressemblent à des « a », « e », « ou »), des sourires et des regards qui constituent les bases du langage et de la communication.
Vers 2 mois	Divers sons significatifs (gazouillis, gémissements, pleurs, rires).
Entre 3 et 6 mois	Nouveaux sons (couinements, grognements, trilles, voyelles). Les gazouillis, les gloussements et autres bruits de gorge s'intensifient. Les bébés arrivent même à imiter certaines vocalises simples.
Entre 6 et 10 mois	Lallation (répétition de syllabes formées de consonnes et de voyelles). À partir de 6 mois, les bébés commencent à former les syllabes simples comme « ma », « pa », « da » ou doubles comme « pa-pa », « da-da »… Au début, ces syllabes n'ont pas de sens précis.
Entre 10 et 12 mois	Compréhension de mots simples ; gestes précis destinés à la communication (comme montrer du doigt). Vers 10 mois, les bébés commencent à comprendre des phrases simples comme « Où est ton ourson ? ».
Vers 13 mois	Prononciation des premiers mots appartenant distinctement à la langue maternelle (articulation plus ou moins bonne).
Entre 13 et 18 mois	Holophrases et lente augmentation du vocabulaire (jusqu'à 50 mots).
Vers 18 mois	Explosion lexicale (apprentissage de 3 mots ou plus par semaine). Les enfants sont plus curieux et désignent des objets qu'ils veulent qu'on leur nomme.
Vers 21 mois	Premières phrases de 2 mots.
Vers 24 mois	Phrases de plusieurs mots. L'enfant prononce 2 mots ou plus dans 50 % des situations où il prend la parole.

*Les âges indiqués dans le tableau représentent la norme en termes de moyenne. Nombre d'enfants intelligents et bien portants franchissent les étapes de l'acquisition du langage plus lentement ou plus rapidement.

Sources : Bloom, 1993 ; Lenneberg, 1967 ; HiPP, [s.d.].

Par ailleurs, les nourrissons communiquent très énergiquement leurs émotions et leurs préférences avant de pouvoir les verbaliser. Cette forme de communication remplit la première fonction du langage, c'est-à-dire se faire comprendre des autres. Pour y parvenir, l'enfant, pendant les 2 premières années de sa vie, en viendra à maîtriser la structure de sa langue maternelle, avec ses mots et ses règles.

Trop jeune pour converser? Non. La communication par des sons, des gestes et des mimiques constitue le premier stade de l'apprentissage du langage. Cette grand-mère Ju'hoansi (du Kalahari) et sa petite-fille ne semblent pas avoir de mal à communiquer.

La lallation ou le babillage

Les bébés sont de petits êtres fort bruyants : ils pleurent, gazouillent et produisent toutes sortes de sons, même dès les premières semaines de leur vie. Ces bruits se diversifient rapidement, si bien qu'à l'âge de 5 mois, la plupart des bébés ont ajouté des couinements, des grognements, des fredonnements, des cris et quelques sons spécifiques à leur répertoire verbal (Hsu, Fogel et Cooper, 2000). Puis, à 6 ou 7 mois, ils commencent à répéter certaines syllabes (comme « ma-ma-ma », « da-da-da » et « ba-ba-ba »). Ce phénomène, appelé **lallation** ou **babillage**, est universel : tous les bébés du monde émettent des sons semblables, peu importe la langue que parlent leurs parents. Les adultes attribuent une signification importante à certains de ces sons, à « ma-ma-ma » et « pa-pa-pa » en particulier, les interprétant comme des désignations de la mère et du père (voir le tableau 4.5). Au cours des mois qui suivent, les bébés émettent un nombre croissant de sons propres à leur langue maternelle, car, croit-on, ils imitent ce qu'ils entendent (de Boysson-Bardies, 1996, 2003 ; Masataka, 1992).

Lallation ou **babillage** Émission répétitive de certaines syllabes, telles que « la-la-la », « ma-ma-ma » ou « pa-pa-pa », débutant vers l'âge de 6 ou 7 mois.

La compréhension

À tous les stades du développement, et même au stade préverbal, les parents devraient parler à leur enfant en utilisant simultanément des gestes (pointer du doigt, par exemple), car l'enfant comprend et exprime des concepts avec les gestes bien avant de pouvoir les exprimer verbalement (Goldin-Meadow, 2006). Vers 10 mois, les enfants comprennent plus de 25 mots (Fenson et coll., 1994). Si vous demandez : « Où est maman ? » à un enfant de 10 mois, il regardera dans la direction de sa mère. Et il tendra les bras si son père lui dit : « Veux-tu que papa te prenne ? ».

Bien entendu, le contexte et le ton de la voix éclairent considérablement la signification des paroles (Fernald, 1993). Par exemple, les parents qui voient leur bébé s'approcher d'une prise électrique lancent un « non » suffisamment autoritaire pour qu'il sursaute et s'arrête net. Ils déplacent ensuite l'enfant, pointent du doigt la source de danger et répètent : « Non, non ! » Étant donné la fréquence à laquelle un nourrisson aventureux entend cette interdiction, on ne s'étonnera pas qu'il comprenne le mot « non » plusieurs mois avant de parler.

TABLEAU 4.5 Quelques similitudes des mots utilisés pour désigner la mère et le père dans plusieurs langues

Langue	Mère	Père	Langue	Mère	Père
Arabe	mama	baba	Italien	mamma	papà
Bantou	ba-mama	taata	Néerlandais	mammie	pappa
Coréen	eomma	apba	Norvégien	mamma	pappa
Espagnol	mamá	papá	Portugais	mamäe	papai
Créole haïtien	manman	papa	Russe	mamotchka	papotchka
Hébreu	imma	abba	Vietnamien	me	ba

Langage bébé ou **langage maternel** Forme de langage employé pour parler aux bébés, qui se caractérise par un registre de voix élevé, des fluctuations dans l'intonation, un vocabulaire simple et la brièveté des phrases.

Pour parler aux nourrissons, les adultes emploient souvent une forme de langage appelée **langage bébé** ou **langage maternel**. Celui-ci se distingue du langage normal par un certain nombre de caractéristiques constantes (Ferguson, 1977) :

- la hauteur du registre ;
- l'intonation (fluctuations) ;
- le vocabulaire (simple et concret) ;
- la brièveté des phrases (questions, commandements, répétitions).

Tous ces aspects du langage bébé facilitent la compréhension des mots, surtout si ce type de communication est accompagné d'une gestuelle appropriée.

Les premiers mots

À l'âge de 13 mois environ, les bébés disent généralement quelques mots, bien qu'ils ne les prononcent pas très clairement et ne les utilisent pas très rigoureusement. Comme ce sont habituellement les parents qui entendent ces premiers mots, il est difficile de préciser ce qu'un enfant de 12 mois est capable de dire (Lewis, Antone et Johnson, 1999).

Le vocabulaire s'enrichit graduellement au début, d'environ 10 mots par mois environ. Le rythme d'apprentissage est très variable d'un enfant à l'autre. Vers 16 mois, le bébé prononce en moyenne une quarantaine de mots et en comprend beaucoup plus (Fenson et coll., 2000). Il s'agit principalement de noms de personnes et d'objets familiers ainsi que de quelques mots d'action (Barrett, 1986 ; Kuczaj, 1986).

Les holophrases

Holophrase Mot unique qui exprime une pensée complète.

En apprenant ses premiers mots, l'enfant devient apte à exprimer ses intentions. Un mot unique, accompagné de l'intonation et des gestes appropriés, lui sert à exprimer une pensée entière. La majorité des mots qu'il prononce dans les premiers stades de l'acquisition du langage sont des **holophrases**, c'est-à-dire des mots uniques qui expriment une pensée complète (Tomasello, 2006). L'éloquence du trottineur ne se mesure donc pas à l'étendue de son vocabulaire ; la pierre angulaire de l'acquisition du langage est la communication.

Vers 15 mois, les enfants comprennent environ 10 fois plus de mots qu'ils n'en prononcent (Schafer, 2005 ; Snow, 2006). Une étude approfondie sur l'acquisition du langage a révélé que les bébés les plus doués pour exprimer leurs émotions non verbalement (au moyen de sourires, de pleurs et de rires) commencent généralement à parler plus tard que les autres. Une fois qu'ils s'y mettent, cependant, ils progressent aussi vite que les autres et prononcent au même âge qu'eux des phrases de plusieurs mots (Bloom, 1993).

L'explosion lexicale

À compter du stade des 50 mots, le vocabulaire augmente rapidement, soit à la cadence d'une centaine de mots ou plus par mois (Fenson et coll., 2000), les enfants de 21 mois pouvant dire deux fois plus de mots que ceux de 18 mois (Adamson et Bakeman, 2006). Cette éruption langagière est appelée *explosion lexicale* et se caractérise par l'appropriation de nombreux noms (de personnes, d'objets) (Gentner et Boroditsky, 2001).

Certains enfants (qualifiés de référentiels) apprennent d'abord des noms – comme « chien », « tasse » et « balle » –, tandis que d'autres (les expressifs) apprennent surtout des mots propices à l'interaction sociale – comme « encore », « s'il vous plaît », « veux » et « arrête » – (Nelson, 1981). Cette divergence tient sans doute à la personnalité, mais peut-être aussi à des facteurs environnementaux et culturels.

La réduction et la surgénéralisation

Au début, l'enfant associe de façon très approximative les rares mots qu'il connaît aux êtres, aux objets et aux événements. Son langage se caractérise par la **réduction**, c'est-à-dire qu'il donne aux mots un sens excessivement étroit. Pour lui, le mot « chat » sert à désigner le chat de la famille à l'exclusion de tous les autres félins. Et une fois qu'il a appris le nom d'une chose, il y tient coûte que coûte (Shatz, 1994). Par exemple, Jonathan s'obstine à nommer « oiseau » le petit animal ailé, jaune et duveteux que son grand-père persiste à appeler « poussin ».

Réduction Fait de donner à un mot un sens excessivement étroit; désignation restreinte et spécifique.

La tendance opposée apparaît un peu plus tard: l'enfant se met à employer les mots dans un sens excessivement large. Ce phénomène, appelé **surgénéralisation d'un concept**, consiste, par exemple, à appeler tous les objets ronds « balle » et tous les quadrupèdes « chien ».

Surgénéralisation d'un concept Fait d'employer un mot pour désigner divers objets ayant des caractéristiques (non distinctives) en commun; désignation générale.

Dès que le trottineur commence à enrichir son vocabulaire, il semble se livrer à des expériences avec les mots comme il le fait avec les objets, en utilisant parfois la réduction, parfois la surgénéralisation. Le « petit scientifique » se mue en petit linguiste et échafaude des hypothèses sur le sens des mots. Il n'est pas rare qu'un bébé de 18 mois montre du doigt tous les animaux qu'il aperçoit en demandant: « Chien ? », « Cheval ? » ou « Chat ? », comme pour obtenir une confirmation de ses hypothèses.

Les phrases: des associations de mots

Six mois environ après l'émission des premiers mots, l'accroissement du vocabulaire s'accélère et aboutit à l'association de mots. Les enfants forment généralement leur première association de deux mots à l'âge de 21 mois environ, mais certains y parviennent à 15 mois ou encore à 24 mois. Leur première phrase de plusieurs mots est formulée dans un **discours télégraphique**, c'est-à-dire que l'enfant conserve les éléments essentiels comme les noms, les verbes, mais omet les articles, les prépositions, etc.

Discours télégraphique Style de discours qui utilise l'ellipse et qui réduit la communication au minimum de mots nécessaires ou essentiels à un message.

L'association de mots nécessite une compréhension poussée du langage, car, dans la plupart des langues, l'ordre des mots (syntaxe) détermine le sens de la phrase. La grammaire comprend l'ensemble des règles qui régissent le fonctionnement d'une langue. L'ordre des mots, l'intonation, les conjugaisons, les pronoms, la négation, les propositions et les articles sont tous des aspects de la grammaire. Il semble que le trottineur assimile très tôt les rudiments de la syntaxe, puisqu'il dit « bébé pleure » ou « encore jus » et non « pleure bébé » ou « jus encore ». Ses phrases deviendront progressivement de plus en plus longues et complexes. La grammaire qu'il utilise est à l'image de l'étendue de son vocabulaire (Snow, 2006; Dionne et coll., 2003).

La compréhension s'améliore aussi. À mesure que s'enrichit leur vocabulaire et que s'améliore leur grammaire, les jeunes enfants comprennent de mieux en mieux ce que disent leurs interlocuteurs (Kedar, Casasola et Lust, 2006).

Les théories de l'apprentissage linguistique

Partout dans le monde, des enfants qui n'ont pas encore 2 ans utilisent plutôt bien le langage. Les enfants, plus âgés, qui sont bilingues parviennent à choisir la langue que comprend leur interlocuteur du moment. Certains adolescents sont capables d'émouvoir avec les paroles des chansons qu'ils écrivent. Certains adultes maîtrisent plusieurs langues. En vieillissant, alors que les capacités cognitives déclinent, un grand nombre d'adultes continuent pourtant d'améliorer leur maîtrise de la langue. Comment peut-on expliquer de telles capacités linguistiques ?

Quatre théories proposent des réponses:

- selon l'explication béhaviorale, les bébés acquièrent une langue par l'enseignement direct;

À l'intention des futures infirmières et des futurs pédiatres Thomas et Isabelle se sont documentés sur le développement du langage chez les bébés. Ils sont convaincus que le langage est une fonction préprogrammée et qu'ils n'ont donc pas besoin de parler à leur fils de 6 mois pour en favoriser l'apprentissage. Que leur répondez-vous ?

- selon l'explication épigénétique, les bébés comprennent la langue de façon naturelle ;
- selon l'explication socioculturelle, les bébés ont des besoins sociaux de communiquer ;
- selon l'explication hybride, plusieurs voies d'apprentissage du langage sont utiles, selon les circonstances.

L'explication béhaviorale : le besoin de modèles

Cette explication a été développée il y a plus de 50 ans, alors que le béhaviorisme dominait le paysage de la psychologie nord-américaine. Elle suppose que tout apprentissage s'acquiert étape par étape, par association et renforcement. Le comportement verbal résulterait donc d'un conditionnement, comme tous les autres comportements (Skinner, 1957). Si un bébé reçoit de la nourriture et de l'attention quand il émet ses premiers babils, il dira bientôt : « mama », « papa » et « baba », pour réclamer sa mère, son père et son biberon. De même, de nombreux théoriciens de l'apprentissage pensent que la quantité et la qualité des propos que les parents tiennent à leur enfant influent sur le rythme de l'acquisition du langage.

La plupart des parents sont d'excellents instructeurs. Par exemple, ceux qui parlent à leur jeune bébé ont tendance à nommer chaque objet : « Tiens, ta bouteille », « C'est ton pied », « Tu veux ton jus ? », etc. — souvent en touchant l'objet au moment de le nommer à voix haute et en articulant lentement (Gogate, Bahrick et Watson, 2000). Ils utilisent aussi un discours sur mesure pour leur enfant de façon à capter son attention, en gardant une intonation haute, en choisissant des phrases courtes qui privilégient des substantifs et une grammaire simple (langage maternel). Ils font référence à ce qui se passe dans l'instant présent. Ce sont précisément les techniques d'enseignement que recommandent les béhavioristes.

Les béhavioristes ont remarqué que certains enfants de 3 ans conversent en utilisant des phrases complexes alors que d'autres ont peine à combiner des mots simples. Ces variations présentent une corrélation avec l'importance de l'enseignement qu'a reçu l'enfant sur le plan linguistique. Les parents des jeunes les plus avancés leur ont enseigné à parler dès leur petite enfance en chantant, en leur expliquant, en les écoutant et en leur répondant, et en leur faisant la lecture. De façon générale, ces parents leur faisaient la lecture tous les jours et ont débuté avant même que les bébés aient 1 an (Raikes et coll., 2006).

Selon les béhavioristes, pour que les enfants parlent adéquatement, comprennent bien et, plus tard, lisent avec facilité, les parents devraient commencer très tôt à leur parler.

L'explication épigénétique : l'émergence des habiletés linguistiques innées

À l'opposé, cette explication soutient que le langage est inné et que les adultes n'ont pas besoin de l'enseigner aux enfants. Pour Noam Chomsky (1968, 1980), le conditionnement ne peut à lui seul expliquer l'acquisition si précoce d'un code complexe comme le langage : le fait que tous les enfants maîtrisent les rudiments de la grammaire au même âge suppose que le cerveau humain est doté d'une structure qui facilite l'acquisition du langage. Cette structure, appelée **dispositif d'acquisition du langage**, permettrait aux enfants de déduire rapidement et efficacement les règles de la grammaire à partir des paroles qu'ils entendent chaque jour, quelle que soit leur langue maternelle (Gopnik, 2001). Pour commencer à parler, les enfants n'auraient pas besoin d'un déclencheur ; ils n'auraient qu'à être « nourris » sur le plan du langage par leur entourage (Slobin, 2001). Pourquoi ? Parce que les mots sont « attendus » par le cerveau en développement qui, durant la première année de la vie, effectue rapidement des connexions entre les neurones pour soutenir l'apprentissage du langage qu'entend l'enfant (Slobin, 2001).

Dispositif d'acquisition du langage Selon Noam Chomsky, capacité innée d'apprendre le langage, y compris les aspects élémentaires de la grammaire, ainsi que d'en capter et d'en mémoriser les caractéristiques essentielles.

La recherche corrobore ce point de vue. Nous savons que tous les bébés babillent en répétant certaines syllabes comme « ma-ma » et « pa-pa » (sans désigner leur mère ou leur père pour autant) (Goldman, 2001). Pour y parvenir, ils n'ont pas besoin de renforcement ni d'instructions ; il suffit que leurs dendrites se développent, que les neurones communiquent entre eux, que les muscles de leur bouche se renforcent et qu'ils entendent parler. Puis, au cours de la deuxième année, les enfants adaptent les sons qu'ils produisent au langage qu'ils entendent. De nombreux parents s'aperçoivent, parfois avec consternation, que leur trottineur est naturellement doué pour apprendre des mots qu'il a entendus, même ceux qui ne s'adressaient pas à lui (Akhtar, Jipson et Callanan, 2001) et qu'il ne devrait pas répéter !

À l'intention des futurs éducateurs Une garderie accueille un nouveau venu dont les parents parlent une autre langue que celle des éducateurs en poste. Ces derniers devraient-ils apprendre quelques mots de la langue des parents ou présumer que le bébé apprendra la langue de la majorité ?

L'explication socioculturelle : les besoins sociaux de communiquer

La troisième explication suppose que le point de départ de l'acquisition du langage n'est ni le renforcement de vocabulaire (théorie béhaviorale) ni les connexions innées (théorie épigénétique), mais bien les besoins sociaux de communiquer (Hollich et coll., 2000).

Cette théorie mise sur l'interaction sociale et considère que les bébés apprennent à parler parce qu'ils sont des êtres sociaux : ils veulent communiquer pour interagir affectivement et ils agissent en ce sens de toutes les façons qui leur sont accessibles. Des interactions positives entre l'enfant et l'adulte favoriseraient donc l'apprentissage du langage.

Selon cette explication, les bébés cherchent d'abord à comprendre les intentions et les désirs des autres, « et acquièrent par conséquent les symboles linguistiques qu'ils voient comme un produit dérivé de l'interaction sociale avec des adultes » (Tomasello, 2001).

L'explication hybride : de nombreuses avenues

Laquelle des trois explications sur le langage est valable : béhavioriste, épigénétique, socioculturelle ? Chaque camp a validé ses hypothèses à l'aide d'études. Des universitaires ont tenté d'intégrer les trois perspectives, notamment dans une monographie basée sur 12 expériences mises au point par huit chercheurs (Hollich et coll., 2000). Ces chercheurs font valoir que les enfants apprennent le langage à des fins diverses, notamment pour exprimer une intention, obtenir ce qu'ils veulent, appeler les objets par leur nom, combiner des mots, parler aux membres de leur famille et interagir affectivement, chanter, exprimer leurs souhaits, se rappeler des expériences passées et bien d'autres choses. Par conséquent, les chercheurs posent l'hypothèse que certains aspects du langage s'apprennent mieux d'une certaine façon à un certain âge alors que d'autres s'apprennent mieux autrement à un autre âge.

Par exemple, le nom du chien de la famille peut être appris par association et répétition ; les membres de la famille, et possiblement le chien lui-même, accordent un renforcement au nom prononcé, processus de renforcement béhavioriste. Cependant, la distinction entre les mots *chien* et *chat* peut refléter une prédilection neurologique (épigénétique), ce qui signifie que le cerveau peut être génétiquement programmé pour distinguer ces espèces.

L'aptitude à capter une différence de sons à 6 mois est un indicateur de l'aptitude à parler à 13, 18 et 24 mois. Cette aptitude pourrait s'expliquer :

- par l'écoute d'un grand nombre de mots (béhaviorisme) ;
- par un potentiel inné (épigénétique) ;
- par les besoins sociaux de communiquer (théorie socioculturelle).

Après des études approfondies, les scientifiques qui ont constaté que l'aptitude à entendre les différences sonores annonçait une compétence à parler ont endossé une explication

Réponse aux futures infirmières et aux futurs pédiatres (de la page 128) Si une bonne part du développement du langage est effectivement préprogrammée, de nombreux experts affirment que l'enfant doit néanmoins y être exposé pour que le cerveau se développe. Cela dit, vous n'avez pas à convaincre Thomas et Isabelle sur ce point. Il vous suffit de les convaincre que leur bébé sera plus heureux s'ils lui parlent.

Réponse aux futurs éducateurs (de la page 129) Sans doute les deux. Les jeunes enfants adorent communiquer et cherchent à le faire par tous les moyens. Par conséquent, les éducateurs devraient essayer de comprendre le bébé et ses parents, mais ils devraient aussi commencer à enseigner à l'enfant la langue d'usage à la garderie.

hybride et conclu que « de nombreux signaux attentionnels, sociaux et linguistiques » contribuaient à l'émergence précoce du langage (Tsao, Liu et Kuhl, 2004).

Dans la mesure où chaque enfant se distingue par son style d'apprentissage, sa culture de même que ses contextes familial et social, la théorie hybride émet l'hypothèse que chacune des théories est valable à un moment ou à un autre de l'acquisition du langage.

En matière de langage, la nature de l'apprentissage varie donc selon les circonstances. Le béhaviorisme fonctionne auprès des jeunes enfants alors que des enfants légèrement plus âgés sont plus sensibles à l'aspect social : « Un bébé de 10 mois qui est sensible aux perceptions devient un enfant de 19 mois sensible à son environnement social » (Pruden et coll., 2006).

Rien de plus logique et de plus pratique, au fond, que la nature prévoie diverses avenues d'apprentissage du langage. Chaque avenue se révèle préférable ou plus profitable à certains stades, dans certaines cultures ou familles. De fait, tous les enfants apprennent à communiquer et recourent à une variété de moyens pour y parvenir.

L'étude du développement cognitif durant les 2 premières années de la vie de l'enfant montre à la fois comment le bébé est dépourvu devant la complexité du monde qui l'entoure et qu'il possède en même temps les outils de base nécessaires pour l'appréhender de même que la motivation pour le faire. La responsabilité des adultes est de lui fournir un environnement propice au développement de ses aptitudes physiques, de ses habiletés cognitives et de son potentiel psychosocial.

Synthèse

SECTION 1 Le développement biosocial chez l'enfant de 0 à 2 ans

1. Toutes les découvertes que fait un bébé de la naissance à 2 ans relèvent d'une part de la biologie, c'est-à-dire de sa croissance physique, de la maturation de son cerveau et de son système nerveux, et, d'autre part, du contexte social, c'est-à-dire des soins et du soutien qu'il reçoit.

La croissance physique et la santé

2. Au Québec, la taille et le poids moyens à la naissance sont de 51 cm et de 3,4 kg. Vers l'âge de 12 mois, les bébés ont triplé leur poids de naissance pour atteindre, à 2 ans, la moitié de leur taille adulte. Une bonne alimentation est essentielle à la croissance. Le nourrisson sera nourri au sein ou avec du lait maternisé jusqu'à l'âge de 6 mois en moyenne et commencera par la suite à manger des aliments solides. Comme le cerveau se développe rapidement durant les 2 premières années de vie, la malnutrition durant cette période limite le développement des fonctions cognitives.
3. Un sommeil régulier et suffisant est nécessaire à la maturation normale du cerveau, à l'apprentissage, à la régulation des émotions et à l'adaptation psychologique. Le temps de sommeil total varie peu de la naissance à 1 an, passant de 16 à 13 heures environ. Peu à peu, les périodes de sommeil se synchronisent avec les activités de la famille. Au Québec, plus de 50 % des bébés de 2 mois dorment une période de 6 heures consécutives ; à 4 mois, ce pourcentage passe à environ 75 %.
4. Les causes de la mort subite du nourrisson (MSN) sont inconnues. Au Québec, plus de 100 décès chez les moins de 2 ans sont rapportés annuellement aux coroners, dont 47 % attribuables à la MSN. La mesure de prévention la plus connue consiste à coucher les bébés bien portants sur le dos. Parmi les facteurs de risque à l'étude, les chercheurs ont identifié un trop grand nombre de récepteurs de la sérotonine dans le tronc cérébral, siège du rythme cardiaque et de la respiration ; les nourrissons présentant cette condition ne se réveillent pas automatiquement lorsque leur sang enregistre une baisse d'oxygène, et ils en meurent parfois.

La croissance et le développement du cerveau

5. Les systèmes de communication du cerveau sont composés de neurones, dont les prolongements sont appelés *axones et dendrites*. La synapse est une zone de contact entre deux neurones qui permet la transmission d'un influx nerveux. À la naissance, le cerveau comprend plus de 100 milliards de neurones et, à l'âge de 2 ans, environ 100 trillions de

synapses. La maturation du réseau de neurones suit un programme inscrit dans les gènes, mais il faut un minimum de stimulation pour qu'elle se déclenche.

6. On nomme *plasticité cérébrale* la capacité du cerveau à modifier l'organisation de ses réseaux de neurones en fonction des stimulations de l'organisme. Cette plasticité est à la base des processus de mémoire et d'apprentissage. Vers l'âge de 18 à 24 mois se produit un processus d'émondage : les connexions redondantes et non utilisées disparaissent et ne sont conservées que les voies neuronales les plus efficaces. Le développement des fonctions cérébrales est déclenché par l'expérience, mais il est aussi conditionnel à l'expérience. En effet, certaines expériences sont essentielles au développement du cerveau alors que d'autres, particulières et variables selon les bébés, permettent l'émondage des connexions neuronales non utilisées.

Les sens et les habiletés motrices

7. Au cours de leur première année de vie, les nourrissons se servent de leurs sens pour trier et classer une foule d'expériences. La sensation est la détection d'un stimulus par un appareil sensoriel (l'oreille détecte des sons), alors que la perception est le produit d'une sensation transmise et traitée par le cerveau (le nourrisson détecte parmi plusieurs sons la voix de sa mère). La cognition va plus loin que la perception ; elle représente l'interprétation des perceptions (le nourrisson détecte la voix de sa mère et interprète qu'elle s'approche pour le nourrir).

8. À la naissance, l'ouïe est plus développée que la vision. Toutefois, le système visuel se développe rapidement et, à l'âge de 12 mois, le bébé jouit d'une excellente vision, même de loin. La préférence pour les gens est un principe universel de la perception chez les bébés : ils semblent spontanément attirés vers les personnes.

9. Comme la vue et l'ouïe, les sens du goût, de l'odorat et du toucher fonctionnent dès la naissance et s'adaptent rapidement. Les nouveau-nés peuvent faire la différence entre les quatre saveurs de base : le sucré, l'acide, l'amer et le salé.

10. La perception intermodale est la capacité d'intégrer l'information perceptive provenant des différents systèmes sensoriels. La perception transmodale est la capacité de s'appuyer sur un type d'information sensorielle pour en imaginer un autre.

11. Le développement des habiletés motrices permet à l'enfant d'acquérir une certaine indépendance. Les réflexes, qui constituent les premières habiletés motrices, sont des réponses physiques involontaires aux stimulus. Certains sont essentiels à la survie, d'autres disparaissent complètement dans les mois qui suivent la naissance et d'autres encore sont à la base des habiletés motrices futures.

12. La motricité globale commence à se développer dès les premiers jours de la vie. Elle représente l'ensemble des mouvements qui permettent au nouveau-né de modifier sa position, de se déplacer, d'agir sur son environnement ou d'interagir avec autrui. Quant à la motricité fine, elle comprend l'ensemble des activités motrices qui engagent une région spécifique du corps, sans que le reste du corps soit nécessairement mis à contribution. Le développement de la motricité globale favorise le développement de la motricité fine, et vice versa.

SECTION 2 Le développement cognitif chez l'enfant de 0 à 2 ans

La théorie de Piaget : une intelligence active

1. La cognition regroupe un ensemble d'activités mentales dont le langage, l'apprentissage, la mémoire et l'intelligence. Selon Piaget, quatre périodes jalonnent le développement cognitif. La première, celle de l'intelligence sensorimotrice, est divisée en six stades qui définissent les progrès cognitifs de l'enfant de 0 à 2 ans environ. Au cours de cette période, l'enfant s'appuie sur ses sens et sa motricité pour explorer et comprendre son environnement.

2. Les deux premiers stades de l'intelligence sensorimotrice se caractérisent par une intelligence centrée sur le corps. Le premier stade dure 1 mois et implique le développement des réflexes. Le deuxième stade est celui des premières adaptations acquises et est appelé *stade des réactions circulaires primaires* (entre 1 et 4 mois).

3. Les troisième et quatrième stades de l'intelligence sensorimotrice se caractérisent par une intelligence centrée sur les êtres vivants et les objets. Le troisième stade, celui des stratégies visant à faire varier les sensations intéressantes, est appelé *stade des réactions circulaires secondaires* (entre 4 et 8 mois environ). Le quatrième stade se démarque par les nouvelles adaptations et les anticipations, et il est appelé *stade de la coordination des schèmes secondaires* (entre 8 et 12 mois environ).

4. L'enfant âgé de 4 à 8 mois commence à acquérir la permanence de l'objet. La permanence de l'objet est la capacité de reconnaître qu'un objet continue d'exister indépendamment de nos perceptions sensorielles (vue, ouïe, odorat, toucher, goût). Cette dimension s'acquiert graduellement. Par exemple, l'enfant ne manifestera pas de signe de recherche active d'un objet qui disparaît de son champ perceptuel avant l'âge approximatif de 8 mois. Entre 12 et 18 mois, l'enfant est capable de suivre des déplacements visibles successifs d'un objet. Entre 18 et 24 mois, il devient capable de suivre des déplacements même invisibles d'un objet.

5. Les cinquième et sixième stades de l'intelligence sensorimotrice se caractérisent par la créativité, en matière d'actions et d'idées. Le cinquième stade, celui de l'acquisition de nouveaux moyens par l'expérimentation active, est appelé *stade des réactions circulaires tertiaires* (entre 12 et 18 mois environ). C'est une période d'exploration et d'expérimentation actives. Piaget qualifiait le trottineur au cinquième stade de « petit scientifique » qui « fait des expériences pour voir ». Le sixième stade, celui de l'acquisition de nouveaux moyens par combinaisons mentales, est appelé *stade des représentations mentales* (entre 18 et 24 mois). La représentation mentale est une représentation que l'on se fait, par la pensée, d'une image, d'un concept, d'un objet ou d'une situation.

La théorie du traitement de l'information

6. La théorie du traitement de l'information compare le processus cognitif de l'être humain au fonctionnement d'un ordinateur, processus qui comprend notamment l'entrée de données sensorielles, l'établissement de connexions, le stockage de souvenirs et la production d'une action.

7. La recherche sur le traitement de l'information a mis en relation divers aspects de la cognition chez les jeunes enfants, dont les affordances. Celles-ci ont trait à la perception, résultat du traitement, par le cerveau, de l'information que les organes sensoriels lui envoient. Les possibilités de perceptions et d'actions que présentent les différents stimulus de l'environnement d'une personne sont nommées *affordances*. La perception d'une affordance donnée et l'action qu'elle déclenche varient selon la capacité sensorielle (les sensations perçues par la personne), la motivation immédiate, le stade de développement (la maturation du cerveau, entre autres) et l'expérience.

8. Les bébés de quelques mois n'ont pas la mémoire très longue. Comparés aux enfants de 12 mois, ils ont plus de difficulté à former de nouveaux souvenirs et ils les conservent moins longtemps. Cependant, leur mémoire s'améliore considérablement si les situations sont adaptées à leurs capacités mnésiques, s'ils sont fortement motivés à se rappeler et si on prend des mesures spéciales pour favoriser la récupération de l'information. À partir du moment où les bébés comprennent les mots, un rappel verbal aide à réactiver une information, même après un certain temps.

Le développement du langage

9. L'enfant apprend à parler, sans avoir conscience des règles de fonctionnement de la langue. Les nourrissons communiquent très énergiquement leurs émotions et leurs préférences avant de pouvoir les verbaliser. Cette forme de communication remplit la première fonction du langage, c'est-à-dire être compris des autres.

10. À 6 ou 7 mois, les bébés commencent à répéter certaines syllabes (« ma-ma-ma », « da-da-da » et « ba-ba-ba »). Ce phénomène, appelé *lallation* ou *babillage*, est universel : tous les bébés du monde émettent des sons semblables, peu importe la langue que parlent leurs parents. Le langage bébé ou langage maternel qu'emploient les adultes pour parler aux nourrissons se distingue du langage normal par la hauteur du registre, l'intonation, le vocabulaire et la brièveté des phrases. Ces aspects du langage facilitent la compréhension des mots pour l'enfant.

11. Vers 12 mois, les bébés disent généralement quelques mots, bien qu'ils ne les articulent pas très clairement et ne les utilisent pas très rigoureusement. La majorité des mots prononcés par l'enfant dans les premiers stades de l'acquisition du langage sont des holophrases, c'est-à-dire des mots uniques qui expriment une pensée complète. La pierre angulaire de l'acquisition du langage est la communication. Entre 18 et 21 mois, les enfants s'approprient tellement de mots qu'on parle d'explosion lexicale. À 21 mois, un enfant peut dire deux fois plus de mots qu'à l'âge de 18 mois.

12. Afin de comprendre comment le langage se développe, quatre courants théoriques proposent des explications. L'explication béhaviorale affirme que les bébés acquièrent une langue par l'enseignement direct. L'explication épigénétique soutient qu'ils comprennent la langue de façon naturelle. L'explication socioculturelle maintient qu'ils ont des besoins sociaux de communiquer alors que l'explication hybride évalue que plusieurs voies d'apprentissage du langage sont utiles, selon les circonstances et l'âge.

Questions clés

SECTION 1 Le développement biosocial chez l'enfant de 0 à 2 ans

1. Quelles sont les trois dimensions sur lesquelles influe l'alimentation du nourrisson ?
2. Nommez les structures impliquées dans la communication entre deux neurones.
3. Qu'entend-on par l'émondage (ou élagage) de connexions neuronales ? Donnez un exemple.
4. Quelle est la distinction entre *sensation*, *perception* et *cognition* ?

SECTION 2 Le développement cognitif chez l'enfant de 0 à 2 ans

1. Pourquoi Piaget a-t-il appelé *intelligence sensorimotrice* la première période du développement cognitif ? Donnez des exemples.
2. Décrivez ce qu'est la permanence de l'objet. Expliquez comment elle se développe chez l'enfant en donnant des exemples de cette capacité à l'âge de 4, 8, 12 et 24 mois.
3. Qu'est-ce qu'une affordance ? Donnez des exemples.
4. Nommez et expliquez les quatre conceptions théoriques du développement du langage.

Applications

SECTION 1 Le développement biosocial chez l'enfant de 0 à 2 ans

1. Observez trois jeunes enfants (que vous ne connaissez pas) dans un lieu public comme un magasin, un parc ou un autobus. Prêtez attention à leur taille et à leur motricité, particulièrement à la façon dont chacun arrive à contrôler ses jambes et ses mains. Estimez ensuite l'âge de chaque enfant, puis demandez son âge exact à l'adulte qui l'accompagne (la plupart des adultes se feront un plaisir de vous le dire).

SECTION 2 Le développement cognitif chez l'enfant de 0 à 2 ans

1. Lorsque vous serez en présence d'un enfant âgé entre 4 et 24 mois, faites cette expérience pour évaluer la permanence de l'objet : cachez un objet ou déplacez-le dans un espace où l'enfant pourra le voir disparaître et réapparaître. Observez sa réaction.

À vous les commandes (réponses)

À vous les commandes 4.3

Vous n'avez aucune sensation pendant quelques secondes, le temps que le sel ou le sucre fonde et se rende sur le bout de votre langue, là où se trouvent les récepteurs du sucré et du salé.

À vous les commandes 4.4

a) 4 b) 3 c) 1 d) 5 e) 2 f) 6

Le chapitre 4 en un clin d'œil

SECTION 1 Le développement biosocial chez l'enfant de 0 à 2 ans

La croissance physique et la santé

Taille et stature

À la naissance
- Taille et poids moyens : 51 cm et 3,4 kg

À 12 mois
- Taille et poids moyens : 75 cm et 10 kg

Nutrition

Lait maternel ou lait maternisé jusqu'à l'âge de 6 mois, puis introduction d'aliments solides (purées)

Malnutrition
- Impact négatif sur le développement

Sommeil

Régulation des états de conscience
- Caractère cyclique et distinct à mesure que le cerveau se développe
- Longue nuit de sommeil vers l'âge de 12 mois

Mort subite du nourrisson (MSN)
- Causes inconnues
- Identification de facteurs génétiques
- Mesure préventive : coucher l'enfant sur le dos

La croissance et le développement du cerveau

Connexions dans le cerveau

Réseaux complexes
- Neurones, axones, dendrites et synapses

Principales parties du cerveau
- Environ 70 % des neurones se trouvent dans le cortex cérébral
- Les aires du cortex associées aux sens mûrissent relativement tôt

Rôle de la stimulation et de l'expérience
- Développement déclenché par l'expérience (relève du nécessaire)
- Développement conditionnel à l'expérience (relève du possible)
- Plasticité du cerveau et processus d'émondage

Le chapitre 4 en un clin d'œil

SECTION 2 Le développement cognitif chez l'enfant de 0 à 2 ans

Les sens et les habiletés motrices

- **Capacités sensorielles et perceptives**
  - Sensation : détection d'un stimulus par un appareil sensoriel
  - Perception : produit d'une sensation transmise et traitée par le cerveau
  - Ouïe
    - Plus développée que la vision à la naissance
  - Vision
    - Vision binoculaire
    - Préférence pour les gens
  - Goût, odorat et toucher
    - Fonctionnent dès la naissance
    - Différenciation des quatre saveurs de base chez les nouveau-nés
    - Consolabilité par le toucher
- **Coordination des systèmes sensoriels**
  - Perception intermodale
  - Perception transmodale
- **Habiletés motrices**
  - Réflexes
    - Réflexe de respiration
    - Réflexe des points cardinaux
    - Réflexe de succion
  - Motricité globale
  - Motricité fine

La théorie de Piaget : une intelligence active

- **Intelligence sensorimotrice**
  - L'enfant s'appuie sur ses sens et sa motricité pour explorer et comprendre son environnement
- **Six stades de l'intelligence sensorimotrice**
  - De 0 à 1 mois : exercice des réflexes
  - De 1 à 4 mois : stade des réactions circulaires primaires
  - De 4 à 8 mois : stade des réactions circulaires secondaires
  - De 8 à 12 mois : stade de la coordination des schèmes secondaires
  - De 12 à 18 mois : stade des réactions circulaires tertiaires
  - De 18 à 24 mois : stade des représentations mentales
- **Permanence de l'objet**
  - Pas de signe de recherche active d'un objet avant l'âge de 8 mois
  - Entre 12 et 18 mois, capacité de suivre des déplacements visibles successifs

Le chapitre 4 en un clin d'œil

SECTION 2 Le développement cognitif chez l'enfant de 0 à 2 ans (suite)

La théorie du traitement de l'information

- **Affordances (possibilités de perceptions et d'actions)**
  - Quatre facteurs influant sur la perception d'une affordance
    - Capacité sensorielle
    - Motivation immédiate
    - Stade de développement
    - Expérience
- **Mémoire**
  - Rappels et répétition
  - Un peu plus de mémoire avec l'âge

Le développement du langage

- **Une séquence universelle dans les grandes lignes**
  - Étapes
    - Écouter et réagir
    - Lallation ou babillage
    - Compréhension
    - Premiers mots
    - Holophrases
    - Explosion lexicale
    - Phrases : associations de mots
- **Les théories de l'apprentissage linguistique**
  - Explication béhaviorale : les bébés acquièrent une langue par l'enseignement direct
  - Explication épigénétique : les bébés comprennent la langue de façon naturelle
  - Explication socioculturelle : les bébés ont des besoins sociaux de communiquer
  - Explication hybride : plusieurs voies d'apprentissage du langage sont utiles, selon les circonstances et l'âge

CHAPITRE 5

Le développement psychosocial chez l'enfant de 0 à 2 ans

Selon les spécialistes du développement, toute personne a, dès son plus jeune âge, une vie affective et sociale active. Ils ont en effet constaté que le nouveau-né manifeste très tôt un désir d'interaction. Celui-ci est prédisposé à interagir avec les autres et devient, en peu de temps, d'une part, de plus en plus sensible à leurs humeurs, à leurs émotions, à leurs actions et, d'autre part, de plus en plus capable d'exprimer des émotions.

Le développement psychosocial s'intéresse aux émotions, aux attitudes, à la personnalité des individus, mais aussi à leurs interactions dans leur environnement social, soit la famille, les amis, la collectivité. Il concerne donc à la fois des aspects internes, comme les processus émotionnels, de même que les relations interpersonnelles et sociales.

Dans ce chapitre, nous nous intéressons d'abord au développement des émotions chez les nourrissons et les trottineurs. Nous reprenons par la suite les six approches décrites au chapitre 2 pour les appliquer au développement psychosocial durant les 2 premières années de la vie. Ce survol nous amène à nous pencher aussi sur les interactions entre les enfants et leurs parents (ou d'autres personnes qui s'en occupent) en vue de mieux cerner comment le nourrisson et le trottineur développent leurs rapports sociaux. Nous abordons notamment les notions de synchronisme, d'attachement et de référenciation sociale, des éléments de base du développement psychosocial.

Le développement affectif

L'étude du développement affectif du nourrisson éclaire les origines de la croissance psychologique, car elle nous renseigne sur la manière dont le bébé perçoit son environnement, le comprend et y réagit. Les 2 premières années de la vie constituent une période de « grande sensibilité affective » (Izard et coll., 2002), marquée par des réactions spontanées — pleurs, surprise, rires, colère, etc. — et, vers la fin de la deuxième année, par des réactions complexes, de l'éclat de rire heureux à la moue mélancolique en passant par le sourire coquin. L'expression des émotions chez le nourrisson facilite considérablement ses interactions sociales et constitue une forme de communication. C'est d'ailleurs en exprimant ses émotions que le nourrisson déclencherait chez ses parents les réponses nécessaires à sa protection et à sa survie.

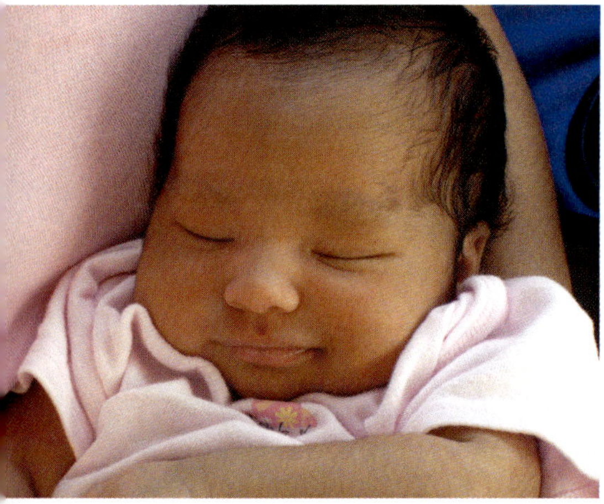

Le sourire de la satisfaction Emily, 3 semaines, sourit dans son sommeil, comme le font de nombreux nourrissons satisfaits par une tétée. Ce n'est toutefois que vers l'âge de 6 semaines que les bébés sourient en réaction à des stimulus extérieurs tels que le visage de leurs parents.

Les émotions

L'alternance du plaisir et de la douleur semble caractériser le vécu émotionnel du nourrisson. En effet, les nouveau-nés paraissent heureux et détendus lorsqu'ils ont bu et qu'ils s'apprêtent à sombrer dans le sommeil. Par contre, ils manifestent de la détresse en pleurant lorsqu'ils ont faim, lorsqu'ils sont fatigués ou qu'ils ont peur, ou lorsqu'ils ont mal (environ le tiers des bébés souffrent de coliques durant leurs premiers mois).

Les pleurs

Les chercheurs ont découvert que les pleurs d'un bébé provoquent chez les adultes une réaction physiologique caractérisée par une focalisation de l'attention et une accélération de la fréquence cardiaque. Cette réponse s'observe même chez ceux qui n'ont jamais pris soin d'un petit (Thompson et Frodi, 1984; Gustafson et Harris, 1990; Zeskind et Collins, 1987). Les pleurs favorisent donc la survie du bébé: ils signalent un danger potentiel et incitent les adultes à agir. Non seulement les nourrissons pleurent pour appeler les adultes ou les garder à proximité, mais ils tendent aussi les bras, grommellent et s'agrippent à eux, compensant ainsi les limites de leur langage verbal, de leurs mouvements et de leur autonomie.

À VOUS LES COMMANDES 5.1

Les pleurs des bébés

Bébé pleure, parfois un peu, parfois beaucoup! Mais pourquoi, au juste?

1. Donnez cinq raisons pour lesquelles un bébé pleure.
2. Indiquez, pour chacune, le ou les comportements qui vous semblent les plus appropriés de la part des parents. N'hésitez pas à vérifier vos intuitions auprès de jeunes parents de votre entourage: qu'en est-il en réalité?

Le sourire et le rire

Sourire social Sourire que fait un nourrisson en réponse à une voix ou à un visage. Le sourire social apparaît 6 semaines environ après la naissance chez le bébé né à terme.

Le nouveau-né commence à sourire tôt: dès ses premiers jours, il réagit par un demi-sourire à une sensation interne agréable, à un son plaisant et à la sensation de satiété (Lavelli et Fogel, 2005). La vue d'un visage humain suscite un **sourire social** vers 6 semaines et des rires vers 3 ou 4 mois. C'est également vers cet âge qu'il commence à être possible de faire rire les enfants. Chez les Navajos, celui ou celle qui parvient à faire rire un nourrisson pour la première fois organise un festin pour célébrer le passage du bébé au statut de personne (Rogoff, 2003).

À mesure que le nourrisson vieillit, le sourire et le rire deviennent plus sélectifs mais aussi plus spontanés (Lewis et Michalson, 1983; Nwokah et coll., 1994). Le rire vient avec la curiosité, qui se manifeste de plus en plus à mesure que les bébés distinguent les éléments inhabituels des éléments familiers (Kagan, 2002); de fait, un bébé de 6 mois typique découvre mille et une choses avec une joie évidente et rit beaucoup. Tandis que le bébé de 3 mois sourit à tout le monde, le nourrisson de 9 mois sourit instantanément à la vue de certains visages et demeure impassible ou éclate en sanglots en en voyant d'autres. Par exemple, il sourit dès qu'il aperçoit le visage de ses parents et glousse de plaisir si leur comportement signale l'amorce d'une interaction ludique. Il s'agit là de comportements universels que l'on peut observer autant chez les bébés des chasseurs-cueilleurs du Kalahari (les Ju'hoansi, par exemple) que chez les enfants nés au Québec, au Cameroun, en Argentine, au Japon ou en Israël (Bakeman et coll., 1990).

La colère

La colère est évidente à 6 mois et naît habituellement de la frustration, dont les sources sont multiples pour le nourrisson. Cela peut être la grande sœur qui s'empare du hochet, son papa qui l'attache dans le siège d'auto ou toute autre forme de restriction de ses mouvements (Plutchik, 2003).

En même temps que sa colère s'intensifie, l'enfant apprend à composer avec cette émotion. Alors que le nourrisson de 6 mois se contente de hurler, l'enfant de 13 ou 15 mois passe à l'action (il sort de son parc ou empoigne un jouet), réclame de l'aide (il crie ou gesticule pour montrer ce qu'il veut) ou se console tout seul (en détournant le regard du facteur de frustration, en suçant ses doigts ou en serrant son ourson) (Gustafson et Green, 1991 ; Stifter et Braungart, 1995). À 18 mois, il mord, griffe et tire les cheveux.

De la peur de l'étranger à celle du père Noël Pour des trottineurs, même un étranger sympathique est potentiellement une source de stress, particulièrement lorsque maman retire ses bras protecteurs. Les étrangers les plus effrayants sont des hommes vêtus de façon inhabituelle et qui se comportent comme s'ils étaient très familiers avec l'enfant. Engager un clown pour fêter le deuxième anniversaire de bébé ? Pas une bonne idée ! Il pourrait être une source de terreur ; il vaudrait mieux attendre que l'enfant ait 3 ans.

La peur et l'angoisse

La peur manifeste, en réaction à une personne, à une chose ou à une situation (et non la peur causée par la surprise), apparaît entre 6 et 12 mois ; elle devient rapidement plus fréquente et plus évidente (Kagan, 1998). L'enfant exprime particulièrement deux types de peur : la peur des étrangers (personnes non familières) et l'angoisse de séparation.

La **peur des étrangers** surgit vers l'âge de 6 mois et est habituellement à son apogée entre 10 et 14 mois. L'enfant cesse alors de sourire à n'importe quel visage amical et pleure si un inconnu s'approche trop près et trop vite. Vous avez peut-être suscité vous-même cette réaction en commettant la « bévue » de sourire à un bébé de 1 an au supermarché. Les hurlements qu'il a poussés en guise de réponse en constituaient la manifestation non équivoque ! Cependant, tous les nourrissons ne craignent pas toutes les personnes qui ne leur sont pas familières. De plus, l'intensité de la crainte varie considérablement ; en fait, de nombreux nourrissons réagissent favorablement aux inconnus.

Peur des étrangers Crainte qu'un jeune enfant manifeste à l'endroit d'une personne non familière en la fixant d'un air préoccupé, en s'agrippant à la personne qui l'accompagne ou en pleurant. La peur des étrangers apparaît généralement vers l'âge de 6 mois et culmine entre 10 et 14 mois ; sa manifestation dépend de plusieurs facteurs.

Plusieurs facteurs entrent en jeu dans la réaction de peur déclenchée par des personnes non familières. Ainsi, la réaction dépend du bébé lui-même (de son tempérament et de son sentiment de sécurité face à sa mère en particulier), de l'étranger (de son sexe, de son comportement à l'égard de l'enfant… ou de ses lunettes !) et de la situation (de la proximité de la mère et de l'humeur du nourrisson) (Thompson et Limber, 1990). Un bébé peut se montrer amical envers un étranger qui garde ses distances en présence de la mère, mais manifester de la crainte si la même personne s'approche de lui assez brusquement, et davantage encore si la mère n'est pas là.

Une autre émotion importante, l'**angoisse de séparation**, apparaît à l'âge de 8 ou 9 mois, culmine vers 14 mois et disparaît peu à peu à partir de 2 ans. Si elle perdure après l'âge de 3 ans, elle sera considérée comme une perturbation affective (Silverman et Dick-Niederhauser, 2004). Dans des situations où les personnes familières qui prennent soin de lui le quittent, le bébé réagit très fortement : les pleurs, la consternation ou la colère peuvent être intenses et se prolonger en sanglots pendant de longs moments, voire quelques heures. Toutefois, cette peur de l'abandon n'est pas universelle et dépend de facteurs comme les expériences du bébé en matière de séparation et le climat qui entoure les départs du ou des parents. Ce n'est que peu à peu que l'enfant apprend et comprend que sa mère le quitte, oui, mais qu'elle revient ! Certaines séparations sont inattendues, par exemple celles que le bébé constate après coup, car elles ont eu lieu sans qu'il en soit conscient, durant son sommeil ou alors qu'il était occupé à jouer. Ces séparations sont plus inquiétantes pour l'enfant que les départs accompagnés d'un au revoir, de câlins et de paroles de réconfort (Thompson et Limber, 1990).

Angoisse de séparation Chez le bébé, crainte d'être abandonné par les personnes familières qui prennent soin de lui, en général ses parents. Cette réaction apparaît vers l'âge de 8 ou 9 mois, culmine vers 14 mois, puis disparaît graduellement à partir de 2 ans.

À l'intention des futures infirmières et des futurs pédiatres Des parents vous consultent, s'inquiétant au sujet de leur fille de 1 an qui cache son visage et s'agrippe à eux dès qu'un étranger apparaît. Que leur dites-vous ?

POINT DE MIRE

Recommandations sur la séparation

La peur des étrangers et l'angoisse de séparation, qui apparaissent généralement entre 6 et 9 mois, prennent souvent au dépourvu les parents non avertis.

Pour aider les parents et les jeunes enfants à surmonter la peur des étrangers et l'angoisse de séparation, certains spécialistes font quelques recommandations (tirées de Morse, 1993).

- Laisser le bébé observer les nouveaux visages. Des études ont montré que les jeunes enfants sont intimidés par les personnes inconnues qui les approchent brusquement, ou bruyamment, ou qui tentent de les prendre immédiatement dans leurs bras. Ces personnes devraient s'approcher du bébé en douceur et s'adresser d'abord à l'un des parents avant de porter leur attention sur lui.
- Instaurer un rituel et le préserver au moment de quitter la maison. L'adoption d'une même série de gestes des parents à des moments prévisibles de séparation n'incitera peut-être pas le bébé à sourire, mais le fait de savoir ce qui se passe le rassurera. Il faut lui expliquer la situation avec des mots, même si l'enfant est très jeune.
- Ne pas prolonger le chagrin du bébé. Plutôt que d'attendre qu'il se calme — ce qui peut prendre beaucoup de temps et... lui apprendre à manipuler le parent! —, il vaut mieux que le parent le serre dans ses bras, l'embrasse en lui disant son amour et qu'il lui rappelle, d'une voix douce, qu'il sera de retour un peu plus tard, et parte. La gardienne aidera le parent hésitant à partir en lui offrant simplement de prendre l'enfant dans ses bras. Le bébé portera assez facilement son attention sur autre chose lorsqu'il ne verra plus le parent.
- Ne pas annoncer un retour « dans 5 minutes » s'il est prévu dans 1 heure !
- Éviter la surcompensation. Le parent ne devrait pas diminuer le nombre d'heures de sommeil du bébé si, en raison d'un imprévu par exemple, il n'a pu lui consacrer autant de temps que d'habitude.

La peur des étrangers et l'angoisse de séparation nous permettent de comprendre que les émotions du bébé ne naissent pas d'un événement isolé (tel que l'approche d'un inconnu), mais des divers éléments qui l'entourent. Plusieurs émotions qui font leur apparition au cours des premiers mois de la vie s'accentuent vers l'âge de 1 an (Kagan, 2002). De nombreux enfants craignent alors tout ce qui est inattendu ou inhabituel, du bruit de la chasse d'eau d'une toilette à l'apparition soudaine d'un clown qui surgit d'une boîte. À force de vivre des expériences sous la protection de personnes significatives, les enfants plus âgés en viennent à prendre plaisir à tirer la chasse d'eau (encore et encore, parfois après avoir jeté dans la cuvette la moitié du rouleau de papier de toilette !). Le tableau 5.1 regroupe les émotions que manifeste un nourrisson en fonction de son âge.

TABLEAU 5.1 L'apparition des émotions chez le nourrisson

Âge approximatif	Émotions
Naissance	Pleurs, détresse ; satisfaction
6 semaines	Sourire social
3 mois	Rire, curiosité
4 mois	Grands sourires éveillés
6 mois	Colère
6 mois	Peur des étrangers (culminant entre 10 et 14 mois)
8 ou 9 mois	Angoisse de séparation (culminant vers 14 mois)
12 mois	Peur des choses et des sons inhabituels

RAISONNEMENT SCIENTIFIQUE

L'apogée de l'agressivité chez l'être humain

À quel âge l'agressivité est-elle à son apogée chez l'être humain ? À 17 mois, selon Richard E. Tremblay (1999), psychologue, directeur du Groupe de recherche sur l'inadaptation psychosociale chez l'enfant (GRIP) et professeur à l'Université de Montréal.

De nature, l'enfant sait agresser les autres. C'est durant la deuxième année de son existence qu'il commence à exprimer cette émotion : il mord, pousse, tire les cheveux, donne des coups de pied. On estime que 80 % des enfants de cet âge manifestent de tels comportements. Dans certains cas, les agressions se produisent toutes les 15 minutes environ. Le rôle des parents et des intervenants en garderie est primordial : ils ont à apaiser les querelles et à apprendre aux enfants la négociation.

Qu'advient-il de toute cette agressivité au sortir de la petite enfance ? Elle se transforme en dialogue, en stratégie de négociation, en ruse.

Sources: Richard E. Tremblay et coll., «The Search for the Age of "Onset" of Physical Aggression: Rousseau and Bandura Revisited», *Criminal Behaviour and Mental Health*, vol. 19, nº 1, 1999, p. 8-23 ; Richard E. Tremblay, «Prevention of Youth Violence: Why Not Start at the Beginning?», *Journal of Abnormal Child Psychology*, vol. 34, nº 4, août 2006, p. 480-486.

L'émergence d'émotions liées à la conscience de soi

Peu à peu émerge chez le jeune enfant la conscience que son corps, son esprit et ses actions sont indépendants de ceux des autres (Thompson, 2006). En fait, durant les 4 premiers mois de leur vie, les nourrissons se perçoivent comme faisant partie de leur mère ; on parle alors de fusion. À partir de 5 mois et durant toute l'année suivante, les bébés se rendent compte qu'ils sont séparés de leur mère et développent leur **conscience de soi** (Mahler, Pine et Bergman, 1975 ; Harter, 1998).

Conscience de soi Sentiment d'être une personne distincte dont le corps, l'esprit et les actions sont indépendants de ceux des autres ; sentiment de posséder des caractéristiques particulières.

À VOUS LES COMMANDES 5.2

La conscience de soi : en reconnaître des manifestations

Si vous avez la possibilité d'être en contact avec de jeunes enfants de 12 à 24 mois, faites les deux expériences suivantes.

1. Montrez à chacun une photo de lui-même. Les enfants se reconnaissent-ils ? Par quels comportements le manifestent-ils ?
2. Demandez à chaque enfant d'aller chercher un objet en utilisant le « tu », mais sans faire de geste. Comprennent-ils ? Par quels comportements le manifestent-ils ?

Réponse aux futures infirmières et aux futurs pédiatres (de la page 139) La peur des étrangers est normale jusqu'à 14 mois environ. Le comportement de leur fille s'observe chez la grande majorité des nourrissons.

L'apprentissage des émotions Les bébés réagissent aux expressions et aux actions de leurs parents. Si un tel moment de connivence est courant dans la vie de ce garçon, il développera une joie de vivre et deviendra sociable.

RAISONNEMENT SCIENTIFIQUE

Vers la reconnaissance de soi

Dans une expérience classique, des chercheurs ont tenté de vérifier la capacité de reconnaissance de soi chez des bébés de 9 à 24 mois. Comment? Ils ont subrepticement tracé un point rouge sur le nez de bébés et les ont ensuite placés devant un miroir (Lewis et Brooks, 1978). Les nourrissons de moins de 1 an cherchaient à toucher le point rouge sur le miroir, ne reconnaissant pas leur propre corps, tandis que la majorité des bébés de 15 à 24 mois se touchaient le nez d'un air intrigué. En réagissant ainsi, ces derniers manifestaient qu'ils avaient conscience de voir leur propre visage. Cette capacité de reconnaissance de soi émerge habituellement vers 18 mois, en même temps que la faculté de simulation (faire semblant) et l'utilisation des pronoms à la première personne (je, moi, à moi).

La conscience d'être une personne distincte des gens autour de soi débouche sur la conscience des autres. Vers la fin de la deuxième année, cela mènera à l'apparition de certains sentiments, tels que:

- la fierté: un sentiment de contentement et de satisfaction. Par exemple, l'enfant est fier de réussir à faire avancer son tricycle sans aide;
- la honte: un sentiment de malaise ou de confusion provoqué par une crainte réelle ou imaginaire de la réaction négative des autres ou de la sienne dans une situation donnée. Par exemple, l'enfant est honteux quand sa mère le surprend la main dans la bonbonnière;
- le doute: un sentiment d'hésitation qui le pousse à évaluer la pertinence de chaque action en fonction des exigences parentales. Par exemple, l'enfant doute de sa capacité à ne pas mouiller sa culotte en conformité avec les attentes des parents;
- la timidité ou la gêne: un sentiment d'inconfort en présence des autres (ou de certaines personnes), un manque d'aisance et d'assurance vis-à-vis d'autrui. Par exemple,

Qui est-ce? Devant leur reflet dans un miroir, les nourrissons sourient et essaient de toucher au bébé qui leur fait face. Ils ne s'apercevront pas qu'il s'agit d'eux-mêmes avant l'âge de 1 an.

Elle se reconnaît Cette petite fille de 18 mois est ravie de se voir ainsi coiffée d'un casque de construction. Elle manipule le casque pour l'ajuster à sa tête, indiquant ainsi qu'elle reconnaît son image dans le miroir. Il s'agit pour elle d'une récente découverte.

l'enfant est intimidé tout à coup de chanter une chanson qu'il connaît bien devant des invités, alors qu'il le faisait sans hésitation quelques semaines auparavant.

Ces sentiments naissent en grande partie des interactions familiales et leur intensité subit l'influence de la culture (Eid et Diener, 2001). Par exemple, les parents nord-américains ont tendance à cultiver la fierté de leur trottineur en disant : « Tu vois, tu y es arrivé seul » (Rogoff, 2003). De fait, les enfants de 2 ans réagissent émotivement de toutes sortes de façons. Ils apprennent de leur entourage que certaines émotions peuvent être exprimées et d'autres, non (Saarni et coll., 2006). Ils apprennent également comment les exprimer d'une façon socialement acceptable.

À **VOUS** LES **COMMANDES** **5.3**

Les émotions permises et interdites

1. Dans votre famille, y a-t-il des émotions permises et d'autres, interdites ? Par exemple, est-ce que vos parents comprennent que vous soyez en colère, mais ne tolèrent pas que vous soyez déprimé ? Acceptent-ils que vous manifestiez votre peine d'amour, mais pas votre découragement d'avoir échoué à un examen ? Tolèrent-ils que vous vous montriez anxieux, mais refusent de vous voir renfermé ?
2. Dans votre famille, y a-t-il des manières d'exprimer ses émotions qui sont permises et d'autres, interdites ? Par exemple, est-ce que les membres de votre famille peuvent se dire fâchés par une remarque désobligeante sans pouvoir pour autant injurier la personne qui l'a lancée ? Accepte-t-on que des jeunes enfants donnent des coups ? Tolère-t-on que les adolescents fassent des remarques condescendantes et blessantes ?
3. Quelles émotions vos parents expriment-ils le plus souvent ? Comment les expriment-ils ? Quelles émotions expriment-ils le moins souvent (ou pratiquement jamais) ?
4. Quelles émotions exprimez-vous le plus souvent ? Comment les exprimez-vous ? Quelles émotions exprimez-vous le moins souvent (ou pratiquement jamais) ?

En réfléchissant à ces questions, qu'avez-vous appris sur vous-même ?

Les approches appliquées au développement psychosocial

Maintenant que nous avons brièvement décrit le développement de l'affectivité pendant la petite enfance, nous pouvons aborder la formation de la personnalité. Comment les réactions émotionnelles et comportementales du nourrisson s'organisent-elles pour contribuer à la formation de la personnalité ? Quels facteurs sont à l'origine des traits de personnalité et des habiletés sociales qui donneront au petit enfant son individualité ?

Six grandes approches en psychologie du développement (voir le chapitre 2) adoptent des perspectives quelque peu différentes sur la façon d'expliquer le développement de la personnalité.

Le début d'une amitié Les émotions tissent des liens, chez des enfants de 12 mois comme chez les adultes. Le sourire qu'affiche ce bambin présage un bon lien social.

L'approche psychodynamique

Pour comprendre le développement de la personnalité du point de vue de l'approche psychodynamique, nous verrons comment Sigmund Freud et Erik H. Erikson ont établi des phases distinctes pour les deux premiers stades. Freud a décrit les phases psychosexuelles orale et anale. Erikson, pour sa part, a identifié les deux premières crises psychosociales, soit celle de la confiance fondamentale et de la méfiance fondamentale, suivie de celle de l'autonomie, de la honte et du doute.

Freud et le développement psychosexuel

S'appuyant sur son travail clinique, Sigmund Freud (1856-1939) a inclus dans sa vision du développement de la personnalité une description de trois phases psychosexuelles

Zone érogène Partie sensible du corps sur laquelle un contact est susceptible de provoquer une excitation sexuelle.

Libido ou **énergie sexuelle** Selon Freud, énergie psychique fondamentale qui anime la recherche du plaisir, c'est-à-dire l'énergie à l'origine des pulsions de vie et spécialement des pulsions sexuelles.

au cours des 6 premières années de la vie. Chacune de ces phases correspond à une **zone érogène** où s'investit la **libido**, ou **énergie sexuelle**, c'est-à-dire une partie du corps particulièrement sensible à l'excitation sexuelle. Ainsi, la satisfaction sensuelle que procure la stimulation des zones érogènes est reliée aux besoins propres à chaque phase. C'est pourquoi chacune de celles-ci marque une focalisation de l'intérêt et du plaisir sur une zone particulière du corps : la bouche pour le nourrisson de 0 à 18 mois (phase orale), l'anus pour le trottineur de 18 mois à 3 ans (phase anale) et les organes génitaux pour l'enfant de 3 à 6 ans (phase phallique). Dans ce chapitre, nous nous intéressons aux deux premières phases psychosexuelles.

Selon Freud, chaque phase comporte un risque de conflits intrapsychiques, et les conflits nés pendant les premières phases peuvent avoir un impact majeur sur le développement ultérieur de la personnalité (Salkind, 2004), par exemple en suscitant une fixation à une phase ou une régression à une phase antérieure.

La phase orale

Phase orale Selon Freud, première phase du développement psychosexuel, durant laquelle la bouche est la principale source de plaisir.

Freud a affirmé que la relation de l'enfant et de la mère est unique et sans pareille. La mère représente pour la vie entière le premier et le plus fort des objets d'amour, le prototype de toutes les relations d'amour futures (Freud, 1940/1964). Freud appela **phase orale** la première phase psychosexuelle, celle qui s'échelonne de la naissance à 18 mois, parce que les différentes motivations de l'enfant s'organisent sous le primat de la sensibilité de la bouche et de la muqueuse buccale. Pour le nourrisson, la bouche est source de plaisir et de satisfaction ; téter, le sein maternel en particulier, constitue l'activité la plus agréable et la plus sensuelle. Bien sûr, la succion sert à nourrir le bébé, mais elle lui procure également un plaisir sensuel. Ainsi, l'action de téter, de lécher ou de mordiller comble les besoins reliés à la zone érogène de cette phase et favorise l'attachement à la personne qui lui apporte une gratification orale.

La mère qui frustre le besoin de téter chez son bébé (en le pressant de terminer rapidement, en le sevrant trop tôt ou en lui interdisant de sucer ses doigts et ses orteils) peut provoquer de la détresse et de l'anxiété. L'enfant peut alors garder toute sa vie une fixation à la phase orale : l'adulte mangera, boira, mâchera, mordra, fumera et parlera à l'excès pour trouver la gratification orale qui lui a été refusée pendant ses jeunes années.

La phase anale

Phase anale Selon Freud, deuxième phase du développement psychosexuel, pendant laquelle l'anus est la principale source de plaisir lié au contrôle et au pouvoir.

La deuxième phase psychosexuelle établie par Freud, la **phase anale**, est marquée par le plaisir sensuel lié à la défécation, puis par le plaisir psychologique lié à la maîtrise du sphincter anal. L'enfant qui apprend à contrôler la rétention et l'expulsion des matières fécales réalise en même temps tout le pouvoir que cela lui confère. Ainsi, ce n'est pas seulement la primauté de la source du plaisir qui change à la phase anale, mais aussi la nature des interactions du bébé avec son entourage.

En effet, l'enfant expérimente sa volonté et sa capacité d'affirmation. Il se rend compte, pour la première fois de sa vie, que lui seul a le contrôle sur ses excréments qui sont, en quelque sorte, son chef-d'œuvre personnel. Alors que depuis sa naissance il est soumis au bon vouloir des adultes de son entourage, il s'aperçoit maintenant que personne ne peut l'obliger à faire ses besoins s'il en a décidé autrement. C'est lui qui gère quand et où il déféquera. Les matières fécales sont traitées comme une partie du corps de l'enfant et représentent son premier « cadeau ». L'enfant ressent le plaisir anal d'expulser, de rejeter à l'extérieur, avec toutes les joies qui y sont rattachées : le plaisir de l'expulsion elle-même, le soulagement consécutif à l'expulsion du « trop-plein », la sensation de chaleur, le contentement de la mère (« Oh ! le joli cadeau ! »). Il peut ainsi exprimer de façon active son accord avec l'entourage qui lui demande d'offrir ce « cadeau » volontairement.

Cependant, l'enfant éprouve aussi le plaisir de livrer son « cadeau » quand ça lui plaît ! En retenant les fèces, il a la possibilité d'exprimer sa capacité de maîtrise de même que son désaccord avec l'entourage. Ainsi, sa volonté se manifeste parfois par le refus de coopérer. L'enfant peut ne céder aux demandes de l'entourage que s'il en décide ainsi, parce qu'il y voit un avantage, parce qu'il a l'impression de pouvoir exercer une sorte de marchandage. C'est généralement durant le difficile apprentissage de la propreté que l'enfant éprouve le plus de frustrations et de conflits intérieurs (Morin et Bouchard, 1997). Pourquoi ? Parce qu'il veut s'affirmer sans pour autant perdre l'amour de ceux et celles qui prennent soin de lui. Or, dans ce contexte, il s'affirme souvent à travers les éclats d'hostilité et l'entêtement si caractéristiques à cet âge. C'est la phase par excellence de l'opposition : l'enfant cherche à occuper la place du plus fort, du plus puissant, du plus grand. Il « se pose en s'opposant » (Bossé, 2003).

Pendant la phase anale, les satisfactions tirées de la maîtrise de soi et du monde, par l'entremise de la défécation et de l'apprentissage de la propreté, sont prépondérantes. Pour les parents qui tentent de favoriser l'autonomie du trottineur, l'entraînement à la propreté n'est qu'un des moyens qu'ils emploient pour ce faire. L'enfant, pour sa part, a la possibilité (Bossé, 2003) :

- de se conformer, surtout par peur d'être laissé-pour-compte, d'être abandonné, de perdre l'amour de ses parents ;
- de se rebeller, surtout pour s'affirmer, pour se découvrir fort et efficace, ou tout au moins pour se rassurer quant à la possibilité d'avoir un jour, comme ses parents, les caractéristiques permettant d'assumer une position de pouvoir.

Comme les matières fécales sont soit rejetées, soit gardées, et que l'enfant en exerce le contrôle, on peut comprendre que le développement de la personnalité se joue alors sur ces deux registres et qu'ainsi la personnalité anale peut être de deux types :

- la personnalité anale expulsive : l'enfant qui est récalcitrant en matière d'entraînement à la propreté devient un adulte entêté et désordonné ;
- la personnalité anale rétentive : l'enfant qui cherche exagérément à plaire pendant l'entraînement à la propreté devient un adulte ponctuel, obéissant, ordonné et très attaché à la propreté.

Erikson et les crises psychosociales

Dans le sillage de Freud, Erik H. Erikson (1902-1994) a formulé une théorie globale du développement, jugeant trop limitées les phases psychosexuelles décrites par Freud. Comme nous l'avons vu au chapitre 2, il élabora un modèle qui tient compte de l'interaction constante entre les processus biologiques, psychiques et socioculturels. Ce modèle, qu'il nomma *théorie psychosociale du développement humain*, comprend huit stades de développement, échelonnés sur la vie entière, chacun se caractérisant par une crise de développement, dont la résolution dépend de l'interaction entre la personne et l'environnement social et culturel.

Chaque crise présente des tendances contradictoires et le développement exagéré de l'une ou l'autre peut nuire à la résolution adéquate de la crise. En revanche, l'intégration saine des tendances opposées de chaque crise favorise l'émergence de forces adaptatives du *moi*, qui contribuent à la résolution adéquate de la crise psychosociale suivante tout en constituant des acquis pour tout le cycle de la vie. Pour Erikson, la personnalité se construit en intégrant les acquis des crises antérieures. Qu'est-ce à dire ? Si c'est à l'âge du nourrisson que se développent les sentiments de confiance fondamentale et de méfiance fondamentale, ils ne disparaissent pas pour autant au moment où se met en place la crise suivante. Ces sentiments font partie intégrante de la personnalité naissante de l'enfant... et en feront partie toute sa vie, en se manifestant dans toutes sortes de circonstances.

Il en va de même pour les sentiments d'autonomie, de honte et de doute. Voyons plus concrètement comment tout cela s'articule à travers le survol des deux premières crises.

La crise de la confiance fondamentale et de la méfiance fondamentale

Crise de la confiance fondamentale et de la méfiance fondamentale Selon Erikson, première crise psychosociale, au cours de laquelle l'enfant perçoit le monde comme un milieu sûr et répondant à ses besoins dans certaines situations et comme un milieu imprévisible et inconfortable dans d'autres.

La première **crise** psychosociale est celle **de la confiance fondamentale et de la méfiance fondamentale**. Dans certaines circonstances, l'enfant perçoit le monde comme un endroit sûr où ses besoins fondamentaux seront satisfaits adéquatement et rapidement : il développe alors la confiance fondamentale. À d'autres moments, il perçoit son environnement comme étant imprévisible et que ses besoins fondamentaux n'obtiendront satisfaction, dans le meilleur des cas, qu'à la suite de pleurs abondants : il développe alors la méfiance fondamentale.

Erikson suppose que le bébé commence à se sentir en sécurité quand sa mère lui fournit nourriture, confort et affection avec constance et régularité. De la naissance à 18 mois, le nourrisson doit apprendre à se fier à la figure maternelle, car c'est elle qui le nourrit. Cependant, ce n'est pas de la quantité de nourriture que dépendra la part de confiance et de méfiance que l'enfant accordera ; c'est avant tout la qualité des rapports que cette personne établira avec lui qui sera déterminante. Le nourrisson accepte ou refuse ce que sa mère ou la figure maternelle lui donne. Si la relation avec sa mère lui inspire de la sécurité, si celle-ci répond à ses besoins et si elle ne le laisse pas pleurer trop longtemps, l'enfant développe le sentiment qu'il est capable d'exprimer ses besoins et que son environnement y répond. Peu à peu, il parvient à une confiance fondamentale qui résiste à sa crainte d'être privé ou abandonné, lorsque sa mère ou la figure maternelle tarde à satisfaire ses besoins ou qu'elle s'absente. Il part alors avec plus d'assurance à la découverte du monde.

Comment le nourrisson résout-il la crise de la confiance fondamentale et de la méfiance fondamentale ? En développant une force adaptative du *moi*, celle de l'espoir, c'est-à-dire une disposition tenace à croire à la réalisation de ses désirs en dépit de la colère liée à la dépendance vis-à-vis des autres : « Je suis l'espoir que j'ai et que je donne » (Erikson, 1972). L'intégration des opposés amalgame donc (Bergeron et Bois, 1999) :

- une dose de confiance, qui permet d'envisager la vie comme n'étant pas constituée exclusivement d'obstacles, mais aussi d'événements surmontables et temporaires qui sont des occasions de se développer, de se connaître, de connaître les autres, d'apprendre ;
- une dose de méfiance, qui permet de maintenir une vigilance pour se protéger face aux aléas de la vie.

Ainsi, la manifestation de la force adaptative de l'espoir intègre les opposés : développer un lien d'amour avec la personne significative qui prodigue les soins (confiance), tout en subissant des délais dans la satisfaction des besoins (méfiance), et garder l'espoir que ses besoins seront comblés ; vouloir découvrir le monde extérieur (confiance) tout en étant parfois confronté à des obstacles, à des blessures, à des peines (méfiance) et garder l'espoir de recevoir de l'aide et du soutien en cas de danger.

La crise de l'autonomie, de la honte et du doute

Crise de l'autonomie, de la honte et du doute Selon Erikson, deuxième crise psychosociale, au cours de laquelle le trottineur oscille entre le désir d'indépendance et la honte et le doute à propos de lui-même ainsi que de ses capacités.

Autonomie Concept lié à la deuxième crise psychosociale selon Erikson, se définissant par la capacité à maîtriser ses pulsions, la valorisation de soi et la fierté personnelle qui en découlent.

Honte Concept lié à la deuxième crise psychosociale selon Erikson, se définissant par l'incapacité à maîtriser ses pulsions et le manque de valorisation de soi qui en découle.

Doute Concept lié à la deuxième crise psychosociale selon Erikson, se définissant par le surcontrôle rigide des pulsions et le manque de valorisation de soi qui en découle.

La deuxième crise psychosociale, qui survient vers l'âge de 2 ans, est la **crise de l'autonomie, de la honte et du doute**. De 18 mois à 3 ans, l'enfant, encore largement dépendant, commence à aspirer à l'autodétermination. Conscient de son existence propre, le trottineur veut décider par lui-même. Or, parfois ses échecs et ses lacunes le confrontent à un sentiment de doute (prise de conscience de ses limites, de sa vulnérabilité) et de honte (colère tournée contre lui) lorsque les autres sont témoins de ses incapacités.

Deux critères peuvent être utilisés pour définir les concepts d'autonomie, de honte et de doute : la gestion des pulsions et la conséquence de cette gestion sur la valorisation de soi (voir le tableau 5.2).

TABLEAU 5.2 La deuxième crise psychosociale selon Erikson (autonomie, honte et doute) et les critères de définition des concepts

Critère	Honte	Autonomie	Doute
Gestion des pulsions	Non-maîtrise des pulsions	Maîtrise souple des pulsions	Surcontrôle rigide des pulsions
Conséquence sur la valorisation de soi	Manque de valorisation ou dévalorisation de soi	Fierté personnelle	Manque de valorisation ou dévalorisation de soi

Lorsque les parents reconnaissent le besoin de l'enfant d'accomplir ce qu'il est capable de faire, qu'ils le laissent réaliser son objectif à son rythme et à sa manière, et qu'ils le valorisent dans cette démarche, le trottineur apprend à maîtriser ses pulsions et gagne, en conséquence, une valorisation de lui-même. S'il n'y parvient pas, soit parce qu'il en est incapable, soit parce que ses parents sont trop sévères ou qu'ils n'établissent pas de balises claires, il se sent honteux et doute de ses capacités. En effet, lorsque l'enfant n'arrive pas à maîtriser ses pulsions, il peut ressentir de la honte d'être pris en flagrant délit d'incapacité. Quand il exerce un surcontrôle de ses pulsions, dans le but de répondre aux exigences trop sévères de ses parents, il peut développer le doute, parce que, même dans ses succès, il n'est jamais sûr d'être à la hauteur. Une des conséquences de la honte et du doute est le manque de fierté personnelle, et parfois même la dévalorisation.

Est-ce à dire que les enfants présentent l'un ou l'autre des sentiments fondamentaux, qu'il s'agisse de la confiance ou de la méfiance, de l'autonomie, de la honte ou du doute ? Non, tous les êtres humains, selon Erikson, développent les sentiments opposés. Ce qui nous différencie, c'est la proportion de l'un et de l'autre, en quelque sorte. Certains ont une dose plus grande de confiance fondamentale que de méfiance ; pour d'autres, c'est l'inverse. Certains développent une dose plus grande d'autonomie que de honte ou de doute.

Comment l'enfant résout-il la crise de l'autonomie, de la honte et du doute ? En développant une force adaptative du *moi*, celle de la volonté, c'est-à-dire la détermination à agir pour s'accomplir et s'autosuffire, malgré les lacunes et les échecs : « Je suis ce que je peux vouloir librement » (Erikson, 1972). L'intégration des opposés amalgame donc :

- une dose d'autonomie, qui permet de décider par soi-même, avec la conviction de pouvoir agir et d'obtenir satisfaction de ses besoins ;
- une dose de honte, qui permet de prendre conscience de ses propres limites et de ses lacunes par rapport à la compréhension des objets, des personnes et des situations ;
- une dose de doute, qui permet d'évaluer ses capacités et ses possibilités à maîtriser ses pulsions et à contrôler l'environnement ; le doute permet de se poser des questions sur la pertinence, l'efficacité et les conséquences possibles de chacun de ses gestes, tout en essayant de prévenir les problèmes.

La manifestation de la force adaptative de la volonté englobe les aspects opposés de la crise : décider tout en surmontant un trop grand entêtement, choisir tout en respectant les autres, se montrer capable de souplesse et de fermeté tout en obéissant à quelques règles essentielles, agir tout en reconnaissant ses limites.

Selon Erikson, les parents doivent se montrer fermes pour aider l'enfant à traverser la crise et à acquérir un sentiment d'autonomie, tout en lui laissant une marge de manœuvre :

> La fermeté doit protéger [le trottineur] contre les désastres que pourraient entraîner son manque de jugement et son incapacité d'évaluer les situations. Son milieu doit l'encourager à « voler de ses propres ailes », mais en même temps, lui éviter les expériences de honte et de doute.
>
> (Erikson, 1963)

Le dilemme d'une mère Les enfants font preuve d'une grande curiosité. Les parents doivent savoir encadrer et encourager cette pulsion vers l'autonomie. Remarquez l'expression de la mère qui veille à ce que son fils n'écrase ni ne morde la fleur. Selon Erikson, la réaction des parents aux décisions et aux actions de leurs enfants peut être déterminante dans la résolution de la crise psychosociale de l'autonomie, de la honte et du doute.

TABLEAU 5.3 Des attitudes éducatives pouvant favoriser une résolution adéquate des deux premières crises psychosociales

Confiance et méfiance (de 0 à 18 mois)	Autonomie, honte et doute (de 18 mois à 3 ans)
Durant la première crise psychosociale de l'enfant, les parents et éducateurs devraient: • lui procurer un environnement paisible et stable; • satisfaire adéquatement et régulièrement ses besoins physiques; • éviter de le laisser pleurer; • satisfaire adéquatement ses besoins de contacts humains, selon son rythme; • satisfaire son désir d'explorer tout en assurant sa sécurité.	Durant la deuxième crise psychosociale de l'enfant, les parents et éducateurs devraient: • lui donner la possibilité d'explorer dans un environnement sécuritaire; • lui donner un horaire flexible et des règles de conduite claires et souples; • lui faire des réprimandes autrement qu'avec la fessée; • le soutenir dans ses apprentissages tout en respectant son rythme; • lui communiquer le sens de l'humour.

Source: adapté d'André Bergeron et Yvon Bois, *Quelques théories explicatives du développement de l'enfant*, Saint-Lambert, Soulières éditeur, 1999.

L'enfant qui fait l'objet d'une « juste dose » de fermeté, en accord avec les normes et les attentes de sa culture, saura faire face aux défis de l'existence avec une assurance croissante. Le tableau 5.3 fournit quelques pistes sur les attitudes éducatives susceptibles de favoriser une résolution adéquate des deux premières crises psychosociales.

Le tableau 5. 4 indique les relations significatives que les deux premières crises psychosociales, selon Erikson, mettent en jeu de même que la force adaptative du *moi* résultant d'une résolution positive de ces défis psychologiques.

Comme Freud, Erikson pensait que les problèmes qui prennent naissance dans la petite enfance peuvent avoir des conséquences durables. Il affirmait que l'adulte méfiant et pessimiste de même que l'adulte perclus de doute n'ont pas acquis une confiance ou une autonomie suffisantes pendant leur petite enfance. Ces traits de caractère s'avèrent nuisibles ou non, selon les normes et les attentes de la culture dans laquelle grandit l'enfant. Erikson précisait cependant que les expériences ultérieures ou un sérieux travail sur soi-même pouvaient modifier les effets des premières années et résoudre les crises non surmontées.

L'approche béhaviorale

Les théoriciens de l'approche béhaviorale ont une vision tout à fait différente de l'être humain. Selon eux, l'environnement joue le rôle prépondérant dans le développement de la personnalité. Ils estiment que les parents forment la personnalité de leur enfant en renforçant ou en punissant ses comportements spontanés. Ainsi, le fait de sourire

TABLEAU 5.4 Deux premières crises psychosociales, relations significatives et forces adaptatives du *moi* selon Erikson

Âge	Crise psychosociale	Relations significatives	Force adaptative du *moi*
De la naissance à 18 mois	Confiance fondamentale et méfiance fondamentale	Personne maternelle (mère ou autre)	Espoir
De 18 mois à 3 ans	Autonomie, honte et doute	Parents (biologiques ou autres)	Volonté

Source: Erik H. Erikson, *Enfance et société, 7e édition*, traduit par A. Cardinet, Neuchâtel, Delachaux et Niestlé, [1963] 1982.

à un enfant et de le prendre dès qu'il esquisse une risette façonnerait un tempérament joyeux, tandis que le fait de taquiner un enfant, en lui retirant sa sucette ou en feignant de lui ôter son jouet préféré, créerait plutôt une nature méfiante et possessive.

John Watson, le chef de file de l'école béhavioriste, cautionna ce point de vue :

> La responsabilité du bonheur et de l'adaptation d'un enfant (en supposant qu'il jouisse d'une bonne santé physique) incombe indiscutablement aux parents. Quand l'enfant atteint l'âge de 3 ans, les parents ont déjà déterminé si l'enfant sera une personne heureuse, stable et sereine, un tyran capricieux, geignard, névrosé, colérique et vindicatif ou un être dont la peur dicte toutes les actions.
>
> (Watson, 1928)

Comment les parents peuvent-ils déterminer les caractéristiques actuelles et futures de l'enfant ? En renforçant et en punissant ses divers comportements. Il arrive toutefois que sans s'en rendre compte, les parents renforcent des comportements qu'ils jugent non souhaitables ou même inacceptables.

L'approche humaniste

Selon l'approche humaniste, l'être humain a en lui des forces de croissance qui le poussent à s'actualiser. La tendance à l'actualisation est cette énergie innée et spontanée qui favorise l'épanouissement du potentiel de chacun, mais qu'en est-il du nourrisson ? Malgré l'importance que les humanistes accordent aux expériences vécues dans l'enfance, ils optent pour une approche non historique. Après tout, c'est dans le présent que l'individu vit et qu'il cherche à satisfaire ses besoins et à réduire ses frustrations. Il n'y a donc pas lieu de penser que ces besoins ou frustrations soient causés par des expériences antérieures.

C'est donc dire que les expériences des 2 premières années de vie sont importantes, certes, mais ne déterminent pas de façon marquante le développement de la personnalité, puisque celle-ci ne se construit pas. La personnalité est un devenir, c'est-à-dire un processus de changement : la personne s'adapte continuellement et restructure sans cesse l'ensemble de ses perceptions et de ses représentations d'elle-même. Ce processus a un caractère hautement subjectif. Le nourrisson évalue donc lui-même de façon positive ou négative l'expérience qu'il vit. Les parents qui ont plusieurs enfants le constatent rapidement : ce qu'ils faisaient avec succès pour calmer l'aîné suscite des pleurs chez le cadet et des rires incontrôlables chez le benjamin !

Parce que l'enfant est dépendant de son entourage, il s'attend à ce que ses parents satisfassent ses besoins physiologiques, d'abord, mais également ses besoins de contacts humains ; il a besoin de se sentir aimé, ce qui lui apporte la sécurité nécessaire à son développement. « Si les parents sont capables d'aimer et d'entourer leur enfant de manière non possessive, celui-ci saura développer son autonomie et apprendra peu à peu à considérer son existence d'une manière positive » (Morin et Bouchard, 1997).

L'enfant agit donc en fonction de deux dimensions : « son guide intérieur » et les attentes de son entourage. « Malheureusement, il arrive trop souvent que l'enfant abandonne ses vrais sentiments ou délaisse ce qu'il ressent intérieurement afin de correspondre aux attentes parentales et mériter ainsi l'amour dont il a besoin. L'enfant apprend alors à critiquer son expérience... » (Morin et Bouchard, 1997).

Les conséquences de cette autocritique sont des sentiments de honte, de doute. Le regard que l'enfant porte sur lui-même, qui était au point de départ positif, deviendra « conditionnel ». La considération positive conditionnelle de ses parents s'intègre au *moi* de l'enfant : « intérieurement embrouillé », ce dernier s'éloigne alors peu à peu de sa tendance spontanée à l'actualisation et au développement.

Bien sûr, les humanistes ne nient pas la difficulté inhérente au rôle parental. Cependant, le fait de favoriser le développement de la conscience chez l'enfant permet à celui-ci de se percevoir comme une « identité particulière et séparée d'autrui ». Ce processus est déjà important durant les premiers mois de la vie. Lorsque l'enfant prend conscience de ses vrais besoins, il parvient à les satisfaire et à accepter de recevoir la satisfaction de ces besoins de la part de son entourage. Quand l'enfant répond à ses besoins, il peut alors « s'ouvrir à de nouvelles dimensions de vie. Le devenir humain se trouve dès lors assuré » (Morin et Bouchard, 1997).

On comprend en conséquence l'importance de la satisfaction adéquate des besoins physiologiques de base, des besoins d'exploration, des besoins de sécurité, des besoins d'appartenance et d'affiliation, tels que définis par Maslow (voir le chapitre 2).

L'approche cognitive

L'approche cognitive accorde une importance à l'apprentissage, mais pas dans le même contexte que l'approche béhaviorale. Certains théoriciens mettent en lumière le rôle de l'apprentissage social (voir le chapitre 2) et avancent que les nourrissons tendent à imiter les comportements de leurs parents — qui servent de modèles —, même sans renforcement direct. Dans une expérience menée par Albert Bandura, de jeunes enfants ayant vu un adulte donner des coups à Bobo, un clown de caoutchouc, agissaient de même (Bandura, 1977). Ainsi, un enfant deviendra irascible s'il voit régulièrement un de ses parents obtenir par la colère le respect et l'obéissance des autres membres de la famille. Les théoriciens de l'apprentissage social, dont Albert Bandura, admettent que les traits de personnalité ne sont pas tous renforcés pendant la petite enfance, mais ils persistent à dire que la personnalité fait l'objet d'un apprentissage (Miller, 1993).

L'approche cognitive soutient que les idées et les valeurs déterminent le regard qu'une personne porte sur le monde. Selon cette approche, les premières expériences sont importantes parce que les convictions, les perceptions et les souvenirs les rendent importantes, et non parce qu'elles sont enfouies dans l'inconscient (comme le veut la théorie psychodynamique) ou imprimées dans les modèles de comportement (selon le béhaviorisme).

Construit personnel Selon l'approche cognitive, ensemble de conceptions personnelles et d'hypothèses dont se sert l'individu pour organiser ses perceptions et ses expériences.

Les jeunes enfants développent, à partir de leurs premières relations, une conception personnelle et des hypothèses (**construit personnel**) sur les relations interpersonnelles qui deviennent plus tard leur cadre de référence (Bretherton et Munholland, 1999; Thompson et Raikes, 2003). Par exemple, une petite fille de 1 an dont les parents ne réagissent jamais de façon cohérente à ses actions peut développer un construit personnel selon lequel les gens sont imprévisibles. Toute sa vie, elle appliquera ce modèle aux personnes qu'elle rencontrera pour la première fois. Ses relations durant l'enfance seront marquées par l'insécurité et, une fois parvenue à l'âge adulte, elle pourrait s'attendre à être constamment déçue. Pour reprendre la terminologie de Piaget, elle aura développé un schème cognitif pour organiser ses perceptions. Selon la théorie cognitive, l'interprétation que fait un enfant de ses premières expériences est bien plus déterminante que les expériences proprement dites (Schaffer, 2000).

L'approche cognitive comporte une note d'espoir dans la mesure où les construits personnels ne sont ni immuables ni permanents. Les gens peuvent revoir et réorganiser leur façon de penser en modelant ou en développant de nouveaux construits personnels plus positifs que les premiers. Ainsi, la petite fille méfiante peut apprendre à faire confiance aux gens si elle développe un nouveau construit et de nouvelles hypothèses de référence à la suite d'expériences vécues durant l'enfance, l'adolescence ou l'âge adulte.

L'approche des systèmes dynamiques

Du point de vue de l'approche des systèmes dynamiques, chaque personne se développe dans une variété de contextes qui se chevauchent et interagissent. Dans le cadre de notre étude du développement psychosocial de la naissance à 2 ans, nous nous intéressons particulièrement à l'influence du système familial.

Comme la famille, incluant la dimension de la relation parent-enfant, est influencée par les différents écosystèmes (microsystème, mésosytème, exosystème et macrosystème ; voir le chapitre 2), les effets sur le développement de l'enfant se font sentir dans leur diversité. Avec qui le nourrisson est-il le plus souvent en contact ? Quelles sont les personnes de la famille qui offrent à l'enfant non seulement la possibilité de survivre, mais également celle de s'intégrer dans un réseau de relations ?

En règle générale, la première relation privilégiée est celle du nouveau-né avec sa mère. Dans certaines régions du monde, la mère est relevée de toutes ses fonctions si ce n'est celle de s'occuper du bébé pendant une période déterminée, variant de quelques semaines à plusieurs mois.

Pendant ce temps, ce sont d'autres femmes de la famille (mère, sœurs, tantes, cousines) et de la communauté (amies, voisines) qui assument les tâches domestiques. La mère a ainsi l'occasion de se consacrer aux soins du bébé, sans surcharge de travail qui augmente la fatigue, et celui-ci profite de la présence bienveillante et attentive de sa mère à chaque instant. Dans d'autres régions du monde, il en va tout autrement. La mère retourne au travail 6 semaines ou 3 mois après l'accouchement, et le bébé est alors confié aux soins d'une garderie, par exemple. La dyade mère-enfant est remplacée par des relations multiples entre le bébé et les éducatrices.

Quelle que soit la structure du système familial, la dyade mère-enfant fait place, plus ou moins rapidement, à d'autres relations, par exemple avec le père, la fratrie, les grands-parents. Or, si la recherche reconnaît amplement le rôle des relations interpersonnelles précoces dans la structuration des compétences du nourrisson, peu d'attention a été accordée aux contributions des autres membres de la famille dans son développement psychosocial. Il semble nécessaire actuellement de développer la recherche sur

> l'articulation des relations socioaffectives en milieu familial. Une analyse socioécologique souligne la nécessité, au plan théorique et empirique, de dépasser la vision dyadique et unidimensionnelle de l'attachement primaire pour élaborer un modèle « polydyadique », systémique et multidimensionnel du développement social et affectif.
>
> (Boyer, Strayer et Ponce, 2005)

Comme le système familial est influencé par d'autres systèmes, les pratiques éducatives qui façonnent en quelque sorte le développement de la personnalité du jeune enfant varient grandement. Par exemple, dans un contexte où l'exosystème postule que les ancêtres se réincarnent dans la jeune génération, les enfants n'apprendront pas à témoigner du respect aux adultes, mais ceux-ci en témoigneront à leurs ancêtres réincarnés. Dans un tel contexte, les pratiques éducatives favorisent largement l'indulgence plutôt que les châtiments sévères (Dasen, 2003).

L'approche épigénétique

L'approche épigénétique soutient que le génotype d'une personne exerce une influence sur ses caractéristiques personnelles. Par exemple, une personne serait ouverte à de nouvelles expériences ou se montrerait plutôt anxieuse en raison de prédispositions innées, mais celles-ci se manifesteraient sous l'influence combinée de la génétique et des expériences vécues au cours de la petite enfance.

Des jumeaux Ils sont nés le même jour et vivent maintenant leur première séance de photographie. L'un a du plaisir et l'autre, non !

Tempérament Ensemble des dispositions innées et relativement constantes qui sous-tendent et modulent le degré d'activité, l'émotivité, la sociabilité et l'autorégulation. Le tempérament est de nature épigénétique, c'est-à-dire qu'il se transmet par les gènes, mais l'éducation en influence l'expression.

À l'intention des futures infirmières et des futurs pédiatres Des parents vous consultent au sujet de leur bébé de 3 mois, qu'ils trouvent capricieux. Ils ont lu que le tempérament était « établi » avant la naissance et craignent que leur enfant soit toujours difficile. Que leur dites-vous ?

Le tempérament

Les prédispositions génétiques d'une personne définissent notamment son **tempérament**, soit l'ensemble de dispositions innées et relativement constantes qui sous-tendent et modulent les émotions, le degré d'activité, la sociabilité et l'autorégulation. Chaque individu possède un tempérament propre, déterminé par ses gènes, qui influe sur presque tous les aspects de sa personnalité.

Les trois types de tempérament

Lors d'études en laboratoire sur le tempérament et à la suite d'entrevues avec les parents, des chercheurs ont soumis des bébés à des expériences qu'ils auraient pu trouver effrayantes. Des bébés de 4 mois virent des mobiles tournoyer ou entendirent des sons inhabituels. D'autres plus âgés virent un robot ou un clown bruyant s'approcher d'eux très rapidement. Comment ont-ils réagi (Fox et coll., 2001 ; Kagan et Snidman, 2004) ?

- certains enfants en rirent et furent déclarés « faciles » ;
- certains en pleurèrent et furent déclarés « difficiles » ;
- d'autres ne réagirent pas ou réagirent très peu et furent déclarés « lents ».

Selon Thomas et Chess (1977), 40 % des enfants seraient des bébés faciles, 10 % seraient difficiles, 15 % seraient lents (voir le tableau 5.5). Il y aurait 35 % des nourrissons qui n'entrent pas dans une catégorie précise.

Le tempérament est la base innée sur laquelle se construit la personnalité qui, elle, dépend également des interactions sociales (Rothbart et Bates, 2006). Ces dernières sont toutefois aussi influencées par le tempérament : par exemple, si le tempérament d'un bébé est difficile, sa mère risque de se montrer plus impatiente, ce qui pourrait avoir un impact sur le développement de sa personnalité. Avec un bébé facile, l'adaptation des parents est moins exigeante.

Le tempérament commence à se manifester dès la naissance et il se consolide pendant les premiers mois de la vie ; souvent même, les traits de tempérament observables à 3 ans le sont encore dans la vingtaine (Caspi et coll., 2003). Cependant, le contexte social et les expériences de vie exercent une influence croissante sur l'expression du tempérament à mesure que la personne se développe. Ainsi, bien que les traits de tempérament soient d'origine génétique, leur expression est modulée par les expériences.

Les bébés faciles sont gais et accommodants, positifs et exubérants la plupart du temps ; ils s'adaptent rapidement à la plupart des changements, qu'il s'agisse d'un lieu,

TABLEAU 5. 5 Les types fondamentaux de nourrissons selon Thomas et Chess

Situation	Bébé facile	Bébé difficile	Bébé lent
Personnes non familières	Sourit	Ne sourit pas	Ne sourit pas, puis s'apprivoise
Nouveau stimulus ou changement dans la routine	Réagit bien et s'adapte	Réagit en pleurant et ne s'adapte pas	Réagit lentement et s'adapte peu à peu
Sommeil et alimentation	Rythme régulier	Rythme irrégulier	Rythme plus ou moins régulier
Humeur	Joyeuse	Plutôt négative	Plus ou moins négative
Intensité des pleurs	Faible ou moyenne	Plutôt forte	Faible ou moyenne

Sources : Alexander Thomas et coll., *Behavioral Individuality in Early Childhood*, New York, New York University Press, 1963 ; Alexander Thomas et Stella Chess, *Temperament and Development*, New York, Brunner/Mazel, 1977.

RAISONNEMENT SCIENTIFIQUE

Les composantes du tempérament : l'*Étude longitudinale de New York*

Étant donné que le tempérament influe sur la personnalité et la nature des rapports interpersonnels, un grand nombre de chercheurs se sont attachés à en décrire et à en mesurer les diverses composantes. L'étude la plus célèbre, la plus poussée et la plus longue jamais menée sur le tempérament est la *New York Longitudinal Study (Étude longitudinale de New York)*, amorcée il y a près de 50 ans (Thomas et Chess, 1977 ; Thomas et coll., 1963).

Selon cette étude, les très jeunes bébés se distinguent les uns des autres par neuf composantes du tempérament.

1. Le degré d'activité Certains bébés sont actifs. Ils remuent beaucoup dans l'utérus puis dans leur berceau et, devenus trottineurs, ils courent presque constamment. D'autres sont plus tranquilles.
2. La rythmicité Certains bébés présentent des cycles réguliers d'activité. Ils mangent, dorment et défèquent à intervalles réguliers dès leurs premiers jours. D'autres bébés ont un comportement imprévisible.
3. L'approche ou l'évitement Cette composante concerne la réaction initiale du bébé à un nouveau stimulus. Certains recherchent la nouveauté, tandis que d'autres évitent tout ce qui est inusité. Lors du premier bain, des bébés écarquillent les yeux en signe d'émerveillement, alors que d'autres se contractent et pleurent. Certains se précipitent à la rencontre d'un enfant inconnu, d'autres essaient de se cacher.
4. L'adaptabilité Cette composante concerne le changement de la réaction initiale du bébé à un nouveau stimulus. Certains bébés s'adaptent rapidement au changement, tandis que d'autres protestent contre toute dérogation à leur routine.
5. L'intensité des réactions Certains bébés s'étranglent de rire et pleurent à fendre l'âme, tandis que d'autres se contentent de sourire et de geindre.
6. Le seuil de réaction Certains bébés paraissent sensibles à toutes les images, à tous les sons et à tous les contacts. Ils se réveillent au moindre bruit et se détournent d'une source de lumière même éloignée. D'autres paraissent indifférents aux lumières vives, au vacarme de la rue et à l'humidité de leur couche.
7. L'humeur Certains bébés semblent joyeux la plupart du temps et sourient fréquemment. D'autres semblent constamment sur le point de rouspéter.
8. La distractivité Tous les bébés maugréent quand ils ont faim. Cependant, certains se calment si on leur donne une sucette ou si on leur chante une chanson, tandis que d'autres continuent de se plaindre. De même, certains bébés se laissent détourner des objets attrayants mais dangereux, alors que d'autres persistent.
9. La durée de l'attention Certains bébés jouent avec le même jouet pendant de longues périodes, tandis que d'autres passent d'une activité à une autre plus rapidement.

Selon les directeurs de l'*Étude longitudinale de New York*, Alexander Thomas et Stella Chess (1977), « l'individualité du tempérament est bien établie dès l'âge de 2 ou 3 mois ». C'est à partir de combinaisons de ces neuf composantes qu'ont été déterminés les trois types de tempérament : facile, difficile et lent.

d'un horaire ou d'un toutou. Les bébés difficiles sont tout le contraire : d'humeur inégale, ils sont intenses dans l'expression de leurs émotions, malheureux, perturbés par le moindre bruit ou changement de routine, et difficiles à distraire ; bref, leurs parents en ont plein les bras. Les bébés lents sont plus inhibés, plus craintifs ; ils ont besoin de temps pour s'adapter aux nouveaux visages et aux expériences inédites.

L'adaptation au tempérament de l'enfant

L'environnement influe de plusieurs manières sur le tempérament (Roisman et Fraley, 2006). Il existe ainsi divers degrés d'**adéquation** (ou de concordance) entre les contraintes de l'environnement et les dispositions d'un enfant. Les parents qui adaptent leurs exigences au tempérament de leur enfant favorisent l'harmonie de la relation et le bien-être familial : il s'agit d'une adaptation de qualité. S'adapter au tempérament signifie, par exemple, aménager une aire de jeu sécuritaire pour l'enfant très actif qui a besoin de dépenser de l'énergie ou laisser à l'enfant lent le temps d'apprivoiser les situations nouvelles, ou encore favoriser cette adaptation en le préparant à l'avance aux changements (par exemple l'amener visiter la nouvelle garderie ou l'hôpital où il sera opéré, etc.). L'incompatibilité entre les exigences parentales et les dispositions de l'enfant, en revanche, peut entraîner des conflits et un durcissement du tempérament.

Adéquation Concordance entre le tempérament d'un enfant et les caractéristiques ou contraintes de l'environnement.

RAISONNEMENT SCIENTIFIQUE

Les signes précoces de la timidité

La timidité a fait l'objet de nombreuses recherches, car cet aspect du tempérament est l'un des plus durables et des plus déterminants. Il est en effet lié à des caractéristiques comme l'amabilité, la confiance en soi et l'introspection.

Devant la constance de la timidité, certains chercheurs ont postulé que ce trait se manifestait dans les premiers mois de la vie sous la forme d'une inhibition généralisée face aux expériences et aux objets inusités.

Comme certains caractères héréditaires, la tendance initiale à l'extraversion ou à la timidité pourrait par la suite être modifiée ou exacerbée par les réactions des autres. Ainsi, les enfants génétiquement prédisposés à la timidité seraient plus enclins à devenir extrêmement timides s'ils ont une sœur ou un frère aîné dominateur. Les parents ont aussi un rôle à jouer. Même un trottineur très timide a environ 50 % de chances de perdre son excès de timidité avant l'âge de 7 ans si ses parents l'encouragent à jouer avec d'autres enfants. Malgré les interventions parentales et les expériences de l'âge préscolaire, cependant, rares sont les trottineurs très timides qui acquièrent suffisamment de spontanéité et de sociabilité pour se confondre avec les extravertis à l'âge de 7 ans (Galvin, 1992 ; Kagan, 1989).

Réponse aux futures infirmières et aux futurs pédiatres (de la page 152) Les caractéristiques de chaque tempérament défini par les experts sont établies assez tôt, vers l'âge de 2 ou 3 mois. Cependant, cela ne signifie pas qu'il ne peut y avoir des changements par la suite. De nombreux nourrissons « difficiles » deviennent des adolescents et des adultes heureux et accomplis, dans la mesure où les parents s'adaptent à ce tempérament.

Les parents doivent d'abord cerner les traits de tempérament de leur enfant, puis l'éduquer et le guider afin que ces caractéristiques s'expriment de façon constructive plutôt que nuisible (Kagan et Fox, 2006 ; Kagan et Snidman, 2004). En vérité, la plupart des parents découvrent tôt que leur influence dépend de l'adéquation entre leur méthode d'éducation et le tempérament de l'enfant.

À VOUS LES COMMANDES 5.4

Des stratégies adaptées à l'enfant

Dans chacune des situations suivantes, proposez des scénarios pour montrer comment, en tant que parent, vous pourriez vous adapter au tempérament de votre enfant.

1. Votre enfant est malade et doit subir une opération. Quelles stratégies pourriez-vous adopter pour l'aider à apprivoiser cette situation s'il est un enfant facile ? un enfant difficile ? un enfant lent ?
2. Après votre congé parental, vous retournez au travail. Vous avez trouvé une garderie près de chez vous qui semble répondre à vos attentes. Quelles stratégies pourriez-vous adopter pour faciliter l'entrée à la garderie de votre bébé s'il est un enfant facile ? un enfant difficile ? un enfant lent ?

Le développement des rapports sociaux

Toutes les théories sur le développement reconnaissent que l'humain a besoin d'entrer en relation avec d'autres personnes pour se développer sainement. Toutes les émotions déjà décrites dans ces pages provoquent des réactions sociales, et les bébés sont plus heureux et se portent mieux lorsque les personnes significatives de leur entourage (surtout leur mère) sont tout près (Plutchik, 2003). Examinons maintenant comment se développe la relation parent-enfant en nous intéressant aux notions de synchronisme, d'attachement et de référenciation sociale.

Le synchronisme

Synchronisme Accord entre les mouvements, les réactions et les rythmes de deux personnes en interaction.

De nombreux chercheurs pensent que le plaisir que les adultes et les bébés tirent de leurs interactions face à face tient surtout au sentiment réciproque de **synchronisme**, c'est-à-dire à une harmonie sur les plans social et affectif. Les spécialistes ont tour à tour comparé le synchronisme, cet enchaînement harmonieux de mouvements ou de réactions, à un engrenage parfaitement ajusté, à un « pas de deux » d'une infinie précision (Snow, 1984 ; Schaffer, 1984 ; Stern, 1985 ; Barnard et Martell, 1995).

Bien que les bébés imitent les adultes, le synchronisme débute habituellement quand les parents imitent leur enfant (Lavelli et Fogel, 2005). Lorsque les parents décèlent une émotion dans les mimiques ou les gestes de leur nourrisson et l'expriment à leur tour, l'enfant associe ce qu'il ressent à l'expression qu'il observe chez le parent (Rochat, 2001) : un regard de surprise, un sourire radieux, un froncement de sourcils, un air de satisfaction. Et il apprend à l'imiter.

Même au cours des premiers mois de la vie, le synchronisme est synonyme de réciprocité. Le nourrisson modifie son expressivité sociale et émotionnelle (ses sourires, ses regards, ses babils) en fonction des approches de l'adulte. En contrepartie, celui-ci modifie l'enchaînement et le rythme de ses interventions en fonction des dispositions du bébé (Feldman et Eidelman, 2005 ; Cohn et Tronick, 1987). Une telle coordination n'est certes ni constante ni même fréquente. De fait, les épisodes de synchronisme occupent moins de 30 % des interactions entre mère et enfant. Le reste du temps, les partenaires tentent conjointement de rétablir l'harmonie (Tronick, 1989 ; Tronick et Cohn, 1989).

Lorsqu'il y a asynchronisme, les correctifs ne sont généralement pas difficiles à apporter. Les signes de l'asynchronisme sont évidents : le bébé détourne les yeux, se raidit, s'agite et grogne. L'adulte sensible peut s'adapter rapidement en passant des chatouilles à un câlin ou encore d'un jeu très énergique à une activité plus calme.

Les périodes d'interaction constituent donc pour le nourrisson des occasions de s'initier à la vie sociale et d'apprendre, avec l'aide de l'adulte, comment adapter ses comportements dans des situations impliquant des contacts sociaux (Gianino et Tronick, 1988). Le synchronisme compte parmi les moyens grâce auxquels le nourrisson apprend à exprimer et à interpréter les émotions (Bremner, 1988). Les bébés suscitent habituellement des interactions (tous ceux qui ont fait des risettes à un bébé inconnu dans un lieu public peuvent en témoigner) (Thompson, 2006), même si certains adultes n'ont pas l'esprit disponible pour ce type de jeu ! De fait, les difficultés associées à l'amorce et au rétablissement du synchronisme sont généralement attribuables à l'adulte : soit qu'il surstimule le petit enfant fatigué ou qu'il passe outre à ses approches pour entrer en interaction (Isabella et Belsky, 1991), soit qu'il réagisse inadéquatement (par exemple en se montrant impatient face aux pleurnichements du bébé). Cependant, l'adulte qui réagit de façon nuancée (en distinguant la faim, la douleur, l'ennui ou la peur, par exemple, et en y remédiant différemment) apprend à l'enfant à percevoir les diverses raisons de sa souffrance et les différentes façons d'y remédier.

Le synchronisme est également important pour l'acquisition d'habiletés sociales de base qui serviront pendant toute la vie. On comprend que l'enfant puisse alors développer un sentiment de confiance, tel que défini par Erikson (1963, 1972, 1982), ou un sentiment d'attachement, tel que défini par Bowlby et Ainsworth, comme nous allons maintenant le voir.

« Danse avec moi ! » Leurs mains, leurs yeux et leur bouche réagissant à l'unisson, voici le synchronisme à l'œuvre. Certains ont comparé le rythme quasi parfait du synchronisme à une valse ; de toute évidence, ces partenaires sont faits pour danser ensemble.

L'attachement

Le jeu face à face disparaît presque complètement vers la fin de la première année. Les bébés trouvent en effet peu d'intérêt à suivre sans bouger les mimiques et les vocalises d'un adulte lorsqu'ils peuvent se déplacer et explorer. Gardons à l'esprit que vers 12 mois, la plupart des bébés marchent et parlent, ce qui transforme la nature de leurs interactions sociales (Jaffee et coll., 2001). À cet âge, un autre type de lien, l'**attachement**, remplace le synchronisme dont il est en quelque sorte le produit.

Attachement Lien affectif durable qui unit deux personnes et les pousse à se rapprocher et à demeurer en contact.

La spécialité de papa Dans de nombreuses familles modernes, le bain est le soin dont le père se charge le plus souvent. C'est un moment privilégié qui favorise l'interaction entre le parent et le bébé et, en conséquence, l'attachement, de part et d'autre.

Pour de nombreux spécialistes du développement, ce désir irrépressible du jeune enfant d'être avec ceux qui en prennent soin est considéré comme le fondement de sa capacité à établir des liens sociaux pendant toute sa vie. Si, vers l'âge de 2 ans, la plupart des enfants sont capables d'accepter les séparations habituelles, leur désir intense d'être avec ceux qui prennent soin d'eux se transforme graduellement en une capacité et un désir d'établir des liens d'amitié avec des pairs, qui restent tout au long de la vie.

L'attachement est un lien affectif durable entre deux personnes. Ce type de connexion naît durant la petite enfance. Deux personnes attachées l'une à l'autre interagissent de façon particulière. Les bébés manifestent leur attachement en recherchant la proximité (ils s'approchent de leurs parents ou les suivent) et les contacts physiques (ils touchent leurs parents, se blottissent contre eux et leur font des câlins). Un trottineur qui vit un attachement positif est curieux et prêt à explorer, ce qu'il fait en regardant son parent de temps à autre pour garder le contact. Bowlby (1969, 1973, 1988) définit l'attachement comme le lien émotif s'établissant d'abord entre une mère et son enfant, favorisant ainsi la proximité physique entre eux afin d'assurer soins et protection à ce dernier. L'attachement à la figure maternelle servirait également de base de sécurité à l'enfant pour explorer l'environnement.

Les étapes de l'attachement

Les étapes de l'attachement permettent de comprendre comment se développe le lien durable entre le nourrisson et la personne qui prend soin de lui.

Le préattachement initial : des comportements non différenciés (de 0 à 3 mois)

Le nourrisson communique ses besoins par la succion, l'agrippement, les pleurs et d'autres réactions involontaires. En répondant à ces messages biologiques et en réconfortant efficacement le tout-petit, les personnes qui lui prodiguent des soins aident son cerveau à réguler ses fonctions organiques. En fait, il en va de la survie de l'enfant que les parents soient réceptifs à ses signaux et répondent à ses besoins d'ordre biologique et affectif. Cette interaction qui se crée dès la naissance sert de fondement à l'attachement qui se développera plus tard.

L'émergence de l'attachement : des réactions différenciées (de 3 à 6 mois)

Le bébé qui se blottissait dans les bras de tous se calme maintenant plus rapidement dans ceux de la personne avec qui il passe le plus de temps et il lui sourit davantage. Il commence ainsi à privilégier certaines personnes qui s'occupent de lui, habituellement la mère. L'interaction entre la mère et l'enfant se consolide au fur et à mesure qu'ils apprennent à se connaître. La mère comprend mieux les besoins et les réactions de son bébé, tandis que ce dernier acquiert une certaine maîtrise des signaux qu'il lui envoie. Le lien d'attachement se renforce au fur et à mesure que le nourrisson voit ses besoins comblés.

L'attachement proprement dit : l'établissement d'une base de sécurité (de 6 à 24 mois)

Un nouveau-né a à la fois un besoin de proximité avec des adultes de son entourage et un besoin d'autonomie. Il apprend à signaler ses besoins à la personne qui prend soin de lui de façon privilégiée et celle-ci, en retour, répond à ces besoins de manière adéquate et cohérente. Grâce à cette relation de confiance, l'enfant associe la présence de cette personne à un sentiment de sécurité, qu'on nomme *base de sécurité*. Dès que l'enfant commence à se déplacer en rampant, il se met à explorer son environnement tout en utilisant la présence de sa mère comme base de sécurité. Il doit pouvoir compter sur sa protection pour oser s'en éloigner.

Soulignons également que les nourrissons expriment des préférences très marquées et protestent férocement lorsqu'ils sont séparés de la mère ou de la personne qui prend soin d'eux. Les séparations prolongées peuvent d'ailleurs avoir des effets néfastes durant le début de la tendre enfance. Pour un nourrisson et un trottineur, une séparation plus ou moins prolongée peut susciter beaucoup d'angoisse et des réactions que Bowlby (1973) décrit en trois phases :

- la protestation, qui se manifeste par des pleurs, des cris, des coups ;
- le désespoir, qui se traduit par un calme apparent, de la passivité, des pleurs monotones et intermittents ;
- le détachement, qui se manifeste par une acceptation de la routine dans le nouveau milieu de l'enfant (garderie, hôpital, etc.) durant la séparation, une apathie et de l'indifférence à l'égard de la ou des personnes à qui l'enfant est attaché.

Si les jeunes enfants expriment leur attachement en restant près de leurs parents, ne serait-ce que par un contact visuel, ceux-ci leur témoignent, à leur tour, le leur en se montrant réceptifs à leurs babillages, à leurs mimiques et à leurs gestes. Ainsi, lorsqu'ils se réveillent la nuit, de nombreux parents vont jeter un œil attendri sur leur bébé endormi. Durant la journée, ils sont tout aussi nombreux à caresser instinctivement la joue, la main ou la tête de leur petit lorsqu'ils se trouvent à proximité. Ils gardent aussi un œil sur lui quand il s'éloigne pour explorer. Ces manifestations d'attachement, de part et d'autre, renforcent la relation parent-enfant.

La mesure de l'attachement

En 1979, à la suite de ses nombreuses observations, Mary Ainsworth a mis au point un procédé devenu classique, appelé **situation étrange**, par lequel on observe, en laboratoire, les réactions du jeune enfant face aux allées et venues de sa mère. Dans le cadre d'une telle expérience, menée dans une salle de jeu bien pourvue en jouets, chaque enfant de 12 mois est observé individuellement alors qu'il se trouve en présence de sa mère, en présence d'un inconnu seulement, en présence de sa mère et d'un inconnu, puis seul. Cette situation permet d'évaluer le type de relation entre le jeune enfant et la figure maternelle dans un contexte générant un certain stress en raison de la nouveauté et des séparations temporaires d'avec la mère. Les réactions de l'enfant révèlent le type d'attachement qu'il a développé (Ainsworth, 1973).

Situation étrange Procédé mis au point par Mary Ainsworth pour évaluer le type d'attachement chez le nourrisson. Les chercheurs placent le bébé dans une pièce inconnue et observent son comportement pendant qu'un parent (généralement la mère) et un étranger vont et viennent.

Ces conditions, qui sont maintenues pendant 3 minutes au maximum, permettent de mesurer la motivation du bébé à demeurer près du parent et d'évaluer à quel point la présence de ce dernier rétablit sa sécurité et sa confiance. Ainsworth a ainsi défini deux formes principales d'attachement : l'attachement sécurisant et l'attachement insécurisant, lequel peut prendre plusieurs tangentes.

Les formes d'attachement

L'analyse poussée des données transculturelles sur l'attachement révèle que la majorité des nourrissons exposés à la « situation étrange » ont envers leur mère un attachement sécurisant (van Ijzendoorn et Kroonenberg, 1988). Dans le monde entier, la plupart des enfants voient dans la présence de leur mère un signe rassurant qui cautionne leurs explorations ; ils reviennent auprès d'elle pour recevoir de l'approbation et trouver du réconfort (Sagi, van Ijzendoorn et Koren-Karie, 1991).

L'attachement sécurisant

Un **attachement sécurisant** confère de l'aisance et de l'assurance à l'enfant. L'adulte lui sert en quelque sorte de port d'attache : l'enfant se sépare de lui à l'occasion pour jouer, mais retourne auprès de lui pour se faire cajoler.

Attachement sécurisant Forme saine d'attachement entre un enfant et un parent. L'enfant qui se sent en sécurité affiche de la confiance en présence du parent, est perturbé par son absence et se console à son retour.

Bien que perturbé par le départ de sa mère, l'enfant qui se sent en sécurité recherche immédiatement le contact avec elle à son retour. Une fois qu'elle l'a pris dans ses bras, l'enfant est rapidement réconforté et retourne à ses jeux. Il manifeste peu d'anxiété en son absence. La relation sécurisante avec sa mère fait en sorte qu'il se montre plus disponible pour explorer son environnement et, par le fait même, plus susceptible de mieux s'y adapter (Institut canadien de recherches avancées, 1999 ; Paquette, St-Antoine et Provost, 2000 ; ministère de la Santé et des Services sociaux, 2005).

L'attachement insécurisant

Attachement insécurisant Forme perturbée d'attachement entre un enfant et un parent ; elle se subdivise en trois catégories : insécurisant-évitant, insécurisant-ambivalent et désorganisé.

Un **attachement insécurisant**, au contraire, se traduit par la peur, la colère ou l'indifférence apparente de l'enfant envers l'adulte. Le nourrisson montre peu d'assurance : il refuse de quitter les bras de l'adulte ou joue sans but et ne cherche aucunement à maintenir le contact visuel avec ce dernier. Il y a trois catégories d'attachement insécurisant : insécurisant-évitant, insécurisant-ambivalent et désorganisé.

Attachement insécurisant-évitant Forme d'attachement qui amène l'enfant à éviter les contacts avec son parent, par exemple en faisant mine de se désintéresser de sa présence, de son départ ou de son retour.

Certains enfants réagissent par un **attachement insécurisant-évitant** : ils interagissent peu avec leur mère et paraissent indifférents à son départ. À son retour, ils évitent d'ailleurs de rétablir le contact avec elle, allant même jusqu'à lui tourner le dos. Non seulement ils n'accueillent pas leur mère, mais les tentatives de rapprochement de celle-ci ne servent à rien. Si la mère cherche à prendre son enfant dans ses bras, il arrive qu'il se renverse ou se contorsionne pour redescendre. Souvent, l'enfant se détourne de sa mère pour porter son attention sur un jouet ou un objet éloigné.

Le type insécurisant-évitant indique un manque de confiance de l'enfant à l'égard de celui qui lui donne des soins. Comme cette personne n'est pas toujours disponible pour le réconforter, l'enfant tente précocement de contrôler ou de minimiser ses émotions.

Attachement insécurisant-ambivalent Forme d'attachement marquée par l'anxiété et l'incertitude ; par exemple, l'enfant est bouleversé par le départ de son parent et, à son retour, lui résiste tout en cherchant à reprendre contact.

Les enfants qui présentent un **attachement insécurisant-ambivalent** éprouvent un besoin intense de se coller à la mère, ce qui entrave leur capacité à explorer leur environnement. Ces trottineurs semblent très affectés par la séparation et se montrent très ambivalents à l'égard de leur mère lorsqu'ils la retrouvent. Ils désirent être tout près d'elle, mais ils ressentent une telle colère contre elle qu'ils n'arrivent pas à se calmer. Ils résistent d'abord, puis s'accrochent, ne veulent pas être déposés par terre, manifestent des signes de colère et tardent à retourner à leurs jeux. Ces enfants semblent avoir intériorisé l'image d'une mère répondant de façon inconsistante à leurs besoins.

Le type insécurisant-ambivalent indique que l'enfant ne semble pas satisfait de l'attention reçue de sa mère et qu'il tente d'en obtenir davantage à son retour en exagérant l'affect de détresse vécu lors de la séparation et en ne se montrant pas réconforté par sa présence.

POINT DE MIRE

Les indices de la qualité des soins donnés

De nombreux chercheurs ont employé la méthode de mesure de l'attachement mise au point par Ainsworth. Ils ont ainsi découvert que l'attachement est influencé par la qualité des soins prodigués pendant les premiers mois de la vie (Belsky et Cassidy, 1995 ; Bretherton et Waters, 1985 ; Lamb et coll., 1985 ; Thompson, 1997). Cette qualité se mesure selon plusieurs facteurs, dont :

- la disponibilité de la personne maternante ;
- la sensibilité globale aux besoins du bébé ;
- la réceptivité aux signaux particuliers du bébé ;
- la capacité à consoler l'enfant quand il est stressé ;
- les comportements affectueux ;
- la manifestation du plaisir que prend la personne maternante à interagir avec l'enfant ;
- la stimulation de la croissance et du développement au moyen de la parole, des soins, des interactions de tous ordres, incluant le jeu (Ainsworth, 1993 ; Isabella, 1993).

Les enfants qui présentent un **attachement désorganisé** ne semblent pas avoir développé de stratégies adéquates pour gérer le stress de la séparation. Ils se comportent à l'égard de leur mère de manière incohérente ; par exemple, ils la rejettent tout de suite après avoir recherché un rapprochement (Main et Solomon, 1986). L'enfant peut demeurer pétrifié, immobile, se coucher face contre terre, avoir des tics ou adopter des comportements contradictoires comme se diriger vers sa mère tout en détournant la tête. Il peut aussi frapper sa mère pour ensuite l'embrasser, fixer le vide puis se mettre à crier de façon hystérique.

Attachement désorganisé Forme d'attachement marquée par des réactions incohérentes de l'enfant à l'égard du parent. L'enfant ne semble pas avoir développé de stratégies adéquates pour gérer le stress de la séparation.

À VOUS LES COMMANDES 5.5

Les comportements d'attachement

Pour mieux comprendre la façon de mesurer l'attachement, observez un enfant âgé de 1 ou 2 ans et la personne qui en prend soin, dans un cadre de jeu situé à l'extérieur du foyer de l'enfant. Le cadre de jeu peut être votre domicile, un terrain de jeu dans le voisinage ou tout autre endroit agréable pour tous.

Avant d'entreprendre cette activité, prenez connaissance des questions ci-dessous afin d'orienter votre démarche. Observez pendant environ une demi-heure les participants en train de jouer librement. Dans la mesure du possible, demandez, avant la fin de la période d'observation, à la personne prenant soin de l'enfant de faire mine de quitter le terrain de jeu. Observez les réactions de l'enfant.

1. Décrivez les participants et le cadre de jeu que vous avez choisis pour observer les manifestations d'attachement.
2. Avez-vous eu de la difficulté à mener à bien l'activité d'observation ?
3. Quels signes d'attachement avez-vous observés dans le comportement de l'enfant (par exemple recherche de contacts physiques) ?
4. Quels signes d'attachement avez-vous observés dans le comportement de la personne qui prenait soin de l'enfant (par exemple contact visuel, réaction au comportement de l'enfant) ?
5. Si, lors de votre période d'observation, la personne prenant soin de l'enfant a fait mine de quitter le cadre de jeu, décrivez les réactions de l'enfant.
6. Compte tenu de votre brève observation, qui ne peut vous permettre de tirer des conclusions (l'enfant peut être fatigué, irrité pour toutes sortes de raisons), diriez-vous que l'enfant observé a manifesté des signes d'attachement sécurisant ou insécurisant ? Expliquez, puis donnez des exemples de comportements qui viennent étayer votre conclusion.

Le type d'attachement désorganisé révèle l'incapacité de l'enfant à faire face à la situation de stress et à la résoudre parce que le parent serait à la fois une source d'anxiété et un potentiel de sécurité. Cela mène à un effondrement des comportements d'attachement organisés. En cas de détresse, l'enfant recherche le parent qui sert de refuge tout en fuyant cette source de danger s'il manifeste des comportements qui l'effraient. L'enfant n'a alors aucune stratégie comportementale puisqu'il ne peut ni s'approcher (attachements sécurisant et insécurisant-ambivalent), ni détourner son attention (attachement insécurisant-évitant). La prévalence de l'attachement désorganisé est fortement associée à la présence de facteurs de risque dans la famille, comme la maltraitance, la dépression majeure ou le trouble bipolaire, l'alcoolisme et la toxicomanie.

Le tableau 5.6 présente un résumé des réactions de l'enfant selon les formes d'attachement.

Les chercheurs ont évidemment constaté que l'attachement sécurisant est plus propice que l'attachement insécurisant au synchronisme des interactions mère-enfant (Isabella et Belsky, 1991). On peut donc en déduire que la constance et la qualité des soins prodigués pendant les premiers mois de la vie favorisent l'émergence d'un attachement sécurisant. Un grand nombre de bonnes pratiques parentales favorisent le développement d'un attachement sécurisant (Krakow, 2006a).

Les conséquences de l'attachement

Pourquoi accorder autant d'importance à l'attachement ? En raison des conséquences liées à la qualité de l'attachement. Les études longitudinales révèlent en effet que

TABLEAU 5.6 Les réactions de l'enfant selon les formes d'attachement

Forme d'attachement	Dans la salle de jeu	Départ de la mère	Retour de la mère	Pourcentage
Sécurisant	L'enfant explore l'environnement et s'amuse en jouant gaiement.	L'enfant remarque le départ de sa mère ; il n'est plus aussi gai.	L'enfant va l'accueillir, se calme rapidement et retourne jouer.	De 50 à 70 %
Insécurisant-évitant	L'enfant joue gaiement.	L'enfant continue de jouer.	L'enfant l'ignore.	De 10 à 20 %
Insécurisant-ambivalent	L'enfant s'agrippe à sa mère et s'en préoccupe.	L'enfant est mécontent ; il peut cesser de jouer.	L'enfant est fâché ; il peut pleurer, frapper sa mère, s'agripper à elle tout en lui résistant.	De 10 à 20 %
Désorganisé	L'enfant manifeste de la prudence.	L'enfant peut fixer ou crier ; il semble effrayé, perdu.	L'enfant se conduit bizarrement ; il peut se figer, crier, se frapper, lancer des objets.	De 5 à 10 %

Source: Mary D. Ainsworth, «The Development of Infant-Mother Attachment», dans Bettye M. Caldwell et Henry N. Ricciuti (dir.), *Review of Child Development Research*, vol. 3, Chicago, University of Chicago Press, 1973, p. 1-94.

la qualité de l'attachement manifesté par l'enfant à l'âge de 1 an est un indice de sa personnalité et de sa sociabilité futures. Les nourrissons sécurisés deviennent majoritairement des écoliers qui interagissent de manière amicale et polie avec leurs enseignants, qui demandent de l'aide au besoin et qui présentent des habiletés sociales et cognitives supérieures (Belsky et Cassidy, 1995 ; Turner, 1993). Les nourrissons insécurisés, au contraire, sont plus sujets aux problèmes liés à l'âge préscolaire et scolaire. Chez les enfants de 4 ans qui, tout petits, manifestaient de l'insécurité, les garçons présentent une tendance à l'agressivité et les filles, une tendance à la dépendance excessive (Turner, 1991). « Les conséquences positives de l'attachement sécurisant sur le développement de l'enfant ont été démontrées, entre autres dans les domaines de l'autonomie, de la perception de soi, de l'empathie et de la compétence sociale » (Greg Moran, chercheur au Département de psychologie à l'University of Western Ontario, cité dans Eve Krakow, 2006b, p. 2).

De fait, toutes les études analysant le concept d'attachement prédisent clairement qu'un attachement sécurisant assure des relations sociales positives, de la compétence sociale, de la confiance en soi et un ego flexible (Grusec et Lytton, 1988 ; Jacobson et Wille, 1986).

Faut-il en conclure que la sécurité ou l'insécurité dans l'attachement fait du nourrisson un enfant sociable ou agressif, autonome ou dépendant, curieux ou morose ? Il faut se garder de trop simplifier. Certes, un parent attentionné qui inspire la sécurité à son bébé conserve vraisemblablement la même approche lorsque l'enfant vieillit et favorise alors les situations qui lui permettent de cultiver sa sociabilité, sa curiosité et son indépendance. L'inverse est vrai, malheureusement : un parent insensible qui fait naître l'insécurité risque de demeurer le même et de rendre son enfant craintif, agressif ou dépendant.

Il faut se rappeler cependant que le caractère de l'attachement évolue. En vieillissant, les enfants découvrent de nouveaux milieux, ce qui peut influer sur les effets à long terme de l'attachement, qu'il ait été sécurisant ou non. Autant l'insécurité risque de rendre l'enfant méfiant face aux nouvelles relations, autant les nouvelles relations peuvent lui apporter la confiance et la sécurité dont il a besoin pour s'ouvrir. Par ailleurs, les changements de vie (un divorce, un nouvel emploi, un remariage, une autre naissance)

POINT DE MIRE

Les croyances intériorisées par l'enfant selon les formes d'attachement

Comment l'enfant perçoit-il la personne qui prend soin de lui et la forme d'attachement qui l'unit à elle ? Voici quelques exemples de ce que l'enfant peut se dire et qui influe inévitablement sur sa perception de lui-même.

Attachement sécurisant

- « L'adulte qui prend soin de moi est fiable et digne de confiance. »
- « Je mérite d'être aimé et apprécié. »
- « Mon environnement est sécuritaire et agréable. »
- « Je mérite de voir mes besoins comblés. »

Attachement insécurisant-évitant

- « L'adulte qui prend soin de moi adopte des comportements punitifs et de rejet. »
- « Je dois faire preuve de vigilance et me protéger constamment. »
- « Si j'oublie mes besoins d'affection, je ne serai pas blessé ni rejeté. »
- « Si j'arrive à satisfaire les besoins et les exigences de l'adulte qui prend soin de moi, je ne serai pas puni ni rejeté. »
- « Si j'oublie mes propres besoins et que je prends soin de l'adulte, alors peut-être que je me sentirai aimé. »

Attachement insécurisant-ambivalent

- « L'adulte qui prend soin de moi est imprévisible. Il est tour à tour affectueux et protecteur, hostile et froid. »
- « Je ne sais jamais à quoi m'attendre, c'est pourquoi je suis constamment anxieux et colérique. »
- « Je ne peux pas m'éloigner et devenir autonome, car je risque de rater un moment d'affection. »
- « Si j'arrive à découvrir comment inciter l'adulte à s'occuper de moi, je recevrai alors de l'affection et me sentirai en sécurité. »

Attachement désorganisé

- « L'adulte qui devrait prendre soin de moi me néglige gravement et m'agresse physiquement ou sexuellement. »
- « Je ne sais pas comment faire pour qu'on réponde à mes besoins et je suis désespéré. Je dois me protéger, mais je ne sais pas comment m'y prendre. »
- « Pour me protéger, je dois trouver des stratégies intelligentes ou me créer un monde à moi. »

viennent souvent modifier les relations familiales, mais pas toujours de façon négative. Par exemple, une femme battue qui laisse son conjoint et se remarie avec un homme affectueux peut devenir plus disponible pour ses enfants.

Selon la théorie de l'attachement, les relations étroites que nous entretenons plus tard dans la vie sont tributaires de ces premiers attachements (Thompson et Raikes, 2003). En fait, l'attachement que les adultes ont développé, des décennies auparavant, pour leurs parents influe sur leurs relations avec leurs amis, leurs amoureux et leurs enfants. Les êtres humains apprennent très jeunes comment interagir avec les gens, et ils retiennent ces leçons toute leur vie (Grossmann, Grossmann et Waters, 2005 ; Sroufe et coll., 2005).

La référenciation sociale

À compter de l'âge de 5 ou 6 mois, les enfants commencent à donner une signification affective à différentes expressions faciales et, à 8 ou 9 mois, à comprendre que les émotions exprimées sont associées à des objets ou à des événements particuliers. Tentons d'approfondir cette question de la référence sociale.

Le nourrisson cherche à comprendre les émotions des personnes qui prennent soin de lui. En même temps que les émotions de l'enfant deviennent intelligibles, sa capacité à interpréter celles des autres augmente (Feinman, 1985).

- Dès l'âge de 5 ou 6 mois, il associe des émotions comme la joie et la colère aux expressions du visage et aux tons de voix. Il y parvient même dans les situations expérimentales où on lui montre la photo d'un visage inconnu et où on lui fait entendre une langue étrangère (Balaban, 1995 ; Fernald, 1993).

Référenciation sociale Observation de l'expression et des réactions d'une personne (indices comportementaux) pour savoir comment appréhender un objet ou un événement nouveau, ambigu ou inusité. Cette personne de confiance devient une référence sociale.

- Lorsque le nourrisson approche de l'âge de 9 mois, les expressions des autres gagnent en importance pour lui parce qu'il cherche auprès d'adultes de confiance des indices d'émotions dans l'expression du visage, le ton de la voix, etc., qui lui révéleraient comment réagir aux événements inusités ou ambigus : c'est ce qu'on appelle la **référenciation sociale**.
- Le nourrisson de plus de 9 mois a fréquemment recours à la référenciation sociale pour guider sa conduite, car le fait de pouvoir ramper lui confère indépendance et mobilité, et lui ouvre les portes de l'exploration active.
- Vers l'âge de 1 an, le mécanisme de référenciation sociale est observable chez l'enfant qui regarde une autre personne pour comprendre ou obtenir de l'information, un peu comme s'il consultait un ouvrage de référence. Un regard rassurant, une mise en garde, une expression d'inquiétude, de plaisir ou de malaise deviennent autant d'indications sur la façon de réagir à une situation nouvelle.
- Après l'âge de 1 an, quand les enfants arrivent au stade de l'exploration active, leur besoin de consulter leurs parents devient impératif. Le trottineur en cavale lance de fréquents regards à ses parents, comme s'il leur demandait leur opinion au sujet d'un nouveau jouet, d'un nouvel ami ou d'une nouvelle activité. Il cherche des indices dans les regards et les mimiques des autres, accorde une grande attention aux émotions qu'expriment les adultes et scrute les actions des gens pour déceler leurs intentions (Baldwin, 2000).

La référenciation sociale « Devrais-je être heureuse ou avoir peur de me promener à vélo dans les rues d'Osaka ? Voyons ce que maman en pense. »

Les leçons que le trottineur tire de la référenciation sociale prennent au fil du temps un caractère formateur. Si, au gré de ses explorations et de ses rencontres, il capte des signaux d'encouragement et de soutien, il deviendra plus amical et moins agressif que s'il se bute constamment à des restrictions et à des interdits (Calkins, 1994). Et s'il ne reçoit que de rares signaux, quelle que soit leur nature, parce que ses parents sont déprimés ou surmenés, il risque de devenir apathique et passif (Field, 1995), et de développer un attachement insécurisant.

La référenciation sociale comporte de nombreuses applications pratiques. Prenons l'heure des repas. Tous les parents et gardiens du monde se lèchent les lèvres, font mine de goûter et poussent un « Mmmm ! » pour encourager l'enfant à manger et à apprécier ses premières bouchées de betterave, de foie ou d'épinards. De leur côté, les trottineurs deviennent très habiles à décoder les expressions du visage et réclament les aliments que les adultes aiment vraiment. C'est ainsi que les enfants de certaines cultures développent un goût pour le poisson cru, la chèvre au cari, le fromage fort ou les insectes grillés, des mets plutôt rebutants pour des enfants issus d'autres cultures.

Synthèse

Le développement affectif

1. L'expression des émotions chez le nourrisson facilite considérablement ses interactions sociales et constitue des signaux sociaux très importants. L'alternance plaisir et douleur semble caractériser le vécu émotionnel du nourrisson.
2. Les pleurs favorisent la survie du bébé : ils signalent un danger potentiel et incitent les adultes à agir. Le nouveau-né commence à sourire tôt ; dès ses premiers jours, il réagit par un demi-sourire à une sensation interne agréable, à un son plaisant et à la sensation de satiété. À mesure que le nourrisson vieillit, le sourire et le rire deviennent plus sélectifs mais aussi plus spontanés.
3. La colère est évidente à 6 mois et naît habituellement de la frustration. En même temps que sa colère s'intensifie, l'enfant apprend à composer avec cette émotion.
4. L'enfant manifeste particulièrement deux types de peur : la peur des étrangers (personnes non familières) et l'angoisse de séparation. La peur des étrangers apparaît vers l'âge

de 6 mois et est à son apogée habituellement entre 10 et 14 mois. L'angoisse de séparation apparaît à l'âge de 8 ou 9 mois, culmine vers 14 mois et disparaît peu à peu à partir de 2 ans. Si elle perdure après l'âge de 3 ans, elle sera considérée comme une perturbation affective.

5. Durant les 4 premiers mois de leur vie, les nourrissons se perçoivent comme faisant partie de leur mère ; on parle alors de fusion. À partir de 5 mois et durant toute l'année suivante, les bébés prennent conscience qu'ils sont séparés de leur mère et développent leur conscience de soi.

6. De la conscience de soi découle, vers la fin de la deuxième année, celle des autres, d'où l'apparition de certains sentiments tels que la fierté, la honte, le doute et la timidité ou la gêne. Ces émotions diverses naissent en grande partie des interactions familiales et leur intensité subit l'influence de la culture.

Les approches appliquées au développement psychosocial

7. Les six grandes approches en psychologie du développement (décrites au chapitre 2) adoptent des perspectives quelque peu différentes sur la façon d'expliquer le développement de la personnalité. Par exemple, Freud a décrit les phases psychosexuelles orale et anale. Chacune de ces phases correspond à une zone érogène particulière, une partie du corps où s'investit l'énergie sexuelle. Erikson, pour sa part, a identifié les deux premières crises psychosociales, soit celle de la confiance fondamentale et de la méfiance fondamentale, suivie de celle de l'autonomie, de la honte et du doute.

8. Les théoriciens de l'approche béhaviorale estiment que les parents forment la personnalité de leur enfant en renforçant ou en punissant ses comportements spontanés. Pour les tenants de l'approche humaniste, la personnalité est un devenir, un processus de changement hautement subjectif. L'enfant évalue donc lui-même de façon positive ou négative l'expérience qu'il vit. Pour sa part, l'approche cognitive met en lumière le rôle de l'apprentissage social et avance que les enfants tendent à imiter les comportements de leurs parents, qui servent de modèles, même sans renforcement direct. Selon la théorie cognitive, l'interprétation que fait un enfant de ses premières expériences est bien plus déterminante que les expériences proprement dites.

9. Du point de vue de l'approche des systèmes dynamiques, chaque personne se développe dans une variété de contextes qui se chevauchent et interagissent. Les tenants de cette approche estiment que les différents systèmes dans leur ensemble ont un impact énorme sur la relation parent-enfant. Le développement psychosocial de l'enfant de 0 à 2 ans est principalement influencé par la dyade mère-enfant et le système familial.

10. L'approche épigénétique soutient que le génotype d'une personne exerce une influence sur ses caractéristiques personnelles. Chaque individu possède un tempérament propre qui, déterminé par ses gènes, influe sur presque tous les aspects de sa personnalité.

Le développement des rapports sociaux

11. Le synchronisme est l'accord entre les mouvements et les rythmes de deux personnes en interaction. Quand les parents détectent une émotion dans les mimiques ou les gestes de leur nourrisson et l'expriment à leur tour, alors le nourrisson associe ce qu'il ressent à l'expression qu'il observe. Le synchronisme est un des moyens d'apprendre à exprimer et à interpréter les émotions.

12. L'attachement est un lien affectif durable entre deux personnes. Ce type de connexion naît durant la petite enfance. Il se développe en trois étapes : le préattachement initial (comportements non différenciés, de 0 à 3 mois), l'émergence de l'attachement (réactions différenciées, de 3 à 6 mois) et l'attachement proprement dit (établissement d'une base de sécurité, de 6 à 24 mois).

13. L'attachement sécurisant est la forme saine d'attachement entre un enfant et un parent. L'enfant qui se sent en sécurité affiche de la confiance en présence du parent, se montre pertrubé par son absence et se console à son retour. L'attachement insécurisant, forme perturbée d'attachement entre un enfant et un parent, se subdivise en trois catégories : insécurisant-évitant, insécurisant-ambivalent et désorganisé.

14. La référenciation sociale renvoie à l'observation de l'expression et des réactions d'une personne (indices comportementaux) pour savoir comment appréhender un objet ou un événement nouveau, ambigu ou inusité. Cette personne de confiance devient une référence sociale.

Questions clés

1. Que permet l'expression des émotions chez le nourrisson ?
2. Quels sont les types de peur que l'enfant manifeste ? Décrivez ces peurs.
3. Selon Erikson, expliquez comment le nourrisson résout la crise de la confiance fondamentale et de la méfiance fondamentale. Donnez un exemple.

4. Expliquez la différence entre l'approche béhaviorale et l'approche cognitive en ce qui a trait au développement de la personnalité de l'enfant.
5. Qu'est-ce qui détermine le tempérament ?
6. Qu'est-ce que le synchronisme ? Quelle est son implication dans le développement de l'enfant ?
7. À quoi correspond la base de sécurité d'un enfant ? Donnez un exemple et expliquez sa fonction dans le développement de l'enfant.
8. Nommez et décrivez les trois catégories d'attachement insécurisant.

Applications

1. Trouvez un environnement où vous pouvez observer des enfants en présence de leurs parents ou éducateurs et vérifiez la distance que prennent les enfants de ceux-ci. Dans un premier temps, tentez d'évaluer l'âge des enfants, puis comparez leurs capacités d'exploration.
2. Observez une manifestation de synchronisme pendant 3 minutes. Idéalement, invitez le parent d'un bébé de moins de 8 mois à jouer avec son enfant. S'il n'y a pas d'enfant dans votre entourage, observez deux amoureux en discussion. Notez l'enchaînement et le rythme de chaque expression, de chaque son et de chaque geste des partenaires.
3. Si vous deviez garder trois enfants âgés de 2, 16 et 26 mois, à quelles différences vous attendriez-vous quant à la manifestation de l'attachement, de la crainte et de la détresse entre ces enfants ?

Le chapitre 5 en un clin d'œil

Le développement affectif

Émotions

Pleurs
- Signalent un danger potentiel.
- Incitent les adultes à agir.

Sourire et rire
- Le rire vient avec la curiosité.

Colère
- À 6 mois, l'enfant se contente de hurler.
- Entre 13 et 15 mois, il passe à l'action, réclame de l'aide ou se console seul.
- À 18 mois, il mord, griffe, tire les cheveux, etc.

Peur et angoisse
- Peur des étrangers (personnes non familières) : apparaissant vers 6 mois et culminant entre 10 et 14 mois
- Angoisse de séparation : apparaissant vers 8 ou 9 mois et culminant vers 14 mois

Émergence d'émotions liées à la conscience de soi
- Fierté
- Doute
- Honte
- Timidité ou gêne

Les approches appliquées au développement psychosocial

Approche psychodynamique

Freud et le développement psychosexuel
- Phases orale (de 0 à 18 mois) et anale (de 18 mois à 3 ans)
- Zones érogènes et libido

Erikson et les crises psychosociales
- Crise de la confiance fondamentale et de la méfiance fondamentale (de 0 à 18 mois)
- Crise de l'autonomie, de la honte et du doute (vers 2 ans)

Approche béhaviorale

Personnalité de l'enfant formée par les renforcements et les punitions des comportements spontanés par les parents

Approche humaniste

Importance des 2 premières années de vie sur le développement de la personnalité, bien que leurs effets ne soient pas marquants (approche non historique ; l'être humain a des forces de croissance qui le poussent à s'actualiser)

Approche cognitive

Développement par l'apprentissage social, par l'imitation des comportements des parents

Approche des systèmes dynamiques

Microsystème, mésosystème, exosystème et macrosystème
- Développement psychosocial principalement influencé par le système familial

Approche épigénétique

Influence du génotype sur les caractéristiques personnelles
- Tempérament : déterminé par les gènes (bébés faciles, difficiles, lents)

Le chapitre 5 en un clin d'œil

Le développement des rapports sociaux

- **Synchronisme**
  - Enchaînement harmonieux de mouvements ou de réactions entre le parent et l'enfant
- **Attachement**
  - Étapes
    - Préattachement initial : comportements non différenciés (de 0 à 3 mois)
    - Émergence de l'attachement : réactions différenciées (de 3 à 6 mois)
    - Attachement proprement dit : établissement d'une base de sécurité (de 6 à 24 mois)
  - Mesure de l'attachement
    - « Situation étrange » (Mary Ainsworth)
  - Formes d'attachement
    - Attachement sécurisant
    - Attachement insécurisant (insécurisant-évitant, insécurisant-ambivalent et désorganisé)
  - Conséquences de l'attachement sécurisant
    - Relations sociales ultérieures positives, compétence sociale, confiance en soi et ego flexible
- **Référenciation sociale**
  - Indices comportementaux obtenus par l'observation d'une personne et indiquant comment réagir aux événements nouveaux, inusités ou ambigus

3

PARTIE

L'âge préscolaire et l'âge scolaire

La période qui s'étend de l'âge de 2 ans à l'âge de 6 ans est communément appelée « âge préscolaire » ou « âge du jeu ». Bien sûr, les gens de tous les âges jouent, mais ce sont les petits enfants qui détiennent le record. Ils passent le plus clair de leur temps à jouer et acquièrent ainsi les habiletés, les idées et les valeurs essentielles à leur développement. En courant à perdre haleine et en relevant les défis lancés par leurs camarades, ils développent leurs capacités physiques. En jouant avec les mots et les concepts, ils exercent leurs capacités intellectuelles. En inventant des jeux et en se faisant des mises en scène, ils apprennent les habiletés sociales et les normes morales.

Après l'âge préscolaire vient l'âge scolaire, de 6 à 12 ans. Le développement physique se fait plus lentement à cette période que pendant les deux précédentes. Sur le plan cognitif, la plupart des enfants d'âge scolaire sont capables d'apprendre rapidement et de penser logiquement. Ils sont avides de connaissances et acquièrent le sens des concepts et des habiletés avec un mélange d'enthousiasme, de persévérance et de curiosité. Au point de vue social, enfin, l'âge scolaire apparaît comme une période idéale. La plupart des enfants jugent en effet que leurs parents sont bienveillants ; leurs enseignants, justes et leurs amis, loyaux. L'avenir est rempli de promesses à leurs yeux.

À cette période du développement, l'école et l'amitié sont si importantes que l'échec et le rejet semblent avoir des conséquences dévastatrices. Les écoliers les plus chanceux ne connaissent jamais ces revers ; d'autres ont la confiance en soi et le soutien familial nécessaires pour les affronter ; quelques-uns sortent de l'enfance chargés d'un lourd bagage de souvenirs douloureux et de sentiments d'incompétence et d'infériorité.

Dans les trois chapitres qui suivent, nous étudions le développement biosocial, cognitif et psychosocial des enfants de 2 à 6 ans et de 6 à 12 ans.

CHAPITRE 6

Le développement biosocial à l'âge préscolaire et à l'âge scolaire

De 2 à 12 ans, d'importants changements marquent le développement physique. Les proportions corporelles se modifient, le cerveau et le système nerveux gagnent en complexité et les habiletés motrices, en précision. Toutes ces transformations sont en interaction dynamique. Elles influent sur les aspects cognitif et psychosocial du développement qui, à leur tour, exercent leur influence : voilà pourquoi nous parlons de développement biosocial.

Entre 2 et 6 ans, les changements de la taille constituent les éléments les plus visibles du développement biosocial. Même les enfants de 6 ans ne se reconnaissent pas en voyant des photos d'eux prises alors qu'ils n'étaient encore que des trottineurs grassouillets. Le système nerveux subit, lui aussi, des changements, moins manifestes mais plus cruciaux. Grâce à la maturation du cerveau, le jeune de 6 ans possède des habiletés motrices qui le démarquent du trottineur maladroit et qui stimulent son développement cognitif. Il avance littéralement à pas de géant dans son exploration et sa maîtrise du monde. Malheureusement, au cours de cette période, l'enfant est plus vulnérable : des blessures accidentelles et des mauvais traitements, par exemple, peuvent avoir d'importantes répercussions sur son développement biosocial.

SECTION 1

L'ÂGE PRÉSCOLAIRE (DE 2 À 6 ANS)

La croissance physique et la santé

La croissance physique des garçons et des filles d'âge préscolaire entraîne une importante transformation du corps. La plupart perdent alors une partie du tissu adipeux accumulé pendant les 2 premières années de vie et leur silhouette s'allonge. Ils n'ont plus le ventre proéminent, le visage rond, les membres courts et la tête volumineuse qui les caractérisaient au stade du trottineur. Le changement des proportions corporelles s'accompagne d'un accroissement de la taille et du poids ; les gains de poids reflètent surtout l'augmentation de la masse musculaire et la croissance du squelette. Le centre de gravité se déplace, facilitant pirouettes, acrobaties et bien d'autres habiletés motrices.

Pas de dégât Cette fillette fait la démonstration de son excellent contrôle moteur en versant du lait sous l'œil attentif de son amie.

Q Trois éléments laissent présager que la fillette réussira à verser du lait sans faire de dégâts. Quels sont-ils ?

Une collation de choix ! En mangeant régulièrement des fruits et des légumes frais, cette enfant reçoit une bonne dose de vitamines et de fibres et, en prime, apprend de saines habitudes alimentaires.

Myélinisation Processus de formation de la myéline, une substance grasse qui forme la gaine de nombreuses fibres nerveuses.

Entre 2 et 6 ans, l'enfant bien nourri grandit de presque 7 cm et grossit d'environ 2 kg chaque année.

Dans les pays développés, un enfant de 6 ans mesure en moyenne un peu plus de 100 cm et pèse de 18 à 22 kg. Cependant, l'étendue des valeurs normales de croissance est vaste, particulièrement en ce qui a trait au poids. Nombre d'enfants sont nettement plus grands ou plus petits que la moyenne, et l'écart s'accentue à mesure qu'ils vieillissent, tout en restant dans les normes (Behrman, 1992).

Dans les pays développés où cohabitent plusieurs groupes ethniques, les enfants d'origine africaine sont généralement les plus grands, suivis (dans l'ordre) par ceux d'origine européenne, asiatique et latino-américaine. Cependant, les différences de taille au sein d'un même groupe ethnique sont plus importantes que l'écart moyen entre les groupes. La masse corporelle varie particulièrement chez les enfants d'origine africaine, parce que le bagage génétique des Africains est plus diversifié que celui des peuples d'autres continents (Goel et coll., 2004).

Les habitudes alimentaires

Comme à toute autre période de la vie, l'alimentation des enfants d'âge préscolaire doit être saine et équilibrée. L'appétit diminue entre 2 et 6 ans. Or, au lieu de reconnaître ce changement naturel, de nombreux parents s'inquiètent et exercent une forme de chantage pour persuader leurs enfants de manger plus qu'ils ne devraient (« Finis ton assiette et tu auras du dessert. »).

Une alimentation saine est un gage de bonne santé pour la vie (Gluckman et Hanson, 2006). Bien que la plupart des enfants des pays industrialisés consomment suffisamment de calories, ils n'obtiennent pas toujours un apport adéquat de fer, de zinc et de calcium (Jahns, Siega-Riz et Popkin, 2001). Le sucre pose aussi problème. De nombreuses cultures encouragent la consommation de sucreries ou d'aliments additionnés de sucre, ce qui peut entraîner la carie dentaire (Lewit et Kerrebrock, 1998). De plus, comme ces aliments coupent rapidement l'appétit, ils limitent d'autant l'apport de vitamines et de minéraux essentiels à la croissance (Jahns, Siega-Riz et Popkin, 2001). Les fruits et légumes frais sont la meilleure source de vitamines, de minéraux et de fibres ; ils devraient faire partie de toute alimentation équilibrée.

Le développement du cerveau

Le système nerveux est constitué de milliards de neurones. Ces cellules ont pour fonction de transmettre de l'information dans l'organisme, sous forme d'influx nerveux. Une couche de myéline, une substance grasse, se forme autour de la plupart des axones des neurones. La présence de myéline joue un rôle crucial dans la vitesse de transmission de l'influx nerveux entre les neurones (Larsen, 2003).

La myélinisation

À la naissance, le volume du cerveau représente à peu près 25 % de ce qu'il sera à l'âge adulte. L'augmentation du volume du cerveau est attribuable en grande partie à la **myélinisation**, laquelle entraîne l'expansion de plusieurs aires cérébrales, en particulier de celles qui régissent les mouvements, les émotions et la pensée (Huttenlocher, 1994). Débutant avant la naissance, la myélinisation se poursuit jusqu'à l'âge adulte. Cependant, elle s'effectue dans un ordre spatial et temporel précis, dans l'ensemble du système nerveux central et du système nerveux périphérique, c'est-à-dire que certaines aires sont myélinisées avant d'autres.

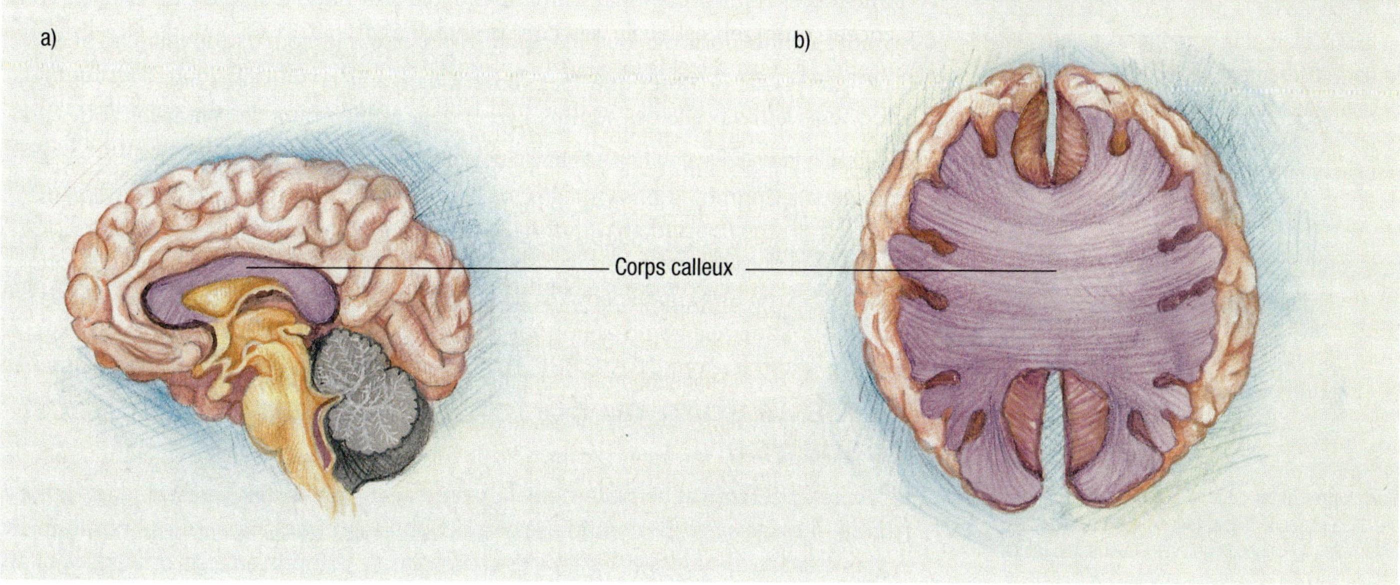

FIGURE 6.1 **Les connexions** Deux plans du corps calleux. Lorsqu'il est développé, ce connecteur permet la coordination des fonctions des deux hémisphères. a) Coupe transversale droit entre les deux hémisphères. b) Coupe horizontale sans la matière grise.

Le **corps calleux**, un faisceau de fibres nerveuses qui relie les hémisphères gauche et droit du cerveau (voir la figure 6.1), connaît une croissance et une myélinisation rapides à l'âge préscolaire. Le développement du corps calleux optimise la communication entre les deux hémisphères et permet aux enfants de coordonner les deux côtés de leur cerveau et de leur corps (Diwadkar et Keshavan, 2006).

Corps calleux Long faisceau de fibres nerveuses (axones) qui assure la communication entre les deux hémisphères cérébraux.

Pour comprendre l'importance de la coordination des deux hémisphères cérébraux, il faut savoir que les deux côtés du corps et du cerveau ne sont pas identiques. Chaque côté se spécialise jusqu'à un certain point et devient dominant pour remplir certaines fonctions. Ce type de spécialisation est épigénétique : il subit l'influence des gènes, des hormones prénatales et des premières expériences.

L'hémisphère gauche gouverne le côté droit du corps et abrite les aires associées au raisonnement logique, à l'analyse et au langage. L'hémisphère droit régit le côté gauche du corps et abrite les aires reliées aux pulsions affectives et créatives, y compris l'appréciation de la musique, de l'art et de la poésie en général. Cependant, à moins d'avoir subi de graves lésions cérébrales, personne n'utilise qu'un seul hémisphère. Toutes les fonctions cognitives et motrices nécessitent l'action des deux hémisphères (Hugdahl et Davidson, 2002), bien que, pour une fonction donnée, l'un exerce un plus grand contrôle.

La rapidité de la pensée

Les enfants d'âge préscolaire sont de moins en moins maladroits et réfléchissent de mieux en mieux parce que les fibres nerveuses de leur corps calleux sont davantage myélinisées, ce qui accélère la transmission des influx nerveux entre les deux hémisphères. La pensée devient plus rapide et l'enfant est en mesure de traiter plusieurs idées successives de façon plus réfléchie, mieux coordonnée (Sampaio et Truwit, 2001). La plupart des enfants de 6 ans peuvent écouter une question puis y répondre, écrire les lettres de l'alphabet dans l'ordre, etc. Leur cerveau est en général suffisamment développé pour leur permettre d'assimiler les rudiments de la lecture, de l'écriture et de l'arithmétique. Grâce à la myélinisation, l'enfant d'âge préscolaire est plus rapide que le trottineur, qui met parfois tellement de temps à faire une chose qu'il oublie l'avoir

R (Réponse de la page 170) Le verre, le pot à lait et la personne. Le verre est particulièrement large ; le pot à lait est petit et sa poignée, robuste. La fillette, enfin, se sert de ses deux mains et est bien concentrée sur sa tâche.

commencée. Ce n'est donc pas un hasard si, partout dans le monde, les enfants commencent à fréquenter l'école vers l'âge de 6 ou 7 ans.

Il est intéressant de noter que chez l'enfant de 6 ans, la densité synaptique est largement supérieure à celle des adultes, l'émondage, qui élimine des synapses et des dendrites peu utilisées, se faisant ensuite en fonction des activités des enfants. Chugani (1998) en conclut à l'importance de la stimulation précoce dans « un environnement enrichi actif » afin de conserver le plus grand nombre possible de synapses. Il souligne également l'existence de périodes sensibles dans les premières années de la vie, moments où un apprentissage comme celui du langage se fait plus facilement et plus efficacement.

La maturation du cortex préfrontal : planification et analyse

Cortex préfrontal Partie du cerveau responsable de la capacité d'adaptation. Il est le siège de différentes fonctions cognitives supérieures (planification, analyse et formes complexes de comportements orientés vers un but), y compris les fonctions du contrôle de l'action.

Le **cortex préfrontal** se trouve sur la partie avant du cortex cérébral, dans le lobe frontal. Il est le siège de nombreuses « fonctions cognitives supérieures, notamment la planification, l'analyse et les formes complexes de comportements orientés vers un but » (Luciana, 2003). Le cortex préfrontal est indispensable à l'être humain ; les scientifiques affirment qu'il comporte également les fonctions exécutives du cerveau et que toutes les autres aires du cortex réagissent en fonction des décisions qui en émanent. Ainsi, le cortex préfrontal est une partie du cerveau responsable de la capacité d'adaptation. Il joue un rôle central dans la planification et le contrôle de l'action. Il permet l'analyse et l'intégration continue des données de l'environnement pour adapter le comportement aux contingences environnementales afin d'atteindre le but poursuivi. Ces capacités d'adaptation liées à ces diverses fonctions du cerveau nous caractérisent en tant qu'humain. Elles se développent en particulier durant l'âge préscolaire (Kagan et Herschkowitz, 2005 ; Nelson, de Haan et Thomas, 2006 ; Nelson, Thomas et de Haan, 2006).

À l'intention des futurs éducateurs de la petite enfance Vous savez que vous devez faire preuve de patience, mais vous sentez la frustration monter en vous quand les enfants que vous emmenez au parc, à quelques centaines de mètres, se mettent à lambiner. Que devriez-vous faire ?

Le lobe frontal est la partie du cerveau qui présente le plus long développement postnatal (Johnson, 2005), puisque la densité des dendrites s'accroît et que le processus de myélinisation se poursuit pendant toute l'enfance et l'adolescence (Nelson, de Haan et Thomas, 2006 ; Nelson, Thomas et de Haan, 2006). Certains des bienfaits de la maturation du cortex préfrontal se manifestent visiblement entre 2 et 6 ans ; ainsi :

- le sommeil devient plus régulier ;
- les capacités à soutenir l'attention s'améliorent (de Haan et Johnson, 2003) ;
- les émotions deviennent plus nuancées et naissent de stimulus précis : les excès de colère diminuent, les périodes de rires et de pleurs incontrôlables s'espacent.

Par exemple, si un enfant se sent anxieux à la perspective de demander une permission (inviter un ami, manger de la crème glacée, etc.), les fonctions de planification, de raisonnement et d'analyse, associées au cortex préfrontal, lui permettront de ne pas laisser son anxiété compromettre ses chances d'obtenir l'autorisation espérée. Et s'il essuie un refus, il apprendra peu à peu à maîtriser sa réaction émotionnelle, malgré sa déception, en espérant obtenir une réponse favorable à sa demande plus tard.

Le système limbique et la régulation des émotions

Système limbique Ensemble des structures du cerveau jouant un rôle dans l'olfaction, la mémoire et la régulation des émotions, il comprend notamment l'amygdale, l'hypothalamus et l'hippocampe.

Les réactions émotionnelles dépendent de plusieurs structures cérébrales. Le **système limbique**, qui inclut entre autres l'amygdale, l'hippocampe et l'hypothalamus, semble jouer un rôle important dans la régulation des fonctions émotionnelles. Durant l'âge préscolaire, les fonctions d'expression et de régulation des émotions progressent.

RAISONNEMENT SCIENTIFIQUE

Le tri par couleurs et par formes: le jeu du lobe frontal

Au cours d'une série d'expériences, des enfants de 3 ans ont répété sans exception une erreur renversante (Zelazo et coll., 2003). Les enfants recevaient un jeu de cartes illustrées d'une fleur ou d'un camion rouges ou bleus. Dans un premier temps, les enfants jouaient au «jeu des formes» et devaient départager les camions et les fleurs en deux piles distinctes. Ce jeu n'a posé aucune difficulté aux enfants de 3 ans et plus, ni à certains enfants de 2 ans.

Les chercheurs ont ensuite proposé aux enfants le «jeu des couleurs», qui consistait à trier les cartes par couleurs. La plupart des enfants n'y sont pas arrivés et ont de nouveau trié les cartes selon la forme. Cette étude, reproduite dans plusieurs pays, a montré que les enfants de 3 ans persistent habituellement à trier les cartes comme ils l'ont fait la première fois (Diamond et Kirkham, 2005) alors que la plupart des enfants plus âgés, même ceux de 4 ans, parviennent à faire le tri selon la nouvelle consigne.

Devant les premiers résultats, les chercheurs ont voulu vérifier si la difficulté résidait dans la connaissance des couleurs et ont donc refait l'expérience en commençant par le «jeu des couleurs». La plupart des enfants de 3 ans ont trié les cartes correctement. Lorsque les chercheurs leur ont ensuite proposé le «jeu des formes», les enfants ont refait un tri par couleurs. Même avec un nouveau jeu de cartes, par exemple des lapins et des bateaux jaunes et verts, ils avaient toujours tendance à trier les cartes de la même façon (par couleurs ou par formes) que la première fois.

Les chercheurs examinent les multiples pistes d'explications de cet étonnant résultat (Müller et coll., 2006; Yerys et Munakata, 2006). Tous conviennent cependant qu'un aspect des fonctions exécutives du cortex préfrontal du cerveau doit s'être développé pour que les enfants de 4 ans soient parvenus à passer d'une forme de tri à une autre.

L'amygdale

L'**amygdale** (du latin *amygdala*, qui signifie «amande», dont elle a à peu près la forme et la taille) joue un rôle primordial dans les processus émotionnels. Cette structure minuscule enfouie dans le cerveau enregistre les émotions positives ou négatives, spécialement la peur, et permet de moduler les réactions physiologiques et comportementales (Nelson, de Haan et Thomas, 2006; Nelson, Thomas et de Haan, 2006).

Amygdale Structure minuscule en forme d'amande qui fait partie du système limbique. Reliée à l'hippocampe, l'amygdale détecte le contenu émotionnel des données sensorielles et joue un rôle dans la formation des souvenirs à forte charge émotionnelle.

L'augmentation de l'activité de l'amygdale explique en partie pourquoi de jeunes enfants font d'horribles cauchemars ou éprouvent des terreurs soudaines. La peur peut influencer le fonctionnement du cortex préfrontal et perturber la capacité de raisonnement d'un enfant. Si un enfant a peur, par exemple, d'un lion caché dans le placard, un adulte devrait ouvrir la porte et dire au lion de s'en aller plutôt que de rire ou de tenter de raisonner l'enfant.

L'amygdale enregistre les mimiques des autres, les analyse et y réagit (Vasa et Pine, 2004). Cette réaction fait partie de la référenciation sociale (voir le chapitre 5). Si l'enfant voyait son parent terrifié par un chien qui s'approche, il risquerait d'être terrifié aussi et, advenant que cette situation se reproduise trop souvent, l'amygdale de l'enfant pourrait devenir hypersensible. Si, au contraire, le parent exprimait du plaisir et de la curiosité à l'égard du chien, l'enfant pourrait probablement surmonter sa crainte initiale grâce à l'hippocampe, une autre structure du système limbique.

L'hippocampe

L'**hippocampe** se trouve juste à côté de l'amygdale. Il agit comme le processeur principal de la mémoire, particulièrement de la **mémoire épisodique** ou **mémoire autobiographique**. L'hippocampe réagit aux pointes d'anxiété de l'amygdale en réactivant des souvenirs; il permet à l'enfant de se rappeler, par exemple, que sa mère a caressé un chien lors d'une visite chez le voisin.

Hippocampe Structure du cerveau faisant partie du système limbique qui joue un rôle majeur dans les processus de mémorisation et d'apprentissage, incluant la formation des souvenirs à long terme.

Mémoire épisodique ou **mémoire autobiographique** Stockage et rappel d'informations ou d'événements vécus personnellement à des périodes antérieures.

Les services rendus par l'amygdale et l'hippocampe varient. Certains enfants dont l'amygdale et l'hippocampe sont sous-développés font preuve d'intrépidité alors que leurs expériences passées devraient les rendre prudents. Les animaux qui ont subi une ablation chirurgicale de l'amygdale deviennent intrépides dans des situations qui devraient les effrayer ; par exemple, des chats qui ont subi cette chirurgie se baladent nonchalamment à proximité de singes, ce qu'aucun chat normalement constitué ne ferait (Kolb et Whishaw, 2003).

L'hypothalamus

Hypothalamus Structure du système limbique qui établit des liens entre le système nerveux et le système hormonal afin de régulariser le sommeil, la faim, la soif, l'activité sexuelle et les émotions.

Hypophyse ou **glande pituitaire** Glande endocrine située à la base du cerveau.

Une troisième structure du système limbique, l'**hypothalamus**, assure la régularisation du sommeil, de l'activité sexuelle, de la faim, de la soif et des émotions. Il établit le lien entre le système nerveux et le système hormonal. Il réagit aux signaux de l'amygdale (signal stimulant) et de l'hippocampe (signal habituellement modérateur) afin de stimuler la sécrétion d'hormones de différentes glandes de l'organisme, dont l'hypophyse. L'**hypophyse**, aussi appelée **glande pituitaire**, est une glande endocrine qui est reliée à l'hypothalamus et qui est elle-même soumise à l'influence des sécrétions hormonales de l'hypothalamus. Ces hormones activent d'autres parties du cerveau et du corps (voir la figure 6.2). Ce processus en boucle se produit idéalement de façon modérée.

Les situations de stress

Dans les cas où la quantité d'hormones produites est excessive, certains problèmes peuvent survenir. Une sécrétion excessive d'hormones de stress (comme dans le cas

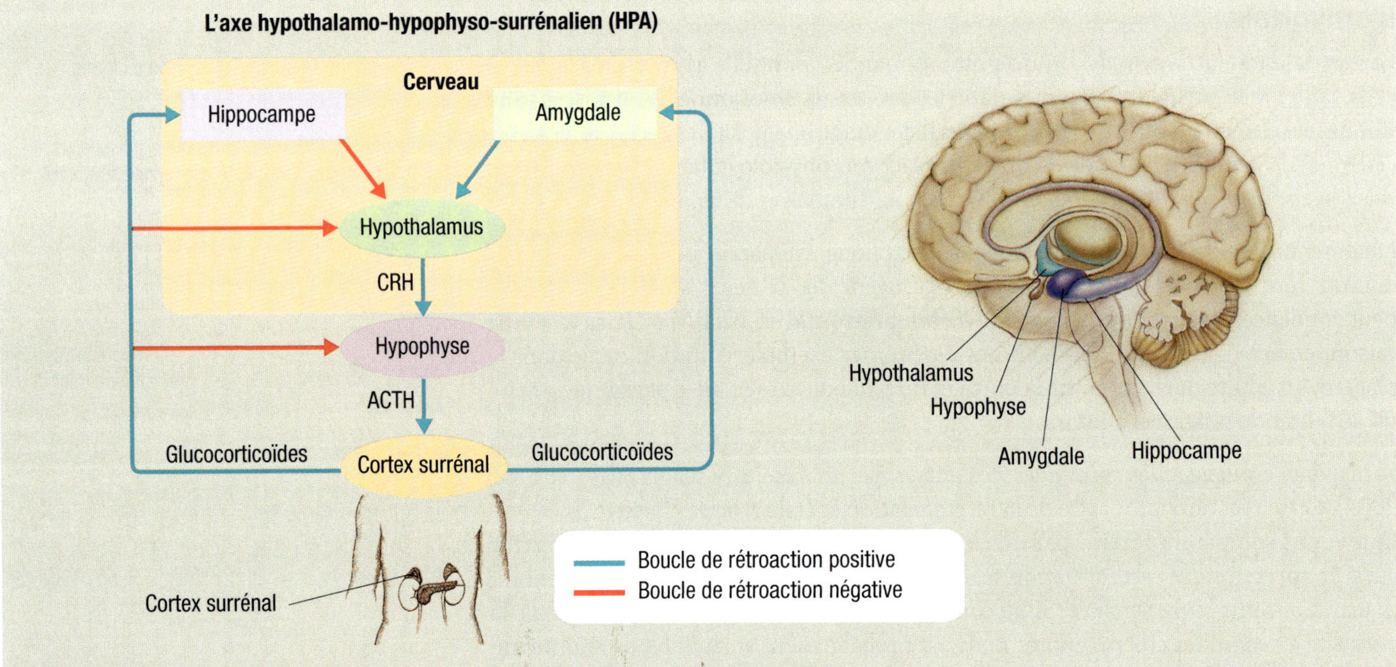

Source : adapté de Davis et coll., 2003, p. 183.

FIGURE 6.2 **Une boucle de rétroaction hormonale** Ce schéma illustre une liaison hormonale, l'axe hypothalamo-hypophyso-surrénalien (HPA) (de l'anglais *hypothalamus-pituitary-adrenal cortex*), auquel participe le système limbique. L'hippocampe et l'amygdale stimulent la production, par l'hypothalamus, de corticolibérine (CRH) (de l'anglais *corticotropin-releasing hormones*) qui, à son tour, pousse l'hypophyse à produire de l'ACTH (hormone corticotrope). L'ACTH déclenche ensuite la production de glucocorticoïdes par le cortex surrénal (la couche externe des glandes surrénales, qui coiffe les reins). La réaction initiale à une source de frayeur peut s'amplifier ou disparaître, en fonction d'autres facteurs, dont les souvenirs et la façon dont les diverses parties du cerveau interprètent cette première alerte de l'amygdale. (Certains éléments de la boucle n'apparaissent pas ici, afin de simplifier la présentation.)

d'un traumatisme grave) dans le cerveau pourrait détruire une partie de l'hippocampe et entraîner des déficits permanents sur le plan de la mémoire (amnésie) et de l'apprentissage (Davis et coll., 2003).

Les milliers d'enfants roumains placés dans des orphelinats (voir l'encadré « Raisonnement scientifique » à la page 104 du chapitre 4) semblent avoir subi un stress prolongé qui a laissé des marques sur les plans affectif et cognitif. Lorsqu'on leur présentait des photos de visages gais, tristes, effrayés ou en colère, leur système limbique réagissait moins que celui d'enfants roumains ayant vécu avec leurs parents, ce qui suggérerait possiblement des facultés cognitives moins efficaces (Parker et Nelson, 2005).

Les jeunes enfants ne devraient pas être soumis à un stress incessant sans pouvoir récupérer, car leur cerveau immature est vulnérable. « Des réactions physiologiques prolongées au stress et aux difficultés exposent les enfants à divers problèmes, notamment des troubles physiques et psychologiques, une difficulté à réguler leurs émotions et des handicaps cognitifs » (Quas, Bauer et Boyce, 2004).

Bien sûr, les expériences stressantes sont inévitables : la rentrée en garderie, la visite d'un lieu inconnu, un séjour à l'hôpital, etc. On comprend facilement que le degré de stress peut être très variable. De fait, les situations stressantes habituelles ne nuisent probablement pas au développement si l'enfant peut compter sur une personne ou un moyen de composer avec le stress. Des chercheurs ont mesuré, à l'aide de techniques d'imagerie cérébrale et d'analyses hormonales, le niveau de stress chez des enfants de 4 à 6 ans après une alerte d'incendie. Deux semaines plus tard, les chercheurs ont interrogé les enfants au sujet de l'événement. Comparés aux enfants moins sensibles, ceux qui avaient réagi plus fortement au stress de l'alerte se souvenaient davantage de l'événement s'ils étaient interrogés par une personne amicale, et beaucoup moins si l'intervieweur était distant (Quas, Bauer et Boyce, 2004). D'autres recherches ont aussi montré que les enfants d'âge préscolaire se souviennent mieux d'expériences traumatisantes auprès d'une personne chaleureuse qui fait preuve d'écoute (Bruck, Ceci et Principe, 2006).

Réponse aux futurs éducateurs de la petite enfance (de la page 172) Rappelez-vous que le cerveau des enfants n'est pas suffisamment myélinisé pour qu'ils puissent marcher, parler ou même boutonner leur manteau rapidement, et encore moins en même temps ! La maturation du cerveau fait toute la différence, comme vous le constaterez si vous planifiez une sortie en septembre, puis une autre en novembre. L'expérience peut aussi favoriser le bon déroulement d'une telle activité. Faites de courtes sorties quotidiennes, par exemple ; aidez un peu les enfants en les encourageant, en les félicitant et en leur chantant des comptines dont ils peuvent suivre le rythme. Demandez à un ou une collègue d'emmener à l'extérieur les enfants qui sont prêts pour jouer... pendant que vous attendez à l'intérieur les plus lents, qui comprendront de mieux en mieux où se trouve leur intérêt. Même si les enfants n'accélèrent pas le rythme rapidement, vous gagnerez quelques secondes chaque fois.

Les habiletés motrices

Plus mince, plus fort, mieux proportionné et plus capable de coordination, l'enfant de 2 à 6 ans peut se mouvoir avec plus de rapidité que le trottineur et ses habiletés motrices évoluent de manière étonnante.

La motricité globale

La **motricité globale**, c'est-à-dire la capacité d'exécuter des mouvements amples comme ceux qui entrent en jeu dans la course, l'escalade, le saut et le lancer d'une balle, s'améliore considérablement pendant l'âge préscolaire (Chevalier et Rigal, 2006 ; Gallahue, [s.d.]) ; les progrès sont manifestes. L'enfant de 2 ans est maladroit, tombe fréquemment et se heurte parfois à des objets immobiles. L'enfant de 6 ans, en revanche, est plus agile et gracieux. La plupart des Nord-Américains de 6 ans sont capables de conduire une bicyclette munie de roues d'appoint, de grimper à une échelle, de se balancer ainsi que de lancer, d'attraper et de botter un ballon (voir le tableau 6.1). Certains encore peuvent skier, patiner, plonger, bref, faire des activités qui demandent de l'équilibre et de la coordination.

L'énergie des enfants, leur curiosité et leur agilité les exposent à des dangers et surtout à des blessures. La plupart des enfants d'âge préscolaire acquièrent seuls les habiletés motrices élémentaires ou les apprennent d'autres enfants, sans l'aide d'adultes. Si des enfants ont l'occasion de jouer ensemble dans un espace adéquatement aménagé, la

Bien concentrée ! Cette photo illustre assez bien certaines des capacités motrices propres à cet âge. Contrairement aux enfants de 3 ans, la plupart des enfants de 5 ans parviennent à se déplacer le long d'une poutre de 10 cm de large sans perdre l'équilibre, bien que cela demande visiblement beaucoup de concentration.

Motricité globale Ensemble des mouvements amples qui permettent à l'être humain de modifier sa position, de se déplacer, d'agir sur son environnement ou d'interagir avec autrui.

TABLEAU 6.1 Les habiletés motrices de 2 à 6 ans

2 ans	4 ans	6 ans
Marcher, mais avec les jambes assez écartées. Courir pour le plaisir, sans tomber. Incapacité de se retourner ou de s'arrêter rapidement et en souplesse.	Marcher avec les pieds rapprochés. Varier son rythme de marche et de course. Sauter six fois de suite sur un seul pied.	Marcher avec un bon équilibre. Marcher et courir dans toutes les directions, en alternant rapidement.
Botter un gros ballon. Monter un escalier en posant les deux pieds sur chaque marche. Grimper sur les chaises, les tables, les lits et en redescendre.	Attraper au vol un ballon (ni trop petit ni trop rapide) qui rebondit. Monter sans aide un escalier en alternant les pieds. Rouler à bicyclette (avec des roues d'appoint).	Attraper et lancer un ballon tout en se déplaçant. Marcher sans aide sur une poutre. Rouler à bicyclette. Faire la roue.
Faire des gribouillis, tracer des lignes et des spirales. Tracer une ligne à peu près verticale.	Copier la plupart des lettres. Dessiner des formes et des figures géométriques. Dessiner un bonhomme, en trois parties.	Dessiner et écrire d'une main. Enfiler des petites perles sur une ficelle et manipuler de tout petits objets.
Commencer à mettre ses souliers, mais souvent à l'envers.	S'habiller seul (à l'exception des boutons minuscules).	Attacher des boutons, utiliser une fermeture éclair, attacher des lacets.
Tenir un petit verre d'une main. Commencer à utiliser un ustensile pour se nourrir (une cuillère, par exemple).	Remplir un verre de jus (d'un pichet pas trop lourd) sans faire de dégât. Découper en suivant une ligne, avec des ciseaux. Manger avec une fourchette. Brosser ses dents (que faut-il bouger? la brosse? la tête? les deux en même temps?).	Découper avec précision des formes complexes. Utiliser toutes sortes d'ustensiles et d'outils (par exemple un porte-poussière et une brosse, ce qui exige une coordination des mouvements). Laver son visage et peigner ses cheveux.
Tourner les pages d'un livre une à une, mais en les froissant le plus souvent.	Construire des édifices avec des blocs.	Construire des environnements complexes avec des petits blocs ou des Lego.

Note: Il faut souligner que le contexte est déterminant. Par exemple, de nombreux enfants de 6 ans ne savent pas attacher des lacets parce que leurs chaussures n'en sont pas pourvues et qu'ils n'ont jamais exercé cette habileté spécifique.

Sources: Brigance, 1988; Gallahue et Ozman, 2006; Gallahue, 2006.

motricité de chacun se développera au rythme dicté par le degré de maturation de son cerveau, sa taille et son adresse naturelle.

Les adultes ont la responsabilité de veiller à ce que les enfants aient des espaces sécuritaires, du temps et des compagnons de jeu; les habiletés vont suivre puisque l'enfant apprend beaucoup de ses pairs qui font preuve d'une habileté particulière, qu'il s'agisse d'attraper un ballon ou de grimper à un arbre.

La motricité fine

Motricité fine Ensemble des activités motrices qui engagent une région spécifique du corps, sans nécessairement mettre le reste du corps à contribution, et qui nécessitent de la précision ou de la dextérité.

Le développement de la **motricité fine**, c'est-à-dire la capacité d'exécuter des mouvements de faible amplitude avec les mains et les doigts en particulier, est plus ardu que celui de la motricité globale chez l'enfant d'âge préscolaire. Celui-ci doit fournir un effort de concentration méritoire pour se servir un verre de jus sans en renverser, pour couper ses aliments à l'aide d'une fourchette et d'un couteau ou pour manier un crayon. Il peut passer beaucoup de temps à tenter d'attacher ses lacets et, malgré son application, ne réussir qu'à les entortiller. L'enfant, en effet, n'a pas encore acquis la pleine maîtrise de ses muscles ni le jugement nécessaire à l'exercice de la motricité fine.

Par bonheur, l'enfant vient à bout de ses difficultés à force de persévérance. Sous l'œil satisfait des adultes, il acquiert ainsi une habileté motrice qui semble liée de près à sa réussite scolaire future : l'art de tracer des lignes et des formes reconnaissables sur du papier, base du tracé des lettres et de l'écriture.

Le dessin constitue d'ailleurs une importante forme de jeu. En pensant à l'image qu'il va créer, en maniant la craie, le crayon ou le pinceau puis en examinant et, quelquefois, en montrant le résultat, l'enfant fait plus qu'exercer sa motricité fine : il cultive son sentiment de réussite et apprend peu à peu à s'autoévaluer.

À l'intention des futurs parents immigrants Les membres de votre famille et vous mangez avec des baguettes à la maison, mais vous tenez à ce que vos enfants s'intègrent bien à la culture occidentale. Devriez-vous renoncer à utiliser les baguettes ?

L'expression artistique

À l'âge préscolaire, les enfants se révèlent inventifs et créatifs, mais sont encore peu capables d'autocritique. Ils adorent s'exprimer, particulièrement si leurs parents les applaudissent, exposent leurs œuvres et manifestent leur approbation. À cet âge, la relative immaturité du cortex préfrontal préserve l'imagination de l'anxiété sociale qu'expriment les enfants plus vieux en disant qu'ils ne savent pas dessiner ou qu'ils dansent mal.

Toutes les formes d'expression artistique s'épanouissent durant la petite enfance. Les enfants adorent danser, construire une tour complexe avec des cubes, faire de la musique en battant la mesure et appliquer des couleurs sur du papier glacé.

Les créations d'un enfant reflètent sa perception et sa cognition. Par exemple, des chercheurs ont demandé à de jeunes enfants de dessiner un ballon et, plus tard, une sucette. Lorsqu'on a présenté ces dessins, les adultes ont été incapables de distinguer le ballon de la sucette, alors que les jeunes dessinateurs se sont montrés inflexibles : ils ne voyaient pas comment on pouvait confondre les deux (Bloom, 2000) (voir la figure 6.3).

De la danse à la sculpture, quel que soit le domaine artistique, les capacités s'améliorent avec la maturation du cerveau et du corps ainsi qu'avec l'expérience. Par exemple, en dessin, les gribouillis de l'enfant se précisent : ce dernier contrôle de plus en plus ses réalisations et, pour représenter des personnes, le bonhomme têtard apparaît vers 3 ans. Le bonhomme têtard semble être une caractéristique universelle de l'art enfantin (Cox, 1993) ; les enfants de toutes les cultures, partout dans le monde, en font.

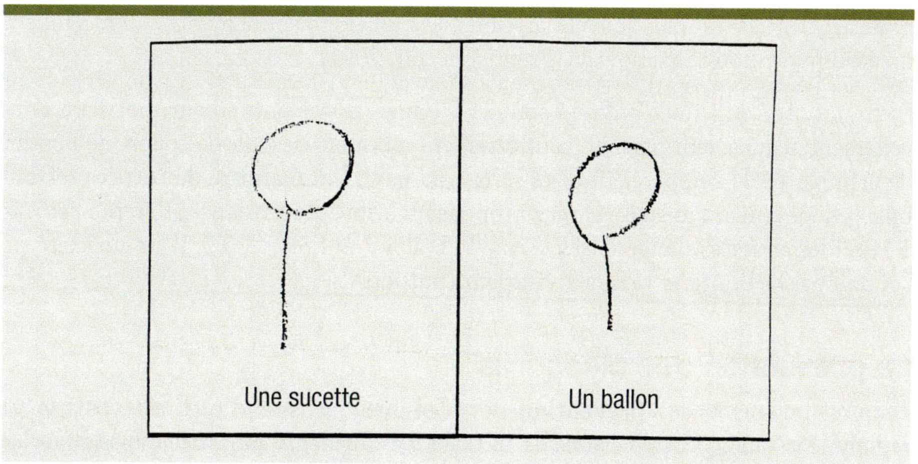

FIGURE 6.3 **Lequel est lequel ?** L'enfant qui a fait ces dessins n'en démordait pas : celui de gauche représente une sucette et celui de droite, un ballon, pas l'inverse.

Clac, clac ! Découper du papier est une tâche difficile pour un enfant de 3 ans, qui commence tout juste à développer sa motricité fine. C'est tout un défi pour ce petit de manier des ciseaux de sécurité émoussés. Espérons que le papier sera coupé là où il le souhaite !

Réponse aux futurs parents immigrants (de la page 177) Les enfants développent les habiletés motrices qu'ils voient et mettent en pratique. Ils apprendront vite à manier fourchette, couteau et cuillère à la garderie et utiliseront les baguettes à la maison. Vous pourriez également décider que certains jours vous vous servirez des baguettes et d'autres, des fourchettes. Du point de vue du développement, il n'y a aucune raison de renoncer aux baguettes, car les jeunes enfants ont la capacité d'apprendre plusieurs façons de faire.

L'enfant dessine un rond représentant à la fois la tête et le tronc vus de face, auquel sont attachés deux bâtons pour les jambes et souvent deux autres pour les bras. Les détails apportés à ce bonhomme vont se multiplier au fur et à mesure du développement mental de l'enfant : les yeux, le sourire, les cheveux, les vêtements, les bijoux, etc.

Ce bonhomme têtard que l'enfant dessine, c'est lui-même : il se représente inconsciemment et dévoile la perception qu'il a de son corps et de ses sentiments personnels. Si le personnage occupe une bonne position dans l'espace, si ses formes sont bien proportionnées, si l'ensemble est défini de manière structurée, cela signifie que l'enfant poursuit une croissance harmonieuse, qu'il est adapté à la réalité environnante.

Les blessures non intentionnelles et la maltraitance infantile

Les parents souhaitent stimuler le développement de leur enfant tout en le mettant à l'abri du danger. Cependant, parfois, malheureusement, les blessures — accidentelles ou causées délibérément — interfèrent avec cette volonté. Les blessures non intentionnelles comprennent la plupart des blessures causées par des accidents de la route, les brûlures, les chutes et les empoisonnements, alors que celles intentionnelles sont causées par des actes de violence contre soi-même ou contre autrui (Organisation mondiale de la Santé, 2002).

Les jeunes enfants sont plus sujets aux blessures et aux mauvais traitements que ne le sont des enfants un peu plus vieux, en partie parce qu'ils sont impulsifs, mais surtout parce qu'ils sont dépendants des autres. Il est toutefois possible de mettre les enfants à l'abri de nombreux dangers, et c'est ce qui nous motive à aborder le sujet dans ces pages.

Les blessures non intentionnelles

Partout dans le monde, les blessures entraînent des millions de décès chez les jeunes adultes et les enfants. Parmi les causes de décès, la maladie ne devance les accidents que pour les 40 ans et plus. Au Québec, l'étude de l'Institut national de santé publique (INSPQ) révèle que la principale cause de mortalité accidentelle varie considérablement selon l'âge. Il s'agit de la suffocation chez les enfants de moins de 1 an, de la noyade chez ceux de 1 à 4 ans et des accidents de la route chez les 5 à 18 ans (Portail Québec, 2009). Les chutes entraînent la mort d'un plus grand nombre de très jeunes enfants (moins de 24 mois) que d'enfants d'âge préscolaire. Chez ce dernier groupe, la mort accidentelle est plus souvent attribuable à un empoisonnement, à un incendie, à un étouffement ou à une noyade (Brenner et coll., 2001).

Pourquoi tant de jeunes enfants sont-ils victimes d'accidents ? Leur motricité nouvellement acquise leur permet, contrairement aux nourrissons, de courir, de bondir, de grimper et de s'emparer d'objets sans crier gare. L'immaturité du cortex préfrontal explique leur impulsivité et leur propension à s'aventurer dans différents lieux et à faire des activités dangereuses (Zeedyk, Wallace et Spry, 2002). Leur curiosité ne connaît pas de limite, et rien ne freine leurs pulsions.

À l'intention des futurs urbanistes À quoi ressemblerait un parc de jeu destiné à des bambins de 2 à 5 ans ?

La prévention des blessures

L'expression même de « **prévention** des blessures » sous-tend qu'il est possible de réduire le risque par des mesures de sécurité. Les incidents sont inévitables, mais les dommages seront moindres pour un enfant s'il tombe sur un revêtement de sécurité plutôt que sur le ciment, si un siège d'auto protège son corps lors d'une collision ou s'il fait une chute à vélo et qu'il porte un casque.

Prévention Ensemble des mesures qui transforment les conditions de l'environnement de façon à faire obstacle aux événements ou aux circonstances indésirables qui peuvent entraîner des blessures, des maladies ou de la maltraitance.

À VOUS LES COMMANDES 6.1

La prévention d'abord

Votre sœur a deux enfants âgés de 5 ans et de 2 ans et désire leur offrir un environnement des plus sécuritaires.

Comment pouvez-vous l'aider à organiser chaque pièce de la maison et l'environnement extérieur immédiat ?

La maltraitance infantile

La notion de **maltraitance infantile** réfère habituellement à des pratiques dont la gravité menace l'intégrité physique ou psychologique de l'enfant. C'est donc un ensemble de conduites qui consistent à exposer une personne de moins de 18 ans à un danger évitable ou à lui faire intentionnellement du mal. Cette maltraitance englobe la **violence faite aux enfants** (les conduites qui visent expressément à nuire à leur bien-être) et la **négligence** (ne pas répondre aux besoins fondamentaux d'un enfant).

Maltraitance infantile Ensemble des conduites qui consistent à exposer une personne de moins de 18 ans à un danger évitable ou à lui faire intentionnellement du mal.

Violence faite aux enfants Ensemble des conduites qui visent expressément à nuire au bien-être des enfants et qui peuvent prendre un caractère physique, psychologique et sexuel.

Négligence Forme de maltraitance qui consiste à ignorer les besoins fondamentaux d'un enfant ; elle peut se rapporter tant aux besoins psychologiques qu'aux besoins physiques.

Les formes de maltraitance

La violence et la négligence se subdivisent en catégories. Ainsi, la violence peut prendre la forme d'abus physiques, psychologiques et à caractère sexuel. La négligence se rapporte, quant à elle, autant aux besoins psychologiques qu'aux besoins physiques. En un sens, chaque forme de mauvais traitements est unique dans la mesure où elle a des causes, des manifestations et des conséquences particulières. Dans la plupart des cas décelés par les autorités, les enfants ont subi plusieurs formes de mauvais traitements. Pour ces victimes, les pires blessures ne sont pas de nature physique mais psychologique, et ces traumatismes sont difficiles à mesurer et à traiter (Chamberland et coll., 2003 ; Malo et coll., 2001). En général, plus l'enfant est jeune, plus l'impact risque d'être grand (Keiley et coll., 2001 ; Institut de la statistique du Québec, 2004 ; Lemire, 2005).

Les signes de la maltraitance

Un des premiers signes de la maltraitance est un retard de développement, par exemple une croissance lente, un retard dans l'aptitude à communiquer, un manque de curiosité ou des rapports sociaux singuliers. Toutes ces difficultés peuvent être observables dès l'âge de 1 an (Hildyard et Wolfe, 2002 ; Valentino et coll., 2006). Un enfant maltraité d'âge préscolaire peut sembler peureux, effrayé par le bruit, sur la défensive et prompt à attaquer, ou confondre l'imaginaire et la réalité (De Bellis, 2001 ; Yehuda, 2006). Quel que soit leur âge, les enfants maltraités ont généralement peu d'amis (Manly et coll., 2001).

POINT DE MIRE

Signaler la maltraitance ? C'est la loi !

Le signalement de la maltraitance consiste à aviser les autorités lorsqu'on a des raisons de croire que le développement ou la sécurité d'un enfant peut être compromis. La loi canadienne oblige tout citoyen qui en est témoin à faire un tel signalement au Directeur de la protection de la jeunesse (DPJ) et à présenter les renseignements ou les confidences de l'enfant qui l'inquiètent. La DPJ aura la tâche de procéder à l'analyse du signalement et à déterminer si la plainte doit être retenue pour une évaluation.

À l'intention des futures infirmières Lors de la pesée d'un enfant de 4 ans, vous remarquez plusieurs ecchymoses sur ses jambes. Il ne répond pas à vos questions et le parent qui l'accompagne dit que l'enfant a buté sur des meubles. Que devriez-vous faire ?

Au vu et au su de tous Les mauvais traitements infligés aux enfants représentent un grave problème dans les pays développés, mais ils sont rares en Micronésie. Cette photo prise dans un village de l'île de Pulap illustre une des raisons de cette situation : la vie familiale se déroule en plein air et non derrière des portes closes. Les voisins et les membres des familles remarquent donc rapidement toutes les lacunes en matière de soins et tous les éclats de colère, et ils interviennent pour soutenir les parents et remédier au problème avant qu'il ne dégénère en négligence ou en violence.

La rubrique « Point de mire » ci-dessous présente certains signes de maltraitance, à la fois de violence et de négligence. Aucun d'eux ne constitue une preuve de maltraitance : on doit plutôt les considérer comme des signaux d'alarme.

Les facteurs à l'origine de la maltraitance

De prime abord, il est difficile d'imaginer les raisons qui peuvent pousser une personne à maltraiter un enfant dont elle a la responsabilité. En règle générale, plusieurs facteurs sont en cause, lesquels, en se combinant, augmentent la probabilité d'apparition de maltraitance infantile.

Les parents en cause

Contrairement à ce que l'on croit généralement, la plupart des parents violents ne se démarquent pas beaucoup des autres parents. Comme eux, ils aiment leurs enfants et leur veulent du bien. Moins de 10 % des parents violents sont atteints d'une maladie mentale qui altère leur jugement et leur affectivité au point de les rendre aveugles aux besoins et à la fragilité de leurs enfants.

Les parents violents présentent cependant des traits de personnalité qui, avec le stress, créent un mélange explosif. Les tests de personnalité révèlent en effet qu'ils ont une estime de soi et une capacité d'adaptation plus faibles que celles des autres parents. Leur rigidité défensive s'accompagne d'immaturité, de sorte qu'ils se préoccupent davantage de leurs propres besoins que de ceux des autres, s'ils y sont sensibles (Belsky et Vondra, 1989 ; Christensen et coll., 1994).

Ces personnes manifestent en outre une distorsion des schèmes cognitifs. Le pessimisme fausse leur interprétation du comportement des enfants (Newberger et White, 1989). Ces parents voient le monde comme un lieu hostile et ingrat, et ils prennent comme une attaque personnelle tout signe de malaise ou de détresse de la part de leur enfant. Ils interprètent, par exemple, ses mimiques et ses pleurs comme des signes de colère (Kropp et Haynes, 1987). Dans un tel état d'esprit, il est très difficile de composer avec les exigences et les besoins d'un enfant (Heap, 1991).

POINT DE MIRE

Des signes de la maltraitance chez les enfants de 2 à 6 ans

- Des blessures qui ne correspondent pas à une cause accidentelle : des ecchymoses sur les deux côtés du visage ou du corps, des brûlures avec une démarcation très nette entre la peau brûlée et la peau intacte, des coupures causées par des « chutes » qui, normalement, n'entraînent que des égratignures.
- Des blessures à répétition, particulièrement des fractures mal soignées.
- Des jeux imaginaires où dominent des thèmes de violence.
- Une croissance physique lente, particulièrement lorsqu'elle s'accompagne d'un appétit démesuré ou d'une absence d'appétit.
- De la somnolence et des plaintes constantes de douleurs, comme des maux de ventre, des maux de tête, des douleurs aux parties génitales.
- Une réticence à parler, à jouer ou à bouger, particulièrement si le développement est lent.
- L'absence d'amis, une manifestation d'hostilité envers les autres, des comportements d'intimidation à l'égard d'enfants plus jeunes.
- Une vigilance excessive, accompagnée de réactions impulsives comme des mouvements de recul, des sursauts et des coups.
- Des absences fréquentes de la garderie ou de l'école, de nombreux changements d'adresse ou de personne à charge.
- Des expressions de peur plutôt que de joie à la vue du parent ou du parent substitut.

Source : Maria Scannapieco et Kelli Connell-Carrick, *Understanding Child Maltreatment : An Ecological and Developmental Perspective*, New York, Oxford University Press, 2005.

On ne saurait, enfin, passer sous silence le rôle que joue la toxicomanie dans les mauvais traitements. Dans au moins 1 cas sur 4, en effet, la consommation excessive de drogues ou d'alcool est en cause (McCurdy et Daro, 1994).

La société en cause

L'attitude des sociétés à l'égard des enfants varie de façon marquée dans le monde. L'importance accordée à leur bien-être et à leur protection dépend des normes et principes acceptés par chaque culture (Korbin, 1994 ; Sigler, 1989). Quatre de ces éléments semblent liés à un faible taux de mauvais traitements :

- la violence dans tous les contextes (entre adultes, entre enfants, entre adultes et enfants) est désapprouvée ;
- les enfants sont fortement valorisés en tant que sources de joie et de satisfaction psychologique ;
- le soin des enfants est considéré comme une responsabilité communautaire. Si les parents sont incapables de l'assumer, d'autres adultes s'en chargeront volontiers ;
- les adultes ne tiennent pas l'enfant responsable de ses actions. Dans certaines sociétés, on considère comme excessives la plupart des punitions imposées aux enfants de moins de 3 ans, voire de moins de 7 ans.

Réponse aux futurs urbanistes (de la page 178) Ces derniers profiteront davantage d'une aire de jeu clôturée, suffisamment petite et pourvue de bancs à côté de chaque module de jeu, à l'intention des parents ou des gardiens qui pourront ainsi socialiser tout en surveillant les enfants de près. La surface de jeu devrait minimiser les possibilités de blessures : il faut donc éviter les cailloux ou le ciment sous les modules pour grimper (puisque les jeunes enfants sont parfois maladroits ou prennent des risques) et proposer des équipements qui favorisent la motricité globale (un muret d'escalade, par exemple) et la motricité fine (un bac à sable). Les adolescents devraient disposer de leurs propres aires de jeu, loin des jeunes enfants. Les parcs réservés aux chiens devraient également se trouver à bonne distance des aires de jeu des enfants.

Les conséquences de la maltraitance

Les conséquences de la maltraitance infantile vont bien au-delà des carences et des blessures corporelles. Les enfants qui font l'objet de violence ou de négligence de façon chronique ont plus souvent un poids inférieur, sont hospitalisés plus souvent, sont en moins bonne santé, parlent plus tardivement, se concentrent moins facilement et progressent plus lentement à l'école que ceux qui sont bien traités (Hussey, Chang et Kotch, 2006 ; Kendall-Tackett, 2002).

Presque tous les enfants qui subissent des sévices graves et continuels en gardent des cicatrices : dépression, peur de l'intimité, émotivité extrême, faible estime de soi, etc. (Rutter, 1989). Les enfants maltraités voient souvent le monde comme un lieu hostile où ils risquent à tout moment d'être exploités ; par conséquent, ils sont moins aimables, plus agressifs et plus solitaires que d'autres enfants (Manly et coll., 2001 ; Scannapieco et Connell-Carrick, 2005). Une fois adultes, certains d'entre eux deviennent plus souvent des victimes ou des agresseurs, sabotent leur carrière, mangent trop ou trop peu et se livrent à des comportements autodestructeurs (Smith et Fong, 2004) ; certains — environ 30 % — font subir des mauvais traitements à leurs enfants. Remarquons que 70 % ne le font pas et que plusieurs parents maltraitants n'ont jamais été eux-mêmes maltraités durant leur enfance.

Par ailleurs, nombre d'adultes qui ont été victimes de violence ou de négligence mènent une vie relativement normale : ils travaillent, se marient et fondent une famille dans laquelle les relations sont harmonieuses. Ils ont possiblement rencontré sur leurs chemins des adultes qui les ont aimés et les ont traités avec respect, ce qui a pu amenuiser les conséquences négatives de la maltraitance.

L'intervention et la prévention

Signaler les cas de mauvais traitement, faire enquête, recueillir des preuves et même punir les coupables ne suffisent pas nécessairement à éradiquer le problème (Finkelhor, 1992). En effet, de 30 % à 50 % des victimes font de nouveau l'objet de sévices par la suite (Daro, 1989). Alors, que faire ?

Réponse aux futures infirmières (de la page 180) Les professionnels travaillant auprès des enfants doivent, en vertu des articles 39 et 39.1 de la Loi de la protection de la jeunesse (LPJ), signaler au Directeur de la protection de la jeunesse (DPJ) toutes formes de maltraitance. Après le signalement, les autorités prendront les mesures appropriées, selon le contexte. L'identité de la personne qui a fait le signalement demeure confidentielle (art. 44 LPJ).

Il faut d'abord agir de façon préventive en favorisant la stabilité du quartier, la cohésion familiale, l'équité salariale de même que les mesures réduisant l'instabilité financière et l'isolement familial. Par la suite, il faut détecter rapidement les signaux d'alerte et intervenir avant qu'une situation problématique ne s'envenime. Par exemple, des manifestations répétées d'un attachement insécurisant chez un enfant, surtout s'il est de type désorganisé (voir le chapitre 5), indiquent une relation parent-enfant perturbée. Quelqu'un doit veiller à réparer cette interaction. Des visites à domicile par une infirmière ou un travailleur social, le recours à un service de garderie de qualité et des services d'aide pour les parents (psychologique ou médical, entre autres) sont autant de mesures de soutien pour les familles à risque.

Lorsqu'un cas de maltraitance est décelé, il faut prendre tous les moyens pour réduire les dommages, le signalement et la confirmation des cas ne constituant que les premières étapes de l'intervention. Il faut agir, en aidant la famille ou en retirant l'enfant de son milieu. Dans plusieurs situations, on pourrait ainsi réduire le nombre d'enfants qui doivent être hospitalisés.

Bien sûr, nombre de ces interventions sont le fait de professionnels et d'instances gouvernementales, mais nous avons également des responsabilités individuelles. Une personne qui soupçonne une situation de maltraitance chez des proches ou chez des familles voisines peut apporter son aide pour soulager le stress des parents, par exemple en gardant les enfants pour une période de 2 ou 3 heures ou en offrant des plats cuisinés pour le prochain repas. Chacun peut trouver des façons d'aider ponctuellement des personnes en situation de crise, dans la mesure de ses moyens.

Face au problème de la maltraitance, il faut susciter l'engagement de la collectivité et surtout éduquer les futurs parents. Certains d'entre eux utilisent la violence physique pour punir, ignorant parfois que d'autres techniques d'intervention peuvent être utilisées de façon plus efficace. Des formations spécifiques devraient également être offertes par les CLSC (Centre local de services communautaires) aux parents qui se disent eux-mêmes en difficulté. En les aidant à se responsabiliser et à prendre soin de leurs enfants, on donnerait à ceux-ci plus de chances de vivre dans un milieu favorisant leur développement. Il est indéniable que les enfants se portent mieux, sur les plans biosocial, cognitif et psychosocial, lorsqu'ils se sentent en sécurité.

D'un pays à l'autre : on s'amuse avec grand-papa Les grands-pères du Japon, de l'Inde ou d'ailleurs font souvent la joie de leurs petits-enfants. Dans certains cas, ils tiennent même lieu de parents substituts lorsque les parents ressentent le besoin de prendre un temps d'arrêt pour refaire le plein d'énergie.

SECTION 2

L'ÂGE SCOLAIRE (DE 6 À 12 ANS)

Comparativement aux autres périodes de la vie, l'étape de l'âge scolaire semble se dérouler sans histoire sur le plan du développement biosocial. À 6 ans, les bases sont bien établies : l'enfant n'a plus qu'à raffiner ses habiletés motrices et à s'exercer pour développer la rapidité. C'est aussi pendant la période de l'âge scolaire que la santé d'une personne est à son meilleur : la fréquence des maladies et des décès est alors la plus faible. Par ailleurs, les enfants d'âge scolaire ne dépendent plus des personnes plus âgées de leur famille pour s'habiller, manger et se laver.

Cette section de chapitre présente les caractéristiques que partagent tous les enfants d'âge scolaire, de même que les différences qui prennent soudain de l'importance, en ce qui a trait à la taille, au développement du cerveau, aux habiletés motrices et à la santé. Les enfants se comparent aux autres, et la plupart d'entre eux sentent, à un moment ou un autre, qu'ils ne sont pas à la hauteur sur un aspect quelconque. Les conséquences de cette prise de conscience sont très variables. Dans cette section, nous nous intéressons aux changements et aux variations physiques caractéristiques de l'âge scolaire, et nous traitons de quelques difficultés susceptibles d'entraver le développement biosocial.

La croissance physique et la santé

Des facteurs génétiques et environnementaux protègent particulièrement les enfants d'âge scolaire. Les maladies mortelles sont en effet très rares à cet âge et la mort accidentelle est un phénomène inhabituel. Il semble que les nombreuses mesures de prudence et la vaccination produisent alors leurs effets. De fait, cette période constitue un sommet de la santé dans la vie d'une personne (voir la figure 6.4).

La croissance est plus lente à l'âge scolaire que pendant la petite enfance et l'adolescence. Au cours de cette période, les enfants paraissent généralement élancés. Leurs muscles se renforcent, surtout s'ils exploitent leur force et leur endurance en s'adonnant à l'activité physique (Malina, Bouchard et Bar-Or, 2004).

Les variations de la stature

La maturité acquise sur les plans physique et cognitif permet aux enfants d'âge scolaire de réaliser les tâches pour prendre soin d'eux-mêmes, avec quelques rappels de la part des parents : ils veillent à leur hygiène personnelle (brosser leurs dents, nettoyer leurs oreilles), s'habillent eux-mêmes (lacer, attacher, boutonner), préparent leur goûter pour l'école, choisissent les jouets ou les jeux qu'ils veulent, prennent les objets dont ils ont besoin pour dessiner et faire des bricolages.

Le ralentissement de la croissance et le renforcement musculaire expliquent en partie pourquoi les enfants de cet âge peuvent maîtriser à peu près n'importe quel mouvement qui ne nécessite pas une taille adulte. Par exemple, un enfant de 9 ans peut se mesurer à des adultes à vélo, mais il n'est pas de taille — littéralement — pour jouer au basket-ball avec eux.

L'amorce des changements pubertaires

Entre 9 et 12 ans, la majorité des enfants entrent dans la phase de transition rapide entre l'enfance et l'adolescence. Le terme *puberté* fait référence à la période marquée par

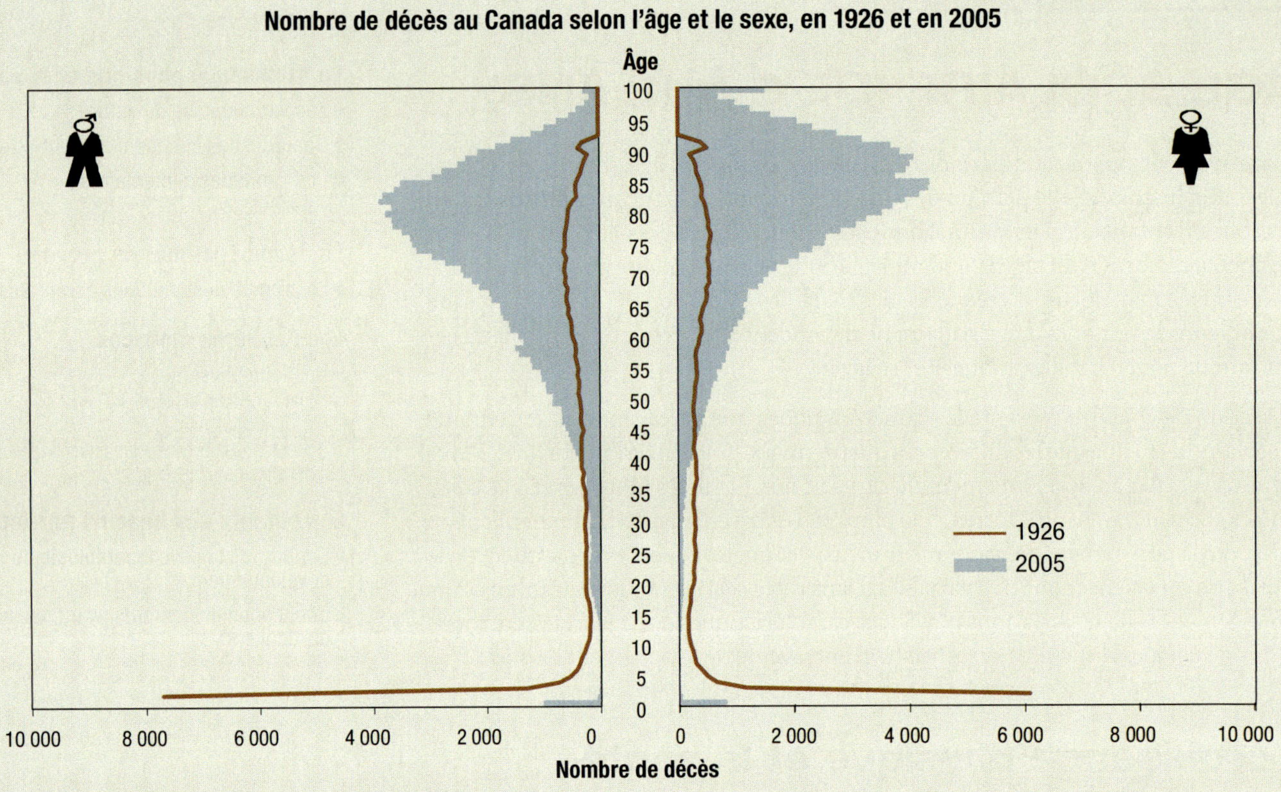

Source : adapté de Statistique Canada, *Rapport sur l'état de la population du Canada 2003 et 2004*, 91-209-XIF, 2006.

FIGURE 6.4 **Peu de décès à l'âge scolaire** Les enfants d'âge scolaire sont remarquablement résistants, comme l'illustrent diverses statistiques. Ces diagrammes montrent que le taux de mortalité chez les 7 à 11 ans est inférieur à celui des enfants plus jeunes ou plus âgés, et près de 100 fois inférieur à celui des adultes.

l'apparition des caractères sexuels secondaires et la maturation des organes sexuels, rendant la procréation possible. Plusieurs signes physiques évidents confirment le déclenchement de la puberté chez le garçon ou la fille (voir le tableau 6.2). En ce qui concerne la croissance physique globale, certains garçons et certaines filles grandissent de plusieurs centimètres chaque année. Des changements hormonaux se produisent également, ce qui peut influer sur l'humeur des préadolescents.

Les préadolescents sont parfois surpris et anxieux face à tous les changements qu'ils vivent. Souvent, ils n'arrivent pas à faire le lien entre la charge hormonale et ce qu'ils ressentent. Le ou les parents se doivent alors de discuter de sexualité avec leur préadolescent et de le rassurer quant à la normalité des nouveaux émois sexuels, des nouvelles sensations qu'il éprouve.

Les habitudes alimentaires

De façon générale, les enfants d'âge scolaire de pays développés mangent suffisamment pour grandir et restent habituellement minces jusqu'à la puberté. Dans certaines régions du monde, la variation de la taille et du poids des enfants est en grande partie attribuable à la malnutrition. Les enfants les mieux nantis dépassent de plusieurs centimètres leurs pairs des quartiers défavorisés, que ce soit à Hong Kong, à Rio de Janeiro ou à New Delhi. Dans les pays développés, c'est l'hérédité qui influence le plus la variation de la stature,

TABLEAU 6.2 Les premiers changements pubertaires

Filles	Âge moyen	Garçons
Augmentation de la production d'œstrogène et de progestérone par les ovaires	9 ans	
Début de la croissance de l'utérus et du vagin	9 ans et demi	Augmentation de la production de testostérone par les testicules
Apparition des bourgeons mammaires	10 ans	Croissance des testicules et du scrotum
Apparition de la pilosité pubienne ; début du gain de poids	11 ans	
Accroissement rapide de la taille	11 ans et demi	Apparition de la pilosité pubienne
Croissance de la masse musculaire et des organes (et élargissement notable des hanches)	12 ans	Début de la croissance du pénis

Source : masexualite.ca, « La sexualité et le développement de l'enfant », [en ligne], 2006. [http://www.masexualite.ca/parents/sexualite-4.aspx] (16 février 2010).

car la plupart des enfants mangent suffisamment pour atteindre la taille programmée par leurs gènes.

L'obésité

Le pourcentage d'obésité chez les individus de moins de 18 ans était de 8,2 % au Canada et de 7,1 % au Québec en 2004 (Santé Canada, 2007).

Ces taux sont préoccupants puisque l'obésité juvénile augmenterait les risques d'obésité à l'âge adulte (Shields, 2005, 2006) de même que les problèmes qui y sont associés tels que le diabète, l'apnée du sommeil ou autres troubles respiratoires et certains cancers (Steinberger et Daniels, 2003). Les enfants souffrant d'embonpoint font moins d'exercice et ont une tension artérielle plus élevée, ce qui les prédispose à des problèmes de santé à l'âge adulte, notamment le diabète de type 2, les maladies cardiovasculaires et les accidents vasculaires cérébraux. L'excès de poids pourrait aussi représenter un fardeau sur le plan psychologique et social, les enfants concernés ayant plus tendance à être rejetés par leurs pairs et à vivre un isolement social. De plus, leur rendement scolaire et leur estime de soi diminuent (Friedlander et coll., 2003 ; Guillaume et Lissau, 2002 ; Mustillo et coll., 2003).

Qu'est-ce qui rend un enfant plus sujet à l'embonpoint qu'un autre du même âge ? Les gènes fournissent une partie de l'explication ; ils influencent le niveau d'activité, les préférences alimentaires, la morphologie et le métabolisme d'une personne (Frayling et coll., 2007).

Les gènes, cependant, n'agissent pas seuls : il n'est pas facile de déterminer lequel, de l'ADN ou des matières grasses, joue le plus grand rôle dans le phénomène d'obésité que nous connaissons aujourd'hui (Jones, 2006). Les enfants vulnérables deviennent obèses sous l'influence de quelque 250 gènes, mais aussi sous celle de nombreux facteurs environnementaux, dont les habitudes alimentaires de leurs parents et de leurs grands-parents (Gluckman et Hanson, 2006a, 2006b). Les études suggèrent des dizaines d'autres causes environnementales. Par exemple, les enfants qui consacrent plus de 2 heures par jour à regarder la télévision et qui boivent quotidiennement plus de deux boissons gazeuses font davantage d'embonpoint que ceux qui ne font ni l'un ni l'autre (Institute of Medicine, 2006).

De toutes les variables examinées, c'est l'habitude de manger trop ou trop vite qui est sans doute la plus clairement associée tant à l'embonpoint qu'à l'obésité chez les enfants de 7 ans (Institut de la statistique du Québec, 2009).

Quand les parents reconnaissent le problème, leurs tentatives de mettre l'enfant au régime risquent de produire l'effet contraire. Une étude menée auprès d'enfants âgés de 7 à 12 ans a montré qu'en limitant l'accès à certains aliments, on augmentait la préférence de l'enfant pour ceux-ci au lieu de la réduire. De plus, les aliments que les enfants sont contraints de consommer deviennent moins attrayants à leurs yeux (Benton, 2004). La meilleure stratégie pour les adultes est de donner l'exemple, c'est-à-dire de conserver un poids santé en mangeant des repas équilibrés et en faisant de l'exercice avec leurs enfants (Patrick et coll., 2004).

Le développement du cerveau

La maturation du corps calleux permet la connexion entre les deux hémisphères cérébraux. Le cortex préfrontal, siège des fonctions exécutives du cerveau, remplit les tâches de planification et d'analyse. Ces développements se poursuivent durant la période scolaire. Examinons maintenant les progrès en matière de temps de réaction et d'automatisation, signes de développement des fonctions cérébrales.

Le progrès des fonctions cérébrales

L'une des conséquences visibles de la myélinisation accrue est la diminution du temps de réaction à un stimulus. Par exemple, des grands-parents qui jouent à un jeu vidéo avec leur petit-fils de 12 ans vont rapidement se faire écraser, alors qu'ils pouvaient se révéler de véritables compétiteurs lorsque l'enfant avait 8 ans !

Le développement des processus de contrôle mental associés à la maîtrise de soi (Verté et coll., 2005) fait en sorte que les enfants d'âge scolaire peuvent analyser les conséquences d'un éventuel accès de colère ou d'une crise de larmes.

Le développement neurologique permet à l'enfant de traiter en même temps divers types d'information dans plusieurs parties de son cerveau, et de garder un œil sur les éléments les plus importants. L'**attention sélective**, c'est-à-dire l'aptitude à se concentrer sur certains stimulus et à en ignorer d'autres, est essentielle au développement des compétences durant les premières années du primaire (NICHD Early Child Care Research Network, 2003). L'attention sélective émerge grâce à la myélinisation continue et à la production accrue de certains neurotransmetteurs (des messagers chimiques) ; elle s'améliore nettement vers l'âge de 7 ans. Les enfants d'âge scolaire ont non seulement la capacité de remarquer divers stimulus (ce qui constitue une forme d'attention), mais ils parviennent aussi à déterminer, parmi plusieurs possibilités, quelle est la réaction la plus appropriée (Rueda et coll., 2007).

Attention sélective Processus par lequel le cerveau fait le tri des messages sensoriels pour ne traiter que ceux jugés les plus importants.

Les neurones au boulot ! Le développement du cerveau a permis à Victoria de jouer du violon, ce qui exige de l'attention sélective, de la pratique et de l'automatisation.

La myélinisation accrue et les heures d'entraînement finissent par actionner une fonction de « pilotage automatique » (Berninger et Richards, 2002). L'enfant qui apprend à lire constitue un bon exemple. Au début, il concentre son regard (parfois en suivant d'un doigt) sur les lettres, les décodant laborieusement une à une en les prononçant. Cette séquence temporelle amène l'enfant à prendre conscience des syllabes, puis des mots. À la longue, la démarche devient tellement automatique qu'un coup d'œil à un babillard suffit à l'enfant pour en lire le contenu sans faire un effort conscient.

L'acquisition de toute compétence se manifeste par l'intégration d'automatismes. Parler dans une autre langue, réciter des tables de multiplication et écrire son nom sont des tâches laborieuses au début, avant de devenir des automatismes. Ces progrès sont possibles lorsque le cerveau est en mesure de traiter des formes de lecture, de discussion, de calcul et de rédaction plus complexes (Berninger et Richards, 2002). Bref, comme le dit le proverbe, *C'est en forgeant qu'on devient forgeron.*

Des outils pour bien travailler Cette élève nigériane de deuxième année dispose des conditions idéales pour faire ses devoirs. La surface de travail individuelle, le cahier et le crayon bien taillé sont des outils favorisant les capacités du cerveau et les compétences des enfants d'âge scolaire.

Les habiletés motrices

Le ralentissement de la croissance, lequel permet d'apprivoiser plus facilement l'image corporelle et la gestuelle correspondante, compte vraisemblablement parmi les facteurs de l'agilité des enfants d'âge scolaire. De façon générale, c'est durant cette période qu'ils acquièrent une multitude d'habiletés physiques (comme grimper aux arbres avec assurance et faire du patin à roues alignées). De fait, ils peuvent exécuter n'importe quel mouvement qui ne nécessite pas beaucoup de puissance ni d'évaluation de la vitesse et de la distance. L'apprentissage se fait habituellement sans difficulté et sans l'aide des adultes, à condition bien sûr que l'enfant connaisse un développement corporel normal. Souvent, hélas, la télévision et les jeux vidéo font concurrence aux activités en plein air et aux jeux qui développent des habiletés physiques.

Pour acquérir une meilleure habileté motrice (augmentation de la vitesse d'exécution et de la précision), l'enfant doit bien entendu avoir l'occasion de s'exercer et y être encouragé. En Amérique du Nord, un enfant de 8 ou 9 ans sait manier un marteau et des outils de jardinage, coudre, dessiner en respectant les proportions, écrire lisiblement, se couper les ongles, rouler à bicyclette, nager, plonger, faire du patin, danser à la corde, jouer au baseball et au football. À l'autre bout du monde, en Indonésie par exemple, l'enfant du même âge possède des habiletés semblables, bien qu'il ne sache pas patiner (pour des raisons climatiques), ni jouer au baseball ou au football (pour des raisons culturelles), ni nager (pour des raisons religieuses, l'eau étant considérée comme maléfique) (Lansing, 1983). En revanche, le petit Indonésien possède des compétences que le petit Nord-Américain n'a pas ; il sait, entre autres, comment tailler du bois avec un couteau et tisser des paniers élaborés.

L'activité physique

La maturation du corps et du cerveau permet aux enfants d'âge scolaire de pratiquer davantage de sports et d'autres activités physiques que les enfants d'âge préscolaire. Le maintien d'un poids santé et le développement de la motricité ne constituent pas les seuls avantages que leur procure l'activité physique. La pratique du sport leur apportera des bienfaits pour la vie, entre autres :

- un meilleur état de santé global ;
- l'apprentissage de la coopération et de l'esprit sportif ;
- une plus grande estime de soi ;
- une plus grande aptitude à la résolution de problème.

Les enfants peuvent espérer récolter les bienfaits du sport en le pratiquant dans leur quartier, à l'école ou dans une ligue sportive pas trop compétitive.

Les jeux dans le quartier

Les jeux que les enfants improvisent dans leur quartier sont flexibles. Les règles, les limites du terrain et le temps de jeu varient selon la disponibilité des enfants. Le jeu de cache-cache, les jeux de ballon, la corde à sauter, la marelle et autres activités où les participants doivent courir et attraper quelqu'un ou quelque chose, lancer ou sauter, peuvent durer très longtemps, à tout le moins jusqu'à l'heure de rentrée imposée par les parents. Le jeu est actif et interactif, et donc idéal pour les enfants.

L'exercice à l'école

À défaut d'occasions de jouer dehors, l'éducation physique à l'école constitue une solution de rechange. Les bons enseignants en éducation physique privilégient les sports et les exercices qui font appel à la coopération et qui correspondent au stade de développement des enfants (Belka, 2004). Ainsi, une marche en équipe de deux, où les élèves sont chaussés de petits skis reliés entre eux, peut favoriser le développement de la motricité individuelle ainsi que la coordination requise pour se déplacer efficacement à deux.

Toutefois, les écoles subissent de telles pressions pour accroître les périodes consacrées à la lecture et aux mathématiques que le temps réservé à l'éducation physique et aux récréations est restreint. Au Québec, depuis 2006, l'éducation physique au programme du primaire devrait couvrir une période de 2 heures par semaine : cette matière est obligatoire, mais ce temps est indicatif et non prescriptif. Cela signifie que certaines commissions scolaires et certaines écoles réduisent ce temps alloué pour le consacrer à d'autres matières (ministère de l'Éducation, du Loisir et du Sport du Québec, 2010). De façon générale, même durant les récréations, les enfants se retrouvent confinés dans un espace restreint et passent plus de temps à patienter qu'à bouger, surtout quand il pleut ou qu'il fait froid.

Les ligues sportives, clubs athlétiques et activités parascolaires

Des organisations privées ou à but non lucratif offrent des possibilités de jeu aux enfants. Les municipalités proposent également des activités destinées aux enfants d'âge scolaire. La culture et la famille influent sur le choix des activités : certains jeunes privilégieront la natation, le tennis, le judo, le soccer, le basket-ball, le football, le hockey, la danse, l'escalade.

Le sentiment d'appartenance est important pour les enfants. La plupart d'entre eux apprécient les sports organisés. Or, ce type de jeu soulève un problème important : certains enfants sont rejetés ou mis de côté pour diverses raisons (Collins, 2003). Par exemple, dans certains cas, les parents ne peuvent y inscrire leurs enfants parce que les frais d'inscription et le coût de l'équipement sont trop élevés, parce qu'ils ne sont pas en mesure d'assurer le transport pour la participation aux pratiques ou qu'ils ne peuvent être sur place pour encourager l'équipe à cause de leur horaire de travail. De fait, les enfants de milieux défavorisés de même que ceux qui éprouvent des difficultés de coordination ou qui souffrent de maladies chroniques sont moins susceptibles que d'autres de faire partie d'équipes sportives, alors qu'ils pourraient en bénéficier grandement.

Les enfants aux besoins particuliers

Les parents admirent avec fierté les progrès cognitifs et physiques de leur progéniture. Ce sentiment est toutefois mêlé d'inquiétude et de perplexité lorsque l'enfant semble éprouver des difficultés. Celles-ci sont souvent d'origine biologique et elles se manifestent non seulement sur le plan biosocial, mais également dans les domaines cognitif et psychosocial. Certains problèmes ne deviennent apparents qu'avec l'entrée à l'école.

Des dizaines de diagnostics précis valent à un enfant d'être classé parmi les jeunes « ayant des besoins particuliers », notamment un trouble anxieux, un trouble de l'attachement, un trouble d'hyperactivité avec déficit de l'attention, un retard du développement, etc.

L'apport de la psychopathologie du développement

Il y a quelques années, les cliniciens qui étudiaient les troubles psychologiques de l'enfant se sont alliés aux psychologues en développement humain pour créer une nouvelle discipline, la **psychopathologie du développement**. Les connaissances tirées de l'étude du développement normal peuvent désormais servir à l'étude et au traitement des troubles de l'enfant (Davies et Cicchetti, 2004). L'alliance a bénéficié aux deux groupes partenaires, car « l'étude des troubles nous renseigne sur le fonctionnement normal autant que l'étude de l'état normal nous éclaire sur l'état pathologique » (Cicchetti, 1990).

Psychopathologie du développement Branche de la psychologie qui applique les connaissances tirées de l'étude du développement normal à l'étude et au traitement des troubles, entre autres chez l'enfant.

La psychopathologie du développement nous apprend trois leçons :

- l'anomalie est normale : la plupart des gens ont parfois des comportements singuliers, et les personnes aux prises avec un handicap grave sont, à de nombreux égards, comme tout le monde ;
- le handicap en tant que tel change au fil des ans : une personne handicapée à un certain stade de son développement peut devenir habile à un autre stade, et vice versa ;
- le contexte social influence le diagnostic : l'établissement d'un diagnostic nécessite la prise en compte du cadre de référence social de la personne (American Psychiatric Association, 2003). Le problème relève parfois d'une incapacité d'adaptation entre l'individu et son environnement, plutôt que de la personne elle-même (Sameroff et MacKenzie, 2003).

Les troubles qu'étudient les psychopathologistes du développement sont trop nombreux pour en présenter les enjeux dans le cadre de cet ouvrage.

L'éducation des enfants ayant des besoins particuliers

Bien que les causes physiologiques des différents troubles de l'enfance soient probablement les mêmes partout à travers le monde, l'éducation que reçoivent les enfants aux besoins particuliers varie énormément. Chez ces enfants, l'acquisition d'habiletés, la formation d'amitiés et le développement de la pensée peuvent être problématiques. Certains de ces jeunes doivent pouvoir compter sur un soutien accru pour apprendre, en raison des caractéristiques physiques ou mentales qui les distinguent des autres. Un grand nombre d'entre eux semblent aller très bien jusqu'à ce qu'ils aient à répondre aux exigences de l'école primaire.

La plupart de ces enfants sont d'abord repérés par un enseignant qui demande une évaluation. Au Québec, des professionnels pourront observer l'enfant à l'école, lui faire subir des tests, formuler un diagnostic, rencontrer les parents et leur proposer un plan d'intervention adapté (PIA). Certains parents réclament ce type d'aide ciblée alors que d'autres redoutent les conséquences sociales que l'éducation spécialisée aura sur leur enfant. Le plan doit être approuvé par les parents, puis mis en place pour chaque enfant à risque. Dans certains cas, les experts suggéreront une consultation auprès d'un médecin spécialiste (par exemple un neurologue).

Il y a, au Québec, plusieurs formes d'intervention possibles :

- le dénombrement flottant, c'est-à-dire un retrait ponctuel pour travailler sur des objectifs particuliers, en dehors de la salle de classe et avec l'aide de l'orthopédagogue ;
- la classe-ressource, c'est-à-dire un retrait de la classe régulière pour travailler une matière donnée ;
- la classe DGA (difficulté grave d'apprentissage), qui offre tout l'enseignement à un groupe réduit d'élèves ayant plus de 2 ans de retard sur le plan scolaire.

Soulignons que le retrait d'un enfant de la classe régulière peut avoir deux sortes de conséquences : parfois cette situation lui nuit et affecte négativement son apprentissage, de même que les relations qu'il entretient avec les autres élèves ; parfois, c'est tout le contraire, l'enfant vit des succès, prend confiance en lui : le coup de pouce est donné et il prend son envol. Selon Sophie O'Connor (2009), orthopédagogue québécoise d'expérience, plus l'enfant est jeune, plus les résultats sont positifs et probants.

En théorie, il revient aux parents de choisir le type d'éducation que reçoivent leurs enfants. C'est rarement le cas, cependant, en partie parce que les spécialistes, les enseignants et les parents ont souvent des avis différents sur les buts et les pratiques de l'éducation spécialisée (Connor et Ferri, 2007 ; Rogers, 2007). Ainsi, au Québec, c'est le système et les ressources disponibles qui décideront si l'enfant sera intégré dans une classe régulière ou s'il sera en dénombrement flottant, dans une classe-ressource ou une classe DGA.

Dans les pages qui suivent, nous nous limitons à définir les troubles et les difficultés d'apprentissage, en nous intéressant plus particulièrement à la dyslexie.

Les troubles et les difficultés d'apprentissage

Trouble d'apprentissage Dérèglement lié à un dysfonctionnement cérébral qui entraîne une difficulté permanente à traiter l'information.

Les **troubles d'apprentissage** font référence à un ensemble de dérèglements causés par un dysfonctionnement cérébral pouvant résulter d'une lésion, d'une anomalie génétique ou d'un développement cérébral inadéquat.

> Ces dérèglements se manifestent par l'arrêt du développement ou le développement déviant d'une compétence liée à l'un ou l'autre des domaines suivants : la mémoire, l'attention, le raisonnement, la coordination, la communication, la lecture, l'écriture et le calcul. Étant donné son origine neurologique, le trouble d'apprentissage est persistant, voire permanent, en dépit d'une intervention adaptée.
>
> (Lemire Auclair, 2006)

Il ne s'agit pas d'un déficit de l'intelligence, mais bien d'une difficulté à traiter l'information.

Difficulté d'apprentissage Obstacle temporaire à l'apprentissage, qui peut être lié à ce que la personne vit (comportements inadéquats, conditions socioaffectives difficiles, etc.).

Le trouble d'apprentissage (qui a un caractère permanent) se distingue de la **difficulté d'apprentissage** (qui a un caractère transitoire). Cette dernière se définit comme un retard développemental ou un obstacle à l'apprentissage qui se dissipe habituellement grâce à une intervention adaptée. Contrairement au trouble, la difficulté n'est pas causée par un dysfonctionnement cérébral, mais plutôt par plusieurs facteurs internes et externes à l'individu, tels que des conditions socioaffectives ou socioéconomiques difficiles, des différences culturelles ou linguistiques, un manque de motivation ou encore un milieu familial ou scolaire peu stimulant (Lemire Auclair, 2006).

À l'école, le rythme et la qualité des apprentissages en lecture, en écriture et en arithmétique varient considérablement chez les enfants. Certains éprouvent des problèmes manifestes et progressent lentement dans un domaine ou l'autre, malgré tous leurs efforts et l'appui de leur enseignant. De fait, l'écart entre les aptitudes de l'enfant et les lacunes inhérentes à son trouble d'apprentissage nuit souvent à sa performance scolaire. La dyslexie compte parmi les troubles d'apprentissage les plus répandus.

La dyslexie

Dyslexie Trouble durable d'apprentissage de la lecture et d'acquisition de son automatisme, chez des enfants intelligents, scolarisés, sans troubles sensoriels ni troubles psychologiques préexistants.

La **dyslexie** se manifeste par des difficultés variables à différents niveaux de langage, incluant généralement, en plus du problème de lecture, un problème d'écriture et d'épellation. Elle se caractérise par des difficultés de décodage qui dépassent largement celles normalement rencontrées à un âge donné. Cependant, ces difficultés ne sont pas consécutives à un retard global de développement (Destrempes-Marquez et Lafleur, 1999).

Les premières théories sur la dyslexie attribuaient celle-ci à des difficultés visuelles, par exemple l'inversion de lettres (lire *niche* au lieu de *chien*) ou encore l'écriture en miroir (*b* au lieu de *d*). La dyslexie découle, non de problèmes visuels comme les premières théories le supposaient, mais de problèmes relatifs à l'audition et au discours (Pennington, 2002). Grâce à la neuropsychologie, on a aujourd'hui une meilleure connaissance des mécanismes très complexes du langage humain qui impliquent des fonctions cérébrales multiples, notamment :

- des fonctions langagières proprement dites (réseaux particuliers à la lecture et à la compréhension) ;
- des fonctions permettant l'acquisition et l'utilisation du langage (attention, mémoire, notions d'espace, notions de temps, capacités de logique, de séquentialisation, d'abstraction, etc.).

Il est établi que les troubles du langage concernent entre 8 % et 10 % des enfants qui fréquentent des classes ordinaires et qu'ils affectent 3 à 4 fois plus de garçons que de filles (Destrempes-Marquez et Lafleur, 1999).

Souffre-t-elle de dyslexie ? Pas nécessairement. Certains jeunes lecteurs ont du mal à suivre une ligne de texte du regard. L'utilisation d'un doigt pour éviter de perdre le fil est une bonne stratégie temporaire.

Les interventions précoces

Des troubles d'apprentissage peuvent entraver l'acquisition d'habiletés fondamentales. C'est pourquoi un diagnostic et des interventions précoces sont importants. Par ailleurs, l'attitude des enseignants et des parents influe en partie sur les conséquences du problème : s'ils comprennent que l'enfant n'est ni paresseux ni stupide, ils peuvent l'aider en recourant aux services d'un orthopédagogue et au moyen de patientes interventions individuelles. Une démarche précoce en orthophonie peut également améliorer le discours et réduire ou prévenir des difficultés futures en lecture.

En classe, l'enseignant, qui a de nombreux enfants à sa charge, ne peut assurer le suivi au niveau requis d'un enfant ayant un trouble d'apprentissage. Cependant, il doit éviter de le rabaisser et peut certainement faciliter son intégration en favorisant les interactions sociales. En effet, les troubles d'apprentissage se répercutent indirectement sur les habiletés sociales et surtout sur l'estime de soi (Milan, Hou et Wong, 2008). En enseignant à l'enfant à surmonter ou à contourner ses difficultés, les adultes peuvent non seulement l'aider à nouer et à conserver des amitiés, mais aussi à progresser sur le plan scolaire (ministère de l'Éducation du Québec, 2003).

Grâce à un soutien adéquat, nombre d'enfants ayant des troubles d'apprentissage deviennent des adultes semblables aux autres sur les plans scolaire et professionnel.

Notre brève incursion dans le domaine de la psychopathologie devrait nous sensibiliser au fait que les facteurs physiologiques et sociaux — incluant les facteurs familiaux et scolaires — peuvent se conjuguer pour entraîner des conséquences néfastes. Il faut donc comprendre tous ces facteurs pour remédier aux problèmes et, surtout, intervenir dans tous les contextes pour déceler et satisfaire les besoins des enfants. La psychopathologie du développement nous enseigne que chaque enfant possède quelques-unes des forces et des faiblesses caractéristiques de l'âge scolaire de même que des compétences et des difficultés particulières. Nous en aurons d'autres preuves au chapitre 7, qui porte sur le développement cognitif à l'âge préscolaire et à l'âge scolaire, ainsi qu'au chapitre 8, qui traite de la capacité des enfants à s'adapter à divers problèmes psychosociaux.

Synthèse

SECTION 1 L'âge préscolaire (de 2 à 6 ans)

La croissance physique et la santé

1. Entre 2 et 6 ans, l'augmentation de la taille est l'élément le plus visible du développement biosocial. À cet âge, un enfant bien nourri grandit de presque 7 cm et grossit d'environ 2 kg chaque année. Il importe de noter que l'appétit des enfants diminue entre 2 et 6 ans.

Le développement du cerveau

2. À la naissance, le volume du cerveau représente environ 25 % de ce qu'il sera à l'âge adulte. L'augmentation du volume du cerveau est attribuable en grande partie à la myélinisation, entraînant l'expansion de plusieurs aires cérébrales, en particulier de celles qui régissent les mouvements, les émotions et la pensée.

3. Le corps calleux, un faisceau de fibres nerveuses qui relie les hémisphères gauche et droit du cerveau, connaît une croissance et une myélinisation rapides à l'âge préscolaire, ce qui accélère la transmission des influx nerveux entre les deux hémisphères. L'hémisphère gauche gouverne le côté droit du corps et abrite les aires associées au raisonnement logique, à l'analyse détaillée et aux fondements du langage. L'hémisphère droit gouverne le côté gauche du corps et abrite les aires reliées aux pulsions affectives et créatives.

4. Chez l'enfant de 6 ans, la densité synaptique est largement supérieure à celle des adultes. L'émondage se fait par la suite en fonction des activités de l'enfant, d'où l'importance de la stimulation pour conserver le plus grand nombre de synapses actives. À cet âge, la maturation du cortex préfrontal permet de réguler le sommeil, d'avoir une attention plus soutenue et des émotions plus nuancées.

5. Le système limbique, dont l'amygdale, l'hippocampe et l'hypothalamus, joue un rôle important dans la régulation des fonctions émotionnelles. L'amygdale permet d'enregistrer les émotions, positives ou négatives, et de moduler les réactions physiologiques et comportementales. L'hippocampe agit comme le processeur principal de la mémoire, particulièrement de la mémoire épisodique (ou mémoire autobiographique). L'hypothalamus réagit aux signaux de l'amygdale (stimulant) et de l'hippocampe (habituellement modérateur) afin de stimuler la sécrétion d'hormones.

Les habiletés motrices

6. La motricité globale, c'est-à-dire la capacité d'exécuter des mouvements amples comme ceux qui entrent en jeu dans la course, l'escalade, le saut et le lancer d'une balle, s'améliore considérablement pendant l'âge préscolaire. Le développement de la motricité fine, c'est-à-dire la capacité d'exécuter des mouvements de faible amplitude, avec les mains et les doigts en particulier, est plus ardu que celui de la motricité globale. De la danse à la sculpture, toutes les formes d'expression artistique s'épanouissent durant la petite enfance.

Les blessures non intentionnelles et la maltraitance infantile

7. Les enfants sont généralement victimes d'accidents, car leur motricité nouvellement acquise leur permet de courir, de bondir, de grimper et de s'emparer d'objets. L'immaturité du cortex préfrontal explique leur impulsivité et leur propension à s'aventurer dans différents lieux et à faire des activités dangereuses.

8. La notion de maltraitance infantile englobe la violence (les conduites qui visent expressément à nuire au bien-être d'un enfant) et la négligence (ne pas répondre aux besoins fondamentaux d'un enfant). La violence peut prendre la forme d'abus physiques, psychologiques et à caractère sexuel. La négligence peut se rapporter tant aux besoins psychologiques qu'aux besoins physiques.

9. Un des premiers signes de maltraitance est un retard de développement, par exemple une croissance lente, un retard dans l'aptitude à communiquer, un manque de curiosité ou des rapports sociaux singuliers. Contrairement à ce que l'on croit généralement, la plupart des parents violents ne se démarquent pas beaucoup des autres parents. Ils présentent cependant des traits de personnalité qui, avec le stress, créent un mélange explosif.

10. En matière de mauvais traitements, il faut agir de manière préventive en favorisant la stabilité du quartier, la cohésion familiale, l'équité salariale de même que les mesures réduisant l'instabilité financière et l'isolement familial. Il faut aussi déceler rapidement les signaux d'alerte et intervenir avant qu'une situation problématique ne s'envenime.

SECTION 2 L'âge scolaire (de 6 à 12 ans)

La croissance physique et la santé

1. La croissance est plus lente à l'âge scolaire (de 6 à 12 ans) que pendant la petite enfance et l'adolescence. La maturité acquise sur les plans physique et cognitif permet aux enfants d'âge scolaire de réaliser les tâches pour prendre soin d'eux-mêmes (par exemple brosser leurs dents, préparer leurs collations...), avec quelques rappels de la part des parents.

2. Entre 9 et 12 ans, la majorité des enfants amorcent la phase de transition rapide entre l'enfance et l'adolescence. Le terme *puberté* fait référence à la période de maturation biologique

qui rendra la fille ou le garçon capable de se reproduire. Plusieurs signes physiques évidents confirment le déclenchement de la puberté, dont la croissance accélérée et les changements hormonaux.

3. En général, les enfants d'âge scolaire des pays développés mangent suffisamment pour grandir et restent habituellement minces jusqu'à la puberté. Le pourcentage d'obésité chez les personnes de moins de 18 ans était de 8,2 % au Canada, et de 7,1 % au Québec en 2004. Les conséquences de l'obésité se répercutent sur les plans physiologique et psychologique. La source de ce problème provient de l'interaction entre les gènes et des facteurs environnementaux, dont les habitudes alimentaires des parents.

Le développement du cerveau

4. Le développement neurologique permet à l'enfant de traiter simultanément divers types d'information dans diverses parties de son cerveau. L'attention sélective, c'est-à-dire l'aptitude à se concentrer sur certains stimulus et à en ignorer d'autres, est essentielle au développement des compétences durant les premières années du primaire. Elle émerge grâce à la myélinisation continue et à la production accrue de certains neurotransmetteurs. Elle s'améliore nettement vers l'âge de 7 ans.

Les habiletés motrices

5. Durant la période d'âge scolaire, les enfants acquièrent une multitude d'habiletés physiques leur permettant de faire plusieurs activités sportives (vélo, patin à roues alignées...). Outre un meilleur état de santé global, la pratique de sports réduit le risque d'obésité, favorise l'apprentissage de la coopération et de l'esprit sportif, améliore l'estime de soi, et accroît l'aptitude à résoudre un problème.

6. Les jeux que les enfants improvisent dans leur quartier sont flexibles. Les règles, les limites du terrain et le temps de jeu varient selon la disponibilité des enfants. Le jeu est actif et interactif, et donc idéal pour eux. Les enseignants en éducation physique devraient privilégier les sports et les exercices qui font appel à la coopération et qui correspondent au stade de développement des enfants.

7. La culture et la famille influent sur le choix des types de jeu. Le sentiment d'appartenance est important pour les enfants. La plupart d'entre eux apprécient les sports organisés.

Les enfants aux besoins particuliers

8. Les difficultés d'origine biologique se manifestent non seulement sur le plan biosocial, mais également dans les domaines cognitif et psychosocial. Certains problèmes ne deviennent apparents qu'avec l'entrée à l'école. La psychopathologie du développement nous apprend trois leçons : l'anomalie est normale, le handicap en tant que tel change au fil des ans et le contexte social influence le diagnostic.

9. Chez les enfants qui ont des besoins particuliers, l'acquisition d'habiletés, la formation d'amitiés et le développement de la pensée peuvent être problématiques. La plupart de ces enfants sont d'abord repérés par un enseignant qui demande une évaluation. Il y a, au Québec, plusieurs formes d'intervention possibles : le dénombrement flottant, la classe-ressource et la classe DGA (difficulté grave d'apprentissage).

10. Les troubles d'apprentissage font référence à un groupe de dérèglements causés par un dysfonctionnement cérébral pouvant résulter d'une lésion, d'une anomalie génétique ou d'un développement cérébral inadéquat. Il ne s'agit pas d'un déficit de l'intelligence, mais bien d'une difficulté à traiter l'information. Ce trouble est persistant, malgré des interventions adaptées. Le trouble d'apprentissage se distingue de la difficulté d'apprentissage qui a un caractère transitoire. Elle se définit comme un retard développemental ou un obstacle à l'apprentissage qui se dissipe habituellement grâce à une intervention adaptée.

Questions clés

SECTION 1 L'âge préscolaire (de 2 à 6 ans)

1. Au cours du développement du cerveau, qu'est-ce qui accélère la transmission des influx nerveux entre les deux hémisphères ?
2. Nommez et décrivez les structures du système limbique entrant en jeu dans la régulation des fonctions émotionnelles.
3. Quelles sont les conditions propices au développement de la motricité ?
4. Qu'est-ce qui distingue la violence de la négligence ? Donnez des exemples qui illustrent cette distinction.

SECTION 2 L'âge scolaire (de 6 à 12 ans)

1. Quelles sont les principales raisons expliquant l'augmentation de l'obésité infantile ?
2. Chez les enfants d'âge scolaire, quel est l'effet d'une plus grande myélinisation ?
3. Quels sont les bienfaits de l'activité physique chez les enfants d'âge scolaire ?
4. Quelles sont les différences entre le trouble et la difficulté d'apprentissage ?

Applications

SECTION 1 L'âge préscolaire (de 2 à 6 ans)

1. Rendez-vous dans un terrain de jeu ou un parc où jouent de jeunes enfants. Prenez note de leurs habiletés motrices, en relevant l'étendue et les limites de leurs aptitudes, et notez l'âge et le sexe de chacun. Quelles différences observez-vous entre les enfants ?

SECTION 2 L'âge scolaire (de 6 à 12 ans)

1. La qualité des renseignements présentés sur Internet varie d'une source à l'autre, quel que soit le sujet, et cela s'applique particulièrement aux sites destinés aux parents d'enfants ayant des besoins particuliers. Choisissez un handicap ou un trouble d'apprentissage et trouvez divers sites Web qui s'y consacrent. Comment les parents peuvent-ils évaluer la qualité de l'information qui y est donnée ?

Le chapitre 6 en un clin d'œil

SECTION 1 L'âge préscolaire (de 2 à 6 ans)

La croissance physique et la santé

- Augmentation de la taille et de la masse d'un enfant bien nourri : 7 cm et 2 kg chaque année
- Habitudes alimentaires
  - Importance d'une alimentation équilibrée
  - Diminution de l'appétit entre 2 et 6 ans

Le développement du cerveau

- Myélinisation
  - Rapidité de la pensée
  - Émondage et stimulation précoce
- Maturation du cortex préfrontal : planification et analyse
- Système limbique et régulation des émotions
  - Amygdale
    - Enregistrement des émotions
  - Hippocampe
    - Mémoire épisodique ou autobiographique
  - Hypothalamus
    - Sécrétion hormonale
  - Effets du stress
    - Atténuer ses effets sur le développement par le soutien social

Les habiletés motrices

- Motricité globale
  - Mouvements amples (course, escalade, lancer une balle…)
- Motricité fine
  - Mouvements de faible amplitude (verser du jus sans en renverser, couper ses aliments à l'aide d'une fourchette et d'un couteau, manier un crayon…)
- Expression artistique
  - Reflet de la perception et de la cognition de l'enfant

Le chapitre 6 en un clin d'œil

SECTION 1 L'âge préscolaire (de 2 à 6 ans) (suite)

Les blessures non intentionnelles et la maltraitance infantile

- **Blessures non intentionnelles**
  - Souvent attribuables à la motricité récemment acquise qui permet de nouvelles activités
- **Maltraitance infantile**
  - Formes
    - Violence
    - Négligence
  - Signes
    - Retard de développement
    - Peur du bruit, attitude défensive, peu d'amis…
  - Facteurs à l'origine
    - Parents
    - Société
  - Conséquences
    - Poids inférieur, moins bon état de santé, langage tardif, mais aussi dépression, peur de l'intimité, faible estime de soi
  - Intervention et prévention
    - Retrait de l'enfant du milieu familial
    - Soutien offert à l'enfant et à la famille
    - Éducation des futurs parents

SECTION 2 L'âge scolaire (de 6 à 12 ans)

La croissance physique et la santé

- **Variations de la stature**
  - Croissance plus lente et renforcement musculaire
- **Amorce des changements pubertaires**
  - Entre 9 et 12 ans
  - Changements hormonaux
- **Habitudes alimentaires : obésité**
  - Conséquences sur la santé physique et psychologique
  - Interaction des gènes et des facteurs environnementaux

Le développement du cerveau

- **Progrès des fonctions cérébrales**
  - Myélinisation
    - Augmentation de la rapidité à réagir à un stimulus
    - Développement d'automatismes

Le chapitre 6 en un clin d'œil

SECTION 2 L'âge scolaire (de 6 à 12 ans) (suite)

Les habiletés motrices

- Acquisition d'une multitude d'habiletés physiques (patin à roues alignées, badminton…)
- Activité physique
  - Meilleur état de santé global
  - Plus grande estime de soi
  - Coopération et esprit sportif
  - Aptitude à la résolution de problème

  Jeux dans le quartier
  - Flexibles et improvisés
  - Actifs et interactifs

  Exercice à l'école
  - Privilégier les sports et les exercices qui font appel à la coopération

  Ligues sportives, clubs athlétiques et activités parascolaires
  - Sentiment d'appartenance

Les enfants aux besoins particuliers

- Apport de la psychopathologie du développement
  - L'anomalie est normale.
  - Le handicap en tant que tel change au fil des ans.
  - Le contexte social influence le diagnostic.
- Éducation des enfants ayant des besoins particuliers

  Formes d'intervention
  - Le dénombrement flottant
  - La classe-ressource
  - La classe DGA (difficulté grave d'apprentissage)

  Troubles et difficultés d'apprentissage
  - Trouble : caractère persistant
  - Difficulté : caractère transitoire

CHAPITRE 7

Le développement cognitif à l'âge préscolaire et à l'âge scolaire

Sous-estimer les compétences de l'enfant, voilà l'un des principaux pièges de l'étude du développement cognitif à l'âge préscolaire. En effet, l'observation des enfants de 2 à 6 ans peut souligner certaines limites de leurs habiletés cognitives, alors que les expériences rigoureusement planifiées, comportant des situations et des stimulus intéressants et significatifs, font ressortir toute la richesse cognitive des jeunes enfants.

Quelques années plus tard, à l'âge scolaire, l'enfant manifeste des compétences cognitives évidentes. Les progrès de sa pensée, de sa mémoire, de ses connaissances, de son langage et de son apprentissage sont indéniables et, surtout, étonnants.

SECTION 1

SECTION 1

L'ÂGE PRÉSCOLAIRE (DE 2 À 6 ANS)

Jour après jour, l'enfant d'âge préscolaire tente de percer les secrets du monde qui l'entoure. Il cherche à saisir les causes des événements courants, à se souvenir du passé, à anticiper l'avenir, à décoder les manifestations des émotions et à maîtriser le langage. Il est capable d'élaborer des stratégies pour atteindre un objectif et peut faire preuve d'une perspicacité remarquable. Peu à peu, il en vient à acquérir une compréhension du fonctionnement de l'esprit humain, le sien et celui des autres.

Cependant, certains aspects de sa vision du monde demeurent limités. L'enfant bavarde avec un ami imaginaire, se demande où dort le soleil, réconforte ses parents en leur offrant une sucette, croit que la lune suit la voiture dans laquelle il prend place. Sa vision du monde repose non pas sur la réalité, mais sur sa propre subjectivité.

Dans cette section du chapitre, nous nous intéressons à la notion piagétienne de pensée préopératoire (selon laquelle l'enfant a un mode de pensée intuitif, basé sur une vision personnelle et subjective), puis au concept d'apprenti élaboré par Vygotsky pour mettre en lumière l'importance des guides (mentors). Nous allons détailler ensuite les progrès remarquables de l'enfant sur les plans de la pensée et du langage.

Piaget et la période préopératoire

Période préopératoire Selon Piaget, deuxième période du développement cognitif (de 2 à 6 ou 7 ans), caractérisée par le développement de la représentation symbolique et de la pensée intuitive.

Selon Piaget, la période du développement cognitif qui s'échelonne de 2 à 6 ou 7 ans est celle de l'intelligence préopératoire, qui dépasse les compétences de l'intelligence sensorimotrice pour englober le langage et l'imagination. La **période préopératoire** se caractérise par le développement de la représentation symbolique et de la pensée intuitive. Dans les pages qui suivent, nous nous penchons sur quelques-uns des gains importants au cours de cette période et en analysons également quelques limites.

Les gains de la période préopératoire

Représentation symbolique Capacité de se représenter intérieurement des objets, des personnes, des événements en leur absence et, en conséquence, d'intérioriser les actions à l'aide de symboles. Elle se manifeste dans le langage, l'imitation différée, le jeu symbolique et le dessin.

La période préopératoire se caractérise principalement par l'acquisition de la **représentation symbolique**. Piaget définit cette notion comme la capacité de se représenter intérieurement des événements, des personnes ou des objets absents, non perçus ou invisibles, à l'aide de symboles (images, mots ou actions). Peu à peu, cette nouvelle habileté se complexifie et l'enfant arrive à manipuler mentalement ces symboles. La représentation symbolique se manifeste dans le langage, l'imitation différée, le jeu symbolique et le dessin.

La représentation symbolique dans le langage

Le mot constitue un symbole, probablement le plus important dans le développement de la pensée et du raisonnement. Le langage se développe peu à peu, car l'enfant saisit les liens entre l'objet et le mot symbole, entre une personne et son nom, entre une action et son appellation. Le langage fournit à la fois «le pouvoir de reconstituer le passé, donc de l'évoquer en l'absence des objets sur lesquels ont porté les conduites antérieures, et d'anticiper les actions futures, non encore exécutées, jusqu'à les remplacer parfois par la parole seule sans les accomplir jamais» (Piaget, 1964, p. 30).

Non seulement l'enfant parle aux autres, mais il se parle aussi sans cesse à lui-même; ces monologues variés accompagnent ses jeux et ses actions. (Les étapes du développement du langage sont décrites plus loin.)

La représentation symbolique dans l'imitation différée

Imitation différée Reproduction d'une action ou d'un événement observé, en l'absence du modèle.

Grâce à la représentation symbolique, l'enfant devient capable d'**imitation différée**, c'est-à-dire qu'il peut reproduire un événement réel déjà vécu, en l'absence du modèle. Il utilise le téléphone-jouet pour «parler» à sa grand-mère; il prend le journal et imite papa en train de lire; il agite ses bras levés pour reproduire le mouvement des arbres dans le vent; il engage un crayon dans la serrure pour déverrouiller la porte, comme il a vu maman le faire avec sa clé. Les exemples sont innombrables et révèlent parfois quelques erreurs de tir (par exemple, assise dans la salle de bain, Alexia passe dans ses cheveux la brosse réservée au nettoyage de la cuvette de la toilette...).

La représentation symbolique dans le jeu symbolique

Jeu symbolique Selon Piaget, jeu comportant l'utilisation de symboles pour représenter des objets ou des événements et reproduire une certaine réalité ou créer une fiction.

L'enfant ne se contente pas de reproduire des actions qu'il a vu faire auparavant. Il combine ces actions pour en créer une série qu'il gère à sa manière. Le **jeu symbolique** est donc un moyen d'expression propre à l'enfant qui dispose d'un système de symboles qu'il a créés et qu'il modifie selon sa volonté. Ainsi, le jeu de la dînette prend un caractère complexe. Il se déroule selon un scénario que l'enfant s'invente en mettant en jeu plusieurs personnages (incluant ses poupées, ses oursons et parfois même ses amis) qui dialoguent et interagissent sous sa ferme conduite.

Grâce à la représentation symbolique, l'enfant peut également assigner à un objet la fonction d'un autre objet: le manche à balai devient l'épée du chevalier, la boîte de carton devient le bateau pirate, la fusée ou la voiture de course. Il représente, à travers le jeu symbolique, soit un monde fictif, soit un monde évocateur du sien: il utilise la chaise comme cheval pour se lancer à la rescousse de la princesse prisonnière dans le château du méchant roi, ou encore il donne à manger à sa poupée avant de lui dire: « C'est l'heure d'aller dormir. Et sans rouspéter, s'il te plaît ! ».

Ainsi, le jeu symbolique permet de faire ressortir et, éventuellement, de résoudre les conflits affectifs que l'enfant vit avec les adultes ou les autres enfants de son entourage. Le jeu symbolique satisfait le *moi* par une transformation du réel en fonction des désirs:

> L'enfant qui joue à la poupée refait sa propre vie, mais en la corrigeant à sa propre idée, il revit tous ses plaisirs ou tous ses conflits, et surtout il compense et complète la réalité grâce à la fiction. Bref, le jeu symbolique n'est pas un effort de soumission du sujet au réel, mais au contraire, une assimilation déformante du réel au *moi*.
>
> (Piaget, 1964, p. 32)

La représentation symbolique dans le dessin

Le dessin, autre manifestation de la représentation symbolique, rend compte de l'évolution de celle-ci. Dans le dessin, l'enfant représente des réalités extérieures, même si elles ne sont pas présentes devant lui. Ces représentations ne sont pas des copies de la réalité, mais témoignent bien de la perception que l'enfant en a et qu'il exprime dans les limites de ses habiletés motrices et picturales.

Les limites de la pensée préopératoire

Piaget a décrit les limites de la pensée durant l'âge préscolaire. Nous en présentons brièvement quelques aspects: la pensée intuitive, la centration, le raisonnement transductif, l'irréversibilité, l'égocentrisme intellectuel et la contradiction.

La pensée intuitive

La forme de pensée la plus adaptée au réel que connaisse l'enfant entre 2 et 6 ou 7 ans est la **pensée intuitive**. Ce dernier a tendance à affirmer, mais ne démontre jamais. Il se fait une représentation mentale en intériorisant ses perceptions, mais sans coordination rationnelle. Il évalue ses perceptions sans établir de rapports entre les divers éléments perçus.

Pensée intuitive Pensée qui surgit d'une perception ou d'une intuition et qui est dépourvue d'une explication rationnelle. Les expériences vécues, les postulats culturels et les impulsions sont des précurseurs de la pensée intuitive.

Lors de la période préopératoire, l'enfant n'envisage plus la réalité à partir de ce qu'il éprouve, mais est de plus en plus en mesure de considérer les choses comme étant extérieures à lui-même. Il commence à leur accorder une existence indépendante de sa propre volonté ou activité. Cependant, sa pensée intuitive fait en sorte qu'il ne parvient pas à faire des liens entre différents éléments ni à établir des relations d'emboîtement.

La centration

La pensée préopératoire se caractérise notamment par la **centration**, c'est-à-dire la tendance à axer son analyse sur un seul aspect pertinent d'une situation en excluant tous les autres. L'enfant peut donc affirmer catégoriquement que les lions et les tigres ne font pas partie de la même famille que les chats, parce que ce ne sont pas des animaux domestiques. S'il rencontre un enfant de 4 ans et un autre de 5 ans et que le premier est plus grand que l'autre, il en conclura, sans savoir leur âge, que l'enfant « plus grand » est nécessairement « plus vieux ». Si on lui coupe les cheveux court, une petite fille pourra croire qu'elle est devenue un garçon; un garçon avec des barrettes dans les cheveux croira qu'il est devenu une fille.

Centration Tendance du jeune enfant à axer son analyse sur un seul aspect d'une situation ou d'un objet, le plus apparent, à l'exclusion de tous les autres.

Le raisonnement transductif

Raisonnement transductif Selon Piaget, établissement d'un lien de causalité, logique ou non, entre deux situations, basé sur leur proximité dans le temps.

À l'étape de la pensée préopératoire, les choses sont toujours ce qu'elles semblent être : l'enfant présume que le monde ne change pas, que les choses restent toujours comme il les a vues. Ainsi, l'enfant applique un **raisonnement transductif** dans de nombreuses situations : il établit un lien de causalité, logique ou non, entre deux phénomènes sur la base de leur proximité dans le temps ; il construit un lien artificiel et superficiel entre deux événements. Par exemple, une petite fille qui n'a pas fait sa sieste ne veut pas prendre son repas du soir, car selon elle, ce n'est pas encore l'après-midi. Elle a correctement associé la sieste et l'après-midi, mais a incorrectement prêté à ce lien un caractère directement causal. Selon ce raisonnement transductif, un petit garçon voudra, par exemple, éteindre le poste de télévision avant d'aller aux toilettes, persuadé qu'il pourra reprendre l'émission là où il l'aura laissée. Pour lui, il y a un lien entre les deux événements.

L'irréversibilité

Irréversibilité Caractéristique de la pensée à la période préopératoire consistant en l'incapacité de comprendre que l'inversion d'une transformation rétablit dans certaines circonstances les conditions initiales.

Une autre limite de la pensée préopératoire concerne l'**irréversibilité** : l'enfant ignore qu'inverser une transformation rétablit dans certaines circonstances les conditions initiales. Un enfant de 3 ans pleurera parce que sa mère a garni son hamburger de laitue. Envahi par son désir de la combinaison parfaite, il pourrait bien bouder le hamburger même après que sa mère aura retiré la laitue, parce qu'il croit que ce qui est fait ne peut être défait : sa maman a donc tout gâché !

L'égocentrisme intellectuel

Égocentrisme intellectuel Terme utilisé par Piaget pour décrire la tendance, chez les enfants au stade préopératoire (à l'âge préscolaire), à considérer le monde et les autres de leur seul point de vue.

L'**égocentrisme intellectuel**, c'est-à-dire la tendance à considérer le monde et les autres en fonction de son propre point de vue, limite les aptitudes cognitives des jeunes enfants. L'enfant n'aborde les choses que de son point de vue en fonction de sa propre gamme de références. Il est incapable de prendre conscience de la façon de voir des autres, ce qui se traduit par une confusion entre son point de vue et celui d'autrui : il croit en effet que tout le monde pense comme lui. L'enfant pourra affirmer que son père est un papa, mais pas un fils, ni un frère ni un oncle, car il ne peut concevoir les membres de la famille que dans le rôle qu'ils jouent pour lui.

Dans le jeu de cache-cache, l'enfant peut se dissimuler en ne couvrant que sa tête. Il pense que s'il lui est impossible de voir les autres, alors les autres ne peuvent pas le voir. Cet égocentrisme s'applique non seulement à la pensée et aux sentiments, mais aussi à la façon dont l'enfant se représente le monde. L'égocentrisme se manifeste dans l'artificialisme, la causalité morale, le finalisme et l'animisme.

« C'est ma fête ! » Les enfants d'âge préscolaire connaissent les règles concernant le déroulement de nombreux événements, dont les anniversaires. En soufflant une bougie, la grande sœur a enfreint la règle qui exige que ce soit la personne fêtée qui souffle elle-même les bougies. Il faut vite la rallumer pour éviter un éclat de colère propre à gâcher la fête. L'enfant applique un raisonnement transductif, établissant un lien inéluctable entre le fait de célébrer son anniversaire et le fait de souffler les chandelles.

L'artificialisme

L'artificialisme est le fait de penser que tout a été fabriqué par l'homme. Une montagne, un lac, etc. Tout est le résultat du travail de l'être humain.

La causalité morale

La causalité morale revient à considérer que les lois physiques sont semblables aux lois morales. Par exemple, les bateaux flottent parce qu'ils sont gentils.

Le finalisme

Le finalisme tend à expliquer qu'en ce monde, tout se passe dans un but bien précis, chaque chose ayant une raison. Par exemple, les nuages avancent dans le ciel pour cacher le soleil et amener la nuit alors que les arbres secouent leurs branches pour produire du vent.

EN PERSONNE

La guerre et moi

En Italie, des enfants d'âge préscolaire discutaient d'une guerre dans un pays voisin. Tous semblaient comprendre l'enjeu et l'importance de faire la paix, mais leurs propos trahissaient l'égocentrisme propre à leur âge. La petite Giorgia, âgée de 4 ans, commenta ainsi le problème : « La guerre cause du chagrin aux papas, aux mamans et aux enfants » (Abbott et Nutbrown, 2001).

L'animisme

La pensée animiste consiste à prêter des caractères humains aux objets, en une simple projection de soi. Si un enfant se cogne à une table, il affirme que celle-ci est méchante. Il croit également que les arbres souffrent lorsqu'on leur coupe des branches.

Piaget n'associait pas l'égocentrisme intellectuel à de l'égoïsme en tant que défaut moral. Considérons, par exemple, ce garçon de 4 ans qui choisit d'acheter à sa mère une maquette de voiture, parce qu'il est convaincu qu'elle en sera ravie. En fait, son comportement ne trahit ni égoïsme ni cupidité ; il enveloppe soigneusement le cadeau et l'offre à sa mère en affichant un air qui ne laisse place à aucun doute sur sa certitude d'avoir trouvé ce qui la comblera (Crain, 2005).

La contradiction

Une autre limite de la pensée préopératoire est la contradiction. L'enfant peut affirmer une chose et son contraire sans se rendre compte de l'absence de congruence, ni en être perturbé d'une quelconque façon.

Le principe de conservation et la logique

Piaget a élaboré une série d'expériences pour illustrer à quel point certaines lacunes entravent le raisonnement systématique chez l'enfant. Ses expériences les plus célèbres ont porté sur la **conservation**, un concept selon lequel certaines propriétés d'une substance ne changent pas si l'on n'en modifie que la forme ou la disposition.

Conservation Principe selon lequel certaines propriétés des objets ne changent pas lorsqu'on ne modifie que la forme ou la disposition de ces objets.

L'enfant d'âge préscolaire tend à se concentrer totalement et exclusivement sur les changements de forme ou de disposition, et il croit que ces changements modifient les quantités. Si, par exemple, on dispose 12 jetons en 2 rangées égales et symétriques devant un enfant de 4 ans et qu'on lui demande si les 2 rangées contiennent le même nombre de jetons, il répond habituellement par l'affirmative. Par contre, si on allonge l'une des rangées en espaçant les jetons qui la forment et qu'on pose la même question à l'enfant, il répond alors que la rangée la plus longue comprend plus de jetons. Les apparences ont complètement déjoué l'observateur : il a centré son attention sur l'aspect qui lui a paru le plus important, soit la longueur. Cette expérience comporte une multitude de variantes qui produisent toutes des résultats analogues (voir la figure 7.1).

Supposons qu'on présente à un enfant deux verres identiques contenant la même quantité de liquide. Après avoir transvidé le contenu d'un des verres dans un autre plus étroit et plus haut, on demande à l'enfant : « Est-ce que les deux verres contiennent la même quantité de liquide ou non ? » L'enfant à la période préopératoire affirmera catégoriquement que le verre étroit, dans lequel le niveau de liquide est plus haut, en contient plus.

Cette erreur illustre quelques caractéristiques de la pensée préopératoire. Les jeunes enfants ne comprennent pas le principe de conservation des liquides parce qu'ils portent leur attention sur la hauteur (centration) sans tenir compte de la largeur du verre. Ils n'imaginent pas non plus qu'ils pourraient faire la démarche inverse en reversant le liquide dans le premier verre et rétablir ainsi le niveau de liquide antérieur (irréversibilité).

ÉPREUVES DE CONSERVATION

Type de conservation	État initial	Exemple de transformation	Question	Réponse de l'enfant à la période préopératoire
Liquides	Deux verres identiques contenant la même quantité de liquide.	Transvaser le contenu d'un verre dans un autre plus étroit et plus haut.	Est-ce que les deux verres contiennent la même quantité de liquide?	Le verre le plus haut en contient plus.
Nombres	Deux rangées égales de jetons.	Espacer les jetons dans une des rangées.	Est-ce qu'il y a le même nombre de jetons dans les deux rangées?	Il y en a plus dans la rangée la plus longue.
Masse	Deux morceaux identiques de pâte à modeler.	Aplatir et allonger un des morceaux.	Est-ce que les deux morceaux contiennent la même quantité de pâte à modeler?	Le morceau allongé en a plus.
Longueur	Deux bâtons de même longueur.	Déplacer un des bâtons.	Est-ce que les bâtons sont de la même longueur?	Le bâton qui s'étend plus loin vers la droite est plus long.

FIGURE 7.1 **Des épreuves de conservation** Selon Piaget, l'enfant ne comprend que vers 6 ou 7 ans que les transformations représentées ici ne modifient pas la quantité de liquide, de jetons et de pâte à modeler, ni la longueur des bâtons. D'autres chercheurs ont cependant démontré que le processus d'acquisition du principe de conservation est plus variable que Piaget ne le pensait.

Les limites des recherches de Piaget

Dans les épreuves de conservation, Piaget demandait une réponse verbale de l'enfant et non une action. Or, d'autres recherches ont révélé que même les enfants de 3 ans peuvent distinguer les apparences de la réalité si l'épreuve ne requiert pas une réponse verbale ou si elle prend la forme d'un jeu (Sapp, Lee et Muir, 2000 ; Goldin-Meadow, 2006).

La conservation à l'œuvre Alicia, 5 ans et 9 mois, fait la démonstration de l'épreuve de conservation des liquides proposée par Piaget. Dans un premier temps, elle examine les deux verres pour s'assurer qu'ils contiennent la même quantité de jus. Après avoir transvidé le contenu d'un verre dans un autre plus haut et plus étroit, Alicia évalue que le verre haut et étroit en contient plus que l'autre, comme Piaget l'a prédit.

Les chercheurs croient aujourd'hui que Piaget a sous-estimé l'aptitude conceptuelle des jeunes enfants, tout comme il l'avait fait pour les nourrissons (Halford et Andrews, 2006). Sa théorie montrerait davantage ce que les jeunes enfants ne semblent pas comprendre plutôt que ce qu'ils pourraient comprendre. La transition entre la période préopératoire et la période opératoire (de 6 ou 7 à 11 ou 12 ans) se ferait un peu plus tôt que Piaget ne l'a dit.

À VOUS LES COMMANDES 7.1

La période préopératoire : conservation et égocentrisme intellectuel

Selon Piaget, l'enfant à l'âge préscolaire a une perception du monde très différente de celle de l'enfant d'âge scolaire. Il voit le monde uniquement en fonction de sa propre perspective (égocentrisme intellectuel) et n'a pas encore assimilé le principe de conservation (selon lequel des propriétés telles que la masse, le volume et la quantité demeurent les mêmes en dépit des modifications d'apparence des objets). Par contre, au cours de la période opératoire concrète, un enfant âgé de 6 à 11 ans est moins égocentrique et révèle une certaine maîtrise de la pensée logique, y compris du principe de conservation, lorsqu'elle porte sur des objets concrets.

Certains concepts piagétiens peuvent être facilement démontrés avec un enfant de 3 ou 4 ans et un autre de 8 ou 9 ans. D'abord, procédez à quelques épreuves de conservation des liquides, des nombres, de la masse et de la longueur (voir la figure 7.1). Dans la première partie de l'expérience, les deux enfants doivent reconnaître de façon active que les deux quantités (masse, volume, nombre, selon l'expérience choisie) sont égales. Ensuite, modifiez un des éléments (modelez une des boulettes de pâte en boudin ou transvidez le liquide dans un verre plus étroit, etc., selon l'expérience choisie).

La question à poser au cours de l'expérience est : « Est-ce que la quantité est la même dans les deux ? » Si les enfants ne comprennent pas la question formulée ainsi, vous pouvez leur demander : « Si je prends celui-ci et que tu prends celui-là, est-ce que nous en avons la même quantité ? ». Quelle que soit la réponse donnée par les enfants, demandez-leur d'expliquer leur raisonnement pour pouvoir comprendre leur façon de penser. Prenez note de leurs réponses et commentaires.

Vérifiez ensuite la capacité de chacun de vos sujets de prendre en compte le point de vue d'une autre personne.

Invitez vos sujets à fermer les yeux et demandez-leur s'ils croient que vous pouvez encore les voir. L'enfant à la période préopératoire répondra probablement que vous ne le pouvez pas.

Demandez à vos sujets de dire combien de frères et de sœurs ils ont, puis combien d'enfants leurs parents ont. L'enfant de 3 ou 4 ans saura probablement combien de frères et sœurs il a, mais pas le nombre d'enfants qu'ont ses parents.

Vérifiez ensuite des manifestations possibles d'égocentrisme intellectuel (animisme, artificialisme, etc.).

Si vous lui demandez de dire pourquoi le soleil brille, l'enfant de 3 ou 4 ans pourrait répondre : « Pour que je puisse voir. » Posez à vos sujets les questions suivantes ainsi que toute autre qui vous semble intéressante : « Pourquoi le soleil brille-t-il ? », « Pourquoi neige-t-il ? », « Pourquoi pleut-il ? », « Pourquoi fait-il nuit ? ».

1. Qu'avez-vous constaté au cours de ces épreuves portant sur la conservation et l'égocentrisme intellectuel ?
2. Vos observations correspondent-elles aux caractéristiques de la pensée préopératoire telles que décrites par Piaget ?
3. Quelles différences avez-vous observées entre les réponses des deux enfants ?

Vygotsky et le contexte socioculturel

Vygotsky fut le premier théoricien à souligner que les jeunes enfants ne sont pas toujours égocentriques ; ils peuvent, dans certaines circonstances, se montrer sensibles aux désirs et aux sentiments d'autrui. Ces manifestations de prise en compte des autres commencent surtout à se manifester vers l'âge de 4 ou 5 ans, à condition que l'enfant ne soit pas lui-même en situation de « besoin ». Cet aspect illustre la dimension sociale de la pensée chez l'enfant d'âge préscolaire, surtout vers la fin de cette période (entre 4 et 6 ou 7 ans).

L'enfant apprenti

Vygotsky croyait que tous les aspects du développement cognitif étaient intimement liés au contexte social (Vygotsky, 1934/1987). Les enfants sont curieux et observateurs. Ils posent des questions. Ils veulent savoir comment fonctionnent les machines,

À l'intention des tantes et des oncles À l'occasion d'une fête de famille, vous désirez apporter un cadeau à chacun de vos neveux et nièces. Que devriez-vous choisir ?

pourquoi le temps change et où finit le ciel, et présument que leurs interlocuteurs, eux, le savent !

Apprenti de la pensée Selon Vygotsky, personne stimulée sur le plan cognitif et guidée par des gens plus âgés et plus expérimentés.

À bien des égards, l'enfant est ce que Vygotsky appelait un **apprenti de la pensée**, puisque son développement intellectuel est stimulé par les membres de son entourage plus âgés et plus expérimentés, lesquels lui servent de guides. Les parents ainsi que les frères et sœurs aînés de l'enfant tiennent habituellement ce rôle (Maynard, 2002 ; Rogoff, 2003). Si l'enfant fréquente une garderie, il apprendra beaucoup auprès de pairs plus habiles et de son éducatrice (Thompson, 2002).

Selon Vygotsky, les enfants apprennent parce que leurs aînés :

- leur présentent des défis ;
- les aident (mais ne font pas le travail à leur place) ;
- leur enseignent des choses ;
- les encouragent et les stimulent.

La participation guidée

Participation guidée Processus d'apprentissage fondé sur l'interaction de l'apprenant avec un guide. Celui-ci aide l'apprenant à accomplir des tâches difficiles, lui enseigne, par l'exemple, des stratégies de résolution de problème et lui donne des directives explicites au besoin.

L'enfant pose une infinité de questions et tente d'engager tous ceux qu'il connaît, quel que soit leur âge, dans sa recherche de la connaissance. Avec l'aide de ses mentors, il apprend à réfléchir par la **participation guidée** (voir le chapitre 2) lors des expériences sociales et de l'exploration de son univers. La participation est mutuelle, active et commentée de part et d'autre. Par exemple, lorsqu'ils apprennent à dessiner, à écrire ou à danser, les enfants ne demandent pas mieux que de copier les uns sur les autres. L'enfant ne s'offusque pas qu'un camarade fasse comme lui ; il y voit plutôt une marque de reconnaissance de son travail.

Illustrons le point de vue de Vygotsky par un exemple concret de participation guidée. Un enfant n'arrive pas à assembler les pièces d'un casse-tête et abandonne. Est-ce à dire que la tâche dépasse ses capacités ? Pas nécessairement. L'enfant réussira peut-être si quelqu'un l'encourage, focalise son attention et restructure le problème de manière à en faciliter la résolution. Un adulte ou un enfant plus âgé pourrait ainsi le guider en l'incitant à chercher une pièce ayant des caractéristiques précises (« Est-ce que tu vois des pièces bleues avec une ligne rouge ? »). Admettons que l'enfant trouve des pièces correspondant à ces caractéristiques (bleues avec une ligne rouge), mais demeure dans l'impasse. Le guide (ou mentor) pourrait alors se montrer plus directif et indiquer quelques pièces à l'enfant. Pendant tout ce temps, le guide pourrait le féliciter (renforcement) pour toutes ses petites victoires, nourrir son enthousiasme et l'aider à mesurer le chemin parcouru vers l'objectif.

Vers de nouvelles habiletés Pour acquérir une habileté, qu'elle soit manuelle ou intellectuelle, la meilleure aide que l'on puisse recevoir est celle d'un « mentor ». Celui-ci guide la progression de l'apprenti dans la zone proximale de développement, la région qui sépare les potentialités des capacités. Bien entendu, il est essentiel que l'apprenti désire entrer dans la zone. Ce peintre en herbe, pour sa part, ne semble pas manquer de motivation !

La zone proximale de développement

Notons que le succès de la séance de casse-tête décrite ci-dessus dépend du fait que l'enfant est dans une zone proximale de développement (voir le chapitre 2). Selon Vygotsky, il existe pour chaque individu une zone proximale de développement, c'est-à-dire un niveau de développement potentiel, ou encore une gamme d'habiletés qu'il ne maîtrise pas encore, mais qu'il peut exercer avec l'aide d'un guide. Il peut ainsi arriver à combler l'écart entre ce qu'il sait et ce qu'il peut faire déjà, d'une part, et l'objectif d'apprentissage qu'il vise, d'autre part. Sinon, même en étant guidé, l'enfant de notre exemple aurait été incapable de réussir. Il est important que l'enfant conserve un sentiment de réussite.

De fait, l'interaction entre l'adulte et l'enfant constitue l'élément clé de la participation guidée. Une fois que l'enfant aura assemblé le casse-tête avec l'aide d'un adulte, il y a fort à parier qu'il voudra bientôt recommencer et que l'aide dont il aura besoin sera de moins en moins importante au fur et à mesure des exercices d'assemblage. La participation guidée l'aura mené peu à peu à l'autonomie. Et lorsque l'adulte proposera un nouveau casse-tête, l'enfant pourra généraliser les habiletés acquises lors des premières tentatives.

L'apprentissage interactif se pratique dans le monde entier. Partout, les adultes orientent l'attention des enfants et leur enseignent des habiletés. Partout, les enfants qui font l'objet d'un tel soutien parviennent ensuite à mettre ces habiletés en pratique sans aide (Rogoff, 2003).

La curiosité insatiable des enfants, leur capacité à apprendre et à se souvenir des expériences qu'ils vivent sont autant de preuves de cognition. L'aptitude à apprendre (et non la mesure de l'apprentissage) est une preuve d'intelligence. Vygotsky (1935/1978) considérait que l'aptitude d'un enfant à faire une chose avec l'aide d'autres personnes en dit plus long, en quelque sorte, sur son développement cognitif que ce qu'il arrive à faire seul.

L'étayage

Le succès des situations d'apprentissage guidées repose sur la capacité du mentor de pressentir les capacités et la réceptivité de l'enfant. Par exemple, la sensibilité du mentor s'exprime par le fait de ne pas insister dans les moments où, malgré les conseils et les interventions, l'enfant est incapable de se concentrer. Ainsi, le moment et les modalités de l'acquisition de nouvelles habiletés dépendent en partie de la capacité des guides à étayer, c'est-à-dire à structurer adéquatement la participation de l'enfant aux situations d'apprentissage (Danis, Bernard et Leroux, 2000), que ce soit pour apprendre à traverser la rue en regardant des deux côtés ou à utiliser le batteur à main pour préparer un gâteau.

L'**étayage** est particulièrement important lors de la réalisation d'expériences qui font directement appel à la cognition, c'est-à-dire celles qui mènent à une meilleure compréhension des mots et des idées. Habituellement, les adultes assurent un bon étayage lorsqu'ils reformulent les énoncés de l'enfant pour parfaire ses habiletés verbales. Par exemple, l'enfant raconte : « J'ai eu un petit poisson pour mon anniversaire. Ses ailes sont bleues. » L'adulte peut répondre : « Tu as reçu un poisson aux nageoires bleues ? J'imagine qu'il est très beau. »

Étayage Technique pédagogique permettant de structurer adéquatement la participation d'un enfant aux situations d'apprentissage afin de faciliter l'acquisition de connaissances ou d'habiletés pratiques.

De même, lorsque les parents font la lecture à leur enfant de 3 ans, ils prennent soin de lui expliquer le déroulement de l'histoire, pointent du doigt les mots et les éléments importants et écoutent l'enfant. Ce faisant, ils le guident vers sa zone proximale de développement (Danis, Bernard et Leproux, 2000). Le lecteur attentif ne dira jamais à l'enfant de se taire et d'écouter, mais fera plutôt durer la séance en lui posant des questions.

Les enfants peuvent aussi offrir un étayage à leurs pairs. Dans une étude menée au Mexique, un garçon du Chiapas, Tonik, âgé de 8 ans, apprend à sa sœur de 2 ans, Katal, comment laver sa poupée. Voici un extrait de l'échange, après quelques minutes de démonstration commentée par Tonik :

Tonik : Verse l'eau comme ceci. (Démonstration)
Tonik : Katal, verse l'eau. (Il tend un verre à sa sœur.)
Tonik : Regarde ! Verse.
Katal : (Elle verse l'eau avec difficulté.)
Tonik : Comme ça. (Approbation)
Katal : (Elle regarde ailleurs.)
Tonik : Voilà, c'est fini.

(Maynard, 2002)

Réponse aux tantes et aux oncles (de la page 205) Gardez à l'esprit que les enfants d'âge préscolaire sont égocentriques et remarquent l'apparence avant tout. Veillez donc à ce que le cadeau que vous offrirez aux enfants âgés de 2 à 5 ans leur semble de valeur équivalente aux présents que recevront les autres enfants. Vous choisirez donc des cadeaux de catégories similaires, bien qu'adaptés aux goûts et à l'âge des enfants. Par exemple, achetez des serviettes de plage de couleurs différentes pour chacun ou encore des objets identiques (crayons-feutres, jouets) que chacun utilisera à son niveau.

À VOUS LES COMMANDES 7.2

L'étayage : une technique efficace

Nous avons vu que la façon dont les enfants acquièrent des habiletés et le moment où ils le font dépendent partiellement de la volonté des guides d'étayer ou de structurer adéquatement leur participation aux occasions d'apprentissage.

Sur une bicyclette d'enfant, par exemple, les petites roues d'appoint, ajustables et temporaires, procurent au cycliste en herbe l'aide dont il a besoin. Avec cette aide, il apprendra simultanément à pédaler, à garder son équilibre et à diriger la bicyclette. Cet étayage, c'est-à-dire les petites roues d'appoint, permet au débutant d'atteindre son objectif : savoir rouler à bicyclette.

Trouvez deux exemples concrets pour illustrer la notion d'étayage. Spécifiez la façon dont les parents et les éducateurs aident les débutants à combler l'écart entre ce qu'ils savent et ce qu'ils peuvent faire, d'une part, et l'objectif qu'ils visent, d'autre part.

Source : Michael F. Graves, Bonnie B. Graves et Sheldon Braaten, « Scaffolded Reading Experiences for Inclusive Classes », *Educational Leadership*, vol. 53, n° 5, février 1996, p. 14-16.

Notons au passage la sagesse de Tonik : il interprète le fait que sa sœur détourne son regard comme une baisse de motivation et déclare alors la séance terminée. Une telle réaction dénuée de reproche encourage l'apprenti à participer à d'autres séances d'apprentissage. La motivation est essentielle à l'apprentissage précoce, ce qui explique pourquoi l'interaction sociale de qualité est si efficace.

La progression de l'enfant dans une zone proximale de développement liée à un apprentissage spécifique subit l'influence de plusieurs contextes : la famille, la garderie ou la maternelle et, enfin, la culture. Toutes les sociétés valorisent certaines habiletés cognitives plus que d'autres. Il n'est donc pas surprenant, par exemple, que les petits Micronésiens interprètent mieux que les petits Québécois les signes de la mer et du vent. En contrepartie, les enfants québécois manifestent davantage d'habiletés liées au raisonnement que les petits Micronésiens. Comme l'a dit Vygotsky, le développement cognitif d'un enfant repose sur les occasions d'apprendre et les encouragements qu'il trouve dans les différentes sphères de son environnement.

Le langage : un outil d'apprentissage

La petite enfance est une période importante pour l'acquisition du langage. On compare parfois les jeunes enfants qui traversent cette période à des éponges parce qu'ils absorbent la moindre nuance linguistique qu'ils entendent. Si le langage fait avancer la pensée, selon Vygotsky, c'est aussi parce qu'il sert de véhicule à l'interaction sociale, essentielle à l'apprentissage. On peut observer cette fonction de médiation sociale du langage autant pendant une leçon traditionnelle (quand l'éducateur explique quelque chose) que lors d'une conversation à bâtons rompus, le but visé étant de préciser et d'enrichir les connaissances. Cette fonction du langage est essentielle à la traversée de la zone proximale de développement, car l'interaction verbale jette un pont entre ce que l'enfant comprend et ce qu'il ne fait qu'entrevoir.

Les consignes et les paroles d'encouragement d'un adulte sont essentielles au développement cognitif (Hubbs-Tait et coll., 2002 ; Mix, Huttenlocher et Levine, 2002). Ainsi, le cerveau de l'enfant de 3 ou 4 ans a acquis suffisamment de maturité pour comprendre les nombres, emmagasiner des souvenirs et connaître des marches à suivre, mais sa capacité à le faire dépend aussi de la famille, de l'école et de la culture. Le langage est un médium clé entre le potentiel du cerveau et ce que l'enfant arrive à comprendre et à retenir, parce que c'est à partir de lui que se fait l'enseignement (Haden et coll., 2001 ; Schneider et Pressley, 1997).

Le soliloque

Vygotsky pensait que le langage était essentiel au développement cognitif. Le langage permet le **soliloque**, soit le fait de se parler à soi-même (Vygotsky, 1934/1987). Selon la théorie de Vygotsky, le monologue sonore s'accentue à l'âge préscolaire et durant les premières années scolaires parce que les enfants l'utilisent pour se remémorer ce qu'ils ont appris et s'aider à réfléchir. Avec le temps, le soliloque se réduit progressivement à un murmure, puis au monologue intérieur chez l'adolescent et l'adulte (Winsler et coll., 2000).

Soliloque Monologue (sonore ou silencieux) axé sur la réflexion et l'analyse.

Les chercheurs qui étudient le soliloque sonore ont découvert que l'enfant d'âge préscolaire y recourt pour réfléchir, passer ses connaissances en revue, prendre une décision et s'expliquer à lui-même les événements. Fait intéressant, de nombreux chercheurs ont constaté que les enfants ayant des difficultés d'apprentissage commencent plus tard que les autres à s'adonner au soliloque ou à l'utiliser pour guider leurs comportements (Diaz, 1987). Ils font cependant des progrès si on leur enseigne à soliloquer, ce qui indique que le langage, sous cette forme du moins, facilite l'apprentissage.

Le langage : un élément pivot de la cognition

Le langage est un élément pivot de la cognition durant la petite enfance, comme l'illustre l'exemple de la théorie de l'esprit (que nous verrons plus loin) proposée par Vygotsky. Le langage constitue en outre le domaine où s'opère le plus important progrès cognitif de cette période. Les bébés disent normalement leur premier mot vers l'âge de 1 an et commencent ensuite à émettre quelques holophrases. Vers 18 mois, ils sont en pleine explosion lexicale. Puis vers 2 ans, les enfants forment graduellement des phrases de deux ou trois mots, avec un vocabulaire limité et un style télégraphique. À l'âge préscolaire, le vocabulaire, la grammaire et le recours au langage à des fins pratiques s'améliorent de façon marquée et rapide. Vers 6 ans, l'enfant peut comprendre et dire à peu près tout ce qu'il veut (voir le tableau 7.1). L'acquisition du langage et le développement de la cognition vont de pair, et l'un ne saurait se réaliser sans l'autre.

La maturation et la myélinisation du cerveau (voir le chapitre 6) conjuguées aux interactions sociales de plus en plus nombreuses entre 2 et 7 ans forment un terreau propice à l'apprentissage du langage, incluant la maîtrise rapide et facile du vocabulaire, de la grammaire et de la prononciation.

Le vocabulaire

L'accroissement du vocabulaire pendant la petite enfance a quelque chose de stupéfiant et la progression devient exponentielle à l'âge préscolaire. Un enfant de 6 ans possède en moyenne un vocabulaire de plus de 10 000 mots (Anglin, 1993), avec un rythme d'apprentissage de 10 à 20 nouveaux mots par jour (Clark, 1995 ; Jones, Smith et Landau, 1991). De plus, les enfants comprennent beaucoup plus de mots qu'ils n'en disent.

La schématisation rapide

L'enfant apprend beaucoup de mots dès la première audition, grâce à la **schématisation rapide** (Woodward et Markman, 1998). Ce processus consiste à attribuer un sens aux mots et à les intégrer dans des catégories déjà établies.

Schématisation rapide Processus d'acquisition du vocabulaire consistant à intégrer les mots nouveaux dans des catégories déjà établies.

«Qu'est-ce que c'est ?» La lecture à voix haute est, de loin, la meilleure façon pour un parent d'enrichir le vocabulaire de son jeune enfant. L'interaction idéale est conviviale, et les partenaires — comme cette mère et sa fille — se guident mutuellement en parlant et en pointant du doigt. Si ce type d'expérience fait partie de son quotidien, cette petite fille développera non seulement ses compétences langagières, mais sera l'une des premières élèves de sa classe à savoir lire.

Les avantages et les inconvénients de la schématisation rapide

Comment le vocabulaire des enfants peut-il s'enrichir aussi rapidement ? Les chercheurs ont supposé qu'il se crée dans l'esprit de l'enfant un ensemble de catégories

POINT DE MIRE

Petit coffre à outils pour accroître le vocabulaire des enfants

Comment les adultes peuvent-ils favoriser le développement du vocabulaire des enfants ? En recourant à ces moyens tout simples au quotidien :

- parler des actions en cours et nommer à plusieurs reprises les nouveaux mots. Par exemple, en cuisinant, on peut identifier les ingrédients et les différents ustensiles ; au cours de travaux de bricolage, on peut nommer les outils utilisés et les actions qui leur correspondent ;
- expliquer la différence entre un mot imprécis et le mot adéquat. Par exemple, si l'enfant dit : « As-tu vu le tigre à la télé ? », on peut répondre : « Oui, j'ai bien vu le léopard... C'est vrai que ça ressemble à un tigre, mais as-tu remarqué qu'il a des taches noires au lieu des lignes ? Celui qui a des taches noires, on l'appelle léopard » ;
- stimuler l'acquisition de diverses catégories de mots. Par exemple, les concepts d'espace (dessus, en dessous, en haut, à gauche), les concepts de temps (avant, après, hier, après-midi, saisons, jours de la semaine), les concepts de quantité (un peu, beaucoup, quelques-uns, autant, le plus, le moins, ou encore une tasse, une cuillerée, etc.), les verbes exprimant une action (ramasser, couper, attraper, coudre, brosser, écrire, dessiner, colorer, graver), les mots servant à qualifier quelqu'un ou quelque chose (gros, grand, doux, rude, sucré, fort, gentil, vieux, faible, gêné, timide, souriant) ;
- utiliser fréquemment les nouveaux mots de vocabulaire et dans plusieurs contextes. Par exemple, le mot *bâton* peut désigner des objets différents : bâton de hockey, bâton de baseball, bâton de golf.

Source : Commission scolaire de l'Énergie, « Le développement du vocabulaire chez votre enfant », [en ligne], 2009. [http://www.csenergie.qc.ca/Parents/CoffreAOutils/Capsule%20No3.pdf] (14 novembre 2009).

Matière à retenir Les musées, les parcs, les fermes et les usines sont des lieux de prédilection pour l'enrichissement du vocabulaire et la formation de concepts.

interdépendantes, une sorte de schéma mental du sens des mots (Golinkoff et coll., 1992). Ce processus de schématisation rapide permet à l'enfant d'intégrer un nouveau mot dans son schéma lexical au lieu de lui chercher une définition exacte et d'attendre de l'avoir entendu dans plusieurs contextes (Heibeck et Markman, 1987).

En conséquence, ce n'est pas parce qu'un enfant utilise un mot dans un contexte approprié qu'il en connaît vraiment le sens. Il peut n'en posséder qu'une connaissance limitée. Un bon exemple de cela est le mot *gros* que même les bambins de 2 ans connaissent et semblent comprendre. En fait, ils l'emploient souvent pour signifier « vieux » ou « grand » au sens physique ou moral (« Mon amour est gros comme ça ! ») et n'apprennent que progressivement à l'utiliser plus adéquatement et avec plus de discernement (Sena et Smith, 1990).

La vitesse à laquelle un enfant apprend les mots et les rattache à des catégories et à des concepts dépend en partie des conversations qu'il a avec les adultes (Markman, 1989). Si ces derniers insistent sur le lien qui unit un nom à un autre et s'ils décrivent les catégories, l'enfant intégrera les mots nouveaux plus rapidement, ce qui confirme l'importance de l'interaction sociale.

Cependant, la schématisation rapide manque parfois de précision. Par exemple, la plupart des gens sont en mesure de situer le Népal de façon approximative (en Asie), mais

RAISONNEMENT SCIENTIFIQUE

Une expérience classique de schématisation rapide

Une expérience classique illustre bien l'avantage de connaître au moins un mot d'une catégorie. Une enseignante au niveau préscolaire montre un nouveau mot en disant à un élève : « Donne-moi le plateau chromé, pas le plateau rouge » (Carey, 1985). Les enfants qui connaissaient déjà le mot *rouge* ont rapidement saisi le nouveau mot, *chromé*, et s'en sont souvenu plus d'une semaine plus tard. Ceux qui ne connaissaient aucun nom de couleur n'ont pas retenu le nouveau mot (ils n'ont pas su choisir un objet chromé une semaine plus tard) parce qu'ils étaient incapables de le schématiser (Mandler, 2004).

EN PERSONNE

« Maman l'enfant gâtée »

Si les adultes pouvaient se rappeler combien il est difficile de comprendre le sens des mots quand on est un enfant, ils pardonneraient les erreurs plus facilement. L'auteure Kathleen Stassen Berger raconte qu'elle a eu l'occasion d'assister à l'émergence de la schématisation rapide chez sa plus jeune fille, Sarah. Celle-ci avait 4 ans à l'époque et elle était en colère contre sa mère.

Sarah, semble-t-il, avait intégré quelques insultes dans son vocabulaire. Son schéma, cependant, n'en précisait ni les définitions ni les nuances. Elle traita sa mère tour à tour de « méchante sorcière » et d'« enfant gâtée ». Ces innocentes imprécisions faisaient sourire. Elle lança ensuite une injure grossière qui fit sortir sa mère de ses gonds. Celle-ci la gronda, convaincue que Sarah ne comprenait pas la portée du mot qu'elle venait d'employer : « Je ne veux pas entendre ce genre de mots dans la maison ! » Toutefois, elle comprit à quel point la schématisation était rapide en entendant la réponse de sa fille : « Pourquoi alors ma grande sœur m'a appelée comme ça, ce matin ? »

bien peu pourraient en nommer les pays limitrophes. De la même façon, les enfants apprennent rapidement les noms d'animaux, entre autres, parce que les nouveaux mots viennent s'ajouter aux catégories ou schémas déjà établis. Ainsi, le mot *tigre* est assez facile à schématiser pour quiconque connaît le mot *lion*. Une visite au zoo facilite la schématisation rapide de dizaines de noms d'espèces, notamment parce les animaux semblables se trouvent à proximité les uns des autres.

De façon générale, la schématisation rapide est plus grande chez les enfants qui disposent de nombreux indices linguistiques (Mintz, 2005). Les parents qui veulent enrichir le vocabulaire de leur enfant devraient lui parler souvent, en intégrant de nouveaux mots et en lui donnant une explication courte et simple en lien avec des connaissances qu'il a déjà (Hoff et Naigles, 2002). Hélas, les jeunes d'âge préscolaire schématisent aussi des mots que leurs parents ne souhaitent pas entendre dans leur bouche (voir la rubrique « En personne » ci-dessus).

Les tours et détours de la logique des mots

L'enchaînement logique est un proche parent de la schématisation rapide. Après avoir appris un mot, l'enfant l'utilise pour décrire d'autres objets de la même catégorie. Une enfant dit à son père qu'elle avait vu des vaches « dalmatiennes » lors d'une classe verte à la campagne. Son père comprit ce qu'elle voulait dire, se souvenant qu'elle avait cajolé un dalmatien quelques jours auparavant.

Les enfants utilisent le vocabulaire qu'ils connaissent pour dire tout ce qu'ils veulent exprimer (Behrend, Scofield et Kleinknecht, 2001). Ils se servent de leur logique pour décoder le sens des mots, par exemple en décidant que les graines pour nourrir les oiseaux, lorsqu'elles poussent, deviennent des oiseaux.

Par ailleurs, les mots qui sous-tendent une comparaison (comme grand et petit, proche et loin, haut et bas, profond et peu profond) posent des difficultés aux enfants parce qu'ils ne comprennent pas que la signification du mot est tributaire du contexte (Ryalls, 2000). Ainsi, les jeunes enfants qui ont reçu la consigne parentale de se tenir loin de l'eau profonde de la piscine ont le sentiment d'obéir lorsqu'ils sautent dans toutes les flaques d'eau qu'ils rencontrent, en affirmant qu'elles ne sont pas profondes.

La grammaire

La grammaire est l'ensemble des structures et des règles qu'il faut respecter pour communiquer dans une langue. Dans le développement de leur langage, les jeunes enfants

TABLEAU 7.1 L'acquisition du langage à l'âge préscolaire

Aspect	Vers 2 ans	Vers 3 ans	Vers 4 ans	Vers 5-6 ans
Vocabulaire	De 100 à 2000 mots	De 1000 à 5000 mots	De 3000 à 10 000 mots	De 5000 à 20 000 mots
Longueur des phrases	2 ou 3 mots	De 3 à 8 mots	De 5 à 20 mots	Certaines phrases interminables (« [...] et puis [...] qui [...] et [...] parce que [...] et [...]. »)
Grammaire	• Utilise le pluriel, des pronoms, de nombreux noms, des verbes, des adjectifs. • Utilise des énoncés négatifs de 2 mots : « Veux pas. » • Combine des noms et des verbes : « Maman arrive. » • Parle de lui-même en disant « moi » ou « je ».	• Utilise des conjonctions, des adverbes, des déterminants. • Comprend des concepts temporels simples : hier soir, demain. • Répond aux questions commençant par « Où ». • Utilise des phrases simples : « Veux lire encore. »	• Utilise des propositions indépendantes, des phrases finissant en questions. • Utilise correctement le temps verbal du passé.	• Utilise un langage complexe ; emploie occasionnellement la forme passive et le conditionnel, mais présente encore des difficultés (surgénéralisation des règles grammaticales).
Questions	« Quoi moi manger ? », « Qu'est-ce que c'est ? », « Où est mon ourson ? »	« Pourquoi ? »	• Point culminant de la période des « Pourquoi ? ». • Pose de nombreuses questions débutant par « Comment » et « Quand ».	• Pose des questions relatives aux différences (homme / femme, jeune / vieux, riche / pauvre). • Pose une foule de questions (« qui ? », « quoi ? » ou « qu'est-ce que ? ») pour avoir de l'information.

apprennent si bien la grammaire qu'ils ont tendance à appliquer les règles avec rigueur, sans tenir compte des irrégularités de la langue. De fait, les enfants, vers 3 ans, sont des « génies grammaticaux » : ils maîtrisent la plupart des constructions des énoncés, respectent les règles de façon globale, et le peu d'erreurs qu'ils commettent sont souvent des fautes « intelligentes », attribuables à une **surgénéralisation des règles grammaticales**.

Surgénéralisation des règles grammaticales
Fait d'appliquer des règles et des structures grammaticales sans tenir compte des irrégularités d'une langue.

Les enfants vont généraliser la forme de l'imparfait (ils jouaient, ils sontaient) et la forme du pluriel (des balles, des chevals). Et si on les reprend en leur indiquant qu'on dit « un cheval, des chevaux », alors ils vont s'entêter, pour un temps, à dire également « une céréale, des céréaux » (voir le tableau 7.2).

Ces inventions verbales mettent en lumière que l'apprentissage du langage ne relève pas uniquement de l'imitation de ce qu'on entend, bien que le fait d'entendre parler soit essentiel au développement du langage. Les enfants mettent d'ailleurs des années à apprendre à utiliser correctement toutes les règles et les structures grammaticales de leur langue maternelle (Tomasello, 2006).

Les enfants parlent aussi énormément, à des adultes, à leurs pairs, à eux-mêmes ou à leurs jouets, sans égard aux fautes de prononciation, aux mauvais usages, aux bégaiements et aux autres obstacles à leur discours. Cette observation est d'une importance capitale : les enfants d'âge préscolaire apprennent facilement parce que, contrairement à la plupart des enfants plus âgés et des adultes, ils ne sont pas embarrassés par ce qu'ils disent.

À l'intention des adultes qui doivent répondre aux questions d'un enfant de 3 ans Les jeunes enfants ne cessent de demander : « Pourquoi ? », puis redemandent : « Pourquoi ? » sitôt qu'ils obtiennent une réponse. Sachant que ces questions cherchent une cause et non une réponse scientifique, que répondriez-vous à des questions comme : « Pourquoi mon frère est méchant ? » ou « Pourquoi il fait nuit ? » ?

TABLEAU 7.2 La surgénéralisation des règles grammaticales

Règle suivie	Exemples
Forme comparative avec « plus »	Mon gâteau est plus bon que le tien. Ton bobo est plus pire que le sien.
Surgénéralisation du pluriel	Un travail, des travails Un animal, des animals
Surgénéralisation des formes verbales	Il vena chez nous. Il a prendu un bonbon.

Un moulin à paroles! En expliquant à sa poupée comment on fait la sieste, la petite Laura développe ses aptitudes verbales. La plupart des enfants d'âge préscolaire parlent tout le temps, que ce soit à eux-mêmes, à leurs poupées, au téléviseur ou à leurs parents. Peu leur importe, d'ailleurs, de ne pas recevoir de réponse.

Les théories des enfants

Piaget et Vygotsky ont réalisé que les enfants travaillent activement à comprendre leur univers. De nombreux spécialistes du développement tentent de montrer comment se développe la connaissance chez les enfants. Ceux-ci cherchent à s'expliquer pourquoi et comment les personnes agissent comme elles le font. Si on ne leur fournit pas d'explications satisfaisantes, les enfants développent alors leurs propres interprétations.

La théorie de la théorie

La **théorie de la théorie** renvoie à l'idée que les enfants, et les êtres humains en général, cherchent constamment des raisons, des causes et des principes cohérents qui expliquent les événements ; ils échafaudent des théories, des systèmes abstraits et cohérents de règles — comme la science le fait —, pour expliquer tout ce qu'ils voient et entendent (Gopnik, 2001).

Théorie de la théorie Théorie voulant que les êtres humains tentent d'expliquer tout ce qu'ils voient ou entendent et les événements en échafaudant des théories.

Les théories dont se dote l'enfant, élaborées en fonction de ses capacités cognitives, lui permettent de faire des prédictions, d'interpréter les situations, d'expliquer les événements. L'enfant expérimente de façon active et explore l'univers qui l'entoure en testant ses hypothèses et en recueillant des données. Ainsi, il pose des questions pour comprendre le sens et le but de divers phénomènes dont il est témoin. Il élabore des explications en fonction des réponses qu'il obtient et qu'il est en mesure de comprendre, se créant des « théories » en quelque sorte.

Cette théorie de la théorie a permis d'expliquer comment les enfants développent leur compréhension du monde physique, du monde biologique et du monde psychologique.

Comment, au juste, les jeunes enfants cherchent-ils à expliquer les choses ? Au cours d'une étude, des mères étatsuniennes d'origine mexicaine ont tenu un registre détaillé des questions que leur posait leur enfant âgé de 3 à 5 ans et des réponses qu'elles leur avaient données (voir la figure 7.2). Les parents ont constaté que la plupart des questions posées concernaient le comportement humain, particulièrement le comportement des parents vis-à-vis leur enfant. Les enfants cherchent à développer une théorie explicative des phénomènes qu'ils observent. Ainsi, à la question « Pourquoi je ne peux pas avoir des bonbons ? », la réponse « Parce que c'est bientôt l'heure du repas » est loin d'être satisfaisante pour l'élaboration de leur théorie.

La théorie de l'esprit

La **théorie de l'esprit** est la conscience que les autres peuvent avoir des idées différentes et penser différemment de soi. Elle désigne les processus cognitifs d'un être humain

Théorie de l'esprit Conscience que les autres peuvent penser différemment ; modèle explicatif que chacun se donne au sujet des processus psychologiques des autres.

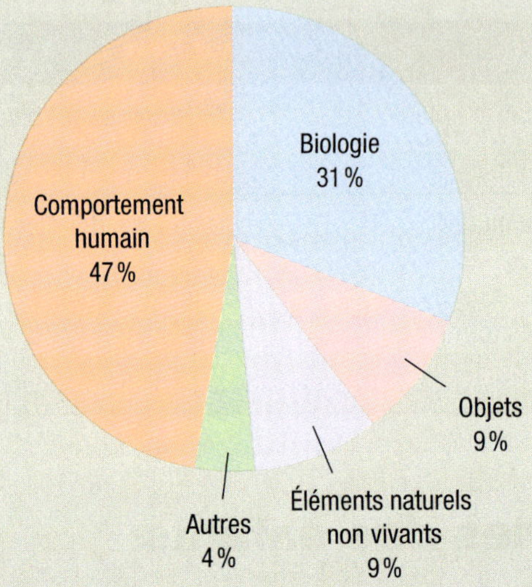

Source: Deborah Kelemen et coll., «Why Things Happen: Teleological Explanation in Parent-Child Conversations», *Developmental Psychology*, vol. 41, n° 1, janvier 2005, p. 251-264.

FIGURE 7.2 Pourcentage de questions posées par des enfants de 3 à 5 ans et regroupées par domaine

qui permettraient d'expliquer ou de prédire ses propres actions ou celles des autres. La théorie de l'esprit repose sur l'inférence d'états mentaux — croyances, intentions, désirs, connaissances, émotions, etc. — que quelqu'un fait à propos de soi-même ou des autres. Il s'agit d'une théorie que chaque personne élabore concernant les états mentaux inobservables.

Les spécialistes ont longtemps cru que l'enfant n'abordait le monde extérieur que de son propre point de vue et en fonction de ses propres sentiments. Or, des études plus récentes ont révélé que le jeune enfant tente parfois de « se mettre à la place des autres ». Certains sont capables, par exemple, de dire des choses telles que : « Ne te mets pas en colère, maman » ou « Est-ce que tu t'amuses bien, papa ? » (Bretherton et Beeghly, 1982). Chacune de ces remarques révèle que l'enfant a une conscience non égocentrique, tout au moins momentanée, de ce que les autres peuvent ressentir et qu'il comprend qu'ils ont des émotions différentes des siennes. Les habiletés associées au développement selon la théorie de l'esprit surviennent habituellement au cours d'une importante transformation intellectuelle, à partir de l'âge de 4 ans (Perner, 2000 ; Wellman, Cross et Watson, 2001).

Précisons que les théories que l'enfant élabore sont tout de même teintées d'égocentrisme en règle générale, car ces théories concernant les désirs et les intentions des autres reflètent ses propres désirs et intentions. À la maternelle, par exemple, un enfant de 5 ans s'isolera pour prendre son dîner afin de soustraire son dessert à la convoitise de ses camarades (Stein et Levine, 1989).

La démarche théorique des enfants est peut-être plus simple que celle des adultes et souvent empreinte d'égocentrisme, mais elle n'en diffère pas beaucoup sur certains principes. Et bien que l'enfant d'âge préscolaire n'ait qu'une compréhension rudimentaire de la pensée et des émotions des êtres humains, la théorie qu'il se construit à ce propos servira d'ancrage aux connaissances qu'il acquerra au cours des années à venir.

Réponse aux adultes qui doivent répondre aux questions d'un enfant de 3 ans (de la page 212) Inutile de parler du jouet brisé par le petit frère ou d'expliquer le phénomène de rotation terrestre. Proposez à l'enfant plutôt une réponse qui le concerne. Vous pourriez ainsi dire : « Ton frère aimerait sans doute avoir un jouet comme le tien » ou « Il fait nuit pour que tu saches qu'il est temps de faire dodo. »

La croyance et la réalité : comprendre la distinction

Entre 4 et 7 ans, les enfants prennent conscience que ce qu'ils croient ne reflète pas toujours la réalité. L'illustration la plus célèbre de cette acquisition est une recherche publiée en 1983 par Heinz Wimmer et Josef Perner. Dans l'épreuve du « transfert inattendu », l'enfant doit prédire qu'une personne ignorant le déplacement d'un objet cherchera celui-ci là où elle croit qu'il se trouve et non là où il est en réalité. En pratique, on présente à l'enfant, à l'aide de poupées et de jouets, l'histoire suivante : Maxi et sa maman sont dans la cuisine, ils rangent le chocolat dans le réfrigérateur. Maxi part rejoindre ses amis pour jouer. Pendant son absence, sa maman décide de préparer un gâteau. Elle prend le chocolat dans le réfrigérateur, en utilise une partie et range le reste dans le placard. Plus tard, Maxi revient et il veut manger du chocolat. Où Maxi va-t-il chercher le chocolat ?

Pour répondre correctement que Maxi va chercher le chocolat dans le réfrigérateur, il faut lui attribuer une fausse croyance concernant l'endroit où est le chocolat. Il apparaît que les bambins de moins de 3 ans et demi n'y arrivent pas : ils prédisent que Maxi va chercher le chocolat dans le placard, là où il se trouve réellement. Cette prédiction manifeste l'égocentrisme de l'enfant : il répond en fonction de ce qu'il sait, incapable de se mettre dans la peau de l'autre qui ne sait pas.

Cette expérience a été reprise auprès de milliers d'enfants issus de diverses cultures. Ceux de 3 ans confondent presque toujours, par égocentrisme, ce qu'ils savent maintenant et ce qu'un tiers pourrait penser. Autrement dit, les enfants sont dupés par leur propre savoir (Birch et Bloom, 2003), car ils sont trop égocentriques pour saisir d'autres perspectives que la leur. Vers 4 ans, ils fournissent la bonne réponse.

Voilà qui explique pourquoi les jeunes enfants, lorsqu'ils jouent à cache-cache, s'entêtent à retourner se cacher au même endroit, et pourquoi leur visage les trahit chaque fois qu'ils racontent un mensonge.

Les influences sur la théorie de l'esprit

Les spécialistes du développement ont récemment cherché à savoir ce qui, exactement, consolide la théorie de l'esprit vers l'âge de 4 ans. Ce changement relève-t-il de l'hérédité ou de l'environnement, de la maturation du cerveau ou de l'expérience ?

Point de vue de l'inné : l'approche épigénétique

La maturation neurologique est une explication plausible. En effet, l'âge est la variable la plus déterminante : dans des expériences similaires à celle du « chocolat dans le placard », les enfants âgés de 5 ans étaient les plus susceptibles de réussir, ceux de 4 ans obtenaient des résultats moyens et ceux de 3 ans étaient les plus susceptibles d'échouer à tout coup.

Le fait que ces résultats reflètent l'âge des sujets suggère que le contexte est moins crucial que la maturation du cortex préfrontal (Perner, Lang et Kloo, 2002). Par ailleurs, le fait que l'autisme soit probablement causé par un dysfonctionnement cérébral donne aussi à penser que la maturation du cerveau est un préalable à la théorie de l'esprit. En effet, de nombreux enfants autistes devancent les enfants de leur âge dans la compréhension des nombres, mais tardent à développer une théorie de l'esprit (Baron-Cohen, 1995).

Point de vue de l'acquis : le langage, la fratrie

Deux autres influences tributaires du contexte, soit le langage et la présence de frères ou de sœurs, jouent un rôle clé dans l'émergence de la théorie de l'esprit.

Les enfants qui ont une plus grande fluidité verbale (peu importe l'âge) sont plus susceptibles d'avoir développé une théorie de l'esprit. Il faut y voir en partie le fruit de l'expérience, notamment les conversations mère-enfant qui font une large place aux réflexions et à l'expression des souhaits (Ruffman, Slade et Crowe, 2002). Les enfants sourds développent plus tardivement une théorie de l'esprit, probablement parce que le développement du langage survient plus tard chez eux (Lundy, 2002).

Entre frères et sœurs La présence de frères ou de sœurs plus âgés facilite l'émergence de la théorie de l'esprit. Ils parlent, ils s'entraident, mais se disputent aussi ! Leurs interactions amènent les enfants à comprendre que les autres ont des idées différentes des leurs.

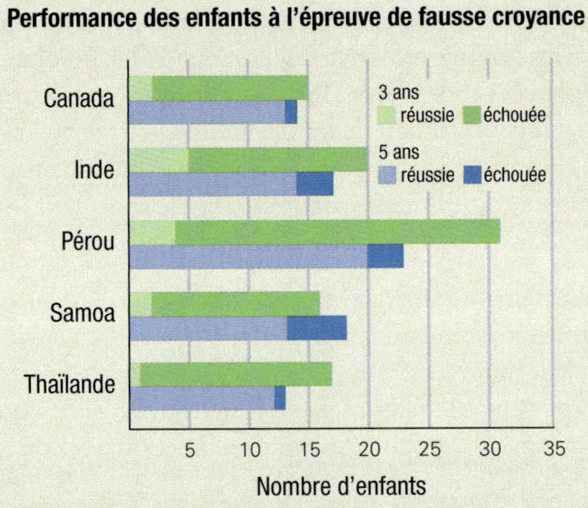

Source: Tara Callaghan et coll., «Synchrony in the Onset of Mental-State Reasoning: Evidence from Five Cultures» *Psychological Science*, vol. 16, nº 5, mai 2005, p. 7.
© Sage Publications. Reproduit avec l'autorisation de Sage Publications.

FIGURE 7.3 **Parfois à 3 ans, souvent à 5 ans** La recherche transculturelle fait ressortir des constantes universelles : un changement important se produit vers l'âge de 4 ans.

Outre l'effet combiné de l'âge et de l'aptitude langagière, un autre facteur important entre donc en ligne de compte : la présence d'une sœur ou d'un frère plus âgé (Jenkins et Astington, 1996). Selon l'estimation d'un chercheur, deux frères ou sœurs plus âgés équivalent, pour l'émergence de la théorie de l'esprit, à une année d'âge chronologique (Perner, 2000).

Des chercheurs ont comparé la théorie de l'esprit chez des enfants d'âge préscolaire au Canada, en Inde, au Pérou, aux Samoa et en Thaïlande. Ils ont constaté que les jeunes Canadiens étaient légèrement en avance et que les jeunes Samoans étaient légèrement en retard par rapport aux autres. Par contre, de façon générale, la plupart des participants à l'étude réussissaient les épreuves de fausse croyance (celle du chocolat dans le placard ou une épreuve équivalente, adaptée à chaque culture) à l'âge de 5 ans (voir la figure 7.3). Les chercheurs en ont conclu que la maturation du cerveau est le facteur principal dans l'acquisition de la théorie de l'esprit, mais que le développement du langage et les interactions sociales exerçaient aussi une influence (Callaghan et coll., 2005).

SECTION 2

L'ÂGE SCOLAIRE (DE 6 À 12 ANS)

Les enfants d'âge scolaire possèdent des compétences cognitives remarquables et en acquièrent de nouvelles d'année en année. Ils réfléchissent aux faits et aux relations de manière de moins en moins intuitive et de plus en plus analytique. À 11 ans, par exemple, de nombreux jeunes sont capables de multiplier des fractions et des nombres fractionnaires et de faire preuve d'ironie. Forts de ces habiletés cognitives et d'aptitudes verbales en plein épanouissement, les écoliers tiennent sur le monde et sur eux-mêmes un discours dont les enfants sont encore incapables à l'âge préscolaire.

SECTION 2

Le temps joue un rôle, mais la profondeur et le contenu de l'apprentissage témoignent de la motivation bien plus que de la maturation. Les priorités culturelles guident la motivation, bien que les ramifications du cerveau l'orientent. Ainsi, l'environnement et l'hérédité interagissent pour faciliter le développement cérébral. Tous les enfants d'âge scolaire sont disposés à apprendre, et les adultes ne demandent pas mieux que de les former.

Pour comprendre les facteurs de cette évolution, nous exposons les idées de Piaget et de ses disciples à propos de l'émergence de la pensée logique et systématique. De plus, nous nous penchons sur les progrès du langage, tant sur le plan du vocabulaire que celui de la pragmatique.

Piaget et la période opératoire concrète

Une caractéristique importante des enfants d'âge scolaire sur le plan cognitif est leur capacité de penser logiquement. Tandis que des jeunes d'âge préscolaire font appel à l'intuition ou à des impressions subjectives pour interpréter les résultats d'une expérience scientifique (« Peut-être que la chenille avait justement envie de se transformer en papillon »), ceux d'âge scolaire tentent de trouver des explications cohérentes (« Est-ce que la chenille se fie à la température de l'air pour savoir quand il est temps de commencer à tisser un cocon ? »). Le développement de la pensée logique se poursuit pendant cette période de sorte qu'on peut constater les progrès des enfants. Par exemple, si on observe des groupes en train de jouer dans une cour de récréation, on note que des écoliers de 1re année se disputant au sujet des règles d'un jeu ont tendance à élever la voix et à protester avec de plus en plus de véhémence (« C'est... ! », « Ce n'est pas... ! », « Mais si, c'est... ! », « Non, ce n'est pas... ! »), alors que des enfants de 5e année sont capables de discuter, de régler leurs désaccords d'une manière plus tempérée en avançant des arguments et des justifications (« Ça ne peut pas être juste ; si ça l'était, on aurait le droit de marquer les points d'une autre façon ! »). Que ce soit à l'école ou dans la vie en général, la pensée logique est essentielle à la compréhension, à l'apprentissage et à la capacité de socialiser.

Piaget s'est intéressé à l'apparition du raisonnement logique pendant l'enfance. Selon lui, la pensée caractéristique de la **période opératoire concrète**, c'est-à-dire la capacité de raisonner logiquement à propos des faits et des événements, constitue le principal accomplissement cognitif de l'enfant d'âge scolaire. Le jeune a la capacité de penser de façon plus systématique, objective et scientifique.

Période opératoire concrète Selon Piaget, troisième période du développement cognitif (de 6 ou 7 à 11 ou 12 ans), caractérisée par la capacité d'accomplir des opérations mentales de façon logique pour résoudre des problèmes concrets. Cette intelligence reste dépendante du fait que les éléments sur lesquels porte la réflexion soient perceptibles.

Ce stade est caractérisé par la notion d'opération, qui est définie comme une action intériorisée et réversible. Selon Piaget, la pensée opératoire concrète s'établit fermement entre 7 et 11 ans. L'écolier devient alors capable d'une logique, mais qui est appliquée uniquement à des objets concrets, palpables ou imaginés.

Nous voyons ainsi comment se fait le développement cognitif durant la période opératoire concrète : il implique notamment la capacité de conservation et de classification, grâce aux nouvelles habiletés de réversibilité et de décentration.

Le premier niveau : les opérations concrètes simples

En quoi avons-nous affaire à une logique durant cette période ? « Pour la première fois, nous sommes en présence d'opérations et ces opérations peuvent être inversées — comme l'addition qui est la même opération que la soustraction, mais en sens inverse » (Piaget, 1972). C'est ce que Piaget appelle la **réversibilité**.

Réversibilité Caractéristique de la pensée qui permet de comprendre que ce qui a été modifié retrouve son état initial après une inversion de la transformation.

Et c'est justement la maîtrise de la réversibilité qui va permettre l'apparition de structures opératoires, lesquelles vont rendre possible l'acquisition de la notion de conservation. La conservation est une opération mentale permettant de comprendre qu'un objet continue d'exister indépendamment de la perception que l'enfant en a. Une des premières formes de conservation est la constitution de l'objet permanent, durant la période sensorimotrice.

La conservation

Selon Piaget, la période opératoire concrète marque un tournant décisif par l'apparition des opérations réversibles, avec notamment l'acquisition de la conservation des équivalences quantitatives, des longueurs, des surfaces (7 ans) ; des substances solides, liquides (7-8 ans) ; du poids, des verticales et des horizontales (8-9 ans) ; puis plus tard, du volume déplacé (11-12 ans). L'enfant peut maintenant comprendre qu'un objet demeure le même en dépit de changements dans son apparence.

Par exemple, il réalise que le fait de transvaser un liquide d'un récipient à un autre de taille différente ne modifie pas la quantité de liquide, puisqu'on n'y a rien ajouté ou enlevé. Il parvient aussi à comprendre que la boulette de pâte à modeler que l'on vient d'aplatir sous ses yeux contient autant de pâte à modeler que celle qui n'a pas été aplatie. Il pourra même expliquer son point de vue à l'aide d'arguments logiques.

À bien des égards, la compréhension du principe de conservation favorise la précision et l'objectivité du raisonnement, car elle permet à l'enfant de considérer tous les aspects importants d'un objet ou d'un événement. C'est ce qu'on appelle la **décentration**. L'enfant commence donc à mieux comprendre les nombreuses transformations des éléments du monde qui l'entoure.

Décentration Caractéristique de la pensée qui permet de considérer tous les aspects importants d'un objet ou d'un événement.

En saisissant le principe de réversibilité, l'enfant devient apte à revenir au point de départ d'un raisonnement. Il applique la réversibilité (inversion et réciprocité) avec la conservation de la substance solide (pâte à modeler) ou liquide (transvasement des verres), mais il peut aussi l'appliquer dans les contextes suivants : faire une série et inverser une série, additionner et soustraire, multiplier et diviser. L'enfant sait par exemple, et sans avoir à compter, que si on ajoute deux jetons à un ensemble de sept et qu'on en enlève deux autres, l'ensemble a toujours sept jetons. Il saisit que l'inversion de l'action a annulé la transformation. Il tient aussi compte de tous les aspects pertinents de la situation (décentration) en indiquant à la fois la hauteur du jus et l'étroitesse du verre.

La classification

La maîtrise de l'application des règles est essentielle à l'acquisition d'un concept fondamental pour les apprentissages structurés : la classification hiérarchique. La **classification** est le concept selon lequel les objets peuvent être répartis dans des catégories ou classes, selon des critères rigoureusement appliqués. Par exemple, un enfant réunira ses parents, ses frères et sœurs dans un groupe appelé *famille*. Les personnes, les animaux, les aliments et les jouets sont d'autres classes courantes. À l'âge préscolaire, l'enfant peut, lui aussi, comprendre le concept de classe (Flavell, 1985) : chaque classe inclut certains éléments et en exclut d'autres. Par contre, il ne saisit pas les relations complexes entre les catégories générales et spécifiques. Par exemple, Louis, 3 ans, n'admet pas que sa grand-mère soit professeure, alors qu'elle est une grand-mère ! Ce qui est nouveau à l'âge scolaire, c'est que chaque élément s'inscrit dans une hiérarchie. La catégorie aliments, par exemple, englobe les sous-catégories viandes, céréales, fruits, etc. Le concept de **classification hiérarchique** est relié à un autre, plus complexe, celui d'**inclusion des classes**, selon lequel un objet ou une personne peut appartenir à plus d'une classe.

Classification Concept selon lequel les objets peuvent être répartis dans des catégories (comme les fruits, les légumes, les produits laitiers dans le cas des aliments) selon des critères et des règles logiques rigoureusement appliqués. Selon Piaget, l'enfant acquiert ce concept au cours de la période opératoire concrète.

Classification hiérarchique Principe logique selon lequel il est possible d'organiser les choses en groupes (ou catégories ou classes), de façon hiérarchique, en fonction de caractéristiques communes.

Inclusion des classes Concept selon lequel un objet ou une personne peut appartenir à plus d'une classe. Un homme, par exemple, peut appartenir à la classe des pères en même temps qu'à celle des frères.

Piaget développa de nombreuses expériences pour faire ressortir la compréhension qu'avaient les enfants du principe de classification. À 8 ans, la plupart d'entre eux ont une bonne compréhension de la classification des objets qu'ils peuvent observer (des objets tangibles) et répondent avec assurance que, dans tel bouquet de fleurs variées, il y a plus de sortes de fleurs que de marguerites. Ils savent qu'il est possible que les personnes, les objets et les événements appartiennent à plus d'une catégorie. Ils admettent également que les catégories peuvent former une hiérarchie (un enfant est à la fois un être humain et un mammifère), se chevaucher (dans nombre de familles, un enfant est à la fois un fils ou une fille et un frère ou une sœur) et, dans certains cas, se multiplier (un enfant est à la fois un membre d'une famille et un membre d'une classe à l'école).

La première surprise passée Après avoir vu l'image grossie que son enseignante lui montre, ce garçon analysera-t-il ses observations? Idéalement, la pensée opératoire concrète permet aux enfants d'interpréter les expériences à l'aide de leur nouvelle logique.

Le second niveau: les opérations concrètes complexes spatio-temporelles

Les notions de conservation qui se développent durant la période opératoire concrète concernent, entre autres, la masse, le poids et le volume. De plus, l'enfant acquiert à ce stade les notions d'espace, de temps et de vitesse. C'est au second niveau de la période des opérations concrètes que s'achève la construction de l'espace. Par exemple, la correspondance des droites, des parallèles, des angles, des périmètres, des surfaces, de la position relative des éléments de figure ou des figures les unes par rapport aux autres, la coordination des perspectives possibles, etc. D'autres aspects se développent également tels que la construction du temps, de la vitesse et du mouvement.

L'importance de la logique

Que faut-il conclure des expériences de Piaget sur la classification? Malgré l'interprétation qu'en fait Piaget, elles ne révèlent pas un grand changement logique de la pensée préopératoire à la pensée opératoire concrète. D'autres recherches ont montré que la notion de classification apparaît bien avant (Halford et Andrews, 2006). Même le cerveau du nourrisson semble doté de réseaux prêts à classifier ce qu'il voit (Quinn, 2004), et un enfant de 4 ans peut déterminer si un aliment fait partie de la catégorie déjeuner, sucrerie, des deux à la fois ou d'aucune des deux (Nguyen et Murphy, 2003).

L'expérimentation de Piaget a néanmoins révélé un élément important: l'enfant développe, pendant la période opératoire concrète, l'aptitude à utiliser les catégories et sous-catégories mentales de façon flexible, inductive et simultanée. Si les enfants d'âge préscolaire peuvent manier les catégories, ceux qui sont plus âgés en font un usage plus précis et plus flexible, si bien qu'ils arrivent à séparer les données essentielles des données non pertinentes (Hayes et Younger, 2004).

Bien entendu, l'enfant capable de raisonner de manière logique, soutenue et réfléchie est mieux outillé que le penseur intuitif et inconstant de l'âge préscolaire, qui change de critère de classification en cours de route. Il a des aptitudes pour analyser soigneusement des problèmes, trouver des solutions appropriées et poser des questions pertinentes. En outre, il devient capable de penser avec objectivité. À mesure que l'enfant applique son raisonnement à des tâches et à des situations différentes, sa pensée gagne en cohérence et en rigueur.

Piaget a compris que la pensée de l'enfant d'âge scolaire devient graduellement plus logique et moins égocentrique, et que l'enfant comprend de façon plus concrète. Ses expériences ont permis de le montrer, tout comme les recherches portant sur les mathématiques, la physique, la maladie, etc. (Astuti, Solomon et Carey, 2004; Howe, 1998; Keil et Lockhart, 1999).

Une démonstration électrifiante! Cette fillette fait la démonstration des effets de l'électricité statique. Ce genre d'activité stimule la logique des enfants pendant la période des opérations concrètes bien mieux que ne sauraient le faire les descriptions abstraites d'un manuel.

Les limites de la pensée opératoire concrète

Quelles sont les limites de la pensée à la période opératoire concrète? Comme nous venons de le voir, les enfants aptes aux opérations concrètes sont habituellement

Sériation Disposition ordonnée d'un groupe d'éléments.

incapables de parvenir à un raisonnement adéquat lorsqu'ils cessent de manipuler les objets et sont invités à raisonner par simples propositions verbales (Piaget, 1964). Par exemple, alors que la **sériation** de trois objets concrets, visibles est facile dès 7 ans, la sériation des propositions verbales suivantes n'est résolue que vers 11 ou 12 ans : « Thérèse est plus petite que Madeleine ; Thérèse est plus grande que Lucie ; laquelle est la plus grande des trois ? » Les enfants de moins de 12 ans ont ce raisonnement : « Thérèse et Madeleine sont petites, Thérèse et Lucie sont grandes, alors Lucie est la plus grande, Madeleine la plus petite et Thérèse entre les deux. »

Ce n'est que vers l'âge de 12 à 15 ans que la capacité à raisonner sur des énoncés verbaux, des propositions, des hypothèses, des abstractions commence à se développer. Avant cet âge, les enfants doivent avoir devant eux la photo de Madeleine, Thérèse et Lucie pour arriver à une conclusion juste.

Vygotsky et le rôle de l'enseignement

Vygotsky (1934/1994) croyait aussi que l'on doit tenir compte des processus cognitifs de l'enfant pour l'aider à faire des acquisitions qui sont significatives pour lui.

Selon Vygotsky, l'aide d'autres personnes est cruciale dans l'acquisition des connaissances, puisque les pairs et les enseignants font le pont entre le potentiel de développement de l'enfant et les habiletés et connaissances qu'il doit acquérir. Chaque enfant a besoin d'être guidé pour conquérir sa zone proximale de développement ou comprendre les concepts qu'il ne maîtrise pas encore complètement.

Le rôle et l'importance de l'interaction sociale se confirment lorsqu'on compare des enfants qui ont sensiblement le même âge, mais qui, en raison des dates butoirs concernant l'âge d'admission à l'école, se retrouvent soit à la maternelle, soit en 1re année. Les apprentissages des enfants de 5 ans qui sont en 1re année (parce qu'ils sont nés avant le 30 septembre ou le 1er octobre selon les commissions scolaires du Québec) sont de loin supérieurs à ceux d'enfants à peine plus jeunes qu'eux, mais qui, parce qu'ils sont nés après le 30 septembre, se retrouvent à la maternelle.

EN PERSONNE

« Où as-tu appris le mot *tsunami* ? »

Quelques élèves britanniques de 10 ans avaient appris le mot *tsunami*. Au début du mois de décembre, leur enseignant, Andrew Kearny, leur avait présenté une vidéo sur des survivants d'un tsunami qui avait balayé les côtes d'Hawaii dans les années 1950. Après la présentation, il avait tracé au tableau un diagramme que les élèves avaient copié dans leur cahier. Tilly Smith était l'une des élèves.

Deux semaines plus tard, Tilly se trouvait sur la plage de Mai Khao, à Phuket, en Thaïlande, avec ses parents et sa sœur âgée de 7 ans. Tout à coup, la mer se retira en laissant une vaste étendue de sable à la place des vagues. La plupart des touristes restèrent plantés là, bouche bée de voir l'océan disparaître, mais Tilly saisit la main de sa mère et lui dit : « Maman, il faut s'en aller tout de suite. Je crois qu'il va y avoir un tsunami. »

Les parents de Tilly alertèrent les vacanciers qui se trouvaient près d'eux, puis coururent vers l'hôtel pour avertir le personnel. L'hôtel fit rapidement évacuer la plage et, quelques minutes plus tard, une énorme vague s'abattit sur le sable, balayant tout sur son passage. La plage Mai Khao fut l'une des rares de Phuket à n'enregistrer aucun mort (Larcombe, 2005).

De nombreuses raisons expliquent que Tilly, sa famille et bien d'autres personnes soient toujours en vie. Tilly a retenu ce qu'elle avait appris, ses parents ont tenu compte de son avertissement et ils ont pu se réfugier en terrain surélevé. Cela dit, l'enseignant de Tilly y est aussi pour quelque chose. Il aurait pu se contenter d'inscrire le mot *tsunami* dans la liste de vocabulaire à mémoriser, mais il en a expliqué la signification au moyen d'exemples et d'activités. À 10 ans, les enfants ont tout ce qu'il faut pour apprendre et mémoriser des notions pour peu que celles-ci soient concrètes (Piaget) et que l'enseignement s'accompagne d'exemples tout en permettant aux élèves de participer activement (Vygotsky). En plus d'avoir de la chance, Tilly avait bien appris sa leçon.

Toutefois, cela n'est pas aussi simple, et la question de l'âge d'admission à l'école suscite parfois la controverse. Depuis quelques années, de plus en plus de parents veulent retarder l'entrée de leur enfant de 4 ans à la maternelle de façon à ce qu'il ait 6 ans au moment où il entreprendra sa 1re année. Certains estiment qu'une année supplémentaire de développement physique, cognitif et social permettra à leur enfant de mieux réussir. Afin de répondre à cette controverse, les recherches futures dans ce domaine devraient mettre en évidence la distinction entre l'interaction sociale précoce dont parle Vygotsky et la maturation physique, cognitive et sociale.

À l'intention des futurs enseignants Comment les idées de Piaget et de Vygotsky peuvent-elles vous aider à enseigner la géographie à des élèves de 3e année ?

Pour Vygotsky, l'éducation formelle n'est qu'un des nombreux contextes d'apprentissage. Les enfants sont des apprentis en toutes circonstances, lorsqu'ils jouent avec leurs camarades, lisent un livre, partagent un repas en famille et interagissent au quotidien.

Bref, l'intérêt que porte le psychologue russe au contexte socioculturel tranche avec l'approche piagétienne de la maturation. Vygotsky croyait que les gens apprennent par la culture (les outils, les coutumes et les gens), à l'âge préscolaire comme à l'âge scolaire.

L'école de la rue Les études menées auprès des jeunes marchands ambulants montrent qu'ils sont peu nombreux à avoir fréquenté l'école, mais que la plupart possèdent des habiletés arithmétiques avancées.

Les variantes culturelles

Bien que la recherche sur la cognition de l'enfant provienne en grande partie de l'Amérique du Nord et de l'Europe occidentale, on observe certaines constantes partout dans le monde. Au Zimbabwe, par exemple, la compréhension de la classification est non seulement tributaire de l'âge des enfants (Piaget), mais aussi de facteurs sociaux (Vygotsky), comme les caractéristiques de l'instruction qu'ils reçoivent et la situation socioéconomique de leur famille (Mpofu et van de Vijver, 2000).

L'étude la plus détaillée vient du Brésil et elle s'est intéressée aux enfants de la rue qui gagnent leur vie en vendant des fruits, des douceurs et autres produits. Nombre d'entre eux n'ont jamais fréquenté l'école et échoueraient donc probablement à un test standard de connaissances en mathématiques. Les spécialistes du développement ont maintes fois observé l'incompétence des enfants non scolarisés pour des matières scolaires (Rogoff, Correa-Chávez et Cotuc, 2005).

Cependant, la plupart des jeunes colporteurs brésiliens savent fixer les prix de leur marchandise, rendre la monnaie et offrir des rabais en fonction de la quantité achetée, autant d'opérations qu'ils doivent réévaluer presque chaque jour au gré de l'inflation, des prix du gros et des exigences du marché. Ces enfants font des opérations complexes de coût de revient et ajustent leurs calculs à l'inflation à l'aide de procédés couramment utilisés dans leur pratique, mais inconnus des enfants qui fréquentent l'école (Saxe, 1999).

Le traitement de l'information

La théorie du traitement de l'information (voir la section 2 du chapitre 4) propose une autre approche pour comprendre la cognition. Cette théorie tire son nom du fonctionnement de l'ordinateur, lequel reçoit et stocke une vaste somme d'informations qu'il traite à l'aide de logiciels. Des processus cognitifs nous permettent d'intégrer une grande quantité d'informations et sont utilisés pour remplir trois fonctions :

- rechercher des données précises au besoin ;
- analyser l'information ;
- exprimer l'analyse dans un format qu'une autre personne peut interpréter.

La théorie du traitement de l'information s'intéresse aux mécanismes d'apprentissage, à la façon spécifique dont un enfant apprend une chose en particulier (Munakata, 2006). L'apprentissage est particulièrement rapide durant l'enfance, même sans l'enseignement explicite d'un adulte. En cherchant, en analysant et en produisant de l'information, les enfants de 7 à 11 ans ne se contentent pas d'absorber les connaissances apprises à l'école, mais surpassent aussi leurs aînés aux jeux vidéo, retiennent sans peine les paroles de chansons populaires et reconnaissent les étrangers aux vêtements qu'ils portent. Certains jeunes de 11 ans battent leurs aînés aux échecs, jouent si bien de la musique que des adultes paient pour les entendre ou écrivent des poèmes qui sont publiés. Tous ces exemples témoignent de l'acquisition rapide du savoir.

Comme pour un ordinateur, il ne suffit pas d'avoir plus de mémoire pour développer sa capacité d'apprentissage. L'optimisation de cette capacité requiert des stratégies de récupération et d'analyse des données, ce qui explique que les enfants raisonnent mieux à 7 ans qu'à 3 ans, et encore mieux à 11 ans qu'à 7 ans. Cela dit, à l'instar de l'ordinateur, la mémoire est incontournable puisque pour récupérer et analyser des données, il faut d'abord les avoir mémorisées.

La mémoire

Tout ce que nous voyons, entendons, sentons, goûtons, touchons constitue les données d'entrée dans la mémoire sensorielle, première composante du système de traitement de l'information humain. Cette **mémoire sensorielle** a pour fonction de retenir une image relativement exacte de chaque expérience sensorielle pendant quelques fractions de seconde (ou quelques secondes tout au plus), soit le temps nécessaire pour repérer les informations pertinentes et les transmettre au palier suivant de la mémoire (Huffman, Vernoy et Vernoy, 2007). En d'autres termes, les sensations sont retenues un bref moment pour que certaines d'entre elles deviennent des perceptions.

Mémoire sensorielle Système mnésique qui n'entre en jeu que quelques fractions de seconde lors du traitement sensoriel ; elle ne garde qu'une impression fugitive du stimulus qui vient d'atteindre un organe des sens.

Une fois que des sensations sont devenues des perceptions, le cerveau sélectionne des perceptions significatives à transmettre à la **mémoire de travail**, ou **mémoire à court terme**, aux fins d'analyse. C'est dans cette mémoire de travail que se produit l'activité mentale consciente. La capacité de cette mémoire augmente de façon significative entre 4 et 15 ans (Gathercole et coll., 2004). Ces améliorations sont possibles en partie en raison de la myélinisation accrue et de la formation de dendrites dans le cortex préfrontal.

Mémoire de travail ou **mémoire à court terme** Partie du système de traitement de l'information reliée à l'activité mentale consciente du moment. La mémoire de travail contient les données en cours de traitement.

Finalement, de l'information est transmise à la **mémoire à long terme** qui l'emmagasine pour quelques minutes, heures, mois ou années. La capacité de stockage de la mémoire à long terme est pratiquement illimitée. Elle conserve l'information indéfiniment et n'est jamais saturée (Klatzky, 1984, cité dans Huffman, Vernoy et Vernoy, 2007). Le stockage est un processus crucial pour la mémoire à long terme, mais encore faut-il récupérer l'information stockée, c'est-à-dire aller la chercher dans la mémoire à long terme pour la ramener dans la mémoire de travail. La récupération est plus facile dans certains cas (par exemple lorsqu'il s'agit d'événements liés à de fortes émotions) que dans d'autres.

Mémoire à long terme Partie du système de traitement de l'information qui emmagasine l'information de façon relativement permanente et dont la capacité est pratiquement illimitée.

Se faciliter la tâche Comment faire pour se rappeler les noms des pays et leur situation sur le globe ? Ces enfants savent qu'ils pourraient employer diverses stratégies : répéter les noms des pays, regrouper les pays par régions, les classer par ordre alphabétique ou les colorier sur une carte selon un code fondé sur leur situation ou d'autres caractéristiques.

Les stratégies mnésiques

L'amélioration de la mémoire compte parmi les progrès cognitifs les plus remarquables de l'âge scolaire. Cette évolution est attribuable dans une large mesure à l'emploi de stratégies mnésiques destinées tant au stockage de l'information qu'à sa récupération.

L'amélioration se reflète d'abord par les procédés de mémorisation employés, c'est-à-dire les moyens qui facilitent la mémorisation, comme la répétition et la réorganisation de l'information à retenir, particulièrement ceux qui reposent sur une classification hiérarchique. Le répertoire des procédés de mémorisation augmente de l'âge préscolaire à l'adolescence (Kail, 1990). L'amélioration de la mémoire s'étend aussi aux procédés de récupération, les stratégies qui permettent de recouvrer une information mémorisée. La capacité d'employer des procédés de récupération apparaît au milieu de l'enfance et se développe de façon constante par la suite (Kail, 1990).

Les enfants développent spontanément certains moyens pour apprendre plus facilement, mais un enseignement plus systématique des stratégies mnésiques, en plus de favoriser l'apprentissage, permet d'appliquer ces stratégies à des tâches plus complexes (Best, 1993). La répétition est une stratégie efficace et nécessaire dans certains types d'apprentissage (par exemple les tables de multiplication), mais elle ne favorise pas toujours un apprentissage optimal. L'organisation, le regroupement ou la réorganisation mentale des éléments à mémoriser, la composition d'une phrase à l'aide de la première lettre de chacun des éléments sont parmi les stratégies les plus efficaces. Par exemple, un des moyens mnémotechniques bien connus pour se souvenir du nom des planètes dans l'ordre est la phrase suivante : « Mon vieux, tu me jettes sur une nouvelle planète » (Mercure, Vénus, Terre, Mars, Jupiter, Saturne, Uranus, Neptune et Pluton). Cependant, il faudra trouver une nouvelle phrase pour éliminer Pluton qui n'est plus considérée par les scientifiques comme une planète ! D'autres moyens consistent à faire des jeux de mots en lien avec la matière à apprendre, à utiliser des analogies de sens ou de sons, ou encore à visualiser (et même à recréer) les conditions dans lesquelles l'apprentissage s'est fait. Les techniques n'ont de limites que notre propre imagination ! Il faut toutefois se rappeler qu'un des moyens les plus efficaces est de recourir à un système de classification hiérarchique.

Il semble que les enfants d'âge scolaire gagnent à apprendre des stratégies cognitives précises dans tous les domaines d'étude (mathématiques, lecture, écriture, sciences), particulièrement s'ils peuvent s'y exercer au cours des semaines et des mois suivants.

Réponse aux futurs enseignants (de la page 221) Voici deux façons parmi les plus évidentes. Premièrement, faites appel à la logique. Une fois que les enfants saisissent le concept de classification et d'inclusion des classes, ils sont en mesure de comprendre les concepts de villes, de provinces ou d'États, de pays et de continents. Organisez votre enseignement de façon à faciliter la classification logique et hiérarchique. Deuxièmement, misez sur le fait que les enfants aiment faire des liens concrets entre l'information nouvelle et leur vie personnelle. Vous pourriez, par exemple, les amener d'abord à apprendre où ils habitent, puis parler de l'endroit où vivent les membres de leur parenté et leurs amis, avant d'explorer les lieux (à l'aide de livres, de photos, de vidéos et de conférenciers) qui ne présentent pas de liens avec leur vie.

La vitesse et la capacité de traitement

L'enfant d'âge scolaire se distingue de ses cadets par la rapidité de sa pensée (Hale, 1990 ; Kail, 1991a, 1991b). L'augmentation de la vitesse de traitement de l'information va de pair avec une plus grande capacité de traitement : le fait de penser plus rapidement permet de penser à plus d'une chose à la fois.

Contrairement aux enfants plus jeunes, qui se trouvent facilement dépassés par des tâches complexes ou des questions simultanées, l'enfant d'âge scolaire peut jongler avec plusieurs idées, pensées et stratégies à la fois. La capacité de sa mémoire de travail est plus grande. Ainsi, un élève de 6e année est capable de prêter l'oreille à la conversation entre ses parents à la table familiale, de réagir aux commentaires de ses frères et sœurs, tout en pensant à ses activités de la soirée, sans pour autant oublier de demander son argent de poche de la semaine. À l'école, il peut répondre à une question de son enseignant en fournissant plusieurs éléments de réponse plutôt qu'un seul, tout en veillant à s'exprimer de manière claire et précise et en jetant un coup d'œil à ses camarades de classe pour vérifier s'ils sont attentifs.

À quoi cette augmentation de la vitesse et de la capacité de traitement qui survient au milieu de l'enfance est-elle attribuable ? Principalement à trois facteurs :

- la maturation neurologique ;
- l'attention sélective ;
- l'expérience.

La maturation neurologique

La vitesse et la capacité accrues de traitement de l'information découlent du processus général de maturation neurologique, particulièrement du renforcement des gaines de myéline des voies nerveuses et du développement des zones préfrontales du cortex qui se poursuivent au fil des années (Benes, 2001).

À l'intention des futurs enseignants Comment votre connaissance des mécanismes de la mémoire peut-elle vous aider à enseigner à des élèves de 4e année une liste de 2000 mots de vocabulaire ?

L'attention sélective

La qualité du traitement de l'information est tributaire de l'utilisation de plus en plus judicieuse des ressources cognitives, comme l'**attention sélective**, ou la capacité de se concentrer sur une tâche sans se laisser distraire (Flavell, Miller et Miller, 1993). Si l'on observait un groupe d'enfants dans une maternelle, puis un groupe d'écoliers d'une classe de 5e année, les différences que l'on pourrait relever auraient trait en grande partie au développement de l'attention sélective. Les enfants d'âge préscolaire sont facilement distraits lorsqu'ils écoutent une histoire ou qu'ils s'appliquent à tracer des lettres. Ils bavardent, regardent partout, gigotent ou se lèvent pour aller se promener.

Attention sélective Processus par lequel le cerveau fait le tri des messages sensoriels pour ne traiter que ceux jugés les plus importants ou les plus pertinents.

Contrairement aux petits de la maternelle, les écoliers de 5e année sont capables de travailler individuellement ou en groupe, de lire, d'écrire, de discuter et de demander l'aide de leur enseignant sans distraire les autres ni se laisser distraire par eux.

L'attention sélective est reliée à la consolidation de plusieurs autres habiletés cognitives. Ainsi, elle favorise la mémorisation dans la mesure où elle permet à la personne de s'attarder aux détails, ce qui rend possible leur encodage qui facilitera le rappel d'un événement ou d'une tâche plus tard.

L'attention sélective joue aussi un rôle important dans le raisonnement et la résolution de problème. En effet, pour résoudre un problème difficile, il faut d'abord se concentrer sur l'information pertinente susceptible de mener à une solution, puis travailler de manière systématique jusqu'à l'obtention d'un résultat satisfaisant (Flavell, Miller et Miller, 1993 ; Miller, 1990). C'est ce que l'enfant d'âge scolaire fait de mieux en mieux.

L'expérience

On ne saurait enfin négliger un troisième facteur : l'expérience. Avec le temps, et surtout à force de pratique, les enfants parviennent à effectuer automatiquement des activités mentales qui leur demandaient beaucoup d'efforts initialement (Merzenich, 2001). L'utilisation répétée des habiletés intellectuelles permet de transformer en automatismes des tâches qui exigeaient au début un grand travail mental. Ce processus, appelé **automatisation**, augmente la vitesse et la capacité de traitement, libère la mémoire de travail, permet de mémoriser plus d'informations et accélère la cognition sur tous les plans (Demetriou et coll., 2002).

Automatisation Processus par lequel les activités mentales deviennent automatiques à force d'être répétées.

Métacognition Capacité d'analyser son processus de pensée ; faculté qui permet d'examiner une tâche cognitive afin de déterminer le moyen de la réussir et d'évaluer aussi son propre rendement.

Il faut souvent des années pour que l'effort initial se transforme en automatisme, ce qui rend la pratique essentielle. De nombreux enfants perdent des habiletés cognitives (de lecture ou de calcul, par exemple) pendant les vacances d'été faute de les mettre en pratique : les notions et les habiletés cognitives apprises à l'école ont tendance à se fragiliser (Alexander, Entwisle et Olson, 2007). Une chose ne devient un automatisme que lorsqu'elle est « surassimilée ». Une façon d'éviter cette fragilisation est de recourir à des jeux de société qui font appel à ces habiletés cognitives, sans donner à l'enfant l'impression d'être « au travail ».

Réponse aux futurs enseignants (de la page 223) Les enfants de cet âge peuvent apprendre des stratégies mnésiques en faisant des liens entre leur mémoire de travail et leur mémoire à long terme. Vous pourriez découper votre liste de mots en catégories selon leur racine commune, selon les connaissances que possèdent déjà les élèves, selon des domaines d'application ou, en dernier recours, selon l'ordre alphabétique ou les rimes. L'apprentissage social actif pourrait également se révéler utile. En groupes, les élèves pourraient écrire une histoire par jour dans laquelle ils intégreraient 15 nouveaux mots. Chaque groupe d'élèves pourrait ensuite lire son histoire à la classe.

La métacognition

L'amélioration des habiletés métacognitives coïncide avec une remarquable amélioration de l'aptitude à emmagasiner l'information, et donc à la récupérer. L'écolier s'aperçoit en effet que le contenu de sa pensée est en partie assujetti à la maîtrise consciente de celle-ci (Flavell, Greeen et Flavell, 1995). Aidé et inspiré par les adultes, il comprend qu'il doit gérer activement sa pensée pour faire des apprentissages et résoudre des problèmes, et il discerne les exigences liées à ses tâches. La gestion de la pensée repose sur la **métacognition**, la capacité d'analyser sa propre façon de penser ou, en d'autres termes, d'examiner une tâche cognitive afin de déterminer le moyen de la réussir et d'évaluer également son propre rendement.

Il existe de nombreux indicateurs de l'émergence de la métacognition (Flavell, Miller et Miller, 1993 ; Siegler, 1991). Ainsi, parce qu'ils ont du mal à évaluer le degré de difficulté d'un problème, les enfants d'âge préscolaire déploient la même quantité d'efforts pour tous les types de tâches. Les enfants d'âge scolaire peuvent, au contraire, voir quelles sont les tâches les plus difficiles, s'y atteler plus activement et donc mieux s'en acquitter. Pendant leurs années d'école, les enfants apprennent aussi quelles sont les méthodes d'apprentissage les plus efficaces pour tel type de travail intellectuel, que la répétition, par exemple, est une bonne stratégie pour la mémorisation, mais que celle-ci est moins efficace que la délimitation des principaux points d'un problème lorsqu'il s'agit de compréhension.

De plus, les enfants d'âge scolaire ont spontanément tendance à évaluer leur rendement, chose assez rare chez les enfants de moins de 6 ans. Ils sont capables de juger s'ils ont bien appris un groupe de mots illustrant une règle particulière d'orthographe ou des principes scientifiques. Par ailleurs, ils utilisent davantage de moyens concrets, tels que des listes ou des diagrammes, pour faciliter leurs efforts de mémorisation ou la résolution d'un problème. Les enfants plus âgés abordent donc le travail intellectuel de manière stratégique et planifiée. L'efficacité et la portée de leurs efforts s'en trouvent décuplées grâce au développement de la métacognition.

Ils ont lu le livre À les voir jouer une pièce inspirée du roman intitulé *Le lion, la sorcière blanche et l'armoire magique*, on peut penser que ces enfants ont de plus grandes aptitudes métacognitives qu'à peu près tous les enfants d'âge préscolaire. En effet, à elle seule, la lecture du livre nécessite une connaissance de la frontière entre la réalité (l'armoire) et l'imaginaire (la sorcière). Les enfants doivent être en mesure de penser au processus de la pensée (métacognition) pour apprécier l'allégorie.

Q Outre l'aptitude à comprendre le roman, expliquez trois illustrations de métacognition à l'œuvre ici. Comment l'aptitude à mémoriser un texte, à jouer un rôle et à se concentrer sur le jeu théâtral illustre-t-elle la métacognition ?

Le langage

Nous avons vu dans la première section de ce chapitre que l'âge préscolaire est marqué par une véritable explosion du langage. À 6 ans, les enfants maîtrisent généralement le vocabulaire élémentaire et les principes de base de la grammaire de leur langue maternelle. Or les enfants d'âge scolaire font encore d'importants progrès sur le plan du langage.

Certains enfants d'âge scolaire continuent à apprendre jusqu'à 20 nouveaux mots par jour et appliquent des règles de grammaire qu'ils n'utilisaient pas auparavant, en bonne partie parce qu'on les leur enseigne à l'école. Ces usages et ces mots nouveaux n'ont rien à voir avec l'explosion lexicale. L'amélioration du raisonnement logique, de la flexibilité, de la mémoire, de la vitesse du raisonnement, de la métacognition et des procédés de récupération favorise l'apprentissage de la langue maternelle et même d'une langue seconde (Kagan et Herschkowitz, 2005).

L'écolier comprend et maîtrise de mieux en mieux la structure et les possibilités d'utilisation de la langue et, en conséquence, enrichit ses habiletés cognitives en général. Comprendre le langage l'amène à mieux se comprendre lui-même et à mieux appréhender le monde.

Le vocabulaire et la pragmatique

L'enfant d'âge scolaire aime apprendre des mots, que ce soit dans sa famille ou à l'école, et ne cesse d'en ajouter à son vocabulaire grâce à la schématisation rapide. Plusieurs spécialistes estiment même que la vitesse d'acquisition du vocabulaire est plus grande à l'âge scolaire qu'à l'âge préscolaire (Anglin, 1993). Dans les faits, au primaire, les élèves ont des listes de mots à apprendre, à définir et à savoir orthographier. En outre, les enfants d'âge scolaire font preuve d'une plus grande flexibilité et de logique dans l'acquisition des connaissances, ainsi que dans leur utilisation du vocabulaire, ce qui leur permet de comprendre les métaphores, les préfixes, les suffixes et les mots composés.

La **pragmatique**, c'est-à-dire l'utilisation pratique de la langue, y compris la communication avec une variété de publics dans une variété de contextes, s'améliore de façon remarquable à l'âge scolaire. Les linguistes le constatent sans difficulté en écoutant les

Pragmatique Domaine de la linguistique qui s'intéresse à la signification du langage par rapport au contexte.

R (Réponse de la page 225) (1) La mémorisation de longs passages nécessite une compréhension de stratégies mnésiques avancées qui font appel au sens et à la forme. (2) Les enfants doivent avoir une théorie de l'esprit raffinée pour comprendre comment jouer un rôle de façon convaincante pour les autres acteurs et les spectateurs ; cela implique qu'ils se mettent dans la peau de leur personnage. (3) Il faut avoir développé une bonne attention sélective pour rester concentré sur le jeu malgré les distractions provenant de l'auditoire.

enfants parler familièrement entre eux et adapter leur discours selon qu'ils interagissent avec leurs enseignants ou leurs parents.

Les enfants sont donc capables d'adapter leur discours en fonction de leurs interlocuteurs, en ajustant leur façon de parler, c'est-à-dire leur code. Ils se plaisent aux jeux verbaux, comme en témoignent les poèmes qu'ils composent, les codes secrets qu'ils inventent et les blagues qu'ils racontent. Ils utilisent aussi la logique, appliquant les règles grammaticales adéquates. L'âge scolaire constitue donc le moment idéal pour aider activement l'enfant à enrichir son vocabulaire et à s'initier à l'expression de soi. L'école est, en ce sens, un lieu privilégié d'apprentissage du langage dans ses dimensions formelles.

Chaque code touche de nombreuses facettes du langage, notamment le ton, la prononciation, la gestuelle, la longueur des phrases, le choix des expressions idiomatiques, le vocabulaire et la grammaire. L'enfant peut passer d'un code formel (utilisé dans des contextes scolaires, en classe, par exemple) à un code familier (utilisé avec ses copains, durant la récréation), ou d'un dialecte ou langue vernaculaire (parlée dans la rue) à une langue plus standard (utilisée avec des adultes plus âgés, par exemple). Lorsqu'ils communiquent par la messagerie texte, de nombreux enfants emploient un nouveau code d'abréviations (A+) et de binettes (☺).

Les enfants ont besoin de l'aide des enseignants pour apprendre à maîtriser le code formel, de façon à pouvoir communiquer avec des adultes éduqués de tous horizons. Les enfants apprennent le code familier auprès de leur groupe de pairs, alors que leur communauté respective leur apprend le dialecte et la prononciation.

L'enseignement et l'apprentissage de la langue

Les enfants d'âge scolaire sont de formidables apprenants. Ils développent des stratégies, accumulent des connaissances, font preuve de raisonnement logique et pensent vite. Cependant, le rythme du développement cognitif varie au cours de l'âge scolaire en raison de facteurs héréditaires, éducatifs et culturels. Penchons-nous sur l'apprentissage du langage (dont le langage écrit) dans le cadre scolaire.

Lire est un acte complexe. L'aptitude à lire et à comprendre le texte rapidement et automatiquement résulte de la somme de nombreux pas franchis plus tôt, comme l'observation attentive des images (à 2 ans ou avant) et l'apprentissage du décodage de mots techniques (à partir de 10 ans).

Des liens entre les mots Le vocabulaire de base s'acquiert avant 4 ans, mais l'âge scolaire est la période de choix pour enrichir son vocabulaire de mots dérivés ou spécialisés, particulièrement si l'enfant fait régulièrement des liens entre les mots. Grâce aux encouragements de son père, ce garçon de San Jose, en Californie, se souviendra de Jupiter, de Mars et du nom des autres planètes, et peut-être même des expressions *en orbite*, *années-lumière* et *système solaire*.

L'alphabétisation résulte d'une motivation naturelle à parler et à écouter, à lire et à écrire. Cela dit, la lecture et l'écriture sont des apprentissages conditionnels à l'expérience, contrairement à l'expression orale, qui est déclenchée par l'expérience. Comme le rappellerait Vygotsky, les enfants ont besoin d'enseignement. Les lecteurs débutants ont besoin qu'on leur apprenne comment les mots qu'ils entendent sont exprimés à l'écrit, et vice versa. Certains enfants risquent de ne jamais « découvrir » par eux-mêmes comment faire.

La recherche issue de toutes les théories contemporaines du développement a relevé qu'en matière d'apprentissage de la lecture, chaque enfant est unique, tant sur le plan de la compétence langagière que du style d'apprentissage et de la maturation.

Néanmoins, les enfants ont besoin, pour comprendre et mémoriser l'information, d'associer des concepts et non uniquement des lettres. Ils doivent donc lire des livres qui les stimulent, les captivent, et écrire des textes qui traitent de leurs expériences personnelles ou de leurs champs d'intérêt.

La plupart des spécialistes du développement ainsi que de nombreux spécialistes de la lecture estiment aujourd'hui que les enseignants devraient recourir à une variété de méthodes et de stratégies, car l'apprentissage de la lecture emprunte plusieurs voies (Berninger et Richards, 2002).

Tous les enfants veulent apprendre, tous les enseignants veulent enseigner et toutes les familles souhaitent ce qu'il y a de mieux pour leurs enfants. Il est toutefois difficile d'arriver à un consensus sur les programmes et les méthodes les plus efficaces et les mieux adaptés aux besoins des enfants.

POINT DE MIRE

L'apprentissage d'une langue seconde

S'il existait une manière facile d'y parvenir, tout le monde s'exprimerait couramment dans plusieurs langues. En plus de permettre de communiquer avec un plus grand nombre de personnes, le fait d'être bilingue, par exemple, assouplit l'esprit en faisant prendre conscience aux enfants que les idées peuvent être exprimées de toutes sortes de manières (Genesee, 1998; McLaughlin, 1985).

L'étude d'un groupe d'enfants hispanophones dans une maternelle anglophone a permis d'observer qu'ils utilisaient huit stratégies pour s'intégrer au groupe parlant une autre langue.

Les stratégies sociales:

1. se joindre à un groupe en ayant l'air de savoir ce qui s'y passe, même si ce n'est pas le cas;
2. donner l'impression, par l'utilisation de quelques mots bien choisis, que l'on parle la langue du groupe;
3. compter sur l'aide de ses amis.

Les stratégies cognitives:

1. présumer que le sujet de discussion d'un groupe d'enfants est directement lié à la situation observable de l'extérieur;
2. commencer à parler en utilisant des expressions connues;
3. repérer, dans les expressions apprises, les parties pouvant être réutilisées;
4. faire de son mieux avec ce que l'on a;
5. s'occuper d'abord des choses les plus importantes.

Il est clair que les enfants doivent avoir une assez bonne confiance en eux et que leurs camarades doivent se montrer suffisamment réceptifs pour que ces stratégies soient efficaces. La période scolaire est propice à l'apprentissage d'une langue seconde: les enfants de 7 à 11 ans aiment communiquer, sont capables de raisonnement logique et ont une bonne oreille (et le cerveau) pour capter les nuances des codes et des prononciations. L'expérience au Canada, en Israël et dans beaucoup d'autres pays montre que la plupart des enfants peuvent devenir bilingues avant la puberté (DeKeyser et Larson-Hall, 2005).

Synthèse

SECTION 1 L'âge préscolaire (de 2 à 6 ans)

Piaget et la période préopératoire

1. La période préopératoire, de 2 à 6 ou 7 ans, se caractérise par le développement de la représentation symbolique et de la pensée intuitive. La représentation symbolique se manifeste dans le langage, l'imitation différée, le jeu symbolique et le dessin.

2. Selon Piaget, la pensée préopératoire comporte quelques limites, dont la pensée intuitive, la centration, le raisonnement transductif, l'irréversibilité, l'égocentrisme intellectuel ainsi que la contradiction.

3. La conservation est un concept développé par Piaget selon lequel certaines propriétés des objets ne changent pas lorsqu'on ne modifie que la forme ou la disposition de ces objets. À la période préopératoire, l'enfant ne comprend pas le principe de conservation. Par exemple, si on transvide le jus d'un verre dans un autre plus étroit et plus haut, l'enfant croira que le contenant le plus haut contient plus de jus, car il portera son attention sur la hauteur (centration) sans tenir compte de la largeur du verre.

4. Les chercheurs croient aujourd'hui que Piaget a sous-estimé l'aptitude conceptuelle des jeunes enfants. La transition entre la période préopératoire et la période opératoire (de 6 ou 7 à 11 ou 12 ans) se ferait un peu plus tôt que ne l'a dit Piaget dans sa théorie.

Vygotsky et le contexte socioculturel

5. Vygotsky fut le premier théoricien à souligner que les jeunes enfants ne sont pas toujours égocentriques. Il croyait que tous les aspects du développement cognitif sont intimement liés au contexte social. Selon Vygotsky, le développement

intellectuel de l'enfant est stimulé et guidé par des gens plus âgés et plus expérimentés. Avec l'aide de ses mentors, l'enfant apprend à réfléchir à la participation guidée lors des expériences sociales et de l'exploration de son univers. Le moment et les modalités de l'acquisition de ces nouvelles habiletés dépendent en partie de la capacité des guides à étayer, c'est-à-dire à structurer adéquatement la participation de l'enfant aux situations d'apprentissage.

6. L'enfant d'âge préscolaire a recours au soliloque (monologue sonore) pour réfléchir, passer ses connaissances en revue, prendre une décision et s'expliquer à lui-même les événements.

Le langage : un élément pivot de la cognition

7. L'acquisition du langage et le développement de la cognition vont de pair. À l'âge préscolaire, le vocabulaire, la grammaire et le recours au langage à des fins pratiques s'améliorent de façon marquée et rapide. La schématisation rapide est un processus d'acquisition du vocabulaire qui consiste à attribuer un sens aux mots et à les intégrer dans des catégories déjà établies.

Les théories des enfants

8. La théorie de la théorie renvoie à l'idée que les enfants, et les êtres humains en général, cherchent constamment des raisons, des causes et des principes cohérents qui expliquent les événements.

9. La théorie de l'esprit est la conscience que les autres peuvent avoir des idées différentes et penser différemment de soi. Entre 4 et 7 ans, les enfants prennent conscience que ce qu'ils croient ne reflète pas toujours la réalité. Selon le point de vue de l'inné, la maturation neurologique joue un rôle dans la consolidation de la théorie de l'esprit. Selon le point de vue de l'acquis, le développement du langage et la présence de frères ou de sœurs jouent un rôle clé dans l'émergence de la théorie de l'esprit.

SECTION 2 L'âge scolaire (de 6 à 12 ans)

Piaget et la période opératoire concrète

1. Une caractéristique importante des enfants d'âge scolaire sur le plan cognitif est leur capacité de penser logiquement. La pensée logique est essentielle à la compréhension, à l'apprentissage et à la capacité de socialiser.

2. Le développement cognitif durant la période opératoire concrète implique la capacité de conservation et de classification. La classification est le concept selon lequel les objets peuvent être répartis dans des catégories ou classes, selon des critères rigoureusement appliqués.

3. Les enfants développent, pendant la période opératoire concrète, l'aptitude à utiliser les catégories et sous-catégories mentales de façon flexible, inductive et simultanée. Par contre, ces mêmes enfants sont habituellement incapables de parvenir à un raisonnement adéquat « lorsqu'ils cessent de manipuler des objets et qu'ils doivent raisonner à partir de simples propositions verbales » (Piaget).

Vygotsky et le rôle de l'enseignement

4. Vygotsky considère que l'aide d'autres personnes dans l'acquisition des connaissances est cruciale, puisque les pairs et les enseignants font le pont entre le potentiel de développement de l'enfant et les aptitudes et connaissances qu'il doit acquérir. Pour Vygotsky, les enfants sont des apprentis en toutes circonstances, lorsqu'ils jouent avec leurs camarades, lisent un livre, partagent un repas en famille ou interagissent au quotidien.

Le traitement de l'information

5. Les processus cognitifs nous permettent d'intégrer une grande quantité d'informations et sont principalement utilisés pour remplir trois fonctions : rechercher des données précises au besoin, analyser l'information et exprimer l'analyse dans un format qu'une autre personne peut interpréter. L'approche du traitement de l'information s'intéresse aux mécanismes d'apprentissage, à la façon spécifique dont un enfant apprend une chose en particulier.

6. Tout ce que nous voyons, entendons, sentons, goûtons, touchons constitue les données d'entrée dans la mémoire sensorielle, première composante du système de traitement de l'information humain. Les sensations sont retenues un bref moment pour que certaines d'entre elles deviennent des perceptions. Une fois les sensations devenues perceptions, le cerveau sélectionne des perceptions significatives à transmettre à la mémoire de travail, ou mémoire à court terme, aux fins d'analyse. Finalement, l'information est transmise à la mémoire à long terme qui l'emmagasine pour quelques minutes, heures, mois ou années.

7. Les stratégies mnésiques réfèrent à des comportements intentionnels orientés vers l'amélioration du traitement de l'information, soit la mémorisation et la récupération. Elles sont généralement représentées par la répétition, la réorganisation (exemple : jeux de mots) et la classification hiérarchique de l'information.

8. L'enfant d'âge scolaire se distingue de ses cadets par la rapidité de sa pensée et la possibilité de jongler avec plusieurs idées, pensées et stratégies à la fois. Cette augmentation de la vitesse et de la capacité de traitement peut s'expliquer par trois dimensions et leurs interactions, soit la maturation neurologique, l'attention sélective et l'expérience.

9. La gestion de la pensée repose sur la métacognition, soit la capacité d'analyser sa propre façon de penser, c'est-à-dire la capacité d'examiner une tâche cognitive afin de déterminer le moyen de la réussir et d'évaluer également son propre rendement.

Le langage

10. L'amélioration du raisonnement logique, de la flexibilité, de la mémoire, de la vitesse du raisonnement, de la métacognition et des procédés de récupération favorise l'apprentissage de la langue maternelle et même d'une langue seconde.
11. La pragmatique, c'est-à-dire l'utilisation pratique de la langue, y compris la communication avec une variété de publics dans une variété de contextes, s'améliore de façon remarquable à l'âge scolaire.
12. L'alphabétisation résulte d'une motivation naturelle à parler et à écouter, à lire et à écrire. La lecture et l'écriture sont des apprentissages conditionnels à l'expérience, contrairement à l'expression orale, qui est déclenchée par l'expérience.

Questions clés

SECTION 1 L'âge préscolaire (de 2 à 6 ans)

1. Selon Piaget, à quoi correspond le concept de conservation ?
2. Qu'est-ce que l'étayage et quel est son rôle dans l'apprentissage ?
3. Quelle stratégie cognitive les enfants utilisent-ils lors de l'acquisition du vocabulaire ?
4. Selon la théorie de l'esprit, quelle est la différence entre un enfant de 3 ans et de 5 ans quant à la prédiction ? Pourquoi ?

SECTION 2 L'âge scolaire (de 6 à 12 ans)

1. Quelles sont les principales caractéristiques de la période opératoire concrète ?
2. Selon Vygotsky, mis à part l'éducation formelle, de quelle façon les enfants peuvent-ils apprendre ? Expliquez.
3. Nommez trois types de stratégies mnésiques et donnez un exemple pour chacun.
4. Quel est l'impact du développement de la métacognition sur le traitement de l'information chez les enfants d'âge scolaire ?

Applications

SECTION 1 L'âge préscolaire (de 2 à 6 ans)

1. Reproduisez une des expériences de Piaget sur la conservation. La plus facile à réaliser est celle qui utilise des liquides. Présentez deux verres identiques et pleins à un enfant de 5 ans, et demandez-lui de confirmer que les deux verres contiennent la même quantité de liquide. Versez ensuite le contenu d'un des verres dans un autre plus haut et plus étroit. Invitez l'enfant à dire quel verre contient la plus grande quantité ou si celle-ci est la même dans les deux verres.
2. Rappelez-vous une expérience au cours de laquelle vous avez appris quelque chose avec difficulté. Dans quelle mesure les notions de Vygotsky (par exemple la zone proximale de développement) expliquent-elles votre expérience ? Décrivez par écrit chaque étape de votre démarche d'apprentissage comme Vygotsky l'aurait fait.

SECTION 2 L'âge scolaire (de 6 à 12 ans)

1. Demandez à deux enfants de votre entourage, un d'environ 6 ans et l'autre d'environ 12 ans, s'ils acceptent de se prêter à une expérience sur la mémoire. Vous devrez leur lire, à voix haute et dans un débit modéré, la liste des 15 mots suivants : piano, chat, pomme, éléphant, violon, banane, cheval, fraise, flûte, oiseau, orange, trompette, poisson, bleuet et guitare. Immédiatement après votre lecture, demandez-leur de vous donner le plus de mots dont ils se souviennent, peu importe l'ordre. Ensuite, demandez-leur de quelle façon (stratégies mnésiques) ils ont retenu ces mots. Finalement, comparez les différentes stratégies mnésiques utilisées en fonction de l'âge de vos sujets.

Le chapitre 7 en un clin d'œil

SECTION 1 L'âge préscolaire (de 2 à 6 ans)

Piaget et la période préopératoire

- **Gains de la période préopératoire**
  - Représentation symbolique dans le langage
    - Liens entre l'objet et le mot symbole, entre une personne et son nom, entre une action et son appellation
  - Représentation symbolique dans l'imitation différée
    - Imitation d'un événement réel déjà vécu, en l'absence du modèle
  - Représentation symbolique dans le jeu symbolique
    - Utilisation de symboles pour représenter des objets ou des événements et reproduire une certaine réalité ou créer une fiction
  - Représentation symbolique dans le dessin
    - Représentation de réalités extérieures
- **Limites de la pensée préopératoire**
  - Pensée intuitive
    - Forme de connaissance immédiate d'un fait ou d'une relation qui ne découle pas d'un raisonnement
  - Centration
    - Tendance à axer son analyse sur un seul aspect pertinent d'une situation en excluant tous les autres
  - Raisonnement transductif
    - Lien de causalité, logique ou non, entre deux phénomènes sur la base de leur proximité dans le temps
  - Irréversibilité
    - Incapacité de comprendre que l'inversion d'une transformation rétablit dans certaines circonstances les conditions initiales (ce qui est fait ne peut être défait)
  - Égocentrisme intellectuel
    - Tendance à considérer le monde et les autres en fonction de son propre point de vue (artificialisme, causalité morale, finalisme, animisme)
  - Contradiction
    - Affirmation d'une chose et son contraire
- **Principe de conservation et logique**
  - À la période préopératoire, incapacité de saisir que certaines propriétés des objets ne changent pas lorsqu'on n'en modifie que la forme ou la disposition
- **Limites des recherches de Piaget**
  - La transition entre les périodes préopératoire et opératoire se ferait plus tôt que Piaget ne l'a dit.
  - Sa théorie montrerait davantage ce que les jeunes enfants ne semblent pas comprendre plutôt que ce qu'ils pourraient comprendre.

Le chapitre 7 en un clin d'œil

SECTION 1 L'âge préscolaire (de 2 à 6 ans) (suite)

Vygotsky et le contexte socioculturel

- Enfant apprenti
  - Participation guidée
    - L'enfant apprend à réfléchir à travers ses interactions avec un guide (mentor).
  - Zone proximale de développement
    - Gamme des habiletés que l'apprenti ne peut exercer seul, mais qu'il peut mettre en pratique et actualiser avec de l'aide
- Étayage
  - Le succès des situations d'apprentissage guidées repose sur la structuration adéquate de la participation de l'enfant.
- Langage : un outil d'apprentissage
  - Soliloque
    - Monologue axé sur la réflexion et l'analyse et qui facilite l'apprentissage

Le langage : un élément pivot de la cognition

- Vocabulaire
  - Schématisation rapide
    - Intégration des mots nouveaux dans des catégories établies
  - Logique des mots
    - Enchaînement logique (proche parent de la schématisation rapide ; exemple : une vache « dalmatienne »)
- Grammaire
  - Surgénéralisation des règles grammaticales
    - Application des règles sans tenir compte des irrégularités de la langue

Les théories des enfants

- Théorie de la théorie
  - Recherche constante de raisons, de causes et de principes cohérents qui expliquent les événements
- Théorie de l'esprit
  - Croyance et réalité : comprendre la distinction
    - Prédiction erronée par l'égocentrisme de l'enfant
  - Influences sur la théorie de l'esprit
    - Maturation neurologique
    - Grande fluidité verbale
    - Fratrie

Le chapitre 7 en un clin d'œil

SECTION 2 L'âge scolaire (de 6 à 12 ans)

Piaget et la période opératoire concrète

- **1er niveau : les opérations concrètes simples**
  - Acquisition de la notion de conservation
    - Certaines propriétés des objets ne changent pas lorsqu'on n'en modifie que la forme ou la disposition (réversibilité et décentration).
  - Acquisition du concept de classification
    - Répartition d'objets dans des classes ou des catégories selon des règles et des critères logiques rigoureusement appliqués
- **2e niveau : les opérations concrètes complexes spatio-temporelles**
  - Construction de l'espace
    - Mesure, conservations, correspondances des droites, des parallèles, des angles, des périmètres, des surfaces
  - Construction du temps, de la vitesse et du mouvement
- **Importance de la logique**
  - Utilisation des catégories et sous-catégories mentales de façon flexible, inductive et simultanée
- **Limites de la pensée opératoire concrète**
  - Incapacité de l'enfant de parvenir à un raisonnement adéquat lorsqu'il s'agit de propositions verbales

Vygotsky et le rôle de l'enseignement

- **Variantes culturelles**
  - Influence des facteurs sociaux (l'instruction que reçoit l'enfant, la situation socioéconomique de sa famille…) sur la compréhension de la classification

Le traitement de l'information

- **Mémoire**
  - Stratégies mnésiques
    - Moyens qui facilitent le stockage et la récupération de l'information : répétition, réorganisation et classification hiérarchique de l'information
- **Vitesse et capacité de traitement**
  - Maturation neurologique
    - Renforcement des gaines de myéline et développement des zones préfrontales du cortex
  - Attention sélective
    - Traitement de l'information jugée plus importante ou plus pertinente
  - Expérience
    - La pratique et la répétition permettent l'automatisation des activités mentales.
- **Métacognition**
  - Capacité de penser au processus de la pensée

Le chapitre 7 en un clin d'œil

SECTION 2 L'âge scolaire (de 6 à 12 ans) (suite)

Le langage

- Vocabulaire et pragmatique
  - Accroissement du vocabulaire
  - Utilisation pratique du langage
    - Adaptation du discours selon les interlocuteurs et les contextes
    - Emploi de codes variés
- Enseignement et apprentissage de la langue
  - L'enfant doit avoir l'expérience et la capacité d'associer des concepts.
  - L'enseignant doit disposer d'une variété de méthodes et de stratégies.

CHAPITRE 8

Le développement psychosocial à l'âge préscolaire et à l'âge scolaire

Imaginons deux enfants, un de 2 ans et un de 8 ans. Pensons à ce qui les différencie sur le plan psychosocial. L'enfant de 2 ans s'accroche à sa mère, fait des crises de colère, s'entête et oscille entre la dépendance et l'autonomie. Il ne peut être laissé sans surveillance, ne serait-ce que quelques instants, dans un endroit où son insatiable curiosité pourrait avoir des conséquences désastreuses.

Alors que l'enfant d'âge préscolaire évolue dans un monde restreint sous haute surveillance, celui de 8 ans possède l'assurance et la compétence pour jouir d'une certaine indépendance. Il parvient à exprimer ses besoins en utilisant la parole plus souvent que les cris. Il peut manifester son affection à ses parents et à ses amis sans les accaparer ni paniquer au moment d'une séparation temporaire. Il se lie avec certains camarades de classe et en ignore d'autres; il respecte ses enseignants et fait auprès d'eux des apprentissages rapides.

La première section de ce chapitre décrit les transformations de l'enfant de 2 à 6 ans. Le développement affectif, le monde social et l'identité sexuelle en constituent les thèmes principaux. La seconde section est consacrée aux changements que connaissent les enfants de 6 à 12 ans, en regard notamment de leur évolution sur le plan affectif et de l'expansion de leur monde social.

SECTION 1

L'ÂGE PRÉSCOLAIRE (DE 2 À 6 ANS)

Au cours de l'âge préscolaire, l'enfant accomplit des progrès visibles en ce qui a trait à la confiance en soi, au contrôle de ses émotions et au développement de ses habiletés sociales. Son développement cognitif est suffisamment avancé pour lui permettre de découvrir de nouvelles facettes de lui-même et de ses proches. En outre, son monde social se diversifie: l'enfant fait la connaissance de nouvelles personnes (à la garderie, au parc, etc.) et apprend à se soumettre à des règles. C'est aussi au cours de cette période qu'il construit son identité sexuelle. Ainsi, les catalyseurs du développement psychosocial se trouvent à l'intérieur et autour de l'enfant.

Le développement affectif

De tous les progrès psychosociaux qui surviennent entre 2 et 6 ans, le plus important est l'aptitude à savoir quand et comment exprimer ses émotions (Eisenberg et coll., 2004). Les enfants qui acquièrent cette aptitude deviennent plus compétents dans toutes les sphères de leur vie (Denham et coll., 2003 ; Matsumoto, 2004).

Exubérants, expressifs et souvent submergés par leurs émotions, les trottineurs de 2 ans ne disposent pas des facultés de contrôle et de régulation qu'ont acquises les enfants de 6 ans. En vieillissant, ils apprennent à être gentils sans excès, à se fâcher sans exploser, à craindre un clown sans en être terrorisés. Ils sont également capables de se distraire et de contrôler leurs impulsions au besoin. Toutes ces aptitudes émergent au cours de l'âge préscolaire. Toutefois, avant de nous intéresser à la façon dont l'enfant exerce un contrôle sur ses émotions, voyons deux modèles théoriques permettant d'illustrer le développement affectif : le concept de soi et la troisième crise psychosociale selon Erikson.

Le concept de soi

Concept de soi Portrait dynamique et évolutif que chaque individu se fait de lui-même dans ses interactions avec son environnement social.

Dès l'âge de 5 mois, l'enfant commence à développer une conscience de soi : il a le sentiment d'être une personne distincte des autres et d'avoir une volonté indépendante. Cette conscience de soi ouvre la porte au développement du **concept de soi** à l'âge préscolaire.

L'enfant de 2 à 6 ans offre de nombreux exemples de l'émergence du concept de soi. Il se fait fort d'expliquer ce qu'il est et ce qu'il n'est pas : « Je suis une grande fille. Je ne suis plus un bébé. » Il se définit aussi en fonction de ses possessions et garde un inventaire très précis de ce qu'il considère comme sien : « Mes Lego. Mon dinosaure. Mon éducatrice. » Observez deux enfants d'âge préscolaire qui se rencontrent : ils disent leurs nom et âge, puis font étalage des capacités ou des jouets attrayants qu'ils possèdent.

Au fur et à mesure de son développement durant la période préscolaire, l'enfant se définit sous divers angles (Eder, 1989, 1990 ; Desrosiers et coll., 1999 ; Hymel et Moretti, 1999 ; Brown et coll., 2009), dont :

- ses caractéristiques physiques (« J'ai les cheveux bouclés », « J'ai les yeux verts ») ;
- ses comportements ou aptitudes (« J'aime chanter », « Je cours vite ») ;
- ses dispositions (« J'aime résoudre des problèmes », « J'ai beaucoup d'amis ») ;
- ses traits de personnalité (« Je suis timide, enjoué, gentil », « J'aime rendre service »).

Peu à peu, l'enfant saisit mieux ce que les autres et lui-même pensent et éprouvent — ou du moins estime-t-il le savoir. Ainsi, au lieu de supplier et de se rebeller comme il le faisait fréquemment de façon entêtée à 2 ou 3 ans, l'enfant de 5 ou 6 ans négocie davantage avec ses parents à propos de ses vêtements, de ses aliments, de l'heure du coucher, etc. Avec ses frères et sœurs également, il marchande, fait des compromis, tente de convaincre et rationalise (Crockenberg, Leerkes et Barrig-Jo, 2008 ; Kochanska et coll., 2007 ; Kuczynski et Parkin, 2009 ; Kuczynski, Pitman et Mitchell, 2009).

Cela dit, la compréhension de lui-même et des autres que l'enfant développe est plutôt limitée (Miller et Aloise, 1989). Il ne saisit pas la complexité de la personnalité ni l'étendue des habiletés personnelles. Il ne distingue pas certains des enjeux psychologiques liés à ses actions et à celles des autres (motivation, intérêt, gain), à ses aptitudes et à celles des autres (volonté de réussir, efforts pour s'améliorer, persévérance malgré les difficultés).

Crise de l'initiative et de la culpabilité Troisième crise du développement psychosocial selon Erikson, pendant laquelle l'enfant d'âge préscolaire entreprend de nouvelles activités et ressent de la fierté quand il atteint ses objectifs et reçoit l'approbation d'autrui, ou de la culpabilité lorsque ses efforts conduisent à un échec ou suscitent la critique.

La troisième crise psychosociale selon Erikson

Selon Erikson, l'enfant, entre 3 et 6 ans, sort de la crise de l'autonomie, de la honte et du doute (voir le chapitre 5) pour entrer dans la **crise de l'initiative et de la culpabilité**.

Fort de la conscience qu'il a de lui-même et des autres qui l'entourent, il entreprend de nouvelles tâches et de nouveaux jeux avec enthousiasme, mais éprouve un sentiment de culpabilité quand ses efforts mènent à l'échec ou suscitent la critique.

L'initiative et la culpabilité

L'enthousiasme avec lequel les enfants d'âge préscolaire acquièrent et maîtrisent de nouvelles connaissances découle en partie de leur conscience croissante d'appartenir à une société plus vaste, de leur désir d'acquérir des compétences reconnues par leur famille, leurs amis et les personnes qu'ils rencontrent dans divers contextes. L'initiative consiste à dire quelque chose de nouveau, à approfondir une habileté, à entreprendre un projet. L'enfant veut accomplir des activités qui dépassent à la fois ses capacités et les limites que lui imposent ses parents.

Erikson a constaté qu'entre 3 et 6 ans, la plupart des enfants ont un concept de soi plutôt positif et présomptueux. Ces derniers se considèrent comme forts, intelligents et beaux, ils sont convaincus de pouvoir atteindre n'importe quel objectif. Ils sont fiers d'être ce qu'ils sont et nourrissent un irrépressible optimisme envers eux-mêmes. Ils sont persuadés que leurs qualités sont immuables et que leurs défauts (même un trait biologique comme la myopie) finiront par disparaître (Lockhart, Chang et Story, 2002).

Selon leurs perceptions, rien ne semble à leur épreuve. Or, les enfants apprennent beaucoup de ces prédictions naïves, à l'image d'un optimisme protecteur (Lockhart, Chang et Story, 2002), car ils ne craignent pas de prendre des initiatives, comme sortir le jus du réfrigérateur, choisir leurs vêtements, se servir de l'ordinateur ou démonter le réveille-matin, le plus souvent sans permission ni supervision.

Selon les résultats de la nouvelle action (atteinte de l'objectif ou non) et selon les réactions de ses parents ou des adultes de son entourage (félicitations, remerciements, encouragements, réprimandes, punitions, etc.), l'enfant ressent un sentiment de fierté personnelle, fondement de l'entraînement à la maîtrise des habiletés, ou un sentiment de culpabilité qui lui fera craindre de tenter de nouvelles actions.

Par exemple, l'enfant démonte un réveille-matin, mais est incapable de le réparer ; il utilise l'ordinateur, mais efface des documents importants ; il sort le jus de pomme du réfrigérateur, mais renverse le pot ; il choisit ses vêtements, mais crée un désordre sans nom ; il ouvre la porte d'entrée et laisse s'enfuir le chien... La liste des catastrophes et des réprimandes possibles est sans fin ! Quand l'initiative échoue, quand le résultat de l'exploration est un jouet brisé, un camarade en pleurs ou un adulte au regard désapprobateur, l'enfant éprouve de la culpabilité qu'il manifeste parfois par de l'agressivité.

Comment se résout cette crise de l'initiative et de la culpabilité ? L'issue varie selon la soif d'indépendance de l'enfant, les réactions de ses parents et les attentes de la société. Par exemple, certaines familles et certaines cultures encouragent l'affirmation de soi chez les jeunes de 4 ans, qu'elles considèrent comme des esprits créatifs, alors que d'autres jugent impolis ou effrontés les enfants qui n'en font qu'à leur tête. Les enfants intériorisent, ou acceptent, ces réactions de leurs parents, de leurs pairs et de leur culture.

La résolution harmonieuse et saine de cette crise de l'initiative et de la culpabilité implique l'intégration des opposés, c'est-à-dire un sens de l'initiative tempéré par une certaine culpabilité. Cette culpabilité ne paralyse pas l'enfant ; il prend plutôt l'initiative d'explorer tout en développant un sens de la responsabilité et de la moralité. Il est capable d'entreprendre des activités, tout en prenant et en assumant des risques pour atteindre ses objectifs. La peur de se tromper ou d'être mal jugé ne l'arrête pas, il s'exprime spontanément.

Au contraire, un manque d'intégration positive des tendances opposées rend l'enfant plutôt passif : il a peur d'être puni lorsqu'il prend des initiatives ou qu'il s'affirme. Il est très préoccupé par le jugement d'autrui, il attend les manifestations de leadership des autres avant d'agir, car sa culpabilité le paralyse. Il a tendance à suivre toutes les règles à la lettre et se sent même mal à l'aise s'il n'y a aucune règle pour baliser son action. Les enfants ainsi que plusieurs adultes éprouvent de la culpabilité lorsque leurs initiatives entrent en conflit avec les règles et les règlements qu'ils ont appris (Lagattuta, 2005).

La culpabilité qui s'oppose à l'initiative vers l'âge de 3 à 6 ans se distingue du sentiment de honte qui s'oppose à l'autonomie au cours de la deuxième crise du développement psychosocial, vers l'âge de 2 ans. En général, une personne se sent coupable lorsqu'elle se reproche d'avoir fait quelque chose alors que la honte émane du sentiment que les autres lui reprochent quelque chose.

De nombreux spécialistes considèrent que la culpabilité traduit une plus grande maturité que la honte, car elle est intériorisée (Bybee, 1998; Tangney, 2001; Zahn-Waxler, 2000). La culpabilité peut tourmenter une personne même si nul n'est au courant de son méfait. La honte émane du jugement d'autrui; elle se développe lorsqu'on prend conscience que quelqu'un pourrait voir et critiquer ce qu'on a fait. Ainsi, le modèle d'Erikson sous-entend une plus grande maturité affective au cours de la troisième crise psychosociale.

Joie et couleurs Cette fillette de 5 ans a toutes les raisons d'être fière : son œuvre mérite bien d'être exposée. Les enfants de cet âge ont un sentiment de fierté très élevé.

La régulation émotionnelle

Régulation émotionnelle Aptitude à contrôler le moment et la façon d'exprimer ses émotions. C'est le développement psychosocial le plus important à survenir entre 2 et 6 ans, et il se poursuit durant toute la vie.

En vieillissant, l'enfant vit des émotions de plus en plus complexes sur lesquelles son entourage lui demande d'avoir une maîtrise. Pour contrôler ses émotions et leur expression, il doit réfléchir avant d'agir afin d'évaluer la pertinence de manifester de la joie, de la colère ou de la peur, et la façon de le faire. Cette **régulation émotionnelle** est en partie d'ordre neurologique et relève donc du fonctionnement cérébral. Elle est une compétence du cortex préfrontal, siège des fonctions exécutives du cerveau.

En raison du développement neurologique du cortex préfrontal vers 4 ou 5 ans, les enfants sont moins sujets aux excès de colère et moins portés à s'en prendre à autrui (Kagan et Hershkowitz, 2005) ; les pleurs incontrôlables et les grandes phobies diminuent. Les enfants commencent également à montrer leur aptitude à se contrôler en ne dévoilant pas un secret à leurs frères et sœurs ou en ne déballant pas un cadeau sur-le-champ lorsqu'on leur demande de patienter (Carlson, 2003 ; Grolnick, McMenamy et Kurowski, 2006).

Troubles extériorisés Problèmes de régulation émotionnelle se traduisant par l'expression incontrôlée d'émotions, comme des excès de colère ou des attaques contre des personnes ou des objets.

Troubles intériorisés Problèmes de régulation émotionnelle se traduisant par le retournement contre soi d'une détresse affective, par exemple en éprouvant un sentiment démesuré de culpabilité ou de honte, ou en se dévalorisant à l'excès.

La régulation émotionnelle commence avec un contrôle des impulsions. Souvent l'expression de la colère est l'impulsion qui nécessite le plus de contrôle, parce qu'elle peut susciter un comportement agressif d'opposition. Un enfant de 2 ans qui est frustré est susceptible de frapper une autre personne ou encore de se jeter par terre en hurlant et en donnant des coups de pied. Habituellement, l'enfant de 5 ans a plus d'autocontrôle ; il peut bouder ou utiliser de gros mots plutôt que frapper.

À défaut d'un contrôle adéquat, les enfants sont à la merci de leurs émotions. Certains souffrent de **troubles extériorisés** : ils se laissent emporter par la colère, s'en prennent aux gens ou aux objets. On les dit « surréactifs ». D'autres enfants manifestent des **troubles intériorisés** : ils sont craintifs et repliés sur eux-mêmes. On les dit « sous-réactifs ». Les uns comme les autres sont incapables de réguler correctement l'expression de leurs émotions. Ils ne se contrôlent pas suffisamment ou ils le font de façon inappropriée (Caspi et Shiner, 2006 ; Hart, Atkins et Fegley, 2003).

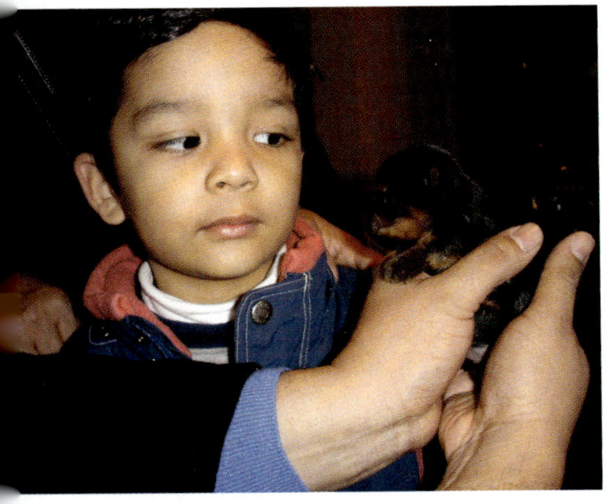

Chien méchant ? Ce garçon contrôle ses émotions et se montre ni trop peureux ni trop intrépide. La prudence qu'il manifeste est sans doute la meilleure approche pour faire connaissance avec un tout jeune chiot.

L'émergence de l'empathie

À travers ses expériences avec ses parents et les autres personnes avec qui il est en contact, l'enfant développe ses habiletés sociales. À mesure que s'accroît la conscience sociale et que diminue l'égocentrisme intellectuel (voir la section 1 du chapitre 7), il est capable de faire preuve d'**empathie**, c'est-à-dire de comprendre les sentiments et les préoccupations d'autrui, tout comme il est capable d'éprouver de l'aversion, voire de la haine à l'égard d'une personne.

Empathie Faculté intuitive permettant de percevoir et de comprendre les sentiments d'autrui, de se mettre à la place de l'autre tout en conservant une distance.

Il ne faut pas confondre *empathie* et *sympathie*. La sympathie implique une affinité morale entre deux personnes ; elle consiste à s'identifier à quelqu'un et à ressentir ce qu'il ressent. L'empathie, quant à elle, exige de se détacher de son propre point de vue pour percevoir le monde tel que l'autre personne le voit et comprendre ce qu'elle ressent, sans le ressentir. Les recherches sur les neurones miroirs suggèrent que le fait d'observer une personne pourrait activer les mêmes régions cérébrales, chez l'observateur, que celles sollicitées par l'action de la personne observée.

À l'âge préscolaire, les enfants développent peu à peu leur capacité d'empathie, mais ils ne lisent pas toujours bien les émotions d'autrui (Saarni et coll., 2006). Si, par exemple, quelqu'un disait d'une voix très triste : « J'ai remporté la première place dans une course », à peu près tous les enfants de 6 ans concluraient que la personne est triste, alors que la plupart des enfants plus jeunes ne reconnaîtraient pas l'importance du ton de la voix. Autrement dit, c'est avec la maturité que l'enfant en vient à interpréter le ton de la voix, l'expression du visage et le langage corporel.

Les comportements prosociaux et antisociaux

Idéalement, l'empathie se traduit par un **comportement prosocial**, qui consiste à se montrer altruiste sans espérer en retirer d'avantages particuliers. Se préoccuper de son prochain, lui offrir une partie de sa collation ou l'un de ses jouets, inviter un autre enfant timide à participer à son jeu ou à la conversation sont autant d'exemples d'un comportement prosocial.

Comportement prosocial Actions et sentiments altruistes manifestés sans vouloir en retirer des avantages personnels.

On peut observer les premiers comportements altruistes chez des enfants de 2 ou 3 ans, au moment où ils commencent à montrer un réel intérêt à jouer avec d'autres enfants. Ils n'ont généralement pas encore élaboré leur théorie de l'esprit. S'ils ne possèdent qu'une compréhension rudimentaire des sentiments des autres, celle-ci est tout de même suffisante pour qu'ils réagissent en offrant leur soutien à un enfant ou un adulte blessé ou triste. Généralement, les enfants témoignent plus d'empathie et d'altruisme lorsque leurs pairs maîtrisent bien leurs propres émotions.

L'antipathie est une réaction personnelle et émotive, qui dépasse le simple désaccord avec l'autre. Elle peut se traduire par un **comportement antisocial**, qui consiste à poser un geste délibéré pour blesser quelqu'un ou détruire le bien d'autrui (Caprara, Barbaranelli et Pastorelli, 2001). Les insultes verbales, l'exclusion sociale et les agressions physiques sont des actions antisociales. Un enfant de 4 ans qui, sans avoir été provoqué, en fixe un autre d'un air menaçant avant de lui donner un coup de pied manifeste un comportement antisocial.

Comportement antisocial Actions et sentiments qui visent intentionnellement à nuire à quelqu'un ou à causer des dommages à l'objet d'un autre.

Tout ouïe La tête penchée, cette fillette vêtue de son tutu rose illustre deux des plus belles qualités souvent observables chez les enfants de 5 ou 6 ans : l'empathie et la confiance en soi. Visiblement sensible à la personnalité et aux propos de son interlocutrice, le garçon en peine pourrait bien se laisser convaincre de rejoindre le groupe.

Généralement, le comportement prosocial, à peu près inexistant chez le trottineur de 2 ans, se manifeste de plus en plus entre 3 et 6 ans (Eisenberg, Fabes et Spinrad, 2006). Vers 4 ou 5 ans, la plupart des enfants — grâce à la maturation du cerveau, à l'acquisition de la théorie de l'esprit, à la régulation émotionnelle et à leurs interactions avec leurs proches — peuvent recourir, de façon volontaire, à des comportements prosociaux ou antisociaux.

Imaginons un garçon qui frappe sa mère. S'il s'agit d'un trottineur de 18 mois, la mère en déduira habituellement que son fils expérimente — une réaction circulaire tertiaire correspondant au cinquième stade de l'intelligence sensorimotrice selon Piaget (voir le chapitre 4) — et elle l'arrête d'un air sévère, sans penser que l'agression la vise personnellement. Cependant, si son fils est âgé de 5 ans, le problème est autrement plus sérieux. Selon une étude réalisée à Montréal (Canada), les manifestations répétées

Camaraderie ou intimidation? Il faut parfois observer les visages pour distinguer l'agressivité de la bousculade entre amis. Ici, celui qui frappe n'affiche pas d'animosité, celui qui reçoit le coup rigole et celui qui le tient ne veut que participer au jeu.

(physiques ou verbales) de méchanceté chez des enfants de 5 ans envers leur mère trahissent une relation perturbée. Elles peuvent même être annonciatrices de troubles extériorisés avec les pairs à l'école, les amis et, probablement, avec les autres plus tard dans la vie (Moss, Cyr et Dubois-Comtois, 2004).

Les enfants de 3 à 6 ans sont de plus en plus capables d'éprouver de l'empathie pour des personnes de leur groupe d'appartenance sans ressentir d'antipathie à l'égard des gens issus d'autres groupes, et ce, sans jamais avoir conscience que leurs valeurs et leurs objectifs ne sont pas universels (Verkuyten, 2004). La plupart des jeunes enfants n'entretiennent pas de préjugés relatifs au sexe ou à l'origine ethnique d'autres enfants. Une fillette de 5 ans peut dire: « Je déteste les garçons » parce qu'elle a entendu sa sœur aînée l'affirmer, tout en considérant un garçon comme son ami (Rubin, Bukowski et Parker, 2006). Les enfants qui entretiennent des préjugés sont habituellement plus âgés et reflètent, à cet égard, l'influence de leur famille et de leur culture (Nesdale, 2004 ; Ruble et coll., 2004).

L'agressivité

Une régulation graduelle des émotions et l'émergence de l'antipathie se combinent de façon particulièrement manifeste dans le comportement le plus antisocial de tous: l'agressivité physique. En jouant ensemble, les jeunes enfants apprennent quand et comment faire preuve d'agressivité; c'est d'ailleurs un but important de leurs jeux. Il suffit pour s'en convaincre d'observer les bousculades des enfants, les rapports de domination et de soumission qui transparaissent dans les jeux de rôles ou le partage du matériel de bricolage, des pièces d'un jeu de construction ou des voitures miniatures (Peterson et Flanders, 2005).

Presque tous les enfants de 2 ans ont des comportements plutôt agressifs, mais l'incidence de ces comportements diminue au cours des 2 années suivantes parce que la régulation des émotions s'accroît. Un enfant qui n'a pas commencé à modifier son comportement antisocial à l'âge de 3 ou 4 ans risque d'être violent pendant toute son enfance, son adolescence et sa vie de jeune adulte (Loeber, Lacourse et Homish, 2005 ; Tremblay et Nagin, 2005). Cependant, si les parents entretiennent une bonne relation avec leur enfant et l'aident à canaliser et à réguler son agressivité — en lui présentant des modèles de comportements adaptés, par exemple —, celui-ci ne devrait pas connaître de difficultés scolaires ou sociales et ne manifestera pas plus d'agressivité que la moyenne des enfants d'âge scolaire (NICHD Early Child Care Research Network, 2004).

Les chercheurs définissent plusieurs types d'agressivité, qui sont regroupés dans le tableau 8.1. L'**agressivité instrumentale** est très courante chez les jeunes enfants, qui convoitent souvent l'objet qu'ils n'ont pas et tenteront sans réfléchir de s'en emparer. L'**agressivité réactive** est une réaction verbale ou physique qui s'exprime en riposte à un acte nuisible (intentionnel ou accidentel). En règle générale, l'agressivité réactive se résorbe assez bien par la régulation émotionnelle. L'**agressivité relationnelle** vise directement à nuire aux liens sociaux entre la victime et d'autres personnes, le plus souvent en utilisant des insultes ou le rejet social. L'**agressivité par intimidation**, la plus inquiétante, se manifeste quand un enfant en blesse un autre, souvent incapable de se défendre, délibérément par des attaques physiques ou verbales répétées et gratuites. Dans certaines situations, plusieurs formes d'agressivité se combinent.

Agressivité instrumentale Forme d'agression destinée à obtenir ou à conserver un jouet ou un autre objet.

Agressivité réactive Forme d'agression qui consiste en une riposte colérique à un acte nuisible (intentionnel ou accidentel) commis par un pair.

Agressivité relationnelle Forme d'agression qui consiste à vouloir nuire aux relations sociales entre la victime et d'autres personnes, le plus souvent par des insultes ou le rejet social.

Agressivité par intimidation Forme d'agression qui se manifeste par des attaques physiques ou verbales répétées et gratuites, particulièrement contre des victimes qui n'opposent pas de résistance.

L'agression physique décline durant l'âge préscolaire et scolaire, mais les attaques verbales peuvent augmenter (Dodge, Coie et Lynam, 2006), surtout chez les filles. L'intimidation est plus évidente chez les jeunes enfants, et les garçons sont particulièrement portés à recourir à l'agression physique (Hachey, 2008). Le fait de ne pas avoir d'amis est un important facteur de risque d'être victime d'intimidation et de harcèlement. L'amitié sert en quelque sorte de protection. L'agresseur peut craindre une réaction des amis de la victime. Et les jeunes qui ont des copains peuvent bénéficier de leur aide pour gérer les conflits et les menaces d'intimidation (Décarie, [s.d.]).

TABLEAU 8.1 Les quatre formes d'agressivité

Type	Définition	Caractéristiques
Agressivité instrumentale	Comportement nuisible visant à obtenir quelque chose (un jouet, une place dans la file...) d'une autre personne.	Augmente souvent entre 2 et 6 ans; vise davantage des objets que des gens; est relativement normale. Elle témoigne d'un comportement plus égocentrique qu'antisocial.
Agressivité réactive	Riposte impulsive verbale ou physique à un acte nuisible (intentionnel ou accidentel).	Indique l'absence de régulation émotionnelle; est caractéristique des enfants de 2 ans. À 5 ans, l'enfant est en principe capable de réfléchir avant de réagir.
Agressivité relationnelle	Actes non physiques, comme l'insulte ou le rejet social, visant à altérer les liens sociaux entre la victime et d'autres personnes.	Vise une ou des personnes et, par conséquent, est clairement antisociale; peut être très nuisible. Elle est plus courante lorsque les enfants acquièrent une conscience sociale.
Agressivité par intimidation	Attaques physiques ou verbales répétées et gratuites, particulièrement contre des victimes qui n'opposent pas de résistance.	Signe d'une piètre régulation émotionnelle, tant chez l'agresseur que chez la victime. L'intervention d'un adulte est recommandée avant l'âge scolaire.

À l'âge préscolaire, les comportements d'intimidation ne doivent pas être tolérés — pas plus qu'à tout autre âge, d'ailleurs —, et les victimes doivent apprendre à se défendre, sans quoi les modèles de comportement de brute et de victime risquent de se poursuivre durant l'âge scolaire et l'adolescence.

> On a souvent soutenu que les adultes violents n'étaient pas des adolescents violents et que les adolescents violents n'étaient pas des enfants violents; il n'y aurait pas de lien. [...] De nombreuses études internationales prouvent malheureusement que cette idée est fausse.
>
> (Tremblay, 2008)

À VOUS LES COMMANDES 8.1

Comment réagir à l'agressivité spontanée?

Discutez des questions suivantes en équipe, puis consignez vos réflexions par écrit. Justifiez vos réponses en vous appuyant sur des concepts pertinents.

1. Un enfant a mordu un camarade. Que devrait faire un parent:
   a) si l'enfant a 2 ans?
   b) si l'enfant a 6 ans?
2. Que devrait faire un parent qui reçoit un coup de pied de son enfant:
   a) si celui-ci a 2 ans?
   b) si celui-ci a 6 ans?

Avec le sentiment de réussite et le concept de soi vient la capacité chez l'enfant de défendre ses intérêts. La régulation émotionnelle s'accroît, si bien que l'enfant n'attaque pas sans raison. À 4 ans, un enfant a normalement appris à déterminer quels sont ses problèmes et ses cibles d'agressivité, de même qu'à contrôler la nature et l'intensité de son agressivité (Tremblay et Nagin, 2005).

Le monde social

Le monde social de l'enfant à l'âge préscolaire est beaucoup plus vaste que celui du nourrisson et du trottineur. Le tout-petit de 3 ans a souvent un réseau de pairs par l'intermédiaire duquel il acquiert de nouvelles connaissances. Il connaît aussi bon nombre d'adultes (voisins, gardienne...). À 4 ou 5 ans, la plupart des enfants interagissent avec des dizaines de personnes chaque jour.

Bien que le monde social de l'enfant d'âge préscolaire s'élargisse, son développement psychosocial demeure dans l'ensemble guidé par ses relations avec les membres de sa famille et, dans une moindre mesure, avec ses pairs, plus particulièrement s'il fréquente un centre de la petite enfance (CPE). Ces rapports, en effet, reposent sur une longue série d'interactions qui ont permis de tisser des liens affectifs étroits et de consolider des attentes sociales. L'enfant, par exemple, sait qu'il peut s'attendre à de la générosité ou à de l'exubérance de la part de son meilleur ami et à de la sollicitude de la part de ses parents. Des relations aussi proches et aussi durables favorisent l'éclosion graduelle des habiletés socioaffectives (comme réconforter sa sœur quand elle est triste ou éviter de déranger son père quand il essaie de se concentrer sur une tâche). Elles contribuent de même à l'émergence de la compréhension de soi, car c'est en partie par des commentaires de personnes qui connaissent bien l'enfant que sa compréhension de lui-même s'améliorera.

Sachant que le développement psychosocial repose principalement sur l'expérience des relations interpersonnelles, les spécialistes du développement cherchent à en déterminer les effets (Dunn, 2004, 2002 ; Schaffer, 2004). Ils évaluent dans quelle mesure une relation parent-enfant inspire la sécurité ou l'insécurité, et dans quelle mesure les relations avec les pairs sont constructives ou nuisibles. Ils s'attardent aussi à la réciprocité des influences, soulignant notamment qu'une perturbation des relations familiales peut compromettre l'harmonie des relations avec les pairs.

La relation parent-enfant

La relation parent-enfant est influencée par la présence des autres membres de la famille. Les frères et sœurs (leur nombre, leur âge, leur sexe et le caractère de leurs relations) marquent profondément chaque dyade parent-enfant. De même, la relation entre les parents ainsi que le soutien qu'ils s'apportent mutuellement, à divers degrés, se répercutent sur la dyade parent-enfant.

La relation parent-enfant revêt une très grande importance pour le développement psychosocial, en partie en raison de l'attachement que l'enfant développe très tôt (voir le chapitre 5). La qualité de l'attachement permet de prédire le comportement de l'enfant pendant les années préscolaires. Les enfants ayant connu un attachement sécurisant présentent peu de problèmes de comportement durant cette période et sont beaucoup moins craintifs à l'idée de s'éloigner de leur base de sécurité. À l'inverse, ceux qui ont connu un attachement insécurisant manifestent un plus grand nombre de comportements colériques envers leurs pairs et les adultes en situation d'interaction sociale.

Les parents exercent une grande influence sur leurs enfants. Ce sont eux qui prennent toutes les décisions, qu'elles soient grandes (choix du milieu de vie, du CPE, de l'école, etc.) ou petites (horaires de jeu, information à donner, quantité de dessert permise). Et, surtout, ils servent de modèles de comportements. Leurs méthodes d'éducation se répercutent sur le bien-être affectif, la croissance intellectuelle et la compétence sociale des enfants.

Quelles méthodes d'éducation aident les enfants à cultiver un concept de soi positif, à réguler leurs émotions, à établir des relations constructives, à réussir à l'école ? Il est impossible d'apporter une réponse simple et universelle à cette question sur le devenir d'un enfant. On trouve, en effet, toutes sortes de parents – des sévères et des permissifs, des anxieux et des détendus – et pourtant leurs enfants ne sont pas si différents les uns des autres. Inversement, des enfants élevés par les mêmes parents peuvent avoir des réactions opposées.

Les méthodes d'éducation selon Baumrind

Cinquante ans de recherches ont levé partiellement le voile sur les effets de quelques méthodes d'éducation et révélé que certaines sont plus propices que d'autres à l'épanouissement de la confiance et de la compétence chez l'enfant. C'est Diana Baumrind, au début des années 1960, qui réalisa l'étude clé à ce propos auprès d'un petit échantillon de 100 enfants d'âge préscolaire de la classe moyenne, en Californie (Baumrind, 1967, 1971). Soulignons que la notion de cohorte et celle des limites culturelles n'étaient pas encore une préoccupation à cette époque.

Selon Diana Baumrind, les différences entre les parents portent principalement sur quatre dimensions :

- les témoignages d'affection, de sensibilité et d'acceptation : certains parents sont affectueux, tandis que d'autres sont plutôt froids et distants ;
- la communication : certains parents écoutent patiemment, alors que d'autres exigent le silence. La communication peut être bidirectionnelle (parents et enfants se parlent et s'écoutent mutuellement) ou unidirectionnelle (les parents parlent et les enfants doivent écouter, ou encore les parents doivent écouter les enfants (enfants tyrans et enfants rois) ;
- le niveau d'exigence en matière de maturité : les attentes des parents varient en ce qui concerne le degré de responsabilité et de contrôle de soi ;
- les stratégies disciplinaires : les méthodes des parents varient quant à la façon dont ils encadrent leurs enfants, leur expliquent les règles à suivre, les punissent, les critiquent, les persuadent ou les ignorent.

À partir de ces aspects, Baumrind (1967, 1971) a défini quatre catégories de styles éducatifs : directif, autoritaire, permissif et désengagé.

- Le style directif : les parents directifs témoignent beaucoup d'affection à leurs enfants. Ils sont sensibles à leurs besoins et les acceptent tels qu'ils sont. Ils communiquent bien avec eux, dans un contexte bidirectionnel : les parents s'expriment et laissent leurs enfants s'exprimer ; ils sont capables d'écoute et apprennent cette habileté à leurs enfants. Ces parents sont exigeants en matière de maturité, mais de façon raisonnable, c'est-à-dire en tenant compte des capacités des enfants. Ils ont des points en commun avec les parents autoritaires en ce sens qu'ils imposent des limites et des règles. En revanche, ils sont réceptifs aux demandes et aux questions de leurs enfants et leur fournissent des explications sur ces règles et limites. Leurs méthodes sont plus démocratiques que dictatoriales. De plus, les conséquences de comportements jugés inacceptables sont plus modérées.
- Le style autoritaire : les parents autoritaires aiment leurs enfants, mais ils sont plutôt distants et leur témoignent peu d'affection. Ils communiquent peu avec eux et, quand ils le font, c'est souvent dans le cadre d'une communication unidirectionnelle : le parent parle et exige d'être écouté. Il ne s'attend pas à ce que les enfants donnent leurs opinions ; les discussions au sujet des émotions sont particulièrement rares. Ces parents exigent beaucoup en matière de maturité, de responsabilité et de contrôle de soi. Ces demandes dépassent souvent les capacités des enfants. La parole des parents autoritaires fait loi, et ils punissent sévèrement tout écart de conduite (parfois même physiquement).
- Le style permissif : les parents permissifs sont affectueux, sensibles aux besoins de leurs enfants et tolérants. Ils sont communicatifs et laissent leurs enfants s'exprimer. La communication est souvent unidirectionnelle : l'enfant parle et exige que sa volonté soit accomplie. Les parents permissifs exigent peu de maturité de leurs enfants et dissimulent leur impatience. Ils se tiennent prêts à les aider sans se sentir obligés de les préparer pour leur avenir. Ils n'utilisent pas de stratégies disciplinaires ou n'y recourent que rarement.

Un style éducatif Cette femme réprimande son fils, qui ne semble pas apprécier la leçon.

- Le style désengagé : les parents désengagés manifestent peu d'affection à leurs enfants. S'ils le font, c'est souvent de manière très inconstante et inattendue. Ils passent rapidement des manifestations de tendresse au rejet, voire à l'hostilité et à l'indifférence. Ces parents communiquent peu avec leurs enfants et sont peu à leur écoute. Leurs préoccupations et leur détresse personnelles les empêchent d'ouvrir un dialogue avec eux. Sur les mêmes aspects de l'éducation, ils ont souvent des exigences très grandes à certains moments et inexistantes à d'autres, de sorte que les enfants ne savent plus comment se comporter. Les parents désengagés imposent des limites souvent inappropriées et se montrent négligents dans des circonstances où leur intervention aurait été nécessaire. Ils paraissent relativement indifférents aux conséquences négatives de leurs actions sur leurs enfants.

Le tableau 8.2 présente un résumé des principales caractéristiques de ces styles éducatifs.

Soulignons que l'adoption d'un style particulier peut être un choix individuel. En conséquence, il est possible que deux parents d'une même famille aient un style différent. De plus, des changements dans la dynamique du couple et de la vie familiale, ou certains événements particuliers touchant un membre de la famille sont susceptibles d'entraîner des modifications à un style éducatif ou à un autre. D'ailleurs, plusieurs styles peuvent être mis à l'essai par un même parent selon les circonstances et selon l'enfant.

De nombreux chercheurs continuent de s'intéresser aux styles éducatifs. Bien qu'elle demeure importante, la description qu'en a faite Baumrind est critiquée (Bornstein, 2006 ; Galambos, Barker et Almeida, 2003 ; Lamb et Lewis, 2005 ; Parke et Buriel, 2006). L'échantillon utilisé dans son étude originale présentait peu de diversité sur les plans économique, ethnique et culturel. De plus, Baumrind n'a pas tenu compte de l'importante contribution de l'enfant dans la relation parent-enfant. Des chercheurs, par la suite, ont déterminé d'autres styles particuliers (style surprotecteur, style négligeant, etc.) qui recoupent certaines dimensions des styles déjà définis.

Des enfants éduqués selon les styles définis par Baumrind ont été suivis jusqu'à l'âge adulte dans le cadre d'une recherche longitudinale (voir le chapitre 1) et des corrélations ont été relevées (Baumrind, 1991 ; Steinberg et coll., 1994).

- Les enfants de parents directifs font preuve d'une bonne maîtrise d'eux-mêmes ; ils sont heureux et ont une bonne estime de soi. Ils manifestent des compétences sociales dans leurs relations avec les autres et font preuve de générosité. Ces enfants sont

TABLEAU 8.2 Les caractéristiques de quatre styles éducatifs définis par Diana Baumrind, selon quatre dimensions

Dimension	Style directif	Style autoritaire	Style permissif	Style désengagé
Témoignages d'affection, de sensibilité et d'acceptation	Fréquents	Plutôt rares	Fréquents	Très rares
Communication parent-enfant	Bidirectionnelle : parent ↔ enfant	Unidirectionnelle : parent → enfant	Unidirectionnelle : parent ← enfant	Quasi absente
Niveau d'exigence en matière de maturité	Élevé	Trop élevé	Faible	Faible
Stratégies disciplinaires : encadrement, punitions	Fermes (persuasion)	Très fermes (contrainte)	Faibles	Faibles et inconsistantes

habituellement populaires auprès de leurs pairs et de leurs enseignants, particulièrement dans les cultures qui valorisent l'initiative personnelle. Ils ont un esprit ouvert et sont confiants dans leurs habiletés à accomplir des tâches qui comportent un défi ; ils ont un bon rendement scolaire. Leurs comportements sont moins stéréotypés en fonction du genre : les filles sont particulièrement indépendantes et désireuses de mettre leurs habiletés à l'épreuve ; les garçons sont particulièrement coopératifs et amicaux.

- Les enfants de parents autoritaires sont souvent consciencieux, obéissants et sages, mais pas particulièrement joyeux. Ils ont tendance à être anxieux, en retrait, plutôt maussades et irritables dans leurs interactions avec les autres. Ils sont plus portés à se sentir coupables ou dépressifs, à intérioriser leurs frustrations et à se faire des reproches quand les choses ne vont pas comme prévu. Ils réagissent souvent de façon hostile dans des situations de frustration ; les garçons, particulièrement, présentent de hauts niveaux de colère et de méfiance. Ils deviennent souvent des adolescents rebelles. Les filles, pour leur part, sont dépendantes et peu enclines à explorer : elles ne veulent pas accomplir des tâches qui représentent un défi.
- Les enfants de parents permissifs manquent de maturité et ont de la difficulté à contrôler leurs impulsions. Ils sont très désobéissants et rebelles quand on leur demande de faire quelque chose qui est en conflit avec leurs désirs immédiats. Ils sont particulièrement envahissants et dépendants des adultes ; ils ont peu de compétences sur le plan des relations sociales et parfois, en retour, sont rejetés par leurs pairs. Les garçons, particulièrement, sont dépendants et montrent peu de persévérance dans des tâches qui représentent un défi. Certains de ces enfants sont actifs et créatifs.
- Les enfants de parents désengagés manifestent des comportements antisociaux. Ils manquent de compétences sociales dans leurs relations et présentent souvent des problèmes de concentration. Ils sont plus impulsifs et ont une faible estime de soi. Ils ont tendance à expliquer la source de leurs malheurs et problèmes comme étant externe, comme s'ils n'avaient aucun pouvoir sur ces situations. Les filles semblent généralement plus anxieuses et repliées sur elle-même.

À VOUS LES COMMANDES 8.2

Les styles d'éducation

Revoyez les styles d'éducation décrits précédemment et leurs effets respectifs sur le développement social des enfants, puis répondez aux questions suivantes.

1. Quel était le style éducatif de chacun de vos parents ?
2. À votre avis, ce ou ces styles ont-ils fait apparaître chez vous des traits de personnalité ou des comportements particuliers ?

Source : Richard O. Straub, *Study Guide to Accompany Myers' Psychology, 4e édition*, New York, Worth Publishers, 1994, p. 74-75.

Pourquoi le style directif semble-t-il si prometteur ? D'abord, parce qu'un contrôle qui apparaît juste et raisonnable à l'enfant, et non pas arbitraire, a plus de chances d'être accepté et intériorisé. Ensuite, parce que les parents directifs font des demandes raisonnables en fonction des capacités de l'enfant : en adaptant ainsi leurs demandes, ils lui transmettent le message qu'il a la compétence de réaliser des choses pour lui-même. L'enfant développe alors une plus grande estime de soi, de la maturité et adopte un comportement indépendant. Les études complémentaires ont aussi révélé que les avantages initiaux de la méthode directive augmentent avec le temps (Steinberg et coll., 1994).

Cependant, il faut tenir compte du tempérament de l'enfant, un facteur particulièrement déterminant du style éducatif à l'âge préscolaire. Les enfants craintifs ne requièrent pas le même type de réactions parentales que ceux qui sont impulsifs (Kochanska, Coy et Murray, 2001 ; Van Leeuwen et coll., 2004). Aussi, toute formulation simplifiée du meilleur style éducatif risque de ne pas convenir dans certains cas, tout comme elle ne saurait s'appliquer dans toutes les cultures. Considérant que les différences culturelles reflètent l'adaptation d'un groupe à son milieu de vie, les spécialistes du développement hésitent à recommander un style éducatif pour tous (Dishion et Bullock, 2002 ; Miller, 2004). Si le style directif semble le plus prometteur pour le développement de l'enfant, tant dans ses caractéristiques personnelles qu'interpersonnelles, il est multiple dans ses applications. Les problèmes soulevés dans des situations d'éducation sont innombrables et les solutions varient. L'éducation des enfants s'inscrit également dans un réseau de pratiques, de croyances et de mesures de soutien extérieures à la famille. Par conséquent, il faut toujours mesurer les effets des méthodes employées en tenant compte du contexte culturel et communautaire.

La recherche multiculturelle a confirmé que les méthodes disciplinaires et les règles familiales importent moins que l'affection, le soutien et le souci que témoignent les parents à leurs enfants (McLoyd et Smith, 2002 ; Parke et Buriel, 2006). En d'autres termes, quelle que soit leur culture, les enfants qui se sentent aimés de leurs parents en tirent des bienfaits ; d'où qu'ils viennent, ils souffrent lorsqu'ils se sentent rejetés et non désirés (Khaleque et Rohner, 2002 ; Maccoby, 2000).

L'abc de la discipline : cible d'intervention

La discipline est une question délicate pour de nombreux parents et spécialistes du développement. Celle-ci varie considérablement d'une famille et d'une culture à l'autre. À la lumière des connaissances des chercheurs sur la cognition (à savoir que les enfants ne comprennent pas les raisons complexes), le scénario idéal dans un monde idéal voudrait que les parents anticipent les comportements fautifs et amènent leurs enfants à adopter des modèles de comportements qui leur seront utiles toute la vie.

L'objectif de l'éducation est de façonner le comportement de façon à ce que l'enfant intériorise graduellement les valeurs de ses parents. De 2 à 6 ans, les jeunes apprennent à réfléchir aux conséquences de leurs actes, à contrôler leurs émotions et à se conformer davantage aux attentes de leurs parents. L'enfant n'apprend pas seulement à obéir, mais aussi à se maîtriser.

Les parents nourrissent toutes sortes d'attentes et d'opinions quant à l'éducation de leurs enfants, bien que ce soit de façon inconsciente (Bornstein, 2006 ; Bugental et Grusec, 2006). Ils doivent d'abord réfléchir à leurs attentes pour pouvoir ensuite les exprimer clairement à leurs enfants. Ensuite, ils doivent se rappeler les limites de ceux-ci. De nombreux parents oublient à quel point un enfant a peu de contrôle sur son corps et son esprit. À 3 ans, les enfants sont maladroits et irrationnels ; inévitablement, ils brisent des choses et racontent des « mensonges ».

Temps mort Mesure disciplinaire qui consiste à séparer un enfant du groupe pendant une durée déterminée.

La punition devrait être rare et réservée aux fautes que l'enfant comprend et peut raisonnablement contrôler. Il faut, de plus, distinguer différents types de punitions. Dans la mesure du possible, il vaut mieux expliquer à l'enfant les raisons de sa punition. Mieux encore : lui demander pourquoi il est réprimandé. Une punition qui est la conséquence directe d'une action lui permet de bien saisir le lien entre sa conduite et les suites de son geste (par exemple lui demander de ramasser le dégât qu'il vient de faire intentionnellement). Dans certains cas, on peut aussi recourir à une autre forme de punition, un **temps mort**, qui consiste à mettre l'enfant à l'écart des autres pendant un certain temps. Il vaut mieux éviter de l'envoyer dans sa chambre où se trouvent nombre de ses jouets. Par ailleurs, certains pourraient

À l'intention des parents Vous convenez que la fessée est un comportement nuisible au développement de votre enfant, mais ce dernier vous met parfois tellement en colère que vous lui en donnez une. Votre réaction est-elle appropriée ?

associer leur chambre à la mauvaise humeur, ce qui ne représente pas le cadre idéal pour s'endormir sereinement.

L'identité sexuelle

La compréhension de soi à l'âge préscolaire passe par l'identité sexuelle et la découverte des rôles sexuels. À cet âge, les enfants confondent le sexe (différences anatomiques) et le **genre** (rôles et comportements masculins et féminins imposés par la culture) (Hines, 2004).

Genre Comportements, attitudes et rôles attribués à un sexe. Ils sont en grande partie appris et obéissent à des modèles de conduite suggérés ou imposés par la culture dans laquelle on vit. L'enfant adopte progressivement des comportements et des croyances liés à son identité. Ces rôles tendent à se manifester à partir de la deuxième année de sa vie.

Le développement de la notion de genre se fait par étapes (voir la rubrique « Point de mire » ci-dessous). Les différences entre les sexes en matière de préférences et de jeux apparaissent tôt et traduisent des idées bien arrêtées sur ce qui est masculin ou féminin, comme le révèle l'anecdote que raconte Sandra Bem (1989), une psychologue américaine :

> [...] Un jour, mon fils Jeremy eut naïvement l'idée de porter des barrettes à l'école maternelle. Un autre petit garçon souligna plusieurs fois durant la journée que Jeremy devait être une fille, puisque « seules les filles portent des barrettes ». Après avoir répété que le port de barrettes n'avait pas d'importance et qu'il suffisait pour être un garçon d'avoir un pénis et des testicules, Jeremy finit, à bout d'arguments, par baisser ses culottes. La chose n'impressionna d'ailleurs pas son camarade qui rétorqua simplement que tout le monde avait un pénis, mais que seules les filles portaient des barrettes.

À VOUS LES COMMANDES 8.3

La personnalité : les différences entre les sexes

Faites un sondage dans votre groupe d'amis afin de déterminer leur évaluation des différences entre les sexes en matière de personnalité : ces différences sont-elles innées ou attribuables à un conditionnement social ? Discutez des opinions que vous avez recueillies. Quel est votre point de vue ?

POINT DE MIRE

Le genre

Le développement de la notion de genre, qui renvoie à l'ensemble des caractéristiques psychologiques et socioculturelles associées à un sexe, se fait en plusieurs étapes (Germain et Langis, 1990).

1. La conscience de l'existence des deux sexes : à partir de 18 à 24 mois, l'enfant réalise qu'il se fait étiqueter « fille » ou « garçon » et, à son tour, étiquette le monde animal et humain selon le genre masculin et le genre féminin.
2. L'identification du genre : l'enfant, de 2 à 3 ans, prend conscience de son appartenance à l'un ou l'autre des deux sexes, de même que celle des autres, en utilisant des critères extérieurs (longueur des cheveux, habillement). Il n'est pas pleinement conscient du rôle des organes génitaux dans la détermination du sexe.
3. La stabilité du genre : entre 3 et 5 ans, l'enfant s'intéresse aux différences anatomiques et commence à prendre conscience que le sexe anatomique est permanent. Il comprend qu'il sera un garçon ou une fille toute sa vie. Il est convaincu que certains jouets (poupées, camions...) et certains rôles (soldats, infirmières...) sont appropriés à un sexe et non à l'autre (Levy, 1994 ; Bauer, Liebl et Stennes, 1998 ; Ruble, Martin et Berenbaum, 2006).
4. La consolidation du genre : ce n'est que vers l'âge de 5 à 6 ans que l'enfant comprend que le sexe n'est pas affecté par un simple changement de parures (maquillage, bijoux, coiffure, vêtements, etc.) ou d'activités (métier, tâches quotidiennes, etc.) (Germain et Langis, 1990). L'enfant intègre peu à peu les dimensions physiques et psychologiques pour développer un sentiment d'appartenance à un sexe.

Réponse aux parents (de la page 246) Vous ne devriez pas réagir sous le coup de la colère. Si vous n'y parvenez pas, votre enfant associera la colère et la violence, et pourrait suivre votre exemple. En plus de chercher à maîtriser votre colère, vous feriez mieux d'apprendre des stratégies pour imposer une discipline et prévenir ainsi l'émergence de mauvais comportements. Si, par ailleurs, un parent frappe ou donne la fessée à son enfant, il peut lui parler de la situation: «J'avais raison d'être fâché, mais je n'aurais pas dû te taper. Je m'en excuse.» Il peut aussi ajouter: «J'aimerais bien qu'on trouve une solution pour que toi, tu ne refasses pas ce que tu as fait et que moi, je ne te tape pas. Tu veux m'aider à en trouver une?»

La conscience de la différence entre les sexes donne lieu à des jugements de valeur. Vers l'âge de 4 ans, les enfants ont tendance à critiquer leurs camarades s'ils semblent préférer des jouets jugés non appropriés à leur sexe (Lobel et Menashri, 1993) et à s'enorgueillir lorsqu'ils pensent agir de la manière attendue pour leur sexe (Cramer et Skidd, 1992). L'enfant de 4 ou 5 ans a non seulement des idées tranchées (de même que des préjugés) sur les différences entre les sexes, mais il sait aussi quel sexe est le meilleur (le sien!) (Huston, 1983). Souvent, il insiste pour s'habiller de manière stéréotypée.

Cette insistance sur la différence entre les sexes se manifeste jusque dans les activités faisant appel à l'imaginaire qui font normalement fi des limites et des barrières. Pendant l'Halloween, les filles jouent généralement les rôles de belles fées, de jolies princesses ou de méchantes sorcières et les garçons, ceux de superhéros. Rares en fait sont les rôles qui échappent à cette règle ou qui sont communs aux deux sexes (Ogletree, Denton et Williams, 1993). Ces stéréotypes subsistent souvent malgré les efforts déployés par certains parents pour en venir à bout ou réduire les différences entre les sexes. Les exemples suivants rapportés par Beal (1994) ont de quoi faire réfléchir:

> Une mère ayant lutté pour terminer ses études de médecine, en partie pour offrir une image de rôle non traditionnel à sa fille, fut décontenancée lorsque sa petite affirma qu'elle allait devenir infirmière, car seuls les hommes peuvent être médecins.
>
> Une autre petite fille s'exclama: «C'est maman qui fait le ménage dans la salle de séjour», bien qu'elle ait toujours vu son père passer l'aspirateur et épousseter. Dans un autre cas, une petite fille à qui on avait donné un camion comme jouet déclara: «Ma mère voudrait que je joue avec ça, mais je n'en veux pas.»
>
> (Bussey et Bandura, 1992)

Les modèles explicatifs de la construction du genre

Dans cet ouvrage, nous avons abordé à quelques reprises la dualité du biologique et de l'environnement, de l'inné et de l'acquis. Les spécialistes du développement – de même que les parents – ne s'entendent pas quant à la part de la biologie (hormones, structures cérébrales, taille et musculature) et celle de l'environnement (famille et culture) dans les différences entre les sexes (Leaper, 2002; Ruble, Martin et Berenbaum, 2006).

Comment expliquer l'acquisition du concept de genre? Les théoriciens jonglent avec des hypothèses, même en ce qui a trait aux disparités qui semblent attribuables à l'acquis. Les neuroscientifiques cherchent généralement des différences entre le cerveau masculin et le cerveau féminin, et ils en trouvent un grand nombre. Les psychologues cherchent des constantes et des similitudes entre les comportements masculins et féminins, et ils en trouvent aussi un grand nombre. Voici les explications qu'offrent certaines des approches et théories en psychologie présentées au chapitre 2.

Phase phallique Troisième phase du développement psychosexuel selon Freud. L'enfant se définit alors par le fait d'avoir un pénis ou pas. Les psychanalystes modernes appellent cette phase *phase génitale infantile*.

Pas de surprise? Peut-on confondre le sexe de l'un de ces enfants? Bien sûr que non. Peut-on s'interroger sur la pertinence de cultiver de telles distinctions de genre à cet âge?

L'approche psychodynamique

Freud (1938) a proposé une explication concernant l'acquisition des rôles sexuels. Il a appelé **phase phallique** la période qui s'étend de l'âge de 3 à 6 ou 7 ans, car, selon lui, le pénis constitue l'élément clé de la psyché enfantine. Pendant la phase phallique, le plaisir dérive de la stimulation génitale. L'intérêt que porte le jeune enfant aux différences anatomiques entre les sexes active la conscience de son identité sexuelle ainsi que son adhésion aux normes morales du parent de même sexe que lui. D'après Freud, le garçon découvre son pénis vers 3 ou 4 ans, se masturbe et éprouve une attirance sexuelle envers sa mère, son principal objet d'amour. Il devient alors jaloux de son père, si jaloux qu'il nourrit en secret le désir de prendre sa place. S'inspirant de la mythologie grecque, Freud donna à ce phénomène le nom de complexe d'Œdipe. Abandonné en bas âge, le prince Œdipe fut élevé loin de sa terre natale. Il y revint à l'âge adulte et ne reconnut pas ses parents ; il tua son père et épousa sa mère. Quand il se rendit compte de sa tragique méprise, il se creva les yeux, accablé de remords.

Selon Freud, le petit garçon se sent horriblement coupable des émotions et des pensées associées au complexe d'Œdipe. Il a également peur de son père parce qu'il imagine que celui-ci lui infligera une terrible punition si jamais il découvre ses pensées. En guise de mécanisme de défense, il développe son *surmoi*. Selon la théorie psychanalytique, le *surmoi* est la composante critique de la personnalité qui intériorise les principes moraux des parents.

Freud a proposé deux explications de la phase phallique chez les filles. Il créa tout d'abord la notion de complexe d'Électre (autre personnage de la mythologie grecque), la contrepartie féminine du complexe d'Œdipe. La petite fille désire son père et souhaite se débarrasser de sa mère. Freud postula ensuite que la petite fille est animée de l'envie du pénis, c'est-à-dire qu'elle est jalouse des garçons puisqu'elle n'a pas de pénis. Elle blâme sa mère pour cette « lacune », nourrit de la colère contre elle et décide de compenser l'absence de pénis en se rendant attirante afin qu'une personne qui en possède un, son père de préférence, lui porte de l'amour (Freud, 1933/1965).

Les conséquences de la phase phallique sont les mêmes pour les garçons et les filles : la culpabilité et la peur. Les enfants ne surmontent ces sentiments qu'au moyen de l'identification, mécanisme par lequel ils se font l'allié du parent du même sexe qu'eux en adoptant son comportement et ses attitudes. Puisqu'il ne peut remplacer son père, le jeune garçon adopte ses manières, ses opinions, etc., et la fillette fait de même à l'égard de sa mère. L'un et l'autre exagèrent le modèle masculin ou féminin qu'ils adoptent.

Une grande œuvre Pour Freud, l'intérêt que porte la fillette à l'anatomie de ces statues serait une manifestation de la phase phallique, période pendant laquelle tous les enfants sont fascinés par les organes génitaux, les leurs et ceux des autres.

L'approche béhaviorale

Les béhavioristes estiment qu'à peu près tous les rôles sont appris et, par conséquent, qu'ils sont le fruit de l'environnement et non de l'hérédité. Selon eux, les distinctions entre les genres masculin et féminin sont le produit d'une succession de renforcements et de punitions.

Selon eux, l'enfant à l'âge préscolaire est récompensé quand il adopte la conduite jugée appropriée à son sexe et puni dans le cas contraire. La recherche leur donne raison à certains égards. Les parents, les pairs et les éducateurs sont tous plus enclins à renforcer les comportements « appropriés au sexe » que les comportements « contraires au sexe » (Fagot, Leinbach et O'Boyle, 1992 ; Ruble, Martin et Berenbaum, 2006). Parfois même, les enfants apprennent les « bons » comportements directement, par exemple en recevant un jouet ou un vêtement jugé approprié à leur genre (Ruble, Martin et Berenbaum, 2006).

La distinction homme-femme semble plus importante pour les hommes que pour les femmes (Banerjee et Lintern, 2000 ; David, Grace et Ryan, 2004). On tolère moins l'allure efféminée d'un garçon que l'allure garçon manqué d'une fille. Et les pères s'attendent plus que les mères à ce que leurs filles soient féminines et que leurs garçons s'endurcissent.

À l'intention des idéalistes Imaginez que vous désirez élever votre enfant à l'abri des stéréotypes sexuels. Selon vous, que se produirait-il si vous gardiez secret le sexe de votre nouveau-né, que vous l'habilliez de jaune et de blanc plutôt que de rose ou de bleu et que vous lui donniez un prénom neutre, comme Dominique ou Claude ?

L'approche cognitive

L'approche cognitive propose une autre explication pour le genre qui se manifeste à l'âge préscolaire. Les théoriciens de l'apprentissage social, une des perspectives de l'approche cognitive, soulignent que les enfants se renseignent beaucoup sur les rôles sexuels en observant les autres personnes, surtout celles qu'ils perçoivent comme affectueuses, puissantes et semblables à eux-mêmes. Ces théoriciens estiment que les rôles sexuels ainsi que les idées et les comportements qui leur sont associés n'ont rien d'inné : l'enfant en fait l'apprentissage dans la société, auprès de ses parents et de ses éducateurs en garderie en particulier.

Selon ce point de vue, les jeunes enfants vivent de nombreuses expériences relatives au genre, mais ne disposent pas des facultés cognitives pour les décoder. Leur vision du monde est assez simple. C'est pourquoi ils voient les hommes et les femmes comme des contraires, même lorsque des éléments viennent contredire leur hypothèse sexiste. Les nuances, les complexités, les exceptions et les gradations relatives au genre (et d'ailleurs à tout le reste) dépassent les capacités intellectuelles de l'enfant à la période préopératoire.

Le développement du concept de soi chez les jeunes enfants leur fournit toutefois l'élan cognitif pour déterminer à quel genre ils appartiennent, puis pour se comporter en conséquence. Quand une enfant déclare qu'elle est une fille parce qu'elle porte des chaussettes froncées, les psychologues cognitivistes y voient l'expression pure de son identité sexuelle (David, Grace et Ryan, 2004). Il en va de même du bambin de 3 ans et demi qui, lorsque sa tante lui dit qu'il est mignon, demande qu'elle dise plutôt « beau » (Powlishta, 2004).

Selon les théoriciens de l'apprentissage social, les enfants remarquent comment se comportent les hommes et les femmes, intériorisent les normes qu'ils observent et se glorifient lorsqu'ils se comportent comme des petits hommes et des petites femmes (Bandura et Bussey, 2004 ; Bussey et Bandura, 1999). Ils acquièrent ainsi une disposition mentale, ou un schéma cognitif, qui teinte le regard qu'ils portent sur leurs expériences personnelles.

La théorie socioculturelle

Toutes les sociétés entretiennent à l'égard des comportements que doivent adopter les hommes et les femmes des valeurs et des attitudes solidement ancrées (Leaper et Smith, 2004). Et même si les tâches dévolues aux hommes et aux femmes peuvent varier d'une culture à l'autre, toutes les sociétés enseignent leurs valeurs propres aux enfants. Les théoriciens socioculturels y voient la preuve que la discrimination sexuelle n'est pas l'œuvre de la biologie mais de la société, celle-ci transmettant sa vision des comportements masculins et féminins acceptables (Kimmel, 2004).

Par exemple, dans de nombreuses sociétés où les rôles sexuels sont fortement différenciés, les garçons et les filles ne sont pas autorisés à jouer ensemble et fréquentent dès la maternelle des écoles séparées (Beal, 1994 ; Whiting et Edwards, 1988). Même à l'adolescence, alors que les pulsions sexuelles poussent les jeunes gens à rechercher la compagnie de l'autre sexe, ceux-ci travaillent auprès d'adultes de même sexe qu'eux et socialisent au sein de groupes multigénérationnels de même sexe. Pensons notamment aux séances de poterie des Hopi, aux réunions festives des Ju'hoansi et aux Siciliennes qui se réunissent en groupe pour broder (Schlegel, 2003).

L'approche épigénétique

Nous avons vu au chapitre 2 que, selon l'approche épigénétique, nos traits et nos comportements sont le produit de l'interaction des gènes et l'environnement. L'idée voulant que les différences entre les sexes soient d'origine génétique est alimentée par les recherches récentes en neurobiologie, qui ont permis de relever des dizaines de différences entre les cerveaux masculin et féminin (Hines, 2004).

Les hormones sexuelles, en circulation bien avant la naissance, influent sur le développement du cerveau. Les cerveaux masculin et féminin se différencient notamment par le volume (le cerveau masculin est plus gros, mais plus petit proportionnellement au corps) et par les connexions neuronales entre les parties du cerveau (le cerveau féminin en compte plus, le corps calleux est plus épais. Cela pourrait expliquer pourquoi les filles ont, en règle générale, plus de facilité que les garçons pour les activités qui, comme la lecture et l'écriture (Dudek, Strobel et Runco, 1994), exigent la coordination de plusieurs aires cérébrales. Les garçons, pour leur part, ont une facilité innée pour les relations spatiales et des expériences qui font appel à l'hémisphère droit (construire des structures en Lego, courir et grimper dans les arbres).

Les chercheurs ont constaté à maintes reprises que les filles ont tendance à réagir davantage au langage que les garçons, et que les mères et leurs filles se parlent généralement plus que les pères et leurs fils (Leaper, 2002 ; Leaper et Smith, 2004 ; Maccoby, 1998). L'avantage féminin sur le plan langagier est plus remarquable de 2 à 5 ans qu'à n'importe quel autre âge (Leaper et Smith, 2004). Il s'agit d'années sensibles au cours desquelles le cerveau est le plus susceptible de réagir au langage et où, par conséquent, les effets épigénétiques risquent le plus de se manifester.

Les distinctions hommes-femmes comptent parmi les premières que les enfants reconnaissent. Les garçons d'âge préscolaire se tiennent loin des poupées, un comportement aussi manifeste, semble-t-il, au XXIe siècle qu'à l'époque de nos lointains ancêtres (Ruble, Martin et Berenbaum, 2006). En d'autres termes, les différences entre les sexes ont une source biologique. Cependant, la biologie n'est pas une fatalité : les enfants sont façonnés par leurs expériences.

Pour rompre avec les restrictions culturelles et encourager les personnes à se définir elles-mêmes en tant qu'êtres humains d'abord plutôt qu'en tant qu'hommes ou femmes, certains parents et enseignants optent pour une certaine forme d'androgynie, soit la recherche d'un équilibre, chez une personne, entre les caractéristiques traditionnellement masculines et féminines. Par exemple, on encourage les garçons à se montrer affectueux et les filles à s'affirmer, de façon à ce qu'ils développent un concept de soi moins restrictif, à l'abri des stéréotypes (Bem, 1993). Toutefois, ce sont les adultes, et non les enfants, qui déterminent si ces comportements sont acceptables.

Réponse aux idéalistes (de la page 249) Puisque la société et la collectivité jouent aussi un rôle dans l'éducation des bébés, votre tentative de désexualisation ne réussirait pas. D'abord, les membres de votre entourage décideraient eux-mêmes s'il s'agit d'un garçon ou d'une fille, ou vous le demanderaient. À partir de votre réponse, ils agiraient en accord avec leurs perceptions de ce que devrait être le comportement d'un enfant de ce sexe. Ensuite, l'enfant finirait tôt ou tard par développer des modèles de jeu masculins ou féminins selon ce que font d'autres garçons et d'autres filles.

SECTION 2

L'ÂGE SCOLAIRE (DE 6 À 12 ANS)

L'âge scolaire se caractérise par le développement de nombreuses compétences sociales, une indépendance accrue et l'expansion du monde social. Entre 6 et 12 ans, l'enfant voit en effet reculer les frontières de son univers. Il accède à un quartier, à une école, à une collectivité. Loin des yeux de ses parents, il est à la fois vulnérable et adroit, acquérant peu à peu une meilleure compréhension des relations sociales.

Cette section examine les liens entre la liberté grandissante des enfants d'âge scolaire et les forces directrices qui s'exercent sur eux, en faisant notamment ressortir les rôles importants que jouent les pairs et la famille. Tout d'abord, voyons comment se développe leur personnalité selon différentes approches en psychologie.

Le développement de la personnalité

Au fur et à mesure que l'univers de l'enfant de 6 à 12 ans s'élargit, sa personnalité et ses stratégies d'adaptation se développent parallèlement à sa compréhension de lui-même et de ses relations sociales. Différentes approches jettent un éclairage particulier sur la façon dont évolue sa personnalité.

L'approche psychodynamique

Phase de latence Selon Freud, période correspondant à l'âge scolaire au cours de laquelle les pulsions affectives s'apaisent et les conflits sexuels inconscients diminuent. L'enfant consacre une large part de son attention et de son énergie à l'exploration du monde social.

Selon l'approche psychodynamique, les enfants d'âge scolaire sont impatients de repousser les limites de leur univers social. Sigmund Freud appelait cette période la **phase de latence**, parce que les pulsions affectives s'apaisent et que les conflits sexuels inconscients diminuent. C'est une période propice à l'acquisition d'habiletés cognitives et à l'assimilation des valeurs culturelles, car le monde de l'enfant s'étend désormais aux enseignants, aux voisins, aux pairs et aux entraîneurs. L'énergie sexuelle circule toujours, mais se trouve canalisée vers des préoccupations sociales (mécanisme de sublimation) (Miller, 2002).

Erik H. Erikson (1966), pour sa part, estime que l'âge scolaire est une période de calme affectif et de productivité. « L'enfant apprend à acquérir des compétences en produisant des choses [...]. Il apprend à travailler [...]. Il peut s'enthousiasmer et s'absorber dans une situation de production. » Le fait d'être productif est une source de joie intrinsèque tout en favorisant la maîtrise de soi (Bradley et Corwyn, 2005).

Crise du travail et de l'infériorité Selon Erikson, quatrième crise du développement psychosocial pendant laquelle l'enfant de 6 à 11 ou 12 ans s'efforce de maîtriser de nombreuses habiletés. Il apprend le plaisir de l'achèvement du travail et se perçoit alors comme compétent ou, au contraire, se désespère de ses moyens et se voit comme incompétent et inférieur.

Durant ce qu'Erikson appelle la **crise du travail et de l'infériorité**, l'enfant cherche à maîtriser les habiletés que sa culture valorise. Soit il apprend le plaisir de l'achèvement du travail et se perçoit comme productif, soit il désespère de ses moyens ou de son statut parmi ses pairs, et se perçoit comme inférieur et incapable.

Selon Erikson, l'enfant d'âge scolaire se sent capable d'accomplir des tâches concrètes et s'y applique, développant ainsi son sens du travail. Pour l'y aider, parents et enseignants feront alterner jeu et travail, récréation et étude ; ils encourageront ses efforts et favoriseront le développement de ses talents. Ces nouveaux apprentissages ne sont toutefois pas à tout coup des réussites, ce qui peut entraîner un sentiment d'infériorité.

La saine résolution de cette crise du développement psychosocial passe par l'intégration des tendances opposées : travail et sentiment d'infériorité. Cette opposition permet de développer la force adaptative du *moi* qu'est la compétence. « La compétence se compose à la fois de la connaissance de ses ressources et de ses capacités (travail) de même que de l'expérience d'avoir pu mesurer ses limites (infériorité) » (Bergeron et Bois, 1999).

La fête du printemps Peu importe où ils vivent, les enfants d'âge scolaire cherchent à comprendre et à maîtriser les habiletés que valorise leur culture. Ils s'y emploient d'ailleurs activement. Cette photo illustre bien cette vérité universelle : quatre amis habitant l'Assam, dans le nord-est de l'Inde, marquent l'arrivée du printemps par une célébration *bihu*. Ils recevront ensuite des sucreries et du thé, validation socioculturelle de leur énergie, de leur indépendance et de leurs habiletés.

Quelques autres approches

Les spécialistes du développement qui se réclament du béhaviorisme, du cognitivisme et de la théorie socioculturelle s'écartent de Freud et d'Erikson sur le plan théorique. Ils s'intéressent aux apprentissages cognitifs et au cheminement vers la compréhension de soi.

Pourtant, leur description de l'âge scolaire n'est peut-être pas si éloignée du portrait brossé par les théoriciens de l'approche psychodynamique : selon eux, l'enfant intègre ses compétences et relève les défis du monde extérieur avec une ouverture d'esprit, une perspicacité et une assurance inconnues des enfants plus jeunes. Il continue d'observer des modèles (héros de films ou de bandes dessinées, par exemple) et d'être influencé par des renforcements et des punitions. Il apprend, analyse, exprime ses émotions et continue à se faire des amis, mais toutes ces capacités convergent alors pour former une personnalité plus forte, cohérente et affirmée (Bandura, 1989 ; Bryant, 1983 ; Collins, 1984).

Quelques concepts importants

Pour mieux saisir la nature de l'enfant d'âge scolaire, voyons deux aspects importants du développement de la personnalité : le concept de soi et l'estime de soi.

Le concept de soi

À l'âge préscolaire, l'enfant commence à comprendre qu'il est doté de caractéristiques et de dispositions uniques, mais son concept de soi demeure bien superficiel par rapport à celle des enfants d'âge scolaire. Entre 6 et 12 ans, de nombreux aspects de soi, plus complexes, plus nuancés, s'ajoutent alors.

À cet âge, la perception du *moi* est alors influencée par le rôle accru de la **comparaison sociale**, qui consiste à s'évaluer en regard d'autres personnes, même si cette comparaison ne se fait pas de façon explicite. La comparaison sociale (« surtout quand je vois à quel point d'autres élèves sont bons »), le **contrôle volontaire** (« j'essaie de me maîtriser ») et l'appréciation des parents et des pairs (« je sais que mes parents et les autres enfants m'aiment ») contribuent au développement. Idéalement, la comparaison sociale aide les enfants à valoriser leurs habiletés et à renoncer à l'autoévaluation imaginaire de l'âge préscolaire (Grolnick, Deci et Ryan, 1997 ; Jacobs et coll., 2002).

Comparaison sociale Tendance à évaluer ses habiletés, ses accomplissements et sa situation sociale en fonction de ceux des autres, des pairs en particulier.

Contrôle volontaire Aptitude à maîtriser ses émotions et ses actions par l'effort, et non uniquement par inclination naturelle.

Les enfants d'âge scolaire se reconnaissent en tant que personnes distinctes de ce que pensent d'eux leurs parents et leurs enseignants, alors que ceux d'âge préscolaire forment leur concept de soi à partir de ce que leur fournit leur entourage. Une fois que les piliers de l'image de soi sont établis, les enfants d'âge scolaire nuancent les propos des autres en validant leur propre vision d'eux-mêmes.

Pour le démontrer, des chercheurs ont posé à des enfants des questions comme « Qui sait le mieux ce que tu penses ? », « Qui sait le mieux à quel point tu es fatigué ? », « Qui connaît le mieux tes aliments préférés ? » (Burton et Mitchell, 2003). Contrairement aux enfants de 3 ans qui auraient tendance à répondre « maman » et à attendre qu'un parent leur dise : « Toi, tu es fatigué, c'est l'heure de ton dodo », les enfants d'âge scolaire deviennent de plus en plus sûrs de ce qu'ils pensent et conscients de leurs besoins. Dans cette étude, peu d'enfants de 5 ans (13 %) mais la plupart des jeunes de 10 ans (73 %) ont répondu qu'ils se connaissaient mieux que leurs parents ou leurs enseignants (Burton et Mitchell, 2003).

L'estime de soi

Non seulement la compréhension de soi se précise à l'âge scolaire, mais elle s'étend (Harter, 1983), si bien que l'enfant est capable de considérer simultanément plusieurs de ses compétences. Il peut savoir, par exemple, qu'il est nul dans les sports, passable en musique et génial au jeux vidéo. De même, il reconnaît qu'il est sympathique et aimable, mais que sa susceptibilité le pousse parfois à des gestes qui compromettent ses amitiés. Il développe alors une évaluation globale de sa valeur : l'**estime de soi**.

Estime de soi Évaluation globale que l'on fait de soi-même, ensemble de croyances qu'on entretient face à soi-même.

Selon Duclos (2000), l'estime de soi est la valeur que l'on s'attribue dans différents domaines. C'est un ensemble de croyances à propos de soi avec lesquelles on fait face au monde. L'estime de soi suppose une conscience de ses forces, de ses difficultés et de ses limites. Elle est cyclique, parfois instable et toujours variable, à l'image de la vie.

L'estime de soi n'est pas un sentiment qui apparaît subitement à l'âge de 7 ou 8 ans. Dès le plus jeune âge, l'enfant fait des expériences qui s'accumulent dans sa mémoire et qui constituent la base de l'estime de soi. Selon que ses expériences ont été positives ou négatives, l'enfant se façonnera une forte ou faible estime de soi.

L'estime de soi comprend quatre composantes (Duclos, 2000) :

- le sentiment de confiance ;
- la connaissance de soi ;
- le sentiment d'appartenance à un groupe ;
- le sentiment de compétence.

Le sentiment de confiance est préalable à l'estime de soi. Il faut d'abord ressentir cette confiance et la vivre pour être en mesure de réaliser des apprentissages qui vont nourrir l'estime de soi. Il en va autrement des trois autres composantes. On peut en effet stimuler la connaissance de soi, le sentiment d'appartenance et le sentiment de compétence à chaque stade du développement, à chaque période de la vie, par des attitudes éducatives adéquates et des moyens concrets (Duclos, 2000).

L'estime de soi comporte cependant des pièges. Une estime de soi surdimensionnée risque d'altérer le contrôle volontaire et, par conséquent, l'accomplissement de soi (Baumeister et coll., 2003) ; les mêmes conséquences peuvent découler d'une estime de soi anormalement faible. Les enfants qui ont une bonne opinion d'eux-mêmes et qui aiment leurs amis ont généralement une bonne estime de soi ; ils ont des comportements prosociaux et savent défendre un ami si le besoin s'en fait sentir (Baumeister et coll., 2003).

Le monde social

Pour décrire le monde social de l'enfant d'âge scolaire et comprendre son influence sur ses relations avec les autres, on doit s'attarder aux rôles et à la structure de la famille, mais aussi à l'importance du groupe de pairs et des amis.

La famille

Bien que l'enfant d'âge scolaire élargisse son monde social, la famille reste un milieu important pour son développement.

La famille doit tenter de combler les besoins physiologiques, cognitifs et affectifs de l'enfant, tout en lui offrant un soutien social. En fait, l'enfant s'épanouira si la famille assume les cinq rôles suivants :

- subvenir à ses besoins physiologiques : un enfant d'âge scolaire peut manger, s'habiller, se laver et s'endormir sans aide, mais on doit lui fournir de la nourriture, des vêtements et un toit ;
- favoriser son apprentissage : bien que l'enfant fasse l'apprentissage d'habiletés sociales et de compétences à l'école, la famille doit soutenir et encadrer son éducation ;
- développer son estime de soi : sa maturité cognitive nouvellement acquise rend l'enfant plus critique envers lui-même et plus conscient de l'opinion des autres. La famille doit donc l'aider à se sentir compétent ;
- nourrir les relations amicales : l'enfant d'âge scolaire a besoin d'amis, et la famille doit lui donner le temps et les occasions de développer des liens d'amitié ;
- préserver l'harmonie et la stabilité : particulièrement troublé par le conflit et le changement, l'enfant a besoin de rituels familiaux prévisibles et rassurants. La famille doit lui offrir ce type de stabilité et de sécurité.

La structure de la famille

La famille est un lieu privilégié d'apprentissage pour l'enfant, quelle que soit sa structure : nucléaire, monoparentale ou recomposée.

La famille nucléaire

Les chercheurs ont réalisé des études à grande échelle pour comparer diverses structures familiales. Il semble que, de la naissance à l'adolescence, les enfants issus de familles nucléaires (formées d'un homme, d'une femme et de leurs enfants biologiques) rencontrent généralement moins de problèmes physiques, affectifs et scolaires que les enfants vivant dans d'autres structures familiales. Les adaptations pour passer d'une structure familiale à une autre sont parfois très difficiles et même douloureuses (Saint-Jacques et coll., 2004; Acock et Demo, 1994).

Les avantages de la famille nucléaire tiennent à deux raisons. La première est que deux adultes qui ont connu et aimé un enfant depuis sa naissance lui prodiguent plus de soins que ne saurait le faire une seule personne. Ensemble, une femme et un homme peuvent non seulement apporter à l'enfant une mesure supplémentaire de chaleur, de discipline et d'attention, mais aussi se soutenir l'un l'autre. Deuxièmement, la famille nucléaire est généralement dans une position économique plus favorable que la famille monoparentale. Elle est donc en mesure de fournir aux enfants un logement salubre, une alimentation saine et un bon niveau d'instruction.

Cependant, la structure de la famille nucléaire n'est pas garante du bien-être de l'enfant. Si les adultes parviennent parfois à se blinder contre les conflits, les enfants qui en sont témoins y demeurent toujours vulnérables.

Les pères célibataires peuvent-ils élever leurs enfants convenablement? La recherche a démontré qu'ils en sont capables. De fait, certaines études révèlent que les enfants de 6 ans et plus, les garçons en particulier, qui sont sous la garde de leur père s'épanouissent quand celui-ci a choisi cette situation et qu'ils évoluent dans un milieu qui leur apporte du soutien.

La famille monoparentale

Le nombre de familles monoparentales a considérablement augmenté depuis les années 1970 dans tous les pays industrialisés (Saint-Jacques, 2004). Les causes et les conséquences de cette tendance varient selon les pays.

La séparation du couple constitue une expérience unique pour les enfants et les parents et comporte son lot de facteurs de stress, de peines, de déceptions, de conflits, de défis en termes de réorientation et d'équilibre à trouver. Peu importe sa nationalité, ses origines ethniques et son éducation, un parent célibataire doit mettre les bouchées doubles pour voir aux besoins financiers, physiques et affectifs d'un enfant. Ses responsabilités l'obligent à renoncer à une partie de ses loisirs, de sa vie sociale et de ses heures de sommeil.

Comment se portent les enfants élevés par un seul parent? Aussi bien, en somme, que les enfants de familles biparentales lorsque les revenus de la famille et le rapport adulte-enfants sont comparables. À l'exception de ceux dont les parents viennent de se séparer, les enfants de familles monoparentales sont à égalité avec les autres, notamment sur le plan du rendement scolaire, de la stabilité émotionnelle et de la sécurité physique (Saint-Jacques et coll., 2004; Entwhisle et Alexander, 1996). Ils s'épanouissent s'ils reçoivent l'appui nécessaire de leur entourage.

Les généralisations concernant les parents célibataires valent autant pour les pères que pour les mères. Toutes les recherches réalisées à ce sujet indiquent que les enfants s'épanouissent autant auprès de leur père que de leur mère (Saint-Jacques et coll., 2004; Thompson et coll., 1992).

La famille recomposée

Le concept de famille recomposée est apparu en sociologie à la fin du XXe siècle pour désigner des familles formées de parents ayant eu des enfants d'une précédente union.

Pour qu'il y ait famille recomposée, il doit forcément y avoir eu décomposition, donc séparation. Cette déclinaison du modèle familial s'explique ainsi par l'augmentation du nombre de divorces qui ont été rendus plus faciles par le consentement mutuel.

Qui dit famille recomposée dit rencontre de deux façons de vivre. Pour que les enfants d'un conjoint comme ceux de l'autre se sentent bien sous un seul toit, il faut établir des règles propres à cette nouvelle famille. Les familles recomposées au sein desquelles vivent des enfants d'unions différentes présentent un risque plus élevé d'instabilité que les autres structures familiales. En raison des nombreux changements qu'elles vivent (garde partagée, nouvelles naissances...), elles comportent un plus grand risque de divorce que les premières unions. Et comme le potentiel d'épanouissement des

L'union de deux familles Le succès de l'union du couple dans cette famille recomposée dépend des relations qui s'établiront entre tous les membres de la famille. Généralement, plus les enfants sont jeunes, plus ils ont de chances de s'attacher au nouveau conjoint et à ses propres enfants au fil du temps.

enfants dépend de la stabilité affective et économique des adultes, la famille recomposée n'est pas nécessairement préférable, pour les enfants, à la famille monoparentale. Tout changement dans la résidence ou la structure familiale, y compris un divorce ou une deuxième union, augmente les risques de compromettre la réussite scolaire et l'établissement de relations d'amitié, du moins temporairement.

Les études sur les structures familiales indiquent que tous les types de familles comptent des exemples d'enfants qui se sont bien développés et d'autres qui ont souffert. À elle seule, la structure familiale ne détermine pas l'avenir des enfants qui y vivent. Il faut en plus tenir compte de ce qui se passe dans cette structure : est-ce que la famille remplit ses rôles et comble les besoins physiologiques, cognitifs et affectifs tout en offrant un soutien social à l'enfant ? Cette question est primordiale, car la fonction compte bien davantage que la structure (Lansford et coll., 2001). En d'autres termes, aucune structure familiale ne garantit le développement optimal de l'enfant ou son contraire.

Les conflits et l'harmonie dans la famille

L'harmonie et la stabilité revêtent une grande importance pour les enfants d'âge scolaire (Buehler et Gerard, 2002 ; Khaleque et Rohner, 2002). Idéalement, les parents forment une alliance, apprennent à coopérer et, ainsi, protègent leurs enfants. De fait, dans n'importe quelle structure familiale, les disputes entre des membres de la famille, particulièrement si les parents recourent à la violence physique ou verbale, altèrent le bien-être des enfants. Un enfant souffre lorsqu'il assiste à une dispute qui dégénère ou voit un parent claquer la porte en laissant son conjoint en larmes. À l'opposé, les enfants peuvent tirer de grandes leçons des disputes parentales qui débouchent sur un compromis et la réconciliation (Cummings, Goeke-Morey et Papp, 2003).

Les conflits au sein de la famille peuvent troubler la tranquillité d'esprit d'un enfant et perturber son développement si ses parents le poussent à prendre position dans leurs conflits conjugaux ou s'ils le placent sous l'autorité d'un frère ou d'une sœur. Les disputes entre parents et grands-parents sur la meilleure façon d'éduquer les enfants risquent aussi de laisser des traces sur le développement de ces derniers.

POINT DE MIRE

Une communication dans tous les « sens »

Au-delà des mots, tous les sens et l'expressivité peuvent être mis à contribution pour favoriser la communication entre parent et enfant. Dans certaines situations, il faut aussi savoir faire preuve de créativité.

Le regard, le ton de la voix et les mots

- Pour que les mots aient de la valeur, il faut qu'ils soient accompagnés d'un regard, d'une intonation, d'un sentiment, d'une énergie. Combien de « je t'aime » ont été perdus parce qu'ils ont été prononcés avec un ton peu convaincant et sans lever les yeux du journal ! Combien de « Tes résultats sont très bons » ont semblé vouloir dire : « Tout ce qui te concerne est très banal et inintéressant » à cause d'un regard fuyant et d'un ton plutôt froid ! L'expressivité peut traduire des pensées et des sentiments profonds.
- On doit éviter de s'en prendre directement à l'enfant ; il vaut mieux critiquer son comportement. Au lieu de lancer : « Tu n'es qu'un irresponsable, qu'un bon à rien », il est beaucoup plus efficace de dire : « Tu n'as pas tenu tel engagement » ou « Tu as commis telle erreur. »

Le toucher et les gestes

- On doit multiplier les prétextes pour prendre son enfant dans ses bras, le caresser, le chatouiller, le cajoler.
- On peut développer son propre langage de signes avec un enfant : certains de complicité pour transmettre des mots doux, d'autres pour lui rappeler de bien maîtriser sa colère.

Dans une étude menée auprès d'enfants âgés de 8 à 11 ans, des chercheurs ont évalué trois facteurs, soit les conflits entre les parents, la réaction de stress que suscitaient ces conflits chez leurs enfants et les sentiments que ceux-ci éprouvaient. Le corrélat de loin le plus important avec les problèmes vécus par les enfants n'était pas la discorde conjugale, mais le sentiment de reproche ou de vulnérabilité qu'ils ressentaient. Les enfants sont beaucoup moins perturbés par les conflits conjugaux lorsqu'ils ne s'en tiennent pas responsables et qu'ils ne se sentent pas menacés par eux (El-Sheikh et Harger, 2001). Un foyer où la colère et les reproches sont constants mine la sécurité affective nécessaire à un développement harmonieux (Cummings et Davies, 1994).

Les relations avec les pairs

Les relations avec les pairs témoignent d'importants progrès sur le plan du développement. L'enfant d'âge scolaire est bien conscient de l'opinion, du jugement et des réalisations de ses camarades de classe. Au cours de cette période, l'enfant se perçoit comme une personne qui réfléchit, qui agit et qui ressent des émotions, particulièrement à l'égard de ses pairs (Harter, 2006).

Les liens avec ses pairs fournissent à l'enfant des occasions de progresser dans sa compréhension de lui-même et dans sa capacité d'entrer en relation avec autrui. Contrairement aux relations avec les adultes, celles avec les pairs supposent que les partenaires négocient, font des compromis, partagent et interagissent sur un pied d'égalité (Hartup, 1989).

La culture enfantine

Lors de leurs jeux, les enfants d'âge scolaire ont tendance à interagir selon leurs propres règles. Ils se distancient des normes et règles imposées par les adultes, du moins dans leurs rapports avec leurs pairs : c'est alors leur besoin de conformité qui se manifeste, besoin qui favorisera le développement d'une **culture enfantine**. Certains spécialistes des sciences sociales désignent la sous-culture du groupe de pairs par l'expression *société des enfants*, afin de souligner qu'elle constitue une arène sociale dans laquelle les enfants ont la possibilité de créer leurs propres normes.

Culture enfantine Habitudes, styles et valeurs véhiculés par l'ensemble des règles, normes et rituels qu'adoptent les enfants en marge de la société des adultes.

Entraînement à la déviance Processus par lequel un enfant apprend de ses pairs à ne pas tenir compte des limites imposées par les adultes.

La culture enfantine se caractérise par un vocabulaire, des activités, un code vestimentaire et des règles de conduite. La priorité accordée à la communication avec les pairs peut pousser les enfants à maîtriser rapidement une autre langue, mais aussi à adopter des jurons, des accents et un vocabulaire particulier si cela leur permet d'appartenir à un groupe d'amis. Durant l'âge scolaire, certaines des activités typiques de cette société (créer des clubs, développer des codes secrets, construire des cabanes dans les bois, faire des collections, etc.) laissent peu de place aux adultes. Les enfants commencent également à développer des codes vestimentaires. Par exemple, un enfant refusera, à la surprise de ses parents, de porter un vêtement tout à fait convenable parce que celui-ci ne satisfait pas aux normes de son groupe d'amis. La jambe du pantalon sera trop ample, trop ajustée, trop courte ou trop longue... ou encore la couleur, le style, la marque ne conviendront pas.

À leur manière Ces jeunes moines du Myanmar (ancienne Birmanie) s'amusent à un jeu qui est aussi populaire auprès des adultes, mais en ont modifié les règles. Les enfants d'un même groupe de pairs modifient souvent les normes de la culture dominante.

Puisque les enfants adoptent les manières et les valeurs de leurs pairs, les parents peuvent les encourager à tisser certaines amitiés plutôt que d'autres (Dishion et Bullock, 2002). La stratégie fonctionne auprès des jeunes enfants, mais demande plus de doigté auprès de leurs aînés, dont certains préfèrent les amis qui disent de gros mots ou qui défient l'autorité. L'**entraînement à la déviance** — le fait que des enfants se refilent des trucs pour passer outre aux restrictions imposées par les adultes — peut

Dormir ailleurs Les enfants d'âge scolaire aiment passer la nuit chez un ami. Ils profitent de l'occasion pour s'échanger des secrets et se coucher tard. Quelques années plus tôt, à l'âge préscolaire, ils auraient eu peur de dormir à l'extérieur de chez eux.

aussi faire partie de la culture enfantine (Snyder et coll., 2005). Certains trucs ont des conséquences moins graves (par exemple faire circuler un billet pendant la classe) que d'autres (comme voler, peindre des graffiti ou fumer la cigarette).

Le code moral des enfants

La période qui s'étend de 6 à 12 ans est

> une période de recherche intense et enthousiaste pour les enfants [...]; ils essaient de comprendre des choses, de les décoder, mais aussi de peser le pour et le contre [...]. C'est la période du développement de l'imaginaire moral, constamment nourri par la volonté des enfants de se mettre à la place d'autrui.
>
> (Coles, 1997)

De nombreuses études confirment la validité de cet énoncé : les enfants d'âge scolaire sont généralement plus portés à se comporter de façon prosociale que les enfants plus jeunes (Eisenberg et Fabes, 1998). Ils sont dotés d'un sens de la justice et de l'équité qui les aide à reconnaître et à rejeter les préjugés, d'abord quand ceux-ci visent un tiers, puis quand ils en font eux-mêmes les frais (Brown et Bigler, 2005 ; Killen, 2007). Les études empiriques montrent que, durant l'âge scolaire, les enfants lancent volontiers des discussions pour comprendre des arguments d'ordre moral et apprendre à distinguer le bien du mal (Killen, 2007). Ils sont bien capables de remettre en question ou d'ignorer, parmi les règles des adultes, celles qu'ils considèrent être injustes (Turiel, 2006).

En général, les enfants de 6 à 12 ans ont trois valeurs en commun qui leur permettent de manifester leur loyauté :

- protéger leurs amis ;
- ne pas tout raconter aux adultes ;
- ne pas trop se démarquer de leurs pairs et valoriser une certaine conformité.

L'amitié

Pour les enfants, il est encore plus important d'avoir des amis que d'être acceptés par le groupe de pairs (Erwin, 1998 ; Ladd, 1999 ; Sandstorm et Zakriski, 2004). En effet, s'ils devaient choisir entre la popularité sans amitié et quelques amis proches sans la popularité, la plupart des enfants opteraient pour avoir des amis.

Amitié et culture Comme tous les enfants du monde, ces jeunes (de 7 et 10 ans) du peuple Surma, du sud de l'Éthiopie, calquent leur apparence sur celle d'enfants légèrement plus âgés. Dans ce cas-ci, les modèles sont des ados qui peignent leur corps de motifs élaborés pour séduire l'autre sexe et se livrer aux combats rituels.

L'amitié est primordiale pour les enfants et ils passent beaucoup de temps à réfléchir à sa dynamique. Ils en acquièrent, par conséquent, une compréhension de plus en plus complexe et abstraite. Ils apprennent ainsi à concilier honnêteté et soutien, dépendance mutuelle et respect de l'indépendance, compétition et coopération, conversation et action (Schneider et coll., 2009a). Puisqu'ils se comprennent eux-mêmes de manière plus profonde et plus nuancée, les enfants d'âge scolaire ont de leurs amis une perception plus riche qu'à l'âge préscolaire (Parker et Gottman, 1989).

Les résultats d'une étude longitudinale menée auprès d'élèves de 5e année indiquent que l'acceptation par les pairs et une amitié profonde exercent toutes deux une influence sur la qualité des interactions sociales et la santé affective des sujets de 12 ans. Par contre, le développement d'amitiés profondes était le facteur le plus important dans cette relation (Bagwell et coll., 2001).

L'amitié gagne en intensité et en intimité à mesure que grandissent les enfants, une conséquence logique du développement de la **cognition sociale** et du contrôle volontaire. Comparés aux enfants de 6 ans, les jeunes de 10 ans sont plus exigeants à l'égard de leurs amis, les gardent plus longtemps, souffrent davantage d'une rupture et prennent plus de temps à se faire de nouveaux amis proches.

Cognition sociale Aptitude à comprendre les interactions sociales, y compris les causes et les conséquences du comportement humain.

À 10 ans, la plupart des enfants savent comment être de bons amis et soutenir les autres, au besoin. Par exemple, des chercheurs ont demandé à des élèves de 5e année comment ils réagiraient si un de leurs amis était l'objet de taquineries. Presque tous ont dit qu'ils lui proposeraient une activité amusante à faire ensemble, pour lui changer les idées, en l'assurant que ce genre de situation arrive à tout le monde (Rose et Asher, 1999).

De façon générale, entre 9 et 12 ans, les meilleurs amis sont presque toujours du même sexe, du même âge, de même origine ethnique et de même statut socioéconomique. Pourquoi ? Parce que les enfants recherchent des amis qui les comprennent et partagent leurs opinions, et non parce qu'ils manifestent des préjugés (Aboud et Amato, 2001 ; Aboud et Mendelson, 1998 ; Powlishta, 2004).

L'acceptation sociale

Certains enfants sont aimés de leurs pairs ; d'autres, non. Cela dit, les uns comme les autres connaissent un sort différent avec le temps (Kupersmidt, Coie et Howell, 2004 ; Ladd, 2005). Dans une étude longitudinale échelonnée sur 6 ans, des chercheurs ont demandé à 299 enfants avec quels camarades de classe ils désiraient ou refusaient de jouer. Dans l'ensemble, environ le tiers des enfants étaient populaires (et donc souvent choisis), environ la moitié étaient dans la moyenne (choisis parfois) et environ un sixième n'étaient pas populaires (très rarement choisis). Presque tous les enfants (89 %) ont changé de catégorie pendant les 6 ans qu'a duré l'étude (Brendgen et coll., 2001).

Chez les jeunes Étatsuniens, la palme de la popularité va aux enfants qui sont gentils, dignes de confiance et serviables. Or, avec l'âge (vers la 5e année du primaire), un nouveau groupe apparaît, celui des enfants sportifs, dominants, arrogants et agressifs. Ceux-ci, craints et respectés, trônent en haut de l'échelle sociale, mais ne sont pas forcément aimés (Cillessen et Mayeux, 2004).

Les compétences sociales

La capacité à interpréter adéquatement les situations sociales joue un rôle déterminant dans l'acceptation par les pairs. La capacité d'écoute et l'habileté à exprimer ses besoins font partie des compétences sociales que l'enfant développe au cours de l'âge scolaire. La cognition sociale se consolide aussi au cours de cette période. Les enfants qui n'ont pas développé une assez bonne cognition sociale risquent d'être rejetés (Gifford-Smith et Rabiner, 2004 ; Ladd, 2005).

Les enfants qui sont appréciés de leur entourage présument généralement que les affronts qu'ils essuient, de la bourrade à la remarque désobligeante, sont fortuits. Par conséquent, ce type d'incident ne provoque pas chez eux de sentiment de peur, de remise en question ou de colère, comme c'est le cas chez les enfants rejetés. En situation de conflit ouvert avec un autre enfant, le jeune apprécié de ses pairs pense à l'avenir de la relation et cherche un compromis pour préserver l'amitié (Rose et Asher, 1999). Ces pulsions et attitudes témoignent d'une maturité sociale que peu d'enfants rejetés possèdent (Gifford-Smith et Rabiner, 2004). Cependant, il est vrai que quand on est apprécié par ses pairs, il est beaucoup plus facile d'interpréter positivement un geste en apparence négatif que si on est, a priori, mis à l'écart.

POINT DE MIRE

Boudés par les pairs : de l'indifférence au rejet

Durant l'âge scolaire, tous les enfants se sentent délaissés ou boudés par leurs pairs à un moment ou à un autre, mais certains le sont presque continuellement. Ces enfants impopulaires sont laissés-pour-compte ou rejetés.

Les enfants qui sont ignorés par leurs pairs ne souffrent pas forcément de la situation, particulièrement s'ils peuvent compter sur une famille aimante ou s'ils ont un talent remarquable (en sciences ou en art, par exemple) (Sandstrom et Zakriski, 2004).

Selon les chercheurs, les enfants rejetés se divisent en deux catégories (Bierman, Smoot et Aumiller, 1993 ; Bellmore et Cillessen, 2003 ; Hymel et Ford, 2004) :

- les rejetés-renfermés, qui sont des enfants ostracisés présentant des attitudes ombrageuses et anxieuses ;
- les rejetés-agressifs, qui sont des enfants méprisés présentant des comportements agressifs et hostiles.

Les enfants de ces deux catégories ont beaucoup en commun : ils ont tendance à mal interpréter les situations sociales, à ne pas contrôler suffisamment leurs émotions et, le plus souvent, ils sont maltraités à la maison (Pollak et coll., 2000).

Les enfants rejetés-renfermés sont conscients de leur isolement social et se sentent seuls et malheureux. Leur faible estime de soi se répercute sur leur rendement scolaire et leurs relations familiales (Pomerantz et Rudolph, 2003). Ceux qui se voient rejetés par leurs camarades de classe en sont l'exemple le plus probant. Ce sont des proies faciles pour les fiers-à-bras de la cour d'école.

Les enfants rejetés-agressifs, pour leur part, se disent indifférents à l'exclusion et tendent à surestimer leurs compétences sociales. Il semble bien qu'une trop forte estime de soi combinée à une faible opinion d'autrui soit un cocktail destructeur : ces enfants ont généralement peu d'amis, sont plus agressifs et ont tendance à être solitaires (Salmivalli et coll., 2005). Il ne fait cependant aucun doute que leurs pairs (et probablement les adultes) les trouvent entêtés, perturbateurs et malveillants (Flook, Repetti et Ullman, 2005 ; Petitclerc et coll., 2009).

La solitude Les filles à l'arrière-plan murmurent-elles assez fort pour que leurs propos parviennent aux oreilles de la fillette à l'avant-plan? Cette scène n'est peut-être pas ce qu'elle semble être à première vue, mais presque toutes les classes comptent un ou deux enfants rejetés qui sont la cible de commérages, de rumeurs et d'isolement social.

Plusieurs études ont démontré que l'impulsivité et l'immaturité de la cognition sociale caractérisent les enfants rejetés-agressifs (Schneider et coll., 2009b ; Perry, Perry et Kennedy, 1992 ; Rabiner, Lenhart et Lochman, 1990). Comparativement aux autres enfants, ils ont tendance à voir de l'hostilité dans un geste amical, surtout lorsqu'ils se sentent anxieux (Lamarche et coll., 2006 ; Dodge et Somberg, 1987). Par exemple, ils peuvent percevoir un compliment comme du sarcasme, considérer comme un ordre une simple demande de partage d'une friandise ou considérer que la personne qui leur a marché sur le pied par inadvertance a cherché à les insulter. Malheureusement, étant donné que c'est par les concessions mutuelles à l'intérieur d'un groupe de pairs que la plupart des enfants développent leurs compétences sociales, les enfants rejetés-agressifs se trouvent privés des situations d'apprentissage dont ils ont le plus besoin.

Les problèmes des enfants rejetés s'aggravent avec le temps, car les pairs se font plus critiques à l'approche de l'adolescence. Les conduites renfermées ou agressives deviennent alors de plus en plus néfastes pour celui qui les adopte.

L'intimidation

Intimidation Actions répétées et systématiques en vue de nuire à une personne plus faible, au moyen d'agressions physiques, verbales ou relationnelles.

Nombre d'enfants sont l'objet d'insultes et d'attaques personnelles, le plus souvent à l'école. On appelle **intimidation** la forme d'agressivité qui consiste en des attaques systématiques et répétées visant à nuire à une personne qui ne peut ou ne risque pas de se défendre et qui ne dispose pas de la protection d'un réseau social. L'intimidation peut être physique (coups, pincements...), verbale (taquineries, sarcasmes, insultes) ou relationnelle (interventions visant à miner l'acceptation par les pairs).

Bien sûr, se taquiner, se bousculer amicalement et même faire semblant de se battre ne sont pas considérés comme des actes d'intimidation lorsque les deux jeunes sont consentants.

Le jeune qui commet des actes d'intimidation se sert de l'agressivité et du contrôle pour conserver une position de pouvoir par rapport à sa victime. Avec le temps, le déséquilibre de pouvoir dans la relation et sa dynamique se renforcent. La victime devient piégée dans une relation de violence. Ce problème peut aussi survenir entre des groupes de jeunes.

Voici les principaux éléments de l'intimidation (Sécurité publique Canada, 2009):

- un déséquilibre de pouvoir: un jeune a plus de pouvoir que l'autre (du moins, c'est ainsi que les jeunes dans la situation d'intimidation le perçoivent);
- des actes blessants (physiques ou psychologiques);
- des actes directs et indirects: les actes blessants sont commis devant la victime ou dans son dos;
- un comportement répétitif: les actes blessants sont répétés, de sorte que la personne qui en fait les frais a de plus en plus de difficulté à s'en sortir.

L'élément clé de la définition de l'intimidation est son caractère répétitif. L'intimidation implique habituellement une suite d'expériences humiliantes: être obligé de donner son argent de poche, ses souliers, son manteau, sa montre, sa boîte à lunch; recevoir des insultes de la part de l'agresseur; boire du lait mélangé à du savon, etc., sous les yeux de témoins peu disposés à intervenir.

À l'intention des personnes qui ont déjà été victimes d'intimidation Plusieurs personnes ont déjà subi au moins un épisode d'intimidation au cours de l'enfance. Comment les adultes de leur entourage auraient-ils dû réagir?

Les victimes

Les victimes d'intimidation sont généralement des personnes prudentes, sensibles, tranquilles, solitaires et parfois laissées à elles-mêmes à l'école. En règle générale, elles comptent peu de bons amis dans leur classe (Olweus, Limber et Mahalic, 1999). Or, les amis servent souvent de boucliers, sans compter que leurs réactions peuvent être redoutées par l'agresseur.

Les agresseurs

Certains agresseurs ont quelques admirateurs (des complices). Contrairement aux enfants prosociaux, ils sont dépourvus d'empathie. Particulièrement pendant les années de l'âge scolaire, ils apprennent à ne pas attirer sur eux l'attention des adultes et s'appliquent à attaquer des victimes qui n'opposeront aucune résistance (Schneider et coll., 2009a).

Les agresseurs masculins sont souvent costauds; ils s'attaquent à des garçons plus petits et plus faibles. Les agresseurs féminins harcèlent les filles plus timides, plus calmes. Les garçons recourent plus volontiers à la force (agression physique) alors que les filles ont tendance à se moquer, à ridiculiser leur victime ou à faire courir des rumeurs à son sujet (agression relationnelle). Soulignons que ce ne sont là que des caractéristiques générales, les agresseurs des deux sexes ayant recours à diverses tactiques.

L'intimidation peut avoir des répercussions durables. De nombreuses victimes développent une piètre estime de soi et certaines connaissent des explosions de violence occasionnelles. Par ailleurs, de nombreux agresseurs deviennent de plus en plus cruels (Berger, 2007). L'intimidation ne laisse personne indemne, notamment parce que les victimes comme les agresseurs voient leur jugement social altéré et qu'ils risquent de continuer à éprouver des difficultés relationnelles (Pepler et coll., 2004).

Des témoins passifs Les agresseurs s'en prennent souvent à des victimes de même sexe qu'eux. Remarquez comme les témoins semblent intéressés par l'agression, sans manifester la moindre intention d'intervenir.

Peut-on mettre un terme à l'intimidation?

Certains enfants victimes d'intimidation parviennent à stopper le flot de persécutions en les ignorant, en les évitant, en répliquant à leurs

Réponse aux personnes qui ont déjà été victimes d'intimidation (de la page 261) Les enfants victimes d'intimidation se sentent souvent seuls et diminués. On sait aujourd'hui qu'il vaut beaucoup mieux que les adultes de l'entourage interviennent pour mettre un frein aux agissements de l'agresseur plutôt que de les banaliser. Les enfants doivent pouvoir compter sur l'aide d'adultes attentionnés, affectueux et protecteurs.

agresseurs ou en désamorçant les confrontations. Par ailleurs, des démarches très spécifiques permettent de modifier toutes les composantes d'une école, y compris le comportement des enseignants et celui des témoins.

Dan Olweus, un pionnier de la lutte contre l'intimidation, plaide en faveur d'une telle stratégie globale. En Norvège, en 1982, le suicide de trois victimes d'intimidation amena le gouvernement à confier à Olweus le mandat de mener une étude auprès des 90 000 enfants d'âge scolaire du pays. Les résultats de l'étude révélèrent que l'intimidation était beaucoup plus répandue que ne le croyaient les adultes : 14 % des enfants de la 2e à la 5e année indiquèrent qu'ils étaient parfois victimes d'intimidation et 10 % admirent avoir délibérément blessé ou insulté des enfants (Olweus, 1993).

Pour contrer l'intimidation, Olweus a utilisé une approche dite *des systèmes écologiques*, qui visait toutes les composantes de l'école. Il fit parvenir une brochure d'information aux parents et présenta des vidéos aux élèves. Il forma les enseignants qui ne doivent pas banaliser les situations d'intimidation quand ils en sont témoins en disant : « Ce sont des jeux d'enfants. » Il fit également accroître la surveillance durant les récréations. Dans toutes les classes, les élèves ont parlé des moyens de contrer l'intimidation et de se rapprocher des enfants solitaires. Les agresseurs et leurs parents ont reçu de l'aide. Vingt mois plus tard, Olweus mena un nouveau sondage auprès des élèves. L'intimidation avait diminué de moitié (Olweus, 1992). Les interventions faites par la suite dans d'autres pays ont cependant donné des résultats moins probants que la démarche originale d'Olweus.

L'inventaire de la recherche sur les meilleurs moyens de contrer l'intimidation (Berger, 2007 ; Sécurité publique Canada, 2009) a permis de formuler trois constats :

- le changement doit concerner toute l'école et pas seulement les agresseurs identifiés ;
- l'intervention produit de meilleurs résultats auprès des élèves plus jeunes ;
- l'évaluation des interventions est essentielle. Un programme qui fonctionne bien à un endroit peut se révéler néfaste ailleurs.

Il faut souligner le succès d'un programme de lutte contre l'intimidation qui découle d'une démarche multidimensionnelle à laquelle toutes les écoles d'une même ville ont participé pendant 8 ans. Résultat ? Les brimades y sont passées de 9 % à 3 % (Koivisto, 2004). La clé d'une telle réussite pourrait bien résider dans les efforts constants et globaux.

Le stress et la résilience

Certains enfants sont socialement inaptes, rejetés, victimes d'intimidation, d'autres (parfois les mêmes) ont des parents agressifs ou proviennent de familles pauvres ou instables. Pourtant, certains enfants sortent étonnamment indemnes de situations et d'environnements stressants ou problématiques. Ces enfants sont dits *résilients*.

Résilience Capacité de s'adapter à l'adversité et à surmonter un stress important (majeur ou chronique).

La **résilience** est définie comme un processus dynamique d'adaptation positive dans un contexte de grande adversité (Luthar, Cicchetti et Becker, 2000). Cette définition comporte trois éléments :

- un processus dynamique : la résilience n'est pas stable. Cela signifie qu'une personne peut se montrer résiliente durant certaines périodes, sans l'être en d'autres circonstances ;

- une adaptation positive : l'enfant qui, devant le rejet de son parent, en vient à établir une relation plus étroite avec un grand-parent ou le parent d'un jeune voisin, par exemple, aura plus tendance à faire preuve de résilience ;
- un contexte de grande adversité : certaines difficultés sont relativement mineures (faire partie d'une classe nombreuse, avoir une mauvaise vision), alors que d'autres sont majeures (être victime d'intimidation ou de négligence parentale). Toutefois, des chercheurs ont constaté que l'effet cumulé d'un grand nombre de petits stress qui prennent la forme de tracas quotidiens peut provoquer un stress important lorsque ceux-ci surviennent de façon continue (chronique). Chaque événement stressant peut contribuer à rendre les autres sources de stress plus nuisibles (Fergusson et Horwood, 2003 ; Hammen, 2003).

Par ailleurs, l'aptitude de l'enfant à se faire des amis, à se trouver des activités et à développer ses habiletés est un aspect important de la résilience. Les activités parascolaires en sont un exemple ; la participation à de telles activités contribue à un meilleur bilan affectif et scolaire (NICHD Early Child Care Research Network, 2004).

Les enfants qui peuvent choisir leurs propres activités parmi une gamme de possibilités ont de bonnes chances de se découvrir des compétences particulières et de se percevoir comme étant capables de se réaliser plutôt que de se sentir inférieurs.

Soulignons enfin que les recherches récentes poussent certains chercheurs à user du concept de résilience avec prudence. Comme nous le rappelle la théorie des systèmes dynamiques, certains enfants ont beau composer mieux que d'autres avec l'adversité, nul n'est insensible à son contexte social (Jenson et Fraser, 2006 ; Luthar, D'Avanzo et Hites, 2003).

Le soutien social

Le soutien social que reçoivent les enfants est un facteur clé dans leur capacité à composer avec les difficultés. Comme son univers social s'est élargi, l'enfant peut y chercher plusieurs autres sources de soutien. Ainsi, la présence d'un enseignant attentif ou d'un ami fidèle est susceptible d'alléger le fardeau d'un enfant dont la situation familiale est problématique (Rutter, 1987 ; Kim-Cohen et coll., 2004). Même dans les régions aux prises avec la guerre ou la pauvreté extrême, l'attachement sécurisant à un parent (ou grand-parent, frère, sœur, etc.) qui a été constamment présent depuis la petite enfance favorise habituellement la résilience (Masten et Coatsworth, 1998 ; Yates, Egeland et Sroufe, 2003).

Un réseau de parents proches offre une bien meilleure protection qu'un seul parent, aussi proche soit-il (Jackson et Warren, 2000). Outre les amis, les adultes sans lien de parenté et même les animaux de compagnie sont susceptibles d'aider les enfants à composer avec le stress (Borland, 1998).

Chacun des contextes dans lesquels l'enfant évolue (famille, école, groupe de pairs, équipe de soccer, etc.) est une source potentielle de facteurs protecteurs et de facteurs de risque. Les enfants sont protégés, entre autres, par les actions des adultes, par leurs propres actions, par la mise en valeur de leurs forces, par les occasions de réussite qui se présentent à eux et par l'expérience du succès. Le comportement des adultes joue souvent un rôle déterminant dans les risques que courent les enfants, les ressources dont ils disposent, les occasions d'apprendre qui leur sont offertes et leur capacité de résilience (Masten et Coatsworth, 1998).

Synthèse

SECTION 1 L'âge préscolaire (de 2 à 6 ans)

Le développement affectif

1. De tous les progrès psychosociaux qui surviennent entre 2 et 6 ans, le plus important est l'aptitude à savoir quand et comment exprimer ses émotions. À partir de 2 ans, l'enfant développe une conscience de soi, un sentiment d'être une personne distincte dont la volonté est indépendante de celle des autres.

2. Selon la théorie psychosociale d'Erikson, la crise de l'initiative et de la culpabilité survient entre 3 et 6 ans. Les enfants se lancent dans de nouvelles tâches avec enthousiasme, mais ressentent de la culpabilité lorsque leurs efforts suscitent la critique ou conduisent à l'échec. Une résolution équilibrée de cette crise implique l'intégration des opposés, c'est-à-dire un sens de l'initiative tempéré par une certaine culpabilité.

3. La régulation émotionnelle commence avec un contrôle des impulsions. Cette régulation émotionnelle est en partie d'ordre neurologique et relève donc du fonctionnement cérébral.

4. L'empathie, fondement des comportements prosociaux, et l'antipathie, fondement des comportements antisociaux sont quasi inexistantes de 2 à 3 ans. Par contre, elles se développent au cours de la petite enfance, vers 4 ou 5 ans.

5. À mesure que s'accroît la régulation émotionnelle, les enfants apprennent à maîtriser leur agressivité. L'agressivité instrumentale survient quand des enfants se chamaillent pour un jouet ou un privilège, alors que l'agressivité réactive survient lorsqu'ils réagissent à une action nuisible ou une remarque blessante. L'agressivité relationnelle vise à nuire aux liens sociaux qu'un autre enfant a avec d'autres personnes. L'agressivité par intimidation, la plus préoccupante, se manifeste par des attaques physiques ou verbales, répétées et gratuites. On parle d'agressivité gratuite lorsqu'il y a absence de provocation de la part de la victime.

Le monde social

6. La relation parent-enfant revêt une très grande importance pour le développement psychosocial, en partie en raison de l'attachement qui se crée très tôt.

7. Diana Baumrind a défini quatre catégories de styles éducatifs : directif, autoritaire, permissif et désengagé. En règle générale, les enfants réussissent mieux et sont plus heureux lorsque leurs parents manifestent de l'affection et établissent des règles (style directif).

8. Les punitions devraient être rares, mais il faut aussi tenir compte de l'âge et du tempérament de l'enfant, de même que de sa culture.

L'identité sexuelle

9. À l'âge préscolaire, les enfants confondent le sexe (différences sur le plan biologique) et le genre (rôles et comportements masculins et féminins imposés par la culture). L'identité de genre chez l'enfant se développe graduellement : la conscience de l'existence des deux sexes (de 18 à 24 mois), l'identification du genre (de 2 à 3 ans), la stabilité du genre (de 3 à 5 ans) et la consolidation du genre (de 5 à 6 ans). Les stéréotypes liés au sexe atteignent leur apogée vers 6 ans.

10. Pour expliquer la construction de la notion de genre, chaque théorie propose une explication. Selon Freud, les enfants sont d'abord attirés par leur parent de sexe opposé et finissent par vouloir s'identifier à leur parent du même sexe qu'eux. Les béhavioristes, pour leur part, soutiennent que les comportements liés au genre s'apprennent par renforcements et punitions (particulièrement les comportements masculins) et par les modèles sociaux.

11. Selon la théorie cognitive, l'enfant fait l'apprentissage de l'identité sexuelle dans la société, auprès de ses parents et de ses éducateurs en garderie en particulier. La théorie socioculturelle relève quant à elle de nombreuses distinctions entre hommes et femmes, et ce, dans toutes les sociétés.

12. Selon la théorie épigénétique, certaines différences sexuelles sont les produits des hormones participant à la formation du cerveau. L'expérience favorise ou empêche la manifestation de ces aspects neurologiques.

SECTION 2 L'âge scolaire (de 6 à 12 ans)

Le développement de la personnalité

1. Entre 6 et 12 ans, l'univers de l'enfant s'élargit, sa personnalité et ses stratégies d'adaptation se développent parallèlement à sa compréhension de lui-même et de ses relations sociales. Freud a appelé cette période *phase de latence*, car les pulsions affectives s'apaisent et les conflits sexuels inconscients diminuent. Cette période est propice à l'acquisition d'habiletés cognitives et à l'assimilation des valeurs culturelles, puisque le monde de l'enfant s'étend alors aux enseignants, aux voisins, aux pairs et aux entraîneurs. Pour Erikson, cette période en est une de calme affectif et de productivité. Il y associe la crise psychosociale du travail et de l'infériorité.

2. Selon les spécialistes du développement des approches béhavioriste, cognitive et socioculturelle, l'enfant intègre ses compétences et relève les défis du monde extérieur avec une ouverture d'esprit, une perspicacité et une assurance inconnues des enfants plus jeunes.

3. À l'âge scolaire, la perception du *moi* est influencée par le rôle accru de la comparaison sociale. Cette exploration donne lieu au développement de l'estime de soi. Celle-ci suppose une conscience de ses forces, de ses difficultés et de ses limites personnelles.

Le monde social

4. Les enfants d'âge scolaire s'épanouissent si leur famille veille à remplir ces cinq rôles : subvenir à leurs besoins physiologiques, favoriser leur apprentissage, développer leur estime de soi, nourrir les relations amicales et préserver l'harmonie et la stabilité.

5. Il existe trois types de structure familiale : la famille nucléaire, la famille monoparentale et la famille recomposée. À elle seule, la structure familiale ne détermine pas l'avenir des enfants qui y vivent ; il faut tenir compte de ce qui se passe à l'intérieur de cette structure. L'harmonie et la stabilité constituent des éléments cruciaux pour le développement des enfants d'âge scolaire ; aussi, les conflits engendrent des réactions de stress et un sentiment de vulnérabilité.

6. Les enfants d'âge scolaire sont bien conscients de l'opinion, du jugement et des réalisations de leurs camarades de classe. Ainsi, le besoin de conformité favorise le développement d'une culture enfantine. Elle se caractérise par un vocabulaire, des activités, un code vestimentaire et des règles de conduite qui s'établissent sans l'approbation des adultes, voire à leur insu.

7. Pour les enfants, il est encore plus important d'avoir des amis que d'être acceptés par le groupe de pairs. L'amitié gagne en intensité et en intimité à mesure que grandissent les enfants, une conséquence logique du développement de la cognition sociale et du contrôle volontaire. Par contre, il arrive que certains enfants soient rejetés du groupe (les rejetés-renfermés et les rejetés-agressifs).

8. L'intimidation est caractérisée par des actions répétées et systématiques en vue de nuire à une personne plus faible, au moyen d'agressions physiques, verbales ou relationnelles. Le jeune qui commet des actes d'intimidation se sert de l'agressivité et du contrôle pour conserver une position de pouvoir par rapport à sa victime.

9. L'aptitude d'un enfant à se faire des amis, à se trouver des activités et à développer ses habiletés est un aspect important de la résilience. La résilience est un processus dynamique d'adaptation positive dans un contexte de grande adversité. Le soutien social que reçoivent les enfants est un facteur clé dans leur capacité à composer avec les difficultés.

Questions clés

SECTION 1 L'âge préscolaire (de 2 à 6 ans)

1. Qu'est-ce qui différencie la honte et la culpabilité ?
2. Qu'est-ce qui permet d'expliquer que les enfants, vers 4 ou 5 ans, sont moins sujets aux excès de colère et moins portés à s'en prendre à autrui ?
3. Quels changements observe-t-on chez les enfants, entre 2 et 6 ans, sur le plan des rôles sexuels et des comportements féminins ou masculins ?
4. Décrivez ce qui distingue trois des cinq grandes théories au sujet des différences entre les sexes.

SECTION 2 L'âge scolaire (de 6 à 12 ans)

1. Comment l'enfant développe-t-il la conscience de soi à l'âge scolaire ?
2. Quelle structure familiale peut favoriser le meilleur avenir pour l'enfant ? Pourquoi ?
3. Donnez les caractéristiques des victimes d'intimidation et des agresseurs.
4. Qu'est-ce que la résilience ?

Applications

SECTION 1 L'âge préscolaire (de 2 à 6 ans)

1. À votre avis, quelles émotions sont valorisées et bannies dans votre famille, dans votre communauté culturelle, dans la société ?
2. Y a-t-il des similitudes, des différences ? Quelles sont les conséquences de ces similitudes et de ces différences, s'il y a lieu ?

SECTION 2 L'âge scolaire (de 6 à 12 ans)

1. Observez, pendant au moins 30 minutes, des enfants dans un lieu où ils se rassemblent généralement, par exemple une cour d'école, un parc ou un centre communautaire. Décrivez ce que font les enfants populaires, les enfants renfermés, les enfants rejetés et les autres qui correspondent à la majorité. Relevez au moins un conflit potentiel (intimidation, bousculade, etc.). Décrivez le fil des événements et l'issue.

Le chapitre 8 en un clin d'œil

SECTION 1 L'âge préscolaire (de 2 à 6 ans)

Le développement affectif

- **Concept de soi**
  - À partir de 2 ans, l'enfant développe une compréhension de lui-même et des autres (encore limitée).
- **Troisième crise psychosociale selon Erikson**
  - Initiative et culpabilité
    - Initiative : réaliser de nouvelles tâches, approfondir une habileté, entreprendre un projet…
    - Culpabilité : sentiment qu'éprouve l'enfant lorsque son inititave échoue ou qu'elle suscite la critique.
- **Régulation émotionnelle**
  - Aptitude à contrôler le moment et la façon d'exprimer ses émotions
    - Implique le développement neurologique (cortex préfrontal)
    - Troubles extériorisés et intériorisés
    - Le support du parent permet un développement harmonieux.
- **Émergence de l'empathie**
  - Aptitude à comprendre les émotions d'une autre personne
  - À ne pas confondre avec la *sympathie*, qui est la faculté de s'identifier à quelqu'un et de ressentir ce qu'il ressent.
  - Comportements prosociaux et antisociaux
    - L'empathie se traduit par un comportement prosocial, qui consiste à se montrer altruiste sans espérer en retirer d'avantages particuliers.
    - L'antipathie, réaction personnelle et émotive qui dépasse le désaccord, peut se traduire par un comportement antisocial (geste pour blesser quelqu'un ou pour détruire un bien).
  - Agressivité
    - Comportement le plus antisocial : l'agressivité physique
    - L'agressivité physique est présente chez la plupart des enfants de 2 ans et a tendance à diminuer entre 2 et 4 ans.
    - Quatre types d'agressivité : instrumentale, réactive, relationnelle et par intimidation

Le chapitre 8 en un clin d'œil

SECTION 1 L'âge préscolaire (de 2 à 6 ans) (suite)

Le monde social

Relation parent-enfant

Méthodes d'éducation selon Baumrind
Quatre styles éducatifs : directif, autoritaire, permissif et désengagé

Abc de la discipline : cible d'intervention

- Objectif de l'éducation : façonner le comportement de façon à ce que l'enfant intériorise graduellement les valeurs de ses parents.
- Punition : devrait être rare et réservée aux fautes que l'enfant comprend et peut raisonnablement contrôler.

L'identité sexuelle

Modèles explicatifs de la construction du genre

Approche psychodynamique

- Phase phallique : l'élément clé de la psyché enfantine selon Freud
- Complexe d'Œdipe : le garçon éprouve une attirance sexuelle envers sa mère.
- Complexe d'Électre : la fillette est animée par l'envie du pénis.

Approche béhaviorale

- L'identité sexuelle est apprise par renforcements et punitions ; elle est donc le fruit de l'environnement.

Approche cognitive

- Développement de l'identité sexuelle par l'observation des autres, par apprentissage social.

Théorie socioculturelle

- Tâches particulières dévolues aux hommes et aux femmes pouvant varier d'une culture à l'autre, ce qui influe sur le développement de l'identité sexuelle.

Approche épigénétique

- La différence entre les sexes est d'origine génétique ; cela est confirmé par les observations neurologiques et les aptitudes propres à chaque sexe (par exemple le langage versus les relations spatiales).

Le chapitre 8 en un clin d'œil

SECTION 2 L'âge scolaire (de 6 à 12 ans)

Le développement de la personnalité

Approche psychodynamique
- Freud et la phase de latence
- Erikson et la crise du travail et de l'infériorité

Quelques autres approches

L'enfant intègre ses compétences et relève les défis du monde extérieur en faisant preuve d'ouverture d'esprit, de perspicacité et d'assurance.

Quelques concepts importants

Concept de soi
La perception du *moi* est influencée par le rôle accru de la comparaison sociale.

Estime de soi
La conscience de la valeur que l'on s'attribue dans différents domaines.

Le monde social

Famille

Rôles
- Subvenir aux besoins physiologiques des enfants
- Favoriser leur apprentissage
- Développer leur estime de soi
- Nourrir les relations amicales
- Préserver l'harmonie et la stabilité

Structure de la famille
- Famille nucléaire
- Famille monoparentale
- Famille recomposée

Conflits et harmonie dans la famille
- Les conflits engendrent des réactions de stress, un sentiment de vulnérabilité.
- L'harmonie et la stabilité constituent des éléments cruciaux pour les enfants.

Le chapitre 8 en un clin d'œil

SECTION 2 L'âge scolaire (de 6 à 12 ans) (suite)

Le monde social (suite)

- **Relations avec les pairs**
  - Culture enfantine
    Vocabulaire, activités, code vestimentaire, règles de conduite et rituels propres aux enfants
  - Amitié
    - Primordiale pour les enfants
    - En lien avec le développement de la cognition sociale
  - Acceptation sociale
    - Rejetés-renfermés : enfants ostracisés présentant des attitudes ombrageuses et anxieuses.
    - Rejetés-agressifs : enfants méprisés présentant des comportements agressifs et hostiles.
  - Capacité d'écoute et habileté à exprimer ses besoins
  - Intimidation
    - Déséquilibre de pouvoir
    - Actes blessants
    - Actes directs et indirects
    - Comportement répétitif
- **Stress et résilience**
  - La résilience implique :
    - un processus dynamique ;
    - une adaptation positive au stress ;
    - un contexte de grande adversité.
  - Soutien social
    - Essentiel pour que les enfants arrivent à composer avec les difficultés
    - Réseau de parents, de proches, d'amis

4
PARTIE

L'adolescence et le début de l'âge adulte

De toutes les périodes de la vie, l'adolescence est probablement la plus difficile à décrire, à étudier et… à vivre. Les changements biologiques associés à la puberté sont universels, mais leur expression et leur ampleur varient considérablement et dépendent de plusieurs facteurs, dont le sexe, le code génétique et l'alimentation. Le développement cognitif n'a également rien d'uniforme à l'adolescence. Certains jeunes égalent ou surpassent les adultes en ce qui concerne la pensée logique, hypothétique et théorique. D'autres ont encore bien du chemin à parcourir pour développer leurs habiletés de base dans le domaine intellectuel. Quant au développement psychosocial, il varie encore davantage ; c'est en effet pendant la deuxième décennie de sa vie (de 11 ou 12 à 20 ans) que l'individu commence à construire sa propre identité, affirme son orientation sexuelle et choisit sa voie en matière de valeurs, d'éducation. La diversité des choix tient en grande partie aux différences entre les contextes sociaux et culturels ainsi qu'à la féconde hétérogénéité qui caractérise le cheminement de l'être humain.

Les adolescents n'en présentent pas moins un certain nombre de points communs. Tous font face aux mêmes tâches de développement et doivent s'adapter aux modifications de leur taille et de leur silhouette, à l'éveil de leur sexualité, à de nouvelles façons de penser. Tous tendent vers une maturité affective et une indépendance financière qui sont le propre de l'adulte.

Les jeunes adultes, pour leur part, doivent prendre des décisions quant à leurs objectifs professionnels, à leurs engagements sociaux et à leur conduite morale. Leur indépendance est aussi exaltante qu'exigeante dans ce monde où il est possible de choisir parmi une multitude de modes de vie. Peu importent les rôles qu'ils endossent, peu importe le zèle qu'ils mettent à les jouer, ils connaîtront inévitablement le stress et l'enthousiasme, la réussite et l'échec, le regret et la fierté. Les troisième et quatrième décennies de la vie (de 20 à 40 ans) correspondent à une période passionnante. Plus conscients de leurs forces tout en acceptant mieux leurs faiblesses, beaucoup de gens ont alors l'impression de vivre pleinement. Dans les trois chapitres qui suivent, nous voyons comment les adolescents et les jeunes adultes composent avec la fascinante complexité de l'existence.

CHAPITRE 9

Le développement biosocial à l'adolescence et au début de l'âge adulte

Entre 11 ou 12 et 20 ans, les êtres humains franchissent les limites qui séparent l'enfance de l'âge adulte, et ce, sur les plans biosocial, cognitif et psychosocial. Cette transition n'est ni simple ni facile. L'adaptation aux nombreux changements qu'apporte l'adolescence peut constituer une tâche stressante, troublante et déroutante.

Lorsqu'on est enfant, on a hâte d'être « grand ». On imagine que l'atteinte de la taille adulte va nécessairement de pair avec l'accession aux rôles et aux privilèges de l'âge adulte, et on n'a pas conscience des responsabilités qui accompagnent ces privilèges. À l'adolescence, on attend avec impatience le jour de la remise des diplômes ou de son 18e anniversaire. Ces jalons « officiels », croit-on, donnent comme par magie l'indépendance à laquelle on aspire et la compétence pour en jouir.

Dans ce premier chapitre de la partie consacrée à l'adolescence et au début de l'âge adulte, nous abordons, dans une perspective biosociale, la puberté (dernière étape de la maturation), puis le début de la sénescence chez le jeune adulte.

SECTION 1

L'ADOLESCENCE (DE 11 OU 12 À 20 ANS)

La vitesse et les répercussions des transformations physiques qui se produisent au début de l'adolescence rappellent étroitement celles de la petite enfance, à la différence que les adolescents en sont pleinement conscients. Le moindre petit changement prend parfois de grandes proportions pour celui ou celle qui voit son corps se transformer.

En raison d'une conscience de soi aiguë, les transformations que vivent les adolescents et adolescentes suscitent de nombreuses émotions : la surprise, voire la peur, la joie ou le désespoir. Cette section de chapitre décrit les changements biosociaux dits normaux, dont les transformations durant la puberté et leur moment d'apparition, la maturation du cerveau de même que les impacts psychologiques et comportementaux de ces transformations. On y aborde également deux problèmes potentiels : la grossesse chez les adolescentes et l'abus sexuel.

La puberté : une période de transformations

On a longtemps dit que la biologie marquait le début de l'adolescence et que la société en sonnait la fin. Aujourd'hui, on assiste parfois à une préadolescence parce que la puberté a tendance à commencer plus tôt qu'auparavant, sur le plan biologique, et à finir plus tard, sur le plan social. D'ailleurs, le développement est inégal sur ces deux plans.

Adolescence Période de transformations physiques, physiologiques, psychologiques et psychosociales qui s'échelonne entre 11 ou 12 et 20 ans. Il s'agit de la phase de maturation.

Les termes *adolescence* et *puberté* sont parfois utilisés de façon imprécise. L'**adolescence** correspond à la phase de maturation qui fait passer l'individu de l'état d'enfant à celui d'adulte. La maturation est d'ordre physiologique, physique, psychologique et psychosocial. Elle s'étend habituellement de 11 ou 12 ans jusqu'à 20 ans environ, parfois davantage.

Puberté Période de rapides changements hormonaux et physiques au début de l'adolescence qui transforment l'enfant en être humain capable de se reproduire. La puberté dure généralement de 18 mois à 6 ans, mais il faut encore plusieurs années au jeune pour atteindre la maturité psychologique.

La **puberté** fait référence, essentiellement, aux transformations hormonales et aux changements corporels du début de l'adolescence. Elle s'enclenche avec une augmentation de la production hormonale et se termine au moment où les organes reproducteurs deviennent matures. L'individu est alors capable de se reproduire.

La puberté métamorphose le corps. L'enfant devient adulte sur le plan physique et subit une augmentation de la masse corporelle et de la taille. De plus, les caractères sexuels, primaires et secondaires, se développent : le garçon devient un homme et la fille devient une femme (Langis et Germain, 2009 ; Crooks et Baur, 2009). La puberté débute dès qu'il y a production d'hormones, avant même l'apparition des premiers signes visibles (bourgeons mammaires chez la fille et poils pubiens chez le garçon) indiquant que le corps amorce sa transformation.

Les hormones

Hypothalamus Petite structure nerveuse située à la base du cerveau. Elle régit l'hypophyse et commande bon nombre d'émotions et de pulsions, elle participe aux processus d'adaptation du comportement à l'état physiologique.

Hypophyse ou **glande pituitaire** Glande endocrine située à la base du cerveau. Elle produit des hormones qui gèrent une large gamme de fonctions corporelles, dont les hormones trophiques qui stimulent les autres glandes endocrines. L'hypophyse est régulée par les hormones sécrétées par l'hypothalamus auquel elle est reliée.

Hormone Substance chimique naturelle produite par une glande de l'organisme et transportée par le sang vers une autre glande ou une cellule, pour influer sur une fonction physiologique. Diverses hormones influent sur les pensées, les pulsions, les émotions et le comportement.

Hormone de croissance (GH) Substance produite par l'hypophyse qui stimule et régit la croissance pendant l'enfance et l'adolescence. La sécrétion accrue de cette hormone est l'un des signes du début de la puberté et des facteurs déclenchants de la poussée de croissance.

Gonadolibérine (GnRH) Substance produite par l'hypothalamus au début de la puberté, qui stimule l'activité des gonades (ovaires et testicules) et entraîne un accroissement des concentrations d'œstrogènes et de testostérone.

La série de phénomènes qui déclenche la puberté s'amorce en réponse à un signal hormonal donné par l'**hypothalamus**, une structure située à la base du cerveau. Ce signal stimule l'**hypophyse**, ou **glande pituitaire** (située à proximité de l'hypothalamus), dont les **hormones** activent à leur tour les surrénales (deux petites glandes situées au sommet des reins) et les gonades, ou glandes sexuelles (ovaires et testicules). Rappelons que les hormones sont des substances chimiques naturelles qui circulent dans le sang et affectent toutes les cellules du corps. Elles régissent la faim, le sommeil, l'humeur, le stress, la libido et bien d'autres choses (voir le chapitre 6).

Plus d'une vingtaine d'hormones agissent sur la croissance et la maturation, et le taux de plusieurs d'entre elles augmente de façon importante au cours des mois précédant l'apparition des premiers signes visibles de la puberté. L'**hormone de croissance** (en anglais *growth hormone* (GH)), par exemple, produite par l'hypophyse, stimule et régit la croissance pendant l'enfance et l'adolescence. La sécrétion accrue de cette hormone est un des signes du début de la puberté et un des facteurs déclenchants de la poussée de croissance.

Une autre hormone, la **gonadolibérine** (en anglais *gonadotropin releasing hormone* (GnRH), provoque un accroissement spectaculaire de la production d'hormones sexuelles, les œstrogènes et la testostérone. La testostérone est généralement considérée comme l'hormone mâle, tandis que les œstrogènes sont considérés comme les hormones femelles. Toutefois, il est important de souligner que les concentrations de testostérone et d'œstrogènes augmentent chez les deux sexes à la puberté. Il n'en reste pas moins que chez les garçons la concentration de testostérone est 18 fois plus élevée à la puberté que pendant l'enfance, alors que la concentration d'œstrogènes chez les filles est 8 fois plus élevée à la puberté qu'au cours de l'enfance (Malina et Bouchard, 1991).

Les transformations physiques

Bien des gens croient à tort que la puberté chez les filles débute lorsqu'elles ont leurs premières règles. En réalité, la puberté s'amorce avant les premiers signes visibles indiquant que le corps commence ses transformations.

Sur le plan physique, la période de la puberté se caractérise par :

- une forte poussée de croissance ;
- le développement des caractères sexuels primaires (atteinte de la maturité sexuelle et de la fertilité) ;
- le développement des caractères sexuels secondaires.

Voyons de plus près chacun de ces aspects.

Ces ados aux grands pieds... Ce joueur présente les proportions corporelles caractéristiques du jeune adolescent : de longues jambes, de grands pieds et un torse relativement court.

Une forte poussée de croissance

Une poussée de croissance est une augmentation soudaine, non uniforme et, à certains égards, imprévisible de la taille de presque toutes les parties du corps. Le premier signe de la poussée de croissance qui se produit à la puberté est l'augmentation de la longueur des os et de leur densité. Le processus commence aux extrémités des membres et s'étend en direction du centre, contrairement au processus **proximodistal** de la période prénatale et de la petite enfance (voir le chapitre 3). Par conséquent, les doigts et les pieds des adolescents s'allongent avant leurs bras et leurs jambes. Le torse est la dernière partie du corps à s'allonger, de sorte que, pendant un certain temps, ces jeunes ont de grands pieds, de longues jambes et un torse court.

Proximodistal Processus de développement du tronc vers les membres.

Les adolescents prennent rapidement du poids, car la graisse s'accumule plus facilement qu'avant dans leurs tissus (Malina, 1991). Peu de temps après le début du gain de poids, la taille commence à augmenter, ce qui élimine une partie de la graisse récemment accumulée et redistribue le reste. Les filles, dans l'ensemble, conservent un pourcentage de graisse supérieur à celui des garçons (Roche et Sun, 2003). Un an environ après l'augmentation de la taille et du poids, c'est au tour de la masse musculaire de s'accroître. Le phénomène est particulièrement marqué dans la partie supérieure du corps masculin : en moyenne, les muscles des bras d'un garçon sont 2 fois plus forts à 18 ans qu'à 8 ans, si bien qu'il peut lancer une balle 4 fois plus loin (Malina, Bouchard et Bar-Or, 2004).

La tête est l'une des dernières parties du corps à parvenir à sa taille finale ; cela se fait quelques années après que les pieds ont atteint leur taille définitive. Contrairement à la tête qui tarde à grossir et à prendre sa forme ovale, les traits du visage qui différencient les adultes des enfants (les oreilles, les lèvres et le nez) changent soudainement, donnant parfois aux adolescents une allure disproportionnée.

Les jeunes sont souvent troublés du fait que les deux côtés de leur corps ne se développent pas toujours au même rythme : un pied, un sein, un testicule ou une oreille sera temporairement plus grand ou gros que l'autre. Ces anomalies, heureusement, ne durent pas longtemps, mais sont tout de même source d'embarras pour celui ou celle qui les vit.

Une fois la poussée de croissance amorcée, toutes les parties du corps se transforment et atteignent en moins de 3 ou 4 ans une taille, une forme et des proportions proches de celles de l'adulte. Pour l'adolescent, bien entendu, ces quelques années passées à attendre que son corps prenne des proportions « normales » peuvent paraître une éternité.

Une longueur d'avance En moyenne, les filles devancent les garçons de 2 ans en ce qui a trait à la taille. La poussée de croissance se produit avant les premières règles, mais beaucoup plus tard chez les garçons, soit après la première éjaculation. La stature continue d'augmenter par la suite, de même que les tissus adipeux et musculaires, lesquels poursuivent leur développement au début de l'âge adulte.

D'autres transformations plus ou moins visibles

Chez les deux sexes, les organes internes se développent et deviennent plus performants. Ainsi, les poumons triplent de poids, ce qui permet de respirer plus lentement et plus profondément. Le cœur double de volume et bat plus lentement alors que la pression sanguine augmente (Malina, Bouchard et Bar-Or, 2004). Ces changements

Ils ont tous deux 12 ans Les ancêtres de ces deux garçons du Minnesota venaient du nord de l'Europe et de l'Afrique occidentale. Leurs gènes sont responsables de certaines différences entre eux, notamment le moment où se déclenche la puberté.

améliorent l'endurance physique et permettent aux adolescents de parcourir des kilomètres à la course ou de danser pendant des heures.

Par ailleurs, puisque le gain de poids et l'augmentation de la taille surviennent avant la croissance des muscles et des organes internes, il faut veiller à ce que tout programme d'entraînement physique et de musculation soit adapté à la taille qu'avait l'adolescent l'année précédente, afin de ménager ses muscles et ses organes encore immatures. Les blessures sportives sont les accidents les plus courants à l'école, et elles augmentent à la puberté, notamment parce que les adolescents, même s'ils ont grandi, n'ont pas encore développé une densité osseuse optimale. Les jeunes adolescents sont donc plus vulnérables aux fractures que les adultes, à l'exception des personnes très âgées (Roche et Sun, 2003). Les parents devraient être conscients de cette vulnérabilité et ne pas exiger des adolescents en pleine croissance des efforts musculaires trop intenses (par exemple transporter un sac à dos trop lourd pendant de longues randonnées). La musculature ne peut pas toujours soutenir le poids, ce qui peut avoir des conséquences sur la colonne vertébrale.

Les hormones sécrétées à la puberté entraînent également des changements corporels qui, bien que mineurs à l'échelle du développement global, peuvent avoir certaines répercussions sur le plan psychologique. Ainsi, l'activité accrue des glandes sébacées et sudoripares pendant la puberté rend les cheveux huileux et intensifie les odeurs corporelles. Elle rend aussi la peau sujette à l'acné, une maladie de la peau qui atteint environ 85 % des adolescents à un degré ou à un autre (Lowrey, 1986).

Le développement des caractères sexuels primaires

Les caractères sexuels primaires correspondent à l'ensemble des voies génitales, des organes génitaux et des glandes annexes qui interviennent dans la reproduction. Les dimensions de tous les organes génitaux augmentent pendant la puberté.

Spermatogenèse Processus de production de spermatozoïdes.

Chez les garçons, le processus de la **spermatogenèse** assure la transformation des cellules germinales embryonnaires en cellules spermatiques, à l'intérieur des canaux séminifères des testicules. La spermatogenèse implique un ensemble de mécanismes qui aboutissent à la production de spermatozoïdes viables, les gamètes mâles. Les testicules augmentent de volume et, 1 an plus tard environ, le pénis s'allonge tandis que le scrotum se dilate et descend par rapport à l'abdomen. On note également un accroissement de la prostate et des vésicules séminales.

Tout comme certaines filles sont troublées par leurs premières règles, plusieurs garçons le sont par leur première éjaculation. Celle-ci peut être obtenue au moyen de la masturbation, généralement entre 11 et 15 ans, ou elle se produit, dans 12 % des cas (Kelly, 2006, cité dans Langis et Germain, 2009), de façon spontanée la nuit, pendant le sommeil.

Ménarche Apparition des premières règles.

Chez les filles, l'utérus grossit et la muqueuse vaginale s'épaissit, avant même que n'apparaissent certains caractères sexuels secondaires, comme les bourgeons mammaires et les poils pubiens. Puis l'ovulation se produit, entraînant les premières règles, ou **ménarche**, le développement du vagin et des trompes de Fallope.

Spermarche Première émission de sperme contenant des spermatozoïdes.

Les organes génitaux atteignent un degré de maturité suffisant à la reproduction. Une fois activées, les gonades (glandes sexuelles : ovaires et testicules) produisent des gamètes (ovules et spermatozoïdes), dont la maturation et la libération sont annoncées par les premières règles et la **spermarche** (première émission de sperme contenant des spermatozoïdes), indiquant que la jeune personne est biologiquement prête à procréer. Chez certains adolescents, il y a une courte période d'infertilité entre le moment des premières règles ou des premières éjaculations et le moment où l'ovulation se produit et où l'éjaculat contient des spermatozoïdes viables (Crooks et Baur, 2009).

Le développement des caractères sexuels secondaires

Les différences physiques entre les sexes sont minimes avant la puberté, mais elles s'accentuent de façon marquée par la suite, entre autres avec l'apparition des caractères sexuels secondaires.

Les changements liés aux caractères sexuels secondaires (tels que les seins, la voix grave, la pilosité) constituent des signes évidents du développement sexuel, même si ces caractères ne jouent pas un rôle direct dans la reproduction. Les silhouettes du garçon et de la fille, qui étaient presque identiques pendant l'enfance, se différencient à l'adolescence (Malina, 1990). Les épaules des garçons deviennent plus larges que leurs hanches. Les filles, elles, voient leurs hanches s'élargir ; cette adaptation du corps à la maternité apparaît dès la puberté et s'accentue au fil de l'adolescence.

Le tableau 9.1 présente la séquence de changements ayant trait aux caractères sexuels primaires et secondaires qui se produisent chez les filles et les garçons à la puberté ainsi que l'âge moyen auquel chacun est associé.

TABLEAU 9.1 Le développement des caractères sexuels à la puberté

Filles	Âge moyen*	Garçons
Augmentation de la production d'œstrogène et de progestérone** par les ovaires	9 ans	
Début de la croissance de l'utérus et du vagin	9 ans et demi	Augmentation de la production de testostérone par les testicules
Premier signe visible : apparition des bourgeons mammaires	10 ans	
Apparition de la pilosité pubienne Début du gain de poids	11 ans	Croissance des testicules et du scrotum
Accroissement rapide de la taille	11 ans et demi	Premier signe visible : apparition de la pilosité pubienne
Croissance de la masse musculaire et des organes Élargissement notable des hanches	12 ans	Début de la croissance du pénis
Premières règles	12 ans et demi	
	13 ans	Accroissement rapide de la taille Allongement du pénis
	13 ans et demi	Premières éjaculations
Mue de la voix	14 ans	Croissance de la masse musculaire et des organes Élargissement notable des épaules
Pilosité adulte	15 ans	Mue de la voix Début de la pilosité faciale
Croissance des seins à leur taille adulte	17 ou 18 ans	
	18 ou 19 ans	Pilosité adulte

* L'âge moyen est une approximation, et des jeunes parfaitement sains et normaux peuvent se développer 3 ans plus tôt ou plus tard que les âges indiqués ici.

** L'œstrogène et la progestérone, de même que la testostérone, influent sur les caractéristiques sexuelles, y compris la reproduction. Les mentions au tableau font référence à l'augmentation produite par les gonades (les glandes sexuelles). Les ovaires produisent des œstrogènes et les testicules produisent des androgènes, particulièrement de la testostérone. Les glandes surrénales produisent les deux types d'hormones.

Sources : Alvin et Marcelli, 2005 ; Sahuc, 2006 ; sexoconseil.com, 2009 ; Malina, Bouchard et Bar-Or, 2004 ; Biro et coll., 2001 ; Herman-Gidden, Wang et Koch, 2001.

À VOUS LES COMMANDES 9.1

La puberté, d'une génération à une autre

Comparez ce que vous avez vécu à la puberté avec deux personnes d'une génération autre que la vôtre (votre mère et votre tante ou votre père et votre oncle, par exemple).

1. Vous avait-on parlé des premières règles ou de la première éjaculation? Si oui, qui vous en avait parlé et de quelle manière?
2. Qu'avez-vous ressenti au moment des premières règles ou de la première éjaculation?
3. Comment vos proches ont-ils appris que vous aviez eu vos premières règles ou votre première éjaculation? Quelles furent leurs réactions?
4. Auriez-vous aimé que les choses se passent différemment? Si oui, comment?
5. Dégagez les différences et les ressemblances entre les deux générations. De façon générale, que constatez-vous? Par exemple, y a-t-il un lien entre les informations reçues et les réactions émotives aux premières règles ou à la première éjaculation?
6. Comment allez-vous agir avec vos enfants, garçon et fille?

Un autre aspect des transformations: le développement du cerveau

Traditionnellement, les transformations associées à la puberté renvoient principalement à la croissance physique et à la maturité sexuelle. Nous y ajoutons un troisième aspect, le développement du cerveau, de façon à englober toutes les facettes des transformations pubertaires.

En même temps que s'effectuent plusieurs transformations, le cerveau des adolescents se développe grâce aux hormones, à la maturation et à l'expérience qui, combinées, provoquent un développement rapide, mais inégal. Le système limbique (siège de la peur, des pulsions affectives) arrive à maturité avant le cortex préfrontal (siège de la planification, de la régulation affective). Comme l'illustre le cas présenté dans la rubrique « En personne », à la page suivante, les neuroscientifiques et les spécialistes du développement cherchent à comprendre comment les émotions et la logique interagissent.

L'intégration de la neurologie et de la psychologie nécessite encore beaucoup de recherche interdisciplinaire. La prudence s'impose, cependant, pour éviter que le développement incomplet du cerveau ne devienne l'explication à tous les comportements déconcertants des adolescents, de leurs habitudes de sommeil à leur goût du risque en passant par leurs sautes d'humeur (Kuhn, 2006). Les méthodes d'imagerie (comme l'IRM fonctionnelle ou la tomographie par positons) sont coûteuses et complexes, et les recherches longitudinales, fiables et multifactorielles sur le cerveau d'adolescents moyens de 10 à 17 ans ne sont pas encore très avancées.

D'un pays à l'autre: les adolescents et l'alcool Presque la majorité des adolescents boivent de l'alcool, y compris ces jeunes à leur bal de fin d'études secondaires à New York (à gauche) et dans un chalet, en Suisse (à droite). Même si l'on observe des différences culturelles, la tendance générale veut que les adolescents expérimentent l'alcool et les drogues.

EN PERSONNE

« Mais à quoi pensais-tu ? »

Laurence Steinberg, un spécialiste renommé du raisonnement adolescent... et un père, raconte :

> À 14 ans, mon fils Benjamin et ses amis décidèrent de quitter en douce la maison de l'ami où ils passaient la nuit pour aller rendre visite à l'une de leurs copines, vers 2 h du matin. Arrivés chez elle, ils lancèrent des cailloux contre la fenêtre de sa chambre et entreprirent d'escalader le mur de la maison. Or, la technologie ne facilite pas la tâche des Roméo des temps modernes. Les garçons déclenchèrent le système d'alarme qui, à son tour, déclencha un signal au poste de police local. Les garçons dévalèrent la rue et faillirent entrer en collision avec la voiture de patrouille en route vers la maison de la jeune fille. Au lieu de s'arrêter et d'expliquer ce qui s'était passé, Ben et ses amis s'enfuirent. Les policiers rattrapèrent l'un d'eux et l'interrogèrent.
>
> J'appris cette histoire le lendemain matin, par la mère de la jeune fille. Après avoir été face à face avec les policiers, Ben était retourné à la maison de son ami et s'était endormi profondément. C'est moi qui le réveillai en lui téléphonant pour lui dire, d'un ton courroucé, de s'habiller et de m'attendre devant la maison de son ami. Sur le chemin du retour, je le sermonnai longuement sur la stupidité de leur geste et les dangers de s'enfuir en pleine nuit devant des policiers armés convaincus d'avoir affaire à des cambrioleurs.
>
> « À quoi pensais-tu ? » lui demandai-je après un silence.
>
> « À rien, papa, répondit Ben. C'est bien ça le problème. »
>
> (Steinberg, 2004)

Steinberg trouva son fils perspicace. « Le problème de Ben n'était pas d'avoir pris la mauvaise décision. Son problème était d'être incapable de prendre une décision » (Steinberg, 2004). Dans son analyse, Steinberg souligne les caractéristiques du raisonnement adolescent : en présence de grandes émotions, particulièrement avec les pairs, la composante logique du cerveau est désactivée.

On ne perçoit rien de tel dans les réponses écrites des adolescents à qui l'on soumet d'hypothétiques dilemmes moraux. Lorsqu'ils répondent à ces questionnaires, les adolescents réfléchissent longuement et répondent correctement. Ils connaissent, par exemple, les risques associés aux drogues et aux relations sexuelles.

> Néanmoins, ces hypothétiques dilemmes ne peuvent certainement pas se comparer à l'excitante possibilité de surprendre, en pleine nuit, l'élue de son cœur. Il est beaucoup plus facile de mettre un hypothétique condom pendant une hypothétique relation sexuelle que d'en mettre au beau milieu d'ébats enfiévrés. Il est beaucoup plus facile de refuser une bière hypothétique offerte sur papier que de refuser une bière bien froide par une chaude soirée d'été, en compagnie d'amis qui en ont accepté une.
>
> (Steinberg, 2004)

Notons que les dernières remarques de Steinberg s'appliquent aussi aux adultes !

À la fois enthousiastes et prudents, les scientifiques trouvent de nombreuses pistes pour expliquer le raisonnement et le comportement des adolescents. On sait, par exemple, que les lobes frontaux sont la dernière partie du cerveau à arriver à maturation, en raison de la myélinisation continue qui se déroule de 10 à 25 ans.

> Les lobes frontaux sont essentiels à l'inhibition, à la régulation affective, à la planification et à l'organisation, des fonctions qui ne sont peut-être pas complètement développées chez les adolescents, ce qui suggère que l'immaturité du cerveau expliquerait en bonne partie leurs comportements irréfléchis.
>
> (Sowell, Thompson et Toga, 2007)

Les adolescents sont parfaitement capables de raisonner. Cependant, le cerveau, comme le reste du corps de l'adolescent, se développe de façon inégale. La myélinisation et la maturation procèdent de l'intérieur du cerveau vers le cortex et de l'arrière vers l'avant (Sowell, Thompson et Toga, 2007). De plus, les régions qui parviennent à maturité plus rapidement (prolifération et émondage des synapses) sont situées à l'arrière et touchent des fonctions sensorielles vitales : la vision, l'ouïe, le toucher et la reconnaissance spatiale. La toute dernière à devenir mature est le cortex préfrontal qui permet d'organiser, d'établir ses priorités, de contrôler ses impulsions, de soupeser les conséquences rattachées à ses actes. Somme toute, c'est lui qui permet de rendre un être pleinement responsable, mais il n'est achevé qu'au début de l'âge adulte.

Ainsi, compte tenu de la séquence de maturation du cerveau, l'action des hormones au cours de la puberté fait en sorte que le système limbique devient mature des années avant le cortex préfrontal.

L'amygdale, une structure du système limbique, se spécialise dans les réactions émotionnelles rapides — colère, joie, peur — et le cortex préfrontal coordonne, inhibe et élabore des stratégies pour gérer ces émotions… Comme les parties du cerveau qui activent les émotions se développent avant celles qui en assurent le plein contrôle volontaire, les adolescents sont plus à risque de vivre des désordres ou des troubles émotionnels que les adultes.

Le système limbique arrivé à maturité est particulièrement sensible aux émotions fortes et immédiates, non filtrées par le cortex préfrontal, toujours en développement.

Quand le stress, l'excitation, la passion, le bombardement sensoriel, l'intoxication ou le manque de sommeil dépassent les limites, le cerveau est submergé par les impulsions nerveuses. Le cortex préfrontal n'arrive pas à contrôler ces impulsions qui sont plus fortes qu'à l'âge scolaire.

L'immaturité du cerveau à l'adolescence — le fait que le cortex préfrontal soit encore en développement — comporte des avantages, mais aussi des risques. Elle permet d'expliquer l'effervescence de la créativité des adolescents et des jeunes adultes, chez qui le cerveau n'a pas encore pris ses habitudes : passion pour les idées et les idéaux, passion pour la beauté, pour la création musicale et artistique (Dahl, 2004). En revanche, c'est aussi ce qui rend les adolescents plus sujets, entre autres, à la dépendance aux drogues (Monastersky, 2007 ; Moffitt, Caspi et Rutter, 2006). De nombreux adolescents recherchent des expériences d'intense émotion, mais ne disposent pas du raisonnement requis pour les tempérer. Le raisonnement à l'adolescence est plus inconstant que ne l'estimaient les chercheurs (Kuhn, 2006).

Les adolescents semblent donc encore avoir besoin de leur entourage pour les soutenir et les guider pendant qu'ils acquièrent une plus grande maturité cérébrale et de meilleures compétences de raisonnement (Monastersky, 2007).

Les variations quant au début de la puberté

La puberté dite « normale » commence entre l'âge de 8 à 13 ans et se déroule sur une période de 18 mois à 6 ans. Cependant, les chercheurs ont constaté des variations importantes d'une génération à l'autre et d'un individu à l'autre.

Des variations entre les générations

Au cours des 2 derniers siècles, chaque génération a commencé la puberté plus tôt que ne l'avait fait la précédente (Tanner, 1991). Cette évolution, appelée *tendance séculaire*, est due à l'amélioration de l'alimentation et des soins médicaux.

Au cours du XXe siècle, le déclenchement de la puberté a été devancé de quelques mois à chaque génération (Alsaker et Flammer, 2006). Au début des années 1900, l'âge moyen de la puberté se situait entre 12 et 13 ans chez les filles ; les premières règles survenaient à 14 ou 15 ans. En 1997, une vaste étude américaine a rapporté que le début de la puberté apparaissait à l'âge de 8 ans chez 15 % des filles et que les premières menstruations survenaient vers 12 ou 13 ans (Courchesne, 2001). Cependant, cette tendance séculaire semble s'être arrêtée dans les pays développés (Roche et Sun, 2003).

Des variations entre les individus

Chez la plupart des jeunes, la puberté survient vers 11 ou 12 ans, mais il arrive aussi qu'elle se produise à 8 ans ou encore à 14 ans. Parmi les facteurs susceptibles d'expliquer ces variations, on retrouve les gènes, la quantité de tissus adipeux et le stress.

Les gènes

De nombreux aspects de la maturité sexuelle relèvent de la génétique, dont le déclenchement des secrétions de l'hypothalamus. Un des facteurs qui expliquent l'âge variable du début de la puberté est le sexe : certains changements du corps féminin se produisent en moyenne de 1 à 2 ans plus tôt que les changements équivalents du corps masculin (Tanner, 1991). Les gènes des chromosomes sexuels exercent une grande influence sur le déclenchement de la puberté, surtout sur la production des hormones. On évalue que 50 % des variantes du phénomène de la puberté sont dues à la génétique (Gluckman et Hanson, 2006b).

Les tissus adipeux

Partout dans le monde, les enfants costauds commencent leur puberté plus tôt que ceux qui sont plus frêles. Il semble bien que la ménarche survienne plus tard chez les filles qui ont peu de graisse corporelle (parce qu'elles ne s'alimentent pas suffisamment ou parce qu'elles font trop d'exercice) et que la plupart des filles pèsent au moins de 45 à 48 kg au moment des premières règles (Berkey et coll., 2000).

En Inde et en Chine, la puberté commence plus tôt dans les grandes villes que dans les villages reculés, probablement parce que les enfants vivant en région rurale mangent souvent moins (Malina, Bouchard et Bar-Or, 2004). Chez les deux sexes, la malnutrition chronique retarde le début de la puberté. D'ailleurs, cela explique probablement pourquoi la puberté ne survenait pas avant l'âge de 17 ans au XVIe siècle.

Le gras corporel Depuis quelques années, les filles sont de plus en plus nombreuses à pratiquer des sports exigeants. C'est ainsi que les scientifiques ont découvert, entre autres, que le cycle menstruel chez l'adolescente est fortement influencé par la quantité de gras corporel. Les règles sont irrégulières, voire absentes, chez les athlètes qui possèdent beaucoup plus de tissu musculaire que de tissu adipeux.

Le stress

Le stress influe sur les hormones à la puberté, paradoxalement en augmentant leur production (et non en l'entravant). La puberté survient généralement plus tôt chez les enfants dont les parents sont malades, toxicomanes ou divorcés, et chez ceux qui vivent dans un quartier marqué par la violence ou la pauvreté (Herman-Giddens, Wang et Koch, 2001 ; Hulanicka, 1999 ; Moffitt et coll., 1992).

Avant de conclure que le stress accélère le déclenchement de la puberté, notons que les scientifiques ne s'entendent pas tous sur ce point (Ellis, 2004). L'hypothèse du stress est toutefois suffisamment documentée pour qu'il devienne opportun de tenter de comprendre pourquoi le stress pourrait déclencher la puberté.

La théorie de l'évolution propose l'explication suivante : « Au cours de l'histoire, la sélection naturelle a peut-être fait en sorte que nos ancêtres féminines qui grandissaient dans un environnement familial difficile ont amélioré leur rendement reproducteur en se développant plus vite, en devenant actives sexuellement et en se reproduisant à un âge relativement précoce » (Ellis et Garber, 2000).

Autrement dit, en d'autres époques plus stressantes, les parents adolescents pouvaient se reproduire avant de mourir et transmettre ainsi les gènes familiaux. La sélection naturelle favorisait les gènes qui s'adaptaient aux guerres, à la famine et à la maladie en déclenchant chez leurs détenteurs une puberté précoce. De nos jours, la sexualité et la reproduction précoces favorisent davantage le bouleversement social que la survie de l'espèce, mais le génome humain a mis des millénaires à parvenir à sa forme actuelle. Bien que les chercheurs ne s'entendent pas tous sur les raisons qui pourraient expliquer en quoi le stress serait responsable du déclenchement précoce de la puberté, la corrélation, elle, demeure constante (Romans et coll., 2003).

Vivre sa puberté à un âge « normal » ou hors norme

Les jeunes qui vivent leur puberté en même temps que leurs amis ont tendance à percevoir l'expérience plus favorablement que ceux qui connaissent ces transformations avant ou après leurs pairs (Dubas, Graber et Petersen, 1991). En d'autres termes, la puberté peut améliorer ou diminuer le prestige d'une personne aux yeux de ses pairs, en partie selon l'âge auquel elle se produit. Bien que ses effets ne soient pas les mêmes chez les garçons et chez les filles, la maturation physique hâtive ou tardive peut être source de stress psychologique.

La puberté hâtive

La puberté hâtive est un phénomène presque exclusivement féminin. Elle ne se produit qu'exceptionnellement chez les garçons.

Pour les filles, la précocité peut présenter certains aspects désagréables. Leurs seins se développent, leurs hanches s'élargissent, ce qui attire les regards. Étant plus développées sur le plan sexuel que sur le plan psychologique, elles font souvent face à un plus grand nombre de contraintes et d'attentes. Elles ont aussi tendance à avoir une image corporelle moins positive que celle des autres filles ; elles ont une moins bonne estime d'elles-mêmes et ont plus tendance à la dépression (Compian, Gowen et Hayward, 2004 ; Mendle, Turkheimer et Emery, 2007). Elles sont également plus sujettes aux troubles alimentaires, comme si elles voulaient arrêter leur développement (Graber et coll., 1994).

Bien que rare, une puberté hâtive chez les garçons présente des avantages. Étant considérées comme des signes de virilité, la robustesse et la force physique constituent des atouts dans les activités sportives et dans le groupe de pairs. De plus, ces garçons se sentent séduisants, ont une image corporelle positive, obtiennent de bons résultats scolaires et sont très populaires auprès de leurs pairs. Pour les garçons comme pour les filles, la puberté hâtive est en corrélation avec l'amour, l'activité sexuelle et la parentalité hâtive (Brown, 2004 ; Siebenbruner, Zimmer-Gembeck et Egeland, 2007).

La puberté tardive

En règle générale, on parle de retard lorsque la puberté n'a pas débuté 2 ans après les limites habituelles (12 ans chez la fille et 14 ans chez le garçon) (Gluckman et Hanson, 2006b). La puberté tardive comporte son lot de difficultés, particulièrement pour les garçons chez qui le retard est plus éprouvant que la précocité. Le plus souvent, les bouleversements psychologiques sont dus à un trop grand écart entre les attentes de l'adolescent et la réalité. Un garçon s'attend à grandir au même rythme que ses amis de son âge : s'il est plus petit, il devient anxieux, se demandant si sa taille augmentera. Les différences ethniques relatives à l'âge de la puberté (par exemple, les garçons asiatiques sont souvent plus petits et plus minces que leurs pairs d'autres origines) peuvent contribuer aux tensions raciales à l'école secondaire (Lei, 2003 ; Greene, Way et Pahl, 2006).

Chez les filles, la puberté tardive peut également susciter de l'anxiété. Une adolescente qui s'attend à voir ses seins se développer et à avoir ses menstruations, alors que ses amies ont déjà une silhouette de femme, se demande si elle est normale.

Les effets d'une maturation hâtive ou tardive varient grandement d'une personne à une autre, de même que d'une culture à une autre. Soulignons toutefois qu'en règle générale, durant la période de transformations majeures que représente la puberté, toute variation par rapport à la norme est susceptible de créer de l'anxiété. Cependant, certaines caractéristiques personnelles comme le sens de l'humour, la créativité, le sens de la répartie, les talents athlétiques ou artistiques peuvent atténuer le problème et favoriser l'intégration sociale. De plus, les facteurs environnementaux (interactions familiales, transition du primaire au secondaire, valeurs culturelles, présence des professeurs, etc.) peuvent amoindrir ou exacerber le problème chez les deux sexes.

Les impacts psychologiques et comportementaux des transformations pubertaires

Le processus de sexualisation entraîne des bouleversements importants chez la personne qui les vit et les subit : on ne choisit pas le moment du déclenchement de sa puberté, pas plus qu'on ne choisit son corps (Langis et Germain, 2009). Examinons les conséquences de ces bouleversements sur l'image corporelle, l'émotivité et les comportements sexuels.

L'image corporelle

Les changements physiologiques associés à la puberté obligent les adolescents à remanier leur image corporelle, c'est-à-dire l'image mentale qu'ils ont de leur apparence.

> En effet, l'image mentale que l'adolescent se fait de son corps correspond à la représentation qu'il s'était faite de lui quand il était enfant. Or, cette image n'est plus conforme à la réalité. [...] Comme les différentes parties du corps ne se développent pas au même rythme, il se peut que l'adolescent ait de la difficulté à maîtriser certains gestes et fasse preuve de maladresse.
>
> (Langis et Germain, 2009, p. 160)

Selon de nombreux spécialistes du développement, l'acquisition d'une image corporelle saine fait partie intégrante du cheminement vers la maturité (Erikson, 1968 ; Simmons et Blyth, 1987). Cependant, puisque la puberté modifie tout le corps, rares sont les adolescents qui accueillent avec joie toutes les transformations qu'ils subissent et qui sont satisfaits de leur apparence.

À VOUS LES COMMANDES 9.2

Question d'apparence

Interrogez quatre personnes (un garçon et une fille de 13 ans, un garçon et une fille de 18 ans) sur leur image corporelle. Posez-leur les questions suivantes :

1. Es-tu satisfait(e) de ton apparence ?
2. Qu'est-ce que tu apprécies le plus chez toi ?
3. Qu'est-ce que tu apprécies le moins chez toi ?

Répondez vous-même aux questions 1, 2 et 3.

Une fois les réponses compilées, dégagez les ressemblances et les différences dans les perceptions des garçons et des filles.

Dégagez également les ressemblances et les différences en fonction de l'âge. Est-ce que le niveau de satisfaction est sensiblement le même chez les personnes d'âges différents ou diffère-t-il ? Si vous notez des différences, comment les expliqueriez-vous ?

Les filles sont plus sévères que les garçons en ce qui a trait à leur poids, à leur stature ou à leur chevelure, même à leur nez, à leurs genoux et à leurs pieds (Duke-Duncan, 1991 ; Phelps et coll., 1993 ; Rauste-von Wright, 1989).

> L'apparence [...] est une caractéristique omniprésente du *soi*, toujours offerte à l'examen des autres et de la personne elle-même. À l'opposé, la compétence dans le domaine scolaire, sportif, social, comportemental ou moral ne se prête pas sans cesse à l'évaluation et n'apparaît que dans certains contextes. En outre, la personne peut choisir de la révéler ou non et, le cas échéant, peut décider du moment et de la manière de la manifester.
>
> (Harter, 1993)

Aime-t-il ce qu'il voit ? Pendant l'adolescence, les traits du visage ne se développent pas tous au même rythme, et les cheveux deviennent souvent plus difficiles à coiffer. Si ce jeune garçon est un adolescent typique, il y a fort à parier que son nez, ses lèvres, ses oreilles ou ses cheveux ne lui plaisent pas.

Absorbés par leur apparence, nombre d'adolescents passent des heures devant le miroir à scruter leur image, à se demander si leur coiffure les avantage et à se questionner sur leurs vêtements. Certains s'astreignent à un entraînement rigoureux (musculation, exercices aérobiques...) ou suivent un régime amaigrissant avec un zèle qui confine à l'obsession. Une telle préoccupation peut finir par paraître pathologique aux yeux des adultes, même aux yeux d'autres adolescents qui se fatiguent de n'entendre parler que d'apparence.

Toutefois, pour comprendre ce souci esthétique, il faut admettre qu'il découle en partie des réactions des autres. En effet, il arrive que les parents, les frères, les sœurs, les amis, les enseignants et même des étrangers émettent des commentaires gratuits et plus ou moins déconcertants sur le physique des jeunes.

Le charme physique, bien entendu, constitue un atout certain aux yeux des adolescents : la beauté fait d'ailleurs partie des principales qualités de la femme et de l'homme idéaux que recherchent les filles comme les garçons (Stiles et coll., 1987).

Les adolescents reçoivent d'éloquents messages de la société quant à l'importance de l'apparence, à travers la publicité : jolis visages et corps musclés abondent pour les convaincre d'acheter toutes sortes de biens de consommation, des vêtements aux cosmétiques en passant par des gadgets électroniques et des articles de sport dernier cri. Et ces images sont celles d'un certain modèle culturel auquel peu de gens correspondent.

À mesure que le temps passe, l'adolescent se préoccupe de moins en moins de lui-même et de son image corporelle, et il en vient à s'accepter tel qu'il est sur le plan physique (Rauste-von Wright, 1989). La plupart des jeunes adultes se font à l'idée que leur apparence naturelle ne correspond pas tout à fait au modèle culturel qu'on leur propose. L'expérience leur apprend en outre qu'ils peuvent être aimés, corps et âme, tels qu'ils sont.

Il ne faut pas pour autant prendre à la légère les soucis liés à l'image corporelle chez les adolescents. La plupart d'entre eux n'ont qu'à penser qu'ils ont l'air affreux pour se sentir affreusement mal et même sombrer dans la dépression. Les adultes devraient écouter leurs doléances. La compréhension et les compliments peuvent aider un adolescent à améliorer son image corporelle et son estime de soi et, par conséquent, à se faire accepter dans les groupes sociaux.

L'émotivité soudaine

Outre les transformations physiques caractéristiques de la puberté, les hormones provoquent des changements psychologiques. L'émotivité se module différemment, en même temps que l'image corporelle se transforme (Susman et Dorn, 1991). L'instabilité émotive des adolescents les porte à avoir des réactions spontanées. Cette instabilité est liée à l'immaturité du cerveau (limbique et préfrontal), mais les hormones exercent aussi une grande influence :

- l'augmentation du niveau de testostérone stimule l'éveil et la montée rapide des émotions, particulièrement de la colère ;
- les poussées hormonales provoquent des sautes d'humeur (du désespoir à l'extase) ;
- la fluctuation des œstrogènes exacerbe, chez de nombreuses filles, la bonne humeur au milieu du cycle menstruel (à l'ovulation) et la tristesse ou la colère à la fin du cycle.

Bien que les adultes subissent les effets des mêmes hormones, celles-ci sont plus imprévisibles durant la puberté, plus puissantes, et leur circulation est plus irrégulière ; elles sont aussi moins familières (Cameron, 2004 ; Susman et Rogol, 2004). De plus, lorsqu'ils sont soumis à des changements hormonaux (par exemple, pendant la grossesse), les adultes ont la maturité cognitive nécessaire pour en comprendre et en relativiser les effets.

Les adolescents passent subitement de l'euphorie au découragement. L'action des hormones peut exacerber l'excitation, le plaisir ou la frustration. Or, si les pensées et les émotions découlent de processus physiologiques et neurologiques, elles en sont aussi les causes (Damasio, 2003). Les réactions d'un adolescent à la façon dont les gens réagissent aux différents aspects physiques (seins, pilosité, stature, hanches, jambes) — et aux siens en particulier — suscitent des émotions qui, à leur tour, influent sur les hormones… tout comme les hormones influent sur les émotions, si bien qu'une réaction émotive particulière n'est pas directement liée à des hormones précises (Alsaker et Flammer, 2006).

Le comportement sexuel

Les mécanismes hormonaux en jeu durant la puberté amènent des changements corporels importants, mais également des pulsions sexuelles de plus en plus fortes et de plus en plus fréquentes. Comment se manifestent-elles ? Par un fourmillement au niveau des organes génitaux, la lubrification, les érections nocturnes et matinales, ainsi qu'un changement perceptif spontané faisant en sorte que les attributs physiques des autres occupent la conscience (Langis et Germain, 2009). L'exploration en matière de sexualité à laquelle se livrent l'adolescent et l'adolescente, de façon souvent assez maladroite au début, permet peu à peu d'élaborer des scénarios sexuels complexes qui s'intégreront à leur répertoire comportemental.

Selon leur disponibilité et leur culture, les garçons et les filles fantasment, flirtent, se tiennent la main, se dévorent des yeux, s'exposent et se touchent différemment. L'action des hormones consisterait, entre autres, à conditionner et à sensibiliser l'organisme à différents stimulus potentiellement érotiques (Langis et Germain, 2009 ; Crooks et Baur, 2009). Ainsi, l'imaginaire de la sexualité s'accentue chez les garçons et chez les filles et incite aux fantasmes, aux rêves érotiques, à la masturbation et à la recherche de partenaires sexuels. Il ne faut cependant pas oublier que le contexte social influe à la fois sur les pensées et les comportements, façonnant en quelque sorte les fantasmes, jugés agréables ou honteux, les pulsions, ressenties comme excitantes ou culpabilisantes, les contacts sexuels, réprimés ou non.

Les pulsions sexuelles relèvent à la fois de facteurs biologiques (prédisposition biologique) et de facteurs psychologiques, environnementaux, sociaux, culturels. En effet, le désir peut être généré de l'intérieur ou provoqué par des stimulus extérieurs ; il peut être nourri par des fantasmes, satisfait par la masturbation ou par des activités avec

POINT DE MIRE

Le choix des partenaires sexuels et les normes culturelles

Les normes culturelles influent sur le choix du premier partenaire sexuel. On pourrait croire que cette décision est personnelle, mais des observations scientifiques suggèrent le contraire.

Par exemple, les adolescents nord-américains des deux sexes ont tendance à donner libre cours à leurs pulsions sexuelles avec des partenaires de leur âge, ce qui est également le cas dans de nombreux pays européens. Et quand la relation s'accompagne d'une intimité sexuelle, les filles semblent plus préoccupées par la profondeur des sentiments que les garçons.

En Finlande et en Norvège, les filles ont tendance à vivre leurs premières expériences sexuelles plus tard que les garçons. On observe la tendance inverse en Grèce et au Portugal. Au Nigeria, il est normal que les jeunes gens prennent pour partenaires des adolescentes plus jeunes et moins expérimentées qu'eux. À l'opposé, les adolescents thaïlandais sont portés à rechercher des femmes plus âgées et plus expérimentées. Ces généralités ne s'appliquent pas à tous les adolescents de ces pays. Les sous-groupes et les cohortes présentent toujours des différences, encore une fois pour des motifs personnels, mais liés à la culture.

Néanmoins, garçons et filles subissent l'influence combinée des hormones et de la société. Tous ont des intérêts sexuels qu'ils n'avaient pas auparavant (influence biologique) et qui les poussent à des comportements auxquels des adolescents d'autres pays ne se livreraient pas nécessairement (influence culturelle).

Sources: Zani et Cicognani, 2006 ; Teitler, 2002 ; Organisation mondiale de la Santé, 2005 ; Moore et Rosenthal, 2006.

un ou une partenaire. Il peut également être supprimé, contrôlé, écarté pour toutes sortes de motifs. Le destin du désir dépend des personnes et des situations, mais également des mentalités. À cet égard, l'adolescent et l'adolescente ne se différencient pas des adultes. Cependant, l'influence sociale s'exerce sur eux de façon prépondérante, de la part des groupes de pairs ou des parents. « Les adolescents doivent apprendre à exercer leur propre contrôle sur ce qui leur arrive, à devenir autonomes et à résister aux influences défavorables des situations qu'ils sont appelés à vivre » (Cloutier, 1996).

Quelques problèmes possibles

Soulignons d'abord que toutes les périodes de la vie apportent leur lot de difficultés, mais aussi de satisfactions, de joies et d'avantages, l'adolescence comme les autres. Certes, il y a des moments de maladresse, de désorientation, de colère et de dépression dans la vie de presque tous les adolescents. Plusieurs d'entre eux rencontrent des obstacles sur la voie de la maturité. Aussi verrons-nous, en abordant quelques-uns de ces problèmes, à garder le sens des proportions et à nous attarder aux causes et à la prévention.

Nous considérerons aussi que les changements qui risquent d'engendrer des difficultés à l'adolescence sont en même temps des occasions de s'enthousiasmer, de relever des défis, de se découvrir et de s'affirmer. Une minorité seulement d'adolescents (environ 20 %) sont gravement perturbés. Par ailleurs, plusieurs des « problèmes » de l'adolescence affectent bien plus les parents et la société que les jeunes eux-mêmes. Par exemple, une certaine musique qui met les adultes au bord de la crise de nerfs transporte les jeunes au septième ciel ; les interminables conversations téléphoniques qui exaspèrent les parents représentent un filet de secours social pour les adolescents ; l'éveil sexuel que redoute tant la société constitue pour de nombreux individus l'amorce d'une intimité électrisante. Il faut donc peser nos mots avant de formuler et d'appliquer quelque généralisation que ce soit au sujet de l'adolescence.

La grossesse

Les nouvelles sont bonnes : les grossesses chez les moins de 18 ans ont diminué de près de la moitié en 20 ans aux États-Unis et dans de nombreux autres pays (Morbidity and Mortality Weekly Report, 2005). C'est le cas au Canada et au Québec notamment. Au cours des 2 dernières décennies, le taux de natalité chez les adolescentes au Canada a chuté de façon marquée, passant de 35,7 à 13,6 pour 1000. C'est en Suède que le taux de natalité est l'un des plus bas chez les adolescentes dans l'ensemble des pays développés (Statistique Canada, 2008b).

En 1996, le taux de natalité chez les adolescentes de moins de 20 ans était de 18,6 naissances vivantes pour 1000 femmes. En 2005, le taux a fléchi pour s'établir à 11,1. Lorsqu'une adolescente choisit l'avortement (13 avortements pour 1000 adolescentes de moins de 20 ans au Canada en 2005) (Statistique Canada, 2008a), elle évite les difficultés entourant la grossesse et l'accouchement, mais elle s'expose à d'autres complications (Morbidity and Mortality Weekly Reports, 2006).

Lorsqu'une adolescente de moins de 15 ans se retrouve enceinte, elle court un risque plus élevé de complications, notamment d'avortement spontané (fausse couche) ou provoqué, de haute pression, de mortinatalité, de césarienne, de faible poids du bébé à la naissance et même de décès (Menacker, Martin et MacDorman, 2004 ; Luong, 2009). Et cela, sans compter les autres conséquences, sur les plans psychologique et affectif, qu'entraîne la maternité à un si jeune âge.

La grossesse interfère dans le processus de maturation, car d'autres hormones indiquent à l'organisme de subvenir au développement d'une nouvelle vie. La nature protège le fœtus, qui puise des nutriments essentiels (particulièrement le calcium et le fer) à même les réserves de la mère. Une jeune fille dont la croissance pubertaire normale est déviée par une grossesse risque d'être carencée et ainsi d'avoir une moins grande taille que celle qu'elle aurait pu atteindre. En outre, elle risque d'être plus souvent malade qu'elle ne l'aurait été autrement.

S'il naît en bonne santé, le bébé d'une adolescente présente quand même un risque plus grand de complications diverses par la suite, notamment des problèmes de santé, (Borkowski et coll., 2007). Ces problèmes imposent un stress supplémentaire à la mère qui doit prendre soin de son enfant.

Bien sûr, dans certains cas, ces jeunes filles peuvent recevoir des soins médicaux de qualité, poursuivre leurs études et compter sur le soutien de leur famille et du père de l'enfant. Il en va de la grossesse précoce comme d'autres difficultés : aucune épreuve n'est insurmontable. Cependant, le report de la grossesse après la fin de la croissance de la mère est préférable.

Les abus sexuels

Tout geste à caractère sexuel accompli sans le consentement libre et explicite du partenaire, quel que soit son âge, constitue un abus sexuel. Puisque les mineurs (enfants de moins de 14 ans et adolescents de 14 à 17 ans) sont assujettis au pouvoir des adultes et ne peuvent donner leur consentement légal, ils sont incapables de consentir librement à un acte sexuel.

Un abus sexuel sur un mineur correspond à toute activité érotique qui excite un adulte et stimule, embarrasse ou désoriente un mineur, que celui-ci proteste ou non et que l'activité comporte ou non un contact génital. Taquiner un mineur de manière leste, le photographier dans des poses érotiques, lui poser des questions indiscrètes sur le développement de son corps et enfreindre son intimité lorsqu'il est en train de faire sa toilette, de s'habiller ou de se mettre au lit peuvent constituer des actes d'abus sexuel.

Les abus sont plus fréquents entre l'âge de 10 et 15 ans. Les filles sont particulièrement vulnérables, bien que les garçons courent aussi des risques (Finkelhor et Jones, 2004). Il est difficile d'obtenir des statistiques exactes à cet égard. Presque tous les pays ont adopté des lois qui condamnent les abus sexuels, mais celles-ci ne sont pas toujours appliquées, et les adultes ne consentent pas toujours à fournir les efforts pour prévenir, contrôler et éliminer le problème (Davidson, 2005). Selon les Nations Unies, chaque année, des millions de jeunes adolescentes sont soumises au mariage, à la mutilation génitale et à la prostitution (souvent outre frontières) (Pinheiro, 2006).

Les conséquences des abus sexuels

La gravité d'un abus sexuel se mesure à de nombreux éléments, les principaux étant la fréquence, le degré de perturbation de la relation adulte-mineur et l'importance de l'entrave à son développement.

Les victimes d'abus sexuels ont par la suite plus tendance à s'engager de nouveau dans des relations de violence, soit comme victimes, soit comme abuseurs (Barbaree et Marshall, 2006). Leur difficulté à établir des relations intimes est liée au fait que l'agresseur isole souvent la victime de ses pairs, sans compter que les souvenirs peuvent aussi perturber l'expression d'une sexualité normale.

Les conséquences psychologiques de l'abus sexuel dépendent en grande partie de son ampleur et de sa durée, de l'âge de la victime ainsi que des réactions de la famille et des autorités une fois l'abus dénoncé (Briere et Elliott, 1994).

À l'instar des jeunes enfants, les adolescents victimes d'abus sexuel sont sujets à l'anxiété, à la colère, à la crainte et à la dépression majeure ; ils peuvent faire des cauchemars et avoir des difficultés scolaires. Contrairement aux jeunes enfants, cependant, ils sont enclins à des comportements autodestructeurs, comme l'abus de drogues, les troubles alimentaires, les fugues, le vandalisme, la violence, les relations sexuelles non protégées avec des partenaires inconnus et même le suicide (Jehel et Dayan, 2003).

Parfois, les enfants et les adolescents possèdent une étonnante résilience et peuvent se remettre de l'abus si on les traite avec sensibilité, discrétion et respect. La psychothérapie peut également les aider au besoin. Cependant, les chercheurs devront encore procéder à des études approfondies sur le sujet afin d'établir quels sont les meilleurs moyens de leur venir en aide (Jehel et Dayan, 2003).

SECTION 2

LE DÉBUT DE L'ÂGE ADULTE (DE 20 À 40 ANS)

Les gens de tout âge évaluent que la vingtaine est le moment où les jeunes adultes devraient songer sérieusement à ce qu'ils feront de leur vie (Pew Research Center, 2007). Les quelques années qui suivent l'adolescence sont une étape de transition et constituent une période de la vie que certains appellent la « frontière de l'âge adulte » (Settersten, Furstenberg et Rumbaut, 2005 ; Arnett, 2004 ; Crouter et Booth, 2006). Par la suite, les explorations et les expérimentations se poursuivent, mais prennent une direction plus stable : c'est pourquoi la période du début de l'âge adulte, qui s'amorce à 20 ans, s'étale jusqu'à 40 ans. Les frontières chronologiques de cette période changent d'ailleurs d'une culture et d'une cohorte à l'autre.

Les âges et les stades de développement

Chez les enfants, la maturation physique est en corrélation avec l'âge chronologique et le stade de développement. Nul ne peut confondre un trottineur de 3 ans, un enfant de 7 ans et un adolescent de 17 ans, ni s'attendre à ce qu'ils apprennent de la même façon.

On ne peut en dire autant des adultes. L'âge chronologique n'est pas un guide fidèle du développement. Le corps d'une personne de 40 ans, par exemple, peut très bien fonctionner comme s'il avait 10 ans de plus ou de moins. Dans les établissements d'enseignement postsecondaire, des adultes de tous âges fréquentent les mêmes classes. Aucun enseignant ne songerait à juger des capacités cognitives d'un étudiant adulte en fonction de son âge.

Les rôles sociaux se diversifient également. Alors que virtuellement tous les enfants de 6 à 10 ans vivent avec leurs parents et vont à l'école, un groupe de quadragénaires peut réunir des gens qui ne se sont jamais mariés, d'autres qui ont plus d'un divorce à leur actif, des personnes qui attendent leur premier enfant et d'autres encore qui sont grands-parents. L'âge n'est pas une variable déterminante, même au sein d'une collectivité, et encore moins pour comparer des cohortes ou des cultures.

Les spécialistes du développement regroupent néanmoins les adultes en groupes chronologiques et rapportent les différences entre des groupes d'âge. Par exemple, cette section de chapitre fait référence à quelques reprises à un sondage réalisé par le Pew Research Center (2007), qui compare des générations. Pourquoi les sondages (et des ouvrages comme celui-ci) continuent-ils de comparer les adultes par groupes d'âge, même si l'âge chronologique est un guide imparfait ? Les spécialistes du développement croient néanmoins que la cohorte et l'âge influent sur le comportement. Par exemple, les jeunes adultes partagent avec les gens de leur cohorte certaines caractéristiques biologiques, psychologiques et sociologiques, particulièrement en comparaison avec leurs aînés.

Le but de l'étude du développement est de prédire les « changements dans le temps ». Or les comportements des adultes découlent bien plus de facteurs sociaux que de facteurs biologiques, et ces facteurs sociaux varient selon l'âge, la culture et la cohorte. Par exemple, certains jeunes ont pu se faire dire qu'ils étaient « trop jeunes pour se marier », alors qu'ils sont plus vieux que leurs grands-parents au moment où ceux-ci ont convolé en justes noces !

Dans l'ensemble, les tendances du développement à l'âge adulte méritent donc d'être décrites. Les étiquettes et les frontières sont fluides ; les variations, nombreuses, mais des constantes caractérisent néanmoins les gens, selon leur groupe d'âge. S'il nous faut renoncer à définir des stades immuables et des démarcations chronologiques, nous pouvons examiner les groupes et les tendances sociales, et espérer y trouver des réponses.

Le meilleur employé À son âge, ce travailleur jouit d'un corps en parfaite condition pour opérer un chariot élévateur en toute sécurité : sa vision est impeccable, ses mains ne tremblent pas et il réagit au quart de tour.

La croissance, la force et la santé

De nos jours, comme depuis des siècles, la plupart des adultes de 20 à 40 ans sont forts et en bonne santé. Ils sont capables de travailler physiquement de façon intense, peuvent performer sur le plan athlétique et assumer les responsabilités de la reproduction. Toutefois, avec le temps, même s'ils réussissent à atténuer certains problèmes biosociaux en adoptant un régime alimentaire équilibré et en faisant de l'exercice, ils verront apparaître les premiers signes du vieillissement.

Des corps conçus pour la santé

La taille maximale est atteinte habituellement vers 16 ans chez les filles et 18 ans chez les garçons. Chez le jeune adulte, les muscles se développent et les formes corporelles se modifient différemment selon le genre : les jeunes hommes gagnent plus de masse musculaire dans les bras et les filles, plus de graisse aux hanches. Au début de la vingtaine, chez les femmes, les seins comme les hanches atteignent leur taille adulte, et les hommes ont développé leurs pleines largeur d'épaules et force musculaire des bras. Bien que les standards de beauté varient d'une culture à l'autre, les différences universelles entre les hommes et les femmes (proportions entre la taille et les hanches, d'une part, et la force musculaire des bras, d'autre part) ajoutent au pouvoir de séduction (Singh, 2004). Celui-ci est également accentué par le type de vêtements.

La force physique s'accroît dans la vingtaine chez les deux sexes. Les jeunes adultes parviennent alors, mieux que tout autre groupe d'âge, à monter un escalier en courant, à soulever une lourde charge ou à déployer une force maximale pour agripper un objet. Puis, à partir de la trentaine environ, la force décroît graduellement au fil des ans, car certains muscles, ceux du dos et des jambes par exemple, s'affaiblissent plus vite que d'autres, notamment ceux des bras (Masoro, 1999).

Le fonctionnement de l'organisme — notamment les appareils digestif, respiratoire, circulatoire et reproducteur — atteint un sommet d'efficacité au début de la vingtaine (Aspinall, 2003). Durant la période de 20 à 40 ans, le système immunitaire est fort (Henson et Aspinall, 2003). En règle générale, la pression sanguine est normale, les dents ne présentent pas ou peu de nouvelles cavités, le rythme cardiaque est régulier, le cerveau fonctionne bien, la capacité pulmonaire est suffisante. La mort à la suite d'une maladie est relativement rare, à travers le monde (Heuveline, 2002).

À l'intention des jeunes hommes compétitifs Compte tenu des variations dans le vieillissement des muscles, comment un jeune de 30 ans pourrait-il réagir en perdant un bras de fer contre son père qui en a 52 ?

La sénescence

Sénescence Déclin physique lié au vieillissement et caractérisé par une diminution graduelle de la force et de la vigueur ; elle commence dès la vingtaine, même si elle est alors peu manifeste.

Ce portrait idyllique ne signifie pas que les jeunes adultes ne réagissent pas au passage du temps. Le processus du vieillissement, appelé **sénescence**, commence au début de la vingtaine. Dès lors, les fonctions de l'organisme s'affaiblissent peu à peu. Cependant, la courbe descendante est très légère et imperceptible, ce qui permet, malgré la sénescence, un accroissement de la force physique.

À l'aube de la trentaine, la plupart de gens décèlent des signes de vieillissement en se regardant dans le miroir. En fait, dès l'âge de 20 ans environ, la quantité de collagène contenue dans le tissu conjonctif diminue de 1 % par année (Timiras, 2003). Peu à peu, la peau s'amincit et perd de son élasticité ; les rides du visage, les pattes d'oie en particulier, apparaissent et demeurent. Différentes parties du corps perdent de leur fermeté, d'autant que la plupart des gens prennent du poids entre 20 et 40 ans. Autre signe du vieillissement, les cheveux commencent à blanchir vers l'âge de 30 ans en raison de la diminution du nombre de cellules responsables de leur pigmentation. De plus, la chevelure s'éclaircit légèrement, à cause des changements hormonaux et d'une moins bonne irrigation du cuir chevelu.

L'organisme tout entier présente des signes de déclin, mais qui sont moins évidents. Le ralentissement des fonctions suit un rythme différent selon les organes, qu'il s'agisse des reins, des poumons ou des organes des sens. De nombreux facteurs influent sur le rythme de la sénescence : le code génétique, le sexe, le mode de vie, le contexte culturel, les soins de santé et même les politiques sociales.

En effet, le lien entre la sénescence et l'âge chronologique demeure relativement ténu tout au long de l'âge adulte. Certaines personnes se portent mieux que d'autres et certains organes fonctionnent mieux que d'autres en raison de l'influence des gènes, de l'environnement et du mode de vie. Un même individu peut présenter des écarts notables par rapport à la normale : une de ses capacités peut augmenter au lieu de décliner, ou encore diminuer soudainement alors qu'elle devrait rester stable. Les habitudes de vie adoptées au début de l'âge adulte affectent la santé durant les années ultérieures.

L'homéostasie

Homéostasie État d'équilibre dynamique de l'organisme, atteint grâce à des mécanismes d'ajustement et de compensation dans les différentes fonctions physiologiques. Ces mécanismes ralentissent à mesure que le temps passe, de sorte que l'organisme s'adapte de moins en moins efficacement.

Tous les systèmes et appareils de l'organisme procèdent sans cesse à des ajustements et à des compensations afin de maintenir l'**homéostasie**, soit l'état d'équilibre dynamique des différentes fonctions physiologiques de l'organisme (Timiras, 2003). Or, ces mécanismes ralentissent à mesure que le temps passe, de sorte que l'adaptation à l'effort physique et la récupération deviennent de plus en plus difficiles. Alors qu'à 20 ans, la récupération est rapide après un effort intense, les personnes de 40 ans s'aperçoivent qu'elles ne sont plus en mesure de travailler de façon aussi efficace après une nuit blanche et qu'il leur faut quelques heures ou une journée pour récupérer d'une activité exténuante. Le ralentissement des mécanismes de l'homéostasie s'accentue avec le temps (Holliday, 1995).

Chez les jeunes adultes, en comparaison avec les adultes d'âge mûr et d'âge avancé, les mécanismes de l'homéostasie fonctionnent plus rapidement, de manière plus efficace, ce qui explique en partie pourquoi les 20 à 40 ans sont moins malades, moins fatigués ou souffrent moins d'embonpoint que leurs aînés.

La capacité de réserve

Capacité de réserve Capacité d'un organe à tolérer un effort exceptionnellement intense ou prolongé et à conserver ou non une certaine dose d'énergie de fonctionnement : c'est la différence entre la capacité potentielle et la capacité utilisée. La capacité de réserve diminue avec le temps à un rythme qui dépend de l'état de santé général.

Le vieillissement du corps réduit la capacité de fonctionnement de chaque organe. Par ailleurs, entre 20 et 40 ans, cette réduction affecte relativement peu la vie quotidienne en raison de la **capacité de réserve** (Aspinall, 2003), c'est-à-dire la capacité des organes à tolérer un effort exceptionnellement intense ou prolongé.

Le corps dispose aussi d'une réserve musculaire, et celle-ci est directement liée à la force physique. La force maximale potentielle commence habituellement à décliner vers 30 ans. Cependant, rares sont les situations où l'on doit faire appel à cette capacité, si bien que son déclin passe inaperçu dans la vie quotidienne. Il est rare en effet que l'on ait à courir sur une très longue distance ou à une vitesse maximale sur une courte distance : seuls les athlètes en période d'entraînement ou en temps de compétition utilisent leur force maximale potentielle. Par conséquent, les changements physiologiques des premières décennies de la vie adulte ont généralement peu d'incidences sur la vie quotidienne des gens, surtout de ceux qui ont développé un mode de vie sain.

Le muscle le plus important de tous, le cœur, suit une courbe similaire (Cameron et Bulpitt, 2003). Le cœur est particulièrement fort durant la période du jeune adulte. La fréquence cardiaque maximale moyenne — c'est-à-dire le nombre de pulsations par minute à l'effort — décline à mesure que diminue la capacité de réserve, vers 25 ans. Toutefois, cela n'affecte pas la fréquence cardiaque au repos, qui demeure très stable. À nouveau, le rendement maximal potentiel décline, mais le vieillissement n'influe pas sur le fonctionnement normal avant un âge avancé.

La plupart des adultes demeurent vigoureux jusqu'à l'âge de 70 ans au moins, pour peu qu'ils prennent soin d'eux-mêmes. Un quinquagénaire se fera certes dépasser par un jeune de 20 ans dans un escalier, sa capacité cardiopulmonaire n'étant plus ce qu'elle était. Par contre, cette différence ne se fera quasiment pas sentir dans les activités moins exigeantes.

Au sommet au-delà de la trentaine Les athlètes professionnels sont l'un des rares groupes pour qui le déclin des fonctions de l'organisme du début de l'âge adulte peut avoir de réelles conséquences. Toutefois, selon le sport et les habiletés particulières qu'il sollicite, il n'est pas rare que les athlètes de haut niveau se maintiennent au sommet jusque dans la trentaine avancée, en tablant sur leur expérience et un entraînement rigoureux.

L'apparence

La plupart des jeunes adultes sont beaux et vigoureux, en partie grâce à leur état de santé général, à leur force et à leur niveau d'activité. Les cheveux gras, les comédons et les membres anguleux de l'adolescence sont loin derrière eux, alors que les rides et la perte des cheveux sont encore à venir. Les muscles sont plus forts au début de l'âge adulte que chez les adolescents et chez les personnes d'âge mûr et avancé.

Une certaine fierté à l'égard de son apparence est chose courante. Ceux qui font de l'exercice le font avant tout pour la performance physique et le maintien du poids, contrairement aux adultes plus âgés, dont la principale motivation est généralement la santé (Biddle et Mutrie, 2001).

Une part de l'importance accordée à l'apparence est liée au fait qu'elle suscite l'intérêt sexuel. Les jeunes adultes se préoccupent de leur apparence parce qu'ils désirent l'attention de leurs pairs, ce qui est naturel. De plus, cette période de la vie correspond pour plusieurs à la recherche d'un emploi. La beauté (le visage, le corps, les vêtements) présente une corrélation positive avec un meilleur emploi et un salaire plus élevé (Hamermesh, Meng et Zhang, 2002). Il n'est donc pas étonnant que les jeunes adultes essaient de se présenter sous leur meilleur jour.

Réponse aux jeunes hommes compétitifs (de la page 289) Il pourrait proposer une course dans l'escalier, car il gagnerait probablement. En effet, la force musculaire des jambes décline plus vite que celle des bras. Bien sûr, la rivalité intergénérationnelle comporte des ramifications psychiques, si bien que ce fils pourrait aussi se contenter de féliciter son père pour sa victoire, sans chercher de revanche !

L'activité sexuelle

Les réponses sexuelles, les préférences et l'orientation sexuelles varient chez les femmes comme chez les hommes en raison de divers facteurs, dont les prédispositions innées, les expériences de l'enfance, les normes et les tabous culturels, ainsi que les conditions de la vie quotidienne.

Les réponses physiologiques

Chez les jeunes hommes, l'excitation sexuelle (signalée notamment par une augmentation de la fréquence cardiaque et une érection du pénis) est rapide et peut être la

Enfin réunis! Les biologistes et les psychologues ont beau décrire les différences entre les sexes, dans les faits, les jeunes hommes et les jeunes femmes se ressemblent à plusieurs égards. Tous cherchent à rencontrer l'âme sœur et se réjouissent de voir l'être aimé le plus souvent possible.

conséquence de nombreux stimulus (une idée, une photo, une remarque anodine à la limite). De même, les jeunes hommes ont tendance à éjaculer rapidement pendant une relation sexuelle. « Presque tous les hommes ont, au début de leur vie sexuelle, des éjaculations rapides et non contrôlées. Ils sont excités, inexpérimentés... » (Chang, 1997).

L'éjaculation est habituellement suivie d'une période réfractaire au cours de laquelle l'excitation sexuelle est impossible. Cette période est très brève chez certains jeunes hommes et peut se limiter à quelques minutes. En vieillissant, de nombreux hommes ont besoin d'une stimulation plus explicite ou prolongée pour parvenir à l'excitation sexuelle. L'intervalle s'allonge entre le début de l'excitation et l'érection complète, entre l'érection et l'éjaculation ainsi qu'entre l'éjaculation et la fin de la période réfractaire.

Le lien entre la capacité sexuelle et l'âge n'est pas aussi net chez les femmes (Masters, Johnson et Kolodny, 1994). En règle générale, cependant, les probabilités d'excitation et d'orgasme pendant une relation sexuelle augmentent à mesure que les femmes approchent de la trentaine (Rutter et Rutter, 1993). On peut tenter d'expliquer le phénomène de plusieurs manières. On peut supposer, d'une part, que le ralentissement de la réponse masculine prolonge l'acte sexuel et fournit à nombre de femmes la stimulation dont elles ont besoin pour atteindre l'orgasme. On peut penser, d'autre part, que les partenaires prennent de l'expérience et apprennent à déceler et à accomplir les gestes propres à intensifier la réponse sexuelle de la femme. Il est aussi possible de se demander s'il y a un phénomène biologique impliqué dans le développement de la réponse sexuelle féminine.

Les fonctions de la sexualité

Des sondages qui préservent l'anonymat des répondants indiquent que les jeunes adultes d'aujourd'hui ont plus de partenaires et plus de relations sexuelles que les adultes plus âgés. Leurs relations physiques comportent habituellement des liens affectifs, la plupart ayant un partenaire régulier à la fois, un modèle appelé « monogamie successive » (Laumann et Michael, 2001).

La plupart des jeunes adultes de 20 à 25 voient la possibilité d'un engagement sérieux comme désirable, mais ils comptent le prendre plus tard. S'ils excusent les rapports sexuels sans engagement, nombre d'entre eux (80 %) condamnent les relations sexuelles extraconjugales (Smith, 2005). De toute évidence, les relations sexuelles permettent de reporter l'engagement conjugal à plus tard sans les privations sexuelles d'autrefois. Toutefois, encore assez nombreux sont les jeunes adultes qui décident de prendre des engagements formels l'un vis-à-vis de l'autre et de lier leur vie par un témoignage sur le plan social.

De façon générale, les gens attribuent aux relations sexuelles une, deux ou trois des fonctions suivantes (Laumann et Michael, 2001) :

- la fonction reproductive : ceux qui donnent la priorité à cette fonction ont de bonnes chances de se marier relativement jeunes, sous l'influence combinée de leurs parents, de leurs valeurs et de leurs désirs sexuels ;
- la fonction relationnelle : les relations sexuelles ont aussi pour fonction de manifester et de renforcer l'attachement entre deux personnes. C'est la conviction qui prévaut parmi les jeunes adultes. Pour eux, le scénario idéal consiste à se fréquenter, à devenir amoureux, à décider d'être fidèles, à avoir des relations sexuelles, à vivre ensemble et, si les deux se sentent prêts, à s'engager, à fonder une famille ;
- la fonction récréative : cette fonction, basée sur la satisfaction d'une pulsion fondamentale de l'être humain, fait d'une relation sexuelle une expérience physique et psychique fort agréable (Cockerham, 2006), recherchée avant tout pour le plaisir.

Bien que ces étiquettes nous viennent des États-Unis (Laumann et Michael, 2001), elles sont observables ailleurs (quoique pas dans les mêmes proportions). Par exemple, une étude menée auprès d'étudiants canadiens de niveau collégial indique qu'environ 30 % sont célibataires et souhaitent trouver l'âme sœur ; environ 60 % sont actifs sexuellement et fidèles à leur partenaire amoureux et environ 10 % ont des aventures sexuelles. Ce dernier groupe utilise moins le condom et voit d'un meilleur œil les relations sexuelles sans lendemain, ce qui rappelle la fonction récréative mentionnée plus haut (Netting et Burnett, 2004).

Il ne suffit pas de dire que l'importance accordée à chaque fonction de la sexualité varie d'une personne à l'autre, selon son âge, sa culture, sa vision de la vie. La priorité de l'une ou l'autre de ces fonctions variera probablement pour une même personne selon les périodes de sa vie. Et les choses se compliquent encore puisqu'il s'agit d'un partenariat.

Dans ce contexte où la sexualité peut être envisagée selon différentes fonctions, l'expression des attentes face au partenaire est un enjeu extrêmement important. Tant que les deux personnes sont sur la même longueur d'onde, il n'y a pas de problème. On pourrait considérer qu'un couple est sexuellement idéal lorsque les partenaires sont capables de se dire leurs besoins et leurs attentes. La relation devient plus complexe s'ils ne suivent pas le même scénario ou encore s'ils ne le suivent pas à la même vitesse. Parfois, les attentes ne sont pas clairement exprimées ou encore l'un des partenaires peut modifier ses attentes initiales. Des complications sentimentales imprévues peuvent s'ensuivre, ce qui représente un potentiel de détresse affective.

S'entendent-ils ? Ce couple est engagé dans une relation à long terme, bien avant le mariage. Espérons que ces amoureux s'entendent sur ce qu'ils feraient si elle tombait enceinte ou s'il rencontrait quelqu'un d'autre, ou encore si l'un d'eux se voyait offrir un emploi ou une bourse universitaire à l'étranger. Peu de jeunes couples parlent de ces situations avant qu'elles ne surviennent.

Les accords et les désaccords entre partenaires

Les priorités accordées aux trois fonctions de la sexualité sont habituellement les mêmes chez les partenaires qui ont des positions semblables par rapport à l'amour, à la fidélité, à la grossesse et à l'avortement, même s'ils n'en ont jamais discuté.

La douleur affective et la frustration guettent les partenaires qui ont une conception différente de la fonction de la sexualité. L'un peut accuser l'autre de trahison, ce qui sera considéré comme proprement injuste par ce dernier. Les ruptures amoureuses découlent souvent de tels désaccords et mènent parfois à la dépression et au suicide, beaucoup plus fréquent qu'auparavant chez les jeunes adultes. Soulignons toutefois que l'on ignore toujours quel pourcentage des cas de dépression découle de ce type de désaccord.

Les infections transmises sexuellement et par le sang

Les infections transmissibles sexuellement et par le sang (ITSS) existent depuis la nuit des temps. Leur prévalence est cependant plus élevée aujourd'hui qu'elle ne l'a jamais été. Aux États-Unis, la moitié des jeunes adultes ont contracté au moins une ITSS (Lefkowitz et Gillen, 2006). Certaines sont relativement bénignes et se traitent facilement, mais d'autres peuvent entraîner de graves problèmes de santé. Même lorsqu'elles sont asymptomatiques (la moitié des cas), des ITSS peuvent causer l'infertilité ou la mort (James, 2007).

Afin de prévenir la propagation des infections, les experts en santé publique recommandent de consulter un médecin et de subir un test de dépistage 6 mois après la fin d'une relation comportant des relations sexuelles, avant d'avoir des rapports sexuels avec un nouveau partenaire. Rares sont ceux qui suivent ce conseil, particulièrement chez les jeunes adultes. La plupart commencent une nouvelle relation presque tout de suite après la fin d'une autre, et même parfois avant (Foxman et coll., 2006). Le fait de passer aussi vite d'un partenaire à un autre entraîne notamment la transmission rapide d'ITSS. Dans l'ensemble, les jeunes adultes sont les principaux vecteurs — et les principales victimes — des ITSS (Cockerham, 2006).

L'infertilité

La plupart des jeunes adultes qui décident de procréer donnent suite à leur projet sans difficulté et se retrouvent parents. Pour d'autres, toutefois, ce projet de fonder une famille est mis à rude épreuve pour cause d'infertilité.

Infertilité Incapacité de concevoir persistant après une période de 12 mois ou plus pendant laquelle le couple a eu des relations sexuelles régulières sans utiliser de moyen de contraception.

L'**infertilité**, qui se définit par l'incapacité de concevoir un enfant après 1 an ou plus de relations sexuelles sans contraception, demeure une source de détresse pour de nombreuses personnes. Dans les pays qui jouissent des progrès de la médecine, seulement 2 % des couples en bonne santé dans la jeune vingtaine sont infertiles, tout comme près d'un tiers des personnes de 30 ans dans les pays pauvres. Ironiquement, les taux d'infertilité les plus élevés proviennent de pays présentant aussi un taux de natalité parmi les plus élevés (en partie à cause de l'absence de moyens de contraception) et s'expliquent par le grand nombre de cas d'ITSS non traitées (Bentley et Mascie-Taylor, 2000).

Technologie de reproduction assistée Expression désignant diverses interventions médicales visant à aider les couples infertiles à avoir des enfants.

Fécondation in vitro (FIV) Technique par laquelle des ovules d'une femme sont prélevés et fécondés en laboratoire. Après plusieurs divisions cellulaires, les zygotes ainsi obtenus sont implantés dans l'utérus.

Les hommes comme les femmes sont susceptibles d'être la source de l'infertilité d'un couple. La faible numération des spermatozoïdes explique probablement pourquoi le nombre de mois nécessaires pour féconder leur partenaire est 5 fois plus grand pour les hommes de plus de 45 ans que pour ceux de moins de 25 ans (Hassan et Killick, 2003). Cependant, la médecine moderne peut souvent résoudre le problème si les deux partenaires ont moins de 30 ans, en utilisant une **technologie de reproduction assistée**, dont la **fécondation in vitro (FIV)**. Après 40 ans, les traitements médicaux ont moins de chances de réussir (Bhasin, 2007).

Les habitudes de vie

Les jeunes adultes expérimentent et font des choix. Certains prennent de bonnes habitudes et les gardent toute leur vie ; d'autres font des choix destructeurs. Voyons en quoi l'exercice et la saine nutrition font partie des choix déterminants et comment la prise de certains risques peut contribuer ou nuire au développement. L'effet cumulatif de mauvaises habitudes de vie (ne pas déjeuner, s'accorder peu d'heures de sommeil...) n'est souvent pas visible au début de l'âge adulte, mais le devient de plus en plus après 30 ans.

L'exercice

À toutes les périodes de la vie, l'exercice protège contre les maladies (Carnethon et coll., 2003 ; Manson et coll., 1999). L'exercice abaisse en effet la pression sanguine, améliore la capacité cardiopulmonaire et réduit les risques de dépression, d'ostéoporose, de maladies cardiaques, d'arthrite et même de certains cancers. L'exercice procure des bienfaits substantiels à tous, hommes et femmes, jeunes et vieux, ex-étoiles du sport et sportifs de salon.

À l'opposé, la sédentarité est associée à presque toutes les formes de maladies, particulièrement celles du cœur et le diabète, desquels découlent d'autres risques pour la santé (Hu et coll., 2003). Même une activité physique minimale — jardiner, faire de menus travaux ménagers, monter les escaliers ou marcher jusqu'à l'arrêt d'autobus — contribue à une meilleure santé. Marcher d'un bon pas 30 minutes par jour, 5 jours par semaine est encore mieux ; l'exercice plus intense (nager, jogger, faire du vélo, etc.) est considéré comme idéal.

Heureusement, les jeunes adultes autour de 20 à 25 ans sont actifs naturellement : ils grimpent les escaliers, courent au magasin, participent aux activités sportives de leur collège ou université, ou de l'entreprise qui les embauche, pratiquent des activités dans leur quartier, font du jogging, de la voile ou de la bicyclette (Biddle et Mutrie, 2001).

L'alimentation

« Dis-moi ce que tu manges, je te dirai qui tu es. » La formule est simpliste, mais il demeure que le régime alimentaire influe sur le développement à toutes les étapes de la vie.

Le poids corporel est régi par un système homéostatique, qui pousse les gens à manger quand ils ont faim et à cesser lorsqu'ils sont repus. Cependant, l'âge, les gènes, un régime trop restrictif, les hormones et l'exercice peuvent modifier ce système et créer un déséquilibre. Celui-ci peut amener une personne à ne plus ressentir la faim ou la satiété et la pousser ainsi à manger insuffisamment ou avec excès.

Conscients du fait que chaque individu tend à maintenir naturellement le poids que dictent ses mécanismes homéostatiques, des experts soutiennent maintenant que deux personnes de même grandeur peuvent présenter une différence de poids d'environ 10 kg et être toutes deux en bonne santé. Pour déterminer si une personne est trop maigre ou trop grasse, ils calculent son **indice de masse corporelle (IMC)**, en divisant son poids en kilos par le carré de sa taille en mètre(s) (voir le tableau 9.2). L'indice de masse corporelle d'une personne en bonne santé devrait se situer entre 18,5 et 24,9.

Indice de masse corporelle (IMC) Mesure du poids corporel résultant de la division du poids par la taille au carré.

Les troubles alimentaires

La plupart des troubles alimentaires sont répandus durant la période de 20 à 40 ans (Shannon, 2007). Au Canada, on a établi que 3 % des femmes et 0,3 % des hommes sont affectés par un trouble de l'alimentation au cours de leur vie (Société pour les troubles de l'humeur du Canada, 2007).

TABLEAU 9.2 Comment calculer l'indice de masse corporelle (IMC*)

Un grand nombre d'études portant sur le lien entre les mensurations et l'état de santé général mettent l'accent sur le rapport entre le poids corporel et la taille, appelé *indice de masse corporelle ou IMC*. Voici comment se calcule cet indice :

$$IMC = \frac{p}{t^2}$$

p : poids en kilogrammes

t : taille en mètre(s)

Ainsi, si une personne mesure 1,65 m, le carré de sa taille est 2,72. Voici les IMC correspondant aux différents poids énumérés ci-après :

45 kg $\sqrt{2,72}$ = 16,6 (poids dangereusement inférieur à la normale, anorexie)

50 kg $\sqrt{2,72}$ = 18,4 (poids inférieur à la normale)

65 kg $\sqrt{2,72}$ = 23,9 (poids normal)

70 kg $\sqrt{2,72}$ = 25,7 (embonpoint)

75 kg $\sqrt{2,72}$ = 27,6 (obésité)

85 kg $\sqrt{2,72}$ = 31,3 (obésité grave, selon la norme internationale)

* Selon Santé Canada, un IMC de 18,5 à 24,9 présente un minimum de risques pour la santé. Un IMC de 25 à 27 correspond à de l'embonpoint, tandis que les valeurs supérieures à 27 ou inférieures à 18,5 signalent des risques accrus pour la santé des hommes et des femmes. Les personnes plus musclées auront un IMC se rapprochant de la limite supérieure de cet intervalle alors que les moins musclées auront un IMC se situant vers la limite inférieure (les muscles pèsent plus lourd que le tissu adipeux).

Sources : Institut national de la nutrition, « Le poids santé – L'état de la nation », [en ligne], 2001. [http://www.ccfn.ca/pdfs/rap-vol16-1fr.pdf] (8 décembre 2009) ;

Exobobologie, « Poids idéal et indice de masse corporelle », [en ligne], [s.d.]. [http://www.esculape.com/generale/calculatrice_imc_poids.html] (8 décembre 2009). À consulter pour calculer l'IMC en fonction de l'âge.

Partout dans le monde, des millions de jeunes femmes partagent le même sort : elles se trouvent grosses, lisent des ouvrages sur les derniers régimes miracles, restreignent leur alimentation, font des exercices ciblés, perdent du poids... et le reprennent parce que leur corps s'efforce de compenser. Il semble en effet que les perturbations de l'équilibre naturel causées par les régimes draconiens font augmenter les probabilités d'embonpoint par la suite. Voilà ces femmes de nouveau malheureuses, au seuil d'un nouveau cycle obsessionnel-compulsif.

L'obsession de la minceur est plus importante chez les femmes les plus jeunes (de 20 à 40 ans) ; les femmes d'âge mûr sont moins minces, mais s'en font moins (Tiggemann et Lynch, 2001).

L'anorexie mentale

Anorexie mentale Trouble alimentaire grave caractérisé par une recherche de la minceur et une phobie de prendre du poids qui amènent une restriction de l'apport alimentaire. Cette restriction est parfois si sévère que la personne atteinte, généralement une adolescente ou une jeune adulte, peut souffrir d'émaciation et d'inanition.

Les régimes amaigrissants conduisent parfois à l'**anorexie mentale**, un trouble marqué par l'inanition volontaire (épuisement par manque volontaire de nourriture). L'anorexie mentale se caractérise par une recherche de la minceur et une phobie de prendre du poids, d'où une restriction sévère de l'apport alimentaire qui peut entraîner l'émaciation, l'inanition et éventuellement la mort (Habimana et coll., 1999). En plus de s'abstenir de manger, les personnes souffrant d'anorexie font des exercices physiques intenses, privant ainsi leurs organes vitaux de nutriments essentiels.

Ce trouble affecte environ de 1 à 2 % des adolescentes et des jeunes femmes. Dix filles pour 1 garçon sont touchées (Agence de la santé publique du Canada, 2008 ; Cloutier, 1996). Entre 5 et 20 % des victimes en meurent (Mitchell et McCarthy, 2000). La mort est habituellement causée par une insuffisance des organes, bien que de nombreuses jeunes femmes anorexiques souffrent de dépression grave et présentent un risque élevé de suicide.

On recense des cas d'anorexie dans tous les pays (Walcott, Pratt et Patel, 2003). Les jeunes adultes d'Asie, d'Afrique et d'Amérique latine ont longtemps semblé immunisés, sans doute parce que leur culture est moins imprégnée par l'obsession de la maigreur. Ce n'est plus le cas. Dans un document préparé à l'intention des cliniciens, une équipe d'experts rappelle qu'il est « essentiel d'envisager la présence de troubles alimentaires et de problèmes d'image corporelle chez toute personne, sans égard à son origine ethnique » (Dounchis, Hayden et Wilfley, 2001).

La boulimie

Boulimie Trouble alimentaire caractérisé par des épisodes récurrents de gavage après lesquels la personne atteinte (une femme le plus souvent) se fait vomir ou se purge au moyen de laxatifs.

Trois fois plus fréquente que l'anorexie mentale, la **boulimie** atteint elle aussi plus de jeunes femmes que d'hommes. La maladie se caractérise par des épisodes répétés de gavage (ou suralimentation) suivis de comportements compensatoires, tels que des vomissements provoqués, l'abus de diurétiques et de laxatifs, l'exercice physique compulsif et le jeûne. Ces comportements ont pour but d'éliminer la nourriture ingérée. Les gavages se font généralement en secret et sont accompagnés d'un sentiment de perte de contrôle. Au Canada, on rapporte un pourcentage élevé de comportements boulimiques chez les jeunes femmes fréquentant les établissements postsecondaires, soit 17 % ou plus de toutes celles inscrites dans ces établissements (Sheena's Place, [s.d.]).

La boulimie sévit partout dans le monde (Walcott, Pratt et Patel, 2003). Selon certains experts, les définitions que donne le *Diagnostic and Statistical Manuel-Division 4* (DSM-IV-TR) de l'anorexie et de la boulimie sont trop restrictives, si bien que le pourcentage de jeunes femmes souffrant de troubles alimentaires graves serait nettement supérieur à 3 % (Henig, 2004).

Aux conséquences physiques des régimes amaigrissants excessifs s'en ajoutent d'autres d'ordre psychologique, dont la perte de l'estime de soi et la dépression, qui peuvent motiver le maintien du comportement destructeur.

Le risque de développer des troubles de l'alimentation semble lié à une combinaison de facteurs, quelques-uns spécifiques à l'alimentation, d'autres plus généraux. Toutefois, quelle que soit la cause de ces troubles, il est clair que, à force d'entretenir des idées fausses sur leur apparence, nombre de jeunes femmes — et certains jeunes hommes — mettent leur santé en danger au moment même où leur corps devrait atteindre son plein épanouissement.

Les approches théoriques appliquées aux troubles alimentaires

Dans tous les troubles alimentaires, la consommation est déconnectée des signaux internes de la faim et sert des besoins psychologiques ou sociaux plutôt que l'homéostasie du corps (Shannon, 2007). Sous l'influence des gènes, mais aussi à cause d'une sous-alimentation précoce (qui perturbe le système homéostasique) et d'habitudes familiales, des perturbations alimentaires peuvent apparaître très tôt dans la vie.

> Le contrôle qu'exercent les parents sur la quantité de nourriture prise par leur enfant pourrait entraîner des effets imprévus sur le développement des comportements alimentaires, particulièrement en raison des signaux « externes » qu'ils lui envoient et qui donnent à l'enfant de moins en moins d'occasions de gérer lui-même sa faim [...]. La pression qu'ils exercent sur l'enfant pour le faire manger peut amener celui-ci à prendre des aliments en grippe, alors que les restrictions peuvent l'inciter à s'enticher d'aliments proscrits ou à consommation restreinte.
>
> (Fisher et Birch, 2001)

Si les troubles alimentaires émanent de l'enfance, pourquoi les femmes sont-elles 10 fois plus susceptibles que les hommes d'en souffrir ? La cause relève-t-elle de l'hérédité ou de l'environnement ? Chacune des six approches présentées au chapitre 2 propose une ou plusieurs pistes de réflexion.

- L'approche psychodynamique formule l'hypothèse que les femmes développent des troubles alimentaires pour se défaire psychologiquement de l'emprise de leur mère nourricière. Une fixation à la phase orale peut se manifester par un refus de la nourriture (anorexie) qui devient une façon de s'affranchir. Les relations entre la jeune fille anorexique et ses parents seraient perturbées. Les familles auraient tendance à être rigides, contrôlantes, surprotectrices et manifesteraient une grande préoccupation au sujet de la santé de l'enfant. Ce désir de contrôle deviendrait plus évident lorsque la préoccupation des parents grandit. Plus ces derniers tentent de changer le comportement anorexique, plus la lutte de pouvoir s'intensifie. Finalement, un conflit sexuel pourrait être à la base de l'anorexie, entraînant un refus de la féminité. Ces jeunes femmes craindraient l'intimité sexuelle, et leurs comportements anorexiques auraient pour effet de retarder leur développement psychosexuel.

  Lorsque le poids corporel descend en deçà d'un seuil critique à cause d'un régime alimentaire inadéquat, les fonctions neuroendocriniennes seraient perturbées, entraînant une régression vers un stade prépubertaire de développement. Chez la jeune femme qui redoute la sexualité et la maternité, la maigreur, l'aménorrhée et l'obsession de la nourriture font taire les pulsions sexuelles et préviennent la grossesse. L'anorexie peut donc devenir une forme de comportement mésadapté visant à « supprimer la fertilité ».

- L'approche béhaviorale relève que, chez certaines personnes, le jeûne, le gavage alimentaire et la purge sont des renforcements immédiats puissants, en ce sens qu'ils soulagent la tension et la détresse (Gordon, 1990), tout en déclenchant un mécanisme stimulus-réponse destructeur. De fait, la capacité d'exercer un tel contrôle sur

L'obsession au quotidien... Pour bien des jeunes femmes, la séance d'habillage du matin est un rituel obsessif au cours duquel elles vérifient le moindre gain de poids par rapport à la veille. De nombreux spécialistes dénoncent le fait qu'un grand nombre de femmes sont prisonnières de cet « idéal » de minceur aussi anormal que malsain.

soi agit comme un renforcement intrinsèque. De plus, il arrive que l'entourage, de façon plus ou moins subtile, encourage et soutient la perte de poids après avoir souligné plus ou moins négativement les transformations du corps chez la jeune fille.

- L'approche humaniste applique la recherche de la satisfaction des besoins aux troubles alimentaires. Le premier niveau des besoins concerne la survie de l'organisme à travers la satisfaction des besoins physiologiques de base. Qu'en est-il dans le cas des troubles alimentaires ? Ceux et celles qui en sont atteints estiment que les besoins des niveaux supérieurs ne peuvent être comblés que si le corps est mince. Ils sont convaincus qu'ils ne pourront gagner une sécurité financière (à travers un travail rémunéré), un sentiment d'appartenance (à travers des amitiés et des amours), l'estime de soi et des autres (valorisation, statut), etc., que si leur corps correspond à un « idéal » de minceur. Ils ne pourront être aimés qu'à condition... puisqu'ils créent un lien entre minceur, séduction et réussite sociale.

- L'approche cognitive explique que la personne a une perception erronée, une image déformée de son corps. Pour mieux comprendre cette question relevant à la fois de la cognition et de la perception, les intervenants ont parfois recours à la vidéo. Les sujets sont alors invités à reconstruire leur image corporelle « réelle » et « idéale » à leurs yeux. En règle générale, les anorexiques surestiment leur poids corporel réel et se perçoivent comme de grosses personnes même lorsqu'elles sont presque émaciées. D'autres théoriciens de l'approche cognitive suggèrent que la rivalité, dans le milieu professionnel par exemple, entre les hommes et les femmes amène certaines d'entre elles à projeter une image masculine de force, de maîtrise de soi qui ne cadre pas avec les formes plantureuses de la femme idéalisée d'autrefois.

- L'approche des systèmes dynamiques met l'accent sur la pression subie par les femmes pour être belles et minces. Les jeunes femmes adultes d'aujourd'hui peuvent parfois la ressentir grandement. Le modèle culturel arbitraire, qui s'installe dans tous les systèmes dont fait partie une personne, valorise les femmes filiformes (comme dans les magazines et la publicité). Pour correspondre à ce modèle, les adolescentes et les jeunes femmes deviendraient obsédées par la nourriture et les régimes amaigrissants.

- L'approche épigénétique présente plusieurs pistes de recherche. D'une part, elle s'intéresse aux gènes et à la fonction reproductrice féminine. Ainsi, des dérèglements de neurotransmetteurs responsables de la régulation endocrinienne dans le cerveau appuieraient l'hypothèse d'une base neurochimique héréditaire. Il semble que les troubles alimentaires ont une composante génétique. Le taux de concordance pour l'anorexie est en effet de 75 % chez les jumelles monozygotes contre 27 % chez les jumelles dizygotes (Treasure et Holland, 1993). En outre, un bon nombre de personnes souffrant de troubles alimentaires ont des antécédents familiaux de dépression, d'alcoolisme et de toxicomanie (Miller, 1993). Enfin, la fréquence de la dépression avant l'apparition du trouble alimentaire est plus élevée que la normale chez les personnes qui en sont atteintes.

La consommation de drogues et d'alcool

La période du jeune adulte entre 20 et 40 ans est, de loin, la plus « propice » à la consommation de drogues. Une personne sur 8 souffre d'une dépendance (y compris à l'alcool) avant l'âge de 27 ans (Kessler et coll., 2005) et plusieurs d'entre elles refusent de considérer qu'elles ont un problème de consommation, même lorsqu'elles ont atteint l'âge de 35 ou 40 ans.

Au début, le contexte social dans lequel évoluent de nombreux jeunes adultes tend à donner à la consommation de drogues et d'alcool une apparence de normalité, voire d'utilité (Schulenberg et coll., 2005). Les jeunes adultes choisissent leurs amis et leurs partenaires amoureux en partie sur la base de ressemblances ou de champs d'intérêt communs. La drogue et l'alcool constituent de tels champs d'intérêt, ils peuvent amener de gros consommateurs à fréquenter d'autres jeunes adultes qui ont développé une dépendance aussi grande ou encore plus grave. Les normes sociales en vigueur dans le cercle d'amis risquent d'empêcher ces jeunes adultes de prendre conscience de leur propre dépendance.

Par contre, de nombreuses personnes de 20 à 40 ans arrivent à cesser de consommer sans aide extérieure ni cure de désintoxication. Lorsque les normes sociales les amènent à prendre conscience de leur problème, le réseau social peut leur être d'une grande utilité. Malheureusement, ceux qui auraient besoin d'une aide professionnelle attendent parfois des années, voire des décennies avant d'y recourir ou d'y avoir accès.

Aimer les risques du métier Certains choisissent un métier qui comporte une dose de danger, comme celui de pompier ou de sauveteur. Ils sont valorisés pour leur sens du devoir, leur courage et, parfois, leur témérité.

Le goût du risque

Penchons-nous maintenant sur le fait que des comportements puissent être à la fois source d'extase et de désespoir. Par bravoure ou par stupidité, chaque génération de jeunes adultes prend des risques. S'inscrire à l'université, s'établir dans une autre ville ou un autre pays, fonder une famille sont autant d'entreprises risquées, tout comme le fait de démarrer une entreprise, de réaliser un documentaire, de participer à une compétition sportive, de s'enrôler dans l'armée ou de travailler en coopération internationale. Les jeunes adultes prennent ce genre de risques, et leurs concitoyens sont ravis qu'ils le fassent.

Malheureusement, plusieurs prennent aussi des risques destructeurs, notamment lorsqu'ils ont des relations sexuelles non protégées, qu'ils conduisent sans boucler leur ceinture de sécurité, qu'ils roulent à une vitesse excessive, qu'ils portent une arme chargée ou qu'ils consomment des drogues.

Les normes sociales

L'étude du développement humain fait ressortir l'importance des **normes sociales** en matière de comportements au sein d'une société donnée. Leur influence est particulièrement grande sur les jeunes adultes. Plus que jamais, ils sont indépendants de leurs parents. Ils recherchent d'abord l'approbation des gens de leur génération. Cette constatation a suscité l'intérêt d'intervenants qui cherchent à réduire les comportements à risque chez les 20 à 40 ans.

Normes sociales Critères en matière de comportements dans une société ou une culture donnée, reflétant davantage le comportement souhaité que le comportement réel.

Les jeunes adultes d'aujourd'hui se retrouvent souvent dans des milieux sociaux (université, événements sportifs, réunions entre amis) où ceux qui prennent des risques suscitent l'admiration. Ils remarquent ces personnes, comme cet étudiant qui se vante d'avoir attendu à la dernière minute pour écrire son travail de session en une nuit, ce sportif qui a réalisé une prouesse inattendue et dangereuse, ce père qui a laissé son fils de 8 ans conduire son quatre-roues.

Du point de vue des normes sociales, une mesure de réduction des risques que prennent les jeunes adultes consiste à mener des sondages auprès d'eux et à utiliser les résultats pour les sensibiliser à la fréquence de divers comportements (Berkowitz, 2005 ; Wechsler et coll., 2003). De façon générale, quand ils prennent conscience que la plupart des gens de leur âge consacrent beaucoup de temps à leurs études, qu'ils s'investissent sérieusement dans leur travail, qu'ils évitent de prendre des cuites, qu'ils refusent de consommer de la drogue, qu'ils n'ont pas de relations sexuelles en dehors de leur couple, qu'ils se protègent des infections, ils semblent être davantage portés à suivre ces normes sociales (Schultz et coll., 2007).

À l'intention des conducteurs Au Québec, des nouvelles mesures de sécurité routière sont entrées en vigueur le 1er avril 2008 : l'utilisation du téléphone cellulaire tenu en main est dorénavant interdite. Un téléphone mains libres est devenu une nécessité pour tous ceux qui parlent au téléphone en conduisant. Cette mesure a-t-elle réduit le nombre d'accidents ?

Réponse aux conducteurs (de la page 299) Des études australienne, canadienne et américaine ont montré que le risque d'accident augmente de 4 fois lorsqu'on parle au téléphone en conduisant. À titre de comparaison, une alcoolémie de 0,05 à 0,08 augmente le risque de 4,5 fois, et une alcoolémie supérieure à 0,08 l'augmente de 24 fois, selon une étude de 2004 de la Société de l'assurance automobile du Québec (SAAQ). Quant à savoir si la loi empêchant de tenir le cellulaire en main permet de diminuer le nombre d'accidents, personne jusqu'à maintenant n'a été en mesure de le prouver (Perreault, 2008).

Les conséquences

Considérons à nouveau les problèmes que soulève, sur le plan du développement, le désir d'expérimentation et d'exploration des jeunes adultes. Nous serions tous perdants si les 20 à 40 ans étaient timides, conservateurs et peu enclins à l'innovation. Les jeunes adultes doivent se lier d'amitié avec des étrangers, goûter des aliments inconnus, s'adapter à de nouveaux comportements de leurs enfants, explorer des idées, voyager. Ils ne parviendront pas à relever les défis qui les attendent — réussir leurs études, trouver un emploi stimulant et connaître le succès, devenir parents — s'ils sont prudents à l'excès et refusent de prendre des risques.

Cependant, les risques doivent être mesurés. Si le sentiment d'indépendance les pousse à ignorer toute règle de prudence, si les pratiques limites entraînent des blessures, s'ils ont tendance à fermer les yeux sur les conséquences de leurs actes, leur vie peut effectivement tourner court (Adler et Snibbe, 2003).

Synthèse

SECTION 1 L'adolescence (de 11 ou 12 à 20 ans)

1. L'adolescence est une période de changements physiologiques, psychologiques et psychosociaux. Elle s'étend habituellement de 11 ou 12 ans jusqu'à 20 ans environ.

La puberté: une période de transformations

2. La puberté fait référence aux transformations hormonales et aux changements corporels qui se produisent au début de l'adolescence. Elle s'enclenche avec une augmentation de la production hormonale et se termine au moment où les organes reproducteurs deviennent matures. La puberté métamorphose le corps. La série de phénomènes qui déclenchent la puberté s'amorce en réponse à un signal hormonal que donne l'hypothalamus et qui stimule l'hypophyse. L'hypophyse produit des hormones qui gèrent une large gamme de fonctions corporelles, dont l'hormone de croissance. La gonadolibérine que produit l'hypothalamus stimule l'activité des gonades et entraîne une hausse des concentrations d'œstrogènes et de testostérone.

3. La poussée de croissance touche presque toutes les parties du corps. Le gain de poids précède habituellement l'augmentation de la taille, qui est suivie d'un accroissement de la masse musculaire. Les poumons et le cœur grossissent et leur capacité s'améliore.

4. Les caractères sexuels primaires correspondent à l'ensemble des voies génitales, des organes génitaux et des glandes annexes qui interviennent dans la reproduction. Les organes génitaux atteignent peu à peu un degré de maturité permettant la reproduction. Une fois activées, les gonades (glandes sexuelles: testicules et ovaires) produisent des gamètes (spermatozoïdes et ovules); la spermarche (première émission de sperme contenant des spermatozoïdes) et la ménarche (apparition des premières règles) indiquent que la jeune personne est biologiquement prête à procréer.

5. Le développement des caractères sexuels secondaires, tels que les seins, la voix grave et la pilosité, marque la puberté.

6. Le cerveau se développe de l'arrière vers l'avant, les «lobes frontaux étant la dernière partie à arriver à maturité. Comme les lobes frontaux sont essentiels à l'inhibition, à la régulation affective, à la planification et à l'organisation, leur développement incomplet pourrait expliquer en bonne partie les comportements irréfléchis de l'adolescent.

Les variations quant au début de la puberté

7. La puberté dite «normale» commence entre l'âge de 8 à 13 ans et se déroule sur une période de 18 mois à 6 ans. Il existe des variations importantes d'une génération à l'autre et d'un individu à l'autre.

8. Les variations d'une génération à l'autre sont attribuables à l'amélioration de l'alimentation et des soins médicaux. Quant aux variations entre les individus, elles sont liées en partie aux gènes des chromosomes sexuels, lesquels exercent une grande influence sur le déclenchement de la puberté. D'autres facteurs, tels que la quantité de tissus adipeux et le stress, expliquent ces variations.

9. La puberté hâtive est un phénomène presque exclusivement féminin. Les filles qui ont une puberté précoce ont tendance à avoir une image corporelle moins positive, une moins bonne estime d'elles-mêmes et sont plus sujettes à la dépression. Chez les garçons, la puberté hâtive présente des avantages : ils se sentent séduisants, ont une image corporelle positive et sont populaires auprès de leurs pairs.

10. On parle de retard lorsque la puberté n'a pas débuté 2 ans après les limites habituelles, soit 12 ans chez la fille et 14 ans chez le garçon. La puberté tardive comporte des difficultés pour les garçons et les filles. Les attentes et la comparaison avec les pairs engendrent de l'anxiété.

Les impacts psychologiques et comportementaux des transformations pubertaires

11. Les changements physiologiques associés à la puberté obligent les adolescents à remanier l'image mentale qu'ils ont de leur apparence. Cela implique généralement des inconforts physiques et psychologiques.

12. L'action des hormones influe sur les émotions. Par exemple, l'augmentation du niveau de testostérone stimule l'éveil et la montée rapide des émotions (colère) alors que la fluctuation des œstrogènes exacerbe, chez de nombreuses filles, la bonne humeur au milieu du cycle menstruel (ovulation) et la tristesse ou la colère à la fin du cycle.

13. Les mécanismes hormonaux en jeu durant la puberté engendrent des pulsions sexuelles de plus en plus fortes et de plus en plus fréquentes. Le contexte social influe à la fois sur les pensées et les comportements, façonnant en quelque sorte les fantasmes, jugés agréables ou honteux, les pulsions, ressenties comme excitantes ou culpabilisantes, les contacts sexuels, réprimés ou non.

Quelques problèmes possibles

14. Lorsqu'une adolescente de moins de 15 ans se retrouve enceinte, elle court un risque plus élevé de complications physiologiques (exemples : fausse couche, césarienne, faible poids du bébé) et psychologiques.

15. Un abus sexuel sur un mineur correspond à toute activité érotique qui excite un adulte et stimule, embarrasse ou désoriente la personne mineure, que celle-ci proteste ou non et que l'activité comporte ou non un contact génital. Les adolescents victimes d'abus sexuel sont sujets à l'anxiété, à la colère, à la crainte et à la dépression. De plus, ils sont enclins à des comportements autodestructeurs, comme l'abus de drogues, les troubles alimentaires, les fugues, le vandalisme, la violence, les relations sexuelles non protégées avec des partenaires inconnus et même le suicide.

SECTION 2 Le début de l'âge adulte (de 20 à 40 ans)

Les âges et les stades de développement

1. Chez l'enfant, l'âge est associé de façon marquée aux différents stades de développement. Par contre, au début de l'âge adulte, l'âge chronologique n'est pas un guide fidèle du développement. Néanmoins, les spécialistes du développement croient que la cohorte et l'âge influent sur le comportement.

La croissance, la force et la santé

2. La force physique s'accroît dans la vingtaine chez les deux sexes. Puis, à partir de la trentaine environ, elle décroît graduellement. Le fonctionnement de l'organisme, notamment les appareils digestif, respiratoire, circulatoire et reproducteur, atteint un sommet d'efficacité dans la vingtaine. Durant la période de 20 à 40 ans, le système immunitaire est fort. Les habitudes de vie établies au début de l'âge adulte affectent la santé durant les années ultérieures.

3. Grâce aux mécanismes d'homéostasie, l'organisme s'adapte facilement à l'effort physique et récupère facilement. En vieillissant, toutefois, cette capacité d'adaptation diminue, mais la capacité de réserve permet à l'organisme de tolérer un effort exceptionnellement intense ou prolongé. Le vieillissement affecte donc relativement peu la vie quotidienne d'une personne jusqu'à 40 ans.

4. La plupart des jeunes adultes sont beaux et vigoureux, en partie grâce à leur état de santé général, à leur force et à leur niveau d'activité. Une part de la préoccupation à l'égard de l'apparence est liée au fait qu'elle suscite l'intérêt sexuel.

L'activité sexuelle

5. Chez les jeunes hommes, l'excitation sexuelle est signalée notamment par une augmentation de la fréquence cardiaque et une érection du pénis. En vieillissant, l'intervalle s'allonge entre le début de l'excitation et l'érection complète, entre l'érection et l'éjaculation ainsi qu'entre l'éjaculation et la fin de la période réfractaire. Les probabilités d'excitation et d'orgasme pendant une relation sexuelle augmentent à mesure que les femmes approchent de la trentaine.

6. Les gens attribuent aux relations sexuelles trois fonctions possibles : reproductive (famille et mariage), relationnelle (attachement) et récréative (satisfaction de la pulsion sexuelle). Les priorités accordées à ces fonctions de la sexualité sont habituellement les mêmes chez les partenaires qui ont des positions semblables à l'égard de la fidélité, de la grossesse, de l'amour et de l'avortement, même s'ils n'en ont jamais discuté.

7. Certaines infections transmissibles sexuellement et par le sang (ITSS) sont relativement bénignes et se traitent facilement, mais d'autres peuvent entraîner de graves problèmes de santé, causer l'infertilité ou la mort.
8. L'infertilité est l'incapacité de concevoir un enfant après 1 an ou plus de relations sexuelles sans contraception. Les hommes comme les femmes peuvent être la source de l'infertilité d'un couple.

Les habitudes de vie

9. L'exercice procure des bienfaits substantiels à tous, hommes et femmes, et protège contre les maladies. À l'opposé, la sédentarité est associée à presque toutes les formes de maladies. Même une activité physique minimale contribue à une meilleure santé.
10. Les habitudes alimentaires influent sur le développement à toutes les étapes de la vie. La plupart des troubles alimentaires sont particulièrement prévalents durant la période du début de l'âge adulte. L'obsession de la minceur est plus importante chez les femmes de 20 à 40 ans. L'anorexie mentale se caractérise par une recherche de la minceur et une phobie de prendre du poids qui mènent à une restriction de l'apport alimentaire. La boulimie se caractérise par des épisodes répétés de gavage (ou suralimentation) suivis de comportements compensatoires tels que des vomissements provoqués.
11. Dans tous les troubles alimentaires, la consommation est déconnectée des signaux internes de la faim et sert des besoins psychologiques ou sociaux plutôt que l'homéostasie du corps. Chacune des approches (psychodynamique, béhaviorale, humaniste, cognitive, des systèmes dynamiques et épigénétique) a une explication pour décrire les troubles alimentaires.
12. Le début de l'âge adulte est la période la plus « propice » à la consommation de drogues et d'alcool. Le contexte social peut donner à cette consommation une apparence de normalité.
13. Les jeunes adultes prennent des risques pour plusieurs raisons (bravoure, dépassement, négligence, ignorance...). Les normes sociales influencent leurs comportements, car ces personnes recherchent l'approbation des gens de leur génération. Ces normes représentent ainsi un moyen de prévention efficace pour la réduction des comportements à risque.

Questions clés

SECTION 1 L'adolescence (de 11 ou 12 à 20 ans)

1. Quelle est la différence entre le développement des caractères sexuels primaires et secondaires ?
2. Quels sont les impacts d'une puberté hâtive et tardive chez les garçons et les filles ?
3. Décrivez les mécanismes en jeu dans le développement des comportements émotifs et sexuels des adolescents.
4. Quelles sont les conséquences possibles d'un abus sexuel ?

SECTION 2 Le début de l'âge adulte (de 20 à 40 ans)

1. Quelle est la fonction de la capacité de réserve ?
2. Quelles dimensions permettent de relever les accords et les désaccords entre partenaires ?
3. Comment la préoccupation à l'égard de son poids peut-elle devenir dangereuse pour la santé ?

Applications

SECTION 1 L'adolescence (de 11 ou 12 à 20 ans)

1. Demandez à trois de vos amis au début de la vingtaine ce dont ils se souviennent de leur ménarche ou de leur spermarche, y compris les réactions d'autrui. Leurs commentaires indiquent-ils que ces événements sont troublants pour des jeunes gens ?

SECTION 2 Le début de l'âge adulte (de 20 à 40 ans)

1. Décrivez un incident dans lequel vous avez été impliqué au début de l'âge adulte, où la prise de risque aurait pu avoir des conséquences désastreuses. Quels étaient vos sentiments à ce moment ? Que feriez-vous si vous saviez qu'un de vos enfants s'apprêtait à faire la même chose ?

Le chapitre 9 en un clin d'œil

SECTION 1 L'adolescence (de 11 ou 12 à 20 ans)

La puberté : une période de transformations

Hormones

Hormone de croissance

Gonadolibérine
- Accroissement des hormones sexuelles : œstrogènes et testostérone

Transformations physiques

Forte poussée de croissance
- Augmentation de la longueur des os et de leur densité (croissance des extrémités vers le centre)
- Gain de masse adipeuse et musculaire
- Poumons triplant de poids, cœur doublant de volume

Développement des caractères sexuels primaires
- Garçons : spermatogenèse, spermarche
- Filles : développement de l'utérus et épaississement de la muqueuse vaginale, ménarche

Développement des caractères sexuels secondaires
- Filles : pilosité, seins, élargissement des hanches
- Garçons : pilosité, mue de la voix, élargissement des épaules

Autre aspect des transformations : le développement du cerveau

Développement inégal
Le système limbique arrive à maturité des années avant le cortex préfrontal : effets sur les comportements à risque et les réactions émotives.

Les variations quant au début de la puberté

Variations entre les générations

Tendance séculaire
- Chaque génération commence la puberté plus tôt.

Variations entre les individus

Gènes
- 50 % des variantes attribuables à la génétique

Tissus adipeux
- La ménarche serait plus tardive chez les filles ayant peu de gras corporel.

Stress
- Susceptible de déclencher la puberté plus tôt

Vivre sa puberté à un âge « normal » ou hors norme

Puberté hâtive
- Phénomène presque exclusivement féminin
- Inconvénients pour les filles : image corporelle moins positive, moins bonne estime de soi

Puberté tardive
- Puberté qui n'a pas débuté 2 ans après les limites habituelles (12 ans chez la fille et 14 ans chez le garçon)
- Engendre de l'anxiété (attentes, comparaison avec les pairs)

Le chapitre 9 en un clin d'œil

SECTION 1 L'adolescence (de 11 ou 12 à 20 ans) (suite)

Les impacts psychologiques et comportementaux des transformations pubertaires

Image corporelle

Les changements physiques obligent les adolescents à remanier leur image corporelle.
- L'apparence peut être source d'inconforts physiques et psychologiques.

Émotivité soudaine

- Augmentation du niveau de testostérone et montée rapide des émotions, dont la colère
- Fluctuation des œstrogènes et émotions exacerbées en milieu et fin de cycle menstruel

Comportement sexuel

- Mécanismes hormonaux et augmentation des pulsions sexuelles
- Contextes social et culturel affectant les comportements sexuels

Quelques problèmes possibles

Grossesse

Risque plus élevé de complications physiologiques (avortement spontané, haute pression, mortinatalité, césarienne, faible poids du bébé à la naissance et décès) et psychologiques pour une adolescence de moins de 15 ans

Abus sexuels

Tout geste à caractère sexuel accompli sans le consentement libre et explicite du partenaire

Conséquences
- Anxiété, colère, dépression majeure, cauchemars, difficultés scolaires, comportements autodestructeurs (abus de drogues), troubles alimentaires, fugues, vandalisme, violence, relations sexuelles non protégées avec des partenaires inconnus et suicide

Le chapitre 9 en un clin d'œil

SECTION 2 Le début de l'âge adulte (de 20 à 40 ans)

La croissance, la force et la santé

Des corps conçus pour la santé

Durant la vingtaine :
- accroissement de la force physique ;
- fonctionnement optimal de l'organisme ;
- force du système immunitaire (aussi pendant la trentaine).

Sénescence

- S'amorce dès la vingtaine, mais peu manifeste
- Ralentissement des mécanismes d'homéostasie avec l'âge (récupération d'un effort intense plus difficile à 40 ans qu'à 20 ans)

Fonctionnement de chaque organe et des systèmes corporels compensé par la capacité de réserve

Apparence

- Leur état de santé général, leur force physique et leur niveau d'activité font que les jeunes adultes sont beaux et vigoureux.
- L'apparence suscite l'intérêt sexuel.

L'activité sexuelle

Réponses physiologiques

- Chez les jeunes hommes, l'excitation sexuelle est rapide et ils ont tendance à éjaculer rapidement lors d'une relation sexuelle ; l'intervalle s'allonge avec le temps et l'expérience.
- Chez les femmes, les probabilités d'excitation et d'orgasme augmentent à mesure qu'elles approchent de la trentaine.

Fonctions de la sexualité

- Fonction reproductrice
- Fonction relationnelle
- Fonction récréative

Infections transmissibles sexuellement et par le sang (ITSS)

- Certaines ITSS sont bénignes et d'autres, sévères.
- Les jeunes adultes en sont les principaux vecteurs et les principales victimes.

Infertilité

Les technologies de procréation assistée peuvent souvent régler le problème chez les couples de moins de 30 ans.

Le chapitre 9 en un clin d'œil

SECTION 2 Le début de l'âge adulte (de 20 à 40 ans) (suite)

Les habitudes de vie

- **Exercice**
  - Il procure des bienfaits substantiels à tous et protège contre les maladies.
- **Alimentation**
  - Importance d'une saine alimentation à toutes les étapes de la vie
  - Les troubles alimentaires
    - Anorexie mentale
    - Boulimie
  - Différentes approches en psychologie proposent des explications aux troubles alimentaires.
- **Consommation de drogues et d'alcool**
  - Fréquence de consommation plus élevée entre 20 et 40 ans (influence du contexte social et du cercle d'amis)
- **Goût du risque**
  - Les normes sociales permettent de réduire la prise de risque et d'améliorer les habitudes de vie des jeunes adultes.

CHAPITRE 10

Le développement cognitif à l'adolescence et au début de l'âge adulte

Essayez de parler de politique internationale, des dernières tendances en musique ou du sens de la vie avec un enfant de 8 ans, puis avec un adolescent de 15 ans. Vous aurez tôt fait de constater que ce dernier a parcouru un bon bout de chemin sur le plan cognitif. Il commence à penser comme un adulte, c'est-à-dire qu'il recourt à une analyse plus systématique et à un raisonnement plus abstrait.

Cette pensée continue d'ailleurs d'évoluer au cours de l'âge adulte. Le bagage de connaissances et d'expériences s'enrichit, l'agilité mentale augmente, les sujets de réflexion se diversifient et le traitement des nouvelles données gagne en efficacité. La personne établit des liens plus judicieux entre ses nouvelles expériences et ses anciennes. Certaines habiletés s'amélioreront et d'autres s'affaibliront, tandis que d'autres resteront stables au fur et à mesure du vieillissement (Uttal et Perlmutter, 1989).

Le développement de la pensée formelle chez l'adolescent et de la pensée postformelle chez le jeune adulte font l'objet de ce chapitre.

SECTION 1

L'ADOLESCENCE (DE 11 OU 12 À 20 ANS)

À mesure que s'ouvrent leurs horizons intellectuels, les jeunes cheminent vers la maturité. Ils deviennent sensibles à de nouvelles réalités, leur pensée se détachant du concret pour englober une expérience humaine plus large et plus abstraite.

Les adolescents sont un concentré d'ego, de logique et d'émotions. Parfois l'ego submerge la logique, parfois les émotions balaient l'ego et la logique. Dans cette section du chapitre, nous nous intéressons d'abord aux progrès cognitifs qu'entraîne la combinaison de l'analyse et de l'intuition, puis à l'égocentrisme intellectuel qui marque le début de l'adolescence.

Les progrès de la pensée

Toutes les habiletés reliées à la pensée, à l'apprentissage et à la mémoire qui se sont améliorées à l'âge scolaire continuent de se développer au cours de l'adolescence (Keating, 2004). Par exemple, l'attention sélective s'aiguise, ce qui permet aux adolescents de faire leurs devoirs dans une cafétéria bondée, au son d'une musique assourdissante. Grâce à l'amélioration de leurs capacités mnésiques et à l'expansion rapide de leur base de connaissances, ils sont capables de relier des idées et des concepts nouveaux à d'autres acquis depuis longtemps et de comprendre une multitude de notions, du calcul différentiel à l'amitié, en passant par la chimie et la mode. Leur langage continue d'évoluer et leur vocabulaire, de s'accroître. De nombreux adolescents se découvrent un style personnel dans leur façon de parler et d'écrire : à l'école, chaque classe a ses poètes, ses écrivains et ses orateurs. Enfin, les progrès de la métacognition (capacité de réfléchir sur sa propre façon de penser) rendent les adolescents aptes au « jeu de la pensée » (Flavell, 1992).

Les scientifiques ne s'accordent pas tous sur la portée de chacune de ces caractéristiques dans les progrès de la pensée de l'adolescent. Tous reconnaissent cependant l'énorme variabilité du fonctionnement cognitif chez les adolescents normaux. Certains ne raisonnent pas mieux que des enfants de 3e année, alors que d'autres raisonnent aussi bien, voire mieux, que la plupart des adultes (Kuhn et Franklin, 2006).

La variabilité est une donnée clé pour comprendre un adolescent, quel que soit son âge. Bien que l'égocentrisme soit habituellement manifeste au début de l'adolescence et que l'intuition se développe avant que la logique se construise de façon formelle, ces formes de cognition peuvent apparaître à n'importe quel moment de cette période de la vie.

La période des opérations formelles

Les adolescents développent leur capacité à faire preuve de logique à force de comparer les expériences qu'ils vivent. Jean Piaget fut le premier à observer et à décrire ces progrès. Il s'était rendu compte que les processus cognitifs peuvent changer après l'enfance. Selon Piaget, c'est à l'adolescence qu'est atteinte la quatrième période du développement cognitif, soit celle des **opérations formelles**. Le tableau 10.1 présente un résumé des caractéristiques des périodes du développement cognitif.

Période des opérations formelles Selon Piaget, quatrième période du développement des structures cognitives, qu'il décrit comme la période des relations entre le réel et le possible. Elle se caractérise par la capacité de tirer des conclusions particulières à partir d'hypothèses abstraites (raisonnement hypothético-déductif).

Au cours de cette période qui s'amorce vers l'âge de 11 ou 12 ans, les adolescents sont capables, à des degrés divers, d'une pensée abstraite. Ils peuvent penser à la pensée (métacognition), spéculer et réfléchir aussi bien sur le possible que sur le concret. Ils sont en mesure de formuler des hypothèses et d'élaborer des stratégies pour les vérifier de façon systématique, c'est ce qu'on appelle *le raisonnement hypothético-déductif*. Cette forme de raisonnement compte parmi les caractéristiques de la période des opérations formelles. Comme les théoriciens des autres écoles, Piaget croyait qu'à cette période, la personne est capable de respecter les règles formelles de la logique, de comprendre des propositions comme « Si les souris sont plus grosses que les chiens, alors... », puis de recourir tant à la déduction qu'à l'induction pour répondre à diverses questions liées à ces propositions.

De nombreux spécialistes du développement estiment que l'adolescent se distingue d'abord de l'enfant par sa capacité de se détacher de la réalité concrète et d'axer sa pensée sur le possible. Les adolescents peuvent tirer des conclusions logiques d'une prémisse ou d'une théorie générale, puis en vérifier la validité (Galotti, 2002 ; Keating, 2004).

L'aptitude à réfléchir à des possibilités plutôt qu'à la simple réalité est un jalon important de la pensée opératoire formelle. Les adolescents partent de solutions possibles pour arriver à trouver laquelle est la bonne (Lutz et Sternberg, 1999). Comme le disait Piaget, « [l]a possibilité n'apparaît plus seulement comme l'extension d'une situation

TABLEAU 10.1 Les périodes du développement cognitif selon Piaget

Âge approximatif	Période	Caractéristiques	Principales acquisitions
De la naissance à 2 ans	Période sensorimotrice	• Appréhension du monde par l'intermédiaire des sens et des habiletés motrices. • Connaissance de l'objet à travers ce qu'on peut en faire. • Pas de conceptualisation.	• Développement de la permanence de l'objet. • Début des représentations mentales, en plus des actions physiques.
De 2 à 6 ans	Période préopératoire	• Capacité de recourir à la pensée symbolique, notamment avec le langage, l'imitation différée, le jeu symbolique. • Pensée égocentrique : compréhension du monde d'un seul point de vue, le sien.	• Développement du langage. • Acquisition des premiers concepts. • Capacité de réfléchir aux événements passés et futurs.
De 6 ou 7 à 11 ans	Période des opérations concrètes	• Compréhension des opérations logiques appliquées à des réalités concrètes. • Interprétation des expériences d'une manière objective et rationnelle. • Raisonnement inductif : du particulier au général.	• Compréhension des concepts fondamentaux, comme la conservation, le nombre, la classification.
À compter de 11 ou 12 ans	Période des opérations formelles	• Capacité d'abstraction. • Formulation d'hypothèses et élaboration de stratégies pour vérifier ces hypothèses (raisonnement hypothético-déductif).	• Pensée systématique, organisée et théorique. • Intérêt pour les questions sociales et morales.

empirique ou d'une action réalisée. C'est plutôt la réalité qui devient secondaire à la possibilité » (Inhelder et Piaget, 1958).

Les adolescents développent une propension à la discussion et à l'argumentation. Leur capacité à se distancier de leurs convictions et à défendre des croyances différentes ou contradictoires fait d'eux des interlocuteurs intéressants et habiles. Cette capacité, par ailleurs, les pousse à contester tous les présupposés et à remettre en question la logique des croyances. Ils s'y exercent souvent en argumentant avec leurs parents, leurs enseignants, leurs amis. Certains adultes peuvent mal supporter qu'un jeune adolescent contredise, presque sans fin, ce qu'ils disent, mais un parent informé suscitera, au contraire, des discussions, au moins à des moments où il se sent ouvert et patient…

L'émergence du raisonnement hypothético-déductif permet à l'adolescent de se forger une vision du monde complexe et englobante. Ce dernier s'intéresse donc aux opinions et aux jugements des jeunes et des adultes de divers milieux. Ce raisonnement transforme ses perceptions. Il peut l'amener à juger que toutes les idées sont possibles, justifiables et en même temps contestables. La réflexion sur des questions sérieuses devient une démarche complexe — et parfois déchirante — parce qu'elle entraîne la considération de nombreuses possibilités et éloigne parfois la personne des conclusions logiques qu'appellent les questions en jeu (Moshman, 2005). Toutefois, l'exercice de cette réflexion qui tient compte des pour et des contre est essentiel au développement d'une pensée riche et profonde, afin que la personne soit capable d'envisager de multiples points de vue en même temps.

Si les adolescents ne sont pas sûrs de ce qui est juste et dans quel sens cela l'est, ils savent ce qui ne l'est pas. À tout âge, il est plus facile de critiquer que de créer, mais la critique en soi témoigne d'un progrès dans le raisonnement. De fait, le raisonnement

Plus abstrait que de compter sur ses doigts Au début de la période des opérations concrètes, les enfants ont besoin, pour comprendre les mathématiques, de cubes, de pièces de monnaie et d'autres objets tangibles. Vers la fin de l'adolescence, au zénith de la pensée formelle, ces illustrations pratiques et concrètes ne sont plus nécessaires.

Raisonnement inductif Raisonnement qui consiste à tirer une conclusion générale à partir d'une ou de plusieurs expériences précises ou de faits. Moins avancé, sur le plan cognitif, que le raisonnement déductif, il est présent particulièrement entre 7 et 12 ans.

Raisonnement déductif Raisonnement qui consiste à tirer une conclusion spécifique à partir d'idées générales.

Le jus à l'épreuve Quelle est la teneur en vitamine C du jus d'orange? Le producteur pourrait sûrement fournir la réponse, mais les adolescents préfèrent la trouver eux-mêmes, comme le font ces élèves dans un cours de chimie.

hypothético-déductif permet aux adolescents d'analyser des phénomènes courants sous l'angle de valeurs abstraites, comme ceux qui sont associés à l'amour, à la justice et au sens de la vie. Par conséquent, ils opposent l'état des choses à un monde hypothétique où justice serait faite, où la sincérité aurait droit de cité, où la vie humaine aurait un sens. C'est l'une des raisons pour lesquelles nombre d'adolescents se livrent à des réflexions tourmentées sur le monde et sur la place qu'ils y occupent. Ils découvrent par le fait même des pensées et des sentiments inusités pour eux, stimulants et parfois terrifiants, tout en développant leurs propres valeurs.

Contrairement aux enfants, les adolescents n'acceptent pas nécessairement les conditions actuelles d'une situation. Ils critiquent tout, autant la façon dont leur mère fait cuire les spaghettis que la méthode qui permet d'établir la date de Pâques. C'est précisément leur raisonnement hypothético-déductif qui les amène à critiquer l'état des choses.

Des opérations concrètes aux opérations formelles

On peut distinguer la pensée formelle de la pensée concrète en se rappelant les apprentissages scolaires qui y sont associés. Les jeunes enfants apprennent les nombres réels (4 × 8); les adolescents parviennent à multiplier des nombres abstraits comme (2x)(3y) ou même $(-5xy^2)(3zy^3)$. Les jeunes enfants étudient d'autres cultures en se renseignant sur leur quotidien (en mangeant du couscous ou en construisant un igloo, par exemple), alors que les adolescents saisissent des concepts (comme le produit national brut ou le taux de fertilité) et peuvent comprendre leurs influences. Les jeunes enfants font pousser des carottes et nourrissent les lapins; les adolescents examinent les cellules et les bactéries.

La pensée de l'adolescent n'est plus limitée par ses expériences personnelles comme à l'étape des opérations concrètes: le jeune peut composer avec l'abstraction (Inhelder et Piaget, 1958). La capacité de jongler avec les possibilités permet aux adolescents de rêver et de spéculer avec une aisance dont les enfants sont incapables.

Du raisonnement inductif au raisonnement déductif

Les enfants procèdent du particulier au général: le **raisonnement inductif** domine à l'âge scolaire, alors que les enfants emmagasinent les données et les expériences personnelles pour mieux réfléchir. Les adolescents partent d'un principe général (qui peut être conforme ou non aux idées reçues et aux apparences) et aboutissent à une application particulière, grâce au **raisonnement déductif**.

Dans un raisonnement inductif, l'enfant pense de la façon suivante: « Je vois une créature qui a quatre pattes et qui jappe. Or, on m'a appris que les chiens ont quatre pattes et jappent. Donc, cet animal doit être un chien. » À partir d'éléments particuliers (quatre pattes et jappement), il aboutit à une conclusion générale: ce doit être un chien. Par contraste, le raisonnement déductif de l'adolescent progresse du général vers le spécifique: « Si c'est un chien, il doit avoir quatre pattes et japper » (voir la figure 10.1).

Les expériences de Piaget

Piaget et ses collègues ont élaboré un certain nombre de protocoles expérimentaux pour étudier la pensée opératoire formelle auprès d'enfants d'âges divers. Piaget s'est inspiré de la chimie et de la physique et a créé une série de tâches restées célèbres. L'une d'elles consiste à équilibrer une balance à fléau au moyen de poids (voir la figure 10.2) (Inhelder et Piaget, 1958). Pour y parvenir, l'enfant doit saisir que l'équilibre dépend à la fois de la masse des poids et de leur distance par rapport au centre. Par conséquent, un poids plus léger placé loin du centre peut servir de contrepoids à un poids plus lourd placé près du centre.

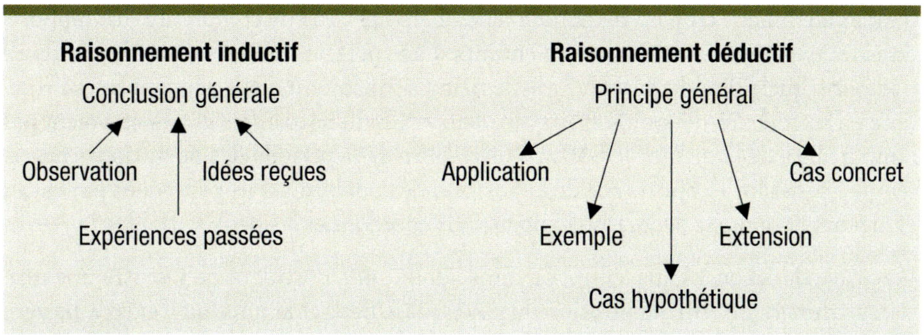

FIGURE 10.1 **Ascendant ou descendant ?** Les enfants utilisent la pensée opératoire concrète et ont donc tendance à tirer des conclusions sur la base de leurs propres expériences et de ce qu'on leur a dit. C'est ce qu'on appelle le *raisonnement inductif*, ou *raisonnement ascendant*. Les adolescents capables de pensée opératoire formelle peuvent recourir à la déduction, selon une analyse descendante.

À VOUS LES COMMANDES 10.1

L'analyse descendante en action

Voyons une application d'opération formelle. Supposons que la proposition suivante est vraie : si le vent souffle, les feuilles tombent.

Que peut-on déduire de cette proposition dans les cas suivants ?

- Si le vent souffle, alors les feuilles tombent.
- Si le vent ne souffle pas, alors on ne peut savoir avec certitude si les feuilles tombent ou non, car elles peuvent tomber pour une autre raison (quelqu'un secoue l'arbre, par exemple).
- Si les feuilles tombent, alors on ne peut savoir avec certitude si le vent souffle, car les feuilles peuvent tomber pour une autre raison.
- Si les feuilles ne tombent pas, alors on peut dire avec certitude que le vent ne souffle pas.

Faites maintenant vos propres déductions.

1. Supposons que la proposition suivante est vraie : si la pluie tombe, le trottoir est mouillé.
   Que peut-on en déduire dans les cas suivants ?
   a) Si la pluie ne tombe pas, alors…
   b) Si le trottoir est mouillé, alors…
   c) Si le trottoir n'est pas mouillé, alors…
2. Supposons que la proposition suivante est vraie : si FNY est vrai, alors GDN est vrai.
   Que peut-on en déduire dans les cas suivants ?
   a) Si FNY n'est pas vrai, alors…
   b) Si GDN est vrai, alors…
   c) Si GDN n'est pas vrai, alors…
3. Supposons que la proposition suivante est vraie : si SZN n'est pas vrai, alors TSG n'est pas vrai.
   Que peut-on en déduire dans les cas suivants ?
   a) Si SZN est vrai, alors…
   b) Si TSG est vrai, alors…
   c) Si TSG n'est pas vrai, alors…

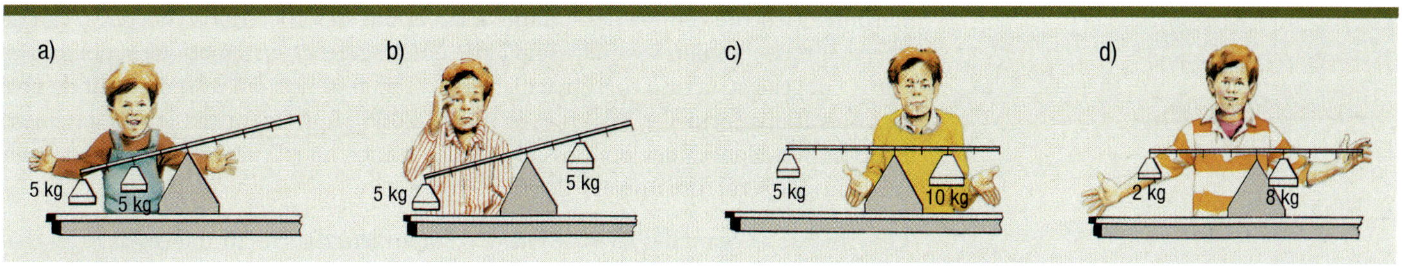

FIGURE 10.2 **Vers l'équilibre** Ces illustrations représentent l'épreuve de la balance, que Piaget a créée pour étudier le raisonnement hypothético-déductif. On voit un sujet de 4 ans en a), de 7 ans en b), de 10 ans en c) et de 14 ans en d).

C'est évidemment trop en demander aux sujets de 4 ans de comprendre ce rapport : dans les expériences de Piaget, les enfants d'âge préscolaire accrochent les poids en n'importe quel point du fléau. À 7 ans, les jeunes constatent qu'ils peuvent créer l'équilibre en accrochant des poids égaux aux deux côtés du fléau, mais ils n'entrevoient pas l'importance de la distance. À 10 ans (vers la fin de la période des opérations concrètes), ils saisissent l'importance de la position des poids, mais ils procèdent par essais et erreurs et non par déduction logique pour coordonner les deux variables.

Vers l'âge de 13 ou 14 ans, enfin, certains adolescents postulent qu'il existe une relation arithmétique entre la position du poids sur le fléau et la force qu'il exerce. Ils vérifient systématiquement cette hypothèse en faisant varier une seule variable à la fois et résolvent le problème avec exactitude et efficacité. Piaget attribuait l'évolution de l'aptitude à résoudre ce problème à l'émergence des habiletés propres à chaque période du développement cognitif (voir le tableau 10.1).

Les critiques à l'égard de la pensée formelle de Piaget

Le raisonnement hypothético-déductif confère souplesse et perspicacité à la pensée des adolescents ou, plus justement, de certains adolescents dans certaines circonstances. Des études récentes ont révélé en effet que le développement du raisonnement formel est beaucoup plus lent et beaucoup moins complet que ne le croyaient nombre de spécialistes du développement, Piaget en tête (Keating, 2004). De nombreux adolescents, ainsi que des adultes, font piètre figure aux épreuves de raisonnement hypothético-déductif, telles que l'expérience de la balance de Piaget. Cela laisse supposer que les habiletés nécessaires n'apparaîtraient pas toujours à l'adolescence, voire qu'elles n'émergeraient pas chez tous les individus (ou, tout au moins, ne seraient pas suffisamment sollicitées et exercées durant les études secondaires et par la suite). Par ailleurs, un adolescent qui fait appel au raisonnement hypothético-déductif pour résoudre un problème de mathématiques peut avoir beaucoup de difficulté à déduire la solution d'un problème de biologie ou à déterminer le meilleur moyen de se tirer d'une situation sociale complexe et ambiguë. Autrement dit, il semble que les adolescents peuvent effectuer des opérations formelles dans certaines situations. Leur raisonnement dépendrait beaucoup plus de leurs aptitudes intellectuelles particulières, de leurs expériences et connaissances, de leurs talents et de leurs centres d'intérêt que du simple recours à la pensée formelle.

Les théoriciens, les chercheurs et les praticiens qui se spécialisent dans l'étude de la cognition à l'adolescence conviennent, à l'instar de Piaget, qu'une nouvelle forme de pensée, qualitativement différente de celle de l'enfant, émerge à compter de la puberté (Fischer et Bidell, 1998 ; Flavell, Miller et Miller, 2002 ; Keating, 2004 ; Moshman, 2005). Cependant, ils ne s'entendent pas sur d'autres aspects. Le changement est-il soudain (Piaget) ou graduel (théorie du traitement de l'information) ? Découle-t-il du contexte (approche socioculturelle) ou de changements biologiques (approche épigénétique) ? Le changement se produit-il de façon universelle dans tous les domaines (Piaget) ou de façon plus sélective (toutes les autres approches) ? Certains adolescents et adultes raisonnent encore comme des enfants à la période des opérations concrètes. Peu de chercheurs contemporains endossent l'idée de l'émergence systématique et obligatoire d'une nouvelle structure cognitive distincte à l'adolescence, qui ressemblerait de près aux opérations formelles (Kuhn et Franklin, 2006). Autrement dit, le raisonnement hypothético-déductif devient possible à l'adolescence, mais il ne semble pas constituer une nouvelle structure universelle et inhérente.

Ces critiques à l'égard des idées de Piaget en rappellent d'autres formulées dans les chapitres précédents. La cognition varie beaucoup plus à tout âge que ce que semblait croire Piaget. Bien qu'il ait lancé l'étude systématique du développement cognitif à l'adolescence (Keating, 2004), la description qu'il en a faite n'en constitue pas le point final.

POINT DE MIRE

Les habiletés à résoudre un problème : variations de par le monde

La résolution de problème est le pivot central de la période des opérations formelles. Pour évaluer cette habileté, un examen a été administré sous les auspices du PISA (Programme for International Student Assessment) à 250 000 élèves de 41 nations différentes, afin d'évaluer la prise de décision et la capacité d'analyse. L'exercice suivant faisait partie de cet examen. Faites-le à votre tour.

Les services récréatifs de la ville de Zedish ont organisé un camp de vacances qui dure 5 jours ; 46 enfants (26 filles et 20 garçons) y sont inscrits et 8 adultes (4 hommes et 4 femmes) se sont portés volontaires pour les accompagner.

Adultes
Mme Mariette
Mme Chantal
Mlle Greta
Mlle Loraine
M. Simon
M. Joël
M. William
M. Pascal

Dortoirs	
Nom	Nombre de lits
Rouge	12
Bleu	8
Vert	8
Violet	8
Orange	8
Jaune	6
Blanc	6

Règlements pour les dortoirs

1. Les garçons et les filles doivent dormir dans des dortoirs séparés.
2. Il faut qu'au moins un adulte occupe chaque dortoir.
3. L'adulte ou les adultes qui dorment dans un dortoir doivent être du même sexe que les enfants.

Affectation des dortoirs

Remplissez le tableau pour répartir les 46 enfants et les 8 adultes dans les dortoirs, en veillant à ce que toutes les règles soient respectées.

Nom	Nombre de garçons	Nombre de filles	Nom(s) de l'adulte ou des adultes
Rouge			
Bleu			
Vert			
Violet			
Orange			
Jaune			
Blanc			

Pour savoir si vos réponses sont bonnes, vérifiez si les six conditions suivantes sont remplies :

- le nombre total de filles doit être égal à 26 ;
- le nombre total de garçons doit être égal à 20 ;
- le nombre total d'adultes doit être de 4 femmes et 4 hommes ;
- le nombre total de personnes (enfants et adultes) par dortoir doit tenir compte du nombre de lits disponibles dans chaque dortoir ;
- tous les occupants d'un même dortoir doivent être de même sexe ;
- il doit y avoir au moins un adulte dans chaque dortoir.

Source : Organisation de coopération et de développement économiques, « Évaluation PISA 2003 Domaine : Résolution de problèmes », [en ligne], [s.d.]. [http://educeval.education.fr/pdf/pisaexos6.pdf] (18 janvier 2010).

Parmi les élèves soumis à l'examen dont cet exercice a été tiré, environ 1 adolescent de 15 ans sur 5 a su résoudre le problème de façon réfléchie. La plupart ont obtenu une partie des points alloués. Environ 1 adolescent sur 6 a eu un résultat inférieur à la note de base (parce qu'il avait sauté des questions ou fait de nombreuses erreurs).

Les résultats moyens en résolution de problème chez les élèves de 15 ans

Pays	Note moyenne	Pays	Note moyenne	Pays	Note moyenne	Pays	Note moyenne
Corée	550	Australie	530	Espagne	481	Turquie	408
Hong Kong	548	France	519	Italie	469	Mexique	384
Japon	547	Suède	509	États-Unis	477	Brésil	371
Canada	529	Irlande	498	Portugal	470	Indonésie	361
Nouvelle-Zélande	533						

Note : La plus haute note possible est 700 et la plus basse, 200 ; la moyenne internationale est de 500.

Source : Organisation de coopération et de développement économiques, *Problem Solving for Tomorrow's World: First Measures of Cross-Curricular Competencies from PISA 2003*, [en ligne], [2004]. [http://www.oecd.org/dataoecd/25/12/34009000.pdf] (11 juin 2010), p. 42.

On observe des différences importantes entre les pays, mais on ne sait pas bien pourquoi. Est-ce parce que dans certains pays la culture est moins propice à la résolution de problème, ou parce que les écoles de certains pays enseignent moins bien le raisonnement formel ?

Deux modes de raisonnement

Comme l'ont montré de nombreux spécialistes du développement au cours des 40 dernières années, le fait que les adolescents puissent recourir au raisonnement hypothético-déductif ne signifie pas forcément qu'ils le font (Kuhn et Franklin, 2006). Les adolescents trouvent parfois beaucoup plus simple et rapide de suivre leurs impulsions que de faire preuve de logique.

Les chercheurs observent deux modes parallèles de traitement de l'information dans la cognition chez l'adolescent (Keating, 2004) : un mode intuitif et un mode analytique. Le cerveau utilise au moins deux voies d'accès, appelées *réseaux de traitement en parallèle*. Les deux réseaux de traitement ont reçu divers noms : intuitif-analytique, implicite-explicite, créatif-factuel, contextualisé-décontextualisé, inconscient-conscient, essentiel-quantitatif, affectif-intellectuel, expérientiel-rationnel.

Le premier mode s'active à partir d'une conviction, d'une expérience vécue ou d'une hypothèse courante plutôt qu'à partir d'une prémisse logique. C'est ce qu'on appelle la **pensée intuitive**. Les idées émanent de souvenirs et d'émotions. La cognition intuitive est rapide et puissante ; on « sent » que l'idée trouvée est la bonne.

Pensée intuitive Pensée qui surgit d'une émotion ou d'une intuition, et qui est dépourvue d'une explication rationnelle. Les expériences vécues, les postulats culturels et les impulsions sont des précurseurs de la pensée intuitive.

Pensée analytique Pensée qui découle de l'analyse, comme le classement systématique des avantages et des inconvénients, des risques et des conséquences, des possibilités et des faits. La pensée analytique repose sur la logique et la rationalité ; elle fait appel à la pensée formelle.

Le second mode est le raisonnement formel, logique, le raisonnement hypothético-déductif que décrit Piaget. Comme son nom l'indique, la **pensée analytique** fait appel à l'analyse rationnelle de nombreux facteurs dont les interactions doivent être calculées, comme dans l'épreuve de la balance. La pensée analytique demande un certain niveau de maturité intellectuelle, de capacité cérébrale, de motivation et d'entraînement.

Il y a deux modes, mais un seul penseur (De Neys, 2006), ce qui signifie que le recours à la pensée intuitive peut entraver l'utilisation de la pensée analytique. Deux réseaux cérébraux interagissent, ce qui expliquerait que le mode intuitif domine pendant l'adolescence (Steinberg, 2007). Aucun des deux modes n'est toujours préférable ; idéalement, une personne apprend à les coordonner en raisonnant tantôt par l'un, tantôt par l'autre.

Les pensées produites selon chaque mode coexistent ou entrent en conflit. Les deux modes se développent au cours de l'adolescence (Galotti, 2002 ; Klaczynski, 2005 ; Moshman, 2005 ; Reyna, 2004) et continuent de se développer à l'âge adulte.

À pleine capacité Les joueurs d'échecs, comme cette jeune fille qui participe à un championnat, doivent recourir au raisonnement analytique et imaginer plusieurs coups d'avance. Il arrive cependant qu'un coup inattendu, réalisé de façon intuitive, déstabilise l'adversaire et mène à la victoire.

Une comparaison de l'intuition et de l'analyse

Paul Klaczynski a mené de nombreuses études en vue de comparer le raisonnement des enfants, des jeunes adolescents et des adolescents plus âgés (habituellement âgés de 9, 12 et 15 ans). Au cours de l'une d'elles, Klaczynski (2001) leur a présenté 19 problèmes logiques. Par exemple :

> Timothée est un garçon beau et fort, qui ne fume pas. Il aime passer du bon temps avec ses amis, regarder les sports à la télévision et conduire sa Ford Mustang décapotable. Il accorde une grande importance à son apparence et à sa condition physique. Il est en première année du collégial.
>
> À partir de cette description, évaluez la probabilité de chacun des énoncés suivants [...]. Attribuez 1 à l'énoncé qui vous semble le plus probable et 6 à celui qui vous semble le moins probable.
>
> Timothée a une petite amie.
> Timothée est un athlète.
> Timothée est un garçon populaire et un athlète.
> Timothée est le chouchou du prof et a une petite amie.
> Timothée est le chouchou du prof.
> Timothée est un garçon populaire.

En évaluant ces énoncés, la plupart des élèves (73 %) ont commis au moins une erreur d'analyse. Ils ont accordé une plus grande probabilité à un énoncé double (par exemple populaire et athlète) qu'à un énoncé simple compris dans l'énoncé double (populaire ou athlète). Or, un double énoncé ne peut être plus probable que l'une de ses parties; par conséquent, 73 % des élèves se sont trompés par illogisme. Cette erreur est une illustration de la pensée intuitive: les adolescents choisissent spontanément l'énoncé le plus inclusif, par intuition, plutôt que de s'en tenir à l'exercice logique qui leur est proposé.

Dans cette recherche, la plupart des adolescents ont eu recours à l'analyse et à la logique pour quelques-uns des 19 problèmes présentés. La logique s'améliore avec l'âge et l'éducation. Klaczynski conclut que même si les adolescents peuvent recourir à la logique, la plupart ne déploient pas un niveau de performance proportionnel à leurs aptitudes.

Qu'est-ce qui pousserait des adolescents à se servir — ou à ne pas se servir — de leur tout nouveau mode de raisonnement analytique? Ces jeunes ont pourtant appris la méthode scientifique à l'école de même que le raisonnement déductif. Or ils ne les ont pas utilisés systématiquement. Pourquoi?

Des dizaines d'expériences et de théories approfondies ont fourni des éléments de réponse (Diamond et Kirkham, 2005; Klaczynski, 2005; Kuhn et Franklin, 2006). Lorsque les gens (quel que soit leur âge) tirent une conclusion basée sur l'intuition, ils répugnent à changer d'idée et évitent toute analyse logique qui pourrait trahir leur mauvais jugement.

Des expériences sur l'**erreur du coût irrécupérable** ont confirmé la difficulté de recourir à la logique dans de tels cas: la présomption erronée que l'argent, le temps ou l'effort qu'une personne a investi (un coût irrécupérable) dans quelque chose justifie qu'elle continue d'y consacrer plus d'argent, de temps ou d'effort. Les gens de tous âges commettent cette erreur lorsqu'ils continuent de payer pour faire réparer une voiture qui est un véritable citron, lorsqu'ils entretiennent une relation affective qui ne fonctionne pas de façon saine et harmonieuse, etc. Les chercheurs ont notamment demandé à des gens s'ils continueraient de regarder un film qu'ils n'aiment pas parce qu'ils ont payé pour le voir (par exemple, par la télévision à la carte). Des gens de tous âges ont répondu oui (Klaczynski et Cottrell, 2004).

Erreur du coût irrécupérable Conviction que le temps ou l'argent investi dans quelque chose vaut qu'on en y investisse davantage, par exemple lorsqu'un individu dépense de l'argent pour faire réparer une auto qui est un vrai citron.

L'égocentrisme intellectuel

L'accès au domaine du possible, de l'hypothétique et de l'abstrait entraîne d'importantes conséquences pour les adolescents et les incite, par exemple, à l'introspection. Pendant la puberté, les pensées tournent en grande partie autour de soi. Les adolescents s'interrogent sans fin sur l'opinion des autres, particulièrement à leur sujet; ils jonglent avec les sentiments contradictoires que leur inspirent les parents, l'école et les camarades de classe. Ils méditent sur leur avenir, mais pas toujours de façon réaliste; ils ressassent chaque nuance de ce qu'ils ont fait et auraient pu faire dans leurs relations avec leurs amis proches. Analyser ses pensées et ses sentiments, imaginer son avenir et réfléchir à ses propres expériences sont autant d'activités mentales qui reflètent la pensée formelle.

L'introspection est un facteur essentiel de la conscience de soi, mais elle est souvent déformée par l'**égocentrisme intellectuel** de l'adolescent, c'est-à-dire la tendance à se centrer exclusivement sur soi, à croire que ses pensées, sentiments et expériences sont uniques et à s'attribuer une importance exagérée dans le domaine social (Elkind, 1967, 1984).

Égocentrisme intellectuel Caractéristique de la pensée adolescente qui pousse les individus à se centrer exclusivement sur eux-mêmes, à s'attribuer une importance exagérée dans le domaine social.

L'égocentrisme de l'adolescent diffère de celui de l'enfant à la période préopératoire parce que l'adolescent a une théorie de l'esprit bien développée. Son égocentrisme n'ignore pas les autres. Cependant, le jeune est enclin à présumer des opinions d'autrui (à son sujet en particulier) et à prendre ses hypothèses pour des réalités.

Durant la période égocentrique, les adolescents se considèrent uniques et plus pertinents socialement qu'ils ne le sont vraiment. Il est particulièrement difficile d'imaginer avec justesse la perspective d'autrui en étant égocentrique (Lapsley, 1993).

Les jeunes adolescents préfèrent ne pas se distinguer de leurs pairs et souhaitent plutôt que leur ascendance ethnique, leur religion ou leur statut économique disparaissent dans le groupe. Ils croient que les gens sont aussi égocentriques qu'eux. Comme le dit une jeune fille :

> L'opinion des gens me préoccupe au plus haut point. J'accorde beaucoup d'importance à ce qu'ils disent, pensent et font. Quand les gens vous font beaucoup de compliments, c'est comme recevoir une dose massive de confiance en soi. Cependant, s'ils critiquent tout ce que vous faites, vous perdez confiance et les autres le remarquent. On se fait souvent dire : « Fais ce qui te plaît et ne te préoccupe pas de ce que disent les autres », mais je ne connais personne qui arrive à faire ça.
>
> (Bell et Bromnick, 2003)

Il est capital que les parents et les enseignants puissent se retrouver dans ce singulier mélange d'insolence et de vulnérabilité, afin d'aider les adolescents à développer leurs capacités cognitives et leurs habiletés à résoudre des problèmes de relations interpersonnelles. En effet, les systèmes scolaires, les programmes d'études et les conseils parentaux mal adaptés aux dispositions des adolescents sont voués à l'échec : les jeunes les rejettent ou les contestent. Par ailleurs, il est utile que les jeunes prennent eux-mêmes conscience que leur impulsivité peut les amener, par simple bravade, à faire des choix qui compromettent leur avenir.

L'illusion d'invincibilité

De l'égocentrisme de l'adolescent dérivent plusieurs conséquences. Ainsi, certains jeunes sont animés d'une **illusion d'invincibilité**, c'est-à-dire qu'ils se croient à l'abri, contrairement aux autres, des dangers associés aux conduites téméraires ou illégales. Ils prennent donc toutes sortes de risques.

Illusion d'invincibilité Manifestation de l'égocentrisme de l'adolescent qui consiste à se croire à l'abri des dangers associés, par exemple, aux relations sexuelles non protégées, à l'abus de drogues ou d'alcool et à l'excès de vitesse.

Cette illusion rappelle la pensée magique chez l'enfant. La forte proportion de jeunes qui fument (même s'ils connaissent les conséquences du tabagisme), qui ont des relations sexuelles non protégées (en dépit des risques de grossesse et des infections transmissibles sexuellement) et qui conduisent dangereusement prouverait-elle l'existence de l'illusion d'invincibilité ?

La fabulation personnelle

De nombreux adolescents se croient en outre appelés à vivre un destin unique, héroïque, voire mythique. Cette **fabulation personnelle** constitue une autre manifestation de leur égocentrisme. Ils pensent que leurs expériences, leurs opinions et leurs valeurs les placent à part des autres. Certains se croient destinés à connaître les honneurs et la gloire, à découvrir un remède contre le cancer, à créer un chef-d'œuvre, à transformer l'ordre social. D'autres se voient riches et célèbres ; ils seront stars de cinéma, athlètes olympiques, magnats de la finance, bref ils gagneront des millions (et n'ont pas de temps à perdre sur les bancs de l'école) !

Fabulation personnelle Manifestation de l'égocentrisme de l'adolescent qui consiste à se croire promis à un destin extraordinaire, à se créer des scénarios dans lesquels on joue le rôle du héros, sans nécessairement prendre les stratégies nécessaires pour développer véritablement ses talents, ses habiletés et ses compétences.

L'auditoire imaginaire

L'égocentrisme de l'adolescent prend aussi la forme d'un **auditoire imaginaire**, un public qu'il se crée à force d'imaginer les réactions des autres à son apparence et à son comportement. L'adolescent suppose en effet que les autres s'intéressent à lui autant

Auditoire imaginaire Personne ou groupe de personnes réelles ou fictives qui, selon l'adolescent, s'intéresse autant que lui-même à son apparence, à ses pensées, à ses comportements.

«Pas moi!» Une jeune fille saute dans l'océan Pacifique, près de Santa Cruz, en Californie, à l'occasion de la fête d'anniversaire d'un ami. Bien qu'il soit défendu de sauter de cette falaise, 52 personnes sont mortes depuis 1975 pour avoir bravé l'interdiction. Chaque année, des centaines de jeunes gens décident que le jeu en vaut la chandelle, aidés par leur sentiment d'invincibilité et par ce qu'ils considèrent comme de sages précautions (remarquez que la jeune fille porte des chaussures…).

qu'il s'intéresse à lui-même. C'est ainsi qu'il peut entrer dans une pièce bondée en prenant l'attitude de celui qui se considère comme la personne la plus séduisante au monde. Le plus souvent, cependant, il croira dur comme fer qu'une chose aussi insignifiante qu'un bouton sur le nez ou une tache sur un vêtement fait de lui un être pitoyable que chacun remarquera et jugera.

De nombreux adolescents de 12 ans hésitent à l'idée de partir pour l'école avec une coupe de cheveux ou des chaussures qu'ils n'aiment pas. Cette conscience de soi poussée à l'extrême révèle que les jeunes sont souvent mal à l'aise dans le monde social et explique en partie le soin que nombre d'entre eux mettent à se coiffer et à s'habiller avant une sortie.

L'égocentrisme de l'adolescent montre bien que la capacité de réfléchir à ses pensées, à ses sentiments et à ses motivations est une arme à double tranchant : elle lui permet de penser sérieusement à sa vie, mais souvent au prix d'une impitoyable autocritique.

Un meilleur raisonnement

Les adultes associent parfois un « meilleur raisonnement » à une approche plus prudente (par exemple en ce qui concerne les ennuis causés par l'alcool). Les adultes sont particulièrement sévères devant l'égocentrisme qui pousse des adolescents à s'exposer à une dépendance à la drogue, parce qu'ils ont envie d'essayer, ou à une grossesse ou au VIH, parce qu'ils sont embarrassés d'utiliser un condom.

Les parents veulent que leurs enfants restent en santé et vivent longtemps. Aussi, ils concluent que les adolescents font un mauvais calcul ou un mauvais raisonnement lorsqu'ils prennent des décisions qui mettent leur vie ou leur avenir en danger. Les adolescents, cependant, accordent de la valeur aux rapprochements sociaux et à l'amitié. Un adolescent de 15 ans qui se voit offrir une cigarette peut décider rationnellement de privilégier l'acceptation sociale, en dépit du risque d'un lointain cancer (Engels et coll., 2006).

Par ailleurs, le raisonnement de l'adolescent (même son égocentrisme) peut reposer sur des valeurs positives, qui ne sont pas nécessairement plus égoïstes ou irrationnelles que celles qui servent de base au raisonnement logique de l'adulte (Reyna et Farley, 2006).

Comme l'explique un expert, « la ferveur peut amener les adolescents à entreprendre des démarches positives et humanistes pour nourrir les pauvres et prendre soin des malades, tout comme elle peut susciter des attitudes dogmatiques et de l'intolérance » (Dahl, 2004).

Il ressort clairement que la pensée des adolescents peut porter sur eux-mêmes ou sur le monde extérieur et qu'elle se situe à des lieues de celle des enfants d'âge scolaire. On peut constater que leur cheminement dans le domaine du raisonnement hypothético-déductif n'a rien de constant ni d'uniforme, pas plus d'ailleurs que la qualité de leurs introspections. Pour brosser un tableau des aptitudes cognitives des adolescents, on pourrait avancer que :

> [...] à compter du début de l'adolescence, la pensée se compose non plus seulement de représentations concrètes, mais aussi de représentations abstraites ; elle devient multidimensionnelle au lieu de ponctuelle ; elle porte sur la connaissance de manière relative plutôt qu'absolue ; elle se centre sur le sujet pensant. [Toutefois,] il serait probablement plus juste de supposer que ces changements représentent des accomplissements potentiels pour la plupart des adolescents et ne caractérisent aucunement la pensée dans ce qu'elle a de quotidien.
>
> (Keating, 1990)

Bien sûr, on peut comprendre que les transformations de la pensée impliquent une période de transition au cours de laquelle les acquis ne sont pas encore intégrés et consolidés, d'où l'importance de favoriser leur mise en pratique, à la maison et à l'école notamment.

De façon générale, à mesure que s'enrichit la base de connaissances des adolescents et que s'accélère leur processus de raisonnement, l'analyse et l'intuition prennent plus de force. Avec l'âge et l'expérience, le raisonnement devient plus efficace et risque moins de dévier sur un autre sujet. C'est faire preuve d'efficacité que de recourir au raisonnement analytique formel pendant le cours de science et de miser sur le raisonnement intuitif (plus rapide, plus satisfaisant) pour les questions personnelles.

SECTION 2

SECTION 2

LE DÉBUT DE L'ÂGE ADULTE (DE 20 À 40 ANS)

Le début de l'âge adulte apparaît comme une période importante du parcours de vie sur le plan du développement cognitif, parce que le raisonnement complexe et critique ainsi que l'aptitude à relativiser émergent au cours de la vingtaine (Labouvie-Vief, 2006). Bien que, dans les faits, les adultes ne raisonnent pas toujours « comme des adultes », on peut constater que, dès le début de la vingtaine, divers aspects de la cognition évoluent. La nature et les contextes de ces changements font l'objet de cette section.

Les théoriciens du développement ont adopté au moins trois points de vue pour décrire les changements cognitifs qui se produisent à l'âge adulte.

Celui de la pensée postformelle s'inspire de Piaget. Ses tenants postulent l'existence d'une période durant laquelle s'épanouissent des habiletés liées à la pensée opératoire formelle, mais adaptées aux contextes réels et subjectifs sur lesquels elle porte. Les adeptes de l'approche psychométrique analysent les dimensions cognitives de l'intelligence que mesurent les tests de quotient intellectuel (QI), afin de déterminer si elles s'améliorent ou se dégradent à l'âge adulte. Pour leur part, les experts du traitement de l'information étudient l'encodage, le stockage et le rappel de l'information au cours de la vie et cherchent à savoir si l'efficacité de ces processus se modifie avec le temps. On peut considérer que ces trois approches s'attardent à étudier respectivement la structure de la pensée, la connaissance et le traitement de l'information à l'âge adulte (Rybash, Hoyer et Roodin, 1986).

Ces approches fournissent de précieux renseignements sur le développement cognitif à l'âge adulte. Toutefois, il faut savoir que l'âge chronologique est un marqueur bien peu fidèle à l'âge adulte, contrairement à l'enfance : les adultes de tous âges recourent à divers niveaux de pensée. Comme il serait fastidieux et déroutant de revenir à ces trois approches au cours des différentes périodes de l'âge adulte, nous avons choisi de les étudier séparément. Ainsi, dans cette section, la période du début de l'âge adulte est présentée selon le point de vue de la pensée postformelle. Les deux autres approches sont utilisées au chapitre 13 : l'approche psychométrique, pour décrire le développement cognitif à l'âge mûr, et l'approche du traitement de l'information, pour étudier le développement cognitif à l'âge adulte avancé.

La pensée postformelle

Piaget considérait que la période des opérations formelles était la dernière du développement cognitif, et les auteurs de nombreuses recherches sur le cerveau rapportent que le cortex préfrontal achève son développement vers l'âge de 20 ans. Bien que tout indique que le cerveau est complètement développé au début de l'âge adulte (même s'il connaît constamment des changements, notamment par l'établissement de nouvelles connexions neuronales et l'élagage de neurones inutilisés), certaines façons de penser, caractéristiques de l'âge adulte, émergent rarement avant cet âge.

De façon générale, même si l'âge adulte n'est pas marqué par le développement neurologique, de nombreux chercheurs constatent une différence qualitative et quantitative dans le fonctionnement cognitif durant le parcours de vie adulte (Schaie et Willis, 2000). Un nouveau palier cognitif est atteint si les circonstances de la vie adulte s'y prêtent (Labouvie-Vief, 2006).

La pensée à l'âge adulte se démarque principalement de trois façons : elle est plus pratique, plus flexible et plus dialectique. L'ensemble de ces caractéristiques constitue ce que certains appellent la *période postformelle* du développement cognitif. Celle-ci combine un nouvel agencement des opérations formelles (déjà présentes à l'adolescence, selon Piaget) et une subjectivité nécessaire (Sinnott, 1998).

Une pensée personnelle et pratique : équilibre entre intuition et analyse

La **pensée postformelle** se caractérise par une forme de raisonnement adaptée aux contextes réels et subjectifs sur lesquels elle porte. En ce sens, la pensée véritablement « adulte » est un équilibre dynamique entre, d'une part, les formes de traitement abstraites et objectives (pensée analytique) et, d'autre part, les formes expressives et subjectives (pensée intuitive) nées de la sensibilité au contexte. L'aptitude à combiner la pensée intuitive et la pensée analytique est une compétence pratique de la pensée postformelle. La pensée intuitive provient des expériences personnelles et des perceptions de la personne ; la pensée analytique suit une logique abstraite et impersonnelle.

Pensée postformelle Forme de pensée de l'âge adulte adaptée à la résolution de problème dans des contextes réels, qui intègre les aspects d'une pensée analytique et d'une pensée intuitive. Comparativement à la pensée formelle, la pensée postformelle est moins abstraite, moins absolue, mieux adaptée aux nécessités de la réalité, plus contextualisée et plus dialectique (c'est-à-dire capable d'intégrer des éléments contradictoires en un tout).

À l'intention de celui ou de celle qui doit prendre une importante décision Qu'est-ce qui est préférable : suivre votre intuition ou analyser le pour et le contre le plus objectivement possible ?

Les modèles traditionnels de pensée formelle dévaluent les sentiments subjectifs, la conviction personnelle et l'expérience émotive tout en surévaluant la pensée objective et logique.

Or, la pensée purement objective et logique peut parfois se révéler inadéquate pour composer avec les complexités et les engagements de la vie quotidienne. Les sentiments subjectifs et les expériences individuelles doivent entrer en ligne de compte, parce que le raisonnement objectif seul est trop limité, rigide et peu adaptatif (Sinnott, 1998). Cela dit, la pensée subjective est également limitée. La pensée adulte ne renonce pas à l'objectivité ; la logique postformelle combine plutôt la subjectivité et l'objectivité (Sinnott, 1998) pour devenir personnelle et pratique.

À VOUS LES COMMANDES 10.2

La pensée analytique et la pensée intuitive

Certains spécialistes du développement estiment que la pensée postformelle découle de la maturité cognitive grâce à laquelle, à partir de l'âge adulte, l'humain est en mesure d'harmoniser le recours à la pensée formelle avec sa réalité quotidienne.

Les problèmes suivants visent à stimuler votre réflexion sur la différence entre la pensée formelle et la pensée postformelle. Après avoir pris connaissance du problème, tentez d'énoncer une réponse analytiquement correcte et une autre plus intuitive. Des exemples de réponses analytique et intuitive sont donnés pour chacun des problèmes.

1. Imaginez deux milieux différents où se trouvent cinq maisons de taille identique. Le premier milieu correspond à une ville, dans laquelle les maisons sont groupées à une extrémité d'un terrain de 10 hectares. Le second correspond à la campagne, où les maisons sont réparties sur l'ensemble d'un même terrain de 10 hectares. Est-ce que la quantité de pelouse à tondre diffère selon la façon dont les maisons sont réparties sur le terrain ? Y a-t-il davantage de pelouse à tondre en « ville » ou à la « campagne » ?
   a) Quelle est la réponse logique à cette question ?

      Réponse : Étant donné que la répartition des cinq maisons sur le terrain ne modifie pas la superficie qu'elles couvrent, la superficie de pelouse à tondre est la même en ville qu'à la campagne.
   b) Existe-t-il des considérations pratiques qui pourraient vous amener à envisager cette question de façon différente ? Quelles sont-elles ?

      Réponse : Si la répartition des maisons laissait de nombreux petits espaces entre elles, tondre la pelouse serait plus fastidieux et prendrait plus de temps. Il faudrait donc moins de temps pour tondre la pelouse à la campagne qu'en ville.

2. Au rez-de-chaussée d'une maison, il y a trois pièces : la cuisine, la salle à manger et le salon. Le salon est situé à l'avant de la maison, tandis que la cuisine et la salle à manger donnent sur le potager situé à l'arrière. Le bruit de la circulation, audible dans le salon, est très dérangeant. La mère est dans la cuisine et le grand-père lit son journal dans le salon. Les enfants sont à l'école et ne rentreront à la maison qu'en fin d'après-midi. Qui sera le plus dérangé par le bruit de la circulation ? (extrait de Labouvie-Vief, 1985)
   a) Quelle est la réponse logique à cette question ?

      Réponse : Les relations logiques caractérisant la description donnée — c'est-à-dire que le bruit extérieur est très dérangeant et audible dans le salon, que le salon est situé à l'avant et que le grand-père est dans cette pièce — indiquent que la « bonne » réponse est le grand-père. Des chercheurs ont constaté que les élèves plus jeunes donnent presque invariablement cette réponse, logiquement bonne.
   b) Existe-t-il des considérations pratiques qui pourraient vous amener à envisager cette question de façon différente ? Quelles sont-elles ?

      Réponse : Les jeunes adultes perçoivent souvent des relations logiques autres que celles qui intéressent l'expérimentateur et ils donnent parfois des réponses différentes. Ainsi, certains pourraient penser que le grand-père ne peut certainement pas être dérangé par le bruit, car il n'aurait pas décidé de continuer à lire dans une pièce bruyante. D'autres pourraient affirmer que le grand-père a une capacité auditive amoindrie ou que le bruit n'était pas particulièrement dérangeant à ce moment précis de la journée.

Sources : Gisela Labouvie-Vief, « Intelligence and Cognition », dans J. E. Birren et K. W. Schaie (dir.), *Handbook of the Psychology of Aging, 3e édition*, New York, Van Nostrand Reinhold, 1991 ; Richard O. Straub. *Seasons of life Study guide, 3e édition*, New York, Worth, 1999.

L'adulte capable de pensée postformelle comprend que son point de vue n'en est qu'un parmi d'autres et que la connaissance n'est ni absolue ni figée (Sinnott, 1989). Par ailleurs, il l'applique particulièrement aux problèmes pour lesquels il n'y a pas qu'une seule solution logique. Il discerne et accepte davantage les contradictions de l'existence, y compris celles entre l'analyse intellectuelle et la réalité émotionnelle; il admet qu'il doit faire preuve de souplesse et de relativisme. Il reconnaît les mérites de l'objectivité et de la subjectivité, mais sait concilier pensée intuitive et pensée analytique pour résoudre les problèmes concrets. Ce changement se produit graduellement et non à un âge précis.

À l'âge adulte, les habiletés intellectuelles sont canalisées vers des préoccupations familiales, professionnelles et interpersonnelles. Les adultes évaluent les conclusions et les conséquences en leur accordant beaucoup d'importance. Ils acceptent les contradictions et les incohérences de la vie et s'y adaptent en devenant plus pragmatiques. Ils savent que les réponses que leur fournit la vie sont plus souvent provisoires que permanentes; ils tiennent compte de facteurs irrationnels et émotifs. Par exemple, lorsqu'ils planifient la rédaction d'un travail de session à remettre dans un mois, les jeunes adultes prennent en compte des facteurs émotifs (l'anxiété, le perfectionnisme), leurs obligations (à la maison, au travail) et des considérations pratiques (la vérification des sources, les réservations de livres à la bibliothèque, la mise en page). Les adolescents ont tendance à ignorer toutes ces considérations jusqu'à la dernière minute.

Une flexibilité cognitive: évaluation des multiples solutions

L'aptitude à faire preuve de sens pratique, c'est-à-dire à anticiper, à planifier et à combiner les processus cognitifs analytiques et intuitifs, est inestimable. Les choses, cependant, ne vont pas toujours comme prévu (par exemple, une faille dans une stratégie de contraception peut entraîner une grossesse non désirée). Presque tous les adultes doivent composer avec des événements ayant des impacts importants. Ceux qui font preuve de **flexibilité cognitive** évitent de s'enfermer dans les émotions ou de se réfugier dans la raison pure. Ils pleurent ou vivent leurs émotions, pour ensuite examiner les choix à leur disposition, raisonnent en tenant compte de leurs émotions et prennent le temps de choisir la meilleure ligne de conduite (Lutz et Sternberg, 1999; Wethington, 2000).

Flexibilité cognitive Caractéristique de la pensée qui permet de changer de stratégie ou de passer d'une disposition mentale (logique ou émotionnelle) à une autre, particulièrement dans le cadre de la résolution de problème.

La flexibilité cognitive, dont l'aptitude à trouver plusieurs solutions à des problèmes pratiques, est en fait un signe distinctif de la pensée postformelle. Elle découle de la prise de conscience qu'une situation peut être envisagée selon différents points de vue, qu'il existe plusieurs solutions possibles à chaque problème, et que la connaissance n'est pas statique mais dynamique (Sinnott, 1998). Les jeunes adultes commencent à prendre conscience qu'il y a plusieurs façons de considérer le même phénomène (Baltes, Lindenberger et Staudinger, 2006). Écouter les autres, tenir compte de leurs opinions sans les appuyer ni les rejeter sur-le-champ sont des signes de flexibilité.

Bien sûr, tout le monde ne présente pas la même flexibilité cognitive, et l'expérience y est pour quelque chose, comme en témoigne une étude au cours de laquelle des adultes plus âgés ont eu à se demander ce que devrait faire un homme qui doit tondre son gazon, mais qui ne peut le faire, sur ordre du médecin (Marsiske et Willis, 1995, 1998). La maturité et l'expérience facilitent la résolution de problèmes complexes en permettant aux gens de faire preuve de stratégie et de flexibilité: ils consultent leur entourage et maîtrisent leurs impulsions (Byrnes, 2005).

À VOUS LES COMMANDES 10.3

La flexibilité de la pensée

Réfléchissez au problème de cet homme qui doit tondre son gazon malgré une restriction de son médecin et proposez des solutions possibles. Ensuite, lisez les solutions proposées par quatre adultes.

1. Y voyez-vous des solutions auxquelles vous n'aviez pas pensé ?
2. Relevez quelles expériences personnelles ont contribué à trouver les solutions que vous avez proposées.

Les solutions de quatre adultes à un problème du quotidien

Problème : Un homme de 67 ans souffrant d'insuffisance cardiaque reçoit de son médecin la consigne de se ménager. C'est l'été et la pelouse doit être tondue, mais l'homme n'a pas les moyens de payer quelqu'un pour la tondre à sa place. Que devrait-il faire ?

Sujet A

- Ne pas tondre le gazon.
- Faire connaître ses besoins à des organismes religieux de son quartier, solliciter l'aide d'un organisme de soutien.
- S'il a des enfants, les informer du problème.

Sujet B

- Si l'homme a une pelouse, c'est donc qu'il vit dans une maison. La meilleure chose à faire serait de vendre la maison et d'emménager dans un appartement sans pelouse à tondre ni d'entretien à faire.
- Échanger des services avec un voisin plus jeune. Celui-ci tondrait la pelouse de l'homme qui, en retour, promènerait le chien du voisin ou garderait ses enfants, etc.
- Communiquer avec la ville ou le département des ressources humaines du comté et demander s'il y a des bénévoles.
- Demander à son petit-fils de tondre la pelouse gratuitement.

Sujet C

- Prendre tout de suite des dispositions pour déménager dans un lieu adapté à son état de santé.
- Entre-temps, voir si un proche ou un ami pourrait l'aider jusqu'à ce qu'il déménage.
- Offrir à quelqu'un de faire quelque chose (garde d'enfant, aide aux devoirs) en échange de l'entretien de sa pelouse.
- Obtenir l'opinion d'un autre médecin.
- En parler avec des membres d'une association dont il fait partie ou avec d'anciens collègues et échanger des services.
- Se renseigner auprès d'une association d'entraide locale.
- Peut-être emprunter une tondeuse autoportée jusqu'à ce qu'il déménage.
- Trouver un emploi à mi-temps, adapté à son état de santé, pour payer les services d'entretien de pelouse.

Sujet D

- Déménager dans un quartier où il n'y a pas de pelouse à entretenir.
- Recouvrir la pelouse d'une bâche en plastique noir [...], retirer la bâche à l'automne et semer de l'ivraie.
- Louer une chambre à un homme qui s'occupera de l'entretien de la pelouse en échange d'une réduction du loyer.
- Épouser une jeune enseignante de conditionnement physique qui adore l'entretien paysager.
- Garder un mouton sur le terrain.
- Recouvrir le terrain de roches de rivière ou de béton et appliquer de l'herbicide au besoin.
- Remplacer la pelouse par un potager.
- Faire pousser des céréales et vendre la récolte.

Sources : Marsiske et Willis, 1995, 1998. Problème : Denney et Pearce, 1989.

Pensée dialectique Forme de pensée caractérisée par l'analyse du pour et du contre, des possibilités et des limites, des avantages et des inconvénients inhérents à toute idée et à toute action. Dans la vie quotidienne, la pensée dialectique suppose l'intégration constante et paradoxale des croyances et des incohérences, des expériences et des contradictions.

Thèse Point de vue tenu pour vrai ; c'est la première étape du raisonnement dialectique.

Antithèse Point de vue opposé à la thèse ; c'est la deuxième étape du raisonnement dialectique.

Synthèse Proposition qui réunit la thèse et l'antithèse en une idée nouvelle cohérente et intégratrice ; c'est la troisième étape du raisonnement dialectique.

Une pensée dialectique : vers une synthèse

Telle que décrite par les théoriciens, la pensée postformelle est une forme de raisonnement que certains adultes manifestent fréquemment, que d'autres ne présentent jamais et qu'un grand nombre utilisent de manière inconstante ou dans certaines circonstances seulement. Comme on l'a mentionné précédemment, des théoriciens considèrent la **pensée dialectique** comme une caractéristique de la pensée postformelle. Pour certains d'entre eux, la pensée dialectique est même la forme la plus avancée de cognition (Basseches, 1984, 1989 ; Leadbeater, 1986 ; Riegel, 1975).

En philosophie, chaque idée ou **thèse** porte en elle-même son contraire, l'**antithèse**. La pensée dialectique consiste à considérer ces deux pôles simultanément et à les intégrer en une **synthèse**. Soulignons que la synthèse n'est pas un compromis ; c'est une idée nouvelle qui intègre les deux idées premières et qui ne peut naître qu'en la présence nécessaire et complémentaire de processus ou d'aspects antagonistes (Morin, 1997).

Par exemple, de nombreux jeunes enfants idolâtrent leurs parents (thèse), de nombreux adolescents sont très critiques à l'égard de leurs parents (antithèse), et de nombreux jeunes adultes apprécient leurs parents, ont conscience que ceux-ci ont des qualités et des défauts et qu'ils sont influencés par leurs expériences de vie et la cohorte à laquelle ils appartiennent (synthèse).

Parce qu'elle suppose l'intégration constante et paradoxale des éléments opposés, la pensée dialectique favorise sans cesse une évolution de la vision de soi et du monde. De fait, dans la vie quotidienne, l'expérience amène la plupart des adultes à s'adapter aux contradictions et aux incohérences au lieu de tenter de les résoudre une fois pour toutes. L'adulte découvre que, dans la vie, la plupart des réponses sont provisoires.

Ceux qui ont recours à la pensée dialectique reconnaissent la nature subjective de la réalité de même que la nécessité d'adhérer fermement à des valeurs, quitte à en changer plus tard s'il le faut. Les vrais penseurs dialecticiens admettent que différentes opinions peuvent être valables, mais croient que certaines sont plus défendables que d'autres et fournissent donc de meilleures assises à une décision éclairée.

Illustrons par un exemple le déroulement du raisonnement dialectique. « L'honnêteté est la meilleure politique », entend-on parfois, et nombre de gens adhèrent d'emblée à cet aphorisme. Le penseur dialecticien, lui, commence par approuver cette thèse, mais en considère aussitôt l'antithèse : l'honnêteté peut vexer, pousser à des conduites insensées et susciter des émotions destructrices. Par conséquent, dans certaines circonstances, l'honnêteté n'est pas « la meilleure politique ». De ces deux propositions contraires, le penseur tirera une idée nouvelle, une synthèse : l'honnêteté est un objectif souhaitable dans les relations humaines, car elle favorise la confiance et l'intimité, mais elle ne doit pas faire obstacle au respect.

Voilà qui est fort bien, mais le raisonnement dialectique ne s'arrête pas là. Par exemple, « respecter l'autre » signifie-t-il le féliciter pour un accomplissement dont il est fier, mais qui n'en est pas moins médiocre ? La réponse à cette question variera selon que la personne en cause est un enfant ou un adulte, a fait ou non tout son possible, a tendance à être stimulée ou découragée par la critique constructive, etc. Devant chaque nouveau cas, le penseur dialecticien tâchera de déterminer comment, pourquoi et sous quelle forme l'honnêteté constitue la meilleure attitude. Ce faisant, il admettra que de nouvelles informations ou de nouvelles circonstances le forceront peut-être à remettre en question quelque choix qu'il aura fait auparavant. Nous sommes loin du relativisme extrême, selon lequel l'honnêteté serait opportune pour certaines personnes et inopportune pour d'autres. Le raisonnement dialectique est un processus complexe axé sur la formulation de réponses intégratives et non de conclusions simples ou figées.

Ainsi, quand il s'agit des relations humaines, l'adulte qui utilise le raisonnement dialectique reconnaît leur caractère dynamique. Il considère de façon lucide et ouverte les nombreux aspects des interactions personnelles et sociales. Son point de vue lui permet de s'adapter avec plus de souplesse aux aléas de l'existence et de percevoir les devoirs et les responsabilités comme un facteur d'évolution, et non comme une source de stress ou de détresse. Les exigences, les responsabilités et les rôles changeants, même les conflits, deviennent des occasions de croissance (Wethington, 2002).

Réponse à celui ou à celle qui doit prendre une importante décision (de la page 320) Les deux sont nécessaires. Un raisonnement qui témoigne de la maturité fait appel à l'intuition et à l'analyse logique. Pour vous assurer de recourir aux deux, prenez votre temps (n'agissez pas impulsivement) et parlez à des personnes en qui vous avez confiance. Vous devrez assumer les conséquences de votre décision ; aussi, ne négligez ni votre intuition ni votre logique.

Le développement cognitif et les études postsecondaires

Toutes les données montrent que les diplômés de niveaux collégial et universitaire ont une pensée plus approfondie et plus flexible que les autres adultes. De telles corrélations pourraient-elles être liées à d'autres facteurs qu'aux seuls bienfaits de l'éducation postsecondaire ? Examinons la situation.

Victoire! Ces diplômés sont heureux d'avoir franchi une étape. Idéalement, leurs études leur vaudront non seulement un meilleur emploi, mais aussi de nouvelles perspectives intellectuelles qui leur seront utiles toute leur vie. Les emplois qu'ils occuperont les confronteront probablement à davantage de dilemmes, ce qui aiguisera encore leur pensée pratique, flexible et dialectique.

Les effets de l'éducation postsecondaire

Sur le plan du développement cognitif, la formation collégiale et universitaire aide-t-elle les gens à combiner le subjectif et l'objectif et donc à avoir une pensée flexible, pratique et dialectique? L'éducation postsecondaire semble améliorer les habiletés verbales, la connaissance de certains sujets précis, les compétences dans diverses professions, le raisonnement et la réflexion. Selon une étude approfondie:

> [l]es étudiants qui terminent leurs études universitaires maîtrisent mieux la communication orale et écrite, la pensée abstraite et l'analyse critique que ceux qui en sont à leur première année. Ils maîtrisent et utilisent mieux le raisonnement et les données pour aborder des problèmes complexes auxquels il n'existe pas de réponse vérifiable. Ils font preuve d'une plus grande flexibilité intellectuelle dans la mesure où ils peuvent comprendre plusieurs aspects d'une question complexe, et ils sont à même de développer des cadres de travail abstraits plus sophistiqués pour composer avec la complexité.
>
> (Pascarella et Terenzini, 1991)

Notons qu'un grand nombre de ces habiletés caractérisent la pensée postformelle. Certaines recherches indiquent que le raisonnement devient plus approfondi et plus expansif à chaque année de formation postsecondaire (Clinchy, 1993; King et Kitchener, 1994; Perry, 1981). C'est peut-être cette capacité d'avoir une pensée dialectique qui facilite l'adaptation à différentes situations de vie.

Quels aspects de la formation postsecondaire sont les principaux catalyseurs d'un tel développement? Est-ce que ce sont les tâches confiées aux étudiants, les présentations des professeurs, les discussions avec les pairs, le nouvel environnement, la vie loin du nid familial? Toutes ces hypothèses sont plausibles. Les chercheurs constatent que l'interaction sociale et les défis intellectuels font progresser le raisonnement. Les étudiants eux-mêmes s'attendent à ce que les cours et leurs discussions améliorent leur raisonnement, et c'est exactement ce qui se produit (Kuh, Gonyea et Williams, 2005).

Les transformations de la clientèle étudiante

L'idée selon laquelle les études au cégep et à l'université sont destinées à encourager le développement cognitif ne signifie pas nécessairement que cela réussit, notamment parce que les attentes des étudiants façonnent l'apprentissage et que leurs objectifs ne correspondent pas toujours aux valeurs de l'établissement (Ferrari, Kapoor et Cowman, 2005; Howard, 2005).

De plus en plus de gens qui fréquentent le collège et l'université travaillent en même temps qu'ils poursuivent leurs études. Parfois, ils ont également des obligations familiales qui rendent plus difficile leur réussite scolaire. À la lumière des changements qu'a connus l'éducation postsecondaire, on peut se demander ce que l'étudiant retire de ses années au cégep et à l'université. Encore une fois, examinons la situation.

Bien des signes du développement cognitif suggèrent que les interactions avec des gens d'horizons différents et qui ont des opinions variées stimulent l'intellect et favorisent la réflexion. Les établissements d'enseignement collégial et universitaire qui tiennent compte de cette diversité — dans la préparation des programmes, le contenu des cours, les travaux, les discussions, l'enseignement coopératif, les communautés d'apprentissage, etc. — aident les étudiants à mieux comprendre non seulement les différences et les ressemblances entre les gens, mais aussi à se comprendre eux-mêmes (Nagda, Gurin et Johnson, 2005). Les jeunes adultes de tous les horizons ne peuvent qu'en profiter.

À l'intention de ceux qui envisagent d'étudier à l'étranger Vaudrait-il mieux qu'une personne étudie à l'étranger pendant sa première ou sa dernière année universitaire?

Les personnes inscrites à la formation collégiale ou universitaire, qui ont plus de 30 ans, qui ont des enfants, qui occupent ou ont déjà occupé un emploi semblent apporter un enrichissement particulier à la formation. Elles animent les conversations et les discussions qu'elles ont avec leurs pairs. Quel que soit leur profil, les étudiants apprennent davantage s'ils s'impliquent vraiment dans le choix exigeant d'un retour aux études.

La formation postsecondaire stimule la pensée, quel que soit l'âge de l'étudiant. De leur première année au cégep à l'obtention de leur diplôme collégial ou universitaire, les jeunes adultes font bien plus qu'apprendre les notions et les compétences relatives à leur choix de concentration ; ils réfléchissent davantage, de façon plus approfondie et rigoureuse, en tenant compte de plusieurs dimensions d'un problème ou d'une situation. Dans l'enseignement postsecondaire, les contenus sont transmis dans un contexte de relativité des connaissances. Les étudiants sont confrontés autant à une pensée philosophique qu'à une pensée scientifique ou liée aux sciences humaines. Ils apprennent donc à remettre les choses en question, à voir autrement ce qu'ils voient tous les jours.

Canada ? États-Unis ? Non ! Ces étudiants fréquentent l'Université de Cap Town, en Afrique du Sud, où l'on n'aurait jamais permis aux cohortes de Blancs et de Noirs qui les ont précédés de socialiser de la sorte. Ce type d'interactions favorise l'apprentissage, par le partage d'expériences variées.

Le développement cognitif et le jugement moral

Le développement de la pensée formelle et de la pensée postformelle peut avoir un impact sur le développement du jugement moral, c'est ce qu'a avancé Lawrence Kohlberg. S'appuyant sur les travaux de Piaget, Kohlberg (1963, 1981) étudia le développement du raisonnement moral en soumettant à des enfants, à des adolescents et à des adultes une série de dilemmes moraux présentés sous forme de récits. Les dilemmes avaient trait à des questions comme la valeur de la vie humaine et le conflit entre le droit à la propriété et les besoins humains.

Les stades du jugement moral selon Kohlberg

Le plus célèbre des récits de Kohlberg a pour personnage principal un dénommé Heinz, dont l'épouse se meurt d'un cancer. Le pharmacien du village, qui vient de trouver le remède capable de la sauver, accepte de le vendre contre une somme astronomique, sans relation proportionnelle avec les coûts de fabrication. Heinz emprunte de l'argent à toutes ses connaissances, mais il ne peut réunir que la moitié de la somme demandée. Il dit au pharmacien que sa femme se meurt et lui demande de lui consentir un rabais ou de lui faire crédit. Le pharmacien refuse. Désespéré, Heinz songe à entrer par infraction dans la pharmacie et à voler le médicament dont son épouse a besoin. Devrait-il agir ainsi ou non ? Pourquoi ? (Kohlberg, 1963).

Après avoir étudié les arguments de différentes personnes touchant de nombreux dilemmes, Kohlberg élabora un modèle de raisonnement moral à trois niveaux, comportant chacun deux stades.

I. Morale préconventionnelle : elle est axée sur le bien-être personnel par l'évitement des punitions et l'obtention de récompenses.

- Stade 1 : la loi du plus fort (orientation vers l'obéissance pour éviter la punition)

La valeur la plus importante à ce stade est l'obéissance à l'autorité, du moins en apparence, car elle permet d'éviter les punitions tout en rapportant des bénéfices.

Réponse à ceux qui envisagent d'étudier à l'étranger (de la page 324) Puisque la formation universitaire amène les étudiants à s'ouvrir à d'autres perspectives tout en s'attachant à leurs propres valeurs, les études à l'étranger pourraient être plus profitables après quelques années de formation, lesquelles auront favorisé le développement de la flexibilité cognitive et de la pensée dialectique.

- Stade 2 : chacun pour soi (relativisme instrumental)

Chacun essaie de satisfaire ses propres besoins ou encore d'obtenir une récompense. On est gentil envers les autres afin que les autres soient gentils envers soi. Autrement dit, un service en attire un autre.

II. Morale conventionnelle : elle est axée sur les règles sociales et les lois.

- Stade 3 : la bonne fille et le bon garçon

Un bon comportement est celui qui plaît aux autres et qui attire des compliments. L'approbation des autres prime toute récompense spécifique.

- Stade 4 : la loi et l'ordre

Bien se comporter, c'est agir en bon citoyen et obéir aux lois établies par la société.

III. Morale postconventionnelle : elle est axée sur les principes moraux.

- Stade 5 : le contrat social

Les lois doivent être respectées, mais peuvent être modifiées pour le bien commun, en vertu d'un accord qui respecte les droits individuels et collectifs. Les dilemmes se posent quand il devient impossible de satisfaire des droits individuels qui se contredisent (les uns ne pouvant être satisfaits sans nuire aux autres) ou des droits de deux collectivités qui s'opposent, ou encore des droits d'individus par rapport aux droits d'une collectivité. La liberté des uns s'arrête là où commence la liberté des autres. Dans certaines circonstances, la désobéissance à la loi peut être un acte moral.

- Stade 6 : les principes d'éthique universels

Des principes généraux universels déterminent le bien et le mal. Ces valeurs (comme le caractère sacré de la vie) sont le fruit d'une réflexion individuelle et peuvent contredire les principes égocentriques (niveau I) ou juridiques (niveau II) propres aux stades antérieurs. Ce sont non seulement les droits individuels et collectifs qui sont en jeu, mais également les devoirs. La liberté de chacun inclut la liberté de l'autre.

À VOUS LES COMMANDES 10.4

Une seule bonne réponse ?

1. Un étudiant souffre d'un trouble d'hyperactivité avec déficit de l'attention (TDAH). La direction du cégep doit décider si elle lui accordera 1 heure de plus que le temps réglementaire alloué pour faire son examen.

   Vous êtes membre du comité qui doit prendre la décision. Élaborez des arguments pour et des arguments contre à partir de chacun des trois niveaux de développement du jugement moral selon Kohlberg.

2. Vous êtes professeur au cégep. Durant la pause d'un de vos cours, une étudiante, en furie contre certains de ses camarades, demande une sanction à leur endroit. Pourquoi ? Parce que ces étudiants ne cessent de parler entre eux pendant les cours, alors que d'autres essaient vainement d'écouter l'enseignant afin de comprendre la matière et de pouvoir l'apprendre plus aisément par la suite.

   Élaborez des arguments pour et des arguments contre à partir de chacun des trois niveaux de développement du jugement moral selon Kohlberg.

Selon Kohlberg, c'est la manière dont les gens raisonnent, et non leurs conclusions, qui détermine leur stade de développement moral. Par exemple, des personnes qui se trouveraient au troisième stade du jugement moral pourraient arriver à des conclusions opposées ; les uns pourraient juger que Heinz doit voler le médicament (Heinz sauverait la femme qu'il aime, tout en s'attirant l'approbation), tandis que les autres pourraient avancer le contraire (Heinz se ferait traiter de voleur s'il dérobait le médicament, s'attirant ainsi la désapprobation). Dans les deux cas, cependant, l'argument moral est le même : il faut se conduire de manière à être approuvé par les autres.

La recherche longitudinale de Kohlberg a révélé que les gens avancent lentement dans le développement du jugement moral, souvent à force d'être confrontés à des problèmes moraux dans leurs interactions sociales. Kohlberg estime qu'une personne ne peut accéder au troisième stade du jugement moral avant d'avoir atteint la période des opérations formelles à l'adolescence, ni au cinquième stade avant d'avoir accumulé un certain nombre d'expériences et assumé un certain nombre de responsabilités. Il estime donc que le développement du jugement moral progresse peu au cours de l'âge scolaire et que de rares adolescents dépassent le quatrième stade.

L'influence de l'âge, de la culture et de l'époque

Les valeurs morales sont influencées par plusieurs facteurs, notamment la culture et l'époque. Pensons aux différentes façons d'envisager la sexualité, l'euthanasie et l'avortement, par exemple. Dans certains pays, l'avortement est considéré comme une question d'ordre moral, alors que dans d'autres cultures, les particularités de la situation de la femme enceinte (par exemple un cas de viol) prévalent sur la morale (Sahar et Karasawa, 2005).

L'influence de la culture et de l'époque complique la tâche des chercheurs qui tentent d'évaluer si le jugement moral de l'adulte change avec l'âge. De plus, le changement d'opinion avec l'âge peut être considéré par certains comme une amélioration et, par d'autres, comme un recul selon les propres principes de l'évaluateur.

Cela dit, il semble bien que les mécanismes (mais pas nécessairement le résultat) du raisonnement moral s'améliorent avec l'âge et le développement cognitif. Comme l'a expliqué un chercheur, la capacité cognitive du cerveau humain à maturité est à ce point flexible et créative que tous les principes moraux imaginables génèrent une antithèse et des principes contraires (Kendler, 2002).

Nous connaissons tous des gens — peut-être en sommes-nous — qui ont développé une vision plus large des choses à mesure qu'ils accumulaient des expériences de vie. Cependant, sur le plan scientifique, peu d'études sur le développement moral ont été publiées. Tout au plus une étude longitudinale a révélé que les jeunes gens faisaient preuve de plus de compréhension et d'empathie au début de l'âge adulte qu'à l'adolescence (Eisenberg et coll., 2005).

Des dilemmes pour les jeunes adultes

Les jeunes adultes ne sont plus assujettis aux règles de leurs parents ni à la culture dans laquelle ils ont grandi (et qu'ils ont probablement remises en question à un moment de leur développement), mais ils doivent déterminer par eux-mêmes de nombreux aspects de leur vie (sexualité, éducation, famille, carrière, implication sociale...).

De nombreux chercheurs croient que les responsabilités, les expériences et les préoccupations du jeune adulte forgent le raisonnement moral et le font progresser. Selon James Rest (1993) :

> [l]es stratégies fondamentales de résolution de problèmes auxquelles la personne a recours pour trancher les questions morales subissent au début de l'âge adulte (dans la vingtaine et la trentaine) des changements aussi profonds que radicaux. [...] La personne, en effet, restructure complètement sa vision de la société et de la place qu'elle y occupe.

Pour sa part, Lawrence Kohlberg (1973) soutient qu'une personne doit avoir traversé les épreuves de l'âge adulte, c'est-à-dire qu'elle doit avoir longuement assumé la responsabilité du bien-être des autres et fait des choix moraux engagés avant de devenir apte à un raisonnement « véritablement éthique ».

L'apport de Gilligan à l'étude du raisonnement moral

Morale de la justice Selon Carol Gilligan, ensemble des principes moraux qui reflètent la tendance masculine à privilégier la justice plutôt que la compassion, à déterminer ce qui est bien ou mal, et donc à juger, en termes absolus.

Morale de la sollicitude Selon Carol Gilligan, ensemble des principes moraux qui reflètent la tendance féminine à refuser de trancher en termes absolus parce que les femmes ont appris à prendre soin des autres, à faire preuve de compassion, sans juger.

Les défis et les dilemmes de l'âge adulte, en conjonction avec l'émergence de la pensée relativiste et dialectique, peuvent modifier le caractère du raisonnement moral. Carol Gilligan s'est attardée à la relation entre les expériences de vie et la compréhension des questions morales. Gilligan pense que les hommes se préoccupent davantage des questions de droit et de justice, faisant montre d'une **morale de la justice**, tandis que les femmes ont tendance à faire passer les besoins humains avant les principes de justice, faisant montre d'une **morale de la sollicitude**.

Gilligan soutient que les femmes s'attardent plus que les hommes au contexte social du choix moral. Elles se concentrent sur les relations humaines en cause et hésitent à trancher radicalement parce qu'on leur a enseigné à être douces, aimantes et tolérantes (détermination par le genre). L'apparente faiblesse morale qu'indiquent les résultats des femmes aux tests de Kohlberg (leur refus de prendre position en se basant sur des prémisses morales abstraites) serait en réalité « indissociable de la force morale des femmes, de leur souci constant des relations et des responsabilités. En se refusant à juger, elles témoignent de la sollicitude et de l'attention qui les caractérisent au cours de leur développement » (Gilligan, 1982).

Gilligan (1977) identifie des étapes de développement du jugement moral qui seraient typiques des femmes.

- Niveau 1 : égoïsme et survie individuelle – La petite fille tient compte de ses propres besoins.
- Transition 1 : de l'égoïsme vers l'ouverture aux autres – Cette période de changement permet de passer de l'égoïsme à la considération des autres et de leurs besoins.
- Niveau 2 : responsabilité et oubli de soi – L'intégration de la notion de responsabilité accentue la tendance à protéger les êtres perçus comme dépendants et vulnérables, au détriment de la responsabilité envers soi-même.
- Transition 2 : de l'oubli de soi au respect de soi – Au cours de cette période de changement, la soumission inconditionnelle aux besoins des autres s'estompe pour faire place au respect de soi-même, de ses besoins, de ses priorités.
- Niveau 3 : moralité de la non-violence – L'intégration d'une vision globale permet de tenir compte des autres et de soi-même, de refuser la souffrance infligée aux autres et à soi-même, de rechercher l'harmonie et l'épanouissement pour les autres et pour soi-même.

Bien que Gilligan établisse clairement un modèle de développement moral typique chez les femmes, différent de celui de Kohlberg qu'elle associe davantage au développement moral chez les hommes, sa vision ultime du développement moral chez l'adulte est, de fait, plus nuancée et intègre des changements de vision pour les deux sexes.

La justice et la sollicitude : enfin réconciliées ?

Selon Gilligan, les adultes, hommes ou femmes, prennent de l'expérience et en viennent habituellement à se rendre responsables des besoins des autres. Tôt ou tard ; ils découvrent alors que le raisonnement moral fondé uniquement sur les principes de justice ou les besoins individuels ne suffit pas à résoudre les dilemmes moraux de la vie courante (Gilligan, 1981, 1982). Conséquemment, les adultes se dotent de valeurs relatives et modifiables, cherchant à opérer une synthèse entre les principes éthiques et l'expérience de vie pour accéder à une morale réflexive et relativiste (Gilligan, 2008).

Ainsi, les « cheminements masculin et féminin sont semblables, mais chaque sexe s'éloigne d'un absolu différent » (Gilligan, 2008).

Chez la femme, l'absolu de sollicitude, dont la définition est initialement de ne pas nuire à autrui, se complique lorsqu'il y a prise de conscience d'un besoin d'intégrité personnelle. La femme se rend compte de l'insuffisance des principes de sollicitude, ce qui la conduit à l'affirmation de l'égalité qui implique le concept de droit, modifie la compréhension des rapports personnels et transforme la définition de la sollicitude.

Chez l'homme, les absolus de vérité et de justice, qui sont définis par les concepts d'égalité et de réciprocité, sont remis en question par des expériences qui montrent l'existence de différences entre les autres et soi. La reconnaissance de multiples vérités ouvre la voie à une éthique de générosité et de sollicitude. L'homme se rend compte de l'insuffisance d'une morale limitée aux considérations de justice, pour y inclure les relations et le « principe d'attachement ». Son jugement sera plus nuancé, plus sensible aux conséquences psychologiques et sociales d'un acte (Gilligan, 2008).

L'égalité entre soi et les autres, d'une part, et la justice, d'autre part, sont les deux principes qui animent l'idéologie morale des droits. Ce sont deux morales différentes, dont la complémentarité est la découverte de la maturité (Gilligan, 2008). À force de remettre en question, de soupeser et de restructurer les principes moraux à la suite d'expériences complexes, de nombreux adultes s'en forgent de nouveaux, quitte à les réviser un jour. Gilligan pense que cette refonte continuelle de la pensée morale favorise une authentique croissance.

Les différences que Gilligan a établies, entre hommes et femmes avant qu'ils n'arrivent à une compréhension plus large de la moralité, ne sont pas soutenues par tous les chercheurs. Certains soulignent que l'éducation, la confrontation à des dilemmes précis (certaines situations appellent la sollicitude et d'autres, la justice) et la culture présentent, dans la tendance à se soucier ou bien des autres ou bien des principes absolutistes, une plus forte corrélation que le sexe (Juujärvi, 2005 ; Vikan, Camino et Biaggio, 2005 ; Walker, 1984). Cependant, parce que les expériences diversifiées s'accumulent au début de l'âge adulte alors que se développe la pensée postformelle, les jeunes adultes réfléchissent profondément aux questions morales.

La mesure du développement moral

Comment peut-on déterminer si une personne utilise la pensée postformelle pour faire des choix moraux ? La méthodologie de Lawrence Kohlberg invite les gens à discuter de dilemmes moraux courants et à répondre à diverses questions. Au fil des années que dura sa recherche longitudinale, Kohlberg releva que certains répondants de son échantillon semblaient régresser au début de l'âge adulte, et passer de la morale postconventionnelle à la morale conventionnelle. Une analyse plus approfondie des réponses révéla cependant que ce changement trahissait un progrès dans la mesure où les jeunes adultes intègrent des préoccupations sociales humaines (Labouvie-Vief, 2006). Ils ont donc recours au raisonnement dialectique et atteignent, par conséquent, un niveau supérieur.

Le test d'identification des valeurs de James Rest, appelé DIT pour *Defining Issues Test*, est une autre façon de mesurer le raisonnement moral ; il ne nécessite pas une analyse approfondie du niveau de raisonnement. Le DIT propose une série de questions accompagnées de choix de réponses précises. Par exemple, un des dilemmes présentés est

Une nouvelle vision des choses Les événements de la vie, des plus banals aux plus désastreux, peuvent changer la façon de penser. Un séjour à l'étranger, par exemple, peut entraîner une série de changements cognitifs qui modifie la vision du genre humain. De même, le fait d'être la victime ou le témoin d'une tragédie, comme celle du Collège Dawson en 2006, peut transformer la manière dont on perçoit la vie en général et sa propre vie en particulier.

celui d'un journaliste qui doit décider s'il publiera de l'information qu'il détient depuis longtemps et qui pourrait compromettre un candidat politique. Les répondants doivent ordonner leurs priorités, du bénéfice personnel (« faire progresser sa carrière ») à des objectifs plus nobles (« rendre service à la société »). Ce classement d'énoncés donne lieu à une note chiffrée, ce qui permet de corréler le développement moral et d'autres aspects de la cognition adulte, de l'expérience et de la satisfaction personnelle (Schiller, 1998). En général, les résultats au DIT augmentent avec l'âge et le niveau de scolarité, parce que les adultes deviennent peu à peu moins doctrinaires et égocentriques, d'une part, et plus flexibles et altruistes, d'autre part (Rest et coll., 1999).

Synthèse

SECTION 1 L'adolescence (de 11 ou 12 à 20 ans)

La période des opérations formelles

1. La période des opérations formelles est le nom qu'a donné Piaget à la quatrième période du développement cognitif.

2. L'adolescent ne raisonne plus de façon terre à terre ou concrète. Sa pensée n'étant plus limitée par ses expériences personnelles, il peut imaginer les possibilités, les probabilités et même l'impossible au lieu de se concentrer sur la réalité. Il formule des hypothèses et les explore au moyen du raisonnement déductif (hypothético-déductif).

3. Le raisonnement inductif (du particulier au général) domine à l'âge scolaire, alors que le raisonnement déductif (du général au particulier) marque le développement cognitif à l'adolescence.

4. Piaget et ses collègues ont élaboré un certain nombre de protocoles expérimentaux pour étudier la pensée opératoire formelle auprès d'enfants d'âges divers. Piaget s'est inspiré de la chimie et de la physique et a créé une série de tâches, dont l'une consiste à équilibrer une balance à fléau au moyen de poids.

5. Le développement cognitif à l'adolescence, tel que décrit par Piaget, ne semble pas correspondre aux conclusions des plus récentes études. Par exemple, de nombreux adolescents, ainsi que des adultes, font piètre figure aux épreuves de raisonnement hypothético-déductif. Cela laisse supposer que les habiletés nécessaires n'apparaîtraient pas toujours à l'adolescence, voire qu'elles n'émergeraient pas chez tous les individus.

Deux modes de raisonnement

6. Pour un seul penseur, il y a deux modes parallèles de traitement de l'information dans la cognition chez l'adolescent : un mode intuitif et un mode analytique. La pensée intuitive est privilégiée par le cerveau, elle est rapide et puissante. Pour sa part, la pensée analytique demande un certain niveau de maturité intellectuelle, de capacité cérébrale, de motivation et d'entraînement.

L'égocentrisme intellectuel

7. Pendant la puberté, les pensées tournent en grande partie autour de soi. Les adolescents s'interrogent sans fin sur l'opinion des autres, particulièrement à leur sujet. Ils ont tendance à se centrer exclusivement sur eux-mêmes, à croire que leurs pensées, sentiments et expériences sont uniques. Ces fausses croyances sont le fait d'un égocentrisme intellectuel chez les adolescents.

8. L'égocentrisme intellectuel peut entraîner, entre autres conséquences, une illusion d'invincibilité, la fabulation personnelle et la création d'un auditoire imaginaire. L'illusion d'invincibilité pousse les adolescents à croire qu'ils sont à l'abri de tout danger. La fabulation personnelle consiste à se croire promis à un destin extraordinaire (exemples : stars de cinéma, athlètes olympiques). Quant à l'auditoire imaginaire, il s'agit d'un public que l'adolescent se crée à force d'imaginer les réactions des autres à son apparence et à son comportement.

Un meilleur raisonnement

9. Le raisonnement de l'adolescent (même son égocentrisme) peut reposer sur des valeurs positives, qui ne sont pas nécessairement plus égoïstes ou irrationnelles que celles servant de base au raisonnement logique de l'adulte.

SECTION 2 Le début de l'âge adulte (de 20 à 40 ans)

La pensée postformelle

1. L'étude de la cognition à l'âge adulte repose principalement sur trois points de vue : la pensée postformelle (inspirée de Piaget), l'approche psychométrique (tests de quotient intellectuel) ou celle du traitement de l'information (encodage, stockage et rappel de l'information).

2. L'aptitude à combiner la pensée intuitive et la pensée analytique est une compétence pratique de la pensée postformelle. Il ne s'agit pas d'une véritable période du développement puisqu'elle n'est pas tributaire de la maturation.

L'adulte capable de pensée postformelle comprend que son point de vue n'en est qu'un parmi d'autres et que la connaissance n'est ni absolue ni figée.

3. La flexibilité cognitive découle de la prise de conscience qu'une situation peut être envisagée selon différents points de vue, qu'il existe plusieurs solutions possibles à chaque problème et que la connaissance n'est pas statique mais dynamique.
4. Parce qu'elle suppose l'intégration constante et paradoxale des éléments opposés, la pensée dialectique favorise sans cesse une évolution de la vision de soi et du monde. Les penseurs dialecticiens admettent que différentes opinions peuvent être valables, mais croient que certaines sont plus défendables que d'autres et fournissent donc de meilleures assises à une décision éclairée.

Le développement cognitif et les études postsecondaires

5. Les détenteurs d'un diplôme d'études postsecondaires sont plus aptes à réfléchir à un niveau supérieur. Pendant leurs années d'études collégiales et universitaires, les personnes renoncent peu à peu à chercher des vérités absolues émanant des autorités et tendent davantage à prendre leurs propres décisions.
6. La transformation de la clientèle étudiante engendre des difficultés potentielles (conjuguer travail, famille et école) ainsi que des avantages (échanges d'expériences entre étudiants). La formation postsecondaire stimule la pensée, quel que soit l'âge de la personne.

Le développement cognitif et le jugement moral

7. S'appuyant sur les travaux de Piaget, Lawrence Kohlberg étudia le développement du raisonnement moral en soumettant à des enfants, à des adolescents et à des adultes une série de dilemmes moraux présentés sous forme de récits. Kohlberg élabora un modèle de raisonnement moral à trois niveaux comportant chacun deux stades.
8. Selon Carol Gilligan, les femmes acquièrent une morale de la sollicitude alors que les hommes acquièrent une morale de la justice.

Questions clés

SECTION 1 L'adolescence (de 11 ou 12 à 20 ans)

1. Qu'est-ce qui caractérise la période des opérations formelles ?
2. Quelle caractéristique de l'épreuve de la balance en fait un outil de mesure de la cognition ?
3. Comment l'intuition et l'analyse peuvent-elles mener à des conclusions contraires ?
4. Nommez et décrivez brièvement les trois conséquences possibles de l'égocentrisme intellectuel chez l'adolescent.

SECTION 2 Le début de l'âge adulte (de 20 à 40 ans)

1. Quelles sont les trois approches permettant d'étudier la cognition à l'âge adulte ?
2. Quelles sont les principales caractéristiques de la pensée postformelle ?
3. La pensée postformelle est-elle une période au sens piagétien du terme ? Pourquoi ?
4. Selon Carol Gilligan, quelle est la différence entre les femmes et les hommes sur le plan du jugement moral ?

Applications

SECTION 1 L'adolescence (de 11 ou 12 à 20 ans)

1. Discutez avec un adolescent de la politique, de la famille, de l'école, de la religion ou de tout autre sujet susceptible de révéler la façon dont cette personne raisonne. Recourt-elle à un raisonnement inductif ou déductif ? à un raisonnement intuitif ou analytique ? Donnez des exemples pour justifier vos réponses.

SECTION 2 Le début de l'âge adulte (de 20 à 40 ans)

1. Demandez à des parents quels arguments justifient le choix de la garderie de leur jeune enfant. Évaluez ces arguments en les classant dans les catégories de raisonnement formel ou de raisonnement postformel.
2. Utilisez le célèbre récit de Kohlberg mettant en scène Heinz, dont l'épouse se meurt d'un cancer. Interrogez des gens d'âges différents sur les solutions qu'ils proposent et évaluez leur jugement moral en posant les deux questions suivantes :

   a) Devrait-il agir ainsi ou non ? b) Pourquoi ?

Le chapitre 10 en un clin d'œil

SECTION 1 L'adolescence (de 11 ou 12 à 20 ans)

Les progrès de la pensée

- **Période des opérations formelles**
  - Des opérations concrètes aux opérations formelles
    L'adolescent apprend à composer avec l'abstraction.
  - Du raisonnement inductif au raisonnement déductif
    Passage d'un mode de pensée « du particulier au général » à la capacité de généraliser
  - Les expériences de Piaget
    Évaluation de la pensée opératoire formelle (ex. : équilibrer une balance à fléau)
  - Les critiques à l'égard de la pensée formelle de Piaget
    Le raisonnement formel est beaucoup plus lent et beaucoup moins complet que ne le croyaient Piaget et ses collaborateurs.
- **Deux modes de raisonnement**
  - Raisonnement intuitif et raisonnement analytique
    - Mode intuitif : à partir d'expériences vécues
    - Mode analytique : à partir de l'analyse rationnelle de nombreux facteurs
  - Une comparaison de l'intuition et de l'analyse
    - Intuition : privilégiée par le cerveau
    - Analyse : demande une maturité intellectuelle
- **Égocentrisme intellectuel**
  - L'illusion d'invincibilité
    Se croire à l'abri des dangers.
  - La fabulation personnelle
    Se croire promis à un destin unique, héroïque, voire mythique.
  - L'auditoire imaginaire
    Croire que les autres s'intéressent à soi autant qu'on s'intéresse à soi-même.
- **Meilleur raisonnement**
  - Le raisonnement de l'adolescent (même son égocentrisme) peut reposer sur des valeurs positives.

Le chapitre 10 en un clin d'œil

SECTION 2 Le début de l'âge adulte (de 20 à 40 ans)

La pensée postformelle

- **Pensée personnelle et pratique : équilibre entre intuition et analyse**
  - Pensée intuitive : elle provient des expériences personnelles et des perceptions de la personne.
  - Pensée analytique : elle suit une logique abstraite et impersonnelle.
- **Flexibilité cognitive : évaluation des multiples solutions**
  - Aptitude à trouver plusieurs solutions à des problèmes pratiques
- **Pensée dialectique : vers une synthèse**
  - Suppose l'intégration constante et paradoxale des croyances et des incohérences, des expériences et des contradictions.
  - Thèse, antithèse et synthèse

Le développement cognitif et les études postsecondaires

- **Effets des études postsecondaires**
  - Amélioration des habiletés verbales, de la connaissance de certains sujets précis, des compétences dans diverses professions, du raisonnement et de la réflexion
- **Transformations de la clientèle étudiante**
  - Obligations professionnelles et familiales
  - La diversité étudiante favorise les échanges et l'ouverture aux différences.

Le développement cognitif et le jugement moral

- **Stades du jugement moral selon Kohlberg**
  - Morale préconventionnelle
    - Stade 1 : la loi du plus fort
    - Stade 2 : chacun pour soi
  - Morale conventionnelle
    - Stade 3 : la bonne fille et le bon garçon
    - Stade 4 : la loi et l'ordre
  - Morale postconventionnelle
    - Stade 5 : le contrat social
    - Stade 6 : les principes d'éthique universelle
- **Influence de l'âge, de la culture et de l'époque**
  - Des dilemmes pour les jeunes adultes
    - Les expériences et les préoccupations du jeune adulte forgent le raisonnement moral et le font progresser.
- **Apport de Gilligan à l'étude du raisonnement moral**
  - Justice et sollicitude : enfin réconciliées ?
    - Homme : morale de la justice
    - Femme : morale de la sollicitude
- **Mesure du développement moral**
  - Test d'identification des valeurs de James *Rest Defining Issues Test* (DIT)

CHAPITRE 11

Le développement psychosocial à l'adolescence et au début de l'âge adulte

On a vu que les changements physiologiques (corporels) et métaboliques (hormones) caractérisent l'adolescence sur le plan biosocial et que les progrès cognitifs permettent à l'adolescent d'aller au-delà du concret par la pensée abstraite et hypothétique. C'est toutefois le développement psychosocial qui lui confère peu à peu l'autonomie et la maturité propres à l'adulte.

Le début de l'âge adulte est marqué par une multitude de choix : choix de carrière, d'avoir ou non une relation de couple, choix de maternité ou de paternité, de mode de vie et d'amitié. Si cette période en est souvent une de croissance, d'épanouissement et de satisfaction, elle peut aussi être source de difficultés et d'incertitudes.

SECTION 1

L'ADOLESCENCE (DE 11 OU 12 À 20 ANS)

S'adapter à de nouvelles exigences et adopter de nouvelles façons de penser, s'éveiller à la sexualité, se détacher de leurs parents et se rapprocher des amis, trouver une identité et un sens à la vie. Voilà autant de tâches qui attendent les adolescents et qui les tirent tantôt vers la maturité, tantôt vers l'enfance.

La quête d'identité qui caractérise cette période de la vie fait l'objet de cette section, tout comme l'importance et la forte influence des amis. Nous nous intéressons également aux relations amoureuses et à l'expérimentation de la sexualité. À la fin de la section, deux problèmes psychosociaux sont abordés : la dépression et le suicide.

La quête d'identité

Période de construction sur le plan de l'identité, l'adolescence est le temps du « Qui je suis ? », « Qui je serai ? » et du « Qui je devrais être ? ». Ces questions émergent sous différentes facettes et peuvent parfois devenir envahissantes et obsédantes, d'autant plus que les identités antérieures sont remises en question (Le Coadic, 2007).

Identité Selon Coslin, « ensemble organisé de sentiments, de représentations, d'expériences et de projets d'avenir se rapportant à soi-même ».

L'adolescence est un moment privilégié pour explorer les bases d'une nouvelle **identité**. En effet, les transformations physiques et physiologiques liées à la puberté, l'entrée dans une école secondaire, l'éveil de la sexualité, l'évolution des relations avec les pairs et de nouvelles interrogations quant aux projets d'avenir représentent des défis pour le jeune dans sa quête d'identité (Larson, 2000 ; Larson et Wilson, 2004).

L'identité peut se définir comme « un ensemble organisé de sentiments, de représentations, d'expériences et de projets d'avenir se rapportant à soi-même » (Coslin, 2002). Elle (Passerelles EJE, [s.d.]) renvoie donc :

- au sentiment d'individualité, d'unité (« Je suis moi ») ;
- au sentiment de singularité, d'unicité (« Je suis différent des autres et j'ai telle ou telle caractéristique ») ;
- au sentiment d'une continuité, d'une permanence dans l'espace et le temps (« Je suis toujours la même personne »).

L'adolescent remet en question les rapports préétablis avec ses parents, les adultes en général et ses pairs : il s'engage en quelque sorte dans une reconstruction de ses relations. L'image idéalisée que l'enfant avait de ses parents s'assombrit, car l'adolescent est maintenant confronté à leurs imperfections ; par exemple, des parents prêchant contre le mensonge peuvent souvent être surpris à mentir par leur adolescent.

Il s'ensuit un rejet plus ou moins marqué des parents, mais également des valeurs socialement admises. De nombreux adolescents s'opposent, de multiples façons, et défient leurs parents dans toutes sortes de domaines. Anna Freud (psychanalyste, fille de Sigmund) affirmait que la résistance de l'adolescent à l'autorité parentale était bienvenue, bénéfique et inévitable.

Crise de l'identité et de la confusion des rôles Selon Erikson, crise psychosociale associée à l'adolescence, pendant laquelle la personne cherche à trouver qui elle est et à intégrer sa compréhension de soi et de ses rôles sociaux en un tout cohérent.

L'identité et la confusion des rôles selon Erikson

L'adolescence correspond, selon Erik H. Erikson, à la **crise de l'identité et de la confusion des rôles**. Le jeune cherche à intégrer les divers aspects de son concept de soi en une identité cohérente, c'est-à-dire à avoir une définition de soi unifiée et conséquente. Il s'efforce ainsi de concilier le sentiment conscient d'unicité, le désir de continuité dans l'expérience et l'adhésion aux idéaux d'un groupe (Erikson[1], 1968).

« Je suis une grande fille » Les adolescents ont tendance à miser sur leurs goûts musicaux, leurs vêtements, leur coiffure et même leurs mimiques pour signifier très clairement à leurs parents qu'ils ne sont plus les enfants obéissants et prévisibles qu'ils étaient.

Dans leur recherche identitaire, les adolescents savent qu'ils sont sur le point d'assumer les rôles et les responsabilités de l'âge adulte et de faire des choix qui auront des conséquences durables. Ils reconsidèrent donc les valeurs et les buts déterminés par leurs parents et leur culture ; ils en acceptent certains, en rejettent d'autres. Ils tiennent compte dans leur introspection des facettes de leur personnalité : compétences scolaires, aptitudes professionnelles, talents athlétiques, inclinations amoureuses, intérêts, conduite morale, acceptation par les pairs, etc. (Harter, 1993). Ils commencent à songer à leur orientation professionnelle, à leurs convictions politiques, à leur engagement social et à leurs valeurs en matière de sexualité. Ils tentent d'harmoniser ces aspects d'eux-mêmes, d'une part, avec les croyances acquises dans le passé et, d'autre part, avec leurs rêves d'avenir. Les adolescents maintiennent une continuité avec leur passé tout en se projetant dans le futur (Chandler et coll., 2003).

La première étape de cette quête identitaire consiste généralement à tenter de discerner, à travers diverses expériences personnelles, une certaine cohérence dans ses émotions, ses pensées et ses conduites.

---

1. Erikson, dont le prénom est Erik, a lui-même vécu une recherche d'identité intense qui l'a amené à modifier son nom de famille : de Homberger, il est passé à Erikson, qui signifie en anglais « fils d'Erik », en d'autres termes, « fils de moi-même ».

Pour Erikson, la confusion des rôles est perçue comme une hésitation, voire un échec, le plus souvent temporaire, dans la recherche de l'identité. L'adolescent ne réussit pas à trouver sa place. Il ne parvient pas à faire des choix, il hésite à décider de ses valeurs. Il n'est pas cohérent dans sa façon d'agir. Cette confusion est souvent causée par une méconnaissance de soi et des difficultés à nommer ce qu'il ressent. En réponse à cette confusion, l'adolescent cherche parfois autour de lui des modèles d'adultes significatifs qu'il valoriserait (des idoles). Par ailleurs, cette confusion comporte des aspects constructifs, car elle ouvre la porte à un éventail de possibilités d'être, d'agir, de devenir.

Il arrive que, dans leur quête d'identité, les adolescents adoptent un **faux soi**, c'est-à-dire des comportements plus ou moins factices qui peuvent prendre trois formes distinctes (Harter et coll., 1996) :

Faux soi Ensemble de comportements plus ou moins factices qui peuvent précéder la recherche d'une identité complète.

- la première naît du rejet dont l'adolescent croit faire l'objet de la part de ses parents et de ses pairs, une perception qui découle fréquemment du peu d'estime qu'il a envers lui-même ;
- la deuxième forme est associée au désir répandu d'impressionner les autres ou de leur plaire ;
- la troisième correspond à l'expérimentation ; l'adolescent fait l'essai de différentes conduites « juste pour voir ». Cette forme de comportement indique qu'il est prêt à se lancer à la recherche d'une identité plus complète.

Petit à petit, l'adolescent parvient à se définir, avec des avancées et des reculs. Les hésitations, les explorations, les tentatives caractéristiques de la confusion mènent vers des choix personnels délibérés et des engagements. Quand cette cinquième crise psychosociale de l'identité et de la confusion des rôles trouve ainsi une résolution saine, la force adaptative du *moi* se développe en restant cohérente avec la vraie personnalité. Cette fidélité implique une loyauté envers soi-même et les valeurs choisies comme déterminantes. Selon Erikson (1972) ; « le sentiment optimal de l'identité implique le sentiment d'être bien dans son corps, le sentiment de savoir où l'on va et l'assurance intérieure d'une reconnaissance anticipée de la part de ceux qui comptent. » Voyons maintenant comment s'articule cette quête d'identité à travers un survol de différents états de l'identité, tels que définis par James Marcia.

Les états de l'identité selon Marcia

Dans la foulée d'Erikson, de nombreux spécialistes du développement se sont appuyés sur sa conception de l'identité pour étudier l'adolescence. Parmi eux, James Marcia a décrit quatre états de l'identité : surdéterminée, diffuse, en moratoire et en voie de réalisation ou réalisée (Marcia, 1966, 1980).

Deux critères servent de base pour l'évaluation des états de l'identité :

- la remise en question ;
- l'engagement face à des valeurs.

Le premier critère peut se traduire par une question : est-ce que l'adolescent se remet en cause ? Par exemple, un jeune se questionne sur son comportement de consommateur. Il prend conscience que plusieurs de ses gestes quotidiens pourraient être modifiés pour devenir plus écologiques. Ce questionnement pourrait s'arrêter à l'idée seulement. L'adolescent pourrait ainsi passer des heures à discuter de respect de l'environnement et à critiquer les comportements irresponsables, sans nécessairement modifier les siens.

Le second critère peut également se traduire par une question : est-ce que l'adolescent a réellement fait un choix et agit-il en conséquence ? Celui qui a remis en cause son comportement de consommateur pourrait non seulement s'engager à modifier ses gestes quotidiens, mais aussi inciter toute sa famille à recycler et à récupérer, tout comme il pourrait organiser une semaine verte à l'école pour sensibiliser les autres élèves.

TABLEAU 11.1 Les états de l'identité définis par Marcia en fonction de deux critères : remise en question et engagement

États de l'identité	Remise en question	Engagement face à des valeurs (relation amoureuse, orientation professionnelle, etc.)
Identité surdéterminée	Non	Oui
Identité diffuse	Non	Non
Identité en moratoire	Oui	Non
Identité en voie de réalisation ou réalisée	Oui (mais résolue)	Oui

Sources : adapté de Marcia, 1966, 1980 ; Marcia et coll., 1993.

Le tableau 11.1 montre comment la présence ou l'absence de ces critères permet de comprendre chaque état de l'identité.

Identité en voie de réalisation ou réalisée État de l'identité lorsque la personne sait (ou est en processus avancé de savoir) qui elle est et où elle se situe sur les plans sexuel, professionnel et idéologique. Elle s'est remise en question, puis a fait des choix personnels dans lesquels elle s'engage.

L'adolescent développe une **identité en voie de réalisation ou réalisée** en procédant à un rejet sélectif et à une acceptation sélective des acquis de l'enfance et en faisant un choix réfléchi de nouvelles identifications. Autrement dit, il établit ses objectifs et ses valeurs en abandonnant une partie de ceux de ses parents et de la société et en en adoptant d'autres.

Dans l'identité réalisée ou en voie de réalisation, l'adolescent a donc fait une remise en question et il s'implique dans l'action par rapport aux valeurs qu'il a choisies librement. Par exemple, une adolescente se trouve privilégiée de vivre dans une famille favorisée sur le plan socioéconomique. Elle juge que la société est bien injuste de ne pas se préoccuper davantage des enfants vivant dans des familles moins bien nanties. Elle décide de créer un jumelage entre son école et une école d'un milieu moins favorisé. Avec l'aide de quelques professeurs et collègues de classe, elle organise une parade de mode afin de financer la distribution de paniers de provisions une fois par mois pour des familles dans le besoin et l'achat de balançoires pour la cour de l'école qui en est dépourvue.

Identité surdéterminée État de l'identité lorsque la personne accepte les valeurs et les objectifs établis par ses parents au lieu de faire elle-même l'essai de différents rôles. Il n'y a alors aucune véritable remise en question ; il s'agit plutôt d'un engagement réel à faire siennes les façons de faire traditionnelles.

Identité diffuse État de l'identité qui prolonge celle de l'enfance et qui n'implique aucune véritable remise en question des valeurs reçues ni aucun choix délibéré de valeurs sur les plans sexuel, professionnel et idéologique.

Identité en moratoire État de l'identité qui inclut une remise en question et un non-engagement ; elle est adoptée par une personne en contre-modèle des valeurs parentales et des convenances sociales.

Certaines études tendent à confirmer que de nombreux adolescents traversent diverses périodes, développant d'abord une **identité surdéterminée** ou une **identité diffuse**, puis une **identité en moratoire** avant d'assumer une identité réalisée. Le processus peut d'ailleurs durer plusieurs années ; on rencontre parfois au cégep ou même à l'université des jeunes qui n'ont pas encore une idée claire de ce qu'ils sont ni de ce qu'ils veulent devenir, du moins dans certaines dimensions de leur identité (Marcia, 1980 ; Waterman, 1985 ; Kroger, 1995).

Quelques facettes de la quête d'identité

Dans la recherche d'eux-mêmes, les adolescents tentent de se définir en fonction de plusieurs facettes, en se constituant une identité relativement stable et cohérente, entre autres sur les plans :

- sexuel (identité en tant qu'homme ou femme et orientation sexuelle) ;
- professionnel (métier ou profession) ;
- idéologique (système de valeurs, identité ethnique, identité religieuse, identité politique, etc.).

L'adolescent peut avoir atteint un certain équilibre dans un aspect de son identité, mais pas nécessairement dans les autres. Sa réflexion peut être très avancée et son action bien ciblée en ce qui a trait à son identité ethnique, alors que sur le plan professionnel, sa pensée reste plus confuse. Il peut avoir fait des choix personnels importants et engagés quant à ses valeurs morales, mais être en pleine crise en ce qui concerne son orientation sexuelle. Il peut donc manifester une identité en voie de réalisation sur le plan professionnel, une identité en moratoire quant à son orientation sexuelle, une identité surdéterminée dans son action de bénévole auprès des enfants hospitalisés et une identité diffuse par rapport à la politique.

À VOUS LES COMMANDES 11.1

Où en êtes-vous ?

Établissez des liens entre différentes facettes de votre identité personnelle et les états de l'identité. Donnez plusieurs exemples à partir de vos comportements et justifiez vos réponses. À quel état de l'identité associez-vous chacune de ces facettes de votre identité ?

a) Identité sexuelle
b) Orientation sexuelle
c) Objectifs professionnels
d) Système de valeurs
e) Identité politique
f) Identité ethnique
g) Identité religieuse
h) Identité personnelle
i) Autres

Cependant, il est à noter que tout n'est pas tranché au couteau. L'engagement personnel dans des valeurs choisies par la personne elle-même se consolide et se retransforme durant toute la vie. L'identité est dynamique. Des événements (une maladie grave, un divorce, un malaise intérieur, une découverte sur le plan spirituel, une rencontre avec un mentor, etc.) peuvent susciter un bouleversement ou des remises en question tout au long de l'âge adulte et entraîner un changement dans l'état de l'identité, voire un remaniement de l'identité personnelle. Un être humain peut-il demeurer semblable à lui-même dans un monde en perpétuel changement ? Le philosophe Héraclite a répondu par la négative : « Tout coule et on ne se baigne pas deux fois dans le même fleuve. » L'identité est un processus permanent d'invention de soi-même, de différenciation, de transformation qui inclut continuité, stabilité et fluidité.

L'identité de genre

L'**identité de genre** réfère aux rôles sociaux et aux caractéristiques culturelles liés aux hommes et aux femmes qu'une personne intègre pour se forger une identité masculine ou féminine (Denny et Pittman, 2007 ; Galambos, 2004).

Quant à l'**orientation sexuelle**, elle renvoie aux désirs érotiques d'une personne et à son attirance émotionnelle pour les personnes de l'autre sexe, du même sexe qu'elle ou des deux sexes. Les adolescents éprouvent de fortes pulsions sexuelles, mais un grand nombre d'entre eux ne savent pas avec certitude s'ils peuvent ou doivent y céder ; ils hésitent sur le « quand », le « comment », le « jusqu'où », le « avec qui ». C'est pourquoi l'identité de genre et l'orientation sexuelle deviennent des préoccupations importantes à l'adolescence (Baumeister et Blackhart, 2007).

Identité de genre Adhésion d'une personne aux rôles et aux comportements que la société associe aux catégories biologiques que sont le masculin et le féminin.

Orientation sexuelle Terme qui renvoie à l'attirance émotionnelle et sexuelle qu'éprouve une personne pour des personnes de l'autre sexe, du même sexe qu'elle ou des deux sexes.

L'identité professionnelle

L'établissement de l'identité professionnelle prend forme vers 25 ans, voire plus tard, pour diverses raisons. D'abord, plusieurs jeunes sont aux études et donc encore en formation professionnelle. Ensuite, peu d'adolescents arrivent à trouver un emploi significatif et satisfaisant (Csikszentmihalyi et Schneider, 2000).

Bien sûr, l'identité professionnelle ne concerne pas seulement l'emploi occupé dans le moment présent, mais également les projections dans l'avenir. Les choix de cours de l'élève à l'école secondaire peuvent avoir des impacts sur son avenir. Par exemple, celui qui n'a pas acquis les compétences en chimie au secondaire ne pourra pas être admis dans un programme de soins infirmiers : il devra reprendre des cours pour répondre aux exigences de base.

Certains jeunes s'inscrivent dans des programmes dont la formule est transitoire, afin de se donner le temps de décider, alors que d'autres connaissent clairement leurs objectifs de carrière et s'engagent à fond dans leurs études pour atteindre leurs buts.

À VOUS LES COMMANDES 11.2

Pourquoi fréquenter le cégep ou l'université ?

Dans une recherche américaine, on a interrogé des jeunes universitaires pour connaître leurs principales motivations à fréquenter un établissement d'enseignement supérieur.

Parmi les six motivations suggérées, indiquez quel est, selon vous, l'ordre de priorité des étudiants américains.

a) Se préparer à obtenir un diplôme ;
b) Acquérir des connaissances générales et développer une meilleure appréciation des idées ;
c) Acquérir une formation pour une carrière spécifique ;
d) Avoir un revenu plus élevé ;
e) Obtenir un meilleur emploi ;
f) Apprendre des choses qui importent pour soi.

Avant de prendre connaissance des résultats présentés à la fin du chapitre, évaluez vous-même les motivations qui vous poussent à fréquenter le cégep en classant les six motivations données par ordre d'importance.

L'identité idéologique

L'adolescent se pose de nombreuses questions et, peu à peu, son système de valeurs se construit, s'actualise : comment le jeune se situe-t-il par rapport à l'honnêteté, à la solidarité, à la valorisation de la connaissance et du savoir, à la loyauté, à la fidélité, au respect, à la tolérance, à la justice sociale ? Que pense-t-il de la consommation de drogues et d'alcool ? de l'avortement ? du vandalisme ? de l'euthanasie ? des mauvais traitements infligés aux enfants ?

Dans une société traditionnelle, où presque tous les individus adhèrent à des valeurs morales, politiques, religieuses et sexuelles semblables, les changements sociaux sont lents. Au sein d'une telle société, la formation de l'identité se déroule relativement sans heurts : la plupart des jeunes acceptent sans rechigner les valeurs et les rôles sociaux qu'ils connaissent depuis le berceau, les seuls qu'ils aient jamais appris. Par contre, dans les sociétés industrielles et postindustrielles, les changements sociaux sont rapides, les objectifs et les valeurs sont hétérogènes et les choix se multiplient sans cesse. L'établissement de l'identité idéologique peut alors constituer un défi de taille pour l'adolescent confronté à des modèles multiples.

Rites de passage Ces jeunes Congolais participent à un rituel de la puberté. La teinture bleue dont ils s'enduisent le visage indique qu'ils sont morts temporairement et qu'ils renaîtront dans des corps d'hommes à la fin de la cérémonie. Les rites de passage de ce genre dénotent une forte cohésion sociale concernant les responsabilités et les rôles sociaux. Ils soulignent la transition de l'enfance à l'âge adulte tout en l'accélérant.

L'identité culturelle et ethnique

Le besoin de s'identifier à sa communauté culturelle ou ethnique émerge au début de l'adolescence et culmine vers 15 ans (French et coll., 2006 ; Pahl et Way, 2006). Cette identité continue d'évoluer pendant des années, notamment parce que le contexte social et historique change. « Le besoin d'explorer les implications de son appartenance à un groupe peut prolonger la période d'exploration identitaire pendant la vingtaine et même, souvent, après » (Phinney, 2006).

Plusieurs facteurs influent sur le développement de l'identité culturelle ou ethnique (Trimble, Root et Helms, 2003). Bien que cette identité relève d'un choix personnel, elle est aussi influencée par les réactions des autres (famille, amis, connaissances, milieu scolaire, milieu de travail). Il faut aussi tenir compte du fait que l'identité culturelle ou ethnique comporte plusieurs facettes (valeurs – par exemple le respect des aînés –, rituels, vêtements, nourriture, fêtes, etc.), dont certaines peuvent être choisies et d'autres rejetées par les adolescents.

L'univers social des adolescents

On n'avance jamais seul sur le chemin du développement. À l'adolescence, lorsque la route est particulièrement cahoteuse, les parents, les pairs et la communauté peuvent fournir un soutien et constituer un port d'attache sécurisant. Le milieu exerce une forte influence, pour le meilleur ou pour le pire.

La famille

Malgré l'évolution de la famille contemporaine et quelle que soit sa structure (nucléaire, monoparentale, recomposée), la famille continue d'avoir une influence considérable sur le développement des adolescents. Les scientifiques reconnaissent l'importance de cette influence ; de fait, la qualité des relations avec les parents est le meilleur prédicteur de la santé mentale durant et au terme de l'adolescence (Claes, 2004).

Les relations parents-adolescents ne sont pas toujours paisibles. Rares sont les adultes qui peuvent s'abstenir de commentaires quant aux chaussettes sales abandonnées sur le plancher ou à l'anneau qui orne le sourcil fraîchement percé de leur jeune fils ou fille, et rares sont les adolescents qui arrivent à écouter calmement les doléances de leurs parents sans se sentir injustement critiqués. Les conflits sont inévitables pour plusieurs raisons qui se conjuguent. « La recherche constante d'autonomie qui constitue une réalité centrale de l'adolescence entraîne d'inévitables écarts entre parents et adolescents sur la conception des droits, des autorisations ou de l'âge des permissions. Le partage du pouvoir n'est pas égal [...], les malentendus sont nombreux » (Claes, 2004).

Ces conflits peuvent avoir des effets positifs sur le développement des adolescents, favorisant, par exemple, la négociation et l'évolution des interactions familiales ; ils entraînent toutefois des effets défavorables lorsqu'ils surviennent dans un climat familial marqué par la tension, l'hostilité et la coercition (Claes, 2004).

La présence des pairs

Qu'il s'agisse de traîner en bande ou de s'échanger des confidences en tête à tête, les amis constituent un pôle important dans la vie des adolescents. Comme l'explique un jeune : « Souvent, le matin, je n'ai pas envie d'aller à l'école, puis je me dis que j'ai tel cours avec telle ou telle personne et qu'on va s'amuser. Mes amis, c'est une grosse partie de ma journée » (cité dans Hamm et Faircloth, 2005).

Le clan et la bande

Les adolescents se réunissent en groupe (Collins et Steinberg, 2006 ; Eckert, 1989), ce qui peut faciliter le passage de l'enfance à l'âge adulte (Bagwell et coll., 2001). Le **clan** est un groupe de 5 à 7 amis proches et loyaux. La **bande** est un groupe plus grand, d'environ 10 à 15 adolescents qui partagent des intérêts communs sans être nécessairement des confidents et des amis. La bande peut avoir pour dénominateur commun l'origine ethnique, des caractéristiques personnelles, des activités ou un style. Elle guide les décisions des adolescents en matière de vêtements, de coiffure, de musique, de cinéma, de consommation de drogue, de sports, de cours, etc., La fidélité exigée est beaucoup moins stricte que celle du clan. Par exemple, un jeune pourrait s'habiller comme certains membres de la bande (vêtements BCBG, grand imper ou pantalons à taille basse)

Clan Petit groupe de 5 à 7 amis proches et loyaux.

Bande Groupe de 10 à 15 adolescents qui partagent des intérêts communs sans être nécessairement tous des amis les uns pour les autres.

sans endosser les valeurs d'autres membres. La bande peut utiliser des signes distinctifs discrets (une marque précise de sac à dos ou une formule de salutation) qui échappent aux adultes, mais pas aux membres d'autres bandes (Strouse, 1999).

Les clans et les bandes sont à la fois sources de soutien social (surtout le clan) et de contrôle social (surtout la bande). Ils favorisent la compréhension de la notion de normes propres à un groupe, pas forcément de façon directe, mais par la critique et l'exclusion de ceux qui ne s'y conforment pas (Brown et Klute, 2003).

Le choix des amis et leur influence

Sélection des pairs Démarche active et continue par laquelle les adolescents choisissent leurs amis en fonction de valeurs et d'intérêts communs.

Les adolescents choisissent des amis qui partagent leurs valeurs et leurs intérêts, une démarche appelée **sélection des pairs**, et abandonnent ceux qui empruntent d'autres voies.

En amitié, ils cherchent surtout la loyauté et l'intimité (Berndt et Savin-Williams, 1992 ; Savin-Williams et Berndt, 1990). Avant de devenir amies, les connaissances se testent en s'échangeant des secrets ou en se prêtant de l'argent, par exemple. L'amitié est dissoute si la personne se sent trahie. La sélection des pairs pendant l'adolescence est une démarche active et continue (Way et Hamm, 2005).

Les relations avec les pairs et les amis intimes remplissent quatre principales fonctions (Brown et Klute, 2003) :

- l'entraide : les changements physiques et physiologiques à la puberté font naître des sentiments inconnus, suscitent des expériences inédites, ébranlent le concept de soi et l'estime de soi. Les groupes de pairs jouent alors le rôle de groupes d'entraide qui apportent information et soutien ;
- l'adaptation : les amis aident l'adolescent à s'adapter aux changements de son environnement social, surtout à faire la transition entre le cocon protecteur du primaire et le milieu plus hétérogène et impersonnel du secondaire ;
- l'effet miroir : les amis servent d'éléments de comparaison à l'adolescent qui se cherche. Celui-ci trouve chez eux un reflet de ses dispositions, de ses centres d'intérêt et de ses capacités. Grâce à eux, il définit ce qu'il est en déterminant également ce qu'il n'est pas ;
- la connaissance de soi : les groupes de pairs permettent à l'adolescent de faire l'essai d'une série d'opinions, de philosophies et d'attitudes à l'égard de lui-même et du monde. En compagnie d'autres personnes qui en font autant, il peut commencer à discerner les valeurs et les aspirations qui lui tiennent à cœur.

Pression des pairs Influence sociale et encouragement à adopter le comportement, l'habillement et l'attitude des amis ou des membres de sa cohorte. Elle peut être négative (entraînement à la déviance) ou positive (facilitation par les pairs).

Entraînement à la déviance Processus par lequel un adolescent apprend de ses pairs à ne pas tenir compte des limites imposées par les figures d'autorité.

Facilitation par les pairs Encouragements que les adolescents se donnent mutuellement à participer à des activités ou à adopter des comportements constructifs qu'ils feraient moins spontanément, plus difficilement, ou encore qu'ils n'envisageraient pas seuls.

Les amis jouent parfois un rôle constructif et parfois un rôle destructif (Brown, 2004). Une des plus grandes forces qui s'exercent sur les adolescents est la **pression des pairs**. Cette pression sociale qui conduit l'adolescent à se conformer peut tout aussi bien aller dans un sens négatif (**entraînement à la déviance**) que dans un sens positif (**facilitation par les pairs**).

À VOUS LES COMMANDES 11.3

La pression des pairs : hier et aujourd'hui

Il arrive souvent qu'à l'adolescence on ne perçoive pas clairement l'influence que les amis et amies exercent sur soi. Avec un peu de recul, on s'en rend mieux compte.

1. En vous remémorant votre adolescence, de 14 à 16 ans, pouvez-vous relever certains choix (habillement, musique, coiffure, façons de saluer les amis, langage), comportements (participation à des activités sportives ou artistiques, vol à l'étalage, intimidation, etc.) ou attitudes (je-m'en-foutisme ou compétitivité dans les études, arrogance envers les adultes…) qui reflétaient la pression des pairs ? En aviez-vous conscience à ce moment-là ? Et maintenant, comment percevez-vous cette influence ?
2. Y a-t-il de vos attitudes et de vos comportements actuels qui reflètent la pression des pairs ? Lesquels ? Comment percevez-vous cette influence ?

Les amours et la sexualité

Si les garçons et les filles ont tendance à s'ignorer pendant l'âge scolaire, il en va tout autrement à l'adolescence. Cet « apprivoisement » du sexe opposé s'observe dans de nombreux pays, ce qui suggère une influence biologique plutôt que culturelle (B. Brown, 2004; Connolly, Furman et Konarski, 2000; Weisfeld, 1999).

Il y a quelques décennies, Dexter Dunphy (1963) a décrit la séquence des relations hommes-femmes durant l'enfance et l'adolescence. En voici les quatre étapes:

- la ségrégation sexuelle: les groupes d'amis sont formés de jeunes de même sexe;
- le regroupement informel: les filles et les garçons ont des interactions publiques au sein d'une bande;
- les petits groupes mixtes: ces groupes sont souvent formés des membres de la bande les plus précoces sur le plan de la puberté;
- la formation de couples: ces couples ont une intimité amoureuse.

Il faut souligner que ces étapes s'échelonnent sur plusieurs années et que les relations amoureuses exclusives à un âge précoce ne sont pas un signe de maturité (B. Brown, 2004).

Les relations amoureuses

Les premières histoires d'amour surviennent souvent à l'école secondaire et durent rarement plus de 1 an. Les filles ont plus tendance que les garçons à dire qu'elles sont amoureuses. Il n'est pas rare qu'un adolescent qui ressent ce sentiment éprouve du mal à dormir, à étudier, voire à manger.

Si les ruptures sont courantes, les passions à sens unique le sont aussi. Les unes comme les autres peuvent être dévastatrices, notamment parce que toute la population de l'école en est souvent témoin (Schwartz, 2006). Dans de tels cas, le soutien des amis peut se révéler fort précieux.

Comment se développent les relations amoureuses? Une description en quatre étapes permet d'en comprendre l'évolution (Suzanne Gosselin-Pinet, citée dans Vander Zanden, 1996).

- « Aimer l'amour »: cette première étape est marquée par de nouvelles sensations, émotions et pensées. Souvent, l'élan amoureux est dirigé vers une personne inaccessible: actrice de cinéma, chanteuse populaire, personne plus âgée dans l'entourage. Par ailleurs, il peut aussi être orienté vers un garçon ou une fille de la classe. L'adolescent passe alors beaucoup de temps à l'observer, entre autres pour déceler des indices potentiels de son intérêt... Les jeunes discutent abondamment de l'objet de leur amour avec leurs amis.
- « Aimer aimer »: à cette étape, ce qui attire, c'est une ou quelques caractéristiques particulières: il est beau, elle a de beaux seins, il a une moto, elle est très intelligente... Les relations fondées sur de tels attraits ne durent généralement pas longtemps.
- « Aimer passionnément »: cette étape marque la découverte du « vrai » amour. C'est la découverte de l'autre en tant que personne, qu'être unique. La passion est un « état constant d'ivresse et de bonheur ressenti comme une attraction magnétique » (Lévy et Dupras, 2008). Parce qu'il est idéalisé, l'autre prend alors une place capitale et on fait preuve d'oubli de soi, jusqu'à la négation. On est prêt à tout pour l'autre, puisque c'est un être exceptionnel. Les amis et l'entourage perçoivent en général des changements de personnalité et leurs remarques à ce sujet sont mal reçues: « C'est qu'ils ne comprennent pas... » Cette étape peut se vivre à plusieurs reprises, avec une conscience de plus en plus claire des enjeux du déséquilibre.

Les nouveaux couples Que faut-il dire à son « chum » ou à sa « blonde »? Quand faut-il se toucher? Voilà d'épineuses questions que se posent les jeunes lors de leurs premiers moments d'intimité. Les couples d'adolescents ont tendance à se rassembler, car ils se rassurent mutuellement à ce propos. Il n'est pas rare d'ailleurs que la rupture d'un des couples provoque celle d'un autre et aboutisse à une simple substitution des partenaires.

- « Aimer et s'engager » : la quatrième étape est celle de l'établissement d'une relation équilibrée qui se caractérise par un sentiment d'équité et de respect mutuel. Ce n'est pas un état statique : l'espace et le temps occupés par chacun et par le « nous » varient selon les circonstances. Il n'est pas nécessaire que chacun parle durant 5 minutes à tour de rôle pour avoir un sentiment d'équité et de respect ! Cependant, quand l'équilibre devient chancelant, à certains moments, l'expression des sentiments et le partage des points de vue permettent de trouver des solutions adéquates et satisfaisantes.

Les jeunes homosexuels

Les adolescents homosexuels vivent des complications qui ralentissent l'établissement de relations amoureuses. D'abord, nombre d'entre eux n'admettent pas leur orientation sexuelle, ne se l'avouant même pas à eux-mêmes, parfois par crainte d'être perçus comme marginaux ou d'être minoritaires (Savin-Williams, 2005).

Plusieurs hommes gais rapportent avoir pris conscience de leur homosexualité vers 11 ans, mais ne pas en avoir parlé avant l'âge de 17 ans (Maguen et coll., 2002). Contrairement aux hommes, beaucoup de femmes homosexuelles ne prennent conscience de leur orientation sexuelle qu'au début de l'âge adulte, lorsqu'une relation d'amitié proche prend une tournure amoureuse (Savin-Williams et Diamond, 2004 ; Baumeister et Blackhart, 2007). Par ailleurs, des adolescents homosexuels des deux sexes fréquentent des personnes du sexe opposé pour cacher leur véritable orientation (Brown, 2006).

L'apprentissage de la sexualité

Le comportement sexuel au cours de l'adolescence est fortement influencé par celui des pairs. Plusieurs se racontent leurs idylles ou leurs relations sexuelles, dans l'espoir que leur comportement dans ce domaine leur vaudra l'approbation de leurs amis (Laursen et Mooney, 2007). De fait, les particularités varient d'un groupe à l'autre, et même à l'intérieur de chacun.

Les parents jouent un rôle clé dans les décisions que prennent leurs adolescents en matière de sexualité, en exerçant un suivi auprès d'eux, en servant d'exemple et en parlant avec eux. Les jeunes qui discutent de sexualité avec leurs parents prennent moins de risques, résistent à la pression des pairs et croient que l'information que leur fournissent leurs parents est juste (Blake et coll., 2001 ; Jaccard, Dodge et Dittus, 2002 ; Miller, Benson et Galbraith, 2001). Cela s'applique surtout lorsque l'éducation sexuelle a commencé très jeune et qu'elle n'est pas répressive.

Un grand nombre de parents souhaitent laisser à d'autres adultes (à l'école, par exemple) le soin de donner à leurs adolescents une éducation sexuelle à jour (comprenant de l'information sur les pratiques sexuelles sans risque et la contraception) (Landry et coll., 2003 ; Yarber et coll., 2005). Les spécialistes du développement s'entendent pour dire que les adolescents ont besoin d'apprendre auprès d'adultes fiables et responsables.

Les comportements sexuels

L'adolescence est une période d'exploration de la sexualité, tant dans le contexte d'une autostimulation que d'une stimulation mutuelle des partenaires (Crooks et Baur, 2009).

Le premier baiser suscite généralement les premiers émois sexuels. Certains adolescents déclarent avoir commencé à l'expérimenter vers 10 ou 11 ans, mais 43 % déclarent avoir vécu leur premier *french kiss* dans un cadre amoureux généralement autour de 14 ans (Lévy et Dupras, 2008).

Bien que les adolescents n'aient pas tous des rapports sexuels, beaucoup d'entre eux se masturbent. Manifestation courante de la sexualité durant l'enfance, la masturbation tend à devenir plus fréquente à l'adolescence. « En plus de fournir un exutoire à la tension sexuelle, l'autostimulation est une excellente façon de découvrir son propre corps et le potentiel sexuel qu'il recèle » (Crooks et Baur, 2009).

Les jeux sexuels avec un ou une partenaire désignent « des contacts physiques érotiques pouvant inclure baisers, étreintes, touchers, stimulations manuelles ou buccogénitales, mais sans qu'il y ait coït » (Crooks et Baur, 2009). L'âge moyen des premiers jeux sexuels est d'environ 15 ans (Lévy et Dupras, 2008). Les adolescents minimisent souvent les risques des rapports buccogénitaux en ce qui concerne la transmission d'infections comme le VIH, l'herpès génital et la gonorrhée.

Une enquête de Statistique Canada révèle qu'en 2005, 43 % des adolescents (filles et garçons) de 15 à 19 ans ont dit avoir eu au moins une relation sexuelle. Les résultats indiquent également que l'activité sexuelle augmente avec l'âge : près du tiers des 15-17 ans ont déclaré avoir eu des relations sexuelles et environ les deux tiers des 18 et 19 ans. Toujours en 2005, 8 % ont déclaré avoir eu des relations sexuelles avant d'avoir atteint l'âge de 15 ans, comparativement à 12 % en 1996-1997. La proportion a diminué chez les filles, mais n'a pas varié de manière significative chez les garçons (Statistique Canada, 2008).

La première relation coïtale reste un souvenir marquant, quels que soient le contexte et les circonstances. L'analyse des premières relations sexuelles indique que plusieurs facteurs interviennent dans la modulation de l'excitation sexuelle et l'importance qui leur est accordée.

À l'adolescence, les relations amoureuses ne sont pas faciles à vivre : même si la réciprocité des sentiments constitue l'attente principale des garçons et des filles, la nature de ces sentiments diffère selon les sexes. Dans les enjeux amoureux, les filles privilégient la quête de l'amour véritable et un engagement axé sur la responsabilité, alors que les garçons sont orientés vers la valorisation de la confiance, les compétences personnelles et la recherche du plaisir (Lévy, 2008).

Des problèmes particuliers

De graves problèmes risquent de nuire au développement de certains adolescents en difficulté et, même, se multiplier. Chez quelques-uns, les émotions prennent des proportions extrêmes, pathologiques, voire mortelles. Un adolescent en colère qui fait preuve, par exemple, d'une agressivité inhabituelle court un risque plus élevé d'abandonner l'école, d'être arrêté par la police ou de mourir accidentellement. Un jeune se sentant triste et qui consomme des drogues illicites avant l'âge de 15 ans est aussi plus sujet à la dépression et au suicide.

La dépression

Plusieurs éléments déclencheurs peuvent pousser les adolescents au désespoir. Le taux de dépression clinique double à cette période de la vie, atteignant environ 15 %. Les filles sont beaucoup plus sujettes à la dépression grave que les garçons, puisque celle-ci touche environ 1 adolescente sur 5 et 1 adolescent sur 10 (Graber, 2004).

On ignore cependant si les différences entre les sexes s'expliquent principalement par des facteurs biologiques, psychologiques ou sociaux (Alloy et Abramson, 2007 ; Ge, Conger et Elder, 2001 ; Graber, 2004 ; Hankin et Abramson, 2001). Évidemment, les filles subissent les effets de diverses hormones, mais leur famille, leurs pairs et la culture (notion de genre) exercent aussi sur elles des pressions qui ne touchent pas les garçons.

Rumination Fait de parler et de ressasser mentalement et verbalement des expériences passées.

Une autre explication récemment proposée concernant le taux de dépression plus élevé chez les filles est lié à la **rumination**, c'est-à-dire le fait de parler, de ressasser et de se rejouer mentalement des expériences passées, laquelle est plus courante chez les femmes que chez les hommes. Quand l'incident ressassé est désagréable, la rumination risque de conduire à la dépression (Alloy, Zhu et Abramson, 2003).

Le suicide

Les adolescents commencent leur exploration de la vie de façon indépendante et autonome. Or, lorsqu'un problème survient (un échec scolaire, la fin d'une idylle, une dispute avec un parent), ils ne savent pas forcément que des jours meilleurs les attendent. Dans certains cas, la dépression ou la colère peut les accabler à tel point que, pendant quelques heures ou quelques jours, la mort leur semble la seule issue possible. Les idées suicidaires, c'est-à-dire des pensées graves et troublantes axées sur le suicide, culminent vers l'âge de 15 ans (Rueter et Kwon, 2005). Parfois, le passage à l'acte se fait rapidement, laissant peu de temps à l'entourage pour remarquer d'éventuels signes avant-coureurs.

De la dépression... au suicide Nombre d'adolescents traversent de temps à autre des périodes de dépression. Toutefois, la dépression qui se prolonge ou s'accompagne d'une perte d'intérêt pour les relations sociales, d'une diminution du rendement scolaire ou d'une régression à la dépendance de l'enfance peut être un signe précurseur du suicide. L'entourage de l'adolescent déprimé doit prendre son état au sérieux et recourir à des mesures de prévention.

Le processus suicidaire

Le processus suicidaire peut être illustré selon le schéma présenté à la figure 11.1; il comprend les étapes suivantes (Poudrette, 1999):

- un événement déclencheur: une perte réelle ou symbolique dont l'événement déclencheur est de nature diverse, comme la mort d'un proche, la fin d'une relation, la prise de conscience de son homosexualité, des difficultés financières, des échecs scolaires, des difficultés familiales, etc.;
- des sentiments de détresse et de dépression: ces sentiments peuvent se manifester par des symptômes physiques (perturbation du sommeil, désordres de l'appétit, manque d'énergie ou, par moments, hyperactivité), des symptômes psychologiques (perte d'intérêt, tristesse, irritabilité, rage, changements d'humeur fréquents, faible estime de soi), l'isolement, une consommation excessive d'alcool, de drogues ou de médicaments;
- une crise suicidaire: les signes particuliers de la crise suicidaire touchent les émotions (exagérées, non ressenties ou non exprimées) en ce qui concerne les événements déclencheurs; l'expression de sentiments d'impuissance, d'injustice, de tristesse, de vide existentiel; l'impression de confusion et de perte de contrôle sur soi et sur sa vie;
- des idées suicidaires passagères: ces idées laissent entrevoir la possibilité de mettre fin à la souffrance, mais elles ne sont pas prolongées ou maintenues;
- une planification floue: la personne procède à une évaluation approximative des différents moyens de se suicider;
- des idées suicidaires continues: ces pensées deviennent même obsessionnelles, laissant peu ou pas de place à d'autres intérêts, à l'exploration d'autres façons de gérer les situations difficiles; en un mot, peu ou pas de place pour d'autres projets que celui de mettre fin à la souffrance de manière définitive;
- une planification précise: cette planification établit le « comment » du suicide de façon détaillée;
- l'envoi de messages: la personne envoie des messages, des menaces et des signaux plus ou moins directs, plus ou moins clairs en donnant ses biens, en rédigeant un testament ou une note, en cherchant à faire la paix avec tout le monde. Il est à noter que certains adolescents passent rapidement à l'acte et n'envoient pas de tels messages.

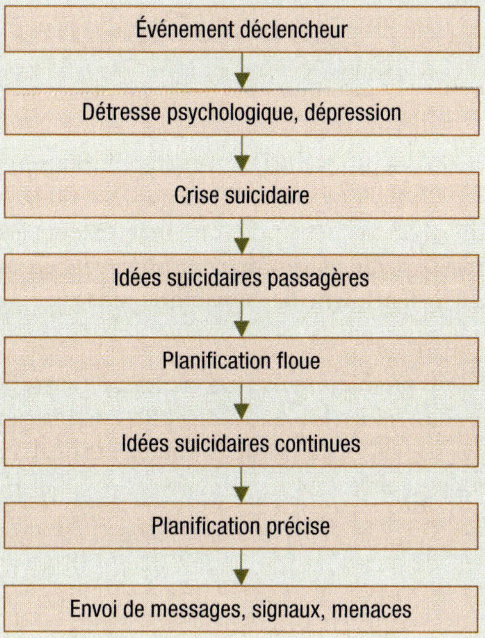

Source : Pascale Poudrette, « Le processus suicidaire », conférence donnée lors du Psycho-stage de l'Association des professeurs de psychologie du réseau collégial du Québec (APPRCQ), 14 juin 1999.

FIGURE 11.1 Le schéma du processus suicidaire

La plupart des tentatives de suicide à l'adolescence ne se soldent pas par un décès. De même, certains jeunes commettent des actes volontaires d'autodestruction qui n'entraînent pas inéluctablement la mort. Au lieu de « tentative de suicide », les experts préfèrent le terme *parasuicide*, qui désigne toute action potentiellement mortelle portée contre soi et qui n'entraîne pas la mort. Une multitude de facteurs déterminent si les idées suicidaires aboutiront au parasuicide ou à la mort (Berman, Jobes et Silverman, 2006 ; Goldsmith et coll., 2002). En situation d'urgence d'évaluation, la première question à poser est : « As-tu décidé de la façon dont tu t'y prendrais ? » En fonction de la réponse, il faut examiner les autres facteurs déterminants, dont :

- l'accessibilité des moyens de passer à l'acte (par exemple l'accès à des armes à feu, des drogues ou des médicaments) ;
- le degré de supervision parentale ;
- les attitudes de la famille, des amis face au suicide et les possibilités de soutien, non seulement pour empêcher l'acte, mais surtout pour accompagner le jeune, c'est-à-dire le supporter dans sa détresse, rechercher des solutions.

Que faire lorsque sonne l'alarme ?

- En parler ouvertement avec la personne, lui poser des questions directes et refuser de garder le secret ;
- écouter, témoigner de la sensibilité et de l'intérêt envers ce qu'elle vit ;
- informer le réseau social de son projet ;
- évaluer l'urgence suicidaire et faire un pacte de non-suicide ;
- chercher des relations entre les problèmes liés aux événements déclencheurs et offrir de l'aide, entre autres en cherchant avec la personne d'autres solutions ;
- parfois initier des actions avec la personne suicidaire, car, le plus souvent, elle manque d'énergie pour les entreprendre toute seule ;

- assurer un suivi et créer un réseau d'aide;
- indiquer à la personne ses propres limites de temps, d'argent, d'énergie;
- recourir aux ressources du milieu;
- aller chercher du soutien pour soi, au besoin.

Telles seraient les principales pistes d'action à entreprendre pour aider une personne suicidaire (Poudrette, 1999; Mishara et Tousignant, 2004). Ici, il est nécessaire d'ajouter une mise en garde: les personnes qui, malgré leurs efforts, ne réussissent pas à empêcher le suicide de quelqu'un doivent prendre soin d'elles-mêmes et aller chercher de l'aide, car le sentiment de culpabilité peut être très lourd (Poudrette, 1999).

À l'exception peut-être des premiers mois de la vie, aucune autre période n'est marquée par des changements aussi multiples, aussi définitifs, aussi fascinants et aussi déroutants que ceux de l'adolescence. Certains sont si complexes qu'ils entraînent inévitablement des imprévus et des écueils.

SECTION 2

LE DÉBUT DE L'ÂGE ADULTE (DE 20 À 40 ANS)

Affranchis des restrictions parentales et du rythme accéléré de la maturation biologique, forts de leurs habiletés cognitives, les jeunes adultes peuvent choisir à leur gré, tout en tenant compte des impératifs de la vie, les chemins qu'ils emprunteront. Une multitude de voies s'offrent à eux.

Outre l'importance des normes sociales qui viennent marquer le rythme des événements sociaux à l'âge adulte, cette section traite de l'intimité, d'abord en présentant les enjeux de la sixième crise psychosociale selon Erikson, puis en s'y intéressant en tant que base des relations d'amitié et amoureuses. Enfin, la dernière partie s'intéresse à la façon dont les jeunes adultes cumulent leurs nouveaux rôles de conjoints, de parents et de travailleurs.

Si, pour les périodes de l'enfance et de l'adolescence, les théories et les recherches ont permis d'établir des stades, des normes de développement en fonction de l'âge, l'âge adulte, en raison de la diversité des personnes et des parcours, ne peut être analysé selon des stades précis et des normes universelles. Les étapes de l'âge adulte seraient avant tout déterminées par l'horloge sociale.

L'horloge sociale

La plupart des spécialistes contemporains admettent que le développement de l'adulte est influencé à divers degrés par l'**horloge sociale**, un calendrier établi en fonction des normes sociales et qui détermine un moment opportun pour les divers événements de la vie. Ces normes établissent l'âge socialement «idéal» auquel les hommes et les femmes devraient finir leurs études, se marier, lancer leur carrière, fonder une famille, etc. (Greene, 2003; Settersten et Hagestad, 1996).

Horloge sociale Calendrier établi par la société (par opposition à la physiologie), dans une culture donnée, pour un enchaînement privilégié des stades de la vie et des comportements et événements sociaux correspondants. Ainsi, c'est la culture et non la nature qui, partout dans le monde, déterminerait les étapes de l'âge adulte.

D'un pays à l'autre: un temps pour chaque chose... Cette Australienne (à gauche) et cette Kenyanne (à droite) se développent comme le souhaitent leur famille et leur culture respective. La principale différence entre elles est qu'à 23 ans, Kim n'a pas encore épousé Dave, alors que sa contemporaine du Kenya a déjà un mari, un fils et une fille.

À VOUS LES COMMANDES 11.4

L'horloge sociale et son influence sur votre vie

1. À quel âge planifiez-vous démarrer votre carrière, vous marier, élever des enfants? Si vous avez déjà vécu un ou plusieurs de ces événements, quel âge aviez-vous alors?
2. Selon vous, quels facteurs exercent une influence sur le moment où se produisent ces événements?

Les gens se fient à l'horloge sociale et non à l'horloge biologique lorsqu'ils déclarent qu'une telle est «trop jeune pour se marier» ou qu'un tel est «trop vieux pour devenir père». Certains marqueurs de l'horloge sociale font d'ailleurs force de loi, notamment l'âge minimum pour obtenir un permis de conduire, voter, se marier, contracter une hypothèque, acheter de l'alcool.

D'un pays à l'autre: l'horloge sociale Dans les pays développés, l'horloge sociale ne dénie pas à une grand-mère la possibilité de faire des études supérieures (à gauche), mais elle décourage les adolescentes à devenir mères. On observe le phénomène inverse ailleurs, comme au Népal, où les grands-mères sont écartées de l'université et où nombre de jeunes adolescentes, comme cette Népalaise (à droite), deviennent mères.

Des femmes maintenant Deux jeunes filles participent à une cérémonie traditionnelle au Japon marquant le passage de l'enfance à l'âge adulte. Leur coiffure et leur kimono soignés reflètent la tradition, comme le saké (un vin de riz) qu'elles boivent.

Q Selon vous, à quel âge les jeunes filles célèbrent-elles cette cérémonie au Japon : à 15, 16, 18 ou 20 ans ?

« Bien que les cycles de vie deviennent plus fluides, les gens risquent encore d'être jugés sévèrement s'ils ne franchissent pas les jalons du développement aux moments fixés par l'horloge sociale » (DePaulo et Morris, 2005).

La culture, la cohorte et le statut socioéconomique

La culture et l'âge influencent grandement l'horloge sociale. Par exemple, dans 38 pays du monde, il n'y a pas d'âge minimal pour le mariage (Organisation des Nations Unies pour l'éducation, la science et la culture, 2004). Par contre, au Québec, l'âge légal pour se marier est fixé à 16 ans. Aussi, les personnes de moins de 18 ans qui souhaitent s'épouser doivent préalablement obtenir le consentement du titulaire de l'autorité parentale ou du tuteur (ministère de la Justice du Québec, 2010).

De plus, dans de nombreuses parties du monde, une fois mariées, les jeunes filles sont considérées comme majeures, ce qui signifie qu'elles perdent la protection prévue dans la Convention des Nations Unies sur les droits de l'enfant (CDE).

En outre, selon la cohorte, les conditions historiques influent également sur l'horloge sociale. Il y a un siècle, dans la plupart des pays, il était normal que les femmes aient leur premier enfant avant l'âge de 20 ans. Aujourd'hui, dans les pays développés, elles sont nombreuses à avoir leur premier enfant après 30 ans (Bornstein et Putnick, 2007 ; Lee et Gramotnev, 2007).

Au-delà des normes culturelles et historiques, l'horloge sociale est fortement influencée par le statut socioéconomique : plus celui-ci est faible, plus l'horloge sociale avance rapidement et plus les grands tournants de la vie surviennent tôt. L'écart s'observe dans tous les pays, et même entre eux (Padmadas, Hutter et Willekens, 2004).

Bien que beaucoup de facteurs influent sur les attentes quant aux comportements et événements associés à un âge, de façon générale, l'horloge sociale progresse maintenant plus lentement et de façon plus élastique, particulièrement dans les pays industrialisés. C'est ce qui explique les variations en ce qui a trait à l'âge du mariage, de la maternité et de la paternité, de la fin des études, etc.

L'intimité

La quête d'identité qui s'amorce à la puberté dure beaucoup plus longtemps de nos jours, si bien qu'au début de leur période de jeune adulte, beaucoup cherchent toujours à préciser qui ils sont (Côté, 2006 ; Kroger, 2006). Même s'il lui reste à mieux cerner ce qu'il est, le jeune adulte cherche à s'engager sur le plan de l'**intimité**.

Intimité Capacité d'ouverture à l'autre, qui se manifeste par un partage de pensées et d'émotions, par un rapprochement physique en termes d'échange, d'affection et un respect de l'individualité de chacun.

L'intimité et l'isolement selon Erikson

Après avoir résolu la crise psychosociale de l'identité et de la confusion des rôles, le jeune adulte entre, selon Erikson, dans la **crise** psychosociale **de l'intimité et de l'isolement**. Au cours de ce stade, il recherche la compagnie des autres et vit les expériences positives et négatives associées à sa quête d'amour d'autrui. En considérant la possibilité que la personne puisse s'engager dans des relations d'amitié ou amoureuses sans craindre de perdre son identité, Erikson (1963, 1972) définit l'intimité comme la combinaison d'une ouverture aux autres, d'une sensibilité à leurs besoins, d'un sens de la mutualité, d'une volonté de partager, d'un désir de rapprochement physique.

Crise de l'intimité et de l'isolement Sixième des huit crises psychosociales, selon Erikson, pendant laquelle les adultes cherchent quelqu'un avec qui partager leur vie par le fait d'avoir un engagement durable. Faute de relations intimes, dans un cadre amoureux ou amical, ils risquent de vivre une solitude profonde et de l'isolement.

En prenant le risque de l'engagement, le jeune adulte peut développer avec les autres de véritables intimités psychosociales, qu'il s'agisse d'amitiés, d'échanges érotiques ou de projets partagés.

> L'intimité réelle implique la capacité d'éprouver [que] les besoins et les préoccupations d'une autre personne [sont] aussi importants que les siens. Elle implique la capacité de s'associer aux espoirs et aux craintes les plus profondes d'une autre personne et d'accepter le fait que le besoin d'intimité soit réciproque. L'intimité suppose donc le partage...
>
> (Houde, 1991)

Inversement, si un personne se limite aux relations stéréotypées et se refuse aux rapports intimes et profonds, si elle se refuse à l'exploration intérieure, elle risque de s'enfermer dans un sentiment d'isolement. Cet isolement peut devenir une coupure vis-à-vis des autres et se transformer négativement en repli sur soi, en refus de contacts intimes exigeant une authenticité dont le jeune adulte ne se sent pas toujours capable.

Pour combler son besoin d'intimité, d'affiliation ou de communion, le jeune adulte peut assumer plusieurs rôles, dans différents contextes. Chaque rôle demande une part d'abnégation, de don de soi à l'autre. En s'ouvrant à autrui, on accepte de se rendre vulnérable, on affronte la peur de se perdre dans des situations qui exigent l'abandon. Cette ouverture se pratique dans la solidarité des affiliations solides, dans le contexte des unions sexuelles, dans les relations d'amitié, dans des situations d'apprentissage avec un mentor et même avec soi-même, dans des moments où l'intuition révèle des vérités sur soi (Erikson, 1963).

Si l'intimité s'oppose à l'isolement, est-ce à dire qu'il faut à tout prix rechercher la première et éviter la seconde ? Pour Erikson, c'est l'intégration de ces opposés qui favorise l'émergence de la force adaptative du *moi*. Le jeune adulte recherche, certes, le partage avec autrui. Cependant, l'ouverture à l'autre ne peut pas et ne doit pas être constante. On a tous besoin de solitude, de temps pour se ressourcer, pour réfléchir, méditer, prendre conscience de ses émotions. On a tous besoin d'explorer son univers intérieur. Le pôle de l'isolement implique ce retrait en soi pour prendre conscience de sa nature profonde.

Khalil Gibran (1923/1995) écrivait : « Aimez-vous l'un l'autre, mais ne faites pas de l'amour une alliance qui vous enchaîne l'un l'autre. »

L'intégration de l'intimité et de l'isolement suppose que le jeune adulte vit une ouverture et un échange d'intimité avec l'autre, qu'il revient ensuite à lui-même pour enrichir sa vie intérieure, puis de nouveau sa relation.

Une résolution adéquate de cette crise mène à des relations où il y a réciprocité, progressivement construites sur un équilibre entre l'ouverture à l'autre et le retour sur soi. C'est sur la base d'une telle relation que les amis, les amoureux ou les partenaires sexuels deviennent les personnes les plus significatives. Le jeune adulte développe la capacité d'établir avec les autres des relations mutuellement gratifiantes et de s'accomplir lui-même. « Nous sommes ce que nous aimons » (Erikson, 1972).

Les amitiés

L'amitié est très importante à tous les âges du développement. Les amis protègent la personne contre le stress, lui procurent de la joie et l'aident de multiples façons (Kalmijn, 2003 ; Krause, 2006). On choisit ses amis en fonction des qualités (comme la compréhension, la loyauté, l'affection et l'humour) qui font d'eux de bons compagnons, des confidents discrets et des sources fiables de soutien psychologique.

R (Réponse de la page 350) L'indice le plus évident — ces jeunes filles ont l'air d'adolescentes — est trompeur. Si vous tenez compte que l'horloge sociale est plus lente dans les pays développés et que les adolescents asiatiques mûrissent relativement tard physiquement, vous en déduirez qu'elles ont 20 ans. Cette cérémonie japonaise se déroule donc 5 ans après la *quinceañera* que célèbrent les jeunes filles latino-américaines et 4 ans après le *Sweet Sixteen* des Étatsuniennes d'origine européenne.

L'amitié intime confirme la valeur personnelle d'un individu — car s'il choisit ses amis, ceux-ci le choisissent également — et renforce son estime comme peu de relations peuvent le faire (Fehr, 2000).

Comment une relation sociale se transforme en amitié

De 20 à 40 ans, la plupart des gens explorent divers milieux, qu'il s'agisse du cégep et de l'université, du monde du travail, d'associations communautaires ou de regroupements politiques, culturels, sportifs et religieux. Ils ont ainsi la possibilité de faire connaissance avec des personnes dont la compagnie, le savoir-faire, les conseils et la sympathie les aideront à relever les nombreux défis de leur âge.

Critères d'exclusion Raisons qui poussent une personne à ne pas envisager devenir amie ou amoureuse d'une autre. Ces critères varient d'une personne à l'autre.

Quels facteurs transforment une relation sociale en amitié intime ? L'amorce de l'amitié repose en général sur quatre éléments déclencheurs (Fehr, 1996, 2000) :

- l'attrait physique (même dans les relations platoniques) ;
- l'apparente disponibilité de la personne (désir de parler, de faire des activités ensemble) ;
- la fréquence des rencontres ;
- l'absence de **critères d'exclusion** (c'est-à-dire d'attributs que l'on ne souhaite pas trouver chez un ami).

Les deux premiers facteurs sont reconnus. De tout temps, en effet, les personnes attrayantes et celles qui manifestent leur intérêt pour les autres constituent des pôles d'attraction. Les jeunes adultes recherchent des gens qui sont disposés à consacrer le temps et les efforts requis pour établir une relation d'amitié ou d'amour.

L'influence du troisième facteur, la fréquence des rencontres, est aussi très importante (Bornstein, 1989). Les amitiés solides, nouées à l'université, unissent plus souvent des étudiants qui partageaient le même étage de résidence que ceux qui ne se croisaient que dans les escaliers. De la même façon, les collègues de travail ont plus de chances de devenir amis s'ils prennent le même train ou font du covoiturage pour rentrer chez eux.

De bons amis Les modèles d'amitié varient d'une personne à l'autre et les stéréotypes de genre quant à ces modèles sont souvent loin de la vérité. Néanmoins, les amitiés entre hommes diffèrent de celles qui existent entre les femmes. Typiquement, les hommes font des choses ensemble ; ils préfèrent les activités sportives, particulièrement si elles se prêtent aux prouesses et à la vantardise amicale. Les femmes, au contraire, ont tendance à consacrer plus de temps aux conversations intimes, à parler de leurs problèmes plutôt que d'attirer l'attention sur leurs performances.

Le quatrième facteur, l'absence de critères d'exclusion, est très variable. Un critère d'exclusion d'une personne peut n'avoir aucune importance pour une autre. Par exemple, certaines personnes ne s'arrêtent pas aux questions de religion et de politique, mais d'autres oui. D'autres encore ne deviendront jamais amies avec quelqu'un qui fume ou qui boit beaucoup. Ces aspects présentent souvent un lien avec l'identité que l'individu a développée. En conséquence, les amis partagent généralement la même origine culturelle, les mêmes valeurs spirituelles et morales, le même âge, la même éducation, le même statut économique, les mêmes intérêts, etc. (Pew Reasearch Center, 2007 ; Fehr, 2000 ; Morry, 2005).

La plupart du temps, le cercle d'amis au début de l'âge adulte subsiste jusqu'au moment d'une cohabitation ou d'un mariage, après quoi il se restreint. La principale raison de ce phénomène est d'ordre pratique : pendant les années où le jeune adulte est occupé à construire les bases d'une relation conjugale, à entretenir un logement, à amorcer une carrière et surtout à élever des enfants, il a moins de temps et d'énergie à consacrer aux amis (Jessor, Donovan, et Costa, 1991 ; Rawlins, 1992). Quelques années plus tard, cependant, les conjoints se font des « couples d'amis » et ils sont alors en mesure de partager des activités et des confidences.

Les amitiés des hommes et des femmes

Les êtres humains recherchent l'intimité toute leur vie. Néanmoins, pour des raisons culturelles et biologiques, les amitiés des hommes et des femmes présentent des différences (Monsour, 2002 ; Radmacher et Azmitia, 2006 ; Wood, 2000). Les hommes et les femmes ne font pas les mêmes activités avec leurs amis, ne se disent pas les mêmes choses et n'éprouvent pas les mêmes sentiments (Fehr, 1996, 2000). En général, les amitiés masculines reposent sur le partage d'activités et de centres d'intérêt, tandis que les amitiés féminines, plus intimes et émotionnelles, se caractérisent par l'échange de confidences et l'assistance en temps de crise.

Ces différences liées au sexe se manifestent particulièrement dans les conversations. Les amies ont tendance à parler de sujets personnels et émotionnels : secrets du passé, problèmes physiques, difficultés amoureuses ou familiales. La révélation de soi constitue le pivot de leurs interactions sociales. Les femmes espèrent trouver auprès de leurs amies une écoute attentive, compatissante et, au besoin, consolatrice.

À VOUS LES COMMANDES 11.5

Les amitiés : quelles différences ?

1. Relevez trois différences et trois ressemblances dans les amitiés entre hommes et celles entre femmes (fréquence des rencontres, activités choisies, sujets de discussion, contacts physiques, etc.).
2. Interrogez deux hommes et deux femmes sur les aspects importants et les priorités dans leurs relations d'amitié. Demandez-leur de faire un retour sur une rencontre particulière avec un ami ou une amie : quels sujets ont été abordés ? dans quel ordre ? Qui amorçait la discussion pour chacun de ces sujets ?

Les hommes, pour leur part, ont tendance à avoir des échanges plus intellectuels qu'émotifs ; ils sont moins enclins que les femmes à parler de leurs faiblesses et de leurs problèmes. Et quand ils le font, ils attendent de leurs amis des solutions concrètes plutôt que de la sympathie. Par contre, quand ils ont besoin d'une oreille compatissante, c'est souvent à une femme qu'ils choisissent de faire des confidences.

À notre époque, le jeune adulte type compte souvent quelques amis de l'autre sexe (Lenton et Webber, 2006). Ces amitiés ont l'immense avantage de permettre de mieux connaître le sexe opposé. Dans la mesure où l'amitié est source d'enrichissement personnel, les amis de l'autre sexe ont beaucoup à offrir (Monsour, 2002). Les amitiés homme-femme ne sont habituellement pas le prélude à une relation amoureuse, bien que cela se produise parfois (Bleske-Rechek et Buss, 2001).

De nombreux spécialistes des sciences sociales se sont demandé pourquoi l'amitié semble moins intime entre les hommes qu'entre les femmes (Rawlins, 1992). Il leur est d'abord apparu que l'intimité naît d'une mise à nu réciproque. Or, les valeurs véhiculées dans certaines sociétés inciteraient les hommes à se montrer forts et à cacher leurs faiblesses et leurs peurs. Il semble en second lieu que, dès l'enfance, les garçons sont enclins à l'action et les filles, à la parole. Il est donc vraisemblable que des tendances aussi précocement établies orientent les interactions jusqu'à l'âge adulte (Fehr, 1996, 2000 ; Tannen, 1990 ; Tannen, 2001).

Les amours

L'amour prend plusieurs formes au cours de la vie, selon les préférences et les interactions des partenaires. Il est influencé par les stades de développement, les différences liées au sexe, les événements de la vie (par exemple la naissance d'un enfant), les contextes socioéconomique, historique et culturel. L'ensemble de ces facteurs fait de l'amour un phénomène complexe et, souvent, déroutant (Fehr, 2000 ; Sternberg et Barnes, 1988).

Est-ce de la passion ? de l'intimité ? les deux ? Des rires et la proximité physique, des signes évidents et universels d'un bonheur partagé. Ce couple est à Saint-Sébastien, en Espagne, mais il pourrait tout aussi bien se trouver dans n'importe quel pays d'Europe ou d'Amérique du Nord.

L'amour est l'une des aventures humaines les plus intenses. Selon Salomon (1997), les quatre piliers de l'amour sont :

- le besoin d'être aimé ;
- le besoin d'aimer ;
- le besoin de s'aimer ;
- le besoin d'aimer la vie.

Chaque personne a sa propre façon d'aimer, celle-ci étant déterminée par sa personnalité et les attachements qu'elle a développés pendant l'enfance. Les partenaires d'une relation amoureuse ont rarement tout à fait les mêmes besoins et attentes.

La passion, l'intimité et l'engagement

Robert Sternberg (1988) a déterminé trois composantes distinctes de l'amour : la passion, l'intimité et l'engagement, dont la présence ou l'absence déterminent sept formes d'amour (voir le tableau 11.2). Sternberg avance en outre que chaque élément a tendance à émerger et à prédominer selon l'évolution de la relation.

La passion se rapporte surtout à l'activation physiologique et à l'aspect sexuel. Elle est le facteur principal de l'intensité amoureuse. De nombreux chercheurs ont constaté que la passion est à son plus fort au début d'une relation. La période où l'on tombe amoureux ressemble à un tourbillon physique, cognitif et émotionnel fait d'excitation, de ravissement et d'euphorie. Le corps et l'esprit sont entièrement sollicités, les hormones et les neurones sont en pleine effervescence (Aron et coll., 2005). L'intimité physique et le sentiment de fusion atteignent des sommets, mais, en réalité, l'intimité émotionnelle est relativement faible. La recherche révèle en effet une corrélation négative entre l'amour passionné et plusieurs caractéristiques de l'intimité, dont la disponibilité, l'honnêteté, la complicité et la confiance (Aron et Westbay, 1996).

L'absence d'intimité émotionnelle au début d'une relation est probablement attribuable au fait que les partenaires n'ont pas encore partagé suffisamment d'expériences et d'émotions pour se comprendre pleinement. Les amoureux n'ont pas éprouvé non plus l'intense sentiment de communion qui naît une fois que les partenaires ont surmonté ensemble une série d'obstacles.

L'intimité doit croître pour que la relation progresse. Une union heureuse et durable repose sur la confiance, la sincérité et l'acceptation des différences. L'intimité caractérise la relation entre deux personnes qui se connaissent bien et s'échangent des confidences. C'est ainsi que la communication peut devenir honnête et patiente (Hatfield, 1988). Développer un tel degré d'intimité n'est pas une mince affaire. Chaque fois que

TABLEAU 11.2 Les sept formes d'amour selon Sternberg

	Passion	Intimité	Engagement
Amour-toquade	♥		
Amour complice		♥	
Amour vide			♥
Amour romantique	♥	♥	
Amour fou	♥		♥
Amour amical		♥	♥
Amour accompli	♥	♥	♥

Source : adapté de Robert Crooks et Karla Baur, *Nos sexualités*, Montréal, Groupe Modulo, 2009, p. 215.

l'un des partenaires partage un secret, avoue une faille ou dévoile une honte, il s'expose à l'incompréhension, au rejet et à la souffrance. S'il est accueilli dans ce qu'il est, l'intimité avec l'autre s'approfondit.

À mesure que l'intimité grandit, la troisième composante de l'amour, l'engagement, s'établit, s'exprime et se renforce. D'avantage d'ordre cognitif, l'engagement repose sur la décision d'aimer une autre personne et sur le degré d'implication qu'on prend vis-à-vis de cette dernière. Il se construit avec le temps et l'attention que les partenaires se donnent, les biens qu'ils partagent, les problèmes qu'ils résolvent et le pardon qu'ils s'accordent l'un à l'autre (Fincham, Stanley et Beach, 2007). L'engagement se solidifie lorsque les partenaires acceptent de travailler à trouver des solutions de compromis satisfaisantes et considèrent cet aspect comme inhérent à leur vie de couple. Préserver une relation amoureuse au fil des ans demande du dévouement et des efforts qui reflètent l'engagement (Dindia et Emmers-Sommers, 2006).

L'idéal et la réalité

Le tableau de Sternberg indique que l'association de l'engagement, de la passion et de l'intimité engendre l'amour accompli, tel que conçu dans le monde occidental (Gerstel, 2002). Alberoni (1981) décrit les caractéristiques de l'état naissant du choc amoureux et la difficulté — voire l'impossibilité — d'en maintenir les conditions. La passion se nourrit dans une large mesure de l'inconnu, de l'inattendu, de l'incertitude et du risque. La familiarité et la sécurité peuvent par conséquent atténuer la passion.

Une simple confidence soulèvera peut-être un intense sentiment de confiance au début d'une relation. Toutefois, pour que la passion se recrée et se ravive après l'atteinte d'un certain degré d'intimité, les partenaires doivent pousser plus loin la révélation de soi.

Les relations amoureuses varient dans leurs dimensions (passion, intimité et engagement) d'un moment à l'autre, d'une période de vie à l'autre. L'attirance sexuelle fait partie du processus, mais ne peut assurer à elle seule la survie du couple. L'intimité doit à son tour être régulièrement nourrie de moments de passion, et il peut survenir des moments de doute, qui requièrent par la suite un réengagement cognitif.

Pour continuer à construire une intimité de couple (sexuellement et émotionnellement), il faut susciter une exaltation de la vie, s'engager vis-à-vis de l'autre, rire ensemble, réconforter l'autre, l'encourager, le respecter. Des chercheurs ont interrogé des enfants sur l'amour. L'un d'entre eux a expliqué: « Quand quelqu'un t'aime, la façon dont il dit ton nom est différente. » Une petite fille raconte que lorsque sa grand-mère a eu des problèmes d'arthrite qui l'a empêchée de se pencher pour atteindre ses pieds, c'est son grand-père qui lui a appliqué le vernis à ongles sur les orteils. Elle a ajouté: « Ça, c'est de l'amour. »

De nouveaux rôles

Partout dans le monde, les jeunes adultes, particulièrement jusqu'à 25 ans environ, réfléchissent à leur rôle sexuel, à leurs idéologies sociales et politiques et à leur choix de carrière, tentant de concilier leurs espoirs pour l'avenir et leurs convictions du passé. La période qui s'étend jusqu'à 40 ans est aussi celle où on acquiert trois nouveaux rôles majeurs, ceux de conjoint, de parent et de travailleur.

La vie du jeune adulte est très exigeante et le cumul des rôles à jouer risque de créer une tension et un stress qui n'est pas facile à gérer. Cependant, s'il est apprivoisé avec sérénité, ce mélange de rôles peut permettre à la personne de développer un sentiment de compétence à mener sa vie.

Le rôle de conjoint : mariage et union libre

La culture influe sur le lien entre amour et mariage. Partout dans le monde, les couples se marient ou cohabitent en union libre en moyenne plus tard qu'avant (Georgas et coll., 2006). Dans un tiers des pays, environ, amour ne rime pas avec mariage, puisque les parents arrangent les mariages pour unir leurs familles par l'entremise de leurs enfants. Dans un deuxième tiers des pays, les gens deviennent amoureux, puis décident de s'épouser. En Amérique du Nord et en Europe, on considère normal que les jeunes gens aient plusieurs relations amoureuses et qu'ils reportent la décision du mariage. De fait, au Canada et au Québec, par exemple, le nombre de couples vivant en union libre a dépassé le nombre de couples officiellement mariés (Bourgault-Côté, 2007).

Une enquête réalisée par Statistique Canada en 2007 a signalé que, pour la première fois dans l'histoire du pays, les personnes mariées étaient devenues minoritaires ; la proportion de Canadiens adultes qui ne sont pas mariés (ou ne sont plus mariés) s'établit à 51,5 %, alors qu'au Québec, elle atteint 61,9 %. Quant aux gens qui vivent en couple au Québec, 34,6 % d'entre eux vivent en union libre, tandis que la moyenne nationale s'établit à 18,4 % (Statistique Canada, 2007 ; GrandQuebec.com, [s.d.]a). Chez les couples homosexuels, les données du recensement de 2006 indiquent que les mariages représentent 0,8 % des unions officielles au Québec, contre 0,6 % au Canada (GrandQuebec.com, [s.d.]b).

Les facteurs de réussite d'une relation amoureuse

Dans une optique développementale, les relations de couple évoluent dans le temps et connaissent des hauts et des bas (Waite et Luo, 2002). Quels sont les éléments d'une relation amoureuse réussie ? Les chercheurs ont proposé plusieurs réponses ; aucune toutefois n'emporte l'adhésion de tous. L'écrivain André Maurois disait que pour développer une relation amoureuse durable, il fallait d'abord qu'un couple décide d'en faire un succès et qu'ensuite, il refuse de laisser tout désagrément et problème triviaux interférer.

Au nombre des facteurs qui favorisent la réussite d'un couple figurent :

- la compatibilité ;
- l'équité conjugale ;
- la forme d'attachement développée au cours de la petite enfance ;
- la gestion des conflits.

Voyons comment s'exerce chacun de ces facteurs.

La compatibilité

Un facteur de la réussite d'une union est le degré d'**homogamie** ou d'**hétérogamie** des conjoints. En psychologie du développement, on emploie ces termes pour exprimer le degré de similitude ou de dissemblance entre les centres d'intérêt, les attitudes, les objectifs, la cohorte, les valeurs fondamentales, la religion, la situation socioéconomique, le niveau de scolarisation, l'origine ethnique et le lieu de résidence des conjoints dans les sociétés industrialisées (Cramer, 1998 ; Hohmann-Marriott, 2006). L'homogamie réduit le nombre de tensions et de désaccords entre les conjoints, bien qu'ils demeurent inévitables. La plupart des couples heureux ont quelques valeurs ou centres d'intérêt fondamentaux en commun et, pour le reste, font des compromis ou constatent tout simplement leur désaccord.

Homogamie Relation de couple dont les conjoints partagent des similarités sur le plan des attitudes, des valeurs fondamentales, des centres d'intérêt, des objectifs, de la situation socioéconomique, de la religion, du niveau de scolarisation, de l'origine ethnique, du lieu de résidence et de la cohorte.

Hétérogamie Relation de couple dont les conjoints présentent des dissemblances sur le plan des attitudes, des valeurs fondamentales, des centres d'intérêt, des objectifs, de la situation socioéconomique, de la religion, du niveau de scolarisation, de l'origine ethnique, du lieu de résidence et de la cohorte.

L'équité conjugale

Un autre facteur agissant sur le destin d'un couple est l'**équité conjugale**, soit le degré d'équivalence que perçoivent les conjoints quant à leurs contributions respectives à

Équité conjugale Degré d'équivalence perçu des contributions respectives des conjoints dans la relation de couple.

l'union (Hatfield et Rapson, 2006). Selon la théorie de l'échange, les conjoints s'apporteraient l'un à l'autre des bénéfices qu'ils auraient de la difficulté à obtenir chacun de leur côté (Astone et coll., 1999 ; Edwards, 1969). La relation de couple serait plus stable et heureuse lorsque les deux partenaires considèrent l'échange comme juste.

L'équité recherchée par les couples modernes met en cause le partage des tâches rémunérées (le travail), les tâches domestiques et les soins des enfants. Lorsqu'il y a mésentente sur le partage des tâches domestiques, les conjoints de fait ont plus tendance à se séparer, tandis que les couples mariés restent ensemble, mais vivent de l'insatisfaction (Brown et coll., 2006 ; Hohmann-Marriott, 2006).

De plus, dans un couple, chacun s'attend à ce que l'autre soit sensible à ses besoins et fidèle à la notion d'équité en matière de dépendance, de désir sexuel, de confidences, etc.

La forme d'attachement développée au cours de la petite enfance

Dans de nombreux pays, les chercheurs observent un lien entre la forme d'attachement que la personne a connue durant la petite enfance (voir le chapitre 5) et les relations à l'âge adulte avec les amis, les partenaires amoureux et les enfants (Grossmann, Grossmann et Waters, 2005 ; Mikulincer et Goodman, 2006 ; Sroufe et coll., 2005). Les jeunes enfants qui ont connu un attachement sécurisant sont plus susceptibles de devenir des

POINT DE MIRE

Un bilan de santé de votre couple

Comment peut-on mesurer l'état de santé d'une relation amoureuse ? Theodore Isaac Rubin suggère quelques pistes de réflexion.

- Avez-vous confiance en votre partenaire ? Croyez-vous qu'il ne vous fera pas de mal, ni ne cherchera à vous manipuler ? L'intimité implique ouverture, tendresse, confiance. La combinaison de ces trois qualités constitue une force dynamique.
- Avez-vous tendance à réprimer votre colère ? Dans l'amour, la colère s'exprime ouvertement, de façon loyale, au bon moment et à la bonne personne. Libérer le courant de toutes les émotions (positives et négatives) est nécessaire dans une relation authentique.
- Prenez-vous soin de l'autre ? Lui consacrez-vous du temps, de l'énergie ? L'aidez-vous quand il en a besoin ? Cette gentillesse atténue les frustrations mutuelles nées des difficultés de communication. Cette attitude exclut tout abus verbal ou physique, toute manœuvre pour détruire l'estime de soi, la créativité, la joie, la confiance de l'autre.
- Croyez-vous que l'amour règle tous les problèmes ? C'est un mythe de penser que l'amour résoud les conflits internes et externes, sert d'antidote permanent contre l'anxiété et la dépression, assure une communication sans faille, écarte les difficultés sexuelles, annihile les préjugés. Les personnes qui estiment que l'amour est une panacée universelle sont souvent déçues quand un problème n'est pas instantanément résolu et considèrent alors la relation comme un échec.
- Êtes-vous un accro de l'amour passion ? Croyez-vous que l'excitation ressentie au début d'une relation doit se maintenir dans la relation à long terme ? Tout ce qui est attirant au départ chez une personne (beauté, habillement, façon de danser ou de passer la main dans ses cheveux) ne doit pas être confondu avec ses valeurs, ses goûts, ses intérêts, ses capacités à être tendre, ouverte, attentionnée, son inclination à s'investir et à s'engager dans la relation.
- Exprimez-vous vos émotions, partagez-vous vos pensées, dévoilez-vous de l'information à votre sujet ? Cet échange favorise un rapprochement. Une des caractéristiques les plus importantes d'une relation profonde est le partage honnête de son histoire personnelle : problèmes, frustrations, tragédies, honte, accomplissements, croissance, joies, relations avec des personnes significatives.
- Êtes-vous capable de manifester de l'empathie et de la sympathie lorsque l'autre connaît des moments difficiles et vous réjouissez-vous de ses joies ? S'investir émotionnellement est une grande preuve d'engagement.
- Êtes-vous préoccupé de savoir comment votre partenaire vous perçoit ? Il y a un danger réel à vouloir plaire constamment à l'autre. D'abord celui de devenir le reflet de ses attentes (aucune véritable relation n'est alors possible), puis celui de réprimer sa propre identité, ce qui empêche d'être en contact avec ses propres émotions et désirs.

Source : Theodore Isaac Rubin, *One to One, Understanding Personal Relationships*, New York, Forge Books, 1999.

À l'intention des jeunes couples Imaginez que votre vie de couple soit turbulente au point où les moments d'intimité alternent avec les épisodes de violence conjugale. Devriez-vous rompre ?

conjoints heureux ; ceux qui ont vécu un attachement insécurisant-évitant risquent d'hésiter à s'engager une fois devenus adultes (Mikulincer et Goodman, 2006).

La gestion des conflits

Parce que les conjoints souhaitent que l'autre se montre sensible à leurs besoins, les relations les plus harmonieuses sont celles où les partenaires savent percevoir les émotions de l'autre et exprimer les leurs (Fitness, 2001 ; Buscaglia, 1986).

La sensibilité affective joue donc un rôle clé, particulièrement dans les conflits conjugaux. Lorsque les conjoints se disputent de façon « loyale », en recourant à l'humour et en ménageant les émotions de l'autre malgré leur désaccord, le conflit peut enrichir l'engagement et l'intimité (Gottman et coll., 2002). La maîtrise d'habiletés de communication est alors essentielle. Pour John Wright (1985), deux séries de stratégies d'adaptation doivent être développées. La première concerne l'intensification du sentiment amoureux par la communication, l'expression de l'amour par la parole et l'expression sexuelle par des actes. La seconde renvoie aux moyens d'empêcher que les frustrations et les conflits détruisent la vie commune : la résolution des problèmes, la concertation, l'affrontement loyal, le partage efficace des tâches.

À VOUS LES COMMANDES 11.6

La survie du couple en cas de conflits : les habiletés de communication et la résolution de problème

Selon John Wright, les exigences d'une relation de couple saine et satisfaisante sont grandes. Il suggère quelques questions à se poser pour la survie du couple, particulièrement en cas de conflits.

- Choisissez-vous un moment propice pour régler un différend ?
- Lorsque vous voulez discuter de points de mésentente, essayez-vous de comprendre l'autre plutôt que de le convaincre ?
- Prenez-vous la responsabilité de vos paroles en parlant au « je » ?
- Utilisez-vous des messages courts ? Tolérez-vous le silence quand votre partenaire tarde à répondre à vos questions ? Complimentez-vous votre partenaire pour les efforts qu'il fait pour vous comprendre ?
- Manifestez-vous une écoute attentive, avec votre corps et le ton de votre voix ?
- Encouragez-vous votre partenaire à parler ? Si vous n'êtes pas certain du message de votre partenaire, lui posez-vous des questions ? Attendez-vous et écoutez-vous sa réponse ?
- Exprimez-vous de vive voix votre amour et votre affection ?
- Recevez-vous favorablement l'affection et l'attention que vous donne votre partenaire ?
- Vérifiez-vous les sentiments et les intentions de votre partenaire ou faites-vous de la lecture de pensée ? Reconnaissez-vous votre part de responsabilité dans l'origine du problème et dans le choix d'une solution ?

Source : John Wright, *La survie du couple – Une approche simple, pratique et complète*, Montréal, Éditions La Presse, 1985.

Les conflits sont inévitables, mais un des facteurs les plus importants pour une relation de couple est la façon de les résoudre.

Une étude internationale, menée auprès de jeunes adultes en couple (en fréquentation, conjoints de fait et mariés) au Brésil, en Italie, à Taiwan et aux États-Unis, montre que la communication constructive est essentielle à la satisfaction dans le couple (Christensen et coll., 2006). Malheureusement, en règle générale, les femmes ont plus tendance à revendiquer et les hommes, à se replier.

Dans les situations de conflit, le type d'interaction le plus destructeur est celui qui se caractérise par les revendications et le repli, c'est-à-dire quand l'un des conjoints se ferme devant l'insistance de l'autre (« Il faut qu'on se parle. » — « Non, je n'ai pas le temps »). Ce type d'interaction serait celui des couples en difficulté (Gottman et coll., 2002).

Le rôle de parent

Lorsqu'on demande aux gens ce qu'ils font dans la vie, rares sont ceux qui répondent: « J'élève des enfants. » À l'âge adulte, pourtant, il est aussi probable d'avoir des enfants que d'occuper un emploi, et de nombreuses personnes considèrent la réussite de l'éducation de leurs enfants comme leur principal objectif de vie.

Mettre des enfants au monde, en prendre soin et les préparer à prendre leur envol dans le monde adulte sont des entreprises qui exercent une influence profonde sur le développement. Chaque stade de la croissance des enfants apporte aux parents des satisfactions et des défis psychosociaux particuliers.

Pendant la période du nourrisson et du trottineur, par exemple, les parents ont le bonheur de faire la connaissance d'un être humain dont la personnalité commence à prendre forme. Ils ont en même temps la responsabilité de lui prodiguer des soins constants.

Au cours de l'âge préscolaire, la pire difficulté que rencontrent les parents est liée à la question de l'autorité. C'est souvent pendant cette période que les conflits directs sont les plus fréquents, entre le père et la mère, d'une part, et entre parent et enfant, d'autre part. De plus, les soucis financiers, la multiplication des tâches ménagères, le changement de rôles des parents combiné au besoin d'indépendance de l'enfant constituent pour la famille autant de facteurs de stress.

L'adolescence place à son tour les parents devant une série de problèmes. En effet, le jeune réclame les privilèges de l'âge adulte et conteste les valeurs des parents, mettant quelquefois leur estime de soi à rude épreuve (Cowan et Cowan, 1992; Hooker et coll., 1996; Silverberg et Steinberg, 1990).

Pour répondre aux exigences de leur vie familiale, quel que soit l'âge des enfants, les parents doivent s'appuyer sur une bonne communication et une gestion efficace des conflits. D'autres facteurs seraient en lien avec la capacité de résister aux aléas de la vie de parent: la situation financière du couple, le fait que les enfants ont grandi (les nouveau-nés et les adolescents semblent accentuer les tensions conjugales) et la maturité des conjoints (en règle générale, plus les parents sont jeunes, plus ils risquent de se séparer) (Amato et coll., 2003).

Quelques mesures pourraient aider les parents à maintenir une relation de couple satisfaisante dans un contexte où les responsabilités envers les enfants prennent beaucoup de place. Ces résolutions visent à récupérer une part de temps pour chaque partenaire, à réserver des moments agréables et de qualité aux conjoints, à recentrer leur énergie sur le couple, à entretenir des réseaux sociaux sans la présence des enfants. Ainsi, les conjoints pourraient décider:

- de confier les enfants aux grands-parents ou à une personne fiable pour une fin de semaine;
- de sortir en amoureux au moins une fois tous les 15 jours;
- de prendre une semaine de vacances par an, en couple;
- de faire une fête, une fois tous les 6 mois;
- de se réserver, en alternance, un soir par semaine pendant que l'autre s'occupe des enfants.

D'autres possibilités pourraient répondre aux besoins particuliers d'un couple.

L'éducation d'un enfant éprouve et transforme tous les parents. Et juste au moment où ces derniers pensent maîtriser leur rôle, l'enfant entre dans un nouveau stade de développement, ce qui les oblige à se remettre encore en question.

Réponse aux jeunes couples (de la page 358) Gardez à l'esprit que chaque année rend la rupture plus difficile, particulièrement lorsque le couple a des enfants. En conséquence, il faut rompre le plus vite possible. Ce n'est ni simple ni facile, mais la violence est inacceptable.

Le rôle de travailleur

Le travail structure la vie quotidienne, stimule les interactions humaines, confère une situation sociale et constitue une source de gratifications. Par-dessus tout, le travail permet à la personne de développer et de mettre à profit ses compétences et ses talents, d'exprimer sa créativité et de contribuer au bien-être collectif par la production d'un bien ou la prestation d'un service. De surcroît, ce rôle détermine une partie de l'identité sociale. Souvent, une des premières questions que l'on pose lorsqu'on fait une nouvelle rencontre est : « Qu'est-ce que vous faites dans le vie ? » Et, en règle générale, on s'attend à ce que la réponse concerne le travail.

Le plaisir qu'apporte le « travail bien fait » semble universel. Les recherches réalisées dans le monde attestent que les responsabilités, la créativité et la productivité sont plus fortement corrélées avec la satisfaction au travail qu'un salaire élevé et une tâche facile (Myers, 1993 ; Judge et coll., 2001 ; Payne et Cooper, 2001 ; Schleicher, Watt et Greguras, 2004). Une occupation satisfaisante constitue non seulement une nécessité économique, mais aussi un atout important pour un développement harmonieux.

> Certains jeunes adultes présument qu'ils trouveront une niche professionnelle qui comblera parfaitement leurs aspirations et leurs talents. [...] Leurs attentes à l'égard du travail en tant que source de revenu, d'épanouissement personnel et d'expression sont si fortes que certains d'entre eux risquent de ne jamais trouver cet idéal.
>
> (Arnett, 2004)

Soulignons que la satisfaction professionnelle et la motivation augmentent chez les adultes, autant chez les hommes que chez les femmes, au fur et à mesure qu'ils acquièrent des compétences et de l'expérience (Ressources humaines et Développement des compétences Canada, [s.d.]). Elles sont habituellement à leur apogée dans la quarantaine.

Conciliation travail-famille Cette mère occupe un emploi lui permettant d'ajuster son horaire à celui du service de garde de sa fille. Au XXIe siècle, beaucoup d'entreprises sont sensibles à la conciliation travail-famille et offrent une flexibilité permettant aux employés d'y parvenir.

Le contexte actuel du travail

Il y a 50 ans à peine, le fait d'obtenir et de conserver un bon emploi n'avait rien de trop compliqué dans les pays industrialisés. On suivait pour ce faire une démarche socialement établie. Tous ne s'y conformaient pas, bien sûr, mais les promotions, les avantages sociaux et les régimes de retraite étaient structurés en fonction du travailleur stable, à l'emploi de la même entreprise pendant une grande partie de sa vie professionnelle.

Au XXIe siècle, avec la mondialisation de l'économie, tous les aspects du monde du travail sont en mutation, et ce, à l'échelle planétaire (Mercure, 2008). Le cheminement professionnel se révèle beaucoup moins prévisible et assuré qu'autrefois. Une carrière ne se ramène plus à une succession de promotions dans un même secteur.

Par ailleurs, les jeunes adultes d'aujourd'hui considèrent le travail comme une des dimensions de leur vie, mais pas nécessairement une valeur prédominante (Gauthier et Vultur, 2006). Ils veulent, certes, gagner leur vie en occupant un emploi épanouissant, mais ils tiennent compte en même temps des autres aspects de leur vie.

Des recherches approfondies révèlent toutefois que le stress de nature professionnelle, financière et interpersonnelle est plus grand chez le jeune adulte que plus tard dans la vie (Kessler et coll., 2005). Ce stress est occasionné par plusieurs changements à la fois : le cumul des rôles, le stress de la nouveauté (nouvel emploi, nouvel amoureux), etc.

Des arrangements possibles quant à l'organisation du travail pourraient favoriser une plus grande harmonisation entre les rôles de conjoint, de parent et de travailleur.

La conciliation travail-famille implique une organisation différente du travail : créer des horaires plus souples et profiter des technologies de l'information en vue d'accomplir une partie du travail à la maison (Institut national de santé publique du Québec, 2005 ; Lachance, et Brassard, 2003).

Synthèse

SECTION 1 L'adolescence (de 11 ou 12 à 20 ans)

La quête d'identité

1. L'adolescence est une période de découverte de soi. Selon Erikson, les adolescents traversent une crise de l'identité et de la confusion des rôles. Ils cherchent à déterminer leur identité en tenant compte des facettes de leur personnalité et en reconsidérant les valeurs familiales et culturelles. Selon Marcia, de nombreux adolescents traversent diverses périodes, adoptant d'abord une identité surdéterminée ou une identité diffuse, puis une identité en moratoire avant d'assumer une identité en voie de réalisation ou réalisée.
2. La réalisation de l'identité peut concerner plusieurs plans, que l'on pense à l'identité professionnelle, l'identité idéologique et l'identité culturelle ou ethnique.

L'univers social des adolescents

3. Le milieu, tel que la famille et les amis, exerce une forte influence sur le développement. De plus, la qualité des relations avec les parents est le meilleur prédicteur de la santé mentale au cours et au terme de l'adolescence.
4. Les pairs se révèlent bénéfiques ou nuisibles, selon la nature des amis, du clan et de la bande. Les amis peuvent s'influencer négativement en s'entraînant à la déviance, comme ils peuvent s'encourager de façon constructive.

Les amours et la sexualité

5. Si les garçons et les filles ont tendance à s'ignorer pendant l'âge scolaire, il en va tout autrement à partir de l'adolescence. Quatre étapes permettent d'illustrer le développement des relations amoureuses. La première étape, « aimer l'amour », est marquée par de nouvelles sensations, émotions et pensées. La deuxième, « aimer aimer », met l'emphase sur les caractéristiques particulières de l'autre (traits physiques, biens). La troisième, « aimer passionnément », correspond à la découverte de l'autre en tant que personne, qu'être unique. Finalement, « aimer et s'engager » est l'étape de l'établissement d'une relation équilibrée qui se caractérise par un sentiment d'équité et de respect mutuel.
6. Les adolescents homosexuels vivent des complications qui ralentissent l'établissement de relations amoureuses. Nombre d'entre eux n'admettent pas leur orientation sexuelle, ne se l'avouant même pas à eux-mêmes, parfois par crainte d'être perçus comme marginaux ou d'être minoritaires.
7. Les comportements sexuels au cours de l'adolescence sont fortement influencés par ceux des pairs. Les parents jouent un rôle clé dans les décisions de leur jeune sur le plan sexuel, notamment en parlant ouvertement avec lui. Bien que les adolescents n'aient pas tous des rapports sexuels, beaucoup d'entre eux se masturbent.

Des problèmes particuliers

8. De graves problèmes sont susceptibles de nuire au développement de certains adolescents. Plusieurs éléments déclencheurs peuvent pousser les adolescents au désespoir. Le taux de dépression clinique double à l'adolescence atteignant environ 15 %. Les filles sont beaucoup plus sujettes à la dépression grave que les garçons, celle-ci touchant environ 1 adolescente sur 5 et 1 adolescent sur 10.
9. La dépression ou la colère peut être une telle source d'accablement que, pendant quelques heures ou quelques jours, la mort semble la seule issue possible. Les idées suicidaires, c'est-à-dire des pensées graves et troublantes axées sur le suicide, culminent vers l'âge de 15 ans.

SECTION 2 Le début de l'âge adulte (de 20 à 40 ans)

L'horloge sociale

1. Le développement de l'adulte est influencé par l'horloge sociale, un calendrier établi en fonction des normes sociales qui détermine un moment opportun pour les divers événements de la vie. Ces normes établissent l'âge socialement « idéal » auquel les hommes et les femmes devraient finir leurs études, se marier, lancer leur carrière, fonder une famille, etc.
2. La culture, l'âge et le statut socioéconomique exercent une grande influence sur l'horloge sociale. Selon la cohorte, les conditions historiques influent également sur l'horloge sociale.

L'intimité

3. Selon Erikson, en prenant le risque de l'engagement, le jeune adulte peut développer avec les autres de véritables intimités psychosociales, qu'il s'agisse d'amitiés, d'échanges érotiques ou de projets partagés. Pour Erikson, c'est l'intégration de l'intimité et de l'isolement qui favorise l'émergence de la force adaptative du *moi*.

4. L'amitié intime confirme la valeur personnelle d'un individu – car s'il choisit ses amis, ceux-ci le choisissent également – et renforce son estime comme peu de relations peuvent le faire. La plupart du temps, le cercle d'amis au début de l'âge adulte subsiste jusqu'au moment d'une cohabitation ou d'un mariage, après quoi il se restreint.
5. En général, les amitiés masculines reposent sur le partage d'activités et de centres d'intérêt, tandis que les amitiés féminines, plus intimes et émotionnelles, se caractérisent par l'échange de confidences et l'assistance en temps de crise.
6. Chaque personne a sa propre façon d'aimer, celle-ci étant déterminée par sa personnalité et les attachements qu'elle a développés pendant l'enfance. La passion se rapporte surtout à l'activation physiologique et à l'aspect sexuel. L'intimité repose sur la confiance, la sincérité et l'acceptation des différences. D'avantage d'ordre cognitif, l'engagement repose sur la décision d'aimer une autre personne et sur le degré d'implication qu'on prend vis-à-vis de cette dernière.

De nouveaux rôles

7. La vie du jeune adulte est très exigeante et le cumul des rôles à jouer peut créer une tension et un stress qui n'est pas facile à gérer. Cependant, s'il est apprivoisé avec sérénité, ce mélange de rôles peut permettre à la personne de développer un sentiment de compétence à mener sa vie.
8. Quatre facteurs favorisent la réussite d'un couple : la compatibilité, l'équité conjugale, la forme d'attachement développée au cours de la petite enfance et la gestion des conflits.
9. Pour répondre aux exigences de leur vie familiale, quel que soit l'âge des enfants, les parents doivent s'appuyer sur une bonne communication et une gestion efficace des conflits. D'autres facteurs seraient en lien avec la capacité de résister aux aléas de la vie de parents : la situation financière du couple, le fait que les enfants ont grandi et la maturité des conjoints.
10. Le travail permet à la personne de développer et de mettre à profit ses compétences et ses talents, d'exprimer sa créativité et de contribuer au bien-être collectif par la production d'un bien ou la prestation d'un service, ce qui détermine une partie de l'identité sociale. Les jeunes adultes d'aujourd'hui veulent gagner leur vie en occupant un emploi épanouissant, tout en tenant compte des autres aspects de leur vie.

Questions clés

SECTION 1 L'adolescence (de 11 ou 12 à 20 ans)

1. Qu'est-ce qui distingue l'identité réalisée et l'identité diffuse ?
2. Quelles sont les deux tangentes possibles de la pression exercée par les pairs ? Donnez un exemple pour chacune.
3. Quelle est la distinction entre ces deux étapes du développement des relations amoureuses : « aimer l'amour » et « aimer et s'engager » ?
4. En situation d'urgence d'évaluation suicidaire, quelle est la première question à poser ?

SECTION 2 Le début de l'âge adulte (de 20 à 40 ans)

1. Quelles différences l'amitié entre femmes et l'amitié entre hommes présentent-elles ?
2. Selon Salomon, quels sont les quatre piliers de l'amour ?
3. Nommez les quatre facteurs de réussite d'une relation amoureuse.
4. Dans un contexte où les responsabilités parentales prennent beaucoup de place, nommez et expliquez une mesure qui pourrait aider les parents à maintenir une relation de couple satisfaisante.

Applications

SECTION 1 L'adolescence (de 11 ou 12 à 20 ans)

1. Interrogez deux personnes qui ont passé leur adolescence dans un autre pays au sujet des relations qu'elles entretenaient avec leurs pairs à l'école. Décrivez et commentez les différences entre ce qu'elles ont vécu et votre expérience.
2. Les recherches suggèrent que la plupart des adolescents ont enfreint la loi, mais que peu d'entre eux ont été arrêtés ou incarcérés. Est-ce le cas de personnes que vous connaissez ? Demandez à 10 étudiants de votre entourage s'ils ont déjà enfreint la loi avant 18 ans et, si oui, combien de fois et comment. Promettez-leur que leur identité ne sera pas révélée et posez-leur des questions précises sur les infractions mineures qu'ils ont commises (par exemple boire de l'alcool, sécher des cours). Quelle hypothèse pouvez-vous formuler sur les infractions commises par votre cohorte ?

SECTION 2 Le début de l'âge adulte (de 20 à 40 ans)

1. Recueillez les propos de trois personnes qui, selon vous, ont des points de vue divergents sur l'amour et le mariage (l'âge, le sexe, le type d'éducation reçue, l'expérience de vie et les croyances religieuses influent tous sur les attitudes). Posez-leur les mêmes questions, puis comparez leurs réponses.

À vous les commandes (réponse)

À vous les commandes 11.2

Sur la base des résultats d'une enquête menée à l'automne 2005 auprès de jeunes étudiants américains, l'ordre de priorité des motivations était exactement le contraire de ce qui est présenté, c'est-à-dire que la motivation principale correspondait à f), la deuxième à e), la troisième à d), etc.

Vous comprenez qu'il n'y a pas de bonne réponse à ce questionnaire. Quelles ressemblances et quelles différences percevez-vous entre l'ordre de vos motivations et celui de l'ensemble des étudiants américains ?

Le chapitre 11 en un clin d'œil

SECTION 1 L'adolescence (de 11 ou 12 à 20 ans)

La quête d'identité

- **Identité et confusion des rôles selon Erikson** — L'adolescent cherche à trouver qui il est et à intégrer sa compréhension de soi et de ses rôles sociaux en un tout cohérent.
- **États de l'identité selon Marcia** — Quatre états : identité diffuse, en moratoire, surdéterminée et en voie de réalisation ou réalisée
- **Quelques facettes de la quête d'identité**
  - Identité de genre
    Rôles sociaux et caractéristiques culturelles liés aux hommes et aux femmes qu'une personne intègre pour se forger une identité masculine ou féminine
  - Identité professionnelle
    Liée à l'emploi occupé dans le moment présent, mais également aux projections d'un emploi dans l'avenir
  - Identité idéologique
    Adhérence à des valeurs morales, politiques, religieuses et sexuelles
  - Identité culturelle et ethnique
    Besoin de s'identifier à sa communauté culturelle ou ethnique

L'univers social des adolescents

- **Famille** — La recherche constante d'autonomie entraîne d'inévitables écarts entre parents et adolescents. Ces expériences peuvent avoir des effets positifs ou négatifs.
- **Présence des pairs**
  - Clan : groupe de 5 à 7 amis proches et loyaux
  - Bande : groupe de 10 à 15 adolescents qui partagent des intérêts communs sans être nécessairement des confidents ou des amis
  - Choix des amis et leur influence
  - Entraînement à la déviance
  - Facilitation par les pairs

Le chapitre 11 en un clin d'œil

SECTION 1 L'adolescence (de 11 ou 12 à 20 ans) (suite)

Les amours et la sexualité

- **Relations amoureuses**
  Évolution en quatre étapes :
  - « Aimer l'amour » ;
  - « Aimer aimer » ;
  - « Aimer passionnément » ;
  - « Aimer et s'engager ».
- **Apprentissage de la sexualité**
  Comportements sexuels
  - Exploration de la sexualité, autostimulation
  - Jeux sexuels : baisers, touchers, stimulation mutuelle
  - Relations sexuelles

Des problèmes particuliers

- **Dépression**
  Le taux de dépression clinique double à l'adolescence.
  - Les filles sont beaucoup plus sujettes à la dépression grave que les garçons.
- **Suicide**
  Le processus suicidaire comprend huit étapes :
  - un événement déclencheur ;
  - des sentiments de détresse et de dépression ;
  - une crise suicidaire ;
  - des idées suicidaires passagères ;
  - une planification floue ;
  - des idées suicidaires continues ;
  - une planification précise ;
  - l'envoi de messages, de signaux.

Le chapitre 11 en un clin d'œil

SECTION 2 Le début de l'âge adulte (de 20 à 40 ans)

L'horloge sociale

Culture, cohorte et statut socioéconomique — Les normes qui établissent un moment opportun pour les divers événements de la vie sont déterminées par la culture, la cohorte et le statut socioéconomique.

L'intimité

Intimité et isolement : la sixième crise psychosociale selon Erikson — Intégration de l'intimité et de l'isolement dans le but de développer des relations d'amitié ou amoureuses stables et de permettre l'émergence de la force adaptative du *moi*.

Comment une relation sociale se transforme en amitié —

Choix des amis

Quatre éléments déclencheurs :

- l'attrait physique ;
- l'apparente disponibilité de la personne ;
- la fréquence des rencontres ;
- l'absence de critères d'exclusion.

Amitiés des hommes et des femmes

- Hommes : partage d'activités et de centres d'intérêt ;
- Femmes : plus intimes et émotionnelles.

Amours —

Passion, intimité et engagement

- La passion concerne l'activation physiologique, l'intensité amoureuse.
- L'intimité permet la progression de la relation (confiance, sincérité).
- L'engagement implique la décision d'aimer une autre personne.

De nouveaux rôles

Rôle de conjoint : mariage et union libre —

Les facteurs de réussite d'une relation amoureuse :

- la compatibilité ;
- l'équité conjugale ;
- la forme d'attachement développée au cours de l'enfance ;
- la gestion des conflits.

Rôle de parent — Chaque stade de la croissance des enfants apporte aux parents des satisfactions et des défis psychosociaux particuliers.

Rôle de travailleur —

Contexte actuel du travail

Désir d'avoir un emploi épanouissant tout en préservant une qualité de vie dans les autres sphères

5
PARTIE

L'âge mûr et l'âge avancé

Entre 40 et 60 ans, un grand nombre d'adultes se sentent mieux portants et plus satisfaits d'eux-mêmes et de leur vie que jamais auparavant. Bien sûr, il y en a qui doivent lutter contre la maladie ou assumer la responsabilité de parents âgés. La qualité de vie à l'âge mûr est directement liée aux attentes qu'on se fait de l'existence et aux décisions qu'on prend quant à la façon de la traverser. Le chemin de vie est loin de se terminer : on peut encore changer de direction, ouvrir des portes.

L'étude de l'âge avancé réserve des surprises. Saviez-vous que la plupart des gens de plus de 60 ans sont actifs et heureux ? Que les relations entre les personnes âgées et les jeunes ne sont ni aussi idylliques ni aussi distantes qu'on le croit ? L'âge avancé ne rompt pas avec les périodes précédentes, mais s'inscrit dans leur prolongement.

CHAPITRE 12

Le développement biosocial à l'âge mûr et à l'âge avancé

Les effets du vieillissement sont, dans bien des cas, à peine perceptibles au cours des 2 premières décennies de l'âge adulte, soit de 20 à 40 ans. La sénescence se poursuit au même rythme dans la quarantaine et la cinquantaine, mais les changements qu'elle entraîne ne se laissent plus ignorer.

Si vous croyez que la plupart des gens de plus de 60 ans sont malades, seuls ou déprimés, détrompez-vous. La plupart des personnes âgées n'ont pas de maladie chronique et, parmi celles qui en sont atteintes, la majorité affirme que cela ne limite pas leurs activités.

SECTION 1

L'ÂGE MÛR (DE 40 À 60 ANS)

S'il est vrai que des adultes du même âge peuvent se trouver à des stades très différents de leur carrière et de leur vie familiale, il est aussi vrai que leur corps ne vieillit pas au même rythme, si bien qu'une personne de 60 ans peut avoir de la difficulté à fournir un effort physique, alors qu'une autre a conservé la vitalité de ses 30 ans.

Ce que l'on sait du développement biosocial à l'âge mûr est encourageant. Dans les pays développés, les gens ne se sentent habituellement pas « vieux » avant d'avoir 70 ans ou plus (Lachman et Bertrand, 2001). Les adultes de 40 à 60 ans sont généralement actifs, en pleine possession de leurs moyens et vigoureux, les différences d'une personne à l'autre relevant davantage des habitudes de vie et des attitudes que de l'âge. Voici ce qu'en dit une femme avec beaucoup de sagesse :

> Ce qui me préoccupe, ces temps-ci, c'est la vérité, et la vérité, c'est que même si je ne raffole pas de l'image que me renvoie mon miroir, je peux faire avec. Après trois funérailles d'amies, j'ai décidé de revoir mes priorités avant qu'une maladie ne le fasse à ma place. Depuis, j'essaie de me concentrer sur les choses qui comptent vraiment, et je vous assure qu'arriver à porter un bikini n'en fait pas partie.
>
> (Pogrebin, 1996)

Le processus de vieillissement et la sénescence

Mitan de la vie Milieu de la vie correspondant généralement au début de la quarantaine et marquant le début de l'âge mûr, lequel dure jusqu'à l'âge de 60 ans environ.

Aucun phénomène physiologique retentissant ne signale le **mitan de la vie**, que la société établit autour de l'âge de 40 ans. C'est le moment où l'on a à peu près autant d'années devant que derrière soi. Le mitan de la vie marque le début de l'âge mûr, qui dure jusqu'à l'âge de 60 ans environ. Les personnes de cette cohorte disposent de plusieurs moyens pour conserver leur vitalité et remédier à l'affaiblissement des fonctions physiologiques.

Les signes physiques et physiologiques de la sénescence se manifestent graduellement au cours de la quarantaine. La sénescence affecte toutes les parties du corps. En effet, toutes les substances naturelles contenues dans le sang, les organes, les os et les cellules subissent l'influence du vieillissement, et certains de ces éléments, plus que d'autres. Le rythme de la sénescence varie non seulement d'une personne à l'autre, mais aussi d'un organe à l'autre chez une même personne.

Les variations quant au rythme de vieillissement d'un individu à l'autre sont attribuables à un grand nombre de facteurs, certains liés à la génétique et d'autres, à l'environnement. Outre les habitudes de vie (le tabagisme, la consommation d'alcool, l'exercice physique, le type d'alimentation, etc.), des facteurs tels que le sexe, l'origine ethnique et le revenu exercent également une influence.

À VOUS LES COMMANDES 12.1

Vieillir, c'est...

1. Écrivez au moins dix suites à ce début de phrase: «Vieillir, c'est...».
2. Regroupez les éléments que vous avez mentionnés dans des catégories (par exemple aspects biosociaux, aspects cognitifs, aspects psychosociaux).
   a) Quelles dimensions avez-vous le plus souvent relevées?
   b) Quels aspects positifs et négatifs avez-vous soulignés?
   c) Lesquels reviennent le plus souvent? Ces aspects reflètent-ils votre perception du processus de vieillissement?
3. Demandez à dix personnes d'âges différents (enfants, adolescents, jeunes adultes, adultes d'âge mûr et d'âge avancé) de faire le même exercice d'écriture que vous. Examinez ensuite leurs réponses en fonction de l'âge, puis en fonction du sexe.
   a) Quelles sont les dimensions le plus souvent données (aspects biosociaux, aspects cognitifs, aspects psychosociaux)?
   b) Quels aspects positifs et négatifs sont le plus souvent mentionnés?
   c) Quelle vision de l'évolution du processus de vieillissement se dégage des différentes perceptions en fonction de l'âge, d'une part, et en fonction du sexe, d'autre part? Est-ce que la perception du «vieillir» se modifie au fur et à mesure de l'avancée en âge? Si oui, dans quel sens?
4. Qu'avez-vous appris en faisant cette activité?

L'apparence physique

Même si la plupart des adultes sont forts et en santé, les signes extérieurs de la sénescence apparaissent au cours de la quarantaine. La peau, particulièrement celle du visage (plus exposée au soleil, au froid et à la pollution), se ride, perd de son élasticité, se décolore et s'affaisse peu à peu (Whitbourne, 2002).

Le vieillissement se manifeste par de nombreux autres signes visibles. Par exemple, des dépôts de graisse s'accumulent sur certaines parties du corps, notamment autour de l'abdomen, mais aussi sur les bras, les fesses, les paupières, et le redouté double menton apparaît (Whitbourne, 2002).

De plus, tous les muscles s'affaiblissent, non seulement parce qu'ils sont moins sollicités, mais aussi parce que les fibres musculaires diminuent avec l'âge.

Les organes des sens

Entre 40 et 60 ans, presque tous les adultes remarquent qu'un ou l'autre de leurs cinq sens a perdu de son acuité, certaines fonctions déclinant plus vite que d'autres. La vue et l'ouïe en offrent les manifestations les plus visibles et présentent les déficits les plus marqués (Kline et Scialfa, 1996).

La vue

Vers l'âge de 40 ans, la **presbytie** fait en sorte qu'il devient plus difficile de voir les objets de près, parce que le cristallin perd de son élasticité et que la cornée s'aplatit (Schieber, 2006). L'affaiblissement des muscles ciliaires régissant la courbure du cristallin rend la lecture des petits caractères de plus en plus ardue, sinon impossible. Cela explique que les personnes de 40 ans lisent un texte en le plaçant plus loin de leurs yeux qu'elles ne le faisaient à 20 ans (Meisami, Brown et Emerle, 2003) et qu'elles finissent par devoir porter des verres correcteurs pour lire. Les gens qui portent déjà des lunettes, pour corriger la myopie par exemple, doivent, pour leur part, avoir des verres progressifs.

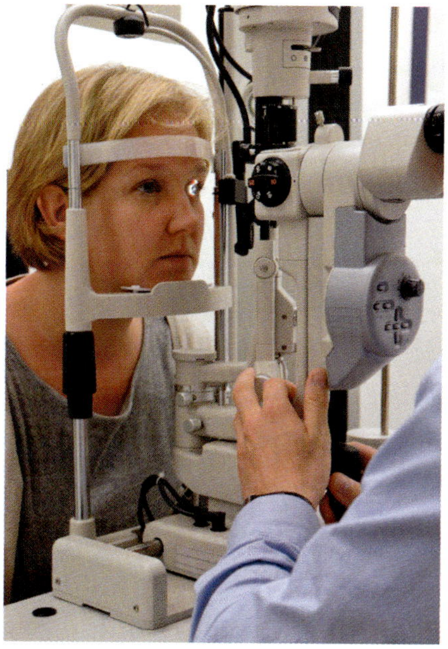

De bons yeux Tous les adultes d'âge mûr devraient se soumettre à un examen annuel du cristallin et de la rétine.

Presbytie Modification de la vision liée à l'âge et caractérisée par une baisse de l'acuité visuelle de près.

D'autres composantes de la vision s'émoussent progressivement avec l'âge : la perception de la profondeur, la sensibilité aux couleurs et l'adaptation à l'obscurité. Ce déclin devient généralement notable aux alentours de la cinquantaine (Kline et Scialfa, 1996 ; Meisami, Brown et Emerle, 2003). Chacun de ces changements peut avoir des répercussions sur la vie quotidienne. Ainsi, une moins bonne perception de la profondeur augmente les risques de « manquer une marche » en montant ou en descendant des escaliers. Une personne dont la sensibilité aux couleurs est émoussée risque, par exemple, d'éprouver de la difficulté à interpréter correctement certains panneaux et affiches. Enfin, une adaptation plus lente à l'obscurité empêche de s'orienter dans une pièce sombre lorsqu'on quitte la vive clarté. Ce phénomène est particulièrement dangereux pour le conducteur momentanément aveuglé par les phares des autos roulant en sens inverse.

L'ouïe

Les tests audiométriques révèlent que les femmes commencent à présenter des déficits auditifs vers l'âge de 50 ans en moyenne. Chez les hommes, l'ouïe s'affaiblit dès l'âge de 30 ans, et son déclin est deux fois plus rapide que chez les femmes (Pearson et coll., 1995). En règle générale, la perte graduelle de l'ouïe passe inaperçue jusqu'à l'âge mûr, période où elle peut devenir une source de problème au quotidien.

Heureusement, il est facile de remédier à la plupart des pertes auditives qui surviennent à l'âge mûr. Il suffit habituellement de procéder à des adaptations mineures : demander aux autres de parler plus fort, augmenter le volume de la sonnerie, etc. Pour ce qui est des pertes importantes, de minuscules appareils auditifs numériques les pallient efficacement dans la plupart des cas.

Le cerveau

Au cours du processus de vieillissement normal, le cerveau subit graduellement des modifications anatomiques et structurales complexes. Le nombre total de neurones diminue, mais différemment selon les régions cérébrales. Chez la majorité des gens de 40 ans, le cerveau a déjà perdu 15 % de ses neurones (Buckner, Head et Lustig, 2006).

Dans l'ensemble, les changements que subit le cerveau ralentissent le temps de réaction et rendent difficiles des tâches complexes de mémorisation (par exemple répéter une suite de huit chiffres, puis additionner les quatre premiers et supprimer le cinquième).

Chaque décennie qui passe réduit aussi la capacité de réaliser des tâches multiples; tenter de faire deux choses à la fois est particulièrement hasardeux en prenant de l'âge, entre autres parce qu'il est plus difficile d'ignorer les sources de distraction (Reuter-Lorenz et coll., 2005; Park et Gutchess, 2005).

Les facteurs de risque liés à la perte de neurones

La manifestation de divers problèmes durant l'âge adulte est corrélée avec la perte de neurones. Celle-ci est influencée par différents facteurs.

- L'abus d'alcool et d'autres psychotropes: les personnes qui consomment de grandes quantités d'alcool pendant des décennies s'exposent à la psychose de Korsakov (aussi appelée syndrome de Korsakoff) qui se traduit par des dommages cérébraux irréversibles. Un autre problème sous-jacent à la consommation pourrait être une sévère carence en vitamine B_1 (thiamine) (Stacey et Sullivan, 2004). Bien que des recherches complémentaires soient nécessaires, il semble que d'autres psychotropes entraînent aussi des dommages cérébraux permanents.
- L'excès de stress: les hormones de stress perturbent les mécanismes cognitifs (rappelez-vous votre état d'esprit lors d'une expérience extrêmement stressante). L'effet est temporaire chez la plupart des adultes. Cependant, la présence en trop grande quantité d'hormones de stress peut parfois entraîner la dépression et une stimulation excessive du **système immunitaire**, toutes deux dommageables pour le cerveau (Pace et coll., 2006).
- Une mauvaise circulation: l'hypertension (pression artérielle élevée) est particulièrement néfaste pour la cognition; elle commence à se manifester à l'âge mûr (Elias et coll., 2004).
- Les virus: bien que la barrière hématoencéphalique empêche les virus d'atteindre le cerveau, certaines maladies et infections (dont le VIH) parviennent néanmoins à la franchir et produisent des effets dévastateurs, dont des changements de personnalité et parfois la démence.

Système immunitaire Ensemble des anticorps, des cellules et des tissus qui protègent l'organisme contre les maladies et les infections.

Comment peut-on protéger son cerveau contre le vieillissement? La meilleure façon de préserver son bon fonctionnement est de conserver une bonne santé. Outre des mesures comme l'activité physique et une saine alimentation, les spécialistes suggèrent de relever des défis intellectuels (sudoku, bridge, casse-tête, exercices de mémorisation, etc.). Il y a en effet une corrélation entre les activités intellectuelles et le fonctionnement optimal du cerveau.

Soulignons enfin qu'à partir du mitan de la vie, il devient de plus en plus important de maintenir de bonnes habitudes de sommeil, même si le nombre d'heures de repos nécessaires peut diminuer. La fatigue nuit à la réflexion et à la résolution de problème. Bien que la perturbation du sommeil soit une caractéristique du vieillissement (et de toutes sortes de maladies) (Foley et coll., 2004), il faut chercher à combler les heures de sommeil essentielles.

L'appareil reproducteur

Comme tous les organes, l'appareil reproducteur connaît des changements physiologiques durant la période de l'âge mûr. Voyons d'abord de quelle façon s'éteint la fonction de reproduction chez la femme.

La ménopause

Ménopause Cessation de l'ovulation et des règles causée par une baisse considérable de la production d'œstrogènes, de progestérone et de testostérone survenant habituellement vers l'âge de 50 ans.

Entre l'âge de 42 et 58 ans, les femmes atteignent la **ménopause**. La production de plusieurs hormones, dont les œstrogènes, la progestérone et la testostérone, diminue considérablement. L'extinction des fonctions ovariennes amène la disparition totale des règles, et donc l'infertilité. Une femme est dite ménopausée lorsqu'elle n'a pas eu de règles pendant 1 an.

La ménopause est précédée d'une longue période de transition qui commence dès l'âge de 40 ans et au cours de laquelle apparaissent les premières modifications biologiques. L'organisme s'adapte alors à la diminution de la concentration d'œstrogènes, laquelle se manifeste par divers symptômes physiologiques et psychologiques.

Le premier symptôme du processus de la ménopause est le raccourcissement du cycle menstruel. La durée de ce cycle varie chez les femmes en âge de procréer. D'environ 30 jours dans la vingtaine et dans la trentaine, elle s'établit entre 22 et 28 jours au début de la quarantaine. Au lieu de survenir au milieu du cycle comme autrefois, l'ovulation peut se produire au début, à la fin ou ne pas avoir lieu. Voilà pourquoi la fertilité diminue considérablement à l'approche de l'âge mûr. À l'opposé, certaines femmes qui croyaient connaître suffisamment leurs rythmes naturels pour se passer de moyens de contraception se retrouvent enceintes « sur le tard » (Carlson, Eisenstat et Ziporyn, 1996).

Les symptômes les plus manifestes de la ménopause sont les bouffées de chaleur (sensations de chaleur accompagnées de rougeurs) et les sueurs froides causées par l'**instabilité vasomotrice**, une perturbation temporaire des mécanismes homéostatiques qui entraîne la dilatation ou la constriction des vaisseaux sanguins afin de maintenir la température corporelle (Gold et coll., 2006). La baisse de la concentration d'œstrogènes provoque de nombreux autres changements dans l'organisme : sécheresse de la peau, diminution de la lubrification vaginale pendant l'excitation sexuelle et atrophie du tissu mammaire.

Instabilité vasomotrice Perturbation temporaire des mécanismes homéostatiques qui entraîne la constriction ou la dilatation des vaisseaux sanguins afin de maintenir la température corporelle ; elle provoque des sensations soudaines de chaleur ou de froid pendant la ménopause.

Deux effets de la diminution de la concentration d'œstrogènes représentent de graves risques pour la santé. Le premier est la décalcification osseuse, qui peut mener à l'**ostéoporose**, une maladie caractérisée par la porosité et la fragilité des os. Le second, l'augmentation des dépôts lipidiques dans les artères, peut causer une maladie coronarienne.

Ostéoporose Maladie caractérisée par la porosité et la fragilité des os, elle est causée par une perte de calcium osseux. Elle touche toutes les personnes vieillissantes, bien que dans sa forme grave, elle soit plus répandue chez les femmes que chez les hommes.

Les symptômes et les conséquences psychologiques de la ménopause varient énormément d'une femme à l'autre. Plusieurs femmes s'en trouvent évidemment plus affectées que d'autres.

Les symptômes de la ménopause sont parfois si incommodants chez certaines femmes qu'ils commandent une hormonothérapie de substitution, un traitement qui consiste à administrer des œstrogènes pour remplacer ceux qu'elles ne produisent plus. On combine de la progestérone aux œstrogènes afin d'éliminer le risque de cancer de l'utérus qu'entraîne l'administration d'œstrogènes seuls.

Menée auprès de 16 600 femmes aux États-Unis, l'étude de la Women's Health Initiative s'est intéressée aux bienfaits et aux risques de l'hormonothérapie de substitution. Les résultats révèlent que son utilisation prolongée (10 ans ou plus) augmente le risque de maladie cardiaque, d'accident vasculaire cérébral et de cancer du sein, et qu'elle n'a pas d'effet prouvé sur la démence (U.S. Preventive Services Task Force, 2002). L'hormonothérapie permet cependant de réduire les bouffées de chaleur et l'ostéoporose, ce qui a poussé la North American Menopause Society (2007) à inciter les femmes à tenir compte de leurs propres besoins et les médecins à considérer chaque cas de façon individuelle (Rosano et coll., 2003).

L'andropause

Des modifications hormonales surviennent chez l'homme vieillissant, mais de façon moins radicale que chez la femme, à l'**andropause**. Il s'agit davantage d'une très lente diminution de la fonction gonadique menant à une baisse progressive des taux de testostérone.

Andropause Terme qui désigne la réduction graduelle du taux de testostérone chez les hommes d'âge mûr, laquelle se traduit habituellement par la diminution du désir sexuel, de la durée et du nombre des érections.

Cette carence en androgènes (testostérone) est marquée par de grandes différences entre les individus quant à son importance et au moment où elle intervient. Environ un quart des hommes ont encore à un âge avancé des taux de testostérone élevés, comparables à ceux d'hommes jeunes, alors que chez d'autres, le taux de testostérone se trouve précocement à la limite inférieure de la norme ou même en deçà. Il est actuellement admis que les taux de testostérone chez les hommes sains diminuent à partir de 25 ans et que la testostérone sanguine chute d'environ 2 % par an à partir de la quarantaine.

La concentration de testostérone est corrélée avec le désir sexuel, le nombre d'érections, la vitesse de la réponse sexuelle. C'est pourquoi une diminution de cette concentration peut entraîner des difficultés érectiles, dans certains cas. Bien que le nombre et la motilité des spermatozoïdes diminuent considérablement, la plupart des hommes en produisent indéfiniment, de sorte qu'ils demeurent aptes à procréer jusqu'à l'âge avancé (Siegel et Siegel, 2007). Quand le vieillissement est source d'anxiété, il peut contribuer à réduire le taux de testostérone, un phénomène similaire à la ménopause, mais découlant d'une cause psychologique et non physiologique.

Pour remédier à cette perte de testostérone, certains hommes se tournent vers l'hormonothérapie. Certaines femmes prennent aussi des suppléments de testostérone pour accroître leur libido. Cependant, une étude longitudinale de 2 ans menée auprès d'hommes et de femmes qui prenaient soit un supplément de testostérone, soit un placebo, n'a montré aucun avantage (sexuel ou autre) à la prise de testostérone (Nair et coll., 2006). Les chercheurs sont prudents à juste titre, puisque la prise de suppléments hormonaux peut être néfaste (Bhasin et coll., 2007 ; Moffat, 2005).

Les modalités de l'expression sexuelle

Si, comme le veut l'usage, on mesure l'activité sexuelle en fonction de la fréquence des rapports sexuels et des orgasmes, les variations sont considérables à l'âge mûr : certaines personnes n'ont plus de rapports sexuels, tandis que d'autres continuent d'en avoir régulièrement (Edwards et Booth, 1994).

Une étude a révélé que les hommes et les femmes avaient plus tendance à se dire « extrêmement satisfaits » de leur vie sexuelle s'ils étaient engagés dans une relation monogame sérieuse, une situation plus probable chez les personnes plus âgées (Laumann et Michael, 2000). La sexualité peut effectivement s'améliorer avec l'âge chez les couples de longue date. La baisse d'excitabilité semble davantage liée à l'anxiété, à la nature de la relation du couple et aux attentes de chaque partenaire qu'à l'âge proprement dit (Duplassie et Daniluk, 2007 ; Siegel et Siegel, 2007).

Heureux en amour Cet homme et sa femme, mariés de longue date, se témoignent encore beaucoup d'affection après des années de vie commune.

Cependant, les modalités de l'activité sexuelle changent avec le temps, même chez les personnes sexuellement actives et surtout chez les hommes. Ceux-ci ont besoin d'une stimulation plus longue et plus directe qu'auparavant. De plus, « les réactions orgasmiques des hommes perdent de l'intensité avec le temps ; le nombre de contractions diminue, de même que la vigueur de l'éjaculation et le volume de spermatozoïdes » (Katchadourian, 1987).

Une étude menée auprès d'hommes d'âge mûr a révélé que la plupart d'entre eux étaient satisfaits de leur vie sexuelle, même s'ils connaissaient une diminution du désir et de la fréquence des éjaculations. Précisons que la proportion d'insatisfaits s'établissait à environ 5 % (McKinlay et Feldman, 1994).

Il est plus difficile de mesurer les changements de la capacité orgasmique chez les femmes que chez les hommes. De nombreux chercheurs n'en pensent pas moins que la libido féminine peut être aussi forte à l'âge mûr qu'au début de l'âge adulte : « Le vieillissement n'entrave aucunement la capacité orgasmique des femmes tant qu'il ne s'associe pas à des problèmes de santé. En fait, nombre d'entre elles disent atteindre l'orgasme plus facilement depuis qu'elles sont ménopausées» (Masters, Johnson et Kolodny, 1994).

Les signes de l'excitation, et notamment la lubrification vaginale, peuvent s'atténuer après la ménopause, mais cela ne compromet en rien la qualité d'une relation sexuelle. «L'intensité des réponses physiologiques, diminue avec le temps, mais l'expérience subjective de l'orgasme demeure très satisfaisante», note Katchadourian (1987).

Il semble bien que, tout au long de la vie, l'activité sexuelle favorise le maintien du désir et de l'excitation. Inversement, l'absence d'activité sexuelle entraîne une diminution de la sécrétion hormonale et une baisse de la libido.

La diminution du désir sexuel dépend largement de la relation que la personne entretient avec son ou sa partenaire. De nombreux sexologues rappellent que les changements provoqués par l'âge peuvent être positifs dans la mesure où l'érotisme masculin porte moins sur la relation sexuelle et où les femmes prennent davantage conscience de leurs désirs sexuels.

Les chercheurs estiment qu'une vie sexuelle active et heureuse ne cesse ou ne devient problématique à l'âge mûr que si le couple est aux prises avec d'autres problèmes.

Une vie sexuelle active et satisfaisante Cela dépend beaucoup moins de l'âge des partenaires que de leurs attitudes l'un envers l'autre et envers la sexualité elle-même. Le principal organe sexuel, comme l'ont dit bien des spécialistes, c'est le cerveau.

Les conséquences des mauvaises habitudes de vie

Des années d'habitudes malsaines peuvent exacerber et accélérer plusieurs formes de déclin associées au vieillissement. La façon de vivre au quotidien exerce une grande influence sur presque toutes les maladies et affections chroniques habituellement associées au vieillissement, tels l'arthrite ou l'accident vasculaire cérébral (Abeles, 2007; Crews, 2003). Par exemple, bien que les sens perdent inévitablement de leur acuité avec l'âge, de nombreux jeunes adultes (surtout des hommes) développent, lorsqu'ils travaillent dans des environnements très bruyants ou écoutent de la musique à tue-tête, des déficiences auditives qui se manifesteront plus tard.

Quatre habitudes largement répandues ont une incidence particulière sur toutes les facettes du vieillissement: le tabagisme, la consommation d'alcool, le manque d'exercice et une mauvaise alimentation.

Le tabagisme

Bien que les taux de dépendance et d'abus de drogues diminuent de façon significative chez l'adulte d'âge mûr, et ce, dans tous les pays, deux formes légales de dépendance affectent nombre d'adultes.

Le tabac sous toutes ses formes (cigarette, cigare, pipe et chique) contient plusieurs molécules nocives. La nicotine est celle qui entraîne la plus forte dépendance. Le nombre de fumeurs tend à diminuer au Canada, au Mexique et même aux États-Unis (Franco-Marina et coll., 2006; Shields, 2005), mais augmente en Allemagne, au Danemark, en Pologne, en Hollande, en Suisse et en Espagne. Dans les pays en développement, plus de la moitié des hommes fument contre seulement un dixième des femmes, quoique leur nombre croît rapidement (Mackay et Eriksen, 2002; Mascie-Taylor et Karim, 2003). Un communiqué de presse émis en 2007 par l'Organisation mondiale de la santé (OMS) conclut qu'à l'échelle mondiale, le tabagisme est l'une des principales causes de mortalité évitable et fait plus de 5 millions de victimes par année.

Les méfaits de la cigarette sont directement liés à sa consommation: chaque bouffée inhalée, chaque jour de tabagisme, chaque inspiration de fumée secondaire augmentent

À l'intention des adultes qui approchent de l'âge mûr Que recommanderiez-vous à une personne de 35 ans qui voudrait évaluer ses chances de se maintenir en bonne santé le plus longtemps possible : de passer des tests de dépistage du cancer ou de maladies coronariennes ou d'examiner ses habitudes de vie ?

les risques de cancer, de maladies cardiovasculaires, de maladies pulmonaires (emphysème pulmonaire, asthme) et d'accident vasculaire cérébral.

Les conséquences du tabagisme sont de plus en plus connues et de nombreuses campagnes anti-tabac répètent les mêmes messages au sujet des dangers réels. De fait, de tels messages semblent être une stratégie efficace, car la connaissance des risques arrive en tête de liste parmi les principales motivations à cesser de fumer. Par ailleurs, de plus en plus d'environnements sont déclarés « sans fumée », créant des espaces défavorables au tabagisme (Centre hospitalier universitaire d'Oran, [s.d.]). L'information et l'environnement sans fumée peuvent encourager les adultes d'âge mûr à prendre les mesures nécessaires pour arrêter de fumer.

La consommation d'alcool

Les méfaits de la consommation d'alcool ne présentent pas un lien aussi direct que le tabagisme. Les adultes qui boivent du vin, de la bière, des spiritueux ou d'autres alcools avec modération — pas plus de deux consommations par jour — vivent plus longtemps que ceux qui ne consomment jamais d'alcool (Smith et Hart, 2002). La modération n'en demeure pas moins impossible pour certains buveurs. Une personne alcoolique aura plus de facilité à ne pas boire du tout qu'à consommer juste un verre par jour.

À la longue, une consommation abusive d'alcool augmente le risque de mortalité associé à plusieurs maladies, dont les maladies cardiovasculaires, le cancer du sein, de l'estomac et de la gorge (Hampton, 2005). À l'échelle mondiale, l'alcool entraîne presque autant de décès prématurés que le tabac (Room, Babor et Rehm, 2005). De plus, l'alcool détruit des cellules du cerveau, favorise l'ostéoporose, diminue la fertilité et est associé à de nombreux suicides, homicides et accidents.

Le manque d'exercice

Dans la section 2 du chapitre 9, nous avons décrit quelques bienfaits de la pratique régulière d'une activité physique, qu'il s'agisse de se rendre au travail à vélo, de pratiquer des sports, de prendre des leçons de danse, etc.

Même si l'exercice est bénéfique à tout âge, il n'en demeure pas moins que les adultes de tous les pays ont tendance à faire moins d'activités physiques en vieillissant. Selon l'Organisation mondiale de la santé (2010), l'inactivité physique (sédentarité) renforce toutes les causes de mortalité, double le risque des maladies cardiovasculaires, du diabète, de l'obésité et augmente les risques de développer un cancer du colon, de l'hypertension artérielle, de l'ostéoporose, des troubles lipidiques, une dépression et de l'anxiété.

S'entraîner au travail Les entreprises qui mettent à la disposition de leurs employés des salles d'entraînement enregistrent habituellement une diminution de l'absentéisme et des dépenses reliées à la santé.

L'alimentation inadéquate

Les principes d'une saine alimentation sont bien connus. Des fruits et des légumes frais, des céréales complètes, du poisson riche en acides gras oméga-3 mais contenant peu de toxines, des laitages et fromages à faible teneur en matières grasses : tous ces aliments réduisent le risque de presque toutes les maladies. Les effets d'une mauvaise alimentation sur la santé ne sont pas instantanés, mais plutôt progressifs. Ainsi, en vieillissant, ils sont associés entre autres au développement des maladies cardiovasculaires, de l'hypertension, du diabète de type 2 et du cancer.

L'obésité

Un des principaux problèmes liés à l'alimentation et à la sédentarité est l'obésité, considérée comme un fléau dans la plupart des pays. La figure 12.1 montre l'évolution qu'a

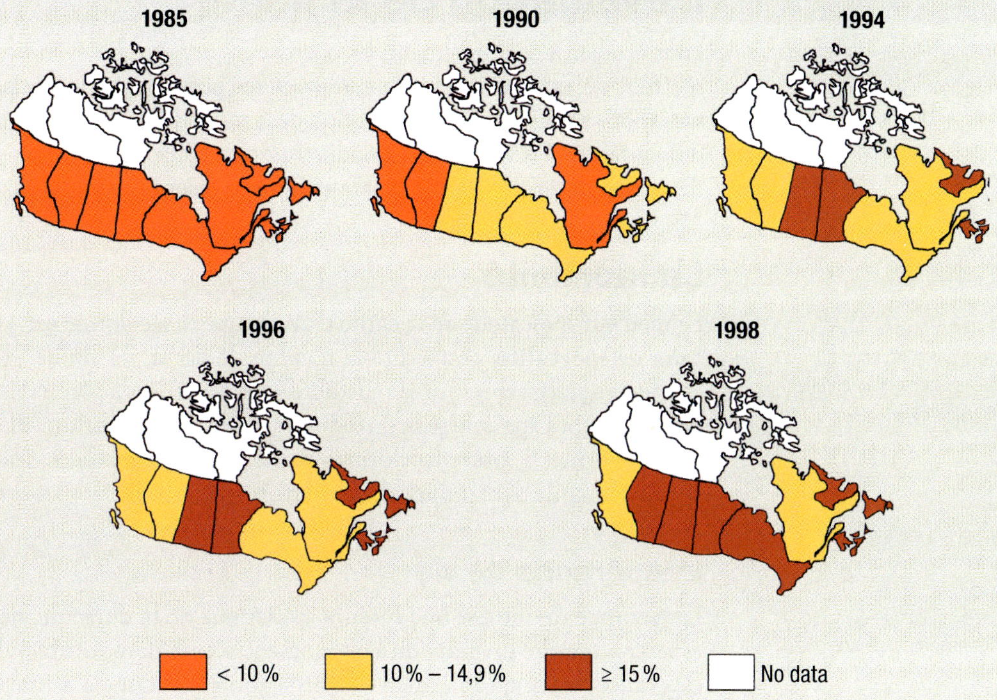

Source : adapté de Statistique Canada, *Enquête sur la santé dans les collectivités canadiennes*, (ESCC), Cycle 2.1. (2003).
© 2010 Canadian Medical Association (1985, 1990, 1996, 1998)

FIGURE 12.1 L'évolution de l'obésité au Canada, de 1985 à 1998 (IMC ≥ 30 kg/m²)

connue l'obésité au Canada en un peu moins de 15 ans. Selon l'Organisation mondiale de la santé, elle constitue le principal facteur de risque de décès prématuré chez les adultes. « L'obésité est une épidémie mondiale qui sera suivie d'une épidémie mondiale de diabète de type 2 » (Bray, 2003). Ce facteur accroît les conséquences négatives de la majorité des maladies chroniques, telles que le diabète de type 2 et l'hypertension.

Tous les pays enregistrent une augmentation de l'obésité, même ceux où elle n'a jamais constitué un problème, comme en Asie (Mascie-Taylor et Karim, 2003 ; Lee et coll., 2007).

Plusieurs facteurs peuvent être en cause dans les cas de prise de poids contribuant à l'obésité chez les adultes :

- les gènes (régulation de la faim, métabolisme) ;
- les attitudes ;
- l'environnement (les cultures modernes encouragent la surconsommation alimentaire).

Certaines personnes ont beaucoup de mal à perdre du poids en raison de leurs prédispositions génétiques (Herbert et coll., 2006 ; Frayling et coll., 2007). Pour d'autres, ce sont surtout des facteurs acquis qui sont en jeu. Cela dit, l'obésité est malsaine pour tous, mais il est difficile de perdre du poids et de ne pas le reprendre.

Devant les dommages causés par le tabac, l'alcool, les mauvaises habitudes alimentaires et la sédentarité, on constate l'importance de la prévention, laquelle parvient à améliorer la santé, à réduire les incapacités et à prolonger la qualité de vie. À ce propos, reprenons la conclusion d'une étude sur la santé au mitan de la vie : « Notre mode de vie est ce qui peut le mieux contribuer à retarder la plupart des maladies et à prévenir le déclin physiologique » (Merrill et Verbrugge, 1999).

Réponse aux adultes qui approchent de l'âge mûr (de la page 376) De toute évidence, tout dépend de la personne. Dans l'ensemble, cependant, les années de mauvaises habitudes de vie font beaucoup plus de victimes que les diverses maladies décelées trop tard.

L'évaluation de la santé

Pour étudier le vieillissement, les chercheurs ont établi des indices généraux qui permettent de caractériser et de comparer les populations sur le plan de la santé. Les variations sont mesurées en fonction de la mortalité, de la morbidité, de l'incapacité et de la vitalité. Si la mort et la maladie sont plus faciles à quantifier pour définir la santé d'une population, l'incapacité et la vitalité en disent cependant plus long à cet égard.

La mortalité

Taux de mortalité Mesure correspondant au nombre de décès par millier de personnes en une année dans une population donnée.

Le meilleur indicateur de la santé d'un groupe d'âge donné est, paradoxalement, son **taux de mortalité**, c'est-à-dire le nombre de décès par millier de personnes en une année. Les statistiques sur la mortalité sont compilées à partir des certificats de décès, qui indiquent l'âge et le sexe du défunt ainsi que la cause immédiate de sa mort. Cette mesure permet de procéder à des comparaisons entre des périodes et des pays en ce qui a trait à la santé d'un groupe d'âge ou d'un sexe.

L'espérance de vie

Espérance de vie Donnée statistique qui indique la durée moyenne que peut espérer vivre une personne en fonction de son année de naissance, dans une population donnée.

L'**espérance de vie** est une mesure statistique de la durée de vie moyenne que peut espérer atteindre un individu à un moment donné, dans une population donnée. Cette espérance de vie qu'on évalue et donne à une personne à sa naissance est calculée à partir des quotients de mortalité par tranches d'âge, c'est-à-dire des probabilités que les personnes ayant atteint un âge donné ont de décéder dans l'année. Cependant, l'espérance de vie peut aussi se calculer à partir des taux de mortalité. À chaque âge, le risque de décès est donc mesuré par le quotient de mortalité par âge observé cette année-là.

Dans la quasi-totalité des pays, l'espérance de vie des femmes est plus élevée que celle des hommes (voir le tableau 12.1). Par ailleurs, les guerres, les désastres naturels et les épidémies font diminuer l'espérance de vie, alors que les progrès de la médecine et du niveau de vie (hygiène, vaccins, alimentation, etc.) tendent à l'augmenter.

La morbidité

Taux de morbidité Mesure correspondant à la fréquence des maladies de toutes sortes dans une population donnée.

Le taux de mortalité est beaucoup moins éloquent que le **taux de morbidité**, c'est-à-dire la fréquence des maladies de toutes sortes. Une maladie peut être :

- aiguë, c'est-à-dire soudaine et suivie soit de la guérison, soit de la mort ;
- chronique, c'est-à-dire continuelle et prolongée.

Par exemple, de nombreux pays africains sont aux prises avec un parasite causant l'onchocercose ou la « cécité des rivières », qui détruit la vue et l'énergie de millions de personnes, mais qui n'entraîne pas directement la mort (Basáñez et coll., 2006). Au Canada, 1 personne sur 7 souffre d'arthrite, et ce sont des femmes dans les deux tiers des cas, mais les personnes atteintes n'en meurent pas (Statistique Canada, 2009). Ainsi, le taux de morbidité peut être élevé même si le taux de mortalité est faible (Michaud, Murray et Bloom, 2001).

L'incapacité

La bonne santé ne désigne pas seulement l'absence de mort et de maladie (mortalité et morbidité), mais aussi l'aptitude à profiter de la vie (qualité de vie). L'incapacité est un des indicateurs qui permet de mesurer cet aspect de la santé. Elle renvoie à la difficulté d'exécuter des activités courantes du quotidien en raison d'une affection physique, mentale ou affective (U.S. Census Bureau, 2006a). La limitation du fonctionnement (et non la sévérité de la maladie) constitue le barème de l'incapacité. Cette mesure,

TABLEAU 12.1 **L'espérance de vie selon le sexe, en années, dans quelques pays, en 2007**

Pays	Hommes	Femmes	Années supplémentaires pour les femmes
Argentine	76	79	3
Australie	78	84	6
Brésil	71	74	3
Canada	77	84	7
Chine	71	75	4
Cuba	75	80	5
République dominicaine	71	75	4
Éthiopie	48	50	2
Allemagne	76	82	6
Ghana	58	60	2
Haïti	55	59	4
Inde	66	71	5
Indonésie	68	73	5
Israël	78	82	4
Japon	74	86	12
Mexique	73	79	6
Niger	44	44	0
Nigeria	47	49	2
Pérou	68	72	4
Russie	59	73	14
Sierra Leone	38	43	5
Afrique du Sud	43	42	-1
Espagne	77	83	6
Royaume-Uni	76	81	5
États-Unis	75	81	6

Source : Central Intelligence Agency, *The World Factbook*, Washington (DC), Central Intelligence Agency, 2007.

Les femmes vivent plus longtemps L'espérance de vie à la naissance change d'une année à l'autre et d'un pays à l'autre. Néanmoins, la tendance accorde une espérance de vie plus grande aux femmes presque partout. C'était tout le contraire au XIXe siècle, alors que de nombreuses femmes mouraient en couches. Aujourd'hui, un seul pays, l'Afrique du Sud, présente la tendance contraire, car un grand nombre de femmes y meurent du sida.

appelée **taux d'incapacité**, correspond à l'incapacité d'accomplir les tâches de la vie quotidienne nécessaires au maintien à domicile.

Taux d'incapacité Mesure correspondant à l'incapacité d'accomplir les tâches de la vie quotidienne nécessaires au maintien de l'autonomie.

La vitalité

La **vitalité** désigne la joie de vivre (Gigante, 2007). Elle correspond au degré de santé et d'énergie qu'une personne se reconnaît sur les plans physique, psychologique et social. Il s'agit évidemment d'une mesure subjective et, pour cette raison, du principal déterminant de la qualité de vie. Il n'existe aucun consensus quant à la définition de la qualité de vie, mais la plupart des experts conviennent à présent que le principal objectif de la médecine devrait être de prolonger et d'améliorer la vitalité au lieu de simplement

Vitalité Mesure correspondant au degré de santé et d'énergie qu'une personne se reconnaît sur les plans physique, psychologique et social.

retarder le moment de la mort, prévenir les maladies et remédier aux incapacités. Le mot d'ordre des spécialistes du vieillissement n'est plus « Ajoutons des années à la vie », mais bien « Ajoutons de la vie aux années » (Timiras, 1994).

Les variations du vieillissement

Le rythme du vieillissement varie d'une personne à l'autre, mais ces variations ne sont pas aléatoires. Le sexe, les gènes, l'origine ethnique, le revenu, l'éducation, le milieu et les habitudes de vie accélèrent certains aspects de la sénescence et en ralentissent d'autres.

Les différences selon le sexe

À certains égards, la sénescence affecte davantage les femmes que les hommes, parce que des signes légers et superficiels du vieillissement — la peau et les cheveux — sont une plus grande préoccupation pour elles. À plusieurs autres égards, cependant, les femmes vieillissent plus lentement.

À l'échelle mondiale, les femmes âgées sont plus nombreuses que leurs contemporains masculins (à 85 ans, par exemple, les Étatsuniennes sont deux fois plus nombreuses), non pas tant parce que les hommes âgés meurent plus tôt que les femmes, mais parce qu'à tout âge (surtout durant l'enfance et l'adolescence), il y a un plus grand nombre de décès chez les garçons et les hommes.

Paradoxalement, les femmes sont plus sujettes à toutes les maladies chroniques, à l'exception des maladies cardiovasculaires, qui ne les menacent qu'à partir de 50 ans en moyenne, soit une fois ménopausées (Cleary, Zaborski et Ayanian, 2004). Certaines différences entre les sexes peuvent être d'ordre biologique : par exemple, le deuxième chromosome X ou l'œstrogène qui est en plus grande quantité disponible avant la ménopause protègent peut-être les femmes contre certaines maladies, bien qu'ils en favorisent d'autres (Crews, 2003).

Les femmes, par ailleurs, consacrent plus de temps et d'efforts à leur santé : en règle générale, elles vont consulter leur médecin pour un examen annuel. Elles sont également plus susceptibles d'avoir des amis proches et de demander de l'aide au besoin. D'autres habitudes de vie saine jouent aussi en faveur des femmes, qui boivent et fument moins que les hommes, et consomment également moins de viande.

Le statut socioéconomique

Dans tous les pays, un statut socioéconomique élevé est un atout pour la santé. Les personnes scolarisées qui n'ont pas de soucis financiers vivent plus longtemps, sont moins sujettes aux maladies chroniques ou aux incapacités et se sentent en meilleure santé que la moyenne des gens de leur âge, de même sexe et de même origine ethnique. Cela explique une différence à l'intérieur d'un même pays : les gens vivant à proximité des grandes villes, étant souvent mieux nantis, sont généralement en meilleure santé que ceux qui vivent en région.

Le contexte social influe toujours sur la santé. Par exemple, une étude comparant des adultes en Angleterre et en France a révélé que les plus riches étaient effectivement en meilleure santé. Par ailleurs, les raisons variaient selon le contexte social. En Angleterre, mais pas en France, les gens riches mangeaient plus de fruits et de légumes et fumaient moins que les autres ; en France, mais pas en Angleterre, les plus riches consommaient moins d'alcool. Selon les chercheurs, le stress et la culture influencent l'adoption de moins bonnes habitudes de vie (Fuhrer et coll., 2002).

Dans l'ensemble, les variations du vieillissement liées à la santé suscitent une observation :

> La mortalité et l'incapacité sont soumises à un réseau complexe de causes comprenant des déterminants socioéconomiques comme le revenu, l'éducation, l'emploi [...], des facteurs environnementaux comme le tabagisme, l'activité physique et l'alimentation [...] et des facteurs physiologiques comme le taux de cholestérol, la pression artérielle et les gènes.
>
> (Michaud, Murray et Bloom, 2001, p. 285)

Ce réseau complexe peut être décortiqué, mais, de toute évidence, les messages et pratiques de santé ne sauraient être les mêmes pour tous. Les règles d'or — éviter les drogues, manger sainement, faire de l'exercice — sont toujours à respecter, mais il existe de nombreuses particularités dont il faut tenir compte. Bientôt, chaque individu aura accès à un traitement adapté à son profil génétique plutôt qu'à son origine ethnique ou à son sexe. Entre-temps, les médecins gardent de plus en plus à l'esprit que nombre d'approches médicales ont été validées principalement auprès de certaines populations spécifiques, dont les caractéristiques sont parfois différentes de celles d'autres groupes.

SECTION 2

L'ÂGE AVANCÉ (À PARTIR DE 60 ANS)

Le vieillissement n'implique pas une transformation brutale : on ne devient pas vieux, tout à coup, à un âge précis. Il renvoie plutôt à un processus qui s'amorce à l'arrêt de la croissance globale, certains effets se manifestant déjà dans la vingtaine ! Évidemment, avec le temps, les signes physiques et physiologiques de la sénescence sont de plus en plus présents, mais on ne peut, compte tenu des différences considérables entre les individus et de l'influence des conditions de vie et de travail sur l'état de santé, dire qu'on est vieux à tel âge. Il faut se rappeler que l'état de santé est fortement influencé par les habitudes de vie, le niveau d'instruction, l'activité professionnelle et le revenu. Ces facteurs « renforcent l'hétérogénéité des situations face au vieillissement et à la mort » (Pélissier, 2008).

Les changements biosociaux que vivent les personnes d'âge avancé et leurs effets sur la morbidité et la mortalité font l'objet de cette section. Y est aussi abordée une question cruciale : pourquoi le vieillissement se produit-il ?

Des préjugés et des prédictions

Le vieillissement ne mène pas inéluctablement au centre d'accueil ou à l'hôpital. Au Canada, en Australie, aux États-Unis, au Japon et au Royaume-Uni, moins de 5 % seulement des personnes d'âge avancé vivent en institution ; nulle part dans le monde la proportion ne dépasse 10 %. Ce faible pourcentage peut s'expliquer par le fait que dans certains pays, les personnes d'âge avancé vivent avec leurs enfants.

Les préjugés à l'égard de cette population sont répandus chez les gens de tous âges, y compris les enfants et les personnes âgées elles-mêmes. En effet, la plupart des personnes de plus de 70 ans considèrent qu'elles se portent plutôt bien compte tenu de leur âge lorsqu'elles se comparent à d'autres qui, croient-elles, ont des problèmes bien plus graves que les leurs (Cruikshank, 2003 ; Townsend, Godfrey et Denby, 2006).

SECTION 2

L'âgisme

Âgisme Discrimination envers une personne ou un groupe de personnes en raison de l'âge.

Stéréotype Désigne les catégories descriptives simplifiées, et souvent péjoratives, à partir desquelles on situe une personne ou des groupes de personnes.

L'**âgisme** est un mal social comparable au racisme et au sexisme, dans la mesure où il repose sur des **stéréotypes** basés sur l'âge (Palmore, 2005). Il étiquette les gens et les empêche de s'affirmer et de vivre leur vie à leur façon (Butler, Lewis et Sunderland, 1998).

Il existe nombre de préjugés relatifs aux différents groupes d'âge. Ces préjugés frappent, par exemple, les adolescents, que l'on accuse fréquemment d'être irresponsables et turbulents. Heureusement pour eux, cela ne dure que le temps d'atteindre l'âge adulte. Pour les personnes âgées par contre, l'âgisme empire à mesure qu'elles vieillissent.

La discrimination dont les adultes d'âge avancé sont victimes alimente des stéréotypes qui faussent leur image. Elle donne lieu à des politiques et à des attitudes qui les dissuadent de participer à la vie sociale et professionnelle et qui, par conséquent, les isolent du reste de la collectivité. Elle est particulièrement néfaste, car elle mine aussi la fierté et la santé (Hess, 2006).

Le langage infantilisant

Langage infantilisant Forme de langage employée pour s'adresser aux adultes d'âge avancé, caractérisée par l'utilisation de phrases simples et courtes, une accentuation exagérée, un débit plus lent et une voix plus forte et plus aiguë qu'à l'habitude.

Le **langage infantilisant** est une manifestation courante de discrimination envers les personnes d'âge avancé. Cette forme de langage consiste à utiliser un ton paternaliste pour s'adresser à un adulte d'âge avancé. Cela se traduit par l'emploi de phrases simples et courtes, une accentuation exagérée, de fréquentes répétitions, un débit plus lent, une voix plus forte et plus aiguë qu'à l'habitude.

Le langage infantilisant est particulièrement condescendant lorsque l'interlocuteur tutoie une personne âgée, l'appelle d'un nom faussement affectueux (« ma belle Denise », « mon petit monsieur ») ou lui donne un surnom (« Dédé » au lieu de « Monsieur Tremblay »). Les prestataires de services, comme les travailleurs sociaux et les infirmières, doivent porter une attention particulière à cette dimension de la communication avec les personnes d'âge avancé (O'Connor et St. Pierre, 2004).

La gérontologie

Gérontologie Étude scientifique et multidisciplinaire du processus de vieillissement et de l'âge avancé de même que des pratiques qui permettent d'en améliorer le cours. Elle regroupe l'ensemble des connaissances issues tant des sciences humaines que de la biologie et des données statistiques.

Si l'âgisme a été peu à peu reconnu comme une forme de discrimination, c'est en partie grâce à la **gérontologie**, l'étude scientifique et multidisciplinaire du vieillissement et de l'âge avancé. Les gérontologues s'appuient sur le critère de la qualité du vieillissement, c'est-à-dire sur des mesures de la santé et de l'intégration sociale, pour rendre compte de la grande diversité du vécu à l'âge avancé (Henrard, 2002).

En s'appuyant sur la perspective que leur offre le parcours de vie et sur les données qu'ils recueillent, les gérontologues concluent que le vieillissement n'est pas nécessairement problématique à moins d'en faire un problème par construit social (Cruikshank, 2003). Ainsi, le déclin inévitable qui accompagne le vieillissement amène les personnes d'âge avancé à marcher plus lentement que les gens plus jeunes ; cela ne constitue pas un problème en soi, à moins que quelqu'un de leur entourage soit pressé ou qu'un feu de circulation soit chronométré en fonction de piétons plus rapides.

Gériatrie Branche de la science médicale qui se concentre spécifiquement sur la prestation de soins de santé aux personnes âgées, couvrant ainsi la prévention, le traitement et la prise en charge.

Les gérontologues ont une perspective différente de celle des médecins et du personnel soignant en **gériatrie**, lesquels voient des centaines de patients malades ou invalides, si bien qu'ils associent le vieillissement à la maladie, car c'est l'expérience qu'ils en ont. Le patient type de la plupart des gériatres est vieux, plutôt frêle ; il présente de nombreux états pathologiques, prend plusieurs médicaments et subit probablement quelque perturbation cognitive, fonctionnelle (sur le plan de l'autonomie) ou de l'humeur (dépression) (Leipzig, 2003).

Les changements démographiques

On est actuellement témoin d'un changement important dans les proportions de la population selon les différents groupes d'âge, entre autres parce que de plus en plus de personnes vivent jusqu'à un âge avancé. En fait, les personnes de plus de 65 ans représentent aujourd'hui 7 % de la population mondiale, comparativement à 2 % il y a un siècle. Cette proportion est plus grande dans les pays développés. En 2009, 13 % de la population au Canada, en Australie et aux États-Unis était âgée de plus de 65 ans ; 16 %, au Royaume-Uni ; 19 %, en Italie et 20 %, au Japon. C'est une tendance universelle : on prévoit que les individus de plus de 65 ans constitueront 9 % de la population mondiale en 2015 et 16 % en 2050 (Nations Unies, 2007).

Contrairement à l'idée voulant que la plupart des personnes âgées sont invalides, 10 % seulement des gens de plus de 65 ans ont besoin d'un accompagnement quotidien important et, au Canada, moins de la moitié d'entre eux (environ 3,8 %, selon le ministère de la Santé et des Services sociaux du Canada) vivent dans un Centre hospitalier de soins de longue durée (CHSLD) ou à l'hôpital. En 2004, au Canada, 96,2 % des personnes d'âge avancé vivaient dans leur communauté, soit 87,8 % à leur domicile, 7,9 % en résidences pour personnes âgées autonomes ou semi-autonomes et 0,5 % dans une ressource intermédiaire (Statistique Canada).

La sénescence

On a dit précédemment que la sénescence s'amorce dès le début de l'âge adulte, même si ses effets ne touchent pas tous les organes. Au fil des décennies, cependant, le temps de réaction s'allonge, tous les sens perdent de leur acuité, la capacité de réserve des organes diminue et l'homéostasie ralentit. À l'âge avancé, et même à l'âge mûr, on ne peut ignorer les changements liés au vieillissement.

Le vieillissement primaire et le vieillissement secondaire

Pour bien comprendre le vieillissement, il faut tout d'abord faire la distinction entre les vieillissements primaire et secondaire. Le **vieillissement primaire** est un processus graduel et insidieux qui correspond à l'ensemble des changements universels et irréversibles attribuables au passage du temps et qui ne découlent ni d'une maladie ni de facteurs environnementaux. Le **vieillissement secondaire** désigne les changements découlant de l'interaction entre le processus de vieillissement primaire, les facteurs environnementaux et la maladie (Masoro, 2006). Tout le monde subit un vieillissement primaire, minute après minute, jour après jour. Le vieillissement secondaire, en revanche, peut être atténué. Il est possible de prévenir ou, dans certains cas, de renverser ou de corriger les changements qu'il comporte.

Vieillissement primaire Ensemble des changements physiques et physiologiques irréversibles de tous les appareils et systèmes de l'organisme ; ces changements, normaux et universels, sont dus au passage du temps.

Vieillissement secondaire Ensemble des effets des processus pathologiques attribuables à des maladies plus fréquentes à l'âge avancé, causées par des facteurs qui, comme les habitudes de vie et l'hérédité, varient selon les personnes.

Le vieillissement primaire entraîne un ralentissement du fonctionnement et de l'efficacité de tous les appareils et systèmes de l'organisme, y compris le système immunitaire (Masoro, 2006). Le cœur pompe le sang moins rapidement et le réseau vasculaire devient moins flexible. Le débit d'air aspiré et expulsé par les poumons diminue avec le temps, si bien que le taux d'oxygène sanguin se voit réduit. Le système digestif ralentit et arrive moins bien à absorber les nutriments et à expulser les toxines. Le passage du temps affecte le corps ; aussi, le vieillissement primaire est un vieillissement physiologique normal.

Toutefois, de nombreux changements biologiques attribuables au vieillissement primaire augmentent la vulnérabilité à la maladie. Il y a un fait qu'on ne peut ignorer : presque toutes les personnes d'âge avancé ont au moins une maladie, et certaines en ont plusieurs (Anderson et Horvath, 2004). Le ralentissement et la diminution de l'efficacité des différents systèmes de l'organisme sont responsables de l'augmentation de la prévalence de maladies graves et moins graves — infarctus, accident vasculaire cérébral (AVC), maladies respiratoires (notamment l'emphysème) et la plupart des cancers — durant la vieillesse. Ces exemples de vieillissement secondaire sont des conséquences indirectes du vieillissement primaire combinées à différents facteurs qui font que ces maladies se développent ou non.

De plus, les personnes d'âge avancé mettent plus de temps à récupérer (Arking, 2006). Les jeunes adultes se remettent en quelques semaines d'une pneumonie, mais celle-ci peut s'avérer mortelle chez une personne dont les organes ont épuisé leur capacité de réserve.

L'apparence physique

La majorité des personnes âgées estiment que leur personnalité, leurs valeurs et leurs attitudes sont stables et, tout en admettant qu'elles ont un peu ralenti le rythme, elles ne trouvent pas qu'elles ont beaucoup changé depuis leurs jeunes années (Troll et Skaff, 1997). En ce qui a trait à l'apparence, il en va généralement tout autrement. À ce propos, voici le commentaire d'une femme de 92 ans :

> On a l'impression de ne plus être dans sa propre peau, de ne plus habiter son propre corps. [...] J'ai un choc de me voir aussi vieille chaque fois que je me promène au centre-ville et que j'aperçois mon reflet dans une vitrine. Dans ma tête, je ne me vois jamais comme ça.
>
> (citée dans Kaufman, 1986)

Une longue histoire commune Près de 91 ans avant que cette photo soit prise, un zygote s'est divisé en deux pour produire ces jumeaux. Les ressemblances de ces derniers sont peut-être encore plus apparentes aujourd'hui que lorsqu'ils étaient enfants : en plus de la taille et des cheveux, les rides de leur cou et la flexion de leurs doigts sont semblables. Le fait qu'ils célèbrent leur 90e anniversaire témoigne de leur hérédité commune, mais aussi probablement de leur environnement commun. Seul 1 homme sur 20 de leur cohorte et de leur lieu de résidence (Los Angeles) atteint 90 ans.

La plupart des adultes, quel que soit leur âge, s'efforcent de ne pas avoir l'air « vieux », afin d'éviter d'être traités comme tels, de manière stéréotypée. À mesure que le temps passe, cependant, il devient de plus en plus difficile de camoufler les signes extérieurs du vieillissement. La peau s'assèche, s'amincit et perd de son élasticité ; les rides, les vaisseaux sanguins et les dépôts de tissus adipeux se font apparents (M.L. Timiras, 2003). Des taches brunâtres parsèment la peau d'environ 25 % des gens de 60 ans, d'environ 70 % des gens de 80 ans et de près de 100 % des centenaires. La réduction du nombre de cellules sous la surface de la peau accroît la vulnérabilité au froid, à la chaleur et aux égratignures (Whitbourne, 2002). La chevelure s'éclaircit, grisonne et, chez un grand nombre de personnes, blanchit complètement.

Le vieillissement se manifeste par beaucoup d'autres signes visibles. La morphologie change avec la redistribution de la graisse, qui disparaît des bras et des jambes et s'accumule dans le tronc (particulièrement à l'abdomen) et le visage (notamment aux paupières, au menton et sur les mâchoires) (Whitbourne, Sneed et Skultety, 2002 ; Spirduso, Francis et MacRae, 2005).

La plupart des gens rapetissent en vieillissant. La taille diminue d'environ 2 à 3 cm vers l'âge de 65 ans (Merrill et Verbrugge, 1999). Les muscles du dos, les tissus conjonctifs et les os perdent de leur force, accentuant l'écrasement de la colonne vertébrale. En fait, tous les muscles s'affaiblissent, non seulement parce qu'ils sont moins sollicités, mais aussi parce que les fibres musculaires sont moins nombreuses avec l'âge. L'effet sur l'apparence se manifeste surtout dans la posture et le mouvement. Les personnes âgées perdent également du poids, notamment parce qu'elles ont moins de tissu musculaire, lequel est relativement dense et lourd.

L'émoussement des sens

Le passage du temps mine l'acuité des sens (Meisami, Brown et Emerle, 2003). Souvent, il s'agit là de l'aspect de la sénescence le plus difficile à accepter. La perte d'acuité touche autant les sens du toucher (particulièrement aux extrémités), du goût (surtout l'acide et l'amer) et de l'odorat que les sens plus essentiels que sont la vue et l'ouïe. Par exemple, en raison de l'altération du goût, les personnes âgées doivent faire attention quand elles cuisinent : elles ont tendance à saler davantage pour donner plus de goût aux aliments, ce qui peut nuire à leur santé. Près de 90 % des personnes âgées de 65 ans et plus ont besoin de lunettes ; à 90 ans, une grande proportion des hommes sont presque sourds et n'entendent que 20 % de ce qu'ils percevaient autrefois (Aldwin et Gilmer, 2003).

Un peu plus près Ces trois amis utilisent des stratégies qui leur permettent de se comprendre malgré leur moins bonne audition : ils s'assoient les uns près des autres, observent les mouvements des lèvres et portent attention aux expressions du visage.

La vue

En vieillissant, les yeux s'adaptent moins facilement (Madden et Whiting, 2004). Parmi les personnes d'âge avancé, 10 % seulement n'ont pas besoin de verres correcteurs et 70 % voient bien à condition de porter des lunettes. Les 20 % restants souffrent de troubles oculaires que le port de verres ne peut corriger, soit la **cataracte**, le **glaucome** et la **dégénérescence maculaire sénile**.

Il est possible d'aider les personnes âgées dont la vision est réduite à conserver une part importante de leur autonomie. On peut accroître leur mobilité en leur enseignant, par exemple, à se fier à des indices auditifs ou tactiles, tels que les bruits particuliers de la rue, les contours des trottoirs ou l'emplacement des meubles dans les pièces de leur appartement.

Cataracte Maladie de l'œil répandue chez les personnes âgées, caractérisée par une opacification du cristallin et pouvant entraîner une perte de vision.

Glaucome Durcissement du globe oculaire attribuable à une accumulation de liquide et pouvant causer la cécité.

Dégénérescence maculaire sénile Détérioration progressive de la rétine due au vieillissement.

L'ouïe

Les troubles auditifs affectent un tiers des personnes âgées, dont un quart de celles qui ont entre 65 et 80 ans et près de la moitié de celles qui ont plus de 80 ans (Havik, 1986). La **presbyacousie**, ou vieillissement de l'ouïe, touche plus souvent les hommes que les femmes et est rarement diagnostiquée avant l'âge de 60 ans. Malheureusement, il s'écoule en général 5 ans ou plus entre le moment où les personnes âgées s'aperçoivent que leur ouïe décline et celui où elles consultent un professionnel de la santé.

Presbyacousie Perte progressive de l'audition liée à l'âge qui se traduit par une perte de la perception des sons aigus (fréquences élevées), lesquels permettent une bonne perception des mots.

Pourquoi attendre si longtemps ? Parce que le port d'un appareil auditif est considéré comme un signe de vieillissement et qu'un grand nombre de gens préfèrent entendre mal que d'avoir l'air vieux. Il s'agit là d'une attitude paradoxale, car c'est pendant qu'ils sont « durs d'oreille » qu'ils paraissent vieux. Pire, leur surdité les exclut souvent des échanges sociaux. Ils demeurent sur leur quant-à-soi de peur que les autres ne se fatiguent de répéter leurs paroles et peuvent devenir méfiants s'ils imaginent que les conversations inaudibles portent sur eux. Les voilà ainsi privés d'une importante stimulation cognitive.

Les personnes âgées peuvent recourir à certaines stratégies pour remédier à leurs troubles auditifs. Elles peuvent, par exemple, utiliser des téléphones adaptés, apprendre à lire sur les lèvres et à décoder les expressions du visage de leurs interlocuteurs. Ceux-ci, pour leur part, devraient s'efforcer de parler lentement et distinctement d'une voix grave et d'éliminer autant que possible les bruits de fond. Les parents et les amis doivent se rappeler que leur proche d'âge avancé n'a pas perdu l'esprit en perdant son acuité auditive.

Le cerveau

La sénescence n'épargne pas le cerveau, mais celui-ci est davantage affecté par des carences nutritionnelles et une circulation sanguine déficiente.

À l'intention des personnes qui désirent conserver leur vivacité d'esprit Que pouvez-vous faire pour augmenter les chances de conserver un esprit vif toute votre vie ?

Le vieillissement primaire entraîne un changement cognitif universel : la personne âgée réfléchit plus lentement que ne le font les adultes plus jeunes. Le ralentissement

L'optimisation compensatoire sélective Max Roach fut un grand batteur de jazz pendant plus de 50 ans. Son approche du travail, à 73 ans, reflétait parfaitement le principe d'optimisation compensatoire sélective. Il disait : « Je me suis inscrit à un club sportif [...]. Je me suis dit que ça m'aiderait pour le tonus. Jouer de la batterie demande beaucoup d'énergie, c'est exigeant pour les bras et les jambes [...]. Je ne joue pas comme je le faisais à l'époque. C'était dur de travailler de longues soirées dans cette fumée. Je ne survivrais pas aujourd'hui si je devais jouer dans ces conditions. Maintenant, je joue en concert, et ça ne dépasse jamais une heure. » À son décès, en 2007, Roach avait 83 ans.

Optimisation compensatoire sélective Création de stratégies visant à compenser la diminution des capacités qu'entraîne le vieillissement.

du cerveau s'inscrit dans la transmission généralement plus lente des influx nerveux, mais aussi dans la production réduite de neurotransmetteurs (Bäckman et Farde, 2005). De plus, la diminution du liquide synaptique, la réduction du cortex préfrontal et l'irrigation sanguine plus lente du cerveau influent toutes sur la vitesse de fonctionnement cérébral.

Les adaptations aux changements

Pour s'adapter aux vieillissements primaire et secondaire, certaines personnes choisissent des projets et des activités qu'elles peuvent accomplir avec plus de facilité. Elles modifient leur style de vie en fonction de leurs nouveaux besoins. Elles appliquent ainsi, souvent spontanément, l'**optimisation compensatoire sélective** dans divers domaines de leur vie.

Il est en effet possible de composer avec la diminution des capacités physiques et cognitives au moyen de l'optimisation compensatoire sélective. Selon ce concept, la personne établit ses propres objectifs, évalue ses capacités, puis détermine la façon d'accomplir ce qu'elle veut en dépit de ses limites (Baltes et Baltes, 1990).

Johnson et Barer (1993) ont étudié quelques-unes des stratégies qu'emploient les gens de plus de 80 ans. Ils ont rencontré une femme qui faisait ses courses dans un supermarché situé loin de chez elle, mais à proximité du dernier arrêt de l'autobus. Elle s'assurait ainsi de toujours trouver une place libre au retour. De même, un homme qui conduisait encore sa voiture étudiait le plan de la ville et planifiait son trajet afin d'éviter de s'égarer, tandis qu'un autre conducteur octogénaire faisait le tour du pâté de maisons au lieu d'exécuter un virage à gauche à une intersection achalandée. Malgré un déclin des capacités physiques, le contrôle sur la vie quotidienne est maintenu en simplifiant les activités, en les dosant afin qu'elles ne soient pas trop éprouvantes et en structurant l'environnement physique afin de le rendre agréable (Bandura, 2007).

Les habitudes de vie

L'établissement et le maintien de saines habitudes de vie relèvent des choix individuels combinés au contexte social. Bien que les habitudes dont il est question aient été maintes fois abordées dans les chapitres précédents (particulièrement dans la section 1 du chapitre 4 et la section 2 des chapitres 6 et 9), elles sont présentées ici dans l'optique d'une adaptation au vieillissement.

La nutrition

Pour maintenir son poids en vieillissant, on doit consommer moins de calories quotidiennement. Cette adaptation ne doit par ailleurs pas se faire au détriment des nutriments essentiels qu'apportent les fruits et légumes frais et les céréales complètes (glucides complexes), apport encore plus crucial pour les personnes âgées. En effet, les carences vitaminiques du complexe B, notamment la vitamine B_{12} et l'acide folique, sont corrélées avec les déficiences sur le plan de la mémoire (Rosenberg, 2001).

L'exercice

Comme la nutrition, l'exercice est plus important à cette période de la vie qu'à tout autre âge, mais il peut être difficile de maintenir un niveau d'activité physique satisfaisant.

Chez les deux sexes, la diminution de l'équilibre et de la force musculaire se fait particulièrement ressentir dans les jambes et rend la démarche plus lente et plus raide ; cette activité peut même nécessiter l'utilisation d'une canne ou d'un ambulateur (Newell, Vaillancourt et Sosnoff, 2006). Au Québec, les personnes d'âge avancé peuvent profiter

Des jours heureux en perspective Cette femme et son mari sont d'heureux propriétaires et de fiers jardiniers de Roumanie. Ils ont toutes les chances de demeurer en bonne santé s'ils maintiennent de saines habitudes de vie.

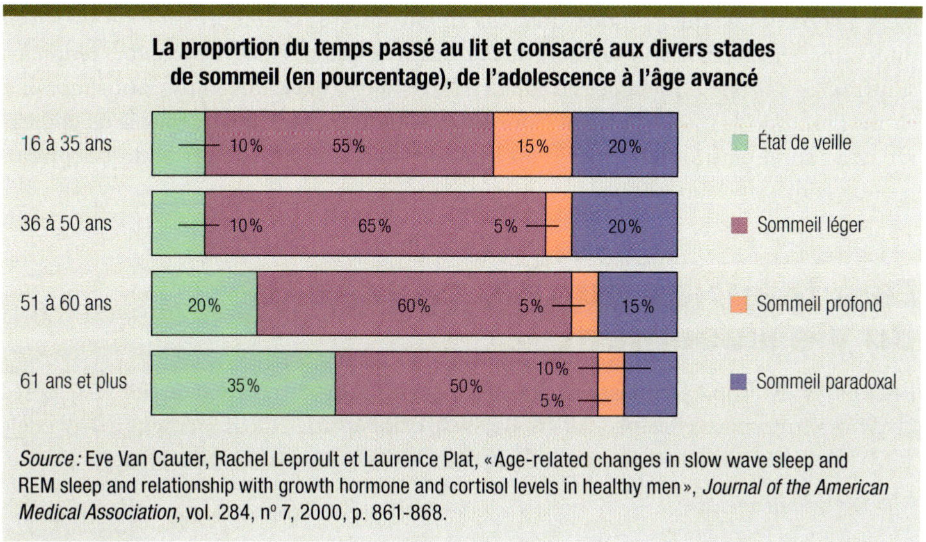

FIGURE 12.2 **Sortez du lit !** Les personnes âgées se plaignent particulièrement de passer trop de temps au lit sans dormir. La solution consiste à se lever plutôt qu'à attendre le sommeil.

de toutes sortes d'activités adaptées (pilates, aquaforme, danse...), offertes par les municipalités et divers regroupements de personnes âgées (les clubs de l'Âge d'or, par exemple).

Le sommeil

Certains experts constatent que le manque de sommeil est courant chez les aînés et affecte leur mémoire, leur capacité de rendement et leur qualité de vie (Dunlap, Loros et DeCoursey, 2004).

Avec l'avancée en âge, l'activité électrique du cerveau est réduite, ce qui signifie moins de sommeil profond et des rêves plus courts (Wise, 2006). La figure 12.2 montre aussi que le temps de veille chez les personnes âgées représente 35 % du temps qu'elles passent au lit. L'optimisation compensatoire sélective demande d'utiliser le moment consacré au sommeil à bon escient.

La recherche indique que les personnes qui font de l'insomnie devraient limiter le temps qu'elles passent au lit sans dormir et éviter les siestes. Avec le temps, ces mesures habitueront leur corps et leur cerveau à compenser en faisant bon usage du temps réduit consacré au sommeil (McCurry et coll., 2007).

La compression de la morbidité

Les maladies de l'âge adulte sont difficiles, voire impossibles, à prévenir dans la mesure où elles résultent de la combinaison :

- des gènes (présents depuis la conception) ;
- des influences de la petite enfance ;
- des habitudes de vie (modifiables au besoin) ;
- et de la sénescence (de plus en plus présente).

Souvent, en revanche, il est possible de retarder le déclenchement de la maladie et d'en limiter les conséquences, de façon à réduire le temps où la personne sera gravement malade, handicapée ou souffrante. C'est ce qu'on appelle la **compression de la morbidité**, une façon de réduire la durée de la maladie avant la mort.

Compression de la morbidité Diminution des incapacités et de la dépendance chez les personnes d'âge avancé.

Réponse aux personnes qui désirent conserver leur vivacité d'esprit (de la page 385) Si vous avez répondu qu'il suffit de faire des mots croisés, sachez qu'aucune activité mentale précise n'a été démontrée comme étant plus efficace à prévenir le ralentissement des fonctions cérébrales. C'est plutôt l'activité cérébrale en général qu'il faut privilégier, dans toutes sortes de domaines. Un bon état de santé général est également bénéfique au cerveau, comme l'exercice, une alimentation équilibrée et le contrôle de la pression artérielle.

C'est à la médecine que l'on doit une part importante de la compression de la morbidité : l'amélioration de la prévention, du dépistage et, surtout, des traitements réduit les souffrances des personnes âgées d'aujourd'hui et leur assure une plus grande mobilité et une plus grande vitalité. Une personne en meilleure santé est susceptible de demeurer active sur le plan social et alerte sur le plan intellectuel, en d'autres mots, de connaître un vieillissement optimal.

Des théories sur les causes du vieillissement

Pourquoi vieillit-on ? Il n'existe pas de réponses définitives à cette question. Il y a près de 20 ans, un expert a recensé 300 modèles théoriques sur le vieillissement (Medvedev, 1990). Les trois modèles qui sont présentés ici font toujours l'objet de débats :

- la théorie de l'usure ;
- la théorie génétique du vieillissement ;
- la théorie cellulaire du vieillissement.

La théorie de l'usure

Théorie de l'usure Théorie du vieillissement selon laquelle les parties du corps humain, comme les pièces d'une voiture, s'usent du simple fait de servir et d'être exposées à des agents agresseurs.

La plus générale des théories du vieillissement, la **théorie de l'usure**, veut que les parties du corps humain se détériorent d'année en année, à force d'être exposées à la pollution, aux rayons solaires, à des aliments malsains, à des micro-organismes et à divers autres agents agresseurs.

La vie en douze décennies Seules quelques personnes dans le monde ont largement dépassé 100 ans. Parmi elles, on compte la Française Jeanne Calment (sur la photo ci-contre) ; elle est morte en 1997 à 122 ans.

À l'âge adulte avancé, les différentes parties du corps présentent immanquablement des signes d'usure. Les professionnels de la santé fabriquent des prothèses et des implants dentaires pour faciliter l'alimentation, l'élocution et améliorer l'apparence ; ils greffent des organes vitaux et remplacent des hanches et des genoux usés par des articulations artificielles.

Ainsi, l'usure expliquerait la détérioration de certains organes, mais pas le vieillissement dans son ensemble. C'est pourquoi les scientifiques recherchent les causes de la sénescence à l'intérieur même des cellules.

La théorie génétique du vieillissement

Selon cette théorie, l'acide désoxyribonucléique (ADN), qui dirige l'activité de toutes les cellules, régit aussi le vieillissement. Il semble que l'être humain possède une **horloge génétique** qui, à un âge avancé, déclenche des signaux hormonaux (semblables à ceux de la puberté). Ces signaux inactiveraient les gènes qui favorisent la croissance et activeraient ceux qui provoquent la sénescence. Les effets du vieillissement s'accumuleraient jusqu'à ce que la mort survienne.

Horloge génétique Mécanisme génétique régissant la séquence des changements biologiques et génétiques qui se produisent avec l'âge.

La longévité maximale

Certains scientifiques postulent que le vieillissement est inscrit dans le code génétique même de toutes les espèces. Selon eux, le vieillissement fait partie du développement naturel et normal, car toute espèce semble posséder une **longévité maximale** génétiquement déterminée. Par exemple, dans des circonstances idéales, la longévité maximale du tigre serait de 26 ans contre 37 pour l'ours brun, 70 pour l'éléphant, 120 pour l'être humain, 150 pour l'esturgeon et 180 pour la tortue géante (Clark, 1999 ; Finch, 1999). Autrement dit, il y aurait une limite à la durée de vie de tout organisme, même si celui-ci bénéficie de la meilleure protection possible « contre les facteurs extrinsèques comme l'alimentation, la température, les rayons solaires, la pollution et [...] le stress, et contre les facteurs intrinsèques comme les hormones et les radicaux libres » (Kanungo, 1994).

Longévité maximale Âge maximal que les membres d'une espèce peuvent atteindre dans des conditions idéales. La longévité maximale s'établit à environ 120 ans chez l'être humain.

Les variations de la longévité maximale entre les espèces, comme les limites de chaque espèce, suggèrent que l'âge maximal est réglé par les gènes de chaque animal. Bien sûr, tous les spécimens ont des gènes différents. Tous les êtres humains portent des gènes qui signalent la fin de leur vie. Les centenaires héritent sans doute de gènes leur assurant une longue existence (leurs frères et sœurs ont tendance à vivre environ 15 ans de plus que la moyenne) (Perls, 2005).

Il ne faut pas confondre la longévité maximale avec l'**espérance de vie**, c'est-à-dire la durée moyenne de vie probable d'un bébé qui vient au monde dans une population donnée. L'espérance de vie dépend de facteurs historiques, culturels et socioéconomiques qui déterminent la fréquence des décès pendant l'enfance, l'adolescence et l'âge mûr. En 2008, l'espérance de vie à la naissance au Canada était de 81,16 ans : 78,65 ans pour les hommes et 83,81 ans pour les femmes (Index Mundi, 2008). Un peu plus d'un demi-siècle plus tôt, en 1951, elle s'établissait à 66,3 ans pour les hommes et à 70,8 ans pour les femmes, soit environ 12 ans de moins pour l'un et l'autre sexe (St-Arnaud, Beaudet et Tully, 2005).

Espérance de vie Donnée statistique qui indique la durée moyenne que peut espérer vivre une personne en fonction de son année de naissance, dans une population donnée.

Les plus récentes augmentations de l'espérance de vie sont attribuables à la réduction de la mortalité causée par les maladies de l'âge adulte (crise cardiaque, pneumonie, cancer). De nombreux hommes d'âge mûr qui, auparavant, auraient succombé à une crise cardiaque y survivent la plupart du temps. L'accouchement, la première cause de mortalité chez les jeunes femmes il y a un siècle, comportait encore de grands risques il y a 50 ans, lesquels sont presque nuls de nos jours dans les pays développés. Le cancer a déjà été une sentence de mort ; aujourd'hui, plus de la moitié des personnes qui en sont atteintes y survivent au moins 5 ans.

Un habitué de l'exposition au soleil Cet Australien raconte que lorsqu'il était jeune sauveteur, il s'enduisait le corps d'huile de noix de coco, ce qui ne le protégeait en rien contre les rayons nocifs du soleil. L'exposition prolongée a endommagé ses cellules cutanées. Chaque point sur sa peau correspond à une lésion enlevée pour arrêter la propagation du cancer de la peau.

Radicaux libres Atomes possédant un électron libre. La majorité des radicaux libres jouent un rôle d'entretien de l'organisme, mais, en nombre excessif, ils peuvent parfois endommager des cellules saines, accélérer l'évolution des maladies et altérer l'ADN.

Antioxydant Composé qui, en se liant aux radicaux libres, les empêche d'exercer leurs rôles.

Avalanche d'erreurs Selon la théorie cellulaire du vieillissement, il s'agit d'une perturbation de la reproduction cellulaire telle que l'organisme ne parvient plus à limiter et à corriger les erreurs et qu'il cesse de fonctionner.

La théorie cellulaire du vieillissement

La théorie cellulaire attribue le vieillissement à l'accumulation d'accidents, même mineurs, qui surviennent pendant la division cellulaire (Fossel, 2004). Exception faite de certains types de cellules (tels les neurones des oreilles, des yeux et du cerveau), les cellules du corps humain se reproduisent tout au long de la vie. Les cellules de la peau, par exemple, se renouvellent entièrement à intervalles réguliers de quelques années dans des conditions normales et en quelques jours seulement après une lésion.

Une avalanche d'erreurs

L'être humain est exposé à des substances chimiques (comme les radicaux libres) et à des toxines qui altèrent l'ADN et dérèglent les mécanismes de la division cellulaire, de sorte que sont reproduites des cellules de plus en plus endommagées avec le temps. Lorsque les systèmes de l'organisme, le système immunitaire en particulier, sont en bon état, les cellules qui ont pour fonction de détruire les cellules endommagées et de prendre le relais de celles qui sont imparfaites limitent les dégâts.

Pour expliquer la cause de l'augmentation des erreurs cellulaires dans le temps, une théorie postule que les électrons de certains atomes de l'organisme ne sont pas appariés à leur noyau. Ces atomes s'appellent des **radicaux libres**.

La grande majorité des radicaux libres participent à l'entretien et au fonctionnement de l'organisme. Ils jouent aussi un rôle majeur dans l'élimination des produits toxiques et la défense contre l'invasion des microbes et des virus. La présence de radicaux libres est donc normale, mais certaines parties de l'organisme se détériorent lorsqu'une quantité excessive de radicaux libres bombardent les cellules (Sinclair et Howitz, 2006). Ainsi, dans certains cas, les radicaux libres peuvent conduire au dérèglement de l'organisme et à son vieillissement accéléré.

Certaines enzymes participent à l'élimination des radicaux libres et divers **antioxydants** peuvent les empêcher d'exercer leurs effets néfastes. Cependant, l'accumulation de radicaux libres est susceptible d'entraîner un affaiblissement du système immunitaire (P.S. Timiras, 2003). Il s'ensuivrait une **avalanche d'erreurs** dans le remplacement des cellules qui provoquerait des maladies (cancer, diabète, artériosclérose, etc.) et la mort (Halliwell et Gutteridge, 2007).

Le système immunitaire

Une variante de la théorie cellulaire du vieillissement met l'accent sur le système immunitaire, dont le nombre de cellules diminue avec le temps. Le système immunitaire a pour fonction de dépister les substances étrangères ou anormales dans les tissus, de les isoler et de les détruire. Son affaiblissement graduel constitue un des principaux facteurs du vieillissement. Certains chercheurs y voient même la cause de la sénescence, puisque les individus dotés d'un système immunitaire vigoureux vivent plus longtemps que ceux dont les défenses sont faibles (Miller, 1996).

Au fur et à mesure de l'affaiblissement du système immunitaire, les cancers, par exemple, ont tendance à se développer. Or, des mesures pour lutter contre le cancer consistent à tuer les cellules qui se reproduisent rapidement, ce qui entraîne une diminution temporaire des fonctions du système immunitaire. Il est aussi possible de stimuler le système immunitaire, mais chez les personnes d'âge avancé, cette tâche devient plus difficile.

La limite de Hayflick

L'idée que la cellule vieillissante limite la durée de vie est soutenue par certains résultats de recherche, dont ceux obtenus par Leonard Hayflick et ses collègues (Hayflick, 1994; Hayflick et Moorhead, 1961). Ces derniers ont cultivé des cellules d'embryon humain et les ont laissées vieillir en leur fournissant tous les nutriments nécessaires à la croissance et à la reproduction et en les protégeant contre les agressions et la contamination. Or les cellules ont cessé de se multiplier après une cinquantaine de divisions.

Ce nombre, appelé **limite de Hayflick**, correspond approximativement à la longévité maximale de l'espèce dont proviennent les cellules. Même dans des conditions idéales, les cellules ne se divisent pas davantage en laboratoire qu'au cours de la durée de vie maximale de l'espèce dont elles proviennent.

Limite de Hayflick Nombre possible de divisions d'une cellule humaine potentiellement programmé génétiquement et établi à environ 50 par Leonard Hayflick.

Il semble donc que l'ADN et l'ARN (acide ribonucléique) soient les grands responsables de la mort cellulaire, parce qu'ils ont pour fonction de programmer un nombre limité de divisions cellulaires. Hayflick estime que le vieillissement est causé par la perte naturelle de « fidélité moléculaire », c'est-à-dire par les erreurs inévitables de transcription au moment où la cellule se reproduit (Hayflick, 2001-2002).

Les centenaires

Selon certains scientifiques, la plupart des bébés nés aujourd'hui dans les pays développés auront la possibilité de vivre jusqu'à 100 ans (Kinsella, 2005). À quoi peut ressembler le mode de vie des centenaires ?

La recherche sur les personnes âgées de 80 à 100 ans indique que leur mode de vie se caractérise par :

- la frugalité du régime alimentaire ;
- la vigueur du travail ;
- l'optimisme ;
- la curiosité intellectuelle ;
- la participation à la vie sociale (Jopp et Rott, 2006 ; Beard, 1991 ; Poon, 1992).

L'étude des personnes âgées débouche globalement sur une conclusion prévisible : pour les gens qui atteignent l'âge adulte avancé en bonne santé, l'attitude et l'activité ont encore plus d'importance que les facteurs purement physiologiques quant au nombre et à la qualité des années qui restent.

De fait, de nombreuses personnes célèbrent leur 100e anniversaire avec énergie, en toute lucidité et avec optimisme (Ellis, 2002 ; Hitt et coll., 1999 ; Jopp et Rott, 2006). Voici ce que dit une centenaire :

> À 100 ans, j'éprouve un sentiment d'accomplissement et de détente à la fois. Je me sens beaucoup moins sous pression. La vieillesse peut être plus relaxante et plus contemplative. J'ai plus de plaisir aujourd'hui que j'en avais à l'âge mûr.
>
> (citée dans Adler, 1995)

La liste s'allonge

Les centenaires constituent de fait le groupe d'âge qui augmente le plus rapidement, particulièrement dans les pays industrialisés. Encore peu nombreux, ils représentent moins de 1 % de la population dans tous les pays. Le Canada comptait 4635 personnes centenaires au recensement de 2006 (voir la figure 12.3), et ce chiffre ne cesse d'augmenter. En 2050, elles seront 3,2 millions dans le monde (Nations Unies, 2007).

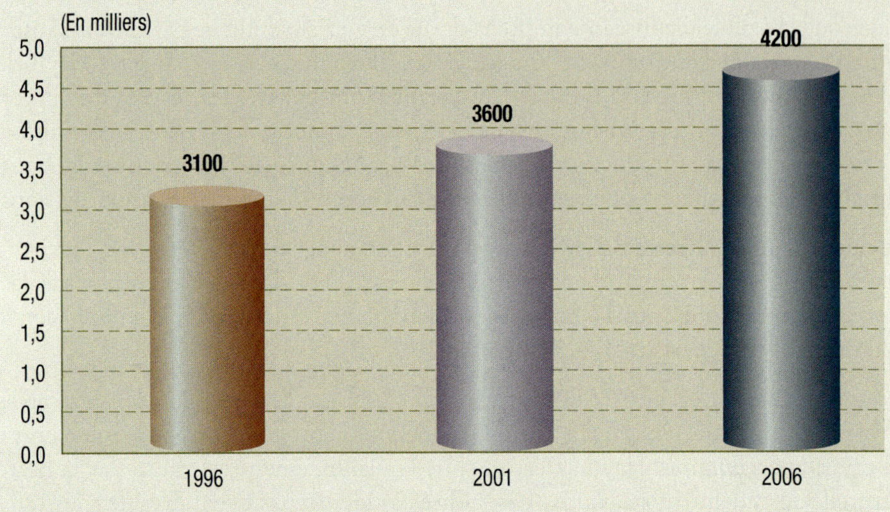

Sources : adapté de Statistique Canada, recensements de la population, 1996, 2001 et 2006.

FIGURE 12.3 **Le nombre de centenaires au Canada en 1996, 2001 et 2006**

On estime à près de 1300 le nombre de centenaires au Québec en 2007, soit environ 1100 femmes et 200 hommes. Le nombre de Québécois et surtout de Québécoises qui atteignent cet âge vénérable progresse rapidement en raison de la baisse du taux de mortalité et des cohortes de plus en plus populeuses de personnes arrivant à un grand âge. Selon les dernières projections démographiques, le Québec pourrait compter 5000 centenaires en 2026, 10 000 en 2041 et 20 000 en 2051 (Girard, 2007).

Aucun centenaire n'est en parfaite forme, mais beaucoup d'entre eux semblent avoir échappé aux infirmités graves et certains sont toujours alertes sur le plan intellectuel (Perls, 2005). Les personnes qui vivent jusqu'à 100 ans semblent s'être adaptées aux changements qu'entraîne le vieillissement. Elles ont tendance à minimiser leurs problèmes et sont plutôt optimistes à l'égard de leur santé (Aldwin et Gilmer, 2003). Cette attitude constitue peut-être la clé de leur longévité.

Synthèse

SECTION 1 L'âge mûr (de 40 à 60 ans)

Le processus de vieillissement et la sénescence

1. Les adultes de 40 à 60 ans sont habituellement actifs, en pleine possession de leurs moyens et vigoureux. La société établit autour de l'âge de 40 ans le mitan de la vie. Le rythme du vieillissement est influencé par les habitudes de vie (le tabagisme, l'exercice physique, le type d'alimentation, etc.), mais également par des facteurs tels que le sexe, l'origine ethnique et le revenu.
2. Le rythme de la sénescence varie d'une personne à l'autre, mais aussi d'un organe à l'autre chez une même personne. Les cinq sens perdent tous de leur acuité avec l'âge, c'est toutefois la vue (presbytie) et l'ouïe qui en offrent les manifestations les plus visibles et présentent les déficits les plus marqués. Les déficits auditifs débutent en moyenne vers l'âge de 50 ans chez les femmes et de 30 ans chez les hommes. Le déclin de l'ouïe est deux fois plus rapide chez les hommes que chez les femmes.
3. Dès 40 ans, le cerveau a déjà perdu 15 % de ses neurones. La sénescence neuronale peut être accélérée par certains facteurs de risque dont l'abus d'alcool et d'autres psychotropes,

l'excès de stress (influant sur le système immunitaire), une mauvaise circulation (hypertension) ainsi que certains virus (comme le VIH). Outre l'exercice physique et une saine alimentation, les spécialistes suggèrent la stimulation intellectuelle pour préserver le bon fonctionnement du cerveau.

4. Entre l'âge de 42 et 58 ans, les femmes atteignent la ménopause. La production de plusieurs hormones, dont les œstrogènes, la progestérone et la testostérone, diminue considérablement. L'extinction des fonctions ovariennes amène la disparition des règles, et donc l'infertilité. La ménopause est déclarée lorsqu'il n'y a pas eu de règles depuis 1 an. Deux effets de la diminution de la concentration d'œstrogènes représentent de graves risques pour la santé : la décalcification osseuse (qui peut aboutir à l'ostéoporose) et l'augmentation des dépôts lipidiques dans les artères (qui contribue au développement des maladies coronariennes).

5. Des modifications hormonales surviennent chez l'homme vieillissant, mais de façon moins radicale que chez la femme ménopausée. L'andropause désigne la réduction graduelle du taux de testostérone chez les hommes à partir de l'âge mûr, laquelle se traduit habituellement par la diminution du désir sexuel, de la durée et du nombre des érections.

6. Toutefois, la sexualité peut s'améliorer avec l'âge chez les couples de longue date. La baisse d'excitabilité semble davantage liée à l'anxiété, à la nature de la relation du couple et aux attentes de chaque partenaire qu'à l'âge proprement dit.

Les conséquences des mauvaises habitudes de vie

7. Les habitudes de vie exercent une grande influence sur les maladies et les affections chroniques associées au vieillissement.

8. À l'échelle mondiale, le tabagisme est une des principales causes de mortalité évitable et fait plus de 5 millions de victimes par année. La relation entre l'alcool et la santé diffère de celle entre le tabagisme et la santé : les adultes qui prennent de l'alcool en faisant preuve de modération (pas plus de deux consommations par jour) vivent plus longtemps que ceux qui n'en consomment pas. Par contre, l'abus d'alcool peut constituer un danger pour la santé.

9. La combinaison d'une alimentation inadéquate et d'un manque d'activité physique peut aggraver les problèmes de santé de n'importe quel adulte. L'obésité est une épidémie mondiale qui sera suivie d'une épidémie mondiale de diabète de type 2. L'obésité accroît les conséquences négatives de la majorité des maladies chroniques.

L'évaluation de la santé

10. Le meilleur indicateur de la santé d'un groupe d'âge donné est, paradoxalement, son taux de mortalité, c'est-à-dire le nombre de décès par millier de personnes en une année dans une population donnée. L'espérance de vie est une mesure statistique de la durée de vie moyenne qu'un individu peut espérer atteindre à un moment donné, dans une population donnée. Dans la quasi-totalité des pays, l'espérance de vie des femmes est plus élevée que celle des hommes.

11. Le taux de morbidité représente la fréquence des maladies de toutes sortes dans une population donnée. Une maladie peut être soit aiguë, c'est-à-dire soudaine et suivie de la mort ou de la guérison, soit chronique, c'est-à-dire continuelle et prolongée. La bonne santé ne désigne pas seulement l'absence de mort et de maladie (mortalité et morbidité), mais aussi la capacité à profiter de la vie. Le taux d'incapacité est la mesure correspondant à l'incapacité d'accomplir les tâches de la vie quotidienne nécessaires au maintien de l'autonomie. La vitalité correspond au degré de santé et d'énergie qu'une personne se reconnaît sur les plans physique, intellectuel et social.

Les variations du vieillissement

12. Les femmes vivent en moyenne 5 ans de plus que les hommes, mais l'écart varie énormément d'un pays à l'autre. Certaines différences entre les sexes peuvent être d'ordre biologique : par exemple, le deuxième chromosome X ou l'œstrogène, qui est en plus grande quantité avant la ménopause, protègent peut-être les femmes contre certaines maladies, bien qu'ils en favorisent d'autres. Les femmes, par ailleurs, consacrent plus de temps et d'efforts à leur santé que les hommes.

13. Dans tous les pays, le statut socioéconomique élevé est un atout pour la santé. Les personnes scolarisées qui n'ont pas de soucis financiers vivent plus longtemps, évitent les maladies chroniques, les incapacités et se sentent en meilleure santé que la moyenne des gens de leur âge, de même sexe et de même origine ethnique.

SECTION 2 L'âge avancé (à partir de 60 ans)

Des préjugés et des prédictions

1. L'âgisme est un mal social, comparable au racisme et au sexisme dans la mesure où il repose sur les stéréotypes basés sur l'âge. La discrimination dont les personnes âgées sont victimes les isole du reste de la collectivité. Le langage infantilisant est une dimension courante de l'âgisme et consiste à utiliser un ton paternaliste pour s'adresser à une personne âgée.

2. La gérontologie, l'étude scientifique et multidisciplinaire du vieillissement et de l'âge avancé, a montré que le vieillissement n'est pas nécessairement problématique à moins d'en faire un problème par construit social.

3. Dans la population mondiale, la proportion des personnes de plus de 65 ans est de 7 %. Cette proportion est plus grande dans les pays développés : en 2009, elle représentait 13 % de la population au Canada. Contrairement à l'idée voulant que la plupart des personnes âgées sont invalides, 10 % seulement des gens de plus de 65 ans ont besoin d'une assistance quotidienne importante.

La sénescence

4. Le vieillissement primaire est un processus graduel et insidieux, qui correspond à l'ensemble des changements universels et irréversibles dus au passage du temps et qui ne découlent ni d'une maladie ni de facteurs environnementaux. Le vieillissement secondaire désigne les changements qui découlent de l'interaction entre le processus de vieillissement primaire, les facteurs environnementaux et la maladie.
5. La peau révèle les premiers signes de vieillissement. Elle s'assèche, s'amincit et perd de son élasticité. Les rides, les vaisseaux sanguins et les dépôts de graisse se font apparents. Les muscles du dos, les tissus conjonctifs et les os perdent de leur force, accentuant l'écrasement de la colonne vertébrale. La taille diminue d'environ 2 à 3 cm vers l'âge de 65 ans. Le passage du temps mine l'acuité des sens. La sénescence affecte le toucher, le goût, l'odorat tout autant que la vue (cataracte, glaucome, dégénérescence maculaire sénile) et l'ouïe (presbyacousie).
6. Le vieillissement primaire entraîne un changement cognitif universel : la personne âgée réfléchit plus lentement que ne le font les adultes plus jeunes.
7. Pour s'adapter au vieillissement, certaines personnes appliquent l'optimisation compensatoire sélective. Selon ce concept, la personne établit ses propres objectifs, évalue ses capacités, puis détermine la façon d'accomplir ce qu'elle veut en dépit de ses limites. Elle adapte son style de vie en fonction de ses besoins présents.
8. Les éléments de base d'un régime alimentaire équilibré sont les mêmes à tout âge. À l'âge avancé, les portions doivent souvent être réduites pour favoriser le maintien du poids. Les adultes d'âge avancé passent plus de temps au lit, mettent plus de temps à s'endormir, se réveillent plus souvent, font des siestes et se sentent somnolents durant la journée. Cela affecte négativement leur mémoire, leur capacité de rendement et leur qualité de vie.
9. La compression de la morbidité représente la possibilité de retarder le déclenchement de la maladie et d'en limiter les conséquences, de façon à réduire le temps où la personne sera gravement malade, handicapée ou souffrante.

Des théories sur les causes du vieillissement

10. La théorie de l'usure veut que les parties du corps humain se détériorent d'année en année, à force d'être exposées à la pollution, aux rayons nocifs du soleil, à des aliments malsains, à des micro-organismes et à divers autres agents agresseurs.
11. Selon la théorie génétique du vieillissement, l'être humain possède une horloge génétique qui, à un âge avancé, déclenche des signaux hormonaux (semblables à ceux de la puberté) qui inactiveraient les gènes favorisant la croissance et activeraient ceux qui provoquent la sénescence. La longévité maximale de chaque espèce suggère que l'âge maximal est réglé par les gènes (par exemple l'humain vit 120 ans, le tigre, 26 ans).
12. La théorie cellulaire attribue le vieillissement à l'accumulation d'accidents, même mineurs, qui surviennent pendant la division cellulaire. L'être humain est exposé à des substances chimiques et à des toxines qui altèrent l'ADN et dérèglent les mécanismes de la division cellulaire de sorte qu'apparaissent des cellules de plus en plus endommagées. Une variante de la théorie cellulaire du vieillissement met l'accent sur le système immunitaire, dont le nombre de cellules diminue avec le temps. La limite de Hayflick correspond au nombre possible de divisions d'une cellule humaine, vraisemblablement programmé génétiquement et établi à environ 50 par Leonard Hayflick.

Les centenaires

13. Le nombre de centenaires au Canada augmente constamment, ayant passé de 3100 en 1996 à 3600 en 2001 et à 4635 en 2006. On estime à près de 1300 le nombre de centenaires au Québec en 2007, soit environ 1100 femmes et 200 hommes. Aucun centenaire n'est en parfaite forme, mais nombre d'entre eux semblent avoir échappé aux maladies graves, ou du moins avoir retardé leur développement, et certains sont alertes sur le plan intellectuel.

Questions clés

SECTION 1 L'âge mûr (de 40 à 60 ans)

1. Quels sont les deux sens les plus touchés par la sénescence ?
2. Est-ce que l'andropause est l'équivalent de la ménopause ? Pourquoi ?
3. Quelles sont les conséquences pour la santé d'une consommation excessive d'alcool ?
4. Pourquoi la santé varie-t-elle selon le statut socioéconomique ?

SECTION 2 L'âge avancé (à partir de 60 ans)

1. En quoi l'âgisme ressemble-t-il au racisme ou au sexisme ?
2. Qu'est-ce qui distingue le vieillissement primaire du vieillissement secondaire ?
3. Quels sont les arguments de poids en faveur de la théorie cellulaire sur le vieillissement ?
4. Quel rôle les gènes jouent-ils dans la durée de la vie ?

Applications

SECTION 1 L'âge mûr (de 40 à 60 ans)

1. Estimez l'âge de cinq personnes de votre entourage, puis demandez-leur quel âge elles ont. Analysez les indices à partir desquels vous avez fait votre estimation et les réactions des gens à votre question.
2. Assistez à une réunion de gens qui désirent renoncer à une mauvaise habitude ou qui souhaitent en adopter de meilleures, par exemple une réunion publique des Alcooliques Anonymes, une séance d'accueil au programme Weight Watchers ou à un programme de soutien pour ex-fumeurs, ou encore une réunion d'information pour adhérer à un centre sportif. Qui étaient les participants ? Qu'avez-vous appris et comment avez-vous réagi à ce que vous avez vu et entendu ?

SECTION 2 L'âge avancé (à partir de 60 ans)

1. Demandez à cinq personnes d'âges différents si elles aimeraient vivre jusqu'à 100 ans, et notez leurs réponses. Seraient-elles disposées à manger deux fois moins, à faire plus d'exercice, à subir une dialyse hebdomadaire ou à se soumettre à d'autres mesures pour prolonger leur vie ? Analysez les réponses.

Le chapitre 12 en un clin d'œil

SECTION 1 L'âge mûr (de 40 à 60 ans)

Le processus de vieillissement et la sénescence

- **Apparence physique**
  - Quelques signes visibles
    - Rides et perte d'élasticité de la peau
    - Dépôts de graisse
- **Organes des sens**
  - Vue
    Presbytie (difficulté à voir les objets de près)
  - Ouïe
    Déficits auditifs débutant plus tôt chez les hommes (vers 30 ans) que chez les femmes (vers 50 ans)
- **Cerveau**
  - Facteurs de risque liés à la perte de neurones
    - Abus d'alcool et d'autres psychotropes
    - Excès de stress (système immunitaire)
    - Hypertension
    - Certains virus (comme le VIH)
- **Appareil reproducteur**
  - Ménopause
    - Entre l'âge de 42 et 58 ans
    - Diminution hormonale (œstrogènes, progestérone et testostérone)
    - Disparition totale des règles (infertilité)
  - Andropause
    Diminution hormonale (testostérone)
- **Modalités de l'expression sexuelle**
  - Baisse d'excitabilité davantage liée à l'anxiété, à la nature de la relation et aux attentes
  - Sexualité pouvant s'améliorer avec l'âge chez les couples de longue date

Les conséquences des mauvaises habitudes de vie

- **Tabagisme**
  - Une des principales causes de mortalité évitable
- **Consommation d'alcool**
  - Effets positifs d'une consommation modérée
  - Effets négatifs de l'abus
- **Manque d'exercice**
  - Double notamment le risque de maladies cardiovasculaires, de diabète, d'obésité.
- **Alimentation inadéquate**
  - Effets progressifs liés entre autres au développement des maladies cardiovasculaires, de l'hypertension, du diabète de type 2 et du cancer.
  - Obésité
    Principale cause de décès prématuré chez les adultes

Le chapitre 12 en un clin d'œil

SECTION 1 L'âge mûr (de 40 à 60 ans) (suite)

L'évaluation de la santé

- **Taux de mortalité**
  - Nombre de décès par milliers de personnes en une année
  - Meilleur indicateur de la santé d'un groupe d'âge donné
- **Taux de morbidité**
  - Fréquence des maladies de toutes sortes pour une population donnée
    - Maladies aiguës
    - Maladies chroniques
- **Taux d'incapacité**
  - Incapacité d'accomplir les tâches de la vie quotidienne nécessaires à l'autonomie
- **Vitalité**
  - Mesure subjective sur les plans physique, psychologique et social

Les variations du vieillissement

- **Différences selon le sexe**
  - Les femmes vivent en moyenne 5 ans de plus que les hommes.
- **Statut socioéconomique**
  - Le statut socioéconomique élevé est un atout pour la santé.

Le chapitre 12 en un clin d'œil

SECTION 2 L'âge avancé (à partir de 60 ans)

Des préjugés et des prédictions

- **Âgisme**
  - Forme de discrimination qui isole les personnes d'âge avancé de la collectivité ; il mine leur fierté et leur santé.
  - Manifestation courante : le langage infantilisant utilisé pour s'adresser aux personnes âgées
- **Gérontologie**
  - Étude scientifique et multidisciplinaire du vieillissement et de l'adulte d'âge avancé
- **Changements démographiques**
  - À l'échelle mondiale, 7 % des personnes sont âgées de plus de 65 ans.
  - En 2009, 13 % des Canadiens étaient âgés de plus de 65 ans.
  - Le nombre de personnes de 65 ans et plus est plus élevé dans les pays industrialisés.

La sénescence

- **Vieillissement primaire et vieillissement secondaire**
  - Primaire : changements universels irréversibles dus au passage du temps
  - Secondaire : interaction entre le vieillissement primaire, les facteurs environnementaux et la maladie
- **Apparence physique**
  - Cheveux et peau
    - Les cheveux s'éclaircissent et blanchissent.
    - La peau s'assèche et s'amincit, des taches brunâtres apparaissent.
    - Des rides, dépôts adipeux et vaisseaux sanguins sont apparents.
  - Morphologie et muscles
    - Affaiblissement des muscles et des os
    - Diminution de la taille : 2 à 3 cm vers l'âge de 65 ans
- **Émoussement des sens**
  - Vue
    - Cataracte, glaucome, dégénérescence maculaire sénile
  - Ouïe
    - Presbyacousie
- **Cerveau**
  - Transmission généralement plus lente de l'influx nerveux
  - Capacités davantage affectées par les carences nutritionnelles et une circulation sanguine déficiente que par la sénescence

Le chapitre 12 en un clin d'œil

SECTION 2 L'âge avancé (à partir de 60 ans) (suite)

La sénescence (suite)

- **Adaptations aux changements**
  - Optimisation compensatoire sélective
    - Adapter son style de vie à ses besoins présents
  - Habitudes de vie
    - Nutrition
    - Exercice
    - Sommeil
- **Compression de la morbidité**
  - Une façon de réduire la durée de la maladie avant la mort

Des théories sur les causes du vieillissement

- **Théorie de l'usure**
  - Exposition à la pollution, aux rayons nocifs du soleil, à des aliments malsains, à des micro-organismes et à divers autres agents agresseurs
- **Théorie génétique du vieillissement**
  - Horloge génétique
    - Longévité maximale : limite à la durée de vie de toute espèce
- **Théorie cellulaire du vieillissement**
  - Avalanche d'erreurs
    - Perturbation de la reproduction cellulaire sous l'effet de substances chimiques (radicaux libres) et de toxines
  - Système immunitaire
    - L'affaiblissement du système immunitaire est responsable du vieillissement.
  - Limite de Hayflick
    - Nombre possible de divisions d'une cellule humaine, établi à environ 50 par Leonard Hayflick

Les centenaires

- **La liste s'allonge**
  - Groupe d'âge qui augmente le plus rapidement dans les pays industrialisés.
  - En 2050, ils seront 3,2 millions dans le monde.

CHAPITRE 13

Le développement cognitif à l'âge mûr et à l'âge avancé

Devient-on plus intelligent en vieillissant ? moins intelligent ? Les deux points de vue peuvent être soutenus par la recherche scientifique. D'une part, l'expérience et la pensée postformelle favoriseraient le progrès intellectuel. D'autre part, les changements métaboliques (système immunitaire) qui accompagnent le vieillissement entraîneraient une diminution des capacités cognitives.

Les chercheurs qui ont étudié la question se divisent en deux camps. Il y a ceux qui prétendent que l'affaiblissement intellectuel est inévitable : la souplesse de la pensée ainsi que la vitesse et l'efficacité de la résolution de problème diminuent de façon incontestable. Dans le camp opposé, des chercheurs affirment que les capacités cognitives sont modelées tout au long de la vie par l'état de santé, l'éducation, les expériences et l'activité intellectuelle. Selon l'importance que prennent ces facteurs, une dimension de l'intelligence peut s'améliorer tandis qu'une autre peut se détériorer.

Comment des chercheurs qui étudient le même sujet et analysent des données comparables peuvent-ils parvenir à des conclusions aussi divergentes ? À l'image de la pensée dialectique, peut-on penser à une quelconque synthèse qui concilierait les deux positions ? C'est à ces questions que l'on tente de répondre dans ce chapitre.

SECTION 1

L'ÂGE MÛR (DE 40 À 60 ANS)

La présente section de ce chapitre adopte l'approche psychométrique pour décrire les changements cognitifs à l'âge adulte et s'intéresse à la mesure du quotient intellectuel (QI). On y présente aussi divers types d'intelligence, y compris ceux qui découlent de l'expérience pratique et qui mènent à l'expertise dans un champ particulier.

Les scientifiques ont déjà pensé que l'intelligence commençait à décliner dès l'âge de 20 ans ; ils estiment aujourd'hui qu'elle augmente durant presque tout l'âge adulte et n'amorce son déclin qu'à partir de 60, 70 ou 80 ans. Chez les adultes, l'âge chronologique ne constitue pas le principal déterminant du développement intellectuel ; le contexte, la culture, les habitudes de vie et les choix personnels exercent aussi une influence.

Qu'est-ce que l'intelligence ?

Intelligence générale ou **facteur g** Entité reconnue par certains chercheurs, selon l'idée que l'intelligence est un trait fondamental qui sous-tend toutes les aptitudes cognitives. Selon cette conception, cette aptitude générale est présente à divers niveaux chez les gens et elle s'amenuiserait au fil des ans.

Psychométricien Spécialiste qui élabore des tests, des échelles et des mesures psychologiques. Il administre et applique ces tests, échelles et mesures, puis en interprète les résultats.

Durant la majeure partie du XXe siècle, les scientifiques présumaient de l'existence de l'intelligence et acceptaient l'idée que certaines personnes sont plus intelligentes que d'autres. Charles Spearman (1927) faisait partie de ces théoriciens et proposa l'existence d'une entité, l'**intelligence générale** ou **facteur g**.

Spearman soutenait que bien qu'on ne puisse mesurer directement le facteur g, il était possible de le déduire d'après diverses aptitudes, comme le vocabulaire, la mémoire et le raisonnement. Pour mesurer et quantifier l'intelligence, les **psychométriciens** ont élaboré des tests qui ont été administrés à des sujets de différents âges, afin de comparer ensuite leurs résultats. Le quotient intellectuel (QI) d'une personne pouvait ainsi être établi en fonction de tests d'intelligence soigneusement standardisés, et le résultat obtenu étiquetait cette personne comme un génie, quelqu'un qui présente un retard mental ou il la situait dans la moyenne.

Cette notion du facteur g continue d'influencer de nombreux scientifiques (Jensen, 1998 ; Sternberg et Grigorenko, 2002) qui essaient encore de découvrir ce qui sous-tend le QI. Est-ce le bagage génétique, le développement du cerveau avant la naissance, les expériences vécues au cours de la petite enfance ou la santé physique ? Certains psychologues entretiennent l'espoir de trouver quelque construit neurologique qui rendrait compte du fonctionnement de l'esprit et qui expliquerait pourquoi, comment et à quel moment les gens deviennent plus ou moins intelligents lorsqu'ils vieillissent (Frensch et Buchner, 1999).

La recherche sur l'âge et l'intelligence

Les tests de QI ont été utilisés pour étudier les changements liés à l'âge. Cependant, les chercheurs ne s'entendaient pas sur la façon d'interpréter les données, à savoir notamment si l'intelligence générale augmente ou décline après l'âge de 20 ans. Ce désaccord découle principalement de la méthodologie de recherche utilisée.

La recherche transversale

Échelles d'intelligence de Wechsler (WISC et WAIS) Tests d'intelligence fréquemment utilisés.

Pendant la première moitié du XXe siècle, les psychologues étaient convaincus que l'intelligence augmente durant l'enfance, culmine à l'adolescence, puis décline graduellement. Des centaines d'études réalisées dans plusieurs pays confirmaient qu'en matière de QI, les adultes plus jeunes obtiennent de meilleurs résultats que leurs aînés. La question du déclin du QI avec l'âge semblait réglée, et les deux tests d'intelligence classiques, le Stanford-Binet et les **échelles d'intelligence de Wechsler**, le **WISC** et le **WAIS** (pour *Wechsler Intelligence Scale for Children* et *Wechsler Adult Intelligence Scale*), avaient été standardisés pour correspondre à la théorie voulant que le QI atteigne son apogée à la fin de l'adolescence.

La recherche longitudinale

Dans les années 1950, Nancy Bayley et Melita Oden (1955) furent les premières à recueillir des données remettant en cause le déclin de l'intelligence lié à l'âge. Elles découvrirent que des individus doués, qui avaient été testés auparavant par Lewis Terman (1921) et reconnus comme des enfants prodiges, obtenaient en vieillissant de meilleurs résultats à plusieurs épreuves de maîtrise des concepts, y compris les questions portant sur l'usage des synonymes, des antonymes et des analogies.

Bayley (1966) résolut de continuer dans la même veine et d'évaluer un groupe d'adultes moins doués (plus typiques) qui avaient déjà subi des tests pendant leur enfance. Au lieu de plafonner à l'âge de 21 ans, le sujet typique de 36 ans continuait de s'améliorer aux principales épreuves de l'échelle d'intelligence pour adultes de Wechsler (WAIS), le test d'intelligence pour adultes le plus couramment utilisé.

Les résultats différents obtenus par Bayley s'expliquent en partie par la méthode de recherche utilisée, soit longitudinale (portant sur les mêmes sujets), alors que les études antérieures étaient de type transversal (portant sur des groupes de gens se distinguant par l'âge).

Comme on l'a mentionné au chapitre 1, l'étude transversale peut conduire à des conclusions biaisées par l'effet de cohorte. Par exemple, des personnes nées à des décennies d'écart ne développent pas les mêmes habiletés cognitives. Avec le temps, l'évolution de l'éducation — dans sa durée, son contenu et ses méthodes — de même que la variété des expériences culturelles qu'ont permises des innovations technologiques et en communication ont favorisé l'amélioration des performances intellectuelles chez les adultes. Ainsi, les résultats des études antérieures à celles de Bayley pouvaient s'expliquer par cet effet de cohorte.

Si les études longitudinales fournissent des résultats plus fiables que celles transversales, elles ne sont pas infaillibles non plus (Cunningham et Tomer, 1990 ; Horn et Hofer, 1992). Un des problèmes de ce type de recherche est lié au fait que les sujets subissent plusieurs fois des épreuves semblables : vraisemblablement, ils s'améliorent à force de s'exercer. Cela signifie qu'une amélioration dans la mesure longitudinale du QI peut relever davantage d'un apprentissage sur des questions spécifiques que d'une augmentation de l'intelligence.

En outre, comme la **mortalité expérimentale** (attribuable à un décès, à un déménagement ou encore à des abandons sélectifs des participants à la recherche) entraîne une diminution du nombre des sujets, on peut présumer que ceux qui se présentent fidèlement aux épreuves sont les plus stables, les mieux portants, les plus équilibrés et qu'ils prennent plaisir à répéter l'expérience. Les personnes malades ou perturbées par la diminution de leurs capacités seraient plus sujettes à abandonner. La perte de certains participants aurait donc tendance à améliorer les résultats globaux.

Mortalité expérimentale Perte ou abandon de sujets qui ont déjà été inscrits et assignés à un groupe ou un autre dans une recherche.

En conséquence, les scientifiques postulent que les études transversales exagèrent le déclin des capacités intellectuelles avec l'âge et que les études longitudinales le sous-estiment.

Par ailleurs, les chercheurs doivent consacrer des décennies à une étude longitudinale. Au terme de ces années, les résultats ne concernent qu'une cohorte ; par conséquent, les événements historiques particuliers qu'ont vécus les membres de cette cohorte (par exemple une guerre ou une percée dans le domaine de la santé) peuvent rendre leurs données moins applicables à d'autres cohortes. Ainsi, il est possible de se demander si les participants à l'étude de Bayley avaient amélioré leur QI parce que l'intelligence s'est accrue de façon générale ou parce qu'ils avaient la chance de faire partie d'une cohorte ayant bénéficié d'un meilleur contexte social.

La recherche séquentielle comparative

Pour chercher à atténuer à la fois les lacunes des études transversales et celles des études longitudinales, Schaie élabora une nouvelle façon de faire : l'étude séquentielle comparative, un hybride des études transversale et longitudinale (voir le chapitre 1). Les comparaisons des données ainsi colligées permettent d'analyser les différences entre les cohortes, l'influence de la répétition des épreuves de QI, l'impact du sexe des participants de même que des influences potentielles des outils de mesure du QI (de nouveaux tests sont régulièrement élaborés, différents de ceux utilisés auparavant).

En 1956, Schaie constitua d'abord un échantillon transversal de 500 adultes âgés de 20 à 50 ans et mesura chez eux cinq « capacités mentales de base » : la compréhension du vocabulaire, l'orientation dans l'espace, le raisonnement inductif, l'aptitude au calcul et l'aisance verbale. Comme l'avaient déjà démontré d'autres études transversales, ses premiers résultats témoignèrent d'un déclin graduel lié à l'âge. En effet, les personnes d'âge mûr commençaient à présenter un affaiblissement des cinq capacités mentales de base et, surtout, une diminution notable des aptitudes sous-jacentes, comme la vitesse de traitement de l'information et l'habileté spatiale (Schaie, 2005).

Comme les résultats d'études longitudinales révélaient, eux, une amélioration des capacités cognitives à l'âge adulte, Schaie décida de réévaluer les mêmes sujets 7 ans plus tard, puis il eut l'idée d'évaluer un autre groupe du même âge que le premier. Pendant près de 45 ans, tous les 7 ans (soit en 1963, en 1970, en 1977, en 1984, en 1991, en 1998 et en 2005), il procéda à la réévaluation de chaque groupe et en ajouta un nouveau chaque fois. Les résultats de cette étude, appelée *Étude longitudinale de Seattle*, confirmèrent ainsi que les capacités mentales de base s'améliorent chez la plupart des gens pendant la majeure partie de l'âge adulte.

En outre, Schaie a noté d'importants effets de cohorte. Chaque cohorte (née à 7 ans d'intervalle, de 1889 à 1973) a obtenu généralement des résultats supérieurs à ceux de la cohorte précédente aux épreuves de mémoire verbale et de raisonnement inductif, mais inférieurs en ce qui a trait à l'aptitude en calcul (Schaie, 2005). Ces effets pourraient être attribuables au fait que les cohortes les plus jeunes ont fréquenté l'école plus longtemps et ont notamment reçu une éducation qui met davantage l'accent sur des stratégies d'apprentissage et la métacognition, sur la logique et l'art de s'exprimer plutôt que sur la mémorisation de tables de nombres.

Les résultats de Schaie ont aussi fait ressortir que chaque aptitude suit une courbe distincte selon le sexe, comme le montre la figure 13.1. Remarquez l'augmentation graduelle et le déclin ultime de toutes les aptitudes ; les hommes plus jeunes se démarquent sur les plans de l'orientation spatiale et de l'aptitude en calcul, tandis que les femmes excellent plus tard dans la fluidité verbale et la compréhension sémantique du vocabulaire. Dans l'ensemble, les deux sexes présentent des performances très similaires et finissent par se rejoindre. On peut aussi constater que les variations du développement intellectuel demeurent très faibles entre 25 et 60 ans.

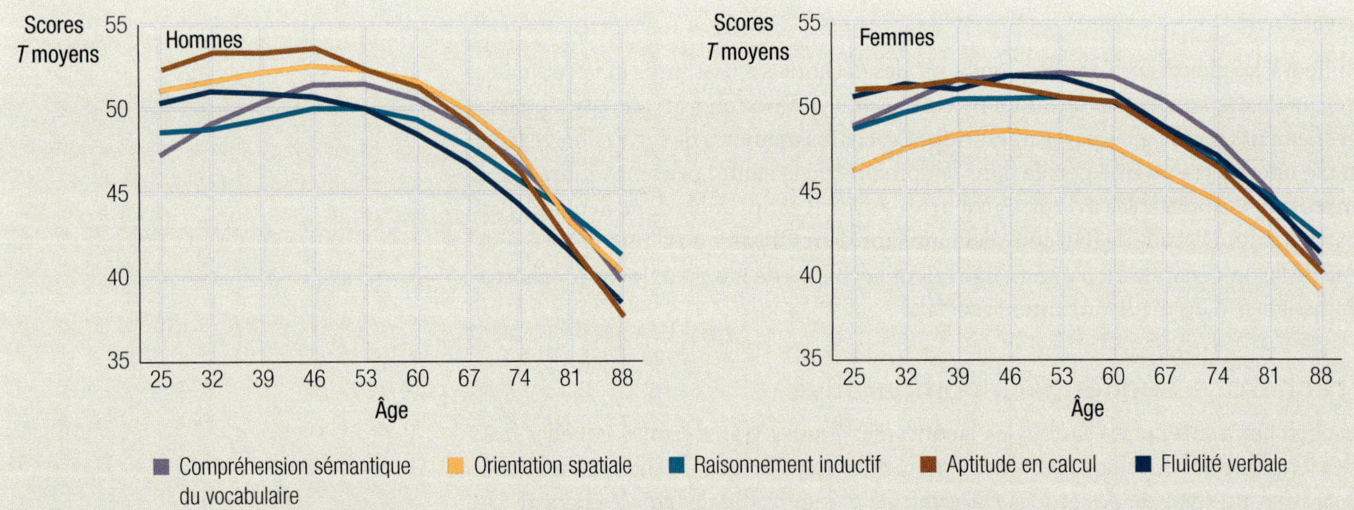

Source : K. Warner Schaie, *Developmental influences on adult intelligence: The Seattle longitudinal study* (éd. rev.), New York, Oxford University Press, 2005, p. 116. Reproduit avec autorisation.

FIGURE 13.1 La détérioration des fonctions intellectuelles avec l'âge

Les capacités intellectuelles de 25 à 88 ans La diminution des capacités intellectuelles représentée par ces graphiques serait beaucoup plus prononcée si les données provenaient d'une étude transversale. Les résultats présentés ici proviennent de l'étude longitudinale de Schaie.

Plusieurs études réalisées dans de nombreux pays viennent confirmer ces résultats. À Berlin, par exemple, Paul Baltes (2003) a administré des tests à des centaines d'Allemands d'âge avancé et a constaté que le déclin des aptitudes cognitives lié à l'âge ne s'observe pas avant 80 ans. L'âge adulte est habituellement une période où le QI s'améliore ou, à tout le moins, se maintient (Martin et Zimprich, 2005).

Les capacités intellectuelles qu'exigent le travail et la vie personnelle — et qui culminent entre 39 et 53 ans — sont en corrélation avec des résultats d'intelligence supérieure observés dans l'*Étude longitudinale de Seattle*. Ces corrélations sont plus élevées chez les cohortes récentes. Le statut social, qui est à son apogée à 46 ans, est un deuxième corrélat. Bien que ces facteurs contribuent à l'augmentation du QI au cours de l'âge adulte, Schaie (2005) précise que le déclin observé chez des individus avant 60 ans est presque toujours un symptôme ou un signe précurseur de problèmes pathologiques. Autrement dit, la plupart des adultes atteignent le sommet de leurs capacités intellectuelles entre 40 et 60 ans ; ceux qui présentent un déclin important avant 60 ans souffrent probablement d'une maladie ou d'un trouble quelconque.

L'étude de Schaie (1996) a révélé un autre point crucial : les profils individuels observés présentent de très grandes variations. Une étude semblable à l'*Étude longitudinale de Seattle* a été réalisée en Suède auprès de jumeaux monozygotes et dizygotes de 41 à 84 ans (Finkel et coll., 1998). Les résultats, remarquablement similaires à ceux obtenus par Schaie, révèlent de grandes différences individuelles dans le processus de vieillissement, même chez les jumeaux monozygotes. Les aptitudes intellectuelles augmentent, chutent ou restent parfois stables, voire déclinent avant d'augmenter comme elles ne l'ont jamais fait. Cela peut se produire chez une personne, même si le phénomène ne s'observe pas chez son jumeau monozygote. Les résultats semblent indiquer que des caractéristiques multidirectionnelles et épigénétiques influencent le QI (Neisser, 1998).

L'intelligence croît avec l'usage, qu'on se le dise ! Lire, étudier et, mieux encore, transmettre ses connaissances augmentent les capacités intellectuelles mesurables ainsi que le rendement. Presque tous les adultes peuvent se perfectionner en lisant, en étudiant ou en suivant une formation pratique.

L'intelligence : faculté unique ou multiple ?

Les spécialistes du développement examinent attentivement la courbe des gains et déclins cognitifs au cours de la vie adulte, relevés dans les différents types de recherches. Dans la mesure où tous les schémas sont possibles, on fait fausse route en cherchant à savoir si l'intelligence augmente ou si elle décline. En effet, elle ne progresse pas de façon mécanique et prévisible, et sa courbe zigzague souvent d'une aptitude à l'autre ou, chez une même personne, d'une époque à l'autre. Il faut plutôt se demander combien d'aptitudes méritent d'être mesurées et s'il y a lieu de s'interroger sur l'amélioration ou le déclin d'une aptitude particulière.

Bien que certains psychologues adhèrent à l'existence d'un facteur g et à l'idée que la vitesse ou la mémoire de travail sous-tendent certaines manifestations de l'intelligence, les données ne facilitent pas sa détection (Sternberg et Grigorenko, 2002). C'est qu'il n'existe pas de mesure « pure » de l'intelligence. Le fonctionnement du cerveau est influencé dans ses moindres aspects par la santé, les émotions, les expériences, si bien qu'il est impossible de prouver qu'une aptitude sous-tend tous les changements du QI, particulièrement entre 25 et 65 ans, lorsque la capacité de réserve cognitive compense toute perte physiologique (Kramer, Fabiani et Colcombe, 2006).

L'intelligence multidimensionnelle

La recherche d'un facteur général unique peut empêcher l'interprétation des données empiriques (Rabbitt et coll., 2003). De nombreux psychologues considèrent plutôt plusieurs aptitudes intellectuelles qui progressent et déclinent indépendamment les unes des autres. La discussion tourne autour du nombre de ces aptitudes et de l'influence qu'exerce l'âge sur chacune d'elles.

Voyons maintenant quelques théories selon lesquelles il existe plusieurs formes d'intelligence :

- celle de Cattell et Horn sur les intelligences cristallisée et l'intelligence fluide ;
- celle de Sternberg sur les intelligences analytique, créative et pratique ;
- celle de Gardner sur huit formes d'intelligence.

Cattell et Horn : intelligence fluide et intelligence cristallisée

Dans les années 1960, Raymond Cattell et John Horn étudièrent les résultats de tests d'intelligence. Ils conclurent qu'il est plus aisé de comprendre l'intelligence à l'âge adulte si l'on regroupe les aptitudes intellectuelles en deux catégories, soit l'intelligence fluide et l'intelligence cristallisée.

Intelligence fluide Forme de raisonnement souple permettant de comprendre les rapports entre les concepts. Elle se compose d'aptitudes comme la pensée abstraite et la rapidité de traitement de l'information.

L'**intelligence fluide** correspond à la forme de raisonnement souple qui sert à établir des inférences et à comprendre les rapports entre les concepts. Elle est composée des capacités mentales de base qui, comme le raisonnement inductif, la pensée abstraite et la vitesse de traitement, sont nécessaires à la compréhension de tous les sujets, en particulier de ceux qui ne sont pas familiers. Une personne ayant une grande intelligence fluide fait preuve de rapidité et de créativité avec les mots, les nombres et les énigmes. Voici un exemple de question que l'on pose pour mesurer l'intelligence fluide (Horn, 1985) :

Quel est l'élément suivant dans ces deux séries de chiffres et de lettres ?

4 5 6 3 4 5 2 3 4

B D A C Z B Y A[1]

Les tests de mesure de l'intelligence fluide comprennent, entre autres, une épreuve qui consiste à assembler les pièces d'un casse-tête en un laps de temps de 2 minutes. Le sujet reçoit des points supplémentaires s'il termine la tâche en 1 minute et perd tous ses points s'il y consacre plus de 2 minutes. La mémorisation immédiate de mots insensés, de nombres ou d'une phrase que l'on vient de lire est un indicateur d'intelligence fluide, parce que la mémoire de travail y est étroitement liée. En règle générale, les adultes deviennent moins rapides en vieillissant, particulièrement après 60 ans.

Intelligence cristallisée Intelligence qui repose sur l'accumulation des connaissances (étendue du vocabulaire et de la culture générale). Certains spécialistes du développement croient que l'intelligence cristallisée est un prédicteur d'un QI élevé pour l'avenir.

L'**intelligence cristallisée** correspond à l'ensemble des connaissances accumulées grâce à l'éducation et à l'expérience au sein d'une culture donnée. L'étendue du vocabulaire, la connaissance de formules chimiques ou la rétention des dates historiques en constituent des exemples (Horn, 1982). Voici des questions que l'on pourrait poser à un sujet pour mesurer son intelligence cristallisée :

Que signifie le mot *témérité* ?

Comment s'appelait le Sri Lanka en 1950 ?

Que signifie le mot *misanthrope* ?[2]

Le vocabulaire est un élément clé de la plupart des tests d'intelligence. Plus grand est le savoir d'une personne, plus grande est sa capacité à apprendre. C'est pourquoi un quotient élevé d'intelligence cristallisée à un certain stade de la vie est un prédicteur d'un QI élevé pour l'avenir.

1. Les réponses sont 1 et X.
2. Les réponses sont « audace », « Ceylan » et « une personne qui a une opinion défavorable du genre humain et fuit les rapports humains ».

Il faut donc mesurer l'intelligence fluide et l'intelligence cristallisée pour avoir un juste portrait du potentiel intellectuel d'une personne. L'âge complique le calcul du QI, car les résultats aux questions mesurant l'intelligence fluide sont moins bons avec l'âge, surtout la vitesse, alors que les résultats aux questions mesurant l'intelligence cristallisée augmentent (Horn et Masunaga, 2000). Ces deux groupes d'aptitudes évoluent dans des directions opposées, ce qui rend les résultats aux tests relativement stables entre 30 et 70 ans, et ce, même si de nombreuses aptitudes changent. Il semble insensé d'essayer de mesurer le facteur g en tant qu'intelligence globale, parce que les deux composantes de l'intelligence doivent être mesurées séparément. En regroupant les résultats, les vrais changements seront masqués parce que les transformations des aptitudes de l'intelligence fluide et de l'intelligence cristallisée s'annulent en quelque sorte.

L'âge altère l'intelligence fluide, car il ralentit tous les mécanismes, non seulement l'aptitude à attraper une balle de baseball, mais aussi celle qui permet d'assembler un casse-tête. L'intelligence fluide est sensible au vieillissement. C'est dans la vingtaine que commence le ralentissement cérébral, qui découle notamment d'une circulation sanguine plus lente dans le cerveau et d'une diminution du nombre ou de la vitesse des transmissions des neurones et des dendrites. Cependant, ce ralentissement est rarement apparent à cette époque de la vie : il ne devient manifeste qu'avec le déclin majeur de l'intelligence fluide qui influe à son tour sur l'intelligence cristallisée. C'est alors l'ensemble des résultats de QI qui commencent à chuter (Lindenberger, 2001).

Ce déclin plus marqué commence vers 60 ans (Dangour, Fletcher et Grundy, 2007). Les adultes compensent alors en utilisant plusieurs parties de leur cerveau pour accomplir des tâches complexes. Aussi, la sénescence du cerveau est-elle rarement observable à l'âge mûr, bien que l'imagerie par résonance magnétique fonctionnelle (IRMf) et les tomographies par émission de positrons (TEP) révèlent certains changements (Buckner, Head et Lustig, 2006 ; Reuter-Lorenz et coll., 2005).

Certaines personnes, et elles sont minoritaires, subissent cependant assez tôt une perte cognitive plus importante. Ce déclin se fait selon un rythme rapide jusqu'à franchir un seuil de fonctionnement cognitif parfois appelé *seuil de la démence* (Dangour, Fletcher et Grundy, 2007). Moins de 1 % des adultes de moins de 65 ans franchissent ce seuil.

Sternberg : intelligences analytique, créative et pratique

Robert Sternberg (1988, 2003) reconnaît qu'un résultat unique de QI peut porter à confusion. Se fondant sur les processus intellectuels, il a proposé trois formes distinctes mais connexes de l'intelligence, soit analytique, créative et pratique (1988). Chacune peut être mesurée.

L'**intelligence analytique**, ou aspect interne de l'intelligence, fait appel à des opérations mentales qui favorisent l'apprentissage, la mémorisation et la pensée : la planification, le choix des stratégies, l'attention et la concentration, le traitement de l'information ainsi que les habiletés verbales et en logique. Ces éléments sont particulièrement valorisés au début de l'âge adulte, chez les étudiants de niveau universitaire et les nouveaux employés d'une entreprise. Des tests à choix multiple, où une seule réponse est bonne, et de brèves réponses à court développement sur des informations mémorisées permettent de mesurer l'intelligence analytique.

Intelligence analytique Forme d'intelligence qui fait appel à des opérations mentales comme la planification, le choix de stratégies, l'attention, le traitement de l'information ainsi que les habiletés verbales et en logique.

L'**intelligence créative** correspond à la souplesse intellectuelle, à la capacité d'innover et d'utiliser ses expériences antérieures pour résoudre de nouveaux problèmes. Elle désigne l'aptitude à faire preuve de flexibilité intellectuelle et d'innovation. La pensée créative est divergente (par opposition à convergente) et produit des réponses inattendues, inventives et inusitées plutôt que les réponses habituelles, convenues.

Intelligence créative Forme d'intelligence qui fait appel à la souplesse intellectuelle, à la capacité d'utiliser ses expériences antérieures et à l'innovation.

Comment mesurer différentes formes d'intelligence? Une scientifique qui étudie les facteurs génétiques du cancer du sein, un marin qui navigue sans instruments sur les eaux du Pacifique Sud : deux adultes au travail qui manifestent des capacités intellectuelles hautement spécialisées. Comment pourrait-on créer un test de QI qui mesure équitablement leur intelligence ? De même, comment tenir compte dans l'évaluation du QI des disparités entre les personnes exceptionnellement créatives, analytiques ou pratiques ?

Sternberg a développé des tests d'intelligence créative où les participants doivent notamment rédiger une nouvelle intitulée *Les souliers de course de la pieuvre* et planifier une campagne publicitaire pour promouvoir une nouvelle poignée de porte. Les meilleures notes sont attribuées à ceux qui proposent des idées inusitées.

Intelligence pratique Ensemble des habiletés intellectuelles qui servent à la résolution de problème dans la vie courante en adaptant son comportement à la situation et aux personnes.

L'**intelligence pratique** correspond à la capacité d'adapter son comportement aux contingences d'une situation, y compris les attentes et les besoins des personnes en cause et les habiletés exigées par le contexte. L'intelligence pratique peut être utile pour gérer des situations de conflits interpersonnels ou encore pour convaincre les membres d'un groupe (au travail, des amis, dans un organisme quelconque) d'entreprendre une action particulière. Sans cette intelligence pratique, une solution logique à un problème et une idée créative géniale ne peuvent être réalisées.

À VOUS LES COMMANDES 13.1

L'intelligence pratique en action

Voici des mises en situation et des questions tirées d'un instrument de mesure de l'intelligence pratique.

1. Vous ouvrez le réfrigérateur pour prendre une boisson fraîche. Vous constatez qu'il fait chaud à l'intérieur du réfrigérateur. Que faites-vous ?
2. Un jeune homme qui habite dans un immeuble s'aperçoit que le chauffage ne fonctionne pas dans son appartement. Il demande au propriétaire d'envoyer un réparateur et le propriétaire accepte. Une semaine plus tard, il fait toujours froid dans l'appartement. Le jeune homme a appelé le propriétaire à plusieurs reprises, mais le chauffage est toujours en panne. Que devrait faire le jeune homme ?

Demandez à quelques personnes de votre entourage de répondre à ces questions et comparez leurs suggestions.

Vous aurez compris qu'il n'existe pas une seule bonne réponse. L'intelligence pratique permet de trouver des solutions variées.

Sternberg croit que ces trois formes d'intelligence — analytique, créative et pratique — sont utiles et que les adultes devraient miser sur les forces de chacune tout en évitant de s'y limiter.

> Les gens réussissent en partie en découvrant comment exploiter leurs forces et leurs faiblesses [...]. L'aptitude analytique fait appel au jugement critique ; c'est l'aptitude à analyser et à évaluer des idées, à résoudre des problèmes et

à prendre des décisions. L'aptitude créative est ce qui pousse à voir plus loin pour générer des idées novatrices et intéressantes. L'aptitude pratique désigne la réalisation d'idées ; c'est l'aptitude sollicitée lorsque l'intelligence est mise au service de contextes réels du quotidien.

(Sternberg et coll., 2000, p. 31)

L'intelligence et la diversité des circonstances

Le type d'intelligence valorisé dépend en partie de l'âge et de la culture, mais également du domaine d'étude ou du champ professionnel. Considérons les trois formes d'intelligence de Sternberg dans le parcours de vie. L'intelligence analytique est habituellement valorisée à l'école secondaire, au niveau collégial et à l'université, quand les étudiants sont appelés à mémoriser et à analyser une variété d'idées. Elle est également nécessaire au chercheur, au comptable, etc.

L'intelligence créative est prisée lorsque les circonstances de la vie amènent de nouveaux défis ; elle est beaucoup plus valorisée dans certaines cultures et à certaines époques (Kaufman et Sternberg, 2006). En période d'agitation sociale, la créativité est un meilleur gage de réalisations que ne le sont les mesures traditionnelles, généralement trop limitées. La créativité permet aux gens de mieux tirer parti de leurs aptitudes, de leurs valeurs et de leurs désirs (Sternberg, 2002). Elle est indispensable dans certaines professions (publicité, arts, infographisme, etc.) et très utile aussi dans d'autres (enseignement, éducation à l'enfance, etc.). Cependant, elle risque de produire des résultats à ce point novateurs ou éloignés des sentiers battus que la personne dotée de créativité peut être ignorée, voire méprisée.

L'intelligence pratique peut s'avérer particulièrement utile après les études, quand les exigences du quotidien semblent prendre presque toute la place (Berg et Klaczynski, 2002). Il est intéressant de noter que les résultats aux tests d'intelligence pratique ne présentent pas toujours de corrélation avec les résultats aux tests d'intelligence traditionnels (Sternberg et coll., 2000), conçus pour refléter le rendement scolaire. C'est cette intelligence pratique que les adultes d'âge mûr privilégient souvent et qui constitue le principal sujet de recherche dans le domaine de la cognition adulte (Sternberg, 1988 ; Sternberg et coll., 1995 ; Sternberg, 2003).

Gardner : huit formes d'intelligence

Howard Gardner (1983) a déterminé huit intelligences distinctes : linguistique, logico-mathématique, musicale, spatiale, kinesthésique (particulièrement développée chez les athlètes et les danseurs), interpersonnelle (connaissance des autres), intrapersonnelle (connaissance de soi) et naturaliste (harmonie avec la nature). Chacune serait associée à un réseau neuronal particulier dans le cerveau. Selon Gardner, c'est d'ailleurs pourquoi les victimes de lésions cérébrales présentent un affaiblissement ou une exacerbation extrêmes de certaines intelligences en même temps que des déficiences prononcées dans d'autres domaines.

Toute personne normale posséderait les huit intelligences bien que, en raison de facteurs génétiques, certaines soient plus développées que d'autres. Toute société, en outre, valorise certaines intelligences, de sorte que celles-ci sont cultivées par les parents, acquises par les enfants, entretenues par les écoles et conservées par les adultes. Parallèlement, les intelligences les moins valorisées demeureraient relativement peu développées. Prenons l'exemple d'un enfant doué sur le plan de l'intelligence naturaliste : il sait reconnaître au premier coup d'œil les différences entre les catégories d'arbres et de feuilles. Toutefois, s'il habite une grande ville, il se peut que son talent ne soit pas reconnu ni valorisé. Il en va de même pour les autres formes d'intelligence.

POINT DE MIRE

Les conclusions générales sur le développement cognitif

De nombreux autres chercheurs ont étudié le développement cognitif de l'adulte et recouru, pour ce faire, à un éventail de méthodes. Globalement, les résultats des études transversales, longitudinales et séquentielles comparatives, de même que ceux de l'expérimentation et de l'observation, ont mené à quatre conclusions générales à propos du développement intellectuel entre 20 et 90 ans (Baltes et Baltes, 1990; Ceci, 1990; Horn et Hofer, 1992; Powell, 1994; Salthouse, 1985, 1991, 1992; Schaie, 1996). Celles-ci concernent la stabilité, le déclin, l'importance de l'éducation et la variabilité.

- La stabilité En règle générale, les capacités intellectuelles augmentent légèrement entre le début de l'âge adulte et le début de l'âge mûr; elles restent stables pendant tout l'âge mûr, puis certaines d'entre elles diminuent.
- Le déclin Les premières capacités intellectuelles à régresser sont la vitesse de traitement de l'information et la vitesse de réaction. Leur détérioration peut s'amorcer dès l'âge de 30 ans (observez un adulte qui se mesure à un adolescent à un jeu vidéo) et se répercuter sur les résultats des tests de mesure de l'intelligence fluide vers l'âge de 40 ans. Cet affaiblissement commence à nuire aux résultats des tests de mesure de l'intelligence globale vers l'âge de 60 ans. Il s'associe alors à la dégradation insidieuse de toutes les composantes du traitement de l'information vers l'âge de 80 ans (la vitesse de traitement fait l'objet de la seconde section du chapitre).
- L'éducation La compétence intellectuelle mesurée par les tests de QI est fortement influencée par les années de scolarité pendant l'enfance, l'adolescence et le début de l'âge adulte. Certes, la corrélation entre l'éducation reçue au cours de l'enfance et l'intelligence manifestée à l'âge adulte repose en partie sur des facteurs génétiques. Toutefois, une partie de la compétence intellectuelle d'un adulte découle directement de l'éducation reçue des années plus tôt. À capacités innées comparables, les membres les plus instruits d'un groupe ont plus de chances que les autres de conserver une compétence intellectuelle supérieure jusqu'à l'âge adulte avancé.
- La variabilité L'intelligence peut emprunter plusieurs voies pour se développer, surtout à l'âge adulte. Elle est multidimensionnelle, multidirectionnelle et malléable (plastique).

Nombre de chercheurs étudient les intelligences multiples chez les enfants d'âge scolaire, mais, à ce jour, aucuns résultats d'études longitudinales ou séquentielles comparatives sur les huit intelligences chez les adultes n'ont été publiés.

À VOUS LES COMMANDES 13.2

Le maintien des capacités cognitives

L'éducation, le métier exercé, les habitudes de vie et l'état de santé — autant d'éléments qui varient d'une personne à l'autre — contribuent à l'établissement de profils cognitifs uniques. La leçon qu'il faut en tirer est que les changements intellectuels sont étroitement liés aux circonstances de la vie. Le grand âge et un mauvais état de santé finissent par ralentir la cognition; cependant, ce déclin peut ne survenir qu'à la fin du parcours de vie. De plus, le déclin peut être à ce point graduel que les facultés cognitives des meilleurs s'amenuiseront si lentement qu'ils obtiendront quand même des résultats correspondant à la moyenne des jeunes adultes (Salthouse, 2006).

Selon vous, quels sont les facteurs les plus importants dans le maintien de capacités cognitives? Une personne qui présente tous les facteurs d'influence pourrait-elle voir son résultat augmenter, même après 80 ans?

Des pertes et des gains sélectifs

On a traité jusqu'ici des transformations intellectuelles au cours de la vie adulte comme si des facteurs indépendants de la volonté des gens influaient sur les courbes de changement. Cette supposition est juste à plusieurs égards. Le vieillissement des neurones, les pressions exercées par la culture, l'éducation reçue et les événements de la vie influent tous sur l'intelligence. Aucun de ces aspects ne relève de la volonté des individus, bien que certaines habitudes de vie (l'exercice, la nutrition, la consommation de drogues) reposent sur des choix personnels.

De nombreux chercheurs croient néanmoins que les adultes font des choix délibérés en ce qui a trait à leur développement intellectuel. Chaque adulte cherche à maximiser ses gains, en minimisant ses pertes, et choisit donc de mettre certaines aptitudes en pratique et d'en abandonner d'autres (Wellman, 2003).

L'expertise

Les gens ayant des connaissances approfondies dans un champ particulier n'ont pas forcément les plus grandes aptitudes intellectuelles ; ils se distinguent par le savoir qu'ils détiennent sur un sujet (Wellman, 2003). Certains spécialistes du développement estiment qu'en prenant de l'âge, les gens acquièrent une **expertise** dans les domaines qui leur importent, qu'il s'agisse du travail, des loisirs ou des relations interpersonnelles (Dixon, Kramer et Baltes, 1985). C'est d'ailleurs ce qui explique le caractère multidimensionnel et individuel des habiletés intellectuelles à l'âge adulte, qui ne sont pas toujours mesurées par les tests de QI traditionnels (Masunaga et Horn, 2001).

Expertise Ensemble de connaissances avancées et d'habiletés développées dans un domaine donné.

La pensée de l'expert repose sur l'intuition, les automatismes, les stratégies et la flexibilité.

L'intuition

Les novices ont tendance à suivre les règles et les consignes officielles. Les experts tiennent davantage compte de leurs expériences passées et du contexte du moment. Leurs actions sont donc plus intuitives et moins stéréotypées.

Le rôle de l'intuition, qui repose en partie sur l'expérience, peut se manifester pendant une opération chirurgicale, par exemple. Au cours d'une étude, on a présenté à des chirurgiens une bande vidéo d'une ablation de la vésicule biliaire, puis ils ont été invités à en parler. Les chirurgiens expérimentés ont anticipé et relevé des problèmes deux fois plus souvent que les chirurgiens en résidence (qui avaient aussi déjà fait ce type d'opération) (Dominguez, 2001).

Le sexage des poussins, qui consiste à déterminer le sexe d'un poussin dès qu'il est sorti de l'œuf, offre un autre exemple d'intuition que possède l'expert :

> À une époque, les propriétaires de volailles devaient attendre de cinq à six semaines avant que l'apparition des plumes adultes leur permette de distinguer les coquelets des poulettes. Comme les producteurs d'œufs ne veulent acheter et nourrir que des poulettes, ils furent intéressés d'apprendre que des Japonais avaient développé une aptitude à reconnaître le sexe des poussins d'un jour [...]. Des couvoirs d'autres pays décidèrent alors d'offrir à leurs travailleurs une formation pratique auprès des Japonais. [...] Après des mois d'entraînement et d'expérience, les meilleurs Étatsuniens et Australiens pouvaient presque se mesurer aux Japonais, en triant de 800 à 1000 poussins à l'heure avec une marge d'erreur de 1 %. Ne leur demandez surtout pas comment ils s'y prennent. Tous les trieurs de poussins vous le diront : la différence entre un mâle et une femelle est trop subtile pour être expliquée.
>
> (David Myers, 2002, p. 55)

Les automatismes

De nombreux éléments du savoir-faire des experts relèvent d'automatismes. Les actions et réflexions complexes qui accompagnent le savoir-faire sont devenues routinières, à force

Voilà! Ce chimiste réfléchit intensément et cherche des yeux le résultat qui lui permettra de lancer avec enthousiasme son exclamation de victoire. Contrairement à un chimiste expérimenté, la plupart des gens ne sauraient pas reconnaître un résultat déterminant s'il se produisait sous leurs yeux. L'expertise est remarquablement sélective.

d'être répétées, donnant l'impression que la plupart des aspects de la tâche se réalisent de façon automatique. Les experts gèrent l'information plus rapidement et analysent de façon plus efficace que les novices. Pourquoi ? Parce qu'ils ont acquis beaucoup de connaissances et que leurs actions sont bien rodées, de sorte qu'elles exigent moins d'attention. De fait, plusieurs de leurs gestes ou de leurs réactions ne relèvent pas de l'esprit conscient. Par exemple, les adultes sont des experts pour attacher les lacets de leurs chaussures, même dans l'obscurité. Par contre, comme il s'agit d'un automatisme, ils ont plus de difficulté que les enfants à décrire comment ils le font (McLeod, Sommerville et Reed, 2005).

Les stratégies

Les experts disposent de meilleures stratégies et en plus grand nombre, particulièrement lorsqu'il s'agit de résoudre des problèmes inattendus (Ormerod, 2005). Le recours à une stratégie semble en effet la principale différence entre une personne qualifiée et celle qui ne l'est pas. En effet, les experts peuvent, grâce à de meilleures stratégies, s'adapter aux changements dans une situation donnée : ils trouvent d'autres manières de faire ou de réagir pour atteindre les objectifs (Baltes et Carstensen, 2003 ; Rowe et Kahn, 1998). Un professeur expérimenté, par exemple, se laisse moins déstabiliser par les questions des élèves, car il dispose d'une variété de stratégies parmi lesquelles il peut choisir celle qui sera la plus efficace dans telle circonstance.

La flexibilité

Probablement une conséquence des trois caractéristiques précédentes (intuition, automatismes, stratégies), la flexibilité est plus grande chez les experts. L'artiste, le musicien ou le scientifique expert est plus curieux et plus créatif ; il expérimente, aime les imprévus et s'écarte volontiers des standards habituels s'ils se révèlent inefficaces (Csikszentmihalyi, 1996 ; Patel, Arocha et Kaufman, 1999). De même, les experts de tout acabit semblent pouvoir s'adapter aux situations avec méthode, souplesse et créativité, recourant à de nombreuses stratégies pour étudier les éléments les plus pertinents (Schraagen et Leijenhorst, 2001).

L'expertise et le vieillissement

Alors, devient-on plus ou moins intelligent en prenant de l'âge ? Plus et moins (Schultz et Heckhausen, 1996). Comme l'indiquent les études longitudinales dont on a fait état, de nombreuses personnes améliorent leurs capacités de base au cours de la majeure partie de l'âge adulte et ne présentent toujours pas de signe de déclin à 60 ans. Et, comme on le précise dans la seconde section de ce chapitre, on rencontre des personnes âgées qui ne présentent aucun déclin manifeste et qui continuent d'acquérir des connaissances même à un âge très avancé.

La relation entre le vieillissement et l'expertise n'est cependant pas directement proportionnelle. Une personne devient un expert sélectif en se spécialisant dans des activités qu'elle aime, qu'il s'agisse de la réparation de voiture, de fine cuisine, du diagnostic de maladies ou de la pêche à la mouche. Les personnes qui mettent une attention particulière dans l'exercice d'une habileté et une motivation intense peuvent développer une expertise qui se maintient avec l'âge (Masunaga et Horn, 2001).

La culture et le contexte dans lesquels on vit guident le choix d'un champ d'expertise. Par exemple, de nombreux adultes nés il y a 60 ans sont beaucoup plus habiles que les cohortes les plus récentes à rédiger des lettres à la main et lisiblement. La culture de leur enfance les a poussés à s'exercer à la calligraphie pour la maîtriser parfaitement. Les écoles et les enfants d'aujourd'hui font d'autres choix : le traitement de texte est enseigné dès l'école primaire et est considéré comme essentiel.

On ne saurait nier pour autant les régressions cognitives liées à l'âge. On n'apprend pas aussi rapidement à l'âge mûr qu'à 20 ans. Cela signifie qu'il faut être plus sélectif et plus motivé pour acquérir une habileté dans un nouveau champ d'expertise et qu'il faut s'exercer plus longtemps que les jeunes si on espère les égaler. Dans l'ensemble, toutefois, il apparaît clairement que les différences interindividuelles sont plus déterminantes que l'âge chronologique pour le développement cognitif. Autrement dit, pour prévoir la compétence intellectuelle d'un adulte, il vaut mieux se fier à ses antécédents, à ses centres d'intérêt et à sa motivation qu'à son âge.

Les travailleurs âgés : experts ou dépassés ?

La recherche confirme que, dans les milieux de travail, les adultes expérimentés qui ont à réaliser des tâches complexes ont développé certaines habiletés intellectuelles qui leur sont nécessaires (Sterns et Huyck, 2001). Les meilleurs employés sont souvent les plus âgés… du moins ceux qui ont encore assez de motivation pour donner le meilleur d'eux-mêmes.

Un travail complexe demande plus d'entraînement cognitif et d'expertise qu'un travail routinier ; par conséquent, il procure des avantages sur le plan intellectuel à ceux qui l'exercent. L'*Étude longitudinale de Seattle* a mesuré la complexité cognitive du travail de plus de 500 travailleurs, y compris les difficultés associées à leurs rapports avec d'autres personnes, avec des choses et avec des données. Les résultats indiquent que les défis associés à ces trois types de rapports contribuent à préserver les aptitudes intellectuelles des travailleurs (Schaie, 2005). Par ailleurs, les adultes d'âge mûr compensent souvent la perte de vitesse ou de force en utilisant des stratégies plus efficaces dans l'organisation de leur travail.

EN PERSONNE

Parent d'expérience

Une croyance répandue veut que les premiers-nés soient plus difficiles à élever que leurs cadets. De fait, les enfants éduquent leurs parents pendant que ceux-ci les éduquent, ce qui explique que les nouveaux parents aient souvent l'air ahuris et stressés alors que les parents expérimentés semblent plus détendus. Je me souciais beaucoup plus des fièvres, des éruptions et du savon à lessive à mon premier enfant qu'à mon quatrième, parce que j'avais alors acquis une expertise en matière de bébés.

Alors qu'elles étaient adolescentes, Bethany, mon aînée, dit à Rachel : « C'est facile pour toi parce que nos parents, je les ai cassés. » Il y avait du vrai là-dedans, quoique Rachel n'appréciait pas l'idée que Bethany ait fait tout ce travail pour elle.

Bethany n'avait pas tort. Les études sur les parents d'adolescents ont révélé que les aptitudes parentales s'améliorent avec l'expérience. Plus précisément, les mères et les pères connaissent mieux le quotidien de leur adolescent cadet qu'ils ne connaissaient celui de leur aîné. On croit que ce type de conscience parentale est fondamental dans la réussite de l'éducation des enfants (Whiteman, McHale et Crouter, 2003).

Je n'en doute pas. Des années de pratique m'ont appris bien des choses sur le rôle de parent et ont fait de moi une mère plus confiante et plus compétente. De même, les grands-parents ont la réputation d'être plus patients avec leurs petits-enfants et de jouer davantage avec eux (deux qualités qui profitent aux enfants) que lorsqu'ils étaient parents.

Savoir quand donner des conseils, guider ou carrément pousser les gens que l'on aime à faire certaines choses est un énorme défi de la vie en famille, tout autant que savoir quand tenir sa langue, laisser ses enfants prendre leurs propres décisions et tirer leurs propres leçons. L'expérience me rend la chose moins difficile. J'en sais plus, mais j'en dis moins.

Le défi le plus difficile à tout âge est de savoir quand suivre les conseils qu'on nous donne. Il m'arrive de suivre les suggestions de mes filles pour mes vêtements et ma coiffure ; je sais que leur expertise à cet égard vaut mieux que la mienne. Je décline leurs suggestions concernant d'autres aspects de ma vie, tout comme elles déclinent les miennes.

(Kathleen Stassen Berger, 2007)

L'expertise en relations humaines

L'habileté la plus importante que doivent apprendre les gens de tout âge est sans doute d'arriver à bien s'entendre avec autrui, à comprendre les besoins affectifs des autres et à les aider à mieux fonctionner. Il suffit de songer aux entraîneurs, aux thérapeutes et aux juges devenus experts pour constater que l'expérience de la vie procure des enseignements.

La meilleure façon de tester ses capacités en relations humaines est probablement la vie de parent. Idéalement, les pères et les mères sont patients, faciles à vivre et cohérents, autant de traits qui s'acquièrent avec l'âge, et parfois avec le nombre d'enfants; les parents deviennent des experts, comme l'illustre la rubrique « En personne » de la page précédente.

SECTION 2

L'ÂGE AVANCÉ (À PARTIR DE 60 ANS)

Durant la période de l'âge avancé, il devient apparent que l'expérience acquise et la détérioration des fonctions physiologiques exercent des effets opposés. D'une part, les personnes âgées possèdent un vaste bagage d'expériences et de connaissances dans lequel elles peuvent puiser pour relever les défis intellectuels. D'autre part, les troubles physiques, l'affaiblissement des sens, la diminution de l'énergie et, surtout, le ralentissement des réactions pèsent de plus en plus lourd sur la compétence cognitive.

Dans cette section, il sera question de la dégradation cognitive grave (ou démence), tout comme de la cognition optimale. Avant de décrire le pire et le meilleur, voyons les changements habituels qui se produisent dans le traitement de l'information après 60 ans.

Le traitement de l'information après 60 ans

En règle générale, la plupart des capacités intellectuelles s'améliorent ou restent stables au cours de l'âge mûr. À partir d'un certain moment toutefois — ce peut être à 60 ans pour certains et à 90 ans pour d'autres —, elles diminuent chez presque tout le monde.

Si cet affaiblissement est universel, ses modalités varient. La **variation interindividuelle** des capacités intellectuelles est manifeste pendant l'enfance et l'âge adulte, et encore davantage à l'âge adulte avancé. Certaines personnes voient alors s'épanouir leur créativité, de nombreuses autres ne changent pas et quelques-unes sombrent dans la désorientation la plus totale (Powell, 1994).

Variation interindividuelle Ensemble des différences entre les individus, attribuables au caractère unique du bagage génétique et à l'environnement de chacun.

L'approche du traitement de l'information est très utile pour comprendre les aptitudes intellectuelles à l'âge avancé. Le processus de la cognition est ainsi décomposé en fonctions : les sens et la perception, l'encodage et la récupération de l'information (mémoire), ainsi que les mécanismes de régulation. Certaines fonctions de ce processus déclinent avec l'âge.

Les spécialistes invoquent souvent deux embûches contribuant à ce déclin et à ce ralentissement généralisé : trop d'interférence et un manque d'**attention sélective**.

Attention sélective Processus par lequel le cerveau fait le tri des informations pour ne s'occuper que de celles qui sont importantes dans la situation du moment présent.

L'attention sélective est une activité de tri (identification et choix rapide des éléments), de contrôle et de mise en forme de l'information qui s'acquitte d'une double mission :

déterminer l'importance de l'information, d'une part, et s'assurer de sa qualité et de sa pertinence, d'autre part. La sélectivité permet donc de faire des choix appropriés dans l'information disponible et de laisser de côté ce qui n'est pas pertinent dans une situation donnée.

Les sens et la perception

Le traitement de l'information débute lorsqu'un stimulus est capté par les sens. Une fois qu'il a franchi le seuil sensoriel, le stimulus devient une sensation qui est transmise à la mémoire pour y être traitée et interprétée (perception) (voir la figure 13.2).

Les déficits sensoriels

C'est sur le plan des sensations que commence le déclin associé à l'âge. Aucun des sens n'a la même acuité à 65 ans qu'à 15 ans. À l'âge avancé, certaines données, comme les détails d'un panneau routier aperçu à 90 m de distance ou une conversation à voix basse dans un endroit bruyant, ne sont pas captées par les sens. Lorsqu'un sens est apte à déceler un stimulus, la **mémoire sensorielle** retient brièvement l'information afin de laisser aux autres composantes du système de traitement de l'information le temps d'entrer en jeu.

Mémoire sensorielle Système mnésique qui entre en jeu pendant une fraction de seconde lors du traitement sensoriel ; il ne garde qu'une impression fugitive du stimulus qui vient d'atteindre un organe des sens (comme l'œil).

Les recherches confirment que la réduction de l'information sensorielle (des sons, des objets et même des odeurs) compromet la cognition (Anstey, Hofer et Luszcz, 2003 ; Dulay et Murphy, 2002 ; Wingfield, Tun et McCoy, 2005). Une étude menée auprès de gens de tout âge a révélé que 11 % de la variation dans les résultats cognitifs chez les jeunes adultes et que 31 % de cette variation chez les adultes d'âge avancé étaient associés à des déficiences sensorielles (Lindenberger et Baltes, 1997). Cela signifie que 31 % des différences dans les résultats entre deux personnes âgées pourraient être attribués à une plus grande acuité des sens (une meilleure vue ou une meilleure ouïe, par exemple) plutôt qu'à une plus grande intelligence.

Les problèmes de déficits sensoriels sont insidieux, car les gens perdent ou laissent échapper des données sans s'en rendre compte. La cognition dépend de la perception, et la perception dépend des sensations. Ainsi, les personnes d'âge avancé qui n'ont plus la même acuité sensorielle risquent de ne pas se rendre compte de leur difficulté cognitive ou de ne pas en comprendre l'origine.

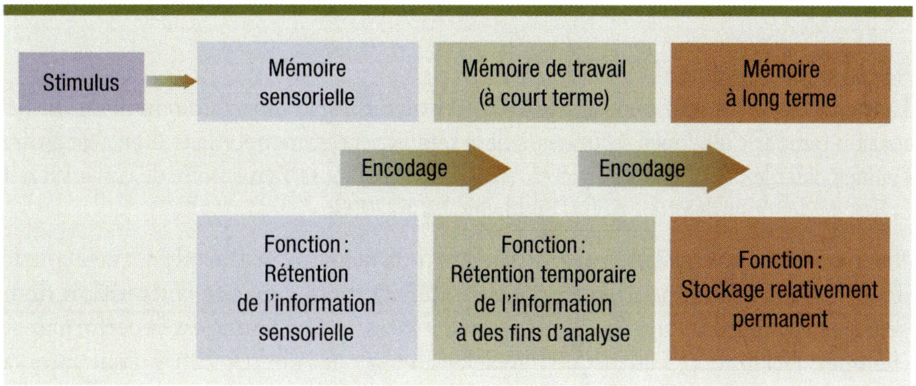

FIGURE 13.2 Le modèle des trois paliers de la mémoire Chaque boîte représente un système de mémorisation distinct ayant une fonction, une durée et une capacité qui lui sont propres. Lorsque l'information ne quitte pas la mémoire sensorielle ou la mémoire de travail, elle est considérée comme perdue.

Encore des découvertes La plupart des adultes d'âge avancé apprennent à utiliser ce qui peut améliorer leur capacité mnésique, qu'il s'agisse de dresser des listes ou d'apprivoiser un logiciel.

EN PERSONNE

« Ce préposé est très impoli! »

Un couple âgé, marié depuis 65 ans, partageait une chambre dans un centre de soins de longue durée, parce que ni le mari ni son épouse ne pouvaient marcher longtemps sans aide.

Alors qu'il changeait les draps du lit du mari, un préposé laissa tomber : « Ça pue! » Le sexagénaire était presque sourd et n'entendit pas le commentaire, mais son épouse, oui! Elle s'en plaignit pendant des semaines en disant : « Ce préposé était très impoli. Imaginez ce qu'éprouverait mon mari s'il l'avait entendu ? »

Pour tout dire, le lit puait en raison de l'incontinence du mari. Ni lui ni sa conjointe ne sentaient l'odeur d'urine que dégageaient les draps, en raison d'une baisse de l'acuité olfactive. La dame en aurait eu honte ; elle avait veillé presque toute sa vie à ce que la tenue de son mari et la sienne soient irréprochables.

Le piège de l'interférence

Interférence Tout élément qui nuit au traitement d'une information dans la mémoire.

La perte d'information sensorielle affecte la cognition d'une autre façon, en augmentant la puissance de l'**interférence**. Celle-ci est considérée comme un obstacle majeur à l'efficience de la cognition chez les personnes âgées (Park et Payer, 2006), car certaines informations cruciales sont occultées par d'autres, moins importantes, qui interfèrent en captant l'attention.

Par exemple, si à cause d'une baisse de l'acuité auditive, une personne ne capte du mot *interférence* que *terre rance*, elle mobilisera ses ressources cognitives afin d'analyser les sons *terre rance* de même que le contexte dans le but de déterminer ce que l'interlocuteur a dit. C'est un peu ce que vit toute personne qui, ne maîtrisant pas une langue, essaie de comprendre le message de son interlocuteur à partir d'une évaluation erronée des mots entendus. Ce processus est lassant et rogne l'énergie mentale requise pour passer à l'étape suivante du traitement de l'information, c'est-à-dire déterminer si les mots méritent ou non d'être retenus. Ainsi, l'interférence entrave la pensée parce qu'elle ralentit le raisonnement (Kramer, Fabiani et Colcombe, 2006).

L'encodage : la rétention de l'information

Encodage Processus de traitement de l'information qui permet la rétention d'une information, pendant un certain laps de temps, dans la mémoire à court terme ou dans la mémoire à long terme.

L'**encodage** désigne le processus de rétention de l'information dans la mémoire. Avec l'âge, certains aspects de la mémoire demeurent virtuellement intacts, mais d'autres s'affaiblissent. Par exemple, la mémoire des mots (ou mémoire sémantique) est habituellement plutôt bonne, alors que la mémoire des événements (ou mémoire épisodique) décline. Voyons dans un premier temps deux composantes du système de traitement de l'information : la mémoire de travail et la mémoire à long terme.

La mémoire de travail

Mémoire de travail ou **mémoire à court terme** Partie du système de traitement de l'information reliée à l'activité mentale consciente du moment. Elle contient les données en cours de traitement et est également responsable des mécanismes d'encodage dans la mémoire à long terme.

Déficit de la capacité d'attention divisée Situation au cours de laquelle l'aptitude d'une personne à bien accomplir une tâche est altérée par l'interférence émanant d'une autre tâche réalisée en même temps.

La **mémoire de travail**, ou **mémoire à court terme**, est la capacité à retenir de l'information pendant quelques secondes, soit le temps nécessaire pour la traiter, c'est-à-dire évaluer, calculer, faire des inférences, etc. En d'autres mots, la mémoire de travail sert à la fois de dépôt et de processeur (Baddeley, 1986, 2003).

Chez les personnes âgées, le fonctionnement de la mémoire de travail peut être source de difficultés, notamment en raison d'un **déficit de la capacité d'attention divisée**. Plus nombreuses sont les tâches concurrentes, moins bonne est la performance (Kemper, Herman et Lian, 2003 ; Voelcker-Rehage et Alberts, 2007). Pour faire la démonstration du déficit de la capacité d'attention divisée, des expérimentateurs ont demandé à des sujets de marcher tout en lisant, ou de taper des mains en faisant des additions. Il est particulièrement difficile pour les personnes âgées d'accomplir simultanément une tâche motrice et une tâche cognitive (Albinet, Tomporowski et Beasman, 2006).

En fait, certains chercheurs croient que l'incapacité à accomplir plusieurs tâches concurrentes, ce qui nécessite de filtrer les distractions et les pensées non pertinentes, est la principale source du déclin mnésique durant la vieillesse : le cerveau n'arrive plus à gérer plusieurs choses à la fois. D'autres suggèrent que le déclin de la mémoire de travail s'expliquerait par un déclin de l'énergie mentale qui empêche de filtrer et d'analyser en même temps.

Habituellement, les gens d'âge avancé arrivent à accomplir les tâches demandées aussi bien que dans leurs jeunes années s'ils ont la possibilité de procéder plus lentement, à l'abri de distractions tels que des bruits de fond (Verhaeghen et coll., 2003). Cette difficulté à se concentrer peut empêcher l'encodage et le traitement de grandes quantités d'informations, par exemple lorsqu'une personne doit répondre à des questions de compréhension sur un extrait qu'elle vient de lire, puis répéter le dernier mot de chaque phrase (un test courant de la mémoire de travail).

Quant à l'encodage de nouvelles informations, les personnes âgées, particulièrement à partir de 70 ans, ont en règle générale plus de difficulté à en intégrer que les jeunes adultes : elles ont un moins bon rendement dans presque toutes les situations quotidiennes, qu'il s'agisse de se remémorer la posologie indiquée sur l'étiquette d'un médicament, les faits saillants d'un article de journal, un film, une liste d'épicerie ou une nouvelle recette de cuisine.

La meilleure façon de limiter les dégâts des pertes de mémoire est de consacrer tous les jours une certaine période à la mémorisation et à l'apprentissage d'informations apprises auparavant (une fable de La Fontaine, les noms des fleurs de son jardin ou des joueurs du Canadien, etc.). D'autres stratégies sont aussi efficaces : prendre des notes sur de nouvelles informations ou traiter moins d'éléments à la fois, mais les traiter en profondeur.

La mémoire à long terme

La **mémoire à long terme** est l'entrepôt de toutes les informations retenues, qu'elles proviennent à l'instant de la mémoire de travail ou qu'elles aient été acquises dans un passé lointain. On évalue son fonctionnement en déterminant les faits, les observations et les concepts que le sujet peut en extraire dans telles ou telles circonstances.

Mémoire à long terme Partie du système de traitement de l'information qui emmagasine l'information de façon relativement permanente et dont la capacité est pratiquement illimitée.

La mémoire à long terme est une source d'erreurs normales dans la mesure où, à tout âge, les gens ont tendance à modifier leurs souvenirs, à les enjoliver ou à effacer certains

Que savez-vous de ces trois groupes ? L'exactitude de vos réponses dépend de la cohorte à laquelle vous appartenez et de votre intérêt pour la musique. Telle est la difficulté à laquelle les chercheurs se heurtent quand ils veulent élaborer des tests visant à évaluer équitablement la mémoire à long terme chez des sujets d'âges différents. (Soit dit en passant, les trois groupes sont le Tommy Dorsey Orchestra, Les Beatles et Les Trois Accords.)

POINT DE MIRE

Des experts âgés, dont la compétence est reconnue

En 2009, trois scientifiques reçoivent le prix Nobel de chimie pour avoir réussi à dresser la carte en 3D, atome par atome, du ribosome, cette usine à protéines fonctionnant au cœur de la cellule. Ils ont également trouvé des applications immédiates de leurs recherches avec la mise au point de nouveaux antibiotiques.

Qui sont-ils? Une Israélienne, un Britannique et un Américain: Venkatraman Ramakrishnan, 57 ans; Thomas Steitz, 69 ans, et Ada Yonath, 70 ans. Encore alertes, n'est-ce pas?

À l'intention des étudiants Que devriez-vous faire afin de mémoriser pour la vie des notions apprises en classe?

éléments des événements qu'ils ont vécus (Engel, 1999). Par ailleurs, les détails que l'on retient d'une situation donnée ne sont pas forcément les mêmes d'une personne à l'autre, quel que soit l'âge.

La mémoire sélective

Les adultes d'âge avancé ont souvent plus de difficulté à se rappeler les détails d'événements récents que ceux d'événements plus anciens (Piolino et coll., 2006).

Cette sélectivité produit des constantes intéressantes en matière de mémoire à long terme. Les événements heureux que vivent les gens entre l'âge de 10 et 30 ans leur restent en mémoire plus fidèlement que tout événement survenu auparavant ou par la suite (Berntsen et Rubin, 2002). De même, les gens de tout âge se souviennent mieux des émotions que des détails factuels: on se rappelle davantage ce que l'on ressent («J'étais bouleversée dans telle situation») que l'endroit, la façon et le moment où un événement s'est produit. C'est vrai également pour les personnes âgées.

La récupération

Récupération Processus de réactivation de l'information encodée dans la mémoire à long terme.

Le processus de **récupération** permet la réactivation de l'information encodée dans la mémoire à long terme. On appelle *indice de récupération* tout stimulus pouvant déclencher le processus de récupération d'une information dans la mémoire à long terme. Certaines stratégies de récupération facilitent le rappel d'une information qui y a été encodée. Ainsi, le fait de retrouver le contexte dans lequel une information a été apprise aide à récupérer celle-ci.

Pour essayer de se rappeler le nom d'une connaissance de son enfance (récupération), par exemple, un jeune adulte parcourra mentalement une liste alphabétique ou tentera d'associer la personne à un contexte précis; ce sont là deux stratégies efficaces. Des adultes d'âge avancé, eux, risquent de renoncer en disant: «J'ai oublié», ou d'un ton plus sombre: «Ma mémoire flanche». S'ils avaient plutôt recours à des stratégies de rappel, ils parviendraient probablement à retrouver le nom recherché. L'hypothèse selon laquelle le déclin des mécanismes de récupération, plus que le déclin de la mémoire, explique les pertes cognitives s'appuie sur le fait que l'aisance verbale des adultes d'âge avancé n'est pas à la hauteur de leur vocabulaire abondant et riche. Comparés aux jeunes adultes, ils cherchent plus souvent leurs mots et se rappellent moins bien des noms (Burke et Shafto, 2004). Tous ces déficits suggèrent que le problème réside dans la récupération et non dans l'encodage de l'information.

Mécanismes de régulation Partie du système de traitement de l'information qui régit l'analyse et la circulation de l'information et qui comprend notamment les stratégies d'encodage et de récupération, l'attention sélective et l'analyse logique (démarches de résolution de problème).

Les mécanismes de régulation

Un des éléments les plus importants de la cognition est probablement la capacité de régir les fonctions cognitives. Tel est le rôle des **mécanismes de régulation**: les stratégies d'encodage et de récupération, l'attention sélective et l'analyse logique, etc. Comme la plupart des autres aspects du traitement de l'information, les mécanismes de régulation sont généralement moins efficaces chez les personnes âgées que chez les jeunes adultes. En ce qui concerne la prise de décision notamment, les personnes âgées ne semblent pas toujours recueillir ni considérer logiquement toutes les données pertinentes.

Les stratégies d'encodage et de récupération

L'insuffisance des mécanismes de régulation explique peut-être une bonne partie des troubles de la mémoire chez les personnes âgées, tant sur le plan de l'encodage que celui de la récupération. Une information mal emmagasinée (encodage) est en effet une donnée introuvable. Et une information qu'on ne sait pas comment retrouver (récupération) demeure enfouie dans la mémoire à long terme.

La mémoire donne toujours un meilleur rendement lorsqu'il y a un **amorçage**. Il peut s'agir, par exemple, de donner un indice avant de demander à une personne de se rappeler quelque chose ou de recourir à une technique pour réactiver la mémoire (récupération). Ainsi, le fait d'entendre un mot en contexte avant de devoir le mémoriser (encodage) prépare le cerveau à s'en souvenir ultérieurement (récupération). Il est aussi plus facile de reconnaître une réponse correcte (par exemple une définition d'un concept) parmi plusieurs suggestions de réponse (choix multiple) que de se souvenir de la bonne réponse sans avoir d'indice. De même, quand votre professeur commence son cours en résumant ce que vous avez appris lors des cours précédents, il vous aide à faire le lien entre vos connaissances actuelles et la matière qu'il s'apprête à vous enseigner ; c'est une autre forme d'amorçage pour faciliter l'encodage.

Amorçage Préparation qui facilite certaines actions. Par exemple, il est plus facile d'encoder ou de récupérer une donnée de sa mémoire si l'on dispose d'abord d'un indice.

Pour bien saisir en quoi l'amorçage constitue une aide précieuse, comparons deux formes de mémoire, soit la mémoire implicite (pragmatique) et la mémoire explicite (déclarative). La **mémoire explicite** conserve le souvenir des mots, des données, des concepts à la suite d'un apprentissage volontaire, souvent fait en vue d'un rappel ultérieur. La **mémoire implicite**, par ailleurs, conserve de manière inconsciente ou automatique le souvenir des habitudes, des réactions affectives, des procédés routiniers et des perceptions sensorielles. Si on vous demandait de décrire les étapes vous permettant de rouler à bicyclette, la tâche vous paraîtrait laborieuse. Pourtant, vous pourriez en faire la démonstration sans problème.

Mémoire explicite (déclarative) Mémoire qui conserve le souvenir des mots, des données et des concepts appris consciemment.

Mémoire implicite (pragmatique) Mémoire qui conserve de manière inconsciente ou automatique le souvenir des habitudes, des réactions affectives, des procédés routiniers et des perceptions sensorielles.

La mémoire explicite est particulièrement précaire chez les personnes âgées, bien qu'elle le soit également chez les jeunes adultes. Quand Jean Piaget (1970) demanda à des sujets d'expliquer comment ramper, la plupart n'y arrivèrent pas (Qu'est-ce qui bouge en premier : les mains, les pieds, les coudes, les genoux ? Le côté droit avant le gauche ?). En revanche, lorsque des participants sont invités à faire une démonstration au sol, la majorité y arrive. C'est la mémoire implicite qui est à l'œuvre.

Les personnes âgées ont plus de facilité à recourir à leur mémoire implicite (qui implique une action) qu'à leur mémoire explicite (qui demande une explication théorique) (Rowe et coll., 2006 ; Schneider et Björklund, 2003). Cependant, moyennant un amorçage, les personnes âgées en bonne santé et alertes sur le plan intellectuel peuvent accéder à leur mémoire implicite aussi bien que des adultes beaucoup plus jeunes (Zacks et Hasher, 2006).

A-t-elle besoin de sa liste ? À l'épicerie, la liste permet de venir au secours de la mémoire explicite. Si cette femme avait oublié sa liste à la maison, elle pourrait toujours parcourir les rayons de l'épicerie en revoyant mentalement le contenu de son garde-manger. Sa mémoire implicite lui permettrait sans doute de choisir tous les articles (ou à peu près) dont elle a besoin.

Le ralentissement cérébral

Même un bon amorçage et une stimulation adéquate ne sauraient empêcher l'inévitable sénescence de causer des changements cognitifs : les aînés réagissent plus lentement que les jeunes adultes. Ce ralentissement cérébral peut s'expliquer en partie par

Réponse aux étudiants (de la page 418) Apprenez-les très bien maintenant et vous vous en souviendrez sans doute encore dans 50 ans, moyennant un rappel de temps en temps. Comment les apprendre? Créez-vous des indices, faites des liens avec des choses que vous connaissez, répétez ces notions de nombreuses fois et à différents moments (en marchant, dans le métro, en attendant chez le dentiste, etc.), expliquez-les à quelqu'un, récitez-les tout haut, avec des intonations et des gestes tout en vous regardant dans un miroir!

la production réduite de neurotransmetteurs (surtout la dopamine) qui permettent la transmission de l'influx nerveux d'une synapse à l'autre (Bäckman et Farde, 2005). La vitesse de la cognition est aussi altérée par une diminution de la myéline et par un ralentissement de la circulation sanguine dans le cerveau. Or, la vitesse est essentielle pour plusieurs facettes de la cognition, particulièrement pour la mémoire de travail, puisque l'information n'y reste que pendant une courte période. Les personnes qui ne peuvent traiter rapidement cette information en perdent une partie, celle-ci étant chassée par l'arrivée d'autres informations dans la mémoire de travail.

En raison de ce ralentissement, les personnes peuvent difficilement retenir l'information pertinente dans leur esprit, ne peuvent analyser en séquence cette information qui se perd et ne sont pas en mesure d'utiliser une information subséquente qui en découle (l'information précédente étant totalement oubliée), contrairement à un jeune qui aura eu le temps de l'encoder dans la mémoire à long terme pour la récupérer durant la suite de son raisonnement). Le raisonnement plus lent a aussi tendance à être plus simple et plus superficiel à cause de cette perte d'information (Salthouse, 2000, 2006).

De nombreuses personnes âgées compensent la perte de vitesse en s'accordant plus de temps pour résoudre un problème, en répétant des consignes pouvant porter à confusion, en demandant à leur entourage de ralentir ou encore en prenant des notes dans des situations qui demandent une analyse, plutôt que de la faire mentalement, et en se concentrant sur les tâches cognitives importantes. Mentionnons enfin que l'expertise que détient une personne dans un domaine particulier continue d'atténuer les effets d'un ralentissement général et surpasse la plupart des effets du vieillissement (Jastrzembski, Charness et Vasyukova, 2006).

L'effet des attentes sur les capacités cognitives

Influencés par le déclin attendu, les gens, dès la cinquantaine, ont tendance à surestimer la mémoire qu'ils avaient lorsqu'ils étaient plus jeunes. Ils oublient de façon sélective les ratés antérieurs de leur mémoire.

Une moins grande confiance en soi peut affaiblir la mémoire, comme le sait tout étudiant ayant cédé à la panique lors d'un examen. La confiance s'effrite encore davantage quand l'entourage interprète un temps de réaction plus long comme le signe d'une mémoire vacillante. De même, lorsqu'on s'adresse aux personnes d'âge avancé dans un langage infantilisant, celles-ci ont non seulement l'impression d'être stupides, mais aussi de devenir moins intelligentes à force de n'avoir avec leur entourage que des conversations simplistes (Levy, 2003). Les attentes et les réactions influent sur la cognition à plusieurs égards (Hess, 2005 ; Hess et Hinson, 2006).

Au-delà des stéréotypes

Si les expériences en laboratoire indiquent une perte de mémoire dans la dernière période du parcours de vie, peu d'adultes d'âge avancé voient dans leurs problèmes de mémoire un sérieux handicap à leur vie quotidienne. Ils s'en inquiètent s'ils croient qu'il s'agit de symptômes de la maladie d'Alzheimer. Sinon, pour la plupart d'entre eux, les problèmes de mémoire ne les troublent pas outre mesure. Certains estiment même qu'ils arrivent mieux que la plupart des jeunes adultes à se souvenir de payer leurs comptes, de prendre leurs médicaments et d'honorer leurs rendez-vous (Park et Hedden, 2001).

Plusieurs recherches portent sur la mémoire chez les personnes d'âge avancé. De fait, presque invariablement, plus les situations qui leur sont présentées se rapprochent de leur réalité, meilleurs sont les résultats. Les auteurs d'une série d'études concluent : « Les adultes d'âge avancé, dans leur vie quotidienne, sont capables d'une performance adéquate et fiable dans l'accomplissement des tâches importantes » (Rendell et Thomson, 1999).

Le vieillissement accompagné de pathologies : la démence

Dans le langage courant, on emploie parfois le terme *sénilité* pour désigner le déclin cognitif chez les personnes d'âge avancé. Il s'agit cependant d'un vocable âgiste, en ce sens qu'il accorde trop d'importance à l'âge au détriment de nombreux autres facteurs. Il convient de le remplacer par le mot **démence**, qui désigne une altération grave du jugement, de la mémoire ou de l'aptitude à la résolution de problème (Edwards, 1993). Attribuable à une lésion cérébrale ou à une maladie, la démence est plus fréquente à l'âge adulte avancé qu'au cours des périodes précédentes de la vie, mais elle est toujours anormale et pathologique.

Démence Déchéance des capacités intellectuelles due à une lésion cérébrale ou à une maladie.

Les symptômes généraux de la démence sont toujours les mêmes : graves pertes de mémoire, discours incohérent, désorientation dans le temps et l'espace, incapacité de remplir les fonctions sociales et professionnelles habituelles et changements dans la personnalité. L'enchaînement, la gravité et l'incidence de ces symptômes varient. Si certaines formes de démence sont réversibles, toutes sont chroniques et la plupart sont dégénératives, c'est-à-dire qu'elles s'aggravent avec le temps (Inouye, 2006).

La maladie d'Alzheimer

La forme de démence la plus répandue dans tous les pays industrialisés, à l'exception du Japon, est la **maladie d'Alzheimer**, aussi appelée *démence sénile de type Alzheimer* (DSTA) (Goedert et Spillantini, 2006). Ce trouble se caractérise par la prolifération de plaques séniles et d'enchevêtrements neurofibrillaires dans le cortex cérébral de même que par la suppression progressive des fonctions cérébrales. La maladie d'Alzheimer évolue de manière progressive et prévisible.

Maladie d'Alzheimer C'est la forme de démence la plus répandue. Il s'agit d'une maladie dégénérative qui se manifeste par une détérioration graduelle de la mémoire et de la personnalité. Elle ne fait pas partie du processus normal de vieillissement.

Grâce aux nouvelles techniques d'analyse des tissus prélevés lors d'une autopsie (le seul moyen de diagnostiquer hors de tout doute la maladie d'Alzheimer), on sait maintenant que la quantité de plaques et d'enchevêtrements est corrélée avec le degré d'atteinte intellectuelle mesuré avant la mort. La maladie présente cependant des caractéristiques liées à l'âge.

Les stades de la maladie : de la confusion à la mort

La maladie d'Alzheimer comporte habituellement trois phases identifiables, lesquelles s'amorcent avec des pertes de mémoire et se terminent avec la mort. L'évolution de cette maladie varie d'une personne à l'autre et peut s'échelonner sur une période de 3 à 20 ans (la durée moyenne de survie est de 8 à 12 ans).

La phase initiale

Au cours de la première phase, la plupart des personnes atteintes se rendent compte qu'elles ont des trous de mémoire et essaient d'y remédier en notant les noms, les adresses et les rendez-vous avec plus d'application qu'avant. Rien, souvent, ne les distingue de la foule des autres personnes âgées dont la mémoire explicite a quelques ratés (Powell, 1994).

Même les experts n'arrivent pas toujours à distinguer la phase initiale de l'alzheimer d'une autre condition. De nombreux tests cognitifs et physiologiques fournissent des indices, mais aucun ne permet de confirmer le diagnostic (Petersen, 2003).

« Je t'aime, papa ! » Cet homme est au dernier stade de la maladie d'Alzheimer. Il ne reconnaît plus sa fille, mais celle-ci garde visiblement de tendres souvenirs de l'amour paternel.

Parmi les symptômes courants (voir le tableau 13.1), on note des oublis bénins concernant les événements récents et les connaissances nouvellement acquises. On constate également des troubles du langage (par exemple la difficulté à trouver certains mots ou

TABLEAU 13.1 **Les symptômes des trois phases de la maladie d'Alzheimer**

	Phase initiale	Phase intermédiaire	Phase avancée
Capacités mentales	• Oublis bénins • Difficulté à assimiler de nouvelles informations et à suivre des conversations • Difficulté à se concentrer ou attention limitée • Problèmes d'orientation (perdre son chemin, ne pas suivre la bonne direction) • Difficulté à communiquer et à trouver le mot juste	• Accentuation des pertes de mémoire • Oubli progressif de son passé • Non-reconnaissance d'amis et de membres de la famille • Perte d'orientation dans le temps et l'espace • Diminution de la capacité à se concentrer • Difficultés de langage • Difficulté à se situer dans l'espace	• Perte de la capacité à se souvenir, à communiquer ou à fonctionner • Incapacité à traiter l'information reçue • Difficulté croissante à parler • Perte complète de l'orientation dans le temps et l'espace et très grande confusion quant aux gens de l'entourage • Non-reconnaissance des personnes les plus proches • Perte de la capacité à parler
Humeur et émotions	• Sautes d'humeur • Dépression	• Changements dans la personnalité • Confusion et méfiance • Sautes d'humeur • Colère et hostilité • Tristesse ou dépression • Anxiété ou appréhension	• Possibilité de repli sur soi
Comportements	• Passivité • Arrêt des activités habituelles • Agitation	• Agitation (fait les cent pas, erre) • Répétition • Hallucinations • Agressivité • Comportements sans inhibition • Passivité	• Communication très limitée et de manière non verbale (regarder dans les yeux, pleurer, gémir)
Capacités physiques	• Légers problèmes de coordination	• Besoin d'aide pour les tâches quotidiennes (s'habiller, se laver, aller aux toilettes) • Difficulté à dormir • Fluctuations de l'appétit	• Périodes de sommeil plus longues et plus fréquentes • Perte de mobilité (la personne est alitée) • Perte de la maîtrise de la vessie et des intestins • Difficulté à manger et à avaler • Incapacité à s'habiller et à se laver

Source : adapté de Société Alzheimer, « L'évolution de la maladie d'Alzheimer, Les trois phases », [en ligne], 2005. [http://www.alzheimer.ca/french/disease/progression-3stages.htm] (26 mars 2010). Reproduit avec l'autorisation de la Société Alzheimer du Canada.

à suivre une conversation). La personne atteinte peut se sentir frustrée par la perte de ses capacités et devient parfois anxieuse ou déprimée.

La phase intermédiaire

Cette phase est marquée par une plus grande détérioration des capacités mentales et physiques. Les pertes de mémoire s'aggravent et la personne atteinte en vient à ne plus se souvenir de son histoire personnelle et à ne plus reconnaître des membres de sa famille et ses amis. Une plus grande confusion et la perte du sens de l'orientation dans l'espace et le temps exigent qu'on l'aide pour de nombreuses tâches quotidiennes, comme s'habiller, se laver, aller aux toilettes. La dégradation de la concentration et de la mémoire à court terme devient manifeste. Les personnes atteintes tiennent des propos confus et répétitifs, emploient un vocabulaire de moins en moins riche et confondent souvent les mots. Si elles sont d'un naturel méfiant, elles peuvent accuser les autres d'avoir dérobé les objets qu'elles ont égarés.

Contrairement aux trous de mémoire caractéristiques du premier stade, ceux du deuxième stade deviennent plus graves : les personnes peuvent ainsi allumer un rond de la cuisinière, y déposer une casserole, puis l'oublier, ou encore se faire couler un bain et sortir pour aller prendre un café avec un ami. La désorientation spatiale se manifeste de plus en plus, les rendant incapables de regagner la maison après avoir fait une promenade dans le quartier. De plus, elles ne peuvent aisément demander de l'aide, car elles ne reconnaissent plus leurs voisins.

Les changements dans la personnalité sont chose courante. Une personne soucieuse de l'ordre peut ainsi devenir compulsive ; celle qui est soupe au lait est susceptible de connaître des accès de rage démesurés ; une personne asociale risque de se replier encore plus sur elle-même.

La phase avancée

Pendant la phase avancée, la personne n'est plus en mesure de se souvenir, de communiquer ou de prendre soin d'elle-même. Elle a besoin de soins jour et nuit. À partir d'un certain moment, elle sera alitée, elle aura de la difficulté à manger et à avaler ; elle perdra la maîtrise de ses fonctions corporelles. Cette phase se termine par le décès de la personne, souvent à la suite de complications secondaires, comme une pneumonie.

Il n'existe encore aucun traitement qui guérisse la maladie d'Alzheimer. Les scientifiques ont en revanche découvert quelques moyens d'en retarder l'apparition ou d'en ralentir l'évolution.

La démence réversible

On estime souvent que des personnes âgées sont atteintes de démence alors que leurs symptômes sont en réalité causés par les médicaments, l'abus d'alcool, la maladie mentale ou la dépression. Une fois reconnus, tous ces facteurs peuvent être corrigés. Une blessure ou une tumeur au cerveau peuvent aussi causer une démence réversible ; la chirurgie et une thérapie de réadaptation permettent de rétablir la cognition.

La polymédication et la malnutrition

Un grand nombre de personnes âgées s'exposent à une détérioration de leurs capacités intellectuelles en prenant plusieurs médicaments pour traiter différentes maladies. La polymédication peut en effet occasionner des interactions qui produisent les symptômes de la démence, allant de la désorientation au comportement psychotique. Les réactions indésirables à un médicament sont de trois à cinq fois plus fréquentes chez les gens de plus de 60 ans que chez les jeunes adultes (Beizer, 1994 ; Butler, Lewis et Sunderland, 1998). Même en l'absence d'interactions, de nombreux médicaments couramment prescrits aux personnes âgées peuvent ralentir les mécanismes cognitifs (Davies et Thorn, 2002).

La malnutrition risque, elle aussi, de perturber le fonctionnement intellectuel. Certaines carences alimentaires causent la désorientation et l'amnésie, tout en exacerbant les effets de divers médicaments. La malnutrition est plus répandue chez les personnes âgées que dans les autres groupes d'âge, car nombre d'aînés n'ont pas d'appétit, souffrent de maux de dents, de gencives ou sont atteints de troubles digestifs. Les carences vitaminiques graves et la déshydratation peuvent entraîner la dépression, la confusion et le déclin cognitif (Rosenberg, 2001).

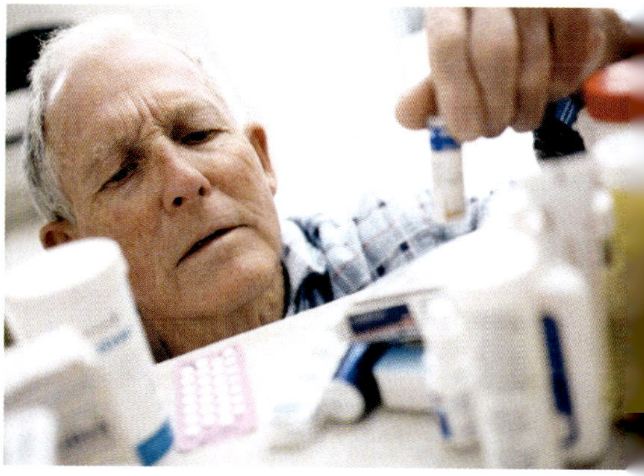

Un mauvais cocktail Les personnes âgées prennent en moyenne huit médicaments, mais rares sont celles qui respectent fidèlement la posologie. Sans compter qu'en plus des médicaments qui leur sont prescrits, la plupart des personnes âgées prennent des médicaments délivrés sans ordonnance, des vitamines, des traitements à base de plantes médicinales et des boissons contenant de la caféine ou de l'alcool. Il n'est donc pas étonnant que les interactions de toutes ces substances causent de la somnolence, une démarche chancelante et de la confusion.

Les maladies psychologiques

Parce que l'anxiété entraîne beaucoup de distractions et d'oublis, elle peut être mal diagnostiquée et prise pour de la démence (Scogin, 1998). Lorsqu'une personne se retrouve à l'hôpital ou dans une résidence pour personnes âgées, une forte anxiété entraîne pour certains une désorientation et une perte de mémoire. Si le problème est mal diagnostiqué dès le départ, le patient risque de se voir prescrire un médicament psychotrope, lequel entraînera la démence. Cette forme de démence est heureusement réversible.

Autre problème courant découlant d'un diagnostic inadéquat de leur condition : nombre de personnes âgées dépressives ne reçoivent aucun traitement. Or, on sait qu'une psychothérapie et une médication bien dosée permettent habituellement d'améliorer l'état des gens dépressifs en quelques semaines et de faire disparaître leur pseudodémence (Davies et Thorn, 2002).

La prévention et les traitements

La démence irréversible est difficile à prévenir. Le fait de remplir une grille de mots croisés par jour ne met aucunement à l'abri de la démence. Bref, il n'existe encore ni prévention ni traitement efficaces.

En revanche, les nombreuses habitudes de vie qui aident à ralentir la sénescence retardent aussi le déclenchement de la démence. En fait, l'exercice pratiqué de façon régulière peut réduire de moitié l'incidence de la démence (Marx, 2005), particulièrement s'il prévient aussi l'embonpoint. Une vaste étude a révélé que les personnes obèses d'âge moyen étaient deux fois plus susceptibles que les personnes ayant un poids santé de souffrir de démence après 70 ans (Whitmer et coll., 2005).

Le vieillissement et la cognition optimale

On s'est intéressé jusqu'à maintenant à la détérioration possible des capacités intellectuelles à l'âge adulte avancé. Y a-t-il des aspects plus positifs qui se développent en même temps que l'âge ? Les personnes âgées ne peuvent-elles pas se découvrir de nouveaux centres d'intérêt, de nouvelles façons de penser, une nouvelle sagesse ? Plusieurs grands théoriciens du développement soutiennent qu'elles le peuvent.

Erik H. Erikson estimait que les gens plus âgés s'intéressent davantage que les jeunes aux arts, aux enfants et à l'expérience humaine en général. Ceux-ci sont des « témoins sociaux » de la vie et ont une conscience accrue de l'interdépendance des générations (Erikson, Erikson et Kivnick, 1986). Abraham Maslow maintenait que les adultes d'âge avancé sont plus susceptibles que les gens plus jeunes d'atteindre l'actualisation de soi, le stade ultime du développement humain, qui se manifeste par une compréhension supérieure de la créativité, de l'esthétique, de la philosophie et de la spiritualité (Maslow, 1970). Voyons ces aspects de plus près.

La créativité et le sens esthétique

Pour ceux qui ont été créatifs toute leur vie, l'âge adulte avancé est souvent une période de productivité continuelle, voire d'inspiration nouvelle. On observe en art un style particulier, propre à des artistes établis dont la démarche habituelle change au profit d'un style différent parfois plus créatif que le précédent (Lindauer, 2003).

Les exemples célèbres ne manquent pas, à commencer par Michel-Ange qui acheva de peindre, à 66 ans, sa remarquable fresque de la chapelle Sixtine. Giuseppe Verdi avait 80 ans lorsqu'il composa l'opéra *Falstaff* ; Frank Lloyd Wright compléta les plans du musée Guggenheim, un chef-d'œuvre d'innovation architecturale à New York, à 91 ans. Au Québec, à plus de 80 ans, Gilles Pelletier exerce encore, avec brio, son métier d'acteur.

De même, de nombreux chercheurs continuent d'exercer leur profession à un âge très avancé. Pierre Dansereau, 90 ans, environnementaliste québécois de réputation internationale, est reconnu comme le « père de l'écologie ».

Une étude sur les personnes extraordinairement créatives a révélé que presque tous les sujets estimaient que l'âge n'avait altéré en rien leurs capacités, leurs objectifs et la qualité de leur travail. Ils éprouvaient seulement un sentiment d'urgence à l'idée que le temps leur était compté et que leur énergie et leur force physique diminuaient. « À 70, 80 ou 90 ans, commenta l'auteur de l'étude, ils n'ont peut-être plus l'ambition dévorante de leur jeunesse, mais ils sont tout aussi concentrés, efficaces et ardents qu'autrefois... et peut-être plus encore » (Csikszentmihalyi, 1996).

Comme ça me plaît! Au début de l'âge adulte et même dans la force de l'âge, de nombreuses personnes sentent qu'elles doivent se conformer aux valeurs et aux attentes de leur collectivité. Moyennant une main sûre, de l'imagination et des couleurs vives, les aînés sont enfin libres de s'exprimer comme ils ne l'ont jamais fait auparavant.

En prenant de l'âge, beaucoup de gens semblent apprécier de plus en plus la nature et la beauté sous toutes ses formes :

> Les composantes élémentaires de la vie, les enfants, l'amitié, la nature, les contacts humains (physiques et affectifs), les couleurs, les formes prennent de l'importance à mesure que les gens séparent l'essentiel de l'accessoire. La sensibilité affective et sensorielle peut être une source de bonheur à l'âge adulte avancé.
>
> (Butler, Lewis et Sunderland, 1998, p. 65)

Cette sensibilité pousse de nombreuses personnes âgées à s'exprimer. Elles se mettent au jardinage, à la poterie, à la peinture ou à la musique. Et pas seulement parce qu'elles n'ont rien de mieux à faire. L'importance que revêt la créativité ressort clairement des propos d'un homme de 79 ans, heureux dans son atelier :

> C'est la plus belle période de ma vie. [...] Il devrait y avoir plus de 24 heures dans une journée. Pas besoin de sommeil. J'aurai amplement le temps de dormir plus tard. [...] Tout ce que je veux pour l'instant, c'est de faire des choses. Je dessine et je fais de la peinture. [...] Je ne copie rien. Je dessine mes souvenirs. Je travaille le bois. Je peins les champs. Je souhaite seulement que ça dure.
>
> (cité dans Blythe, 1979)

Il semble que l'âge adulte avancé s'accompagne du besoin de s'exprimer et de réaliser des projets que les responsabilités de toutes sortes n'avaient pas laissé le temps d'accomplir jusqu'alors.

La sagesse

De nombreuses personnes croient que la sagesse augmente avec l'âge. Or cette croyance, comme celle voulant que le vieillissement s'accompagne inévitablement d'un déclin intellectuel, n'est pas exacte (Brugman, 2006).

Qu'est-ce que la sagesse ? Toute définition est forcément subjective. Toute personne que l'on perçoit comme étant sage ne l'est qu'en vertu du contexte social dans lequel sont évaluées sa réflexion et ses actions. La sagesse est une vertu sociale qui consiste à reconnaître les valeurs culturelles durables ainsi que les besoins humains actuels d'un groupe social, et à y réagir (Staudinger et Werner, 2003).

Il y a tant à apprendre En matière de technologies de l'information, ces enfants ne tarderont sans doute pas à dépasser leur vieux professeur bénévole. Cependant, les personnes qui font preuve de sagesse sont patientes, sensibles à la diversité et prêtes à apprendre, autant de qualités à l'égard desquelles certains adultes d'âge avancé surpassent l'élève moyen.

Compte tenu de cette difficulté, reconnaissons à Paul Baltes, un spécialiste du développement et de la gérontologie cognitive, le mérite d'avoir proposé l'une des définitions les plus complètes et les plus générales de la sagesse : « Une connaissance poussée des réalités fondamentales de la vie qui confère une intuition et un jugement exceptionnels face aux questions complexes et incertaines de la condition humaine » (Baltes,

Lindenberger et Staudiner, 2006). La sagesse fait appel à la pensée dialectique qui émerge au début de l'âge adulte et à l'expertise en matière de relations humaines que seule l'expérience peut procurer.

Une recherche récente relève que la sagesse est possible à de nombreux âges, bien qu'elle soit rare à tout âge et que les personnes les plus sages soient le plus souvent âgées. L'expérience et l'habitude à composer avec les difficultés de la vie tendent à accroître la sagesse, alors que l'intelligence et l'âge n'y sont pour rien (Baltes, Lindenberger et Staudinger, 2006).

Vaillant, l'auteur d'une étude longitudinale menée auprès de 814 personnes, conclut que la sagesse n'est pas uniquement l'apanage des personnes âgées, mais il admet que l'humour, l'aptitude à prendre du recul et l'altruisme augmentent souvent au fil des décennies. Voici ce qu'il ajoute :

> Faisons preuve de prudence à l'égard de la sagesse, et acceptons le fait que celle-ci s'accroît — bien qu'elle ne s'accroisse pas forcément — avec l'âge. L'âge favorise une vision sociale plus large et des façons plus équilibrées de composer avec l'adversité [...].
>
> (Vaillant, 2002)

Si la sagesse n'est pas une chasse gardée des personnes d'âge avancé, nombre d'entre elles sont inspirées et créatives et font preuve d'introspection, en tirant leur sagesse de leur expérience de vie.

Synthèse

SECTION 1 L'âge mûr (de 40 à 60 ans)

Qu'est-ce que l'intelligence ?

1. Les psychométriciens estiment qu'il est possible de mesurer et de quantifier l'intelligence, et nombre d'entre eux ont mis au point des tests d'intelligence pour ce faire. Les tests de quotient intellectuel (QI) ont été utilisés, entre autres, pour étudier les changements liés à l'âge.
2. Il existe plusieurs conceptions de l'intelligence. Afin d'évaluer si l'intelligence générale augmente ou décline après l'âge de 20 ans, les chercheurs ont utilisé des types de recherches différents en fonction de leur conception de l'intelligence.
3. Les résultats d'études transversales (une mesure à un moment donné, avec des groupes d'âges différents) indiquent que le QI des adultes plus jeunes est meilleur que celui de leurs aînés. Les résultats des études longitudinales de Bayley (plusieurs mesures des mêmes individus pendant une période donnée) indiquent que les capacités des jeunes adultes continuent de s'améliorer de 21 à 36 ans. L'étude séquentielle comparative, un hybride des études transversale et longitudinale, a confirmé que les capacités mentales de base s'améliorent chez la plupart des gens pendant la majeure partie de l'âge adulte.
4. La recherche d'un facteur général unique peut empêcher l'interprétation des données empiriques. De nombreux psychologues considèrent plutôt plusieurs aptitudes intellectuelles qui progressent et déclinent indépendamment les unes des autres. La discussion tourne autour du nombre de ces aptitudes et de l'influence qu'exerce l'âge sur chacune d'elles.
5. Plusieurs modèles théoriques conçoivent qu'il existe plusieurs formes d'intelligence. Dans les années 1960, Cattell et Horn ont regroupé les aptitudes intellectuelles en deux catégories : l'intelligence fluide et l'intelligence cristallisée. La première correspond à la forme de raisonnement souple qui sert à établir des inférences et à comprendre les rapports entre les concepts, tandis que l'intelligence cristallisée correspond à l'ensemble des connaissances accumulées.
6. Sternberg a proposé trois formes distinctes mais connexes de l'intelligence : analytique (ou aspect interne de l'intelligence, qui fait appel à des opérations mentales), créative (souplesse intellectuelle, capacité d'innover et d'utiliser ses expériences antérieures) et pratique (capacité d'adapter son comportement aux contingences d'une situation).
7. Gardner a déterminé huit intelligences distinctes : linguistique, logico-mathématique, musicale, spatiale, kinesthésique (particulièrement développée chez les athlètes et les danseurs), interpersonnelle (connaissance des autres), intrapersonnelle (connaissance de soi) et naturaliste (harmonie avec la nature).

Des pertes et des gains sélectifs

8. Certains spécialistes du développement estiment qu'en prenant de l'âge, les gens acquièrent une expertise dans les domaines qui leur importent. La pensée de l'expert repose sur l'intuition, les automatismes, les stratégies et la flexibilité.
9. Pour prévoir la compétence intellectuelle d'un adulte, il vaut mieux se fier à ses antécédents, à ses centres d'intérêt et à sa motivation qu'à son âge. Lorsqu'ils sont motivés, les employés les plus âgés sont souvent les meilleurs.

SECTION 2 L'âge avancé (à partir de 60 ans)

Le traitement de l'information après 60 ans

1. Bien que les mécanismes cognitifs ralentissent et perdent de leur acuité à un âge avancé, ce déclin varie beaucoup d'une personne à l'autre, et chaque habileté cognitive diminue à un rythme particulier.
2. Lorsque les sens s'émoussent, certaines données ne parviennent jamais à la mémoire sensorielle. L'interférence est considérée comme un obstacle majeur àl'efficience de la cognition à l'âge avancé.
3. La mémoire de travail (ou mémoire à court terme) montre un déclin notable, particulièrement lorsque la personne d'âge avancé doit traiter et encoder de l'information simultanément et de façon complexe entre autres à cause du déficit de la capacité d'attention divisée. Avec l'âge, le traitement de l'information demande plus de temps.
4. À mesure qu'ils prennent de l'âge, les adultes ont de plus en plus de difficulté à récupérer l'information encodée dans la mémoire de travail et la mémoire à long terme. Les pertes cognitives seraient plus causées par un déclin des mécanismes de récupération que par le déclin de la mémoire. Les connaissances emmagasinées dans la mémoire implicite sont plus facilement accessibles que les faits et les concepts archivés dans la mémoire explicite.
5. Le ralentissement cérébral peut s'expliquer en partie par la production réduite de neurotransmetteurs (surtout la dopamine). La vitesse de la cognition est aussi altérée par une diminution de la myéline et par un ralentissement de la circulation sanguine dans le cerveau. De plus, les attentes que les personnes d'âge avancé ont par rapport à leurs propres capacités de même que les réactions de leur entourage influent sur la cognition à plusieurs égards.

Le vieillissement accompagné de pathologies : la démence

6. Les symptômes généraux de la démence sont toujours les mêmes : graves pertes de mémoire, discours incohérent, désorientation dans le temps et l'espace, incapacité de remplir les fonctions sociales et professionnelles habituelles et changements dans la personnalité.
7. La forme la plus courante de démence est la maladie d'Alzheimer, une maladie dégénérative incurable. L'évolution de l'alzheimer varie d'une personne à l'autre et peut s'échelonner sur une période de 3 à 20 ans. Elle comporte trois phases : la phase initiale, la phase intermédiaire et la phase avancée.
8. Certains problèmes réversibles sont parfois à l'origine d'un diagnostic erroné de démence. L'abus ou le mauvais usage de médicaments, l'anxiété, la dépression et la malnutrition peuvent causer des symptômes de démence.

Le vieillissement et la cognition optimale

9. L'âge adulte avancé est souvent une période de productivité, voire d'inspiration nouvelle. En prenant de l'âge, un grand nombre de personnes apprécient davantage la nature, laissent libre cours à leur créativité et deviennent plus philosophes.
10. La sagesse fait appel à la pensée dialectique qui émerge au début de l'âge adulte et à l'expertise en matière de relations humaines que seule l'expérience peut procurer.

Questions clés

SECTION 1 L'âge mûr (de 40 à 60 ans)

1. D'après vous, quel est le type de recherche le plus fiable pour évaluer l'effet du vieillissement sur l'intelligence ? Pourquoi ?
2. Nommez et décrivez les trois formes d'intelligence proposées par Sternberg.
3. Quelles sont les quatre dimensions de l'expertise ?
4. En quoi la vie de parent contribue-t-elle au développement de l'expertise en relations humaines ?

SECTION 2 L'âge avancé (à partir de 60 ans)

1. Quelles sont les deux embûches contribuant au déclin du processus cognitif ?
2. Pourquoi les personnes âgées ont-elles plus de facilité à recourir à leur mémoire implicite qu'à leur mémoire explicite ?
3. Nommez et décrivez brièvement les trois phases de la maladie d'Alzheimer.
4. Quelle est la définition de la sagesse, et quel lien présente-t-elle avec le vieillissement ?

Applications

SECTION 1 L'âge mûr (de 40 à 60 ans)

1. Choisissez une personne que vous connaissez bien et, pour chacune des huit formes d'intelligence selon Gardner — linguistique, logico-mathématique, musicale, spatiale, kinesthésique, interpersonnelle, intrapersonnelle et naturaliste —, attribuez-lui une cote de 1 à 10 (1 étant faible et 10 très fort). Croyez-vous que ce modèle rend compte des multiples intelligences de la personne évaluée ?

SECTION 2 L'âge avancé (à partir de 60 ans)

1. La mémoire est sélective à tout âge. Les gens oublient plus de choses qu'ils n'en retiennent. Choisissez une personne — une sœur, un ancien compagnon de classe ou un ami que vous fréquentez toujours — avec laquelle vous avez vécu un événement dans le passé. Prenez un moment ensemble et dressez chacun une liste de tous les détails dont vous vous souvenez au sujet de cet événement, puis comparez vos listes. Que vous révèle cet exercice sur le type de choses que l'on retient ou oublie ?
2. De nombreux facteurs influent sur la vivacité intellectuelle. Rappelez-vous une occasion où vous vous êtes senti stressé et une occasion où vous vous êtes senti calme. Qu'est-ce qui distinguait le contexte de chaque situation ? Dans quelle mesure ces différences pourraient-elles influer sur le rendement de jeunes adultes et d'adultes d'âge avancé qui accepteraient de se soumettre à un test dans un laboratoire universitaire ?

Le chapitre 13 en un clin d'œil

SECTION 1 L'âge mûr (de 40 à 60 ans)

Qu'est-ce que l'intelligence ?

- **Recherche sur l'âge et l'intelligence**
  - Étude transversale
    - Une mesure à un moment donné, avec des groupes d'âges différents
    - Elle révèle que le QI des adultes plus jeunes est meilleur que celui de leurs aînés.
  - Étude longitudinale
    - Plusieurs mesures des mêmes individus pendant une période donnée
    - Elle révèle que les performances intellectuelles des jeunes adultes continuent de s'améliorer de 21 à 36 ans.
  - Étude séquentielle comparative
    - Un hybride des recherches transversale et longitudinale
    - Elle révèle que les capacités mentales de base s'améliorent chez la plupart des gens pendant la majeure partie de l'âge adulte.
- **Intelligence : faculté unique ou multiple ?**
  - L'existence d'un facteur g et la vitesse ou la mémoire de travail sous-tendent toutes les manifestations de l'intelligence.
- **Intelligence multidimensionnelle**
  - Cattell et Horn : intelligence fluide et intelligence cristallisée
    - Intelligence fluide : forme de raisonnement souple qui sert à comprendre les rapports entre les concepts
    - Intelligence cristallisée : ensemble des connaissances accumulées
  - Sternberg : intelligences analytique, créative et pratique
    - Intelligence analytique : opérations mentales favorisant l'apprentissage, la mémorisation et la pensée
    - Intelligence créative : souplesse intellectuelle, capacité d'innover
    - Intelligence pratique : habiletés intellectuelles servant à la résolution de problème dans la vie courante
  - Gardner : huit formes d'intelligence
    - Linguistique, logico-mathématique, musicale, spatiale, kinesthésique, interpersonnelle, intrapersonnelle et naturaliste

Le chapitre 13 en un clin d'œil

SECTION 1 L'âge mûr (de 40 à 60 ans) (suite)

Des pertes et des gains sélectifs

- Expertise
  - Intuition
    Elle repose en partie sur l'expérience.
  - Automatismes
    Ils engendrent rapidité et efficacité.
  - Stratégies
    Elles permettent de recourir à différentes façons de faire selon les circonstances.
  - Flexibilité
    Elle permet de s'adapter aux situations avec créativité.
- Expertise et vieillissement
  - Les travailleurs âgés : experts ou dépassés ?
    S'ils sont motivés, ils font souvent partie des meilleurs employés.
- Expertise en matière de relations humaines
  - Bien s'entendre avec les autres, comprendre leurs besoins affectifs et les aider à mieux fonctionner.

Le chapitre 13 en un clin d'œil

SECTION 2 L'âge avancé (à partir de 60 ans)

Le traitement de l'information après 60 ans

Sens et perception

- Déficits sensoriels
  La réduction de l'information sensorielle (des sons, des objets et même des odeurs) compromet la cognition.
- Le piège de l'interférence
  Certaines informations cruciales sont occultées par d'autres, moins importantes.

Encodage : rétention de l'information

- Mémoire de travail
  Elle retient l'information quelques secondes, le temps nécessaire pour la traiter.
- Mémoire à long terme
  Elle emmagasine l'information de façon relativement permanente.

Récupération

- Elle permet la réactivation de l'information encodée dans la mémoire à long terme.

Mécanismes de régulation

- Stratégies d'encodage et de récupération
  L'insuffisance des mécanismes de régulation, tant sur le plan de l'encodage que celui de la récupération, explique en partie les troubles de la mémoire des personnes âgées.

Ralentissement cérébral

- Production réduite de neurotransmetteurs
- Diminution de la myéline et ralentissement de la circulation sanguine dans le cerveau

Effet des attentes sur les capacités cognitives

- Les attentes et les réactions des autres minent la confiance et influent sur la cognition.
- Dans leur vie quotidienne, les adultes d'âge avancé sont capables d'une performance adéquate.

Le chapitre 13 en un clin d'œil

SECTION 2 L'âge avancé (à partir de 60 ans) (suite)

Le vieillissement accompagné de pathologies : la démence

- **Maladie d'alzheimer** — Trois phases
  1. Phase initiale : trous de mémoire
  2. Phase intermédiaire : détérioration des capacités mentales et physiques
  3. Phase avancée : incapacité de la personne à se souvenir, à communiquer ou à prendre soin d'elle-même
- **Démence réversible** — La polymédication peut occasionner des interactions qui produisent les symptômes de la démence.
- **Maladies psychologiques** — L'anxiété entraîne des distractions et des oublis. Mal diagnostiquée, elle peut être prise pour de la démence.
- **Prévention et traitements** — Les habitudes de vie qui aident à ralentir la sénescence retardent aussi le déclenchement de la démence.

Le vieillissement et la cognition optimale

- **Créativité et sens esthétique** — L'âge adulte avancé s'accompagne du besoin de s'exprimer et de réaliser des projets.
- **Sagesse** — Une connaissance poussée des réalités fondamentales de la vie confère une intuition et un jugement exceptionnels face aux questions complexes.

CHAPITRE 14

Le développement psychosocial à l'âge mûr et à l'âge avancé

La période de l'âge mûr est souvent perçue comme un temps de remise en question. De fait, même si cette période n'en est pas toujours une de grands bouleversements, elle peut effectivement déboucher sur un large éventail de possibilités, ce qui permet de mieux comprendre l'étonnante diversité des cheminements qu'elle présente et qui marque aussi l'âge avancé.

L'âge chronologique ne détermine pas le développement de l'adulte ; les frontières tracées par l'âge sont fluides. Pour éviter les répétitions, nous avons choisi de rattacher des sujets à un groupe d'âge plutôt qu'à un autre. Ainsi, certains événements (devenir grand-parent, prendre sa retraite), bien qu'ils se produisent souvent avant 60 ans, ne sont abordés que dans la partie consacrée à l'âge avancé (la deuxième section de ce chapitre). Les mariages durables, le divorce, le départ des enfants du domicile familial — autant de situations parfois heureuses et parfois tristes — font l'objet de la période de l'âge mûr (la première section de ce chapitre).

SECTION 1

L'ÂGE MÛR (DE 40 À 60 ANS)

L'âge mûr est une phase de transition, bien qu'aucun événement précis n'y soit lié. Les changements les plus manifestes qui se produisent alors concernent l'horloge biologique. Inévitablement, les premiers signes de vieillissement modifient la perception du temps écoulé et du temps qu'il reste à vivre.

Les changements psychosociaux à l'âge mûr

L'âge mûr est l'occasion de réévaluer ses choix en matière d'intimité et d'accomplissements. Ceux qui croyaient avoir tout leur temps pour atteindre leurs objectifs voient les possibilités se restreindre doucement. Certains remettent dans la balance la carrière et la famille. Ceux qui avaient recherché à tout prix le succès professionnel pensent aux êtres chers qu'ils ont négligés. Par ailleurs, ceux qui s'étaient consacrés à l'éducation des enfants se demandent ce qu'ils peuvent entreprendre et accomplir maintenant que ces derniers sont grands et qu'ils sont sur le point de quitter la maison familiale. D'autres remettent en question leur relation avec leur conjoint.

La crise de la quarantaine : mythe et réalité

Crise de la quarantaine Période de la vie marquée par une anxiété inhabituelle, des remises en question et des changements soudains. Largement associée à la quarantaine, cette période a en fait bien plus à voir avec le développement de la personne qu'avec son âge chronologique.

C'est au milieu des années 1970 que la notion de **crise de la quarantaine** devint populaire, lorsque Gail Sheehy (1976) parla de « l'épreuve des 40 ans » et que Daniel Levinson (1978) s'intéressa aux hommes de cet âge qui étaient la proie « de luttes tumultueuses avec eux-mêmes et avec le monde extérieur ».

La crise de la quarantaine serait une transition marquée par une anxiété inhabituelle, une réévaluation de différents aspects de sa vie et des changements soudains. Toutefois, à la suite des travaux de Levinson et de Sheehy, aucune des vastes études réalisées dans plusieurs pays n'a permis de révéler l'existence d'une crise de la quarantaine.

Si la vie de la plupart des gens de 40 ans n'est pas bouleversée par des changements majeurs, le début de la période de l'âge mûr n'en constitue pas moins une étape marquée par une réflexion approfondie sur le sens qu'on donne à sa vie, ce qui permet de confirmer certains choix personnels ou encore d'induire des changements.

La plupart des spécialistes du développement étudiant l'âge adulte reconnaissent l'existence d'un tel questionnement. Très peu cependant pensent qu'il engendre inévitablement une crise et des transformations radicales (Hunter et Sundel, 1989 ; Wrightsman, 1994). Une multitude de recherches révèlent une variation considérable entre des personnes du même âge et une stabilité individuelle tout aussi importante. Bref, la réaction des gens aux difficultés et aux changements de l'âge mûr dépend bien plus de leurs antécédents que de l'âge chronologique (Birren et Schroots, 2001).

La personnalité : stabilité et changements

La personnalité est source de continuité, car elle confère une identité et un sentiment de cohérence (Caspi et Roberts, 1999 ; Cloninger, 2003). Les gènes, les méthodes d'éducation, la culture et les expériences de vie sont autant de facteurs qui influent sur la personnalité (Pedersen, Spotts et Kato, 2005).

Les cinq traits stables

Les résultats d'études longitudinales et transversales poussées, réalisées auprès d'hommes et de femmes de plusieurs pays et ethnies, étayent l'hypothèse que cinq traits de personnalité demeurent stables tout au long de l'âge adulte (McCrae et Costa, 2003 ; Roberts, Walton et Viechtbauer, 2006 ; Michel et Purper-Ouakil, 2006). Les experts emploient différents termes pour les désigner, mais ils s'entendent pour les décrire de la façon suivante :

- l'agréabilité : tendance à être gentil, serviable, confiant et accommodant. Ce trait caractérise les personnes affables, confiantes par opposition aux personnes indifférentes, méfiantes, dures, intransigeantes ;
- le névrotisme : tendance à être anxieux, morose et autopunitif. La propension à la névrose afflige les personnes portées à l'autodépréciation, nerveuses, colériques par opposition aux personnes calmes, résistantes au stress, émotionnellement stables ;
- l'extraversion : tendance à être sociable, sûr de soi et actif. L'extraversion définit les personnes sociables, sûres d'elles-mêmes, énergiques, enthousiastes, impulsives par opposition aux personnes réservées, timides, peu confiantes, ayant peu d'élan vital ;

- la rigueur : tendance à être consciencieux, conformiste et persévérant. La rigueur caractérise les personnes organisées, responsables, fiables par opposition aux personnes irresponsables, nonchalantes, désordonnées, indisciplinées ;
- l'ouverture à l'expérience : tendance à être imaginatif, curieux, créatif et à rechercher les nouvelles expériences. Ce trait caractérise les personnes ouvertes d'esprit, ayant besoin de variété par opposition aux personnes obstinées, rigides, dogmatiques, ayant peur de la nouveauté.

Ces **cinq traits stables** (*Big Five* en anglais) apparaissent dans de nombreuses cultures, chez des gens de tout âge (McCrae et Costa, 2003). Cette universalité est un indice de plus à l'effet que certains grands traits de personnalité sont innés, et donc présents avant que l'influence de l'éducation ou des valeurs culturelles entre en jeu (Rothbart, Ahadi et Evans, 2000).

Cinq traits stables Traits de personnalité demeurant relativement stables durant tout l'âge adulte : l'agréabilité, le névrotisme, l'extraversion, la rigueur et l'ouverture à l'expérience.

Susceptibles de fluctuer pendant l'enfance, l'adolescence et les premières années de l'âge adulte, ces cinq traits de personnalité se stabilisent généralement vers l'âge de 30 ans. Autrement dit, l'interaction des prédispositions génétiques et des influences environnementales engendre, à l'approche de l'âge mûr, une personnalité relativement stable.

À VOUS LES COMMANDES 14.1

Des tendances à l'extraversion ou à l'introversion ?

Évaluez si les énoncés suivants s'appliquent généralement à vos comportements.

Extraversion	Introversion
Je suis perçu(e) comme une personne sociable et expressive.	Je suis perçu(e) comme une personne réfléchie et réservée.
Je me sens bien en groupe et j'aime travailler en équipe.	Je me sens bien lorsque je suis seul(e) et j'aime pouvoir faire les choses par moi-même et à ma manière.
J'ai un très large réseau d'amis et je connais beaucoup de gens.	Je préfère bien connaître quelques personnes seulement.
Je m'engage parfois trop rapidement dans une activité sans me donner vraiment le temps d'y réfléchir.	Je mets parfois tellement de temps à évaluer le pour et le contre que je ne passe pas à l'action dans un délai approprié.
Avant d'entreprendre un projet, je néglige parfois de m'arrêter pour réfléchir sur les raisons de le faire et sur la façon dont je veux le faire.	Je néglige parfois de vérifier si mes idées correspondent réellement à l'expérience du monde extérieur.

Source : adapté de Charles R. Martin, *Looking at Type: The Fundamentals*, Gainseville (FL), Center for Application of Psychological Type, 1997.

1. Avez-vous des tendances à l'extraversion ou à l'introversion ?
2. Quels avantages voyez-vous à votre prédominance ? Dans quels types de situations vous est-elle avantageuse ?
3. Quels désavantages y voyez-vous ? Dans quels types de situations présente-t-elle des inconvénients ?

Certains tests de personnalité évaluent le degré de chacun des cinq traits chez une personne. Sous l'influence du stress, la stabilité de la personnalité devient particulièrement apparente : les gens réagissent conformément à leurs traits distinctifs.

La stabilité des traits de personnalité tient au fait que la plupart des gens de 30 ans se créent une **niche écologique**, c'est-à-dire un mode de vie et un contexte social composés notamment d'un travail, d'un conjoint, d'un quartier et d'occupations journalières. Cette niche fait ressortir les besoins et les centres d'intérêt en même temps qu'elle les renforce.

Niche écologique Terme emprunté au vocabulaire de l'écologie pour désigner le mode de vie et le contexte social que les adultes choisissent en conformité avec leurs besoins et leurs centres d'intérêt.

Illustrons le concept de niche écologique à l'aide d'un exemple. Une personne très extravertie a de bonnes chances de trouver un compagnon ou une compagne sociable.

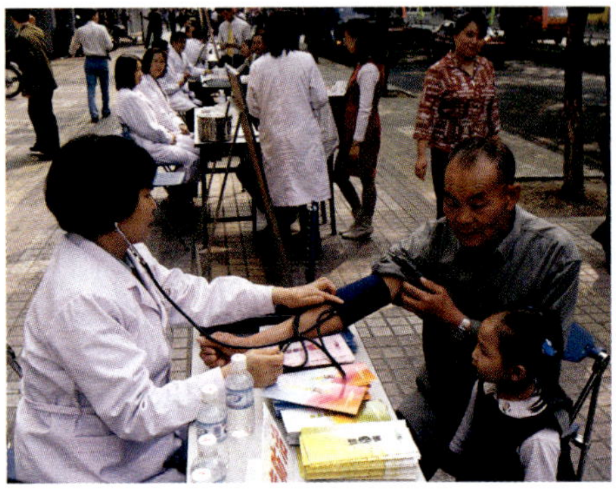

D'un pays à l'autre: le choix d'une profession, une question de culture ou de personnalité? La personnalité est plus visible ici que la culture, selon la recherche sur les niches écologiques. Ces deux femmes ont étudié la biologie, mais la plus introvertie des deux, l'Islandaise (à gauche), préfère analyser des échantillons de poisson dans son laboratoire alors que la plus extravertie, la Chinoise, mesure la pression artérielle des passants dans un parc.

Ce couple aura probablement de nombreux amis et connaissances qui aiment sortir. Le type de travail que choisit une personne extravertie comporte de nombreuses interactions sociales (la vente, l'enseignement ou les relations publiques, par exemple). Ces conjoints construiront leur niche dans un quartier animé, à proximité de leur ligue sportive ou de leur club social. Après 20 ans de vie commune, ce couple aura agrandi son cercle d'amis et aura eu plusieurs enfants (les personnes extraverties sont plus susceptibles d'avoir une famille nombreuse), qui auront probablement, eux aussi, beaucoup d'amis. Les parents feront partie des groupes qui s'impliquent à l'école, auprès du mouvement scout local ou d'une ligue sportive, etc. Ainsi, leur extraversion s'exprimera de plus en plus et sera de plus en plus appréciée par leur collectivité.

Les changements dans la personnalité

Aussi impressionnante que puisse être la stabilité des cinq grands traits de personnalité, celle-ci peut toutefois se modifier si le contexte change.

Par exemple, vivre auprès d'une personne chaleureuse et bienveillante influe sur la personnalité de son conjoint. Bien que les gens ayant une propension au névrotisme soient moins susceptibles de trouver un compagnon affectueux et loyal, ceux qui vivent auprès d'une telle personne deviennent moins névrosés (Rönkä, Oravala et Pulkkinen, 2002). Un environnement de travail hostile, une mauvaise santé et la pauvreté peuvent aussi affecter la personnalité de ceux qui en sont victimes.

L'environnement demeure un facteur prépondérant de l'évolution de la personnalité pour la totalité d'entre nous. Tout grand bouleversement dans la vie (par exemple un divorce ou la mort du conjoint, l'affranchissement d'une dépendance, l'émigration, une dépression) risque de modifier certains aspects de la personnalité (Mroczek, Spiro et Griffin, 2006). Souvent, les nouveaux événements font ressortir des traits de personnalité déjà présents (McCrae et Costa, 2003 ; Roberts et Caspi, 2003).

Habituellement, les gens n'ont pas clairement conscience des manifestations courantes de leurs traits de personnalité, à moins qu'ils n'aspirent à modifier l'un d'eux (comme une tendance à la violence). En plus des modifications qu'un individu peut apporter à sa personnalité, ou du moins à l'expression de celle-ci, plusieurs études indiquent que des changements reliés à l'âge s'observent fréquemment. Ces changements consistent généralement en un renforcement de traits particulièrement valorisés par une culture, lesquels varient selon l'époque.

La convergence des genres

La réalité peut faire mentir les stéréotypes voulant que les hommes aient tendance à exprimer de l'agressivité et les femmes, de la sympathie ; ou que les hommes prennent plus de risques que les femmes, lesquelles sont plus prudentes. La façon de les exprimer varie, mais cela ne signifie pas que les traits sous-jacents soient différents. En ce qui a trait aux cinq traits stables, les jeunes hommes sont légèrement plus extravertis et les jeunes femmes, légèrement plus rigoureuses, mais les deux sexes deviennent probablement plus semblables en vieillissant, un phénomène appelé **convergence des genres** (Gutmann, 1994).

Convergence des genres Vers le mitan de la vie, tendance chez les deux sexes à devenir plus semblables sur le plan des traits stables de la personnalité. Cette tendance facilite l'adaptation de l'individu à des contextes sociaux différents.

La convergence des genres est manifeste selon les résultats d'une étude longitudinale qui a suivi, pendant plus de 30 ans, un échantillon représentatif de jeunes Finlandais de 3ᵉ année du primaire (Pulkkinen, Feldt et Kokko, 2005). Les échelles des cinq traits n'avaient pas été mises au point lorsque cette étude a débuté, mais d'autres tests de personnalité ont révélé qu'au début de la quarantaine, les hommes étaient devenus moins agressifs et plus conformistes, tandis que les femmes avaient fait le chemin inverse. Au moment de leur adolescence, les deux sexes présentaient des différences pour ces deux traits de personnalité, mais les résultats étaient presque identiques au mitan de la vie.

L'intimité et le réseau social

Le besoin d'intimité ne s'épuise jamais. Les adultes comblent leur besoin de liens sociaux auprès de leurs partenaires amoureux, de leurs amis, de membres de leur famille et de leurs collègues de travail. Chacun cultive des liens selon sa nature : certains adultes sont distants avec leurs parents, mais très près de leur conjoint et de leurs amis ; d'autres sont très proches des membres de leur famille, mais maintiennent une distance avec toute autre personne. Ces variations sont fonction de la culture, de l'âge et des circonstances.

Le terme **réseau social** est parfois utilisé pour désigner l'ensemble des parents, amis et connaissances qui aident toute personne à avancer dans la vie (Antonucci, Akiyama et Merline, 2001). Dans son sens initial, le mot *réseau* renvoie à un groupe protecteur dont chaque membre tire sa force et trouve un soutien auprès des autres en partageant avec eux les mêmes conditions.

Réseau social Ensemble des parents, des amis et des connaissances qui accompagnent et aident une personne dans la vie.

Les relations amoureuses

En règle générale, les relations amoureuses apportent des sentiments de bonheur, de confort et de la dignité : c'est également le cas à l'âge mûr. C'est habituellement avec leur conjoint, qui est aussi souvent leur meilleur ami, que les personnes d'âge mûr vivent

D'un pays à l'autre : une nouvelle liberté Partout dans le monde, de nombreux conjoints recouvrent une liberté qu'ils apprécient lorsque les enfants ont quitté la maison. Le partage d'activités fait renaître une intimité que les contraintes familiales et professionnelles avaient parfois atténuée.

leur relation la plus intime. Une minorité croissante d'adultes d'âge mûr divorcés ou n'ayant jamais été mariés trouvent l'intimité dans la cohabitation avec un partenaire.

Nombre de personnes trouvent par ailleurs l'intimité auprès d'un partenaire avec lequel elles ne cohabitent pas. Il est difficile de cerner les répercussions de ce type de relation sur le développement parce que, pour toutes sortes de raisons, il n'existe pas beaucoup d'études à ce sujet. Il est clair cependant que les adultes qui vivent une relation intime se portent mieux sur le plan affectif que ceux sans attaches, et ce, tout au long de leur vie (Antonucci et Akiyama, 1995 ; Ross, 1995).

Le mariage

Nid vide Moment dans la vie des parents où leurs enfants, devenus grands, quittent le foyer familial pour vivre leur propre vie.

Les couples plus âgés subissent moins de stress au sujet de l'éducation des enfants (les jeunes enfants ont tendance à alimenter l'insatisfaction conjugale), se disputent moins, ont de meilleurs revenus et passent plus de temps ensemble. En fait, dans un sondage mené auprès de couples de longue date, la plupart ont dit être encore ensemble parce qu'ils aimaient leur conjoint, avaient confiance en lui et étaient heureux de leur vie à deux, et non parce qu'ils trouvaient difficile de rompre (Previti et Amato, 2003). Le **nid vide**, qui désigne le moment où les enfants quittent le domicile familial et volent de leurs propres ailes, est également une période importante pour les parents, qui peuvent alors profiter d'une nouvelle liberté et réaliser plus de choses ensemble.

Certaines unions épanouissent la vie des conjoints, comme l'a démontré une étude longitudinale portant sur toute la cohorte des enfants de cinq origines ethniques différentes nés en 1955 et un échantillon ayant vu le jour en 1956 à Kauai, dans l'archipel d'Hawaii. Leur enfance fut marquée par de nombreux problèmes familiaux et de santé. Toutefois, à 40 ans, la majorité des sujets étaient plus heureux et s'en étaient mieux tirés que ce que laissait présager leur enfance. Une des meilleures sources de résilience et de satisfaction était un mariage durable dans lequel les conjoints s'étaient engagés avant l'âge de 30 ans (Werner et Smith, 2001). Des chercheurs de nombreux autres pays ont rapporté des conclusions similaires (Rönkä, Oravala et Pulkkinen, 2002 ; Rutter, 2004).

Bien sûr, les généralités ne doivent pas occulter les particularités. Certaines unions durables sont merveilleuses et d'autres le sont moins. Le stress causé par les soucis financiers crée des tensions dans le couple, quel que soit le nombre d'années vécues ensemble (Conger, Rueter et Elder, 1999), et des facteurs contextuels peuvent miner le désir de communiquer et de faire des compromis (Karney et Bradbury, 2005).

Le contraire se vérifie également : une relation peut s'améliorer avec le temps. Plusieurs chercheurs (Fincham, Stanley et Beach, 2007) citent des témoignages voulant que bien des unions qui se fissuraient sous l'effet du stress finissent par rebondir quand les époux malheureux apprennent à se comprendre et à pardonner à l'autre.

Le divorce

Les gens d'âge mûr divorcent généralement pour les mêmes raisons que les jeunes adultes. Par contre, il semble plus difficile de mettre un terme à une union de longue durée. La perte d'estime de soi, notamment, serait plus grande.

Les relations de couple ne s'améliorent ni ne finissent par le fruit du hasard ; elles subissent l'influence du contexte social et politique (Fine et Harvey, 2006), de même que l'influence d'autres facteurs, comme la personnalité de chacun des conjoints.

Les personnes divorcées sont souvent affectées ou transformées (pour le meilleur et pour le pire) d'une façon qu'elles n'auraient jamais anticipée. Des décennies après le divorce, l'estime de soi et les revenus des ex-conjoints semblent inférieurs, en moyenne, à ceux des adultes non divorcés (mariés ou célibataires) du même âge. Les conjoints

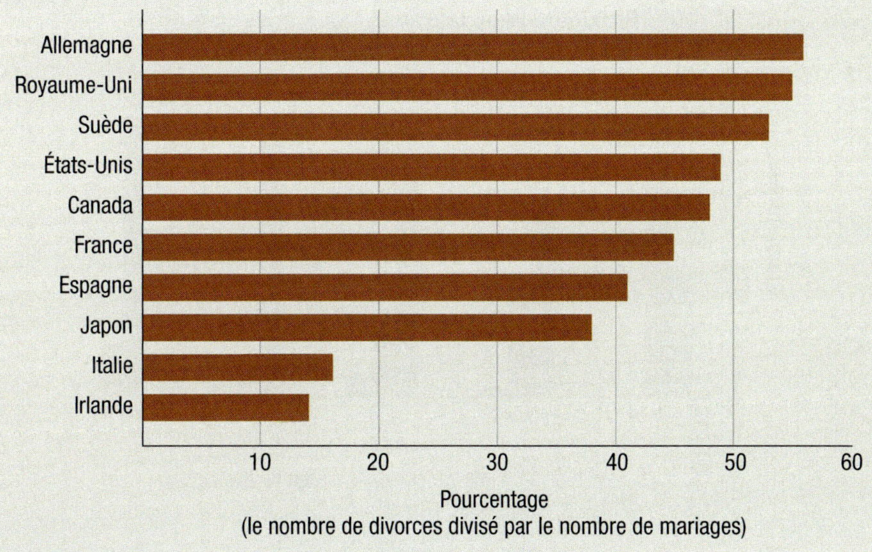

Source : U.S. Census Bureau, *International Data Base (IDB)*, [en ligne], 24 août 2006. [www.census.gov/ipc/www/idbsum.html] (1er mai 2007).

FIGURE 14.1 **Le taux de divorce dans quelques pays** La plupart des pays développés enregistrent un taux de divorce élevé.

qui ont des enfants vivent la séparation plus difficilement (Amato et Cheadle, 2005). De fait, les exigences parentales les obligent souvent à maintenir les échanges et les contacts pour l'éducation des enfants.

Bien que le divorce soit toujours stressant pour les adultes et les enfants, il peut aussi avoir du bon. Selon les données recueillies dans 39 pays, les adultes dont les parents se disputaient constamment, mais qui ne se sont pas séparés, se disent moins heureux que ceux dont les parents se disputaient constamment et qui ont divorcé (Gohm et coll., 1998).

Au Canada, un peu moins d'un mariage sur deux se solde par un divorce, une donnée semblable à celle de plusieurs autres pays. Depuis une décennie, le taux de mariage a décliné et celui de divorce a augmenté dans presque tous les pays développés. Par exemple, en Irlande et en Italie, où ce taux était près de zéro, environ un mariage sur sept se conclut maintenant par un divorce (voir la figure 14.1).

Le divorce risque surtout de se produire dans les 5 premières années du mariage. Après une telle séparation, les gens tentent habituellement de renouer des amitiés et d'avoir des relations amoureuses. Ils se remarient souvent, particulièrement les hommes ayant divorcé relativement jeunes (avant 30 ans). Les femmes ayant des enfants ont moins de chances de se remarier, mais celles qui le font choisissent souvent un homme qui a aussi des enfants d'une première union (Goldscheider et Sassler, 2006).

La fratrie adulte

Les conflits entre frères et sœurs ont tendance à s'atténuer à l'âge mûr. Si un tiers seulement des adolescents disent se sentir proches de leurs frères et sœurs, deux tiers des adultes le confirment, tout comme la presque totalité des adultes d'âge avancé (Fingerman, Hay et Birditt, 2004) (voir la figure 14.2). Les adultes reçoivent le soutien de leurs frères et sœurs en ce qui a trait à l'éducation de leurs adolescents, à leurs difficultés de couple et à leurs proches âgés.

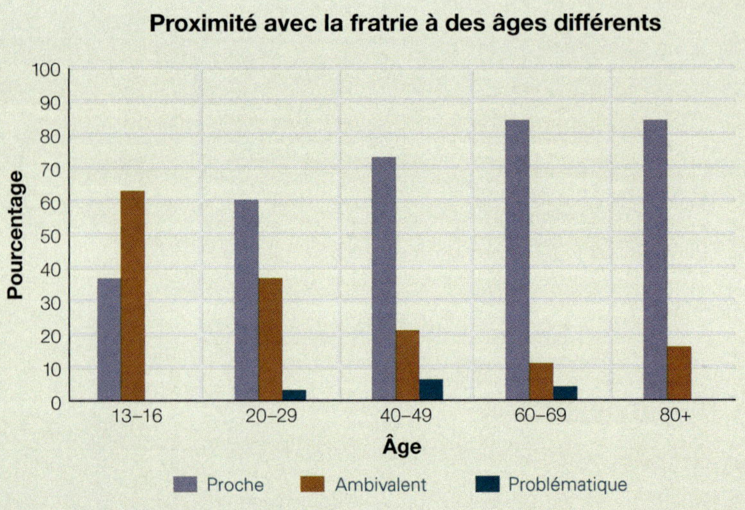

Source: US Bureau of Census, 2007.

FIGURE 14.2 **De la rivalité à l'amitié** Les adolescents ne sont habituellement pas proches de leurs frères et sœurs, bien qu'ils puissent devenir complices en certaines circonstances, surtout pour faire front commun contre les parents. Cette situation a tendance à changer avec le temps. Lorsqu'ils ont atteint l'âge mûr, les frères et sœurs se considèrent habituellement comme de bons amis.

Ainsi, des frères et des sœurs qui se sont toujours aimés et respectés sans pour autant se fréquenter beaucoup commencent, une fois rendus à l'âge mûr, à s'échanger des confidences, et même parfois à cohabiter.

Les modalités des relations entre frères et sœurs adultes sont fortement influencées par les valeurs familiales établies pendant l'enfance (Cicirelli, 1995). Les vieilles rancœurs et les jalousies peuvent refaire surface aussi facilement que les vieux réflexes de soutien. Cependant, les disputes s'atténuent habituellement au fur et à mesure qu'on prend de l'âge. Il est possible que la perspective de la mort qui accompagne le vieillissement rende les gens plus conciliants.

Les amis

Les amis sont habituellement les membres les plus solides du réseau social, en partie parce qu'on les choisit en fonction des traits de personnalité qui font d'eux des compagnons de vie fiables. Ils ont habituellement le même âge, ont vécu des expériences semblables et partagent des valeurs communes, aussi peuvent-ils offrir leur aide et de précieux conseils quand surviennent des épreuves. Les amis, s'ils sont un peu délaissés lorsque la famille et l'éducation des enfants prennent toute la place, retrouvent habituellement assez facilement le fil affectif.

La solidarité et l'écoute qu'ils apportent sont très importantes au quotidien. Grâce à leurs amis, les adultes trouvent comment convaincre leurs grands ados de partir en vacances avec eux, arrivent à déterminer si leurs armoires de cuisine doivent être rajeunies ou remplacées, apprennent à réagir aux demandes injustifiées du patron et, plus tard, à composer avec la ménopause ou les enfants qui s'éternisent à la maison.

Une étude a révélé que les amitiés ont tendance à s'approfondir avec l'âge (Fingerman, Hay et Birditt, 2004). À l'âge mûr, presque toutes les amitiés sont qualifiées de proches, un petit nombre sont ambivalentes et à peu près aucune n'est problématique.

Une protection contre le stress

De nombreux psychologues ont étudié les effets du stress sur le développement à l'âge adulte (Aldwin, 2007). La vie est remplie de stresseurs, dont les plus grands sont la maladie grave, l'invalidité ou la mort d'un parent, ainsi que les crises professionnelles. Il faut aussi prendre en compte les agents stressants chroniques (la pauvreté, la discrimination, etc.), les changements importants dans la vie (déménagement, divorce, etc.) de même que les tracas du quotidien (déplacements pour se rendre au travail, aide aux devoirs des enfants, comptes à payer, critiques négatives reçues, etc.). Une **charge de stress** importante accroît le risque de maladie grave, de vieillissement prématuré et de décès (Geronimus et coll., 2006).

Charge de stress Fardeau que constituent l'ensemble des sources de stress avec lesquelles un individu doit composer.

Les amis peuvent aider leurs proches à surmonter des situations stressantes en les laissant exprimer leurs émotions (adaptation au stress axée sur les émotions). Ils peuvent également les aider à trouver des solutions concrètes ou à développer des façons optimales de réagir (adaptation au stress axée sur la résolution de problème).

L'âge, le sexe et la personnalité influent sur la façon dont une personne réagit au stress et, par conséquent, sur la charge de stress qu'elle subit (Aldwin, 2007). Les adultes plus jeunes ont tendance à aborder le problème de front. Ainsi, s'ils ont des ennuis au travail, ils démissionnent, se plaignent à leur supérieur, demandent une réaffectation ou trouvent une autre façon de régler le problème. Les adultes plus âgés se concentrent davantage sur les émotions. Par exemple, ils composent avec un contexte de travail stressant en gardant à l'esprit que l'opinion de leur patron repose sur des données incomplètes, ou encore en chantant ou en blaguant avec un collègue pendant qu'ils accomplissent une tâche désagréable. Ils s'appliquent à changer leurs perceptions et leurs émotions plutôt que leur emploi. Les deux façons de réagir au stress — en s'attaquant au problème ou en se concentrant sur les perceptions et émotions — peuvent être efficaces, selon la situation.

Soulignons enfin que l'amitié contribue à réduire le taux de cortisol, l'une des hormones du stress, ce qui explique pourquoi les amis s'appellent et se réunissent quand survient un drame. Ainsi, en réduisant la charge de stress, la présence d'amis proches est bénéfique pour la santé physique et la santé psychologique (Krause, 2006).

La générativité et la stagnation selon Erikson

Erikson postulait qu'après la sixième crise psychosociale de l'intimité et de l'isolement venait la **crise de la générativité et de la stagnation**, au cours de laquelle les adultes aspirent à jouer un rôle productif et utile, à faire preuve d'altruisme, habituellement dans le cadre de l'éducation des enfants et du travail. Ils sont alors capables de s'engager adéquatement dans l'expérience de la paternité ou de la maternité, de se préoccuper de la nouvelle génération.

Crise de la générativité et de la stagnation Selon Erikson, septième des huit crises du développement psychosocial, pendant laquelle la personne cherche à se rendre productive au moyen du travail, des engagements sociaux ou de l'éducation des enfants. Sans ce sentiment de transmission de l'expérience dans un champ ou un autre, l'adulte éprouve un sentiment de stagnation et d'appauvrissement personnel.

Sans générativité, les adultes éprouvent un sentiment de stagnation et d'appauvrissement personnel (Erikson, 1963). Les personnes qui ne développent pas le sens de la générativité risquent de se retrouver absorbées par elles-mêmes, concernées avant tout par leur propre confort, ce qui leur laisse un sentiment de vide (Houde, 1991). Elles ne s'investissent pas dans des projets qui impliquent une participation au mieux-être des autres.

Les adultes ont besoin de s'occuper de la jeune génération, que ce soit en fondant une famille, par le **mentorat** ou l'enseignement dans le cadre du travail. Dans sa première description de cette crise, Erikson visait surtout la paternité et la maternité ; il élargit par la suite sa conception de la générativité à d'autres moyens de transmettre l'héritage d'une culture et d'une génération.

Mentorat Relation interpersonnelle de soutien, d'échanges et d'apprentissage, dans laquelle une personne d'expérience investit son expertise pour favoriser le développement d'une personne qui a des compétences à acquérir et des objectifs professionnels à atteindre.

Mentor Personne d'expérience qui valorise le transfert de ses acquis à d'autres personnes moins expérimentées. Elle est donc motivée à partager ses compétences, ses connaissances et sa vision de la vie avec une personne plus jeune, afin de la soutenir dans la réalisation de ses objectifs personnels et professionnels.

Être **mentor** suppose de la maturité, des connaissances et des habiletés, accompagnées d'un sentiment de compétence. Cela suppose aussi le désir de partager ses expériences, ses trucs du métier, sa vision de la vie (Mentorat Québec, [s.d.]). On peut être le mentor de quelqu'un pour certains aspects, pendant des périodes particulières. Houde (1995) définit cinq zones de vie dans lesquelles peut s'exercer le mentorat :

- personnelle (relation avec soi-même) ;
- interpersonnelle (amour, amitié, camaraderie) ;
- professionnelle ;
- familiale (famille d'origine, famille actuelle, famille élargie) ;
- sociale.

Prendre soin d'autrui

La générativité vient plus facilement avec la maturité, quoique, comme on l'a déjà souligné, l'âge chronologique n'est pas un marqueur nécessaire de l'attention désintéressée et de l'amour qui caractérisent la générativité (Sheldon et Kasser, 2001). Ceux qui, quel que soit leur âge, font preuve de générativité ont tendance à considérer qu'ils sont chanceux d'avoir besoin d'aider les autres (McAdams, 2006). Les adultes satisfont leur besoin de générativité de diverses façons, notamment en créant, en prenant soin d'autrui ou en travaillant.

Comme l'écrivait Erikson (1963), un adulte d'âge mûr a besoin de se sentir utile. On peut prendre soin d'autrui sur le plan physique — en lui donnant à manger, en l'aidant à faire sa toilette, etc. —, mais la plus grande part des soins est d'ordre psychologique. Le temps et l'énergie consacrés au soutien affectif doivent désormais être considérés comme des aspects importants du travail qu'accomplissent les membres d'une famille. Prendre soin des autres, de quelque façon que ce soit, n'est pas simplement un élan du cœur ; cette action doit être organisée, ciblée et voulue pour produire l'effet voulu sur son destinataire.

Prendre soin des autres, c'est être sensible à leurs émotions et y répondre adéquatement : ils peuvent avoir besoin de se confier, de soigner leur ego malmené. C'est aussi prêter une oreille attentive et donner de bons conseils ou offrir une aide pratique au besoin. Ainsi, les parents prennent soin de leurs enfants et les enfants, devenus adultes, prennent soin de leurs parents.

Des pères attentionnés Les pères prennent souvent soin de leurs jeunes enfants. Les spécialistes du développement croient que les hommes se sont toujours occupés de leurs enfants, bien qu'à notre époque, cela soit une réalité plus fréquente.

Prendre soin des enfants

Erikson (1963) rappelle que si la générativité prend plusieurs formes, elle consiste principalement à produire et à guider la génération suivante, habituellement par la paternité et la maternité. Ainsi les adultes transmettent non seulement leurs gènes, mais aussi leurs valeurs chaque fois qu'ils répondent aux centaines de requêtes et de besoins quotidiens, verbalisés ou non, que leur adressent leurs enfants et leurs adolescents.

Les parents ne sont pas toujours préparés à faire face à des adolescents qui veulent leur soutien en cas de besoin, mais qui cherchent également à prendre une distance pour expérimenter leurs propres capacités. S'ils ont toujours besoin de la présence des parents, les adolescents refusent une trop grande proximité, parfois envahissante et contrôlante.

Il n'est pas d'expression plus exigeante de la générativité que d'éduquer des enfants. Cependant, selon Erikson, l'insistance à souligner à quel point les enfants ont besoin des adultes occulte le fait que la génération plus âgée a besoin, elle aussi, de la génération plus jeune (Kohler, 2005).

Bien que l'arrivée des enfants réduise souvent l'intimité et la satisfaction des conjoints à l'égard du mariage, le niveau d'engagement, lui, augmente (Bradbury, Fincham et Beach, 2000). Idéalement, les conjoints forment une alliance pour coopérer à l'éducation des enfants. Cette grande tâche est une expérience dynamique qui met à l'épreuve et transforme tous les parents. Chaque fois que les adultes croient avoir maîtrisé l'art d'être parents, leur enfant franchit un nouveau stade de son développement qui les oblige à s'adapter. Ils doivent alors faire preuve de souplesse pour trouver de nouvelles façons de faire.

Ceux qui sont soucieux d'éduquer des enfants, en tant que parents biologiques ou parents substituts, sont en général humbles devant l'ampleur de la tâche, ils deviennent moins centrés sur eux-mêmes et plus sensibles aux problèmes que vivent habituellement les enfants. Ainsi, ils deviennent de véritables modèles de générativité, tel que l'ont décrit Erikson, Erikson et Kivnick (1986), c'est-à-dire touchés par l'altruisme et le désir de transmettre leur expérience aux générations suivantes.

Prêter main-forte aux enfants adultes

En règle générale, les parents et les enfants adultes se rapprochent, se montrent plus conciliants et plus fiers les uns des autres à mesure qu'ils gagnent en maturité (Connidis, 2001). C'est le cas notamment lorsqu'un enfant adulte devient lui-même un père ou une mère.

Une étude, menée dans sept pays, a révélé que la plupart des adultes des deux sexes disent rendre des services à leurs proches, qu'ils vivent ensemble ou non.

Le plus souvent, en vérité, ce sont les personnes d'âge mûr qui prêtent main-forte aux jeunes adultes en leur rendant une multitude de services : bricolage, lessive, aide financière, conseils, gardiennage, etc. Toutefois, ils ne perdent pas au change. Ils sont très fiers des accomplissements de leurs enfants adultes ; la réussite de leur progéniture rejaillit sur leur propre estime de soi (Kwan et coll., 2003).

Pour les gens d'âge mûr, la jeune génération constitue aussi une source d'information et de conseils sur l'évolution de la société et de la culture (Green et Boxer, 1986). Nombre de femmes d'âge mûr ne seraient pas retournées aux études ou n'auraient pas quitté un emploi insatisfaisant si leurs enfants adultes ne les y avaient pas poussées. Nombre d'hommes d'âge mûr ne se seraient pas mis à l'activité physique si leurs enfants ne les avaient pas renseignés sur ses bienfaits. Quant à la plupart des jeunes adultes, ils gagnent en assurance en constatant que leurs parents les traitent en adultes et les prennent au sérieux.

Prendre soin des parents âgés

Le XXIe siècle est marqué par les tendances démographiques suivantes :

- plus des deux tiers des femmes d'âge mûr ont un emploi ;
- les gens vivent plus vieux : de nombreux adultes d'âge mûr ont encore leurs deux parents ;
- les familles comptent moins d'enfants (la famille est passée en moyenne de cinq à deux enfants au cours du dernier siècle), ce qui signifie moins d'adultes pour s'occuper des autres.

Chacune de ces tendances change les modèles de soins à offrir aux membres plus âgés et vulnérables de la famille.

À cause de leur position dans la chaîne des générations, les personnes d'âge mûr sont parfois appelées à voler au secours de celle qui les précèdent, en plus de celle qui les suivent. Elles font partie de la **génération du milieu**, ou **génération sandwich**. Cette analogie du sandwich laisse penser que cette génération est coincée par ses obligations

Génération du milieu ou **génération sandwich**
Génération formée des gens qui ont à la fois des enfants adultes et des parents âgés. Certains adultes d'âge mûr se sentent stressés et pris au piège entre les exigences et les besoins de leurs enfants d'un côté et ceux de leurs parents vieillissants de l'autre.

De mieux en mieux Nombre d'adultes comprennent mieux leurs parents et les apprécient davantage en prenant de l'âge. Les relations mère-fille et père-fils, en particulier, deviennent généralement beaucoup plus harmonieuses qu'elles ne l'étaient à l'adolescence. L'affection, la complicité et la tendresse caractérisent la relation de cette mère et sa fille.

envers ses aînés et ses enfants (Grundy et Henretta, 2006). Or, la majorité des gens de cette génération ne perçoivent pas ces responsabilités comme un fardeau, soit parce qu'ils aiment s'en charger, soit parce qu'ils décident de n'en assumer qu'une partie. Une faible minorité d'adultes d'âge mûr décident de ne pas les assumer du tout.

Les personnes d'âge mûr prennent plaisir à côtoyer leurs enfants adultes de même que leurs parents actifs et bien portants, et se disent globalement satisfaits de leurs relations familiales. Seule une minorité de gens dans la quarantaine se disent coincés entre deux générations de manière inéquitable, inattendue ou involontaire. Dans la cinquantaine, la situation est un peu plus fréquente, les parents vieillissants demandant parfois un peu plus de temps pour répondre à leurs besoins spécifiques (visite médicale, magasinage, coiffure, choix de résidence pour personnes âgées, déménagement, etc.). Une étude menée auprès de personnes mariées âgées de 51 à 61 ans et ayant des parents vivants a révélé que moins de 20 % consacraient une bonne portion de leur revenu ou de leur emploi du temps à prendre soin de leurs parents (Shuey et Hardy, 2003).

Outre le temps et l'énergie qu'exige l'aide apportée aux parents, l'impact le plus important concerne probablement l'aspect psychologique : il est difficile de voir ses parents vieillir, devenir peu à peu dépendants et de penser qu'ils vont mourir. Les questions existentielles émergent avec plus d'intensité et favorisent une réflexion approfondie sur le sens de la vie et de sa propre vie.

Le travail

L'influence du travail sur le développement à l'âge mûr n'est pas claire, surtout à notre époque où le marché de l'emploi connaît de grandes transformations. Il semble néanmoins que le travail ait un effet considérable sur le développement harmonieux de chaque individu (Bianchi, Casper et King, 2005).

L'environnement de travail change à plusieurs égards. Il est primordial de déterminer comment les nouvelles conditions de travail soutiennent le développement humain, particulièrement les fonctions génératives associées aux soins à la famille, à la créativité personnelle, à la satisfaction professionnelle et à l'estime de soi que procure le travail bien fait, de même que le mentorat auprès des collègues (Bianchi, Casper et King, 2005). La recherche en ce domaine n'a pas encore produit de conclusions fermes.

De nombreux bienfaits

Le chèque de paye n'est qu'un des nombreux bénéfices que procure un emploi. Le travail permet de structurer le quotidien ; il procure à celui qui l'exerce un cadre d'interactions humaines, un statut et une source d'accomplissement (Wethington, 2002). Il répond au besoin de générativité des travailleurs de multiples façons :

- il permet de développer et de mettre à profit les habiletés personnelles ;
- il permet d'exprimer l'énergie créative ;
- il sert de réseau social (amis et mentors), car les collègues de travail s'aident et se donnent des conseils ;
- il contribue financièrement à l'éducation et à la bonne santé de la famille ;
- il contribue au mieux-être de la collectivité en produisant des biens ou des services.

À l'intention des entrepreneurs Si vous démarriez une entreprise, de quelles façons les adultes d'âge mûr pourraient-ils vous être utiles ?

Sur le plan du développement, il importe de faire la distinction entre les récompenses extrinsèques que procure le monde professionnel — comme le salaire, les avantages sociaux, la caisse de retraite et d'autres éléments non reliés à la tâche proprement dite — et les récompenses intrinsèques — comme la satisfaction professionnelle, l'amitié entre collègues, la fierté et l'estime de soi. Les jeunes adultes ont tendance à privilégier des emplois qui procurent de grandes récompenses extrinsèques et sont sensibles à l'attrait d'un salaire élevé et des avantages sociaux. Cependant, les récompenses intrinsèques, dont les bonnes relations avec les collègues et le sentiment de faire un travail significatif, deviennent plus importantes avec l'âge (Sterns et Huyck, 2001). C'est sans doute ce qui explique le plus faible taux d'absentéisme et de roulement de personnel chez les travailleurs plus âgés. Nombre d'entre eux aiment leur emploi, pas seulement le salaire qu'il procure.

De façon générale, c'est entre 40 et 60 ans que le travail est le plus satisfaisant. Les personnes d'âge mûr ont habituellement :

- une plus grande expérience qui facilite l'accomplissement des tâches et des projets ;
- des habiletés et des forces, souvent reconnues par des promotions ; elles n'ont souvent plus à prouver ce dont elles sont capables ;
- un sentiment de compétence face à elles-mêmes ;
- la possiblité de jouer le rôle de mentor auprès des plus jeunes.

Vers l'âge de 55 à 60 ans, nombre de travailleurs d'âge mûr commencent à se préparer psychologiquement à la retraite qui exigera, à son tour, de nouvelles adaptations.

Réponse aux entrepreneurs (de la page 444) De deux façons : à titre d'employés et de clients. Les travailleurs d'âge mûr pourraient vous sembler un excellent choix : ils sont stables, s'absentent rarement, car leurs enfants sont habituellement plus vieux, ont de bonnes aptitudes relationnelles et aiment travailler. Par ailleurs, ils représenteraient de bons clients potentiels puisque le revenu d'un ménage a de bonnes chances d'être plus élevé vers 50 ans qu'à tout autre âge. Autrement dit, les adultes d'âge mûr auraient sans doute les moyens de s'offrir vos produits ou services.

SECTION 2

L'ÂGE AVANCÉ (À PARTIR DE 60 ANS)

Certains sexagénaires et septuagénaires vivent en couple, d'autres vivent seuls et d'autres encore partagent leur quotidien avec un ami ou un proche. Certains connaissent la pauvreté, d'autres n'ont aucun souci financier. Certaines personnes d'âge avancé sont isolées et ne bénéficient pas d'un réseau social, d'autres sont entourées de leur nombreuse famille et d'amis fidèles. Certaines prennent leur retraite très jeunes, alors que d'autres sont dans l'obligation de continuer à travailler le plus longtemps possible.

L'âge avancé accentue les différences entre les individus sur le plan psychosocial. Cette section décrit l'hétérogénéité du développement psychosocial, en s'intéressant entre autres aux relations familiales, aux interactions sociales ainsi qu'aux difficultés potentielles, comme la fragilisation des aînés.

Les théories sur le développement psychosocial à l'âge avancé

Les théories qui reflètent la diversité du développement psychosocial à l'âge adulte avancé se répartissent en plusieurs catégories, dont les théories du *soi* et les théories du trajet de vie dynamique.

Les théories du *soi*

Les **théories du *soi*** reposent sur la prémisse que les adultes font des choix, surmontent des difficultés et interprètent la réalité de manière à se définir, à devenir eux-mêmes et à s'exprimer le plus pleinement possible. Ils tentent, comme l'a dit Abraham H. Maslow (1968), de s'actualiser. Ces théories insistent sur « l'intentionnalité humaine et le rôle actif joué par l'individu dans son épanouissement personnel » (Marshall, 1996).

Théories du *soi* Théories sur le développement de la personne voulant que celle-ci cherche à s'épanouir pleinement, à se réaliser, à s'actualiser à travers ses choix.

L'idée centrale des théories du *soi* est que toute personne est ultimement responsable d'elle-même. Ces théories s'intéressent donc aux moyens que prennent les gens pour composer avec les problèmes qui menacent leur épanouissement personnel (Sneed et Whitbourne, 2005). Cette aptitude est particulièrement cruciale lorsque les adultes d'âge avancé sont aux prises avec de nombreuses difficultés, comme les maladies, le décès de personnes chères et la retraite.

L'intégrité et le désespoir selon Erikson

Crise de l'intégrité et du désespoir Selon Erikson, dernière des huit crises psychosociales du développement. À certains moments, la personne âgée évalue que son existence a eu et a toujours un sens, cherchant à intégrer ses expériences de vie à sa vision de la collectivité ; elle en tire un sentiment d'intégrité. À d'autres moments, elle a l'impression d'avoir vécu pour rien, sombre dans le désespoir et redoute l'avenir.

La plus globale des théories du *soi* vient d'Erik H. Erikson qui, à l'âge de 90 ans, continuait d'écrire sur la vitalité. Erikson a appelé **intégrité et désespoir** les deux pôles opposés de la huitième et dernière crise psychosociale du développement. Il avait décelé chez les personnes âgées un désir universel d'intégrer et d'unifier leurs expériences de vie en une vision de l'avenir de leur collectivité. Certaines, selon lui, tirent fierté et satisfaction de leur passé et de leur présent, elles ont le sentiment d'appartenir à une communauté (Erikson, Erikson et Kivnick, 1986). D'autres connaissent surtout le désespoir et « sentent qu'il ne leur reste plus assez de temps pour entreprendre une nouvelle vie et s'aventurer dans de nouvelles voies » (Erikson, 1963). La résolution adéquate de cette crise implique l'intégration des deux pôles opposés pour le développement de la force adaptative du *moi*. À chacune des huit crises définies par Erikson (voir le tableau 14.1 qui en présente un résumé), la tension entre les deux pôles opposés pousse la personne vers l'avant. Le phénomène est également apparent à la huitième crise.

Dans des circonstances idéales, accepter l'idée de sa propre mort engendre une nouvelle vision de la survie, c'est-à-dire la perpétuation de soi à travers ses enfants, ses petits-enfants, les personnes pour qui l'adulte d'âge avancé a eu l'occasion de jouer un rôle de mentor, de même que l'humanité tout entière. Ce concept de l'intégrité du cycle des générations permet à la personne âgée de s'engager dans le présent pour célébrer la vie.

Quel genre de vision permet à une personne de développer un sentiment d'intégrité au lieu de sombrer dans le désespoir ? Il n'existe pas de parcours, de mode de vie, de culture qui mène à coup sûr à destination. Chaque personne évalue qu'elle a pris ou non le bon chemin dans le choix de ses valeurs personnelles, lesquelles sont influencées par le contexte de sa culture. Comme l'a précisé Erikson (1963), on peut goûter à l'intégrité quels que soient le milieu et le revenu.

Les personnes qui atteignent l'intégrité ne se comparent pas aux autres. Elles sont capables de juger leur vie en fonction, d'une part, de leurs valeurs et de leurs aspirations et, d'autre part, des normes de leur culture, et de la trouver satisfaisante et riche d'expériences. Elles s'affirment et se réalisent.

À VOUS LES COMMANDES 14.2

Qu'est-ce que l'actualisation pour vous ?

1. Nommez des gens que vous connaissez ou des personnes dont vous avez lu la biographie ou dont vous avez entendu parler qui vous paraissent s'être actualisés ?
2. Quelles stratégies pourriez-vous déployer pour favoriser l'actualisation dans votre vie personnelle ?

La théorie de l'identité

Une deuxième théorie trouve sa source dans la cinquième crise psychosociale définie par Erikson : l'identité et la confusion des rôles. Au cours d'une vie, chaque nouvelle expérience, chaque gain et chaque perte entraînent une réévaluation de ce que l'on est

TABLEAU 14.1 **Les huit crises psychosociales selon Erikson**

Crise psychosociale	Âge	Personne(s) significative(s)	Force adaptative du *moi*
1. Confiance fondamentale et méfiance fondamentale	De la naissance à 18 mois	Personne maternelle (mère ou autre)	Espoir : « Je suis l'espoir que j'ai et que je donne. »
2. Autonomie, honte et doute	De 18 mois à 3 ans	Parents (biologiques ou autres)	Volonté : « Je suis ce que je peux vouloir librement. »
3. Initiative et culpabilité	De 3 à 6 ans	Famille	Capacité de se fixer un but : « Je suis ce que j'imagine que je serai. »
4. Travail et infériorité	De 6 à 12 ans	Membres du réseau scolaire et du voisinage	Compétence : « Je suis ce que je peux apprendre à faire fonctionner. »
5. Identité et confusion des rôles	L'adolescence	Groupe de pairs	Fidélité : « Je suis qui je m'engage à être sur les plans sexuel, professionnel, idéologique. »
6. Intimité et isolement	Le début de l'âge adulte	Amis, partenaires sexuels	Amour : « Je suis ce que j'aime. »
7. Générativité et stagnation	L'âge mûr	Enfants et personnes qui profitent d'une forme de mentorat	Altruisme : « Je suis en étant un mentor pour les générations montantes. »
8. Intégrité et désespoir	L'âge avancé	L'espèce humaine	Intégrité : « Je suis ce qui me survit. »

et de ce que l'on veut être (Cross et Markus, 1991 ; Kroger, 2007 ; van der Meulen, 2001 ; Zucker, Ostrove et Stewart, 2002).

Comment les personnes âgées peuvent-elles arriver à conjuguer leur identité passée et leur condition actuelle dans une vision d'équilibre ? Deux processus relevés par Piaget dans sa théorie sur le développement cognitif peuvent aider à comprendre les enjeux : l'assimilation et l'accommodation. Les personnes âgées réinterprètent certaines nouvelles expériences en tenant compte de leur identité antérieure (assimilation) et abandonnent certains aspects de leur identité antérieure en fonction de nouveaux contextes (accommodation). Par exemple, l'expérience de la grand-parentalité les amène à accroître leur capacité à donner de l'amour, déjà présente en eux et déjà manifestée dans leurs relations interpersonnelles (assimilation), alors que l'expérience des transformations de la silhouette les amène à modifier leur façon de s'habiller (accommodation).

La personne arrive ainsi à préserver son identité fondamentale de façon à maintenir un équilibre malgré les circonstances changeantes. Cette dimension constructive de l'identité se compose à la fois de convictions plus ou moins stables et tenaces et de convictions plus variables et plus récentes (van der Meulen, 2001), qui permettent à la personne de choisir des avenues, d'agir et d'évaluer les conséquences de ses actions sur son identité (Heinz, 2002).

Les théories du trajet de vie dynamique

Selon ces théories, la vie de chaque personne constitue un cheminement actif, volontairement choisi et sans cesse renouvelé, inscrit dans des contextes sociaux particuliers en continuelle mutation. Chaque personne fait constamment des choix qui se répercutent sur la prochaine étape de son développement, dans le contexte d'un projet de vie dynamique. De plus, bien que les conséquences du vieillissement biologique et cognitif soient universelles, cela ne fait pas des personnes âgées une population homogène.

« Comment ça va ? » Les hommes d'âge avancé, comme leurs cadets, apprécient l'amitié masculine. Ces fermiers du Delaware se sont retrouvés après un encan et ont saisi l'occasion pour rattraper le temps perdu et parler de leurs familles…

Théorie de la continuité Théorie voulant que chaque personne traverse l'âge adulte avancé comme elle a traversé les périodes antérieures de sa vie et se comporte envers les autres de la même manière qu'auparavant.

Les théories du trajet de vie dynamique tiennent les expériences antérieures pour des événements psychiques qui sont intégrés au cours de la vie, parfois de façon inattendue. Elles s'intéressent aux modulations des tensions causées par les interactions entre le *soi*, le contexte social et les événements personnels et historiques.

La théorie de la continuité

Parmi les théories dynamiques, la plus connue est la **théorie de la continuité**. Plutôt que d'analyser l'âge adulte avancé comme une période distincte, selon les rôles que l'individu assume ou n'assume plus, les théoriciens du développement de la continuité cherchent à expliquer la grande diversité des conduites et des attitudes par la structure de la personnalité des individus. Au-delà des déterminants biologiques, la personnalité serait marquée par l'ensemble des expériences et des rôles sociaux assumés durant la vie. Une fois arrivée à l'âge avancé, une personne continue de puiser dans ce passé pour s'adapter à de nouvelles situations, par exemple la retraite. En d'autres mots, bien que plusieurs personnes d'âge avancé voient leurs activités diminuer, leurs réalisations présentes et futures sont, dans une très large mesure, en continuité avec leur passé (Lauzon, 1980).

La théorie de la continuité porte donc sur les manières dont les personnes conservent l'intégrité du *soi* à travers les événements et les changements associés à l'âge adulte avancé. Selon cette théorie, chaque personne traverse l'âge adulte avancé comme elle a traversé les périodes antérieures de sa vie, en possédant idéalement « une saine capacité d'associer le changement intérieur à son passé » (Atchley, 1999).

Les relations de couple, les relations familiales et les amitiés

Le réseau social constitue, pour les personnes âgées en particulier, une affirmation de ce qu'elles sont et de ce qu'elles ont été. Les amis qu'elles avaient « dans le bon vieux temps » et les parents qu'elles ont toujours côtoyés prennent en ce sens une importance capitale. Intéressons-nous à l'une des relations les plus intimes qui soient, la relation de couple, avant d'aborder les relations intergénérationnelles et les amitiés.

Les relations de couple

La présence d'un conjoint constitue pour un grand nombre de personnes âgées le meilleur antidote contre les problèmes de la vieillesse, contribuant à prolonger la vie, comme l'a montré la méta-analyse de nombreuses études effectuées auprès de 250 000 personnes en tout (Manzoli et coll., 2007).

De façon générale, et à tout âge, le bonheur personnel augmente selon la qualité de l'union ; cette association apparaît de façon plus claire dans les études longitudinales que transversales (Proulx, Helms et Buehler, 2007). L'imposant bagage d'expériences communes des conjoints — ils ont vécu ensemble, éduqué leurs enfants et traversé des crises financières et affectives — les rapproche. Les conjoints intériorisent de plus en plus ce que l'autre considère comme un comportement approprié (Huston, 2000) ; ils ont développé une grande complicité et se connaissent bien.

En règle générale, les couples âgés ont appris comment exprimer leurs désaccords. Une étude qui a comparé les couples heureux et malheureux rapporte qu'au cours de leurs disputes, les couples plus âgés faisaient davantage preuve de chaleur, d'humour et de respect que ne le faisaient les conjoints plus jeunes (Carstensen, Gottman et Levenson, 1995).

Le respect mutuel est une autre facette des unions durables. Dans la majorité des cas, les conjoints âgés acceptent leurs points faibles respectifs et s'efforcent de combler de leur mieux les besoins physiques et psychologiques de l'autre, non par obligation mais par affection (Seltzer et Li, 1996). Lorsqu'elles souffrent d'une incapacité (à marcher, à faire leur toilette et à accomplir d'autres activités du quotidien), les personnes âgées ayant une belle relation conjugale sont moins déprimées et moins anxieuses (Mancini et Bonanno, 2006).

Un bonheur partagé Dans les couples mariés de longue date, les conjoints reflètent souvent l'humeur de l'autre.

La perte du conjoint

Le décès du conjoint est l'un des plus grands facteurs de stress que la vie puisse apporter. Cette perte est particulièrement difficile durant les 2 premières années suivant le décès (Hagedoorn et coll., 2006). Bien sûr, cette situation peut être vécue à tout âge, mais elle se produit plus fréquemment chez les personnes d'âge avancé.

La plupart des gens âgés mariés qui perdent leur partenaire de vie sont des femmes. Parce que celles-ci ont tendance à épouser des hommes plus âgés (de 3 ans, en moyenne) et à vivre plus longtemps qu'eux (3 ans de plus, en moyenne), elles vivent donc en moyenne 6 années de veuvage. Nombre de femmes de l'actuelle cohorte de personnes âgées ont occupé leur vie à des activités d'épouse, d'aidante naturelle et de ménagère, si bien qu'en devenant veuves, elles font face non seulement à la perte d'une amitié intime et d'une relation amoureuse, mais aussi à une diminution du revenu et à une perturbation des habitudes de vie.

Une étude prospective a montré que 18 mois après le décès de leur époux, 19 % des veuves avaient envie de se remarier et que 9 % seulement fréquentaient quelqu'un (Carr, 2004). Malgré des différences notables entre les sexes (après 6 mois, 15 % des hommes et 1 % des femmes voyaient quelqu'un), la plupart des hommes n'étaient pas pressés de se remarier, à plus forte raison si leur première union avait été satisfaisante et s'ils pouvaient compter sur le soutien d'amis (Carr, 2004). Les veuves profitent du support de leurs amies (souvent veuves elles aussi) et de leurs grands enfants, elles sont nombreuses à élargir leur réseau social quelque temps après le décès de leur conjoint (Utz et coll., 2002). Elles se créent une nouvelle image de *soi* qui peut leur apporter un agréable sentiment d'accomplissement.

Outre le fait que les veufs se sentent moins soutenus par leur famille, ils ont également moins d'amis masculins qui, comme eux, ont perdu leur conjointe ; de plus, leurs amitiés sont souvent moins intimes et ils ont aussi plus de difficulté à demander de l'aide, démunis devant la tâche de maintenir le réseau social. S'ils se sont mariés à l'époque où les tâches étaient distribuées de façon traditionnelle entre les sexes, ils ont toujours compté sur leur mère et leur conjointe pour le soutien affectif et pratique (l'écoute, les encouragements, la préparation des repas et le ménage) (Gurung, Taylor et Seeman, 2003). Ce modèle de dépendance ne les a pas préparés à tenir maison, à exprimer leurs émotions ni même à recevoir quelqu'un à dîner. On peut supposer que les générations futures vont vivre les choses autrement, car l'implication des hommes dans les tâches domestiques et les soins à donner aux enfants est plus grande qu'avant. Il s'agit de savoir si les amitiés masculines prendront une tangente plus intime et si les hommes développeront davantage de compétences pour maintenir un réseau social.

Seule, mais pas toute seule La plupart des veuves, comme cette femme, ont plus de 60 ans et vivent seules. Un grand nombre jouissent d'une sécurité financière et se sont bien adaptées à leur nouvelle vie.

Les relations intergénérationnelles

Autrefois, la plupart des adultes mouraient avant même d'avoir pu devenir grands-parents (Uhlenberg, 1996). Aujourd'hui, nombre de personnes d'âge avancé voient grandir deux générations de leur famille ; il n'est pas rare non plus qu'un proche de la génération de leurs parents soit toujours vivant. On trouve même des familles qui comptent cinq générations.

La force du clan Les membres des différentes générations d'une même famille aiment encore se réunir et s'entraider en cas de besoin. Il n'en reste pas moins que les individus ont tendance à se rapprocher de leurs contemporains. Ainsi, une veuve âgée qui se cherche une confidente dans la famille sera plus encline à se tourner vers une sœur ou une cousine que vers une fille ou une petite-fille.

De plus en plus d'adultes n'ont qu'un seul enfant, si bien que de nombreux enfants n'auront ni frères ni sœurs, ni cousins, ni tantes ni oncles, un modèle que la plupart des personnes âgées d'aujourd'hui ont peine à imaginer. On prédit que les relations intergénérationnelles deviendront encore plus importantes lorsque chaque grand-parent aura moins de petits-enfants (Bengtson, 2001 ; Silverstein, 2006). Heureusement, les liens intergénérationnels sont aussi forts, voire plus forts que jamais (Meil, 2006).

Bien des aspects peuvent influer sur la corrélation entre le bien-être à l'âge avancé et la parentalité ou la grand-parentalité. Le fait d'avoir une bonne relation avec ses enfants améliore le bien-être d'une personne, alors qu'une mauvaise relation peut lui empoisonner la vie (Greenfeld et Marks, 2006 ; Koropeckyj-Cox, 2002).

Les enfants adultes

Plusieurs facteurs exercent une influence sur la nature des relations entre les personnes d'âge avancé et leurs enfants adultes (Hareven, 2001 ; van Gaalen et Dykstra, 2006). En règle générale :

- les contacts personnels dépendent surtout de la proximité géographique ;
- l'affection dépend de l'amour et du respect mutuel qui unissent les deux personnes ;
- les fils ont un plus grand sentiment d'obligation ; les filles ont un plus grand sentiment d'affection.

Contrairement à la croyance populaire, c'est la génération plus âgée qui procure bien souvent une aide financière et affective à ses enfants plutôt que l'inverse, bien que les besoins précis de chaque membre de la famille influencent grandement la donne (Silverstein, 2006). Comme un expert le décrit, la génération plus âgée joue un rôle de garde nationale : « Silencieux et discrets la plupart du temps, les grands-parents (et les arrière-grands-parents) se mobilisent et répondent "présents" quand le bien-être d'un membre de la jeune génération est menacé » (Bengtson, 2001).

Il arrive parfois que des conflits entre les enfants devenus adultes surgissent lorsque la génération plus âgée devient dépendante d'eux. Le problème réside dans les modalités de l'aide à apporter — qui doit le faire ? où ? à quelle fréquence ? —, lesquelles peuvent créer des désaccords et blesser des membres de la famille, et ce, même si tous s'entendent sur la nécessité d'une assistance à fournir (Silverstein, 2006).

Le respect mutuel est crucial. Lorsque leurs parents vieillissent, les frères et sœurs doivent s'adapter aux conditions et circonstances changeantes en renégociant leurs relations.

Les petits-enfants

L'âge auquel les gens deviennent grands-mères ou grands-pères varie selon les cultures et les cohortes, mais c'est souvent dans la cinquantaine. Presque tout le monde accueille l'événement avec fierté et émerveillement. C'est par la suite que l'expérience peut prendre diverses formes et se révéler gratifiante ou frustrante, fondamentale ou accessoire. Bien sûr, la personnalité, l'origine ethnique, la région habitée et la relation parent-enfant qu'ont vécue les grands-parents sont autant de facteurs agissant sur la nature de leur relation avec leur petit-enfant, tout comme l'âge et la personnalité de ce dernier (Mueller et Elder, 2003).

Les relations qu'entretiennent les grands-parents avec leurs petits-enfants correspondent dans la plupart des cas à l'un ou l'autre de ces trois modèles (Cherlin et Furstenberg, 1986 ; Gratton et Haber, 1996) :

- les grands-parents amicaux, qui sont autonomes et indépendants de leurs enfants. Ils jouent le rôle de compagnons. Leurs interactions avec les autres générations sont structurées de manière à apporter un maximum de plaisir et un minimum de soucis. Ils voient leurs enfants et leurs petits-enfants lorsque le cœur leur en dit et ils gardent les petits quand cela leur convient. Ils jouent avec leurs petits-enfants, ils les gâtent et n'imposent pas de discipline;

- les grands-parents assidus, qui font partie du quotidien des petits-enfants. Ils vivent avec eux ou près de chez eux, les voient très fréquemment, voire tous les jours, et s'en occupent beaucoup;
- les grands-parents distants, qui sont majoritaires dans certaines sociétés traditionnelles. Ils sont estimés, honorés et respectés par leurs enfants, leurs petits-enfants et leurs arrière-petits-enfants, et tous leur sont obéissants. Ils se perçoivent comme les dépositaires du patrimoine familial et les gardiens des valeurs traditionnelles.

Transmettre son savoir-faire Ces fillettes d'origine japonaise peuvent compter sur les enseignements d'une grand-mère disponible. Remarquez avec quel soin elles préparent des gâteaux de riz pour une grande réunion familiale.

Bien que le modèle de grands-parents distants, plus répandu autrefois, soit encore visible en région rurale de certains pays, il est plutôt rare dans la plupart des pays industrialisés. Les grands-parents manifestent de l'amour et de l'amitié plutôt que d'exiger le respect et l'obéissance (Gratton et Haber, 1996); ils choisissent d'être des compagnons plutôt que des figures d'autorité (Hayslip et Patrick, 2003).

Plusieurs changements historiques sont à l'origine de cette préférence. Premièrement, étant donné la mobilité géographique des deux générations d'adultes, il arrive souvent que les grands-parents habitent loin de leurs petits-enfants et qu'ils ne les voient qu'en certaines occasions, parfois peu fréquentes. Deuxièmement, les grands-parents jouissent d'une meilleure santé et vivent plus vieux aujourd'hui qu'autrefois; un bon nombre d'entre eux travaillent, voient leurs amis et font du bénévolat. Il leur reste moins de temps et d'énergie pour leurs petits-enfants. Enfin, la relation entre les parents et les enfants est devenue égalitaire. Les grands-parents se conformeraient donc davantage à la non-ingérence, règle d'or de l'harmonie entre les générations, et ne se mêleraient pas de l'éducation de leurs petits-enfants. Du reste, plusieurs jeunes adultes nourrissent cette attitude chez leurs parents en leur cachant les difficultés rencontrées dans l'éducation des enfants. La plupart des grands-parents semblent se satisfaire du rôle de compagnons: ils vantent les mérites de leurs petits-enfants et laissent les responsabilités aux parents (Erikson et coll., 1986).

Certains aînés devenus grands-parents assidus ne le sont pas par choix. Leur culture et le contexte social y sont pour beaucoup. Si leurs valeurs et leurs traditions sont différentes de celles dans lesquelles baignent leurs petits-enfants, ils tenteront souvent de

À VOUS LES COMMANDES 14.3

« Grand-maman, dis-moi... », « Grand-papa, dis-moi... »

Vous aimeriez discuter avec un de vos grands-parents pour le connaître davantage? Voici quelques thèmes de réflexion pour amorcer des discussions qui pourraient se révéler passionnantes:

- ses parents, son rang dans la famille (aîné, benjamin, etc.), son enfance, la dynamique familiale et les interactions entre les différents membres de sa famille;
- les points tournants de sa vie (son départ de la maison familiale, son mariage, la naissance de ses enfants, son divorce, ses déménagements, ses voyages, un accident, etc.), mais aussi des événements apparemment plus anodins (la rencontre, même brève, de personnes touchantes, la lecture de certains livres, son apprentissage d'un instrument de musique, etc.);
- son occupation principale, les activités dans lesquelles il a investi beaucoup de temps et d'énergie: profession, bénévolat, rôle social (parent, conjoint, aidant naturel, etc.), loisirs, etc.;
- l'expérience de la mort, les deuils vécus, la perception de sa propre finitude;
- ses aspirations au fil du temps et le sens de sa vie (valeurs personnelles, objectifs sociaux, moraux et religieux).

Source: inspiré de Hétu, 1992, cité dans Josée Jacques, *Psychologie de la mort et du deuil*, Mont-Royal, Modulo, 1998, p. 210.

transmettre « les valeurs, les croyances, la langue et les coutumes » de leur patrimoine culturel (Taylor, Robila et Lee, 2005). Si la présence de grands-parents assidus peut être profitable aux trois générations, la proximité est aussi une source potentielle de conflits. Pour les éviter, les parents doivent discuter avec les grands-parents de leurs valeurs éducatives et des domaines dans lesquels ils tiennent à maintenir leur pouvoir de décision.

La plupart des grands-parents jouissent de leur rôle et sont habituellement appréciés des jeunes membres de leur famille. Compte tenu de la longévité et de la bonne santé des grands-parents d'aujourd'hui, il n'est pas rare qu'une amitié étroite unisse une personne âgée et ses petits-enfants devenus adultes (Kemp, 2007).

Les amis et les proches parents

Le réseau social d'une personne d'âge avancé est en grande partie formé d'individus qui sont de la même cohorte. Voilà qui explique un étonnant phénomène : la satisfaction à l'égard de la vie durant la vieillesse est plus étroitement corrélée avec les amitiés qu'avec le contact avec des parents proches (Lawton et coll., 1999 ; Newsom et Schultz, 1996). C'est probablement parce que l'amitié est volontaire et mutuelle, et procure des avantages qui transcendent ceux découlant des relations familiales obligatoires (Krause, 2006).

Une vieille et belle amitié ! Ces femmes sont amies depuis plus de 60 ans. Elles ont partagé tant de choses et surmonté ensemble tellement d'épreuves qu'elles chérissent leur amitié un peu plus chaque année. « Faites-vous de nouveaux amis, dit le vieil adage, et conservez les vieux, car les premiers sont d'argent et les seconds sont d'or. »

À l'âge adulte avancé comme dans les périodes antérieures de la vie, il semble que les femmes se lient d'amitié plus facilement que les hommes. Les amis les plus intimes d'un homme âgé marié sont généralement des membres de sa famille et de celle de sa conjointe. Les femmes mariées, elles, ont habituellement une amie intime à l'extérieur de la famille, en plus des membres de leur famille avec qui elles entretiennent une relation d'amitié. C'est peut-être ce qui explique en partie pourquoi, à la mort du conjoint, les hommes se retrouvent parfois plus démunis que les femmes sur le plan affectif.

La solidité de l'amitié est corrélée avec le bien-être et l'estime de soi à l'âge adulte avancé, comme à toutes les autres périodes de la vie (Crohan et Antonucci, 1989). Malheureusement, la mort emporte de bons amis et la maladie en confine d'autres à l'immobilité. Pour garder alors le contact entre elles, les personnes âgées utilisent le téléphone, le courrier, le courriel, si bien que ces moyens de communication deviennent les pivots de leur vie sociale.

En amitié, la qualité (et non la quantité) est cruciale. La disponibilité d'au moins un proche confident sert de contrepoids à la perte de nombreux rôles sociaux, à une mauvaise santé et à la perte d'amis, particulièrement chez les personnes du grand âge (Krause, 2006). Toutes voient leur réseau social frappé de changements non désirés, comme le prédisent les théories du trajet de vie dynamique (Fung et Carstensen, 2004). Idéalement, de nouveaux amis prennent place dans le cercle rapproché, lorsque la mort ou la distance met fin à une amitié.

Pour vieillir sereinement, les gens doivent veiller à maintenir un réseau social, une tâche dont s'acquittent bien la plupart des aînés. Devant le nombre réduit d'amis et de proches parents encore vivants, les personnes âgées qui restent se soutiennent davantage (en se téléphonant plus souvent, en s'entraidant) (Gurung, Taylor et Seeman, 2003). Même de taille réduite, un réseau social fiable permet d'atténuer presque n'importe quelle difficulté (Atchley, 1999).

Gérer la retraite

Le travail peut avoir des effets positifs et négatifs sur les plans physique et psychologique, tant chez les femmes que chez les hommes (Moen et Spencer, 2006). Parmi les effets positifs, qu'il soit rémunéré ou non, le travail procure une forme de soutien, un statut social et contribue à une bonne estime de soi. Pour de nombreuses personnes, il est également source de générativité, une dimension importante de l'âge mûr, et le symbole de la productivité, de l'efficacité et de l'autonomie, des valeurs que chérissent les cultures occidentales (Tornstam, 2005).

De nombreux adultes croient que l'emploi profite non seulement à la société (le taux d'emploi est souvent utilisé comme indicateur de santé économique), mais aussi aux travailleurs eux-mêmes. Par exemple, chez les jeunes adultes, la dépression et l'abus de drogues sont corrélés avec le chômage. C'est pourquoi des spécialistes des sciences sociales se sont intéressés aux possibles aspects traumatisants de la retraite (Tornstam, 2005).

Le choix du moment de la retraite

Le choix de l'âge auquel les gens prennent leur retraite est fortement influencé par les politiques nationales (de nombreux pays retirent des avantages aux travailleurs qui optent pour une retraite anticipée), la possibilité de maintenir un revenu suffisant et la nature de l'emploi. De fait, un travail qui impose une fatigue physique, un stress et des conditions dangereuses risque de faire de la retraite un choix désirable (Hardy, 2006), alors qu'un emploi peu exigeant physiquement et valorisant n'incite pas à y mettre fin très tôt.

Les spécialistes du développement estiment aujourd'hui que l'état de santé, les conditions de travail, les réseaux sociaux et les réserves financières de chaque personne devraient déterminer l'âge de sa retraite. Une retraite a plus de chances d'être satisfaisante si la personne en a choisi elle-même le moment et les modalités.

L'éducation permanente

La retraite laisse le temps et le loisir de suivre des cours, ce qui séduit particulièrement les gens qui ont fait des études postsecondaires. Il est à prévoir une augmentation de la clientèle étudiante retraitée, car les baby-boomers, qui commencent à prendre leur retraite, sont beaucoup plus scolarisés que la génération actuelle de personnes âgées.

Plusieurs institutions d'éducation ont déjà entrepris d'offrir aux personnes de 50 ans et plus des activités de tout genre. Le Cégep Marie-Victorin à Montréal (au Canada) offre, par exemple, la possibilité de vivre une expérience d'immersion interculturelle et de bénévolat en Inde, au Bénin, au Burkina Faso : réalisation d'un projet de bénévolat, séjour dans une famille d'accueil pour une durée de 7 ou 8 semaines, circuit touristique de quelques jours. Les participants témoignent d'une expérience inoubliable.

L'UQAM Générations (Université du Québec à Montréal, au Canada) propose pour sa part des activités culturelles et artistiques aux 50 ans et plus, afin de contribuer à leur développement intellectuel, culturel et social. Ces activités peuvent devenir des incubateurs de projets et d'actions concertées, en plus d'un lieu de diffusion des connaissances et des pratiques de la société civile. Les activités offertes couvrent un très large éventail : soirée théâtre, visite de musées, conférences diverses (psychologie, économie, sciences de la nature, écologie, etc.), ateliers pratiques (utilisation d'une caméra numérique, transfert de photos sur ordinateur et procédés de retouche, observation en forêt, etc.).

Des cours animés Les cours qui s'adressent aux personnes âgées n'ont pas tous lieu à l'intérieur d'une salle de classe. Ce groupe, par exemple, participe à une expédition de 3 semaines consacrée à l'étude de la faune de Kangaroo Island, en Australie.

Partout dans le monde, les retraités prennent d'assaut des milliers d'autres programmes d'apprentissage. Pas moins d'une douzaine de pays européens comptent des universités du troisième âge, c'est-à-dire des programmes de premier cycle conçus à l'intention d'étudiants et d'étudiantes d'âge avancé (Achenbaum, 2005). De nombreux pays encouragent et subventionnent l'éducation pour les personnes âgées. En Chine, par exemple, le gouvernement offre gratuitement des cours de calligraphie, d'arts traditionnels, d'éducation physique et de santé. Ces cours sont dispensés en vertu de la politique des « Cinq garanties », qui stipule que « les personnes âgées devraient bénéficier d'un soutien et de soins médicaux, qu'elles devraient contribuer à la société, recevoir une éducation permanente et vivre heureuses » (Peng et Phillips, 2004).

Le bénévolat

Le bénévolat procure des avantages sans la compensation financière d'un emploi rémunéré. Par conséquent, il convient particulièrement aux personnes âgées qui jouissent de revenus de retraite suffisants. Le bénévolat leur permet de gagner un statut et de trouver un nouveau sens à leur vie : elles peuvent rendre des services utiles, agir comme guides et mentors (Settersten, 2002).

Les personnes âgées devraient être encouragées à faire du bénévolat, non seulement pour le mieux-être de ceux qui en profitent, mais aussi pour le leur (George, 2006). Les gens qui s'adonnent au bénévolat ont tendance à vivre plus vieux que ceux qui n'en font pas, particulièrement s'ils concentrent leurs activités auprès d'un organisme (Musick, Herzog et House, 1999). L'engagement social est corrélé avec le bénévolat, et on peut penser qu'il motive le bénévolat autant qu'il en découle (Okun, Pugliese et Rook, 2007).

La personne âgée fragile

On a traité jusqu'à maintenant des personnes âgées majoritaires dans la société, c'est-à-dire de celles qui vieillissent « normalement », qui sont alertes et actives, qui jouissent de la sécurité financière et qui peuvent compter sur un réseau d'amis et de parents. Même si elles sont minoritaires, il faut aussi se pencher sur le sort des **personnes âgées fragiles**, celles qui présentent des incapacités physiques ou cognitives importantes.

Personne âgée fragile Personne âgée qui présente des incapacités physiques ou cognitives importantes. Elle devient incapable d'accomplir les activités de la vie quotidienne (AVQ) ou les activités instrumentales de la vie quotidienne (AIVQ).

La plupart des personnes âgées deviennent fragiles à mesure de leur avancée en âge ; cependant, certaines le seront pendant une courte période ; d'autres, pendant des années, voire des décennies.

Les activités de la vie quotidienne

Dans la foulée de nombreuses maladies et opérations, les médecins et les infirmières voient dans l'aptitude à accomplir les activités de la vie quotidienne (AVQ), comme manger, se laver, utiliser les toilettes, marcher et se vêtir, le signe déterminant du rétablissement. Cette aptitude est influencée par l'état de santé, la douleur et l'âge (Osnes et coll., 2004). Le personnel médical, à l'hôpital ou au Centre local de services communautaires (CLSC), s'emploie à aider les personnes âgées à accomplir leurs activités de la vie quotidienne par l'ergothérapie ou grâce à un équipement adapté (comme un siège de toilette plus élevé) de façon à préserver leur autonomie.

Activités instrumentales de la vie quotidienne (AIVQ) Actions qui nécessitent un certain degré de prévoyance et de compétence intellectuelle. Ces actions sont importantes pour le maintien de l'autonomie (faire les courses, préparer les repas, payer les factures, etc.).

Il existe toutefois d'autres actions importantes pour le maintien de l'autonomie. Il s'agit des **activités instrumentales de la vie quotidienne (AIVQ)**, lesquelles nécessitent un certain degré de prévoyance et de compétence intellectuelle (Willis, 1996). Ces activités varient évidemment selon les cultures. Dans les régions rurales de certains pays, par exemple, les AIVQ peuvent consister à nourrir les poules, à s'occuper du potager, à recoudre les vêtements, à aller chercher de l'eau au puits et à faire du pain. Dans d'autres régions, les AIVQ consistent davantage à faire les courses et le magasinage, à prendre ses médicaments, à payer les factures, à faire le nettoyage, la lessive et la préparation des repas. Partout, l'incapacité à accomplir les AIVQ fragilise les personnes, même si elles parviennent à s'acquitter des AVQ (Stone, 2006).

À l'échelle internationale, le nombre de personnes âgées fragiles est relativement bas (Ahearn, 2001) : moins de 2 % de la population mondiale est incapable d'accomplir ses AVQ ou ses AIVQ. Cependant, cette proportion est à la hausse pour trois raisons :

- les gens vivent plus longtemps ;
- malgré les services offerts dans certains établissements, la plupart des soins médicaux visent à prolonger la vie plutôt que l'amélioration de la qualité de vie ;
- une bonne nutrition, un logement sûr, une aide ou de l'équipement adapté peuvent prévenir ou reporter la fragilité, mais l'accès à de telles conditions nécessite une certaine mobilité, de la planification et de l'argent, ce qui exclut nombre de personnes âgées déjà fragiles.

Comme nous le rappellent les théories du trajet de vie dynamique, certaines personnes entrent dans l'âge avancé secondées par un réseau social dont les membres sont disponibles et capables de résoudre les problèmes de façon créative ; elles profitent aussi d'une sécurité financière et ont toujours observé de saines habitudes de vie. D'autres ne disposent pas de ces facteurs de protection.

Les soins aux personnes âgées fragiles et les aidants naturels

Il n'est pas rare que les personnes qui prennent soin des aînés soient âgées, elles aussi. À défaut d'un conjoint, la personne nécessitant une forme d'assistance pourra parfois compter sur une sœur, une amie ou un enfant.

Les aidants naturels vivent souvent un stress important. Ils sont en moins bonne santé et plus déprimés, particulièrement si la personne dont ils s'occupent souffre de démence (Pinquart et Sörensen, 2003) ou si elle devient querelleuse et frustrée, incapable de s'habiller, de se laver ou de manger seule, et se sent souvent désorientée. De plus, il est difficile de voir sa mère ou son père se transformer ainsi : il y a un deuil à faire.

Parfois, les aidants naturels se sentent comblés par leur expérience parce que tout le monde, y compris le bénéficiaire, apprécie leurs efforts. En fait, le soutien des autres membres de la famille, même si la tâche s'alourdit, amène l'aidant naturel à ressentir moins de stress (Roth et coll., 2005).

Toutefois, même dans les meilleures conditions, les aidants naturels peuvent éprouver du ressentiment, pour plusieurs raisons :

- les bénéficiaires montrent souvent peu de reconnaissance parce qu'ils ont eux-mêmes de la difficulté à accepter d'être dépendants ;
- les bénéficiaires et leurs aidants naturels ont souvent des désaccords à propos des horaires, des menus, des visites chez le médecin, etc. Le ressentiment de part et d'autre mine l'affection et la reconnaissance ;
- quand l'un des enfants devient aidant naturel, ses frères et sœurs ont tendance à se sentir soulagés ou jaloux. L'aidant naturel principal veut parfois qu'ils en fassent plus alors qu'eux refusent de se faire dicter leur conduite. Dans d'autres cas, les frères et sœurs prodiguent des conseils à l'aidant naturel principal, sans toujours être conscients des implications de ces actions dans le quotidien.

Matin, midi, soir et au coucher Les soins que la famille dispense en premier ont souvent trait aux activités instrumentales de la vie quotidienne. Par exemple, cette femme distribue dans un pilulier les 16 médicaments que doit prendre sa mère. Le pilulier aide la dame âgée à prendre chaque dose au bon moment.

Un nouveau milieu de vie Les bons centres d'accueil offrent un programme d'activité physique et les meilleurs prodiguent des traitements de physiothérapie aux personnes qui en ont besoin. Par ailleurs, en plus d'offrir des lieux d'intimité, les bons centres favorisent les contacts de leurs résidents avec le monde extérieur et accueillent les bénévoles, afin que se tissent des liens d'amitié entre les générations. Ce genre de contacts sociaux revêt une importance particulière, car une très forte proportion des personnes vivant dans de tels centres n'ont plus de famille.

Les soins en permanence

Aux yeux de nombreux aînés et de leurs proches, le placement en foyer pour personnes âgées n'est pas une solution envisageable. Cependant, c'est une solution à laquelle il faut parfois se résoudre. Comment alors arrêter son choix ? Les éléments clés d'un bon centre d'accueil sont le respect de l'autonomie et de l'intimité des résidents ainsi que la présence d'un nombre suffisant d'employés formés et bien rémunérés.

À VOUS LES COMMANDES 14.4

L'affection, oui ! La familiarité, attention !

Bon nombre de personnes âgées n'apprécient pas d'être tutoyées par le personnel des centres d'accueil.

1. Donnez quelques raisons qui pourraient expliquer leur réticence.
2. Décrivez d'autres situations qui permettraient de réfléchir aux attentes des personnes âgées et du personnel concernant le respect, les marques d'affection, la familiarité.
3. Donnez des exemples de façons de respecter l'intimité et l'autonomie des personnes âgées (par exemple cogner à la porte et attendre une réponse avant d'entrer dans la chambre).

De nombreux professionnels se sont donné pour mission d'aider chaque résident à conserver son autonomie, le contrôle de sa vie et l'estime de soi (Hill et coll., 2002). C'est une bonne pratique pour la santé, car la gestion de soi et l'autonomie sont corrélées avec le bien-être physique et psychologique (Allen, 2007).

Environ 1 Nord-Américain sur 2 aura probablement besoin un jour d'une place dans une centre pour personnes âgées, et 1 personne sur 8 y séjournera plus d'1 an (Stone, 2006). Dans la mesure où une urgence médicale est habituellement le déclencheur d'une admission en résidence, il vaut mieux planifier avant qu'une telle crise se produise.

En guise de conclusion, voici un exemple de soins optimaux fournis par une famille et une résidence. Un jeune adulte, Rob, raconte que son arrière-grand-mère, âgée de 98 ans, commençait à décliner. « Nous ne savions pas pourquoi et nous nous sommes dit que, ma foi, elle devenait vieille » (cité dans Adler, 1995, p. 242). Les trois générations cadettes de la famille se sont consultées et ont conclu à regret que le moment était venu pour la dame de quitter sa maison de banlieue, où elle vivait depuis des lustres, pour emménager dans un centre pour personnes âgées. Heureusement, la direction de la résidence encourageait l'autonomie des pensionnaires et ne présumait pas que le déclin était toujours un signe de déclin terminal. Les médecins du centre s'aperçurent que le stimulateur cardiaque de la dame ne fonctionnait pas bien. Comme l'explique Rob :

> Nous étions très inquiets à l'idée de lui faire subir une chirurgie à son âge, mais nous avons fini par accepter. [...] Très vite, elle est redevenue ce qu'elle avait toujours été : une femme autonome, forte, énergique et pleine d'esprit. Le stimulateur cardiaque tirait à sa fin, mais pas notre arrière-grand-mère.
>
> (cité dans Adler, 1995, p. 242)

Cette anecdote rappelle la leçon qui sous-tend cet ouvrage. Lorsqu'une personne âgée semble décliner, qu'un jeune enfant fait preuve d'égoïsme, qu'un adolescent consomme de l'alcool ou qu'un jeune adulte prend des risques dangereux, il est facile de conclure que ces problèmes sont normaux à ces périodes de la vie. Cependant, on ne peut présumer qu'une personne qui se conduit comme le veut son âge n'a pas besoin d'être guidée et protégée.

Synthèse

SECTION 1 L'âge mûr (de 40 à 60 ans)

Les changements psychosociaux à l'âge mûr

1. L'âge mûr constitue une phase de transition, bien qu'aucun événement précis n'y soit lié. Les changements les plus manifestes qui se produisent alors concernent l'horloge biologique.
2. La crise de la quarantaine serait une transition marquée pour la personne par une anxiété inhabituelle, une réévaluation de différents aspects de sa vie et des changements soudains. À la suite des travaux de Levinson et de Sheehy, aucune des vastes études réalisées dans plusieurs pays n'a permis de révéler l'existence d'une crise de la quarantaine. Cette période de réévaluation serait liée au développement de la personne plutôt qu'à son âge chronologique.

La personnalité : stabilité et changements

3. La personnalité est une source de continuité. Les cinq traits stables (agréabilité, névrotisme, extraversion, rigueur et ouverture à l'expérience) sont observables toute la vie et se révèlent particulièrement stables à l'âge adulte.
4. Chaque personne se crée une niche écologique (carrière, conjoint, milieu de vie) et cette niche renforce ses traits de personnalité. Des événements inattendus (comme une maladie grave ou un revers de fortune) risquent de modifier certains aspects de la personnalité.
5. Les jeunes hommes sont légèrement plus extravertis et les jeunes femmes, légèrement plus rigoureuses, mais les deux sexes deviennent probablement plus semblables en vieillissant, un phénomène appelé convergence des genres.

L'intimité et le réseau social

6. Le besoin d'intimité ne s'épuise jamais. Les adultes comblent leur besoin de liens sociaux auprès de leur partenaire amoureux, de leurs amis, de membres de leur famille et de leurs collègues de travail.
7. Les couples plus âgés subissent moins de stress au sujet de l'éducation des enfants, se disputent moins, ont de meilleurs revenus et passent plus de temps ensemble. Concernant le divorce, il semble plus difficile de mettre un terme à une union de longue durée. La perte d'estime de soi, notamment, serait plus grande.
8. Les adultes reçoivent le soutien de leurs frères et sœurs en ce qui a trait à l'éducation de leurs adolescents, à leurs difficultés de couple et à leurs proches âgés. Les modalités des relations entre frères et sœurs adultes sont fortement influencées par les valeurs familiales établies pendant l'enfance.
9. Les amis sont habituellement les membres les plus solides du réseau social, en partie parce qu'on les choisit en fonction des traits de personnalité qui font d'eux des compagnons de vie fiables. Les amis peuvent aider leurs proches à surmonter des situations stressantes (adaptation au stress axée sur les émotions et sur la résolution de problème).

La générativité et la stagnation selon Erikson

10. Les adultes ont besoin de sentir qu'ils s'accomplissent et qu'ils sont utiles. Ils comblent ce besoin par la création, le travail et l'altruisme, particulièrement les activités visant à soutenir et à aider la jeune génération (générativité), qu'il s'agisse de leurs enfants ou de mentorat.

SECTION 2 L'âge avancé (à partir de 60 ans)

Les théories sur le développement psychosocial à l'âge avancé

1. Les théories du *soi* reposent sur la prémisse que les adultes font des choix personnels qui leur permettent de s'actualiser. Erikson croyait que l'individu aspire à l'intégrité pour faire partie de la collectivité humaine. La théorie de l'identité suggère que les gens essaient de préserver une identité fondamentale de façon à maintenir un équilibre malgré les circonstances changeantes.
2. Selon les théories du trajet de vie dynamique, la vie de chaque personne constitue un cheminement actif, volontairement choisi et sans cesse renouvelé, inscrit dans des contextes sociaux particuliers en continuelle mutation.

Les relations de couple, les relations familiales et les amitiés

3. Les personnes âgées mariées depuis longtemps sont généralement satisfaites de leur relation et contribuent à la bonne santé de leur partenaire. Elles ont donc tendance à vivre plus longtemps, en étant plus heureuses et en meilleure santé que les personnes âgées seules.
4. Le décès du conjoint est l'un des plus grands facteurs de stress que la vie puisse apporter. Les femmes risquent davantage de devenir veuves, car elles ont tendance à épouser des hommes plus âgés (de 3 ans, en moyenne) et à vivre plus longtemps qu'eux (3 ans de plus, en moyenne).
5. Les relations avec les enfants devenus adultes et les petits-enfants sont habituellement marquées par un soutien mutuel. La solidité de l'amitié est corrélée avec le bien-être et l'estime de soi à l'âge adulte avancé, comme à toutes les autres périodes de la vie.

Gérer la retraite

6. La retraite est, pour de nombreux aînés, une étape agréable, particulièrement pour ceux qui ne trouvent plus de plaisir dans leur travail et qui jouissent d'une sécurité financière. Certaines personnes âgées préfèrent continuer à travailler et sont heureuses de demeurer productives.
7. De nombreuses personnes retraitées suivent des cours ou font du bénévolat. Ces deux activités améliorent leur santé, leur bien-être et rapportent à la société.

La personne âgée fragile

8. La plupart des personnes âgées sont autonomes, mais certaines finissent par devenir fragiles. Elles ont besoin d'aide pour accomplir les activités de la vie quotidienne, qu'il s'agisse de tâches physiques (comme manger ou se laver) ou instrumentales (comme payer ses comptes et choisir un moyen de transport).
9. La prise en charge de la personne âgée fragile relève souvent de ses proches, c'est-à-dire son conjoint ou ses enfants (souvent âgés eux aussi). De nombreuses familles éprouvent un sentiment de responsabilité filiale très fort, mais le stress qu'entraîne une tâche trop lourde ou un manque de soutien des services sociaux peuvent être sources de mauvais soins pour la personne âgée.

Questions clés

SECTION 1 L'âge mûr (de 40 à 60 ans)

1. Nommez et décrivez brièvement les cinq traits de personnalité stables.
2. Qu'est-ce qui peut influencer les traits de personnalité à l'âge mûr ou les modifier ?
3. Pourquoi les amis sont-ils habituellement les membres les plus solides du réseau social ?
4. Décrivez deux façons dont la générativité peut s'exprimer chez les personnes d'âge mûr.

SECTION 2 L'âge avancé (à partir de 60 ans)

1. Qu'ont en commun les théories du *soi* et les théories du trajet de vie dynamique ? Qu'est-ce qui les distingue ?
2. Comparez le rôle des amis et celui de la famille à l'âge adulte avancé.
3. Quels types d'activités les gens choisissent-ils de faire à la retraite ?
4. Quels facteurs influencent l'aptitude à accomplir les AVQ et les AIVQ ?

Applications

SECTION 1 L'âge mûr (de 40 à 60 ans)

1. En observant votre entourage, décrivez une relation entre une personne d'âge mûr et un adulte plus jeune dans laquelle chacun apprend de l'autre.
2. Demandez à quelques personnes d'âge mûr de décrire comment leur personnalité a changé au cours de la dernière décennie. La recherche suggère que les changements sont habituellement mineurs. Est-ce le constat que vos entrevues vous amènent à faire ?

SECTION 2 L'âge avancé (à partir de 60 ans)

1. Visitez une résidence pour personnes âgées autonomes ou semi-autonomes de votre localité. Portez attention à l'aménagement des lieux, aux interactions sociales des résidents et du personnel. Aimeriez-vous travailler ou vivre dans cette résidence ? Pourquoi ?

Le chapitre 14 en un clin d'œil

SECTION 1 L'âge mûr (de 40 à 60 ans)

Les changements psychosociaux à l'âge mûr

Crise de la quarantaine : mythe et réalité

Transition marquée par une anxiété inhabituelle
Cette période est liée au développement de la personne plutôt qu'à son âge chronologique.

Personnalité : stabilité et changements

Cinq traits stables
- Agréabilité
- Névrotisme
- Extraversion
- Rigueur
- Ouverture à l'expérience

Changements dans la personnalité
Tout grand bouleversement dans la vie (divorce, décès du conjoint, émigration…) risque de modifier des aspects de la personnalité.

Convergence des genres
Les cinq traits stables des hommes et des femmes deviennent plus semblables en vieillissant.

L'intimité et le réseau social

Relations amoureuses

Mariage
Le départ des enfants permet aux conjoints de profiter d'une nouvelle liberté.

Divorce
Il semble plus difficile de mettre un terme à une union de longue durée.

Fratrie adulte

Les conflits entre frères et sœurs ont tendance à s'atténuer à l'âge mûr.

Amis

Une protection contre le stress
Adaptation au stress axée sur les émotions et sur la résolution de problème

L'amitié contribue à réduire le taux de cortisol, l'une des hormones du stress.

Le chapitre 14 en un clin d'œil

SECTION 1 L'âge mûr (de 40 à 60 ans) (suite)

La générativité et la stagnation selon Erikson

- **Prendre soin d'autrui**
  - Offrir son soutien répond au besoin de se sentir utile
  - Prendre soin des enfants
    La générativité consiste surtout à guider la génération suivante, souvent par la paternité et la maternité.
  - Prêter main-forte aux enfants adultes
    Les personnes d'âge mûr leur rendent une multitude de services : conseils, aide financière, gardiennage…
  - Prendre soin des parents âgés
    De nombreux adultes d'âge mûr ont encore leurs deux parents et s'en occupent.
- **Travail**
  - De nombreux bienfaits
    - Le travail structure le quotidien ; il procure un cadre d'interactions humaines, un statut et un sentiment d'accomplissement.
    - Il permet d'exercer un mentorat auprès des jeunes.

Le chapitre 14 en un clin d'œil

SECTION 2 L'âge avancé (à partir de 60 ans)

Les théories sur le développement psychosocial à l'âge avancé

- Théories du *soi*
  - Intégrité et désespoir selon Erikson
    À certains moments, la personne âgée évalue que sa vie a un sens et en tire un sentiment d'intégrité ; à d'autres, elle a l'impression d'avoir vécu pour rien et connaît le désespoir.
  - Théorie de l'identité
    La personne âgée considère de nouvelles expériences en fonction de son identité antérieure (assimilation) et adapte certains aspects de celle-ci en regard des nouveaux contextes (accommodation).
- Théories du trajet de vie dynamique
  - Théorie de la continuité
    Elle cherche à expliquer la diversité des conduites et des attitudes par la structure de la personnalité.

Les relations de couple, les relations familiales et les amitiés

- Relations de couple
  - La présence d'un conjoint est le meilleur antidote contre les problèmes de la vieillesse.
  - La perte du conjoint
    - C'est l'un des plus grands facteurs de stress dans la vie.
    - Plus de femmes connaissent le veuvage que d'hommes.
- Relations intergénérationnelles
  - Les enfants adultes
    Plusieurs facteurs influent sur la relation entre parents et enfants adultes : proximité géographique, affection, respect, sentiment d'obligation…
  - Petits-enfants
    - La grand-parentalité est une expérience gratifiante ou frustrante, fondamentale ou accessoire.
    - Il y a trois types de grands-parents : amicaux, assidus et distants.
- Amis et proches parents
  - Le réseau social est en grande partie formé d'individus de la même cohorte.

Le chapitre 14 en un clin d'œil

SECTION 2 L'âge avancé (à partir de 60 ans) (suite)

Gérer la retraite

- **Choix du moment de la retraite** — Il est influencé par les politiques nationales, la nature de l'emploi et la possibilité de maintenir un revenu suffisant.
- **Éducation permanente** — La retraite laisse le temps et le loisir de suivre des cours.
- **Bénévolat** — Il permet de gagner un statut et de trouver un nouveau sens à la vie.

La personne âgée fragile

- **Activités de la vie quotidienne**
  - AVQ : manger, se laver, utiliser les toilettes, marcher et se vêtir
  - AIVQ : actions qui nécessitent un certain degré de prévoyance et de compétence intellectuelle (maintien de l'autonomie)
- **Soins aux personnes âgées fragiles et aidants naturels**
  - Les aidants naturels vivent souvent un stress important.
  - Ils peuvent se sentir comblés par leur expérience ou éprouver du ressentiment.
- **Soins en permanence** — Qualités d'un bon centre : respect de l'autonomie et de l'intimité des résidents, nombre suffisant d'employés formés et bien rémunérés

ÉPILOGUE

La mort et le deuil

L'étude du développement vise entre autres à aider chaque personne à s'épanouir pleinement. Or, nombre de spécialistes dans le domaine s'accordent à dire que, pour y parvenir, il est nécessaire d'avoir une certaine connaissance de la mort. La discipline qui s'y rattache est la **thanatologie**. Elle a pour objet l'étude de la mort et de la fin de vie, particulièrement dans leurs dimensions sociales, culturelles et affectives. Cette discipline montre que les perceptions de ces réalités varient considérablement selon les individus, les époques et les sociétés.

Pendant la majeure partie de l'histoire de l'humanité, la mort était un événement de la vie quotidienne qui survenait habituellement à la maison (Ariès, 1981). En plus du vieillissement, les complications de l'accouchement, les maladies, les infections et les accidents faisaient chaque jour des victimes, et les gens de tout âge vivaient en quelque sorte dans l'intimité de la mort. Depuis le milieu du XXe siècle, en plusieurs endroits de la planète, les progrès de la médecine ont écarté la mort de la vie quotidienne. Depuis lors, on meurt plus vieux et rarement dans son lit entouré de sa famille, mais plutôt à l'hôpital. Des professionnels s'occupent de la dépouille et prennent en charge les funérailles, structurant ainsi le **deuil**, ce sentiment de perte qui suit un décès.

La mort peut être considérée comme un processus biologique, un passage, un événement incontournable, un phénomène naturel, une extinction, une manifestation de la volonté divine ou de l'absurde, ou encore comme un motif de colère, de dépression, de déni, de refoulement, de culpabilité, de frustration ou de soulagement (Kalish, 1985).

L'épilogue présente la conception et la perception de la mort ainsi que le deuil à chaque période de la vie. Se pencher sur la dernière étape du développement humain, c'est réaffirmer et célébrer l'amour de la vie (Moller, 1996).

Thanatologie Regroupement de tous les savoirs philosophiques, théologiques et scientifiques au sujet de la mort, que ce soit dans sa nature et ses causes, dans le vécu de la personne mourante, et l'après-mort dans la gestion du corps, les rites funéraires.

Deuil Sentiment de perte qui suit un décès.

La mort et le deuil selon les périodes du développement

Voyons dans un premier temps quelle est la conception de la mort et comment se vit l'expérience du deuil durant l'enfance, l'adolescence ainsi qu'à l'âge adulte, puis comment les enfants, les adolescents et les adultes perçoivent et vivent l'annonce de leur mort imminente.

La conception de la mort et le vécu du deuil

Le sens que l'on donne à la mort — la sienne ou celle d'une autre personne — dépend en partie de la maturation cognitive et de l'expérience personnelle.

Chez l'enfant

Les jeunes enfants sont incapables de saisir ce qu'est la mort, mais ils réagissent à leur façon à la perte d'une personne qui leur est proche.

L'enfant de la naissance à 2 ans

Durant ses 2 premières années, l'enfant a une compréhension de la vie et de la mort qui est liée à ses sens, c'est-à-dire à la présence ou à l'absence de la personne qui prend soin de lui. Pendant les premiers mois de vie, l'enfant ne se perçoit pas comme une personne distincte. Il est généralement en fusion avec la personne qui prend soin de lui. Si cet état de symbiose est bousculé ou s'arrête subitement, le bébé sera affecté par les changements dans sa routine quotidienne.

L'enfant ressent profondément l'absence de la personne qui répond adéquatement à ses besoins affectifs et physiques, qui le sécurise, qui assure une continuité. Parmi les réactions possibles, il peut pleurer davantage, vouloir se faire prendre plus souvent, s'agripper à la personne qui le tient dans ses bras, refusant d'être déposé par terre ou dans le lit. Il peut également se montrer plus agité, plus irritable et manifester de l'insécurité et de fortes angoisses lors de séparations.

Jusqu'à l'âge de 2 ans environ, la mort est un concept inconnu et les longues explications à ce sujet ne semblent ni nécessaires ni utiles. Que faire alors en situation de deuil ? Quelques pistes d'action sont proposées dans la rubrique « Point de mire » ci-dessous.

L'enfant de 2 à 5 ans

De 2 à 5 ans, l'enfant n'a pas conscience de la finitude de l'être humain, sauf en ce qui concerne les personnes très âgées. Selon sa compréhension, celles-ci peuvent mourir, mais pour un temps seulement, car elles redeviendront vivantes sous peu. L'enfant est porté à percevoir la mort comme un état réversible, temporaire et lié à l'immobilité. Cette notion de non-permanence, associée à la pensée magique, l'entraîne dans des réflexions d'une grande créativité. Sa vision animiste lui fait donner vie aux objets inanimés. Une personne morte peut donc respirer, manger, dormir, sourire, entendre, etc. D'ailleurs, les morts qu'il dessine ont habituellement des allures de vivants (Jacques, 1998).

POINT DE MIRE

Quelques pistes d'intervention

Que faire pour aider un enfant de moins de 2 ans en situation de deuil ?

- S'assurer qu'une personne significative prend la relève et répond adéquatement aux besoins de l'enfant (soins physiques, amour, sécurité) ;
- garder un contact visuel avec l'enfant, lui parler doucement, le bercer, le cajoler ;
- garder l'enfant dans un milieu familier (gens et environnement qu'il connaît) ;
- préserver autant que possible la routine pour le coucher, les repas, la sieste, les jeux, ce qui inclut ourson, poupée et doudou ;
- lui parler doucement de ce qui est arrivé. Même s'il ne comprend pas, il se sentira réconforté.

Source : ministère de la Santé et des Services sociaux du Québec, « Le deuil chez l'enfant et l'adolescent », [en ligne], [s.d.]. [http://publications.msss.gouv.qc.ca/acrobat/f/documentation/2009/09-235-12F_08.pdf] (20 juin 2010).

Cette pensée magique peut l'amener à penser qu'il a le pouvoir de faire revivre la personne, mais il peut aussi se croire responsable de sa mort, à cause d'un sentiment de colère qu'il a éprouvé à son endroit ou d'un comportement de désobéissance qui ont pu changer le cours des événements et entraîner cette catastrophe. Il importe alors de rassurer l'enfant sur son innocence (Jacques, 1998).

Les réactions d'un enfant de 2 à 5 ans en situation de deuil varient, selon le contexte. L'enfant peut manifester des comportements de régression (recommencer à sucer son pouce ou à mouiller son lit), cherchant ainsi à s'assurer que des adultes continuent à s'occuper de lui. Cette inquiétude est d'autant plus grande qu'il ressent la détresse des adultes de son entourage qui, eux aussi, sont touchés par le deuil.

L'enfant peut faire des cauchemars, avoir un sommeil agité, éprouver de la difficulté à s'endormir, présenter des changements dans son appétit, se plaindre de maux de tête. Il est également susceptible de manifester des émotions plus ou moins intenses, qui changent rapidement : agressivité, peur de rester seul, tristesse, sentiment d'avoir été abandonné (ministère de la Santé et des Services sociaux du Québec, [s.d.]).

Par ailleurs, il faut s'attendre à ce que l'enfant pose beaucoup de questions concrètes, parfois surprenantes. Par exemple, il se préoccupera du bien-être de la personne disparue. Il vaut mieux se préparer à répondre à ses interrogations le plus honnêtement possible, en tenant compte du niveau de compréhension de l'enfant et du fait que, pour lui, la mort est un phénomène réversible.

L'enfant de 5 à 9 ans

Les capacités cognitives grandissantes des jeunes de 5 à 9 ans leur permettent d'avoir une compréhension plus réaliste de la mort : elle apparaît irréversible, mais n'arrive qu'aux vieilles personnes et aux gens très malades. Ce qui est encore possible à leurs yeux, particulièrement chez les enfants plus jeunes, c'est d'y échapper : « Grand-papa est mort, mais toi, grand-maman, fais attention et tu ne vas pas mourir ! » Graduellement, l'enfant en vient à comprendre que la mort est universelle ; il sera d'ailleurs le dernier à s'inclure dans cette fatalité.

En situation de deuil, les questions de l'enfant à cet âge portent surtout sur le concret : les causes de la mort, les aspects physiologiques, les explications rationnelles de même que les détails concernant la mise en terre ou la crémation (Jacques, 1998 ; Kenyon, 2001 ; Kaufman et Kaufman, 2006).

Dans la mesure où le décès d'un proche est une source importante d'anxiété pour l'enfant, il est peu indiqué de lui dire que papa l'a quitté pour toujours, que grand-maman dort, que Dieu voulait avoir sa petite sœur près de lui au ciel ou que grand-papa est parti faire un long voyage... Pourquoi ? Parce que l'enfant prend ce genre de réponses au pied de la lettre. En fonction de sa pensée préopératoire ou opératoire concrète, il déduira que son père a choisi de l'abandonner, que quelqu'un doit réveiller grand-maman, qu'il faut protester auprès de Dieu parce qu'il a pris sa petite sœur ou encore se fâcher contre grand-papa qui prend du temps à revenir...

Comment se manifeste le deuil chez les enfants de 5 à 9 ans ? Ces derniers peuvent se sentir coupables et responsables de la mort, sans nécessairement en être conscients. Ils peuvent même avoir peur de mourir. Il est possible qu'ils ressentent de la tristesse, qu'ils aient peur d'être abandonnés, étant plus ou moins influencés par les émotions des adultes de leur entourage. Ils sont susceptibles d'éprouver des difficultés à l'école, d'avoir des problèmes d'attention et de concentration. Dans certains cas, les enfants présenteront aussi des problèmes de comportement à la maison et à l'école, comme des conduites agressives, des crises de colère, des bagarres (ministère de la Santé et des Services sociaux du Québec, [s.d.]).

L'enfant de 9 à 12 ans

Smilansky (1987) a établi cinq éléments constitutifs du concept de la mort chez les jeunes de 9 à 12 ans :

- la mort est universelle et présente un caractère inévitable ;
- la mort est irréversible et permanente ;
- la mort est une fin absolue, aucune fonction vitale ou émotionnelle ne demeure ;
- la mort a une cause physique précise (maladie, accident, etc.) ;
- la mort est associée à la vieillesse et est indissociable du cycle de vie.

En situation de deuil, l'enfant appartenant à ce groupe d'âge peut devenir vulnérable. Il risque d'avoir des sautes d'humeur, de se montrer irritable et agressif, de provoquer des conflits plus fréquents avec ses frères et sœurs, ses parents, ses amis. Il peut éprouver des difficultés en classe, avoir des problèmes d'attention et de concentration, voire manifester un désintérêt pour l'école. Il peut se sentir triste, pleurer, être inquiet pour l'avenir ou encore éviter de manifester ses sentiments de chagrin, de colère, de détresse dans le but de montrer qu'il est capable de faire face à la situation « comme un grand ». Souvent, l'approche bienveillante et empathique d'un adulte lui permet d'exprimer et de partager sa peine.

À VOUS LES COMMANDES E.1

Quelles attitudes adopter envers des enfants en deuil ?

Compte tenu du niveau de compréhension de la mort chez les enfants, déterminez quelles sont les meilleures attitudes à adopter dans les mises en situation suivantes. Vous pouvez réfléchir à ces expériences de deuil individuellement, en équipe ou en faisant des jeux de rôle.

1. Seule dans un coin du salon funéraire, Natacha, 5 ans, pleure en silence. Que faites-vous ?
2. Jean-Paul, 44 ans, est bouleversé par la mort subite de son épouse. Il refuse d'en informer leurs enfants de 8 et 11 ans, préférant attendre que tous ces bouleversements soient terminés (exposition au salon, funérailles, etc.) Il vous dit avoir expliqué aux enfants que leur mère est partie en voyage d'affaires pour une dizaine de jours. Que lui dites-vous ?
3. Élise, 6 ans, vous demande : « Mon grand-papa m'a dit que grand-maman vit maintenant au ciel. Est-ce que c'est vrai ? » Que lui répondez-vous ?
4. Sébastien, 11 ans, a perdu son camarade de classe de façon tragique. Ce dernier, qui avait disparu, a été assassiné et son corps a été retrouvé dans la cour d'école. L'événement a été très médiatisé. Sébastien demande à son père comment cela s'est passé et dans quel état on a retrouvé son ami. Désemparé, le père vous demande conseil. Que lui suggérez-vous ?
5. On vous demande d'expliquer à un enfant de 4 ans que sa mère, hospitalisée depuis 3 jours, va mourir d'un cancer du sein. Que lui dites-vous ?

Chez l'adolescent

En quête d'identité, l'adolescent est souvent habité par des questions existentielles sur le sens de la vie et de la mort. Contrairement à l'enfant, l'adolescent est capable de pensée abstraite. Il parvient à poser des hypothèses et à faire des déductions. Il peut jouer avec l'idée de la mort et s'inventer des scénarios de pertes dans lesquels il imagine ses réactions ou celles de ses proches (Jacques, 1998). Intellectuellement, il comprend que la mort est définitive, irréversible et universelle, mais cela n'arrive qu'aux personnes âgées et aux autres. La mort d'un proche vient donc bousculer ses certitudes (« Ce n'est pas possible, mon ami Loïc est mort. C'est bien trop jeune pour mourir, c'est pas juste ! ») (ministère de la Santé et des Services sociaux Québec, [s.d.]).

L'adolescent vit de la colère, de la tristesse, possiblement de la culpabilité, mais il peut paraître indifférent et insensible au décès d'un de ses proches : c'est sa façon à lui d'encaisser le choc. Il peut même rejeter le soutien offert par son entourage et manifester des attitudes agressives envers sa famille. Cependant, il n'en demeure pas moins qu'il est bouleversé et qu'il a, lui aussi, besoin d'être rassuré, de sentir et de savoir qu'il peut compter sur des adultes, tout en préférant la présence de ses amis. Parfois, à cet âge, l'impression d'invulnérabilité et le désir d'autonomie par rapport aux parents peuvent susciter des réactions déroutantes pour les adultes. Le jeune peut s'absenter de ses cours, se désintéresser de l'école, consommer de l'alcool, de la drogue.

Chez l'adulte

Les responsabilités professionnelles et familiales modifient beaucoup l'attitude des jeunes adultes à l'égard de la mort. Elle devient une perspective redoutable à éviter, à tout le moins à reporter. C'est l'âge auquel beaucoup de gens cessent de consommer des drogues et commencent à boucler leur ceinture de sécurité en voiture.

À l'âge mûr, l'adulte a conscience de sa finitude. La réflexion sur la mort est d'ailleurs une occasion de réévaluer ses choix de vie, entre autres sur les plans affectif et professionnel. Conscient que la mort est inévitable, il veut en repousser l'échéance en adoptant, par exemple, de meilleures habitudes de vie.

La plupart des personnes d'âge avancé rédigent leur testament, désignent un mandataire en cas d'inaptitude, se réconcilient avec leurs proches (Kastenbaum, 2006). Nombre d'entre elles voient même à l'organisation de leurs funérailles. Cela ne signifie pas qu'elles ont renoncé à vivre. Néanmoins, acquérir une compréhension de la mort est l'une des tâches normales de cette étape de la vie (Schindler, Staudinger et Nesselroade, 2006).

Le deuil à l'âge adulte s'accompagne de tristesse, d'un sentiment d'insécurité, de symptômes anxieux et dépressifs menant parfois à une dépression majeure. Le deuil déclenche des comportements de recherche de la personne disparue, on croit l'apercevoir au coin de la rue, on cherche à la localiser, on éprouve la sensation de sa présence. De plus, selon la période de l'âge adulte, le deuil peut entraîner des pertes secondaires, telles que la diminution des ressources financières, un déménagement ou la vente de la maison.

La perception de sa propre mort

L'idée de la mort dans le parcours de vie doit aussi être considérée sous un autre angle. Comment perçoit-on sa propre mort lorsqu'elle est annoncée, que la médecine évalue le temps de vie qu'il reste en mois ou en semaines ?

Chez l'enfant

Les enfants qui sont mourants craignent souvent que les personnes qu'ils aiment ne les abandonnent dans la mort. Comme ils ne comprennent pas ce qu'est la mort, ils sont généralement terrifiés à l'idée de se séparer de leurs proches. Ils ont besoin d'être sans cesse accompagnés et rassurés. Par conséquent, les parents d'un enfant très malade doivent rester jour et nuit à son chevet, lui tenir la main, lui lire des histoires et lui rappeler qu'ils l'aiment.

Le fait d'écouter les angoisses de mort chez l'enfant en phase terminale, de les comprendre et de les traduire en mots aide à l'apaiser, à le soulager un peu.

Chez l'adolescent

Fort d'un sentiment d'invincibilité, l'adolescent prend des risques inutiles, se croyant à l'abri des dangers potentiels en conduisant de façon imprudente ou en pratiquant des sports dangereux, par exemple. Aussi, à l'annonce de sa mort imminente, l'adolescent est révolté et cherche à nier la réalité. De fait, il se soucie davantage de sa qualité de vie présente et de ses activités que de l'avenir. Les effets de la maladie sur son apparence

La vie continue L'atmosphère de sérénité qui se dégage d'un cimetière fait souvent surgir les émotions associées au deuil : la tristesse et la colère, mais aussi l'acceptation.

et sur ses relations sociales revêtent pour lui une grande importance. Alors qu'il veut décider de sa manière de vivre, qu'il ressent l'urgence de vivre intensément, d'expérimenter, d'explorer des univers jusque-là inconnus ou inaccessibles, le sentiment de sa proche finitude lui est insupportable.

Chez le jeune adulte

Pour le jeune adulte, l'idée de sa mort imminente est insoutenable : elle lui coupe les ailes, lui vole ses rêves. La mort, c'est pour les gens âgés, ceux qui ont eu le temps d'accomplir leurs projets et de se réaliser. La colère et la dépression prédominent d'ailleurs chez la personne, dans la vingtaine comme dans la trentaine, pour qui la vie se termine avant même d'avoir vraiment commencé.

Chez l'adulte d'âge mûr

À cette période de la vie, les malades en phase terminale sont davantage préoccupés par la perspective de laisser des tâches inachevées que par la mort elle-même. L'inquiétude de savoir qui prendra la relève auprès des êtres chers peut venir perturber le processus d'acceptation de sa propre mort.

Chez l'adulte d'âge avancé

Pour les personnes d'âge avancé, la perspective de la mort devient chaque jour de plus en plus réelle. Bien que certaines d'entre elles l'entrevoient avec un fort degré d'anxiété, décuplé par la peur de souffrir, la grande majorité craignent moins la mort qu'auparavant. De nombreux spécialistes du développement y voient une saine manifestation de l'acceptation des personnes de leur finitude (Baltes et Carstensen, 2003 ; Erikson, Erikson et Kivnick, 1986).

Les sentiments d'une personne âgée face à sa propre mort dépendent du bilan qu'elle fait de sa vie et de sa situation présente. Un bilan positif la laissera plus sereine et remplie d'un sentiment d'intégrité, alors qu'un bilan négatif, où s'accumulent regrets et déceptions, pourrait la mener au désespoir. Par ailleurs, elle acceptera la mort plus facilement que ses cadets si son conjoint l'a précédée ou si une maladie incurable la condamne à la souffrance et à l'invalidité (Fréchette, 1995 ; Jacques, 1998).

POINT DE MIRE

Vers l'acceptation de la mort

Au fil de ses recherches sur la mort et les mourants, Elisabeth Kübler-Ross (1969, 2005) a décrit les cinq phases que traverse une personne après avoir reçu un diagnostic de maladie incurable. Elle a initialement appliqué ces étapes à toute forme de perte catastrophique (par exemple un divorce ou une perte d'emploi, de revenu, de liberté), et cela comprend également le deuil, dans le contexte de la mort d'un être cher. Bien que ces étapes ne soient pas toujours clairement distinctes, elles donnent un aperçu des réactions possibles des personnes qui font face à la mort, que ce soit la leur ou celle d'un proche. À l'annonce de la nouvelle de la mort imminente ou survenue, la personne est abasourdie, dans un état de crispation. C'est une période plus ou moins intense où les émotions semblent pratiquement absentes.

- Le déni Cette phase en est une de négation de la réalité. Le mourant refuse de croire que son état est sans espoir. Il se persuade que les résultats des analyses sont inexacts ou que, contre toute attente, il connaîtra une rémission. La personne en deuil, elle, refuse de croire à la tragédie soudaine. C'est en quittant cette courte phase que la réalité de la perte s'installe.
- La colère Cette phase est caractérisée par un sentiment de colère face à la mort ou au deuil, face à la perte. « Pourquoi suis-je condamné, moi et pas un autre ? » « Pourquoi est-il décédé, lui et pas un autre ? Ce n'est pas juste ! »
- Le marchandage « Si je survis, je changerai. » « Si vous l'épargnez, je ne me fâcherai plus jamais contre lui. » Le mourant ou un proche tente de négocier avec la mort et promet à Dieu ou au destin de mener une meilleure vie. C'est une étape de négociation, de chantage.

- **La dépression** Lorsqu'apparaît l'inutilité du marchandage, la dépression s'installe. Cette phase plus ou moins longue est caractérisée par une grande tristesse, des remises en question, de la détresse. La personne condamnée pleure sa propre mort, refuse de s'y préparer et se désintéresse de son traitement médical. La personne endeuillée, pour sa part, a parfois l'impression qu'elle ne terminera jamais son deuil, car la tristesse est accablante.
- **L'acceptation** Idéalement, le cycle se termine par l'acceptation. La personne règle ses affaires, se réconcilie, exprime sa tendresse et son amour à ses proches. Elle voit sa mort comme le dernier stade de sa vie et, peut-être, le premier d'une autre, comme une transition et non plus comme une brisure. Quant à la personne en deuil, la réalité de sa perte est beaucoup mieux comprise et acceptée. Elle peut encore vivre de la tristesse, mais elle a retrouvé son plein fonctionnement. Elle a aussi réorganisé sa vie en fonction de la perte.

D'autres chercheurs ont pu observer que l'enchaînement de ces étapes ne se fait pas toujours de façon linéaire, irréversible et complète. Le déni, la colère et la dépression peuvent se résorber et revenir, le marchandage peut être de courte durée lorsqu'il est perçu comme vain, et l'acceptation ne survient parfois jamais. De plus, cette séquence d'émotions n'est pas vécue par tous. Bien des facteurs viennent influer sur la gamme des émotions ressenties dans des circonstances de pertes importantes. « Apprendre à perdre ne veut pas dire éviter la souffrance mais la reconnaître, vivre périodiquement et intensivement avec elle et savoir puiser dans ses ressources intérieures pour se donner accès à une nouvelle vision de cette perte, de soi, des autres et du monde » (Deslauriers, [s.d.]).

Chaque perte implique une phase de choc et d'évitement (déni), puis une phase de désorganisation des comportements et des émotions avec du désespoir et des incertitudes, puis une phase de réorganisation, de renouveau.

À VOUS LES COMMANDES E.2

« J'ai vécu ma vie… »

Imaginez que vous êtes sur le point de fêter votre centenaire. Vous avez encore votre lucidité et vous voulez partager vos réflexions sur votre parcours de vie avec vos enfants, vos petits-enfants et vos arrière-petits-enfants. Le titre de votre lettre est : « J'ai vécu ma vie ».

1. Écrivez des suites à cette phrase : J'ai vécu ma vie et je suis satisfait(e) de…
2. Continuez votre réflexion et écrivez des suites à cette phrase : Si j'avais à revivre ma vie…
3. Dans quels domaines de votre vie vous sentez-vous comblé(e) ?
4. Dans quels domaines de votre vie auriez-vous voulu faire les choses autrement ?
5. Que pouvez-vous et que voulez-vous faire pour réaliser ce qui vous tient à cœur dans votre vie ?

Tragique… La mort n'est jamais plus difficile à accepter que lorsqu'elle emporte d'une manière absurde et inattendue des jeunes dans la fleur de l'âge.

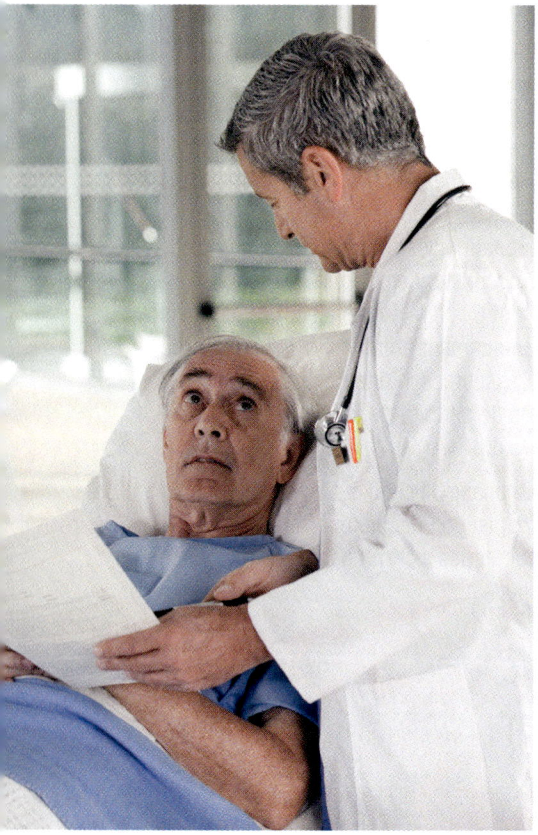

À l'écoute du patient À l'unité de soins palliatifs, le médecin traitant prend le temps d'écouter les besoins d'un patient. Avec empathie, il lui donne l'heure juste sur sa condition et discute d'un plan d'intervention.

La fin de vie

Quel que soit leur contexte de vie, les gens souhaitent une belle mort, c'est-à-dire une fin paisible et rapide au terme d'une longue existence ; une mort qui survienne dans un environnement familier, auprès de parents et d'amis, à l'abri de la douleur, de la confusion et de l'inconfort (Abramovitch, 2005). À l'opposé, ce que la plupart des gens redoutent, particulièrement les personnes âgées, c'est de mourir à petit feu pendant des mois, voire des années, à demi-conscients et entourés d'appareils médicaux.

Les besoins des mourants

La médecine moderne améliore-t-elle ou non la fin de vie ? La réponse à cette question se doit d'être nuancée. Certains chercheurs rapportent deux changements relativement récents dans les soins donnés aux mourants qui tentent de répondre à leurs besoins : une discussion franche sur leur état et les soins palliatifs.

Une conversation franche

Les recherches menées par Elisabeth Kübler-Ross (1969, 1989) auprès de patients en phase terminale ont non seulement démontré que ceux-ci étaient prêts et désireux de parler de leur cheminement, mais qu'il était aussi important qu'ils apprennent d'un interlocuteur empathique la vérité sur leur état.

De fait, les hôpitaux occidentaux reconnaissent maintenant le droit au patient de connaître la vérité sur sa mort imminente. Pour éviter que les plans de traitement et de soins donnés en fin de vie mettent l'accent de façon très lourde sur les aspects médicaux, certains hôpitaux et centres de soins palliatifs ont appliqué une échelle qui s'inspire de la hiérarchie des besoins formulée par Abraham Maslow (Zalenski et Raspa, 2006) (voir le chapitre 2). Cette échelle nécessite un dialogue entre la personne mourante et les intervenants. Généralement sur le mode empathique, ce dialogue permet de rassurer le patient et ainsi d'aborder la vérité sur son état. Afin d'établir cette communication, les aspects à privilégier sont :

- les besoins physiologiques et l'affranchissement de la douleur ;
- la sécurité et l'assurance de ne pas être abandonné ;
- l'amour et l'acceptation des proches parents et des amis ;
- le respect de la part des aidants naturels ;
- l'actualisation de soi et la transcendance spirituelle.

Cette pratique est parfois contestée par la famille, celle-ci préférant laisser le mourant dans l'ignorance pour éviter de lui enlever tout espoir.

Les soins palliatifs

Soins palliatifs Soins qui visent à soulager la douleur et les souffrances d'un patient et de sa famille dans l'attente de la mort.

Dans le but de faciliter la fin de vie, le personnel médical d'un centre ou d'une unité de **soins palliatifs** administre des traitements spécialisés sans employer des mesures de dernier recours pour retarder la mort (Hallenbeck, 2003). Deux principes guident les soins palliatifs :

- l'autonomie et les décisions du patient doivent être respectées (par exemple les analgésiques sont administrés sur demande, et non selon un horaire, de même qu'on respecte la décision du patient de recevoir ou non les traitements) ;
- les parents et amis bénéficient d'une aide psychologique avant la mort de leur proche, en plus d'apprendre comment en prendre soin. Lorsque le malade reste chez lui, les membres de la famille lui prodiguent la majeure partie des soins ; lorsqu'il entre dans un centre ou une unité de soins palliatifs, les parents et les amis proches sont

encouragés à l'accompagner jour et nuit. Après la mort, le personnel veille à répondre aux besoins des proches.

De bons soins palliatifs permettent de diminuer la douleur par l'administration de morphine et d'autres médicaments au patient. Certains médicaments permettent aussi de limiter des symptômes comme la nausée, la constipation, les démangeaisons cutanées, les plaies de lit et les douleurs musculaires (Hallenbeck, 2003; Preston, Tang et McCorkle, 2003).

Cependant, la morphine et les autres opiacés posent un problème: ils améliorent la qualité de vie de la personne mourante, mais ils accélèrent sa mort en ralentissant le rythme respiratoire. La règle éthique et morale dite du **double effet** est jugée acceptable selon la loi canadienne, la déontologie et la pratique.

Double effet Règle éthique et morale qui inclut la possibilité d'appliquer des prescriptions médicales visant à soulager la douleur, bien que les effets secondaires puissent provoquer le décès du patient en phase terminale.

> En d'autres termes, il est permis de prescrire des médicaments pour traiter des symptômes jugés insupportables par la personne malade, même s'il est probable que ces traitements risquent d'abréger sa vie, si les conditions suivantes sont remplies:
>
> - aucune autre initiative, médicale ou non, ne peut être proposée pour soulager la personne malade au stade terminal;
> - le but visé est affirmé comme un but thérapeutique, dont les effets, y compris les effets secondaires attendus, sont proportionnels à l'intensité des symptômes.
>
> (Blanchet, 2002)

Au Canada, la Maison Michel-Sarrazin est le premier centre privé à avoir développé une approche en soins palliatifs, en 1985. À Montréal, les hôpitaux Royal-Victoria (1974) et Notre-Dame (1979) ont été les premiers à mettre sur pied des unités de soins palliatifs pour les gens atteints du cancer. Au Québec, en 2010, les maisons ainsi que les unités de soins palliatifs des hôpitaux et des Centres d'hébergement et de soins de longue durée (CHSLD) offraient environ 350 places.

À l'heure des choix: des concepts à clarifier

Les progrès de la médecine donnent lieu à de nouvelles controverses: il est maintenant possible de maintenir la respiration d'un mourant au moyen d'un respirateur, de rétablir sa fonction cardiaque et de continuer de le nourrir au moyen d'une gastrostomie endoscopique percutanée (c'est-à-dire une sonde gastrique). Chaque année, plus de 85 % des décès au Québec ont lieu dans des établissements de soins de santé. La plupart d'entre eux s'accompagnent de choix: des traitements sont proscrits, entrepris ou interrompus, et ces décisions ont pour effet de prolonger la vie ou de hâter la mort (Rosenfeld, 2004). Lorsqu'il s'agit de choisir les soins appropriés, cela peut donner lieu à de profondes dissensions, non seulement entre les familles et les spécialistes, mais aussi au sein d'une même famille (Engelhardt, 1998).

Il faut peser soigneusement ses mots quand il est question de la mort, d'où l'importance de clarifier les pratiques qui peuvent susciter la controverse.

L'**euthanasie passive** consiste à s'abstenir d'administrer des traitements ou des médicaments et à permettre ainsi à une personne de mourir: pas de respirateur, pas de défibrillateur cardiaque, pas d'alimentation par sonde gastrique ni d'antibiotiques pour soigner une infection, pas de tentative de rétablir la respiration. L'euthanasie passive se pratique dans un grand nombre d'établissements de soins de santé lorsque la prolongation de la vie n'est qu'une prolongation de la souffrance. Cette pratique est légale et courante au Canada.

Euthanasie passive Pratique qui consiste à s'abstenir d'administrer un traitement ou un médicament susceptible de prolonger la vie d'un patient en phase terminale.

Euthanasie active Pratique qui consiste à mettre volontairement fin aux jours d'une personne souffrante, en lui administrant, par exemple, une substance létale.

L'**euthanasie active** consiste à commettre une action pour entraîner la mort, comme administrer un médicament létal. Certains médecins pratiquent l'euthanasie active lorsqu'ils se heurtent à des souffrances qu'ils ne peuvent soulager et qu'ils croient que leur patient voudrait voir sa mort hâtée.

Cette pratique est clairement légale au Luxembourg, aux Pays-Bas et en Belgique, mais elle est jugée contraire à l'éthique et illégale presque partout ailleurs, y compris au Canada (Laurie, 2005 ; Magnusson, 2004 ; Rosenfeld, 2004). Au Québec, une Commission de la Santé et des Services sociaux au sujet de l'euthanasie a entendu, en février et en mars 2010, la présentation de mémoires de différents organismes pour préparer une consultation auprès de la population (Laurie, 2005 ; Magnusson, 2004 ; Rosenfeld, 2004).

Suicide médicalement assisté Forme d'euthanasie par laquelle un médecin procure à une personne les moyens pharmacologiques pour mettre fin à sa vie.

Le **suicide médicalement assisté** implique que la personne mourante s'enlève la vie au moyen de médicaments fournis par un médecin. Une loi de l'État de l'Oregon permet le suicide médicalement assisté sous certaines conditions. Elle stipule notamment que ce type de mort ne devrait pas être désigné comme un suicide, mais comme une « mort dans la dignité ». Les États de Washington et du Montana permettent aussi cette pratique sous certaines conditions. Au Canada, elle est illégale et passible de poursuites criminelles (Encyclopédie sur la mort, [s.d.]).

Les directives préalables

Le fait de donner des directives préalables concernant des circonstances amenant une perte d'autonomie et des décisions à prendre selon les situations permet d'avoir un certain droit de regard sur sa fin de vie. Deux types de documents permettent notamment d'exercer ce droit de regard : le testament biologique et le mandat en cas d'inaptitude.

Testament biologique Document qui précise les interventions médicales que souhaite recevoir ou non une personne si elle devient incapable d'exprimer ses volontés.

Inaptitude Incapacité d'une personne de prendre soin d'elle-même, d'administrer ses biens ou d'exercer seule ses droits civils.

Dans un **testament biologique**, la personne indique les interventions médicales désirées et non désirées, advenant qu'elle ne soit plus en mesure d'exprimer ses volontés. Le testament biologique comporte toutefois des termes généraux comme « incurables », « chance raisonnable de rétablissement » et « mesures extraordinaires » que tout le monde risque d'interpréter différemment le moment venu. Pour éviter ce problème, les gens recourent aussi au mandat en cas d'**inaptitude**, par lequel ils désignent une personne (le mandataire) qui prendra entre autres des décisions médicales plus précises advenant leur incapacité à le faire eux-mêmes. On estime que 25 % seulement des Nord-Américains (surtout les adultes les plus âgés) ont préparé ces deux documents, bien qu'il soit recommandé pour tous de les remplir (Preston et Kelly, 2006).

Cela dit, le testament biologique et le mandat en cas d'inaptitude ne garantissent pas à la personne qu'elle obtiendra les soins qu'elle désire. D'abord, il est difficile pour un proche de décider de mettre fin aux traitements. De plus, il arrive que les membres du personnel de l'hôpital ne sont pas nécessairement d'accord avec les directives préalables du patient ; or, c'est à eux que revient la tâche de cesser les traitements (Orentlicher et Callahan, 2004 ; Sprung et coll., 2007).

Le deuil et les formes de soutien

À l'intention de ceux qui n'ont pas encore formulé de directives préalables Pourquoi la plupart des jeunes adultes n'ont-ils pas de testament biologique ?

Chez l'adulte, la mort d'un proche suscite généralement une grande souffrance où s'entremêlent la colère, l'incrédulité et le chagrin, lequel peut se manifester par des pleurs incontrôlables, de l'insomnie et des pensées irrationnelles (Zech, 2006).

Nombre de personnes en deuil se heurtent à une forme d'incompréhension ou d'indifférence. Toutes les morts, et surtout celles qui brisent la chaîne des générations, peuvent se révéler dramatiques.

POINT DE MIRE

Laissons Terri Schiavo vivre ou mourir ?

Le 25 février 1990, Theresa Marie Schiavo, 26 ans, s'effondrait dans sa maison, en Floride. Elle souffrait d'un trouble alimentaire et avait récemment subi des traitements de fertilité. Les traitements, conjugués à sa condition, pourraient avoir causé l'insuffisance cardiaque. Elle fut réanimée, mais resta dans un état végétatif.

Au début, les parents et le mari de Terri, Michael, coopérèrent pour prendre soin d'elle à la maison. Par la suite, ils la placèrent dans une maison de soins de qualité et en défrayèrent les coûts ensemble. Ils refusaient de croire qu'elle n'émergerait jamais de son état végétatif et allaient la voir tous les jours, lui parlaient, surveillaient le bon fonctionnement de la sonde gastrique qui l'alimentait et veillaient à ce qu'elle soit retournée régulièrement pour éviter la formation de plaies de lit. Terri n'avait pas formulé de directives préalables, aussi la Cour désigna-t-elle Michael mandataire concernant les soins qu'elle recevait.

Après 4 années, Michael finit par accepter le diagnostic d'état végétatif chronique de Terri et fit inscrire une ordonnance de non-réanimation au dossier de sa femme. Sept ans plus tard, Michael demanda que la sonde gastrique qui alimentait Terri soit retirée et la Cour accéda à sa demande. Cependant, les juges n'ordonnèrent pas le retrait de la sonde gastrique sur-le-champ parce que les parents de Terri en avaient appelé de la décision. Ces derniers perdirent, et la sonde fut retirée (un procédé rapide et indolore).

Aussitôt, le gouverneur de la Floride et la législature de l'État votèrent une loi, la *Terri's Law*, exigeant la réinsertion de la sonde gastrique. Ce qui fut fait.

Les tribunaux de la Floride décrétèrent que la *Terri's Law* était inconstitutionnelle, ce qui entraîna 3 autres années de procédures judiciaires. Enfin, la Cour suprême des États-Unis donna raison aux premières instances. Les parents de Terri répétaient que leur fille était consciente. Des milliers de personnes participèrent à des veilles, certaines pour défendre le « droit à la vie » au nom de Terri, et d'autres pour défendre son « droit de mourir ».

Le Congrès des États-Unis vota une loi, signée par le président, exigeant le rétablissement de l'alimentation artificielle, mais la Cour suprême renversa également cette loi.

À la suite de l'ordonnance de la Cour la sonde gastrique fut retirée le 18 mars 2005 et Terri mourut le 31 mars 2005. L'autopsie pratiquée après son décès révéla que son cerveau était deux fois plus petit que la normale.

« La bataille entourant la mort de Theresa Marie Schiavo a canalisé énormément d'énergie et généré beaucoup de frustration » (Cerminara, 2006). Six raisons, au moins, expliquent le déroulement de cette histoire et les puissantes réactions qu'elle a provoquées :

1. Terri n'avait pas formulé de directives préalables (à 26 ans, peu d'adultes l'ont fait), si bien que les gens étaient libres de penser qu'elle aurait voulu ce qu'eux-mêmes voudraient dans une telle situation ;
2. la querelle familiale a capté l'attention de tous. Les parents de la jeune femme voulaient la garder en vie, mais son mari voulait la laisser mourir. Les deux parties estimaient qu'ils plaidaient en faveur de Terri, qu'ils aimaient profondément ;
3. les conflits opposant le pouvoir judiciaire, d'une part, et les pouvoirs exécutif et législatif, d'autre part, peuvent être virulents. Tous les tribunaux ont maintenu et réitéré la légalité du retrait de la sonde gastrique de Terri, et les autorités exécutives et législatives ont maintenu et réitéré leur opposition aux jugements judiciaires ;
4. il n'existe pas de définition universellement reconnue de la mort. Pour les médecins, un état végétatif chronique est une sorte de mort justifiant l'arrêt du maintien des fonctions vitales ;
5. les gens s'opposent au jugement médical. Tous les médecins qui ont examiné Terri ont diagnostiqué un état végétatif chronique, alors que d'autres, notamment un sénateur, ont soutenu que Terri était consciente après qu'ils eurent visionné une vidéo maison dans laquelle elle semblait sourire à sa mère et réagir à son environnement ;
6. les valeurs sociales ont amené les deux camps à prédire des conséquences néfastes. Les tribunaux se voyaient déjà submergés par des querelles familiales du même ordre.

Les personnes d'âge avancé sont susceptibles de perdre un certain nombre de parents et d'amis en un laps de temps relativement court. Elles risquent donc de vivre un enchaînement de deuils. Le cas échéant, elles ont besoin de toute la sympathie de leurs proches. Les veuves et les veufs âgés ont souvent plus de difficulté à s'adapter que les plus jeunes, le temps ayant décimé le réseau social susceptible de leur offrir un soutien (Sable, 1991).

Que peut-on faire pour venir en aide à une personne endeuillée ? Il faut d'abord l'écouter, reconnaître qu'elle vit des émotions aussi intenses qu'inattendues et ne pas négliger

Réponse à ceux qui n'ont pas encore formulé de directives préalables (de la page 474) Les jeunes adultes ont tendance à éviter de penser à leur propre mort, autrement que comme à un événement lointain. Ils sont pourtant capables de planifier certains aspects de leur futur, comme de contribuer à un régime de retraite. Si vous êtes un jeune adulte, prenez le temps de faire un testament biologique (les formulaires se trouvent facilement sur des sites Internet. Si jamais il vous arrivait quelque chose, vos proches pourraient alors faire des choix conformes à vos souhaits.

sa souffrance. Il est important de ne jamais lui suggérer que son chagrin est démesuré, qu'il dure trop longtemps ou, au contraire, qu'il est insuffisant. Les gens qui ont appris à rester stoïques dans les épreuves peuvent être doublement troublés si leur entourage leur conseille de pleurer et qu'ils n'y parviennent pas. Il faut aussi s'attendre à ce que la période de deuil soit longue et que la personne endeuillée ait besoin de soutien pendant des mois, voire des années.

Les personnes endeuillées trouvent souvent de l'aide auprès de gens qui ont vécu une situation semblable à la leur, particulièrement si leurs amis ont du mal à comprendre que leur chagrin dure longtemps. Cela explique l'existence de groupes d'entraide qui réunissent, par exemple, des parents d'enfants victimes de meurtres, ou encore des mères d'adolescents tués par un conducteur en état d'ébriété. D'autres personnes parviennent à donner un sens à leur perte en agissant en mémoire des disparus (Armour, 2003).

À travers la diversité des expériences de deuil et des formes d'expression du chagrin, il y a beaucoup à apprendre. En fait, un thème revient souvent chez ceux qui œuvrent auprès des personnes mourantes et endeuillées, à savoir que la mort apprend à ceux qui restent à mieux apprécier la vie, particulièrement à chérir les relations d'amour et d'amitié. Un conseiller a formulé le commentaire suivant :

> J'ai souvent entendu des phrases comme « J'aurais voulu lui dire que je l'aimais » ou « Si au moins nous avions pu résoudre nos différends plus tôt ». Il y a peut-être des choses que nous aurions besoin de dire, des compliments que nous aurions besoin de faire, des fossés que nous aurions besoin de combler. [...] L'amour, celui que l'on donne comme celui que l'on reçoit, ne doit pas être tenu pour acquis. C'est un art de création auquel il faut travailler de toutes sortes de manières.
>
> (Sanders, 1989)

Dès le premier chapitre, nous avons souligné que l'étude du développement de la personne est une science, qu'il faut chercher à comprendre le cheminement de l'être humain pour cultiver le bonheur. Or, vivre sa vie relève de l'art autant que de la science. La mort, dans la mesure où elle est acceptée, la peine, dans la mesure où elle peut s'exprimer, le deuil, dans la mesure où il guérit, donnent encore plus de signification à la naissance, à la croissance, au développement ainsi qu'à toutes les relations humaines.

Synthèse

La mort et le deuil selon les périodes du développement

1. La mort a diverses significations selon l'âge de la personne qui y est confrontée, que celle-ci soit mourante ou endeuillée. Par exemple, les enfants s'inquiètent davantage d'être séparés des gens qu'ils côtoient chaque jour tandis que les adultes d'âge mûr craignent de laisser des tâches inachevées.
2. Élisabeth Kübler-Ross a décrit cinq phases qu'une personne traverse à l'annonce d'une perte catastrophique. Ces phases sont le déni, la colère, le marchandage, la dépression et l'acceptation.

La fin de vie

3. Les personnes mourantes ont besoin d'être traitées avec franchise et respect. Leurs émotions peuvent changer avec le temps ; par exemple, ces personnes peuvent passer du déni à l'acceptation de la mort.
4. Les soins palliatifs, particulièrement ceux visant à soulager la douleur, ont fait leur place dans les hôpitaux modernes. Ce type de soins permet de faciliter la fin de vie.
5. Un centre ou une unité de soins palliatifs ont pour mission de répondre aux besoins des personnes mourantes et de leurs proches. Certaines personnes préfèrent mourir chez elles ; le cas échéant, un professionnel en soins palliatifs

peut aider les membres de leur famille et leurs amis à en prendre soin, tout comme il peut aider ces derniers à composer avec la mort à venir.

6. La médecine dispose de nombreux moyens de prolonger la vie, ce qui peut créer de la controverse, médecins et patients ayant parfois des opinions partagées quant à leur utilisation. Un testament biologique et un mandat en cas d'inaptitude peuvent contribuer à préciser les mesures à prendre au besoin, selon les désirs du patient impliqué.
7. L'euthanasie active et le suicide médicalement assisté sont des pratiques controversées. Actuellement, l'euthanasie active n'est légale qu'au Luxembourg, aux Pays-Bas et en Belgique. L'État de l'Oregon, aux États-Unis, permet le suicide médicalement assisté.

Le deuil et les formes de soutien

8. Les personnes endeuillées trouvent souvent de l'aide auprès de gens qui ont vécu une situation semblable à la leur, particulièrement si leur entourage a du mal à comprendre que leur chagrin dure longtemps.

Questions clés

1. En quoi la conception de la mort est-elle différente chez un enfant de 4 ans et chez un adolescent ?
2. Qu'ont révélé les études d'Elisabeth Kübler-Ross quant aux besoins des personnes en phase terminale ?
3. Qu'est-ce qui distingue l'euthanasie passive de l'euthanasie active ?
4. Quel thème revient souvent chez les gens qui œuvrent auprès des personnes mourantes et endeuillées ?

Applications

1. De nombreux aspects de la fin de vie dans la société moderne prêtent à controverse. Faites une recherche dans Internet en utilisant les mots clés « euthanasie » et « deuil ». Analysez l'information et les idées sous-jacentes. Qu'en pensez-vous ? Justifiez votre position.
2. Selon leur âge, les gens n'ont pas la même attitude devant la mort. Demandez à au moins trois personnes (idéalement, à un adolescent, à un adulte de moins de 60 ans et à une personne d'âge avancé) ce qu'évoque leur propre mort. Quelles différences observez-vous ?

L'épilogue en un clin d'œil

La mort et le deuil selon les périodes du développement

Conception de la mort et vécu du deuil

Chez l'enfant

- De la naissance à 2 ans
  - La mort est liée aux sens.
  - L'enfant ressent l'absence de la personne qui répond à ses besoins.
- De 2 à 5 ans
  - L'enfant n'a pas conscience de la finitude de l'être humain, sauf pour les personnes très âgées.
  - En situation de deuil, il peut manifester des comportements de régression.
- De 5 à 9 ans
  - La mort apparaît irréversible, mais elle ne touche que les vieilles personnes et celles qui sont très malades.
  - L'enfant peut se sentir coupable et responsable de la mort, sans en être conscient.
- De 9 à 12 ans
  - La mort apparaît universelle, irréversible, permanente et a une cause physique précise.
  - L'enfant manifeste ses émotions face à la perte par des sautes d'humeur, de l'irritabilité et de l'agressivité.

Chez l'adolescent

- Capable de pensée abstraite, il pose des hypothèses et fait des déductions.
- En situation de deuil, il ressent de la colère, de la tristesse, possiblement de la culpabilité.

Chez l'adulte

- La mort apparaît comme une perspective redoutable (jeune adulte), inévitable (âge mûr) et de plus en plus réelle (âge avancé).
- Le deuil suscite de la tristesse, de l'insécurité, de l'anxiété et même la dépression.

Perception de sa propre mort

Chez l'enfant
Il craint l'abandon de ses parents.

Chez l'adolescent
Habité par un sentiment d'invincibilité, le jeune se révolte et nie la réalité de sa fin prochaine.

Chez le jeune adulte
La perspective de sa mort imminente lui coupe les ailes.

Chez l'adulte d'âge mûr
Il vit une inquiétude de laisser des tâches inachevées.

Chez l'adulte d'âge avancé
L'acceptation dépend du bilan de vie qu'il dresse et de sa situation présente.

L'épilogue en un clin d'œil (suite)

La fin de vie

- **Besoins des mourants**
  - Une conversation franche
    Les patients en phase terminale devraient apprendre d'un interlocuteur empathique la vérité sur leur état.
  - Les soins palliatifs
    Deux principes :
    1. l'autonomie et les décisions du patient doivent être respectées ;
    2. les parents et amis bénéficient d'une aide psychologique.
- **À l'heure des choix : des concepts à clarifier**
  - Euthanasie passive : s'abstenir d'administrer des traitements pour permettre à une personne de mourir.
  - Euthanasie active : commettre une action pour entraîner la mort, comme administrer un médicament létal.
  - Suicide médicalement assisté : s'enlever la vie au moyen de médicaments fournis par un médecin.
- **Directives préalables**
  - Testament biologique : document précisant les interventions médicales désirées et non désirées, advenant qu'une personne ne soit plus en mesure d'exprimer ses volontés.
  - Mandat en cas d'inaptitude : désignation d'une personne (le mandataire) qui prendra entre autres des décisions médicales plus précises advenant l'incapacité à le faire soi-même.

Le deuil et les formes de soutien

- L'aide de gens ayant vécu une situation semblable (groupes d'entraide) est souvent très utile.

Bibliographie

Abbott, Lesley et Nutbrown, Cathy (dir.). (2001). *Experiencing Reggio Emilia: Implications for preschool provision*, Buckingham (G-B), Open University Press.

Abeles, Ronald P. (2007). « Foreword », dans Carolyn M. Aldwin, Crystal L. Park et Avron Spiro III (dir.), *Handbook of health psychology and aging*, New York, Guilford Press, p. ix-xii.

Aboud, Frances E. et Amato, Maria. (2001). « Developmental and socialization influences on intergroup bias », dans Rupert Brown et Samuel L. Gaertner (dir.), *Blackwell handbook of social psychology: Intergroup processes*, Malden (MA), Blackwell, p. 65-85.

Aboud, Frances E. et Mendelson, Morton J. (1998). « Determinants of friendship selection and quality: Developmental perspectives », dans William M. Bukowski, Andrew F. Newcomb et Willard W. Hartup (dir.), *The company they keep: Friendship in childhood and adolescence*, New York, Cambridge University Press, p. 87-112.

Abramovitch, Henry. (2005). « Where are the dead? Bad death, the missing, and the inability to mourn », dans Samuel Heilman (dir.), *Death, bereavement, and mourning*, New Brunswick (NJ), Transaction, p. 53-67.

Achenbaum, W. Andrew. (2005). *Older Americans, vital communities: A bold vision for societal aging*, Baltimore, Johns Hopkins University Press.

Acock, Alan C. et Demo, David H. (1994). *Family diversity and well-being*, Thousand Oaks (CA), Sage.

Adamson, Lauren B. et Bakeman, Roger. (2006). « Development of displaced speech in early mother-child conversations », *Child Development*, vol. 77, n° 1, p. 186-200.

Adler, Lynn Peters. (1995). *Centenarians: The bonus years*, Santa Fe (NM), Health Press.

Adler, Nancy E. et Snibbe, Alana Conner. (2003). « The role of psychosocial processes in explaining the gradient between socioeconomic status and health », *Current Directions in Psychological Science*, vol. 12, n° 4, p. 119-123.

Adolph, Karen E. et Berger, Sarah E. (2005). « Physical and motor development », dans Marc H. Bornstein et Michael E. Lamb (dir.), *Developmental science: An advanced textbook, 5e édition*, Mahwah (NJ), Erlbaum, p. 223-281.

Adolph, Karen E., Vereijken, Beatrix et Shrout, Patrick E. (2003). « What changes in infant walking and why », *Child Development*, vol. 74, n° 2, p. 475-497.

Agence de la santé publique du Canada. (2002). « Le syndrome de la mort subite du nourrisson (SMSN) », [en ligne]. [http://www.phac-aspc.gc.ca/dca-dea/prenatal/sids_js-fra.php] (17 décembre 2009).

Agence de la santé publique du Canada. (2008). « Programme canadien de surveillance pédiatrique – Résultats 2003, Troubles de l'alimentation à apparition précoce », [en ligne]. [http://www.phac-aspc.gc.ca/publicat/cpsp-pcsp03/page9-fra.php] (8 décembre 2009).

Ahearn, Frederick L. (2001). *Issues in global aging*, New York, Haworth Press.

Ainsworth, Mary D. Salter. (1973). « The development of infant-mother attachment », dans Bettye M. Caldwell et Henry N. Ricciuti (dir.), *Review of Child Development Research*, vol. 3, Chicago, University of Chicago Press, p. 1-94.

Ainsworth, Mary D. Salter. (1993). « Attachment as related to mother-infant interaction », dans C. Rovee-Collier et L.P. Lipsitt (dir.), *Advances in Infancy Research*, vol. 8, Norwood (NJ), Ablex.

Akhtar, Nameera, Jipson, Jennifer et Callanan, Maureen A. (2001). « Learning words through overhearing », *Child Development*, vol. 72, n° 2, p. 416-430.

Alberoni, Francesco. (1981). *Le choc amoureux*, Paris, Ramsay.

Albinet, Cédric, Tomporowski, Phillip et Beasman, Kathryn. (2006). « Aging and concurrent task performance: Cognitive demand and motor control », *Educational Gerontology*, vol. 32, no 9, p. 689-706.

Aldwin, Carolyn M. (2007). *Stress, coping, and development: An integrative perspective, 2e édition*, New York, Guilford Press.

Aldwin, Carolyn M. et Gilmer, Diane F. (2003). *Health, illness, and optimal aging: Biological and psychosocial perspectives*, Thousand Oaks (CA), Sage.

Alexander, Karl L., Entwisle, Doris R. et Olson, Linda Steffel. (2007). « Lasting consequences of the summer learning gap », *American Sociological Review*, vol. 72, n° 2, p. 167-180.

Allen, Bem P. (2006). *Personality theories: Development, growth, and diversity, 5e édition*, Boston, Allyn and Bacon.

Allen, James E. (2007). *Nursing home administration, 5e édition*, New York, Springer.

Alloy, Lauren B. et Abramson, Lyn Y. (2007). « The adolescent surge in depression and emergence of gender differences: A biocognitive vulnerability-stress model in developmental context », dans Daniel Romer et Elaine F. Walker (dir.), *Adolescent psychopathology and the developing brain: Integrating brain and prevention science*, New York, Oxford University Press.

Alloy, Lauren B., Zhu, Lin et Abramson, Lyn. (2003). « Cognitive vulnerability to depression: Implications for adolescent risk behavior in general », dans Daniel Romer (dir.), *Reducing adolescent risk: Toward an integrated approach*, Thousand Oaks (CA), Sage, p. 171-182.

Alsaker, Françoise D. et Flammer, August. (2006). « Pubertal development », dans Sandy Jackson et Luc Goossens (dir.), *Handbook of adolescent development*, London (G-B), Psychology Press, p. 30-50.

Alvin, Patrick et Marcelli, Daniel. (2005). *Médecine de l'adolescent, 2e édition*, Paris, Masson éditeur.

Amato, Paul R. et Afifi, Tamara D. (2006). « Feeling caught between parents: Adult children's relations with parents and subjective well-being », *Journal of Marriage and Family*, vol. 68, n° 1, février, p. 222-235.

Amato, Paul R. et Cheadle, Jacob. (2005). « The long reach of divorce: Divorce and child well-being across three generations », *Journal of Marriage and Family*, vol. 67, n° 1, p. 191-206.

Amato, Paul R., Johnson, David R., Booth, Alan et Rogers, Stacy J. (2003). « Continuity and change in marital quality between 1980 and 2000 », *Journal of Marriage and Family*, vol. 65, n° 1, p. 1-22.

American Psychiatric Association. (2003). *Manuel diagnostique et statistique des troubles mentaux, DSM-IV-TR, 2e édition*, Issy les Moulineaux (France), Masson.

Amiel-Tison, Claudine. (2005). *Neurologie périnatale, 3e édition*, Paris, Masson.

Anderson, Gerard et Horvath, Jane. (2004). « The growing burden of chronic disease in America », *Public Health Reports*, vol. 119, mai-juin, p. 263-270.

Anglin, Jeremy M. (1993). « Vocabulary development: A morphological analysis », *Monographs of the Society for Research in Child Development*, vol. 58, n° 10, p. 1-166.

Anstey, Kaarin J., Hofer, Scott M. et Luszcz, Mary A. (2003). « A latent growth curve analysis of late-life sensory and cognitive function over 8 years: Evidence for specific and common factors underlying change », *Psychology and Aging*, vol. 18, n° 4, p. 714-726.

Antonucci, Toni C. et Akiyama, Hiroko. (1995). « Convoys of social relations: Family and friendships within a life span context », dans Rosemary H. Blieszner et Victoria H. Bedford (dir.), *Handbook of aging and the family*, Westport (CT), Greenwood Press.

Antonucci, Toni C., Akiyama, Hiroko et Merline, Alicia. (2001). « Dynamics of social relationships in midlife », dans Margie E. Lachman (dir.), *Handbook of midlife development*, New York, Wiley, p. 571-598.

Ariès, Philippe. (1981). *The hour of our death*, New York, Knopf.

Arking, Robert. (2006). *The biology of aging: Observations and principles, 3e édition*, New York, Oxford University Press.

Armour, Marilyn. (2003). « Meaning making in the aftermath of homicide », *Death Studies*, vol. 27, n° 6, p. 519-540.

Armson, B. Anthony. (2007). « Is planned cesarean childbirth a safe alternative? », *Canadian Medical Association Journal*, vol. 176, n° 4, 13 février, p. 475-476.

Arnett, Jeffrey Jensen. (2004). *Emerging adulthood: The winding road from the late teens through the twenties*, New York, Oxford University Press.

Aron, Arthur et Westbay, Lori. (1996). « Dimensions of the prototype of love », *Journal of Personality and Social Psychology*, vol. 70, n° 3, p. 535-551.

Aron, Arthur, Fisher, Helen, Mashek, Debra J., Strong, Greg, Li, Haifang et Brown, Lucy L. (2005), « Reward, motivation, and emotion systems associated with early-stage intense romantic love », *Journal of Neurophysiology*, vol. 94, 31 mai, p. 327-337.

Aspinall, Richard J. (2003). *Aging of organs and systems*, Boston, Kluwer Academic.

Association canadienne de santé publique et coll. (2001). « Déclaration conjointe sur le syndrome du bébé secoué », [en ligne]. [www.phac-aspc.gc.ca/dca-dea/publications/pdf/jointstatment_web_f.pdf] (19 octobre 2009).

Astone, Nan Marie, Nathanson, Constance A., Schoen, Robert et Kim, Young J. (1999). « Family demography, social theory, and investment in social capital », *Population and Development Review*, vol. 25, n° 1, p. 1-31.

Astuti, Rita, Solomon, Gregg E. A. et Carey, Susan. (2004). « Constraints on conceptual development : A case study of the acquisition of folkbiological and folksociological knowledge in Madagascar », *Monographs of the Society for Research in Child Development*, vol. 69, n° 3, p. 1-135.

Atchley, Robert C. (1999). *Continuity and adaptation in aging: Creating positive experiences*, Baltimore, Johns Hopkins University Press.

Atkinson, Janette et Braddick, Oliver. (2003). « Neurobiological models of normal and abnormal visual development », dans Michelle De Haan et Mark H. Johnson (dir.), *The cognitive neuroscience of development*, New York, Psychology Press, p. 43-71.

Azoulai, Guy. (2006). « L'empathie dans l'entretien motivationnel », [en ligne]. [http://www.entretienmotivationnel.org/Enseignerlempathie.html] (12 novembre 2009).

Bäckman, Lars et Farde, Lars. (2005). « The role of dopamine systems in cognitive aging », dans Roberto Cabeza, Lars Nyberg et Denise Park (dir.), *Cognitive neuroscience of aging: Linking cognitive and cerebral aging*, New York, Oxford University Press, p. 58-84.

Baddeley, Alan. (1986). *Working memory*, New York, Clarendon Press.

Baddeley, Alan. (2003). « Working memory and language: An overview », *Journal of Communication Disorders*, vol. 36, n° 3, p. 189-208.

Bagwell, Catherine L., Schmidt, Michelle E., Newcomb, Andrew F. et Bukowski, William M. (2001). « Friendship and peer rejection as predictors of adult adjustment », *New Directions for Child and Adolescent Development*, vol. 2001, n° 91, printemps, p. 25-50.

Baillargeon, Renée et DeVos, Julie. (1991). « Object permanence in young infants: Further evidence », *Child Development*, vol. 62, n° 6, p. 1227-1246.

Bakeman, Roger, Adamson, Lauren B., Konner, Melvin et Barr, Ronald G. (1990). « !Kung infancy: The social context of object exploration », *Child Development*, vol. 61, n° 3, juin, 794-809.

Balaban, Marie T. (1995). « Affective influences on startle in five-month-old infants: Reactions to facial expressions of emotion », *Child Development*, vol. 66, n° 1, février, p. 28-36.

Baldwin, Dare A. (2000). « Interpersonal understanding fuels knowledge acquisition », *Current Directions in Psychological Science*, vol. 9, n° 2, p. 40-45.

Baltes, Margret M. et Carstensen, Laura L. (2003). « The process of successful aging: Selection, optimization and compensation », dans Ursula M. Staudinger et Ulman Lindenberger (dir.), *Understanding human development: Dialogues with lifespan psychology*, Dordrecht (Pays-Bas), Kluwer, p. 81-104.

Baltes, Paul B. (2003). « On the incomplete architecture of human ontogeny: Selection, optimization and compensation as foundation of developmental theory », dans Ursula M. Staudinger et Ulman Lindenberger (dir.), *Understanding human development: Dialogues with lifespan psychology*, Dordrecht (Pays-Bas), Kluwer, p. 17-43.

Baltes, Paul B. et Baltes, Margret M. (1990). « Psychological perspectives on successful aging: The model of selective optimization with compensation », dans Paul B. Baltes et Margret M. Baltes (dir.), *Successful aging: Perspectives from the behavioral sciences*, New York: Cambridge University Press, p. 1-34.

Baltes, Paul B., Lindenberger, Ulman et Staudinger, Ursula M. (2006). « Life-span theory in developmental psychology », dans William Damon et Richard M. Lerner (dir.), *Handbook of child psychology, vol. 1 : Theoretical models of human development, 6e édition*, Hoboken (NJ), Wiley, p. 569-664.

Bandura, Albert et Bussey, Kay. (2004). « On broadening the cognitive, motivational, and sociostructural scope of theorizing about gender development and functioning: Comment on Martin, Ruble, and Szkrybalo (2002) ». *Psychological Bulletin*, vol. 130, n° 5, septembre, p. 691-701.

Bandura, Albert. (1977). *Social learning theory*, Englewood Cliffs (NJ), Prentice Hall.

Bandura, Albert. (1986). *Social foundations of thought and action: A social cognitive theory.* Englewood Cliffs (NJ), Prentice-Hall.

Bandura, Albert. (1989). « Social cognitive theory », dans Ross Vasta (dir.), *Annals of child development, vol. 6: Six theories of child development*, Greenwich (CT), JAI Press, p. 1-60.

Bandura, Albert. (2007). *Auto-efficacité, Le sentiment d'efficacité personnelle, 2e édition* (trad. par Jacques Lecomte), Paris, De Boeck Université.

Banerjee, Robin et Lintern, Vicki. (2000). « Boys will be boys: The effect of social evaluation concerns on gender-typing », *Social Development*, vol. 9, n° 3, p. 397-408.

Barbaree, Howard E. et Marshall, William L. (2006). *The juvenile sex offender, 2e édition*, New York, Guilford Press.

Barnard, Kathryn E. et Martell, Louise K. (1995). « Mothering », dans Marc H. Bornstein (dir.), *Handbook of parenting, vol. 3: Status and social conditions of parenting*, Hillsdale (NJ), Erlbaum, p. 3-26.

Baron-Cohen, Simon. (1995). *Mindblindness: An essay on autism and theory of mind*, Cambridge (MA), MIT Press.

Barrett, Martyn D. (1986). « Early semantic representations and early word-usage », dans Stan A. Kuczaj et Martyn D. Barrett (dir.), *The development of word meaning: Progress in cognitive developmental research*, New York, Springer-Verlag.

Basáñez, María-Gloria, Pion, Sébastien D. S., Churcher, Thomas S., Breitling, Lutz P., Little, Mark P. et Boussinesq, Michel. (2006). « River blindness: A success story under threat? », *PLoS Medicine*, vol. 3, n° 9, septembre, p. 371.

Basseches, Michael. (1984). *Dialectical thinking and adult development*. Norwood (NJ), Ablex.

Basseches, Michael. (1989). « Dialectical thinking as an organized whole: Comments on Irwin and Kramer », dans Michael L. Commons, Jan D. Sinnott, Francis A. Richards et Cheryl Armon (dir.), *Adult development, vol. 1: Comparisons and applications of developmental models*, New York, Praeger, p. 161-178.

Bates, John E., Viken, Richard J., Alexander, Douglas B., Beyers, Jennifer et Stockton, Lesley. (2002). « Sleep and adjustment in preschool children: Sleep diary reports by mothers relate to behavior reports by teachers », *Child Development*, vol. 73, n° 1, p. 62-75.

Bauer, Patricia J. (2006). « Event memory », dans Deanna Kuhn et Robert S. Siegler (dir.), *Handbook of child psychology, vol. 2: Cognition, perception, and language, 6e édition*, Hoboken (NJ), Wiley, p. 373-425.

Bauer, Patricia J. et Annunziato Dow, Gina. (1994). « Episodic memory in 16 and 20-month-old children: Specifics are generalized but not forgotten », *Developmental Psychology*, vol. 30, n° 3, p. 403-417.

Bauer, Patricia J., Liebl, Monica et Stennes, Leif. (1998). « PRETTY is to DRESS as BRAVE is to SUITCOAT: Gender-based property-to-property inferences by 4 1/2-year-old children », *Merrill-Palmer Quarterly*, vol. 44, 1er juillet, p. 355-377.

Baumeister, Roy F. et Blackhart, Ginnette C. (2007). « Three perspectives on gender differences in adolescent sexual development », dans Rutger C. M. E. Engels, Margaret Kerr et Håkan Stattin (dir.), *Friends, lovers and groups: Key relationships in adolescence*, Hoboken (NJ), Wiley p. 93-104.

Baumeister, Roy F., Campbell, Jennifer D., Krueger, Joachim I. et Vohs, Kathleen D. (2003). « Does high self-esteem cause better performance, interpersonal success, happiness, or healthier lifestyles? », *Psychological Science in the Public Interest*, vol. 4, n° 1, p. 1-44.

Baumrind, Diana. (1967). « Child care practices anteceding three patterns of preschool behavior », *Genetic Psychology Monographs*, vol. 75, février, p. 43-88.

Baumrind, Diana. (1971). « Current patterns of parental authority », *Developmental Psychology*, vol. 4, n° 1, partie 2, p. 1-103.

Baumrind, Diana. (1991). « The influence of parenting style on adolescent competence and substance use », *Journal of Early Adolescence*, vol. 11, p. 56-95.

Bayley, Nancy et Oden, Melita H. (1955). « The maintenance of intellectual ability in gifted adults », *Journal of Gerontology*, vol. 10, n° 1, p. 91-107.

Bayley, Nancy. (1966). « Learning in adulthood: The role of intelligence », dans Herbert J. Klausmeier et Chester W. Harris (dir.), *Analysis of concept learning*, New York, Academic Press.

Beal, Carole R. (1994). *Boys and girls: The development of gender roles*, New York, McGraw-Hill.

Beard, Belle Boone. (1991). *Centenarians: The new generation*. Westport (CT), Greenwood Press.

Behne, Tanya, Carpenter, Malinda, Call, Josep et Tomasello, Michael. (2005). « Unwilling versus unable: Infants' understanding of intentional action », *Developmental Psychology*, vol. 41, n° 2, p. 328-337.

Behrend, Douglas A., Scofield, Jason et Kleinknecht, Erica E. (2001). « Beyond fast mapping: Young children's extensions of novel words and novel facts », *Developmental Psychology*, vol. 37, n° 5, septembre, p. 698-705.

Behrman, Richard E. (1992). *Nelson textbook of pediatrics*, Philadelphia, Saunders.

Beilin, H. (1992). « Piaget's enduring contribution to developmental psychology », *Developmental Psychology*, vol. 28, n° 2 mars, p. 191-204.

Beizer, Judith L. (1994). « Medications and the aging body: Alteration as a function of age », *Generations*, vol. 18, 22 juin, p. 13-17.

Belizan, José M., Althabe, Fernando, Barros, Fernando C. et Alexander, Sophie. (1999). « Rates and implications of caesarean sections in Latin America: Ecological study », *British Medical Journal*, vol. 319, 27 novembre, p. 1397-1400.

Belka, David. (2004). « Substituting skill learning for traditional games in early childhood », *Teaching Elementary Physical Education*, vol. 15, n° 3, mai, p. 25-27.

Bell, Joanna H. et Bromnick, Rachel D. (2003). « The social reality of the imaginary audience: A ground theory approach », *Adolescence*, vol. 38, n° 150, été, p. 205-219.

Bellmore, Amy D. et Cillessen, Antonius H. N. (2003). « Children's meta-perceptions and meta-accuracy of acceptance and rejection by same-sex and other-sex peers », *Personal Relationships*, vol. 10, n° 2, p. 217-234.

Belsky, Jay et Cassidy, J. (1995). « Attachment theory and evidence », dans M. Rutter, D. Hay et S. Baron-Cohen (dir.), *Developmental principles and clinical issues in psychology and psychiatry*, Oxford (G-B), Blackwell, p. 373-402.

Belsky, Jay et Vondra, Joan. (1989). « Lessons from child abuse: The determinants of parenting », dans Dante Cicchetti et Vicki Carlson (dir.), *Child maltreatment: Theory and research on the causes and consequences of child abuse and neglect*, Cambridge (G-B), Cambridge University Press.

Bem, Sandra L. (1989). « Genital knowledge and gender constancy in preschool children », *Child Development*, vol. 60, n° 3, p. 649-662.

Bem, Sandra Lipsitz. (1993). *The lenses of gender: Transforming the debate on sexual inequality*, New Haven (CT), Yale University Press.

Benes, Francine M. (2001). « The development of prefrontal cortex: The maturation of neurotransmitter systems and their interactions », dans Charles A. Nelson et Monica Luciana (dir.), *Handbook of developmental cognitive neuroscience*, Cambridge (MA), MIT Press, p. 79-92.

Bengtson, Vern L. (2001). « Beyond the nuclear family: The increasing importance of multigenerational bonds », *Journal of Marriage and Family*, vol. 63, n° 1, février, p. 1-16.

Bentley, Gillian R. et Mascie-Taylor. (2000). « Introduction », dans Gillian R. Bentley et C. G. Nicholas Mascie-Taylor (dir.), Infertility in the modern world: Present and future prospects, Cambridge (G-B), Cambridge University Press, p. 1-13.

Benton, David. (2004). « Role of parents in the determination of the food preferences of children and the development of obesity », *International Journal of Obesity and Related Metabolic Disorders*, vol. 28, n° 7, p. 858-869.

Berg, Cynthia A. et Klaczynski, Paul A. (2002). « Contextual variability in the expression and meaning of intelligence », dans Robert J. Sternberg et Elena L. Grigorenko (dir.), *The general factor of intelligence: How general is it?*, Mahwah (NJ), Erlbaum, p. 381-412.

Berger, Kathleen S. (2007). « Update on bullying at school: Science forgotten? », *Developmental Review*, vol. 27, n° 1, mars, p. 90-126.

Bergeron, A. et Bois, Y. (1999). *Quelques théories explicatives du développement de l'enfant*, Saint-Lambert, Soulières éditeur.

Berkey, Catherine S., Gardner, Jane D., Lindsay Frazier, A. et Colditz, Graham A. (2000). « Relation of childhood diet and body size to menarche and adolescent growth in girls », *American Journal of Epidemiology*, vol. 152, n° 5, 446-452.

Berkowitz, Alan D. (2005). « An overview of the social norms approach », dans Linda Costigan Lederman et Lea Stewart (dir.), *Changing the culture of college drinking: A socially situated health communication campaign*, Cresskill (NJ), Hampton Press, p. 193-214.

Berman, Alan L., Jobes, David A. et Silverman, Morton M. (2006). *Adolescent suicide: Assessment and intervention, 2e édition*, Washington (DC), American Psychological Association.

Berndt, Thomas J. et Savin-Williams, R. C. (1992). « Peer relations and friendships », dans P. H. Tolan et B. J. Kohler (dir.), *Handbook of clinical research and practice with adolescents*, New York, Wiley.

Berninger, Virginia Wise et Richards, Todd L. (2002). *Brain literacy for educators and psychologists*, Amsterdam, Academic Press.

Berntsen, Dorthe et Rubin, David C. (2002). « Emotionally charged autobiographical memories across the life span: The recall of happy, sad, traumatic and involuntary memories », *Psychology and aging*, vol. 17, n° 4, p. 636-652.

Best, Deborah L. (1993). « Inducing children to generate mnemonic organizational strategies: An examination of long term retention and materials », *Developmental Psychology*, vol. 29, n° 2, p. 324-336.

Bhasin, Shalender, Cunningham, Glenn R., Hayes, Frances J., Matsumoto, Alvin M., Snyder, Peter J., Swerdloff, Ronald S. et Montori, Victor M. (2006). « Testosterone therapy in adult men with androgen deficiency syndromes: An endocrine society clinical practice guideline », *Journal of Clinical Endocrinology & Metabolism*, vol. 91, n° 6, p. 1995-2010.

Bhasin, Shalender. (2007). « Approach to the infertile man », *Journal of Clinical Endocrinology & Metabolism*, vol. 92, n° 6, p. 1995-2004.

Bianchi, Suzanne M., Casper, Lynne M. et King, Rosalind Berkowitz (dir.). (2005). *Work, family, health, and well-being*, Mahwah (NJ), Erlbaum.

Biddle, Stuart et Mutrie, Nanette. (2001). *Psychology of physical activity: Determinants, well-being, and interventions*, London (G-B), Routledge.

Bierman, Karen Linn, Smoot, David L. et Aumiller, Kathy. (1993). « Characteristics of aggressive-rejected, aggressive (nonrejected), and rejected (nonaggressive) boys », *Child Development*, vol. 64, n° 1, p. 139-151.

Birch, Susan A. J. et Bloom, Paul. (2003). « Children are cursed: An asymmetric bias in mental-state attribution », *Psychological Science*, vol. 14, n° 3, mai, p. 283-286.

Birney, Damian P., Citron-Pousty, Jill H., Lutz, Donna J. et Sternberg, Robert J. (2005). « The development of cognitive and intellectual abilities », dans Marc H. Bornstein et Michael E. Lamb (dir.), *Developmental science: An advanced textbook, 5e édition*, Mahwah (NJ), Erlbaum, p. 327-358.

Biro, Frank M., McMahon, Robert P., Striegel-Moore, Ruth, Crawford, Patricia B., Obarzanek, Eva, Morrison, John A., Barton, Bruce A. et Falkner, Frank. (2001). « Impact of timing of pubertal maturation on growth in black and white female adolescents: The National Heart, Lung, and Blood Institute Growth and Health Study », *Journal of Pediatrics*, vol. 138, n° 5, p. 617-618 et 636-643.

Birren, James E. et Schroots, Johannes, J. F. (2001). « The History of Geropsychology », dans Birren, James E. et Schaie, K. Warner, *Handbook of the psychology of aging, 5e édition*, San Diego (CA), Academic Press, p. 3-28.

Blair, Peter S. et Ball, Helen L. (2004). « The prevalence and characteristics associated with parent-infant bed-sharing in England », *Archives of Disease in Childhood*, vol. 89, n° 12, décembre, p. 1106-1110.

Blake, Susan M., Simkin, Linda, Ledsky, Rebecca, Perkins, Cheryl et Calabrese, Joseph M. (2001). « Effects of a parent-child communications intervention on young adolescents' risk for early onset of sexual intercourse », *Family Planning Perspectives*, vol. 33, n° 2, mars-avril, p. 52-61.

Blanchet, Véronique. (2002). « Pratiquer une sédation en soins palliatifs », [en ligne]. [http://www.sfap.org/pdf/III-O6a-pdf.pdf] (20 juin 2010).

Bleske-Rechek, April L. et Buss, David M. (2001). « Opposite-sex friendship: Sex differences and similarities in initiation, selection, and dissolution », *Personality and Social Psychology Bulletin*, vol. 27, n° 10, octobre, p. 1310-1323.

Bloom, Floyd E., Nelson, Charles A. et Lazerson, Arlyne. (2001). *Brain, mind, and behavior, 3e édition*, New York, Worth.

Bloom, Lois. (1993). *The transition from infancy to language: Acquiring the power of expression*, New York, Cambridge University Press.

Bloom, Lois. (2000). « Pushing the limits on theories of word learning », *Monographs of the Society for Research in Child Development*, vol. 65, n° 3, juin, p. 124-135.

Bloomfield, L. (1933). *Language*, New York, Henry Holt.

Blum, Deborah. (2002). Love *at Goon Park: Harry Harlow and the science of affection*, Cambridge (MA), Perseus.

Blythe, Ronald. (1979). *The view in winter: Reflections on old age*, New York, Penguin.

Bolger, Kerry E. et Patterson, Charlotte J. (2003). « Sequelae of child maltreatment: Vulnerability and resilience », dans Suniya S. Luthar (dir.), *Resilience and vulnerability: Adaptation in the context of childhood adversities*, New York, Cambridge University Press, p. 156-181.

Borkowski, John G., Farris, Jaelyn R, Whitman, Thomas L., Carothers, Shannon S., Weed, Keri et Keogh, Deborah A. (2007). *Risk and resilience: Adolescent mothers and their children grow up*, Mahwah (NJ), Erlbaum.

Borland, Moira. (1998). *Middle childhood: The perspectives of children and parents*, London (G-B), Jessica Kingsley.

Bornstein, Marc H. (2002). « Parenting Infants », dans Marc H. Bornstein (dir.), *Handbook of parenting, vol. 1 : Children and parenting, 2e édition*, Mahwah (NJ), Erlbaum, p. 3-43.

Bornstein, Marc H. (2006). « Parenting science and practice », dans K. Ann Renninger et Irving E. Sigel (dir.), *Handbook of child Psychology, vol. 4 : Child psychology in practice, 6e édition*, Hoboken (NJ), Wiley, p. 893-949.

Bornstein, Marc H. et Putnick, Diane L. (2007). « Chronological age, cognitions, and practices in European American mothers: A multivariate study of parenting », *Developmental Psychology*, vol. 43, n° 4, juillet, p. 850-864.

Bornstein, Marc H., Arterberry, Martha E. et Mash, Clay. (2005). « Perceptual development », dans Marc H. Bornstein et Michael E. Lamb (dir.), *Developmental science: An advanced textbook, 5e édition*, Mahwah (NJ), Erlbaum, p. 283-325.

Bornstein, Robert F. (1989). « Exposure and affect: Overview and meta-analysis of research, 1968-1987 », *Psychological Bulletin*, vol. 106, n° 2, p. 265-289.

Bossé, Michel. (2003). *Initiation à la pratique psychothérapeutique auprès de l'enfant*, Montréal, Éditions du Méridien.

Bourgault-Côté, Guillaume. (2007). « Le Québec, champion mondial de l'union libre, La famille nucléaire éclate au Canada », *Le Devoir*, 13 septembre.

Bowlby, John. (1969). *Attachment and loss, vol. 1: Attachment*, New York, Basic Books.

Bowlby, John. (1973). *Attachment and loss, vol. 2: Separation: Anxiety and anger*, New York, Basic Books.

Bowlby, John. (1988). *A secure base: Clinical applications of attachment theory*, London (G-B), Routledge.

Boyer, Fanny, Strayer, Francis et Ponce, Corinne. (2005). « Les études des relations sociales précoces : sommes-nous trop "sécure" avec l'attachement ou trop "attaché" à la sécurité ? », *Psychologie française*, vol. 50, n° 2, juin, p. 211-223.

Brabant, Isabelle. (2001). *Une naissance heureuse*, Montréal, Éditions Saint-Martin.

Bradbury, Thomas N., Fincham, Frank D. et Beach, Steven R. H. (2000). « Research on the nature and determinants of marital satisfaction: A decade in review », *Journal of Marriage and Family*, vol. 62, n° 4, novembre, p. 964-980.

Bradley, Robert H. et Corwyn, Robert F. (2005). « Productive activity and the prevention of behavior problems », *Developmental Psychology*, vol. 41, n° 1, janvier, p. 89-98.

Bray, George A. (2003). « Low-carbohydrate diets and realities of weight loss », *Journal of the American Medical Association*, vol. 289, n° 14, 9 avril, p. 1853-1855.

Bremner, J. Gavin. (1988). *Infancy*, Oxford (G-B), Blackwell.

Brendgen, Mara, Vitaro, Frank, Bukowski, William M., Doyle, Anna Beth et Markiewicz, Dorothy. (2001). « Developmental profiles of peer social preference over the course of elementary school: Associations with trajectories of externalizing and internalizing behavior », *Developmental Psychology*, vol. 37, no 3, p. 308-320.

Brenner, Ruth A., Trumble, Ann C., Smith, Gordon S., Kessler, Eileen P. et Overpeck, Mary D. (2001). « Where children drown, United States, 1995 », *Pediatrics*, vol. 108, n° 1, p. 85-89.

Bretherton, Inge et Beeghly, M. (1982). « Talking about internal states: The acquisition of an explicit theory of mind », *Developmental Psychology*, vol. 18, n° 6, novembre, p. 906-921.

Bretherton, Inge et Munholland, Kristine A. (1999). « Internal working models in attachment relationships: A construct revisited », dans Jude Cassidy et Phillip R. Shaver (dir.), *Handbook of attachment: Theory, research, and clinical applications*, New York, Guilford Press, p. 89-111.

Bretherton, Inge et Waters, Everett. (1985). « Growing points of attachment theory and research », *Monographs of the Society for Research in Child Development*, série 209, vol. 50, n°s 1-2.

Briere, John M. et Elliott, Diana M. (1994). « Immediate and long-term impacts of child sexual abuse », *The Future of Children*, vol. 4, n° 2, été-automne, p. 54-69.

Brigance, Albert. (1988). *Inventaire du développement du jeune enfant de 0 à 7 ans*, Bilan des acquis, Ottawa, Centre franco-ontarien de ressources pédagogiques.

Bronfenbrenner, Urie et Morris, Pamela A. (2006). « The bioecological model of human development », dans William Damon et Richard M. Lerner (dir.), *Handbook of child psychology, vol. 1: Theoretical models of human development, 6e édition*, Hoboken (NJ), Wiley, p. 793-828.

Bronfenbrenner, Urie. (1977). « Toward an experimental ecology of human development », *American Psychologist*, vol. 32, n° 7, juillet, p. 513-531.

Bronfenbrenner, Urie. (1979). *The ecology of human development: Experiments by nature and design*, Cambridge (MA), Harvard University Press.

Bronfenbrenner, Urie. (1986). « Ecology of the family as a context for human development research perspectives », *Developmental Psychology*, vol. 22, n° 6, novembre, p. 723-742.

Bronfenbrenner, Urie. (1992). « Évolution de la famille dans un monde en mutation », *Apprentissage et Socialisation*, vol. 15, n° 3, p. 181-193.

Bronfenbrenner, Urie. (1996). « Le modèle "Processus-Personne-Contexte-Temps" dans la recherche en psychologie du développement : Principes, actions et implications », dans R. Tessier et G. M. Tarabulsy (dir.), *Le modèle écologique dans l'étude du développement de l'enfant*, Québec, Presses de l'Université du Québec.

Brown, B. Bradford et Klute, Christa. (2003). « Friendships, cliques, and crowds », dans Gerald R. Adams et Michael D. Berzonsky (dir.), *Blackwell handbook of adolescence*, Malden (MA), Blackwell, p. 330-348.

Brown, B. Bradford. (2004). « Adolescents' relationships with peers », dans Richard M. Lerner et Laurence D. Steinberg (dir.), *Handbook of adolescent psychology, 2e édition*, Hoboken (NJ), Wiley, p. 363-394.

Brown, B. Bradford. (2006). « A few "course corrections" to Collins and van Dulmen's "The course of true love" », dans Ann C. Crouter et Alan Booth (dir.), *Romance and sex in adolescence and emerging adulthood: Risks and opportunities*, Mahwah (NJ), Erlbaum, p. 113-123.

Brown, Christia Spears et Bigler, Rebecca S. (2005). « Children's perceptions of discrimination: A developmental model », *Child Development*, vol. 76, n° 3, mai-juin, p. 533-553.

Brown, Geoffrey L., Mangelsdorf, Sarah C., Neff, Cynthia, Schoppe-Sullivan, Sarah J. et Frosch, Cynthia A. (2009). « Young children's self-concepts : Associations with child temperament, mothers' and fathers' parenting, and triadic family interaction », *Merrill-Palmer Quarterly*, vol. 55, n° 2, avril, p. 184-216.

Brown, Susan L., Sanchez, Laura Ann, Nock, Steven L. et Wright, James D. (2006). « Links between premarital cohabitation and subsequent marital quality, stability, and divorce: A comparison of covenant versus standard marriages », *Social Science Research*, vol. 35, n° 2, juin, p. 454-470.

Bruck, Maggie, Ceci, Stephen J. et Principe, Gabrielle F. (2006). « The child and the law », dans K. Ann Renninger et Irving E. Sigel (dir.), *Handbook of child psychology, vol. 4 : Child Psychology in Practice, 6e édition*, Hoboken (NJ), Wiley, p. 776-816.

Brugman, Gerard M. (2006). « Wisdom and aging », dans James E. Birren et K. Warner Schaie (dir.), *Handbook of the psychology of aging, 6e édition*, Amsterdam, Elsevier, p. 445-475.

Bryant, B.K. (1983). « The neighborhood walk: Sources of support in middle childhood », *Monographs of the Society for Research in Child Development*, série 210, vol. 50, n° 3, p. 1-122.

Buckner, Randy, Head, Denise et Lustig, Cindy. (2006). « Brain changes in aging: A lifespan perspective », dans Ellen Bialystok et Fergus I. M. Craik (dir.), *Lifespan cognition: Mechanisms of change*, Oxford (G-B), Oxford University Press, p. 27-42.

Buehler, Cheryl et Gerard, Jean M. (2002). « Marital conflict, ineffective parenting, and children's and adolescents' maladjustment », *Journal of Marriage and Family*, vol. 64, février, p. 78-92.

Bugental, Daphne Blunt et Grusec, Joan E. (2006). « Socialization theory », dans Nancy Eisenberg (dir.), *Handbook of child psychology, vol. 3 : Social, emotional, and personality development, 6e édition*, Hoboken (NJ), Wiley.

Bühler, Charlotte. (1968). « The Integrating Self », dans Charlotte Bühler et Fred Massarik (dir.), The *course of human life : A study of goals in the humanistic perspective*, New York, Springer, p. 330-350.

Burke, Deborah M. et Shafto, Meredith A. (2004). « Aging and language production », *Current Directions in Psychological Science*, vol. 13, n° 1, p. 21-24.

Burton, Sarah et Mitchell, Peter. (2003). « Judging who knows best about yourself: Developmental change in citing the self across middle childhood », *Child Development*, vol. 74, n° 2, p. 426-443.

Buscaglia, Leo F. (1986). *Living, loving and learning*, New York, Random House.

Bussey, Kay et Bandura, Albert (1992). « Self-regulatory mechanisms governing gender development », *Child Development*, vol. 63, n° 5, p. 1236-1250.

Bussey, Kay et Bandura, Albert. (1999). « Social cognitive theory of gender development and differentiation », *Psychological Review*, vol. 106, n° 4, p. 676-713.

Butler, Robert N., Lewis, Myrna I. et Sunderland, Trey. (1998). *Aging and mental health: Positive psychosocial and biomedical approaches, 5e édition*, Boston, Allyn and Bacon.

Byard, Roger W. (2004). *Sudden death in infancy, childhood, and adolescence, 2e édition*, Cambridge (G-B), Cambridge University Press.

Bybee, Jane (dir.). (1998). *Guilt and children*, San Diego (CA), Academic Press.

Byrnes, James P. (2005). « The development of self-regulated decision making », dans Janis E. Jacobs et Paul A. Klaczynski (dir.), *The development of judgment and decision making in children and adolescents*, Mahwah (NJ), Erlbaum, p. 5-38.

Cairns, Robert B. et Cairns, Beverley D. (2006). « The making of developmental psychology », dans Richard M. Lerner (dir.), *Handbook of child psychology, vol. 1 : Theoretical models of human development, 6e édition*, Hoboken (NJ), Wiley, p. 89-165.

Cairns, Robert B. et Cairns, Beverly D. (1994). *Lifelines and risks: Pathways of youth in our time*, Cambridge (G-B), Cambridge University Press.

Calkins, Susan D. (1994). « Origins and outcomes of individual differences in emotional regulation », *Monographs of the Society for Research in Child Development*, série 240, vol. 59, nos 2-3, p. 53-72.

Callaghan, Tara, Rochat, Philippe, Lillard, Angeline, Claux, Mary Louise, Odden, Hal, Itakura, Shoji, Tapanya, Sombat et Singh, Saraswati. (2005). « Synchrony in the onset of mental-state reasoning: Evidence from five cultures », *Psychological Science*, vol. 16, n° 5, p. 378-384.

Cameron, James D. et Bulpitt, Christopher J. (2003). « Aging of the cardiovascular system », dans Richard J. Aspinall (dir.), *Aging of organs and systems*, Boston, Kluwer Academic, p. 137-152.

Cameron, Judy L. (2004). « Interrelationships between hormones, behavior, and affect during adolescence: Understanding hormonal, physical, and brain changes occurring in association with pubertal activation of the reproductive axis. Introduction to Part III », *Annals of the New York Academy of Sciences*, vol. 1021, p. 110-123.

Caprara, Gian Vittorio, Barbaranelli, Claudio et Pastorelli, Concetta. (2001). « Prosocial behavior and aggression in childhood and pre-adolescence », dans Arthur C. Bohart et Deborah J. Stipek (dir.), *Constructive and destructive behavior: Implications for family, school, and society*, Washington (DC), American Psychological Association, p. 187-203.

Carey, Susan. (1985). *Conceptual change in childhood*, Cambridge (MA), MIT Press.

Carlson, Bruce M. (1994). *Human embryology and developmental biology*, St. Louis (MO), Mosby.

Carlson, Karen J., Eisenstat, Stephanie A. et Ziporyn, Terra. (1996). *The Harvard guide to women's health*, Cambridge (MA), Harvard University Press.

Carlson, Stephanie M. (2003). « Executive function in context: Development, measurement, theory and experience », *Monographs of the Society for Research in Child Development*, série 274, vol. 68, n° 3, p. 138-151.

Carnethon, Mercedes R., Gidding, Samuel S., Nehgme, Rodrigo, Sidney, Stephen, Jacobs, David R. Jr. et Liu, Kiang. (2003). « Cardiorespiratory fitness in young adulthood and the development of cardiovascular disease risk factors », *Journal of the American Medical Association*, vol. 290, n° 23, 17 décembre, p. 3092-3100.

Carr, Deborah. (2004). « The desire to date and remarry among older widows and widowers », *Journal of Marriage and Family*, vol. 66, n° 4, novembre, p 1051-1068.

Carstensen, Laura L., Gottman, John M. et Levenson, Robert W. (1995). « Emotional behavior in long-term marriage », *Psychology and Aging*, vol. 10, n° 1, p. 140-149.

Caspi, Avshalom et Roberts, Brent W. (1999). « Personality continuity and change across the life course », dans Lawrence A. Pervin et Oliver P. John (dir.), *Handbook of personality: Theory and research, 2e édition*, New York, Guilford Press, p. 300-326.

Caspi, Avshalom et Shiner, Rebecca L. (2006). « Personality development », dans Nancy Eisenberg (dir.), *Handbook of child Psychology, vol. 3:*

Social, emotional, and personality development, 6e édition, Hoboken (NJ), Wiley, p. 300-365.

Caspi, Avshalom, Harrington, HonaLee, Milne, Barry, Amell, James W., Theodore, Reremoana F. et Moffitt, Terrie E. (2003). « Children's behavioral styles at age 3 are linked to their adult personality traits at age 26 », *Journal of Personality*, vol. 71, n° 4, p. 495-513.

Ceci, Stephen J. (1990). *On intelligence... more or less: A bioecological treatise on intellectual development*, Englewood Cliffs (NJ), Prentice Hall.

Centre hospitalier universitaire d'Oran. ([s.d.]). « Informations sur le tabagisme », [en ligne]. [http://www.ands.dz/CHU-Oran/tabagisme.html] (17 mars 2010).

Centre hospitalier universitaire de Québec. (19 octobre 2005). « Communiqués 2005 : Dystrophie musculaire myotonique : Un pas de plus vers un premier traitement », [en ligne]. [http://www.chuq.qc.ca/fr/actualites/communiques/archives/2005/dystrophie.htm] (3 novembre 2009).

Cerminara, Kathy L. (2006). « Theresa Marie Schiavo's long road to peace », *Death Studies*, vol. 30, n° 2, mars, p. 101-112.

Chamberland, Claire, Laporte, Lise, Lavergne, Chantal et Baraldi, Rosanna. (2003). « Mauvais traitements psychologiques : la souffrance invisible des enfants », [en ligne]. [http://cecw-cepb.ca/fr/publications/494] (10 octobre 2009).

Chandler, Lynette A. (1990). « Neuromotor assessment », dans Elizabeth D. Gibbs et Douglas M. Teti (dir.), *Interdisciplinary assessment of infants*, Baltimore (MD), Brookes.

Chandler, Michael J., Lalonde, Christopher E., Sokol, Bryan W. et Hallett, Darcy. (2003). Personal persistence, identity development, and suicide: A study of Native and non-Native North American adolescents, *Monographs of the Society for Research in Child Development*, série 273, vol. 68, n° 2, p. vii-130.

Chang, Jolan. (1997). *Le Tao de l'art d'aimer*, France Paris ?, Calmann-Lévy.

Cherlin, Andrew et Furstenberg, Frank F. Jr. (1986). *The new American grandparent: A place in the family, a life apart*, New York, Basic Books.

Chevalier, Nicole et Rigal, Robert. (2006). « Motricité globale et tonus », [en ligne]. [http://www.er.uqam.ca/nobel/r12110/pdf/3-Motricit%E9%20globale%20et%20tonus.pdf] (23 octobre 2009).

Chisholm, Kim. (1998). « A three year follow-up of attachment and indiscriminate friendliness in children adopted from Romanian orphanages », *Child Development*, vol. 69, n° 4, p. 1092-1106.

Chomsky, Noam. (1968). *Language and mind*, New York, Harcourt, Brace & World.

Chomsky, Noam. (1980). *Rules and pepresentations*, New York, Columbia University Press.

Christensen, Andrew, Eldridge, Kathleen, Catta-Preta, Adriana Bokel, Lim, Veronica R. et Santagata, Rossella. (2006). « Cross-cultural consistency of the demand/withdraw interaction pattern in couples », *Journal of Marriage and Family*, vol. 68, n° 4, novembre, p. 1029-1044.

Christensen, Myra J., Brayden, Robert M., Dietrich, Mary S., McLaughlin, F. Joseph, Sherrod, Kathryn B. et Altemeier, William A. (1994). « The prospective assessment of self-concept in neglectful and physically abusive low income mothers », *Child Abuse and Neglect*, vol. 18, n° 3, p. 225-232.

Chugani, Harry T. (1998). « A critical period of brain development : Studies of cerebral glucose utilization with PET », *Preventive Medicine*, vol. 27, n° 2, mars, p. 184-188.

Cicchetti, Dante et Beeghly, Marjorie. (1990). *Children with Down syndrome: A developmental perspective*, Cambridge (G-B), Cambridge University Press.

Cicirelli, Victor G. (1995). *Sibling relationships across the life span*, New York, Plenum Press.

Cillessen, Antonius H. N. et Mayeux, Lara. (2004). « From censure to reinforcement: Developmental changes in the association between aggression and social status », *Child Development*, vol. 75, n° 1, janvier, p. 147-163.

Claes, Michel. (2004). « Les relations entre parents et adolescents : un bref bilan des travaux actuels », *L'orientation scolaire et professionnelle*, vol. 33, n° 2, p. 205-226.

Clark, Eve Vivienne. (1995). « Later lexical development and word formation », dans Paul Fletcher et Brian MacWhinney (dir.), *The handbook of child language*, Cambridge (MA), Blackwell, p. 393-412.

Clark, William R. (1999). *A means to an end: The biological basis of aging and death*, New York, Oxford University Press.

Cleary, Paul D., Zaborski, Lawrence B. et Ayanian, John Z. (2004). « Sex differences in health over the course of midlife », dans Orville Gilbert Brim, Carol D. Ryff et Ronald C. Kessler (dir.), *How healthy are we? A national study of well-being at midlife*, Chicago, University of Chicago Press, p. 37-63.

Clinchy, Blythe McVicker. (1993). « Ways of knowing and ways of being: Epistemological and moral development in undergraduate women », dans Andrew Garrod (dir.), *Approaches to moral development: New research and emerging themes*, New York: Teachers College Press, p. 180-200.

Cloninger, C. Robert. (2003). « Completing the psychobiological architecture of human personality development: Temperament, character and coherence », dans Ursula M. Staudinger et Ulman Lindenberger (dir.), *Understanding human development: Dialogues with lifespan psychology*, Dordrecht (Pays-Bas), Kluwer, p. 159-181.

Cloutier, Richard. (1996). *Psychologie de l'adolescence, 2e édition*, Montréal, Gaëtan Morin.

Cockerham, William C. (2006). *Society of risk-takers: Living life on the edge*, New York, Worth.

Cohen, Leslie B. et Cashon, Cara H. (2006). « Infant cognition », dans Deanna Kuhn et Robert S. Siegler (dir.), *Handbook of child psychology, vol. 2: Cognition, perception, and language, 6e édition*, Hoboken (NJ), Wiley, p. 214-251.

Cohen, William I. (2005). « Medical care of the child with Down syndrome », dans Merlin Gene Butler et F. John Meaney (dir.), *Genetics of developmental disabilities*, Boca Raton (FL), Taylor & Francis, p. 223-245.

Cohn, Jeffrey F. et Tronick, Edward Z. (1987). « Mother-infant face to face interaction: The sequence of dyadic states at 3, 6, and 9 months », *Developmental Psychology*, vol. 23, n° 1, janvier, p. 68-77.

Cole, Michael. (2005). « Culture in development », dans Marc H. Bornstein et Michael E. Lamb (dir.), *Developmental science: An advanced textbook, 5e édition*, Mahwah (NJ), Erlbaum, p. 45-101.

Coles, Robert. (1997). *The moral intelligence of children: How to raise a moral child*, New York, Random House.

Collins, Michael F. (avec Kay, Tess). (2003). *Sport and social exclusion*, London, Routledge.

Collins, W. Andrew (dir.). (1984). *Development during middle childhood: The years from 6 to 12*, Washington (DC), National Academy Press.

Collins, W. Andrew et Steinberg, Laurence. (2006). « Adolescent development in interpersonal context », dans Nancy Eisenberg (dir.), *Handbook of child psychology, vol. 3: Social, emotional, and personality development, 6e édition*, Hoboken (NJ), Wiley, p. 1003-1067.

Comité provincial des adultes fibro-kystiques. (2007). « Fibrose kystique », [en ligne]. [http://www.cpafk.qc.ca/f/organisation/fibrose_kystique2.html] (30 septembre 2009).

Compian, Laura, Gowen, L. Kris et Hayward, Chris. (2004). « Peripubertal girls' romantic and platonic involvement with boys: Associations with body image and depression symptoms », *Journal of Research on Adolescence*, vol. 14, n° 1, mars, p. 23-47.

Conger, Rand D., Rueter, Martha A. et Elder, Glen H. (1999). « Couple resilience to economic pressure », *Journal of Personality and Social Psychology*, vol. 76, n° 1, janvier, p. 54-71.

Connidis, Ingrid Arnet. (2001). *Family ties & aging*, Thousand Oaks (CA), Sage.

Connolly, Jennifer, Furman, Wyndol et Konarski, Roman. (2000). « The role of peers in the emergence of heterosexual romantic relationships in adolescence », *Child Development*, vol. 71, n° 5, septembre-octobre, p. 1395-1408.

Connor, David J. et Ferri, Beth A. (2007). « The conflict within: Resistance to inclusion and other paradoxes in special education », *Disability & Society*, vol. 22, n° 11, 63-77.

Coovadia, H. M. et Wittenberg, D.F. (dir.). (2004). *Paediatrics and child health: A manual for health professionals in developing countries, 5e édition*, New York, Oxford University Press.

Coslin, Pierre G. (2002). *Psychologie de l'adolescent*, Paris, Armand Colin.

Côté, James E. (2006). « Emerging adulthood as an institutionalized moratorium: Risks and benefits to identity formation », dans Jeffrey Jensen Arnett et Jennifer Lynn Tanner (dir.), *Emerging adults in America: Coming of age in the 21st century*, Washington (DC), American Psychological Association, p. 85-116.

Courchesne, Hélène. (14 janvier 2001). « La puberté précoce », [en ligne]. [http://www.radio-canada.ca/tv/decouverte/reportage/puberte.html] (7 décembre 2009).

Cowan, Carolyn P. et Cowan, Philip A. (1992). *When partners become parents*, New York, Basic Books.

Cox, Maureen V. (1993). *Children's drawings of the human figure*, Hillsdale (NJ), Erlbaum.

Crain, William C. (2005). *Theories of development: Concepts and applications, 5e édition*, Upper Saddle River (NJ), Prentice Hall.

Cramer, Duncan. (1998). *Close relationships: The study of love and friendship*, London (G-B), Arnold.

Cramer, Phebe et Skidd, Jody E. (1992). « Correlates of self worth in preschoolers: The role of gender-stereotyped styles of behavior », *Sex Roles*, vol. 26, nos 9-10, p. 369-390.

Crews, Douglas E. (2003). *Human senescence: Evolutionary and biocultural perspectives*, New York, Cambridge University Press.

Crockenberg, Susan C., Leerkes, Esther M. et Barrig-Jo, Patricia S. (2008). « Predicting aggressive behavior in the third year from infant reactivity and regulation as moderated by maternal behavior », *Development and Psychopathology*, vol. 20, n° 1, p. 37-54.

Crohan, Susan E. et Antonucci, Toni C. (1989). « Friends as a source of social support in old age », dans Rebecca G. Adams et Rosemary Bleiszner (dir.), *Older adult friendship*, Newbury Park (CA), Sage.

Crooks, Robert et Baur, Karla. (2009). *Nos sexualités*, Montréal, Groupe Modulo.

Cross, Susan et Markus, Hazel. (1991). « Possible selves across the life span », *Human Development*, vol. 34, n° 4, p. 230-255.

Crouter, Ann C. et Booth, Alan. (2006). *Romance and sex in adolescence and emerging adulthood: Risks and opportunities*, Mahwah (NJ), Erlbaum.

Crow, James F. (2003). « There's something curious about paternal-age effects », *Science*, vol. 301, n° 5633, 1er août, p. 606-607.

Cruikshank, Margaret. (2003). *Learning to be old: Gender, culture, and aging*, Lanham (MD), Rowman & Littlefield.

Csikszentmihalyi, Mihaly et Schneider, Barbara. (2000). *Becoming adult: How teenagers prepare for the world of work*, New York, Basic Books.

Csikszentmihalyi, Mihaly. (1996). *Creativity: Flow and the psychology of discovery and invention*, New York, HarperCollins.

Cummings, E. Mark, Goeke-Morey, Marcie C. et Papp, Lauren M. (2003). « Children's responses to everyday marital conflict tactics in the home », *Child Development*, vol. 74, n° 6, novembre, p. 1918-1929.

Cummings, E.M. et Davies, P. (1994). *Children and Marital Conflict: The impact of family dispute and resolution*, New York, Guilford.

Cunningham, Walter R., and Tomer, Adrian. (1990). « Intellectual abilities and age: Concepts, theories and analyses », dans Eugene A. Lovelace (dir.), *Aging and cognition: Mental processes, self awareness and interventions*, Amsterdam, North-Holland/Elsevier.

Czech, Christian, Tremp, Günter et Pradier, Laurent. (2000). « Presenilins and Alzheimer's disease: Biological functions and pathogenic mechanisms », *Progress in Neurobiology*, vol. 60, n° 4, mars, p. 363-384.

Dahl, Ronald E. (2004). « Adolescent Brain development: A period of vulnerabilities and opportunities. Keynote address », *Annals of the New York Academy of Sciences*, vol. 1021, p. 1-22.

Damasio, Antonio R. (2003). *Looking for Spinoza: Joy, sorrow, and the feeling brain*, Orlando (FL), Harcourt.

Dangour, Alan D., Fletcher, Astrid E. et Grundy, Emily M. D. (2007). *Ageing well: Nutrition, health, and social interventions*, Boca Raton (FL), CRC Press/Taylor & Francis.

Danis, Agnes, Bernard, Jean-Marc et Leproux, Christine. (2000). « Shared picture-book reading: A sequential analysis of adult-child verbal interactions », *British Journal of Developmental Psychology*, vol. 18, n° 3, p. 369-388.

Daro, Deborah. (1989). *Confronting child abuse*, New York, Free Press.

Dasen, Pierre R. (2003). « Theoretical frameworks in cross-cultural developmental psychology: An attempt at integration », dans T. S. Saraswati (dir.), *Cross-cultural perspectives in human development: Theory, research, and applications*, New Delhi (Inde), Sage, p. 128-165.

David, Barbara, Grace, Diane et Ryan, Michelle K. (2004). « The gender wars: A self-categorization perspective on the development of gender identity », dans Mark Bennett et Fabio Sani (dir.), *The development of the social self*, London (G-B), Psychology Press, p. 135-157.

Davidson, Julia O'Connell. (2005). *Children in the global sex trade*, Malden (MA), Polity.

Davies, Chris G. et Thorn, Brian L. (2002). « Psychopharmacology with older adults in residential care », dans Robert D. Hill, Brian L. Thorn, John Bowling et Anthony Morrison (dir.), *Geriatric residential care*, Mahwah (NJ), Erlbaum, p. 161-181.

Davies, Patrick T. et Cicchetti, Dante. (2004). « Toward an integration of family systems and developmental psychopathology approaches », *Development and Psychopathology*, vol. 16, n° 3, p. 477-481.

Davis, Elysia Poggi, Parker, Susan Whitmore, Tottenham, Nim et Gunnar, Megan R. (2003). « Emotion, cognition, and the hypothalamic-pituitary-adrenocortical axis: A developmental perspective », dans Michelle de Haan et Mark H. Johnson (dir.), *The cognitive neuroscience of development*, New York, Psychology Press, p. 181-206.

De Bellis, Michael D. (2001). « Developmental traumatology: The psychobiological development of maltreated children and its implications for research, treatment, and policy », *Development and Psychopathology*, vol. 13, n° 3, été, p. 539-564.

de Boysson-Bardies, Bénédicte. (1996). *Comment la parole vient aux enfants, De la naissance jusqu'à deux ans*, Paris, Odile Jacob.

de Boysson-Bardies, Bénédicte. (2003). *Le langage, qu'est-ce que c'est ?*, Paris, Odile Jacob.

de Haan, Michelle et Johnson, Mark H. (2003). « Mechanisms and theories of brain development », dans Michelle De Haan et Mark H. Johnson (dir.), *The cognitive neuroscience of Development*, London (G-B), Psychology Press, p. 1-18.

De Neys, Wim. (2006). « Dual processing in reasoning: Two systems but one reasoner », *Psychological Science*, vol. 17, n° 5, p. 428-433.

Décarie, Suzanne. ([s.d.]). « Harcèlement et intimidation, Quels enfants en sont victimes? », [en ligne]. [http://www.servicevie.com/relations-avec-les-autres/relations-sociales/quels-enfants-sont-victimes-d-harcelement/a/403/2] (10 mars 2010).

DeKeyser, Robert et Larson-Hall, Jenifer. (2005). « What does the critical period really mean? », dans Judith F. Kroll et Annette M. B. de Groot (dir.), *Handbook of bilingualism: Psycholinguistic approaches*, Oxford (G-B), Oxford University Press, p. 88-108.

Delacour, Jean. (1998). « Une introduction aux neurosciences cognitives », [en ligne]. [http://universite.deboeck.com/livre/?GCOI=28011100078170&fa=author&person_id=927&publishergcoicode=28011] (19 octobre 2009).

Demetriou, Andreas, Christou, Constantinos, Spanoudis, George et Platsidou, Maria. (2002). « The development of mental processing: Efficiency, working memory, and thinking », *Monographs of the Society for Research in Child Development*, série 268, vol. 67, n° 1.

Denham, Susanne A., Blair, Kimberly A., DeMulder, Elizabeth, Levitas, Jennifer, Sawyer, Katherine et Auerbach-Major, Sharon. (2003). « Preschool emotional competence: Pathway to social competence », *Child Development*, vol. 74, n° 1, p. 238-256.

Denney, Nancy W. et Pearce, Kathy A. (1989). « A developmental study of practical problem solving in adults », *Psychology and Aging*, vol. 4, n° 4, décembre, p. 438-442.

Denny, Dallas et Pittman, Cathy. (2007). « Gender identity: From dualism to diversity », dans Mitchell S. Tepper et Annette Fuglsang Owens (dir.), *Sexual health, vol. 1: Psychological foundations*, Westport (CT), Praeger/Greenwood, p. 205-229.

DePaulo, Bella M. et Morris, Wendy L. (2005). « Singles in society and in science », *Psychological Inquiry*, vol. 16, n°s 2-3, p. 57-83.

Deslauriers, Gilles. ([s.d.]). « Pertes, changements et transitions : une question d'éducation », [en ligne]. [http://www.autisme.qc.ca/TED/famille-et-proche/lenfant-dabord/pertes-changements-et-transitions-une-question-deducation.html] (20 juin 2010).

Desrosiers, Fabiana, Vrsalovic, Wendy T., Knauf, Diana E., Vargas, Maribel et Busch-Rossnagel et Nancy A. (1999). « Assessing the multiple dimensions of the self-concept of young children : A focus on Latinos », *Merrill-Palmer Quarterly*, vol. 45, n° 4, octobre, p. 543-566.

Destrempes-Marquez, Denise et Lafleur, Louise. (1999). Les troubles d'apprentissage, *Comprendre et intervenir*, Montréal, Éditions CHU Sainte-Justine.

Diamond, Adele et Kirkham, Natasha. (2005). « Not quite as grown-up as we like to think: Parallels between cognition in childhood and adulthood », *Psychological Science*, vol. 16, n° 4, avril, 291-297.

Diaz, Rafael M. (1987). « The private speech of young children at risk: A test of three deficit hypotheses », *Early Childhood Research Quarterly*, vol. 2, n° 2, juin, p. 181-197.

Dindia, Kathryn et Emmers-Sommer, Tara M. (2006). « What partners do to maintain their close relationships », dans Patricia Noller et Judith A. Feeney (dir.), *Close relationships: Functions, forms and processes*, Hove (G-B), Psychology Press/Taylor & Francis, p. 305-324.

Dionne, Ginette, Dale, Philip S., Boivin, Michel et Plomin, Robert. (2003). « Genetic evidence for bidirectional effects of early lexical and grammatical development », *Child Development*, vol. 74, n° 2, p. 394-412.

Dishion, Thomas J. et Bullock, Bernadette Marie. (2002). « Parenting and adolescent problem behavior: An ecological analysis of the nurturance hypothesis », dans John G. Borkowski, Sharon Landesman Ramey et Marie Bristol-Power (dir.), *Parenting and the child's world: Influences on academic, intellectual, and social-emotional development*, Mahwah (NJ), Erlbaum, p. 231-249.

Diwadkar, Vaibhav A. et Keshavan, Matcheri S. (2006). « White matter pathology, brain development, and psychiatric disorders: Lessons from corpus callosum studies », dans Dante Cicchetti et Donald J. Cohen (dir.), *Developmental psychopathology, vol. 2 : Developmental neuroscience, 2e édition*, Hoboken (NJ), Wiley, p. 742-761.

Dixon, Roger A. et Lerner, Richard M. (1999). « History and systems in developmental psychology », dans Marc H. Bornstein et Michael E. Lamb (dir.), *Developmental psychology: An advanced textbook, 4e édition*, Mahwah (NJ), Erlbaum, p. 3-45.

Dixon, Roger A., Kramer, Dierdre A. et Baltes, Paul B. (1985). « Intelligence: A life-span developmental perspective », dans Benjamin B. Wolman (dir.), *Handbook of intelligence: Theories, measurements, and applications*, New York, Wiley.

Dodge, Kenneth A. et Somberg, Daniel R. (1987). « Hostile attributional biases among aggressive boys are exacerbated under conditions of threats to self », *Child Development*, vol. 58, n° 1, p. 213-224.

Dodge, Kenneth A., Coie, John D. et Lynam, Donald R. (2006). « Aggression and antisocial behavior in youth », dans Nancy Eisenberg (dir.), *Handbook of child psychology, vol. 3: Social, emotional, and personality development, 6e édition*, New York, Wiley, p. 719-788.

Domhoff, G. William. (2004). « Why did empirical dream researchers reject Freud? A critique of historical claims by Mark Solms », *Dreaming*, vol. 14, n° 1, mars, p. 3-17.

Dominguez, Cynthia O. (2001). « Expertise in laparoscopic surgery: Anticipation and affordances », dans Eduardo Salas et Gary Klein (dir.), *Linking expertise and naturalistic decision making*, Mahwah (NJ), Erlbaum, p. 287-301.

Dounchis, Jennifer Zoler, Hayden, Helen A. et Wilfley, Denise E. (2001). « Obesity, body image, and eating disorders in ethnically diverse children and adolescents », dans J. Kevin Thompson et Linda Smolak (dir.), *Body image, eating disorders, and obesity in youth: Assessment, prevention, and treatment*, Washington (DC), American Psychological Association, p. 67-98.

Dubas, Judith Semon, Graber, Julia A., and Petersen, Anne C. (1991). « A longitudinal investigation of adolescents' changing perceptions of pubertal timing », *Developmental Psychology*, vol. 27, n° 4, juillet, p. 580-586.

Duclos, Germain. (2000). *L'estime de soi, un passeport pour la vie*, Montréal, Éditions CHU Sainte-Justine.

Dudek, Stephanie Z., Strobel, M. G. et Runco, Mark A. (1994). « Cumulative and proximal influences on the social environment and children's creative potential », *Journal of Genetic Psychology*, vol. 154, n° 4, décembre, p. 487-499.

Duke-Duncan, Paula. (1991). « Body image », dans Richard M. Lerner, Ann C. Petersen et Jeanne Brooks-Gunn (dir.), *Encyclopedia of adolescence*, vol. 1, New York, Garland.

Dulay, Mario F. et Murphy, Claire. (2002). « Olfactory acuity and cognitive function converge in older adulthood: Support for the common cause hypothesis », *Psychology and Aging*, vol. 17, p. 392-404.

Dunlap, Jay C., Loros, Jennifer J. et DeCoursey, Patricia J. (2004). *Chronobiology: Biological timekeeping*, Sunderland (MA), Sinauer Associates.

Dunn, Judy. (2002). « Mindreading, emotion understanding, and relationships », dans R. Silbereisen et W. W. Hartup (dir.), *Growing points in developmental science: An introduction*, Oxford (G-B), Psychology Press, p. 167-176.

Dunn, Judy. (2004). *Children's friendships: The beginnings of intimacy*, Oxford (G-B), Wiley-Blackwell.

Dunphy, Dexter C. (1963). « The social structure of urban adolescent peer groups », *Sociometry*, vol. 26, p. 230-246.

Duplassie, Danielle et Daniluk, Judith C. (2007). « Sexuality: Young and middle adulthood », dans Mitchell S. Tepper et Annette Fuglsang Owens (dir.), *Sexual health, vol. 1: Psychological foundations*, Westport (CT), Praeger/Greenwood, p. 263-289.

Eckert, Penelope. (1989). *Jocks and burnouts: Social categories and identity in the high school*, New York, Teachers College Press.

Eder, R. A. (1989). « The emergent personologist: The structure and content of 3.5-, 5.5-, and 7.5-year-olds' concepts of themselves and other persons », *Child Development*, vol. 60, p. 1218-1228.

Eder, R. A. (1990). « Uncovering young children's psychological selves: Individual and developmental differences », *Child Development*, vol. 61, p. 849-863.

Edwards, Allen Jack. (1993). *Dementia*, New York, Plenum Press.

Edwards, John N. (1969). « Familial behavior as social exchange », *Journal of Marriage and Family*, vol. 31, p. 518-526.

Edwards, John N. et Booth, Alan. (1994). « Sexuality, marriage, and well-being: The middle years », dans Alice S. Rossi (dir.), *Sexuality across the life course*, Chicago, University of Chicago Press.

Eid, Michael et Diener. (dir). (2001). « Norms for experiencing emotions in different cultures: Inter- and intranational differences », *Journal of Personality and Social Psychology*, vol. 81, p. 869-885.

Eisenberg, Marla E., Bearinger, Linda H., Sieving, Renee E., Swain, Carolyne et Resnick, Michael D. (2004). « Parents' beliefs about condoms and oral contraceptives: Are they medically accurate? », *Perspectives on Sexual and Reproductive Health*, vol. 36, p. 50-57.

Eisenberg, Nancy et Fabes, Richard A. (1998). « Prosocial development », dans Nancy Eisenberg (dir.), *Handbook of child psychology, vol. 3 : Social, emotional, and personality development, 5e édition*, New York, Wiley, p. 701-778.

Eisenberg, Nancy, Cumberland, Amanda, Guthrie, Ivanna K., Murphy, Bridget C. et Shepard, Stephanie A. (2005). « Age changes in prosocial responding and moral reasoning in adolescence and early adulthood », *Journal of Research on Adolescence*, vol. 15, p. 235-260.

Eisenberg, Nancy, Fabes, Richard A. et Spinrad, Tracy L. (2006). « Prosocial development », dans Nancy Eisenberg (dir.), *Handbook of child psychology, vol. 3: Social, emotional, and personality development, 6e édition*, Hoboken (NJ), Wiley, p. 646-718.

Elder, Glen H. Jr, et Shanahan, Michael J. (2006). « The life course and human development », dans Richard M. Lerner (dir.), *Handbook of child psychology, vol. 1 : Theoretical models of human development, 6e édition*, Hoboken (NJ), Wiley, p. 665-715.

Elias, Merrill F., Robbins, Michael A., Budge, Marc M., Elias, Penelope K., Hermann, Barbara A. et Dore, Gregory A. (2004). « Studies of aging, hypertension and cognitive functioning: With contributions from the Maine-Syracuse Study », dans Paul T. Costa et Ilene C. Siegler (dir.), *Recent advances in psychology and aging*, vol. 15, Amsterdam, Elsevier, p. 89-132.

Elkind, David. (1967). « Egocentrism in adolescence. », *Child Development*, vol. 38, p. 1025-1034.

Elkind, David. (1984). *All grown up and no place to go*, Reading (MA), Addison-Wesley.

Ellis, Bruce J. (2004). « Timing of pubertal maturation in girls: An integrated life history approach », *Psychological Bulletin*, vol. 130, p. 920-958.

Ellis, Bruce J. et Bjorklund, David F. (2005). *Origins of the social mind: Evolutionary psychology and child development*, New York, Guilford Press.

Ellis, Bruce J. et Garber, Judy. (2000). « Psychosocial antecedents of variation in girls' pubertal timing: Maternal depression, stepfather presence, and marital and family stress », *Child Development*, vol. 71, p. 485-501.

Ellis, Neenah. (2002). *If I live to be 100: Lessons from the centenarians*, New York, Crown.

El-Sheikh, Mona et Harger, JoAnn. (2001). « Appraisals of marital conflict and children's adjustment, health, and physiological reactivity », *Developmental Psychology*, vol. 37, p. 875-885.

Embryologie humaine. ([s.d.]). « Période embryonnaire : 8.7 – Embryopathies », [en ligne]. [http://www.embryology.ch/francais/iperiodembry/patholperiod01.html] (1er octobre 2009).

Encyclopédie de l'Agora. (25 mai 2006). « Génome », [en ligne]. [http://www.agora.qc.ca/mot.nsf/Dossiers/Genome] (30 septembre 2009).

Encyclopédie Orphanet Grand Public. (2006). « La dystrophie myotonique de Steinert », [en ligne]. [http://www.orpha.net/data/patho/Pub/fr/Steinert-FRfrPub77.pdf] (30 octobre 2009).

Encyclopédie sur la mort. ([s.d.]). « Le suicide assisté au Canada », [en ligne]. [http://agora.qc.ca/thematiques/mort.nsf/Dossiers/Le_suicide_assiste_au_Canada] (20 juin 2010).

Engel, Susan. (1999). *Context is everything: The nature of memory*, New York, Freeman.

Engelhardt, H. Tristram Jr. (1998). « Critical care: Why there is no global bioethics », *The Journal of Medicine and Philosophy*, vol. 23, p. 643-651.

Engels, Rutger C. M. E., Scholte, Ron H. J., van Lieshout, Cornelis F. M., de Kemp, Raymond et Overbeek, Geertjan. (2006). « Peer group reputation and smoking and alcohol consumption in early adolescence », *Addictive Behaviors*, vol. 31, p. 440-449.

Entwhisle, Doris R. et Alexander, Karl L. (1996). « A parent's economic shadow: Family structure versus family resources as influences on early school achievement », *Journal of Marriage and Family*, vol. 57, p. 399-409.

Erikson, Erik H. (1963). *Childhood and Society, 2e édition*, New York, Norton.

Erikson, Erik H. (1966). *Enfance et société*, Neuchatel, Delachaux et Niestlé.

Erikson, Erik H. (1968). *Identity, youth, and crisis*, New York, Norton.

Erikson, Erik H. (1972) *Adolescence et crise, La quête de l'identité*, Paris, Flammarion.

Erikson, Erik H. (1982). *The life cycle completed: A review*, New York, Norton.

Erikson, Erik H., Erikson, Joan M. et Kivnick, Helen Q. (1986). *Vital involvement in old age*, New York, Norton.

Eriksson, Birgitta Sandén et Pehrsson, Gunnel. (2005). « Emotional reactions of parents after the birth of an infant with extremely low birth weight », *Journal of Child Health Care*, vol. 9, p. 122-136.

Erwin, Phil. (1998). *Friendship in childhood and adolescence*, London, Routledge.

Fagot, Beverly I., Leinbach, Mary D. et O'Boyle, C. (1992). « Gender labeling, gender stereotyping, and parenting behaviors », *Developmental Psychology*, vol. 28, p. 225-230.

Fehr, Beverley. (1996). *Friendship Processes*, Thousand Oaks (CA), Sage.

Fehr, Beverley. (2000). « The life cycle of friendship », dans Clyde Hendrick et Susan S. Hendrick (dir.), *Close relationships: A sourcebook*, Thousand Oaks (CA), Sage, p. 71-82.

Feinman, S. (1985). « Emotional expression, social referencing, and preparedness for learning in infancy : Mother knows best, but sometimes I know better », dans G. Ziven (dir.), *The development of expressive behavior*, Orlando (FL), Academic Press.

Feldman, Ruth et Eidelman, Arthur I. (2005). « Does a triplet birth pose a special risk for infant development? Assessing cognitive development in relation to intrauterine growth and mother-infant interaction across the first 2 years », *Pediatrics*, vol. 115, p. 443-452.

Feldman, Ruth, Weller, Aron, Sirota, Lea et Eidelman, Arthur I. (2002). « Skin-to-skin contact (kangaroo care) promotes self-regulation in premature infants: Sleep-wake cyclicity, arousal modulation, and sustained exploration, » *Developmental Psychology*, vol. 38, n° 2, p. 194-207.

Fenson, Larry, Bates, Elizabeth, Dale, Philip, Goodman, Judith, Reznick, J. Steven et Thal, Donna. (2000). « Measuring variability in early child language: Don't shoot the messenger », *Child Development*, vol. 71, p. 323-328.

Fenson, Larry, Dale, Philip S., Resnick, J. Steven, Bates, Elizabeth, Thal, Donna J., et Petchick, Stephen J. (1994). « Variability in early communicative development », *Monographs of the Society for Research in Child Development*, série 242, vol. 59.

Ferguson, Charles A. (1977). « Baby talk as a simplified register », dans Catherine E. Snow et Charles A. Ferguson (dir.), *Talking to children: Language input and requisition*, Cambridge (G-B), Cambridge University Press.

Fergusson, David M. et Horwood, L. John. (2003). « Resilience to childhood adversity: Results of a 12-year study », dans Suniya S. Luthar (dir.), *Resilience and vulnerability: Adaptation in the context of childhood adversities*, New York, Cambridge University Press, p. 130-155.

Fernald, Anne. (1993). « Approval and disapproval: Infant responsiveness to vocal affect in familiar and unfamiliar languages », *Child Development*, vol. 64, p. 657-674.

Féron, Julie, Gentaz, Edouard et Streri, Arlette. (2006). « Evidence of amodal representation of small numbers across visuo-tactile modalities in 5-month-old infants », *Cognitive Development*, vol. 21, n° 2, avril-juin, p. 81-92.

Ferrari, Josheph R., Kapoor, Monica et Cowman, Shaun. (2005). « Exploring the relationship between students' values and the values of post-secondary institutions », *Social Psychology of Education*, vol. 8, p. 207-221.

Fertilys. ([s.d.]). « Risque du syndrome de Down selon l'âge maternel », [en ligne]. [http://www.fertilys.org/depistage-syndrome-down.php] (30 septembre 2009).

Field, Tiffany M. (1995). « Infants of depressed mothers », *Infant Behavior and Development*, vol. 18, p. 1-13.

Finch, Caleb E. (1999). « Longevity without senescence: Possible examples », dans Jean-Marie Robine, Bernard Forette, Claudio Franceschi et Michel Allard (dir.), *The paradoxes of longevity*, New York, Springer, p. 1-9.

Fincham, Frank D., Stanley, Scott M. et Beach, Steven R. H. (2007). « Transformative processes in marriage: An analysis of emerging trends », *Journal of Marriage and Family*, vol. 69, p. 275-292.

Fine, Mark A. et Harvey, John H. (2006). *Handbook of divorce and relationship dissolution*, Mahwah (NJ), Erlbaum.

Fingerman, Karen L., Hay, Elizabeth L. et Birditt, Kira S. (2004). « The best of ties, the worst of ties: Close, problematic, and ambivalent social relationships », *Journal of Marriage and Family*, vol. 66, p. 792-808.

Finkel, Deborah, Pedersen, Nancy L., Plomin, Robert et McClearn, Gerald E. (1998). « Longitudinal and cross-sectional twin data on cognitive abilities in adulthood: The Swedish Adoption/Twin Study of Aging », *Developmental Psychology*, vol. 34, p. 1400-1413.

Finkelhor, David et Jones, Lisa M. (2004). « Explanations for the decline in child sexual abuse cases », Office of Juvenile Justice and Delinquency Prevention, [en ligne]. [http://www.ncjrs.gov/html/ojjdp/199298/contents.html] (11 août 2007).

Finkelhor, David. (1992). « New myths about the child welfare system », *Child, Youth, and Family Service Quarterly*, vol. 15, n° 1, p. 3-5.

Fischer, Kurt W. et Bidell, Thomas R. (1998). « Dynamic development of psychological structures in action and thought », dans Richard M. Lerner (dir.), *Handbook of child psychology, vol. 1: Theoretical models of human development, 5e édition*, New York, Wiley, p. 467-561.

Fisher, Jennifer O. et Birch, Leann L. (2001). « Early experience with food and eating: Implications for the development of eating disorders », dans J. Kevin Thompson et Linda Smolak (dir.), *Body image, eating disorders, and obesity in youth: Assessment, prevention, and treatment*, Washington (DC), American Psychological Association, p. 23-39.

Fitness, Julie. (2001). « Emotional intelligence and intimate relationships », dans Joseph Ciarrochi, Joseph P. Forgas et John D. Mayer (dir.), *Emotional intelligence in everyday life: A scientific inquiry*, New York, Psychology Press, p. 98-112.

Flavell, John H. (1985). *Cognitive development, 2e édition*, Englewood Cliffs (NJ), Prentice Hall.

Flavell, John H. (1992). « Cognitive development: Past, present, and future », *Developmental Psychology*, vol. 28, p. 998-1005.

Flavell, John H., Green, Frances L. et Flavell, Eleanor R. (1995). « Young children's knowledge about thinking », *Monographs of the Society for Research in Child Development*, série 243, vol. 60, no 1.

Flavell, John H., Miller, Patricia H. et Miller, Scott A. (2002). *Cognitive development, 4e édition*, Upper Saddle River (NJ), Prentice Hall.

Flook, Lisa, Repetti, Rena L. et Ullman, Jodie B. (2005). « Classroom social experiences as predictors of academic performance », *Developmental Psychology*, vol. 41, p. 319-327.

Foley, Daniel, Ancoli-Israel, Sonia, Britz, Patricia et Walsh, James. (2004). « Sleep disturbances and chronic disease in older adults: Results of the 2003 National Sleep Foundation Sleep in America Survey », *Journal of Psychosomatic Research*, vol. 56, p. 497-502.

Fonds des Nations Unies pour la population. (29 octobre 2007). « De nouvelles études avertissent que la préférence pour les fils en Asie aura de graves conséquences sur le plan social », [en ligne]. [http://www.unfpa.org/news/news.cfm?ID=1057&Language=3] (1er novembre 2009).

Fossel, Michael. (2004). *Cells, aging, and human disease*, New York, Oxford University Press.

Fox, Nathan A., Henderson, Heather A., Rubin, Kenneth H., Calkins, Susan D. et Schmidt, Louis A. (2001). « Continuity and discontinuity of behavioral inhibition and exuberance: Psychophysiological and behavioral influences across the first four years of life », *Child Development*, vol. 72, p. 1-21.

Foxman, Betsy, Newman, Mark, Percha, Bethany, Holmes, King K. et Aral, Sevgi O. (2006). « Measures of sexual partnerships: Lengths, gaps, overlaps, and sexually transmitted infection », *Sexually Transmitted Diseases*, vol. 33, p. 209-214.

Franco-Marina, Francisco, Caloca, Jaime Villalba, Corcho-Berdugo, Alexander et Grupo interinstitucional de cáncer pulmonar. (2006). « Role of active and passive smoking on lung cancer etiology in Mexico City », *Salud Pública de México*, vol. 48, suppl. 1, p. s75-s82.

Frayling, Timothy M., Timpson, Nicholas J., Weedon, Michael N., Zeggini, Eleftheria, Freathy, Rachel M., Lindgren, Cecilia M. et coll. (2007). « A common variant in the FTO gene is associated with body mass index and predisposes to childhood and adult obesity », *Science*, vol. 316, n° 5826, 11 mai, p. 889-894.

French, Howard W. (2005). « *As girls "vanish", Chinese city battles tide of abortions* », *New York Times*, 17 février, p. A4.

French, Sabine Elizabeth, Seidman, Edward, Allen, LaRue et Aber, J. Lawrence. (2006). « The development of ethnic identity during adolescence », *Developmental Psychology*, vol. 42, p. 1-10.

Frensch, Peter A. et Buchner, Axel. (1999). « Domain-generality versus domain-specificity in cognition », dans Robert J. Sternberg (dir.), *The nature of cognition*, Cambridge (MA), MIT Press, p. 137-172.

Freud, Sigmund. (1964 [1940]). « An outline of psycho-analysis », dans James Strachey (dir. et trad.), *The standard edition of the complete psychological works of Sigmund Freud*, vol. 23, London (G-B), Hogarth Press, p. 144-207.

Freud, Sigmund. (1965 [1933]). *New introductory lectures on psychoanalysis* (édité et trad. par James Strachey), New York, Norton.

Freud, Sigmund. (1938). *The basic writings of Sigmund Freud* (trad. par A. A. Brill), New York, Modern Library.

Friedlander, Samuel L., Larkin, Emma K., Rosen, Carol L., Palermo, Tonya M. et Redline, Susan. (2003). « Decreased quality of life associated with obesity in schoolaged children », *Archives of Pediatrics & Adolescent Medicine*, vol. 157, p. 1206-1211.

Friedman, Howard S. et Schustack, Miriam W. (2006). *Personality : Classic theories and modern research, 3e édition*, Boston, Allyn and Bacon.

Fuhrer, R., Shipley, M. J., Chastang, J. F., Schmaus, A., Niedhammer, I., Stansfeld, S. A., Goldberg, M. et Marmot, M. G. (2002). « Socioeconomic position, health, and possible explanations: A tale of two cohorts », *American Journal of Public Health*, vol. 92, n° 8, p. 1290-1294.

Fung, Helene H. et Carstensen, Laura L. (2004). « Motivational changes in response to blocked goals and foreshortened time: Testing alternatives to socioemotional selectivity theory », *Psychology and Aging*, vol. 19, p. 68-78.

Galambos, Nancy L. (2004). « Gender and gender role development in adolescence », dans Richard M. Lerner et Laurence D. Steinberg (dir.), *Handbook of adolescent psychology, 2e édition*, Hoboken (NJ), Wiley, p. 233-262.

Galambos, Nancy L., Barker, Erin T. et Almeida, David M. (2003). « Parents do matter: Trajectories of change in externalizing and internalizing problems in early adolescence », *Child Development*, vol. 74, p. 578-594.

Gallahue, David L. ([s.d.]). « Le développement progressif des habiletés motrices des enfants », [en ligne]. [http://www.er.uqam.ca/nobel/r12110/pdf/3-Motricit%E9%20globale%20et%20tonus.pdf] (8 février 2010), p. 28.

Gallahue, David L. (2006). « Motor development in early childhood education », dans B. Spodek et O. Saracho (dir.), *Handbook of research on the education of young children*, p. 343-357, Mahwah (NJ), Erlbaum.

Gallahue, David L. et Ozmun, J. C. (2006). *Understanding motor development : Infants, children, adolescents, adults, 6e édition*, Boston, McGraw-Hill.

Galotti, Kathleen M. (2002). *Making decisions that matter: How people face important life choices*, Mahwah (NJ), Erlbaum.

Galvin, Ruth Mehrtens. (1992). « The nature of shyness », *Harvard Magazine*, vol. 94, no 4, p. 40-45.

Gardner, Howard. (1983). *Frames of mind: The theory of multiple intelligences*, New York, Basic Books.

Gathercole, Susan E., Pickering, Susan J., Ambridge, Benjamin et Wearing, Hannah. (2004). « The structure of working memory from 4 to 15 years of age », *Developmental Psychology*, vol. 40, p. 177-190.

Gauthier, Madeleine et Vultur, Mircea. (2006). « Les valeurs des jeunes et leur impact sur les stratégies d'insertion professionnelle », dans Jean-Pierre Dupuis (dir.), *Sociologie de l'entreprise*, Montréal, Gaëtan Morin, p. 273-292.

Gauvain, Mary. (1998). « Cognitive development in social and cultural context », *Current Directions in Psychological Science*, vol. 7, p. 188-192.

Ge, Xiaojia, Conger, Rand D. et Elder, Glen H. Jr. (2001). « Pubertal transition, stressful life events, and the emergence of gender differences in adolescent depressive symptoms », *Developmental Psychology*, vol. 37, p. 404-417.

Genesee, Fred. (1998). « A case study of multilingual education in Canada », dans Jasone Cenoz et Fred Genesee (dir.), *Beyond Bilingualism: Multilingualism and Multilingual Education*, Clevedon (G-B), Multilingual Matters.

Gentaz, Edouard et Mazens, Karine. (2006). « Les nouveau-nés sont-ils capables de voir avec leurs mains ou de toucher avec leurs yeux ?, Partie 1 : Étude des prérequis visuels », *Médecine et enfance*, vol. 26, n° 1, cah. 1, p. 46-51.

Gentner, Dedre et Boroditsky, Lera. (2001). « Individuation, relativity, and early word learning », dans Melissa Bowerman et Stephen C. Levinson (dir.), *Language acquisition and conceptual development*, Cambridge (G-B), Cambridge University Press, p. 215-256.

Georgas, James, Berry, John W., van deVijver, Fons J. R., Kagitçibasi, Çigdem et Poortinga, Ype H. (2006). *Families across cultures: A 30-nation psychological study*, Cambridge (G-B), Cambridge University Press.

George, Linda K. (2006). « Perceived quality of life », dans Robert H. Binstock et Linda K. George (dir.), *Handbook of aging and the social sciences, 6e édition*, Amsterdam, Elsevier, p. 320-336.

Georgieff, Michael K. et Rao, Raghavendra. (2001). « The role of nutrition in cognitive development », dans Charles A. Nelson et Monica Luciana (dir.), *Handbook of developmental cognitive neuroscience*, Cambridge (MA), MIT Press, p. 149-158.

Germain, Bernard et Langis, Pierre. (1990). *La sexualité, Regards actuels*, Montréal, Études vivantes.

Geronimus, Arline T., Hicken, Margaret, Keene, Danya et Bound, John. (2006). « "Weathering" and age patterns of allostatic load scores among Blacks and Whites in the United States », *American Journal of Public Health*, vol. 96, n° 5, p. 826-833.

Gerstel, Naomi Ruth. (2002). « Book reviews » (critique du livre Talk of love: How culture matters), *Journal of Marriage and Family*, vol. 64, p. 549-556.

Getahun, Darios, Oyelese, Yinka, Salihu, Hamisu M. et Ananth, Cande V. (2006). « Previous cesarean delivery and risks of placenta previa and placental abruption », *Obstetrics & Gynecology*, vol. 107, p. 771-778.

Gianino, A. et Tronick, Edward. (1988). « The Mutual Regulation Model: The infant's self and interactive regulation and coping and defensive capacities », dans T. Field, P. McCabe et N. Schneiderman (dir.), *Stress and coping*, vol. 2, Hillsdale (NJ), Erlbaum.

Gibran, Khalil. (1995 [1923]). *Le Prophète*, Paris, Casterman.

Gibson, Eleanor J. (1997). « An ecological psychologist's prolegomena for perceptual development: A functional approach », dans Cathy Dent-Read et Patricia Zukow-Goldring (dir.), *Evolving explanations of development: Ecological approaches to organism-environment systems*, Washington (DC), American Psychological Association, p. 23-54.

Gibson, Eleanor J. et Walk, Richard D. (1960). « The "visual cliff" », *Scientific American*, vol. 202, n° 4, p. 64-71.

Gifford-Smith, Mary E. et Rabiner, David L. (2004). « Social information processing and children's social adjustment », dans Janis B. Kupersmidt et Kenneth A. Dodge (dir.), Children's peer relations: From development to intervention, Washington (DC), *American Psychological Association*, p. 61-79.

Gigante, Denise. (2007). « Zeitgeist », *European Romantic Review*, vol. 18, p. 265-272.

Gilligan, Carol. (1977). « In a different voice: Women's conception of self and of morality », *Harvard Education Review*, vol. 47, p. 481-517.

Gilligan, Carol. (1981). « Moral development in the college years », dans A. Chickering (dir.), *The modern American college: Responding to the new realities of diverse students and a changing society*, San Francisco, Jossey-Bass, p. 139-156.

Gilligan, Carol. (1982). *In a different voice: Psychological theory and women's development*, Cambridge (MA), Harvard University Press.

Gilligan, Carol. (2008 [1982]). *Une voix différente, Pour une éthique du care*, Paris, Flammarion.

Girard, Chantal. (2007). *Le bilan démographique du Québec, édition 2007*, [en ligne], Institut de la statistique du Québec. [http://www.stat.gouv.qc.ca/publications/demograp/pdf2007/Bilan2007.pdf] (18 mars 2010).

Gluckman, Peter D. et Hanson, Mark A. (2006a). *Developmental origins of health and disease*, Cambridge (G-B), Cambridge University Press.

Gluckman, Peter D. et Hanson, Mark A. (2006b). *Mismatch: Why our world no longer fits our bodies*, Oxford (G-B), Oxford University Press. idem

Goedert, Michel et Spillantini, Maria Grazia. (2006). « A century of Alzheimer's disease », *Science*, vol. 314, 3 novembre, p. 777-781.

Goel, Mita Sanghavi, McCarthy, Ellen P., Phillips, Russell S. et Wee, Christina C. (2004). « Obesity among US immigrant subgroups by duration of residence », *Journal of the American Medical Association*, vol. 292, p. 2860-2867.

Gogate, Lakshmi J., Bahrick, Lorraine E. et Watson, Jilayne D. (2000). « A study of multimodal motherese: The role of temporal synchrony between verbal labels and gestures », *Child Development*, vol. 71, p. 878-894.

Gohm, Carol L., Oishi, Shigehiro, Darlington, Janet et Diener, Ed. (1998). « Culture, parental conflict, parental marital status, and the subjective well-being of young adults », *Journal of Marriage and Family*, vol. 60, p. 319-334.

Gold, Ellen B., Colvin, Alicia, Avis, Nancy, Bromberger, Joyce, Greendale, Gail A., Powell, Lynda et coll. (2006). « Longitudinal analysis of the association between vasomotor symptoms and race/ethnicity across the menopausal transition: Study of women's health across the nation », *American Journal of Public Health*, vol. 96, p. 1226-1235.

Goldin-Meadow, Susan. (2006). « Nonverbal communication: The hand's role in talking and thinking », dans Deanna Kuhn et Robert S. Siegler (dir.), *Handbook of child psycholog, vol. 2 : Cognition, perception, and language, 6e édition*, Hoboken (NJ), Wiley, p. 336-369.

Goldman, Herbert I. (2001). « Parental reports of "MAMA" sounds in infants: An exploratory study », *Journal of Child Language*, vol. 28, p. 497-506.

Goldscheider, Frances et Sassler, Sharon. (2006). « Creating stepfamilies: Integrating children into the study of union formation », *Journal of Marriage and Family*, vol. 68, p. 275-291.

Goldsmith, Sara K., Pellmar, Terry C., Kleinman, Arthur M. et Bunney, William E. (dir.). (2002). *Reducing suicide: A national imperative*, Washington (DC), National Academies Press.

Golinkoff, Roberta Michnick, Hirsh-Pasek, Kathy, Bailey, Leslie M. et Wenger, Neill R. (1992). « Young children and adults use lexical principles to learn new nouns », *Developmental Psychology*, vol. 28, p. 99-108.

Gopnik, Alison. (2001). « Theories, language, and culture: Whorf without wincing », dans Melissa Bowerman et Stephen C. Levinson (dir.), *Language acquisition and conceptual development*, Cambridge (G-B), Cambridge University Press, p. 45-69.

Gordon, Debra Ellen. (1990). « Formal operational thinking: The role of cognitive-developmental processes in adolescent decision-making about pregnancy and contraception », *American Journal of Orthopsychiatry*, vol. 60, p. 346-356.

Gormly, Anne V. et Brodzinsky, David M. (1994). *Le cycle de la vie*, Montréal, Études Vivantes.

Gottlieb, Gilbert. (2002 [1992]). *Individual development and evolution: The genesis of novel behavior*, Mahwah (NJ), Erlbaum.

Gottlieb, Gilbert. (2003). « Probabilistic epigenesis of development », dans Jaan Valsiner et Kevin J. Connolly (dir.), *Handbook of developmental psychology*, Thousand Oaks (CA), Sage, p. 3-17.

Gottman, John Mordechai, Murray, James D., Swanson, Catherine, Tyson, Rebecca et Swanson, Kristin R. (2002). *The mathematics of marriage: Dynamic nonlinear models*, Cambridge (MA), MIT Press.

Graber, Julia A. (2004). « Internalizing problems during adolescence », dans Richard M. Lerner et Laurence D. Steinberg (dir.), *Handbook of adolescent psychology, 2e édition*, Hoboken (NJ), Wiley, p. 587-626.

Graber, Julia A., Brooks-Gunn, Jeanne, Paikoff, Roberta L. et Warren, Michelle P. (1994). « Prediction of eating problems: An 8-year study of adolescent girls », *Developmental Psychology*, vol. 30, p. 823-834.

GrandQuebec.com. ([s.d.]a). « Mariage ou l'union libre? », [en ligne]. [http://grandquebec.com/psychologie-quebec/mariage-union-libre/] (13 avril 2010).

GrandQuebec.com. ([s.d.]b). « Couples homosexuels », [en ligne]. [http://grandquebec.com/psychologie-quebec/couples-homosexuels] (13 avril 2010).

Gratch, Gerald et Schatz, Joseph. (1987). « Cognitive development: The relevance of Piaget's infancy books », dans Joy Doniger Osofsky (dir.), *Handbook of infant development, 2e édition*, New York, Wiley.

Gratton, Brian et Haber, Carole. (1996). « Three phases in the history of American grandparents: Authority, burden, companion », *Generations*, vol. 20, p. 7-12.

Green, A.L. et Boxer, Andres M. (1986). « Daughters and sons as young adults », dans Nancy Datan, Anita Greene et Hayne W. Reese (dir.), *Life-span developmental psychology: Intergenerational relations*, Hillsdale (NJ), Erlbaum.

Greene, Melissa L., Way, Niobe et Pahl, Kerstin. (2006). « Trajectories of perceived adult and peer discrimination among Black, Latino, and Asian American adolescents: Patterns and psychological correlates », *Developmental Psychology*, vol. 42, p. 218-238.

Greene, Sheila. (2003). *The psychological development of girls and women: Rethinking change in time*, New York, Routledge.

Greenfield, Emily A. et Marks, Nadine F. (2006). « Linked lives: adult children's problems and their parents' psychological and relational well-being », *Journal of Marriage and Family*, vol. 68, p. 442-454.

Greenough, William T., Black, James E. et Wallace, Christopher S. (1987). « Experience and brain development », *Child Development*, vol. 58, p. 539-559.

Grigorenko, Elena L. (2003). « Epistasis and the genetics of complex traits », dans Robert Plomin, John C. DeFries, Ian W. Craig et Peter McGuffin (dir.), « Behavioral genetics in the postgenomic era », Washington (DC), *American Psychological Association*, p. 247-266.

Grolnick, Wendy S., Deci, Edward L. et Ryan, Richard M. (1997). « Internalization within the family: The self-determination theory perspective », dans Joan E. Grusec et Leon Kuczynski (dir.), *Parenting and children's internalization of values: A handbook of contemporary theory*, New York, Wiley, p. 135-161.

Grolnick, Wendy S., McMenamy, Jannette M. et Kurowski, Carolyn O. (2006). « Emotional self-regulation in infancy and toddlerhood », dans Lawrence Balter et Catherine S. Tamis-LeMonda (dir.), *Child psychology: A handbook of contemporary issues, 2e édition*, New York, Psychology Press, p. 3-25.

Grossmann, Klaus E., Grossmann, Karin et Waters, Everett (dir.). (2005). *Attachment from infancy to adulthood: The major longitudinal studies*, New York, Guilford Press.

Grundy, Emily et Henretta, John C. (2006). « Between elderly parents and adult children: A new look at the intergenerational care provided by the "sandwich generation" », *Ageing & Society*, vol. 26, p. 707-722.

Grusec, Joan E. (1994). « Social learning theory and developmental psychology: The legacies of Robert R. Sears and Albert Bandura », dans Ross D. Parke, Peter A. Ornstein, John J. Rieser et Carolyn, Zahn-Waxler (dir.), *A century of developmental psychology*, Washington (DC), American Psychological Association.

Grusec, Joan E. et Lytton, Hugh. (1988). *Social development: History, theory, and research, 3e édition*, New York, Springer Verlag.

Guillaume, Michele et Lissau, Inge. (2002). « Epidemiology », dans Walter Burniat, Tim J. Cole, Inge Lissau et Elizabeth M. E. Poskitt (dir.), *Child and adolescent obesity: Causes and consequences, prevention and management*, New York, Cambridge University Press, p. 28-49.

Gurung, Regan A. R., Taylor, Shelley E. et Seeman, Teresa E. (2003). « Accounting for changes in social support among married older adults: Insights from the MacArthur studies of successful aging », *Psychology and Aging*, vol. 18, p. 487-496.

Gustafson, Gwen E. et Green, James A. (1991). « Developmental coordination of cry sounds with visual regard and gestures », *Infant Behavior and Development*, vol. 14, n° 1, janvier-mars, p. 51-57.

Gustafson, Gwen E. et Harris, Karen L. (1990). « Women's responses to young infants' cries », *Developmental Psychology*, vol. 26, p. 144-152.

Gustafson, Kathryn E., Bonner, Melanie J., Hardy, Kristina K. et Thompson Jr, Robert J. (2006). « Biopsychosocial and developmental issues in sickle cell disease », dans Ronald T. Brown (dir.), *Comprehensive handbook of childhood cancer and sickle cell disease: A biopsychosocial approach*, New York, Oxford University Press, p. 431-448.

Gutmann, David. (1994). *Reclaimed powers: Men and women in later life, 2e édition*, Evanston (IL), Northwestern University Press.

Habimana, Emmanuel, Ethier, Louise S., Petot, Djaouida et Tousignant, Michel. (dir.). (1999). *Psychologie de l'enfant et de l'adolescent, Approche intégrative*, Montréal, Gaëtan Morin.

Hachey, Isabelle. (21 avril 2008). « Des enseignantes et des éducatrices ont vécu de douloureuses expériences, La terreur gagne même la maternelle », [en ligne]. [http://www.gripinfo.ca/grip/public/www/doc/medias/2008-04-21-LeDroit.pdf] (28 janvier 2010).

Haden, Catherine A., Ornstein, Peter A., Eckerman, Carol O. et Didow, Sharon M. (2001). « Mother-child conversational interactions as events unfold: Linkages to subsequent remembering », *Child Development*, vol. 72, p. 1016-1031.

Hagedoorn, Mariët, Van Yperen, Nico W., Coyne, James C., van Jaarsveld, Cornelia H. M., Ranchor, Adelita V., van Sonderen, Eric et coll. (2006). « Does marriage protect older people from distress? The role of equity and recency of bereavement », *Psychology and Aging*, vol. 21, n° 3, p. 611-620.

Haith, Marshall M. (1990). « Perceptual and sensory processes in early infancy », *Merrill-Palmer Quarterly*, vol. 36, p. 1-26.

Hale, Sandra (1990). « A global developmental trend in cognitive processing speed », *Child Development*, vol. 61, p. 653-663.

Halford, Graeme S. et Andrews, Glenda. (2006). « Reasoning and problem solving », dans Deanna Kuhn et Robert S. Siegler (dir.), *Handbook of child psychology, vol. 2: Cognition, perception, and language, 6e édition*, Hoboken (NJ), Wiley, p. 557-608.

Hallenbeck, James. (2003). *Palliative care perspectives*, New York, Oxford University Press.

Halliwell, Barry et Gutteridge, John M. C. (2007). *Free radicals in biology and medicine, 4e édition*, New York, Oxford University Press.

Hamann, Jean. (2003). « Bien portés, bien portants », [en ligne]. [http://www.scom.ulaval.ca/Au.fil.des.evenements/2003/11.13/kangourou.html] (1er octobre 2009).

Hamermesh, Daniel S., Meng, Xin et Zhang, Junsen. (2002). « Dress for success – Does primping pay? », *Labour Economics*, vol. 9, p. 361-373.

Hamm, Jill V. et Faircloth, Beverly S. (2005). « The role of friendship in adolescents' sense of school belonging », *New Directions for Child and Adolescent Development*, vol. 107, p. 61-78.

Hammen, Constance. (2003). « Risk and protective factors for children of depressed parents », dans Suniya S. Luthar (dir.), *Resilience and vulnerability: Adaptation in the context of childhood adversities*, New York, Cambridge University Press, p. 50-75.

Hampton, Tracy. (2005). « Alcohol and cancer », *Journal of the American Medical Association*, vol. 294, p. 1481.

Hankin, Benjamin L. et Abramson, Lyn Y. (2001). « Development of gender differences in depression: An elaborated cognitive vulnerability-transactional stress theory », *Psychological Bulletin*, vol. 127, p. 773-796.

Hardy, Melissa. (2006). « Older workers », dans Robert H. Binstock et Linda K. George (dir.), *Handbook of aging and the social sciences, 6e édition*, Amsterdam, Elsevier, p. 201-218.

Hareven, Tamara K. (2001). « Historical perspectives on aging and family relations », dans Robert H. Binstock (dir.), *Handbook of aging and the social sciences, 5e édition*, San Diego (CA), Academic Press, p. 141-159.

Harlow, Harry F. (1958). « The nature of love », *American Psychologist*, vol. 13, p. 673-685.

Harmon, Amy. (2004). « *In new tests for fetal defects, agonizing choices for parents* », New York Times, 20 juin, p. A1 et A19.

Hart, Daniel, Atkins, Robert et Fegley, Suzanne. (2003). « Personality and development in childhood: A person-centered approach », *Monographs of the Society for Research in Child Development*, série 272, vol. 68, p. vii-109.

Harter, Susan, Marold, Donna B., Whitesell, Nancy R. et Cobbs, Gabrielle. (1996). « A model of the effects of perceived parent and peer support on adolescent false self behavior », *Child Development*, vol. 67, p. 360-374.

Harter, Susan. (1993). « Visions of self : Beyond the me in the mirror », dans J.E. Jacobs (dir.), *Nebraska Symposium on Motivation, vol. 40 : Developmental perspectives on motivation*, Lincoln, University of Nebraska Press.

Harter, Susan. (1998). « The development of self-representations », dans Nancy Eisenberg (dir.), *Handbook of child psychology, vol. 3 : Social, emotional and personality development, 5e édition*, New York, Wiley, p. 553-618.

Harter, Susan. (2006). « The self », dans Nancy Eisenberg (dir.), *Handbook of child psychology, vol. 3 : Social, emotional, and personality development, 6e édition*, Hoboken (NJ), Wiley p. 505-570.

Hartmann, Donald P. et Pelzel, Kelly E. (2005). « Design, measurement, and analysis in developmental research », dans Marc H. Bornstein et Michael E. Lamb (dir.), *Developmental science: An advanced textbook, 5e édition*, Mahwah (NJ), Erlbaum, p. 103-184.

Hartup, Willard W. (1989). « Social relationships and their developmental significance », *American Psychologist*, vol. 44, p. 120-126.

Hassan, Mohamed A. M. et Killick, Stephen R. (2003). « Effect of male age on fertility: Evidence for the decline in male fertility with increasing age », *Fertility and Sterility*, vol. 79, suppl. 3, p. 1520-1527.

Hatfield, Elaine et Rapson, Richard L. (2006). « Passionate love, sexual desire, and mate selection: Cross-cultural and historical perspectives », dans Patricia Noller et Judith A. Feeney (dir.), *Close relationships: Functions, forms and processes*, Hove (G-B), Psychology Press/Taylor & Francis, p. 227-243.

Hatfield, Elaine. (1988). « Theories of romantic love », dans Robert J. Sternberg et Michael L. Barnes (dir.), *The psychology of love*, New Haven (CT), Yale University Press.

Havik, Richard J. (19 septembre 1986). *Aging in the eighties: Impaired senses for sound and light in persons age 65 years and over*, n° 125, DHHS Publication no 86-1250, Hyattsville (MD), National Center for Health Statistics, Public Health Service.

Hayes, Brett K. et Younger, Katherine. (2004). « Category-use effects in children », *Child Development*, vol. 75, p. 1719-1732.

Hayflick, Leonard et Moorhead, Paul S. (1961). « The serial cultivation of human diploid cell strains », *Experimental Cell Research*, vol. 25, p. 585-621.

Hayflick, Leonard. (1994). *How and why we age*, New York, Ballantine Books.

Hayflick, Leonard. (2001-2002). « Antiaging medicine: Hype, hope, and reality », *Generations*, vol. 25, n° 4, p. 20-26.

Hayslip, Bert et Patrick, Julie Hicks. (2003). « Custodial grandparenting viewed from within a life-span perpective », dans Jr. Bert Hayslip et Julie Hicks Patrick (dir.), *Working with custodial grandparents*, New York, Springer, p. 3-11.

Heap, Kari Killen. (1991). « A predictive and follow-up study of abusive and neglectful families by case analysis », *Child Abuse and Neglect*, vol. 15, p. 261-273.

Heibeck, Tracy H. et Markman, Ellen M. (1987). « Word learning in children: An examination of fast mapping », *Child Development*, vol. 58, p. 1021-1034.

Heinz, Walter R. (2002). « Self-socialization and post-traditional society », dans Richard A. Settersten Jr. et Timothy J. Owens (dir.), *Advances in life course research, vol. 7: New frontiers in socialization*, Amsterdam, JAI, p. 41-64.

Henig, Robin Marantz. (2004,). « Sorry. Your eating disorder doesn't meet our criteria », *New York Times Magazine*, 30 novembre, p. 32-37.

Henrard, Jean-Claude. (2002). *Les défis du vieillissement, La vieillesse n'est pas une maladie !*, Paris, La Découverte.

Henson, Sian M. et Aspinall, Richard J. (2003). « Ageing and the immune response », dans Richard J. Aspinall (dir.), *Aging of organs and systems*, Boston, Kluwer Academic, p. 225-242.

Herbert, Alan, Gerry, Norman P., McQueen, Matthew B., Heid, Iris M., Pfeufer, Arne, Illig, Thomas et coll. (2006). « A common genetic variant is associated with adult and childhood obesity », *Science*, vol. 312, 14 avril, p. 279-283.

Herman-Giddens, Marcia E., Wang, Lily et Koch, Gary. (2001). « Secondary sexual characteristics in boys: Estimates from the National Health and Nutrition Examination Survey III, 1988-1994 », *Archives of Pediatrics & Adolescent Medicine*, vol. 155, p. 1022-1028.

Hertenstein, Matthew J. et Campos, Joseph J. (2001). « Emotion regulation via maternal touch », *Infancy*, vol. 2, p. 549-566.

Hess, Thomas M. (2005). « Memory and aging in context », *Psychological Bulletin*, vol. 131, p. 383-406.

Hess, Thomas M. (2006). « Attitudes toward aging and their effects on behavior », dans James E. Birren et K. Warner Schaie (dir.), *Handbook of the psychology of aging, 6e édition*, Amsterdam, Elsevier, p. 379-406.

Hess, Thomas M. et Hinson, Joey T. (2006). « Age-related variation in the influences of aging stereotypes on memory in adulthood », *Psychology and Aging*, vol. 21, p. 621-625.

Hetherington, E. Mavis et Kelly, John. (2002). *For better or for worse: Divorce reconsidered*, New York, Norton.

Heuveline, Patrick. (2002). « An international comparison of adolescent and young adult mortality », *Annals of the American Academy of Political and Social Science*, vol. 580, p. 172-200.

Hildyard, Kathryn L. et Wolfe, David A. (2002). « Child neglect: Developmental issues and outcomes », *Child Abuse & Neglect*, vol. 26, nos 6-7, p. 679-695.

Hill, Robert D., Thorn, Brian L., Bowling, John et Morrison, Anthony (dir.). (2002). *Geriatric residential care*, Mahwah (NJ), Erlbaum.

Hinds, David A., Stuve, Laura L., Nilsen, Geoffrey B., Halperin, Eran, Eskin, Eleazar, Ballinger, Dennis G. et coll. (2005). « Whole-genome patterns of common DNA variation in three human populations », *Science*, vol. 307, 18 février, p. 1072-1079.

Hines, Melissa. (2004). *Brain gender*, Oxford (G-B), Oxford University Press.

HiPP. ([s.d.]). « Quelles sont les grandes étapes du développement du langage ? », [en ligne]. [http://www.hipp.fr/questions-frequentes_sante_5.php] (10 octobre 2009).

Hitt, Rachel, Young-Xu, Yinong, Silver, Margery et Perls, Thomas. (1999). « Centenarians: The older you get, the healthier you have been », *Lancet*, vol. 354, p. 652.

Hoff, Erika et Naigles, Letitia. (2002). « How children use input to acquire a lexicon », *Child Development*, vol. 73, p. 418-433.

Hohmann-Marriott, Bryndl E. (2006). « Shared beliefs and the union stability of married and cohabiting couples », *Journal of Marriage and Family*, vol. 68, p. 1015-1028.

Hollich, George J., Hirsh-Pasek, Kathy, Golinkoff, Roberta Michnick, Brand, Rebecca J., Brown, Ellie, Chung, He Len et coll. (2000). « Breaking the language barrier: An emergentist coalition model for the origins of word learning », *Monographs of the Society for Research in Child Development*, série 262, vol. 65, n° 3, p. v-123.

Holliday, Robin. (1995). *Understanding ageing*, Cambridge (G-B), Cambridge University Press.

Hooker, Karen, Fiese, Barbara H., Jenkins, Lisa, Morfei, Milene Z. et Schwagler, Janet. (1996). « Possible selves among parents of infants and preschoolers », *Developmental Psychology*, vol. 32, p. 387-389.

Horn, John L. (1982). « The aging of human abilities », dans Benjamin B. Wolman (dir.), *Handbook of developmental psychology*, Englewood Cliffs (NJ), Prentice Hall.

Horn, John L. (1985). «Remodeling old models of intelligence», dans Benjamin B. Wolman (dir.), *Handbook of intelligence: Theories, measurements, and applications*, New York, Wiley.

Horn, John L. et Hofer, Scott M. (1992). «Major abilities and development in the adult period», dans Robert J. Sternberg et Cynthia A. Berg (dir.), *Intellectual development*, New York, Cambridge University Press.

Horn, John L. et Masunaga, Hiromi. (2000). «New directions for research into aging and intelligence: The development of expertise», dans Timothy J. Perfect et Elizabeth A. Maylor (dir.), *Models of cognitive aging*, London, Oxford University Press, p. 125-159.

Horowitz, Frances Degen. (1994). «John B. Watson's legacy: Learning and environment», dans Ross D. Parke, Peter A. Ornstein, John J. Rieser et Carolyn Zahn-Waxler (dir.), *A century of developmental psychology*, Washington (DC), American Psychological Association.

Houde, Renée. (1991). *Les temps de la vie, Le développement psychosocial de l'adulte selon la perspective du cycle de vie, 2e édition*, Montréal, Gaëtan Morin.

Houde, Renée. (1995). *Des mentors pour la relève*, Montréal, Éditions du Méridien.

Howard, Jeffrey A. (2005). «Why should we care about student expectations?», dans Thomas E. Miller, Barbara E. Bender et John H. Schuh (dir.), *Promoting reasonable expectations: Aligning student and institutional views of the college experience*, San Francisco, Jossey-Bass, p. 10-33.

Howe, Christine. (1998). *Conceptual structure in childhood and adolescence: The case of everyday physics*, London (G-B), Routledge.

Hsu, Hui-Chin, Fogel, Alan et Cooper, Rebecca B. (2000). «Infant vocal development during the first 6 months: Speech quality and melodic complexity», *Infant and Child Development*, vol. 9, p. 1-16.

Hu, Frank B., Li, Tricia Y., Colditz, Graham A., Willett, Walter C. et Manson, JoAnn E. (2003). «Television watching and other sedentary behaviors in relation to risk of obesity and type 2 diabetes mellitus in women», *Journal of the American Medical Association*, vol. 289, p. 1785-1791.

Hubbs-Tait, Laura, Culp, Anne McDonald, Culp, Rex E. et Miller, Carrie E. (2002). «Relation of maternal cognitive stimulation, emotional support, and intrusive behavior during Head Start to children's kindergarten cognitive abilities», *Child Development*, vol. 73, p. 110-131.

Hubin-Gayte, Mylène et Candilis-Huisman, Drina. (2000). *Article «Consolabilité» du Dictionnaire de psychopathologie de l'enfant et de l'adolescent*, Paris, Presses universitaires de France.

Huffman, Karen, Vernoy, Mark et Vernoy, Judith. (2007). *Psychologie en direct, 3e édition*, Montréal, Groupe Modulo.

Hugdahl, Kenneth et Davidson, Richard J. (dir.). (2002). *The asymmetrical brain*, Cambridge (MA), MIT Press.

Hulanicka, Barbara. (1999). «Acceleration of menarcheal age of girls from dysfunctional families», *Journal of Reproductive and Infant Psychology*, vol. 17, p. 119-132.

Hunter, Ski et Sundel, Martin. (dir.). (1989). *Midlife myths: Issues, findings and practice implications*, Newbury Park (CA), Sage.

Husain, Nusrat, Bevc, Irene, Husain, M., Chaudhry, Imram B., Atif, N. et Rahman, A. (2006). «Prevalence and social correlates of postnatal depression in a low income country», *Archives of Women's Mental Health*, vol. 9, p. 197-202.

Hussey, Jon M., Chang, Jen Jen et Kotch, Jonathan B. (2006). «Child maltreatment in the United States: Prevalence, risk factors, and adolescent health consequences», *Pediatrics*, vol. 118, p. 933-942.

Huston, Aletha C. (1983). «Sex-typing», dans P.H. Mussen (dir.), *Handbook of child psychology, vol. 4: Socialization, personality and social development*, New York, Wiley.

Huston, Ted L. (2000). «The social ecology of marriage and other intimate unions», *Journal of Marriage and Family*, vol. 62, p. 298-319.

Huttenlocher, Peter R. (1994). «Synaptogenesis in human cerebral cortex», dans Geraldine Dawson et Kurt W. Fischer (dir.), *Human behavior and the developing brain*, New York, Guilford.

Hymel, Shelley et Moretti, Marlene. (1999). «Introduction to new directions in theory and research on the developing self», *Merrill-Palmer Quarterly*, vol. 45, nº 4, octobre, p. 533-542.

Hymel, Shelly et Ford, Laurie. (2004). «Diplomation et succès scolaire : l'impact de la compétence socioémotive précoce», dans R. E. Tremblay, R. G. Barr et R. De V. Peters (dir.), *Encyclopédie sur le développpement des jeunes enfants*, [en ligne]. [http://www.enfant-encyclopedie.com/documents/hymel-FordFRxp.pdf] (12 mars 2010).

Index Mundi. (2008). «Canada – Espérance de vie à la naissance», [en ligne]. [http://www.indexmundi.com/fr/canada/esperance_de_vie_a_la_naissance.html] (18 mars 2010).

Inhelder, Bärbel et Piaget, Jean. (1958). *The growth of logical thinking from childhood to adolescence: An essay on the construction of formal operational structures*, New York, Basic Books.

Inouye, Sharon K. (2006). «Delirium in older persons», *New England Journal of Medicine*, vol. 354, p. 1157-1165.

Institut canadien d'information sur la santé. (25 juillet 2007). «Donner naissance au Canada : tendances régionales de 2001-2002 à 2005-2006», [en ligne]. [http://secure.cihi.ca/cihiweb/dispPage.jsp?cw_page=PG_1412_F&cw_topic=1412&cw_rel=AR_1106_F#full] (1er novembre 2009).

Institut canadien d'information sur la santé. (25 juillet 2007). «Hausse du taux de fable poids à la naissance au Canada», [en ligne]. [http://secure.cihi.ca/cihiweb/dispPage.jsp?cw_page=media_25jul2007_f] (1er novembre 2009).

Institut canadien de recherches avancées. (1999) *Inverser la véritable fuite des cerveaux, Étude sur la petite enfance*, Toronto, Publications Ontario.

Institut de la statistique du Québec. (2002). *Étude longitudinale du développement des enfants du Québec, De la naissance à 29 mois. «Le sommeil : évolution et facteurs associés»*, [en ligne]. [http://www.jesuisjeserai.stat.gouv.qc.ca/bebe/pdf/BebeV2No4.pdf] (18 décembre 2009).

Institut de la statistique du Québec. (2003). *Conditions sociales et santé*, coll. Étude longitudinale du développement des enfants au Québec (ÉLDEQ 1998-2002), de la naissance à 29 mois, vol. 2, nº 3, Québec, gouvernement du Québec.

Institut de la statistique du Québec. (2004). «La violence familiale dans la vie des enfants du Québec», [en ligne]. [http://www.stat.gouv.qc.ca/publications/conditions/violence_fam2004_pdf.htm] (12 février 2009).

Institut de la statistique du Québec. (2009). «Le surplus de poids chez les enfants de 4 à 7 ans : des cibles pour l'action», [en ligne]. [www.jesuisjeserai.stat.gouv.qc.ca/pdf/publications/feuillet/Fasc3Vol4.pdf] (10 octobre 2009).

Institut de la statistique du Québec. (2009). *Les titulaires d'un grade universitaire au Québec : ce qu'en disent les données du Recensement de 2006*, Québec, gouvernement du Québec.

Institut national de santé publique du Québec. (2005). «La difficulté de concilier travail-famille : ses impacts sur la santé physique et mentale des familles québécoises», [en ligne]. [http://www.inspq.qc.ca/pdf/publications/375-ConciliationTravail-Famille.pdf] (13 avril 2010).

Institute of Medicine (U.S.), Committee on Food Marketing and the Diets of Children and Yout. (2006). *Food marketing to children and youth: Threat or opportunity?*, Washington (DC), The National Academies Press.

Isabella, Russell A. (1993). «Origins of attachment: Maternal interactive behavior across the first year», *Child Development*, vol. 64, p. 605-621.

Isabella, Russell A., et Belsky, Jay. (1991). «Interactional synchrony and the origins of infant-mother attachment: A replication study», *Child Development*, vol. 62, p. 373-384.

Izard, Carroll E., Fine, Sarah, Mostow, Allison, Trentacosta, Christopher et Campbell, Jan. (2002). «Emotion processes in normal and abnormal development and preventive intervention», *Development and Psychopathology*, vol. 14, p. 761-787.

Jaccard, James, Dodge, Tonya et Dittus, Patricia. (2002). «Parent-adolescent communication about sex and birth control: A conceptual framework», dans

S. Shirley Feldman et Doreen A. Rosenthal (dir.), *Talking sexuality: Parent-adolescent communication*, San Francisco, Jossey-Bass p. 9-41.

Jackson, Yo et Warren, Jared S. (2000). « Appraisal, social support, and life events: Predicting outcome behavior in school-age children », *Child Development*, vol. 71, p. 1441-1457.

Jacobs, Janis E., Lanza, Stephanie, Osgood, D. Wayne, Eccles, Jacquelynne S. et Wigfield, Allan. (2002). « Changes in children's self-competence and values: Gender and domain differences across grades one though twelve », *Child Development*, vol. 73, p, 509-527.

Jacobson, Joseph L. et Wille, Diane E. (1986). « The influence of attachment pattern on developmental changes in peer interaction from the toddler to the preschool period », *Child Development*, vol. 57, no 2, p. 338-347.

Jacques, Josée. (1998). *Psychologie de la mort et du deuil*, Montréal, Groupe Modulo.

Jaffee, Sara, Caspi, Avshalom, Moffitt, Terrie E., Belsky, Jay et Silva, Phil. (2001). « Why are children born to teen mothers at risk for adverse outcomes in young adulthood? Results from a 20-year longitudinal study ». *Development and Psychopathology*, vol. 13, p. 377-397.

Jahns, Lisa, Siega-Riz, Anna Maria et Popkin, Barry M. (2001). « The increasing prevalence of snacking among U.S. children from 1977 to 1996 », *Journal of Pediatrics*, vol. 138, p. 493-498.

James, Raven. (2007). « Sexually transmitted infections », dans Annette Fuglsang Owens et Mitchell S. Tepper (dir.), *Sexual health, vol. 4: State-of-the-art treatments and research*, Westport (CT), Praeger/Greenwoo, p. 235-267.

Jardy-Masson, Claire. (1999). *Puériculture pratique, 2e édition*, Paris, Masson.

Jastrzembski, Tiffany S., Charness, Neil et Vasyukova, Catherine. (2006). « Expertise and age effects on knowledge activation in chess », *Psychology and Aging*, vol. 21, p. 401-405.

Jehel, Louis et Dayan, Jacques. (2003). « Quels sont les outils de repérage permettant d'évaluer la gravité du traumatisme lié à une maltraitance ? », [en ligne]. [http://psydoc-fr.broca.inserm.fr/conf&rm/Conf/confvictime/experthtml/dayjeh.html] (7 décembre 2009).

Jenkins, Jennifer M. et Astington, Janet Wilde. (1996). « Cognitive factors and family structure associated with theory of mind development in young children », *Developmental Psychology*, vol. 32, p. 70-78.

Jensen, Arthur Robert. (1998). *The g factor: The science of mental ability*, Westport (CT), Praeger.

Jenson, Jeffrey M. et Fraser, Mark W. (2006). *Social policy for children & families: A risk and resilience perspective*, Thousand Oaks (CA), Sage.

Jessor, Richard, Donovan, John E. et Costa, Frances M. (1991). *Beyond adolescence: Problem behavior and young adult development*, Cambridge (G-B), Cambridge University Press.

Johnson, Colleen L. et Barer, Barbara M. (1993). « Coping and a sense of control among the oldest old: An exploratory analysis », *Journal of Aging Studies*, vol. 7, p. 67-80.

Johnson, Dana E. (2000). « Medical and developmental sequelae of early childhood institutionalization in Eastern European adoptees », dans Charles A. Nelson (dir.), *The Minnesota symposia on child psychology, vol. 31: The effects of early adversity on neurobehavioral development*, Mahwah (NJ), Erlbaum, p. 113-162.

Johnson, Mark H. (2005). « Developmental neuroscience, psychophysiology and genetics », dans Marc H. Bornstein et Michael E. Lamb (dir.), *Developmental science: An advanced textbook, 5e édition*, Mahwah (NJ), Erlbaum, p. 187-222.

Johnson, Scott P., Bremner, J. Gavin, Slater, Alan, Mason, Uschi, Foster, Kirsty et Cheshire, Andrea. (2003). « Infants' perception of object trajectories », *Child Development*, vol. 74, p. 94-108.

Johnston, Timothy D. et Edwards, Laura. (2002). « Genes, interactions, and the development of behavior », *Psychological Review*, vol. 109, p. 26-34.

Jones, Steve. (2006). « Prosperous people, penurious genes », *Science*, vol. 314, n° 5807, 22 décembre, p. 1879.

Jones, Susan S., Smith, Linda B. et Landau, Barbara. (1991). « Object properties and knowledge in early lexical learning », *Child Development*, vol. 62, p. 499-516.

Jopp, Daniela et Rott, Christoph. (2006). « Adaptation in very old age: Exploring the role of resources, beliefs, and attitudes for centenarians' happiness », *Psychology and Aging*, vol. 21, p. 266-280.

Judge, Timothy A., Parker, Sharon, Colbert, Amy E., Heller, Daniel et Ilies, Remus. (2001). «Job satisfaction: A cross-cultural review», dans Neil Anderson, Deniz S. Ones, Handan K. Sinangil et Chockalingam Viswesvaran (dir.), *Handbook of industrial, work and organizational psychology*, vol. 2, Thousand Oaks (CA), Sage Books, p. 25-52.

Juujärvi, Soile. (2005). « Care and justice in real-life moral reasoning », *Journal of Adult Development*, vol. 12, p. 199-210.

Kagan, Jerome et Fox, Nathan A. (2006). « Biology, culture, and temperamental biases », dans Nancy Eisenberg (dir.), *Handbook of child psychology, Vol. 3: Social, emotional, and personality development, 6e édition*, Hoboken (NJ), Wiley, p. 167-225.

Kagan, Jerome et Herschkowitz, Elinore Chapman. (2005). *Young mind in a growing brain*, Mahwah (NJ), Erlbaum.

Kagan, Jerome et Snidman, Nancy C. (2004). *The long shadow of temperament*, Cambridge (MA), Belknap Press.

Kagan, Jerome. (1989). « Temperamental contributions to social behavior », *American Psychologist*, vol. 44, p. 668-674.

Kagan, Jerome. (1998). *Galen's prophecy: Temperament in human nature*, Boulder (CO), Westview Press.

Kagan, Jerome. (2002). *Surprise, uncertainty, and mental structures*, Cambridge (MA), Harvard University Press.

Kahana-Kalman, Ronit et WalkerAndrews, Arlene S. (2001). « The role of person familiarity in young infants' perception of emotional expressions », *Child Development*, vol. 72, p. 352-369.

Kail, Robert. (1990). *The development of memory in children, 3e édition*, New York, Freeman.

Kail, Robert. (1991a). « Developmental changes in speed of processing during childhood and adolescence », *Psychological Bulletin*, vol. 109, p. 490-501.

Kail, Robert. (1991b). « Processing time declines exponentially during childhood and adolescence », *Developmental Psychology*, vol. 27, p. 259-266.

Kalish, Richard A. (1985). « The social context of death and dying », dans Robert H. Binstock et Ethel Shanas (dir.), *Handbook of aging and the social sciences*, New York, Van Nostrand Reinhold.

Kalmijn, Matthijs. (2003). « Shared friendship networks and the life course: An analysis of survey data on married and cohabiting couples », *Social Networks*, vol. 25, p. 231-249.

Kanungo, Madhu S. (1994). *Genes and aging*, New York, Cambridge University Press.

Karney, Benjamin R. et Bradbury, Thomas N. (2005). « Contextual influences on marriage: Implications for policy and intervention », *Current Directions in Psychological Science*, vol. 14, p. 171-174.

Karpov, Yuriy V. et Haywood, H. Carl. (1998). « Two ways to elaborate Vygotsky's concept of mediation », *American Psychologist*, vol. 53, p. 27-36.

Kastenbaum, Robert. (2006). *Death, society, and human experience, 9e édition*, Boston, Allyn and Bacon.

Katchadourian, Herant A. (1987). *Fifty: Midlife in perspective*, New York, Freeman.

Kaufman, James C. et Sternberg, Robert J. (2006). *The international handbook of creativity*, New York, Cambridge University Press.

Kaufman, Kenneth R. et Kaufman, Nathaniel D. (2006). « And then the dog died », *Death Studies*, vol. 30, p. 61-76.

Kaufman, Sharon R. (1986). *The ageless self: Sources of meaning in late life*, Madison (WI), University of Wisconsin Press.

Kazdin, Alan E. (2001). *Behavior modification in applied settings, 6e édition*, Belmont (CA), Wadsworth/Thomson Learning.

Keating, Daniel P. (1990). « Adolescent thinking », dans S. S. Feldman et G. R. Elliott (dir.), *At the threshold: The developing adolescent*, Cambridge (MA), Harvard University Press.

Keating, Daniel P. (2004). « Cognitive and brain development », dans Richard M. Lerner et Laurence D. Steinberg (dir.), *Handbook of adolescent psychology, 2e édition*, Hoboken (NJ), Wiley, p. 45-84.

Kedar, Yarden, Casasola, Marianella et Lust, Barbara. (2006). « Getting there faster: 18 and 24-month-old infants' use of function words to determine reference », *Child Development*, vol. 77, p. 325-338.

Kegan, Robert. (1982). *The evolving self: Problem and process in human development*, Cambridge (MA), Harvard University Press.

Keil, Frank C. et Lockhart, Kristi L. (1999). « Explanatory understanding in conceptual development », dans Ellin Kofsky Scholnick, Katherine Nelson, Susan A. Gelman et Patricia H. Miller (dir.), *Conceptual development: Piaget's legacy*, Mahwah (NJ), Erlbaum, p. 103-130.

Keiley, Margaret K., Howe, Tasha R., Dodge, Kenneth A., Bates, John E. et Pettit, Gregory S. (2001). « The timing of child physical maltreatment: A cross-domain growth analysis of impact on adolescent externalizing and internalizing problems », *Development and Psychopathology*, vol. 13, n° 4, p. 891-912.

Kelly, Michelle M. (2006). « The medically complex premature infant in primary care », *Journal of Pediatric Health Care*, vol. 20, p. 367-373.

Kemp, Candace L. (2007). « Grandparent-grandchild ties: Reflections on continuity and change across three generations », *Journal of Family Issues*, vol. 28, p. 855-881.

Kemper, Susan, Herman, Ruth E. et Lian, Cindy H. T. (2003). « The costs of doing two things at once for young and older adults: Talking while walking, finger tapping, and ignoring speech or noise », *Psychology and Aging*, vol. 18, p.181-192.

Kendall-Tackett, Kathleen. (2002). « The health effects of childhood abuse: Four pathways by which abuse can influence health », *Child Abuse & Neglect*, vol. 26, p. 715-729.

Kendler, Howard H. (2002). « Unified knowledge: Fantasy or reality? » (critique du livre *Unity of knowledge: The convergence of natural and human science*), *Contemporary Psychology: APA Review of Books*, vol. 47, p. 501-503.

Kenyon, Brenda L. (2001). « Current research in children's conceptions of death: A critical review », *Omega: Journal of Death and Dying*, vol. 43, p. 63-91.

Kerr, David C., Capaldi, Deborah M., Pears, Katherine C. et Owen, Lee D. (2009). « A prospective three generational study of fathers' constructive parending : Influences from family of origin, adolescent adjustment, and offspring temperament », *Developmental Psychology*, vol. 45, n° 5, septembre, p. 1257-1275.

Kessler, Ronald C., Berglund, Patricia, Demler, Olga, Jin, Robert et Walters, Ellen E. (2005). « Lifetime prevalence and age-of-onset distributions of DSM-IV disorders in the National Comorbidity Survey Replication », *Archives of General Psychiatry*, vol. 62, p. 593-602.

Khaleque, Abdul et Rohner, Ronald P. (2002). « Perceived parental acceptance-rejection and psychological adjustment: A meta-analysis of cross-cultural and intracultural studies », *Journal of Marriage and Family*, vol. 64, p. 54-64.

Khawaja, Marwan, Jurdi, Rozzet et Kabakian-Khasholian, Tamar. (2004). « Rising trends in cesarean section rates in Egypt », *Birth: Issues in Perinatal Care*, vol. 31, p. 12-16.

Killen, Melanie. (2007). « Children's social and moral reasoning about exclusion », *Current Directions in Psychological Science*, vol. 16, p. 32-36.

Kim-Cohen, Julia, Moffitt, Terrie E., Caspi, Avshalom et Taylor, Alan. (2004). « Genetic and environmental processes in young children's resilience and vulnerability to socioeconomic deprivation », *Child Development*, vol. 75, p. 651-668.

Kimmel, Michael S. (2004). *The gendered society, 2e édition*, New York, Oxford University Press.

King, Patricia M. et Kitchener, Karen S. (1994). *Developing reflective judgment: Understanding and promoting intellectual growth and critical thinking in adolescents and adults*, San Francisco, Jossey-Bass.

Kinsella, Kevin G. (2005). « Future longevity-demographic concerns and consequences », *Journal of the American Geriatrics Society*, vol. 53, suppl. 19, p. S299-S303.

Klaczynski, Paul A. (2001). « Analytic and heuristic processing influences on adolescent reasoning and decision-making », *Child Development*, vol. 72, p. 844-861.

Klaczynski, Paul A. (2005). « Metacognition and cognitive variability: A dual-process model of decision making and its development », dans Janis E. Jacobs et Paul A. Klaczynski (dir.), *The development of judgment and decision making in children and adolescents*, Mahwah (NJ), Erlbaum, p. 39-76.

Klaczynski, Paul A. et Cottrell, Jennifer M. (2004). « A dual-process approach to cognitive development: The case of children's understanding of sunk cost decisions », *Thinking & Reasoning*, vol. 10, p. 147-174.

Kline, Donald W. et Scialfa, Charles T. (1996). « Visual and auditory aging », dans James E. Birren et K. Warner Schaie (dir.), *Handbook of the psychology of aging*, San Diego (CA), Academic Press.

Kochanska, Grazyna, Aksan, Nazan, Penney, Sara J., et Doobay, Alissa F. (2007). « Early positive emotionality as a heterogeneous trait: Implications for children's self-regulation », *Journal of Personality and Social Psychology*, vol. 93, n° 6, décembre, p. 1054-1066.

Kochanska, Grazyna, Coy, Katherine C. et Murray, Kathleen T. (2001). « The development of self-regulation in the first four years of life », *Child Development*, vol. 72, p. 1091-1111.

Kohlberg, Lawrence. (1963). « The development of children's orientations toward a moral order: I. Sequence in the development of moral thought », *Vita Humana*, vol. 6, n°s 1-2, p. 11-33.

Kohlberg, Lawrence. (1973). « Continuities in childhood and adult moral development revisited », dans Paul B. Baltes et K. Warner Schaie (dir.), *Life span developmental psychology: Personatity and socialization*, New York, Academic Press.

Kohlberg, Lawrence. (1981). *The philosophy of moral development*, New York, Harper & Row.

Kohler, Hans-Peter. (2005). « Attitudes and low fertility: Reflections based on danish twin data », dans Alane Booth et Ann C. Crouter (dir.), *The new population problem: Why families in developed countries are shrinking and what it means*, Mahwah (NJ), Erlbaum, p. 99-113.

Koivisto, Maila. (2004). « A follow-up survey of anti-bullying interventions in the comprehensive schools of Kempele in 1990-98 », dans Peter K. Smith, Debra Pepler et Ken Rigby (dir.), *Bullying in schools: How successful can interventions be?*, New York, Cambridge University Press, p. 235-249.

Kolb, Bryan et Whishaw, Ian Q. (2003). *Fundamentals of human neuropsychology, 5e édition*, New York, Worth.

Korbin, Jill E. (1994). « Sociocultural factors in child maltreatment », dans Gary B. Melton et Frank Barry (dir.), *Safe neighborhoods: Foundations for a new national strategy on child abuse and neglect*, New York, Guilford.

Koropeckyj-Cox, Tanya. (2002). « Beyond parental status: Psychological well-being in middle and old age », *Journal of Marriage and Family*, vol. 64, p. 957-971.

Krakow, Eve. (2006a). « Interventions sur l'attachement : en faire moins, c'est en faire plus », *Bulletin du Centre d'excellence pour le développement des jeunes enfants*, vol. 5, n° 1, septembre, p. 4.

Krakow, Eve. (2006b). « Un réconfort qui dure », [en ligne]. [http://www.excellence-jeunesenfants.ca/documents/Page2-3Vol5No1sep06FR.pdf] (1er décembre 2009).

Kramer, Arthur F., Fabiani, Monica et Colcombe, Stanley J. (2006). « Contributions of cognitive neuroscience to the understanding of behavior and aging », dans James E. Birren et K. Warner Schaie (dir.), *Handbook of the psychology of aging, 6e édition*, Amsterdam, Elsevier, p. 57-83.

Krause, Neal. (2006). « Social relationships in late life », dans Robert H. Binstock et Linda K. George (dir.), *Handbook of aging and the social sciences, 6e édition*, Amsterdam, Elsevier, p. 181-200.

Kroger, Jane. (1995). « The differentiation of "firm" and "developmental" foreclosure identity statuses: A longitudinal study », *Journal of Adolescent Research*, vol. 10, p. 317-337.

Kroger, Jane. (2007). *Identity development: Adolescence through adulthood, 2e édition*, Thousand Oaks (CA), Sage.

Kroger, Rolf O. (2006). « The development of a postmodern self: A computer-assisted comparative analysis of personal documents », *PsycCRITIQUES*.

Kropp, Joseph P. et Haynes, O. Maurice. (1987). « Abusive and nonabusive mothers' ability to identify general and specific emotion signals of infants », *Child Development*, vol. 58, p. 187-190.

Krueger, Robert F. et Markon, Kristian E. (2006). « Reinterpreting comorbidity: A model-based approach to understanding and classifying psychopathology », *Annual Review of Clinical Psychology*, vol. 2, p. 111-133.

Kübler-Ross, Elisabeth et Kessler, David. (2005). *On grief and grieving, Finding the meaning of grief through the five stages of loss*, New York, Scribner.

Kübler-Ross, Elisabeth. (1969). *On death and dying*, New York, Macmillan.

Kübler-Ross, Elisabeth. (1975). *Les derniers instants de la vie*, Genève, Labor et Fides.

Kuczaj, Stan A. (1986). « Thoughts on the intentional basis of early object word extension: Evidence from comprehension and production », dans Stan A. Kuczaj et Martyn D. Barrett (dir.), *The development of word meaning: Progress in cognitive developmental research*, New York, Springer-Verlag.

Kuczynski, Leon et Parkin, C. Melanie. (2009). « Pursuing a dialectical perspective on transaction : A social relational theory of micro family processes », dans A. Sameroff (dir.), *Transactional Processes in Development*, Washington (DC), APA Books, p. 247-268.

Kuczynski, Leon, Pitman, Robyn et Mitchell, Monique B. (2009). « Dialectics and transactional models: Conceptualizing antecedents, processes, and consequences of change in parent-child relationships », dans J. Mancini et K. Roberto (dir.), *Pathways of Development : Explorations of Change*, Lexington (MA), Lexington Books, p. 151- 170.

Kuh, George D., Gonyea, Robert M. et Williams, Julie M. (2005). « What students expect from college and what they get », dans Thomas E. Miller, Barbara E. Bender et John H. Schuh (dir.), *Promoting reasonable expectations: Aligning student and institutional views of the college experience*, San Francisco, Jossey-Bass, p. 34-64.

Kuhn, Deanna et Franklin, Sam. (2006). « The second decade: What develops (and how) », dans Nancy Eisenberg (dir.), *Handbook of child psychology, vol. 2 : Cognition, perception, and language, 6e édition*, Hoboken (NJ), Wiley, p. 953-993.

Kuhn, Deanna. (2006). « Do cognitive changes accompany developments in the adolescent brain? », *Perspectives on Psychological Science*, vol. 1, p. 59-67.

Kuller, Jeffrey A., Strauss, Robert A. et Cefalo, Robert C. (2001). « Preconceptional and prenatal care », dans Frank W. Ling et W. Patrick Duff (dir.), *Obstetrics and gynecology: Principles for practice*, New York, McGraw-Hill, p. 25-54.

Kupersmidt, Janis B., Coie, John D. et Howell, James C. (2004). « Resilience in children exposed to negative peer influences », dans Kenneth I. Maton, Cynthia J. Schellenbach, Bonnie J. Leadbeater et Andrea L. Solarz (dir.), *Investing in children, youth, families, and communities: Strengths-based research and policy*, Washington (DC), American Psychological Association, p. 251-268.

Kwan, Christine M., Love, Gayle D., Ryff, Carol D. et Essex, Marilyn J. (2003). « The role of self-enhancing evaluations in a successful life transition », *Psychology and Aging*, vol. 18, n° 1, mars, p. 3-12.

Labouvie-Vief, Gisela. (1985). « Intelligence and cognition », dans James E. Birren et K. Warner Schaie (dir.), *Handbook of the psychology of aging, 2e édition*, New York, Van Nostrand Reinhold.

Labouvie-Vief, Gisela. (2006). « Emerging structures of adult thought », dans Jeffrey Jensen Arnett et Jennifer Lynn Tanner (dir.), *Emerging adults in America: Coming of age in the 21st century*, Washington (DC), American Psychological Association, p. 59-84.

Lachance, Lise et Brassard, Nathalie. (2003). « Le défi de la conciliation travail-famille chez les femmes occupant un emploi atypique : perspectives théoriques et enjeux », dans Geneviève Fournier, Bruno Bourassa et Kamel Béji (dir.), *La précarité du travail, Une réalité aux multiples visages*, Québec, Presses de l'Université Laval.

Lachman, Margie E. et Bertrand, Rosanna M. (2001). « Personality and the self in midlife », dans Margie E. Lachman (dir.), *Handbook of midlife development*, New York, Wiley, p. 279-309.

Ladd, Gary W. (1999). « Peer relationships and social competence during early and middle childhood », *Annual Review of Psychology*, vol. 50, p. 333-359.

Ladd, Gary W. (2005). *Children's peer relations and social competence: A century of progress*, New Haven (CT), Yale University Press.

Lagattuta, Kristin Hansen. (2005). « When you shouldn't do what you want to do: Young children's understanding of desires, rules, and emotions », *Child Development*, vol. 76, p. 713-733.

Lamarche, Véronique, Brendgen, Mara, Boivin, Michel, Vitaro, Frank, Pérusse, Daniel et Dionne, Ginette. (2006). « Do friendships and sibling relationships provide protection against peer victimization in a similar way? », *Social Development*, vol. 15, n° 3, juillet, p. 373-393.

Lamb, Michael E. et Lewis, Charlie (2005). « The role of parent-child relationships in child development », dans Marc H. Bornstein et Michael E. Lamb (dir.), *Developmental science: An advanced textbook, 5e édition*, Mahwah (NJ), Erlbaum, p. 429-468.

Lamb, Michael E., Thompson, Ross A., Gardner, William P. et Charnov, E. L. (1985). *Infant-mother attachment*, Hillsdale (NJ), Erlbaum.

Landry, David J., Darroch, Jacqueline E., Singh, Susheela et Higgins, Jenny. (2003). « Factors associated with the content of sex education in U.S. public secondary schools », *Perspectives on Sexual and Reproductive Health*, vol. 35, p. 261-269.

Langis, Pierre et Germain, Bernard. (2009). *La sexualité humaine*, Montréal, Éditions du renouveau pédagogique inc.

Lansford, Jennifer E., Ceballo, Rosario, Abbey, Antonia et Stewart, Abigail J. (2001). « Does family structure matter? A comparison of adoptive, two-parent biological, single-mother, stepfather, and stepmother households », *Journal of Marriage and Family*, vol. 63, p. 840-851.

Lansing, L. Stephen. (1983). *The three worlds of Bali*, New York, Praeger.

Lapsley, Daniel K. (1993). « Toward an integrated theory of adolescent ego development: The "new look" at adolescent egocentrism », *American Journal of Orthopsychiatry*, vol. 63, p. 562-571.

Larcombe, Duncan. (2005). « Content matters: Sometimes even more than we think », *American Educator*, vol. 29, p. 42-43.

Larrogue, B. (2004). « Les troubles du développpement des enfants grands prématurés mesurés à l'âge scolaire : Revue de la littérature », *Journal de Gynécologie Obstétrique et Biologie de la Reproduction*, vol. 33, n° 6, cah. 1, p. 475-486.

Larsen, William J. (2003). *Embryologie humaine*, Bruxelles, De Boeck Université.

Larson, Reed W. (2000). « Toward a psychology of positive youth development », *American Psychologist*, vol. 55, p. 170-183.

Larson, Reed W. et Wilson, Suzanne. (2004). « Adolescence across place and time: Globalization and the changing pathways to adulthood », dans Richard M. Lerner et Laurence D. Steinberg (dir.), *Handbook of adolescent psychology, 2e édition*, Hoboken (NJ), Wiley, p. 299-330.

Laumann, Edward O. et Michael, Robert T. (2000). *Sex, love, and health in America: Private choices and public policies*, Chicago, University of Chicago Press.

Laumann, Edward O. et Michael, Robert T. (2001). « Setting the scene », dans Edward O. Laumann et Robert T. Michael (dir.), *Sex, love, and health in America: Private choices and public policies*, Chicago, University of Chicago Press, p. 1-38.

Laurent, Heidemarie K., Kim, Hyoun K. et Capaldi, Deborah M. (2008). « Prospective effects of interparental conflict on child attachment security and the moderating role of parents' romantic attachment », *Journal of Family Psychology*, vol. 22, n° 3, p. 377-388.

Laurie, Graeme. (2005). « Physician assisted suicide in Europe: Some lessons and trends », *European Journal of Health Law*, vol. 12, p. 5-10.

Laursen, Brett et Mooney, Karen S. (2007). « Individual differences in adolescent dating and adjustment », dans Rutger C. M. E. Engels, Margaret Kerr et Håkan Stattin (dir.), *Friends, lovers, and groups: Key relationships in adolescence*, Hoboken (NJ), Wiley, p. 81-92.

Lauzon, Jean-Serge. (1980). « Aperçu de quelques théories psychosociales du vieillissement », [en ligne]. [http://www.erudit.org/revue/smq/1980/v5/n2/030071ar.pdf] (29 juillet 2010).

Lavelli, Manuela et Fogel, Alan. (2005). « Developmental changes in the relationship between the infant's attention and emotion during early face-to-face communication: The 2-month transition », *Developmental Psychology*, vol. 41, p. 265-280.

Lawton, M. Powell, Winter, Laraine, Kleban, Morton H. et Ruckdeschel, Katy. (1999). « Affect and quality of life: Objective and subjective », *Journal of Aging and Health*, vol. 11, p. 169-198.

Le Coadic, Ronan. (2007). « Faut-il jeter l'identité aux orties ? », [en ligne]. [http://www.breizh.net/identity/galleg/faut-il-jeter-l-identite-aux-orties.htm] (9 avril 2010).

Leadbeater, B. (1986). « The resolution of relativism in adult thinking: Subjective, objective, or conceptual », *Human Development*, vol. 29, p. 291-300.

Leaper, Campbell et Smith, Tara E. (2004). « A meta-analytic review of gender variations in children's language use: Talkativeness, affiliative speech, and assertive speech », *Developmental Psychology*, vol. 40, p. 993-1027.

Leaper, Campbell. (2002). « Parenting girls and boys », dans Marc H. Bornstein (dir.), *Handbook of parenting, vol. 1 : Children and parenting, 2ᵉ édition*, Mahwah (NJ), Erlbaum, p. 189-225.

Lee, Christina et Gramotnev, Helen. (2007). « Life transitions and mental health in a national cohort of young Australian women », *Developmental Psychology*, vol. 43, p. 877-888.

Lee, Crystal Man Ying, Martiniuk, Alexandra Lynda Conboy, Woodward, Mark, Feigin, Valery, Gu, Dongfeng, Jamrozik, Konrad et coll. (2007). « The burden of overweight and obesity in the Asia-Pacific region », *Obesity Reviews*, vol. 8, p. 191-196.

Lefkowitz, Eva S. et Gillen, Meghan M. (2006). « "Sex is just a normal part of life": Sexuality in emerging adulthood », dans Jeffrey Jensen Arnett et Jennifer Lynn Tanner (dir.), *Emerging adults in America: Coming of age in the 21st century*, Washington (DC), American Psychological Association, p. 235-255.

Lei, Joy L. (2003). « (Un)necessary toughness?: Those "loud black girls" and those "quiet Asian boys" », *Anthropology & Education Quarterly*, vol. 34, p. 158-181.

Leipzig, Rosanne M. (2003). « Evidence-based medicine and geriatrics », dans Christine K. Cassel, Rosanne Leipzig, Harvey Jay Cohen, Eric B. Larson et Diane E. Meier (dir.), *Geriatric medicine: An evidence-based approach, 4ᵉ édition*, New York, Springer, p. 3-14.

Lejeune-Phélipot, Françoise. (2008). *Comment vivre avec un enfant trisomique, 3ᵉ édition*, Paris, Éditions Josette Lyon.

Lemire Auclair, Émilie. (2006). « Les troubles d'apprentissage : quelques mesures simples d'encadrement », [en ligne]. [http://www.ccdmd.qc.ca/correspo/Corr11-3/Encadrement.html] (10 octobre 2009).

Lemire, Nicole. (2005). « Les mauvais traitements physiques et psychologiques envers les enfants : bilan de connaissances », Montréal, Centre de liaison sur l'intervention et la prévention psychosociales (CLIPP).

Lenneberg, Eric H. (1967). *Biological foundations of language*, New York, Wiley.

Lenton, Alison et Webber, Laura. (2006). « Cross-sex friendships: Who has more? », *Sex Roles*, vol. 54, p. 809-820.

Leonard, Christiana M. (2003). « Neural substrate of speech and language development », dans Michelle De Haan et Mark H. Johnson (dir.), *The cognitive neuroscience of development*, New York, Psychology Press, p. 127-156.

Leve, Leslie D., Kim, Hyoun K. et Pears, Katherine C. (2005). « Childhood temperament and family environment as predictors of internalizing and externalizing trajectories from ages 5 to 17 », *Journal of Abnormal Child Psychology*, vol. 33, n° 5, octobre, p. 505-520.

Levinson, Daniel J. (1978). *The seasons of a man's life*, New York, Knopf.

Levy, Becca R. (2003). « Mind matters: Cognitive and physical effects of aging self-stereotypes », *Journals of Gerontology: Psychological Sciences and Social Sciences*, série B, vol. 58, p. 203-P211.

Levy, Gary D. (1994). « Aspects of preschoolers' comprehension of indoor and outdoor gender-typed toys », *Sex Roles*, vol. 30, p. 391-405.

Lévy, Joseph J. (2008). « Les conduites sexuelles », dans Joseph J. Lévy et André Dupras (dir.), *Questions de sexualité au Québec*, Montréal, Liber, p. 46-52.

Lévy, Joseph J. et Dupras, André. (dir.). (2008). *Questions de sexualité au Québec*, Montréal, Liber.

Lewis, Lawrence B., Antone, Carol et Johnson, Jacqueline S. (1999). « Effects of prosodic stress and serial position on syllable omission in first words », *Developmental Psychology*, vol. 35, p. 45-59.

Lewis, Michael et Brooks, Jeanne. (1978). « Self-knowledge and emotional development », dans M. Lewis et L. A. Rosenblum (dir.), *The development of affect, The genesis of behavior*, New York, Plenum Press.

Lewis, Michael et Michalson, L. (1983). Children's emotions and moods, *Developmental theory and measurement*, New York, Plenum Press.

Lewit, Eugene M. et Kerrebrock, Nancy. (1998). « Child indicators: Dental health », *The Future of Children: Protecting Children from Abuse and Neglect*, vol. 8, n° 1, p. 133-142.

Li, De-Kun, Willinger, Marian, Petitti, Diana B., Odouli, Roxana, Liu, Liyan et Hoffman, Howard J. (2006). « Use of a dummy (pacifier) during sleep and risk of sudden infant death syndrome (SIDS): Population based case-control study », *British Medical Journal*, vol. 332, p. 18-21.

Lindauer, Martin S. (2003). *Aging, creativity, and art: A positive perspective on late-life development*, New York, Plenum.

Lindenberger, Ulman et Baltes, Paul B. (1997). « Intellectual functioning in old and very old age: Cross-sectional results from the Berlin Aging Study », *Psychology and Aging*, vol. 12, p. 410-432.

Lindenberger, Ulman. (2001). « Lifespan theories of cognitive development », dans Neil J. Smelser et Paul B. Baltes (dir.), *International encyclopedia of the social & behavioral sciences*, Oxford (G-B), Elsevier, p. 8848-8854.

Lippa, Richard A. (2002). *Gender, nature, and nurture*, Mahwah (NJ), Erlbaum.

Little, Peter (dir.). (2002). *Genetic destinies*, Oxford (G-B), Oxford University Press.

Lobel, Thalma E. et Menashri, Judith. (1993). « Relations of conceptions of gender-role transgressions and gender constancy to gender-typed toy preferences », *Developmental Psychology*, vol. 29, p. 150-155.

Lockhart, Kristi L., Chang, Bernard et Story, Tyler. (2002). « Young children's beliefs about the stability of traits: Protective optimism? », *Child Development*, vol. 73, p. 1408-1430.

Loeber, Rolf, Lacourse, Eric et Homish, D. Lynn. (2005). « Homicide, violence, and developmental trajectories », dans Richard Ernest Tremblay, Willard W. Hartup, et John Archer (dir.), *Developmental origins of aggression*, New York, Guilford Press, p. 202-222.

Lowrey, George H. (1986). *Growth and development of children, 8ᵉ édition*, Chicago, Year Book Medical Publishers.

Luciana, Monica. (2003). « The neural and functional development of human prefrontal cortex », dans Michelle de Haan et Mark H. Johnson (dir.), *The cognitive neuroscience of development*, New York, Psychology Press, p. 157-179.

Ludington-Hoe, Susan M., Johnson, Mark W., Morgan, Kathy, Lewis, Tina, Gutman, Judy, Wilson, P. David et coll. (2006). « Neurophysiologic assessment of neonatal sleep organization: Preliminary results of a randomized, controlled trial of skin contact with preterm infants », *Pediatrics*, vol. 117, n° 5, p. 909-923.

Lundy, Jean E. B. (2002). « Age and language skills of deaf children in relation to theory of mind development », *Journal of Deaf Studies and Deaf Education*, vol. 7, p. 41-56.

Luong, May. (2009). « Que sont devenues les mères adolescentes? », [en ligne]. [http://www.statcan.gc.ca/pub/75-001-x/2008105/article/10577-fra.htm] (7 décembre 2009).

Luthar, Suniya S., Cicchetti, Dante et Becker, Bronwyn. (2000). « The construct of resilience: A critical evaluation and guidelines for future work », *Child Development*, vol. 71, p. 543-562.

Luthar, Suniya S., D'Avanzo, Karen et Hites, Sarah. (2003). « Maternal drug abuse versus other psychological disturbances: Risks and resilience among children », dans Suniya S. Luthar (dir.), *Resilience and vulnerability: Adaptation in the context of childhood adversities*, New York, Cambridge University Press, p. 104-129.

Lutz, Donna J. et Sternberg, Robert J. (1999). « Cognitive development », dans Marc H. Bornstein et Michael E. Lamb (dir.), *Developmental psychology: An advanced textbook, 4e édition*, Mahwah (NJ), Erlbaum, p. 275-311.

Maccoby, Eleanor E. (1998). *The two sexes: Growing up apart, coming together*, Cambridge (MA), Belknap Press of Harvard University Press.

Maccoby, Eleanor E. (2000). « Parenting and its effects on children: On reading and misreading behavior genetics », *Annual Review of Psychology*, vol. 51, p. 1-27.

Mackay, Judith et Eriksen, Michael P. (2002). *The tobacco atlas*, Genève (Suisse), Organisation mondiale de la santé.

Madden, David J. et Whiting, Wythe L. (2004). « Age-related changes in visual attention », dans Paul T. Costa et Ilene C. Siegler (dir.), *Recent advances in psychology and aging*, Boston, Elsevier, p. 41-88.

Magnusson, Roger S. (2004). « Euthanasia: Above ground, below ground », *Journal of Medical Ethics*, vol. 30, p. 441-446.

Maguen, Shira, Floyd, Frank J., Bakeman, Roger et Armistead, Lisa. (2002). « Developmental milestones and disclosure of sexual orientation among gay, lesbian, and bisexual youths », *Journal of Applied Developmental Psychology*, vol. 23, p. 219-233.

Mahler, Margaret S., Pine, Fred et Bergman, Anni. (1975). *The psychological birth of the human infant: Symbiosis and individuation*, New York, Basic Books.

Main, Mary et Solomon, Judith. (1986). « Discovery of an insecure-disorganized/disoriented attachment pattern », dans T. B. Brazelton et M. W. Yogman (dir.), *Affective development in infancy*, Norwood (NJ), Ablex, p. 95-124.

Malina, Robert M. (1990). « Physical growth and performance during the transitional years (9-16) », dans Raymond Montemayor, Gerald R. Adams et Thomas P. Gullotta (dir.), *From childhood to adolescence: A transitional period?*, Newbury Park (CA), Sage.

Malina, Robert M. (1991). « Growth spurt, adolescent », dans Richard M. Lerner, Ann C. Peterson et Jeanne Brooks-Gunn (dir.), *Encyclopedia of adolescence*, vol. 1, New York, Garland.

Malina, Robert M. et Bouchard, Claude. (1991). *Growth, maturation, and physical activity*, Champaign (IL), Human Kinetics.

Malina, Robert M., Bouchard, Claude et Bar-Or, Oded. (2004). *Growth, maturation, and physical activity, 2e édition*, Champaign (IL), Human Kinetics.

Malo, Claire, Moreau, Jacques, Chamberland, Claire, Léveillé, Sophie et Roy, Catherine. (2001). « État des connaissances sur les mauvais traitements psychologiques envers les enfants », dans R. Mayer et H. Dorvil (dir.), *Problèmes Sociaux*, vol. 2, Québec, Presses de l'Université du Québec, p. 55-82.

Mancini, Anthony D. et Bonanno, George A. (2006). « Marital closeness, functional disability, and adjustment in late life », *Psychology and Aging*, vol. 21, p. 600-610.

Mandler, Jean Matter. (2004). *The foundations of mind: Origins of conceptual thought*, Oxford (G-B), Oxford University Press.

Manly, Jody Todd, Kim, Jungmeen E., Rogosch, Fred A. et Cicchetti, Dante. (2001). « Dimensions of child maltreatment and children's adjustment: Contributions of developmental timing and subtype », *Development and Psychopathology*, vol. 13, p. 759-782.

Mann, Ronald D. et Andrews, Elizabeth B. (dir.). (2007). *Pharmacovigilance, 2e édition*, Hoboken (NJ), Wiley.

Manson, JoAnn E., Hu, Frank B., Rich-Edwards, Janet W., Colditz, Graham A., Stampfer, Meir J., Willett, Walter C. et coll. (1999). « A prospective study of walking as compared with vigorous exercise in the prevention of coronary heart disease in women », *New England Journal of Medicine*, vol. 341, 26 août, p. 650-658.

Manzoli, Lamberto, Villari, Paolo, Pironec, Giovanni M. et Boccia, Antonio. (2007). « Marital status and mortality in the elderly: A systematic review and metaanalysis », *Social Science & Medicine*, vol. 64, p. 77-94.

Mao, Amy, Burnham, Melissa M., Goodlin-Jones, Beth L., Gaylor, Erika E. et Anders, Thomas F. (2004). « A comparison of the sleep-wake patterns of cosleeping and solitary-sleeping infants », *Child Psychiatry and Human Development*, vol. 35, p. 95-105.

Marcia, James E. (1966). « Development and validation of ego-identity status », *Journal of Personality and Social Psychology*, vol. 3, p. 551-558.

Marcia, James E. (1980). « Identity in adolescence », dans J. Adelson (dir.), *Handbook of adolescent psychology*, New York, Wiley.

Marcia, James E., Waterman, Alan S., Matteson, David R., Archer, Sally L. et Orlofsky, Jacob L. (1993). *Ego identity: A handbook for psychosocial research*, New York, Springer-Verlag.

Marcus, Gary. (2004). *The birth of the mind: How a tiny number of genes creates the complexities of human thought*, New York, Basic Books.

Markman, Ellen M. (1989). *Categorization and naming in children: Problems of induction*, Cambridge (MA), MIT Press.

Marshall, Victor W. (1996). « The state of theory in aging and the social sciences », dans Robert H. Binstock et Linda K. George (dir.), *Handbook of aging and the social sciences*, San Diego (CA), Academic Press.

Marsiske, Michael et Willis, Sherry L. (1995). « Dimensionality of everyday problem solving in older adults », *Psychology and Aging*, vol. 10, p. 269-283.

Marsiske, Michael et Willis, Sherry L. (1998). « Practical creativity in older adults' everyday problem solving: Life span perspectives », dans Carolyn E. Adams-Price (dir.), *Creativity and successful aging: Theoretical and empirical approaches*, New York, Springer, p. 73-113.

Martin, Mike et Zimprich, Daniel. (2005). « Cognitive development in midlife », dans Sherry L. Willis et Mike Martin (dir.), *Middle adulthood: A lifespan perspective*, Thousand Oaks (CA), Sage, p. 179-206.

Marx, Jean. (2005). « Preventing Alzheimer's: A lifelong commitment? » *Science*, vol. 309, 5 août, p. 864-866.

Masataka, Nobuo. (1992). « Early ontogeny of vocal behavior of Japanese infants in response to maternal speech », *Child Development*, vol. 63, p. 1177-1185.

Mascie-Taylor, C. G. Nicholas et Karim, Enamul. (2003). « The burden of chronic disease », *Science*, vol. 302, 12 décembre, p. 1921-1922.

Maslow, Abraham H. (1954). *Motivation and personality*, New York, Harper.

Maslow, Abraham H. (1968). *Toward a psychology of being, 2e édition*, Princeton (NJ), Van Nostrand.

Maslow, Abraham H. (1970). *Motivation and personality, 2e édition*, New York, Harper & Row.

Maslow, Abraham H. (1972). *Vers une psychologie de l'être*, Paris, Fayard.

Masoro, Edward J. (1999). *Challenges of biological aging*, New York, Springer.

Masoro, Edward J. (2006). « Are age-associated diseases an integral part of aging? », dans Edward J. Masoro et Steven N. Austad (dir.), *Handbook of the biology of aging, 6e édition*, Amsterdam, Elsevier Academic Press, p. 43-62.

Masten, Ann S. et Coatsworth, J. Douglas. (1998). « The development of competence in favorable and unfavorable environments: Lessons from research on successful children », *American Psychologist*, vol. 53, p. 205-220.

Masterpasqua, Frank et Perna, Phyllis A. (dir.). (1997). *The psychological meaning of chaos: Translating theory into practice*, Washington (DC), American Psychological Association.

Masters, William H., Johnson, Virginia E. et Kolodny, Robert C. (1994). *Heterosexuality*, New York, Harper Collins.

Masunaga, Hiromi et Horn, John. (2001). « Expertise and age-related changes in components of intelligence », *Psychology and Aging*, vol. 16, p. 293-311.

Matsumoto, David. (2004). « Reflections on culture and competence », dans Robert J. Sternberg et Elena L. Grigorenko (dir.), *Culture and competence: Contexts of life success*, Washington (DC), American Psychological Association, p. 273-282.

Maynard, Ashley E. (2002). « Cultural teaching: The development of teaching skills in Maya sibling interactions », *Child Development*, vol. 73, p. 969-982.

McAdams, Dan P. (2006). « The redemptive self: Generativity and the stories Americans live by », *Research in Human Development*, vol. 3, p. 81-100.

McAdams, Dan P. et Pals, Jennifer L. (2006). « A new big five: Fundamental principles for an integrative science of personality », *American Psychologist*, vol. 61, p. 204-217.

McCrae, Robert R. et Costa, Paul T. (2003). *Personality in adulthood: A five-factor theory perspective, 2e édition*, New York, Guilford Press.

McCurdy, Karen et Daro, Deborah. (1994). *Current trends in child abuse reporting and fatalities: The results of the 1993 annual fifty-state survey*, Chicago, National Committee to Prevent Child Abuse.

McCurry, Susan M., Logsdon, Rebecca G., Teri, Linda et Vitiello, Michael V. (2007). « Evidence-based psychological treatments for insomnia in older adults », *Psychology and Aging*, vol. 22, p. 18-27.

McDonald, Candice, Lambert, Jack, Nayagam, Daya, Welz, Tanya, Poulton, Mary, Aleksin, Devi et Welch, Jan. (2007). « Why are children still being infected with HIV? », Experiences in the prevention of mother-to-child transmission of HIV in south London », *Sexually Transmitted Infections*, vol. 83, nº 1, p. 59-63.

McKinlay, John B. et Feldman, Henry A. (1994). « Age-related variation and interest in normal men: Results from the Massachusetts male aging study », dans Alice S. Rossi (dir.), *Sexuality across the life course*, Chicago, University of Chicago Press.

McLaughlin, Barry. (1985). *Second language acquisition in childhood, vol. 2: School-age children, 2e édition*, Hillsdale (NJ), Erlbaum.

McLeod, Peter, Sommerville, Peter et Reed, Nick. (2005). « Are automated actions beyond conscious access? », dans John Duncan, Peter McLeod et Louise H. Phillips (dir.), *Measuring the mind: Speed, control, and age*, New York, Oxford University Press, p. 359-372.

McLoyd, Vonnie C. et Smith, Julia. (2002). « Physical discipline and behavior problems in African American, European American, and Hispanic children: Emotional support as a moderator », *Journal of Marriage and Family*, vol. 64, p. 40-53.

Medvedev, Zhores A. (1990). « An attempt at a rational classification of theories of ageing », *Biological Reviews*, vol. 65, p. 375-398.

Meil, Gerardo. (2006). « The consequences of the development of a beanpole kin structure on exchanges between generations: The case of Spain », *Journal of Family Issues*, vol. 27, p. 1085-1099.

Meisami, Esmail, Brown, Chester M. et Emerle, Henry F. (2003). « Sensory systems: Normal aging, disorders, and treatments of vision and hearing in humans », dans Paola S. Timiras (dir.), *Physiological basis of aging and geriatrics, 3e édition*, Boca Raton (FL), CRC Press, p. 141-165.

Menacker, Fay, Martin, Joyce A. et MacDorman, Marian F. (2004). « Births to 10-14 year-old mothers, 1990-2002: Trends and health outcomes », *National Vital Statistics Reports*, vol. 53, nº 7, 15 novembre.

Mendle, Jane, Turkheimer, Eric et Emery, Robert E. (2007). « Detrimental psychological outcomes associated with early pubertal timing in adolescent girls », *Developmental Review*, vol. 27, p. 151-171.

Mentorat Québec. ([s.d.]). « Qu'est-ce que le mentorat ? », [en ligne]. [http://www.mentoratquebec.org/mentorat.php] (29 juillet 2010).

Mercure, Daniel. (2008). « Travail et famille : des tensions croissantes au cours de la prochaine décennie », dans G. Pronovost, C. Dumont et I. Bitaudeau (dir.), *La famille à l'horizon 2020*, Montréal, Presses de l'Université du Québec, p. 147-172.

Merrill, Susan S. et Verbrugge, Lois M. (1999). « Health and disease in midlife », dans Sherry L. Willis et James D. Reid (dir.), *Life in the middle: Psychological and social development in middle age*, San Diego (CA), Academic Press, p. 77-103.

Merriman, William E. (1999). « Competition, attention, and young children's lexical processing », dans Brian MacWhinney (dir.), *The emergence of language*, Mahwah (NJ), Erlbaum, p. 331-358.

Merzenich, Michael M. (2001). « Cortical plasticity contributing to child development », dans James L. McClelland et Robert S. Siegler (dir.), *Mechanisms of cognitive development: Behavioral and neural perspectives*, Mahwah (NJ), Erlbaum p. 67-95.

Michaud, Catherine, Murray, Christopher J. L. et Bloom, Barry R. (2001). « Burden of disease – Implications for future research », *Journal of the American Medical Association*, vol. 285, p. 535-539.

Michel, Grégory et Purper-Ouakil, Diane. (2006). *Personnalité et développement, Du normal au pathologique*, Paris, Dunod.

Mikulincer, Mario et Goodman, Gail S. (2006). *Dynamics of romantic love: Attachment, caregiving, and sex*, New York, Guilford Press.

Milan, Anne, Hou, Feng et Wong, Irene. (2008). « Troubles d'apprentissage et altruisme, anxiété et comportements agressifs chez les enfants », [en ligne]. [http://www.statcan.gc.ca/pub/11-008-x/2006001/9197-fra.htm] (10 octobre 2009).

Miller, Brent C., Benson, Brad et Galbraith, Kevin A. (2001). « Family relationships and adolescent pregnancy risk: A research synthesis », Developmental Review, vol. 21, p. 1-38.

Miller, Joan G. (2004). « The cultural deep structure of psychological theories of social development », dans Robert J. Sternberg et Elena L. Grigorenko (dir.), *Culture and competence: Contexts of life success*, Washington (DC), American Psychological Association, p. 111-138.

Miller, Orlando J. et Therman, Eeva. (2001). *Human chromosomes, 4e édition*, New York, Springer.

Miller, Patricia H. (1990). « The development of strategies of selective attention », dans D. E Bjorklund (dir.), *Childrens strategies: Contemporary views of cognitive development*, Hillsdale (NJ), Erlbaum.

Miller, Patricia H. (1993). *Theories of developmental psychology*, New York, Freeman.

Miller, Patricia H. (2002). *Theories of developmental psychology, 4e édition*, New York, Worth Publishers.

Miller, Patricia H. et Aloise, P.A. (1989). « Young children's understanding of the psychological causes of behavior: A review », *Child Development*, vol. 60, p. 257-285.

Miller, Richard A. (1996). « Aging and the immune response », dans Edward L. Schneider et John W. Rowe (dir.), *Handbook of the biology of aging*, San Diego (CA), Academic Press.

Ministère de l'Éducation du Québec. (2003). « Les difficultés d'apprentissage à l'école : Cadre de référence pour guider l'intervention », [en ligne]. [http://www.mels.gouv.qc.ca/dgfj/das/soutienetacc/pdf/19-7051.pdf] (23 octobre 2009).

Ministère de l'Éducation, du Loisir et du Sport du Québec. (2010). « Rentrée scolaire 2006 », [en ligne]. [http://www.mels.gouv.qc.ca/Rentree2006/sections/fr/texte_minute.asp#ancre2] (14 février 2010).

Ministère de la Justice du Québec. (2010). « Le mariage », [en ligne]. [http://www.justice.gouv.qc.ca/francais/publications/generale/maria.htm] (13 avril 2010).

Ministère de la Santé et des Services sociaux du Québec. ([s.d.]). « Le deuil chez l'enfant et l'adolescent », [en ligne]. [http://publications.msss.gouv.qc.ca/acrobat/f/documentation/2009/09-235-12F_08.pdf] (20 juin 2010).

Ministère de la Santé et des Services sociaux. (2005). « Les services intégrés en périnatalité et pour la petite enfance à l'intention des familles vivant en contexte de vulnérabilité, Guide pour soutenir le développement de l'attachement sécurisant de la grossesse à 1 an », [en ligne]. [http://publications.msss.gouv.qc.ca/acrobat/f/documentation/2005/05-836-01.pdf] (1er décembre 2009).

Mintz, Toben H. (2005). « Linguistic and conceptual influences on adjective acquisition in 24 and 36-month-olds », *Developmental Psychology*, vol. 41, p. 17-29.

Mishara, Brian L. et Riedel, Robert G. (1984). *Le vieillissement*, Paris, Presses Universitaires de France.

Mishara, Brian L. et Tousignant, Michel. (2004). *Comprendre le suicide*, Montréal, Presses de l'Université de Montréal.

Mitchell, Jean et McCarthy, Helen. (2000). « Eating disorders », dans Lorna Champion et Mick Power (dir.), *Adult psychological problems: An introduction, 2e édition*, Hove (G-B), Psychology Press, p. 103-130.

Mix, Kelly S., Huttenlocher, Janellen et Levine, Susan Cohen. (2002). *Quantitative development in infancy and early childhood*, New York, Oxford University Press.

Moen, Phyllis et Spencer, Donna. (2006). « Converging divergences in age, gender, health, and well-being: Strategic selection in the third age », dans Robert H. Binstock et Linda K. George (dir.), *Handbook of aging and the social sciences, 6e édition*, Amsterdam, Elsevier, p. 127-144.

Moffat, Scott D. (2005). « Effects of testosterone on cognitive and brain aging in elderly men », *Annals of the New York Academy of Sciences*, vol. 1055, décembre, p. 80-92.

Moffitt, Terrie E., Caspi, Avshalom et Rutter, Michael. (2006). « Measured gene-environment interactions in psychopathology: Concepts, research strategies, and implications for research, intervention, and public understanding of genetics », *Perspectives on Psychological Science*, vol. 1, p. 5-27.

Moffitt, Terrie E., Caspi, Avshalom, Belsky, Jay et Silva, Phil A. (1992). « Childhood experience and the onset of menarche: A test of a sociobiological model », *Child Development*, vol. 63, p. 47-58.

Moller, David Wendell. (1996). *Confronting death: Values, institutions, and human mortality*, New York, Oxford University Press.

Monastersky, Richard. (2007). « Who's minding the teenage brain? », *Chronicle of Higher Education*, vol. 53, n° 19, 12 janvier, p. A14.

Monsour, Michael. (2002). *Women and men as friends: Relationships across the life span in the 21st century*, Mahwah (NJ), Erlbaum.

Moore, Celia L. (2002). « On differences and development », dans David J. Lewkowicz et Robert Lickliter (dir.), *Conceptions of development: Lessons from the laboratory*, New York, Psychology Press, p. 57-76.

Moore, Keith L. (1988). *The developing human: Clinically oriented embryology, 4e édition*, Philadelphia, Saunders.

Moore, Keith L. et Persaud, Trivedi V. N. (2003). *The developing human: Clinically oriented embryology, 7e édition*, Philadelphia, Saunders.

Moore, Susan et Rosenthal, Doreen. (2006). *Sexuality in adolescence: Current trends, 2e édition*, New York, Routledge.

Morbidity and Mortality Weekly Report. (2005). « Quickstats: Pregnancy, birth, and abortion rates for teenagers aged 15-17 years – United States, 1976-2003 », *Morbidity and Mortality Weekly Report*, vol. 54, n° 4, 4 février, p. 100.

Morbidity and Mortality Weekly Report. (2006). « Abortion surveillance – United States, 2003 », *Morbidity and Mortality Weekly Report*, vol. 55, n° SS11, 24 novembre, p. 1-32.

Morin, Edgar. (1997). « Réforme de pensée, transdisciplinarité, réforme de l'Université », [en ligne]. [http://basarab.nicolescu.perso.sfr.fr/ciret/bulletin/b12/b12c1.htm] (19 janvier 2010).

Morin, Pierre-Charles et Bouchard, Suzanne. (1997). *Introduction aux théories de la personnalité, 2e édition*, Montréal, Gaëtan Morin.

Morlat, Jean-Marcel. (2008). « L'enseignement précoce des langues étrangères – Quels enjeux pour le monde de demain ? », [en ligne]. [http://www.edufle.net/L-enseignement-precoce-des-langues] (3 octobre 2009).

Morry, Marian M. (2005). « Relationship satisfaction as a predictor of similarity ratings: A test of the attraction-similarity hypothesis », *Journal of Social and Personal Relationships*, vol. 22, n° 561-584.

Morse, Claire K. (1993). « Does variability increase with age? An archival study of cognitive measures », *Psychology and Aging*, vol. 8, p. 156-164.

Moshman, David. (2005). *Adolescent psychological development: Rationality, morality, and identity, 2e édition*, Mahwah (NJ), Erlbaum.

Moss, Ellen, Cyr, Chantal et Dubois-Comtois, Karine. (2004). « Attachment at early school age and developmental risk: Examining family contexts and behavior problems of controlling-caregiving, controlling-punitive, and behaviorally disorganized children », *Developmental Psychology*, vol. 40, p. 519-532.

Moster, Dag, Lie, Rolv T., Irgens, Lorentz M., Bjerkedal, Tor et Markestad, Trond. (2001). « The association of Apgar score with subsequent death and cerebral palsy: A population-based study in term infants », *Journal of Pediatrics*, vol. 138, p. 798-803.

Mpofu, Elias et van de Vijver, Fons J. R. (2000). « Taxonomic structure in early to middle childhood: A longitudinal study with Zimbabwean schoolchildren », *International Journal of Behavioral Development*, vol. 24, p. 204-212.

Mroczek, Daniel K., Spiro, Avion, III et Griffin, Paul W. (2006). « Personality and aging », dans James E. Birren et K. Warner Schaie (dir.), *Handbook of the psychology of aging, 6e édition*, Amsterdam, Elsevier, p. 363-377.

Mueller, Margaret M. et Elder, Glen H. (2003). « Family contingencies across the generations: Grandparent-grandchild relationships in holistic perspective », *Journal of Marriage and Family*, vol. 65, p. 404-417.

Müller, Ulrich, Dick, Anthony Steven, Gela, Katherine, Overton, Willis F. et Zelazo, Philip David. (2006). « The role of negative priming in preschoolers' flexible rule use on the dimensional change card sort task », *Child Development*, vol. 77, p. 95-412.

Munakata, Yuko. (2006). « Information processing approaches to development », dans Deanna Kuhn et Robert S. Siegler (dir.), *Handbook of child psychology, vol. 2 : Cognition, perception, and language, 6e édition*, Hoboken (NJ), Wiley, p. 426-463.

Musick, Marc A., Herzog, A. Regula et House, James S. (1999). « Volunteering and mortality among older adults: Findings from a national sample », *Journals of Gerontology: Psychological Sciences & Social Sciences*, vol. 54B, n° 3, p. S173-S180.

Mustillo, Sarah, Worthman, Carol, Erkanli, Alaattin, Keeler, Gordon, Angold, Adrian et Costello, E. Jane. (2003). « Obesity and psychiatric disorder: Developmental trajectories », *Pediatrics*, vol. 111, p. 851-859.

Myers, David G. (1993). *The pursuit of happiness*, New York, Avon Books.

Myers, David G. (2002). *Intuition: Its powers and perils*, New Haven (CT), Yale University Press.

Nagda, Biren A., Gurin, Patricia et Johnson, Shawnti M. (2005). « Living, doing and thinking diversity: How does precollege diversity experience affect first-year students' engagement with college diversity? », dans Robert S. Feldman (dir.), *Improving the first year of college: Research and practice*, Mahwah (NJ), Erlbaum, p. 73-108.

Nair, K. Sreekumaran, Rizza, Robert A., O'Brien, Peter, Dhatariya, Ketan, Short, Kevin R., Nehra, Ajay et coll. (2006). « DHEA in elderly women and DHEA or testosterone in elderly men », *New England Journal of Medicine*, vol. 355, n° 16, p. 1647-1659.

Nakamura, Suad, Wind, Marilyn et Danello, Mary Ann. (1999). « Review of hazards associated with children placed in adult beds », *Archives of Pediatrics and Adolescent Medicine*, vol. 153, p. 1019-1023.

Nandy, Shailen, Irving, Michelle, Gordon, David, Subramanian, S. V. et Davey, George. (2005). « Pauvreté, sous-nutrition infantile et morbidité : nouveaux éléments concernant l'Inde », [en ligne]. [http://whqlibdoc.who.int/bulletin/2005/Vol83-No3/bulletin_2005_83(3)_210-216.pdf] (17 décembre 2009).

Nations Unies, département des affaires économiques et sociales. (2007). World population ageing, 2007, New York, Organisation des Nations Unies.

Neal, David T., Wood, Wendy et Quinn, Jeffrey M. (2006). « Habits – A repeat performance », *Current Directions in Psychological Science*, vol. 15, p. 198-202.

Neisser, Ulric (dir.). (1998). *The rising curve: Long-term gains in IQ and related measures*, Washington (DC), American Psychological Association.

Nelson, Charles A., de Haan, Michelle et Thomas, Kathleen M. (2006). *Neuroscience of cognitive development: The role of experience and the developing brain*, Hoboken (NJ), Wiley.

Nelson, Charles A., Thomas, Kathleen M. et de Haan, Michelle. (2006). « Neural bases of cognitive development », dans Deanna Kuhn et Robert S. Siegler (dir.), *Handbook of child psychology, vol. 2 : Cognition, perception, and language, 6e édition*, Hoboken (NJ), Wiley, p. 3-57.

Nelson, Katherine. (1981). « Individual differences in language development: Implications for development and language », *Developmental Psychology*, vol. 17, p. 171-187.

Nesdale, Drew. (2004). « Social identity processes and children's ethnic prejudice », dans Mark Bennett et Fabio Sani (dir.), *The development of the social self*, Hove (G-B), Psychology Press, p. 219-245.

Netting, Nancy S. et Burnett, Matthew L. (2004). « Twenty years of student sexual behavior: Subcultural adaptations to a changing health environment », *Adolescence*, vol. 39, p. 19-38.

Newberger, Carolyn Moore et White, Kathleen M. (1989). « Cognitive foundations for parental care », dans Dante Cicchetti et Vicki Carlson (dir.), *Child maltreatment: Theory and research on the causes and consequences of child abuse and neglect*, Cambridge (G-B), Cambridge University Press.

Newell, Karl M., Vaillancourt, David E. et Sosnoff, Jacob J. (2006). « Aging, complexity, and motor performance », dans James E. Birren et K. Warner Schaie (dir.), *Handbook of the psychology of aging, 6e édition*, Amsterdam, Elsevier, p. 163-182.

Newsom, Jason T. et Schulz, Richard. (1996). « Social support as a mediator in the relation between functional status and quality of life in older adults », *Psychology and Aging*, vol. 11, p. 34-44.

Nguyen, Simone P. et Murphy, Gregory L. (2003). « An apple is more than just a fruit: Cross-classification in children's concepts », *Child Development*, vol. 74, p. 1783-1806.

NICHD Early Child Care Research Network. (2003). « Do children's attention processes mediate the link between family predictors and school readiness? », *Developmental Psychology*, vol. 39, p. 581-593.

NICHD Early Child Care Research Network. (2004a). « Trajectories of physical aggression from toddlerhood to middle childhood », *Monographs of the Society for Research in Child Development*, série 278, vol. 69, p. vii-129.

NICHD Early Child Care Research Network. (2004b). « Are child developmental outcomes related to beforeand after-school care arrangements? Results from the NICHD Study of Early Child Care », *Child Development*, vol. 75, p. 280-295.

North American Menopause Society. (2007). « Estrogen and progestogen use in periand postmenopausal women: March 2007 position statement of The North American Menopause Society », *Menopause: The Journal of The North American Menopause Society*, vol. 14, p. 168-182.

Nwokah, Evangeline E., Hsu, Hui-Chin, Dobrowolka, Olga et Fogel, Alan. (1994). « The development of laughter in mother-infant communication: Timing parameters and temporal sequences », *Infant Behavior and Development*, vol. 17, p. 23-35.

O'Connor, Brian P. et St. Pierre, Edouard S. (2004). « Older persons' perceptions of the frequency and meaning of elderspeak from family, friends, and service workers », *International Journal of Aging and Human Development*, vol. 58, p. 197-221.

O'Doherty, Kieran. (2006). « Risk communication in genetic counselling: A discursive approach to probability », *Theory & Psychology*, vol. 16, p. 225-256.

O'Rahilly, Ronan R. et Müller, Fabiola. (2001). *Human embryology & teratology, 3e édition*, New York, Wiley-Liss.

Oddy, Wendy H. (2004). « A review of the effects of breastfeeding on respiratory infections, atopy, and childhood asthma », *Journal of Asthma*, vol. 41, p. 605-621.

Ogletree, Shirley Matile, Denton, Larry et Williams, Sue Winkle. (1993). « Age and gender differences in children's Halloween costumes », *Journal of Psychology*, vol. 127, p. 633-637.

Okun, Morris A., Pugliese, John et Rook, Karen S. (2007). « Unpacking the relation between extraversion and volunteering in later life: The role of social capital », *Personality and Individual Differences*, vol. 42, p. 1467-1477.

Olson, Steve. (2004). « Making sense of Tourette's », *Science*, vol. 305, 3 septembre, p. 1390-1392.

Olweus, Dan, Limber, Sue et Mahalic, Sharon F. (1999). *Bullying prevention program : Blueprints for violence prevention*, Boulder (CO), Center for the Study and Prevention of Violence, Institute of Behavioral Science, University of Colorado.

Olweus, Dan. (1992). « Bullying among schoolchildren: Intervention and prevention », dans Ray D. Peters, Robert J. McMahon et Vernon L. Quinsey (dir.), *Aggression and violence throughout the life span*, Thousand Oaks (CA), Sage, p. 100-125.

Olweus, Dan. (1993). « Victimization by peers: Antecedents and long-term outcomes », dans Kenneth H. Rubin et Jens B. Asendorpf (dir.), *Social withdrawal, inhibition, and shyness in childhood*, Hillsdale (NJ), Erlbaum, p. 315-341.

Ordre des sages-femmes du Québec. (10 juillet 2009). « Les sages-femmes : des professionnelles de la première ligne », [en ligne]. [http://www.osfq.org/nouvelle.php?id=44] (1er octobre 2009).

Orentlicher, David et Callahan, Christopher M. (2004). « Feeding tubes, slippery slopes, and physician-assisted suicide », *Journal of Legal Medicine*, vol. 25, p. 389-409.

Organisation des Nations Unies pour l'éducation, la science et la culture. (20 avril 2004). « À quel âge les enfants scolarisés peuvent-ils travailler, se marier et être jugés? », [en ligne]. [http://portal.unesco.org/fr/ev.php-URL_ID%3D19982&URL_DO%3DDO_TOPIC&URL_SECTION%3D201.html] (13 avril 2010).

Organisation mondiale de la Santé. (2002). « Rapport mondial sur la violence et la santé : résumé », [en ligne]. [http://www.who.int/violence_injury_prevention/violence/world_report/en/summary_fr.pdf] (8 février 2010).

Organisation mondiale de la Santé. (2003). *World atlas of birth defects, 2e édition*, Genève, Organisation mondiale de la santé.

Organisation mondiale de la santé. (2005a). « Drépanocytose (anémie à hématies falciformes) », [en ligne]. [http://www.who.int/gb/ebwha/pdf_files/EB117/B117_34-fr.pdf] (30 octobre 2009).

Organisation mondiale de la santé. (2005b). *Sexually transmitted infections among adolescents: Issues in adolescent health and development*, Genève, Organisation mondiale de la santé.

Organisation mondiale de la Santé. (2010). « La sédentarité, une cause majeure de maladies et d'incapacités », [en ligne]. [http://www.who.int/mediacentre/news/releases/release23/fr/index.html] (25 juin 2010).

Ormerod, Thomas C. (2005). « Planning and ill-defined problems », dans Robin Morris et Geoff Ward (dir.), *The cognitive psychology of planning*, New York, Psychology Press, p. 53-70.

Osnes, E., Lofthus, C., Meyer, H., Falch, J., Nordsletten, L., Cappelen, I., et coll. (2004). « Consequences of hip fracture on activities of daily life and residential needs », *Osteoporosis International*, vol. 15, p. 567-574.

Pace, Thaddeus W. W., Mletzko, Tanja C., Alagbe, Oyetunde, Musselman, Dominique L., Nemeroff, Charles B., Miller, Andrew H. et coll. (2006). « Increased stress-induced inflammatory responses in male patients with major depression and increased early life stress », *American Journal of Psychiatry*, vol. 163, p. 1630-1633.

Padmadas, Sabu S., Hutter, Inge et Willekens, Frans. (2004). « Compression of women's reproductive spans in Andhra Pradesh, India », *International Family Planning Perspectives*, vol. 30, p. 12-19.

Pahl, Kerstin et Way, Niobe. (2006). « Longitudinal trajectories of ethnic identity among urban Black and Latino adolescents », *Child Development*, vol. 77, p. 1403-1415.

Palmore, Erdman. (2005). « Three decades of research on ageism », *Generations*, vol. 29, p. 87-90.

Paquette, Daniel, St-Antoine, Michelle et Provost, Nicole. (2000). *Formation sur l'attachement, Guide à l'usage du formateur,* Montréal, Institut de recherche pour le développement social des jeunes.

Park, Denise C. et Gutchess, Angela H. (2005). « Long-term memory and aging: A cognitive neuroscience perspective », dans Roberto Cabeza, Lars Nyberg et Denise Park (dir.), *Cognitive neuroscience of aging: Linking cognitive and cerebral aging,* New York, Oxford University Press, p. 218-245.

Park, Denise C. et Hedden, Trey. (2001). « Working memory and aging », dans Moshe Naveh-Benjamin, Morris Moscovitch et Henry L. Roediger (dir.), *Perspectives on human memory and cognitive aging: Essays in honour of Fergus Craik,* New York, Psychology Press, p. 148-160.

Park, Denise C. et Payer, Doris. (2006). « Working memory across the adult lifespan », dans Ellen Bialystok et Fergus I. M. Craik (dir.), *Lifespan cognition: Mechanisms of change,* New York, Oxford University Press, p. 128-142.

Parke, Ross D. et Buriel, Raymond. (2006). « Socialization in the family: Ethnic and ecological perspectives », dans Nancy Eisenberg (dir.), *Handbook of child psychology, vol. 3: Social, emotional, and personality development, 6ᵉ édition,* Hoboken (NJ), Wiley, p. 429-504.

Parke, Ross D., Ornstein, Peter A., Rieser, John J. et Zahn-Waxler, Carolyn. (1994). « The past as prologue: An overview of a century of developmental psychology », dans Ross D. Parke, Peter A. Ornstein, John. J. Rieser et Carolyn Zahn-Waxler (dir.), *A century of developmental psychology,* Washington (DC), American Psychological Association.

Parker, Jeffrey G. et Gottman, J. M. (1989). « Social and emotional development in a relational context », dans T. J. Berndt et G. W. Ladd (dir.), *Peer relationships in child development,* New York, Wiley.

Parker, Susan W. et Nelson, Charles A. (2005). « The impact of early institutional rearing on the ability to discriminate facial expressions of emotion: An event-related potential study », *Child Development,* vol. 76, p. 54-72.

Pascarella, Ernest T. et Terenzini, Patrick T. (1991). *How college affects students: Findings and insights from twenty years of research,* San Francisco, Jossey-Bass Publishers.

Passerelles EJE. ([s.d.]). « Le Glossaire – Identité », [en ligne]. [http://www.passerelles-eje.info/glossaire/definition_23_identite.html] (9 avril 2010).

Patel, Vimla L., Arocha, José F. et Kaufman, David R. (1999). « Expertise and tacit knowledge in medicine », dans Robert J. Sternberg et Joseph A. Horvath (dir.), *Tacit knowledge in professional practice: Researcher and practitioner perspectives,* Mahwah (NJ), Erlbaum, p. 75-99.

Paterson, David S., Trachtenberg, Felicia L., Thompson, Eric G., Belliveau, Richard A., Beggs, Alan H., Darnall, Ryan et coll. (2006). « Multiple serotonergic brainstem abnormalities in sudden infant death syndrome », *Journal of the American Medical Association,* vol. 296, p. 2124-2132.

Patrick, Kevin, Norman, Gregory J., Calfas, Karen J., Sallis, James F., Zabinski, Marion F., Rupp, Joan et coll. (2004). « Diet, physical activity, and sedentary behaviors as risk factors for overweight in adolescence », *Archives of Pediatrics & Adolescent Medicine,* vol. 158, p. 385-390.

Paul, David, Leef, Kathleen, Locke, Robert, Bartoshesky, Louis, Walrath, Judy et Stefano, John. (2006). « Increasing illness severity in very low birth weight infants over a 9-year period », *BMC Pediatrics,* vol. 6, p. 2.

Payne, Roy L. et Cooper, Cary L. (2001). *Emotions at work: Theory, research, and application in management,* Chichester (G.-B.), Wiley.

Pearson, J. D., Morell, C. H., Gordon-Salant, S., Brant, L. J., Metter, E. J., Klein, L. et Fozard, J. L. (1995). « Gender differences in a longitudinal study of age-associated hearing loss. », *Journal of the Acoustical Society of America,* vol. 97, p. 1196-1205.

Pedersen, Nancy L., Spotts, Erica et Kato, Kenji. (2005). « Genetic influences on midlife functioning », dans Sherry L. Willis et Mike Martin (dir.), *Middle adulthood: A lifespan perspective,* Thousand Oaks (CA), Sage, p. 65-98.

Pélissier, Jérôme. (2008). « Réflexions sur l'âge de la vieillesse (2/2), À quel âge est-on vieux ? », [en ligne]. [http://jerpel.fr/spip.php?article218] (18 mars).

Peng, Du et Phillips, David R. (2004). « Potential consequences of population ageing for social development in China », dans Peter Lloyd-Sherlock (dir.), *Living longer: Ageing, development and social protection,* London (G-B), Zed Books, p. 97-116.

Pennington, Bruce Franklin. (2002). *The development of psychopathology: Nature and nurture,* New York, Guilford Press.

Pepler, Debra, Craig, Wendy, Yuile, Amy et Connolly, Jennifer. (2004). « Girls who bully: A developmental and relational perspective », dans Martha Putallaz et Karen L. Bierman (dir.), *Aggression, antisocial behavior, and violence among girls: A developmental perspective,* New York, Guilford, p. 90-109.

Perfetti, Jennifer, Clark, Roseanne et Fillmore, Capri-Mara. (2004). « Postpartum depression: Identification, screening, and treatment », *Wisconsin Medical Journal,* vol. 103, p. 56-63.

Perls, Thomas. (2005). « The different paths to age one hundred », *Annals of the New York Academy of Sciences,* vol. 1055, p. 13-25.

Perner, Josef, Lang, Birgit et Kloo, Daniela. (2002). « Theory of mind and self-control: More than a common problem of inhibition », *Child Development,* vol. 73, no 3, p. 752-767.

Perner, Josef. (2000). « About + belief + counterfactual », dans Peter Mitchell et Kevin John Riggs (dir.), *Children's reasoning and the mind,* Hove (G-B), Psychology Press, p. 367-401.

Perreault, Mathieu. (2008). « À partir de mardi, un système mains libres sera obligatoire au volant », [en ligne]. [http://veloptimum.net/Velop/cell/8/Presse29mars.html] (8 décembre 2009).

Perry, D. G., Perry, L. C. et Kennedy, E. (1992). « Conflict and the development of antisocial behavior », dans C. U. Shantz et W.W. Hartup (dir.), *Conflict in child and adolescent development,* Cambridge (G-B), Cambridge University Press, p. 301-329.

Perry, William G. Jr. (1981). « Cognitive and ethical growth: The making of meaning », dans A. Chickering (dir.), *The modern American college: Responding to the new realities of diverse students and a changing society,* San Francisco, Jossey-Bass, p. 76-116.

Petersen, Ronald C. (dir.). (2003). *Mild cognitive impairment: Aging to Alzheimer's disease,* Oxford (G-B), Oxford University Press.

Peterson, Jordan B. et Flanders, Joseph L. (2005). « Play and the regulation of aggression », dans Richard Ernest Tremblay, Willard W. Hartup et John Archer (dir.), *Developmental origins of aggression,* New York, Guilford Press, p. 133-157.

Petitclerc, Amélie, Boivin, Michel, Dionne, Ginette, Zoccodillo, Mark et Tremblay, Michel. (2009). « Disregard for rules : The early development and predictors of a specific dimension of disruptive behavior disorders », *Journal of Child Psychology and Psychiatry,* vol. 50, nᵒ 12, décembre, p. 1477-1484.

Pettit, Gregory S. (2004). « Violent children in developmental perspective: Risk and protective factors and the mechanisms through which they (may) operate », *Current Directions in Psychological Science,* vol. 13, p. 194-197.

Peudenier, Sylviane. (1999). « Développement psychomoteur et examen neurologique de l'enfant », [en ligne]. [http://www.med.univ-rennes1.fr/etud/pediatrie/developpement.htm] (3 octobre 2009).

Pew Research Center. (2007). « How young people view their lives, futures and politics: A portrait of "Generation Next" », [en ligne]. [http://people-press.org/ reports/pdf/300.pdf] (26 août 2007).

Phelps, LeAdelle, Johnston, Lisa Swift, Jimenez, Dayana P., Wilczenski, Felicia L., Andrea, Ronald K. et Healy, Robert W. (1993). « Figure preference, body dissatisfaction, and body distortion in adolescence », *Journal of Adolescent Research,* vol. 8, nᵒ 3, juillet, p. 297-310.

Phinney, Jean S. (2006). « Ethnic identity exploration in emerging adulthood », dans Jeffrey Jensen Arnett et Jennifer Lynn Tanner (dir.), *Emerging adults in America: Coming of age in the 21ˢᵗ century,* Washington (DC), American Psychological Association, p. 117-134.

Piaget, Jean. (1962 [1945]). *Play, dreams and imitation in childhood,* (trad. par C. Gattegno et F. M. Hodgson), New York, Norton.

Piaget, Jean. (1964). *Six études de psychologie*, Genève, Gonthier.

Piaget, Jean. (1970). *The child's conception of movement and speed* (trad. par G. E. T. Holloway et M. J. Mackenzie), New York, Basic Books.

Piaget, Jean. (1972). *Problèmes de génétique*, Paris, Denoël.

Pinheiro, Paulo Sèrgio (dir.). (2006). *World report on violence against children*, Genève, Organisation des Nations Unies.

Pinquart, Martin et Sörensen, Silvia. (2003). « Associations of stressors and uplifts of caregiving with caregiver burden and depressive mood: A meta-analysis », *Journals of Gerontology: Psychological Sciences & Social Sciences*, vol. 58B, n° 2, p. 112-128.

Piolino, Pascale, Desgranges, Béatrice, Clarys, David, Guillery-Girard, Bérengère, Taconnat, Laurence, Isingrini, Michel et coll. (2006). « Autobiographical memory, autonoetic consciousness, and self-perspective in aging », *Psychology and Aging*, vol. 21, p. 510-525.

Plomin, Robert, DeFries, John C., Craig, Ian W. et McGuffin, Peter. (2003). *Behavioral genetics in the postgenomic era*, Washington (DC), American Psychological Association.

Plutchik, Robert. (2003). *Emotions and life: Perspectives from psychology, biology, and evolution*, Washington (DC), American Psychological Association.

Pogrebin, Letty Cottin. (1996). *Getting over getting older: An intimate journey*, Boston, Little Brown.

Poletti, Rosette. (1989). *Les soins infirmiers*, Théories et concepts, Paris, Le Centurion.

Pollak, Seth D., Cicchetti, Dante, Hornung, Katherine et Reed, Alex. (2000). « Recognizing emotion in faces: Developmental effects of child abuse and neglect », *Developmental Psychology*, vol. 36, p. 679-688.

Pomerantz, Eva M. et Rudolph, Karen D. (2003). « What ensues from emotional distress? Implications for competence estimation », *Child Development*, vol. 74, p. 329-345.

Poon, Leonard W. (1992). *The Georgia Centenarian Study*, Amityville (NY), Baywood.

Portail Québec. (2009). « Les traumatismes chez les enfants et les jeunes Québécois âgés de 18 ans et moins : état de situation », [en ligne]. [http://www.gouv.qc.ca/portail/quebec/pgs/commun/actualites/actualite/actualites_090520_traumas/?lang=fr] (10 octobre 2009).

Posthuma, Daniëlle, de Geus, Eco J. C. et Boomsma, Dorret I. (2003). « Genetic contributions to anatomical, behavioral, and neurophysiological indices of cognition », dans Robert Plomin, John C. DeFries, Ian W. Craig et Peter McGuffin (dir.), *Behavioral genetics in the postgenomic era*, Washington (DC), American Psychological Association, p. 141-161.

Poudrette, Pascale. (14 juin 1999). « Le processus suicidaire », présentation au psycho-stage de l'Association des professeurs de psychologie du réseau collégial du Québec (APPRCQ).

Powell, Douglas H. (avec Whitla, Dean K.). (1994). *Profiles in cognitive aging*, Cambridge (MA), Harvard University Press.

Powlishta, Kimberly. (2004). « Gender as a social category: Intergroup processes and gender-role development », dans Mark Bennett et Fabio Sani (dir.), *The development of the social self*, Hove (G-B), Psychology Press, p. 103-133.

Preston, Fredrica, Tang, Siew Tzuh et McCorkle, Ruth. (2003). « Symptom management for the terminally ill », dans Inge Corless, Barbara B. Germino et Mary A. Pittman (dir.), *Dying, death, and bereavement: A challenge for living, 2e édition*, New York, Springer, p. 145-180.

Preston, Tom et Kelly, Michael. (2006). « A medical ethics assessment of the case of Terri Schiavo », *Death Studies*, vol. 30, p. 121-133.

Previti, Denise et Amato, Paul R. (2003). « Why stay married? Rewards, barriers, and marital stability », *Journal of Marriage and Family*, vol. 65, p. 561-573.

Procréation assistée Canada. (11 décembre 2008). « Le conseil génétique : À l'intention des Canadiens qui veulent obtenir des techniques de procréation assistée », [en ligne]. [http://www.ahrc-pac.gc.ca/doc.php?did=21&lang=fra] (30 septembre 2009).

Proulx, Christine M., Helms, Heather M. et Buehler, Cheryl. (2007). « Marital quality and personal well-being: A meta-analysis », *Journal of Marriage and Family*, vol. 69, p. 576-593.

Pruden, Shannon M., Hirsh-Pasek, Kathy, Golinkoff, Roberta Michnick et Hennon, Elizabeth A. (2006). « The birth of words: Ten-month-olds learn words through perceptual salience », *Child Development*, vol. 77, p. 266-280.

Pulkkinen, Lea, Feldt, Taru et Kokko, Katja. (2005). « Personality in young adulthood and functioning in middle age », dans Sherry L. Willis et Mike Martin (dir.), *Middle adulthood: A lifespan perspective*, Thousand Oaks (CA), Sage, p. 99-141.

Puymirat, Jack. (24 avril 2009). « Dystrophie myotonique de Steinert, Perspectives thérapeutiques », [en ligne]. [http://www.muscle.ca/fileadmin/Quebec/Services/Neuromuscular_Seminars/Flyer/Conference_24_partie_1.pdf] (30 octobre 2009).

Quas, Jodi A., Bauer, Amy et Boyce, W. Thomas. (2004). « Physiological reactivity, social support, and memory in early childhood », *Child Development*, vol. 75, p. 797-814.

Quinn, Paul C. (2004). « Development of subordinate-level categorization in 3 to 7-month-old infants », *Child Development*, vol. 75, p. 886-899.

Rabbitt, Patrick, Anderson, Michael, Davis, Helen et Shilling, Val. (2003). « Cognitive processes in ageing », dans Jaan Valsiner et Kevin J. Connolly (dir.), *Handbook of developmental psychology*, Thousand Oaks (CA), Sage, p. 560-583.

Rabiner, David L., Lenhart, Lisa et Lochman, John E. (1990). « Automatic versus reflective social problem solving in relation to children's sociometric status », *Developmental Psychology*, vol. 26, p. 1010-1016.

Radmacher, Kimberley et Azmitia, Margarita. (2006). « Are there gendered pathways to intimacy in early adolescents' and emerging adults' friendships? », *Journal of Adolescent Research*, vol. 21, p. 415-448.

Raikes, Helen, Luze, Gayle, Brooks-Gunn, Jeanne, Raikes, H. Abigail, Pan, Barbara Alexander, Tamis-LeMonda, Catherine S. et coll. (2006). « Mother-child bookreading in low-income families: Correlates and outcomes during the first three years of life », *Child Development*, vol. 77, p. 924-953.

Rauste-von Wright, Maijaliisa. (1989). « Body image satisfaction in adolescent girls and boys: A longitudinal study », *Journal of Youth and Adolescence*, vol. 18, p. 71-83.

Rawlins, William K. (1992). *Friendship matters*, Hawthorne (NY), Aldine de Gruyter.

Read, Jennifer S. (2004). « Prevention of mother-to-child transmission of HIV », dans Steven L. Zeichner et Jennifer S. Read (dir.), Textbook of pediatric HIV care, Cambridge (UK), Cambridge University Press, p. 111-133.

Reece, E. Albert et Hobbins, John C. (dir.). (2007). *Handbook of clinical obstetrics: The fetus & mother handbook, 2e édition*, Malden (MA), Blackwell.

Reiss, David, Neiderhiser, Jenae M., Hetherington, E. Mavis et Plomin, Robert. (2000). *The relationship code: Deciphering genetic and social influences on adolescent development*, Cambridge (MA), Harvard University Press.

Rendell, Peter G. et Thomson, Donald M. (1999). « Aging and prospective memory: Differences between naturalistic and laboratory tasks », *Journals of Gerontology: Psychological Sciences and Social Sciences*, vol. 54B, n° 4, p. P256-P269.

Ressources humaines et Développement des compétences Canada. ([s.d.]). « Mentorat et compétences essentielles », [en ligne]. [http://www.hrsdc.gc.ca/fra/competence/competences_essentielles/pdfs/soutien_formation/mentorat.pdf] (13 avril 2010).

Rest, James, Narvaez, Darcia, Bebeau, Muriel J. et Thoma, Stephen J. (1999). *Postconventional moral thinking: A neoKohlbergian approach*, Mahwah (NJ), Erlbaum.

Rest, James. (1993). « Research on moral judgment in college students », dans Andrew Garrod (dir.), *Approaches to moral development: New research and emerging themes*, New York, Teachers College Press, p. 201-211.

Reuter-Lorenz, Patricia A., Sylvester, Ching-Yune C., Cabeza, Roberto, Nyberg, Lars et Park, Denise. (2005). « The cognitive neuroscience of working memory and aging », *Cognitive neuroscience of aging: Linking cognitive and cerebral aging*, New York, Oxford University Press, p. 186-217.

Reyna, Valerie F. (2004). « How people make decisions that involve risk: A dual-processes approach », *Current Directions in Psychological Science*, vol. 13, p. 60-66.

Reyna, Valerie F. et Farley, Frank. (2006). « Risk and rationality in adolescent decision making: Implications for theory, practice, and public policy », *Psychological Science in the Public Interest*, vol. 7, p. 1-44.

Ricciuti, Henry N. (1991). « Malnutrition and cognitive development: Research policy linkages and current research directions », dans Lynn Okagaki et Robert J. Sternberg (dir.), *Directors of development*, Hillsdale (NJ), Erlbaum.

Riegel, Klaus F. (1975). « Toward a dialectical theory of development », *Human Development*, vol. 18, p. 50-64.

Riordan, Jan (dir.). (2005). *Breastfeeding and human lactation, 3e édition*, Sudbury (MA), Jones and Bartlett.

Roberts, Brent W. et Caspi, Avshalom. (2003). « The cumulative continuity model of personality development: Striking a balance between continuity and change in personality traits accross the life course », dans Ursula M. Staudinger et Ulman Lindenberger (dir.), *Understanding human development: Dialogues with lifespan psychology*, Dordrecht (Pays-Bas), Kluwer, p. 183-214.

Roberts, Brent W., Walton, Kate E. et Viechtbauer, Wolfgang. (2006). « Patterns of mean-level change in personality traits across the life course: A meta-analysis of longitudinal studies », *Psychological Bulletin*, vol. 132, p. 1-25.

Rochat, Philippe. (2001). *The infant's world*, Cambridge (MA), Harvard University Press.

Roche, Alex F. et Sun, Shumei S. (2003). *Human growth: Assessment and interpretation*, Cambridge (G-B), Cambridge University Press.

Rogers, Carl R. (1951). *Client centered therapy: Its current practice, its implications, and theory*, Boston, Houghton Mifflin.

Rogers, Carl R. (1961). *On Becoming a Person*, Boston, Houghton Mifflin.

Rogers, Carl R. (1972). *Le développement de la personne*, Paris, Dunod.

Rogers, Chrissie. (2007). « Experiencing an "inclusive" education: Parents and their children with "special educational needs" », *British Journal of Sociology of Education*, vol. 28, p. 55-68.

Rogoff, Barbara, Correa-Chávez, Maricela et Cotuc, Marta Navichoc. (2005). « A cultural/historical view of schooling in human development », dans David B. Pillemer et Sheldon H. White (dir.), *Developmental psychology and social change: Research, history and policy*, New York, Cambridge University Press, p. 225-263.

Rogoff, Barbara. (2003). *The cultural nature of human development*, New York, Oxford University Press.

Roisman, Glenn I. et Fraley, R. Chris. (2006). « The limits of genetic influence: A behavior-genetic analysis of infant-caregiver relationship quality and temperament », *Child Development*, vol. 77, p. 1656-1667.

Romans, Sarah E., Martin, M., Gendall, Kelly et Herbison, G. P. (2003). « Age of menarche: The role of some psychosocial factors », *Psychological Medicine*, vol. 33, p. 933-939.

Rönkä, Anna, Oravala, Sanna et Pulkkinen, Lea. (2002). « "I met this wife of mine and things got onto a better track": Turning points in risk development », *Journal of Adolescence*, vol. 25, p. 47-63.

Room, Robin, Babor, Thomas et Rehm, Jürgen. (2005). « Alcohol and public health », *Lancet*, vol. 365, p. 519-530.

Rosano, Giuseppe M. C., Vitale, Cristiana, Silvestri, Antonello et Fini, Massimo. (2003). « Hormone replacement therapy and cardioprotection: The end of the tale? », *Annals of the New York Academy of Sciences*, vol. 997, novembre, p. 351-357.

Rose, Amanda J. et Asher, Steven R. (1999). « Children's goals and strategies in response to conflicts within a friendship », *Developmental Psychology*, vol. 35, p. 69-79.

Rosenberg, Irwin H. (2001). « Aging, B vitamins and cognitive decline », dans John D. Fernstrom, Ricardo Uauy et Pedro Arroyo (dir.), *Nutrition and brain*, Basel (Suisse), Karger, p. 201-218.

Rosenfeld, Barry. (2004). *Assisted suicide and the right to die: The interface of social science, public policy, and medical ethics*, Washington (DC), American Psychological Association.

Ross, Catherine R. (1995). « Reconceptualizing marital status as a continuum of social attachment », *Journal of Marriage and Family*, vol. 57, p. 129-140.

Rossant, Lyonel et Rossant-Lumbroso, Jacqueline. (2009). « La trisomie 21 mongolisme ou syndrome de Down », [en ligne]. [http://www.doctissimo.fr/html/sante/encyclopedie/sa_1163_trisomie21.htm] (30 septembre 2009).

Roth, David L., Mittelman, Mary S., Clay, Olivio J., Madan, Alok et Haley, William E. (2005). « Changes in social support as mediators of the impact of a psychosocial intervention for spouse caregivers of persons with Alzheimer's disease », *Psychology and Aging*, vol. 20, p. 634-644.

Rothbart, Mary K. et Bates, John E. (2006). « Temperament », dans Nancy Eisenberg (dir.), *Handbook of child psychology, vol. 3 : Social, emotional, and personality development, 6e édition*, Hoboken (NJ), Wiley, pp. 99-166.

Rothbart, Mary K., Ahadi, Stephan A. et Evans, David E. (2000). « Temperament and personality: Origins and outcomes », *Journal of Personality and Social Psychology*, vol. 78, p. 122-135.

Rovee-Collier, Carolyn et Hayne, Harlene. (1987). « Reactivation of infant memory: Implications for cognitive development », *Advances in Child Development and Behavior*, vol. 20, p. 185-238.

Rovee-Collier, Carolyn. (1987). « Learning and memory in infancy », dans Joy Doniger Osofsky (dir.), *Handbook of infant development, 2e édition*, New York, Wiley, p. 98-148.

Rovee-Collier, Carolyn. (1990). « The "memory system" of prelinguistic infants », *Annals of the New York Academy of Sciences*, vol. 608, p. 517-542.

Rovee-Collier, Carolyn. (2001). « Information pick-up by infants: What is it, and how can we tell? », *Journal of Experimental Child Psychology*, vol. 78, p. 35-49.

Rowe, Gillian, Valderrama, Steven, Hasher, Lynn et Lenartowicz, Agatha. (2006). « Attentional disregulation: A benefit for implicit memory », *Psychology and Aging*, vol. 21, p. 826-830.

Rowe, John W. et Kahn, Robert Louis. (1998). *Successful aging*, New York, Pantheon.

Rubin, Kenneth H., Bukowski, William M. et Parker, Jeffrey G. (2006). « Peer interactions, relationships, and groups », dans Nancy Eisenberg (dir.), *Handbook of child psychology, vol. 3: Social, emotional, and personality development, 6e édition*, Hoboken (NJ), Wiley, p. 619-700.

Ruble, Diane N., Martin, Carol Lynn et Berenbaum, Sheri. (2006). « Gender development », dans Nancy Eisenberg (dir.), *Handbook of child psychology, vol. 3: Social, emotional, and personality development, 6e édition*, Hoboken (NJ), Wiley, p. 858-932.

Ruble, Diane, Alvarez, Jeanette, Bachman, Meredith, Cameron, Jessica, Fuligni, Andrew, Coll, Cynthia Garcia et coll. (2004). « The development of a sense of "we": The emergence and implications of children's collective identity », dans Mark Bennett et Fabio Sani (dir.), *The development of the social self*, Hove (G-B), Psychology Press, p. 29-76.

Rueda, M. Rosario, Rothbart, Mary K., Saccomanno, Lisa et Posner, Michael I. (2007). « Modifying brain networks underlying self regulation », dans Daniel Romer et Elaine F. Walker (dir.), *Adolescent psychopathology and the developing brain: Integrating brain and prevention science*, Oxford (G-B), Oxford University Press, p. 401-419.

Rueter, Martha A. et Kwon, Hee-Kyung. (2005). « Developmental trends in adolescent suicidal ideation », *Journal of Research on Adolescence*, vol. 15, p. 205-222.

Ruffman, Ted, Slade, Lance et Crowe, Elena. (2002). « The relation between children's and mothers' mental state language and theory-of-mind understanding », *Child Development*, vol. 73, p. 734-751.

Ruffman, Ted, Slade, Lance, Sandino, Juan Carlos et Fletcher, Amanda. (2005). « Are A-not-B errors caused by a belief about object location? », *Child Development*, vol. 76, p. 122-136.

Rutter, Michael et O'Connor, Thomas G. (2004). « Are there biological programming effects for psychological development?: Findings from a study of Romanian adoptees », *Developmental Psychology*, vol. 40, p. 81-94.

Rutter, Michael et Rutter, Marjorie. (1993). *Developing minds: Challenge and continuity across the life span*, New York, Basic Books.

Rutter, Michael. (1987). « Psychosocial resilience and protective mechanisms », *American Journal of Orthopsychiatry*, vol. 57, p. 316-331.

Rutter, Michael. (1989). « Intergenerational continuities and discontinuities », dans Dante Cicchetti et Vicki Carlson (dir.), *Child maltreatment: Theory and research on the causes and consequences of child abuse and neglect*, Cambridge (G-B), Cambridge University Press.

Rutter, Michael. (2004). « Intergenerational continuities and discontinuities in psychological problems », dans P. Lindsay ChaseLansdale, Kathleen Kiernan et Ruth J. Friedman (dir.), *Human development across lives and generations: The potential for change*, New York, Cambridge University Press, p. 239-277.

Rutter, Michael. (2006). « The psychological effects of early institutional rearing », dans Peter J. Marshall et Nathan A. Fox (dir.), *The development of social engagement: Neurobiological perspectives*, New York, Oxford University Press, p. 355-391.

Ryalls, Brigette Oliver. (2000). « Dimensional adjectives: Factors affecting children's ability to compare objects using novel words », *Journal of Experimental Child Psychology*, vol. 76, p. 26-49.

Rybash, John M., Hoyer, William J. et Roodin, Paul. (1986). *Adult cognition and aging: Developmental changes in processing, knowing and thinking*, New York, Pergamon Press.

Saarni, Carolyn, Campos, Joseph J., Camras, Linda A. et Witherington, David. (2006). « Emotional development: Action, communication, and understanding », dans Nancy Eisenberg (dir.), *Handbook of child psychology, vol. 3: Social, emotional, and personality development, 6e édition*, Hoboken (NJ), Wiley, p. 226-299

Sable, Pat. (1991). « Attachment, loss of spouse, and grief in elderly adults », Omega, *The Journal of Death and Dying*, vol. 23, p. 129-142.

Sadeh, Avi, Raviv, Amiram et Gruber, Reut. (2000). « Sleep patterns and sleep disruptions in school-age children », *Developmental Psychology*, vol. 36, p. 291-301.

Saffran, Jenny R., Werker, Janet F. et Werner, Lynne A. (2006). « The infant's auditory world: Hearing, speech, and the beginnings of language », dans Deanna Kuhn et Robert S. Siegler (dir.), *Handbook of child psychology, vol. 2 Cognition, perception, and language*, Hoboken (NJ), Wiley, p. 58-108.

Sagi, Abraham, van Ijzendoorn, Marinus H. et Koren-Karie, Nina. (1991). « Primary appraisal of the Strange Situation: A cross-cultural analysis of preseparation episodes », *Developmental Psychology*, vol. 27, p. 587-596.

Sahar, Gail et Karasawa, Kaori. (2005). « Is the personal always political? A cross-cultural analysis of abortion attitudes », *Basic and Applied Social Psychology*, vol. 27, p. 285-296.

Sahuc, Caroline. (2006). *Comprendre son enfant, 11-17 ans*, Levallois-Perret, Studyrama éditeur.

Saint-Jacques, Marie-Christine, Turcotte, Daniel, Drapeau, Sylvie et Cloutier, Richard. (2004). *Séparation, monoparentalité et recomposition familiale, Bilan d'une réalité complexe et pistes d'action*, Québec, Presses de l'Université Laval.

Salkind, Neil J. (2004). *An introduction to theories of human development*, Thousand Oaks (CA), Sage.

Salmivalli, Christina, Ojanen, Tiina, Haanpaa, Jemina et Peets, Katlin. (2005). « "I'm OK but you're not" and other peer-relational schemas: Explaining individual differences in children's social goals », *Developmental Psychology*, vol. 41, p. 363-375.

Salomon, Paule. (1997). *La brûlante lumière de l'amour*, Paris, Albin Michel.

Salthouse, Timothy A. (1985). « Speed of behavior and its implications for cognition », dans James E. Birren et K. Warner Schaie (dir.), *Handbook of the psychology of aging, 2e édition*, New York, Van Nostrand Reinhold.

Salthouse, Timothy A. (1991). *Theoretical perspectives on cognitive aging*, Hillsdale (NJ), Erlbaum.

Salthouse, Timothy A. (1992). *Mechanisms of age-cognition relations in adulthood*, Hillsdale (NJ), Erlbaum.

Salthouse, Timothy A. (2000). « Steps toward the explanation of adult age differences in cognition », dans Timothy J. Perfect et Elizabeth A. Maylor (dir.), *Models of cognitive aging*, London (G-B), Oxford University Press, p. 19-49.

Salthouse, Timothy A. (2006). « Mental exercise and mental aging: Evaluating the validity of the "use it or lose it" hypothesis », *Perspectives on Psychological Science*, vol. 1, p. 68-87.

Sameroff, Arnold J. et MacKenzie, Michael J. (2003). « Research strategies for capturing transactional models of development: The limits of the possible », *Development and Psychopathology*, vol. 15, p. 613-640.

Sampaio, Ricardo C. et Truwit, Charles L. (2001). « Myelination in the developing human brain », dans Charles A. Nelson et Monica Luciana (dir.), *Handbook of developmental cognitive neuroscience*, Cambridge (MA), MIT Press, p. 35-44.

Sanders, Catherine M. (1989). *Grief: The mourning after*, New York, Wiley.

Sandstrom, Marlene J. et Zakriski, Audrey L. (2004). « Understanding the experience of peer rejection », dans Janis B. Kupersmidt et Kenneth A. Dodge (dir.), *Children's peer relations: From development to intervention*, Washington (DC), American Psychological Association, p. 101-118.

Santé Canada. (2007). « Indice de masse corporelle mesuré – pourcentage des enfants avec obésité (les deux sexes) », [en ligne]. [http://www.hc-sc.gc.ca/fn-an/surveill/atlas/map-carte/mass_c-e_obes_norm-sans_exces_mf-hf-fra.php] (14 février 2010).

Sapp, Felicity, Lee, Kang et Muir, Darwin. (2000). « Three-year-olds' difficulty with the appearance-reality distinction: Is it real or is it apparent? », *Developmental Psychology*, vol. 36, pp. 547-560.

Savin-Williams, Ritch C. (2005). *The new gay teenager*, Cambridge (MA), Harvard University Press.

Savin-Williams, Ritch C. et Berndt, Thomas J. (1990). « Friendship and peer relations », dans S. S. Feldman et G. R. Elliott (dir.), *At the threshold: The developing adolescent*, Cambridge (MA), Harvard University Press.

Savin-Williams, Ritch C. et Diamond, Lisa M. (2004). « Sex », dans Richard M. Lerner et Laurence D. Steinberg (dir.), *Handbook of adolescent psychology, 2e édition*, Hoboken (NJ), Wiley, p. 189-231.

Saxe, Geoffrey B. (1999). « Sources of concepts: A cultural-developmental perspective », dans Ellin Kofsky Scholnick, Katherine Nelson, Susan A. Gelman et Patricia H. Miller (dir.), *Conceptual development: Piaget's legacy*, Mahwah (NJ), Erlbaum, p. 253-267.

Scannapieco, Maria et Connell-Carrick, Kelli. (2005). *Understanding child maltreatment: An ecological and developmental perspective*, New York, Oxford University Press.

Schafer, Graham. (2005). « Infants can learn decontextualized words before their first birthday », *Child Development*, vol. 76, p. 87-96.

Schaffer, H. Rudolf. (1984). *The child's entry into a social world*, New York, Academic Press.

Schaffer, H. Rudolph. (2000). « The early experience assumption: Past, present, and future », *International Journal of Behavioral Development*, vol. 24, p. 5-14.

Schaffer, H. Rudolph. (2004). *Introducing child psychology*, Oxford (G-B), Wiley-Blackwell.

Schaie, K. Warner et Willis, Sherry L. (2000). « A stage theory model of adult cognitive development revisited », dans Robert L. Rubinstein, Miriam Moss et Morton H. Kleban (dir.), *The many dimensions of aging*, New York, Springer, p. 175-193.

Schaie, K. Warner. (1996). *Intellectual development in adulthood: The Seattle Longitudinal Study*, Cambridge (G-B), Cambridge University Press.

Schaie, K. Warner. (2005a). « What can we learn from longitudinal studies of adult development? », *Research in Human Development*, vol. 2, p. 133-158.

Schaie, K. Warner. (2005b). *Developmental influences on adult intelligence: The Seattle longitudinal study*, éd. rév., New York, Oxford University Press.

Schieber, Frank. (2006). « Vision and aging », dans James E. Birren et K. Warner Schaie (dir.), *Handbook of the psychology of aging, 6e édition*, Amsterdam, Elsevier, p. 129-161.

Schiller, Ruth A. (1998). « The relationship of developmental tasks to life satisfaction, moral reasoning, and occupational attainment at age 28 », *Journal of Adult Development*, vol. 5, p. 239-254.

Schindler, Ines, Staudinger, Ursula M. et Nesselroade, John R. (2006). « Development and structural dynamics of personal life investment in old age », *Psychology and Aging*, vol. 21, p. 737-753.

Schlegel, Alice. (2003). « Modernization and changes in adolescent social life », dans T. S. Saraswati (dir.), *Cross-cultural perspectives in human development: Theory, research, and applications*, New Delhi (Inde), Sage, p. 236-257.

Schleicher, Deirdra J., Watt, John D. et Greguras, Gary J. (2004). « Reexamining the job satisfaction-performance relationship : The complexity of attitudes», *Journal of Applied Psychology*, vol. 89, nº 1, p. 165-177.

Schneider, Barry H., Normand, Sébastien, Allès-Jardel, Monique, Provost, Marc A. et Tarabulsy, George M. (dir.). (2009b), *Perspectives sur le développement de l'agressivité chez les enfants*, Québec, Presses de l'Université du Québec.

Schneider, Barry H., Normand, Sébastien, Allès-Jardel, Monique, Provost, Marc A. et Tarabulsy, George M. (2009a). *Conduites agressives chez l'enfant, Perspectives développementales et psychosociales*, Québec, Presses de l'Université du Québec.

Schneider, Wolfgang et Bjorklund, David F. (2003). « Memory and knowledge development », dans Jaan Valsiner et Kevin J. Connolly (dir.), *Handbook of developmental psychology*, Thousand Oaks (CA), Sage, p. 370-403.

Schneider, Wolfgang et Pressley, Michael. (1997). *Memory development between two and twenty, 2e édition*, Mahwah (NJ), Erlbaum.

Schoen, Robert et Cheng, Yen-Hsin Alice. (2006). « Partner choice and the differential retreat from marriage », *Journal of Marriage and Family*, vol. 68, p. 1-10.

Schraagen, Jan Maarten et Leijenhorst, Henk. (2001). « Searching for evidence: Knowledge and search strategies used by forensic scientists », dans Eduardo Salas et Gary A. Klein (dir.), *Linking expertise and naturalistic decision making*, Mahwah (NJ), Erlbaum, p. 263-274.

Schulenberg, John, O'Malley, Patrick M., Bachman, Jerald G. et Johnston, Lloyd D. (2005). « Early adult transitions and their relation to well-being and substance use », dans Richard A. Settersten Jr., Frank F. Furstenberg Jr. et Rubén G. Rumbaut (dir.), *On the frontier of adulthood: Theory, research, and public policy*, Chicago, University of Chicago Press, p. 417-453.

Schultz, P. Wesley, Nolan, Jessica M., Cialdini, Robert B., Goldstein, Noah J. et Griskevicius, Vladas. (2007). « The constructive, destructive, and reconstructive power of social norms », *Psychological Science*, vol. 18, p. 429-434.

Schultz, Richard et Heckhausen, Jutta. (1996). « A life-span model of successful aging », *American Psychologist*, vol. 51, p. 702-714.

Schwartz, Jeffrey et Begley, Sharon. (2002). *The mind and the brain: Neuroplasticity and the power of mental force*, New York, Regan Books.

Schwartz, Pepper. (2006). « What elicits romance, passion, and attachment, and how do they affect our lives throughout the life cycle? », dans Ann C. Crouter et Alan Booth (dir.), *Romance and sex in adolescence and emerging adulthood: Risks and opportunities*, Mahwah (NJ), Erlbaum, p. 49-60.

Scogin, Forrest R. (1998). « Anxiety in old age », dans Inger Hilde Nordhus, Gary R. VandenBos, Stig Berg et Pia Fromholt (dir.), *Clinical geropsychology*, Washington (DC), American Psychological Association, p. 205-209.

Sécurité publique Canada. (2009). « Prévenir l'intimidation : la nature et la fréquence de l'intimidation au Canada », [en ligne]. [http://www.publicsafety.gc.ca/res/cp/res/2008-bp-01-fra.aspx] (12 mars 2010).

Séguin, Monique et Fréchette, Lucie. (1995). *Le deuil : une souffrance à comprendre pour mieux intervenir*, Montréal, Éditions Logiques.

Seltzer, Marsha Mailick et Li, Lydia Wailing. (1996). « The transitions of caregiving: Subjective and objective definitions », *The Gerontologist*, vol. 36, p. 614-626.

Sena, Rhonda et Smith, Linda B. (1990). « New evidence on the development of the word Big », *Child Development*, vol. 61, p. 1034-1052.

Settersten, Richard A. (2002). « Social sources of meaning in later life », dans Robert S. Weiss et Scott A. Bass (dir.), *Challenges of the third age: Meaning and purpose in later life*, London, Oxford University Press, p. 55-79.

Settersten, Richard A. et Hagestad, Gunhild O. (1996). « What's the latest? Cultural age deadlines for family transitions », *The Gerontologist*, vol. 36, p. 602-613.

Settersten, Richard A., Furstenberg, Frank F. et Rumbaut, Rubén G. (2005). *On the frontier of adulthood: Theory, research, and public policy*, Chicago (IL), University of Chicago Press.

SevenMice SARL. (2008). « Naissance : Qu'est-ce que le score d'APGAR? », [en ligne]. [http://www.medecine-et-sante.com/sexualitereproduction/apgar.html] (1er novembre 2009).

Sexoconseil.com. (2009). « La puberté de la fille », [en ligne]. [http://www.sexoconseil.com/sexualite/puberte-fille.html] (7 décembre 2009).

Shannon, Joyce Brennfleck (dir.). (2007). *Eating disorders sourcebook: Basic consumer health information about anorexia nervosa, bulimia nervosa, binge eating, compulsive exercise, female athlete triad, and other eating disorders, 2e édition*, Detroit (MI), Omnigraphics.

Shatz, Marilyn. (1994). *A toddler's life*, New York, Oxford University Press.

Sheehy, Gail. (1976). *Passages: Predictable crises of adult life*, New York, Dutton.

Sheena's Place. ([s.d.]). « Fiche d'information – La boulimie », [en ligne]. [http://www.sheenasplace.org/uploads/factsheets/fact_bulimia_FR.pdf] (8 décembre 2009).

Sheldon, Kennon M. et Kasser, Tim. (2001). « Getting older, getting better? Personal strivings and psychological maturity across the life span », *Developmental Psychology*, vol. 37, p. 491-501.

Shepard, Thomas H. et Lemire, Ronald J. (2004). *Catalog of teratogenic agents, 11e édition*, Baltimore, Johns Hopkins University Press.

Shields, Margot. (2005). « An update on smoking from the 2005 Canadian Community Health Survey », *Your Community, Your Health: Findings from the Canadian Community Health Survey (CCHS)*, vol. 2, p. 8-47.

Shields, Margot. (2006). « L'embonpoint et l'obésité chez les enfants et les adolescents au Canada», Statistique Canada, [en ligne]. [http://www.statcan.gc.ca/pub/82-620-m/2005001/pdf/4241445-fra.pdf] (14 février 2010).

Shuey, Kim et Hardy, Melissa A. (2003). « Assistance to aging parents and parents-inlaw: Does lineage affect family allocation decisions? », *Journal of Marriage and Family*, vol. 65, p. 418-431.

Siebenbruner, Jessica, Zimmer-Gembeck, Melanie J. et Egeland, Byron. (2007). « Sexual partners and contraceptive use: A 16-year prospective study predicting abstinence and risk behavior », *Journal of Research on Adolescence*, vol. 17, p. 179-206.

Siegel, Lawrence A. et Siegel, Richard M. (2007). « Sexual changes in the aging male », dans Annette Fuglsang Owens et Mitchell S. Tepper (dir.), *Sexual health, vol. 2: Physical foundations*, Westport (CT), Praeger/Greenwood, p. 223-255.

Siegler, Robert. (1991). *Children's thinking, 2e édition*, Englewood Cliffs (NJ), Prentice Hall.

Sigler, Robert T. (1989). *Domestic violence: An assessment of community attitudes*, Lexington (MA), Lexington Books.

Silverberg, S. B., et Steinberg, Lawrence. (1990). « Psychological well-being of parents with early adolescent children », *Developmental Psychology*, vol. 26, p. 658-666.

Silverman, Wendy K. et Dick-Niederhauser, Andreas. (2004). « Separation anxiety disorder », dans Tracy L. Morris et John S. March (dir.), *Anxiety disorders in children and adolescents, 2e édition*, New York, Guilford Press, p. 164-188.

Silverstein, Merril. (2006). « Intergenerational family transfers in social context », dans Robert H. Binstock et Linda K. George (dir.), *Handbook of aging and the social sciences, 6e édition*, Amsterdam, Elsevier, p. 165-180.

Simmons, R.G. et Blyth, Dale A. (1987). *Moving into adolescence: The impact of pubertal change and school context*, New York, Aldine de Gruyter.

Sinclair, David A. et Howitz, Konrad T. (2006). « Dietary restriction, hormesis and small molecule mimetics », dans Edward J. Masoro et Steven N. Austad (dir.), *Handbook of the biology of aging, 6e édition*, Amsterdam, Elsevier Academic Press.

Singer, Lynn T., Arendt, Robert, Minnes, Sonia, Farkas, Kathleen, Salvator, Ann, Kirchner, H. Lester et coll. (2002). « Cognitive and motor outcomes of cocaine-exposed infants », *Journal of the American Medical Association*, vol. 287, p. 1952-1960.

Singh, Devendra. (2004). « Mating strategies of young women: Role of physical attractiveness », *Journal of Sex Research*, vol. 41, p. 43-54.

Sinnott, Jan D. (1998). *The development of logic in adulthood: Postformal thought and its applications*, New York, Plenum Press.

Sinnott, Jan D. (dir.). (1989). Everyday problem solving, New York, Praeger.

Skinner, Burrhus F. (1957). *Verbal behavior*, New York, Appleton-Century-Crofts.

Slobin, Dan I. (2001). « Form-function relations: How do children find out what they are? » dans Melissa Bowerman et Stephen C. Levinson (dir.), *Language acquisition and conceptual development*, Cambridge (G-B), Cambridge University Press, p. 406-449.

Smedley, Audrey et Smedley, Brian D. (2005). « Race as biology is fiction, racism as a social problem is real: Anthropological and historical perspectives on the social construction of race », *American Psychologist*, vol. 60, p. 16-26.

Smith, George Davey et Hart, Carole. (2002). « Life-course socioeconomic and behavioral influences on cardiovascular disease mortality: The collaborative study », *American Journal of Public Health*, vol. 92, p. 1295-1298.

Smith, Margaret G. et Fong, Rowena. (2004). *The children of neglect: When no one cares*, New York, Brunner-Routledge.

Smith, Tom W. (2005). « Generation gaps in attitudes and values from the 1970s to the 1990s », dans Richard A. Settersten Jr., Frank F. Furstenberg Jr. et Rubén G. Rumbaut (dir.), *On the frontier of adulthood: Theory, research, and public policy*, Chicago: University of Chicago Press, p. 177-221.

Sneed, Joel R. et Whitbourne, Susan Krauss. (2005). « Models of the aging self », *Journal of Social Issues*, vol. 61, p. 375-388.

Snow, Catherine E. (1984). « Parent-child interaction and the development of communicative ability », dans Richard L. Schiefelbusch et Joanne Pickar (dir.), *The acquisition of communicative competence, Baltimore*, University Park Press, p. 69-107.

Snow, David. (2006). « Regression and reorganization of intonation between 6 and 23 months », *Child Development*, vol. 77, p. 281-296.

Snyder, James, Schrepferman, Lynn, Oeser, Jessica, Patterson, Gerald, Stoolmiller, Mike, Johnson, Kassy et coll. (2005). « Deviancy training and association with deviant peers in young children: Occurrence and contribution to early-onset conduct problems », *Development and Psychopathology*, vol. 17, p. 397-413.

Société canadienne de l'hémophilie. (2009). « Hémophilie A et B », [en ligne]. [http://www.hemophilia.ca/fr/troubles-de-la-coagulation/hemophilie-a-et-b] (30 octobre 2009).

Société canadienne de pédiatrie. (7 octobre 2004). « La dépression maternelle peut nuire gravement au développement de l'enfant », [en ligne]. [http://www.cps.ca/francais/medias/communiques/2004/depressionmaternelle.htm] (1er novembre 2009).

Société des obstétriciens et gynécologues du Canada. (20 novembre 2007). « Renseignements sur la santé des femmes », [en ligne]. [http://www.sogc.org/health/pregnancy-prenatal_f.asp] (30 septembre 2009).

Société pour les troubles de l'humeur du Canada. (2007). Quelques faits: Maladie mentale et toxicomanie au Canada, 2e édition, [en ligne]. [http://www.mooddisorderscanada.ca/documents/Media%20Room/QuickFacts_Edition%202_FR.pdf] (8 décembre 2009).

Sowell, Elizabeth R., Thompson, Paul M. et Toga, Arthur W. (2007). « Mapping adolescent brain maturation using structural magnetic resonance imaging », dans Daniel Romer et Elaine F. Walker (dir.), *Adolescent psychopathology and the developing brain: Integrating brain and prevention science*, Oxford (G-B), Oxford University Press, p. 55-84.

Spearman, Charles Edward. (1927). *The abilities of man, their nature and measurement*, New York, Macmillan.

Spelke, Elizabeth S. (1993). « Object perception », dans Alvin I. Goldman (dir.), *Readings in philosophy and cognitive science*, Cambridge (MA), MIT Press, p. 447-460.

Spelke, Elizabeth. (1991). « Physical knowledge in infancy: Reflections of Piaget's theory », dans S. Carey et R. Golman (dir.), *The epigenesis of mind: Essays on biology and cognition*, Hillsdale (NJ), Erlbaum.

Spirduso, Waneen Wyrick, Francis, Karen L. et MacRae, Priscilla G. (2005). *Physical dimensions of aging, 2e édition*, Champaign (IL), Human Kinetics.

Sprung, Charles L., Carmel, Sara, Sjokvist, Peter, Baras, Mario, Cohen, Simon L., Maia, Paulo et coll. (2007). « Attitudes of European physicians, nurses, patients, and families regarding end-of-life decisions: The ETHICATT study », *Intensive Care Medicine*, vol. 33, p. 104-110.

Sroufe, L. Alan, Egeland, Byron, Carlson, Elizabeth A. et Collins, W. Andrew. (2005). *The development of the person: The Minnesota study of risk and adaptation from birth to adulthood*, New York, Guilford.

Stacey, Phillip S. et Sullivan, Karen A. (2004). « Preliminary investigation of thiamine and alcohol intake in clinical and healthy samples », *Psychological Reports*, vol. 94, partie 1, n° 3, p. 845-848.

Stanton, Cynthia K. et Holtz, Sara A. (2006). « Levels and trends in cesarean birth in the developing world », *Studies in Family Planning*, vol. 37, p. 41-48.

St-Arnaud, Julie, Beaudet, Marie P. et Tully, Patricia. (2005). « Espérance de vie », [en ligne]. [www.statcan.ca/francais/studies/82-003/archive/2005/17-1-a_f.pdf] (18 mars 2010).

Statistique Canada. (12 septembre 2007). « Recensement de 2006, Familles, état matrimonial, ménages et caractéristiques des logements », [en ligne]. [http://www.statcan.gc.ca/daily-quotidien/070912/dq070912a-fra.htm] (13 avril 2010)

Statistique Canada. (18 novembre 2008). « Statistiques sur les avortements provoqués », [en ligne]. [http://www.statcan.gc.ca/pub/82-223-x/2008000/5202129-fra.htm] (7 décembre 2009).

Statistique Canada. (2008). « Étude : Comportement sexuel et utilisation du condom à l'adolescence », [en ligne]. [http://www.statcan.gc.ca/daily-quotidien/080820/dq080820c-fra.htm] (9 avril 2010).

Statistique Canada. (2009). « Enquête sur la santé dans les collectivités canadiennes », [en ligne]. [http://www.statcan.gc.ca/daily-quotidien/090626/dq090626b-fra.htm] (17 mars 2010).

Statistique Canada. (21 novembre 2008). « Réponse », [en ligne]. [http://www.statcan.gc.ca/pub/75-001-x/2008105/5203936-fra.htm] (6 avril 2010).

Staudinger, Ursula M. et Lindenberger, Ulman. (2003). « Why read another book on human development? Understanding human development takes a metatheory and multiple disciplines », dans Ursula M. Staudinger et Ulman E. R. Lindenberger (dir.), *Understanding human development: Dialogues with lifespan psychology*, Boston, Kluwer p. 1-13.

Staudinger, Ursula M. et Werner, Ines. (2003). « Wisdom: Its social nature and lifespan development », dans Jaan Valsiner et Kevin J. Connolly (dir.), *Handbook of developmental psychology*, Thousand Oaks (CA), Sage, p. 584-602.

Stein, Nancy L. et Levine, Linda J. (1989). « The causal organization of emotional knowledge: A developmental study », *Cognition and Emotion*, vol. 3, p. 343-378.

Steinberg, Laurence, Lamborn, Susie D., Darling, Nancy, Mounts, Nina S. et Dornbusch, Sanford M. (1994). « Over-time changes in adjustment and competence among adolescents from authoritative, authoritarian, indulgent, and neglectful families », *Child Development*, vol. 65, p. 754-770.

Steinberg, Laurence. (2004). « Risk taking in adolescence: What changes, and why? », *Annals of the New York Academy of Sciences*, vol. 1021, juin, p. 51-58.

Steinberg, Laurence. (2007). « Risk taking in adolescence: New perspectives from brain and behavioral science », *Current Directions in Psychological Science*, vol. 16, p. 55-59.

Steinberger, Julia et Daniels, Stephen R. (2003). « Obesity, insulin resistance, diabetes, and cardiovascular risk in children », *Circulation*, vol. 107, p. 1448-1453.

Stern, Daniel N. (1985). *The interpersonal world of the infant: A view from psychoanalysis and developmental psychology*, New York, Basic Books.

Sternberg, Robert J. (1988). « Triangulating love », dans Robert J. Sternberg et Michael L. Barnes (dir.), *The psychology of love*, New Haven (CT), Yale University Press, p. 119-138.

Sternberg, Robert J. (1988). *The triarchic mind: A new theory of human intelligence*, New York, Viking.

Sternberg, Robert J. (2002). « Beyond g: The theory of successful intelligence », dans Robert J. Sternberg et Elena L. Grigorenko (dir.), *The general factor of intelligence: How general is it?*, Mahwah (NJ), Erlbaum, p. 447-479.

Sternberg, Robert J. (2003). *Wisdom, intelligence, and creativity synthesized*, New York, Cambridge University Press.

Sternberg, Robert J. et Barnes, Michael L. (dir.). (1988). *The psychology of love*, New Haven (CT), Yale University Press.

Sternberg, Robert J. et Grigorenko, Elena (dir.). (2002). The *general factor of intelligence: How general is it?*, Mahwah (NJ), Erlbaum.

Sternberg, Robert J., Forsythe, George B., Hedlund, Jennifer, Horvath, Joseph A., Wagner, Richard K., Williams, Wendy M. et coll. (2000). *Practical intelligence in everyday life*, New York, Cambridge University Press.

Sternberg, Robert J., Wagner, Richard K., Williams, Wendy M. et Horvath, Joseph A. (1995). « Testing common sense », *American Psychologist*, vol. 50, p. 912-927.

Sterns, Harvey L. et Huyck, Margaret Hellie. (2001). « The role of work in midlife », dans Margie E. Lachman (dir.), *Handbook of midlife development*, New York, Wiley p. 447-486.

Stifter, Cynthia et Braungart, Julia M. (1995). « The regulation of negative reactivity in infancy: Function and development », *Developmental Psychology*, vol. 31, p. 448-455.

Stiles, Deborah A., Gibbons, Judith L., Hardardottir, Sara et Schnellmann, Jo. (1987). « The ideal man or woman as described by young adolescents in Iceland and the United States », *Sex Roles*, vol. 17, p. 313-320.

Stipanicic, Annie, Nolin, Pierre, Fortin, Gilles et Gobeil, Marie-France. (2008). « Comparative study of the cognitive sequelae of school-aged victims of Shaken Baby Syndrome », *Child Abuse and Neglect*, vol. 32, n° 3, mars, p. 415-428.

Stone, Robyn I. (2006). « Emerging issues in long-term care », dans Robert H. Binstock et Linda K. George (dir.), *Handbook of aging and the social sciences, 6e édition*, Amsterdam, Elsevier, p. 397-418.

Streri, A. (1987). « Tactile discrimination of shape and intermodal transfer in 2- to 3-month-old infants », *British Journal of Developmental Psychology*, vol. 5, p. 213-220.

Strouse, Darcy L. (1999). « Adolescent crowd orientations: A social and temporal analysis », dans Jeffrey A. McLellan et Mary Jo V. Pugh (dir.), *The role of peer groups in adolescent social identity: Exploring the importance of stability and change*, San Francisco (CA), Jossey-Bass, p. 37-54.

Sturm, Richard A. et Frudakis, Tony N. (2004). « Eye-color: Portals into pigmentation genes and ancestry », *Trends in Genetics*, vol. 20, n° 8, p. 327-332.

Super, CHarles M., Herrera, M. Guillermo et Mora, José O. (1990). « Long-term effects of food supplementation and psychosocial intervention on the physical growth of Colombian infants at risk of malnutrition », *Child Development*, vol. 61, p. 29-49.

Supplee, Lauren H., Unikel, Emily B. et Shaw, Daniel S. (2007). « Physical environmental adversity and the protective role of maternal monitoring in relation to early child conduct problems », *Journal of Applied Developmental Psychology*, vol. 28, n° 2, mars-avril, p. 166-183.

Susman, Elizabeth J. et Dorn, Lorah D. (1991). « Hormones and behavior in adolescence », dans Richard M. Lerner, Ann C. Petersen et Jeanne Brooks-Gunn (dir.), *Encyclopedia of adolescence*, vol. 2, New York, Garland.

Susman, Elizabeth J. et Rogol, Alan. (2004). « Puberty and psychological development », dans Richard M. Lerner et Laurence D. Steinberg (dir.), *Handbook of adolescent psychology, 2e édition*, Hoboken (NJ), Wiley, p. 15-44.

Tallandini, Maria Anna et Scalembra, Chiara. (2006). « Kangaroo mother care and mother-premature infant dyadic interaction », *Infant Mental Health Journal*, vol. 27, n° 3, p. 251-275.

Tang, Chao-Hsiun, Wang, Han-I., Hsu, Chun-Sen, Su, Hung-Wen, Chen, Mei-Ju et Lin, Herng-Ching. (2006). « Risk-adjusted cesarean section rates for the assessment of physician performance in Taiwan: A population-based study », [en ligne]. [http://www.biomedcentral.com/content/pdf/1471-2458-6-246.pdf] (27 octobre 2010).

Tangney, June Price. (2001). « Constructive and destructive aspects of shame and guilt », dans Arthur C. Bohart et Deborah J. Stipek (dir.), *Constructive and destructive behavior: Implications for family, school, and society*, Washington (DC), American Psychological Association, p. 127-145.

Tannen, Deborah. (1990). *You just don't understand*, New York, Morrow.

Tannen, Deborah. (2001). « The power of talk: Who gets heard and why », dans Dallin D. Oaks (dir.), *Linguistics at work, A reader of applications*, Cambridge (MA), Heinle & Heinle.

Tanner, James M. (1991). « Menarche, secular trend in age of », dans Richard M. Lerner, Ann C. Petersen et Jeanne Brooks-Gunn (dir.), *Encyclopedia of adolescence*, New York, Garland, p 637-641.

Taylor, Alan C., Robila, Mihaela et Lee, Hae Seung. (2005). « Distance, contact, and intergenerational relationships: Grandparents and adult grandchildren from an international perspective », *Journal of Adult Development*, vol. 12, p. 33-41.

Teitler, Julien O. (2002). « Trends in youth sexual initiation and fertility in developed countries: 1960–1995 », *Annals of the American Academy of Political and Social Science*, vol. 580, p. 134-152.

Terman, Lewis M. (1921). « Intelligence and its measurement », *Journal of Educational Psychology*, vol. 12 p. 127-133.

Tessier, Réjean, Cristo, Mana B., Velez, Stella, Giron, Martha, Nadeau, Line, Figueroa de Calume, Zita, Ruiz-Palaez, Juan G. et Charpak, Nathalie. (2003). « Kangaroo mother care : A method for protecting high-risk low-birth-weight premature infants against developmental delay », *Infant Behavior and Development*, vol. 26, n° 3, p. 384-397.

Thelen, Esther et Smith, Linda B. (2006). « Dynamic systems theories », dans Richard M. Lerner (dir.), *Handbook of child psychology, vol. 1: Theoretical models of human development, 6e édition*, Hoboken (NJ), Wiley, p. 258-312.

Thelen, Esther. (1987). « The role of motor development in developmental psychology: A view of the past and an agenda for the future », dans Nancy Eisenberg (dir.), *Contemporary topics in developmental psychology*, New York, Wiley.

Thomas, Alexander et Chess, Stella. (1977). *Temperament and development*, New York, Brunner/Mazel.

Thomas, Alexander, Birch, Herbert G., Chess, Stella, Hertzig, Margaret E. et Korn, Sam. (1963). *Behavioral Individuality in Early Childhood*, New York, New York University Press.

Thompson, Christine. (2002). « Drawing together: Peer influence in preschool-kindergarten art classes », dans Liora Bresler et Christine Marme Thompson (dir.), *The arts in children's lives: Context, culture, and curriculum*, Dordrecht (Pays-Bas), Kluwer, p. 129-138.

Thompson, Ross A. (1998). « Early sociopersonality development », dans N. Eisenberg (dir.), *Handbook of child psychology, vol. 3 : Social, emotional, and personality development, 5e édition*, New York, Wiley, p. 25-104.

Thompson, Ross A. (2006). « The development of the person: Social understanding, relationships, conscience, self », dans Nancy Eisenberg (dir.), *Handbook of child psychology, vol. 3 : Social, emotional, and personality development. 6e édition*, Hoboken (NJ), Wiley, p. 24-98.

Thompson, Ross A. et Frodi, A. M. (1984). « The sociophysiology of infants and their caregivers », dans William M. Waid (dir.), *Sociophysiology*, New York, Springer-Verlag.

Thompson, Ross A. et Limber, S. P. (1990). « "Social anxiety" in infancy: Stranger and separation anxiety », dans Harold Leitenberg (dir.), *Handbook of social anxiety*, New York: Plenum Press.

Thompson, Ross A. et Raikes, H. Abigail. (2003). « Toward the next quarter-century: Conceptual and methodological challenges for attachment theory », *Development and Psychopathology*, vol. 15, p. 691-718.

Thompson, Ross A., Scalora, M. J., Castrianno, L. et Limber, S.P. (1992). « Grandparent visitation rights: Emergent psychological and psycholegal issues », dans Dorothy K. Kagehiro et William S. Laufer (dir.), *Handbook of psychology and law*, New York, Springer-Verlag.

Tiggemann, Marika et Lynch, Jessica E. (2001). « Body image across the life span in adult women: The role of self-objectification », *Developmental Psychology*, vol. 37, p. 243-253.

Timiras, Mary Letitia. (2003). « The skin », dans Paola S. Timiras (dir.), *Physiological basis of aging and geriatrics, 3e édition*, Boca Raton (FL), CRC Press, p. 397-404.

Timiras, Paola S. (2003). « Cardiovascular alterations with aging: Atherosclerosis and coronary heart disease », dans Paola S. Timiras (dir.), *Physiological basis of aging and geriatrics, 3e édition*, Boca Raton (FL), CRC Press, p. 375-395. idem

Timiras, Paola. (1994). *Physiological basis of aging and geriatrics, 2e édition*, Boca Raton (FL), CRC Press.

Tomasello, Michael. (2001). « Perceiving intentions and learning words in the second year of life », dans Melissa Bowerman et Stephen C. Levinson (dir.), *Language acquisition and conceptual development*, Cambridge (G-B), Cambridge University Press, p. 132-158.

Tomasello, Michael. (2006). « Acquiring linguistic constructions », dans Deanna Kuhn et Robert S. Siegler (dir.), *Handbook of child psychology, vol. 2, Cognition, perception, and language, 6e édition*, Hoboken (NJ), Wiley, p. 255-298.

Tornstam, Lars. (2005). *Gerotranscendence: A developmental theory of positive aging*, New York, Springer.

Townsend, Jean, Godfrey, Mary et Denby, Tracy. (2006). « Heroines, villains and victims: Older people's perceptions of others », *Ageing & Society*, vol. 26, p. 883-900.

Treasure, J. L. et Holland, A. J. (1993). « What discordant twins tell us about the etiology of anorexia nervosa », dans E. Ferrari, F. Branbilla et S.B. Solerte (dir.), *Primary and secondary eating disorders*, Oxford (G-B), Pergamon Press.

Tremblay, R. E., Barr, R. G. et Peters, R. DeV. (dir.) (7 juillet 2008) « Synthèse sur la prématurité », [en ligne]. [http://enfant-encyclopedie.com/pages/PDF/prematurite.pdf#page=2] (1er novembre 2009).

Tremblay, Richard E. (2008). *Prévenir la violence dès la petite enfance*, Paris, Odile Jacob.

Tremblay, Richard E. et Nagin, Daniel S. (2005). « Developmental origins of physical aggression in humans », dans Richard Ernest Tremblay, Willard W. Hartup et John Archer (dir.), *Developmental origins of aggression*, New York, Guilford Press, p. 83-106.

Trimble, Joseph, Root, Maria P. P. et Helms, Janet E. (2003). « Psychological perspectives on ethnic and racial psychology », dans Guillermo Bernal, Joseph E. Trimble, Ann Kathleen Burlew et Frederick T. Leong (dir.), *Racial and ethnic minority psychology series, vol. 4: Handbook of racial and ethnic minority psychology*, Thousand Oaks (CA), Sage, p. 239-275.

Troll, Lillian E. et Skaff, Marilyn McKean. (1997). « Perceived continuity of self in very old age », *Psychology and Aging*, vol. 12, p. 162-169.

Tronick, Edward Z. (1989). « Emotions and emotional communication in infants », *American Psychologist*, vol. 44, p. 112-119.

Tronick, Edward Z. et Cohn, Jeffrey F. (1989). « Infant-mother face-to-face interaction: Age and gender differences in coordination and the occurrence of miscoordination », *Child Development*, vol. 60, p. 85-92.

Tsao, Feng-Ming, Liu, Huei-Mei et Kuhl, Patricia K. (2004). « Speech perception in infancy predicts language development in the second year of life: A longitudinal study », *Child Development*, vol. 75, p. 1067-1084.

Turiel, Elliot. (2006). « The development of morality », dans Nancy Eisenberg (dir.), *Handbook of child psychology, vol. 3, Social, emotional, and personality development, 6e édition*, Hoboken (NJ), Wiley, p. 789-857.

Turner, Patricia J. (1991). « Relations between attachment, gender, and behavior with peers in preschool », *Child Development*, 62, 1475-1488.

Turner, Patricia J. (1993). « Attachment to mother and behavior with adults in preschool », *British Journal of Developmental Psychology*, vol. 11, p. 75-89.

U.S. Census Bureau. (2006a). *Statistical abstract of the United States: 2007, 126e édition*, Washington (DC), U.S. Government Printing Office.

U.S. Census Bureau. (24 août 2006). International Data Base (IDB), [en ligne]. [http://www.census.gov/ipc/www/idbsum.html] (1er mai 2007).

U.S. Preventive Services Task Force. (2002). « Postmenopausal hormone replacement therapy for primary prevention of chronic conditions: Recommendations and rationale », *Annals of Internal Medicine*, vol. 137, p. 834-839.

Uhlenberg, Peter. (1996). « The burden of aging: A theoretical framework for understanding the shifting balance of caregiving and care receiving as cohorts age », *The Gerontologist*, vol. 36, p. 761-767.

UNICEF. (1er août 2007). « Communiqué de presse – En commençant l'allaitement au sein une heure après la naissance, on peut diminuer la mortalité infantile », [en ligne]. [http://www.unicef.org/french/media/media_40468.html] (17 décembre 2009).

Université de Montréal. (4 novembre 2002). « Les fausses couches à répétition : un profond sentiment d'échec », [en ligne]. [http://www.iforum.umontreal.ca/Forum/ArchivesForum/2002-2003/021104/article1651.htm] (1er octobre 2009).

Uttal, David H. et Perlmutter, Marion. (1989). « Toward a broader conceptualization of development: The role of gains and losses across the life span », *Developmental Review*, vol. 9, p. 101-132.

Utz, Rebecca L., Carr, Deborah, Nesse, Randolph et Wortman, Camille B. (2002). « The effect of widowhood on older adults' social participation: An evaluation of activity, disengagement, and continuity theories », *The Gerontologist*, vol. 42, p. 522-533.

Vaillant, George E. (2002). *Aging well: Surprising guideposts to a happier life from the landmark Harvard study of adult development*, Boston, Little Brown.

Valentino, Kristin, Cicchetti, Dante, Toth, Sheree L. et Rogosch, Fred A. (2006). « Mother-child play and emerging social behaviors among infants from maltreating families. », *Developmental Psychology*, vol. 42, p. 474-485.

Valsiner, Jaan. (2006). « Developmental epistemology and implications for methodology », dans Richard M. Lerner (dir.), *Handbook of child psychology, vol. 1 : Theoretical models of human development, 6e édition*, Hoboken (NJ), Wiley, p. 166-209.

Van der Meulen, Matty. (2001). « Developments in self-concept theory and research: Affect, context, and variability », dans Harke A. Bosma et E. Saskia Kunnen (dir.), *Identity and emotion: Development through self-organization*, New York, Cambridge University Press, p. 10-38.

Van Gaalen, Ruben I. et Dykstra, Pearl A. (2006). « Solidarity and conflict between adult children and parents: A latent class analysis », *Journal of Marriage and Family*, vol. 68, p. 947-960.

Van Ijzendoorn, Marinus H. et Kroonenberg, Pieter M. (1988). « Cross-cultural patterns of attachment: A meta-analysis of the Strange Situation », *Child Development*, vol. 59, p. 147-156.

Van Leeuwen, Karla G., Mervielde, Ivan, Braet, Caroline et Bosmans, Guy. (2004). « Child personality and parental behavior as moderators of problem behavior: Variable and person-centered approaches », *Developmental Psychology*, vol. 40, p. 1028-1046.

Vander Zanden, James W. (1996). *Introduction à la psychologie du développement*, Montréal, Chenelière/McGraw-Hill.

Vasa, Roma A. et Pine, Daniel S. (2004). « Neurobiology », dans Tracy L. Morris et John S. March (dir.), *Anxiety disorders in children and adolescents, 2e édition*, New York, Guilford Press, p. 3-26.

Verhaeghen, Paul, Steitz, David W., Sliwinski, Martin J. et Cerella, John. (2003). « Aging and dual-task performance: A meta-analysis », *Psychology and Aging*, vol. 18, p. 443-460.

Verkuyten, Maykel. (2004). « Ethnic minority identity and social context », dans Mark Bennett et Fabio Sani (dir.), *The development of the social self*, Hove (G-B), Psychology Press, p. 189-216.

Verona, Sergiu. (2003). « Romanian policy regarding adoptions », dans Victor Littel (dir.), *Adoption update*, New York, Nova Science, p. 5-10.

Verté, Sylvie, Geurts, Hilde M., Roeyers, Herbert, Oosterlaan, Jaap et Sergeant, Joseph A. (2005). « Executive functioning in children with autism and Tourette syndrome », *Development and Psychopathology*, vol. 17, p. 415-445.

Vikan, Arne, Camino, Cleonice et Biaggio, Angela. (2005). « Note on a cross-cultural test of Gilligan's ethic of care », *Journal of Moral Education*, vol. 34, p. 107-111.

Voelcker-Rehage, Claudia et Alberts, Jay L. (2007). « Effect of motor practice on dual-task performance in older adult », *Journals of Gerontology: Psychological Sciences and Social Sciences*, vol. 62, série B, nº 3, p. P141-P148.

Vulgaris médical. (2009). « Chorée de Huntington de l'adulte », [en ligne]. [http://www.vulgaris-medical.com/encyclopedie/choree-de-huntington-de-l-adulte-1055.html] (30 septembre 2009).

Vygotsky, Lev S. (1978 [1935]). Mind in society: The development of higher psychological processes (édité par Michael Cole, Vera John-Steiner, Sylvia Scribner et Ellen Souberman), Cambridge (MA), Harvard University Press.

Vygotsky, Lev S. (1987 [1934]). *Thinking and speech, vol. 1* (édité par R. W. Rieber et Aaron S. Carton et trad. par Norris Minick), New York, Plenum Press.

Vygotsky, Lev S. (1994 [1934]). « The development of academic concepts in school aged children » (trad. par Theresa Prout), dans Rene van der Veer et Jaan Valsiner (dir.), *The Vygotsky reader*, Cambridge (MA), Blackwell, p. 355-370.

Wade, Carole et Tavris, Carol. (2007). *Introduction à la psychologie, Les grandes perspectives*, Saint-Laurent, Éditions du Renouveau Pédagogique inc.

Waite, Linda J. et Luo, Ye. (2002). « Marital quality and marital stability: Consequences for psychological well-being », présentation au congrès annuel de l'American Sociological Association, Chicago (août).

Walcott, Delores D., Pratt, Helen D. et Patel, Dilip R. (2003). « Adolescents and eating disorders: Gender, racial, ethnic, sociocultural and socioeconomic issues », *Journal of Adolescent Research*, vol. 18, p. 223-243.

Walker, Arlene S. (1982). « Intermodal perception of expressive behaviors by human infants », *Journal of Experimental Child Psychology*, vol. 33, p. 514-535.

Walker, Lawrence J. (1984). « Sex differences in the development of moral reasoning: A critical review », *Child Development*, vol. 55, p. 677-691.

Walker-Andrews, Arlene S., Bahrick, Lorraine E., Raglioni, Stacy S. et Diaz, Isabel. (1991). « Infants' bimodal perception of gender », *Ecological Psychology*, vol. 3, p. 55-75.

Wanner, Eric et Gleitman, Lila R. (dir.). (1982). *Language acquisition: The state of the art*, Cambridge (G-B), Cambridge University Press.

Waterman, Alan S. (1985). « Identity in the context of adolescent psychology », dans Alan S. Waterman (dir.), *Identity in adolescence: Processes and contents*, vol. 30 : New directions in child development, San Francisco, Jossey Bass.

Watson, J. B. (1972). *Le behaviorisme* (trad. par Simone Deflandre), Paris, Centre d'étude et de promotion de la lecture.

Watson, John B. (1927). « What to do when your child is afraid » (entrevue avec Beatrice Black), *Children*, mars, p. 25-27.

Watson, John B. (1928). *Psychological care of infant and child*, New York, Norton.

Way, Niobe et Hamm, Jill V. (dir.). (2005). *The experience of close friendships in adolescence*, San Francisco, Jossey-Bass.

Wechsler, Henry, Nelson, Toben F., Lee, Jae Eun, Seibring, Mark, Lewis, Catherine et Keeling, Richard P. (2003). « Perception and reality: A national evaluation of social norms marketing interventions to reduce college students' heavy alcohol use », *Quarterly Journal of Studies on Alcohol*, vol. 64, p. 484-494.

Weisfeld, Glenn E. (1999). *Evolutionary principles of human adolescence*, New York, Basic Books.

Wellman, Henry M. (2003). « Enablement and constraint », dans Ursula M. Staudinger et Ulman Lindenberger (dir.), *Understanding human development: Dialogues with lifespan psychology*, Dordrecht (Pays-Bas), Kluwer, p. 245-263.

Wellman, Henry M., Cross, David et Watson, Julanne. (2001). « Meta-analysis of theory-of-mind development: The truth about false belief », *Child Development*, vol. 72, p. 655-684.

Werker, J.F. (1989). « Becoming a native listener », *American Scientist*, vol. 77, p. 54-59.

Werner, Emmy E. et Smith, Ruth S. (2001). *Journeys from childhood to midlife: Risk, resilience, and recovery*, Ithaca (NY), Cornell University Press.

Wethington, Elaine. (2000). « Expecting stress: Americans and the "midlife crisis" », *Motivation and Emotion*, vol. 24, p. 85-103.

Wethington, Elaine. (2002). « The relationship of turning points at work to perceptions of psychological growth and change », dans Richard A. Settersten et Timothy J. Owens (dir.), *Advances in life course research, vol. 7 : New frontiers in socialization*, Amsterdam, JAI p. 93-110.

Whitbourne, Susan Krauss. (2002). *The aging individual: Physical and psychological perspectives, 2e édition*, New York, Springer.

Whiteman, Shawn D., McHale, Susan M. et Crouter, Ann C. (2003). « What parents learn from experience: The first child as a first draft? », *Journal of Marriage and Family*, vol. 65, p. 608-621.

Whiting, Beatrice Blyth et Edwards, Carolyn Pope. (1988). *Children of different worlds: The formation of social behavior*, Cambridge (MA), Harvard University Press.

Whitmer, Rachel A., Gunderson, Erica P., Barrett-Connor, Elizabeth, Quesenberry, Charles P. et Yaffe, Kristine. (2005). « Obesity in middle age and future risk of dementia: A 27 year longitudinal population based study », *British Medical Journal*, vol. 330, p. 1360.

Willis, Sherry L. (1996). « Everyday cognitive competence in elderly persons: Conceptual issues and empirical findings », *The Gerontologist*, vol. 36, p. 595-601.

Wilson-Costello, Deanne, Friedman, Harriet, Minich, Nori, Siner, Bonnie, Taylor, Gerry, Schluchter, Mark et coll. (2007). « Improved neurodevelopmental outcomes for extremely low birth weight infants in 2000-2002 », *Pediatrics*, vol. 119, p. 37-45.

Wingfield, Arthur, Tun, Patricia A. et McCoy, Sandra L. (2005). « Hearing loss in older adulthood: What it is and how it interacts with cognitive performance », *Current Directions in Psychological Science*, vol. 14, p. 144-148.

Winsler, Adam, Carlton, Martha P. et Barry, Maryann J. (2000). « Age-related changes in preschool children's systematic use of private speech in a natural setting », *Journal of Child Language*, vol. 27, p. 665-687.

Wise, Phyllis. (2006). « Aging of the female reproductive system », dans Edward J. Masoro et Steven N. Austad (dir.), *Handbook of the biology of aging, 6e édition*, Amsterdam, Elsevier Academic Press, p. 570-590.

Wishart, Jennifer G. (1999). « Learning and development in children with Down's syndrome », dans Alan Slater et Darwin Muir (dir.), *The Blackwell reader in development psychology*, Malden (MA), Blackwell Publishers, p. 493-508.

Wood, Alex et Joseph, Stephen. (2007). « Grand theories of personality cannot be integrated », *American Psychologist*, vol. 62, p. 57-58.

Wood, Julia T. (2000). « Gender and personal relationships », dans Clyde Hendrick et Susan S. Hendrick (dir.), *Close relationships: A sourcebook*, Thousand Oaks (CA), Sage, p. 301-313.

Woodward, Amanda L. et Markman, Ellen M. (1998). « Early word learning », dans Deanna Kuhn et Robert S. Siegler (dir.), *Handbook of child psychology, vol. 2: Cognition, perception and language, 5e édition*, New York, Wiley, p. 371-420.

Wright, John. (1985). *La survie du couple, Une approche simple, pratique et complète*, Montréal, Éditions La Presse.

Wrightsman, Lawrence S. (1994). *Adult personality development*, vol. 1 et 2, Thousands Oaks (CA), Sage.

Yarber, William L., Milhausen, Robin R., Crosby, Richard A. et Torabi, Mohammad R. (2005). « Public opinion about condoms for HIV and STD prevention: A midwestern state telephone survey », *Perspectives on Sexual and Reproductive Health*, vol. 37, p. 148-154.

Yates, Tuppett M., Egeland, Byron et Sroufe, L. Alan. (2003). « Rethinking resilience: A developmental process perspective », dans Suniya S. Luthar (dir.), *Resilience and vulnerability: Adaptation in the context of childhood adversities*, New York, Cambridge University Press, p. 243-266.

Yehuda, Rachel (dir.). (2006). *Psychobiology of posttraumatic stress disorder: A decade of progress*, Boston, Wiley-Blackwell.

Yerys, Benjamin E. et Munakata, Yuko. (2006). « When labels hurt but novelty helps: Children's perseveration and flexibility in a card-sorting task », *Child Development*, vol. 77, p. 1589-1607.

Zacks, Rose T. et Hasher, Lynn. (2006). « Aging and long-term memory: Deficits are not inevitable », dans Ellen Bialystok et Fergus I. M. Craik (dir.), *Lifespan cognition: Mechanisms of change*, New York, Oxford University Press, p. 162-177.

Zahn-Waxler, Carolyn. (2000). « The development of empathy, guilt, and internalization of distress: Implications for gender differentiation in internalizing and externalizing problems », dans Richard J. Davidson (dir.), *Anxiety, depression, and emotion*, New York, Oxford University Press, p. 222-265.

Zalenski, R. J. et Raspa, R. (2006). « Maslow's hierarchy of needs: A framework for achieving human potential in hospice », *Journal of Palliative Medicine*, vol. 9, nº 5, p. 1120-1127.

Zani, Bruna et Cicognani, Elvira. (2006). « Sexuality and intimate relationships in adolescence », dans Sandy Jackson et Luc Goossens (dir.), Handbook of adolescent development, Hove (G-B), *Psychology Press*, p. 200-222.

Zech, Emmanuelle. (2006). *Psychologie du deuil, Impact et processus d'adaptation au décès d'un proche*, Sprimont (Belgique), Mardaga.

Zeedyk, M. Suzanne, Wallace, Linda et Spry, Linsay. (2002). « Stop, look, listen, and think? What young children really do when crossing the road », *Accident Analysis & Prevention*, vol. 34, p. 43-50.

Zelazo, Philip David, Müller, Ulrich, Frye, Douglas et Marcovitch, Stuart. (2003). « The development of executive function in early childhood », *Monographs of the Society for Research in Child Development*, série 274, vol. 68, nº 3, p. 11-27.

Zelkowitz, Phyllis. (23 octobre 2006) (14 mai 2004 [1re éd.]). « Prématurité et impact sur le développement psychosocial et émotif des enfants », dans R. E. Tremblay, R. G. Barr et R. De V. Peters (dir.), *Encyclopédie sur le développement des jeunes enfants*, [en ligne]. [http://www.enfant-encyclopedie.com/documents/ZelkowitzFRxp_rev.pdf] (1er novembre 2009).

Zeskind, P.S. et Collins, V. (1987). « Pitch of infant crying and caregiver responses in a natural setting », *Infant Behavior and Development*, vol. 10, p. 501-504.

Zucker, Alyssa N., Ostrove, Joan M. et Stewart, Abigail J. (2002). « College-educated women's personality development in adulthood: Perceptions and age differences », *Psychology and Aging*, vol. 17, p. 236-244.

Index

D

V

W

Z

Crédits photographiques

Chapitre 1

p.1 iStockphoto/Oneclearvision; p.3 Corbis/Pete Leonard; p.4 Stock, Boston/Vince De Witt; p.7 (haut) Shutterstock/Zentilia; (bas) La Presse Canadienne; p.8 (haut) Gilles Beauchamp; (gauche) Photo Researchers/Gianni Tortoli; (droite) Thinkstock/BananaStock; p.9 iStockphoto/Marcos Paternoster; p.12 (haut) iStockphoto/Vikram Raghuvanshi; (bas) Corbis/Reuters/Asim Tanveer; p.14 Photo Researchers /Will & Deni McIntyre.

Chapitre 2

p.21 iStockphoto/Christian Nasca; p.23 Photo Researchers/Science Source; p.27 Corbis\Bettmann; p.28 Corbis/Hulton-Deutsch Collection; p.29 (gauche) Sovfoto; (droite) Archives of the History of American Psychology - University of Akron; p.31 Getty Images/New York Times Co./Sam Falk; p.32 Getty Images/Time & Life Pictures; p.37 Martine Charpentier; p.38 Fondation Jean Piaget; p.39 Gracieuseté de Michael Cole, Laboratory of Comparative Human Cognition - University of California; p.40 Owen Franken.

Chapitre 3

p.53 Photo Researchers/David M. Phillips; p.54 (haut) Science Photo Library/Pascal Goetgheluck; (gauche) PhotoEdit Inc. /David Young-Wolf; (droite) iStockphoto/James Blinn; p.56 Photo Researchers/CNRI; p.58 iStockphoto/James Blinn; p.62 Joel Gordon; p.66 Corbis/Kevin Dodge; p.68 Science Photo Library/Edelmann; p.69 (a) Corbis/Visuals Unlimited; (b, c, d) Corbis/MedicalRF.com; p.71 Science Photo Library/Neil Bromhall/Genesis Films; p.75 (a, b, c) Carnegie Institute of Washington; p.81 (gauche) Bubbles Photolibrary /Alamy; (droite) Nathalie Behring/onasia.com; p.83 Photo Researchers/Science Photo Library/Ron Sutherland; p.85 Bubbles Photolibrary/Alamy.

Chapitre 4

p.93 iStockphoto/Nancy Louie; p.95 Jupiter images/Pixland; p.97 (gauche) iStockphoto/Jo Unroh; (droite) Eye Ubiquitous/Photoshot; p.98 iStockphoto/Jani Bryson; p.99 Eye Ubiquitous/Alamy; p. 103 The Image Works/Eastcott/Momatink; p.107 Gracieuseté de Campos, J., Bertenthal, B., & Kermoian, R.; p.111 (a, b, c) Gilles Beauchamp; p.114 iStockphoto/Kim Pin Tan; p.115 Fotolia/Bryan Creely; p.116 Shutterstock/Kimberley Hall; p.118 iStockphoto/Zoran Mircetic; p.120 Peter Arnold/Alamy; p.121 iStockphoto/Svetlana Larina; p.122 Photoedit/Nancy Sheenan; p.124 Shutterstock/Andrey Savin; p.125 Corbis/Anthony Bannister.

Chapitre 5

p.137 iStockphoto/Daria Dmitrieva; p.138 Doris Mendez; p.139 Corbis/Noah Addis/Star Ledger; p.141 Brand x picture/Alamy; p.142 (gauche) iStockphoto/ Mikeuk; (droite) Laura Dwight; p.143 iStockphoto/Zsolt Nyulaszi; p.147 Getty Images; p.152 Comstock Images; p.155 Stockbyte/Thinkstock; p.156 Bananastock/Thinkstock; p.162 Corbis/Micheal S.Yamashita.

Chapitre 6

p.167 iStockphoto/Lesley Lister; p.169 iStockphoto/Steve Debenport; p.170 (haut) Laura Dwight; (bas) Kathleen Stassen Berger; p.175 iStockphoto/Franky De Meyer; p.177 Shutterstock/Serg Shalimoff; p.180 Wolfgang Kaehler; p.182 (gauche) iStockphoto; (droite) iStockphoto/Anandha Krishnan; p.186 iStockphoto/Sergey Ivanov; p.187 Corbis/Jerry Cooke; p.191 Suzanne Champagne.

Chapitre 7

p.199 Fotolia/Engine Images; p.202 Corbis/ Tom Stewart; p.204 (gauche et droite) Alicia Prieur-Couture; p.206 iStockphoto/Ethan Myerson; p.209 iStockphoto/Ana Abejon; p.210 Doris Mendez; p.213 iStockphoto/Kim Gunkel; p.215 iStockphoto/Jan Lombard; p.219 (haut) iStockphoto; (bas)Gracieuseté du US Department of Energy; p.221 Suzanne Champagne; p.222 Fotolia/ Jacek Chabraszewski; p.225 Photo Researchers /Bachmann; p.226 Corbis/Sean Justice.

Chapitre 8

p.235 Thinkstock/Christopher Robbins; p.238 (haut) Thinkstock/Katy McDonnell; (bas) Doris Mendez; p.239 The Image Works/ Ellen B. Senisi; p.240 Laura Dwight; p.243 Thinkstock; p.248 Thinkstock; p.249 Alamy; p.252 Lindsay Hebberd; p.255 (haut) Thinkstock/Jupiter images; (bas) Hélène Lefrançois; p.257 The Image Works/Kyuya Kamazawa/Haga; p.258 (haut) iStockphoto/ Kim Gunkel; (bas) The Image Works/Carol Beckwith et Angela Fisher/Haga; p.260 Thinkstock/BananaStock; p.261 Getty Images/SW Productions.

Chapitre 9

p.271 Thinkstock/Getty Images; p.273 Thinkstock/Ryan McVay; p.275 (haut) Getty Images/Cameron Spencer; (bas) Thinkstock/Amos Morgan; p.276 Getty Images/ Maria Taglienti-Molinari; p.278 (gauche) Corbis/Mark Peterson; (droite) Corbis/Mark Seleen; p.281 iStockphoto/Edward Bock; p.283 Laura Dwight; p.289 Fotolia/Mixa; p.291 Corbis/Steve Lipofsky; p.292 Thinkstock/Jupiter images; p.293 Thinkstock/Getty Images; p.297 Thinkstock/Jupiter images; p.299 iStockphoto/Jacom Stephens.

Chapitre 10

p.307 iStockphoto/Willie B. Thomas; p.310 (haut) iStockphoto/Inga Ivanova; (bas) Photo Researchers/Russ Curtis; p.314 The Image Works/Peter Hvizdak; p.317 The Image Works/Norbert Schwerin; p.324 iStockphoto/Christopher Futcher; p.325 Corbis/Louise Gubb; p.329 La Presse Canadienne/Ryan Remiorz.

Chapitre 11

p.335 iStockphoto/Joshua Hodge Photography; p.336 iStockphoto/Charles Benavidez; p.340 Gamma Rapho /Daniel Laine; p.343 iStockphoto/Rudyanto Wijaya; p.346 iStockphoto/ Linda Kloosterhof; p.349 (haut, gauche) iStockphoto/Alija; (haut, droite) Peter Arnold/Charlotte Thege; (bas, gauche) Roger Dollarhide; (bas, droite) Getty Images/Mitchell Kanashkevich; p.350 La Presse Canadienne/David Guttenfelder; p.352 (centre) Istockphoto/ Eric Hood; (bas) Istockphoto/Nikade; p.354 iStockphoto/Chris Schmidt; p.360 Getty Images/Robin Davies.

Chapitre 12

p.367 iStockphoto/Nancy Louie; p.369 Thinkstock/Brand X Pictures; p. 371 iStockphoto/Dr. Heinz Linke; p.374 Thinkstock/Getty Images; p.375 Thinkstock/Christopher Robbins; p.376 Thinkstock/Getty Images; p.384 Photoedit/A.Ramey; p.385 Shutterstock/Monkey Business Images; p.386 (haut) Corbis/ Juan Herrero/Epa; (bas) Corbis/Barry Lewis; p.388 Corbis/Eric Fougére/Kipa; p.390 Getty Images/National Geographic/Sarah Leen.

Chapitre 13

p.401 iStockphoto/Bart Coenders; p.405 iStockphoto/Catherine Yeulet; p.408 (gauche) PhotoEdit/Cindy Charles; (droite) iStockphoto/oneclearvision; p.412 The Image Works/Philippe Gontier; p.415 iStockphoto/Izabela Habur; p.417 (gauche) Corbis/Bettman; (centre) Getty/David Redfern; (droite) Gracieuseté Les Trois Accords; p.419 PhotoEdit/Michael Newman; p.421 iStockphoto/Izabela Habur; p.423 iStockphoto/Jacob Wackerhausen; p.425 (haut) PhotoEdit/ Rhoda Sidney; (bas) PhotoEdit/James Shaffer.

Chapitre 14

p.433 iStockphoto/Chris Gramly; p.436 (gauche) Corbis/Arctic-Images; (droite) Corbis/David Butow; p.437 (gauche) Thinkstock/Kraig Scarbinsky; (droite) David Hiser; p.442 Corbis/Paul Almasy; p.444 iStockphoto/Cliff Parnell; p.448 iStockphoto/Susan H. Smith; p.449 (haut) Corbis/ Zave Smith; (bas) iStockphoto/iofoto; p.450 Dreamstime; p.451 PhotoEdit/David Young-Wolff; p.452 iStockphoto/digitalskillet; p.453 Jim Harrison/Road Scholar learning adventure; p.455 PhotoEdit/ Dennis MacDonald; p.456 iStockphoto/Rich Legg.

Épilogue

p.465 iStockphoto/Ashley Whitworth; p.470 Shutterstock/J.K. York; p.471 Corbis/Epa/Roberto Grillo; p.472 iStockphoto/Claudio Baba.